Legende

- ★ ● Hauptstadt
- ‐ ‐ ‐ Internationale Grenze
- ——— Bundesstaaten-/Union-Territoriesgrenze
- ——— Distriktgrenze

Bundesstaat (Hauptstadt)

- **Andhra Pradesh** (Hyderabad)
- **Arunachal Pradesh** (Itanagar)
- **Assam** (Dispur)
- **Bihar** (Patna)
- **Goa** (Panaji)
- **Gujarat** (Ghandinagar)
- **Haryana** (Chandigar)
- **Himachal Pradesh** (Shimla)
- **Jammu & Kashmir** (Srinagar)
- **Karnataka** (Bangalore)
- **Kerala** (Trivandrum)
- **Madhya Pradesh** (Bhopal)
- **Maharashtra** (Bombay)
- **Manipur** (Imphal)
- **Meghalaya** (Shillong)
- **Mizoram** (Aizawl)
- **Nagaland** (Kohima)
- **Orissa** (Bhubaneswar)
- **Punjap** (Chandigarh)
- **Rajasthan** (Jaipur)
- **Sikkim** (Gangtok)
- **Tamil Nadu** (Madras)
- **Tripura** (Agartala)
- **Uttar Pradesh** (Lucknow)
- **West Bengal** (Calcutta)

Unionsterritorien (Hauptstadt)

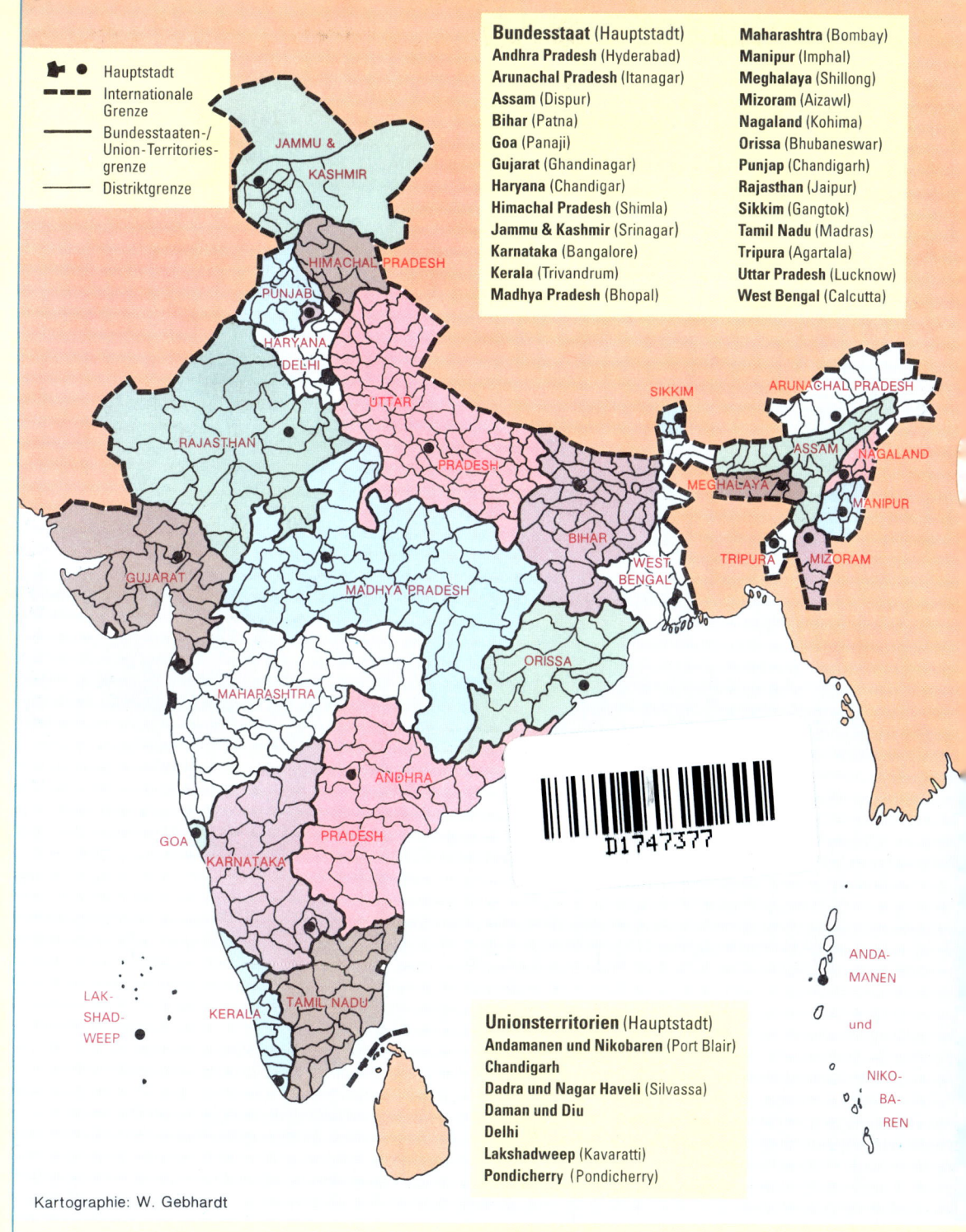

- **Andamanen und Nikobaren** (Port Blair)
- **Chandigarh**
- **Dadra und Nagar Haveli** (Silvassa)
- **Daman und Diu**
- **Delhi**
- **Lakshadweep** (Kavaratti)
- **Pondicherry** (Pondicherry)

Kartographie: W. Gebhardt

Indien

Hauptstadt: Delhi

Fläche: 3 165 596 km² (ohne 121 667 km² des von Pakistan besetzten Teils von Kashmir)

Bevölkerung:
Zählung 1991: 846 303 000
Schätzung 1994: etwa 925 Mill.

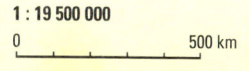

1 : 19 500 000
0 — 500 km

Verwaltungsgliederung:
25 Unionsstaaten und
7 Unionsterritorien

Dirk Bronger

Indien

Perthes
Länderprofile

Geographische Strukturen, Entwicklungen, Probleme
(vormals Klett/Länderprofile)

Wissenschaftliche Beratung:
Prof. Dr. Gerhard Fuchs, Universität-Gesamthochschule Paderborn

Perthes Länderprofile

Geographische Strukturen, Entwicklungen, Probleme

Dirk Bronger

Indien

Größte Demokratie der Welt zwischen Kastenwesen und Armut
mit Beiträgen von Arnt Bronger und Christoph Wilmer

mit einem Anhang von Dieter Bloch:
Fakten – Zahlen – Übersichten

85 Karten und Abbildungen sowie 134 Tabellen

Justus Perthes Verlag Gotha

Die Deutsche Bibliothek – CIP-Einheitsaufnahme

Indien : grösste Demokratie der Welt zwischen Kastenwesen
und Armut ; 134 Tabellen / Dirk Bronger.
Mit Beitr. von Arnt Bronger und Christoph Wilmer.
Mit einem Anh. von Dieter Bloch: Fakten – Zahlen – Übersichten. –
1. Aufl. – Gotha : Perthes, 1996
  (Perthes Länderprofile)
  ISBN 3-623-00667-X
NE: Bronger, Dirk; Bronger, Arnt; Wilmer, Christoph

ISBN 3-623-00667-X
1. Auflage
© Justus Perthes Verlag Gotha GmbH, Gotha 1996
Alle Rechte vorbehalten.
Fotomechanische Wiedergabe nur mit Genehmigung des Verlages
Gesamtherstellung: Druckhaus „Thomas Müntzer" GmbH, Bad Langensalza
Einbandgestaltung: Klaus Martin und Uwe Voigt, Arnstadt und Erfurt
Vignetten im Anhang: Katrin Kuhr, Gotha

Inhalt

Verzeichnis der Abbildungen		11
Verzeichnis der Tabellen		14
Einführung: Zur Zielsetzung dieser Darstellung		19

A STRUKTUREN 23

1 Indien: Frühhistorische Hochkultur – Heute Entwicklungsland: Zum Verständnis eines Kulturerdteils 25

1.1	„Größte Demokratie der Welt"? – Widersprüche	25
1.1.1	Politisches System	25
1.1.2	Regionalkonflikte – oder: Integrationshemmende Strukturen (Exkurs)	28
1.1.3	Religion und Sozialordnung	34
1.2	Indien – Ein Entwicklungsland	39
1.2.1	Einige kritische Assoziationen zu „Hochkultur" und „Entwicklung"	39
1.2.2	Entwicklungsland Indien	44

2 Die naturräumlichen und landschaftsökologischen Rahmenbedingungen (A. BRONGER) 51

2.1	Einführung und Zielsetzung	51
2.2	Die Entwicklungsgeschichte Indiens im geologischen Rahmen	52
2.3	Früheres und heutiges Klima Indiens	57
2.3.1	Zur Klimaentwicklung Indiens im Tertiär und Quartär	57
2.3.2	Die Niederschlagsverteilung als Folge der Monsunzirkulation	58
2.3.3	Klimadiagramme und Bodenwasserhaushalt in regionaler Verteilung	64
2.3.4	Jährliche, monatliche und tägliche Variabilität des Niederschlags in verschiedenen Regionen Indiens	65
2.4	Heutige Vegetationsdecke als Folge anthropogener Degradation bis Desertifikation	69
2.4.1	Problemstellung: Zur Frage der natürlichen im Vergleich zur heutigen Vegetation	69
2.4.2	Die heutigen Wald-Formationen Indiens und die Frage ihrer Flächenausdehnung	70
2.4.3	Aktuelle Vegetation anhand der „Internationalen Vegetationskarte Indiens 1:1 Mill." und ihre anthropogenen Degradationsstadien in Beispielen	71
2.4.4	Zusammenfassende Schlußfolgerungen. Zum „Savannenproblem"	75
2.5	Rezente und Reliktmerkmale in der Struktur der Bodendecke Indiens	77
2.5.1	Struktur der Bodendecke Indiens im Überblick	78
2.5.2	Relikte neben rezenten Merkmalen in den „Red Soils" Südindiens	82

3 Bevölkerungsproblematik 87

3.1	Die gegenwärtige Situation	87
3.2	Bevölkerungsdynamik: Ablauf und Ursachen	88
3.3	Bevölkerungsplanung	90
3.4	Regionale Bevölkerungsverteilung	93
3.5	Stadt-Land-Verteilung und ihre Dynamik	96
3.5.1	Gegenwärtige Situation	96
3.5.2	Rural-urbane Bevölkerungsverschiebungen – Dynamik des Urbanisierungsprozesses	100
3.6	Partizipation der Unterschichten an der Entwicklung? Zur Einkommenszusammensetzung und -verteilung	105

4 Das Kastensystem – Die Identität Indiens 109

4.1	Merkmale des Kastensystems	109
4.1.1	„Varna" und „Jati": Das Mißverständnis	109
4.1.2	Generelle Merkmale	110
4.2	Differenzierung versus Generalisierung – Spezifische Merkmale und regionale Aspekte	113
4.2.1	Die Kaste – ein monolithisches System?	113
4.2.2	Kaste und Rang	114
4.2.3	Kastenrang versus wirtschaftliche Potenz des Individuums?	115
4.2.4	Kaste und Beruf	115
4.3	Die Unberührbaren – oder: Die Vergessenen	117
4.4	Entstehung des Kastensystems	118
4.5	Zusammenfassung	119

5 Dörfer – Städte – Metropolen 121

5.1	Das Dorf: Typischer Lebensraum der Inder	121
5.1.1	Strukturelle Merkmale: Vielfalt vor Einheitlichkeit	121
5.1.2	Funktionale Merkmale: Mythos und Wirklichkeit	125
5.2	Städte und Metropolen: Vielfalt eines Subkontinents	131
5.2.1	Epochen der Stadtentwicklung: Konfrontation der Kulturen	132
5.2.2	Stadtstrukturen	137
5.3	Zentralörtliche Strukturen: Ausdruck der Stadt-Land-Entwicklungsdichotomie	144

6 Die Landwirtschaft: Fundament von Wirtschaft und Gesellschaft 149

6.1	Die entwicklungspolitische Schlüsselstellung der Agrarwirtschaft	149
6.2	Entwicklungstendenzen der Nahrungsmittelproduktion seit der Unabhängigkeit I: Der nationale Rahmen	152
6.3	Entwicklungstendenzen der Nahrungsmittelproduktion seit der Unabhängigkeit II: Der regionale Rahmen	155
6.3.1	Die Anbauregionen: Gegenwärtige Struktur und historischer Wandel	155
6.3.2	Regionale Veränderungen der Nahrungsmittelproduktion	169

Inhalt 7

✗ 7 **Industrie – Vorreiter der Gesamtentwicklung?** 175

7.1 Industriepolitik 175
7.1.1 Theoretische Grundlagen und Zielsetzungen 175
7.1.2 Die „Industrial Policy Resolution" von 1956 und andere Kontrollbestimmungen 177
7.1.3 Planung und Politik seit der Unabhängigkeit: Die Fünfjahrespläne 179
7.2 40 Jahre Industrialisierung: Ergebnisse 182
7.2.1 Produktionsentwicklung 183
7.2.2 Räumliche Verteilung – Regionalpolitik 187
7.2.3 Beschäftigtenentwicklung 189

8 Infrastruktur – Problemkind der wirtschaftlichen und sozialen Entwicklung 197

8.1 Energiewirtschaft und Bodenschätze 197
8.2 Verkehr und Nachrichtenwesen 202
8.2.1 Eisenbahnverkehr 203
8.2.2 Straßenverkehr 207
8.2.3 See- und Küstenschiffahrt 209
8.2.4 Luftverkehr 210
8.2.5 Post- und Nachrichtenverkehr 212
8.3 Gesundheits- und Bildungswesen 213
8.3.1 Gesundheitsversorgung und Ernährungssituation 213
8.3.2 Bildungswesen – Diskrepanz zwischen Planung und Wirklichkeit 215

9 Außenhandel 219

10 Regionale Disparitäten im Entwicklungsstand: Eine Zwischenbilanz 227

10.1 Fünf Herausforderungen 227
10.2 Die Dimensionen des regionalen Entwicklungsgefälles 228
10.2.1 Situationsanalyse: Der nationale Rahmen – Indien 228
10.2.2 Die entwicklungsländerspezifische Dimension: Die Rolle der Metropolen 231
10.2.3 Historische Analyse: Die Entwicklung von 1960 bis zur Gegenwart 234
10.3 Die Relevanz der Ergebnisse für die regionale Entwicklungsplanung und -politik 236

B ENTWICKLUNGSPROBLEME 243

11 Entwicklung und Unterentwicklung in Indien – Historische Ursachen (CH. WILMER) 245

11.1 Zur Fragestellung 245
11.2 Indien vor der britischen Herrschaft – Möglichkeiten einer modernen wirtschaftlichen Entwicklung 246
11.2.1 Ökonomie des Mogulreiches: Die Landwirtschaft 247
11.2.2 Ökonomie des Mogulreiches: Handel und Handwerk 248

11.2.3	Gesellschaft des Mogulreiches: Kastensystem als starres Ordnungsprinzip	248
11.2.4	Zusammenfassung: Entwicklungschancen des Mogulreiches	249
11.3	Die Herrschaft der Briten im Hinblick auf die Entwicklungsperspektiven von Industrie und Handwerk	249
11.3.1	Britische Herrschaft: Die Frühphase (Plünderung Bengalens – Übernahme der Steuerhoheit – Städtisches Luxushandwerk – Zusammenfassung)	250
11.3.2	Britische Herrschaft im 19. und 20. Jahrhundert: Einigung Indiens und Einbindung in das koloniale Wirtschaftssystem (Entwicklung der Eisenbahn – Entwicklung der Industrie – Entwicklung des Außenhandels)	253
11.4	Zusammenfassung	263
11.5	Die britische Herrschaft und das Kastensystem im Hinblick auf die Entwicklungsperspektiven der Landwirtschaft (D. BRONGER)	264
11.5.1	Zwei Fragestellungen	264
11.5.2	Vom Mythos der Dorfgemeinschaft als „Hüter des indischen Lebens"	265
11.5.3	Kollektiver Landbesitz? – Bodenrecht und Kastensystem in vorbritischer Zeit und die Auswirkungen des „permanent settlement" nach 1795	266
11.5.4	Zusammenfassung: „Kaste" in Geschichte und Gegenwart	270
12	**„Kaste" und „Entwicklung" im ländlichen Indien**	**273**
12.1	Problemstellung: Kaste – Raum – Entwicklungschancen	273
12.1.1	Forschungsdefizite – Die Ausgangssituation	273
12.1.2	Zwei Auffassungen – Ein Widerspruch?	274
12.1.3	Das Dorf als Orientierungsrahmen – Die Fragestellungen	274
12.2	Untersuchungsergebnisse I: „Kaste" und „Entwicklung" aus der Sicht der Betroffenen – Die Gemeinde als Bezugsrahmen	275
12.2.1	Die Beispielgemeinde: Kastensystem – Siedlungsbild – Wirtschaftsstruktur	275
12.2.2	Gesetzgebung versus Wirklichkeit – Der Fall der Madiga-Kaste	282
12.2.3	Die Reddi-Kaste – Symbol von Wohlstand und Macht	283
12.2.4	Tradition und Moderne – Die Vodla- und Mangali-Kasten als Beispiel	285
12.3	Untersuchungsergebnisse II: Die Kaste als entwicklungshemmendes Merkmal der Agrargesellschaft. – Der gesamtindische Rahmen	287
12.3.1	„Kaste" als ein dominantes Strukturprinzip im sozialen Leben	288
12.3.2	„Kaste" als ein dominantes Strukturprinzip im wirtschaftlichen Lebensbereich	289
12.3.3	„Kaste" als allgegenwärtiges Strukturprinzip für politisches Handeln	294
13	**Bevölkerung und Entwicklung: Demographische, soziale und wirtschaftliche Auswirkungen der Bevölkerungsexplosion**	**295**
13.1	Agrarproduktion und Bevölkerungsentwicklung	296
13.2	Der überjüngte Altersaufbau und das Beschäftigtenproblem	298
13.3	Das Alphabetisierungsdefizit: Hypothek für die Zukunft	300
13.4	Metropolisierung und Entwicklung I – Metropolitan-externe Folgewirkungen: Die Rolle der Metropole im Entwicklungsprozeß	303

Inhalt

13.4.1	Die Fragestellung: Entwicklungstheoretische Bewertung des Metropolisierungsprozesses	303
13.4.2	Fragen und Antworten – Das Beispiel Bombay	305
13.4.3	Abbau der metropolitanen Primacy – Aber wie? (Bombay/Maharashtra: Das mehrfache Dilemma)	307
13.5	Metropolisierung und Entwicklung II – Metropolitan-interne Folgewirkungen: Marginalisierung – Slumbildung – Einkommensdisparitäten	313
13.5.1	Metropolitane Bevölkerungsexplosion und ihre Folgen: Das Slumproblem	314
13.5.2	Slumstrukturen: Zur sozialökonomischen Situation der Slumbewohner	315
13.5.3	Slumsanierung: Planung und Wirklichkeit	321

14 Industriepolitik am Scheideweg? Entwicklungsprobleme der 90er Jahre 327

14.1	Die Wirtschaftskrise 1991 und die neue Industriepolitik	327
14.2	Entwicklung durch Industrialisierung?: I – Der ländliche Sektor	332
14.3	Entwicklung durch Industrialisierung?: II – Der städtische Sektor	338

15 Entwicklungsprobleme der Agrarwirtschaft 349

15.1	Voraussetzungen: Staatliche Maßnahmen zur Entwicklung der Agrarproduktion und der sozialen Gerechtigkeit	349
15.1.1	Landreform (Auflösung des Zwischenpächtersystems – Reform der Landpacht – Begrenzung des Grundbesitzes – Schaffung landwirtschaftlicher Produktionsgenossenschaften – Flurbereinigung)	349
15.1.2	Community Development-Programme	356
15.1.3	Bewässerung	359
15.1.4	„Grüne Revolution" (Steigerung der Produktion und Produktivität – Partizipation der Agrarbevölkerung)	368
15.2	Entwaldung und Bodenerosion (A. BRONGER)	375

16 Überlebensstrategien im ländlichen Indien – Versuch einer Bilanz 381

16.1	Ursachen und Perspektiven der „Entwicklung": Methodische Fragestellungen	381
16.2	Entwicklung I: Agrarsektor	384
16.2.1	Kastenstruktur und Siedlungsentwicklung (Einführung)	385
16.2.2	Verteilung der Produktionsfaktoren Boden und Wasser nach Kastenzugehörigkeit	385
16.2.3	Entwicklung der Produktionsvoraussetzungen in der Beispielgemeinde 1955–1990	388
16.2.4	Anbaustruktur, Produktion und Produktivitätsentwicklung	391
16.3	Entwicklung II: Sekundärer und tertiärer Sektor	395
16.4	Ausblick: Entwicklungsprobleme und Entwicklungsperspektiven im ländlichen Indien	401

Literaturverzeichnis 407

Anhang (D. BLOCH, mit Beiträgen von D. BRONGER) 433

1 Staat und Territorium 434
2 Landesnatur 440
3 Landesgeschichte (Zeittafel) 443
4 Bevölkerung und Siedlungen 452
5 Wirtschaft 481
6 Verkehr und Nachrichtenwesen 494
7 Soziales, Gesundheitswesen, Bildung und Kultur 496

Glossar zur Geographie, Architektur, Religion und Politik 499
Register 508

Verzeichnis der Abbildungen

Abb. 1.1:	Indien vor der Unabhängigkeit	27
Abb. 1.2:	Wahlergebnisse in Indien 1984, 1989 und 1991	37
Abb. 1.3:	Die Induskultur (um 2000 v. Chr.)	39
Abb. 1.4:	Ashokas Reich (um 250 v. Chr.)	40
Abb. 1.5:	Das Mogul-Reich beim Tod Akbars (1605 n. Chr.)	41
Abb. 1.6:	Die britische Durchdringung Indiens (1750–1860)	45
Abb. 2.1:	Nord-Bewegung der Indischen Platte	52/53
Abb. 2.2:	Geologie Indiens im Überblick	54
Abb. 2.3:	Isohygromenen Indiens	60
Abb. 2.4:	Klimadiagramme Südindiens	61
Abb. 2.5:	Klimadiagramme Nord-, Zentral- und Ostindiens	62/63
Abb. 2.6:	Jahresniederschläge in Hyderabad in der Periode 1901–1980	65
Abb. 2.7:	Indien: Variabilität von Niederschlägen und ihr Einfluß auf den Bodenwasserhaushalt bei verschiedenen Nutzwasserkapazitäten	66/67
Abb. 2.8:	Niederschlagsdiagramme für Rajapalaiyam, südwestliche Tamilnad-Ebene auf täglicher Basis für die Extremjahre 1979 und 1983	68
Abb. 2.9:	Niederschlagsdiagramme für Dewas, Madhya Pradesh, auf täglicher Basis für die Monate Juni–Oktober für zwei Extremjahre	69
Abb. 2.10:	Schema des Ökosystems Tropisch-laubabwerfender Wald	73
Abb. 3.1:	Absolutes Bevölkerungswachstum in Indien und China 1950–1991	88
Abb. 3.2:	Bevölkerungsentwicklung in Indien 1871–1991	89
Abb. 3.3:	Geburtenrate, Sterberate, natürliche Wachstumsrate und Lebenserwartung in Indien 1871–1991	90
Abb. 3.4:	Bevölkerungsdichte Indiens nach Distrikten 1991	94
Abb. 3.5:	Urbanisierungsquote in Indien 1991	99
Abb. 3.6:	Urbanisierungsrate nach Stadtgrößenklassen 1901–1991	101
Abb. 3.7:	Anteil der Stadtbevölkerung nach Größenklassen 1901–1991	102
Abb. 3.8:	Bevölkerungsentwicklung der Metropolen Indiens 1981: Geburtenüberschuß und Wanderungsgewinne und deren Ursachen	104
Abb. 3.9:	Räumliche Migrationsmuster von indischen Städten nach Größenklassen – 1981	104
Abb. 3.10:	Einkommensdisparitäten in Indien nach Anteilsgruppen – 1975/76	107
Abb. 4.1:	Vertikale Struktur der indischen Kaste	112
Abb. 4.2:	Kaste und Heirat in Indien	112
Abb. 5.1:	Südliches Deccan-Hochland: Siedlungsverband (Großgemeinde Kurabalakota)	122
Abb. 5.2:	Siedlungsformen des ländlichen Raumes in Indien	123
Abb. 5.2.1:	Kerala: Kleingemeinde	123
Abb. 5.2.2:	Bengalen: Mauza-Gemeinde	123
Abb. 5.2.3:	Deccan-Hochland: Schwarzerdegemeinde	123
Abb. 5.3:	Großdorf Pochampalli/Deccan-Hochland: Kasten- und Berufsgliederung	126
Abb. 5.4:	Kasten- und Berufsgliederung einer stadtnahen Gemeinde: Dadu Majra/Chandigarh (Punjab)	127
Abb. 5.5:	Art und Höhe der Entlohnung eines Dhobi(Wäscher)-Haushaltes	129
Abb. 5.6:	Beziehungsverhältnisse eines Reddi-Landlords	130
Abb. 5.7:	Kasten-Beziehungsgefüge in einer Region	131

Verzeichnis der Abbildungen

Abb. 5.8:	Grundrißmodelle und -typen indischer Städte	135
Abb. 5.8.1:	Silpasastra-Plan: Gliederung der Stadtviertel nach Kasten	135
Abb. 5.8.2:	Jaipur	135
Abb. 5.8.3:	Tempelstadt Srirangam	135
Abb. 5.8.4:	Hyderabad-Altstadt	135
Abb. 5.8.5:	Old Delhi	135
Abb. 5.9:	Mittelstadt Padra/Gujarat – Landnutzung	139
Abb. 5.10:	Delhi – Stadtentwicklung	140
Abb. 5.11:	Bevölkerungsdichte von Metropolen: Bombay – Calcutta – London	142/143
Abb. 5.12:	Zentralörtliche Struktur einer indischen Region	145
Abb. 6.1:	Wachstum und Zusammensetzung des Bruttoinlandproduktes nach Sektoren 1950/51–1991/92	151
Abb. 6.2:	Jährliche Schwankungen der Nahrungsfrüchteproduktion in Indien 1949/50–1989/90	152
Abb. 6.3:	Entwicklung der Nahrungsfrüchteproduktion in Indien 1949/50–1990/91	153
Abb. 6.4:	Agrarregionen Indiens	156
Abb. 6.5:	Pro-Kopf-Entwicklung der Nahrungsfrüchteproduktion nach indischen Regionen 1969/70–1988/89	170
Abb. 7.1:	Jährliches Pro-Kopf-Wachstum des BIP Indiens zu Faktorkosten nach Wirtschaftssektoren 1950/51–1990/91	184
Abb. 7.2:	Disparitäten industrieller Entwicklung – Industriebeschäftigte nach indischen Bundesstaaten 1986	191
Abb. 7.3:	Beschäftigtenentwicklung im factory-Sektor Indiens nach Bundesstaaten 1961 und 1989	194
Abb. 7.4:	Anteilige Entwicklung der Industriebeschäftigten im factory-Sektor Indiens nach Bundesstaaten 1961 und 1989	195
Abb. 8.1:	Das indische Eisenbahnnetz 1901	204
Abb. 8.2:	Das indische Eisenbahnnetz 1990	206
Abb. 8.3:	Umschlagsentwicklung der wichtigsten Häfen Indiens 1945/46–1989/90	210
Abb. 8.4:	Das indische Flugnetz 1990	211
Abb. 9.1:	Außenhandelsentwicklung Indiens 1960–1991	220
Abb. 9.2:	Außenhandel Indiens nach Bezugsländern 1960/71–1990/91	224
Abb. 10.1	Das regionale Entwicklungsgefälle in Indien im nationalen Rahmen um 1990	229
Abb. 10.2	Das regionale Entwicklungsgefälle in Indien unter Berücksichtigung des Stadt-Land-Entwicklungsgefälles um 1985	233
Abb. 10.3	Regionaltypen in Indien	235
Abb. 12.1:	Juriyal: Kastensystem – Sozialökonomische Schichtenstruktur – Funktionale Gliederung	276/277
Abb. 12.2:	Hierarchie nach Kastenkategorien in einer südindischen Gemeinde	278
Abb. 12.3:	Landeigentümer nach Kastenzugehörigkeit in einer südindischen Gemeinde	286
Abb. 12.4:	Bewässerung und Absentismus in einer südindischen Gemeinde	287
Abb. 13.1:	Pro-Kopf-Produktion der wichtigsten Nahrungs- und Marktfrüchte in Indien 1949/50–1990/91	297
Abb. 13.2:	Altersaufbau der Indischen Union 1981 und der Bundesrepublik Deutschland 1983 im Vergleich	299
Abb. 13.3:	Maharashtra – Regionales Entwicklungsgefälle 1985	306
Abb. 13.4:	Veränderung des Grundwasserstandes und des Druckwasserspiegels in Ahmedabad zwischen 1950 und 1985	316

Verzeichnis der Abbildungen 13

Abb. 13.5:	Slumsanierung als sozialer Siebungsprozeß: Madras – Thandavaraya Chatram (Kastenstruktur)	323
Abb. 13.6:	Entstehung und Auffüllung neuer Slums in indischen Großstädten (Schematische Darstellung)	324
Abb. 14.1:	Wachstumszentrum Aurangabad: Lage der Industriegebiete und der untersuchten Gemeinden	333
Abb. 14.2:	Staatliches Investitionsförderungsprogramm für die Industrie im indischen Bundesstaat Maharashtra	334
Abb. 14.3:	Wandel in der Erwerbsstruktur: Jetpur 1961 und 1988	341
Abb. 14.4:	Anteil der Beschäftigten nach Berufszweig und Kastenzugehörigkeit – Jetpur 1988	343
Abb. 14.5:	Anteil der Beschäftigten nach Beschäftigtenstatus und Kastenzugehörigkeit – Jetpur 1988	345
Abb. 14.6:	Anteil der Beschäftigten nach Beschäftigtenverhältnis und Kastenzugehörig-keit – Jetpur 1988	347
Abb. 15.1:	Marginalisierung der landwirtschaftlichen Betriebe in Indien 1953/54–1985/86	352
Abb. 15.2:	Community Development und Panchayati Raj-Entwicklungsorganisation eines indischen Distrikts	358
Abb. 15.3:	Bewässerte Gebiete in Indien 1982	360/361
Abb. 16.1:	Ramkheri/Jamgod – Siedlungsentwicklung	386/387
Abb. 16.1.1:	Ramkheri/Jamgod 1955: Kastensystem – Sozialökonomische Schichtenstruktur – Funktionale Gliederung	386
Abb. 16.1.2.1:	Jamgod 1990: Kastensystem – Sozialökonomische Schichtenstruktur – Funktionale Gliederung	386
Abb. 16.1.2.2:	Jamgod-Nord 1990: Kastensystem – Sozialökonomische Schichtenstruktur – Funktionale Gliederung	387
Abb. 16.2:	Jamgod: Anbaufläche nach Periode und Intensität 1907/08–1990/91	391
Abb. 16.3:	Jamgod: Anbauspektrum 1950–1970 – 1990	392
Abb. 16.4:	Jamgod: Anbaufläche nach Nutzpflanzen 1950/51–1990/91	393
Abb. 16.5:	Ernteerträge im regionalen und nationalen Vergleich: Jowar, Weizen, Sojabohne 1976/77–1988/89	404

Vorderes Vorsatz
Vorderindien – Relief
Verwaltungsgliederung der Indischen Union 1991

Hinteres Vorsatz
Indien – Religionen
Vorderindien: Sprachen und Völker

Verzeichnis der Tabellen

Tab. 1.1:	Einkommensdisparitäten im Maurya-Reich	42
Tab. 1.2:	Kennziffern zum Entwicklungsstand Indien – China	48
Tab. 1.3:	Relatives und absolutes Wachstum des Bruttosozialproduktes/Kopf 1960–1991 für Indien, China, Indonesien, Brasilien, USA und Deutschland im Vergleich	49
Tab. 2.1:	Waldtypen Indiens und ihre jeweilige Fläche sowie Anteil an der Gesamt-Waldfläche	71
Tab. 3.1:	Bevölkerungsplanung in Indien- Programm und Wirklichkeit 1980–2000	92
Tab. 3.2:	Urbane Bevölkerung in Indien nach Größenklassen – 1991	97
Tab. 3.3:	Ländliche Bevölkerung in Indien nach Gemeindegrößenklassen – 1981	97
Tab. 3.4:	Regionale Urbanisierungsquote in Indien nach Stadtgrößenklassen – 1991	98
Tab. 3.5:	Erwerbsstruktur der Bevölkerung Indiens nach Wirtschaftssektoren 1901–1981	102
Tab. 3.6:	Einkommenszusammensetzung der Haushalte – Stadt : Land in Indien 1975/76	106
Tab. 3.7:	Anteil der Haushaltseinkommen nach Einkommensstufen in Indien – 1975/76	106
Tab. 5.1:	Wachstumsmuster metropolitaner Kerngebiete im internationalen Vergleich: Bombay/Calcutta – London/New York	144
Tab. 6.1:	Zusammensetzung des Bruttoinlandproduktes ausgewählter Länder nach Sektoren	150
Tab. 6.2:	Anbauzusammensetzung in indischen Regionen 1988/89	158/159
Tab. 6.3:	Regionale Produktion und Vermarktung von Reis in Indien 1972/73 und 1980/81	160
Tab. 6.4:	Regionale Produktion und Vermarktung von Sorghumhirse (Jowar) in Indien 1982–83	160
Tab. 6.5:	Regionale Produktion und Vermarktung von Weizen in Indien 1980–81	162
Tab. 6.6:	Veränderung der bewässerten Fläche nach Nutzpflanzen 1971/72–1984/85 nach Regionen Indiens	165
Tab. 6.7:	Strukturwandel im Anbau in 13 Gemeinden des Krishna-Deltas 1901–1969	166/167
Tab. 6.8:	Pro-Kopf-Entwicklung der Nahrungsfrüchteproduktion nach indischen Regionen 1969/70–1990/91	171
Tab. 6.9:	Regionale Entwicklung des Produktionswertes und der Produktivität der wichtigsten Nutzpflanzen in Indien 1962–1983	172
Tab. 7.1:	Ausgaben der indischen Zentralregierung und der Bundesstaaten für die Entwicklung 1951–1991	180/181
Tab. 7.2:	Wachstumsraten in Indien nach Planperioden 1951/56–1985/90	183
Tab. 7.3:	Verarbeitendes Gewerbe: Produktionsstruktur und Wachstum im internationalen Vergleich 1965–1990	186
Tab. 7.4:	Industrieproduktion Indiens im Vergleich zu Deutschland (W) und Südkorea 1960 und 1990	187
Tab. 7.5:	Industrieproduktion Indiens – Regionale Dynamik 1961–1986	190
Tab. 7.6:	Industriebeschäftigte Indiens nach Branchen 1950–1989	190
Tab. 7.7:	Beschäftigtenentwicklung im Verarbeitenden Gewerbe Indiens seit 1950	193
Tab. 8.1:	Energieerzeugung Indiens 1950/51–1993/94	198
Tab. 8.2:	Anteil der Elektrizitätserzeugung nach der Art der Kraftwerke in Indien	198
Tab. 8.3:	Anteil des Elektrizitätsverbrauchs nach Verbrauchergruppen in Indien	199
Tab. 8.4:	Entwicklung des indischen Eisenbahnverkehrs 1950/51–1992/93	203

Verzeichnis der Tabellen

Tab. 8.5:	Entwicklung des Straßennetzes Indiens 1950/51–1990/91	207
Tab. 8.6	Entwicklung des indischen Kraftfahrzeugbestandes 1949–1993	208
Tab. 8.7:	Entwicklung des indischen Post- und Nachrichtenverkehrs 1950/51–1992/93	213
Tab. 8.8:	Entwicklung der medizinische Versorgung in Indien 1965–1991	214
Tab. 8.9:	Schulen und andere Bildungseinrichtungen in Indien	216
Tab. 9.1:	Außenhandel Indiens im internationalen Vergleich	220
Tab. 9.2:	Importstruktur Indiens 1950/51–1993/94	222
Tab. 9.3:	Exportstruktur Indiens 1950/51–1993/94	223
Tab. 9.4:	Anteil Indiens am Weltexport – Auslandsverschuldung – Terms of Trade (TOT)	226
Tab. 10.1:	Dynamik des regionalen Entwicklungsgefälles in Indien 1960/61–1991/92	237
Tab. 11.1:	Der indische Außenhandel mit Baumwollwaren im ersten Drittel des 19. Jahrhunderts	257
Tab. 11.2:	Entwicklung der Baumwolltextilindustrie in Britisch-Indien an der Wende vom 19. zum 20. Jahrhundert	258
Tab. 11.3:	Entwicklung der Juteindustrie in Britisch-Indien in der zweiten Hälfte des 19. Jahrhunderts und zu Beginn des 20. Jahrhunderts	259
Tab. 11.4:	Zusammensetzung der indischen Exporte und Importe 1885/86 und 1913/14	262
Tab. 11.5:	Landsteuer nach Kasten in vier Distrikten des mittleren Gangestieflandes um 1596	267
Tab. 11.6:	Zamindare nach Kastenzugehörigkeit in fünf Distrikten des mittleren Gangestieflandes 1789/90	268
Tab. 11.7:	An- und Verkauf von Land nach Kastenzugehörigkeit in fünf Distrikten des mittleren Gangestieflandes 1795–1850	269
Tab. 11.8:	Landeigentümer nach Kastenzugehörigkeit in vier Distrikten des mittleren Gangestieflandes 1885	269
Tab. 12.1:	Kastenzugehörigkeit und Produktionsfaktor Boden in einer südindischen Gemeinde	279
Tab. 12.2:	Größe des Landeigentums nach Kastenzugehörigkeit in sechs Gemeinden des Deccan-Hochlandes	280
Tab. 12.3:	Kastenzugehörigkeit und Produktionsfaktor Wasser in einer südindischen Gemeinde	281
Tab. 12.4:	Größe des individuellen Landeigentums nach Kastenzugehörigkeit in einer südindischen Gemeinde	284
Tab. 12.5:	Interdependenz Kastenrang – Einschulung – Verschuldung in Indien	290
Tab. 12.6:	Kaste – Rang – Beruf – Berufswirklichkeit in einer südindischen Gemeinde	292
Tab. 13.1:	Entwicklung des Pro-Kopf-Einkommens in Indien 1868–1945	295
Tab. 13.2:	Reales Wachstum des Bruttoinlandproduktes/Kopf in Indien 1950/51–1993/94	295
Tab. 13.3:	Pro-Kopf-Produktion wichtiger Agrarerzeugnisse in Indien 1949/50–1990/91	296
Tab. 13.4:	Nettoverfügbarkeit wichtiger Grundnahrungsmittel und Konsumartikel pro Kopf der Bevölkerung in Indien 1961–1994	298
Tab. 13.5:	Entwicklung des Analphabetismus in Indien 1951–1991	301
Tab. 13.6:	Regionale Differenzierung der lese- und schreibkundigen Bevölkerung nach Geschlechtern in Indien 1991	302
Tab. 13.7:	Großmetropole Bombay – Dynamik der Primacy	311
Tab. 13.8:	Wohnverhältnisse in vier indischen Slumtypen	317
Tab. 13.9:	Haushaltsgröße und Altersstruktur in Hyderabad: Slumbewohner 1983	319
Tab. 13.10:	Einkommensdisparitäten in Slum-Haushalten – Madras 1977	320
Tab. 13.11:	Erwerbstätigen-Berufe von 10 000 pavement dweller-Haushalten in Calcutta (1973)	320
Tab. 14.1:	Wirtschaftswachstum Indiens im Vergleich zu ost-, südost- und südasiatischen Staaten 1960 und 1990	328
Tab. 14.2:	Anteil des Warenhandels am Bruttoinlandprodukt – Indien im Vergleich zu ost-, südost- und südasiatischen Staaten – 1990	329

Tab. 14.3:	Armut in den Ländern der „Dritten" Welt 1985–1990	330
Tab. 14.4:	Sozialindikatoren 1960–1990 – Indien im internationalen Vergleich	330
Tab. 14.5:	Kastenzugehörigkeit der Bevölkerung von Jetpur/Gujarat 1988	342
Tab. 14.6:	Anteil der Lohnempfänger nach Beschäftigtenverhältnis und Kastenzugehörigkeit in Jetpur/Gujarat 1988	347
Tab. 15.1:	Maßnahmen zur Produktionssteigerung in der indischen Landwirtschaft – Entwicklung der Bewässerung 1950/51–1990/91	363
Tab. 15.2:	Bewässerungsmöglichkeiten und deren Nutzung in zwei Gemeinden Südindiens	364/365
Tab. 15.3:	Bewässerung in Indien nach Betriebsgrößenklassen 1980/81 – Röhrentiefbrunnen	368
Tab. 15.4:	Entwicklung der Düngemittelproduktion und des Düngemittelverbrauchs in Indien 1960/61–1993/94	370
Tab. 15.5:	Produktivitätsentwicklung in der indischen Landwirtschaft nach Regionen – Reis und Weizen 1970/71–1986/87	371
Tab. 15.6:	Produktivitätsentwicklung in Indien im internationalen Vergleich 1972–1990	372
Tab. 15.7:	Anbau und Bewässerung in der indischen Landwirtschaft nach Betriebsgrößenklassen – Reis und Weizen 1980/81	375
Tab. 15.8:	Abnahme der Bodenerträge in Indien durch Bodenerosion	379
Tab. 16.1:	Ramkheri/Jamgod – Bevölkerungsentwicklung im 20. Jahrhundert	384
Tab. 16.2:	Kastenzugehörigkeit und Produktionsfaktor Boden in Ramkheri (1955)/ Jamgod (1990)	389
Tab. 16.3:	Kastenzugehörigkeit und Produktionsfaktor Wasser in Jamgod 1990	390
Tab. 16.4:	Jamgod – Anbau von Weizen, Zuckerrohr und Obst/Gemüse/Gewürzen nach der Zugehörigkeit der Produzenten zu ausgewählten Kasten	394
Tab. 16.5:	Ramkheri (1955)/Jamgod (1990) – Entwicklung der auswärtigen Erwerbstätigkeit nach Distanz, Sektor und Transportmittel	397
Tab. 16.6:	Ausbau der Infrastruktur in Jamgod – neugeschaffene Arbeitsplätze außerhalb der Gemeinde (seit 1955)	398
Tab. 16.7:	Ausbau der Infrastruktur in Jamgod – neugeschaffene Arbeitsplätze innerhalb der Gemeinde (seit 1955)	399
Tab. 16.8:	Ramkheri (1955)/Jamgod (1990) – Entwicklung von Elektrifizierung, Kommunikation und Verkehr	400

Anhang

Tab. A 1.1:	Bundesstaaten und Unionsterritorien Indiens	433
Tab. A 1.2:	Kennziffern zum Entwicklungsstand Indiens im Vergleich mit anderen asiatischen Ländern und der Bundesrepublik Deutschland	435/439
Tab. A 2.1:	Wichtige Klimastationen Indiens	441
Tab. A 2.2:	Wichtige physisch-geographische Elemente Indiens	442
Tab. A 4.1:	Sprachen Indiens	453
Tab. A 4.2:	Bevölkerungsentwicklung Indiens	453
Tab. A 4.3:	Bevölkerungsentwicklung Indiens nach Bundesstaaten und Unionsterritorien 1961–1991	454
Tab. A 4.4:	Altersstruktur der indischen Bevölkerung 1990	453
Tab. A 4.5:	Weitere Angaben zur Bevölkerungsstruktur Indiens	453
Tab. A 4.6:	Religionen Indiens	455
Übersicht und Tab. A 4.7: Anzahl und Verbreitung der wichtigsten Kasten Indiens		455/472
Tab. A 4.8:	Wichtige Städte Indiens	473/474
Tab. A 4.9:	Bevölkerungsentwicklung der indischen Metropolen 1901–1991	475
Tab. A 4.10:	Bevölkerungsentwicklung der indischen Großstädte 1901–1991	476
Tab. A 4.11:	Verteilung der indischen Dorfbevölkerung nach Gemeindegrößenklassen 1991	477
Tab. A 4.12:	Urbanisierung in Indien nach Stadtgrößenklassen 1901–1991	478/479
Tab. A 4.13:	Einkommensdisparitäten in Indien nach Anteilsgruppen 1975/76	480

Verzeichnis der Tabellen

Tab. A 5.1:	Beschäftigtenstruktur Indiens	482
Tab. A 5.2:	Entstehung des Bruttoinlandproduktes Indiens	482
Tab. A 5.3:	Landnutzung in Indien 1990	482
Tab. A 5.4:	Wichtigste Nutzpflanzen Indiens	483–486
Tab. A 5.5:	Ackerbau in Indien 1992/93	486
Tab. A 5.6:	Entwicklung der Agrarproduktion Indiens 1949/50–1993/94	488/489
Tab. A 5.7:	Bewässerungsfläche in Indien 1989/90	486
Tab. A 5.8:	Anteil der bewässerten Fläche an der Gesamtanbaufläche wichtiger Nutzpflanzen nach Regionen Indiens 1986–87	487
Tab. A 5.9:	Viehwirtschaft Indiens 1991	486
Tab. A 5.10:	Forstwirtschaft Indiens 1987/89	490
Tab. A 5.11:	Fischereiwirtschaft Indiens 1992/93	490
Tab. A 5.12:	Produktion ausgewählter Bergbauerzeugnisse in Indien 1992/93	490
Tab. A 5.13:	Elektroenergiewirtschaft in Indien 1992/93	490
Tab. A 5.14:	Anteil der Industriezweige am Produktionswert in Indien 1986/87	490
Tab. A 5.15:	Produktion ausgewählter Erzeugnisse des Verarbeitenden Gewerbes in Indien 1992/93	491
Tab. A 5.16:	Produktionsentwicklung ausgewählter Erzeugnisse des Verarbeitenden Gewerbes in Indien 1950/51–1990/91	492–493
Tab. A 5.17:	Tourismus in Indien 1993	491
Tab. A 5.18:	Staatlich anerkannte Hotels in Indien 1993	491
Tab. A 5.19:	Außenhandel Indiens 1992/93	491
Tab. A 6.1:	Eisenbahnwesen Indiens 1991	495
Tab. A 6.2:	Straßenverkehr Indiens	495
Tab. A 6.3:	Flugverkehr Indiens 1992/93	495
Tab. A 6.4:	Seeverkehr Indiens 1991/92	496
Tab. A 6.5:	Kommunikationswesen in Indien 1992/93	496
Tab. A 7.1:	Versicherungsprogramme in Indien 1986	497
Tab. A 7.2:	Gesundheitswesen Indiens 1991	498
Tab. A 7.3:	Bildungswesen Indiens 1991	498
Tab. A 7.4:	Anteil der Analphabeten an der Bevölkerung Indiens 1991	498

Einführung: Zur Zielsetzung dieser Darstellung

Wie will man ein Land beurteilen (geschweige denn ihm „gerecht werden"),

- dessen Sozialordnung, das auch heute noch alle Lebensbereiche umfassende Kastensystem, Jahrtausende alt ist
- dessen Haupttransportmittel auf dem Lande, der Ochsenkarren, gleichfalls Jahrtausende alt ist
- dessen Hauptarbeitsgerät des Haupt-Wirtschaftszweiges, der hölzerne Hakenpflug, zehntausend Jahre alt ist

und das gleichzeitig

- zu den ersten Hochkulturen der Menschheit gehört und die Wiege von zwei der vier Weltreligionen ist
- heute in der Lage ist, Atomkraftwerke zu bauen und Satelliten in das Weltall zu schicken und
- last but not least dazu fähig war, unmittelbar nach der erreichten Unabhängigkeit (1947) sich selbst die als am fortschrittlichsten bezeichnete Regierungsform, die Demokratie, zu geben (worin es sich von fast allen Ländern der „Dritten" Welt positiv unterscheidet)?

Wie will man die erreichten Ergebnisse, die „Entwicklung" des unabhängigen Indien – und darum geht es in dieser Darstellung – beurteilen

- Z. B. auf dem Gebiet der *Landwirtschaft*: Die Nahrungsmittelproduktion erhöhte sich in den vergangenen 40 Jahren um mehr als das Dreifache. Trotz starker Bevölkerungszunahme blieb eine nennenswerte Steigerung der Pro-Kopf-Produktion um 40% übrig: ohne Zweifel eine beachtliche Leistung.

Aber: Die Pro-Kopf-Produktion ist seit Beginn der 60er Jahre stagnierend. Erst die letzten drei Rekordernten (1988/89–1990/91) brachten hier eine spürbare Besserung. Und: Die genannte Steigerung beschränkt sich in erster Linie auf Weizen, ferner auf Reis; die der nächstwichtigen Nahrungsfrüchte Hirse und Hülsenfrüchte ist (seit langem) rückläufig. Und: Von den Produktionssteigerungen profitierten direkt nur wenige Regionen.

Oder: Die Verdreifachung der Brutto-Bewässerungsfläche in der gleichen Zeit ist ebenso beachtlich – und hat die o. g. Erfolge erst möglich gemacht.

Aber: Hat die dadurch erfolgte erhöhte Wasserentnahme nicht zu einem gefährlichen Absinken des Grundwasserspiegels geführt? Ist eine „Weiterentwicklung" in diesem Sinne überhaupt noch zu verantworten?

- Z. B. auf dem Gebiet der *Industrie*: Indien rangiert unter den 15 größten Industrieproduzenten der Erde.

Aber: Das Land nimmt nur einen hinteren Platz im Export von Industriegütern ein.

Oder: Das Industriewachstum ist in den vergangenen 40 Jahren mit einer durchschnittlichen Wachstumsrate von 5,6%/Jahr durchaus beachtlich.

Aber: Der Anteil der Industriebeschäftigten ist mit weniger als 10% an der Gesamtzahl bis heute sehr gering geblieben.

Oder: Indiens technisches know-how ist in den Ländern der „Dritten" Welt gefragt. Aber: Die indische Industrie ist vielfach nicht in der Lage, den einheimischen Massenbedarf mit einfachen und preiswerten Konsumgütern angemessen zu befriedigen.

– Z. B. auf dem Gebiet der *Energie*: Während 1950/51 der Anteil der an das Elektrizitätsnetz angeschlossenen Gemeinden gerade 0,5% betrug, sind es heute (1993/94) 85%, was bedeutet, daß immerhin über die Hälfte sämtlicher Haushalte davon profitieren. Und: Die Steigerung der Elektrizitätserzeugung um das 47fache im gleichen Zeitraum (bei allerdings sehr niedriger Ausgangsposition) war in hohem Maße mitverantwortlich, ja Grundlage für die Produktionserfolge von Landwirtschaft und Industrie.

Aber: Noch immer wird zwei Fünftel des Energiebedarfs durch nicht-kommerzielle Energieträger, in erster Linie durch Feuerholz gedeckt – ökologisch eine tickende Zeitbombe, hat dies doch eine gravierende Waldzerstörung und diese wiederum eine erhebliche Bodenerosion zur Folge. Im Zusammenwirken mit dem Absinken des Grundwasserspiegels stellt sie eine ernsthafte Gefährdung der zukünftigen Nahrungsmittelversorgung der Bevölkerung dar.

– Schließlich – und vor allem – der *Mensch*: Für die Mehrzahl der Bewohner Indiens haben sich die Lebensverhältnisse seit der Unabhängigkeit verbessert. Aber: Die Armut hat in Indien nach wie vor Massencharakter; in vielen Regionen sind Unterernährung, Säuglingssterblichkeit und Analphabetentum extrem hoch geblieben.

Und wie will man alle diese Fragen, auch Widersprüche (und viele, viele mehr), für ein Land beantworten, welches kein Land im herkömmlichen Sinne ist, sondern als Subkontinent bezeichnet werden muß,

– dessen Fläche die der EU um über ein Drittel übertrifft und – weit wichtiger –
– dessen Bevölkerungszahl so groß ist wie die Nord-, Mittel- und Südamerikas plus Japan zusammengenommen oder die der „zweiten" (ehemalige Sowjetunion) und „vierten" Welt (Afrika) zusammen entspricht? Jeder sechste Mensch auf der Erde ist eine Inderin oder ein Inder.

Kurz: ein Land mit einer sonst kaum erreichten kulturellen, sozialen und regionalen Vielfalt – aber auch Zersplitterung: Bereits die unterste Verwaltungseinheit, das „revenue village", besteht, nein: ist segmentiert in im Durchschnitt 25 Kasten bzw. kastenähnliche Gruppen. *Jeder* einzelne ist in eine hineingeboren und wird als Angehöriger dieser gleichen Kaste sterben, denn es herrscht Endogamie, d. h. Zwang zur Heirat innerhalb ein und derselben Kaste – mit der zwangsläufigen Folge, daß ein sozialer Aufstieg fast unmöglich, ein wirtschaftlicher – jedenfalls der tiefer rangierenden Kastenangehörigen, und das sind über 80% der Hindus! – sehr erschwert wird. Das gilt ganz besonders für die Parias oder „Unberührbaren", mißverständlich oft als „Kastenlose" bezeichnet. Nein, sie stehen „nur" außerhalb der hinduistischen Kastenordnung, werden aber – paradoxerweise – statistisch von den Hindus vereinnahmt. Die Parias, heute ca. 150 Millionen Menschen, zerfallen ihrerseits in viele hundert Kasten, die sich hinsichtlich ihres sozialen Ranges besonders stringent voneinander unterscheiden und auch die übrigen Kastenregeln – Endogamie, Speisevorschriften etc. – strikt praktizieren. Sie, die in der Amtssprache als „scheduled castes" („registrierte Kasten") bezeichnet werden, sind bis heute der Bodensatz der Gesellschaft. Sie müssen sämtliche unreinen Tätigkeiten, die den übrigen Hindus verboten sind, wie Abfallbeseitigung, Häuten toter Tiere etc., verrichten.

Aber ist Indien nicht die „größte Demokratie der Welt", in der allen Menschen Gleichheit vor dem Gesetz (§ 14 der indischen Verfassung) garantiert ist, das Kastensystem aufgehoben (§ 15) und die „Unberührbarkeit" abgeschafft ist (§ 17), und in der „alle Bürger das Recht besitzen, jeden Beruf auszuüben oder jede Art der Beschäftigung oder des Handels zu betreiben" (§ 19)?

Spätestens jetzt sind wir mitten in der Thematik unserer Darstellung

Indien als Entwicklungsland.

Eine solche Fragestellung bzw. Zielsetzung bedeutet, daß die im *ersten Hauptteil* behandelten *Strukturen* gleichzeitig als Merkmal von Entwicklung und Unterentwicklung, als Entwicklungsdeterminanten analysiert werden müssen. Begonnen wird mit dem Naturpotential, den „naturräumlichen und landschaftsökologischen Rahmenbedingungen" des Subkontinents (Kap. 2). Sodann werden die soziokulturellen Faktoren, zunächst die Bevölkerungsproblematik (Kap. 3), dann das Kastensystem als spezifisches Merkmal, als die eigentliche Identität Indiens (Kap. 4) sowie seine räumliche „Inkarnation" in den dörflichen und städtischen Siedlungen (Kap. 5) behandelt. Es schließt sich an die Analyse der beiden Hauptfaktoren des Wirtschaftslebens, der Landwirtschaft (Kap. 6) und der Industrie (Kap. 7), sodann die der (übrigen) Infrastruktur – Energie, Verkehr, Gesundheits- und Bildungswesen – (Kap. 8) und schließlich die Entwicklungsprobleme des Außenhandels (Kap. 9). Als Zwischenbilanz werden die genannten Entwicklungsdeterminanten in ihrer *regionalen Differenzierung* analysiert, womit nicht allein dieser (bei einem Subkontinent leicht vernachlässigten) Komponente Rechnung getragen

wird, sondern mit dieser Dimension ein ganz wesentliches Merkmal der Entwicklungsländer genannt wird: Dies ist die Existenz ausgeprägter regionaler Disparitäten sowohl in wirtschaftlicher als auch in sozialer und kultureller Hinsicht *innerhalb* dieser Länder und ihrer Regionen mit dem Ergebnis, daß hier eine ganze Reihe von Entwicklungsniveaus *nebeneinander* bestehen (Kap. 10). – Eingeleitet wird dieser erste Teil mit dem Versuch, Indien in seiner schwer zu fassenden Dichotomie zwischen „Hochkultur" und „Entwicklungsland" zu begreifen, beide Begriffe selbst zu hinterfragen und damit zum Verständnis des Kulturerdteiles beizutragen (Kap. 1).

Mit der Analyse der Strukturelemente allein wird man der Zielsetzung *Indien als Entwicklungsland* sicher nicht gerecht. Um zur zentralen Fragestellung, den *Ursachen der Unterentwicklung* vorzudringen, ist die Analyse der den gegenwärtigen Stand, vor allem aber den Entwicklungsprozeß beeinflussenden und steuernden, endogenen und exogenen Faktoren notwendig. Wesentlich ist dabei, daß die Entwicklungsdeterminanten in ihrem komplexen Zusammenwirken analysiert werden.

Der *erste* Problemkreis der im *zweiten Hauptteil* behandelten *Entwicklungsprobleme* steht unter dem oft zitierten Slogan: „Die Briten sind an allem schuld", lange Zeit eine bei indischen Nationalisten beliebte Erklärung der Unterentwicklung, der trotzdem bis heute ernst genommen werden muß (Kap. 11).

Im *zweiten* Abschnitt wird der Frage nachgegangen, welche Rolle das Kastensystem heute im wirtschaftlichen, sozialen und politischen Leben des Einzelnen und der Gruppe und damit für die Entwicklung des Landes spielt (Kap. 12).

Unter den zahlreichen Entwicklungsdeterminanten ist die *Bevölkerungsdynamik* der wohl entscheidende Entwicklungsfaktor. Um 340 Millionen Menschen, das ist die heutige Einwohnerzahl der EU oder die zwanzigfache des Kontinents Australien (an Fläche fast zweieinhalbmal so groß), hat die Bevölkerung Indiens in den vergangenen 23 Jahren zugenommen. Man muß sich das vergegenwärtigen: 340 Millionen in 23 Jahren, einem Wimpernschlag der Geschichte. 340 Millionen hatte Indien kurz vor seiner Unabhängigkeit erreicht, d. h. nach vielen tausend Jahren seiner Existenz. Im *dritten* Abschnitt wird der Versuch unternommen, die kausalen Wechselwirkungen zwischen der Bevölkerungsdynamik auf der einen und dem der Agrarproduktion, dem Bildungswesen, der Beschäftigungsproblematik sowie den internen wie externen Entwicklungsproblemen des urbanen Sektors auf der anderen Seite zu analysieren (Kap. 13).

Im *vierten* und *fünften* Abschnitt werden wesentlich erscheinende Kausaldeterminanten der industriellen und agraren Entwicklung behandelt (Kap. 14 und 15).

Im abschließenden Kapitel wird der – stets problematische – Versuch einer *Bilanz* nach viereinhalb Jahrzehnten Unabhängigkeit unternommen. Dabei wurde vom „Schema" einer üblichen Zusammenfassung bewußt abgegangen, stattdessen die konkrete Lebenssituation sämtlicher Bewohner eines zentralindischen Dorfes von 1955 der von heute (1990) gegenübergestellt. Die Daten dieser Detailanalyse wurden mit dem gesamt-indischen Faktennetz verknüpft und damit versucht, die Probleme, Ergebnisse und Zukunftsperspektiven der ländlichen Entwicklung aufzuzeigen (Kap. 16).

Das Bemühen, die gemachten Aussagen auch quantitativ zu belegen (was die große Zahl der oft arbeitsreichen Tabellen und Abbildungen erklärt), halte ich für selbstverständlich und unerläßlich – eine eigentlich triviale Bemerkung, die leider eher selten als solche praktiziert wird.

Besonderen Dank sagen möchte ich meinem Zwillingsbruder Arnt Bronger/Universität Kiel für die Abfassung der Kapitel 2 und 15.2 und ebenso Christoph Wilmer für das Kapitel 11.1–4. Herzlich zu danken habe ich meinen Mitarbeitern Wilfried Gebhardt für die Herstellung der Karten und Markus Postert für die Textverarbeitung und graphische Umsetzung der Daten. Die Schlußredaktion der Karten lag, wie in den vergangenen 25 Jahren, in den bewährten Händen von Herrn Dieter Rühlemann.

Mit Wehmut denke ich bei dem fertiggestellten Manuskript an meinen verstorbenen Freund, Herrn Dr. Hans Kruse, 1964–1969 Honorarprofessor an der Osmania University Hyderabad. Als ich im Oktober 1967 zum ersten Mal den „Sozialschock Indien" erlebte, war er es, der mich zunächst nicht verzweifeln ließ und mich dann Schritt für Schritt in das Phänomen Indien einführte. Ihm verdanke ich meine Liebe zu Land und Menschen, ohne die diese Darstellung nicht möglich gewesen wäre. Diese Arbeit sei ihm zum Gedenken gewidmet.

Dirk Bronger

A
STRUKTUREN

1 Indien: Frühhistorische Hochkultur – heute Entwicklungsland: Zum Verständnis eines Kulturerdteils

Der hier vorgelegte Versuch eines einzelnen, noch dazu des Angehörigen einer fremden Kultur, eine „Landeskunde Indien" zu schreiben, ist ohne ein (sehr) schlechtes Gewissen nicht möglich. Je länger man in diesem Riesenland gelebt hat, desto komplexer und undurchdringlicher erscheinen seine Probleme. Indien ist ein Subkontinent von – derzeit (1996) – fast 930 Millionen Menschen. Sie bekennen sich nicht allein zu zwei Weltreligionen, Hinduismus und Islam, sondern darüber hinaus zu einer Vielzahl weiterer jeweils viele Millionen zählenden Religionsgemeinschaften: Sikhs, Jains, (Neo-)Buddhisten, Christen und Parsis. Doch damit nicht genug: Zusätzlich ist die Bevölkerung – nicht nur die 82% Hindus! – in ca. 5000 Kasten und kastenähnliche Gruppen separiert – letzteres ist nicht nur im wahrsten Sinne des Wortes zu verstehen sondern auch einzigartig unter allen Ländern der Erde. Und auch das ist noch nicht alles: Von den fast 930 Millionen werden 15 Haupt- und Regionalsprachen – oft mit eigener Schrift! – gesprochen, daneben gibt es weitere 24 selbständige Sprachen, über 720 Dialekte und 23 Stammessprachen. Kurz: Bei einem solchen Unterfangen wird man ständig mit der Frage konfrontiert: Inwieweit kann man der Wirklichkeit gerecht werden?

Diese Frage stellt sich umso mehr, als Indien bis heute ein Land der Vielfalt, der Gegensätze und der Widersprüche geblieben ist. An diesem komplexen Bild hat die traditionsreiche und umfangreiche Indien-Forschung (allein die Bibliothek des Instituts für Weltwirtschaft, Kiel, verzeichnet eine sechsstellige Zahl von Titeln), so viele hervorragende Ergebnisse auch vorliegen, zwar viele Aspekte zu erhellen vermocht, die Mehrzahl der schwer verständlichen Probleme und Widersprüche sind jedoch geblieben – ein eindeutiges Indiz dafür, daß eigene, empirisch gewonnene (Er-)Kenntnisse der Probleme unverzichtbar sind.

1.1 „Größte Demokratie der Welt"? – Widersprüche

Von diesen vielen Gegensätzen und (scheinbaren?) Widersprüchen seien im folgenden einige für das Verständnis des Subkontinents wichtige genannt:

1.1.1 Politisches System

In der Nacht vor dem 15. August 1947, dem indischen Unabhängigkeitstag, legte Nehru sein berühmtes Gelöbnis ab: „Vor langen Jahren haben wir eine Verabredung mit dem Schicksal getroffen, und nun ist die Zeit gekommen, da wir unser Versprechen einlösen werden, nicht gänzlich oder in vollem Unfang, aber im wesentlichen. Wenn es Mitternacht schlägt und die Welt im Schlaf liegt, wird Indien zu Leben und Freiheit erwachen. Es naht ein Augenblick, wie er in der Geschichte nur selten vorkommt, da wir aus dem Alten in das Neue treten, da ein Zeitalter endet und da die Seele der Nation sich nach langer Unterdrückung Ausdruck verschafft." Ein Bundesstaat sollte entstehen mit Säkularismus als Basis. Das Land sollte sich zu einer über alle Rassen-, Kasten- und Religionsschranken hinaus reichenden indischen

Identität bekennen. Und dieser Wandel sollte unter direkter Beteiligung des Volkes, durch die von ihm gewählten Regierungen verwirklicht werden. „Wir müssen", so schloß Nehru seine Rede mit einem Appell, „das edle Haus des freien Indien bauen, in dem alle seine Kinder gut leben mögen" (zitiert aus: EDWARDES 1988: S. 282).

Die im November 1949 nach fast zweieinhalbjähriger Diskussion von der verfassungsgebenden Versammlung verabschiedete *Verfassung* trat am 26. Januar 1950 in Kraft. Trotz seither 46 „amendments" sind ihre Grundstrukturen bis heute erhalten geblieben: Die *Indische Union* ist eine *demokratische Republik*, die die Grundrechte aller Bürger garantiert: Redefreiheit, Versammlungsfreiheit, freie Wahlen. Die „Unberührbarkeit" ist abgeschafft, ihr Praktizieren strafbar (s. Kap. 12.1). Die Volksvertretungen bestehen auf Unionsebene wie auch bei den (meisten) Ländern aus einem Zwei-Kammer-Parlament: Die *Rajya Sabha* (Staatenkammer, „Oberhaus"), dessen maximal 250 Abgeordnete, bis auf 12 vom Staatspräsidenten direkt ernannte, jeweils auf 6 Jahre von den regionalen gesetzgebenden Körperschaften gewählt werden (im Rotationsprinzip wird alle zwei Jahre ein Drittel von ihnen „ausgetauscht"). Die Mitglieder der *Lok Sabha* (Volkskammer, „Unterhaus") mit maximal 542 Abgeordneten werden, mit Ausnahme von drei vom Präsidenten direkt bestimmten Volksvertretern, in allgemeinen, freien Wahlen alle 5 Jahre direkt vom Volk gewählt (Wahlalter: 21 Jahre). In der Lok Sabha sind ca. 70 Sitze für die „scheduled castes" (Unberührbare) und 30 für die „scheduled tribes" reserviert.

Die letzten, nach der Ermordung Rajiv Gandhis notwendig gewordenen Wahlen vom 15. 6. 1991 (Punjab erst am 19. 2. 1992) ergaben folgende Sitzverteilung in der 10. Lok Sabha: Kongreßpartei: 243 Sitze; Bharatiya Janata Party (BJP): 119; Janata Dal: 61; Communist Party of India (CPI): 35; Übrige: 75 Sitze. Die absolute Mehrheit liegt bei 267 Sitzen. Die Wahlbeteiligung betrug etwa 50%. – In der Rajya Sabha gehören 158 der 244 Senatoren der Kongreßpartei an.

Das 3 287 590 km^2 umfassende *Bharat* (Indien) gliedert sich in 25 Bundesstaaten sowie sieben Unionsterritorien, die der unmittelbaren Verwaltung der Zentralregierung unterstehen (vgl. Übersichtskarte im Vorderen Vorsatz; Tab. A 4.3 – Anhang). Den Status eines Unionsstaates erhielten zuletzt Mizoram (1986), Arunachal Pradesh (1986) und Goa (1987 – vormals portugiesische Provinz, ab 1961 Unionsterritorium). Die Staaten und Unionsterritorien gliedern sich weiter in (1991) 466 Distrikte (1981: 412), diese wiederum in Tahsils (Kreise; im ⌀10 pro Distrikt), diese in Städte und Gemeinden (im ⌀125 pro Tahsil).

Nominelles Staatsoberhaupt ist der von einem, aus Zentral- und Landesparlamentariern gebildete, Wahlausschuß auf fünf Jahre gewählte *Präsident* (Wiederwahl zulässig). Die stärkste Partei wählt aus ihrer Mitte den *Prime Minister*, der, vom Präsidenten formell ernannt, zusammen mit seinem Kabinett dem Parlament verantwortlich ist. An der Spitze der Verwaltung eines Bundesstaates steht der vom Staatspräsidenten auf fünf Jahre ernannte *Gouverneur*. Die eigentliche Regierung führt der *Chief Minister* zusammen mit seinem Ministerkabinett. Die Parlamente werden aus einer oder zwei Kammern gebildet. Ein-Kammer-Parlamente (,Legislative Assembly') werden auf 5 Jahre gewählt. – An der Spitze der Distriktverwaltung steht, wie bereits schon zur britischen Kolonialzeit, der *Collector*. Er ist vor allem für die ordnungsgemäße Ablieferung der Grundrente und anderer Steuern verantwortlich (to collect = einsammeln).

„Größte Demokratie der Welt"? – Widersprüche 27

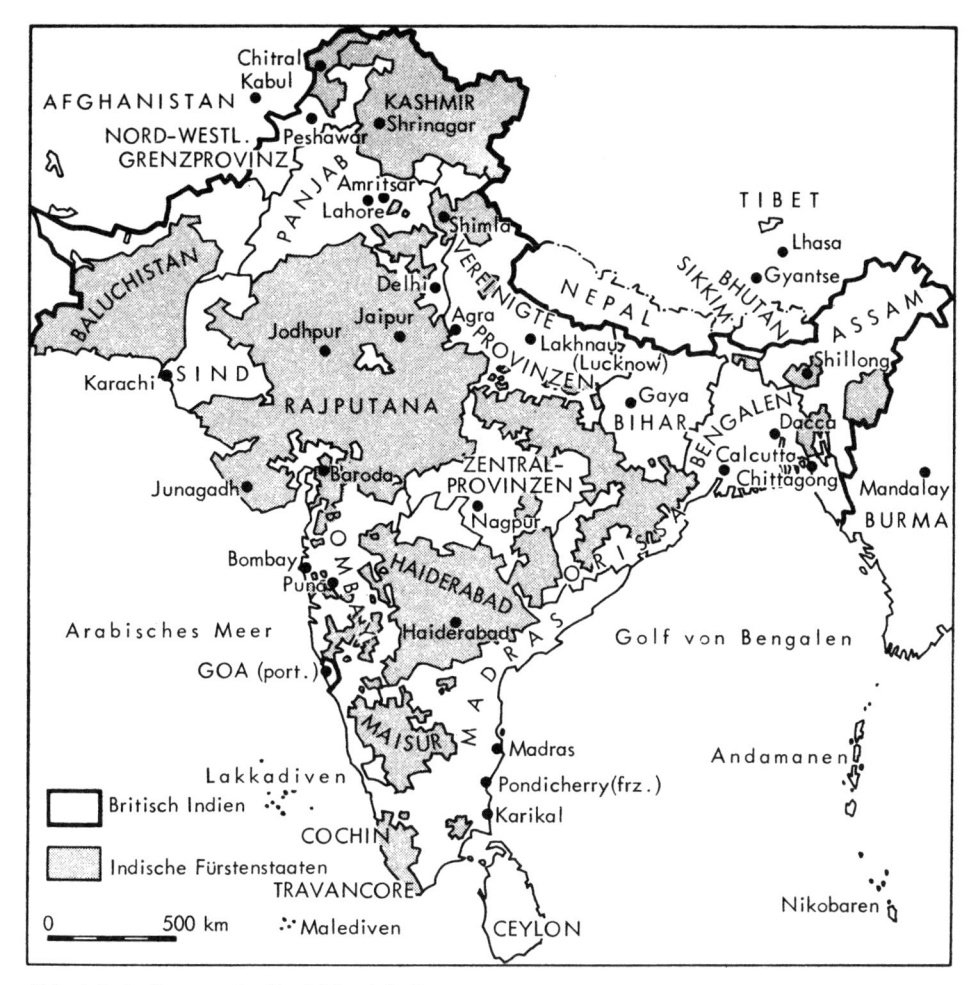

Abb. 1.1: Indien vor der Unabhängigkeit
Quelle: Buddrus, in Bianco (Hrsg.) 1969, S. 47

Früher unterlag ihm auch die Rechtsprechung, jedoch wurde später eine unabhängige Justiz eingeführt (vgl. Kap. 15.1.3). In den meisten Bundesländern und Unionsterritorien besteht auf Gemeindeebene das Panchayat-System, bei dem der vom Dorfparlament *(Gram Sabha)* gewählte Dorfrat *(Gram Panchayat)* mit dem *Sarpanch* an der Spitze eine (gewisse) lokale Selbstverwaltung u. a. im Erziehungs- und Gesundheitswesen ausübt (vgl. Kap. 15.1.3; Abb. 15.2).

Dieses demokratische System, die Inder bezeichnen es selbst gern als die „größte Demokratie der Welt", war und ist zweifellos eine bedeutende Errungenschaft des jungen Entwicklungslandes. Auch zu Krisenzeiten hielt dieses säkular-demokratische Gefüge des Staates allen Voraussagen zum Trotz bislang stand. Im Gegensatz zu der großen Mehrzahl der Länder der „Dritten" Welt hat sich das Militär – Indien verfügt immerhin über die viertgrößte Armee der Erde – niemals in das politische Geschehen eingemischt.

Für den Erhalt der politischen Einheit kam dem jungen Staat allerdings eine – undemokratische – Hinterlassenschaft der Briten zugute: In der Verfassung der indischen Republik von 1950 blieben die Notstandsbefugnisse des Vizekönigs erhalten. Heute sind es die Notstandsbefugnisse des Präsidenten *(President's Rule)*, auf die vom Prime Minister zurückgegriffen werden kann. Der indische Föderalismus ist daher zu Recht als *„Föderalismus auf Widerruf"* bezeichnet worden (ROTHERMUND 1993: S. 2). Zwar wurde in der Verfassung auch die Zentralregierung parlamentarisiert, d. h. es gab keine unabsetzbare Exekutive mehr. Aber in ihren Beziehungen zu den Bundesländern verhält sich die Zentralregierung bis heute so, als ob sie eine unabsetzbare Exekutive sei. Dieses nicht-demokratische „System" funktionierte solange, wie mit Nehru eine anerkannte Führergestalt dem Amt des Premierministers nationale Symbolkraft verlieh und zusätzlich seine Kongreßpartei nicht nur die zentrale Rolle im Unionsparlament spielte, sondern darüberhinaus alle Ministerpräsidenten der Bundesstaaten stellte. So wurde der Föderalismus in den ersten zwei Jahrzehnten nach der Unabhängigkeit auf keine ernste Probe gestellt. Das änderte sich, als in den Wahlen von 1967, in der Regierungszeit seiner Tochter Indira Gandhi, in einer Reihe von Bundesstaaten oppositionelle Koalitionen an die Macht kamen. Als der Regierungschefin dann vom Oberlandesgericht Unregelmäßigkeiten im Wahlkampf 1971 nachgewiesen und (1975) das Parlamentsmandat abgesprochen wurde, rief sie den nationalen Notstand aus (Juni 1975), um ihrem Rücktritt als Premierministerin zu entgehen. Sie regierte fast zwei Jahre lang mit Notstandsverordnungen, die jedoch vom Parlament – hier hatte die Kongreßpartei nach wie vor die Mehrheit – sanktioniert wurden.

Aber diesen bis dato ernstesten Anschlag auf die Demokratie überstand der junge Staat mit Bravour: Bei den Wahlen im Frühjahr 1977 fügten die Wähler Indira Gandhi eine vernichtende Niederlage zu, sie selbst verlor sogar ihren Wahlkreis. Die in der Janata(= Volks)partei zusammengefaßte Regierungskoalition zerbrach jedoch sehr bald an ihren inneren Zwistigkeiten. Mit der offensichtlichen Schwäche der Zentralregierung nahmen die schon immer existenten *Regionalkonflikte* in einer Weise zu – einen traurigen Höhepunkt bildete der Mord an der 1980 erneut an die Macht gelangten Indira Gandhi im Oktober 1984 –, daß man das Instrument des President's Rule zur Erhaltung der staatlichen Einheit und der Demokratie nun immer häufiger einsetzen mußte. Dieser, in der ersten Hälfte der 45jährigen Unabhängigkeit eher latente Regionalismus hat seit Beginn der 80er Jahre sogar den Charakter separatistischer Tendenzen (Kashmir, Punjab) angenommen. Auf diesen Aspekt der inneren Instabilität insgesamt sei nachfolgend in einem Exkurs näher eingegangen, da er sowohl zum Verständnis des Kulturerdteils Indien, seines politischen Systems als auch des Entwicklungslandes Indien unverzichtbar erscheint. Darüberhinaus wird die Integration des Landes – und damit seine Entwicklung – von sozialen Spannungen, im wesentlichen Kastenkonflikte, sowie von sich verschärfenden religiösen Gegensätzen bedroht. Darauf sei im übernächsten Kapitel eingegangen.

1.1.2
Regionalkonflikte – oder: Integrationshemmende Strukturen (Exkurs)

Zum Verständnis dieser – auf ganz unterschiedliche Wurzeln zurückgehenden – Konflikte sei auf das *Sprachenproblem* als wesentlicher integrationshemmender Faktor kurz eingegangen. Stärker noch als die ethnischen Strukturen kennzeichnen sie den völkischen Pluralismus Indiens. Ihre verwirrende Vielfalt läßt sich zwar statistisch auf 15 Hauptsprachen reduzieren, die von ca. 90% der Bevölkerung gesprochen werden. Aber schon weil die meisten von ihnen zusätzlich über eigene Schriftzeichen verfügen, konnte und kann keine einzige von ihnen als gemeinsames Verständigungsmittel dienen. Alle bis in die Gegenwart reichenden Versuche der Zentralregierung, *Hindi* als Nationalsprache zu etablieren und damit Englisch, für viele das Symbol kolonialer Beherrschung, zu verdrängen, ist am Widerstand selbstbewußter *Sprachregionen*, heute mit Bundesstaaten identisch (s. u.), gescheitert.

Das gilt in erster Linie für die Verbreitungsgebiete der vier dravidischen Hauptsprachen – auch untereinander mit jeweils eigener Schrift! – *Telugu* (54,2 Mill. – alle Angaben für 1981), *Tamil* (44,7 Mill.), *Kannada* (26,9 Mill.) und *Malayalam* (26,0 Mill.) aber auch für die neu-indoarischen Sprachen wie *Bengali* (51,5 Mill.), *Oriya* (22,9 Mill.), *Assamesisch* (ca. 11 Mill.), ferner *Marathi* (49,6 Mill.) und *Gujarati* (33,2 Mill.). Das hat ebenso seine Gültigkeit für das mit dem Iranischen verwandte *Kashmiri* (3,2 Mill.), für die von der Tribal-Bevölkerung Zentralindiens gesprochenen, zum austro-asiatischen Bereich gehörenden *Munda*-Sprachen (einschließlich des *Santali* mit über 10 Mill.) und schließlich für die zur tibeto-burmanischen Gruppe gehörenden Sprachen der Bewohner von Ladakh, Sikkim und der Stammesbevölkerung im Nordosten. Demgegenüber ist einzig noch das *Punjabi* (18,6 Mill.) vom Hindi nicht so sehr verschieden, als das eine Verständigung möglich wäre.

Bis heute ist deshalb *Englisch* die alle Inder verbindende gemeinsame Wirtschafts-, Kultur- und Verwaltungssprache geblieben. Von den im Laufe der Jahrhunderte gewachsenen religionsgebundenen Gemeinsprachen wie *Urdu*, *Sanskrit*, *Pali* u. a. wird nur erstere von einer nennenswerten Anzahl (35,3 Mill.), die beiden letzteren hingegen nur von einigen Tausend verstanden. Jedenfalls wird Hindi bis heute von weniger als 40% der Bewohner gesprochen – wobei sich hinter dieser Zahl noch selbständige Sprachen mit eigenen literarischen Traditionen wie das *Rajasthani* und das *Bihari*, als die beiden größten, verbergen.

Wie gravierend diese Sprachprobleme als integrationshemmender Faktor staatlicherseits (an)erkannt wurden, ist daraus zu ersehen, daß sich die Führung unter Nehru gegen ihren Willen gezwungen sah, das Gesetz zur Schaffung der „Linguistic States" zu verabschieden, auf dessen rechtlicher Grundlage die Einteilung der Indischen Union nach *Sprachenstaaten* erfolgte. Diese begann im Jahre 1953 mit der Bildung des Telugu-Staates *Andhra Pradesh* aus Gebieten der alten Fürstentümer Hyderabad und Mysore sowie der ehemals direkt unter britischer Verwaltung stehenden Madras Presidency (s. Abb. 1.1). 1956 wurden 12 weitere Sprachenstaaten gebildet, in denen die vorherrschende Regionalsprache einen besonderen Rechtsstatus erhielt: Assamesisch in *Assam*, Bengali in *West Bengal*, Hindi in *Bihar*, *Madhya Pradesh*, *Rajasthan* und *Uttar Pradesh*, Kannada in Mysore (heutiges *Karnataka*), Kashmiri in *Jammu & Kashmir*, Malayalam in *Kerala*, Oriya in *Orissa*, Punjabi im *Punjab* und Tamil in Madras (heutiges *Tamil Nadu*). 1960 kamen noch der Gujarati-Staat *Gujarat* und der Marathi-Staat *Maharashtra* (beide aus dem ehemaligen Bombay State sowie einer größeren Anzahl von Fürstentümern) hinzu. Im Jahre 1966 schließlich folgte die Teilung des Punjab in das südliche, Hindi sprechende *Haryana*, im Norden das bis dahin nur als Unionsterritorium bestehende *Himachal Pradesh* (Bundesstaat seit 1971) und das restliche *Punjab*, womit dem Drängen der Sikh nach bundesstaatlicher Eigenständigkeit im Gebiet ihrer Bevölkerungsmehrheit nachgegeben wurde. Das frühere Königreich *Sikkim* wurde 1974 zur „Assoziierung" an die Indische Union gezwungen (seit 1975 Bundesstaat).

Die Hoffnung der Zentralregierung, daß man damit einerseits den regionalen und kulturellen Besonderheiten ausreichend Rechnung getragen und andererseits die von Nehru immer wieder befürchtete Gefahr eines Auseinanderbrechens der nationalen Einheit gebannt hätte, trog. Im Gegenteil: Damit war ein Ventil geöffnet und viele der kleineren Sprach- und Stammesgruppen verlangten nun ebenfalls territoriale Souveränität. Es zeigte sich, daß Sprachzugehörigkeit allein als Einteilungsprinzip nicht genügte und über Jahrhunderte zusammengewachsene Gebiete getrennt worden waren. Blutige Unruhen waren (und sind) die Folge. So, um hier nur ein Beispiel zu nennen, im Landesteil *Telangana* in Andhra Pradesh, welcher zwar die gleiche Sprache – Telugu – wie die übrigen Landesteile spricht, sich aber bis in die jüngste Gegenwart viel enger mit dem ebenso zum ehemaligen Nizamreich Hyderabad gehörenden Marathwada (mit dem Regionalzentrum Aurangabad) verbunden und obendrein von den sehr viel aktiveren Andhras bevormundet fühlte (Andhra Pradesh heißt „Land der Andhras"!). Hätte die Zentralregierung jedoch allen diesen sprachlichen, kulturellen und historischen Besonderheiten Rechnung getragen, wäre ein kleinräumiges Mosaik von Staaten, vergleichbar mit den 546 Fürstentümern vor 1947, entstanden, Indien als Gesamtstaat aber nicht lebensfähig gewesen. Die Folge war, daß man sich gezwungen sah, das „Telangana Movement" 1969 (und mehrfach noch in späteren Jahren, zuletzt 1984) mit Gewalt niederzuschlagen.

Ein signifikantes Beispiel für diesen gerade nach der Unabhängigkeit aufkommenden *Regionalismus* (der bis hin zu einem die Trennung von Indien proklamierenden Nationalismus führen kann – s. u.) sind die *Bengalen*. Ihr bis heute andauernder Unmut über die Politik der Zentralregierung hat in erster Linie historisch-kulturelle Ursachen (DAS 1989: S. 11f.): Unter den Briten nahm der Osten bis Anfang unseres Jahrhunderts mit Calcutta als der Hauptstadt Britisch Indiens (bis 1912) auf politisch-kulturellem Gebiet eine führende Stellung ein. Die meisten großen Reformbewegungen und Literaturströmungen gingen von hier aus. Die Nationalhymne Indiens (wie auch die von Bangla Desh) entstammt der Feder von Rabindranath Tagore (1861–1941) und ist in bengalischer Sprache. Es gibt einen in Indien weit verbreiteten Spruch, das Land habe eigentlich drei Hauptstädte: Delhi für Verwaltung und Macht, Bombay für Wirtschaft und Geld, Calcutta für Kultur. Es ist das bei den Bengalis weit verbreitete Gefühl der eigenen Besonderheit, ihr in ganz Indien sprichwörtlicher Hochmut einerseits und andererseits ihr Unmut darüber, daß die Machtzentren im Westen immer mehr erstarken, was gleichzeitig den Verlust ihrer eigenen politischen Vormachtstellung bedeutet, weshalb viele von ihnen von einem unabhängigen Großbengalen träumen. Ein solcher Staat, unter Einschluß von Bangla Desh und dem überwiegend bengalischen Tripura, würde mit seinen fast 200 Millionen Menschen (es gibt mehr Sprecher des Bengalischen als des Arabischen) zu den fünf zahlenmäßig größten Staaten der Erde gehören – und die Hegemoniestellung Indiens in der gesamten Region Südasien ernstlich erschüttern.

Unter diesen Gesichtspunkten kam der dauerhaften Befriedung des Unruheherdes im *Nordosten*, gerade im Hinblick auf seine exponierte strategische Lage, eingeklemmt zwischen China (hier wirkte die Schlappe von 1962 als traumatisches Erlebnis lange Zeit nach), Burma und dem labilen Bangla Desh, eine besondere Bedeutung zu. Lange Zeit hatte man geglaubt, dieses Ziel mit der Erhaltung des die gesamte Region umfassenden Bundesstaates Assam am besten erreichen zu können. Doch durch das Anhalten der Rebellentätigkeit dieses ethnisch extrem zersplitterten Landesteils, dessen Stämme mit großer Hartnäckigkeit ihren Anspruch auf Unabhängigkeit verfolgten, sah sich die Regierung genötigt, auch hier ab Mitte der 70er Jahre einzulenken. Durch das Zugeständnis von zunächst eigenen Unionsterritorien, später dann sechs weiteren Bundesstaaten – *Arunachal Pradesh, Nagaland, Manipur, Mizoram, Tripura* und *Meghalaya* – hoffte die Zentrale, das Unabhängigkeitsstreben der jeweiligen Stammesgruppen abzufangen.

Daß die Seperatistenbewegungen bis heute nicht zur Ruhe gekommen sind, hat mehrere Ursachen: Zum einen ist es die Furcht der einheimischen Bevölkerung vor Überfremdung: die Einwanderer aus den dicht besiedelten Ebenen würden sich nicht allein das Stammesland aneignen, sondern wegen ihres allgemein besseren Ausbildungsniveaus auch die spärlichen Arbeitsplätze der Einheimischen besetzen. Das gilt seit Ende der 70er Jahre zusätzlich auch für *Assam* selbst: die massive Zuwanderung von Bengalis, vor allem aus dem übervölkerten Bangla Desh, führte zu blutigen Unruhen, die bis heute anhalten und u. a. die Durchführung des Census von 1981 in diesem Bundesstaat unmöglich machte. Zum anderen ist es die seit langem erhobene Klage, daß, trotz gegenteiliger Behauptungen der Behörden, bis heute ein starker Abbau und Abzug der Rohstoffe, verbunden mit einer rapiden Zerstörung der Umwelt, erfolgt. Schließlich muß zum dritten daran erinnert werden, daß das Verbreitungsgebiet einer ganzen Reihe der hier lebenden Stämme bis weit nach Burma hineinreicht, und diese Gebiete wiederum von Rangoon nicht effektiv kontrolliert werden.

Die für Indien gefährlichsten politisch-geographischen Konfliktherde, zugleich die derzeit brisantesten innenpolitischen Herausforderungen, denen sich die Zentralregierung gegenübersieht, sind die Krisen um *Punjab* und *Kashmir*. Gefährlich deswegen, weil in beiden Fällen ein ganzes Bündel von Ursachen und damit Konfliktpotentialen zusammenkommt (so unterschiedlich jede der beiden Kontroversen für sich auch ist): historisch weit zurückreichende Wurzeln einschließlich einer eigenen, dazu sehr offensiv vertretenen Religion mit daraus abgeleiteten festen politisch-kulturellen Auffassungen. Indem diese Ansichten mehr und mehr zu Forderungen geworden sind, ist in beiden Fällen der Regionalismus zur Stufe des Nationalismus eskaliert, die in dem Anspruch auf einen eigenen, aus der Indischen Union losgelösten Staat gipfelt. Die wirklich ernste Bedrohung für den Subkontinentalstaat besteht darin, daß beide Regionen an den „Erbfeind" Pakistan grenzen und daß dieser im Falle Kashmirs sogar noch Gebietsansprüche stellt, die bereits zu zwei handfesten Kriegen eskalierten. Beide Konfliktherde binden damit nicht allein erhebliche Mittel für Rüstungsausgaben, sondern stellen ein Grundfundament des Staates Indien, den Säkularismus, immer wieder auf eine harte Probe.

Das gilt in offensichtlich zunehmendem Maße für das friedliche Zusammenleben zwischen Hindus und Muslims im Bundesstaat Jammu & Kashmir. Der eigentliche Konflikt ist in *Kashmir* selbst lokalisiert, das der Banikal Paß (der erst

1955–1960 in 2196 m Höhe von deutschen Firmen mit einem 2,5 km langen Straßentunnel durchstoßen wurde, um Srinagar über eine gute, 330 km lange Hochgebirgsstraße mit dem Punjab zu verbinden, da der einzige Straßenzugang aus britischer Zeit, durch die Jhelum-Schlucht, von Pakistan blockiert ist – UHLIG 1977: S. 39) vom südlichen Jammu und übrigen Indien trennt. Im Unterschied zu Jammu, das mehrheitlich von Hindus bewohnt wird, bekennen sich die heute über vier Millionen Bewohner Kashmirs zu über 90% zum Islam. Nur in der eine dreiviertel Million Einwohner zählenden Hauptstadt Srinagar hat sich eine schmale Schicht einflußreicher Hindu-Familien erhalten, die Kashmiri-Pandit, denen auch die Familie Nehru entstammt.

Bei der Teilung des Subkontinents 1947 forderten beide Staaten Kashmir als ihr Territorium: Indien aufgrund historischer Bindungen – seit 1846 wurde der 222 236 km² große Fürstenstaat Kashmir von einem Hindu-Maharaja regiert (vgl. Abb. 1.1) – und Pakistan wegen der islamischen Mehrheit. Der Maharaja erstrebte zunächst die Unabhängigkeit des Staates Kashmir. Nach dem kriegerischen Einfall der Pathanen sah er sich gezwungen, Indien um Unterstützung zu bitten, die ihm unter der Bedingung gewährt wurde, den Anschlußvertrag an die Indische Union zu unterzeichnen. Die indischen Truppen drängten die Pathanen zurück; im Frühjahr 1948 griffen jedoch reguläre pakistanische Einheiten in die Kämpfe ein. Das „Ergebnis" der Auseinandersetzungen war eine durch Vermittlung der UN zustande gekommene Demarkationslinie, die bis heute die Grenze zwischen dem Bundesstaat Jammu & Kashmir (1957 nach Indien eingegliedert) und dem Pakistan verbliebenen schmalen Streifen von „Azad Kashmir" (= „Freies Kashmir") im Westen sowie der Gilgit Agency im Norden bildet.

Die vom Sicherheitsrat der UN seinerzeit (1948/49) geforderte und von Indien damals auch zugestandene Volksabstimmung wurde von diesen bis heute beharrlich verweigert.

Das seit dieser Zeit permanente Schwelen des Streites um Kashmir, verbunden mit häufigen Zwischenfällen an der Demarkationslinie, bildete den wesentlichen Auslöser des Indisch-Pakistanischen Krieges von 1965/66. Auch nach dem erneuten Krieg von 1971, dessen Hauptschauplatz das damalige Ost-Pakistan war und der zur Existenz des selbstständigen Staates Bangla Desh führte, gab Pakistan seinen Anspruch auf Kashmir niemals auf. Mit der im Jahre 1974 durch Präsident Bhutto vollzogenen Eingliederung von Azad Kashmir in den Staat Pakistan vollzog dieser nur die Anpassung an den de facto gegebenen Stand. Zwar konnte der 1975 wieder als Chief Minister von Jammu & Kashmir eingesetzte Sheikh Abdullah, bereits von 1948–1953 Chef einer Kashmir-Regierung, der Zentralregierung unter Indira Gandhi gewisse autonome Rechte abringen, doch sind sowohl die Stimmen nach Unabhängigkeit als auch die pro-pakistanische Bewegung der orthodoxen Muslims niemals zur Ruhe gekommen.

Sind die indischen Truppen 1948 von vielen Kashmiris als „Befreier" begrüßt worden, so werden sie heute von fast allen als „Besatzer" empfunden. Nunmehr unterstützt die Mehrheit der Kashmiris die Forderung der (früheren) Extremisten: Plebiszit und Sezession von Indien, Bildung eines souveränen Staates mit, wenn notwendig, Anlehnung an die „muslimischen Brüder" in Pakistan. Die *Ursachen* für diese in Jahrzehnten gewachsene Verhärtung der Fronten sind vielschichtig: Der mit Khomeini revitalisierte islamische Fundamentalismus – zusammen mit der inspirierenden Entwicklung in Afghanistan (wo mit dem Schwert des Islam eine

Weltmacht vertrieben wurde – jedenfalls stellt sich das in der Meinung vieler Muslims so dar) – spielt ebenso eine Rolle wie die langjährige politische Vernachlässigung durch die Zentralregierung. Zudem ließen massive Wahlfälschungen (mit Ausnahme lediglich der von 1977) zuungunsten der Kashmiris bei der Mehrheit den Glauben an die indische Demokratie verlieren. Das Ganze ist ein Teufelskreis; die Inder kümmerten sich kaum um die politische Integration des so lange umkämpften Gebietes, die Kashmiris widersetzten sich von jeher einer vollständigen Integration durch die Hindus. Hinzu kamen massive Korruption, hohe Arbeitslosigkeit und wirtschaftliche Stagnation, da insbesondere der Fremdenverkehr, nach der Ausfuhr von Obst und Handwerkskunst zweitwichtigster Devisenbringer, seit der Eskalation des Punjabkonfliktes (s. u.) darniederliegt. Zur politischen kommt die wirtschaftliche Bevormundung: so dominieren in den 67 Abteilungen der Regierung in Srinagar mit 87% die Pandit-Brahmanen (s. o.), die gerade 2% der Bevölkerung stellen (FAZ vom 7. 6. 1990). Last but not least ist die (zunehmende) Vorstellung einer eigenen Identität bei den Kashmiris stark verwurzelt. Nicht nur die Religion, sondern auch Sprache, Kultur, Musik, Kleidung, Klima und Landschaft – alles ist anders in Kashmir, vor allem aber ist es der Mensch mit seinen andersartigen Verhaltensweisen selbst, der ethnisch-sprachlich mit dem Iran verwandt ist. Ein Ende des Konfliktes ist nicht abzusehen.

Das gilt auch für den zweiten politischen Hauptgefahrenherd: den *Punjab*. Dabei hatte die Zentralregierung unter Indira Gandhi mit der 1966 erfolgten Teilung der 1947 bei Indien verbliebenen Osthälfte des Punjab in die Bundesstaaten Haryana (überwiegend von Hindus bewohnt) und den Punjab dem Drängen der Sikhs nach bundesstaatlicher Eigenständigkeit im Gebiet ihrer Bevölkerungsmehrheit nachgegeben. Ihr Vater Nehru hatte sich dieser Teilung noch hartnäckig widersetzt, weil er in der Neugliederung nach Unterschieden in den religiösen Strukturen eine Gefährdung der nationalen Einheit der säkularen Union Indiens gesehen hatte.

Im Unterschied zur Situation in Kashmir bilden die militanten Sikh-Extremisten im Punjab bislang nur eine Minderheit, auch wenn ihre Forderung nach einem unabhängigen Sikh-Staat *Khalistan* („Land der Reinen") auf immer breitere Zustimmung stößt. Die große Gefahr, die diese Konfrontation für den indischen Staat birgt, liegt jedoch keineswegs allein in der religiösen Legitimation. Eine weitere wichtige Konfliktkomponente ist in der gegenüber Gesamt-Indien außerordentlich erfolgreichen *wirtschaftlichen* Entwicklung dieses Landesteils zu sehen (näheres s. Kap. 10): Der Bundesstaat ist mittlerweile zum bedeutendsten agraren Überschußgebiet der Union geworden: Auf 1,5% der Fläche erwirtschafteten 2,4% der Bevölkerung 1990/91 10,7% der Nahrungsfrüchteproduktion insgesamt – und das bei steigender Tendenz: im Durchschnitt der Jahre 1969/70–1971/72 waren es noch 7,1%. Bei Weizen beträgt der Anteil sogar über 22% und für Baumwolle, der wichtigsten Marktfrucht, berechnet er sich auf 14,5% (berechnet nach: Economic Survey 1991/92 und 1976/77).

Das bedeutet: Die Erfüllung der Forderung nach noch mehr Autonomie – geschweige denn einem unabhängigen Staat – ist der Zentralregierung nicht nur aus allgemein politischen (noch weitergehende Zugeständnisse würden mit größter Wahrscheinlichkeit eine Kettenreaktion mit ernstlichen Folgen für die Existenz der gesamten Indischen Union auslösen) und ebenso sicherheitspolitischen Erwägungen (strategisch wichtige Lage an der Grenze zum feindlichen Nachbarn Pakistan), sondern auch aus wirtschaftlichen Gründen nicht möglich. Eine Loslösung des Punjabs aus dem Gesamtverband würde zu gravierenden Versorgungsengpässen, insbesondere der Großmetropolen (Bombay, Delhi) führen (zur politischen Geschichte des Konflikts zusammenfassend: MAASS 1989: S. 67ff.).

1.1.3
Religion und Sozialordnung

Neben diesen zunehmenden separatistischen Tendenzen stellen die sich gerade in jüngster Zeit verschärfenden *religiösen Gegensätze* sowie die permanenten *sozialen Spannungen* weitere sehr ernstzunehmende Herausforderungen an die Einheit und Integrität Indiens, an die demokratischen und säkularen Grundsätze der indischen Verfassung und an die pluralistische Struktur der indischen Gesellschaft dar.

Aber ist nicht Indien ein Land nicht nur von orographischer Geschlossenheit, sondern geprägt von historisch gewachsenen Gemeinsamkeiten, die in der kollektiv erkämpften Unabhängigkeit ihren Höhepunkt fand, geprägt vom Hinduismus, der Religion der Gewaltlosigkeit, personifiziert in Mahatma Gandhi, zu der sich über vier Fünftel der Bewohner bekennen – alles Gemeinsamkeiten, die uns vom „Kulturerdteil Indien" sprechen lassen?

Beide Vorstellungen bzw. Charakterisierungen sind richtig, jede für sich jedoch nur ein Teil der Wirklichkeit.

Beginnen wir mit der *Religion*. Die prozentuale Verteilung nach Religionsgruppen scheint der Auffassung vom Hinduismus als der indischen Religion Recht zu geben, weist doch der Census 82,6% der Bevölkerung als Hindus aus, denen gerade 11,4% Muslims, 2,4% Christen, 2,0% Sikhs, 0,7% Buddhisten, 0,5% Jains und 0,4% „Andere", d. h. vor allem Parsen (Bombay) und Juden (Kerala) gegenüberstehen.

Ihr religiöses und damit politisches Gewicht beziehen diese religiösen Gruppen weniger aus ihrer numerischen Stärke (Ausnahme: Muslims) als aus ihrer räumlichen Konzentration: am bekanntesten bei den *Sikhs* mit ihrem eigenen Bundesstaat Punjab. Dabei ist die Gemeinde der Sikhs weltanschaulich gespalten. Die in höheren Regierungsämtern und verantwortlichen militärischen Positionen anzutreffenden großstädtischen Sikhs sind meist stärker verwestlicht als ihre hinduistischen Kollegen, mit Ausnahme der strikten Ablehnung des Rauchens. Dagegen ist die Mehrheit der in ihrer Heimatprovinz (Punjab) lebenden Sikhs konservativ eingestellt und auf kulturelle und soziale Eigenständigkeit gegenüber Hindu-Indien bedacht (vgl. auch Kap. 1.1.2).

Ebenso regional konzentriert lebt die Mehrheit der heute ca. 22 Millionen *Christen* in Kerala und im angrenzenden südlichen Tamil Nadu sowie in Shillong/Meghalaya (41,1% – 1981). Die etwa 5,7 Millionen *Buddhisten* sind besonders in Maharashtra konzentriert; allein in ihren drei Metropolen Bombay, Pune und Nagpur (mit 15% buddhistischer Bevölkerung!) leben fast 1 Million von ihnen, davon allein 600 000 in Bombay. Auch die *Parsen* und *Jains* sind stark in den Städten, erstere sogar fast ausschließlich in Bombay konzentriert. Beide spielen sie im wirtschaftlichen Leben eine zu ihrer Anzahl weit überproportionale Rolle. So haben die Parsen Indien eine große Anzahl bedeutender Unternehmer und Wirtschaftsführer (Tata, Godrej) geschenkt.

Die *Muslims* stellen zwar die große Mehrheit in „ihrem" Bundesstaat Jammu & Kashmir, doch leben hier nur etwa 5% ihrer Gesamtzahl von heute gut 100 Millionen. Die übrigen sind fast über das gesamte Land verstreut, auch wenn sich regionale Konzentrationen vor allem in den Städten (71 der 216 „cities" weisen einen Anteil von > 20% auf) nicht übersehen lassen (Angaben berechnet nach: RAMACHANDRAN 1989: S. 174ff.). Insgesamt beeinträchtigt diese regionale Zersplitterung ihr politisches Gewicht.

Ein wesentliches Element des religiösen und völkischen Pluralismus Indiens bilden die „scheduled tribes". Als *Stammesbevölkerung* werden die in Wirklichkeit überwiegend animistischen Religionen anhängenden vorarischen Ureinwohner des Subkontinents bezeichnet. Heute gehören etwa 65 Millionen (= 7,2%), was immerhin zwei Drittel der Muslimbevölkerung bzw. fast die vierfache Zahl der Sikhs bedeutet, den ca. 600 registrierten Stämmen (RAZA/ AHMAD 1990: S. 75ff.) an. Politisch-geographisch entscheidend ist bei dieser ethnischen Vielfalt weniger ihre numerische Stärke als – mehr noch als bei den Religionen – vielmehr ihre räumliche Konzentration:

1. in Zentralindien, getrennt in einen westlichen (Hauptvertreter: *Bhil* mit 6,6 und *Mina* mit 2,6 Mill.) und einen östlichen (mit den *Gond*: 8,0 Mill., *Santal*: 6,2 Mill., *Oraon*: 2,6 Mill. und den *Munda*: 2,0 Mill. als den numerisch stärksten) Teil,
2. im Nordosten des Landes. Hier erreichen sie in ihren eigenen, zu Bundesstaaten erhobenen (s. o. Kap. 1.1.2) Territorien z. T. über 80% der Bevölkerung, so die *Khasi* und *Garo* in Meghalaya, die *Naga* in Nagaland und die *Mizo* in Mizoram, ferner in Arunachal Pradesh (mit 110 registrierten ebenfalls überwiegend tibeto-burmanischen Stammesgruppen).
3. In den Unionsterritorien Lakshadweep (Laccediven) und Dadra & Nagar Haveli (150 km nördlich Bombay) machen sie sogar über 90% der Gesamtbevölkerung aus.

Kaum eine der Weltreligionen ist – für uns! – so schwer faßbar wie der *Hinduismus*, keine birgt – für unser Verständnis! – so viele Widersprüche. Ganz problematisch aber wird es, wenn man, wie in unserer Fragestellung, versucht, Hinduismus und Demokratie in einen Zusammenhang zu bringen.

Das Wort *„Hindu"* ist ebenso wie unser Wort ‚Inder' von dem Sanskritwort ‚Sindhu' abgeleitet, dem Namen des großen Stromes, den die Griechen als ‚Indos' wiedergaben, während die Perser ihn in Inschriften bereits als ‚Hindu' bezeichneten. Später ist in unserem Sprachgebrauch das Wort *‚Inder'* zur Bezeichnung aller Bewohner des Subkontinents geworden, hingegen bezeichnete man nach dem Vorbild der mohammedanischen Eroberer als *‚Hindus'* diejenigen Inder, welche sich nicht zum Islam, Christentum oder einer anderen dogmatisch leicht definierbaren Religion bekennen (GLASENAPP 1966: S. 147).

Welches sind die Gemeinsamkeiten, die den Hinduismus kennzeichnen? Welches Glaubensbekenntnis hat der Hindu? Bereits diese grundsätzlichen Verständnisfragen sind kaum eindeutig zu beantworten. Gewiß gibt es einige Grundanschauungen, die für viele Hindus, aber nicht für alle, verbindlich sein mögen. Da beinhaltet der Hinduismus eine spezifische Lebensauffassung („Hindu view of life"). In deren Mittelpunkt steht die Vorstellung von der Unsterblichkeit der Seele, die in einer Kette von Geburten und Wiedergeburten durch eine Reihe von körperlichen Existenzen wandert, bis sie nach gehöriger Erfüllung vorgegebener, individuell unterschiedlicher Lebensregeln („dharma") Erlösung durch Aufgehen in die Weltseele findet. Das persönliche Dasein ist dabei etwas Transitorisches und spielt sich in dem Spannungsfeld zwischen den Sachzwängen des alltäglichen Lebens und dem Ziel der Erreichung der letztendlichen Erlösung ab. Die Erlösung („moksha") ist demnach das höchste Ziel, das jeder anstreben soll (näheres u. a. GLASENAPP 1966: S. 168f.). Diese Grundauffassung spiegelt sich in Haltungen und Einstellungen zu vielen Aspekten der sozialen und politischen Praxis wider. Erwähnt sei in diesem Zusammenhang nur das Konzept der Gewaltlosigkeit („non-violence", ahimsa), das als speziell hinduistisch empfunden wird. Es gehört zu jenen Lebensregeln, deren Einhaltung für den Weg der Seele zur Erlösung förderlich ist; die Erfordernisse des täglichen Alltags, des Überlebens, lassen allerdings für seine Beachtung in dieser Welt wenig Raum. Gandhis Umsetzung des Prinzips in ein politisches Kampfmittel der indischen Unabhängigkeitsbewegung in der ersten Hälfte dieses Jahrhunderts dürfte sich in der heutigen Zeit kaum wiederholen lassen. – In diesem Zusammenhang sei ferner die *Verehrung der Kuh* im modernen

Indien und ihr Schutz vor der Schlachtung durch Gesetzgebung und Massenbewegungen genannt. Vielen „aufgeklärten" Hindus gilt die Kuh an sich nicht mehr viel, jedoch sind nur wenige bereit, sich für ihre Nutzung als Schlachttier einzusetzen.

„Außer diesen Grundeinstellungen aber steht es jedem frei zu glauben, was er will und zu verehren, wen er will. Er kann einen rotangemalten Steinfetisch anbeten oder einen Baum, eine der unzähligen Dorfgottheiten, die in mannigfaltiger Gestalt auftreten. Er kann sich jeden Gott des Hindu-Pantheons als seinen Spezialgott auswählen. Er kann Monotheist sein, wie die meisten Gebildeten, oder auch einem philosophischen Glauben huldigen. Er kann Pantheist sein, Polytheist, sogar Atheist. Niemand wird ihm Vorschriften machen ... Darin herrscht vollkommene Freiheit. Und es ist nicht verwunderlich, daß die Toleranz in Glaubenssachen, die der Hindu dem eigenen Glaubensbruder entgegenbringt, auch auf die außerhalb des Hinduismus stehenden Religionen übertragen wird" (RAU 1978: S. 32).

Hier beginnen die Widersprüche – jedenfalls in der Praxis. Denn diese Grundeinstellung oder dieses Weltbild bekam bereits einen Sprung, als die muslimischen Eroberer versuchten, in den von ihnen eroberten Gebieten den Hindus ihren Glauben aufzuoktroyieren, wobei sie vor Tempelzerstörungen nicht zurückschreckten. Nach der – für viele Hindus sehr schmerzlichen – Teilung des Landes in einen Hindu- und zwei Muslim-Staaten erlebte der Hinduismus eine Renaissance in dem Sinne, daß die hinduistische Kulturtradition mehr und mehr als das kulturelle Erbe Indiens schlechthin angesehen wird, gegenüber welcher andere im Lande heimische Traditionen, wie etwa die islamische, als exotische Eindringlinge unindischen Charakters erscheinen. Mit anderen Worten: Reibungsflächen zwischen den Religionsgemeinschaften, und das gilt gerade für die beiden Hauptreligionen, bestehen im Bereich der kulturellen Tradition, nicht eigentlich im Hinblick auf Glaubensinhalte und Lebensauffassungen.

Nennenswerte Konflikte zwischen diesen beiden Religionsgemeinschaften entzündeten sich in der Vergangenheit (nach 1947) jedoch lediglich im Zusammenhang mit kriegerischen Auseinandersetzungen mit dem „Erbfeind" Pakistan (1948, 1965, 1971 – s. Zeittafel). Das heißt aber auch, daß sich die demokratisch-säkularistische Verfassung des Staates als einigende Klammer bewährt hatte. Dieser *Säkularismus* beruht auf drei Grundsätzen: keine Staatsreligion, Freiheit der Religionen und des Gewissens sowie Gleichheit vor dem Gesetz, und das heißt auch und gerade: gleicher Schutz durch das Recht ohne Rücksicht auf Religion, Rasse, Kaste und dergleichen (s. o.). Aber auch hier weichen Recht und Wirklichkeit erheblich voneinander ab. „Die praktische Anwendung der Verfassung durch Politiker unter dem Druck der Wahlen und in einer Gesellschaft, deren Merkmale die Armut, der Analphabetismus und das Unwissen der Massen sowie heftige religiöse, regionale, sprachliche und kastenmäßige Unterschiede sind, führte dazu, daß viele Kompromisse geschlossen wurden. Das Ergebnis ist eine Verwässerung des Säkularismus und eine Verstärkung der kastenmäßigen, regionalen und religiösen Kräfte und Allianzen (PATEL/APPA 1993: S. 3).

Für die Alltagswirklichkeit kam hinzu, daß nach der Teilung von 1947 die muslimische Minderheit in Indien immer mehr an den Rand der Gesellschaft gedrückt wurde – mit der Folgewirkung, daß sich unter den heute 100 Millionen Muslims keine nennenswerte, gebildete Mittelschicht herausbilden konnte. Insgesamt, d. h. einschließlich der Hindus, hat das eher langsame, ungleichmäßige Tempo der

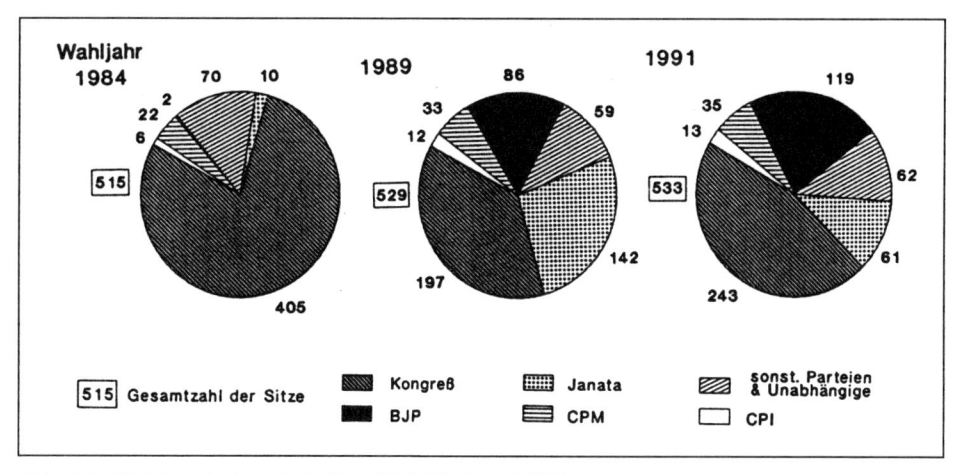

Abb. 1.2: Wahlergebnisse in Indien 1984, 1989 und 1991

wirtschaftlichen Entwicklung, von der die seit eh und je armen Schichten unterdurchschnittlich profitierten, zu einem verschärften *Kampf um* die knappen *Ressourcen* geführt. Kurz: Das Konfliktpotential erhöhte sich. Dies wurde von einigen Politikern für ihre Zwecke zielstrebig ausgenutzt. Die seit Mitte der 80er Jahre zunehmende Anti-Muslim-Stimmung im Lande, für sich noch gar kein bedrohlicher Faktor, spülte eine hinduistisch-konservative Partei nach oben, die 1984 mit ganzen zwei Unterhausmandaten eher unbekannt war: die Bharatiya Janata Party (BJP = Indische Volkspartei). Diese ausschließlich dem Hinduismus zugewandte, offensichtlich starke Strömung katapultierte die BJP in den Neuwahlen von 1989 auf 86, 1991 sogar auf 119 Sitze (Abb. 1.2).

In dem Streit um die Babri Masjid (Moschee) in der heiligen Stadt Ayodhya/Uttar Pradesh, wo an der gleichen Stelle ein Ram(a)-Tempel gestanden haben soll, und ihre Zerstörung durch Hindu-Fundamentalisten am 6. Dezember 1992, entlud sich dieser bewußt angeheizte Konflikt auf blutige Weise: In ganz Indien kamen allein in der nachfolgenden Woche etwa 1200 Menschen ums Leben – eine ernste Herausforderung an die demokratisch-säkularen Grundsätze der Verfassung und die Einheit und Integrität des Staates Indien. Für das Verständnis des Hinduismus und damit des Kulturerdteils Indien bedeutet dies aber auch, daß die vielbeschworene indische „spirituality" (Geistigkeit) und „non-violence" (Gewaltlosigkeit) im Sozialverhalten der führenden Schichten wie auch der breiten Masse weit weniger zum Ausdruck kommen, als man es als Außenstehender auf Grund der gängigen Indienliteratur und indischer Selbstdarstellung erwarten würde (zum Hindu-Kommunalismus zusammenfassend: WAGNER 1992: S. 59).

Weit wichtiger als diese, konkret kaum faßbare hinduistisch-fundamentalistische Renaissance ist für die Lebenswirklichkeit eine ganz andere, die entscheidende Dimension des Hinduismus, die ihn zudem von allen anderen Weltreligionen unterscheidet: Nicht als Individuum, sondern nur als Mitglied einer *Kaste*, genauer: durch die Geburt in einer anerkannten Hindu-Kaste, kann der einzelne Hindu werden. Da aber jede einzelne der ca. 5000 Kasten ihren Rang in der Sozialhierarchie inne hat, wird damit jedem einzelnen mit seiner Geburt ein fester Platz in der Sozialordnung unverrückbar angewiesen. Das aber bedeutet, der Hinduismus ist nicht nur eine Religion, d. h. eine Weltanschauung, sondern gleichzeitig eine Gesellschaftsordnung. (Wegen dieser unmittelbaren, unlöslichen Verbindung mit dem Kastenwesen hat der Hinduismus außerhalb der Grenzen Indiens nur dort Wurzeln geschlagen, wo Hindu-Einwanderer in größerer Anzahl leben). Diese – unverrückbare – Stringenz schließt eine Toleranz aus. Mehr noch: Mit großer Intoleranz wird das rechte (Kasten-)Verhalten des einzelnen innerhalb seiner Kaste und der Kaste innerhalb der Kastengesellschaft einer Gemeinde und einer Region gefordert und gegebenenfalls auch erzwungen (näheres: s. Kap. 4). Als Gandhi, achtzehnjährig, nach London ging, um dort Rechtswissenschaften zu studieren, wurde er von seiner Kaste (Mohd Bania) ausgestoßen, da Auslandsreisen nicht erlaubt waren. Wenn man nun aber unter Demokratie (auch) die Gleichheit der Menschen versteht, die jedem die gleichen Rechte zubilligt, so wird deutlich, daß „Demokratie" nach unserem Verständnis und Hinduismus einander ausschließen, denn jede Gleichmacherei würde die gesamte hierarchische Struktur auflösen.

Die Identifikation auch des „aufgeklärten" Hindus mit der Kaste, in die er hineingeboren ist, bestimmt bis heute weitgehend sein soziales Verhalten, seine eheliche Partnerwahl, seine Freundschaften und Beziehungen, eventuell seine berufliche Laufbahn und seinen sozialen Status, wenngleich Einkommen und Kastenzugehörigkeit heute nicht selten weit auseinanderklaffen. Das Thema „Kastenwesen" ist innerhalb der führenden Kreise nahezu vollkommen tabuisiert. Seine Aufarbeitung scheint allenfalls Sache von Sozialwissenschaftlern und Lokalpolitikern zu sein. Der tatsächlichen Bedeutung des Phänomens wird diese Verdrängungsstrategie natürlich in keiner Weise gerecht.

Diese Stringenz des Kastensystems hat, zusammen mit der Unvereinbarkeit zwischen Hinduismus und Demokratie, für eine große Zahl von Hindus einschneidende Auswirkungen. Es betrifft die gesamte Gruppe der „*scheduled castes*" und „*scheduled tribes*", d. h. die „Unberührbaren" und die Angehörigen der verschiedenen Stämme, die zu den Hindus gezählt werden. Es sind aber gerade diese beiden großen Gruppen – zusammen 23,5% der Bevölkerung, d. h. derzeit ca. 210 Millionen Menschen und damit mehr als doppelt soviel wie alle Muslims zusammengenommen! – die der Hinduismus *eben nicht* in seine Religionsgemeinschaft integriert hat. Die Verfassung der Indischen Union sieht zwar ausdrücklich die „scheduled castes" und „scheduled tribes" zur bevorzugten Behandlung vor: beiden Gruppen stehen neben reservierten Plätzen an staatlichen Erziehungsinstituten und im Staatsdienst auch eigene Abgeordnetensitze im Unionsparlament und in einer Reihe von gliedstaatlichen Landtagen zu.

Parias sind bis zu Unionsministern aufgestiegen, bzw. wurden von Premierministern – mit sehr kurzfristigen Ausnahmen eines Bania (Morarji Desai 1977–79), eines Jat (Charan Singh 1979/80) und eines Rajput (Chandra Shekar 1991) stets Brahmanen! – dazu gemacht. So war es ein kluger Schachzug Nehrus, den Führer der Unberührbaren, Dr. Ambedkar, als Justizminister in sein erstes Kabinett zu berufen, statt einem altgedienten Kongreßpolitiker diesen wichtigen Posten zu überlassen.

Auf Ambedkar ging die Reservierung von Sitzen für Unberührbare zurück. In den 60er und 70er Jahren war es Jagjivan Ram in der gleichen Position, der bereits unter Nehru, dann unter Indira Gandhi (von der er immer wieder gedemütigt wurde) und später in der Janata-Regierung wichtige Ministerposten bekleidete.

An der Wirklichkeit haben diese Bestimmungen kaum etwas ändern können. „Unterprivilegiert" ist dabei noch ein verharmlosender Ausdruck. Als von der

Hindugesellschaft Ausgestoßene, zu den rituellen Handlungen nicht Zugelassene, bleiben sie, die „scheduled castes", in Ghettos am Rande der Dörfer und Städte bzw. die „scheduled tribes" in Dschungel- und Bergregionen abgedrängt und ausgegrenzt (s. a. Kap. 4). Als weiteres Indiz dieser nicht verwirklichten Integration mag die Analphabetenquote genannt sein: sie liegt bei den „scheduled castes" mit 78,6% und noch mehr bei den „scheduled tribes" mit 83,7% bis heute weit über der gesamtindischen Durchschnittsquote von 63,8% (1981). Wie sehr sich die von Gandhi als „Harijans" (= Kinder Gottes) bezeichneten Parias von den Hindus bis heute zurückgestoßen und unterdrückt fühlen, dokumentieren die immer wiederkehrenden blutigen Unruhen (in den 80er Jahren besonders in Bihar und Gujarat) und die zahlreichen Konversionen sowohl zum Christentum als auch zum Islam. Diese Problematik wird eingehend zu diskutieren sein (s. Kap. 12).

Zusammengefaßt stellt die sprachliche, religiös-soziale, wirtschaftliche, dazu die regionale Heterogenität der indischen Gesellschaft mit ihrer daraus resultierenden Vielzahl von Spannungen und Konflikten bis heute eine große Gefahr für die nationale Integration des Staates Indien dar.

1.2 Indien – Ein Entwicklungsland

1.2.1 Einige kritische Assoziationen zu „Hochkultur" und „Entwicklung"

In unserem von Technik und Ökonomie beherrschten Zeitalter, in dessen Denken Indien als Entwicklungsland „par exellence" dasteht, gerät die historische Retrospektive zwangsläufig leicht zu einer nicht nur stolzen, sondern auch wehmütigen Rückbesinnung auf die Vergangenheit: der indische Subkontinent als zusammen mit Ägypten und Mesopotamien *älteste Hoch-*

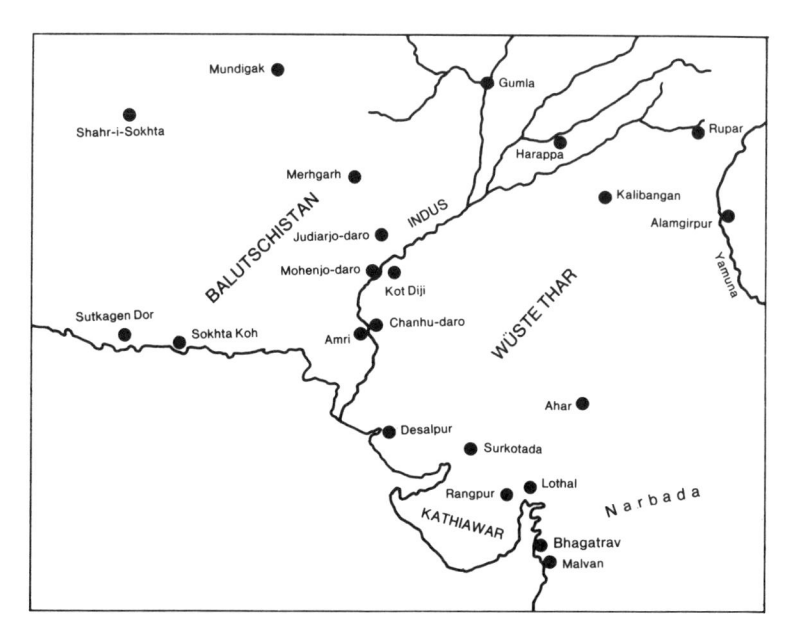

Abb. 1.3: Die Induskultur (um 2000 v. Chr.)

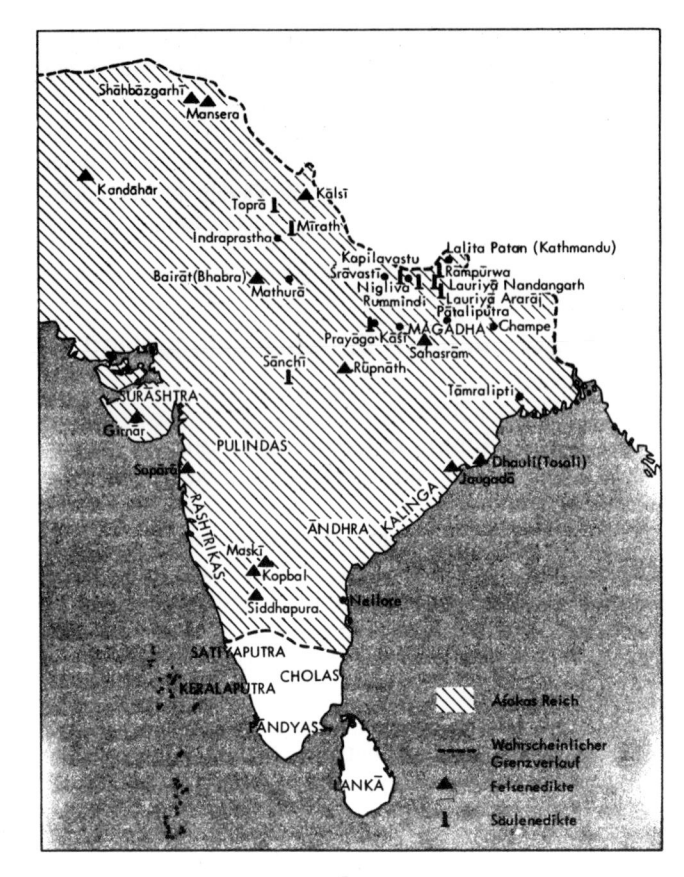

**Abb. 1.4:
Ashokas Reich
(um 250 v. Chr.)**

kultur der Menschheit, die seit dem Ende des 4. und im 3. Jahrtausend v. Chr. in den großen Flußtälern des Euphrat und Tigris, des Nils und des Indus entstanden sind. Was alle drei besonders auszeichnet, ist die Tatsache, daß sie gleichzeitig auch *städtische Hochkulturen* waren. Die Städte im Industal (s. Abb. 1.3) können sogar als die seinerzeit wohl am höchsten entwickelten Städteplanungen angesehen werden: mit N–S- und O–W-verlaufenden, etwa 10 m breiten Hauptstraßen, einem vortrefflich ausgebauten Abwässersystem, an das die Häuser, die häufig über einen eigenen Brunnen verfügten, direkt angeschlossen waren. Zumindest die zwei größten Städte, Harappa und Mohenjo-daro, besaßen große Versammlungshallen und kultische Bauten.

Sie verfügten darüberhinaus über umfangreiche, ausgezeichnet belüftete Kornspeicher – 27 sind allein in Mohenjo-daro nachgewiesen (KULKE/ROTHERMUND 1982: S. 21f.; vgl. auch Kap. 5.2.1). Begünstigt von seinerzeit höheren Niederschlägen wurde Getreideanbau betrieben (die Anfänge reichen sogar weitere 3000–4000 Jahre zurück), der Boden – wie heute – mit Holzpflügen bearbeitet. Die Kenntnis der Be- und Entwässerungstechniken fand auch in der Landwirtschaft Anwendung und bildete die Grundlage für den agraren Überschuß.

Gegen Ende des 4. Jahrhunderts v. Chr. entstand, nahezu zeitgleich mit dem hellenistischen, das erste Indische Großreich. Unter seinem bedeutendsten Herrscher *Ashoka* (268–233 v. Chr. – s. Zeittafel

Indien – Ein Entwicklungsland 41

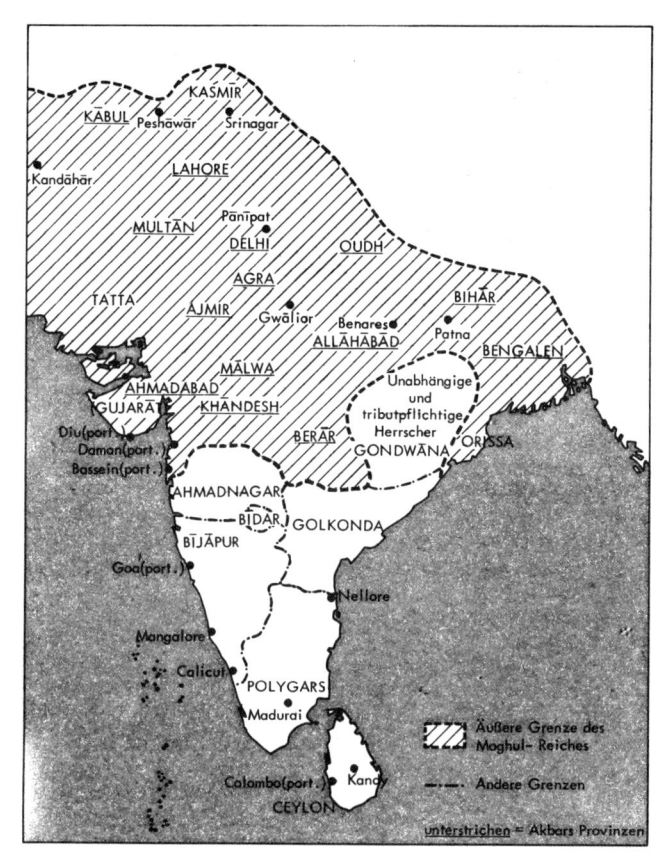

**Abb. 1.5:
Das Mogul-Reich
beim Tod Akbars
(1605 n. Chr.)**

im Anhang) greift der – bereits im 6. Jahrhundert v. Chr. entstandene – *Buddhismus* über die Grenzen des Subkontinents hinaus und tritt seinen Siegeszug bis nach Japan und Java an, während in Indien selbst der Hinduismus Hauptreligion blieb. Ashokas Reich (Abb. 1.4) wurde bereits als „*Bharatvarsha*", nach dem legendären Arya-König Bharat, bezeichnet. Die Hauptstadt, Pataliputra (westlich des heutigen Patna), zählte zu den größten und gleichzeitig entwickeltsten Städten der damaligen Welt (näheres s. Kap. 5.2.1).

Eine weitere Epoche glanzvoller Machtentfaltung brachte die *islamische* Eroberung, die ernstlich um die Wende des 13. Jahrhunderts n. Chr. einsetzt (1206: Errichtung des Sultanats von Delhi – s. Zeittafel). Sie macht Indien im 16. bis 18. Jahrhundert zum größten und reichsten Land jener islamischen Welt, die im Westen bis nach Spanien reichte, ebenso Südeuropa umfaßte und deren sämtliche Teile in ständigem regen Austausch miteinander standen. Im Reich der Großmoguln, mit dem sich an Ausdehnung, Macht und Reichtum kein Staat des damaligen Europa messen konnte, erlebte Indien in dieser Zeit eine der glanzvollsten Epochen seiner Geschichte, die unter *Akbar dem Großen* (1556–1605 n. Chr.) ihren Höhepunkt erreichte. Sein Reich erstreckte sich über ein Gebiet in Asien, das von Afghanistan bis Burma und vom Himalaya bis nach Südindien reichte (Abb. 1.5).

Nr.	Jahreseinkommen	Index	Soziale Schicht - Berufsgruppe
1	48 000	100	Opferpriester, Lehrer d. Königs, Hauptminister, Hofpriester, Heerführer, Kronprinz, Königsmutter, Hauptgemahlin (jeweils 1 Person)
2	24 000	50	Haushofmeister, Obersteuereinnehmer, Oberschatzmeister u. a. (jeweils 1 Person)
3	12 000	25	Prinzen, Mütter der Prinzen, Ministerrat u. a.
4	8 000	16,7	Gildenvorsteher, Elefantenaufseher, Pferdeaufseher, Wagenaufseher, Richter
5	4 000	8,3	Aufseher der Fußtruppen, Kavallerie, Wagenkämpfer und Elefantentruppen u. a.
6	2 000	4,2	Wagenkämpfer, Elefantenführer, Pferdetrainer u. a.
7	1 000	2,1	Astrologen, Zeichendeuter, Legendenerzähler, Wagenlenker, Barden, Lehrer und Gelehrte, Spione und Agenten
8	500	1	Fußsoldaten mit Ausbildung, Buchhalter, Schreiber u. a.
9	250	0,5	Schauspieler
10	120	0,25	Handwerker
11	60	0,13	verschiedene kleine Aufseher und Bedienstete
12	15*	0,03	Landarbeiter (Mietarbeiter, Kuhhirten, Sklaven) auf staatlichen Domänen

* Nahrungsmittel
Quelle: Kautalya Arthasastra (Staatslehrbuch des Kautalya), angeführt in EMBREE/WILHELM 1967: S. 76f.

Tab. 1.1: Einkommensdisparitäten im Maurya-Reich
(Jahreseinkommen in Panas)

Aber: Was wissen wir von der Wirklichkeit, von der *inneren Entwicklung* dieser „glanzvollen Epochen"? Genauer hinterfragt: Wer, welche Bewohner haben in welcher Weise an dieser „Hochkultur" partizipiert? – Zu diesen zentralen Fragen sind die historischen Zeugnisse – bislang – ausgesprochen spärlich.

Einen offensichtlichen Lichtblick in diesem historischen Dunkel bildet das wahrscheinlich um 300 v. Chr. entstandene, in späteren Jahrhunderten wohl ergänzte (vgl. EMBREE/WILHELM 1967: S. 69ff.; KULKE/ROTHERMUND 1982: S. 67f.) *Staatslehrbuch (Arthasatra)*. In seinen Hauptpassagen wird es dem Minister des Maurya-Königs Chandragupta (320–293 v. Chr.), dem Brahmanen *Kautalya* zugeschrieben. Es gilt heute als eine der größten Kulturleistungen der indischen Geschichte. Das Arthasatra vermittelt nicht nur tiefere Einblicke in die seinerzeitige – absolutistische – Herrschaftsstruktur („Kein Lehrbuch der Politik hat die Mittel despotischer Machtpolitik so offen formuliert." Und Max Weber bekannte: „Dagegen ist Machiavellis Principe harmlos" – zitiert in EMBREE/WILHELM 1967: s. S. 78), sondern es ist darin auch die Liste der Gehälter nach – sehr differenzierten – Berufsgruppen aufgeführt. Auch wenn bis heute nicht eindeutig geklärt ist, inwieweit die Angaben die damaligen oder spätere reale Zustände widerspiegeln, so gestattet die Aufstellung nicht allein einen genauen Einblick in die Hierarchie der Ämter und Berufe, sondern offenbart ausgeprägte Einkommensdisparitäten, wie man sie in der heutigen Zeit wohl kaum findet (Tab. 1.1).

Diese für unsere Fragestellung einzigartige Quelle enthält (naturgemäß) keine Angaben zur quantitativen Partizipation der Bewohner an den Gehalts- und damit Einkommensgruppen. Nach dem heutigen Forschungsstand kann man davon ausgehen, daß bereits in dieser Zeit, vor ca. 2.300 Jahren, die Grundelemente des Kastensystems: jatis, d. h. Kastenzugehörigkeit mit der Geburt, Endogamie, beschränkte Berufswahl, Privilegien einer rituellen Oberschicht, stringent gehandhabter Unterschied zwischen „reinen" und „unreinen" jatis sowie Unberührbarkeit einschließlich der daraus folgenden Diskriminierungen dieser Bevölkerungsschichten, mithin eine subtile und gleichzeitig rigide *Kasten*gesellschaft existierten (näheres s. Kap. 4.4).

Setzt man diese, von dem griechischen Gesandten Megasthenes am Hofe eben dieses Maurya-Königs Chandragupta bezeugte Überlieferung als gegebenen Tatbestand an, dann sollte man bereits für diese Zeit nicht mehr von einer „ständisch orientierten Klassengesellschaft" (KULKE/ROTHERMUND 1982: S. 46) sprechen. Die Einteilung der Hindu-Gesellschaft in die vier varnas ist eine brahmanische Erfindung zur Legitimierung ihrer Vorherrschaft und beinhaltet nur eine – grobe – ständische Hierarchie, während die offensichtlich seinerzeit bereits existente Kastengesellschaft eine (fast?) undurchlässige rang- und berufsmäßige und damit stringente Differenzierung der Bevölkerung bedeutet, in die jeder einzelne ausweglos (!) hineingeboren ist, kurz: Gegenüber der „Klasse" bzw. der „Klassengesellschaft" zumindest sozial ein sehr viel rigideres System darstellt (vgl. Kap. 4.1).

Da – infolgedessen – demographisch-soziale Veränderungen auch über einen so langen Zeitraum weitgehend ausgeschlossen werden können (!), erscheinen Rückschlüsse auf eine quantitative Zuordnung selbst für eine weit zurückliegende Zeit nicht unmöglich und abwegig: Von den 846 Millionen Gesamtbevölkerung (Census 1991) werden 700 Millionen als Hindus bezeichnet. Davon entfallen ca. zwei Drittel, mithin 465 Millionen auf die „unreinen" Shudra-Kasten, weitere 210 Millionen auf die „Scheduled Castes" und „Scheduled Tribes" (= 23,5% der Gesamtbevölkerung). Damit bleiben ca. 35 Mill. Hindus = 5% übrig, die den „reinen" jatis aus den Brahmanen, Kshatriyas und Vaishya varnas (vgl. Kap. 4.1 und 4.2.2) zuzurechnen sind.

Schwieriger bei dieser „Rekonstruktion" ist die Zuordnung der – 1991 – 96 Millionen, seinerzeit nicht existenten Muslims. Diese rekrutieren sich jedoch, abgesehen von den seinerzeit Eingewanderten, in ihrer überwiegenden Mehrheit nachweislich aus im Laufe der Zeit konvertierten Angehörigen von tiefstehenden Hindu-Kasten. Ähnliches gilt auch für die 1991 22 Millionen Christen, die sich zu 90% aus konvertierten „Unberührbaren" zusammensetzen.

Kurz: Man kann mit großer Wahrscheinlichkeit davon ausgehen, daß wirtschaftlich und gesellschaftlich nur eine kleine Minderheit an dieser „Hochkultur" partizipierte; die große Mehrheit der Bewohner (ab Lohngruppe 9) jedoch ein überaus bescheidenes Leben fristete. Diese Schlußfolgerung wird dadurch weiter gestützt, daß es sich bei den in dieser Aufstellung nicht erfaßten Schichten zu sicherlich 90% um abhängige Bauern – sämtliches Land gehörte dem König –, daneben um Sklaven, Handwerker und Händler handelte. Diese dürften kein nennenswert höheres Einkommen als ihre Standesgenossen gehabt haben, handelte es sich hier (wie auch in späteren Jahrhunderten) doch um eine ausgeprägt zentralistische Wirtschaftsordnung, die Handel, Handwerk und Bergbau ebenso umfaßte wie die Landwirtschaft und die jede privatwirtschaftliche Initiative bekämpfte (EMBREE/WILHELM 1967: S. 79).

Ob bzw. in welchem Ausmaß die einzelnen Bevölkerungsschichten im weiteren Verlauf der indischen Geschichte stärker an Entwicklungen partizipierten, ist weitgehend unbekannt. Machen wir deshalb einen großen Sprung um zweitausend Jahre bis an das Ende der Geschichte des von außen unabhängigen Subkontinents, in die o. g. „Glanzzeit" der islamischen Epoche. Unbestreitbar sind die großen Leistungen auf kulturellem Gebiet; eine durchgreifende Besserung der sozialen, etwa im Sinne einer Lockerung des rigiden Kastensystems, wie auch der wirtschaftlichen Situation der breiten Mehrheit der Bevölkerung ist nicht erkennbar (näheres s. Kap. 11.2, 11.5). – Diese, hier zwangsläufig nur kurz angedeutete, Reflektion zur Interdependenz zwischen „Hochkultur" und „Entwicklung" zeigt, daß der viel verwendete Begriff „Hochkultur" (aber auch Bezeichnungen wie „Glanzzeit") doch differenzierter, kritischer überdacht werden sollten. Das gilt insbesondere dann, wenn damit die Assoziation „Entwicklung", „Entwicklungsland" – gerade auch im Hinblick auf die Geschichte als Kausaldeterminante der „Unterentwicklung" verbunden wird.

1.2.2
Entwicklungsland Indien

Diese Aussage hatte und hat ihre spezifische Brisanz für die nachfolgende Epoche des *kolonialzeitlichen* Indien. Seine Eroberung durch die Engländer hatte zu Beginn des Siebenjährigen Krieges mit dem Sieg bei Plassey (1757) begonnen und benötigte ein Jahrhundert bis zu ihrer Vollendung mit der Eroberung des Punjab (1856 – s. Abb. 1.6 und Zeittafel). Erwähnt sei in diesem Zusammenhang immerhin, daß sich die direkte Penetration Indiens durch die Briten bei weitem nicht auf den gesamten Subkontinent erstreckte, sondern große Teile, die Fürstenstaaten, den rechtlichen Status der Unabhängigkeit behielten, d. h. sie blieben nach innen weitgehend autonom. Allerdings machten die Briten nach dem System der „indirect rule" ihren Einfluß, wenn nötig sehr nachdrücklich, geltend. (Es muß immer wieder erstaunen, mit welch geringem Personalaufwand die Engländer Indien verwaltet und regiert haben: British-Indien wurde 1892 von 776 höheren Beamten verwaltet. Noch 1935 waren es insgesamt nur 1297 höhere Beamte, von denen damals 754 Engländer oder Europäer, aber auch schon 540 Inder waren – WINTERFELDT 1987). Diese Fürstenstaaten – viele Hundert von unterschiedlichster Größe – umfaßten mehr als ein Drittel des (heutigen) indischen Territoriums (s. Abb. 1.6), dort lebte ca. ein Viertel der gesamten Bevölkerung. In einer detaillierten Analyse konnte WILMER (1986: S. 105ff.) nachweisen, daß die Fürstenstaaten im Jahre 1931 mehrheitlich einen deutlich niedrigeren Entwicklungsstand aufwiesen als die britisch verwalteten Landesteile (s. Abb. 1.6).

Ein solcher (wesentlicher) Befund klärt naturgemäß noch keineswegs die Rolle der kolonialzeitlichen Epoche als Kausalfaktor für das Phänomen „Entwicklungsland Indien". Nachfolgendes Resümee einer Beurteilung gibt die Schwierigkeit jedweder Beurteilung treffend wider; später wird auf diese, zum Verständnis der heutigen Entwicklungsprobleme des Landes so wesentliche Fragestellung eingehend zurückzukommen sein (Kap. 11.4 und 11.5).

„Die Kolonialzeit ist für das heutige Indien die zugleich wichtigste und widersprüchlichste Epoche: auf der einen Seite wurden in dieser Zeit die Grundlagen des modernen indischen Staatswesens gelegt; die politische Einheit, die sprachliche Einheit, eine moderne Verwaltung, eine unabhängige Justiz, ein weitverzweigtes Verkehrswesen und neue Produktionsmittel wurden geschaffen. Auf der anderen Seite wurde die kulturelle Kontinuität Kontinuität des indischen Raumes bedroht

Indien – Ein Entwicklungsland

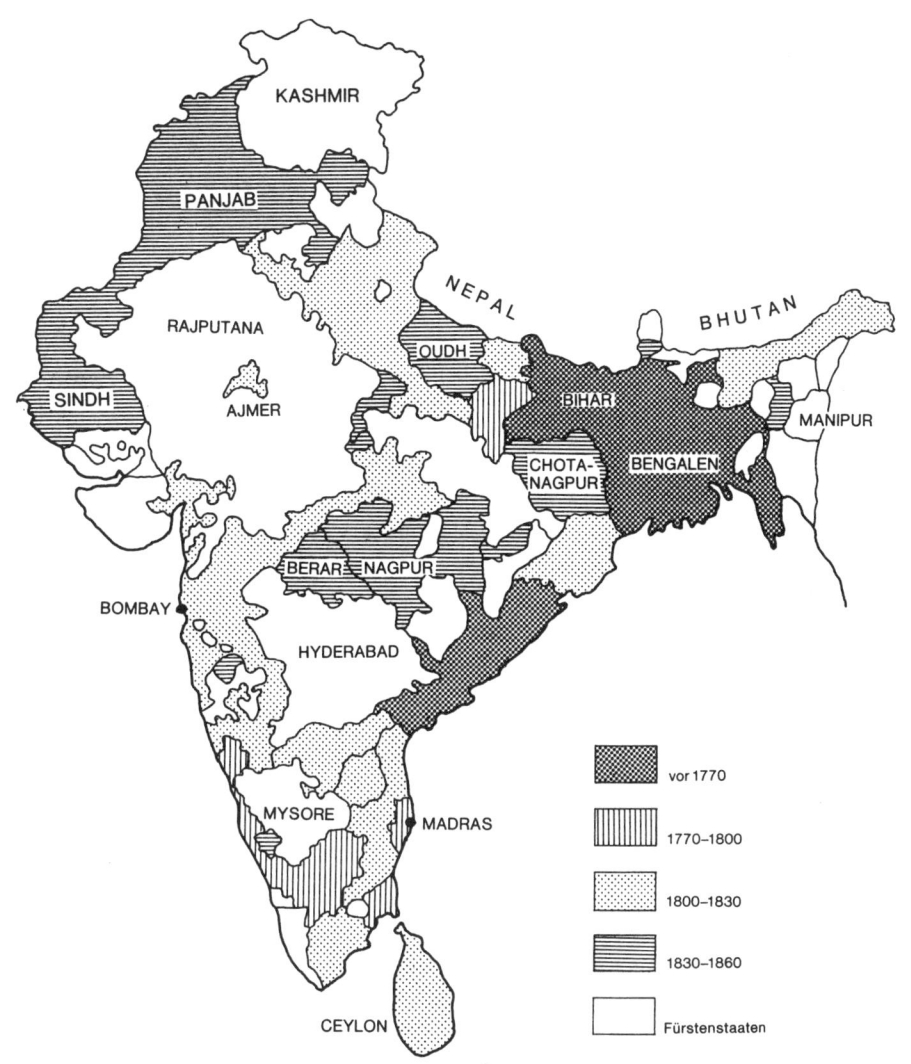

Abb. 1.6: Die britische Durchdringung Indiens (1750–1860)
Quelle: KULKE/ROTHERMUND 1982, S. 262

und teilweise unterbrochen, die gewaltige Produktivkraft des Landes qualitativ wie quantitativ in den Dienst der kolonialen Metropolen gestellt und auf Kosten der indischen Massen die größte Armee des 19. Jahrhunderts unterhalten, die an allen Fronten des britischen Empires zum Einsatz kam. Die Widersprüchlichkeit macht es außerordentlich schwer, über die Kolonialepoche ein generelles Urteil abzugeben" (GUTSCHOW/PIEPER 1983: S. 167).

„Hochkultur" oder „glanzvolle Epoche" der früheren Jahrhunderte bzw. Jahrtausende wecken ebenso falsche Assoziationen im Hinblick auf eine Beurteilung des Faktums „Entwicklungsland Indien" wie Kennzeichnungen aus jüngerer Zeit, etwa wenn KREBS Indien am Vorabend der Unabhängigkeit als „wichtigstes Industrieland der Tropen" bezeichnet, das zu „den acht großen Industrieländern der Erde" zählt (1939: 69). Für die – für den Menschen! – harte Wirklichkeit erscheint es schon fast als unverantwortlich, wenn man Indien, wie in einer jüngst erschienenen Studie (GOSALIA 1992), „als eines der zehn größten Industrieländer der Welt, als Atommacht, als politische und militärische Großmacht in Südasien" (näheres s. dort S. 33ff., 41ff.) charakterisiert. Zwar steht Indien gemessen an der Wertschöpfung des Verarbeitenden Gewerbes derzeit (1991) an 15. Stelle (1970: 12. – Weltentwicklungsbericht 1993: S. 300), pro Kopf aber rangiert das Land im unteren Drittel unter allen Ländern der Erde (s. auch: Tab. A 1.2 – Anhang, Kennziffer 4.5; näheres s. Kap. 7). Nicht nur falsche Assoziationen, sondern eine grundlegende Fehleinschätzung ist die Kennzeichnung Indiens als ein Land mit „außerordentlichen geographischen Vorteilen in bezug auf Klima, die geographische Lage, die Bodenbeschaffenheit und die natürliche und mineralische Ressourcenausstattung" (ebenda: S. 49, 52). Diese Aussage wird in einer späteren Passage des gleichen Buches stark relativiert und damit richtig gestellt: „Nach offiziellen Schätzungen sind bereits 60% der Agrarfläche ernsthaft erosionsgeschädigt, und über 1 Million Hektar Wald wird jährlich abgeholzt, während nur rund 2 Millionen Hektar in den vergangenen 30 Jahren aufgeforstet wurden. ... Seit der Unabhängigkeit Indiens ist mehr als die Hälfte des Waldbestandes – trotz offiziellen Verbots – abgeholzt worden." – ebenda: S. 183f.). Dazu wird im nächsten Kapitel eingehend Stellung genommen werden (insbesondere Kap. 2.5; 15.2). Mißverständlich ist auch die Passage, wonach „die soziokulturelle und ethnische Vielfalt seiner Bevölkerung ... den gesamtwirtschaftlichen Entwicklungsprozeß ... positiv beeinflußt aber auch erschwert" (ebenda: S. 49); tatsächlich ist die absolut bis heute ungebremste Bevölkerungszunahme von derzeit netto 16,3 Millionen Jahr für Jahr das kardinale Entwicklungsproblem des Landes überhaupt. Und das „einmalige indische Phänomen des Kastenwesens" (ebenda: 49) bezeichnet de facto die rückständigste Gesellschaftsordnung unter allen Ländern der Erde mit eindeutig entwicklungshemmendem Charakter (s. Kap. 12).

Orientieren wir uns an der Wirklichkeit: In den 47 Jahren seit seiner Unabhängigkeit (1947) hat die Bevölkerung Indiens (bis Mitte 1994) um 555 Millionen Menschen zugenommen. Die Nahrungsmittelproduktion als der, zudem in einem Agrarland, zunächst wichtigste Grundbedürfnisindikator hat mit dieser über viele Jahrzehnte andauernden Bevölkerungszunahme durchaus Schritt halten können: Mit einem Anstieg der Pro-Kopf-Produktion von 40% in dem Zeitraum von 1950/51 bis 1990/91 ist Indien ein entwicklungspolitisch bedeutsamer Erfolg gelungen. Die in den 50er, 60er und 70er Jahren teilweise erheblichen Nahrungsmittelimporte konnten nahezu völlig abgebaut, gleichzeitig die Nahrungsmittelverfügbarkeit der Bevölkerung erheblich gesteigert werden: von im Jahre 1951 395 Gramm pro Kopf und Tag auf 510 Gramm 1991. Es wurden umfangreiche Lagerbestände angelegt, die in Dürreperioden die Versorgung der notleidenden Bevölkerung ermöglichten. Verhungernde Menschen, wie zuletzt in den beiden aufeinanderfolgenden Dürresommern 1966 und 1967 in verschiedenen Teilen des Landes auch selbst beobachtet, gehören der Vergangenheit an und sind heute auf Einzelfälle beschränkt. Auch auf anderen wirtschaftlichen Gebieten ist Indien eine durchaus befriedigende Entwicklung zu attestieren, die sich allerdings durch das hohe Bevölkerungswachstum stark relativiert (näheres s. Kap. 6–10, 12–16). Insgesamt haben sich die wirtschaftlichen Lebensverhältnisse für die Mehrzahl der Bewohner in den vergangenen Jahrzehnten verbessert. In Anbetracht der, für unser Verständnis unvorstellbaren, o. g. Bevölkerungszunahme stellt dies ohne Zweifel eine beachtliche Entwicklungsleistung dar.

Aber – und das steht nur in scheinbarem Widerspruch zu dem soeben Gesagten – Indien ist seinem seit Erlangung der Unabhängigkeit propagierten Hauptziel, der Vertreibung der Armut, nicht grundsätzlich näher gekommen. Tatsache bleibt, daß zwar die Zahl der Armen in Indien relativ abgenommen hat – aber: Armut und auch extreme Armut hat auch heute noch Massencharakter. Nach einer jüngst veröffentlichten Studie der Weltbank über die Armut in der „Dritten" Welt ist unbestreitbar, daß Indien (bzw. Südasien insgesamt) neben Schwarzafrika noch immer die Hauptarmutsregion der Erde darstellt (s. Tab. 14.3).

Dabei war die *Ausgangsposition* des Landes zum Ende der Kolonialzeit im Hinblick auf die zukünftigen Entwicklungsmöglichkeiten keineswegs als durchgängig „unterentwickelt" zu bezeichnen. Teilbereiche der vorgegebenen Infrastruktur bildeten eine durchaus brauchbare Grundlage, auf der man aufbauen konnte: eine – stets im Sinne von „vergleichbar" zu anderen in die Unabhängigkeit entlassenen Länder – seinerzeit moderne, d. h. durchorganisierte, sogar als effizient zu bezeichnende *Verwaltung*; ferner *demokratische* Grundstrukturen, die zumindest in der Lage waren, die noch bestehende feudalistische oberste Schicht, die Maharajas, Nizams etc., rasch zu beseitigen (allerdings weit weniger effizient als die mittleren und unteren Ebenen – s. Kap. 15.1.1), ein gut ausgebautes, leistungsfähiges *Eisenbahnsystem*, belastet freilich mit drei verschiedenen Spurbreiten, sowie ein durchaus passabel zu nennendes *Straßennetz* (näheres s. Kap. 8). Die vergleichende Gegenüberstellung zu der etwa zur gleichen Zeit unabhängig gewordenen *VR China* (1949) zeigt, daß Indien in der Mehrzahl der in Tabelle 1.2 angeführten Kennziffern eine in vielen Bereichen bessere Ausgangsposition aufwies – ganz abgesehen davon, daß das Land von Kriegszerstörungen verschont blieb.

Die vergleichende Gegenüberstellung der beiden Subkontinentalstaaten (vgl. auch Kap. 3.1) trägt nicht allein zum weiteren Verständnis des „Kulturerdteils Indien" bei. Sie erscheint relevant und reizvoll auch deshalb, weil es sich um die mit Abstand volkreichsten Länder handelt, auf die 36% der Erdbevölkerung bzw. fast die Hälfte (47%) der Einwohner sämtlicher „Dritte" Welt-Länder entfallen – und infolgedessen mit den gleichen Problemen belastet sind. Auf zumindest den ersten Blick weisen beide Länder als „typische" Entwicklungsländer eine ganze Reihe von *Gemeinsamkeiten* auf, die hier nur stichwortartig aufgelistet seien: Kernräume alter Hochkulturen, die kolonialzeitliche Penetration der Kernräume fand zwar für einen historisch nur kurzen, entwicklungsgeschichtlich jedoch bedeutsamen Zeitraum statt (19./20. Jahrhundert), vorherrschende binnenländische Orientierung, monsunales Klima als wesentliche Naturdeterminante, Agrarländer mit nennenswerter handwerklicher/industrieller Tradition und Entwicklung, fast 80% Landbevölkerung, ca. 70% der Erwerbstätigen im primären Sektor tätig, ausgeprägte Diskrepanz zwischen dichtbesiedelten Aktivräumen und gering bevölkerten Passivräumen, geringe Urbanisierungsquote trotz alter Stadtkultur und schließlich eine (bis heute) mit vielen Mängeln behaftete materielle Infrastruktur sowie niedriges Pro-Kopf-Einkommen.

Bereits die Heranziehung des Indikators BSP/Kopf deutet an, daß der *binnenwirtschaftliche Entwicklungsprozeß* des Landes (wie auch Chinas) relativ – und noch mehr absolut – gegenüber den beiden übrigen Subkontinentalstaaten der „Dritten" Welt, Indonesien und Brasilien, doch sehr langsam verlief. Ausgesprochen

Indikator	Ausgangsposition um 1950		Zwischenbilanz 1991	
	Indien 1952	China 1952	Indien 1991	China 1991
Bevölkerung				
Einwohner (Mill.)	370	575	846	1134[4]
Geburtenrate (per 1000)	38[1]	37	32,5	21,0[4]
Sterberate (per 1000)	24[1]	17	11,4	6,3[4]
Wirtschaft				
BSP (Mrd. US-$)	22[1]	30	239	451,98
BSP/Kopf (US-$)	60[1]	50	361	390
Anteil am BIP (%):				
Industrie	16,7[2]	16,9[2]	27	42
Landwirtschaft	49,0[2]	63,6[2]	31	27
Anzahl der Personen per ha Ackerland	1,5[1]	4,75	5,1	12,0
Ertrag (t/ha):				
Reis	1,3[1]	2,5	2,7	5,7
Weizen	0,7[1]	1,1	2,1	3,2
Bewässerungsfeldfläche (Mill. ha)	21,05	19,959	59	44,5[5]
Verkehr				
Eisenbahn:				
Schienennetz (1000 km)	52,0	24,2	65,4	53,4
Gütertransport (Mill. t – km)	43,411[2]	60,200	5,4647	5,3418
Personentransport (Mill. Personen-km)	66,503[2]	20,100	296,0	284,3[6]
Straßennetz (1000 km)	156,9	129,6	1001	1041
Hafenumschlag (Mill. t)	21,564[3]	14,4	152,6	471,17
Agrarproduktion pro Kopf (kg)				
Nahrungsfrüchte	141	285	209	443[6]
– Reis	58	119	88	162[6]
– Weizen	18[2]	32	65	80[6]
– Hirse, Mais, Gerste, Hülsenfrüchte	66	90	56	86[6]
Marktfrüchte				
– Ölfrüchte	17,1	7,3	21,8	14,1
– Baumwolle	8,4	2,3	11,6	4,9
– Zuckerrohr	15,8	12,4	28,5	58,6
– Tee (grün)	870	143	841	468
– Tabak (grün)	723	386	533	1288
Industrieproduktion pro Kopf				
– Baumwollstoffe (m²)	11,4	6,7	15,9	15,7
– Papier, Pappe (kg)	0,31[2]	0,64	2,45	12,77
– Zucker (kg)	3,0[2]	0,8	14,1	5,5
– Fahrräder (per 1000)	0,28[2]	0,14	8,15	31,7
– Kraftfahrzeuge (per 1000)	0,45[2]	–	20,5	9,5
– Zement (kg)	7,4[2]	5,0	57,9	218,1
– Kohle (kg)	89[2]	115	267	938
– Roheisen (kg)	4,4[1]	2,8	16,8	61,3
– Stahl (kg)	2,8[1]	2,3	15,9	48,7
– Elektrizität (kWh)	0,01[1]	0,005	363,6	584,9

[1] 1950; [2] 1951; [3] Calcutta, Bombay, Madras, Vishakhapatnam; [4] Census 1990; [5] 1985; [6] 1987
Quellen: Indien -FYP 1 & 3; Economic Survey 1968-69 & 1991-92, ALSDORF 1955; GHOSH 1967; TATA 1992-93
China - State Statistical Bureau, PRC (Ed.): Statistical Yearbook of China 1992 (chines.) Beijing 1993;
GROSSMANN, B.: Die wirtschaftliche Entwicklung der Volksrepublik China, Stuttgart 1960;
ECKSTEIN, A.: China's Economic Development, Madison 1975 (Berechnungen des Verfassers)

Tab. 1.2: Kennziffern zum Entwicklungsstand Indien – China

Land	BSP/Ew. (US-$)				BSP/Kopf: Relatives Wachstum (Indexwert)			
	1960	1971	1982	1993	1960–71 (1960 =100)	1971–82 (1971 =100)	1982–93 (1982 =100)	1960–93 (1960 =100)
Indien	100	110	260	290	110	236	112	290
China	130	160[2]	310	490	123	194	158	377
Indonesien	70	80	580	730	114	725	126	1043
Brasilien	340	460	2240	3010	135	487	134	865
USA	3728	5160	12460	24750	138	241	199	664
Deutschland[1]	2153	3210	13160	23630	149	410	179	1098

Land	BSP/Kopf: Absolutes Wachstum			
	1960–71	1971–82	1982–93	1960–93
Indien	10	150	90	230
China	30	150	170	360
Indonesien	10	500	150	660
Brasilien	120	1780	770	2670
USA	1432	7300	12290	21022
Deutschland[1]	1057	9950	10470	21477

[1] in den Grenzen vor 1990; [2] 1970
Quellen: Weltentwicklungsbericht 1993 und frühere Jahrgänge; Weltbank-Nachrichten vom 29.9.1994 (Berechnungen des Verfassers)

Tab. 1.3: Relatives und absolutes Wachstum des BSP/Kopf 1960–1991 für Indien, China, Indonesien, Brasilien, USA und Deutschland im Vergleich

ernüchternd wirkt das Ergebnis gegenüber den Industriestaaten USA und Deutschland: Das Gefälle im wirtschaftlichen Wachstum gegenüber diesen Ländern hat sich ständig weiter vergrößert (Tab. 1.3).

Als Hauptursache dieser wenig befriedigenden Entwicklung muß an 1. Stelle – wieder – die absolut unfaßbar hohe Bevölkerungszunahme von 421 Millionen (Indien) bzw. 485 Millionen (China) in diesem Zeitraum von 31 Jahren genannt werden.

Aber Indien war auch im Vergleich nicht nur zu den anderen Subkontinentalstaaten (d. h. auch China), sondern auch zu der Mehrzahl der übrigen Entwicklungsländer mit ähnlich schlechter Ausgangsbasis insgesamt weniger erfolgreich in der Bekämpfung der *Ursachen der Armut*. Anhand wichtiger Sozialindikatoren wie Einschulungsquote, Alphabetisierungsquote, Kindersterblichkeit und Lebenserwartung läßt sich dies eindeutig belegen (s. Tab. 14.4; vgl. auch Tab. A 1.2 – Anhang, Kennziffer 1.6–8 und 7.1–4). Dabei verschleiern diese Angaben noch die seinerzeitige, aber bis heute fortbestehende gravierende Benachteiligung der ländlichen Regionen (vgl. Kap. 8, 10, 13).

Schließlich offenbaren die Daten zum *gegenwärtigen Entwicklungsstand* (über 50 Indikatoren aus 9 Lebensbereichen – Tab. A 1.2 – Anhang), daß Indien auf den allermeisten Gebieten von nahezu allen asiatischen Nachbarn der Großregion Süd- (Ausnahme: Bangla Desh, Nepal), Südost- und besonders Ost-Asien z. T. sogar weit überholt worden ist. Die Kausaldeterminanten werden im folgenden zu untersuchen sein.

2 Die naturräumlichen und landschaftsökologischen Rahmenbedingungen

2.1 Einführung und Zielsetzung

Im Rahmen dieser Landeskunde kann nur eine sehr knappe Darstellung der physisch-geographischen Verhältnisse in ihrer räumlichen Differenzierung gegeben werden. Dabei soll die Frage im Mittelpunkt stehen, inwieweit diese Faktoren in ihrer wechselseitigen Verknüpfung für die Lebensverhältnisse der Menschen von wesentlicher wenn nicht sogar von existentieller Bedeutung sind. Insbesondere wird die Frage zu beantworten sein, ob das Naturraumpotential und hier vor allem das *agrare Ertragspotential* in Zukunft noch ausreichen wird, um die rasch zunehmende Bevölkerung (vgl. Kap. 3) auch nur ausreichend zu versorgen. Denn Indien als jahrtausendealter Kulturerdteil wird – wenn nicht jetzt bereits, dann jedenfalls in historisch naher Zukunft – an der Grenze mindestens seiner agraren Tragfähigkeit angelangt sein. Das kann bei der schon am Ende dieses Jahrzehnts (bzw. Jahrtausends) die Milliardengrenze überschreitenden Einwohnerzahl bei rasch abnehmenden Bodenressourcen (Kap. 1.5; 15.2) für die Menschheit auch in anderen Erdteilen bedrohlich werden: Zwar ist „Calcutta überall" (G. GRASS, 1990), aber eben ganz besonders in Indien.

Zum Verständnis dieser Problematik ist es notwendig, die naturräumlichen Rahmenbedingungen aus der Sicht der Landschaftsökologie oder Geoökologie zu betrachten. Diese stellt die Untersuchung des *Landschaftshaushaltes* als funktionales Zusammenspiel der physisch-geographischen Faktoren – besonders Klima, Vegetation, Boden mit Ausgangssubstrat, Relief mit Zuschußwasser – *als Ganzes* in den Mittelpunkt; Eingriffe des *Menschen* in die Landschaft erfahren als Änderung von Stoff- und Energiegrößen wesentliche Berücksichtigung (vgl. auch Kap. 2.4, 15.2). Damit reicht die Landschaftsökologie weit in den Bereich der Kultur- und Sozialgeographie hinein. Für das Verständnis oder die Beurteilung des Landschaftshaushaltes, insbesondere seiner möglichen kurzfristigen oder längerfristigen *Veränderungen*, d. h. seiner Ökodynamik im Ganzen oder von Teilsystemen (s. u.) ist die Erforschung der *Landschaftsentwicklung* bzw. Landschaftsgeschichte einschließlich ihrer Umgestaltung durch den Menschen unumgänglich.

Die Notwendigkeit dieser genetischen Betrachtungsweise wird besonders deutlich am Beispiel der *Bodendecke* als wichtigster Naturressource Indiens: die Bildungszeit eines großen Teiles der Böden (s. Kap. 2.5) reicht sicherlich bis in das Tertiär zurück, ohne daß sich ihr Bildungsbeginn näher angeben ließe. Ihre Eigenschaften, die wesentlich ihr Agrarpotential bedingen, resultieren aus einer völlig anderen Konstellation bodenbildender Faktoren: einem viel feuchteren Klima, damit ganz anderer Vegetation, bedingt durch eine damals andere Lage der indischen Platte zum Äquator (s. Kap. 2.2). Die *Vegetation* wiederum hat sich nicht nur durch ein trockener werdendes Klima (Kap. 2.3.1) in geologischer Zeit, sondern auch durch menschliche Eingriffe in historischer Zeit sehr stark verändert (Kap. 2.4).

Abb. 1: vor ca. 120 Mio. Jahren

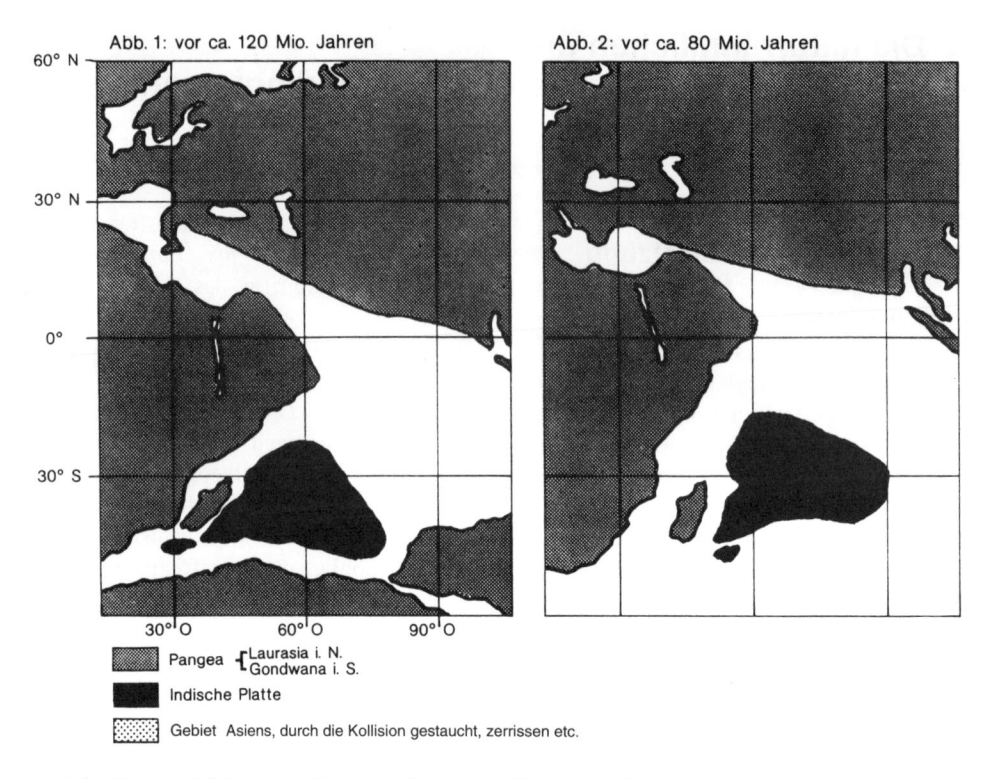

Abb. 2: vor ca. 80 Mio. Jahren

- ▨ Pangea {Laurasia i. N. / Gondwana i. S.
- ■ Indische Platte
- ▦ Gebiet Asiens, durch die Kollision gestaucht, zerrissen etc.

Mit diesen einleitenden Sätzen soll deutlich werden, daß bei der Untersuchung der Landschaftsgenese verschiedene zeitliche Maßstabsbereiche in Betracht gezogen werden müssen. Begonnen werden soll mit der Erdgeschichte im geologischen Rahmen.

2.2
Die Entwicklungsgeschichte Indiens im geologischen Rahmen

Vor etwa 200 Mill. Jahren begann der Superkontinent Pangaea zunächst in zwei große Fragmente, Laurasia im Norden und Gondwana im Süden zu zerbrechen (SMITH et al. 1981). Laurasia umfaßte Nordamerika, Grönland, Europa und die meisten Teile Asiens, während Gondwana insbesondere Südamerika, Afrika, Indien, Australien und die Antarktis enthielt, daneben kleinere Fragmente wie Arabien, Madagaskar und Neuseeland (vgl. auch KASSENS u. WETZEL 1989, s. Abb. 2.1). Die meisten Fragmente des ehemaligen Gondwana enthalten Gesteine, die seit mehr als 600 Mill. Jahren nicht mehr wesentlich deformiert wurden; die entsprechenden Krustenteile sind besonders stabil. Die Indische Platte (vgl. Abb. 2.1) bildet einen solchen präkambrischen Schild; ihre Stabilität ist wahrscheinlich mitverantwortlich für die besondere Höhe des Himalaya (MOLNAR 1986). Die präkambrischen Gesteine Indiens waren im Norden überlagert von paläozoischen und z. T. mesozoischen Sedimentgesteinen, die dann, metamorphisiert und gefaltet, heute die höchsten Gipfel des Himalaya bilden, so den Mount Everest, Anapurna und Dhaulagiri (GANSSER 1964).

Vor ca. 120 Mill. Jahren lagen Madagaskar und Indien noch unmittelbar benachbart, hatten sich aber bereits von den übrigen Fragmenten Gondwanas ge-

Entwicklungsgeschichte im geologischen Rahmen

Abb. 3: vor ca. 40 Mio. Jahren

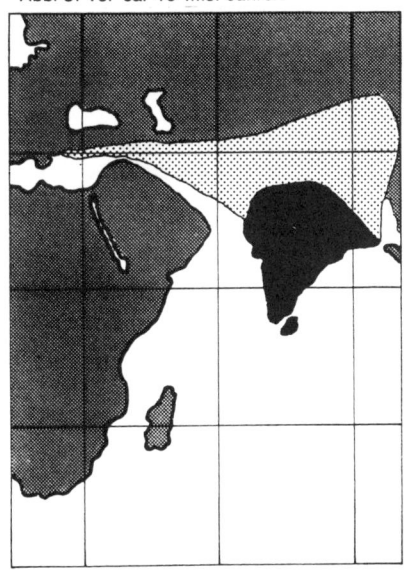

Abb. 2.1: Nord-Bewegung der Indischen Platte

Quelle: SMITH u. a. 1981, MOLNAR 1986; Kartographie: W. Gebhardt/D. Rühlemann

getrennt (Abb. 2.1.1). Vor ca. 80 Mill. Jahren hatte sich Indien inzwischen von Madagaskar entfernt (Abb. 2.1.2). Bei Drehung von ca. 80° gegen den Uhrzeigersinn driftete die Indische Platte seitdem etwa 5000 km Richtung Nordnordost (Abb. 2.1). Zwischen etwa 65 und 50 Mill. Jahren vor heute erreichte die Drift die sehr hohe Geschwindigkeit von 15–20 cm/Jahr (MOLNAR/TAPPONIER 1975) – zum Vergleich entfernen sich Europa und Nordamerika nur mit 2–4 cm/Jahr voneinander. Während dieser Zeit wanderte die indische Scholle über einen oder mehrere „hot spots" (sehr starke geothermische Anomalien) im Bereich des jetzigen westlichen Indischen Ozeans, manifestiert durch die heutigen jungen Vulkaninseln von Reunion und Mauritius, nachdem vorher die Lakkadiven, dann die Malediven entstanden waren (DUNCAN/PYLE 1988).

Bei der Drift der Indischen Platte über den „Reunion hotspot" ergossen sich über diesen durch Spalten und Klüfte großflächig bis 2000 m mächtige, flachgeschichtete Basaltdecken und Aschen an die Oberfläche der Indischen Platte; ihre Mächtigkeit ist meerwärts, z. B. im Golf von Cambay noch ganz erheblich höher. Nach neueren $^{40}Ar^{39}Ar$-Datierungen muß jedenfalls der größte Teil der Basaltdecken sich sehr rasch und sehr nahe an der Kreide-Tertiär-Grenze ergossen haben: eine etwa 2000 m mächtige Abfolge von Basalten in Westindien ergaben Alter von 67–68 Mill. Jahren (DUNCAN/PYLE 1988), von Basalten der Kutch-Region/Gujarat von 64–67 Mill. Jahren (PANDE et al. 1988). Dieser *Deccan-Trapp* bedeckt heute auf dem indischen Festland eine Fläche von 500 000 km^2 (s. Abb. 2.2); er ist das Ausgangsmaterial für die potentiell fruchtbaren Vertisole (vgl. Kap. 2.5).

Etwa vor 40–50 Mill. Jahren nahm die Driftgeschwindigkeit abrupt auf etwa 5 cm/Jahr ab, aller Wahrscheinlichkeit nach eine Folge der zunächst sog. „weichen" Kollision der Indischen Platte mit dem tibetanischen Block der Eurasischen Platte, der damals 1500–2000 km weiter südlich lag. Vorher bzw. zu Beginn wurde die ozeanische Kruste unter die kontinentale Kruste Tibets subduziert, wodurch sich die Tethys schloß; danach wurden zunehmend kontinentale Bereiche in die Subduktion einbezogen, was zu einer Krustenverdickung, damit Hebung führte. Seit dieser Zeit ist nach MOLNAR (1986) Indien mindestens 2000 km weit nach Eurasien vorgedrungen, wodurch u.a. Tibet zusammengedrückt wurde (vgl. Abb. 2.1.3). Auch die Hebung des Pamir, die Steilstellung, Faltung und Hebung der Sedimente der Tadjikischen Depression sowie die Hebung des Tienshan (mit nicht

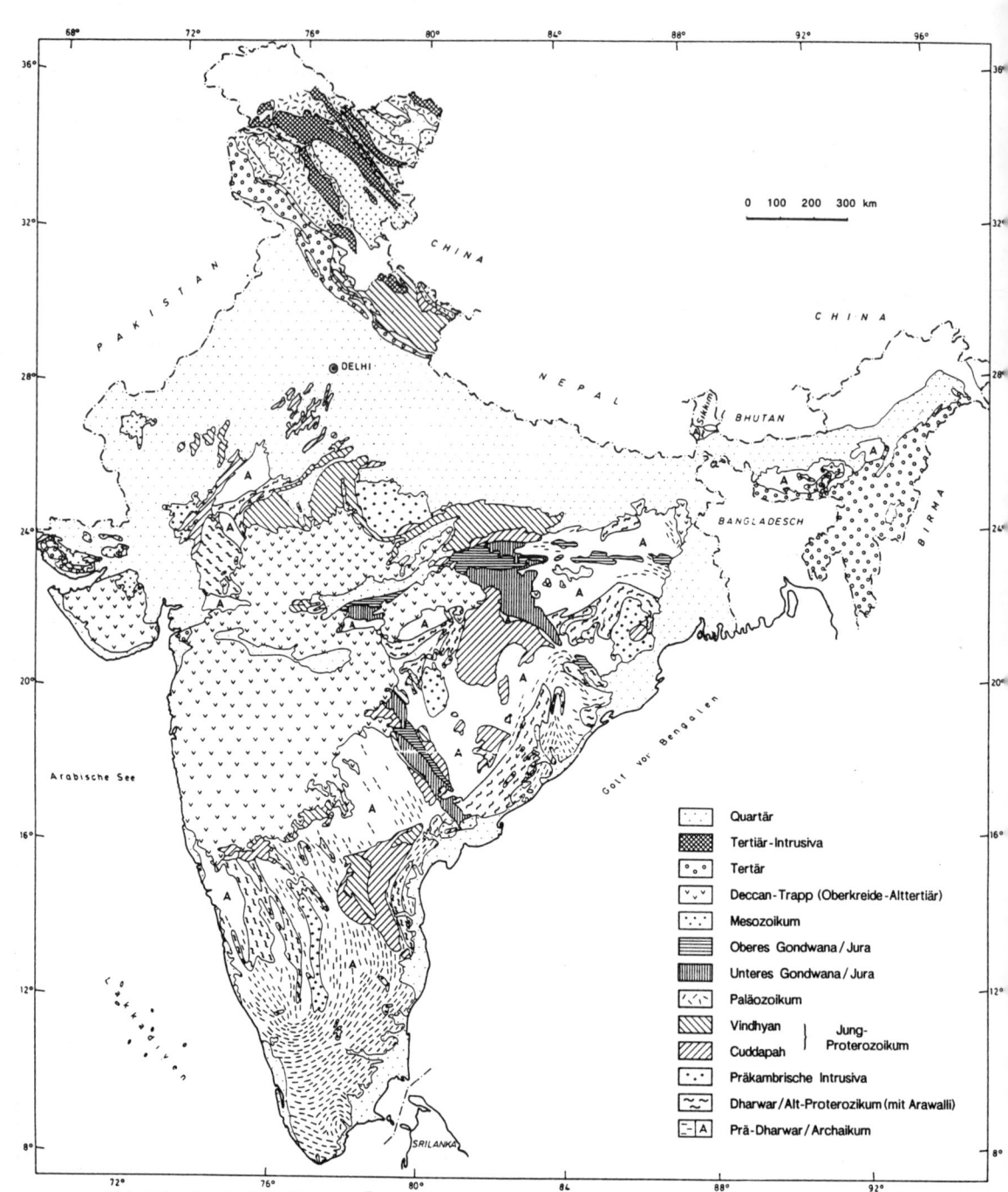

Abb. 2.2: Geologie Indiens im Überblick

Quelle: SMITH u. a. 1981, MOLNAR 1986;
Kartographie: W. Gebhardt
Quelle: Bundesanstalt für Geowissenschaften und Rohstoffe nach STEINER 1979, etwas verändert; Kartographie: W. Gebhardt

Legende:
- Quartär
- Tertiär-Intrusiva
- Tertiär
- Deccan-Trapp (Oberkreide-Alttertiär)
- Mesozoikum
- Oberes Gondwana / Jura
- Unteres Gondwana / Jura
- Paläozoikum
- Vindhyan } Jung-Proterozoikum
- Cuddapah
- Präkambrische Intrusiva
- Dharwar / Alt-Proterozikum (mit Arawalli)
- Prä-Dharwar / Archaikum

Entwicklungsgeschichte im geologischen Rahmen

zu überschätzenden kulturgeographischen Auswirkungen westlich und östlich dieses Gebirgssystems!) sind teilweise auf das Eindringen der Indischen Platte in Eurasien zurückzuführen (vgl. MOLNAR/ TAPPONIER 1977). Durch die sog. „harte" Kontinent-Kontinent-Kollision vor etwa 40–35 Mill. Jahren begann die Entstehung des Himalayasystems. Die enorme, bis heute andauernde Heraushebung des Karakorum-Transhimalayas, des Hoch-Himalayas – heute in vielen Teilen im Mittel 0,5–1 cm/Jahr –, dann des Vorderen Himalayas, z. T. bedingt durch die o. g. Krustenverdickung, verursachte ein Absinken des nordindischen Plattenrandes durch ihr enormes Gewicht um 4–5 km. Dadurch entstand das Indus-Ganges-Becken, das kontinuierlich von den enormen Mengen des erodierten Materials des sich hebenden Gebirgssystems angefüllt wurde, wobei die feineren Sedimente über den Golf von Bengalen bis in den Indischen Ozean gelangen (LYON-CAEN und MOLNAR 1985). Hierbei entstand der *Bengal-Tiefseefächer*, der von der Mündung des Ganges bis über 3000 km weit in den Indischen Ozean hineinreicht, bis zu 16 km mächtig ist, und dessen Sedimentationsbeginn auf ein Alter von ca. 25 Mill. Jahre datiert wurde (KASSENS/WETZEL 1989).

Die nördlichen Bereiche des Indus-Ganges-Beckens, das in seiner Entstehung und Funktion dem Molassebecken des nördlichen Alpenvorlandes vergleichbar ist, wurden im weiteren Verlauf der Kollision ebenfalls bereits in die Gebirgsbildung einbezogen. Der so entstandene Gebirgszug wird als *Siwaliks* bezeichnet, nach Shiva, der hinduistischen Gottheit der Zerstörung. Dieses Vorgebirge, vom Vorderen Himalaya durch eine Hauptrandstörung („Main Boundary Fault" oder „Thrust") getrennt, ist diesem auf ca. 1700 km bis nach Nord-Pakistan hinein angelagert. Die 10–80 km breiten Siwaliks sind ihrerseits wiederum gekippt, gefaltet und überschoben. Dabei wurden Tone und Schluffe z. T. zu Schiefern, Sande zu Sandsteinen verfestigt und selbst junge Konglomerate der „Oberen Siwaliks" noch schräggestellt, ja sogar von den vor 10–15 Mill. Jahren abgelagerten feineren Sedimenten der „Unteren Siwaliks" überschoben (u. a. MOLNAR 1986, s. Fig. 7). Die bis zu 5500 m mächtigen Sedimente z. B. in Südwest-Nepal, die dort zwischen dem oberen Miozän (vor ca. 13 Mill. Jahren) und dem unteren Pleistozän abgelagert wurden (CORVINUS 1988, RÖSLER 1990), sind erst danach zu einem System von Antiklinalen und Synklinalen verformt. Aufgrund dieser sehr jungen, natürlich noch andauernden Gebirgsbildung verlaufen die Flüsse vielfach in Längstälern, die sich zu etwas größeren Becken, den *„Duns"* weiten können, die zwischen den 600–1200 m hohen Ketten der Siwaliks oder zwischen Siwaliks und dem Vorderen Himalaya liegen. Beispiele dafür sind das Dehra-Dun in Uttar Pradesh oder das Dang-Dun bzw. das Deokhuri-Dun in SW-Nepal. Nur diese „Duns" erlauben intensiven Ackerbau durch künstliche Bewässerung; sie sind daher, z. T. erst in jüngster Zeit, sehr dicht besiedelt.

An die Siwaliks schließen sich nach außen (d. h. nach Süden) erst das *Bhabar*, dann das *Terai* (oder Tarai bzw. Tharai) an. Als „Bhabar" werden die unmittelbar am Gebirgsfuß aufgeschütteten Schwemmfächer aus Schottern, Kiesen und Grobsanden bezeichnet, in denen die Flüsse nur zur Regenzeit stoßartig Hochwasser führen, in der Trockenzeit dagegen trockenfallen. Wo diese trockenen Schotterkegel an die feineren, meist schluffig-tonigen Sedimenten mit sehr viel geringerem Gefälle grenzen, tritt das versickerte Wasser an einer

Quellenlinie aus, so daß hier das ganzjährig feuchte, z. T. versumpfte „Terai" folgt (UHLIG 1977, S. 67). Nach Süden schließt sich dann das eigentliche Indus-Ganges-Tiefland an. Zusammengefaßt ergibt sich folgende

> Tektonisch – geomorphologische Zonierung,
> (sehr stark vereinfacht)
>
> Asiatische Platte
> Karakorum   Transhimalaya
>
> *Indus-Tsangpo Sutur Zone*
>
> Indische Platte
> Hoch-Himalaya („Tethys Himalaya" und „Greater Himalaya")
>
> *zentrale Hauptüberschiebung*
> *(„Main Central Thrust")*
>
> Vorderer Himalaya („Lesser Himalaya")
>
> *Hauptrandstörung*
> *(„Main Boundary Fault"*
> *oder*
> *„Main Boundary Thrust")*
>
> Siwaliks
> Bhabar und Terai (Tarai)
> Indus-Ganges-Becken
>
> Indus-Ganges-Tiefland
> (im geologischen Sinne)
>
> Bengal-Tiefseefächer
>
> (vgl. auch WADIA 1985, THAKUR 1986, VALDIYA 1986).

Der *Vordere Himalaya* hat nur im Nordwesten, im *Pir Panjal* (bis 4715 m) Hochgebirgscharakter, da er in der letzten Eiszeit z. T. bis 2200 m NN hinab vergletschert war (HOLMES/STREET-PERROTT 1989). In südöstlicher Richtung hat der Vordere Himalaya nur noch Mittelgebirgscharakter, obwohl er in der *Mahabharat Range* (Nepal) bis über 4000 m ansteigt, aber nicht vergletschert war.

Für die Beurteilung des Landschaftshaushaltes im geologischen Zeitrahmen (s. Kap. 2.1) ist schließlich noch die Bildung der großen Randstufe der *Westghats* wesentlich. Sie erstreckt sich von der Südspitze Indiens bis südlich des Tapti, der als südlichster größerer Fluß zum Arabischen Meer entwässert; sie bildet die Wasserscheide zwischen diesem und dem Golf von Bengalen über fast 1500 km. Der Steilabfall zur 20–50 km breiten Konkan-Küstenebene ist im Bereich des Trappbasalts (nördlich von Goa, s. Abb. 2.2) besonders eindrucksvoll, obwohl die Westghats hier nur Höhen bis gut 1400 m in der Umgebung von Mahabaleshwar erreichen. Ihre Ostabdachung ist dagegen sehr allmählich, allerdings sind die Basaltdecken vom Godavari bzw. Krishna und seinen Nebenflüssen zerschnitten. Südlich von Goa verlaufen die Westghats im Altkristallin (vgl. Abb. 2.2). Hier werden Höhen bis gut 2600 m in den Nilgiris bzw. gut 2650 m in den Anaimalai-Hills erreicht. Abgesehen von diesen beiden recht kleinräumigen Gebirgen ist der Steilabfall der West- ghats hier, gesteinsbedingt, nicht so eindrucksvoll.

Ihre Genese wird in der Literatur immer noch kontrovers diskutiert (vgl. KALE 1983, BRÜCKNER 1989). Eine Entstehung als fossiles Kliff wird inzwischen ausgeschlossen. Diskutiert werden dagegen die Entstehung als Bruchstufe, als Flexur oder als Erosionsstufe. Gegen die Entstehung als Bruchstufe (zuletzt BRUNNER 1970, KALE 1983) – jedenfalls im nördlichen Teil – spricht, daß im Deccan-Trapp trotz sehr guter Aufschlußverhältnisse keine Verwerfungen gefunden wurden (bes. SAHASRABUDHE 1978), auch nicht bei der geologischen Detailkartierung im Maßstab 1:50 000. Im südlichen Teil sind die Verhältnisse komplizierter bis hin zu der sehr alt angelegten, west-ost-verlaufenden Scherzone zwischen den Nilgiris und den Anaimalai-Hills (RAITH et al. 1983, Fig.1). Wahrscheinlich ist eine flexurartige asymmetrische Aufwölbung („Panvel-Flexur"), deren Beginn mit der o. g. „harten" Kollision der Indischen mit der Eurasiatischen Platte im Zusammenhang steht. Wichtig für unsere Fragestellung (Kap. 2.1) ist, daß sie ihre volle Höhe erst im Pliozän erreicht hat (MEHERHOMJI 1977). Sicherlich verdankt sie ihre heutige morphologische Form Prozessen der rückschreitenden Erosion, weshalb u. a. KREBS (1933), DIKSHIT (1970), WIRTHMANN (1976) und BRÜCKNER (1989) sie als Erosionsstufe bezeichnen.

2.3
Früheres und heutiges Klima Indiens

2.3.1
Zur Klimaentwicklung Indiens im Tertiär und Quartär

Die skizzierte Norddrift der Indischen Platte – und damit verbunden der Aufstieg der Westghats – war für die paläoklimatische Entwicklung Indiens und für die Genese der Bodendecke (Kap. 1.5) von entscheidender Bedeutung: über einen Zeitraum von (mindestens) 15–20 Mill. Jahren lagen alle Teile Indiens im immerfeucht-tropischen Klimagebiet. Das nördliche Indien lag besonders im Eozän und Oligozän im äquatorialen Bereich, Südindien im Oligozän und besonders im Miozän. Durch die weitere Norddrift gelangte Indien zunehmend in wechsel-feucht-tropische Klimate. Der Aufstieg der Westghats hatte darüber hinaus einen zunehmend austrocknenden Effekt, weil sich für die meisten Teile Indiens (spätestens) seit dem Pliozän (s. o.) der Lee-Effekt einstellte.

Inwieweit sich die *pleistozänen Klimaschwankungen*, insbesondere mit ihren Glazial-/Interglazial-Zyklen, in Indien ausgewirkt haben, ist bis jetzt nicht ausreichend geklärt. Für das im nordwestlichen Himalaya-System gelegene größere intramontane Becken des *Kashmir Valley* konnte für die letzten ca. 400 000 Jahre anhand von Löß-Paläoboden-Sequenzen eine Klimageschichte rekonstruiert werden (BRONGER et al. 1986, 1987), die vor allem für das Jungpleistozän eine überraschende Ähnlichkeit mit der des westlichen Mitteleuropas aufweist (BRONGER u. HEINKELE 1989). Für das „eigentliche" Indien südlich des Himalaya darf als wahrscheinlich gelten, daß während der außertropischen Kaltzeiten der hauptsächlich regenbringende Sommermonsun (s. u. Kap. 2.3.2) wesentlich schwächer ausgebildet, es in Indien folglich trockener war. Das belegen sowohl pollenanalytische Untersuchungen in Nordwest-Indien (SINGH 1971) als auch Zeiten der Akkumulation lößähnlichen Materials z. B. im unteren Mahi-Flußgebiet nördlich Baroda/Gujarat (BACKER, 1989). Zu gleichen Schlußfolgerungen eines in der letzten Kaltzeit wesentlich reduzierten Südwest-Monsuns kamen u. a. SIROKKO et al. (1991) aufgrund komplexer geologischer Untersuchungen an zahlreichen Tiefseekernen im Arabischen Meer und KUTZBACH (1987) auf der Basis modelltheoretischer Berechnungen. Der Grund liegt an einer stärkeren Eisbedeckung Tibets, damit geringeren Ausbildung des Hitzetiefs über Nordindien, mithin einem geringeren Druckgefälle zwischen ITC und NITC. Auf der Basis der These von KUHLE (zuletzt 1989) einer ganz Tibet bedeckenden Inlandvereisung folgert in jüngster Zeit einerseits GELLERT (1991), daß über Indien in den Kaltzeiten der Südwest-Monsun und mit ihm die sommerlichen Niederschläge weitestgehend zum Erliegen kamen, so daß trotz ganzjährigem, aber weit nach Süden verlagertem Nordost-Passats Indien ein wesentlich trockeneres Klima hatte. Andererseits postuliert SEUFFERT (1986) als Folge der These von KUHLE für den südöstlichen Teil Indiens in den Kaltzeiten sogar höhere Niederschläge als heute mit einem semihumiden bis vollhumiden Klima als Folge des dann starken Nordost-Monsuns, was zur intensiven Tiefenverwitterung geführt haben soll (vgl. Kap. 2.5; 15.2). Nachdem die These von KUHLE in jüngster Zeit mindestens sehr in Frage gestellt wurde (SHI et al. 1992), erscheinen die beiden zuletzt genannten Hypothesen als sehr spekulativ.

Für das frühe und mittlere *Holozän* (ca. 12000 bis 5000–6000 Jahre vor heute) wird aufgrund sowohl pollenanalytischer (SINGH et al. 1974, 1990) als auch o. g. geologischer (SIROKKO 1989) und klimamodelltheoretischer Befunde (KUTZBACH 1987) auf ein feuchteres Klima im Vergleich zur Gegenwart geschlossen, verursacht durch eine Verstärkung des Südwest-Monsuns vor allem über Nordwest-Indien. Holozäne Klimaschwankungen – besonders im Gebiet der „Wüste" Thar – werden andererseits bis in die jüngste Zeit kontrovers diskutiert. Die Frage, ob Klimaschwankungen oder Eingriffe des Menschen für die Landschaftsgeschichte bzw. für das Verständnis des Landschaftshaushaltes besonders in dieser Trockenregion die wichtigste Komponente ist, wird in Kap. 2.4.3 noch diskutiert.

2.3.2
Die Niederschlagsverteilung als Folge der Monsunzirkulation

Der indische *Sommermonsun*, der dem weitaus größten Teil des Landes in den Monaten Juni bis September 75–90% der Niederschläge bringt, wird als „das Leben und die Seele Indiens" bezeichnet (PARHASARATHY et al. 1987). Obwohl Indien zu den fünfzehn größten Industrienationen der Welt gerechnet wird (vgl. Kap. 7; 14), ist es immer noch ein Agrarland geblieben: über drei Viertel der Gesamtbevölkerung lebt auf dem Land und fast zwei Drittel der Erwerbstätigen sind in der Land- und Forstwirtschaft beschäftigt (vgl. Kap. 6).

Der „indische" Monsun mit seinem jahreszeitlichen Windwechsel von Südwest- oder Sommermonsun und Nordost- oder Wintermonsun (Monsun von arab. „mau-

sim" = Jahreszeit) ist Teil der allgemeinen planetarischen Zirkulation. Aufgrund dieser stark wechselnden Winde und damit Luftmassen sehr unterschiedlicher Feuchtigkeit läßt sich das Jahr in vier Abschnitte unterteilen (FLOHN 1970, DOMRÖS 1977), wobei diese Abschnitte in verschiedenen Gebieten Indiens sehr unterschiedlich wirksam sind:

I. Von Dezember bis Februar/März dominiert der Nordost-Monsun als Teil des Nordost-Passats. Infolge seiner Herkunft vom hochgelegenen asiatischen Festland ist er eine trockene, stabil geschichtete Strömung, die trotz der trockenadiabatischen Erwärmung (Föhn-Effekt) noch kühl ist. Ihre Mächtigkeit ist in Nord- und Zentral-Indien (bis etwa 22° N) mit 1–1,5 km recht gering, sie nimmt über der südlichen Halbinsel zu. Der Nordwesten Indiens wird in dieser Zeit – nach Norden zunehmend – von der planetarischen Westwindströmung („subtropical jet") beeinflußt, in der Ausläufer von mediterranen Tiefdruckgebieten eingelagert sind. Sie bringen über dem Punjab geringe Niederschläge (vgl. Abb. 2.5, Station Ludhiana), die als „Weihnachtsregen" („christmas rains") bezeichnet werden. Diese Niederschläge nehmen nach Norden deutlich zu: das intramontane Becken von Kashmir ist bereits ein ausgesprochenes Winterregengebiet mit einer Niederschlagsdominanz von Januar bis April, während der Sommermonsun hier geringere Auswirkungen hat (vgl. Abb. 2.5, Station Srinagar). Im nördlich und östlich anschließenden Himalaya, auch im Karakorum und Hindukush, führen diese Niederschläge zu größeren Schneeakkumulationen (FLOHN 1969), die für den Wasserhaushalt, insbesondere für die Bewässerung des Ganges-Tieflandes (Abb. 15.3) sowie ebenso des Indus-Gebietes schon in der vormonsunalen Zeit von großer Bedeutung sind.

II. Die vormonsunale Zeit von etwa Mitte März bis Mai ist gekennzeichnet durch rasch ansteigende Temperaturen (vgl.

Abb. 2.4 und 2.5) infolge zunehmender Einstrahlung. Das führt zu kleineren Hitzetiefs zunächst über Südindien, die langsam mit dem Zenitstand nach Norden wandern bis sich im Mittel Anfang Juni über Nordindien (und Süd-Tibet infolge der hochgelegenen Aufheizungsfläche) ein großräumiges Hitzetief ausgebildet hat. Über dem nördlichen Golf von Bengalen und Nordost-Indien ersetzen bereits ab Mitte März langsam zunehmende südliche Winde mit feucht-maritimer, labil geschichteter Luft den trockenen Nordost-Monsun. Deshalb beginnt in diesem Landesteil die Regenzeit wesentlich früher als im übrigen Indien (vgl. Abb. 2.5, Station Dibrugarh; Abb. 2.3).

III. Durch die o. g. zunehmende Einstrahlung, die zu einer raschen Umkehrung des meridionalen Temperaturgradienten (vgl. Abb. 2.4 und 5), Verlagerung und zunehmende Ausprägung eines (oder mehrerer) Tiefdruckgebietes führt, kehrt sich die Richtung des Windsystems um. Der *Südwest-Monsun* bringt als feucht-labil geschichtete, bis 6–7 km hochreichende Äquatorialluft, oft schlagartig einsetzend mit Gewittern, Wolkenbrüchen und Stürmen („burst of the monsoon"), den ersehnten Regen. Im langjährigen Mittel setzt er über Ceylon in der letzten Maiwoche ein („onset of the monsoon"), über dem südlichsten Indien auf einer Linie zwischen Trivandrum und nördlich Madras um den 1. Juni. Das Einsetzen des Sommermonsuns erfolgt im Mittel um den 5. Juni bis zur Linie Mangalore – Godavari-Delta (und über Bangladesh), um den 10. Juni im Bereich Bombay – Cuttack-Patna, um den 15. Juni im Bereich Ahmedabad – Varanasi – Gorakhpur, um in der 2. Hälfte Juni Nordwest-Indien zu erreichen; um den 1. Juli setzt er dann erst im westlichen Rajasthan (Jodhpur – Bikaner) ein (DAS 1968, 11ff.). Die Monsunregen sind dabei, wie FLOHN (1970) betont, für die größten Teile Indiens das Ergebnis einzelner synoptischer Wettererscheinungen (vgl. auch Abb. 2.8 und 9), vor allem hervorgerufen durch konvergierende oder divergierende Luftströmungen, die neben der Orographie sowie auch der Dauer des Sommermonsuns die Hauptursache für die recht unterschiedlichen Regenmengen und deren regionale Verteilung sind (s. u.).

IV. Der *Rückzug des Monsuns* („withdrawal" or „retreat of the monsoon") erfolgt wesentlich langsamer als sein Beginn. Er ist vor allem eine Folge der stärker abnehmenden Temperatur ab Juli im Norden (vgl. Abb. 2.5), damit Verringerung des Luftdruckgradienten, und beginnt im Mittel Anfang September wiederum im äußersten Westen Rajastans. Mitte September erreicht er etwa die Linie vom Westen Gujarats über Ajmer und den Westen Punjabs, bis zum 1. Oktober etwa eine Linie nördlich Goa – Bhopal – Lucknow, d. h. auch ganz Nordwest-Indien, bis zum 15. Oktober eine Linie Mangalore – Hyderabad – Vishakhapatnam, vorher also ganz Nord- und Nordost-Indien. Der Rückzug geht dann langsamer: bis zum 15. November erreicht er im Mittel eine Linie Calicut – Krishna-Mündung und am 1. Dezember eine Linie Trivandrum – Madras (DAS 1968, 14ff.). In dieser Zeit, spätestens ab Oktober, ist der allergrößte Teil Indiens wieder recht trocken (vgl. Abb. 2.4 und 2.5). Nur über dem Golf von Bengalen – äußerst selten dagegen über dem Arabischen Meer – entwickeln sich besonders in dieser Zeit Zyklonen bis hin zu tropischen Wirbelstürmen. Sie sind verantwortlich für die sog. „*Herbstregen*" an der Südostküste etwa südlich des 18. Breitengrades und für den südlichen Teil der indischen Halbinsel, wo in dieser Zeit im Mittel die Hauptniederschläge fallen (vgl. Abb. 2.5: Stationen Vishakhapatnam, Madras, Madurai und Coimbatore; vgl. auch Abb. 2.8); in Trivandrum verursachen sie das 2. Niederschlagsmaximum.

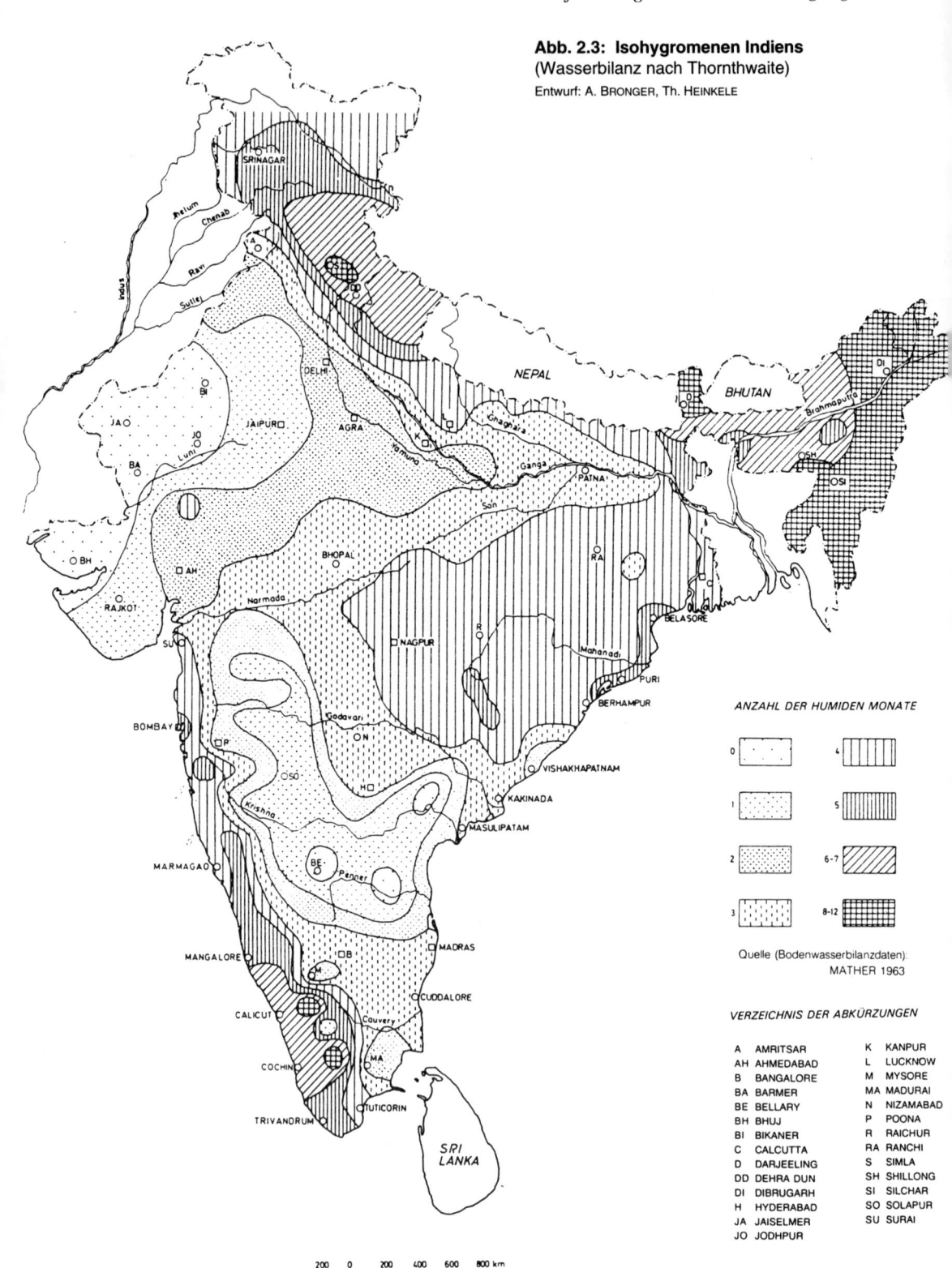

Abb. 2.3: Isohygromenen Indiens
(Wasserbilanz nach Thornthwaite)
Entwurf: A. BRONGER, Th. HEINKELE

ANZAHL DER HUMIDEN MONATE

- 0
- 1
- 2
- 3
- 4
- 5
- 6-7
- 8-12

Quelle (Bodenwasserbilanzdaten): MATHER 1963

VERZEICHNIS DER ABKÜRZUNGEN

A	AMRITSAR	K	KANPUR
AH	AHMEDABAD	L	LUCKNOW
B	BANGALORE	M	MYSORE
BA	BARMER	MA	MADURAI
BE	BELLARY	N	NIZAMABAD
BH	BHUJ	P	POONA
BI	BIKANER	R	RAICHUR
C	CALCUTTA	RA	RANCHI
D	DARJEELING	S	SIMLA
DD	DEHRA DUN	SH	SHILLONG
DI	DIBRUGARH	SI	SILCHAR
H	HYDERABAD	SO	SOLAPUR
JA	JAISELMER	SU	SURAI
JO	JODHPUR		

Früheres und heutiges Klima 61

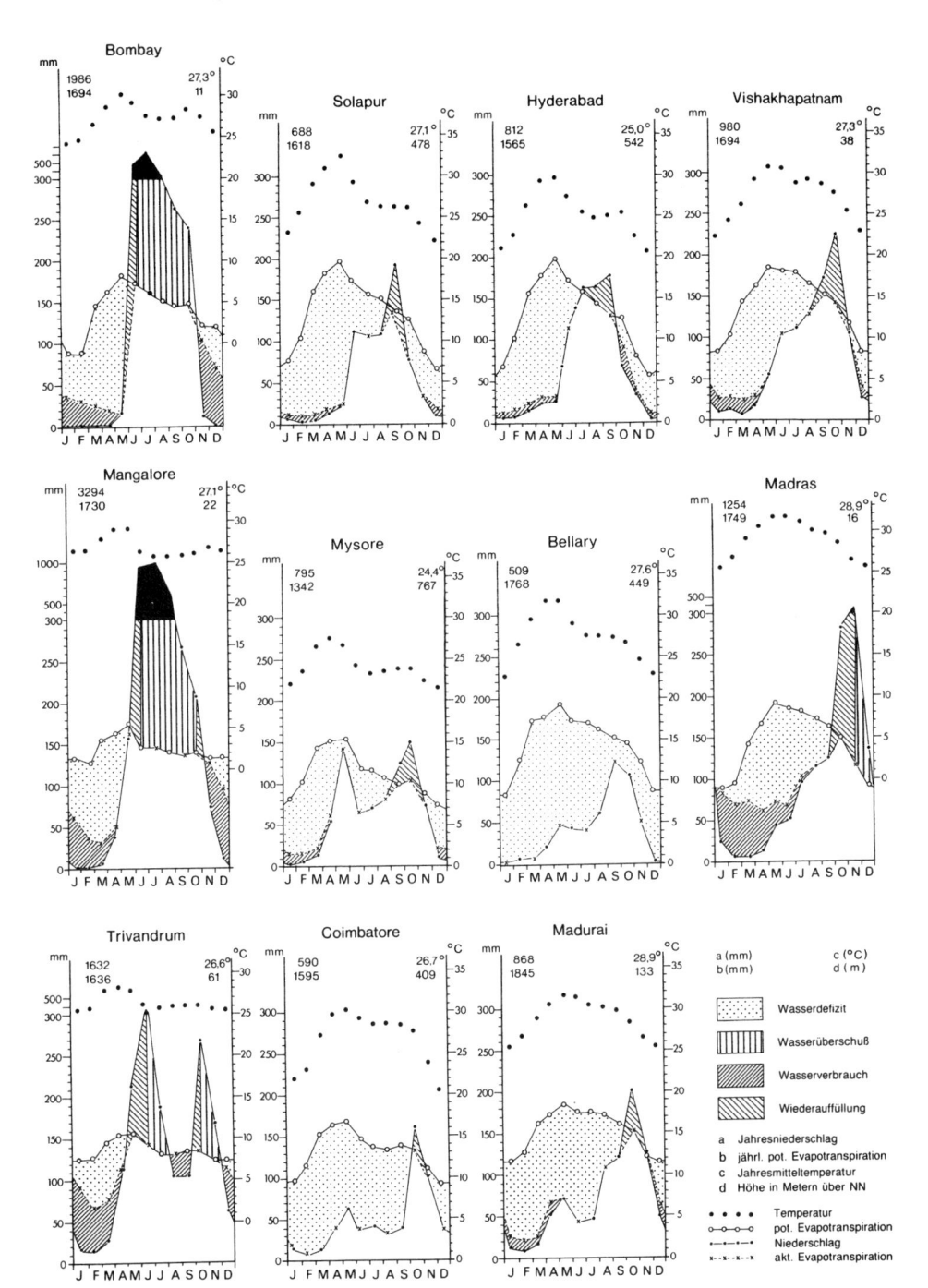

Abb. 2.4: Klimadiagramme Südindiens
Quelle: MATHER (Hrsg.) 1963; WERNSTEDT 1972
Entwurf: A. BRONGER; Zeichnung: D. Busch

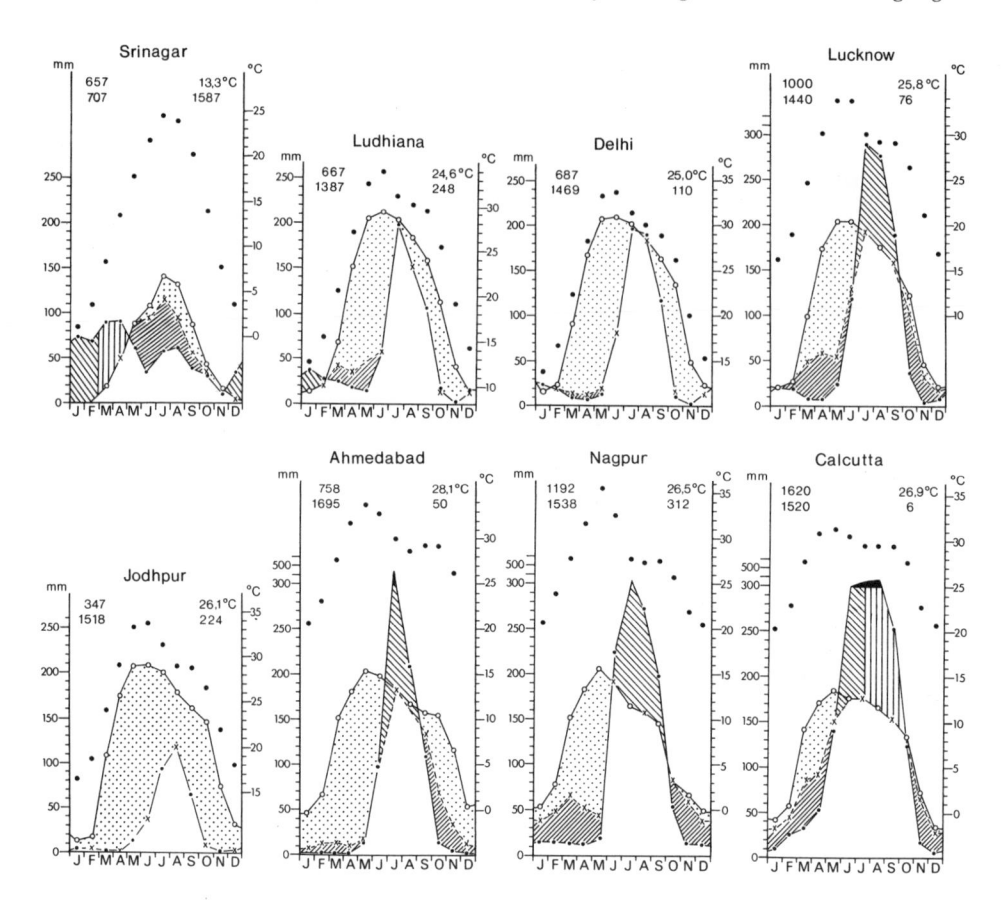

Die Dauer des Sommermonsuns als Hauptregenbringer für die meisten Gebiete Indiens ist also innerhalb des Landes durchaus unterschiedlich. Vor allem aber auch die Orographie des Landes sowie Richtung und Art der Luftströmungen – konvergierend oder divergierend – bedingen eine sehr *unterschiedliche Niederschlagsverteilung* innerhalb Indiens. Die höchsten Südwest-Monsunregen fallen einmal in Luv der Westghats und der vorgelagerten Malabar- und Konkanküste, wo 1500 mm bis über 4000 mm erreicht werden, was abgesehen vom südlichsten Teil (s. o. Beispiel Trivandrum) ca. 80% der Jahresniederschläge entspricht; diese betragen z. B. in Mahabaleshwar ca. 6690 mm. In Lee der Westghats können auf dem Deccan Plateau infolge Absinkens der abgeregneten Luft die Jahresniederschläge bis unter 500 mm fallen, was im Mittel ganzjährige Aridität bedeutet (s. u., Abb. 2.3 und 2.4). In östlicher und besonders nordöstlicher Richtung steigen die Niederschläge wieder an; in Nagpur im Nordosten des Deccan-Plateaus entfallen von fast 1200 mm Jahresniederschlag über 1000 mm auf den Sommermonsun (vgl. Abb. 2.5). In nordöstlicher Richtung steigen die Niederschläge weiter an und betragen z. B. in Calcutta schon 1620 mm (vgl. Abb. 2.5). In Nordost-Indien kommt es infolge der Gebirgsumrahmung neben dem Aufsteigen zu einer Konvergenz der süd-

Früheres und heutiges Klima

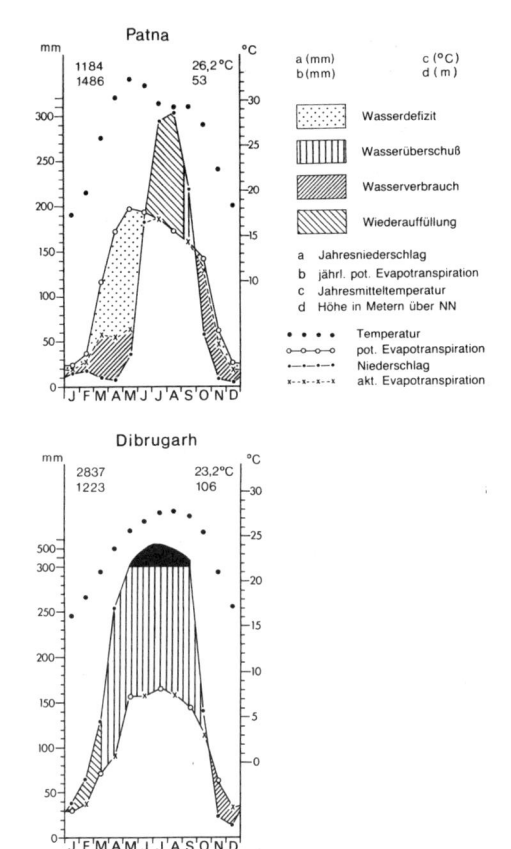

Abb. 2.5: Klimadiagramme Nord-, Zentral- und Ostindiens
Quelle, Entwurf und Zeichnung s. Abb. 2.4

südwestmonsunalen Luftströmungen; hier liegt auch Cherrapunji, der mit fast 11000 mm Jahresniederschlag als der regenreichste Ort der Erde gilt, wobei gut 8000 mm auf die Sommermonsunzeit von Juni bis September entfallen. Allerdings beginnt hier infolge Zufuhr südlicher feucht-labiler Luft die Regenzeit bereits ab Mitte März (s. o., Punkt II), so daß es hier in den meisten Teilen fast ganzjährig humid ist (s. Abb. 2.3). Das mit Abstand ausgeprägteste Trockengebiet umfaßt den Westen Gujarats sowie das zentrale und westliche Rajasthan (vgl. Abb. 2.3), wo im Jaisalmer-Distrikt in der „Wüste" Thar (vgl. Kap. 2.4.3) nur ca. 200 bis 100 mm Niederschlag (Grenze zu Pakistan) fallen, davon gut 90% in der Zeit des Sommermonsuns. Aber einmal ist diese Zeit mit 2–3 Monaten wesentlich kürzer als in anderen Teilen Indiens (s. o.), ferner weht der Sommermonsun besonders ab Anfang Juli bereits sehr nahe oder über der Südspitze der arabischen Halbinsel und dadurch eine kürzere Distanz über dem Arabischen Meer. Vor allem divergieren in den meisten Abschnitten der ohnehin kurzen Periode die monsunalen Luftströmungen von einer Südwest- in eine Südsüdost-Richtung (FLOHN 1970, bes. Fig. 2): durch die über größere Gebiete absteigende Luftbewegung wird die Feuchtigkeit der hier ohnehin flachen Monsunströmung weiter reduziert.

2.3.3
Klimadiagramme und Bodenwasserhaushalt in regionaler Verteilung

Zur Charakterisierung des in Indien so unterschiedlichen *Bodenwasserhaushalts* in den einzelnen Monaten eines Jahres, die vor allem für die agraren Inwertsetzungsmöglichkeiten besonders wichtig sind, wurden Klimadiagramme erstellt, wie sie in sehr vereinfachter Form auch in der „Soil Taxonomy" (Soil Survey Staff 1975) Verwendung finden; diese Bodenklassifikation dient zunehmend als internationales Referenzsystem (vgl. BRONGER 1980). In den Klimadiagrammen – ausgewählte Beispiele sind in den Abb. 2.4 und 2.5 dargestellt – sind Monatsmittel der Niederschläge sowie der aktuellen und potentiellen Evapotranspiration, berechnet nach THORNTHWAITE (MATHER 1963) eingetragen, dazu die der Temperatur.

Die dabei zu Grunde gelegte pflanzenverfügbare Bodenwasserkapazität oder Nutzwasserkapazität – zwischen pF-Werten von 4,2 (Welkepunkt) und 2,5 (Feldkapazität, Beginn der Sickerwasserbewegung) – dürfte allerdings für die Mehrzahl der indischen Böden (vgl. Kap. 2.3.4; 2.5) zu hoch sein; freilich wäre eine geringere Nutzwasserkapazität nur für Stationen mit einem deutlichen Wasserüberschuß (s. u. Abb. 2.4 und 2.5) relevant. Vom „India Meterological Department" wird zur Berechnung der potentiellen Evapotranspiration eine modifizierte Penman-Gleichung verwendet, die im Ganzen gut vergleichbare Werte liefert; die größten Abweichungen sind für Madras +15% und für Mangalore –18% (vgl. MURTHY et al. 1982, S. 24ff.).

Die Einbeziehung der pflanzenverfügbaren Wasserkapazität des Bodens in die Bilanz, damit die Trennung von potentieller ($E_{pot.}$) und aktueller Evapotranspiration ($E_{akt.}$), ermöglicht eine wesentlich genauere Charakterisierung des Bodenwasserhaushaltes als einem entscheidenden Standortfaktor für die Vegetation (Kap. 2.4) im allgemeinen, für die agrare Inwertsetzung (Kap. 6) im besonderen, als auch die bloße Darstellung von ariden und humiden Monaten in den „ökologischen Klimadiagrammen" von WALTER (zuletzt 1990). Das soll kurz an einigen Beispielen erklärt werden. So liegt z. B. in Nagpur (s. Abb. 2.5) in der Nachmonsunzeit ab Oktober die Niederschlagsmenge unterhalb der Werte von $E_{pot.}$. Jedoch ist durch die Sommermonsunniederschläge vorher der Boden sehr weitgehend aufgefüllt, aber nicht bis zur Feldkapazität: es tritt (im Mittel!) kein Wasserüberschuß (Sickerwasser) auf. Bis zum Jahresende kann die Differenz von $E_{pot.}$ und den Niederschlägen größtenteils vom Bodenwasser als Wasserverbrauch ausgeglichen werden, bis zum Mai dann immer weniger, d. h. das Wasserdefizit im Boden wird größer. Ab Juni übertrifft (im Mittel) der rapide ansteigende Niederschlag durch das Einsetzen des Sommermonsuns die $E_{pot.}$, womit eine Wiederauffüllung des Bodens einsetzt. – Mit zunehmenden Niederschlägen in nordöstlicher Richtung (s. o.) ist z. B. in Calcutta (Abb. 2.5) der Boden bereits im Juli bis zur Feldkapazität aufgefüllt, so daß bis zum Oktober ein Wasserüberschuß vorhanden ist. Durch das pflanzenverfügbare Wasser im Boden ist das Wasserdefizit ($E_{pot.}-E_{akt.}$) hier bis zum Februar sehr gering und steigt erst ab März deutlich an, wobei das Wasserdefizit immer noch durch einen Wasserverbrauch ($E_{akt.}$N) reduziert wird. In Dibrugarh (Abb. 2.5) in Assam tritt durch weiter erhöhte Niederschläge, die dazu über einen längeren Zeitraum im Jahr fallen (s. o.), im Jahresverlauf überhaupt kein Wasserdefizit auf. Lediglich im November und Dezember findet ein geringer Wasserverbrauch statt, der in den ersten drei Monaten des Jahres wieder aufgefüllt wird.

Die auch in der geographischen Literatur sehr gebräuchlichen Klimadiagramme von WALTER u. LIETH wurden hier auch noch aus einem

Früheres und heutiges Klima 65

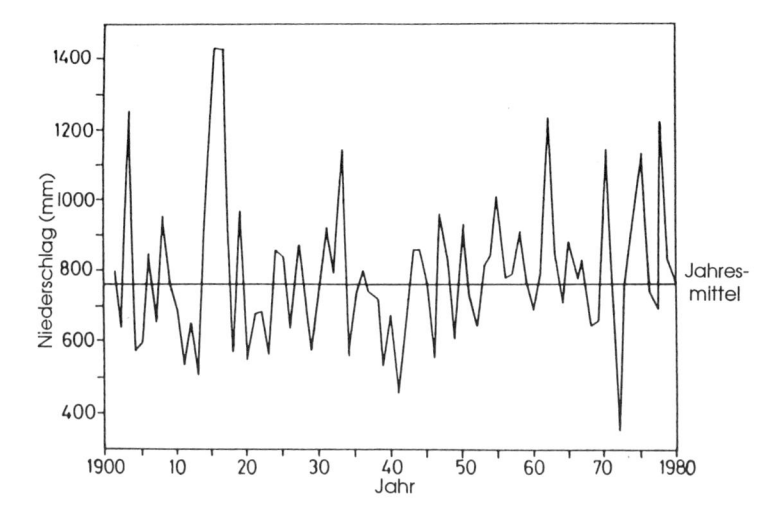

Abb. 2.6: Jahresniederschläge in Hyderabad in der Periode 1901–1980 (nach EL-SWAIFY u. a. 1985)

anderen Grund nicht gewählt. In den kühlgemäßigten Breiten z. B. Osteuropas war noch eine befriedigende Zuordnung von Vegetationsformationen (Wald, Waldsteppe, Steppe i. e. S.) zu charakteristischen Klimadiagrammen möglich (WALTER 1957); diese Klimadiagramme sind mit den jeweiligen nach der hier vorgestellten Methode für diese Klimazone (BRONGER 1991, Fig. 4) auch noch gut vergleichbar. Diese Zuordnung ist in den warmgemäßigten Breiten z. B. in den Mittleren Great Plains der USA bereits weit weniger befriedigend: Klimadiagramme von der Grenze der Gemischten- („mixed grass") zur Kurzgrasprärie (KÜCHLER 1964) zeigen nach WALTER et al. (1975) noch ganzjährig humide Verhältnisse mit einer schwach ausgebildeten „relativen Trockenzeit" (Niederschlagskurve erniedrigt, im Verhältnis $10^0 = 30$ mm statt 20 mm) im Spätsommer. Diese bereits hier auftretende Diskrepanz wurde früher schon (BRONGER 1979) teilweise dadurch erklärt, daß der maximale Dampfdruck, also auch das Sättigungsdefizit mithin die potentielle Evapotranspiration nicht linear, sondern exponentiell mit der Temperatur ansteigt. Jodhpur (Abb. 2.5) hat ganzjährig ein Wasserdefizit, während das Klimadiagramm von WALTER et al. (1975) drei humide Monate anzeigt. Wäre das der Fall, so wäre im „Normaljahr" ein ausreichend ertragreicher Regenfeldbau mit recht trockenresistenten Hirsearten und Hülsenfrüchten, z. B. der Rohrkolbenhirse, Moong- und Moth-Bohnen, Guar und der Kichererbse, wie sie im „Central Arid Zone Research Institute (CAZRI)" in Jodhpur sehr erfolgreich gezüchtet wurden, möglich. Die Erträge sind jedoch selbst bei den Bauern in unmittelbarer Umgebung des CAZRI und mit deren Hilfe von ganz wenigen Ausnahmen äußerst gering.

Auf der Basis der monatlichen Niederschläge und der potentiellen Evapotranspiration berechnet nach THORNTHWAITE von 165 Stationen (MATHER 1963) ist in Abb. 2.3 die räumliche Verteilung der Zahl der ariden bzw. humiden Monate in Indien dargestellt. Selbst diese – aus Raumgründen hier nur kleinmaßstäbige – Karte sagt mehr über die Möglichkeiten und Grenzen der landwirtschaftlichen Nutzung aus als bloße Niederschlagskarten, wie sie detailliert im „National Atlas of India", Vol. II (DAS GUPTA 1982) dargestellt sind.

2.3.4 Jährliche, monatliche und tägliche Variabilität des Niederschlags in verschiedenen Regionen Indiens

In der skizzierten Darstellung des Jahresganges des Klimas Indiens, insbesondere des Einsetzens und des Rückzuges des Sommermonsuns (s. o.), daraus folgend des in den einzelnen Landesteilen so unterschiedlichen Bodenwasserhaushaltes (Abb. 2.4 und 5) wurden *Mittelwerte* zu

5 Indien

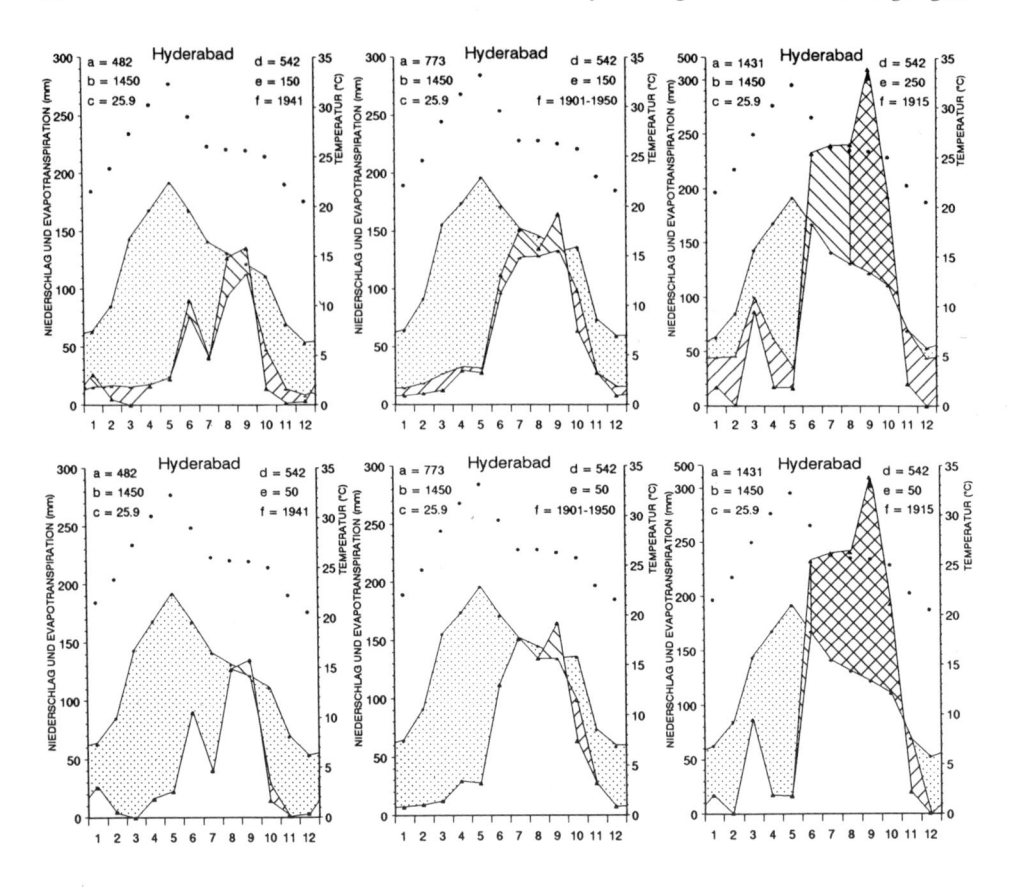

Grunde gelegt. Mindestens so schwerwiegend für die Landwirtschaft sind einmal die *Schwankungen* der jährlichen Niederschläge sowie andererseits Beginn, Art und Ausmaß des sommermonsunalen Regens (bes. SHUKLA 1987). Die *Variabilität* der Niederschläge nimmt dabei – wie in vielen anderen ausgeprägt wechselfeuchten Gebieten – mit abnehmender Niederschlagsmenge zu: in den trockensten Gebieten sind die Schwankungen, bezogen auf die langjährigen Mittelwerte am größten. Das zeigt sich mit gewissen Abweichungen (s. u.) bei der vergleichenden Betrachtung der 34 amtlichen „meteorologischen Regionen" („subdivisions"), wobei größere Staaten Indiens meistens in zwei, höchstens drei (Karnataka) aufgeteilt sind, für

die Periode 1871–1984 (PARTHASARATHY et al. 1987) für Dürrejahre einerseits, Überschwemmungsjahre andererseits in der Sommermonsunzeit (Juni – September). Als Dürrejahre („drought") bzw. Überschwemmungsjahre („flood") werden dabei solche definiert, in denen der Niederschlag mindestens 26% unter bzw. über dem langjährigen Jahresmittel liegt. So haben z. B. Nord- und Süd-Assam drei Dürre- und zwei bzw. vier Überschwemmungsjahre in der Periode 1871–1984 (vgl. auch Abb. 2.3). Für das zwar niederschlagsärmere, aber immer noch relativ feuchte Gangesgebiet von West Bengalen (vgl. Abb. 2.5: Calcutta) sind es nur ein Dürre- jedoch acht Überschwemmungsjahre. Für das östliche Uttar Pradesh – im

Früheres und heutiges Klima 67

☷ Wasserdefizit

⬟ Wasserüberschuß

▨ Wasserverbrauch

◩ Wiederauffüllung

• • • • Temperatur

+—+—+—+ Potentielle Evapotranspiration

▲—▲—▲—▲ Niederschlag

———————— Aktuelle Evapotranspiration

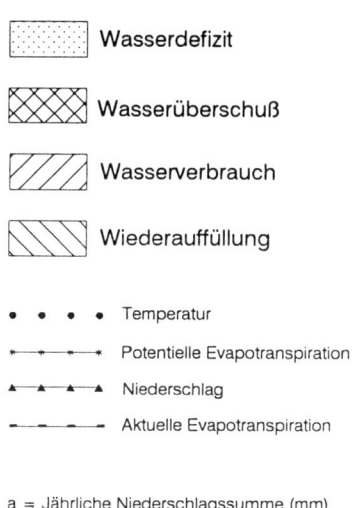

a = Jährliche Niederschlagssumme (mm)
b = Jährliche pot. Evapotranspiration (mm)
c = Jahresmitteltemperatur (°C)
d = Höhe der Station (m)
e = Nutzwasserkapazität (mm)
f = Jahr bzw. Zeitraum

Daten der Klimastation Begumpet
(Observatorium von Hyderabad, Andhra Pradesh)

Abb. 2.7: Indien: Variabilität von Niederschlägen und ihr Einfluß auf den Bodenwasserhaushalt bei verschiedenen Nutzwasserkapazitäten

Quellen: India Meteorological Department 1971, WERNSTEDT 1972; Werte der Evapotranspiration errechnet nach THORNTHWAITE 1948;
Entwurf: T. HESS

derschläge *für einzelne Orte*. So schwanken die Jahresniederschläge z. B. für Hyderabad bei einem Mittelwert von 760 mm in der Periode 1901–1977 zwischen gut 1400 mm (1916 und 1917) und nur 320 mm (1972, vgl. Abb. 2.6), wobei 80% auf das Sommerhalbjahr (April bis Oktober) entfallen (HUIBERS 1985, S. 48ff.).

Im Vergleich zu den Jahresschwankungen sind die der *monatlichen Niederschläge* noch wesentlich größer. Zieht man dann noch in Betracht, daß die Mächtigkeit der Bodendecke (vgl. Kap. 2.5) etwa in der Umgebung von Hyderabad auf kleinstem Raum zwischen wenigen Dezimetern und mehr als 2 m schwanken kann (BRONGER 1985, S. Photo 1), mithin die Nutzwasserkapazität, so ergibt sich daraus eine sehr große Variabilität des Bodenwasserhaushaltes oft innerhalb eines Hektars. Als Beispiel ist der Bodenwasserhaushalt bei einer pflanzenverfügbaren Wasserkapazität von 50 mm (sehr geringmächtiger Boden) und 150 mm bzw. 250 mm (1–2 m mächtiger „Red Soil"; vgl. Kap. 2.5) für ein feuchtes (1915) mittleres und trockenes Jahr (1941) in Abb. 2.7 dargestellt.

Terai und vor allem im Ganges-Tiefland (vgl. Kap. 2.2) – sind es bereits 15 Dürre- und 15 Überschwemmungsjahre. Für die trockendste Region West-Rajasthan, die sich weitestgehend mit dem Gebiet mit 12 ariden Monaten (Abb. 2.3) deckt, sind es 30 Dürre- und 25 Überschwemmungsjahre. Das deutlich feuchtere Punjab hat aber sogar 33 Dürre- und 25 Überschwemmungsjahre, die noch etwas feuchtere Saurashtra- und Kutch-Region (West-Gujarat) sogar 34 Dürre- und 30 Überschwemmungsjahre im Zeitraum 1871–1984. Letztere schaden der Landwirtschaft insofern sehr, als es die Jahre mit besonders starker Bodenerosion (vgl. Kap. 15.2) sein dürften.

Noch stärker sind die Schwankungen der Jahres- bzw. sommermonsunalen Nie-

Weitere Erschwernisse für die agrare Nutzung sind einmal der von Jahr zu Jahr schwankende *Beginn* der Regenzeit. So setzt im Raum Hyderabad der Regen häufig zwischen dem 4. und 7. Juni ein, sehr selten beginnt er früher, oft aber erst im letzten Junidrittel (D. BRONGER 1977, S. 308ff.). Mindestens so bedeutsam für den Anbau – bis hin zum Ausfall der Ernte – sind die *Zahl* und *Ergiebigkeit* der *Regentage*.

5*

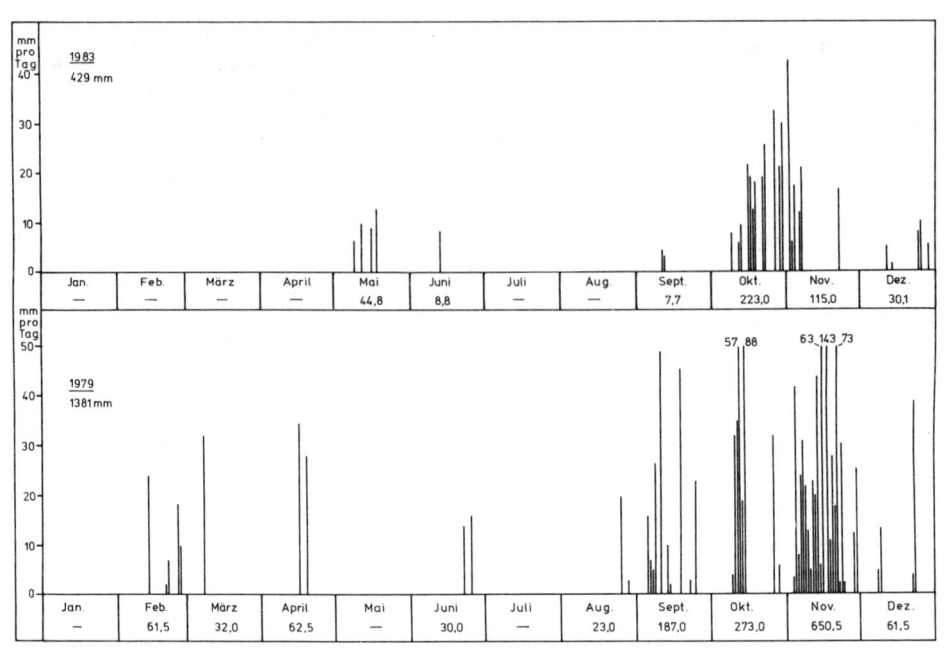

Abb. 2.8: Niederschlagsdiagramme für Rajapalaiyam, südwestliche Tamilnad-Ebene auf täglicher Basis für die Extremjahre 1979 und 1983

Als Beispiele sind Niederschlagsdiagramme für Dewas, ca. 50 km nordöstlich Indore auf dem nördlichen Deccan-Plateau und für Rajapalaiyam, ca. 75 km südwestlich Madurai/Tamil Nadu jeweils für ein nahe beeinanderliegendes feuchtes und trockenes Jahr dargestellt (Abb. 2.8 und 2.9). Das Niederschlagsdiagramm des trockenen Jahres 1985 in Dewas zeigt die – anhand der Auswertung von 250 Klimastationen vom mittleren Deccan-Hochland bis zur östlichen Küstentiefebene gefundene – Regelhaftigkeit, daß nur in einer Dekade die – monatlichen und täglichen – Niederschläge auch während der Monsunmonate in der Höhe und ihren zeitlichen Abständen sehr unregelmäßig fallen (BRONGER 1977, S. 309). So bleibt in Dewas der einsetzende Monsun Mitte Juni (Kap. 2.3.2, Punkt III) auf einen heftigen Tagesniederschlag von gut 30 mm beschränkt, der in den oft mehrere cm breiten Schrumpfrissen des hier vorherrschenden Vertisols (s. Kap. 2.5) rasch versickert, zu einem anderen Teil durch Verdunstung in den folgenden vier Wochen ohne Niederschlag verlorengeht. In der 2. Hälfte Juli fallen dann nur an vier Tagen 5–10 mm Regen; der Niederschlag am letzten Julitag mit über 80 mm (!) dürfte sich vor allem in starker bis sehr starker *Bodenerosion* auswirken. – Im trockenen Jahr 1983 in Rajapalaiyam ist der „Herbstregen" (s. o., Punkt IV) nur auf etwa vier Wochen beschränkt; im feuchten Jahr 1979 dürften die enorm hohen täglichen Niederschläge von 63 bzw. 143 (!) und 73 mm innerhalb nur einer Woche zu einer erheblichen Bodenerosion führen (mehr dazu in Kap. 15.2).

Für die Agrarwirtschaft des Landes sind diese Zusammenhänge von erheblicher Relevanz. Denn „für den Ausfall der Ernte entscheidet in erster Linie der *richtige* Zeit

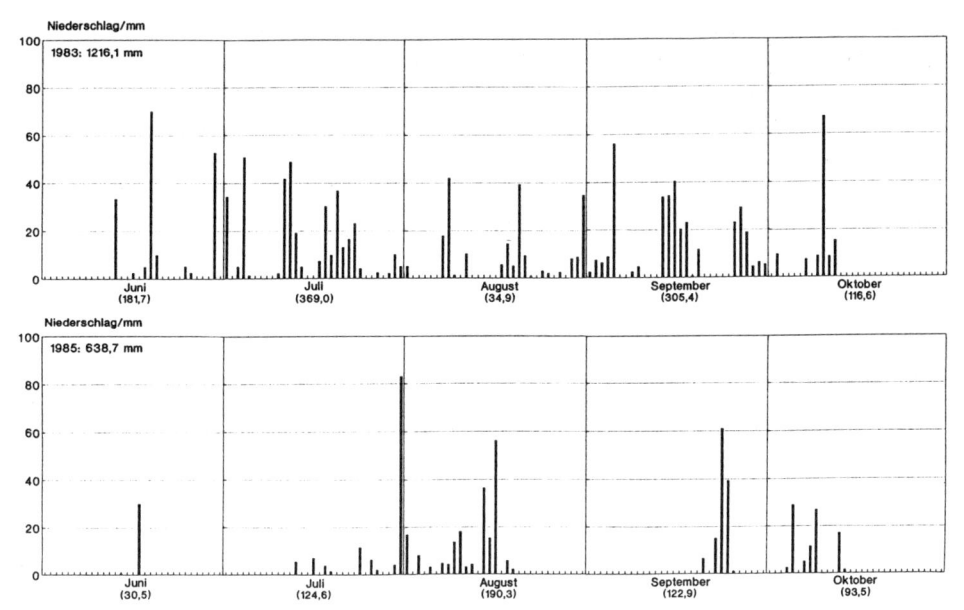

Abb. 2.9: Niederschlagsdiagramme für Dewas, Madhya Pradesh, auf täglicher Basis für die Monate Juni-Oktober für zwei Extremjahre
Quelle: Statistical Office Dewas, unveröff. Unterlagen; aus D. BRONGER 1990, S. 72ff.

punkt des Niederschlages. Seine Quantität ist erst in zweiter Linie wichtig. Ein zwar geringer, aber rechtzeitiger Regen kann für eine verlorene Ernte die Rettung bedeuten, während die vielfache Regenmenge einige Tage später nichts mehr nützt, ein zu starker Regen der Ernte sogar Schaden zufügen kann" (BRONGER 1977, S. 311).

2.4
Heutige Vegetationsdecke als Folge anthropogener Degradation bis Desertifikation

2.4.1
Problemstellung: Zur Frage der natürlichen im Vergleich zur heutigen Vegetation

Für den hier verfolgten ökologischen Ansatz des Landschaftshaushaltes (vgl. Kap. 2.1) ist die Frage nach *der potentiellen na-* *türlichen* Vegetation Indiens von wesentlicher Bedeutung. Erst dann ist bei dem Vergleich mit der *heutigen* Vegetation Art und Ausmaß ihrer anthropogenen Zerstörung bis hin zur Desertifikation nachzuvollziehen. Nach indischer Auffassung war ganz Indien „in historischer Zeit von Wald bedeckt" (Misra 1980, S. 141). „Die natürliche Vegetation (Indiens) von den schneebedeckten Bergen des Himalaya bis Kanyakumari im Süden und den Wüsten [„desert", s. u.] im Westen ist Wald" (PURI et al. 1990, S. 329). Andererseits charakterisiert SCHULTZ (1988, S. 341) die natürliche Vegetation seiner „Ökozone" der „Sommerfeuchten Tropen" – zwischen den „Äquatorialen Regenwäldern" und den „Tropisch/subtropischen Trockengebieten" – als Savanne: „trotz der Vegetationsvielfalt hat sich der Terminus Savanne (gelegentlich mit einem spezifizierenden Zusatz wie z. B. Baumsavanne, Strauchsavanne oder Grassavanne) als summarische Bezeichnung für nahezu alle Pflanzenbestände in den Sommerfeuchten Tropen und die Wortkombination *Savannenzone* (Hervorhebung vom Verfasser) oder Savannengürtel, Savannenklima als ungefähres Synonym für die gesamte Ökozone der Sommerfeuchten Tropen allgemein durchgesetzt". Zunächst muß deshalb der Begriff Wald („forest"), wie er von indischer geobotanischer Seite gebraucht wird, erläutert werden, dann der Begriff der Savanne. Deren Genese wird in der deutschen geobotanischen und vegetationsgeographischen Literatur nicht einheitlich gesehen, was hier aus Raumgründen zum Schluß nur kurz skizziert werden kann.

2.4.2
Die heutigen Wald-Formationen Indiens und die Frage ihrer Flächenausdehnung

In einer offiziellen Landnutzungsstatistik (GOI 1989) wird die Waldfläche mit 705 420 km² angegeben, was 23,2% der Bezugsfläche von 3,0432 Mill. km² entspricht (vgl. Kap. 6). Dabei ist in Indien die Einteilung der Waldtypen nach CHAMPION/SETH (1968) bzw. dem Waldforschungsinstitut in Dehra Dun am gebräuchlichsten. Sie lassen sich zu folgenden 14 Haupttypen zusammenfassen, aus denen ein Vergleich mit unserer „Vorstellung vom Wald" erst möglich wird bzw. versucht werden kann, die unten genannten, stark divergierenden Angaben über die Waldfläche zu erklären.

Die Flächen der einzelnen Waldtypen – in der genannten Quelle noch nach Staaten aufgegliedert – deckt sich im wesentlichen mit einer detaillierten Karte der Verbreitung der gleichen Waldtypen im Maßstab 1:2 Mill. im „Atlas of Forest Resources of India" (DAS GUPTA 1976). Die in Tabelle 2.1 angegebene Gesamtwaldfläche von 753 510 km² ist einerseits noch deutlich größer als die in der o. g. Landnutzungs-Statistik. Sie entspricht andererseits einer Waldfläche von 742 210 km² der „Central Foresty Commission, Government of India". Hiervon werden 52,1% als „reserved" (s. u.), 31% als „protected" und 16,9% als „unclassed forests" angegeben (AGARWALA 1985, S. 17 und 22–23). In der jüngsten Ausgabe des „Statistical Outline of India" (TATA 1992, S. 62) wird sogar eine „recorded forest area", nach Staaten aufgegliedert, von 770 100 km² genannt. Die „actual forest cover" wird in dieser Statistik jedoch nur mit 632 200 km² angegeben, die Waldfläche „with good tree cover" sogar nur mit 357 700 km² (Daten für 1987–89). Diese letzteren Angaben sind andererseits gut vergleichbar mit den Ausführungen von MEHER-HOMJI (1989, S. 7), daß die sog. „reserved forests" (s. o.) nichts anderes als degradierte Gebüsche („thickets") als Folge von unerlaubter Ausbeutung und Benutzung als Viehweide (s. u.) darstellen, demzufolge die eigentlichen Wälder nach diesem Autor kaum 10% der Gesamtfläche Indiens ausmachen (s. u. Kap. 2.4.4). Deshalb muß man die Zahlenangaben des „Report of the National Commission on Agriculture", 1976, skeptisch beurteilen, wonach seit der indischen Unabhängigkeit nicht nur keine Entwaldung, sondern eine beträchtliche Wiederaufforstung stattgefunden hat: danach soll die Waldfläche von damals 405 000 km² auf 671 000 km² zugenommen haben. Das deckt sich zwar wieder weitgehend mit den o. g. amtlichen Werten, wird jedoch auch von AGARWALA (1985, S. 13) bezweifelt: nach diesem Autor hat tatsächlich keine Ausdehnung der Waldflächen in der o. g. Periode 1950/52–1977/78 stattgefunden, vielmehr hat Indien in dieser Zeit mindestens 41 000 km² verloren. Die verbliebene Waldfläche von ca. 364 000 km² deckt sich wiederum mit der o. g. Waldfläche „with good tree cover" (TATA 1992).

Waldtyp	Fläche (1000 km²)	Anteil an der Gesamtwaldfläche (%)
1. Feuchttropische immergrüne Wälder	45,03	6,0
2. Tropische halb-immergrüne Wälder	18,54	2,5
3. Tropische feuchte laubabwerfende Wälder	233,03	30,9
4. Küsten- und Sumpfwälder	6,71	0,9
5. Tropische trockene laubabwerfende Wälder	291,54	38,7
6. Tropische Dornwälder	52,36	6,9
7. Tropische trockene immergrüne Wälder	0,75	0,1
8. Subtropische Breitlaubwälder der Hügelgebiete	2,87	0,4
9. Subtropische Pinus-Wälder	37,40	5,0
10. Subtropische trockene immergrüne Wälder	1,73	0,2
11. Montane feuchttemperierte Wälder	16,13	2,1
12. Feuchttemperierte Wälder der Himalayas	27,25	3,6
13. Trockentemperierte Wälder der Himalayas	2,77	0,4
14. Subalpine und alpine Wälder	17,90	2,4
Gesamtfläche	753,51	100,2

Quelle: AGARWALA 1985, S. 53-54
In der indischen Terminologie liegt die Grenze zwischen den Tropen und Subtropen bei 24°C.

Tab. 2.1: Waldtypen Indiens nach CHAMPION/SETH und ihre jeweilige Fläche sowie Anteil (%) an der Gesamt-Waldfläche

Aus der obigen Tabelle wird einmal deutlich, daß fast 70% der Waldfläche auf die „tropisch feuchten, laubabwerfenden" und „tropisch trockenen, laubabwerfenden Wälder" entfallen, die im wechselfeucht-semiariden bis semihumiden Süd- und Zentralindien vorkommen. Besonders bei den zuletzt genannten Wäldern handelt es sich um sehr stark degradierte Stadien (s. u.), auf die vor allem das o. g. Zitat von „degradierten Gebüschen" (MEHER-HOMJI) zutrifft. Aber auch bei den „tropisch feuchten, laubabwerfenden Wäldern" handelt es sich, wenn es nicht Teakholz *(Tectona grandis)* oder Salwaldreservate (bes. *Shorea robusta*) sind, um stark bis sehr stark degradierte Stadien (s. Kap. 2.4.3-4). Die „tropischen Dornwälder" – immerhin fast 7% der Waldfläche – entsprechen nicht mehr unseren Vorstellungen von Wald, sie sind teils primär, teils bzw. überwiegend sekundäre Vegetationsformationen (s. u.). Der Begriff *Savanne* taucht dagegen in der Aufstellung nicht auf. Die Savanne in Indien wird – im Unterschied zum überwiegenden Teil der deutschen Literatur (s. u.) – als *anthropogen verursachtes Degradationsstadium* angesehen (z. B. MISRA 1980, S. 141) bzw. als „biotic" bzw. „secondary" (PURI et al. 1990, S. 322 ff.; 1989, S. 434 ff.).

2.4.3
Aktuelle Vegetation anhand der „Internationalen Vegetationskarte Indiens 1:1 Mill." und ihre anthropogenen Degradationsstadien in Beispielen

Die „Internationale Vegetationskarte" 1:1 Mill., von der für Indien 12 Blätter von der Südspitze bis zum 28. Breitengrad vorliegen (GAUSSEN et al. 1961–1978), zeigt den *aktuellen* Stand der Vegetation sehr detailliert. Typisiert und kartiert wurde dabei nach der international dafür entwickelten Methode von GAUSSEN (1959). Die Vegetation der genannten indischen Gebiete wurde zu 30 Pflanzengesellschaften („series of vegetation") zusammengefaßt und in der Karte dargestellt. Jede der Pflanzengesellschaften ist im Band I der „Forest Ecology" von PURI et al. 1990, S. 397–486) im einzelnen physiognomisch und floristisch, nach ihrer „ökologischen Amplitude", insbesondere Höhenlage, klimatischen und edaphischen Faktoren sowie ihren verschiedenen Degradationsstadien beschrieben. Dazu wurden sie soweit wie möglich weiteren internationalen Klassifikationen, insbesondere den o. g. Typen von CHAMPION und SETH zugeordnet, wobei die Nachteile dieser Klassifikation kurz dargestellt wurden (ebenda, S. 285–360; S. 387–390). Neben der aktuellen Vegetation in der Hauptkarte ist in einer der Nebenkarten 1:5 Mill. die *potentielle natürliche* Vegetation, hier definiert als „maximaler Vegetationstyp" unter den gegenwärtigen ökologischen Bedingungen bei Annahme des Fehlens jeglichen menschlichen Einflusses (sog. „*Plesioclimax*") für jede der Pflanzengesellschaften dargestellt, von der sich Reste noch innerhalb der aktuellen Vegetation finden. Der Vergleich der Hauptkarte mit dieser Nebenkarte vermittelt einen Einblick in Art und Ausmaß der *anthropogenen Degradation*, er ermöglicht auch die richtige Auswahl der Arten für eine Wiederaufforstung (PURI et al. 1990, S. 394ff.). Aus Raumgründen kann hier nur ein Beispiel der Degradationsstadien einer Vegetationsgesellschaft sowie ein regionales Beispiel gegeben werden.

Gewählt wurde eine weit verbreitete Teakwald-Pflanzengesellschaft (*Terminalia-Anogeissus Latifolia – Tectona Grandis* Series), die vom südlichsten Indien über das Mysore Plateau (600–1200 m NN), große Teile von Andhra Pradesh, südliche und nördliche Teile von Gujarat, im östlichen Rajasthan sowie dem Satpura-Höhenzug und dem Malwa-Plateau im Madhya Pradesh bis Jhansi/Uttar Pradesh vorkommt (vgl. die beiden Faltkarten in PURI et al. 1990 im Maßstab ca. 1:4 Mill.). In der Klassifikation von CHAMPION/SETH (1968) gehört diese Pflanzengesellschaft am ehesten zum „Tropisch trockenen laubabwerfenden Wald" (vgl. Tab. 2.1), sie kommt jedoch auch noch in Gebieten mit bis zu 1800 mm Niederschlag vor. Sie findet sich sowohl auf Vertisolen („Black Soils") als auch auf Bodengesellschaften mit Rotlehmen und Roterden („Red Soils"; vgl. Kap. 2.5), d. h. auf Böden mit sehr unterschiedlichen Standorteigenschaften. Das obere Kronendach hat eine maximale Höhe von 20–25 m und ist mehr oder weniger geschlossen. Das zweite Stockwerk besteht aus Bäumen von 10–15 m Höhe, der Unterwuchs aus Sträuchern und Büschen, der in den besten, geschlossenen Standorten *frei von Gräsern* ist. Die Artenzusammensetzung der drei Stockwerke wird von PURI et al. (1990, S. 426ff.) detailliert dargestellt, wie auch die folgenden anthropogen bedingten Degradationsstadien, die hier in aller Kürze beschrieben werden:

Das erste ist ein *Offener Wald („open forest")* bei noch weitgehend gleicher Artenzusammensetzung, in dem das Kronendach nicht mehr geschlossen ist. Die Grasdecke ist bereits stärker entwickelt, aber noch unzusammenhängend. Hierunter fallen die o. g. „protected forests". Die weitere Degradierung verläuft in zwei Richtungen je nach ihrer Art und Weise. Bei dominierendem Brandrodungsfeldbau, d. h. durch Feuer, entsteht zuerst ein *Savannen-Waldland („Savanna-Woodland")* mit offenem Kronendach, noch weitgehend der gleichen Artenzusammensetzung im Baum- und Gebüschstockwerk, jedoch

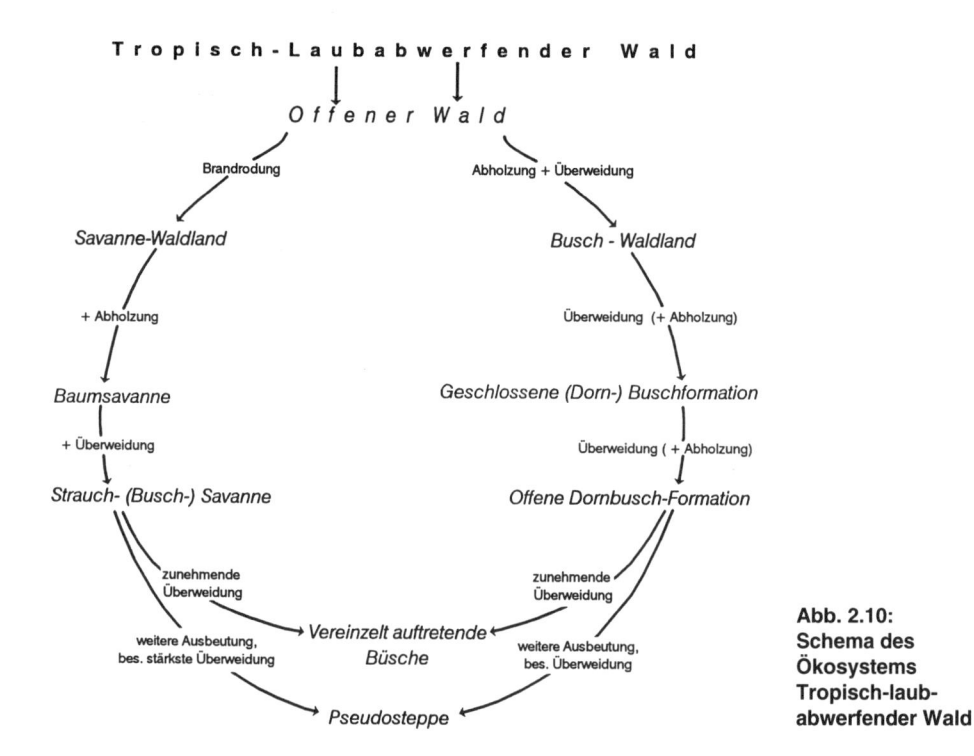

Heutige Vegetationsdecke   73

```
                    Tropisch-Laubabwerfender Wald
                                  ↓
                           Offener Wald
                         ↙              ↘
              Brandrodung               Abholzung + Überweidung
                ↓                                    ↓
         Savanne-Waldland                     Busch - Waldland
                ↓                                    ↓
           + Abholzung                     Überweidung (+ Abholzung)
                ↓                                    ↓
           Baumsavanne              Geschlossene (Dorn-) Buschformation
                ↓                                    ↓
          + Überweidung                    Überweidung (+ Abholzung)
                ↓                                    ↓
       Strauch- (Busch-) Savanne        Offene Dornbusch-Formation
                ↓                                    ↓
            zunehmende                          zunehmende
            Überweidung                         Überweidung
                ↓                                    ↓
       weitere Ausbeutung,   → Vereinzelt auftretende ←   weitere Ausbeutung,
       bes. stärkste Überweidung     Büsche              bes. Überweidung
                              ↘                  ↙
                              Pseudosteppe
```

**Abb. 2.10:
Schema des
Ökosystems
Tropisch-laub-
abwerfender Wald**

mit ersten feuerresistenten Bäumen und mit einer geschlossenen Grasdecke in der sommermonsunalen Regenzeit. Beim folgenden Stadium der *Baumsavanne ("Tree Savanna")* stehen die nur bis 9 m hohen Bäume bei noch ähnlicher Artenzusammensetzung weiter auseinander. Fortgesetzter Brandrodungsfeldbau mit Abholzung und Überweidung führt dann zur *Busch- oder Strauchsavanne ("Shrub Savanna")*, in der die Baumarten verschwunden oder zu einer buschähnlichen Wuchsform reduziert sind. Bei Ausbeutung von ursprünglichem Wald durch Abholzung und Überweidung entsteht über das Stadium des Offenen Waldes (s. o.) durch Einwandern von Buscharten zunächst ein *Busch-Waldland ("Scrub Woodland")*. Es besteht aus Gruppen von bis 10–12 m hohen Bäumen ohne geschlossenes Kronendach, die von einem der dichten Gebüsche ("thickets") getrennt

sind, die schon z. T. Dornen tragen. Bei Dominanz der Überweidung mit zusätzlicher (unerlaubter) Abholzung entsteht dann als nächstes Degradationsstadium eine *Geschlossene (Dorn) Busch* Formation *("Closed Thickets")* insbesondere in der Nähe von Kulturland bei größerer Dichte von Dörfern. Verkümmerte Bäume innerhalb der Buschformation erreichen nur 5 m Höhe, einzelne Bäume, die 15 bis 35 m entfernt stehen, können 8–10 m hoch werden. Noch weitere Überweidung mit Abholzung führen zu *Offenen Dornbusch-*Formationen *("Discontinuous Thorny Thicket")*. Gräser sind hier sehr niedrig und bilden keine zusammenhängende Decke. Bei weiterer Ausbeutung – insbesondere Überweidung – entstehen dann sowohl aus der o. g. Busch- oder Strauchsavanne wie auch aus der Offenen Dornbusch-Formation *Vereinzelt auftretende Büsche* bzw. Sträucher *("Scattered*

Shrubs"), die höchstens 1,5 m hoch und im Abstand von 3–6 m oder mehr stehen. Diese Formation findet sich vor allem auf anstehendem Gestein, auf dem dann der Boden vollständig erodiert ist (vgl. Kap. 15.2). Es kann bei stärkster Überweidung auch eine „*Pseudosteppe*" oder *Baum-Pseudosteppe* („*Tree Pseudosteppe*") entstehen, auf der die reichen Grasfluren der o. g. Savannentypen durch eine kurze und zusammenhängende Grasbüschelnarbe ersetzt sind.

Die einzelnen *Degradationsstadien* des „tropisch-laubabwerfenden Waldes" lassen sich zum in Abb. 2.10 dargestellten Schema zusammenfassen (PURI et al. 1990, S. 429, wenig verändert):

Alle diese hier genannten physiognomischen Vegetationsformationen sind mit den jeweiligen (30) Pflanzengesellschaften flächenhaft in den genannten 12 Vegetationskarten 1:1 Mill. dargestellt. Bei der vergleichenden Betrachtung aller Hauptkarten der *aktuellen* Vegetation mit den jeweiligen Nebenkarten der *potentiellen natürlichen* Vegetation ist die zwar regional unterschiedliche, aber insgesamt doch starke bis sehr starke anthropogene Degradierung bis Desertifikation (s. u.) der Vegetation sehr augenfällig.

Als regionales Beispiel sei das Blatt „Rajasthan" der o. g. Internationalen Vegetationskarte 1:1 Mill. erwähnt: es reicht vom 24. bis zum 28. Breitengrad sowie vom 72. bis zum 77. Grad östl. Länge und ragt damit in die trockensten Gebiete Indiens hinein. Durch das Gebiet verläuft diagonal von Südwest nach Nordost der *Aravalli*-Gebirgszug. Die potentielle natürliche Vegetation der Aravallis (östlich bzw. südöstlich davon) war ein geschlossener „Tropisch trockener, laubabwerfender Wald" bis hin zur o. g. Teakwald-Pflanzengesellschaft, die im Südosten (Rajgarh Distrikt/Madhya Pradesh) und im Süden (südlicher Udaipur Distrikt/Rajasthan) noch in das Blatt hineinragt. Heute sind nur noch vereinzelt größere Stellen des „trocken laubabwerfenden Waldes" im Süden der Aravallis zwischen Mt. Abu und Udaipur sowie inselhaft weiter östlich, d. h. im Südosten dieses Blattes, verbreitet. Das ganze Gebiet ist – abgesehen von ackerbaulich genutztem Land – größtenteils von stärker degradierten Vegetationsformationen (s. o.), der „Strauchsavanne" einerseits, der „Offenen Dornbusch-Formation" andererseits bzw. der untersten Degradationsstufe der „*Vereinzelt auftretenden Büsche*" bedeckt. Westlich bzw. nordwestlich der Aravallis – das Blatt reicht im Westen bis an die Distriktgrenze Jodhpur/Jaisalmer, im Norden bis (fast) Bikaner und deckt sich etwa mit dem Gebiet mit 12 ariden Monaten auf Abb. 2.3 – ist die potentielle natürliche Vegetation größtenteils eine geschlossene Baumstrauchgesellschaft (*Prosopis-Caparis-Ziziphus*-Gesellschaft). Sie ist weitgehend zu einer Formation mit „Vereinzelt auftretenden Sträuchern" („scattered shrubs", s. o.) degradiert, gelegentlich ist noch eine „Strauchsavanne" erhalten. Nur in ackerbaulich genutztem Land stehen neben Sträuchern auch noch vereinzelt kleine Bäume verschiedener Prosopisarten. Selbst in der Umgebung von Phalodi, ca. 120 km NW Jodhpur bei nur 200 mm Niederschlag, sind die Prosopis-Bäume noch 3–4 m hoch bei einer Dichte *(P. cineraria)* von 25–30/ha. Nach CLOUDSLEY-THOMPSON (1977, S. 42) marschierte Alexander der Große mit seiner Armee auf dem Weg nach Indien hier durch Gebiete mit „virgin forest where now only desert is to be found". Bereits RATHJENS (1959, 1961) hat die „Wüste" Thar durch Desertifikation erklärt und Klimaänderungen in historischer Zeit verneint (vgl. Kap. 2.3.1). Diese Frage ist vor allem wegen des Auftretens und Vergehens der *Harappa-Kultur*, die in vieler Hinsicht noch fortschrittlicher gewesen sein soll, als die gleichzeitigen Kulturen in Ägypten und Mesopotamien (PURI et al. 1990, S. 265), sehr ausgiebig diskutiert worden. In einer kritischen Bewertung der recht umfangreichen Literatur zur Frage der Bedeutung von historischen Klimaänderungen in der „Wüste" Thar kommt MEHER-HOMJI (1973, 1980) zum Ergebnis, daß der Mensch für die Entstehung der heutigen Vegetation hauptverantwortlich war; die Landwirtschaft der Harappa-Kultur war nur mit Hilfe künstlicher Bewässerung möglich. Andererseits wird – wiederum nicht unwidersprochen – zwischen ca. 6000 (10000?) und ca. 4000 A.D. eine wesentlich niederschlagsreichere Periode angenommen (vgl. SINGHVI/KAR 1992).

2.4.4 Zusammenfassende Schlußfolgerungen. Zum „Savannenproblem"

Faßt man den Inhalt der Vegetationskarten 1:1 Mill. für die kartierten Gebiete Indiens zusammen, so läßt sich einerseits feststellen, daß Süd- und Zentralindien bis zu den Aravallis früher fast flächendeckend – möglicherweise von edaphisch bedingten Ausnahmen abgesehen – von verschiedenen, o. g. Waldformationen bedeckt war; möglicherweise war es in den trockensten Teilen Nord-Karnatakas und dem südöstlichen Maharashtra und in Zentral-Rajasthan (vgl. auch Abb. 2.3) nur ein „Offener Wald" (s. o.). Die ursprüngliche (d. h. *natürliche*) Waldbedeckung gilt folglich erst recht für das Ganges-Tiefland, für die Siwaliks und für die meisten Teile des Himalaya, wo eingehende Vegetationsbeschreibungen u. a. von SCHWEINFURTH (1957) und TROLL (1967) vorliegen. Die *heutige* Waldfläche, einschließlich des „Offenen Waldes" dürfte nur die Hälfte bis ein Drittel der im „Atlas of Forest Resources of India" (DAS GUPTA 1976) dargestellten Fläche einnehmen. Nicht nur die „Tropischen Dornwälder" in Maharashtra, Karnataka und Andhra Pradesh sind keine Wälder, sondern hier sekundäre, anthropogen bedingte Vegetationsformationen. Andererseits sind manche der „Tropischen trockenen laubabwerfenden Wälder", z. B. im Osten von Madhya Pradesh und Bihar, wahrscheinlich Degradationsformen der unmittelbar südlich anschließenden „Tropischen feuchten laubabwerfenden Wälder"; die „Feuchten laubabwerfenden *Sal*-Wälder" kommen zwischen 2000 und 1000 mm Niederschlag vor (PURI et al. 1990, S. 448ff.).

Ingesamt kann man sich so ein Bild von Art und Ausmaß der *anthropogenen Degradierung* der Vegetation bis hin zur Desertifikation machen. Eine großflächige Entwaldung, besonders auch durch Verwendung des Feuers, setzte im Neolithikum mit der Einführung der Landwirtschaft ein, die in Indien vor 4500 Jahren begann (MEHER-HOMJI 1989, S. 6). Diese Entwaldung war sicherlich die längste Zeit auf das Ganges-Tiefland einschließlich des Punjab und auf die Talregionen der größeren Flüsse Zentral- und Südindiens beschränkt. Eine genauere Waldgeschichte Indiens ist auch für das Mittelalter nicht bekannt; wahrscheinlich waren der Vindhya- und besonders der Satpura-Höhenzug, (zwischen Narmada- und Tapti-Tal) als lange Zeit trennende Höhenzüge bis in die Neuzeit hinein bewaldet. In welchem Ausmaß die sehr starke Entwaldung vor allem auch auf die englischen Kolonialherren zurückgeht, wie von indischer Seite oft behauptet wird, ist nicht ausreichend bekannt. Einerseits brauchten sie für den Eisenbahnbau etwa 20000 Tonnen Holz pro 80 km Eisenbahnlinie (seit 1857), fast ausschließlich Teak im Süden und Sal im Norden (MEHER-HOMJI 1989, S. 7); diese

Edelhölzer müssen aber vorher – jedenfalls teilweise – bereits als Nutzwälder angelegt worden sein, womit man nach AGARWALA (1985, S. 28ff.) im Jahre 1800 begann. Ab 1850 wurde sogar von englischer Seite versucht, der unkontrollierten Waldzerstörung durch die einheimische Bevölkerung zu begegnen, insbesondere dem Brandrodungsbau in „wertvollen Waldgebieten" (ebenda, S. 32); einige Jahre danach wurde ein „Forest Department" gegründet. Seit der rapiden Bevölkerungs-zunahme ab 1920, insbesondere seit 1950 (vgl. Kap. 3), dürfte neben einer noch weitergehenden Entwaldung die Degradierung durch Holzentnahme wie auch durch Überweidung der noch vorhandenen Wälder vor sich gegangen sein; die einzelnen Degradationsstufen wurden in Kap. 2.4.3 an Beispielen beschrieben. Zwei Zahlen mögen das verdeutlichen: für 1953/54 wird der Energieverbrauch Indiens durch *Feuerholz* mit 82,2 Mill. t Kohleeinheiten (KE) angegeben, damals 44,1% des Gesamtenergieverbrauchs Indiens. 1975/76 betrug der Energieverbrauch durch Feuerholz schon 126,5 Mill. t KE (TATA 1989, S. 63), neuere Zahlen liegen leider nicht vor. In jüngster Zeit führt vor allem die *Überweidung,* besonders durch Ziegen (die „Kuh des kleinen Mannes"), zu einer enormen Vegetations- und damit Landschaftszerstörung durch die dann einsetzende, z. T. katastrophale Bodenerosion (vgl. Kap. 2.5, 15.2). Ihre Zahl hat allein von 1980 bis 1991 von 82 Mill. auf 112 Mill. zugenommen (FAO 1991, S. 195). Sie fressen (fast) alles ab, kommen überall hin, selbst auf Bäume und müssen als „Tod der Landschaft" bezeichnet werden. Um so unverständlicher ist es, daß z. B. die Regierung von Gujarat in jüngster Zeit die Ziegenhaltung auch noch finanziell fördert.

Wie eingangs betont (Kap. 2.4.1), ist für den hier verfolgten ökologisch-landschaftsgenetischen Ansatz die Frage nach der *potentiellen natürlichen* Vegetation und ihr Vergleich mit der *aktuellen* Vegetation Indiens von besonderer Bedeutung. Das wird insbesondere am recht unterschiedlich verwendeten Begriff der *Savanne* deutlich („Savannenproblem").

WALTER (zuletzt 1990, S. 99) beschreibt Savannen als „Ökosysteme, in denen in einem tropischen Grasland zerstreut stehende Holzarten im Wettbewerb mit den Gräsern stehen". Weitere differenzierende Begriffsklärungen bzw. Definitionen auch von internationaler Seite zu Savannen-Subtypen (Grassavanne, Strauchsavanne, Baumsavanne, Savannenwald) hat IBRAHIM (1984) zusammengestellt, auf die hier aus Raumgründen verwiesen werden muß. In der deutschen geographischen Literatur ist der Savannenbegriff z. T. weiter ausgedehnt worden; die von JAEGER (1945) verwendeten Begriffe „Feuchtsavanne", „Trockensavanne" und „Dornstrauchsavanne", die die zonalen Ökosysteme zwischen dem immergrünen Regenwald und der Halbwüste einschließen, sind sehr weit verbreitet. Sie finden ihren Niederschlag sogar in der Klimaklassifikation von TROLL und PAFFEN (1964, 1968). Für IBRAHIM ist die Savanne ein „nicht-natürliches Ökosystem", sie sind „Degradationsformen ehemaliger Trocken- oder Feuchtwälder" (ebenda, S. 146). JÄTZOLD (1985) hält dagegen – in Würdigung der Arbeit von IBRAHIM (1984) einerseits, bei Ausdehnung der o. g. Beschreibung WALTERS auf „lichten Wald" andererseits – die Feucht- bis Dornsavannen in Anlehnung an TROLL (1952) und LAUER (1952) für natürlich. WALTER (1973; auch WALTER u. BRECKLE 1991, S. 106ff.) lehnen den Begriff „Feuchtsavanne" als natürliches Ökosystem ab. Für Indien werden von ihm deshalb zwischen immergrünem und halbimmergrünem Regenwald einerseits und Wüste andererseits die Vegetationsformationen „Monsunwald (feucht und trocken)" und „Savanne (Dornbuschwald)" gewählt (WALTER, 1962), offenbar in Anlehnung an CHAMPION (1936), und mit Niederschlagshöhe und Dürrezeit in Beziehung gesetzt. SCHMITHÜSEN (1968, S. 322ff.) ist im Unterschied zu den o. g. Arbeiten von JAEGER bis JÄTZOLD mit dem Begriff der Savanne als natürlicher Vegetationsformation sehr viel vorsichtiger. Jedoch werden von ihm (1976, Vorwort und S. 26) in einer detaillierten Karte 1:5 Mill. der „potentiellen" Vegetation von Südindien (bis zum 20. Breitengrad) in Lee der Westghats – in Kenntnis der o. g. Internationalen Vegetationskarte Indiens (Kap. 2.4.3) – in großen Teilen Süd-Maharashtras, in Karnataka und Tamil Nadu „offenes immergrünes Savannengehölz" und „offe-nes regengrünes Dornbaumgehölz" dargestellt, dagegen in Andhra Pradesh und Teilen des südlichen Karnataka bis zum Mysore-Plateau „tropischer regengrüner Trockenwald". – Am weitesten faßt SCHULTZ (vgl. sein Zitat in Kap. 2.4.1) den Savannenbegriff auch räumlich. Die Gleichsetzung seiner „Feucht- und Trockensavannenklimate" mit der „Ökozone" der „Sommerfeuchten Tropen i. e. S." (1988, S. 342–343) ist jedenfalls für Indien nicht haltbar, was in Kap. 2.4.3 aus Raumgründen nur kurz an Beispielen gezeigt werden konnte.

Lediglich der von indischer Seite verwandte Begriff „Tropische Dornstrauchwälder" kann oder sollte durch den Begriff „Tropische Dornstrauchsavanne" ersetzt werden (vgl. Kap. 2.4.2 bis 3). Diese liegen in der Darstellung von SCHULTZ (1988, S. 342–343) aber schon in den Übergangsräumen zu seiner Ökozone der „Tropisch/subtropischen Trockengebiete"; in Indien gehören das nördliche Deccan-Hochland und Rajasthan bereits dazu. Auch bei JÄTZOLD (1985) wird in seiner Karte der „Savannengürtel der Erde", die für ihn „der größte vegetationsbestimmte Landschaftsgürtel der Erde" ist (ebenda, S. 6), nicht ausreichend zwischen *natürlichen* Savannen (einschließlich Blitzschlag mit Bränden) und *anthropogen degradierten* Savannen unterschieden.

Die entscheidende Frage aber muß auf die Beschreibung bzw. Definition und Verbreitung von möglichen *natürlichen* Savannen zielen, und dabei sollte man den Begriff Savanne nicht zu weit fassen (s. o.). Nur dadurch ist es möglich, Art und Ausmaß der *anthropogen* bedingten Degradierung der Vegetation bis hin zur Desertifikation nachzuvollziehen. Erst dann kann man das Ausmaß der Gefährdung durch *Bodenerosion* beurteilen (vgl. Kap. 15.2).

2.5
Rezente und Reliktmerkmale in der Struktur der Bodendecke Indiens

Die Aufgabe der *Allgemeinen Bodengeographie* ist die Untersuchung der gesetzmäßigen, mindestens der regelhaften Beziehungen zwischen der Verbreitung von bodensystematischen Einheiten, z. B. von Bodentypen und den *bodenbildenden Faktoren* Klima, Vegetation und Fauna, Ausgangssubstrat, Relief (mit Zuschußwasser), Mensch und Zeit (z. B. JENNY 1941, 1980). Darauf aufbauend ist die Erforschung des gesetzmäßigen räumlichen Verteilungsmusters der Böden in Abhängigkeit von den bodenbildenden Faktoren Gegenstand der *Regionalen Bodengeographie*, wofür auch der Ausdruck *Struktur der Bodendecke* gebräuchlich ist (FRIDLAND 1967, 1974; HAASE/SCHMIDT 1970). Diese Fragestellungen gehen also weit über eine reine Beschreibung der räumlichen Verbreitung z. B. der verschiedenen Bodentypen eines Raumes hinaus.

Wie schon im Einleitungskapitel (2.1) betont, ist die *Genese* der Bodendecke als wichtigster Naturressource Indiens für die Landschaftsgenese, speziell der Beurteilung von kurzfristigen oder längerfristigen Veränderungen des Landschaftshaushaltes (vgl. Kap. 16.4) von besonderer Bedeutung.

Das betrifft vor allem das *Agrarpotential*, das von den Eigenschaften bzw. den Merkmalen der Böden abhängig ist. Die Merkmale mehrerer weitverbreiteter Gruppen von Böden Indiens sind aber größtenteils *relikt*, d. h. sie resultieren aus einer ganz anderen Konstellation bodenbildender Faktoren, vor allem einem viel feuchteren Klima eines immerfeucht-tropischen Regenwaldes (zur Definition der Begriffe vgl. BRONGER/CATT 1989). Das wird bei der Betrachtung der Struktur der Bodendecke Indiens deutlich. Relikte – neben rezenten – Bodenmerkmalen werden exemplarisch an Beispielen von sogenannten „Red Soils" vorgestellt (Kap. 2.5.2). Aus dieser Fragestellung ergeben sich im Zusammenhang mit der Vegetationszerstörung (Kap. 2.4) Konsequenzen, die bis zur irreversiblen Bodenzerstörung reichen können (Kap. 15.2).

2.5.1
Struktur der Bodendecke Indiens im Überblick

Besonders in den letzten eineinhalb Jahrzehnten wurden die Kenntnisse der Böden Indiens und ihre regionale Verbreitung sehr erweitert. So erschien 1980 im „Atlas of Agricultural Resources of India" (DAS GUPTA 1980) eine Bodenkarte Indiens im Maßstab 1:2 Mill. auf der Basis der „Great Groups" (vergleichbar unseren Bodentypen) der „Soil Taxonomy" (Soil Survey Staff 1975). In den nachfolgenden Ausführungen sei auf diese Karte Bezug genommen.

Aus Platzgründen können hier nur einige wichtige Merkmale der Struktur der Bodendecke innerhalb einiger Großlandschaften Indiens kurz skizziert werden:

I. Indus-Ganges-Tiefland

Entlang der Flüsse *Beas* und des *Sutlej* (Satluj), die zum Indus entwässern, sowie entlang des *Yamuna*, des *Ganges* und des *Ghaghara* kommen in 10–40 km breiten Streifen „Junge Auenböden", die nicht über ein Rohbodenstadium hinausgekommen sind, vor. Unweit ihres Zusammenflusses, d. h. etwa östlich einer Linie Varanasi – Gorakhpur ist die Flußebene des Ganges bis zur Grenze nach Nepal sowie die des *Hogli* fast völlig mit diesen „Jungen Auenböden" sowie mit „karbonathaltigen Auenböden" bedeckt. Westlich dieser Linie kommen zwischen den genannten Flüssen sogenannte „Ältere Auenböden", z. T. grundwassernah („Haplaquents"), oder auf grundwasserfernen Zwischenstromplatten, die im Punjab als „Doabs" bezeichnet werden („Paleustalfs"), bis nach Haryana und dem Punjab weit verbreitet vor. „Haplaquents" sind nach der „Soil Taxonomy" junge, grundwassernahe, auf rezenten Sedimenten entstandene Rohböden noch ohne Horizontdifferenzierung, „Paleustalfs" dagegen sind Böden älterer, stabiler Landoberflächen, deren Entwicklung schon vor dem Spätpleistozän begonnen haben soll. Deshalb erscheint die Zusammenfassung dieser Böden sehr unterschiedlichen Alters zu einer Bodengesellschaft der „Älteren Auenböden" mit einheitlicher Signatur unlogisch. Da außerdem nach „Benchmark Soils of India" nicht „Alfisols" sondern „Inceptisols" (Böden mit begonnener Horizontdifferenzierung) als charakteristisch für die Indus-Ganges-Ebene anzusehen sind, darf gefolgert werden, daß im westlichen Teil der Ebene, anders als in der Karte dargestellt, wohl keine „Paleustalfs" anzutreffen sind.

Andererseits gibt es nur in diesem westlichen Teil der Ebene *Salzböden*, sowohl *Solontschake* wie *Solonetze* mit > 15% Na-Anteil am Ionenaustauschkomplex im Boden als auch Übergänge zwischen beiden. Salzböden finden sich in vielen kleinen (< 10 km^2) oder selteneren größeren Flächen (100–400 km^2), letztere besonders im Osten Haryanas, während sie im Punjab fast völlig fehlen. Weiter verbreitet sind sie in Uttar Pradesh: im Westen dieses bevölkerungsreichsten Staates sind sie fast ausschließlich auf das Zwischenstromareal vom Yamuna und Ganges beschränkt, im mittleren und östlichen Teil in kleineren und größeren (s. o.) Flecken auch zwischen Ganges und Ghaghara. Östlich der o. g. Linie Varanasi-Gorakhpur fehlen sie völlig, abgesehen vom Mündungsgebiet der Nebenflüsse des Ganges in West Bengal (s. u.). Diese Verbreitung gibt nun einen wichtigen Hinweis für die *Genese* der Salzböden im Ganges-Tiefland. Bei der Entstehung von Salzböden müssen zwei Ursachenkomplexe voneinander getrennt werden. Einmal sind es sekundäre, *anthropogen* verursachte Versalzungen durch a) Bewässerung mit zu salzhaltigem Wasser, b) durch falsches Bewässerungsmanagement und c) durch Anstieg des Grundwasserspiegels infolge fehlender oder unzureichender Drainage. Besonders der letzte Grund führte zu einem enormen Anstieg der Bodenversalzung der Indus-Ebene und im Punjab Pakistans mit Beginn dieses Jahrhunderts (u. a. BLUME 1964, SKOGERBOE 1977). Nach BHARGAVA und BHATTACHARJEE (1982) sind jedoch für das Ganges-Tiefland – wie auch anderer Gebiete In-diens mit Salzböden (s. u.) – *natürliche* Ursachen für die Entstehung der Salzböden die weitaus wichtigsten, so vor allem a) das Ausgangssubstrat, das größere Mengen Na-Ionen und andere leichtlösliche Salze freisetzt, b) flach gewelltes Relief mit unzureichender Oberflächenentwässerung, insbesondere von abflußlosen Hohlformen („micro depressions") und vor allem c) semiarides (und arides) Klima mit starkem Wechsel von trockenen und feuchten Jahreszeiten. Dieser letzte Grund ist an den Klimadiagrammen (vgl. Kap. 2.3.3, Abb. 2.5) gut abzulesen: während in der westlichen und mittleren Ganges-Ebene fast das ganze Jahr über ein Wasserdefizit vorhanden ist (Station Delhi) bzw. der Boden zur Sommermonsunzeit nur großenteils wieder aufgefüllt wird (Station Lucknow), ist in Patna im westlichsten Bihar schon ein geringer Wasserüberschuß für eine Drainage („leaching fraction") vorhanden, der in Calcutta – trotz eines Wasserdefizites im Frühjahr – dann bereits beträchtlich ist.

Insgesamt nehmen in der Indus-Ganges-Ebene die Salzböden – hier größtenteils Solonetze – eine Fläche von 25160 km^2 ein, was 36% der Gesamtfläche an Salzböden Indiens von gut 70000 km^2 (entspricht der Fläche Bayerns) ausmacht. Salzböden finden sich ferner in den Küsten- und Deltagebieten

a) in Gujarat, besonders dem sehr trockenen Rann of Kutch mit 7140 km^2

b) der feuchteren Ostküste mit 13940 km^2, außerdem

c) in recht kleinen Flächen im Gebiet der Vertisole größerer und mittlerer Mächtigkeit (s. u., III) mit insgesamt 14200 km^2, schließlich

d) in den Trockengebieten in Gujarat und vor allem in Rajasthan mit angrenzenden Teilen des Punjab – hier größtenteils Solontschake – mit 10000 km^2 (BHUMBLA 1977 in ABROL 1982).

Insgesamt haben wir es in der Indus-Ganges-Ebene (i. e. S.) mit jungen, d. h. *holozänen* Böden zu tun. Die wichtigsten bodenbildenden Faktoren, die die Struktur der Bodendecke dieser Großlandschaften bestimmen, sind neben dem Ausgangssubstrat das Relief und das Klima (zu den Auswirkungen auf die Landwirtschaft vgl. Kap. 15.2).

II. Nordwestindisches Trockengebiet

Diese Bodenlandschaft umfaßt neben den südlichen und südwestlichen Teilen des Punjab, den westlichsten Teilen von Haryana, vor allem West- und Zentral-Rajasthan bis zu den Arawallis, sowie östliche Teile von Gujarat bis nach Baroda.

Die westlichsten, trockensten Teile dieses Gebietes (< 200 mm Niederschlag) sind bedeckt vor allem mit Rohböden – d. h. Böden ohne Horizontdifferenzierung – aus lehmigem Sand. Konsequenterweise müßten diese Böden in der „Soil Taxonomy" nicht als „Ustipsamments", sondern als „Torripsamments" (torridus (lat.) = heiß und trocken) angesprochen werden (Soil Survey Staff 1975; 1992, S. 35). Der Sandanteil beträgt im Mittel 60–77%, der Anteil an Schluff (hier 2–50 μm) 7–9%, der Tonanteil 6–10% (DHIR/JAIN 1982). Umrahmt wird diese „Bodenregion" bis zu den Arawallis, d. h. in Niederschlagsbereichen bis gut 500 mm bzw. 0–1 humiden Monaten (Abb. 2.3) im Norden bzw. Nordosten und sogar bis 900 mm bzw. 2 humiden Monaten im östlichen Gujarat von „Bodenregionen", die im wesentlichen „Calciorthids" enthalten. Das sind Böden mit einer ersten Horizontdifferenzierung, in denen vor allem der bodenbildende Prozeß der Kalklösung und -wiederausfällung abläuft; er kann bis zur Entkalkung des obersten Horizonts von einigen Dezimetern und zu einem Kalkanreicherungshorizont in 60–120 cm Tiefe führen (DHIR/JAIN 1982, COURTHY et al. 1987). Der nördliche und zentrale Teil dieser Bodenregion bis zu den Arawallis ist von vielen, oft größeren Inseln mit o. g. Rohböden durchsetzt: wahrscheinlich mindestens z. T. eine Folge der Vegetationsdegradation bis Desertifikation (vgl. Kap. 2.4.3). – Das *Ausgangssubstrat* dieser Calciorthids sind jungpleistozäne (lehmige) Sande (SINGHVI et al. 1982). Das bedeutet, daß die pedogene Verwitterung und Bodenbildung mindestens während des Holozäns nicht über diese schwach entwickelten Böden der Calciorthids hinausgekommen ist. Selbst am Südrand dieser Bodenregion bzw. am Nordrand der Vertisol-Region (s. u.) nördlich Baroda hat sich bei gut 900 mm Niederschlag und fast 3 humiden Monaten aus äolischem, sandig-lößigem Ausgangsmaterial nur ein mäßig entwickelter „Vertic Haplustoll" gebildet, d. h. ein Ah-AC-C(k)-Boden, 90 bzw. 120 cm mächtig (mit AC-Horizont), der infolge seines höheren Tongehaltes von 32–39% bei weit überwiegend Smectiten einem Tschernosem nicht unähnlich ist, aber bereits zu den Vertisolen überleitet (BACKER 1989; BRUHN 1990, S. 130ff.). Die Smectite sind jedoch größtenteils vom Ausgangssubstrat her *vererbt*, d. h. nicht pedogenen Ursprungs. Die Mineralverwitterungstendenzen lassen trotz sedimentärer Inhomogenitäten im Ausgangsmaterial nur eine schwache pedochemische Illit-Bildung von etwa 5–8% erkennen, die, bedingt durch das wechselfeucht-semiaride Klima vor allem im unteren Ah-Horizont erfolgte. Insgesamt ist es also im *Holozän* in diesem Raum bei nur bis 600 mm zu einer schwachen, bei 900 mm Niederschlag zu einer mäßigen Bodenentwicklung gekommen.

III. Die Vertisol („Black Soil")-Region

Das *Verbreitungsgebiet* der Vertisole Indiens wird im allgemeinen zwischen 730 000 bis 764 000 km^2 angegeben (LANDEY et al. 1982, MURTHY 1988); es umfaßt also fast ein Viertel seines Staatsgebietes. Zu den Vertisolen werden neben den *mächtigen* und den *mittelmächtigen* Vertisolen auch die geringmächtigen Vertisole gerechnet, die nicht mehr die diagnostischen Merkmale eines echten Vertisols aufweisen (s. u.). Schließlich werden dem Verbreitungsgebiet der Vertisole noch die Regionen zugeschlagen, in denen Vertisole und „Red Soils" auf engem Raum miteinander vergesellschaftet sind. Auch deshalb ist ihre Gesamtfläche wesentlich größer als die der Deccan-Trappbasalte mit ca. 500 000 km^2 (vgl. Kap. 2.2 und Abb. 2.2), wobei diese, mindestens ihre Verwitterungsprodukte, früher deutlich weiter nach Osten gereicht haben dürfte: Sie bedecken großenteils erodierte „Red Soils" bzw. deren Saprolite (s. u.), was man an Aufschlüssen, z. B. westlich von Hyderabad, beobachten kann. Die Vertisole i. w. S. einschließlich ihrer Vergesellschaftungen mit „Red Soils" (s. u.) sind vor allem verbreitet in Maharashtra (299 000 km^2), Madhya Pradesh (167 000 km^2), Gujarat (82 000 km^2), besonders auf der Halbinsel Kathiawar, Andhra Pradesh (72 000 km^2), Karnataka (69 000 km^2), Tamil Nadu (32 000 km^2), Rajasthan (23 000 km^2), Orissa (13 000 km^2) und Bihar (7000 km^2) (MURTHY 1988). Es reicht also im Norden an mehreren Stellen bis an das Ganges-Tiefland heran, im Osten bis in den östlichen Teil von Madhya Pradesh (Distrikte

Raipur und Bilaspur). Im südlichen Teil des Verbreitungsgebietes sind die mächtigen und mittelmächtigen Vertisole noch in Gebieten am Mittel- und Unterlauf des Krishna, des Tungabhadra und des Penner-Flusses anzutreffen. In zentralen Teilen Karnatakas sowie in Tamil Nadu, besonders östlich Coimbatore und südwestlich Madurai, kommen Vertisole – hier aus basenreichen (s. o.) umgelagerten Verwitterungsprodukten – nur noch vergesellschaftet mit „Red Soils" vor.

Der zumindest indirekte Einfluß des *Reliefs* deutet sich im *Satpura*- und *Vindhya*-Höhenzug, südlich bzw. nördlich des Narmada-Flusses an, wo großflächig (sehr) geringmächtige, erodierte Vertisole auftreten. Das ist mindestens teilweise eine Folge der anthropogenen Degradation bis Zerstörung der Vegetation (vgl. Kap. 2.4.4) und nachfolgender Bodenerosion (vgl. Kap. 15.2).

Vertisole sind *tonreiche* (30% bis mindestens 50 cm Tiefe) Böden (Soil Survey Staff 1992); die Vertisole Indiens haben im allgemeinen einen wesentlich höheren Tongehalt von 50–65%. Ihr wichtigstes Merkmal sind tiefreichende und breite *Schrumpfrisse*, an der Oberfläche polygonal angeordnet, die sich in den Trockenzeiten bilden und sich in der Regenzeit wieder schließen. Charakteristisch sind ferner glänzende Scherflächen („slickensides") an den Aggregatoberflächen und an der Oberfläche ein Netz von kleinen Erhebungen und Senken („Gilgai"-Relief). Diese Merkmale entstehen in Böden mit hohem Anteil an Smectiten, sehr quellfähigen Tonmineralen, die in einem ausgeprägt wechselfeuchten Klima zu einer sehr starken *Quellung* und *Schrumpfung* im Boden führt, die seit HOLE (1961) als *Argillipedoturbation* (Peloturbation in SCHEFFER/SCHACHTSCHABEL 1989, S. 440) bezeichnet wird. Durch diesen bodenbildenden Prozeß wird der Boden tiefgründig durchmischt: in der Trockenzeit fällt Material von der Bodenoberfläche in die tiefen Schrumpfrisse oder wird mit dem ersten Regen in diese hineingespült. Im Unterboden entsteht während der Regenzeit ein erheblicher Quellungsdruck durch die Wasseraufnahme der Smectite, wodurch nach Schließung der Risse Material nach oben gedrückt wird. Dadurch bildet sich ein mächtiger, dunkelgrauer, humoser Boden, der entsprechend seinem Ausgangssubstrat (s. u.) oft bis oben hin carbonathaltig ist. Dieser Boden wurde früher *Regur* oder „*Black Cotton Soil*" genannt, weshalb in Indien heute noch die Bezeichnung „*Black Soils*" weitverbreitet ist.

Die nicht selten benutzte Bezeichnung „tropische Schwarzerde" oder „tropischer Tschernosem" sollte vermieden werden, weil im Tschernosem, dem zonalen Boden der Waldsteppen- und Langgrassteppengebiete der Außertropen die tiefgründige Durchmischung durch *Bioturbation* der Bodenfauna entsteht. Dieser Unterschied ist notwendig, auch wenn es Übergänge zu tschernosemähnlichen Böden gibt, wie das obige Beispiel des „Vertic Haplustoll" zeigt. Typologische Übergänge zwischen verschiedenen Böden, gerade auch zwischen „Black Soils" und „Red Soils" (s. u.) sind nicht die Ausnahme, sondern oft die Regel.

Das *Ausgangssubstrat* der Vertisole ist in erster Linie tiefgründig verwitterter Deccan-Trappbasalt, der z. B. als „*lithomarge*" (SAHASRABUDHE 1978) oder auch als Saprolit (s. u., Kap. 2.5.2) bezeichnet wird. Vertisole entstehen also nicht unmittelbar aus Basalt: Wenn ein Vertisol unmittelbar auf Basalt liegt, was in Aufschlüssen entlang des Godavari und Krishna bzw. ihrer Nebenflüsse nicht selten zu beobachten ist, so ist der Vertisol dort ein Kolluvium oder *Bodensediment*, d. h. nicht an Ort und Stelle entstanden (vgl. auch Kap. 2.5.2). Ausgangssubstrat für die Vertisole können ferner tiefgründige Verwitterungsprodukte *basenreicher* Gneise und Schiefer sein, die viel Calciumcarbonat enthalten und/oder reich an Plagioklasen bzw. arm an Quarzen sind (zusammenfassend LANDEY et al. 1982). Das so verursachte alkalische Verwitterungsmilieu verhindert offenbar weitgehend die Kaolinitbildung und führt – zusammen mit einer gehemmten Wasserbewegung, z. B. in Muldenposition – zur Smectitbildung. Da die Deccan-Trappbasalte aus der Zeit der Wende Kreide/Tertiär datieren (Kap. 2.2), stammen die o. g. tiefgründigen Verwitterungsprodukte (vgl. auch Kap. 2.5.2) vor allem aus dem Tertiär. Andererseits sind in der Zeit, als dieser Teil Indiens im immerfeucht-tropischen, äquatornahen Bereich lag, d. h. vor allem während des Oligozäns und Miozäns (vgl. Kap. 2.3.1) keine Vertisole entstanden, denn diese benötigen – s. o. – ein *ausgeprägt wechselfeuchtes, semiarides Klima*: in Indien in Gebieten zwischen 400 und 1500 mm Niederschlag. – Das *Alter* der Vertisole kann also bis zum jüngsten Tertiär zurückreichen. Wenn die o. g. tiefgründigen Verwitterungsprodukte, möglicherweise mit Vertisolsedimenten vermischt, bis in die Unterläufe von Godavari und Krishna verlagert worden sind, können die daraus sich gebildeten mächtigen Vertisole recht jungen, möglicherweise sogar holozänen Alters sein, wie östlich der jeweiligen Deltagebiete der beiden genannten Flüsse. Bei den Vertisolen sind also – trotz ihres in der Regel beträchtlichen Alters – *rezente* von *relikten* Merkmalen nicht ohne weiteres zu unterscheiden.

Für die *Möglichkeiten und Probleme agrarer Nutzung* haben die Vertisole teils günstige, teils ungünstige Eigenschaften. *Günstige Eigenschaften* sind, bedingt durch den hohen Tongehalt (s. o.), einmal eine gute bis sehr gute Nutzwasserkapazität (vgl. Kap. 2.3.3). So hat z. B. ein „Benchmark" (s. o.) Vertisol von 1,60 m Mächtigkeit eine Nutzwasserkapazität von 215 mm, ein Vertisol von 90 cm, ebenfalls auf dem ICRISAT-Gelände in Patancheru, nordwestlich Hyderabad nur noch 130 mm (EL-SWAIFY et al. 1985). Der allgemein hohe Smectitgehalt in Vertisolen bewirkt eine hohe Austauschkapazität, d. h. die Fähigkeit potentielle Nährstoffe pflanzenverfügbar zu binden. *Ungünstige Eigenschaften* resultieren ebenfalls aus dem hohen Tongehalt bei gleichzeitig hohem Smectitgehalt vor allem in *schwieriger Bodenbearbeitung*: im trockenen Zustand sind Vertisole sehr hart und die polygonal angeordneten Schrumpfrisse erlauben keine Aussaat. Feucht sind sie äußerst schmierig und deshalb nur in einer möglicherweise ganz kurzen Periode mittlerer Wasserverhältnisse bearbeitbar. Auch weil sie deshalb sehr oft erst nach der Monsunperiode bearbeitet werden (vgl. Kap. 6), sind sie außerordentlich erosionsanfällig (vgl. Kap. 15.2). Erodierte Vertisole verlieren aber die o. g. günstigen Eigenschaften rasch.

2.5.2
Relikte neben rezenten Merkmalen in den „Red Soils" Südindiens

Auf der o. g. Bodenkarte Indiens 1:2 Mill. sind „Rote kieshaltige Böden", „Rote sandige Böden", „Rotlehme" und „Roterden" dargestellt, die infolge höherer Basensättigung und einem tonreicheren Unterboden zu den Alfisolen der „Soil Taxonomy" – bzw. Luvisols und evtl. Lixisols der FAO-UNESCO-Weltbodenkarte – gerechnet werden. Daneben sind „Rote und gelbe Böden", „Laterite" und „Lateritische Böden" dargestellt, die eine geringe Basensättigung haben und deshalb zu den Ultisolen und auch Oxisolen in der „Soil Taxonomy" – bzw. Acrisols, Plinthosols, Ferralsols und Lixisols der neuen FAO-Unesco Legende (FAO, 1988) – zu zählen sind. Über diese letzten drei „Bodenregionen", die eine geringere Ausdehnung haben, kann aus Raumgründen hier nicht näher eingegangen werden. Besonders die ersten vier „Bodenregionen" werden in der indischen Literatur zu den „Red Soils" zusammengefaßt (u. a. DIGAR/ BARDE 1982), die nach KRANTZ et al. (1978) eine Fläche von 720 000 km² umfassen. Die oft intensiv rote Farbe – mindestens 5 YR, sehr oft 2,5 YR in der international verwendeten MUNSELL-Farbskala – ist in der Zusammensetzung der Eisenoxide begründet: neben Geothit (α-FeOOH), der den Boden braun färbt, kommt hier in größeren Anteilen der intensiv rot färbende Hämatit (α-Fe$_2$O$_3$) vor. Jedoch besteht nicht immer ein linearer Zusammenhang zwischen dem Grad der Rotfärbung *(Rubefizierung)* und dem Hämatitanteil, besonders nicht bei den hier näher untersuchten „Red Soils" Südindiens (s. u.). Zweitens gibt es keinen Zusammenhang zwischen dem Grad der Rubefizierung und dem *Alter* der Böden.

Das *Ausgangssubstrat* der „Red Soils" sind in erster Linie *tiefgründig verwitterte* Granite, granitische Gneise und Gneise des Präkambriums bis Archaikums, die zusammen oft als „peninsular gneiss" bezeichnet werden, daneben untergeordnet Glimmerschiefer, Sandstein und sogar saurer Trapp. Dieser tiefgründige Zersatz wird als *Saprolit* bezeichnet und kann mehrere Dekameter mächtig sein. Ähnlich wie bei Vertisolen entstehen „Red Soils" also nicht unmittelbar aus den o. g. Gesteinen: liegt ein „Red Soil" direkt auf anstehendem Festgestein, was man in sehr vielen Aufschlüssen Südindiens insbesondere auf dem Mysore-Plateau beobachten kann, so handelt es sich um ein *Bodensediment* oder Kolluvium, d. h., er ist *nicht* an Ort und Stelle entstanden. Selbst der „Tyamagondalu Soil" – Titelfoto des Buches „Benchmark Soils of India" –, ein weitverbreiteter „Benchmark"-Boden in der Umgebung von Bangalore, ist an seiner Typuslokalität ein *Bodenkolluvium*, kenntlich durch seine Lage in einer „Spülmulde" i. S. BÜDELS und seiner völlig gleichförmigen Ausbildung (Farbe, Textur usw.) bis etwa 250 cm Tiefe. – Der *Saprolit* als eigentliches Ausgangssubstrat der „Red Soils" entstand durch die sog. *„Tiefenverwitterung"* besonders des *„peninsular gneiss"*. Sie führt zu vorverwittertem Material, das bereits Endprodukte der Verwitterung enthalten kann, z. B. sekundäre Eisenoxide (s. o.), Kaolinite und sogar Gibbsite, wobei aber die Struktur des anstehenden Gesteins, z. B. die des Gneises noch erhalten blieb. Diese Tiefenverwitterung sollte nach FÖLSTER (1971), ROHDENBURG (1983) und COLMAN/DETHIER (1986) *von der eigentlichen Bodenbildung getrennt werden*. Sie ist zeitlich aufgrund des hohen Alters (s. o.) der Gesteine meistens nicht eingrenzbar.

Das *Verbreitungsgebiet* der „Red Soils" liegt insbesondere im Süden und Osten der indischen Halbinsel einschließlich großer Teile im südlichen Bihar. Es umfaßt also sowohl wechselfeucht-humide Bereiche in Kerala und Karnataka in Luv der Westghats, aber vor allem große Gebiete im *heute* wechselfeucht-semiariden, z. T. recht trockenen Klimabereich. Die räumliche Verbreitung der „Red Soils" ist also mit dem *heutigen Klima* kaum zu erklären, höchstens einige der Merkmale dieser Böden (BRONGER 1985).

Um *relikte* Merkmale, die sich aus einer früheren, ganz anderen Konstellation bodenbildender Faktoren ableiten lassen, von *rezenten* Merkmalen trennen zu können, wurde im Rahmen eines über mehrere Jahre laufenden DFG-Forschungsprogramms „Tropische Verwitterung" neun (z. T. sandige) Rotlehme, soweit möglich „Benchmark"-Böden, vom mittleren Kerala mit 10–6 humiden Monaten über den recht trockenen Teil der Umgebung von Coimbatore/Tamil Nadu mit nur einem humiden Monat, dem Mysore-Plateau von 4–3 humiden Monaten bis in die Umgebung von Hyderabad mit gerade 3 humiden Monaten untersucht. Die *heutigen* Klimaverhältnisse sind den Abb. 2.3 und 2.4 (vgl. Kap. 2.3.3) zu entnehmen. Zum Vergleich wurde diesen ein Rotlehm – von sechs untersuchten „Red Soils" – aus Südwest-Nepal nahe der indischen Grenze gegenübergestellt, der vom Ausgangssubstrat her nicht älter als 10–20 000 Jahre sein kann. Die ausgewählten Böden einschließlich des Saprolits als ihr jeweiliges Ausgangssubstrat wurden insbesondere mikromorphologisch sowie nach ihrem Primärmineral- (> 2 µm) und Tonmineralbestand (< 2 µm) untersucht. Dadurch lassen sich *rezente* von *relikten* bodenbildenden *Prozessen*, die in bestimmten *Merkmalen* ihren Ausdruck finden, trennen. Dieses Auseinanderhalten von rezenten und relikten Prozessen bzw. Merkmalen ist notwendig für die Rekonstruktion der Landschaftsentwicklung, die zur *Veränderung* des Landschaftshaushaltes führte. Erst auf dieser Basis kann man zu einer Beurteilung des *heutigen Landschaftshaushaltes* kommen, insbesondere die Gefährdung durch Bodenerosion richtig einschätzen lernen (vgl. Kap. 15.2).

Einige Ergebnisse der o. g. Untersuchungen lassen sich folgendermaßen kurz zusammenfassen (vgl. BRONGER/BRUHN 1989, BRUHN 1990):

1. In zwei Böden in Luv der Westghats im südlichen Kerala in gut 900 m Höhe, ca. 2500 mm Niederschlag und 10 humiden Monaten geht die *Tiefenverwitterung* offenbar *heute* noch weiter. Belege dafür sind die geringe Basensättigung um 15% im Cr-Horizont (Saprolit), die dortige Umwandlung von Plagioklasen zu Gibbsiten, von Biotiten zu Kaoliniten (BRONGER/ BRUHN 1989, Foto 1) und „boxwork"-Pseudomorphosen von Almandinen und Hypersthenen (ebenda, Foto 5). Der Tonmineralbestand der Böden aus diesem stark vorverwitterten Material zeigt eine *Kaolinitdominanz* mit höheren Anteilen an Gibbsiten. Selbst in den Schluff-Fraktionen sind die Biotite völlig oder weitestgehend kaolinisiert (*Vandiperiyar*-Boden). Der zweite Boden *(Karpurpallam)* hat infolge geringerer Anteile an Fe–Mg-reichen Mineralen und Feldspäten sowie höherer Quarzanteile im Ausgangssubstrat sogar Eigenschaften eines Oxisols. Trotz geringer Anteile an Vermikuliten in den Böden, die aber pedogen chloritisiert sind, befinden sich die Böden offenbar im Gleichgewicht mit dem heutigen Klima: Obwohl sicherlich recht alt, sind sie mithin *keine Paläoböden.*

2. In einem Übergangsbereich, repräsentiert durch den *Palghat*-Boden in Zentralkerala mit 2115 mm Niederschlag und sechs humiden Monaten sowie dem *Anaikatti*-Boden im Grenzbereich Nilgiris/ Mysore-Plateau mit 1550 mm Niederschlag und vier humiden Monaten ist einerseits noch eine klare Kaolinitdominanz zu beobachten, andererseits wurden *keine Gibbsite* mehr gebildet. Die Basensättigung im Saprolit (Cr-Horizont) des erstgenannten Bodens liegt mit 23% noch sehr niedrig, die Plagioklase sind hier teilweise, die Biotite alle stärker kaolinisiert. Dagegen liegt die Basensättigung im Cr-Horizont des *Anaikatti*-Bodens bereits bei 65%, die Biotite sind smectitisiert, die Hornblenden lediglich angewittert, nur die Almandine z. T. zu „boxwork"-Pseudomorphosen umgewandelt. Daraus darf gefolgert werden, daß unterhalb etwa 2000 mm Niederschlag *heute keine Tiefenverwitterung* mehr stattfindet. Im mittleren und unteren Bt-Horizont und selbst im Übergangshorizont zum Saprolit (Bt/Cr-Horizont) des *Palghat*-Bodens sind die hier reichlich vorhandenen Biotite in den Schluff-Fraktionen vollkommen und selbst in der Sandfraktion größtenteils kaolinisiert. Im *Anaikatti*-Boden sind die Primärminerale durchweg frischer, nur wenige Plagioklase sind kaolinisiert. Im Tonmineralbestand finden sich neben den dominierenden Kaoliniten bereits größere Anteile an Dreischicht-Tonmineralen, wie Smectite, chloritisierte Vermikulte und bereits Illite. Hier ist die *Kaolinitdominanz* bereits ein *reliktes Merkmal.*

3. Im noch trockeneren Bereich zwischen Bangalore mit 890 mm Niederschlag und 3 humiden Monaten, repräsentiert durch den *Channasandra*-Boden, und Hyderabad mit 760 mm Niederschlag und gerade noch 3 humiden Monaten (vgl. Abb. 2.4), repräsentiert durch die *Patancheru-I*- und *-II*-Böden ist der Kontrast zwischen *rezenten* und *relikten* Merkmalen besonders groß. Einerseits haben sich *pedogen* in erster Linie *Kaolinite* gebildet, daneben finden sich aber bereits höhere Anteile von Smectiten (s. u.) und Illiten. – In zwei Böden im trockensten Bereich bei Coimbatore mit 590 mm Niederschlag und nur einem humiden Monat (vgl. Abb. 2.4) sind im *Irugur*-Boden – sicher früher unter viel feuchterem Klima – pedogen neben Kaoliniten vor allem Smectite, Illit-Smectit-Wechsellagerungs-minerale und Illite gebildet worden. Im *Palathurai*-Boden wurden überhaupt keine Kaolinite mehr gebildet; die Smectite sind größtenteils *vererbt*, pedogenen Ursprungs sind nur die o. g. Wechsellagerungsminerale und Illite. Diese Abfolge von Dreischicht-Tonmineralen scheint die zunehmende *klimatische Austrocknung* seit dem ausgehenden Tertiär (vgl. Kap. 2.2) wiederzuspiegeln. Unter dem *heutigen* Klima werden vor allem *Illite* gebildet; auch in den beiden *Patancheru*-Böden sind die *Smectite* größtenteils vom Ausgangsmaterial her *vererbt*. Unter dem gegenwärtig trockenen Klima findet im jeweiligen Saprolit und unteren B-Horizont des *Patancheru-I-*, des *Irugur*- und des *Palathurai*-Bodens sogar eine *sekundäre Kalkanreicherung* statt, die als rezentes Merkmal im Gegensatz zu den z. T. höheren Kaolinitanteilen besonders krass den Wechsel der Umweltbedingungen von humiden zu wechselfeucht-trockenen Verhältnissen dokumentiert (vgl. BRONGER/ BRUHN 1989, Foto 4–8). Selbst im *Patancheru-II*-Boden, wo gesteinsbedingt keine sekundäre Carbonatanreicherung stattfindet, liegt die Basensättigung im Saprolit und unteren Bt-Horizont bei oder nahe 100% (vgl. BRUHN 1990). Mit den rubefizierten *Irugur*- und *Palathurai*-Böden, die beide besonders hohe Hämatit/Goethit-Verhältnisse (4,9 bzw. 3,8) aufweisen, ist anderseits der *Coimbatore*-Boden, ein weiterer Benchmark-Boden, vergesellschaftet, der, gebildet in einem Alluvium aus Verwitterungsprodukten von kalkhaltigen Gneisen, bis in den Oberboden Kalkkonkretionen und im Unterboden sogar große *Gips*kristalle enthält. – Insgesamt sind diese Böden als ausgeprägt *polygenetische* Böden oder *Reliktböden*, d. h. *Paläoböden*, anzusprechen (BRONGER 1985). Ihre *pedochemische* Verwitterung hat sich unter dem heutigen wechselfeucht-trockenen Klima sehr stark verlangsamt. Sie können daher nicht als *zonale* Böden (SCHULTZ 1988, S. 363, 394) angesehen werden: diese sind von der Konzeption her *monogenetische* Böden mit Klima und – damit in engem Zusammenhang stehender, d. h. natürlicher – Vegetation als vorherrschenden Faktoren der Bodenentwicklung.

4. Ein Rotlehm – von sechs untersuchten „Red Soils" – in Südwest-Nepal, nahe der indischen Grenze ist nach ur- und frühgeschichtlichen Funden sowie ersten TL-Datierungen altholozänen bis jüngstpleistozänen Alters und bietet daher die für tropische „Red Soils" selten günstige Gelegenheit, zu Schlußfolgerungen über *zeitliche* Vorstellungen von Art und Ausmaß tropischer Verwitterung zu gelangen. Das Klima ist randtropisch-wechselfeucht mit ca. 23 °C mittl. Jahrestemperatur und ca. 1400–1700 mm Niederschlag bei 5 humiden Monaten und 3–4 Monaten, in denen die Nutzwasserkapazität das Wasserdefizit gering hält (WICHMANN 1993). Das gelbliche, schluffreiche *Ausgangsmaterial* der Böden ist als fluvial umgelagertes (z. T.

äolisches?), stark vorverwittertes (Boden-?) Sediment anzusprechen: sein Primärmineralbestand enthält mit ca. 5% Feldspäten und 10–15% Phyllosilikaten, die aber weit überwiegend den Muscoviten zuzuordnen sind, insgesamt nur wenige, leicht verwitterbare Minerale. Eine Tonmineralbildung hat nur in überraschend geringem Ausmaß stattgefunden. Die Illite sind überwiegend detritischen Ursprungs und, ebenso wie die Kaolinite *vererbt*. Die Wechsellagerungsminerale sind teils vererbt, teils können sie als mögliches Initialstadium der silicatischen Verwitterung gedeutet werden. Im Gegensatz zu den größtenteils vererbten silicatischen Verwitterungsprodukten konnten die Hämatite als *pedogene* Bildung und damit die *Rubefizierung* als autochthoner, *rezenter* bodenbildender Prozeß nachgewiesen werden (WICHMANN 1993, WICHMANN/BRONGER 1994).

Trotz der starken Vorverwitterung des Ausgangsmaterials des zuletzt genannten Bodens ergaben die Untersuchungen der „Red Soils" in Südindien – wie auch der in Südwest-Nepal –, daß das *Leistungsvermögen* der *tropischen Verwitterung* jedenfalls im heute wechselfeucht-semiariden Klima in der geomorphologischen Literatur oft *bei weitem überschätzt* wurde. Diese Schlußfolgerung ist aus geoökologischer Sicht für die Frage des Landschaftshaushaltes von ganz wesentlicher Bedeutung, denn die Böden stellen Indiens wichtigste Naturressource dar; dies wird in Kap. 15.2 (Bodenerosion) näher ausgeführt. Die Rubefizierung (Rotfärbung) von Böden deutet andererseits keineswegs allgemein auf stärkere pedogene Verwitterung hin.

Diese Untersuchungsergebnisse sind für die Rekonstruktion der Landschaftsentwicklung von ganz wesentlicher Bedeutung: erst auf der Basis dieser Erkenntnisse kann man zu einer Beurteilung des *heutigen* Landschaftshaushaltes insbesondere der wechselfeucht-semiariden Gebiete, die den größten Teil Indiens ausmachen, gelangen. Vor allem läßt sich dadurch die Gefährdung durch *Bodenerosion* richtig einschätzen (vgl. Kap. 15.2).

3 Bevölkerungsproblematik

3.1
Die gegenwärtige Situation

Am 1. Oktober 1983 wurde Indien der United Nations-Preis für die Familienplanung und damit für erfolgreiche Bevölkerungspolitik verliehen (DOMRÖS 1984, S. 48). Hat also Indien seine sprichwörtliche Bevölkerungsexplosion in den Griff bekommen? Steht das Land an der Wende seiner Bevölkerungsentwicklung?

Die Wirklichkeit sieht (leider!) anders aus. Von seiner Unabhängigkeit 1947 bis zum Jahre der Volkszählung 1981, also in 34 Jahren, hat sich die Bevölkerungszahl von 338 auf 683 Millionen verdoppelt; für die Verdoppelung davor hatte man noch annähernd 150 Jahre benötigt. Das Ergebnis von *1991 – 846 Millionen* – läßt die Rate bereits auf das zweieinhalbfache emporschnellen. Was aber schlimmer ist: Entgegen den Absichten und Vorhersagen der Familienplaner konnte die *Zuwachsrate* nicht nur nicht vermindert werden, sondern sie stieg noch ständig an: von 13,3% zwischen 1941–51 über 21,6% 1951–61 auf ein bislang nicht gekanntes Ausmaß von 24,8% bzw. 24,7% in den beiden letzten Dekaden 1961–71 und 1971–81. Im vergangenen Jahrzehnt 1981–1991 ist sie nur geringfügig auf 23,5% zurückgegangen. Die Folge war (und ist) eine *absolute* Bevölkerungszunahme, mit der Indien permanent seit 1975 an 1. Stelle in der Welt (vor China) rangiert (Abb. 3.1) und die bis zum gegenwärtigen Zeitpunkt – 1991 – ständig auf nunmehr über 16 Millionen/Jahr angestiegen ist. Dies ist eine Zahl, die Australien, ein Land fast zweieinhalb mal so groß wie Indien, *heute* aufweist!

Fast jede Sekunde kommt ein indisches Kind auf die Welt. Heute und morgen und übermorgen.

Das sind 65 000 pro Tag, eine Zahl, die der Größe der Stadt Lüneburg entspricht.

Dieser atemberaubende Rhythmus ist zum wirtschaftlichen, sozialen und politischen Hauptproblem des Landes geworden. Die Auswirkungen dieses Vorgangs auf die Entwicklungsprobleme der einzelnen Lebensbereiche werden in den diesbezüglichen Kapiteln (13–15) noch eingehend zu besprechen sein. Seine Brisanz sei hier nur auf einigen Feldern schlaglichtartig verdeutlicht: 16 Millionen Realzuwachs pro Jahr bedeutet die Schaffung von zumindest 6–7 Millionen *neuen* Arbeitsplätzen, von 16 000 Primarschulen und die Ausbildung von 400 000 zusätzlichen Lehrern in *jedem* Jahr – und das nur, damit sich das Millionenheer der Arbeitslosen bzw. der Analphabetenanteil von immer noch der Hälfte der Bevölkerung nicht weiter vergrößert! Zu den gravierendsten Folgen der Bevölkerungs-„Explosion" gehören ferner die rurale-urbane Bevölkerungsverschiebung vornehmlich in die metropolitanen Ballungsgebiete (s. Kap. 3.5) mit ihren gravierenden Folgewirkungen (Kap. 13.3–4), vor allem aber, daß die durchaus beachtlichen Wirtschaftserfolge auf den Gebieten der Industrie (Kap. 7) stark relativiert, auf dem der Landwirtschaft sogar weitgehend neutralisiert werden (Kap. 15).

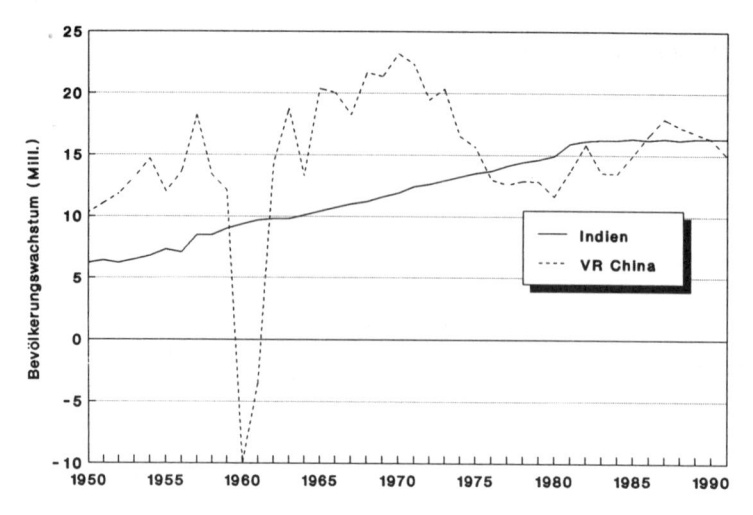

Abb. 3.1:
Absolutes Bevölkerungswachstum in Indien und China 1950–1991 (Zu- und Abnahme in Mill./Jahr)

Quellen: Indien - GOI, Planning Commission (Hrsg.): Economic Survey of India 1991/92 und frühere Jahrgänge China – State Statistical Bureau, PRC (Hrsg.): Statistical Yearbook of China 1992 (chin.), Beijing 1993 (Berechnungen des Verfassers)

3.2 Bevölkerungsdynamik: Ablauf und Ursachen

Der *relative* Bevölkerungszuwachs Indiens war bis Mitte des 20. Jahrhunderts für ein Entwicklungsland bemerkenswert gering, der *absolute* dagegen beträchtlich. Auch das zeigt, daß der Subkontinent, wie dies nur für wenige Teile der Erde zutrifft, schon immer eine bevölkerungsreiche Region war: für 1600 wird die Bevölkerung bereits auf 100 Millionen (DAVIS 1958, S. 27), für 1800 auf 176 Millionen (GUJRAL 1973, S. 93) geschätzt (zum Vergleich: Europa – ohne GUS-Staaten: 1600: ca. 160, 1800: 200 Mill.).

Die Bevölkerungsentwicklung Indiens läßt sich ab 1871, dem Jahr der ersten umfassenden Volkszählung, in zwei Phasen unterteilen; ihre Zäsur fällt recht genau mit dem Jahr der Unabhängigkeit (1947) zusammen (DOMRÖS 1984, S. 48f.):

In der *ersten Phase* zeigt die Bevölkerungskurve einen stark fluktuierenden Verlauf (Abb. 3.2) mit der Folge, daß die jährliche Wachstumsrate noch in bescheidenem Rahmen blieb (1881–1951: 0,63%/Jahr). Ausschlaggebend dafür waren Hungersnöte, Seuchen und Epidemien, die Indien in dieser Periode (wie auch schon in historischer Zeit) heimsuchten und zahlreiche Opfer forderten. Sie bewirkten in den Census-Perioden 1891–1901 und 1911–1921 sogar einen Bevölkerungsrückgang; im ersteren Fall, hervorgerufen durch die bis dato größte Hungersnot (1899/1900), um nicht weniger als 41 Millionen Menschen, was fast 15% der Bevölkerung entsprach. Auch die verheerende Grippeepidemie von 1918 forderte 18,5 Millionen Opfer. Ein Gesundheitswesen, daß diese Katastrophen hätte zumindest abmildern können, existierte allenfalls in bescheidenen Ansätzen und war zudem auf die großen Städte beschränkt. Ausdruck dessen war die bis 1921 überaus hohe Sterberate (Abb. 3.3).

Erst danach verbesserte die britische Kolonialregierung, und später auch die Mehrzahl der Fürstentümer, das „soziale Netz" Indiens durch umfassende Maßnahmen im medizinisch-hygienischen, Ernährungs- und Bildungsbereich. Dazu gehörten insbesondere der Auf- und Ausbau des

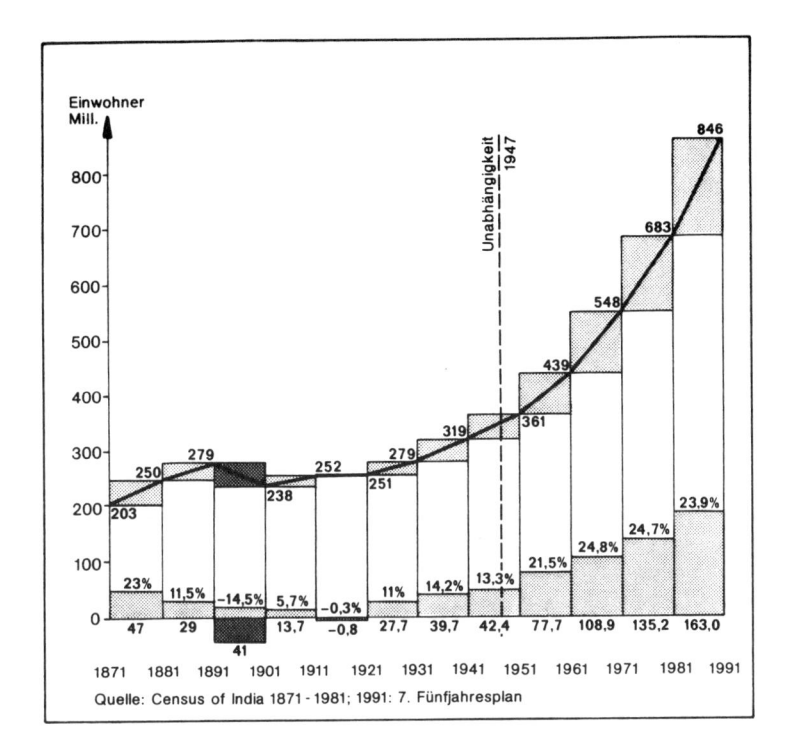

Abb. 3.2:
Bevölkerungsentwicklung in Indien 1871–1991

öffentlichen Gesundheitswesens, die Bekämpfung tropischer Infektionskrankheiten (unter denen die Briten ebenfalls litten) sowie der verbesserte Zugang zu Medikamenten und ärztlicher Versorgung. Auch wenn diese Maßnahmen im wesentlichen auf den städtischen Sektor beschränkt blieben und zumindest die Masse der mittleren und kleineren ländlichen Gemeinden davon kaum berührt wurden, blieb das Land zukünftig von größeren Hungersnöten und Epidemien verschont. Hinzu kam, daß sich auch die Ernährungslage durch die Steigerung der Nahrungsmittelproduktion (s. Kap. 6) sowie den fortschreitenden Ausbau des Verkehrswesens (Kap. 8.2) und des Marktsystems, die wiederum eine effizientere Verteilung der Agrarüberschüsse ermöglichten, insgesamt stabilisierte. Zusammen mit der Verbesserung des Bildungsangebots bewirkten diese sich ergänzenden Maßnahmen eine seit den zwanziger Jahren deutlich rückläufige Sterberate (Abb. 3.3), die wiederum entscheidend für die ansteigende natürliche Zuwachsrate war. Ausdruck dieses nunmehr kontinuierlichen Wachstums ist, daß dessen aufwärtsstrebende Kurve jetzt mehr und mehr die Form einer Parabel annimmt (Abb. 3.2).

Infolge des anhaltenden Absinkens der *Sterberate* auf heute (1991) unter 10 Promille bei gleichzeitig lange Zeit konstanter *Geburtenrate* von 41 Promille (bis 1971) setzte sich in der *zweiten Phase*, nach der Unabhängigkeit, das starke Bevölkerungswachstum durch. Das durch die genannten Maßnahmen zusätzlich bewirkte Absinken der *Säuglingssterblichkeit* von über 20% zu Beginn dieser Phase auf heute unter 10% ließ die durchschnittliche Lebenserwartung rasch ansteigen: von konstant 20 Jahren 1850–1920 (CHANDRASEKHAR 1972) über 32 um 1950 auf derzeit fast 60 Jahre. Das Ergebnis all dieser Prozesse

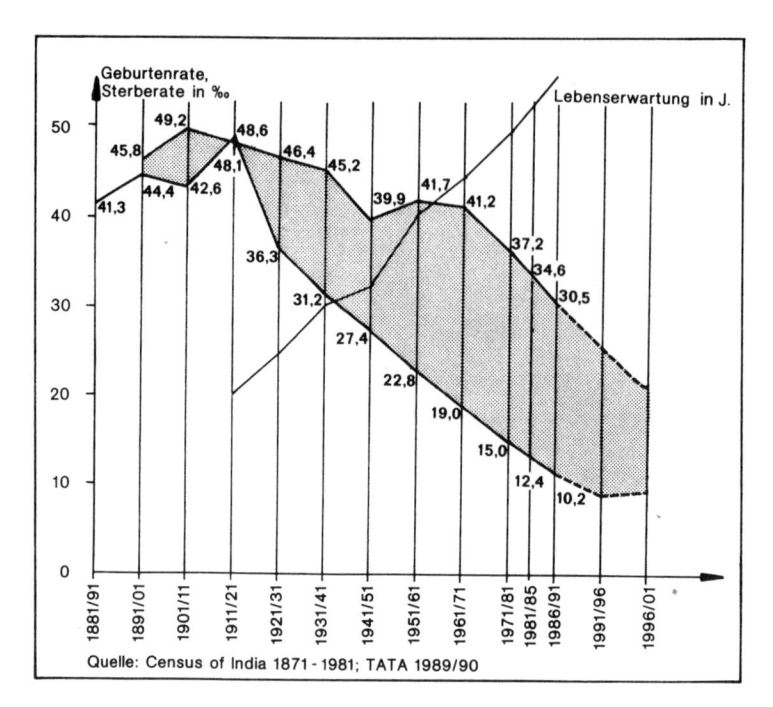

Abb. 3.3:
Geburtenrate, Sterberate, natürliche Wachstumsrate und Lebenserwartung in Indien 1871–1991

Quelle: Census of India 1871-1981; TATA 1989/90

war das als „Bevölkerungsexplosion" zu bezeichnende beängstigende Emporschnellen nicht allein der Wachstumsraten auf 2,25%/Jahr sondern vor allem die der *absoluten Zunahme* in diesem Zeitraum (1947–1991): Mit über einer halben Milliarde Menschen liegt sie so hoch wie die gegenwärtige Bevölkerung Gesamteuropas (ohne ehemalige Sowjetunion), allein die Zunahme von 163 Millionen in der vergangenen Dekade (1981–1991) entspricht der heutigen Bevölkerung Großbritanniens, Frankreichs und Spaniens zusammengenommen!

3.3 Bevölkerungsplanung

Unter diesen Umständen kommt der Bevölkerungs*planung* eine ganz besondere Bedeutung für die Gesamtentwicklungsplanung des Landes zu. Im Jahre 1952 wurde das *Family-Planning-Program* offiziell als integraler Bestandteil des gerade angelaufenen 1. Fünfjahresplanes (1951–1956) erklärt; die hierfür bereitgestellten Mittel nahmen sich in den ersten drei Planungsperioden (1951–1966) mit jeweils 0,3% der Entwicklungsausgaben jedoch noch sehr bescheiden aus (s. Tab. 7.1). Unter dem Eindruck der Ergebnisse des Census 1961, der für die Dekade 1951–1961 gegenüber 1941–1951 eine mehr als 50% höhere Wachstumsrate mit dem Ergebnis einer über 30 Millionen höheren Bevölkerungszahl auswies – Zahlen, mit denen man nicht entfernt gerechnet hatte –, begann man nunmehr ernsthaft das *Family-Planning-Program* in Angriff zu nehmen. Das wachsende Bewußtsein für die Bedeutung dieses Programms ist aus der Budget-Entwicklung zu entnehmen: in den nachfolgenden 4. (1969–1974) und 5. (1975–1979) Fünfjahresplänen stiegen die Mittel von vordem < 0,5% auf nunmehr 1,4% bzw. 1,7% der Ausgaben des Bundes und der Länder für die Entwicklung (vgl. Tab. 7.1). Zugleich wurde eine eigene Abteilung für „Family Planning" innerhalb des Gesundheitsministeriums eingerichtet (1966).

Die im 4. und 5. Fünfjahresplan aufgestellten Programmziele waren zweifellos sehr ehrgeizig: Senkung der jährlichen Geburtenrate von 41 Promille zu Beginn des 4. Fünfjahresplanes (1969) auf 30 Promille Ende des 5. Fünfjahresplanes (1979) und weiter bis 25 Promille 1983/84. Ebenfalls bis zum gleichen Zeitraum sollten 40 Millionen Paare von der Familienplanung erfaßt werden.

Die Volkszählung von 1981 offenbarte jedoch, wie wirkungslos die getroffenen Maßnahmen waren. Mit 2,26% lag der jährliche Bevölkerungszuwachs sogar höher als jemals zuvor. Nur in einigen wenigen Staaten, z. B. Kerala, Tamil Nadu und Orissa war die Wachstumsrate zurückgegangen. Die nördlichen Staaten Uttar Pradesh, Bihar und Rajasthan verzeichneten demgegenüber einen steilen Anstieg der Geburtenziffern: in zwei Bundesstaaten (Nagaland, Sikkim) sowie in Delhi betrug die Bevölkerungszunahme in diesen 10 Jahren sogar über 50%!

Dies führte zum Umdenken in der Familienpolitik. Man erkannte endlich, daß eine Familienplanung solange keinen Erfolg erzielen kann, wie sie sich lediglich auf eine Geburtenkontrolle beschränkt, die notwendigen flankierenden Maßnahmen einer sozialen Absicherung aber wenig bedenkt.

Dieser Umstand sollte im sechsten Fünfjahresplan (1981–85) entsprechend berücksichtigt werden. Der neue Schwerpunkt war die Integrierung der Familienplanung in ein Paket von Maßnahmen, das die Familienwohlfahrt, Gesundheitspflege, Kinderernährung, Bildung und ein bestimmtes Maß an wirtschaftlicher Freiheit für die Frauen beinhaltete. Dazu gehörte auch, daß man die bevölkerungspolitischen Zielsetzungen nunmehr realistischer neu festlegte und gezwungen war, sie im nachfolgenden 7. Fünfjahresplan (1985–1990) erneut zurückzunehmen (Tab. 3.1).

Bei dem Mangel an qualifiziertem Datenmaterial fällt eine Gesamtbeurteilung des Family-Planning-Programs bis dato sehr schwer. Mit Sicherheit mußte die Zahl der *rechtzeitig*, d. h. möglichst bereits nach der Geburt des zweiten oder dritten Kindes erfaßten Personen wesentlich erhöht werden, sollte das angestrebte Ziel auch nur annähernd erreicht werden. Mit offiziellen Angaben jedenfalls, daß derzeit jährlich ca. 5 Millionen Sterilisationen (TATA 1989–90, S. 175) vorgenommen werden, lügt man sich selbst in die Tasche bzw. in die Wiege – denn: Wie viele davon werden erst nach dem fünften oder sechsten Kind durchgeführt? Und was bedeutet in diesem Zusammenhang die Angabe von 37,5% „effektiv geschützter" Paare im gebärfähigen Alter?

Bislang zeigt das Programm jedenfalls noch kaum nennenswerte Auswirkungen. Mit einem durchschnittlichen Alter von 18,3 Jahren (1971:17,2) heiraten die Frauen fast so jung wie früher. 43,5% der Neunzehnjährigen sind bereits verheiratet, mit 24 Jahren sind es bereits 84,4% (1971: 88,8%). Im Schnitt gebärt jede Frau auch heute (1991) noch fast 5 Kinder. Wenn man weiter berücksichtigt, daß im Zuge der Fortschritte auf medizinischem und hygienischem Gebiet die Relation zwischen Säuglingssterblichkeit und Lebenserwartung sich ständig weiter auseinander entwickelt, so erscheint das bisherige Ergebnis der Bevölkerungspolitik unter Berücksichtigung der – zumindest bis 1981 – unablässig gestiegenen Wachstumsraten sehr negativ.

	1980	6. Fünfjahresplan bis 1985		7. Fünfjahresplan bis 1990		bis 2000
	Realität	Planung	Realität[2]	Planung	Realität[2]	Planung
Sterilisationen insgesamt[1] (Mill.) „effektiv geschützte" Paare der Altersgrupe 15–45 (%)	22,5	42,9 36,6	33,3 32,0	67,5 42,0	48,2 37,5[3]	60
Geburtenrate (per 1000) Sterberate (per 1000)	37,2 14,2	29,5 11,6	34,6 12,4	29,1 10,4	29,9 9,6	24,9 8,4
Säuglingssterblichkeitsrate (per 1000 Geburten) durchschnittliche Kinderzahl	114 4,2		97	90	80	60 2,3
Bevölkerung insgesamt (Mill.)	685[4]	735[5]	761[5/8]	799[6/7] 837[6/8]	846	900[7] 972[8] 1006[9]

[1] einschl. IVD und CC–Benutzer; [2] basierend auf Sample-Befragungen; [3] 1987; [4] 1981; [5] 1986; [6] 1991; [7] 6. Fünfjahresplan; [8] 7. Fünfjahresplan; [9] 8. Fünfjahresplan (für 1991)
Quellen: Zusammengestellt aus: Sixth Five Year Plan 1980–85, S. 19f., 373f.; Seventh Five Year Plan, II, S. 279f.; TATA 1992–93: S. 39, 41, 176

Tab. 3.1: Bevölkerungsplanung in Indien – Programm und Wirklichkeit 1980–2000

Doch mit einer solchen pauschalen Beurteilung macht man es sich zweifellos zu leicht, denn man übersieht die mannigfachen, besonderen Schwierigkeiten, die der wirksamen Verwirklichung einer solchen „Jahrhundertaufgabe" bis heute noch entgegenstehen. Diese Schwierigkeiten sind keineswegs durch traditionelle Verhaltensweisen und religiöse Tabus allein zu erklären. Man wird die breite Masse der Bevölkerung auch gegenwärtig, trotz der gegenüber früheren Zeiten sehr verbesserten Kommunikationsmöglichkeiten, nur sehr schwer von den Vorzügen der Kleinfamilie mit zwei Kindern überzeugen können. Denn solange für über 90% von ihnen eine staatliche Altersversorgung bislang nicht existiert, verschafft nur eine ausreichende Anzahl *männlicher* Nachkommen die benötigte Sicherheit jedenfalls in zweierlei Hinsicht:

1. Durch zumindest temporäre Beschäftigung tragen sie mit zum gegenwärtigen Familieneinkommen bei, und sie bieten
2. zugleich die Garantie für eine – sei es noch so minimale – Altersversorgung.

Mit staatlichen Zwangsmaßnahmen, wie sie in den Jahren des Ausnahmezustands 1975–77 von der Regierung Indira Gandhis betrieben wurden – im Jahre 1977, auf dem Höhepunkt der Kampagne, wurden ca. sechs Millionen Männer zwangssterilisiert! –, ist in Indien jedenfalls nichts zu erreichen: Ende 1977 wurden die Unionswahlen für die Ministerpräsidentin nicht zuletzt deshalb zu einem Desaster.

Bei der Suche nach weiteren Ursachen stößt man auf den Tatbestand, daß ausgeprägte regionale Unterschiede in der Adoption dieser Familienprogramme für die bislang geringen Erfolge mitverantwortlich zu machen sind – und daß diese Divergenzen mit dem Entwicklungsstand der betreffenden Regionen, gerade im Hinblick auf die Voraussetzungen für eine wirksame Implementierung dieser Programme, korrelieren. Was z. B. den Anteil der „effektiv geschützten" Paare anbelangt, so erreichen 9 der 25 Bundesstaaten, darunter die wenig entwickelten, aber bevölkerungsreichen Flächenstaaten Uttar Pradesh, Bihar und Rajasthan mit zusammen fast einem Drittel der Gesamtbevölkerung allenfalls 26% (bei einem Landesdurchschnitt von 37,5% – Tab. 3.1), während umgekehrt die vier am höchsten entwickelten Staaten (s. Kap. 10) Punjab: 62,4%, Maharashtra: 54,9%, Haryana: 53,2% und Gujarat: 51,0% (TATA 1989–90, S. 176) sogar weit über der Planvorgabe für 1990 von 42% lagen.

Das aber bedeutet: Ohne gleichzeitige flankierende Maßnahmen gehen alle noch so ernsthaft gemeinten Bemühungen der Familienplanung großenteils an der Wirklichkeit – und den Betroffenen – vorbei. Zu diesen notwendigen Maßnahmen gehören neben ständiger Aufklärung:

1. Intensivierung des Arbeitsplatzbeschaffungsprogrammes
2. Ausbau der Altersversorgung (bislang nur in geringem Umfang für Staatsbedienstete existent) und
3. Abbau der regionalen Entwicklungsunterschiede hinsichtlich der betreffenden Infrastruktur (Verkehrswege, Gesundheits- und Bildungseinrichtungen, einschließlich intensiver Aufklärung) – alles Zielsetzungen, die bei den existierenden Möglichkeiten dieses Landes sehr viel Geduld und noch viel mehr Zeit erfordern werden. Nimmt man den Budgetanteil als Gradmesser für den Stellenwert dieser Aufgabe, so sind eher Zweifel angebracht: In den drei Jahren 1986–88 machten die Ausgaben des Bundes und der Länder für die Familienplanung im Durchschnitt gerade 0,64% aus – das entsprach einem Anteil von ganzen 0,22% am Bruttoinlandprodukt (TATA 1989–90, S. 173).

Die Antwort des (seinerzeitigen) Premierministers Rajiv Gandhi zu Beginn des Jahres 1989 auf die Frage, welche neuen Ideen er habe, mit dieser wohl größten Herausforderung Indiens fertig zu werden, klang dann auch eher hilflos: „Ich weiß nicht, ob es eine neue Idee ist. Wahrscheinlich nicht. Aber ich setze auf die bessere Erziehung der Frauen, die an die wirtschaftliche Entwicklung eng gekoppelt ist. Ich glaube nicht an medizinische Programme zur Familienplanung. Abgesehen von den vier Hindi-Staaten in unserem Kernland ist die Situation nicht schlecht. Deshalb haben wir uns schon seit einigen Jahren auf diese Hindi-Staaten konzentriert, und ich hoffe auf Erfolge." (FAZ vom 19. 2. 1989)

3.4
Regionale Bevölkerungsverteilung

Im Zuge der raschen Bevölkerungszunahme erhöhte sich auch die mittlere Einwohnerdichte. Lag diese zur Zeit der Unabhängigkeit erst bei knapp über 100 Ew./km^2, so verzweieinhalbfachte sie sich bis zur Gegenwart. Mit 267 Ew./km^2 (1991 – Tab. A 4.3 – Anhang) ist das Agrarland Indien eines der am dichtesten bevölkerten Länder unserer Erde.

Dieser statistische Durchschnittswert ist für die *regionale Verteilung* der Bevölkerung von sehr geringem Aussagewert, da das räumliche Muster außerordentlich große Unterschiede aufweist (Abb. 3.4): Während 31 der 466 Distrikte (ohne Jammu & Kashmir: 452) unter 50 Ew./km^2, davon 7 sogar < 10 Ew./km^2 bleiben, erreichen 23, davon 8 mit überwiegend ländlicher Bevölkerung, einen Wert von über 1000 Ew./km^2, weitere 30 immerhin noch > 750 Ew./km^2, weitere 59, mithin ein Viertel sämtlicher Distrikte eine Einwohnerdichte von über 500 per km^2! Die dünnbesiedelten Gebiete sind ausschließlich in den an den äußersten Rändern des Landes gelegenen Peripherieregionen zu finden: in den an China angrenzenden Hochgebirgsregionen des Himalaya im Norden und Nordosten sowie dem die

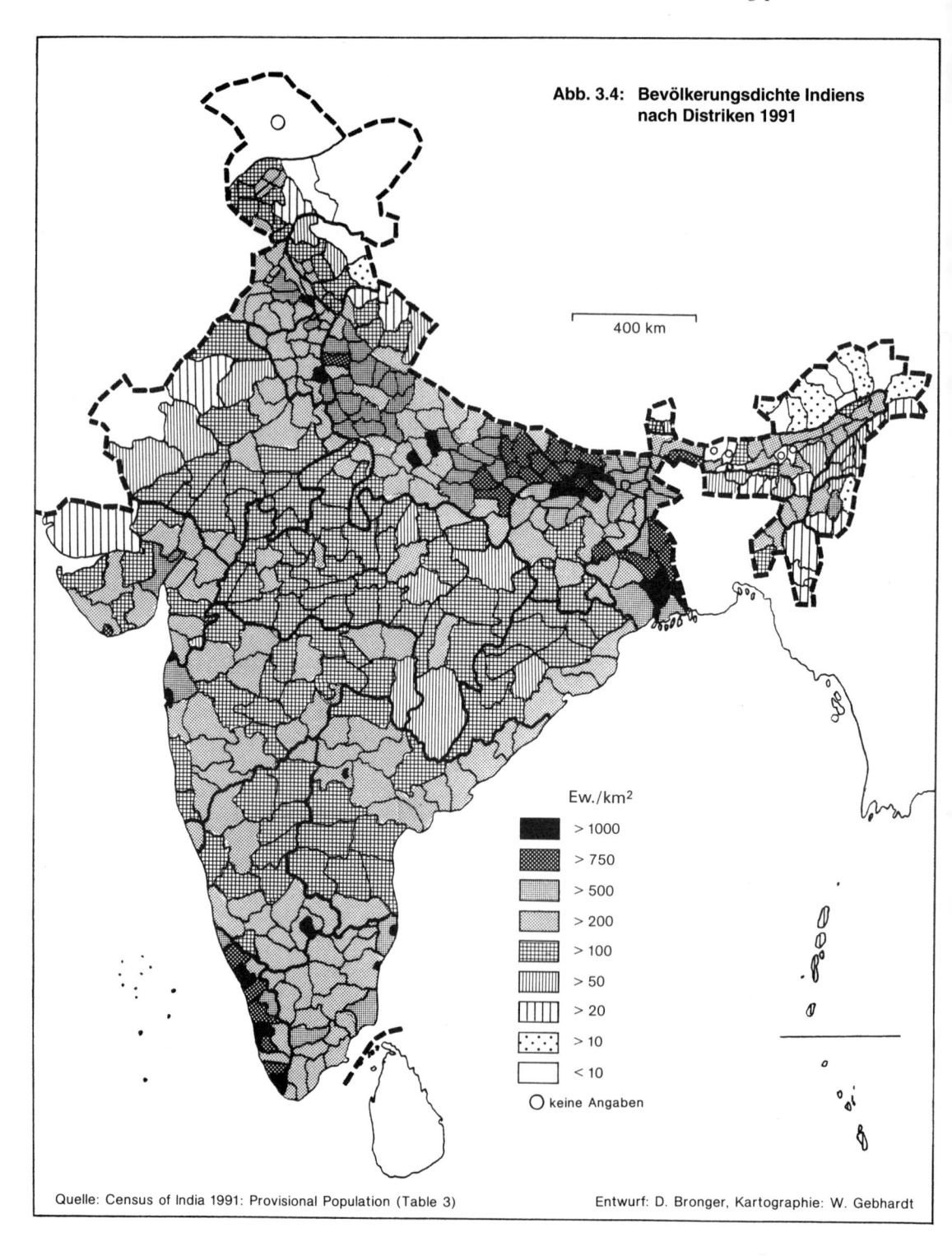

Bevölkerungsproblematik

Abb. 3.4: Bevölkerungsdichte Indiens nach Distriken 1991

Ew./km²
- \> 1000
- \> 750
- \> 500
- \> 200
- \> 100
- \> 50
- \> 20
- \> 10
- < 10
- ○ keine Angaben

Quelle: Census of India 1991: Provisional Population (Table 3) Entwurf: D. Bronger, Kartographie: W. Gebhardt

Grenze zu Burma bildenden Randgebirge (Patkaigebirge), ferner in den Trockengebieten des Rann von Kachchh (Kutch) und des westlichen Rajasthan (Wüste Tharr). Hier, an der Grenze zu Pakistan, wo die zudem noch sehr unsicheren Jahresniederschläge auf 100 mm absinken, beträgt die Bevölkerungs-„Dichte" im Distrikt Jaisalmer lediglich 9 Ew./km^2. Antipoden bilden der an China angrenzende Himalayadistrikt von Lahul & Spiti (Himachal Pradesh) mit 2 Ew./km^2 und der im nördlichen Kerala gelegene, aber zu Pondicherry gehörende Küstendistrikt Mahe mit 3714 Ew./km^2.

Für dieses regional so differenzierte Bild (Abb. 3.4) sind eine Vielzahl sehr verschiedener Faktoren verantwortlich. Unter ihnen ist das *ökologische Potential* als das entscheidende Faktum anzusehen, denn im Zusammenwirken mit der sehr unterschiedlichen naturräumlichen Ausstattung (Kap. 2.1), dem außerordentlichen Kapitalmangel (vorherrschende Kleinbetriebsform) und dem niedrigen Stand des technischen Know-how auf dem Agrarsektor ist es bis heute in erster Linie für den regional unterschiedlichen Intensitätsgrad der Agrarwirtschaft verantwortlich. Als weitere Determinanten für das gegenwärtige Raummuster der Bevölkerungsverteilung ist der historische Gang der Landerschließung und Siedlungsentwicklung und schließlich der wirtschaftende Mensch selbst zu nennen.

Die fruchtbaren Schwemmlandebenen der großen Ströme mit ihren weit aufgeschütteten Delten an der Ostküste (das des Ganges-Brahmaputra umfaßt, auf indischer Seite, mehr als die Größe Bayerns) und der Malabar-Küste im SW wurden bei ihren günstigen, z. T. ganzjährigen Bewässerungsmöglichkeiten schon in früher Zeit zu Verdichtungsräumen der Bevölkerung. Das gilt keineswegs allein für das Indus- und Gangestal. So beschrieb Plinius (23–79 n. Chr.) die Deltaregion des Krishna und Godavari, das Kernstück des Andhra-Reiches, als dichtbesiedeltes Gebiet mit 30 befestigten Städten und zahlreichen Dörfern. Andere Quellen bezeugen eine ganze Anzahl von Hafenplätzen entlang der Ostküste. Die südindischen Reiche, voran das Andhra-Reich, betrieben bereits damals Welthandel; es bestanden enge Handelsbeziehungen sowohl mit Alexandria und Rom als auch mit Südostasien. Römische Handelsniederlassungen aus dieser Zeit sind sowohl an der Südwestküste (Muziris, heute Cranganore, nördlich von Cochin) als auch an der Ostküste (Arikamedu südlich Pondicherry) nachgewiesen.

Heute liegt die Bevölkerungsdichte in den Schwemmlandebenen vom Punjab bis Calcutta, den Deltaregionen des Mahanadi, Godavari, Krishna und Cauvery sowie der gesamten Malabar-Küste bei durchweg > 500 Ew./km^2, sie erreicht über 750 im oberen (Dreieck: Delhi-Bareilly-Agra) und mittleren Gangestal (zwischen Lucknow bis östlich von Patna) sowie im Gangesdelta selbst. In einzelnen ländlichen Distrikten, so im zentralen Bihar, im Umland von Calcutta sowie an der Malabarküste werden Werte über 1000 Ew./km^2 erreicht. Damit liegt die Bevölkerungsdichte dieser überwiegend rein agrarischen Gebiete hoch über dem Durchschnitt westeuropäischer Industrieländer. Für Agrargebiete werden diese Werte auf der Erde nur noch auf Java und in einigen Teilen Chinas übertroffen.

Im Hinblick auf die Entwicklungsperspektiven des Landes zumindest ebenso gravierend aber ist die Tatsache, daß in den vom Naturpotential her wenig begünstigten Regionen wie in den mit mehr oder weniger kargen Rotlehmböden bedeckten offenen Landschaften des mittleren und östlichen Deccan-Hochlandes heute bereits überall zumindest 100 Ew./km^2, in der Mehrzahl der Fälle bereits jedoch

150 Ew./km² und mehr erreicht werden. Von ganz wenigen Ausnahmen abgesehen, trifft dies bereits auch für die – ehemals! – waldreichen zentralindischen Bergländer sowie die der „Eastern Hills" (zutreffender als die noch häufig gebrauchte Bezeichnung „East Ghats") zu, beides Rückzugsgebiete der ehemals über weite Teile Indiens verbreiteten Stammesbevölkerung. Die Folge: Im gesamten Deccan-Hochland finden wir heute kaum noch wirkliche Naturlandschaften vor (s. o. Kap. 2).

3.5
Stadt-Land-Verteilung und ihre Dynamik

3.5.1
Gegenwärtige Situation

Indien ist, auch heute noch, ein Land der Dörfer. Indikatoren dafür sind:

1. Den in der Statistik registrierten fast *640 000 Gemeinden* standen im Jahre 1991 gerade 3696 städtische Siedlungen gegenüber. Aber selbst diese Zahl täuscht über die Wirklichkeit noch hinweg. Legt man die international übliche Nomenklatur zugrunde, nach der Siedlungen ab 20 000 Ew. als „Städte" bezeichnet werden, dann bleiben lediglich *1592 Städte* übrig, in denen *22,9% der Bevölkerung* leben.

Nach der offiziellen Statistik weist Indien unter Einschluß der 2104 Siedlungen zwischen 5000 und 20 000 Ew. eine Urbanisierungsquote von 25,7% auf. Diesen 2104 „städtischen" Siedlungen mit zusammen 23,3 Millionen Einwohnern (= 2,8% der Gesamtbevölkerung) stehen fast 12 000 „ländliche" Gemeinden von > 5000 Ew. mit über 100 Millionen Einwohnern, das entspricht 11,8% der Bevölkerung Indiens, gegenüber. Ursache für diesen „Mißstand" ist die recht „großzügige", seit 1961 gebräuchliche Stadtdefinition, nämlich:
– mindestens 5000 Einwohner
– 75% der männlichen Erwerbstätigen müssen in außerlandwirtschaftlichen Sektoren arbeiten
– eine Bevölkerungsdichte von mindestens 400 Ew./km².

Die Städte werden in der indischen Statistik nach ihrer Einwohnerzahl in sechs Klassen untergliedert (Angaben für 1991 – Tab. 3.2):

Bei der nachfolgenden Interpretation der gegenwärtigen Situation wie der demographischen Entwicklung der Verstädterung wollen wir uns an die international übliche Klassifizierung halten (s. Tab. 3.2; Abb. 3.5). Auch in Indien entspricht sie den tatsächlichen Verhältnissen sehr viel besser, da 1. infolge der sich von Census zu Census ändernden Begriffsdefinition „Stadt" jedes Mal Städte zu Dörfern abstiegen und Dörfer zu Städten erhoben wurden, wobei es sich ausschließlich um Siedlungen von < 20 000 Ew. handelte. 2. verfügen diese Orte von < 20 000 Ew. über einen großen Anteil landwirtschaftlich Tätiger, so daß sie allenfalls einen größeren Marktort mit zudem wenigen lokalen Verwaltungsfunktionen darstellen (s. a. SPATE 1972, S. 208).

2. Der ländliche Raum ist nach wie vor der typische Lebensraum der Inder. Hier lebten (1991) 77,1% der Bevölkerung in Gemeinden sehr unterschiedlicher Größe, davon fast die Hälfte in Kleingemeinden < 500 Ew. (Tab. 3.3).

Bei einem Land von derartiger Größe und kultureller Vielfalt ergibt sich naturgemäß ein räumlich uneinheitliches Bild der urbanen Bevölkerung. Diese Aussage bezieht sich auf die *Urbanisierungsquote* und ihre *regionale Verteilung nach Stadtgrößenklassen* (Tab. 3.4 und Abb. 3.5).

Was den Anteil der in den Städten lebenden Bevölkerung anbelangt, so sind bereits bei den Flächenstaaten (> 10 Mill. Ew. (1991) bzw. > 50 000 km²) große Unterschiede festzustellen: die Quote schwankt zwischen 36,7% (Maharashtra) und ganzen 3,9% im Gebirgsstaat Himachal Pradesh; im von über 60 verschiedenen Stämmen bewohnten Arunachal Pradesh zählte 1991 keine Siedlung über 20 000 Einwohner. In nur 8 der 18 Flächenstaaten liegt die Quote über dem Landesdurchschnitt (Tab. 3.4).

Tab. 3.2: Urbane Bevölkerung in Indien nach Größenklassen – 1991 (ohne Jammu & Kashmir)

Klasse	Einwohnerzahl	Städte		Bevölkerung (1000)	Anteil an der	
		Anzahl	Anteil (%)		Gesamtbevölkerung (%)	Stadtbevölkerung (%)
I	> 100 000	300	8,1	140 197	16,60	65,10
IA	> 1 Mill.	23	0,6	71 553	8,47	33,23
IB	> 0,5 Mill.	30	0,8	20 856	2,47	9,68
IC	> 0,1 Mill.	247	6,7	47 788	5,66	22,19
II	50 000–100 000	345	9,3	23 130	2,74	10,74
III	20 000– 50 000	947	25,6	28 712	3,40	13,33
Total		1592	43,0	192 039	22,74	89,17
IV	10 000–20 000	1167	31,6	16 998	2,01	7,89
V	5 000–10 000	740	20,1	5 644	0,67	2,63
VI	< 5000	197	5,3	657	0,07	0,31
Total		3696	100,0	215 338	25,49	100,00

Quelle: COI 1991 (eigene Berechnung)

Tab. 3.3: Ländliche Bevölkerung in Indien nach Gemeindegrößenklassen – 1981 (ohne Assam)

Gemeindegröße	Anzahl der Gemeinden (1000)	Bevölkerung (Mill.)	Anteil (%) an	
			Gemeinden	Bevölkerung
< 200	120,1	12,2	21,6	2,4
200– 499	150,7	51,2	27,1	10,1
500– 999	135,9	97,1	24,4	19,1
1 000–1999	94,5	131,5	17,0	25,9
2 000–4999	46,9	137,3	8,4	27,1
5 000–9999	7,2	47,1	1,3	9,3
10 000 und mehr	1,8	31,2	0,3	6,1

Quelle: TATA 1989–90, S. 44

Ein ebenso unterschiedliches Bild ergibt die Verteilung der urbanen Bevölkerung nach *Stadtgrößenklassen*: Während Maharashtra und Westbengalen über 50% metropolitane Bevölkerung aufweisen, ist dieser Größentyp (1991) in überhaupt nur 12 Bundesstaaten, dazu in Delhi vertreten. Umgekehrt weisen die Flächenstaaten Haryana, Jammu & Kashmir und Assam lediglich je eine Siedlung der Größenklasse II, Orissa und Himachal Pradesh lediglich die beiden untersten Größenklassen auf (Tab. 3.4).

In der Zusammenschau (Abb. 3.5) dieser beiden Strukturelemente ergibt sich ein sehr facettenreiches Mosaik – ein Tatbestand, der die Notwendigkeit der regionalen Betrachtung besonders unterstreicht. Als *Ursachen* für diese Vielfalt sind, abgesehen von der Größe des Bezugsraumes sowie der Naturausstattung (Hochgebirgsregionen), die räumliche Verteilung zusammen mit der Dynamik der *historischen Großzentren* und der *heutigen (Groß-)Metropolen* zu nennen. So verhinderte Delhi bis in die 60er Jahre die Entwicklung eines größeren Zentrums der Klasse II (> 500 000 Ew.) in weniger als 500 km Entfernung – das Ergebnis ist die unter dem Durchschnitt liegende Urbanisierungsquote der angrenzenden Staaten Haryana (im W), Uttar Pradesh (im N und

Bundesstaat/ Unionsterritorium	Einwohner 1991 (1000)	Urbanisierungsquote nach Stadtgrößenklassen (%)					Anteil an der städtischen Bevölkerung insgesamt (%)	Pro-Kopf-Einkommen 1992/93 (Rs/Ew.)
		Summe	I 1 Mill.	II 0,5 Mill.	III 100000	IV 20000		
1	2	3	4	5	6	7	8	9
1 Delhi	9421	89,9	100,0	–	–	–	4,4	11650[4]
2 Maharashtra	78937	36,7	57,9	9,5	14,8	17,8	15,0	9270
3 Tamil Nadu[2]	56667	32,0	42,0	7,1	22,6	28,3	9,4	6205
4 Gujarat	41310	30,8	46,7	5,1	22,3	25,9	6,6	7586
5 Mizoram	690	30,6	–	–	73,3	26,7	0,1	5
6 Karnataka	44977	27,7	32,9	10,5	28,7	27,9	6,4	6313
7 A & N Islands	281	26,9	–	–	–	100,0	0,0	5
8 West Bengal	68078	26,3	61,1	4,3	19,8	14,8	9,2	5901
9 Goa, Daman & Diu	1171	25,8	–	–	–	100,0	0,2	10128
10 Andhra Pradesh	66508	25,8	31,2	4,9	33,5	30,4	8,9	5802
11 Punjab[3]	20924	25,1	19,4	34,5	8,5	37,6	2,7	10857
12 Kerala	29099	24,5	16,0	22,9	32,7	28,4	3,7	5065
13 Haryana	16464	21,2	–	17,7	50,7	31,6	1,8	9609
14 Jammu & Kashmir[1]	7719	19,6	–	52,8	20,4	26,8	0,8	4212
15 Rajasthan	44006	19,5	17,7	13,9	27,3	41,1	4,4	5035
16 Madhya Pradesh	66181	17,9	18,3	19,4	27,6	34,7	6,1	4725
17 Meghalaya	1775	16,4	–	–	77,1	22,9	0,1	5769
18 Uttar Pradesh	139112	16,2	21,2	16,8	30,8	31,2	11,7	4280
19 Manipur	1837	16,0	–	–	68,8	31,2	0,1	4180[4]
20 Nagaland	1210	12,8	–	–	–	100,0	0,1	5863[4]
21 Bihar	86394	12,0	10,6	21,9	25,3	42,2	5,4	3280
22 Orissa	31660	10,6	–	–	56,4	43,6	1,7	3963
23 Tripura	2757	10,0	–	–	57,7	42,3	0,1	5
24 Assam	22414	8,3	–	31,3	18,9	49,8	1,0	5056
25 Sikkim	406	6,2	–	–	–	100,0	0,0	5416[4]
26 Himachal Pradesh	5171	3,9	–	–	55,8	44,2	0,1	5355[4]
27 Arunachal Pradesh	865	0,0	–	–	–	–	–	6359
28 Dadra & Nagar Haveli	138	0,0	–	–	–	–	–	5
29 Lakshadweep	52	0,0	–	–	–	–	–	5
Indien	846303	22,9	37,1	11,3	24,0	27,6		6324

[1] Schätzung; [2] einschl. Pondicherry; [3] einschl. Chandigarh; [4] 1991/92; [5] keine Angaben
Quelle: s. Abb. 3.5 (eigene Berechnungen) und TATA 1994–95, S. 14, S. 17–18; Economic Survey 1994-95, S. 3, S. 12.

Tab. 3.4: Regionale Urbanisierungsquote in Indien nach Stadtgrößenklassen – 1991

Urbanisierungsquote nach Stadtgrößenklassen in Indien 1991

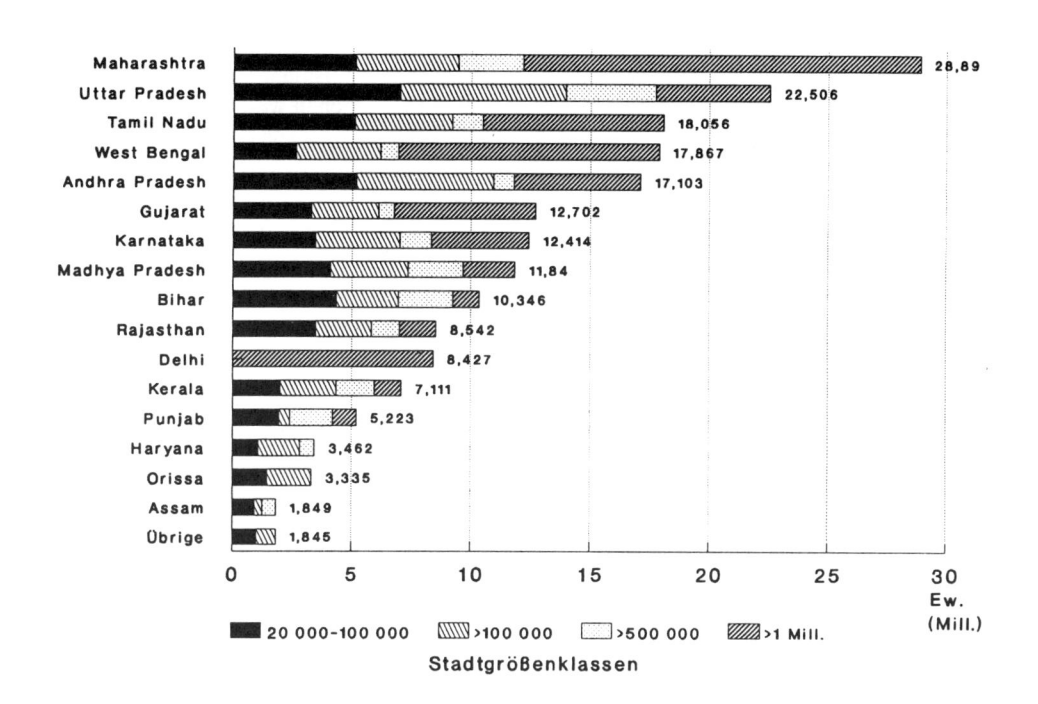

Bundesstaat	Ew. (Mill.)
Maharashtra	28,89
Uttar Pradesh	22,506
Tamil Nadu	18,056
West Bengal	17,867
Andhra Pradesh	17,103
Gujarat	12,702
Karnataka	12,414
Madhya Pradesh	11,84
Bihar	10,346
Rajasthan	8,542
Delhi	8,427
Kerala	7,111
Punjab	5,223
Haryana	3,462
Orissa	3,335
Assam	1,849
Übrige	1,845

Stadtgrößenklassen: 20 000–100 000 | >100 000 | >500 000 | >1 Mill.

Urbanisierungsquote

Bundesstaat	in %
Maharashtra	36,7
Uttar Pradesh	16,2
Tamil Nadu	32
West Bengal	26,3
Andhra Pradesh	25,8
Gujarat	30,8
Karnataka	27,7
Madhya Pradesh	17,9
Bihar	12
Rajasthan	19,5
Kerala	24,5
Punjab	25,1
Haryana	21,2
Orissa	10,6
Assam	8,3
Mizoram	30,6
Jammu & Kashmir	19,6
Meghalaya	16,4
Himachal Pradesh	3,9
INDIEN	22,9

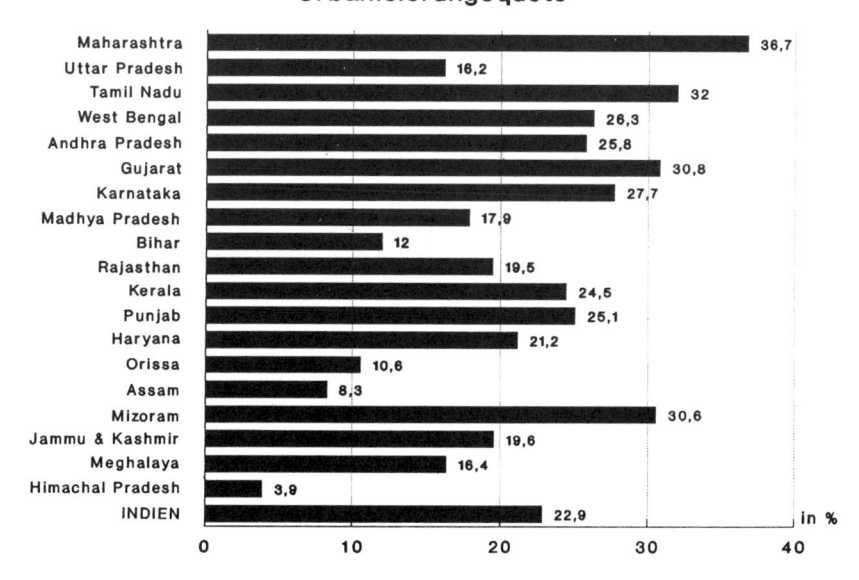

Abb. 3.5: Urbanisierungsquote in Indien 1991

Quelle: COI (Hrsg.) 1992: Series 1: India. Provisional Population Totals. Rural-Urban Distribution 1991, S. 171ff. (Berechnungen des Verfassers)

NO), Rajasthan (im S) und Madhya Pradesh (im SO). Ganz ähnlich verhält es sich im Falle Calcuttas mit Bihar (im NW) und Orissa (SW). Dieser Tatbestand dürfte, zusammen mit den o. g. Ursachen, auch hauptverantwortlich für die Abweichungen bezüglich der Korrelation Urbanisierungsquote: Pro-Kopf-Einkommen (Tab. 3.4, Sp. 3:9) sein. – Das Gleiche wie für Delhi und Calcutta gilt, regional eine Stufe tiefer, für die ehedem sehr zentralistisch regierten Fürstenstaaten und deren Zentren. Als Beispiele seien Hyderabad und Jaipur genannt: Auch hier konnten sich die nächsten Großzentren mit > 200000 Ew. erst in mehr als 100 km Entfernung, dazu auch erst in den letzten Jahrzehnten entwickeln (näheres s. Kap. 5.3).

3.5.2
Rural-urbane Bevölkerungsverschiebungen – Dynamik des Urbanisierungsprozesses

Die in Tab. 3.4, A 4.12 (Anhang), A 4.9 (Anhang) und A 4.10 (Anhang) sowie Abb. 3.6 und 3.7 zusammengefaßten Daten lassen folgende Merkmale erkennen (bei dem subkontinentalen Charakter des Landes können das wiederum nur Leitlinien sein):

1. Beide Bereiche, der rurale wie der urbane, zeigen ein kontinuierliches, bis 1931 stark schwankendes, seit der Unabhängigkeit ständig zunehmendes Bevölkerungswachstum (s. Kap. 3.2).
2. Auf das Gesamtwachstum bezogen übertrifft der rurale den urbanen Bevölkerungszuwachs absolut bis heute um weit über das Doppelte: 431,8 Mill. gegenüber 179,5 Mill. im städtischen Bereich (s. Tab. A 4.12 – Anhang). Noch immer nimmt das Gesamtvolumen der ländlichen Bevölkerung beträchtlich zu; von einer Landflucht größeren Ausmaßes kann (deshalb) nicht gesprochen werden.
3. *Relativ* ist dagegen ein stark überproportionaler Anstieg der städtischen Bevölkerung festzustellen – mit ständig steigender Tendenz: 1971–1981 lag die urbane Bevölkerungszunahme mit 50,5% um mehr als das zweieinhalbfache höher als die der ruralen (19,1%) und doppelt so hoch wie die der Gesamtbevölkerung (24,7%). Für die vergangene Dekade (1981–1991) betrug der urbane Bevölkerungszuwachs nur noch 36,4%, der rurale war sogar noch weiter auf 20,0% angestiegen (berechnet nach: TATA 1994–95, S.49). Während um die Jahrhundertwende jeder 20. in einer Stadt lebte, war es z. Zt. der Unabhängigkeit jeder 10., 1981 jeder 5. und heute (1991) bereits fast jeder 4.
4. Ungeachtet diesem *starken Städtewachstum* weist Indien im internationalen Vergleich eine bis heute *geringe Verstädterung* auf. Mehr noch: In einer großen Anzahl von Ländern, gerade der „Dritten" Welt, nahm die Verstädterung einen eindeutig dynamischeren Verlauf.
5. Sehr unterschiedlich verlief der *Verstädterungsprozeß nach den Städtegrößenklassen*: Während die Klein- und Mittelstädte (bis 100000 – Klasse IV) fast um die Hälfte hinter dem urbanen Wachstum zurückblieben und demzufolge ihr Anteil an der urbanen Bevölkerung insgesamt von 51 (1901) auf 27% (1991) absank, zeigte die in den Metropolen (Klasse I) ein fast explosionsartiges Wachstum mit der Folge, daß sie ihren Anteil weit mehr als verdreifachen konnten (von 11% auf 37%). Die Großstädte (Klasse II und III) konnten ihre Stellung in etwa behaupten.

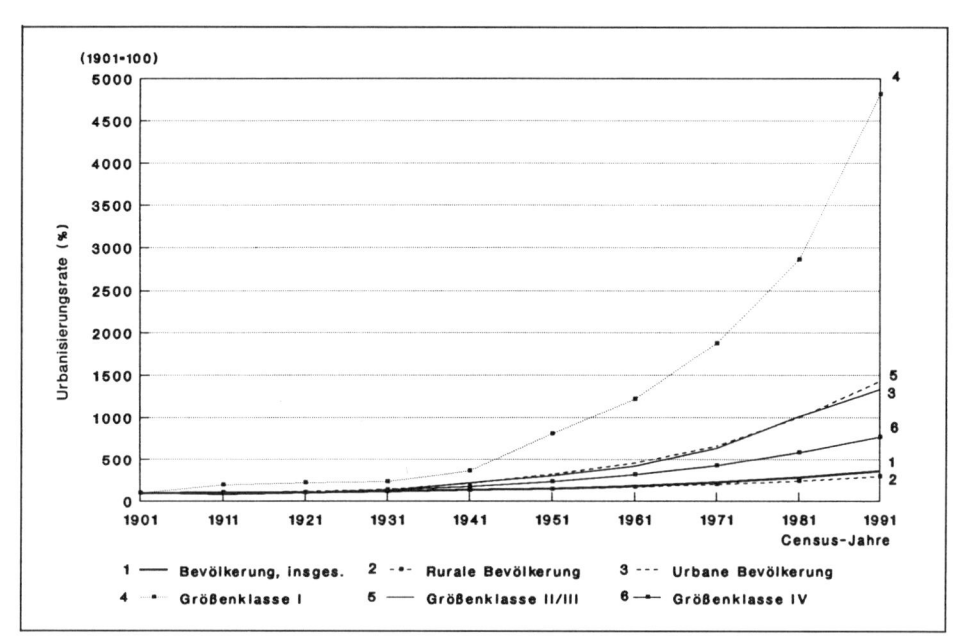

Abb. 3.6: Urbanisierungsrate nach Stadtgrößenklassen 1901–1991

Kurz: Es fand eine zunehmende Verlagerung der urbanen Bevölkerung von den Mittel- und Kleinstädten auf die Großstädte, in erster Linie auf die Millionenstädte statt, von denen die Urbanisierungsdynamik in besonderem Maße getragen wurde.

6. Dieses stark überproportionale metropolitane Wachstum verdeckt jedoch zweierlei: Zum einen offenbaren die Antipoden Bangalore und Varanasi ausgeprägte Unterschiede in der Wachstumsdynamik (s. a. Tab. A 4.9 – Anhang, Sp. 15). Zum anderen ist die statistisch fast 48fache Zunahme der metropolitanen Bevölkerung seit 1901 in starkem Maße dem wachstumsabhängigen Überwechseln einer Stadt in die nächsthöhere Größenklasse zuzuschreiben (was im Prinzip zwar für alle Stadtgrößenklassen seine Gültigkeit hat, bei den Metropolen aber besonders zu Buche schlägt): Korreliert man die Bevölkerungszahl aller 24 Metropolen von 1901 mit 1991 (Tab. A 4.12 – Anhang), so ergibt sich eine tatsächliche Zunahme um „nur" das 11,4fache.

7. Die *demographische Dominanz der Metropolen*, ganz besonders der Großmetropolen, verdeckt quantitativ eine nur geringe Verstädterung in den betreffenden Landesteilen. Ohne Bombay fällt die Urbanisierungsquote in Maharashtra von 36,7% auf 20,7%, unter Einschluß der beiden übrigen Metropolen Pune und Nagpur auf 15,5%. Im Falle Westbengalens sinkt die Quote ohne Calcutta sogar von 26,3% auf 10,2%, d. h. weit unter den gesamtindischen Durchschnitt ab.

8. Das Ausmaß der Urbanisierung steht in keiner direkten Relation zur Bevölkerungsdichte: Niedrige Quoten finden sich sowohl in dünnbesiedelten Landesteilen (Madhya Pradesh, Rajasthan) als auch in übervölkerten Bundesstaaten (Uttar Pradesh, Bihar).

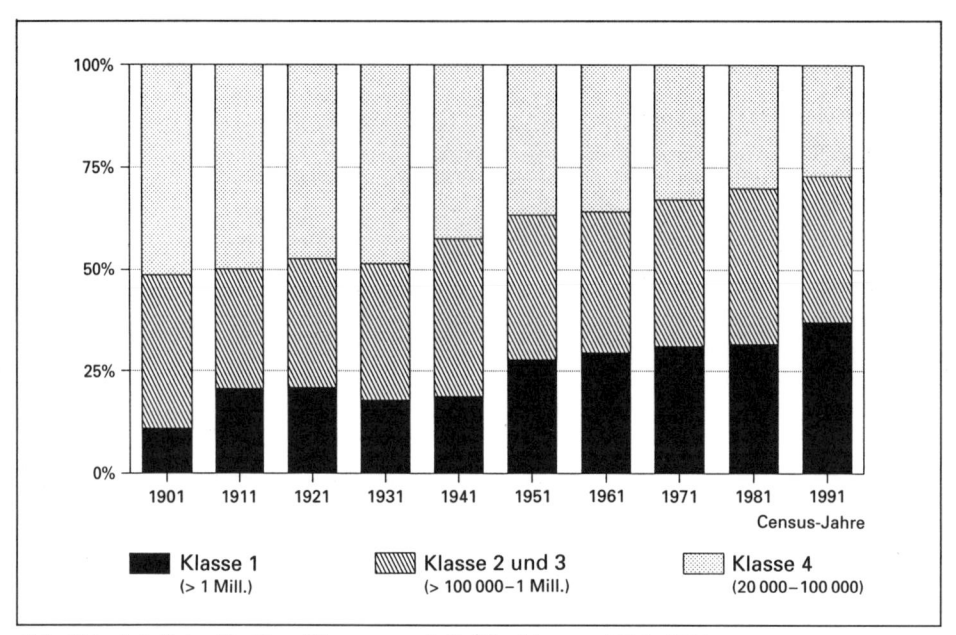

Abb. 3.7: Anteil der Stadtbevölkerung nach Größenklassen 1901–1991

Legende:
- Klasse 1 (> 1 Mill.)
- Klasse 2 und 3 (> 100 000–1 Mill.)
- Klasse 4 (20 000–100 000)

Demzufolge sind
9. Regionen mit relativ hoher Städtedichte noch keineswegs Regionen mit hoher Verstädterung. So weist die mittlere und untere Gangesebene eine hohe Städtedichte auf – jedoch leben infolge der dichten ländlichen Bevölkerung hier nur 13% in Städten.
10. Vor allem infolge des überproportionalen Wachstums der in Millionenstädten lebenden Bevölkerung haben sich die regionalen Unterschiede im Verstädterungsgrad (s. Kap. 3.5.1) noch weiter verstärkt.

Als wichtigste *Kausalkomponenten* für die „verzögerte Urbanisierung" (NISSEL 1986) sind zu nennen: Erstens die Tatsache, daß trotz unübersehbarer Fortschritte in der Industrialisierung (s. Kap. 7) Arbeitsplätze in diesem Sektor nur in bescheidenem Umfang geschaffen werden konnten. In der anhaltenden, seit der Jahrhundertwende fast unveränderten *Dominanz des Primärsektors* hinsichtlich der Erwerbstätigkeit, wie sie Tabelle 3.5. zeigt, kommt dies deutlich zum Ausdruck.

Auch wenn ein überdurchschnittlicher Anteil der industriellen Arbeitsplätze auf den urbanen Sektor entfällt (noch immer fast zwei Drittel der 1996 ca. 26,9 Millionen in diesem Sektor – s. Tab. 7.7), so ist eine solche Zahl sicherlich kein nennens-

Tab. 3.5: Erwerbsstruktur der Bevölkerung Indiens nach Wirtschaftssektoren 1901–1981 (%)

Jahr	Sektoren		
	I	II	III
1901	71,8	12,6	15,6
1911	74,9	11,1	14,0
1921	76,0	10,4	13,6
1931	74,8	10,2	15,0
1951	72,1	10,6	17,3
1961	73,4	10,6	16,0
1971	72,6	10,7	16,7
1981	69,3	11,3	19,4
1991+	67,4	12,1	20,5

Quellen: 1901–1971: JHA 1989, S. 23; 1981: Census-Daten
+ ohne Assam, Jammu & Kashmir

werter Pull-, geschweige denn ein Landflucht auslösender Faktor. Zwischen 1971 und 1981 umfaßte die *Land-Stadt-Migration* zwar immerhin 10,4 Mill. Menschen, diese Zahl entspricht jedoch lediglich 12,4% des ländlichen Bevölkerungszuwachses von 84 Millionen in diesem Zeitraum. Unter Einschluß der Rückwanderung reduziert sich dieser Anteil sogar auf 8,8% (berechnet nach: ROY 1989, S. 36).

Bis heute (1981 – die Daten für den Zeitraum 1981–1991 liegen noch nicht vor) dominiert eindeutig die intrarurale Migration – wenn auch mit abnehmender Tendenz: Von den insgesamt 38,85 Mill. Wanderungsbewegungen der vergangenen Dekade (1971–1981) entfallen allein 17,5 Mill., d. h. 45%, auf diese Art, erst in respektablem Abstand folgen die Land-Stadt (26,9%), Stadt-Stadt (20, 3%) und Stadt-Land gerichteten Migrationsströme. Eine wesentliche Ursache für diesen Befund ist in den von der Kastenzugehörigkeit diktierten Heiratsvorschriften zu suchen (näheres: s. Kap. 4.1): sie schließen eine Heirat innerhalb des Dorfes und der näheren Region de facto aus. Mit anderen Worten: der Umfang der dominierenden Land-Land Migration wird wesentlich von der Komponente „Familienzusammenführung" bestimmt – die Braut zieht zur Familie des Mannes.

Eine weitere Ursache dürfte im sozio-kulturellen Bereich zu suchen sein: der traditionellen Verachtung des städtischen Lebens in der hinduistischen Mentalität, wie dies bereits in vielen Schriften Gandhis und in den das „ländliche Leben" verherrlichenden indischen Filmen bis heute zum Ausdruck kommt.

Für Indien insgesamt können die für die „Dritte"-Welt-Länder typischen „Push"- und „Pull"-Faktoren als Ursache für die Abwanderung vom Lande und die überproportional hohe Zunahme der urbanen Bevölkerung geltend gemacht werden: Ländliche Überbevölkerung, abnehmende Betriebsgröße, Besitzzersplitterung, massive Verschuldung der Bauern bei fehlenden Arbeitsplatzalternativen, dazu Unterprivilegierung bis zur Unterdrückung der immerhin 23,5% der Gesamtbevölkerung zählenden Unberührbaren und Stammesangehörigen („scheduled castes" und „scheduled tribes") als „Push"-Faktoren, und als wichtigste „Pull"-Faktoren die Anziehungskraft der Städte, welche sich in erster Linie auf die Hoffnung nach einem Arbeitsplatz und dem damit verbundenen sozialen Aufstieg konzentriert.

Das trotz relativ geringer Verstädterung weit überproportionale *Städtewachstum* rekrutierte sich in diesem Zeitraum (1971–1981) zu etwa je zwei Fünftel auf *Geburtenüberschüsse* (41,3%) und *Wanderungsgewinne* (40,1%), während 18,6% auf Reklassifizierung von Städten einschließlich der Änderung ihrer Bezugsflächen entfielen (National Institute of Urban Affairs 1988, S. 30 – für sämtliche indischen Stadtgrößenklassen). Die Gewichtung dieser Komponenten ist sowohl regional (in Kerala entfiel 82% des urbanen Wachstums auf die Reklassifizierung, in Maharashtra dagegen nur 4,7%) als auch im Einzelfall sehr unterschiedlich. Allein für die (seinerzeit) 12 Metropolen ergibt sich eine Schwankungsamplitude des Anteils der Migranten an der Gesamtbevölkerung zwischen 51,5% (Bombay) und 19,9% (Hyderabad). Ebenso lassen sich bei den *Migrationsursachen* eindeutige Unterschiede feststellen: im Falle Bombays steht die Suche nach Arbeit deutlich im Vordergrund, bei Delhi die Familienzusammenführung (Abb. 3.8).

Untersuchungen zu den *Interdependenzen zwischen Größe der Stadt und der räumlichen Distanz der Migrationsbewegungen* lassen eindeutig positive Korrelationen erkennen (Abb. 3.9).

Im Falle der Großmetropole Bombay mit ihren anscheinend unbegrenzten Arbeitsplatzmöglichkeiten gerade auch im informellen Sektor, *das* Hauptimmigrationszentrum der Indischen Union, rekrutieren sich fast drei Fünftel der Einwan-

Bevölkerungsproblematik

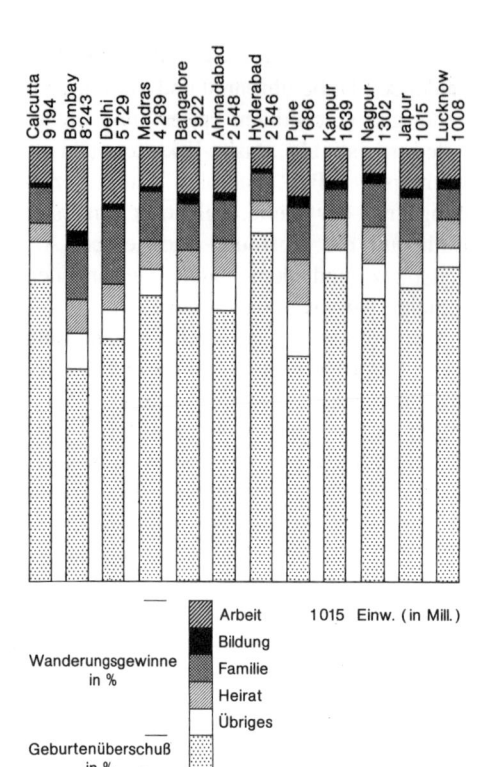

Abb. 3.8: Bevölkerungsentwicklung der Metropolen Indiens 1981: Geburtenüberschuß und Wanderungsgewinne und deren Ursachen
Quelle: ROY (Hrsg.) 1989, S. 67ff. (Berechnungen des Verfassers), Entwurf: D. BRONGER

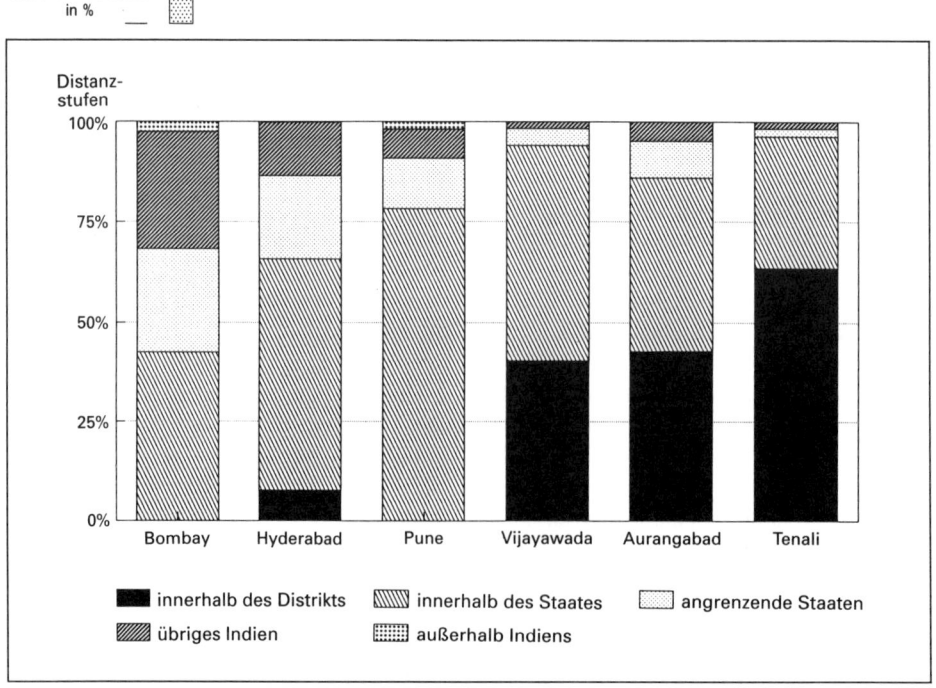

Abb. 3.9: Räumliche Migrationsmuster von indischen Städten nach Größenklassen – 1981

Einwanderer außerhalb des Bundesstaates Maharashtra, mithin aus den übrigen Landesteilen (einschließlich dem Ausland). Unterstreichen diese Migrationsmuster zugleich den kosmopolitanen Charakter der Großmetropole, so kennzeichnet die räumliche Herkunft der Migranten bei der nächstgrößeren, metropolitanen Stufe – Hyderabad und Pune – diese bereits als Regionalzentren. Noch eindeutiger wird diese Korrelation im Falle der Großstädte. Diese Zusammenhänge machen gleichzeitig deutlich, daß diese Stufe zum Teil bereits bei der Land-Stadtwanderung zugunsten der Großzentren übersprungen wird; als Folge weisen diese bisweilen sogar ein unterdurchschnittliches Wachstum auf (Tenali – 1961–71: 31,1%; 1971–81: 15,8%). Dieser Charakter der (meisten) Metropolen als bevorzugtes Einwanderungsziel sei am Beispiel Bombays illustriert: In der vergangenen Dekade übertraf die Migrantenzahl Bombay's die des gesamten Bundesstaates Andhra Pradesh um mehr als das Doppelte; sie lag nur unwesentlich niedriger als die von Uttar Pradesh (1981: 110,9 Mill. Ew.).

3.6
Partizipation der Unterschichten an der Entwicklung?

Zur Einkommenszusammensetzung und -verteilung

Eine relativ wie absolut über viele Jahrzehnte andauernde hohe Bevölkerungszunahme, mit der das Wirtschaftswachstum insbesondere im agraren Bereich Mühe hat, Schritt zu halten (näheres s. Kap. 6.2 und 6.3) birgt die Gefahr signifikanter Einkommensunterschiede, verbunden mit einer wachsenden Marginalisierung immer breiterer Bevölkerungsschichten. Von diesem, den sozialen und wirtschaftlichen Frieden und Fortschritt in den Ländern der „Dritten" Welt bedrohenden, „Muster" bildet Indien keine Ausnahme.

In den alle 10 Jahre stattfindenden Volkszählungen sind Daten zum Haushaltseinkommen nicht enthalten. Als Sample-Untersuchungen existiert jedoch eine erhebliche Anzahl von Studien zur Einkommensstruktur und -verteilung (Zusammenstellung bei: MILLS/BECKER 1986, S. 154ff.). Die gründlichste mit den bis heute jüngsten Daten wurde vom National Council of Applied Economic Research (NCAER) für das Wirtschaftsjahr 1975/76 durchgeführt (im folgenden zitiert als: NCAER 1980). Ihr liegen die Befragungsergebnisse von insgesamt 5125 Haushalten (= 0,005% des Landes), davon 3015 ländlichen aus 237 Gemeinden und 2110 städtischen Haushalten aus 150 Städten zugrunde. Auf ihren Ergebnissen, zusammengestellt in Tab. 3.6, 3.7 und A 4.13 (Anhang) sowie Abb. 3.10, basieren nachfolgende Ausführungen.

Die Zusammensetzung des Einkommens für Gesamtindien ist naturgemäß für den ländlichen und städtischen Sektor sehr unterschiedlich. Während erstere – erwartungsgemäß – ihre Einkommen zu über zwei Dritteln aus dem primären Sektor erwirtschaften, lag dieser Anteil bei letzteren gerade bei knapp 5%. Umgekehrt trugen die Einkommen allein der „white-collar" Berufe sowie aus Handel und Gewerbe zu über vier Fünfteln zum städtischen Einkommen bei; auf dem Land machten sie kaum 17% der Einkünfte aus (Tab. 3.6).

Zwei entwicklungsländer-typische Merkmale sind zunächst festzustellen:

1. *ausgeprägte Einkommensdisparitäten*, verstanden als die Abweichungen vom Durchschnittseinkommen von im Jahre 1975/76 4579 Rs. pro Jahr und Haushalt (nach damaligem Umtauschkurs ca. 1300 DM/Jahr). In der NCAER-Studie (S. 87) sind diese Unterschiede von 500 Rs./Jahr bis über 200000 Rs./Jahr beziffert.

Tab. 3.6: Einkommenszusammensetzung der Haushalte – Stadt: Land in Indien (Angaben in%) 1975/76

	Einkommen aus:	Land	Stadt	Indien insgesamt
1	Landwirtschaft	47,9	3,6	33,2
2	Viehwirtschaft	6,6	1,1	4,8
3	landwirtschaftl. Löhne	13,3	0,5	9,0
4	außerlandwirtschaftl. Löhne	8,4	10,6	9,1
5	Gehälter	9,5	49,1	22,6
6	Handel und Gewerbe	7,2	26,5	14,1
7	Hausbesitz	3,6	5,2	4,1
8	Dividenden und Zinsen	0,3	0,4	0,4
9	Einkommen aus Transfers	2,6	3,0	2,7
10	übriges	0,6	0,0	0,0
Total	100,0	100,0	100,0	100,0

Quelle: NCAER 1980, S. 87.

Tab. 3.7: Anteil der Haushaltseinkommen nach Einkommensstufen in Indien – 1975/76

Einkommensstufe (Rs.)	Anteil der Haushalte (%)			Anteil am Einkommen (%)		
	Land	Stadt	Indien	Land	Stadt	Indien
bis 1200	8,31	1,33	6,81	2,0	0,2	1,4
1201– 2400	29,81	11,55	25,89	13,8	3,0	10,2
2401– 3600	24,24	18,08	22,92	18,3	7,6	14,7
3601– 4800	14,60	16,28	14,96	15,4	9,5	13,4
4801– 6000	9,19	13,78	10,17	12,6	10,4	11,9
6001– 7500	5,00	10,13	6,10	8,6	9,7	8,9
7501–10000	3,90	11,23	5,48	8,7	13,5	10,3
10001–15000	2,97	8,62	4,18	9,2	14,6	11,0
15001–20000	1,04	4,20	1,72	4,5	10,2	6,4
20001–25000	0,49	2,07	0,83	2,8	6,6	4,0
25001–30000	0,25	1,22	0,46	1,8	4,7	2,7
30001–40000	} 0,20	} 1,50	0,28	} 2,4	} 10,0	2,1
40001–60000			0,13			1,4
über 60000			0,07			1,5
alle Einkommen	100,0	100,0	100,0	100,0	100,0	100,0

Quelle: NCAER 1980, S. 89

2. ein erhebliches *Stadt-Land-Gefälle*: bezogen auf das genannte Durchschnittseinkommen existiert ein deutlicher Unterschied zwischen ländlichen (3897 Rs./Jahr) und städtischen Haushalten (7074 Rs./Jahr); das Verhältnis lag damit bei 1:1,82 Rs. (s. Tab. A 4.13 – Anhang).

Für den Alltag der Menschen relevanter als diese Durchschnittswerte ist der Tatbestand, daß 70% sämtlicher Haushalte (75% der ländlichen gegenüber 50% der städtischen) unter dem nationalen Durchschnitt bleiben. Dagegen erzielten knapp 1% der Haushalte ein Einkommen von über 25000 Rs./Jahr. Zu diesen Höchstver-

Einkommenszusammensetzung und -verteilung

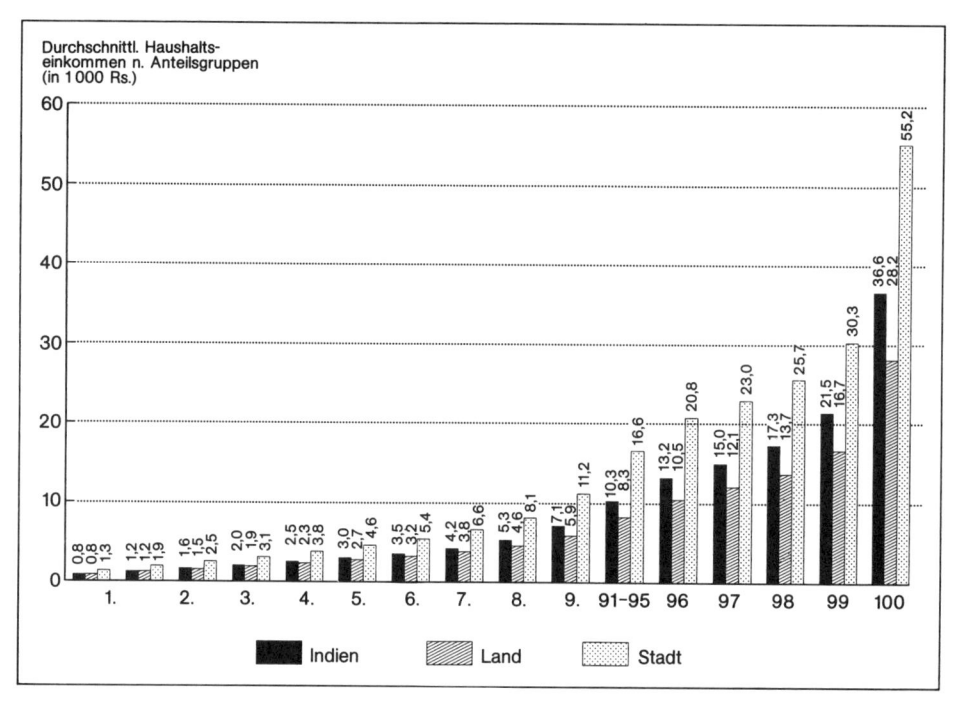

Abb. 3.10: Einkommensdisparitäten in Indien nach Anteilsgruppen – 1975/76
Quelle: s. Tab. A 4.13

dienern zählten weniger als 0,5% der ländlichen, dagegen 2,7% der städtischen Haushalte (Tab. 3.7). Auf der anderen Seite erreichen fast zwei Fünftel der ländlichen Haushalte, das sind (seinerzeit) 190 Millionen Menschen, allenfalls 50% des – ohnehin sehr niedrigen – Durchschnitteinkommens; in den Städten liegt dieser Anteil demgegenüber bei nur gut einem Achtel. Diese Sachverhalte finden ihren Niederschlag in einem ausgeprägten disparitären Anteil der Gruppen am Gesamteinkommen (Tab. A 4.13 – Anhang; Abb. 3.10): Während auf die untersten 5% nicht einmal 1% des Gesamteinkommens entfallen, erzielen die obersten 5% 22,64% des Einkommens – das sind mehr als die „untere" Hälfte der Haushalte insgesamt (22,2% – Tab. A 4.13, Anhang – Sp. 8) erreicht.

Alle diese Angaben sagen wenig aus über die Lebensumstände, richtiger den *Überlebenskampf*, mit dem sich Hunderte von Millionen Menschen Tag für Tag konfrontiert sehen. Das gilt für das wirtschaftliche Überleben in den städtischen Elendsvierteln (s. Kap. 13.4) ebenso wie für die sozialen und ebenfalls ökonomischen Kontraste, sprich: die angeborene (!) Unterprivilegierung von großen Teilen vor allem der ländlichen Bevölkerung in der indischen *Kastengesellschaft*.

Diesem Phänomen wollen wir uns im folgenden zuwenden.

4 Das Kastensystem – Die Identität Indiens

4.1
Merkmale des Kastensystems

„Zum Brahmana ist da sein Mund geworden,
die Arme zum Ryjanya sind gemacht,
der Vaishya aus den Schenkeln, aus den Füßen
der Shudra damals ward hervorgebracht."
(Rigveda 10.90)

4.1.1
„Varna" und „Jati":
Das Mißverständnis

Die Kaste, so der deutsche Indologe H. V. GLASENAPP, ist das kennzeichnendste Merkmal, das der indische Kulturkreis hervorgebracht hat; im Kastenwesen findet der Hinduismus, weniger Religion als soziokulturelles System, Form und Ausdruck (V. GLASENAPP 1966, S. 168).

Die sich in Jahrtausenden herausgebildete Gesellschaftsstruktur Indiens ist durch die Vorschriften der Kaste geprägt worden und ohne ihre „gesetzesmäßige" Stringenz nicht zu verstehen. Dabei handelt es sich bei dem Terminus „Kaste" um einen oft – und das bis in die Gegenwart – mißverstandenen Begriff. Die Verwirrung, mit der der Leser beim Studium des Kastenwesens oft konfrontiert wird, rührt daher, daß die beiden Sanskritworte „varna" und „jati", insbesondere von kulturwissenschaftlicher Seite, unterschiedslos mit „Kaste" übersetzt worden sind (so u. a. V. GLASENAPP 1958 II: 256, 257; ZIMMER 1973, S. 147) bzw. eine Gleichartigkeit dem Leser suggeriert wird (u. a. RENOU 1972, S. 60), wobei die in diesem Zusammenhang immer wieder zitierte Rigveda-Passage (s. o.) wohl der Ausgangspunkt dieser Mißverständnisse sein dürfte. „Varna" und „jati" sind jedoch keineswegs synonyme Begriffe. Der in ganz Indien verwendete Name für Kaste ist *jati*, was „Geburt", „Geburtsgruppe" bedeutet (ALSDORF 1956, S. 216), weil man nur in sie „hineingeboren" werden kann (von jata = geboren). Dagegen bezeichnet die auf die Rigveda-Epoche (ca. 1200–900 v. Chr.) zurückgehende Einteilung der hinduistischen Gesellschaft in die vier *varnas* (von varna = Farbe) einen wohl am besten mit „Stände" zu übersetzenden Begriff. Zu Recht wird die Einteilung der hinduistischen Gesellschaft nach dem varna-Schema insbesondere von der soziologischen Forschung – und das seit langem (SENART 1896) – abgelehnt: „Beobachter, die mit der indischen Gesellschaft nicht genügend vertraut sind, stellen sich das Kastensystem als eine Fünfteilung vor, bestehend aus Brahmanen oder Priestern, Kshatriyas oder Kriegern, Vaishyas oder Kaufleuten, Shudras oder Handwerkern, Dienern und Arbeitern und Unberührbaren ... Falls diese Unterteilung wirklich jemals bestand und als Mittel der gesellschaftlichen Orientierung diente, dann vor vielen hundert Jahren im alten Indien." (MINTURN/HITCHCOCK 1963, zitiert in: KANTOWSKY 1970, S. 36f.; vgl. bereits SENART 1896, S. X). Jedenfalls sind die vier varnas nicht Kasten, sondern Oberbegriffe, allenfalls Rangstufen; die Angehörigen der drei obersten varnas werden durch die Zeremonie des Umlegens der heiligen Schnur (upanayana) zu „Zweimalgeborenen" (*dvija*).

Auch indische Soziologen bezeichnen das überkommene Varna-Konzept als „ideologisch" und „wirklichkeitsfremd" (PANIKKAR 1956, S. 7), es habe „ein falsches und entstellendes Bild der Kaste hervorgebracht. Es ist notwendig, ... sich davon freizumachen, wenn man das Kastensystem verstehen will". (SRINIVAS 1962, S. 66). Treffend bemerkt STECHE in diesem Zusammenhang, daß es „für die Gliederung in varnas in allen Ländern Analogien gibt, jatis, d. h. Kasten gibt es nur in Indien". (STECHE 1966, S. 67).

Für die geringe Relevanz der varna-Einteilung im indischen Alltag spricht auch die Tatsache, daß die Zugehörigkeit einer ganzen Reihe von Kasten – und hierzu gehören gerade die im wirtschaftlichen und politischen Leben des Landes eine wichtige Rolle spielenden „dominant castes" (zum Begriff: s. u.) – zu einer varna keineswegs eindeutig ist. So bezeichnet sich die „dominant caste" der Jats im Nordwesten ebenso wie die Reddis und Kammas im Süden als Kshatriyas; allerdings wird dieser Anspruch von den übrigen Bewohnern der betreffenden Gemeinde/ Region selten anerkannt. Die Tatsache, daß diese Frage auch in der – theoretischen – Kastenforschung kontrovers diskutiert wird, macht die Angelegenheit nur noch undurchschaubarer.

Schließlich muß an die Tatsache erinnert werden, daß nicht nur die „scheduled castes" („untouchables") und die „sche-duled tribes", sondern auch die Nicht-Hindus, mithin ca. 40% der Bevölkerung im varna-Schema keine Berücksichtigung finden – zumindest die beiden ersteren aber durchaus ihren Platz in der Kastenhierarchie haben!

„The caste system is striking in its extreme fragmation" – diese Kennzeichnung (HIEBERT 1971, S. 17) charakterisiert den Kernpunkt des Kastenwesens. Tatsächlich zerfällt die Brahmanenvarna in über hundert, die Parias in viele Hundert und die Shudras, die mit Abstand zahlreichste varna, in etwa zwei- bis dreitausend Kasten. Eine „Durchschnittsgemeinde", gegenwärtig etwa 1000 Ew., zerfällt in etwa 20 Kasten bzw. kastenähnliche Gruppen – die ebenfalls endogamen, nicht selten einen unterschiedlichen Rang zueinander einnehmenden Unterkasten nicht mitgerechnet. Die Stringenz dieses Systems zeigt sich darin, daß, mit Ausnahme der Buddhisten, alle übrigen Religionen (Muslims, Christen, Juden), Religionsgruppen (Jainas, Sikhs – gerade letztere hatten die Abkehr vom Kastenwesen proklamiert und damit ihre Abspaltung vom Hinduismus wesentlich begründet!) wie auch Hindusekten (Lingayats – s. u.) „ihr" Kastensystem mit Endogamie, Berufskasten und Rangordnung ausgebildet haben – und dies bis in die Gegenwart auch praktizieren.

So ist es bis heute undenkbar, daß in Kerala, der Hochburg des Christentums, ein Abkömmling der syrisch-christlichen Glaubensrichtung ein katholisches Mädchen heiratet. Ähnlich stringent wird die Praxis der Endogamie von den Muslims bzw. deren vielen 100 Kasten bzw. kastenähnlichen Gruppen gehandhabt (s. u. Kap. 4.2.1).

Kurz: Dem eher theoretischen Überbau der vier varnas steht ein sehr realer Unterbau von unzähligen jatis gegenüber, der auch die Nicht-Hindus in ihrer ganz überwiegenden Mehrheit erfaßt hat.

Dieses auf der Erde einzigartige soziale System, das Kastenwesen, ist durch folgende *generelle* Merkmale gekennzeichnet (nach: SENART, HUTTON, GHURYE, LEACH, V. GLASENAPP, KANTOWSKY):

4.1.2
Generelle Merkmale

1. Die Kasten scheiden die Gesellschaft in in sich geschlossene, relativ autonome Gruppen, in die der einzelne hineingeboren wird.
2. Die Kasten sind hierarchisch zu einem System geordnet, in dem jede Kaste ihren festen, angestammten Platz innehat.

3. Dieser hierarchischen Struktur entsprechen unterschiedliche religiöse, soziale und, infolge der Kasten-Berufsbedingtheit (s. Punkt 6), auch wirtschaftliche Ge-, Verbote und Privilegien, die den unterschiedlichen Status der Kaste weiter fixieren.
4. Damit ist jeder einzelne bereits mit seiner Geburt gesellschaftlich festgelegt, indem ihm eindeutige Verhaltensmuster der Ein- und Unterordnung vorgeschrieben sind (Dharma; s. Punkt 9).
5. Zu den wohl einschneidendsten Verhaltensregeln gehört, daß die sozialen Kontakte von Mitgliedern verschiedener Kasten sehr eingeschränkt und reglementiert sind, mit anderen Worten, die Beziehungen auf dieser Ebene beschränken sich weitgehend auf Mitglieder ein und derselben Kaste. Dazu dienen kodifizierte Normen und Gebote, wie das der Endogamie (Zwang zur Heirat innerhalb der Kaste), der Speisevorschriften (Vegetarismus, Regeln betr. Tischgemeinschaft und Speiseannahme), der Reinheitsvorschriften etc.
6. Zu diesen vorgegebenen Verhaltensnormen, denen der einzelne unterworfen ist, gehört auch der durch die Kastenzugehörigkeit determinierte, der Kaste eigene, erbliche Beruf, der eine freie Berufswahl oder einen Berufswechsel weitgehend ausschließt. Das Kastensystem hat mit dieser seiner strengen Pflichtenzuweisung eine oft differenzierte Arbeitsteilung zur Folge.
7. Im Unterschied zu den sozialen Kontakten ist der einzelne in seinen wirtschaftlichen Beziehungen grundsätzlich nicht eingeschränkt, wenngleich auch hier gewisse Regeln einzuhalten sind.
8. Die Kaste stellt eine Primärgruppe dar, mit einer unabhängigen und gerade bei den tiefer rangierenden Jatis straffen Organisation mit einem Oberhaupt an der Spitze. Die Überwachung der Bräuche, Vorschriften und Privilegien, d.h. die Beachtung des Dharma innerhalb der Kaste und ihre Wahrung nach außen gegenüber den anderen Kasten fällt in die Zuständigkeit des Kastenrates *(caste panchayat)*, der, um die Einhaltung zu gewährleisten, über eine eigene Gerichtsbarkeit mit umfassender Kompetenz verfügt (bei schweren Verstößen bis zur Exkommunikation). Der Einzelne ist damit der Institution ‚Kaste' in toto unterworfen, er steht durch Geburt in einer unlösbaren kollektiven Bindung. Eine solche Kastenorganisation umfaßt in der Regel mehrere benachbarte Siedlungen.
9. Das Funktionieren dieses uns totalitär und autoritär erscheinenden Systems mit seinen so offensichtlichen Ungleichheiten beruht vor allem auf zwei Prinzipien oder Anschauungen des Hinduismus als eines religiös-sozialen Systems: a) den Glauben an die *Karma*gesetzlichkeit, d. h. naturgesetzliche Bestimmung der Art des gegenwärtigen Daseins durch die Taten der vorhergegangenen Existenz und b) die Erfüllung der bürgerlichen und religiösen Pflichten (*dharma*). „Diese beiden Gesetze des Glaubens, von dem frommen Hindu als feststehende moralische Ordnung akzeptiert, neutralisieren individuelle Aufstiegsmotivationen, machen eine vertikale Mobilität im sozialen Bereich für den einzelnen nicht relevant" (BRONGER 1977, S. 101f.).

Mit diesen generellen Merkmalen sind zugleich die Unterschiede „Kaste" – „Klasse" aufgezeigt bzw. festgeschrieben. Im Unterschied zur „Klasse" ist die Abgrenzung der Kaste gegenüber den Übrigen, sprich: Mitgliedern der übrigen Kasten (bzw. kastenähnlichen Gruppen) eindeutig: „Die Kaste unterscheidet sich von der Klasse dadurch, daß im Kastensystem eine gesellschaftliche Bewegung

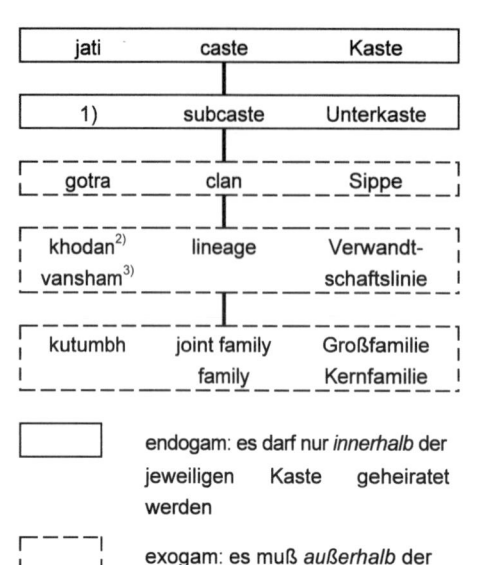

Abb. 4.1: Vertikale Struktur der indischen Kaste (Sanskrit/Englisch/Deutsch)

jati	caste	Kaste
1)	subcaste	Unterkaste
gotra	clan	Sippe
khodan[2)] / vansham[3)]	lineage	Verwandtschaftslinie
kutumbh	joint family / family	Großfamilie / Kernfamilie

□ endogam: es darf nur *innerhalb* der jeweiligen Kaste geheiratet werden

⌐ ¬ exogam: es muß *außerhalb* der Gruppe geheiratet werden

1) Ausdruck nicht existent
2) für Nordindien, insbesondere für Uttar Pradesh. kann, ebenso wie bhaibandh, für clan verwendet werden (MAYER 1960, S. 167f.)
3) für Südindien, insbesondere Andhra Pradesh (DUBE 1955, S. 42)

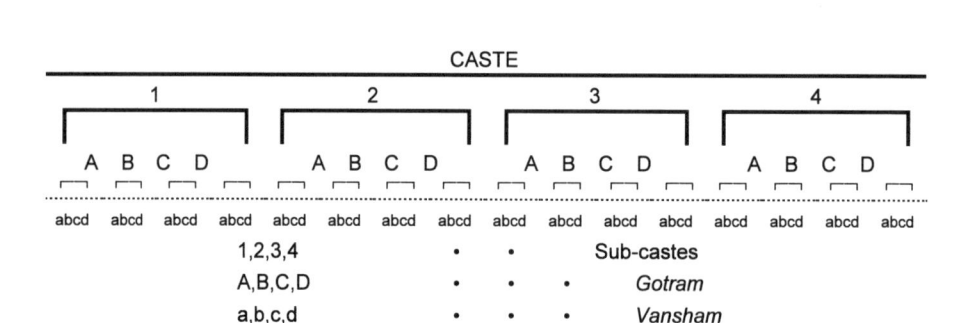

CASTE

1	2	3	4
A B C D	A B C D	A B C D	A B C D
abcd abcd abcd	abcd abcd abcd	abcd abcd abcd	abcd abcd abcd

1,2,3,4 • • Sub-castes
A,B,C,D • • • Gotram
a,b,c,d • • • Vansham

Abb. 4.2: Kaste und Heirat in Indien
Quelle: DUBE 1955, S. 43

von einer Gruppe zur anderen praktisch unmöglich ist" (CARSTAIRS 1963, S. 28). Mit anderen Worten ist das einzelne Kastenmitglied in seiner *individuellen* Mobilität im Unterschied zur „Klasse" jenseits der Kastenschranken außerordentlich eingeschränkt. Damit ist die einzelne Kaste eine in hohem Maße exklusive soziale Gruppe (HIEBERT 1971, S. 15).

Die *jati* selbst werden in gleichfalls endogame *Unterkasten* und diese wiederum in exogame Clans *(gotra)*, Verwandtschaftslinien *(khandan)* und weiter in Familien *(kutumbh)*, unterteilt (Abb. 4.1.), wobei die Unterscheidung zwischen Großfamilie *(joint family)* und Kernfamilie schon aufgrund der fließenden Grenzen zwischen ihnen umstritten ist.

Konkret schildert DUBE (1955, S. 42f.) das Procedere der Heiratsvorschriften: Eine Person, die zur Unterkaste 1, gotra A, vansham a gehört, muß innerhalb ihrer Unterkaste 1 heiraten. Sie kann die Auserwählte (bzw. die der Eltern) lediglich aus der gotra B, C oder D wählen, gleichzeitig aber darf sie niemals jemand aus der betreffenden vansham a, d. h. mit gleichem Familiennamen, sondern nur aus b, c oder d heiraten (Abb. 4.2).

Schon aufgrund der Tatsache, daß lediglich die jeweils mitgliederstarken Kasten innerhalb ein und derselben Gemeinde Unterkasten aufweisen, impliziert, daß zumeist außerhalb der betreffenden Gemeinde geheiratet wird.

4.2 Differenzierung versus Generalisierung – Spezifische Merkmale und regionale Aspekte

Für den mit dem Alltag im ländlichen Indien nicht vertrauten Leser lassen die o. g. Generalisierungen zwangsläufig unrichtige Vorstellungen entstehen, bei einem solch komplexen System sowie der Größe und kulturellen Vielfalt des Bezugsraumes auch in keiner Weise verwunderlich. Die vielbeschworene soziale Stringenz des Kastenwesens weist eine ganze Palette von Besonderheiten auf. Diese Spezifika sind es vor allem, die zu Mißverständnissen geführt haben und von denen die wichtigsten deshalb nachfolgend erläutert werden sollen.

4.2.1 Die Kaste – ein monolithisches System?

Das *erste* Mißverständnis betrifft die Frage nach dem Kastenwesen als monolithisches und zugleich unverrückbar statisches System. Für die ungebrochene Lebenskraft des Kastensystems spricht, daß die außerhalb der hinduistischen Kastenordnung stehenden Bewohner *infolge* der Kasten-Berufsbedingtheit gezwungen waren, eine eigene Berufsorganisation aufzubauen. Das betrifft nicht nur die „Untouchables" (s. u.), sondern kastenähnliche Gruppen ebenso wie die Mitglieder der übrigen Religionen.

So praktizieren die *Lingayats* einer im Bundesstaat Karnataka, ihrem Hauptverbreitungsgebiet, gelegenen Gemeinde nicht allein ihren traditionalen Kastenberuf des Bauern, sondern ihre sieben Subkasten üben darüberhinaus jede ihre eigene Funktion aus: die der sakralen Dienste (Priester, Tempeldiener) sowie des Friseurs und des Wäschers. Unter sich weisen die subcastes eine festgefügte Rangordnung einschließlich Endogamie auf (ISHWARAN 1970, S. 169f.).

Ähnlich verhält es sich mit den *Muslims* in der Großgemeinde Konduru/Andhra Pradesh (HIEBERT 1971, S. 29f.): Ihre Mitglieder sind in sechs kastenähnliche Gruppen, davon eine wiederum in drei Unterkasten, unterteilt, d. h. auch hier sind Endogamie, Kastenrang und Kastenberuf impliziert – und dabei haben sich diese Strukturen erst in diesem Jahrhundert herausgebildet (ebenda,: S. 29)!

Und dennoch ist diese soziale – und was den Kastenberuf anbelangt – auch wirtschaftliche Exklusivität nicht in allen Punkten so stringent, wie es nach den bisherigen Ausführungen den Anschein haben könnte. Wiederum generalisierend kann man eine Stringenzhierarchie der Merkmale aufstellen:

Definitiv unverrückbar ist die Zugehörigkeit zu einer Kaste mit der Geburt, keiner kann seine Kaste wechseln. Das Gebot der Endogamie wird im ländlichen Indien ebenfalls noch strikt befolgt, Verstöße haben den Ausschluß aus der Kaste zur Folge. Schon weniger stringent wird die „rituelle Achse von Verunreinigung und Kommensalität" (KANTOWSKY 1972, S. 177) praktiziert. Das liegt nicht zuletzt daran, daß Kastenrang und Vegetarismus nicht immer miteinander korrespondieren. So sind, um ein Beispiel zu nennen, die hochrangigen Rajputen Zentral- und Nordindiens häufig Nicht-Vegetarier (vgl. u. a. MAYER 1960, S. 36ff.). Umgekehrt haben eine ganze Reihe von Kasten stets versucht, ihren sozialen Status dadurch zu verbessern, indem sie sich in ihrer Lebensführung, insbesondere den Eßgewohnheiten (Vermeidung der Einnahme von tierischen Produkten, einschließlich Eiern) den hochstehenden Kasten, in erster Linie den Brahmanen, anpaßten. Allerdings war diesem Prozeß, vom indischen Sozialanthropologen Srinivas als *Sanskritisierung* bezeichnet (1962, S. 42), wenn überhaupt, so nur in Ausnahmefällen ein Erfolg beschieden. Mit Recht resümiert KANTOWSKY (1970, S. 37): „Sanskritisierung bedeutete somit kein Wandel der bestehenden Verhältnisse, im Gegenteil. Wenn sich eine Untergruppe den brahmanischen Normen der Lebensführung möglichst anpaßte, stärkte sie damit die religiösen Normen des Systems."

4.2.2
Kaste und Rang

Damit ist zugleich der Komplex *Kaste – Rang* angesprochen, der wiederum mit dem *zweiten*, dem *räumlichen* Aspekt unmittelbar verknüpft ist. Ohne Zweifel ist das System der hierarchischen Ordnung unter den Kasten eines der fundamentalen Merkmale des Kastensystems. Der Rang der Kaste und damit des einzelnen im sozialen System ist nach wie vor *die* Richtschnur für Art und Umfang der sozialen, aber auch der wirtschaftlichen Beziehungen der Kasten untereinander innerhalb der Gemeinde. Jedoch darf man sich hier *nicht* eine für den gesamten Subkontinent gültige, klar definierte Rangskala vorstellen. Eindeutig an der Spitze der Hierarchie rangieren die Brahmanenkasten, doch diese ihre Vorrangstellung wird von der Mehrheit der übrigen Religionsgemeinschaften (und das bedeutet immerhin fast 20% der Bevölkerung Indiens) bereits nur bedingt anerkannt. Das untere Ende der Skala bilden die „Unberührbaren", doch welche dazu gehören, ist regional durchaus unterschiedlich. So werden die Weberkasten in den meisten Regionen Zentral- und Nordindiens zu den Unberührbaren gerechnet (vgl. MAYER 1960, S. 40; LEWIS 1958, S. 59), während sie im südlichen Indien (DUBE 1955, S. 36; BRONGER 1970, S. 101) und ebenso in Westbengalen (SARMA 1960, S. 189) einen geachteten Platz im Mittelfeld einnehmen.

Ähnliches gilt für die in ganz Indien verbreitete Kaste der Wäscher (Dhobi), die in Uttar Pradesh, Bihar, Bengalen und Orissa sowie Madhya Pradesh zu den „Untouchables", im südlichen Indien dagegen noch zu den Shudras gehören, auch wenn sie innerhalb dieser Varna sehr tief rangieren. Diese unterschiedliche Rangordnung hat ihre Folgen (BRONGER 1970, S. 95):
1. für das Beziehungsgefüge der Kasten untereinander: Da es für die übrigen Mitglieder der „clean castes" im Dorf unmöglich ist, ihre Wäsche von einem Untouchable waschen zu lassen, reinigen sie ihre Wäsche selbst. Dieser Tatbestand findet wiederum
2. in der unterschiedlichen Kastenzusammensetzung der Bevölkerung des Dorfes ihren Niederschlag, denn hier ist der Grund dafür zu sehen, daß die Dörfer in diesen Landesteilen im Gegensatz zum Süden nur wenige Dhobis haben.

Umgekehrt wird die Kaste der Palmsaftzapfer im Süden zu den „Untouchables" gerechnet (COI 1931, S. Kerala & Travancore), während sie in den meisten der übrigen Regionen Indiens höher rangieren. – Dagegen bildet das breite Mittelfeld der Bauern-, Handwerker- und Dienstleistungskasten eine relativ homogene Gruppe (so: MAYER 1960, S. 182; SRINIVAS 1962, S. 66). Aber: Diese Generalisierung darf nicht darüber hinwegtäuschen, daß im Bezugssystem selbst, also innerhalb der Gemeinde bzw. des Gemeindeverbandes (s. u. Kap. 12.2.1) der Platz jeder jati in der Hierarchie recht genau fixiert ist (für Andhra Pradesh: DUBE 1955, S. 36f.; BRONGER 1970, S. 101; HIEBERT 1971, S. 60f.). Am wenigsten stringent schließlich in der o. g. Merkmalhierarchie – und das bei der fortschreitenden Industrialisierung auch der ländlichen Räume mit zunehmender Tendenz – erscheint die Kasten-Berufsbedingtheit. Dazu wird nachfolgend mehr zu sagen sein.

4.2.3
Kastenrang versus wirtschaftliche Potenz des Individuums?

Zu beantworten ist in diesem Zusammenhang die Frage, welche Rolle die *wirtschaftliche Potenz* einer Kaste und des einzelnen für den Rang der betreffenden Kaste innerhalb der Gemeindehierarchie spielt. Um hier Mißverständnissen vorzubeugen: *Das* Hauptkriterium für den Platz einer Kaste innerhalb dieser Stufenleiter sind nach wie vor angeborener Status und rituelle Privilegien, die für jede Kaste und Unterkaste festgelegt sind.

Ist aber der soziale Kastenrang der einzige Indikator für *alle* Aspekte der Dorfhierarchie? In der Tat muß zwischen dem sozialen *Status* der *Kaste* und dem tatsächlichen *Ansehen* des *einzelnen* unterschieden werden, weil neben den genannten Statuskriterien andere, „modernere" wie Besitz, Einkommen und Ausbildung für seine Stellung innerhalb der Gemeinde zunehmend an Bedeutung gewinnen.

Im ländlichen Indien ist die *Größe des Landbesitzes* das Hauptkriterium, welches das Ansehen und den Einfluß einer Kaste, vor allem aber des einzelnen mitbestimmt. Nur: In der eindeutigen Mehrheit der Fälle korrespondiert die Größe mit dem Kastenrang des Eigentümers. Diese – generelle – Aussage besitzt zumindest dann Gültigkeit, wenn man die sog. „*dominant castes*" mit zu den hochrangigen Kasten rechnet. Der Begriff der „dominant caste" ist von dem indischen Sozialanthropologen M. N. SRINIVAS eingeführt worden.

Er nennt vier Kriterien zu ihrer Charakterisierung:
1. „numerisches Übergewicht",
2. „entscheidende wirtschaftliche Macht",
3. „entscheidende politische Macht" und
4. „relativ hoher Kastenrang"

(SRINIVAS 1960, S. 7f.).

4.2.4
Kaste und Beruf

Eine wesentliche *Ursache* für die hierarchische Gliederung der Kasten ist der enge Zusammenhang zwischen *Kaste* und *Beruf* einerseits und den Reinheitsvorstellungen und -geboten des Hinduismus andererseits. Ersteres liegt in dem Tatbestand begründet, daß die ganz überwiegende Anzahl der Kasten reine Berufskasten sind, die auf die Verrichtung des von ihnen traditionell ausgeübten Berufes ein Monopol besitzen. Auf der anderen Seite wird im Hinduismus zwischen „reinen" und „unreinen" Tätigkeiten unterschieden. So gelten alle diejenigen Berufe, die mit toten Dingen zu tun haben, als unrein und damit rangieren die Ausübenden, sprich: Kasten, ganz unten in der Hierarchie. Dazu gehören die Abdecker und Gerber ebenso wie die Kehrichtfeger – alles Berufe, die nur von den „Untouchables" ausgeübt werden dürfen. Dabei steht letzterer am untersten Ende der Skala, weil er die menschlichen und tierischen Exkremente beseitigen muß. Kurz: In den Vorstellungen der Hindus existiert

eine *Hierarchie der Berufe*, die in unmittelbarem Kausalzusammenhang mit ihren Reinheitsvorstellungen steht.
Eine eindeutige Zuordnung kann jedoch nicht in jeder Hinsicht gültig sein, weil es

1. eine Reihe von „neuen" Berufen gibt, die daher außerhalb des Kastendharmas stehen, wie solche in der Industrie und
2. eine Reihe von Kastenberufen in ihrem rituellen Rang von Region zu Region offensichtlich unterschiedlich bewertet werden. Dazu gehören die bereits genannten Beispiele der Weber, Wäscher und Palmsaftzapfer. Immerhin scheint sich überlieferte Vorstellung zu bestätigen, wonach die Landwirtschaft am höchsten, der Handel in der Mitte und das Betteln weit unten rangiert (MAYER 1956, S. 129).

Ehe man zu Urteilen über Korrelationen zwischen Kaste, Rang und Beruf gerade im Hinblick auf mögliche Auflösungserscheinungen des Kastensystems kommt, ist es – als Voraussetzung! – notwendig, in Erfahrung zu bringen, wieviele Kastenmitglieder tatsächlich noch in „ihrem" Beruf tätig sind. Diese Frage ist sehr viel leichter gestellt als beantwortet. Denn bei der o. g. Kasten-Berufsbedingtheit ist eine ganz entscheidende Ergänzung bzw. Einschränkung zu machen (BRONGER 1976, S. 83): Von dem systemimmanenten Zwang in der Berufswahl ist die Verrichtung der landwirtschaftlichen Tätigkeiten ausgenommen. Die Beschäftigung in der Landwirtschaft als Haupt-, Neben- oder Zuerwerb als ryot, tenant oder agricultural labourer stand und steht prinzipiell den Mitgliedern *aller* Kasten, auch den tiefer rangierenden unter den Shudras sowie den Paria-Kasten, offen. Ebenso waren und sind auch die administrativen Tätigkeiten im Dorf von dieser starren Kasten-Berufsbedingtheit ausgenommen, wenn auch die leitenden Funktionen, d. h. die Ämter des Patwari, Police-

und Malipatel sowie häufig auch das des Sarpanch zumeist von den höher rangierenden Kasten in Erbfolge besetzt gehalten, während die Funktionen der unteren Dienstkräfte (village menials), wie Dorfwächter (Chowkidar) etc. zwangsläufig (Hierarchie der Berufe) von den Mitgliedern tieferstehender Kasten wahrgenommen werden. Nur wenige dieser Posten waren „Kastenberufe", wie die o. g. Stelle des Kehrichtfegers, die nur von Mitgliedern der betreffenden Paria-Kasten ausgeübt werden konnte. Dagegen waren in sämtlichen der untersuchten Gemeinden die Posten der den genannten oberen Dorfverwaltungsfunktionen beigeordneten Dienstkräfte von Mitgliedern quer durch sämtliche unteren Shudra-Kasten, vom Schäfer bis zum Wäscher, besetzt. Wenn also ein *Sale* seine Webtätigkeit oder ein *Kalali* seinen Beruf des Zapfens von Palmsaft aufgibt und seinen Lebensunterhalt aus landwirtschaftlicher Tätigkeit oder als „village menial" bezieht, ein *Brahmin* sein Land verkauft und von seinen Einkünften als Patwari und den Ersparnissen lebt, so handelt es sich hier m. E. *nicht* um einen echten Berufswechsel. Diese Fälle hat es häufiger zu allen Zeiten bei Mitgliedern aller Kasten von der obersten bis zur untersten Sprosse der Rangleiter gegeben.

Wichtig, gerade im Hinblick auf unsere Fragestellung, ist weiterhin, daß auch ein großer Teil der o. g. „modernen" Berufe sowohl in Verwaltung und Wissenschaft als auch in der Industrie, schon weil es sie in früheren Zeiten nicht gab, ebenso außerhalb des Kastendharmas stehen wie der Ackerbau. Das aber bedeutet hier: Der Übergang in den kastenfreien Raum, und das betrifft keinesfalls nur den landwirt-schaftlichen Sektor, ist per se noch nicht als echter Berufswechsel anzusprechen. – An einem aktuellen Beispiel (Kap. 12.3.2) wird diese Problematik in ihrer Stringenz für Wirtschaft und Gesellschaft zu beleuchten sein.

4.3
Die Unberührbaren oder: Die Vergessenen

Die Komplexität und zugleich Rigidität des Systems wird vollends deutlich, wenn man die „Untouchables", für deren soziale Gleichstellung sich *Gandhi* so vehement eingesetzt hatte, mit einbezieht. Zugleich wird bei der Betrachtung dieses Sechstels der gesamtindischen Bevölkerung, d. h. z. Z. annähernd 150 Millionen, das schwer nachvollziehbare Verständnis Indiens als der „größten Demokratie der Welt" bewußt, wird doch die Geburt höher bewertet als der Mensch (vgl. auch Kap. 1.1.3).

Zwar ist die rituelle Abgrenzung zwischen „unclean castes" und „depressed castes" (wie die Unberührbaren vor 1947 bezeichnet wurden) in längst nicht allen Fällen eindeutig und zudem regional verschieden (s. o.). Zum Beispiel protestierte die mit seinerzeit fast 1,5 Millionen Mitgliedern numerisch zweitstärkste Kaste West-Bengalens, die Rajbangshis, gegen ihre Zuordnung als „depressed caste" im Census von 1921 mit dem Ergebnis, daß sie in dem von 1931 nicht wieder als solche eingestuft wurden (COI 1931, Bd. V: 500f.). Andere Kasten konnten dagegen diesen Anspruch nicht durchsetzen. Aber gerade daraus resultiert, daß die Paria-Kasten ständig bemüht sind, sich untereinander besonders scharf abzugrenzen. Am verbreitetsten ist die rituelle, u. a. indem die höherrangigen unter ihnen kein Fleisch mehr essen. Räumlich werden diese Bemühungen sichtbar in der eindeutigen Segration ihrer Kastenviertel, etwa der Ramdasia und Balmiki (s. o. – Abb. 5.4), der Mala und Madiga (Abb. 5.3) oder im Dorf Jamgod (s. u. Abb. 16.1) auf dem Malwa-Plateau: Hier haben wir eine klare Rangordnung vom Balai über den Chamar zum Bhangi, der an allerunterster Stelle in der Kastenhierarchie überhaupt rangiert. Ein Balai kann mit dem Ausschluß aus seiner Kaste rechnen, wenn er mit einem Bhangi auf dem gleichen Bett oder bullock cart sitzt (FUCHS 1950, S. 18).

Da sie die Dienste der über ihnen stehenden Berufskasten nur in Ausnahmefällen in Anspruch nehmen können, sind sie, ähnlich wie die Lingayats und Muslims (s. o.) aber aus anderen Gründen (!), gezwungen, eine eigene Berufsorganisation aufzubauen. Dabei ist es eine offene Frage, ob diese ihre Funktionsteilung in so verschiedene Berufe, wie Priester, Weber, Musikanten bis hinunter zur Prostitution, die Abspaltung von rangmäßig wiederum nicht selten auf unterschiedlichen Stufen stehenden Subkasten zur Folge hatte oder umgekehrt.

Zur Selbstbehauptung, gerade auch im Sinne der Wahrnehmung ihrer Interessen gegenüber den übrigen Kasten, waren sie ferner genötigt, eine besonders straffe Kastenorganisation zu praktizieren. Das strenge Ritual eines Kastenausschlusses bei den *Chamar*, mit heute fast 40 Millionen Mitgliedern die zahlenmäßig größte (s. Anhang, Tab. A 4.7, S. 478ff.), gleichzeitig mit Ausnahme der Feger- und Latrinenreiniger-Kasten, die am tiefsten rangierende Kaste Indiens überhaupt, schildert COHN (1959, S. 84): „Während der Zeit seines Ausschlusses aus der Kaste ist jeglicher gesellschaftlicher Verkehr mit ihm untersagt. Keiner wird mit ihm essen oder rauchen, ihm die Benutzung des kasteneigenen Brunnens erlauben, ihm Nahrung oder Geräte leihen oder ihn an häuslichen Riten teilhaben lassen. Später ist es ihm und seiner Familie erlaubt, einen Betrag in den Gemeinschaftsfond zu zahlen und ein oder zwei Feste zu geben. Sie mögen dann eine Zeitlang unter teilweiser Ächtung stehen – mit der Erlaubnis, Wasser aus dem Brunnen zu schöpfen und Feuer vom Herd des Nachbarn zu entnehmen, aber nicht die Wasserpfeife in Chamar-Gesellschaft zu rauchen oder an Festen teilzunehmen – bis die vollen Rituale der Wiederaufnahme stattgefunden haben" (zitiert bei MANDELBAUM 1970, S. 299).

4.4
Entstehung des Kastensystems

Die Frage nach dem Ursprung und der Entwicklung des Kastensystems in den verschiedenen Phasen der hinduistischen Geschichte ist bis heute nicht überzeugend beantwortet worden. Sicherlich haben die Arier bei der Ausbildung des Kastenwesens eine bedeutende Rolle gespielt. Die Verbindung ihrer Ständeeinteilung mit einer Farbe (weiß: Brahmanen, rot: Kshatriyas, gelb: Vaishyas, schwarz: Shudras) deuten vielleicht auf ihren – freilich erfolglosen – Versuch hin, durch Stände- oder Kastenordnung ihr Blut vor dem Aufgehen in die „schwarze Farbe", wie gelegentlich die unterworfenen Voreinwohner heißen, zu bewahren (ALSDORF 1956, S. 217). Wohl zu Recht vertritt HUTTON (1963, S. 149–182) die Ansicht, daß ein derart komplexes System sich überhaupt nicht aus einer Wurzel gebildet haben könne, sondern nur aus einer ganzen Reihe von Faktoren zu erklären sei.

Ohne Frage beziehen sich die heiligen Schriften, deren Fixpunkt das rechte Verhalten (dharma) ist, auf das Varna-Schema der vier sozialen Gruppen, die auch im Hinblick auf ihre Funktionen und Berufe unterschieden werden. Dennoch enthalten die Rechtstexte keine eigenständige philosophische oder religiöse Begründung der Sozialordnung (MÜLLER 1986, S. 61). „Das Varna-Modell stellt eine brahmanische Idealkonstruktion dar, die durchgehend von dem Interesse geprägt ist, eine Gesellschaftsordnung zu konstituieren, die Stabilität gewährt. Sie beschreibt nicht das geschichtlich existierende Kastensystem" (ebenda, S. 62).

Diese in der Literatur immer wieder zu findende Feststellung darf aber nicht in dem Sinne mißverstanden werden, als sei das *Kasten*system in dieser Zeit nicht bereits existent gewesen. Dieser Punkt ist von besonderem Forschungsinteresse und das in mehrfacher Hinsicht. Zum einen müssen wir – genauer – nachfragen, seit wann es einzelne *jatis* gibt. Daran schließt sich die Frage an: Wie ist diese auf der Erde einzigartige Differenziertheit und Rigidität des Kastenwesens als soziales *und* ökonomisches System zu erklären?

Eine auch nur einigermaßen befriedigende Antwort auf die genannten Fragen ist schwierig, sind doch bislang nur wenige Zeugnisse bekannt, die die Existenz der jatis in geschichtlicher, gerade auch vorbritischer Zeit nachweisen. – Einen ersten Hinweis für die Existenz des Kastensystems gibt WILSON (1877, S. 65ff.), der aus den alten vorchristlichen Rechtsschriften eine Liste von 134 jatis erschlossen hat (angeführt bei: HUTTON 1963, S. 149). Häufig zitiert findet man in diesem Zusammenhang auch den Bericht des *Megasthenes*, von 302 bis 288 v. Chr. Gesandter von Seleukos I. am Hof von Pataliputra, dem heutigen Patna, der vor über zweitausend Jahren wesentliche Merkmale des Kastensystems beschrieb: Verbot des Interkonnubiums, beschränkte Berufswahl, Privilegien einer rituellen Oberschicht: „Es ist weder erlaubt, den Angehörigen einer anderen Kaste zu heiraten, noch von einem Beruf in einen anderen zu wechseln, es sei denn, er gehöre zur Kaste der Philosophen und erhielte aufgrund besonderer Verdienste die Erlaubnis dazu" (zitiert in KANTOWSKY 1970, S. 21). Jedoch läßt sich bereits für die spätvedische Zeit (900–600 v. Chr.) ein wichtiges Element des Kastensystems, die Reinheitsvorschriften und die damit implizierte Rangordnung nachweisen: Die bereits aus dieser Epoche bezeugten nichtarischen Handwerkerkasten (Zimmerleute, Töpfer, Schmiede) waren infolge ihrer rituellen Unreinheit verachtet. Die Angst vor der rituellen Verunreinigung durch die Shudra-Handwerker ging bereits in dieser frühen Zeit so weit, daß vorgeschrieben wurde, bei bestimmten Opfern nur von Ariern geformte Töpferwaren zu verwenden: „Dämonisch ist fürwahr das Gefäß, welches von einem Töpfer gebildet, auf einer Töpferscheibe gedreht ist" (RAU 1972, S. 69, zitiert in: KULKE/ROTHERMUND 1982, S. 47). Dagegen galt der Handel nicht als verunreinigend und konnte damit auch von den Ariern ausgeübt werden. Einen weiteren Beleg für die Existenz des Kastenwesens stellt der Bericht des chinesischen Pilgers *Fa-hsien* (um 400 n. Chr.) dar, der für diese Zeit Einzelheiten der rituellen Reinheitsvorschriften einschließlich des kastenspezifischen Merkmals der Unberührbarkeit schildert: „Die Candlas (die niedrigste Kaste) werden isoliert ... und wenn sie zu einer Stadt oder einen Markt kommen, schlagen sie auf ein Holzstück, um auf sich aufmerksam zu machen. Dann wissen die Leute, wer sie sind und vermeiden es, mit ihnen in Berührung zu kommen" (EMBREE/WILHELM 1967, S. 140).

Der Gebrauch des Wortes „Kaste" (vom lat. castus oder portug. casta, d. h. keusche, reine Rasse oder Gattung) kommt wahrscheinlich erst im Jahre 1563 auf, als *Garcia de Orta* die Kasten-Berufsbedingtheit mit den Worten beschrieb: „no one changes from his father's trade and all those of the same caste (casta) of shoemakers are the same" (nach HUTTON 1963, S. 47).

Als Resümee bleibt festzustellen, daß sich die wichtigsten Merkmale eines rigiden Systems vieler, rituell-rangmäßig streng voneinander getrennter Kasten sowie einer differenzierten Kasten-Berufsordnung (BADEN-POWELL 1899, S. 10) bereits seit der vedischen Zeit in einem längeren historischen Prozeß weit vor Beginn der britischen Kolonialherrschaft herausgebildet hatten.

4.5 Zusammenfassung

Bringen wir alle diese, bei einem derart komplexen System hier nur kursorisch gelieferten Bemerkungen auf einen kurzen Nenner, so stehen wir vor folgendem Dilemma: Auf der einen Seite erscheinen die *generellen* Merkmale des Kastenwesens auf dem Lande noch immer als gültig (vgl. die jüngste zweibändige Zusammenfassung von MANDELBAUM 1970). Auf der anderen Seite aber existiert *regional* eine große Palette von Differenzierungen, die das Resümee erlaubt, daß das Kastensystem in der täglichen Praxis im wesentlichen als *regionales System* funktioniert. Die jatis sind regional begrenzte soziale Einheiten, deren Rangordnung nichts als eine Vielzahl von regional variierenden Hierarchien darstellt. Dieser religiös-rituell bestimmte Rang steht in Konkurrenz (nicht Widerspruch!) zu dem säkularen Rang einer Kaste und des einzelnen, der sich in erster Linie in den Kriterien Reichtum und Macht manifestiert (MÜLLER 1986, S. 63). Die unendlich erscheinende Fülle von – nicht nur! – regionalen Differenzierungen des Systems hat den angesehenen indischen Soziologen S. C. DUBE veranlaßt, die „Kaste als das größte Rätsel des gegenwärtigen (!) Indien" zu bezeichnen (DUBE 1968, S. V).

Im Anhang dieses Buches (Übersicht und Tab. A 4.7) ist im übrigen zumindest der Versuch unternommen worden, einen zusammenfassenden Überblick zur Anzahl und Verbreitung der wichtigsten Kasten Indiens zusammenzustellen.

5 Dörfer – Städte – Metropolen

5.1 Das Dorf: Typischer Lebensraum der Inder

Wie bereits ausgeführt (Kap. 3.5.1), ist Indien auch heute, an der Schwelle zum 21. Jahrhundert, ein Land der Dörfer. In 640000 Gemeinden (= Siedlungen < 20000 Ew.) leben über 77% der Gesamtbevölkerung. Der ländliche Raum ist nach wie vor der typische Lebensraum der Inder.

Statistisch zählt das indische Dorf 1025 Einwohner, hat eine Gemarkungsfläche von 510 ha, wovon 225 ha auf Ackerland („net cropped area") entfallen. Das sind 0,22 ha pro Landbewohner. Die Bevölkerung rekrutiert sich aus 15–20 Kasten, Subkasten nicht eingerechnet.

Derartige statistische Durchschnittswerte besagen für die Wirklichkeit sehr wenig, ja, bei der Größe und Differenziertheit des Subkontinentalstaates Indien sind sie eher irreführend. Zunächst: Das „indische Dorf" gibt es ebenso wenig wie das „europäische" Dorf. Der Indische Subkontinent ist in seiner Vielfalt der natürlichen Grundlagen, der Völker, Sprachen, einander überlagernder Kulturen usw. durchaus mit (ganz) Europa vergleichbar. Diese Aussage hat ihre Gültigkeit ebenso für die strukturellen wie funktionalen Merkmale – auch – der ländlichen Siedlungen.

5.1.1 Strukturelle Merkmale: Vielfalt vor Einheitlichkeit

Fragt man nach dem charakteristischen Merkmal, das die *Formen* der ländlichen Siedlungen in Indien auszeichnet, so ist es daher nur ein zu erwartender Tatbestand, daß ihre außerordentliche Mannigfaltigkeit sowohl nach *Größe*, *Grundriß*, Dichte der Wohnstätten als auch besonders im *Aufriß* (Hütten-, Haus- und – seltener – Gehöftformen und die dabei verwandten Baumaterialien) als erstes zu nennen ist.

Tabelle A 4.11 (Anhang) zeigt, daß bereits in der durchschnittlichen *Gemeindegröße* der einzelnen Landesteile außerordentliche Unterschiede bestehen. Verallgemeinernd läßt sich eine räumliche Ordnung insofern ablesen, als hierbei ein Süd-Nord-Gefälle zu erkennen ist, mit den Antipoden der Weiler- und Einzelhofstruktur im Himalaya-Vorland bis zu den Großgemeinden in Kerala: Hier wiesen im Jahr 1981 insgesamt 114 Gemeinden eine Einwohnerzahl von über 30000 Einwohnern auf; die größte erreicht mit 1981: 85626 Ew. (Kalkoonthal im Cardamon-Gebirge) eine Größe, die in Gesamtindien lediglich von 348 Städten übertroffen wurde.

Doch täuschen auch diese Angaben (Tab. A 4.11 – Anhang) in mehrfacher Hinsicht über die wirklichen Gegebenheiten hinweg. Einmal variiert die durchschnittliche Gemeindegröße innerhalb der einzelnen Bundesstaaten von Distrikt zu Distrikt außerordentlich stark, z. B. in Andhra Pradesh im Verhältnis 6:1 (Guntur:Vishakhapatnam), in Tamil Nadu sogar 15:1 (Kanyakumari:Chingleput). Vor allem aber vermittelt die in der Census-Statistik angegebene Einwohnerzahl nur eine sehr begrenzte Vorstellung von der tatsächlichen Größe der betreffenden Siedlung, da es sich stets nur um die Bevölkerung der gesamten Gemeinde, genauer:

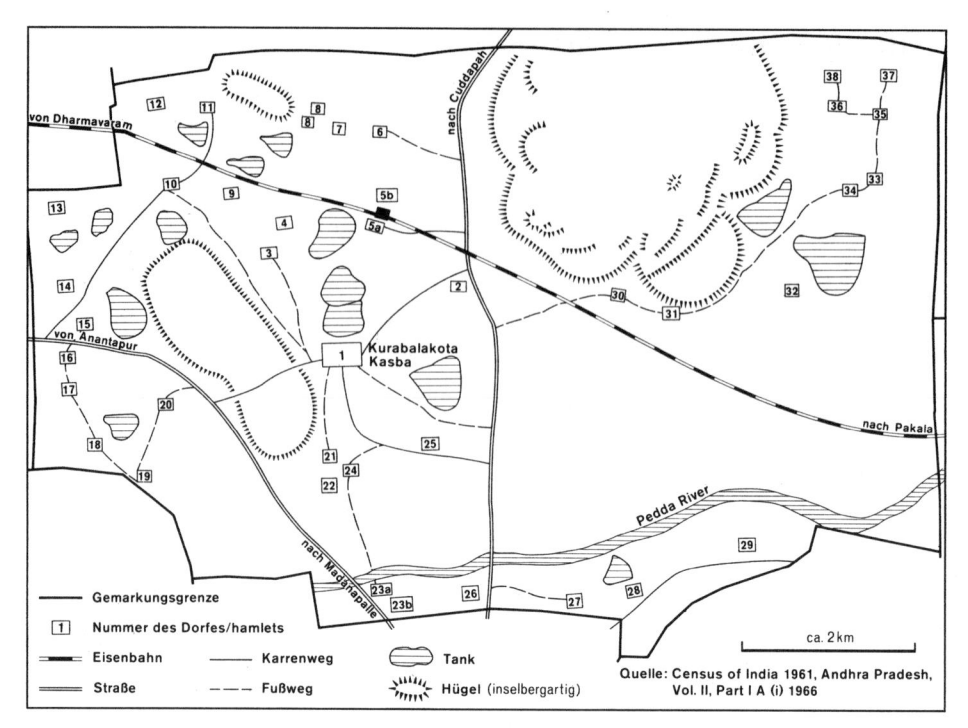

Abb. 5.1: Südliches Deccan-Hochland: Siedlungsverband (Großgemeinde Kurabalakota)
Quelle: D. BRONGER 1970, S. 10

von dem „*revenue village*", der untersten administrativen Einheit (s. Kap. 1.1.1), nicht aber um die eines Dorfes handelt. Von einer gewissen Größe an – diese ist sehr unterschiedlich in den einzelnen Landesteilen – aber gliedert sich die Gemeinde in eine Mittelpunktsiedlung, um die sich eine Anzahl von Weilern *(hamlets)* von wiederum sehr unterschiedlicher Größe gruppiert. So gehören im Süden des Bundesstaates Andhra Pradesh und Teilen von Tamil Nadu zu einer derartigen Großgemeinde nicht selten ein oder mehrere Dutzend hamlets, wobei die Zahl ihrer Bewohner die des Mittelpunktdorfes *(Kasba)* um ein Vielfaches übertrifft (Abb. 5.1).

Ebenso wie bei der Einwohnerzahl weist auch die Größe der Gemarkungsfläche erhebliche Schwankungswerte auf: von wenigen 100 ha in den dichtbesiedelten Gebieten bis zu solchen von über 100 000 ha in der Wüste Thar, wo die einzelnen Hofgruppen einer Gemeinde – hier Dhanis genannt – nicht selten 10 km und mehr voneinander entfernt liegen (NITZ 1966).

Als verbreitetste *Flurform*, von der Gangesebene bis ins südliche Tamil Nadu, ist die *kleingliedrige Blockgemengeflur* anzusehen. Die gängige Realerbteilung führt in Indien nicht zur streifenförmigen, sondern zur blockförmigen Aufsplitterung auch bei kleinen Parzellen, was seinen Grund in der Verwendung des Hakenpfluges haben könnte: Er macht ein Kreuzundquerpflügen erforderlich, was bei der schmalen, langen Parzellenform weniger vorteilhaft ist. Schachbrettförmige Blockeinödflur ohne Hofanschluß um geschlossene Dörfer ist in den seit Ende des 19. Jahrhunderts entstandenen Kanalkolonien des

Das Dorf 123

Abb. 5.2.1: Kerala: Kleingemeinde

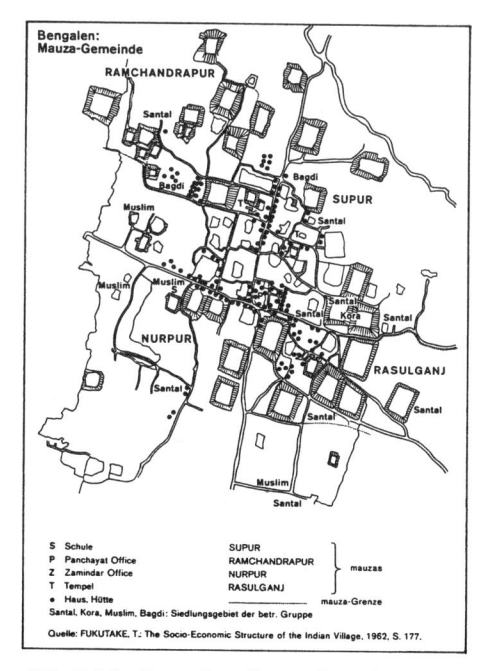

Abb. 5.2.2: Bengalen: Mauza-Gemeinde

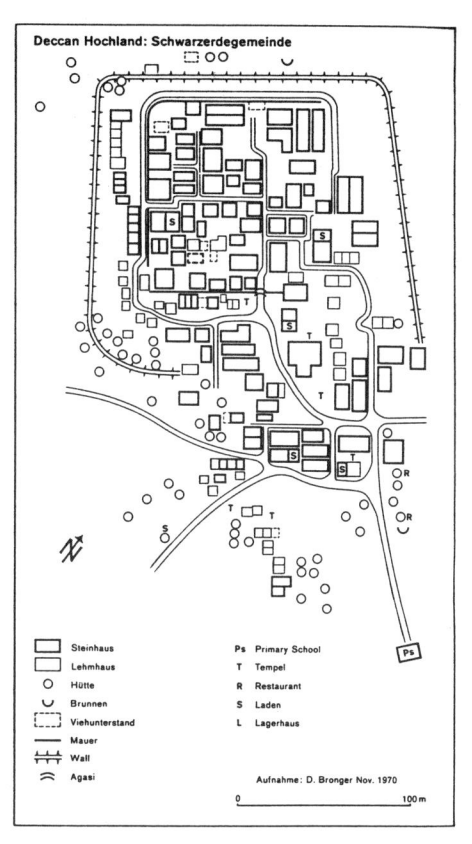

Abb. 5.2.3: Deccan-Hochland: Schwarzerdegemeinde

Abb. 5.2: Siedlungsformen des ländlichen Raumes in Indien
Quelle: D. BRONGER 1977, S. 131, 134 u. 136

Punjab verbreitet. Die *Flurbereinigung* (s. Kap. 15.1.1) hat auch in dem älter besiedelten Punjab alle Fluren nach diesem Muster umgelegt, zudem wurden die Besitzungen weitgehend arrondiert. – Auf weitere Sonderformen von Flurtypen kann hier nicht eingegangen werden (vgl. NITZ 1977, S. 192 f.).

Hinter der Census-Gemeinde verbergen sich weiterhin sehr verschiedene *Siedlungsformen*. Am verbreitetsten ist ohne Zweifel das Haufendorf, danach folgt das Straßendorf. Nicht selten treten beide zusammen auf, insbesondere in den mittlerweile immer häufiger werdenden Fällen, bei denen die infolge des Bevölkerungsdrucks notwendig gewordene Siedlungserweiterung nicht mehr durch Verdichtung innerhalb der Kernbebauung allein, sondern zusätzlich in den Außenbezirken und hier entlang eines Weges/Straße erfolgt (s. Abb. 16.1.2.2). Neben diesen beiden verbreitetsten Siedlungsformen finden wir aber auch eine Vielzahl anderer: In Kerala wie auch in Westbengalen die Pfahlbausiedlungen entlang der Mangrovenküsten sowie die Einzelhofsiedlungen (Abb. 5.2.1), die in den überflutungsgefährdeten Teilen (insbesondere im Gangesdelta) vielfach auf Wurten stehen und sich hier entlang der Flüsse zu Reihensiedlungen oder in Weilern von sehr unterschiedlicher Größe und Wohndichte (Abb. 5.2.2) zusammenschließen. In den Berg-, insbesondere den Himalayaregionen herrscht Weiler- und Einzelhofstruktur vor, in Teilen Kashmirs vielfach die Hausbootsiedlungen. In den bewässerten Gebieten des Punjab finden wir vielfach planmäßig angelegte Kolonistendörfer mit Häusern längs der Kanäle. Je feuchter und fruchtbarer das Land, desto näher zusammenliegend die Dörfer; im trockenen Land bei extensiverer Wirtschaft liegen sie weiter auseinander. Besonders geschlossene, von der Physiognomie her „städtisch" wirkende Siedlungen finden wir in den offenen, ungeschützten Landschaften, am ehesten in den Schwarzerdegebieten des Deccan, sowie in der Thar. Die früher verbreitete und notwendige Befestigung ist nicht selten in Teilen noch erhalten (Abb. 5.2.3). Zu nennen sind schließlich noch die vielen Sonderformen, die unter den zahlreichen „tribes" in den einzelnen Landesteilen anzutreffen sind. – Es ist nicht möglich, im Rahmen dieser Landeskunde einen differenzierten Einblick in die verwirrende Vielfalt der regionalen Siedlungs- und Hausformen zu geben (vgl. u. a.: KREBS 1939/1965, S. 126 ff.; SPATE/LEARMONTH 1967, S. 203 ff.; SINGH 1971; BRONGER 1977, S. 130 ff.). Stattdessen sei eine Passage aus der vor 40 Jahren erschienenen „Landes- und Kulturkunde" des Indologen Ludwig Alsdorf wiedergegeben – die hier getroffenen Feststellungen haben bis heute ihre Gültigkeit beibehalten:

„Vom bloßen Windschirm, dem Baumhaus, der Kegel- oder Halbtonnenhütte der Primitiven bis zum großen Jugend-Schlafhaus mancher Stämme, von der ärmlichen, oft vom Monsun weggewaschenen Lehmhütte des armen bis zum stattlichen Stein-, Ziegel- oder Fachwerkhaus des wohlhabenden Bauern treffen wir die verschiedensten *Baumaterialien* und *Hausformen*. Leichte Flechtwerkwände, ein Dach aus Kokosblättern mit hochgezogenen Firstenden sind charakteristisch für Malabar. Bambuswände, darüber einen Bambus-Dachstuhl mit Strohdach finden wir häufig in Bengalen. Runde Kegelhütten, mit Palmstroh gedeckt, kennzeichnen die Telugu-Dörfer der Ostküste. Lehmbauten mit Stroh- oder Halbzylinderdach sind das Normale für Hindustan; im Punjab treffen wir häufig rote Backsteinbauten mit dem Flachdach des Vorderorients, das sich aber auch im trockeneren Deccan findet. Massive Fachwerkbauten mit offenen Giebeln, in Walnuß- und Platanenhainen, bilden die stattlichen Dörfer Kashmirs. Zum normalen indischen Hause gehört die klimagemäße „Veranda" (das Wort ist indisch!), d. h. ein offener Raum unter einem Pfostenvorbau. Die Hütte des Armen mag nur einen oder zwei Räume enthalten, das Gehöft der begüterten Großfamilie – die vielleicht 50 oder mehr Personen aus mehrerern Generationen umfaßt – einem kleinen Weiler gleichen. Scheunen braucht der indische Bauer nicht, und die Tenne ist ein offener Platz neben dem Dorf, wo das Vieh im Kreise gehend die Körner austritt. Als Stall genügt, wenn nicht das Vieh des Ärmsten seine Behausung teilt, ein leichtes Pfostendach" (ALSDORF 1955, S. 60).

5.1.2
Funktionale Merkmale: Mythos und Wirklichkeit

Was den funktionalen Aspekt anbetrifft, so war das Bild des „indischen Dorfes" lange Zeit von der Gandhischen Prämisse der intakten, selbstgenügsamen, *autarken Dorfgemeinschaft* geprägt. Die indische soziologische wie sozialanthropologische Feldforschung hat dieses Idealbild – auch für die vorbritische Zeit – als Mythos entlarvt (näheres s. Kap. 15.1.3). Tatsächlich spricht die Stringenz der Jahrtausende alten Sozialordnung, des Kastensystems (s. Kap. 4.2), gegen beide Merkmale, sowohl das der intakten funktionierenden Dorfgemeinschaft als auch das der völligen Autarkie.

Andererseits ist für die einzige, wirklich gravierende Ausnahme, so paradox dies klingen mag, die *Kaste* als einigende Klammer verantwortlich, die die Siedlungen dieses Landes von denen der meisten übrigen in der ganzen Welt deutlich unterscheidet: Denn die Kastengliederung der Dorfbevölkerung sowie die wirtschaftlichen Verhältnisse, in denen der einzelne lebt, spiegeln sich eindrucksvoll in der Siedlungsgestaltung des Dorfes in Indien wider. Dabei prägt die Zugehörigkeit zu einer Kaste in starkem Maße die *Dorfanlage* (Herausbildung der Viertel), während die wirtschaftlichen Kontraste innerhalb ein und derselben Kaste im differenzierten *Siedlungsaufriß* ihren Niederschlag finden,

denn sie sind hauptverantwortlich für die unterschiedliche bauliche Gestaltung *innerhalb* der Kastenviertel. Dementsprechend wächst mit der Größe der Siedlung auch die Differenziertheit in der Siedlungsgestaltung. In allen diesen Zusammenhängen findet die Beharrungskraft des Kastensystems ihre räumliche Ausprägung.

Im abgebildeten Siedlungsbeispiel (Abb. 5.3) sind diese Beziehungszusammenhänge sehr deutlich zu erkennen. Das Großdorf (seinerzeit – 1970 – ca. 4300 Ew., wovon etwa 1200 Ew. auf die sieben zur Gemeinde gehörenden hamlets entfallen) bietet in seiner haufendorfähnlichen Anlage, in welcher auch in der Straßenführung kein Prinzip zu erkennen ist, das typische Beispiel eines größeren Dorfes im Rotlehmgebiet des östlichen Deccan-Hochlandes. Die Untergliederung seiner Bevölkerung in nicht weniger als 26 Kasten im Dorf selbst – dazu kommen noch sechs weitere in den hamlets, zu denen als 33. Gruppe die Muslims gehören – hat ihren Niederschlag in den in Anlage und baulicher Gestaltung ein sehr mannigfaltiges Bild bietenden *Kastenvierteln*, verbunden mit einer sehr differenzierten funktionalen Gliederung, gefunden.

Die ausgeprägten sozialen und wirtschaftlichen Gegensätze treten am deutlichsten zutage im in der Nähe des Tanks gelegenen Großgrundbesitzerviertel der *Brahmanen-* und *Reddi*-Kaste und dem ganz am Südrand gelegenen, durch einen großen Platz deutlich vom Dorf geschiedenen *Paria*-Viertel. Die großen Compounds der ersteren, mit den stattlichen, häufig zweigeschossigen ziegelgedeckten Steinhäusern bilden einen überaus scharfen Kontrast zu den armseligen strohgedeckten, fensterlosen, einräumigen Lehmhütten der „Unberührbaren". Die strenge Abgeschlossenheit dieses dichtbebauten Viertels wird noch durch einen eigenen Tempel und Brunnen unterstrichen.

Besonders deutlich ist ferner die Viertelbildung im mittleren, südlichen und südwestlichen Teil ausgebildet. Südwestlich des Landlord-Viertels liegen die Quartiere der Handwerker-Kasten, zunächst das der *Goldschmiede* und daran anschließend das der *Zimmerleute*. Südlich davon, bis an den großen Platz heranreichend, befindet sich ein großes *Weber*viertel, östlich anschließend wohnen die meisten Familien der *Friseur*-Kaste, westlich die Mehrzahl der Kaste der *Grobschmiede*.

KASTEN- UND BERUFSGLIEDERUNG

HINDU

Brahmin	–	Landlord, Priester	⎫ BRAHMANEN
Batrasu	–	Landwirt	
Kommati	–	Kaufmann, Händler, Geldverleiher	⎬ VAISHYAS
Reddi	–	Landlord, Landwirt höhere kommunale Verwaltungsaufgaben	
Kapu	–	Landwirt	
Muttarasi	–	Landarbeiter	
Jangam	–	Priester, Landarbeiter	
Balija	–	Landwirt, Landarbeiter	Lingayats
Gandla	–	Ölpresser	
Kummari	–	Töpfer	
Golla	–	Schäfer	
Kurma	–	Wollweber, Schäfer	SHUDRAS
Ousala	–	Goldschmied	
Kammara	–	Grobschmied	Viswabramhas
Kanshara	–	Kupferschmied	
Vodla	–	Zimmermann	
Padmashali	–	Baumwoll-, Seidenweber	
Goundla	–	Toddyzapfer	
Katike	–	Fleischer	
Darzi	–	Schneider	
Telaga	–	Fischer, Landarbeiter	
Mangala	–	Friseur	
Dhobi	–	Wäscher	
Sangara	–	Schuhmacher	
Mala	–	Landarbeiter	⎫ PARIAS
Madiga	–	Landarbeiter, Gerber niedere kommunale Dienste	
MUSLIM	–	Landarbeiter, Händler, Mühlenbesitzer, Landlord	

ZENTRALE EINRICHTUNGEN

G   Government Hall
H   High School
P   Primary School
W   Weberschule
A   Ausbildungsstätte f. Gerber
Po Post
S   Panchayat (Dorfrat)
T   Tempel
K   Kino
L   Geschäft

VERARBEITENDES GEWERBE

R   Restaurant, Hotel
M   Reismühle
Hs Holzsägerei

BEHAUSUNGEN

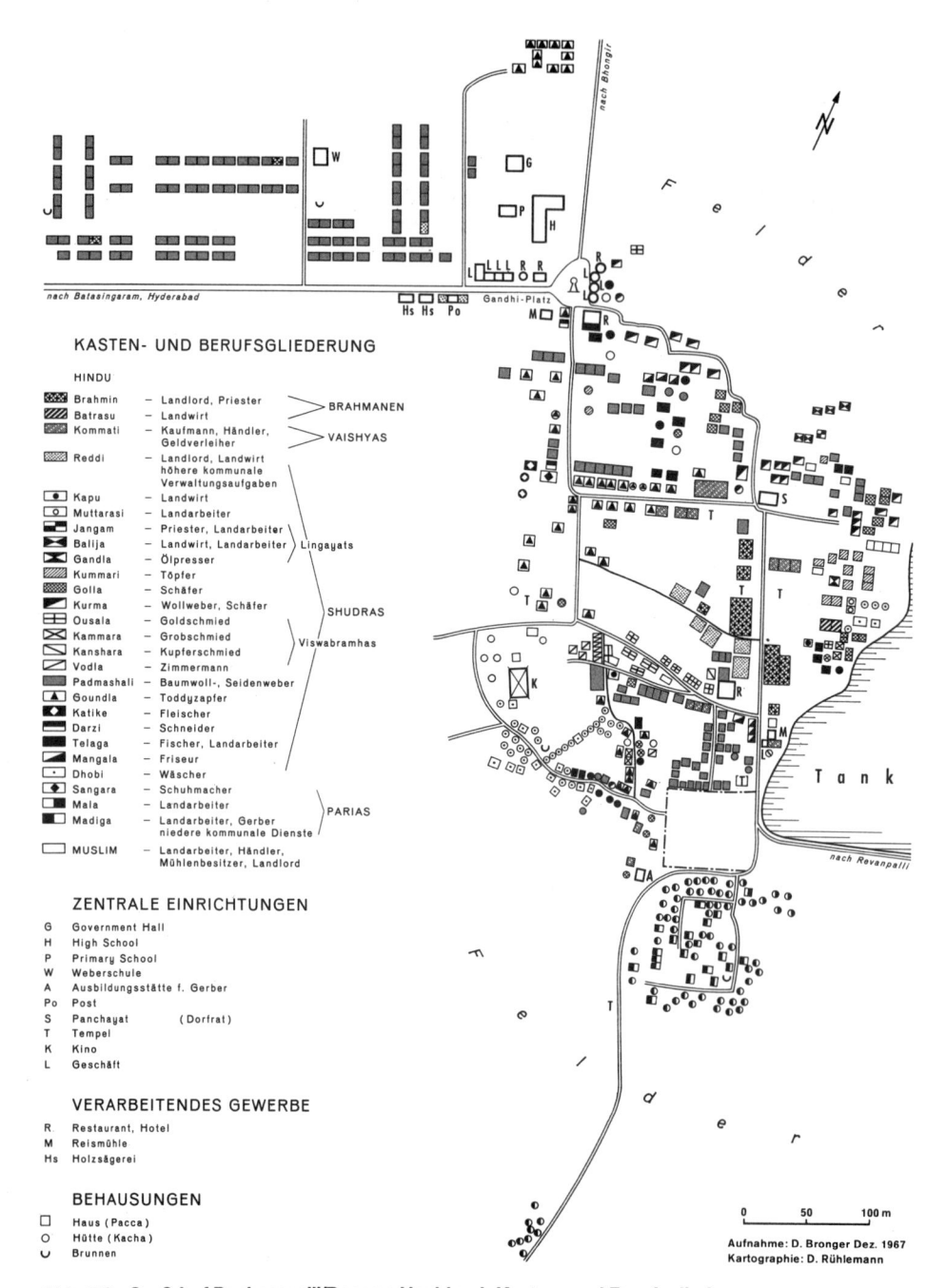

☐ Haus (Pacca)
O Hütte (Kacha)
U Brunnen

Aufnahme: D. Bronger Dez. 1967
Kartographie: D. Rühlemann

Abb. 5.3: Großdorf Pochampalli/Deccan-Hochland: Kasten- und Berufsgliederung
Quelle: D. BRONGER 1970, S. 101

Das Dorf

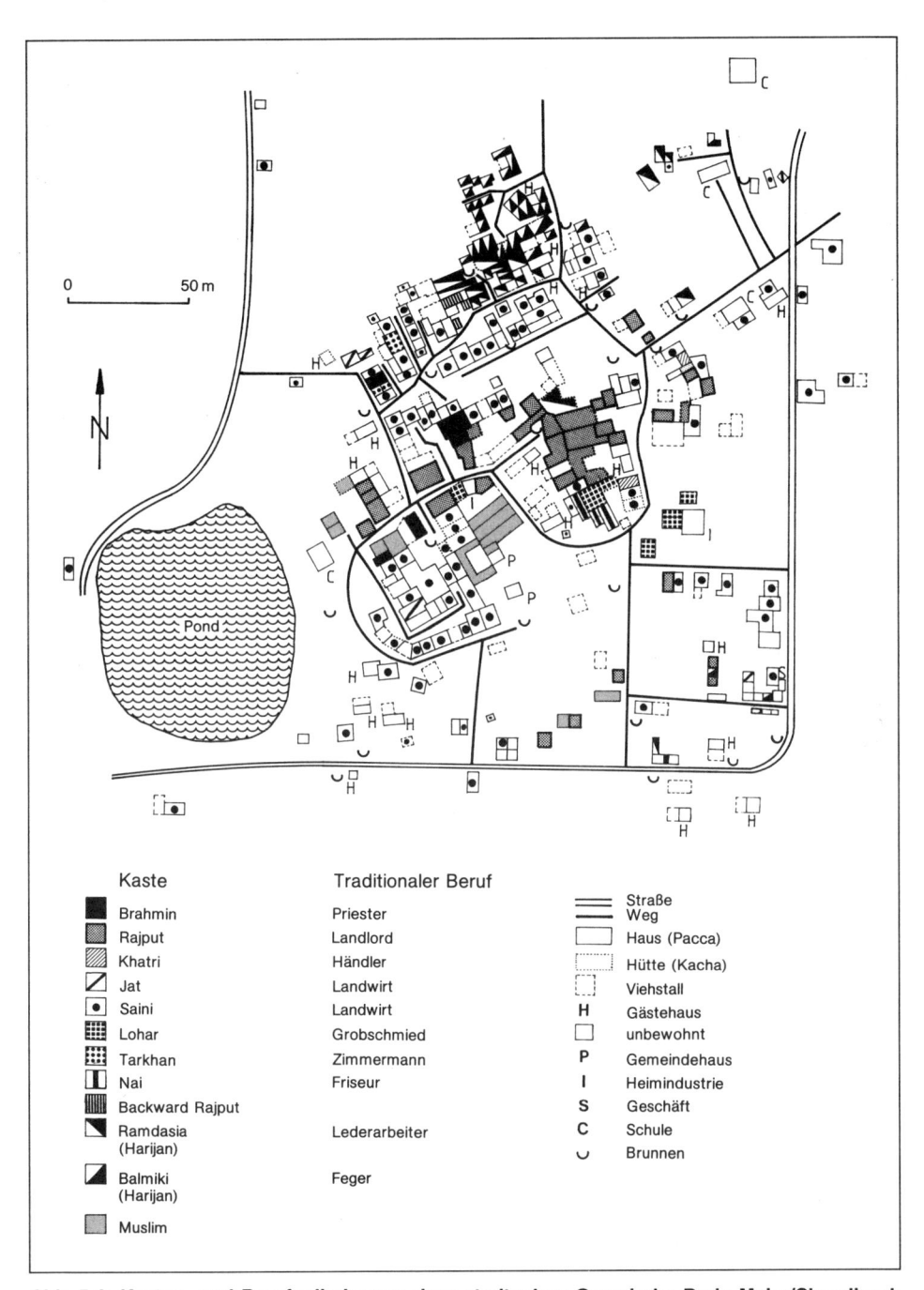

Kaste	Traditioneller Beruf		
Brahmin	Priester		Straße
Rajput	Landlord		Weg
Khatri	Händler		Haus (Pacca)
Jat	Landwirt		Hütte (Kacha)
Saini	Landwirt		Viehstall
Lohar	Grobschmied	H	Gästehaus
Tarkhan	Zimmermann		unbewohnt
Nai	Friseur	P	Gemeindehaus
Backward Rajput		I	Heimindustrie
Ramdasia (Harijan)	Lederarbeiter	S	Geschäft
Balmiki (Harijan)	Feger	C	Schule
Muslim		∪	Brunnen

Abb. 5.4: Kasten- und Berufsgliederung einer stadtnahen Gemeinde: Dadu Majra/Chandigarh (Punjab)

Quelle: BICHSEL/KUNZ 1982, Kartographie W. Gebhardt

Aber auch die übrigen Kasten wohnen in mehr oder wenigen klar umgrenzten Vierteln. Die einzige Ausnahme bildet das Gebiet östlich des Brahmanen-Viertels. Die Ursache dieser Durchmischung ist vor allem im ständig zunehmenden Bevölkerungsdruck und im Prozeß der Auflösung der Großfamilie als wirtschaftende Einheit anzusehen.

Innerhalb der Viertel spiegeln die *Hausformen* die unterschiedlichen wirtschaftlichen Verhältnisse innerhalb der einzelnen Kasten wider. So lassen die in Größe und Ausstattung sehr unterschiedlichen Behausungen der *Palmsaftzapfer* auf ebensolche Unterschiede in den wirtschaftlichen Verhältnissen schließen. Dagegen wohnen alle Familien der Kasten der Goldschmiede und Zimmerleute sowie fast alle des Weberviertels in festen Steinhäusern – was auf eine sehr viel einheitlichere wirtschaftliche Struktur innerhalb dieser Kasten hindeutet (näheres s. BRONGER 1970, S. 97 ff.).

Diese auch räumlich sichtbaren Zusammenhänge zwischen Kastensystem einerseits, Siedlungsbild und Funktionsgliederung andererseits finden wir mit Ausnahme der (immer weniger werdenden) reinen Stammesgebiete in nahezu allen Regionen Indiens wieder (vgl. auch: Abb. 12.1 und 16.1 und 2; BRONGER/V. D. RUHREN 1986, S. 20). Für die Lebenskraft des Kastensystems spricht, daß die genannten Tatbestände auch für stadtnahe Gemeinden voll gültig sind: nachstehendes Beispiel (Abb. 5.4) grenzt unmittelbar an die Außenbezirke der Großstadt Chandigarh.

Bestimmend für das *Beziehungsgefüge der Bewohner in einer Gemeinde* ist ihre Segmentierung in endogame Kasten, die hierarchische Rangordnung der Kasten, die Kasten-Berufsbedingtheit sowie die wirtschaftlichen Verhältnisse der betreffenden Kaste *und* des einzelnen. Dieses wahrscheinlich jahrtausendealte Gefüge, hauptverantwortlich für das Entstehen der in den stadtfernen Gemeinden (und das ist immer noch die große Mehrzahl!) noch immer bestehenden *lokalen Wirtschaftskreisläufe* ist naturgemäß dort besonders stabil, wo, außer den traditionellen Arbeitsmöglichkeiten in der Gemeinde, keine Beschäftigungsalternativen – *innerhalb* der Gemeinde in Form von Ausweichmöglichkeiten im landwirtschaftlichen Bereich und *außerhalb* in Industrie oder in der Stadt – zur Verfügung stehen.

Diese kastenberufsbedingte Arbeitsteilung hat eine gegenseitige Abhängigkeit der verschiedenen Kasten untereinander zur Folge, vor allem zwischen den Landbesitzern einerseits und den Handwerks- und Dienstleistungskasten andererseits. Am deutlichsten ist dies in einem Dorf zu sehen, wo – bis heute – jede Familie ausschließlich den ihrer Kaste entsprechenden Beruf ausübt, z. B. als Priester, Töpfer, Zimmermann, Wäscher oder Schuhmacher, damit also auch auf Dienstleistungen anderer Kasten angewiesen ist. Dieses System der wirtschaftlichen Beziehungen ist, beginnend mit WISER (1936), als *Jajmani System* inzwischen für ganz Indien nachgewiesen (näheres: BRONGER 1975, S. 207 ff.). Derjenige, dem die Dienstleistungen erbracht werden, ist der *Jajman*, der die Dienste verrichtet, der *Kamin*. An einem konkreten Beispiel sei dieses Beziehungsgefüge veranschaulicht:

In Abb. 5.5 ist für einen einzelnen Wäscher (*Dhobi*)-Haushalt dieses Beziehungsgefüge, genauer: Art und Höhe der Entlohnung, die er von seinen zwölf Kunden empfängt, dargestellt. Sie rekrutieren sich aus sieben verschiedenen Kasten. Die *Art* der Entlohnung, ob in Naturalien oder Bargeld, richtet sich nach den Landbesitzverhältnissen; von den Landeigentümern wird stets nur in Naturalien gezahlt (Brahmins, Reddies, Madigas). Die *Höhe* der Entlohnung richtet sich nach der vom Dhobi erbrachten Leistung, die Häufigkeit ihrer Inanspruchnahme ist in erster Linie von den wirtschaftlichen Verhältnissen der Kunden und nicht von deren Zugehörigkeit zu einer bestimmten Kaste abhängig. Sie liegt bei dem am tiefsten rangierenden Madigas wesentlich höher als bei den weit über ihnen stehenden Goundlas, Muttarasi, Gollas und Muslims. Das geringste Entgeld erhält der Dhobi von den Gollas und den Muttarasi. Die Mitglieder die-

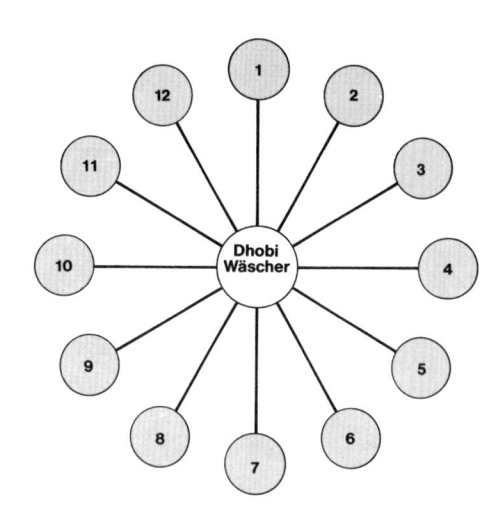

Das Dorf 129

1 **Brahmin** (Priester/Landlord)
Kharif-Saison: 20 kg Getreide;
Rabi-Saison: 20 kg Getreide

2 **Goundla** (Toddyzapfer)
jährlich 12 Rupien;
an Festtagen: Toddy und eine Mahlzeit

3 **Goundla** (Toddyzapfer)
jährlich 12 Rupien;
an Festtagen:Toddy und eine Mahlzeit

4 **Goundla** (Toddyzapfer)
jährlich 12 Rupien;
an Festtagen:Toddy und eine Mahlzeit

5 **Goundla** (Toddyzapfer)
jährlich 12 Rupien;
an Festtagen: Toddy und eine Mahlzeit

6 **Madiga** (Landarbeiter/Schuster)
Kharif-Saison: 20 kg Getreide;
Rabi-Saison: 20 kg Getreide

7 **Madiga** (Landarbeiter/Schuster)
Kharif-Saison: 20 kg Getreide;
Rabi-Saison: 20 kg Getreide

8 **Muslim** (Landarbeiter/Händler)
monatlich 1,50 Rupien

9 **Muttarasi** (Landarbeiter)
monatlich 0,50 Rupien

10 **Golla** (Hirte)
monatlich 0,50 Rupien

11 **Reddi** (Landlord)
Kharif-Saison: 20 kg Reis,
täglich eine Mahlzeit;
Rabi-Saison: 20 kg Reis oder anderes Getreide,
täglich eine Mahlzeit

12 **Reddi** (Landlord)
Kharif-Saison: 40 kg Reis,
täglich eine Mahlzeit;
Rabi-Saison: 40 kg Reis ,
täglich eine Mahlzeit

Anmerkung:
Kharif: Sommer-/Monsunfrucht
Rabi: Winterfrucht
Toddy: Palmsaft zu einem alkoholischen Getränk vergoren

Erhebung: D. Bronger (Nov. 1969)

Abb. 5.5: Art und Höhe der Entlohnung eines Dhobi(Wäscher)-Haushaltes
Quelle: D. BRONGER 1975, S. 228

ser beiden Kasten leben als landlose Arbeiter in besonders schlechten wirtschaftlichen Verhältnissen und können daher die Dienste der Dhobis nur selten in Anspruch nehmen. Die Höhe der Entlohnung kann auch je nach der in Anspruch genommenen Leistung innerhalb ein und derselben Kaste differieren: von dem einen Reddi, dem zweitgrößten Landbesitzer des Dorfes, wird der Dhobi doppelt so hoch entlohnt als von dem anderen Mitglied der gleichen Kaste.

Erstaunlich mag sein, daß die Dhobis auch für die weit unter ihnen rangierende Kaste der Madigas waschen. Das geschieht jedoch mit einer bemerkenswerten Einschränkung: sie bedienen diese nur gegen – überdurchschnittlich hohe – Natural-Entlohnung. In der Mehrzahl der Fälle jedenfalls haben die *Unberührbaren* untereinander, da sie von den Mitgliedern der meisten höheren Kasten nicht bedient werden, ihr eigenes Dienstleistungssystem in der Weise aufgebaut, daß die Funktionen des Priesters, Barbiers etc. zumeist von den Subkasten wahrgenommen werden. Es wäre hier zu untersuchen, ob ein Zusammenhang zwischen der bewußten Inkaufnahme eines, wirtschaftlich gesehen, unangemessenen Luxus (überhöhte Bezahlung) und dem Ziel der Aufwertung des eigenen sozialen Status (Sanskritisierung – s. Kap. 4) besteht.

Da nicht alle Dienstleistungen in *einem* Dorf – vor allem in kleineren Dörfern – von den Bewohnern selbst erbracht werden können, ist das Beziehungsgefüge, sei es in reglementierter (Jajmani System) oder, zeitlich wie personell, weniger fester Form nicht ausschließlich auf ein Dorf beschränkt, sondern erstreckt sich auch auf benachbarte Gemeinden.

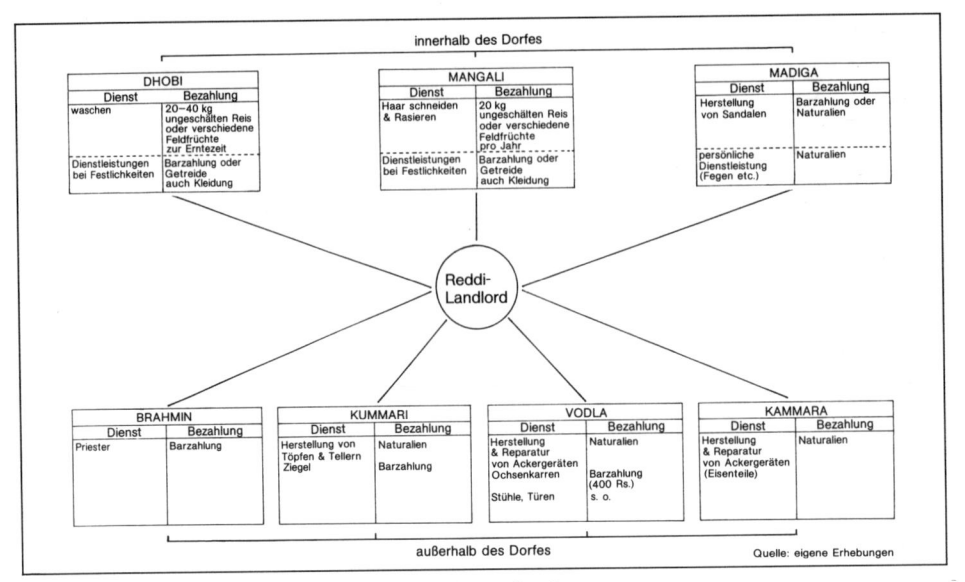

Abb. 5.6: Beziehungsverhältnisse eines Reddi-Landlords

Am Beispiel des Bedarfs eines *Reddi-Landlords* seien diese zwischengemeindlichen Beziehungen noch illustriert, wobei hier nur die festen von ihm unterhaltenen Beziehungsverhältnisse berücksichtigt sind (Abb. 5.6). Die Darstellung zeigt, daß bereits bei einem Dorf von durchschnittlicher Größe (unsere Beispielgemeinde entsprach mit (1970) 689 Ew., verteilt auf 15 Kasten, recht genau der seinerzeitigen Durchschnittsgröße – 1971: 770 Ew.) zumindest für diese sozialökonomische Schicht, der tägliche und periodische Bedarf überwiegend nicht mehr aus dem Angebot der Gemeinde selbst gedeckt werden kann, mit anderen Worten, der ganz überwiegende Teil der gesamten Bevölkerung in starkem Maße bei der Versorgung mit diesen ständig benötigten Dienstleistungen auf die umliegenden Gemeinden angewiesen ist.

Stellt man darüber hinaus in Rechnung, daß unsere Beispielgemeinde (s. BRONGER 1970, S. 99) in der Belieferung mit den Erzeugnissen der übrigen Handwerks- und Dienstleistungskasten, d. h. derjenigen, mit denen keine festen Bindungen bestehen (Händler, Weber, Schneider, Fleischer etc), ferner in der Versorgung mit selbst den allernotwendigsten zentralen Diensten wie wenigstens einer Middle School, Poststelle, Polizeistation, ländliche Gesundheitsstelle (Dispensary), Veterinär-Hospital, landwirtschaftliche Kreditgenossenschaft, einer zentralen Ablieferungsstelle für den Palmsaft und natürlich für die Vermarktung ihrer landwirtschaftlichen Produkte, sei es bei einem Getreidegroßhändler oder auf einem Markt, auf die zentralen Einrichtungen von anderen Gemeinden angewiesen ist, so mag man ersehen, daß kaum ein Dorf in Indien als ein autarker Organismus anzusprechen sein dürfte, vielmehr in der Regel enge funktionale Verflechtungen mit den Nachbargemeinden bestehen.

Für einen Gemeindeverband – insgesamt 24 Siedlungen bestehend aus 15 Mittelpunktsdörfern (A–Q) mit zusammen neun hamlets von sehr unterschiedlicher Größe – sind in Abb. 5.7 die Versorgungsbeziehungen der Siedlungen mit denjenigen Handwerks- und Dienstleistungskasten dargestellt, die untereinander in *festen* Beziehungsverhältnissen stehen, d. h. den Priestern, Töpfern, Zimmerleuten, Grobschmieden, Friseuren, Wäschern

Das Dorf 131

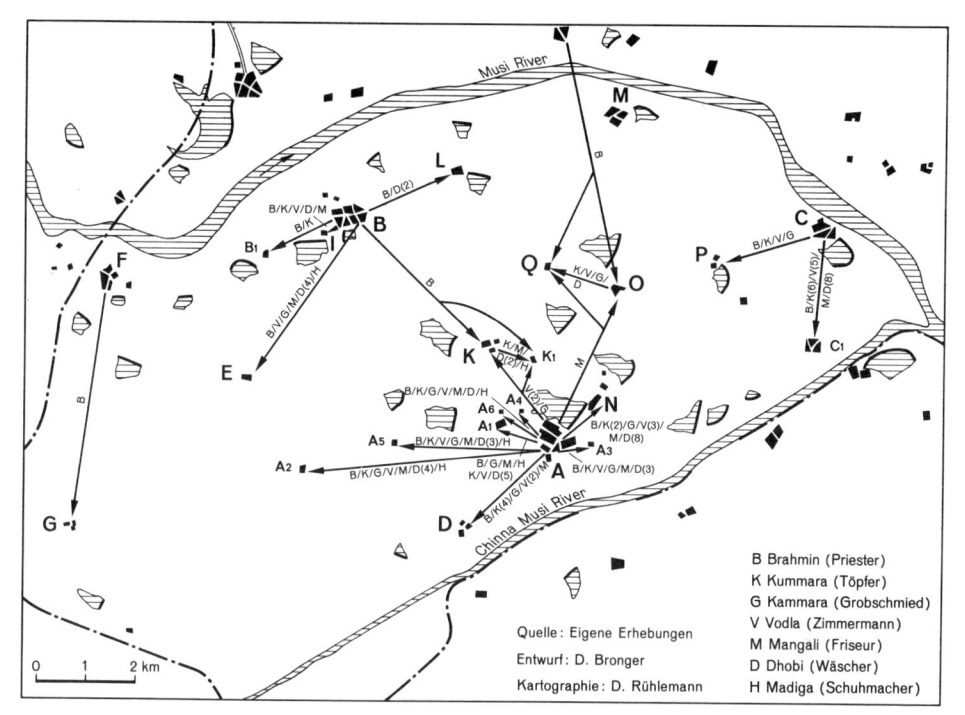

Abb. 5.7: Kasten-Beziehungsgefüge in einer Region

Legende:
B Brahmin (Priester)
K Kummara (Töpfer)
G Kammara (Grobschmied)
V Vodla (Zimmermann)
M Mangali (Friseur)
D Dhobi (Wäscher)
H Madiga (Schuhmacher)

Quelle: Eigene Erhebungen
Entwurf: D. Bronger
Kartographie: D. Rühlemann

und Schuhmachern. Die Untersuchungsergebnisse zeigen, daß von den 24 Siedlungen lediglich fünf mit sämtlichen der genannten sieben Berufe und damit den absoluten Grundfunktionen ausgestattet sind, alle übrigen 19 Siedlungen sind somit von den fünf Siedlungen abhängig.

Für diesen Tatbestand ist, neben dem niedrigen infrastrukturellen Entwicklungsstand (s. Kap. 8), die bestehende Sozialordnung mit ihrer strengen Pflichtenzuweisung und differenzierten Arbeitsteilung (s. a. Kap. 4) verantwortlich – eine Sozialordnung, deren Existenz in dieser oder ähnlicher Form seit vielen Jahrhunderten verbürgt ist. Kurz: Eine „Autarkie" des Dorfes in Indien hat für die ganz überwiegende Anzahl der Fälle – allenfalls 10% aller indischen Gemeinden dürften mit allen wichtigen Funktionen(zusätzlich: Wochenmarkt, Bushaltestelle, Kino) wie das in Abb. 5.3 dargestellte Großdorf ausgestattet sein – auch in der Vergangenheit niemals bestanden.

5.2 Städte und Metropolen: Vielfalt eines Subkontinents

Das Städtesystem Indiens in seiner heutigen Ausprägung ist durch eine Reihe von Merkmalen gekennzeichnet, die gleichzeitig viel Gegensätzliches in sich bergen und für viele der heutigen Probleme im urbanen Lebensraum mitverantwortlich sind (zum folgenden vor allem: BLENCK 1977, S. 145 ff.; KULKE/RIEGER/LUTZE 1982; GUTSCHOW/PIEPER 1983, S. 15 ff.; FISCHER/JANSEN/PIEPER 1987, S. 101 ff.):

1. Einem oft weit überproportional raschen Wachstum steht eine nur geringe Verstädterung gegenüber.

Dabei zeigte das Städtewachstum einen sehr unterschiedlichen Verlauf. Das gilt für alle Städtegrößenklassen (vgl. Tab. A 4.9 und

9*

A 4.10 – Anhang), auch wenn insgesamt die Dynamik bei den Metropolen und Groß-Großstädten am ausgeprägtesten war (näheres: s. Kap. 3.5).

2. Einer frühgeschichtlichen hochentwickelten Stadtkultur steht ein junges problembehaftetes Städtesystem gegenüber.
3. Der kolonialzeitlich-britische Bau- und Siedlungsstil prallt unvermittelt auf hinduistische und muslimische Stadtstrukturen – auch heute räumlich noch deutlich erkennbar.
4. Als Folge existiert, besonders ausgeprägt in der indischen Großstadt, bis in die Gegenwart ein sichtbares Nebeneinander traditioneller und moderner Lebensweisen – verstärkt durch die überkommenen Kasten- und neuzeitlichen Klassengegensätze.
5. Infolge eines (zuvor unbekannten) raschen Bevölkerungswachstums im 20. Jahrhundert, das insbesondere den urbanen Sektor betraf – um das 8,4fache seit 1901 und dreieinhalbfache seit 1951 (s. Tab. 3.4) –, erfolgte eine starke Bevölkerungsverdichtung vornehmlich der Innenstadtbereiche mit nachfolgenden gravierenden Entwicklungsproblemen (Wohnungsnot, Verslumung, Luftverschmutzung etc.).
6. Das zentralörtliche Gefüge Indiens manifestiert sich in einem Dualismus zwischen Zentralitätsballung in den Großstädten, ja Überkonzentration sämtlicher höchstrangiger zentraler Funktionen in wenigen Großmetropolen und einer dezentralisierten zentralörtlichen Struktur auf dem Lande – hauptverantwortlich für den bis heute existenten Gegensatz zwischen Stadt und Land.

5.2.1
Epochen der Stadtentwicklung: Konfrontation der Kulturen

In der Entwicklungsgeschichte der Stadt können folgende Epochen unterschieden werden:

I *Frühgeschichtliche, vor-hinduistische Stadtkulturen* (Industalkultur: 7.–2. Jahrtausend v. Chr.): heute nur noch in Ausgrabungen und Museen zu besichtigen

II *Hinduistische Epoche*: 300 v. Chr.–1800 n. Chr. Ihre Stadtplanungsideen wirken heute vor allem in den Residenz- und Tempelstädten fort.

III *Muslimische Epoche*: 1300–1800 n. Chr. Lehnt sich in Stadtanlage an die vorherige an; lebt heute in erster Linie in ihren Baudenkmälern fort.

IV *Britische Kolonialepoche*: 1780–1947. Verwirklichte völlig neue Stadtplanungsideen, die allerdings räumlich neben der bestehenden Stadt dieser angefügt wurden.

V *Indische Epoche*: seit 1947. Mit eigener, wie auch europäisch-amerikanischer Konzeption werden die Städte weiterentwickelt – durch die Bevölkerungsexplosion sind Planungskonzepte häufig zunichte gemacht.

I Die Stadt markiert (auch) in Südasien den Beginn der historischen Entwicklung. Südasien blickt sogar auf eine der ältesten Stadtkulturen der Menschheit zurück. Als der indische Archäologe R. D. Banerji im Jahre 1922 im unteren Sind, Pakistan, unter Besiedlungsschichten einer buddhistischen Klosteranlage des 2. Jahrhunderts n. Chr. Zeugnisse einer sehr viel früheren Stadtkultur fand, die man später *Industalkultur* nannte und deren Blütezeit man mit Hilfe der C-14-Methode auf die Zeit zwischen 2400 und 1700 v. Chr.

(Bronzezeit) datierte, bedeutete diese Entdeckung zugleich einen Umbruch des bisher gültigen, auf Europa fixierten Geschichtsbildes. Bis dahin wurde die indische Kultur insgesamt als ein geschichtliches Phänomen betrachtet, dessen Wurzeln auf die nach 1500 v. Chr. von Nordwesten her eingewanderten vedischen Arier zurückzuführen waren.

Mit der 1922 erfolgten Entdeckung der Stadt *Mohenjo Daro* („Hügel der Toten") hatte man eine der größten der inzwischen über tausend Siedlungen der bis ins 7. Jahrtausend v. Chr. zurückreichenden Industalkultur gefunden. Die beiden bekanntesten Städte M. D. und *Harappa* (daher auch: Harappa-Kultur) liegen im heutigen Pakistan. Die Staatsgrenze verläuft mitten durch das ehemalige Siedlungsgebiet der Harappaner, das von den Füßen des Himalaya im Norden bis zum Golf von Cambay im Süden, von der Makranküste im Westen bis in die Gegend des heutigen Delhi im Nordosten reichte und somit auf indischer Seite die heutigen Bundesstaaten Punjab, Haryana, Rajasthan und Gujarat umfaßte (s. Abb. 1.3). Die Kultur hat Siedlungen großstädtischen Zuschnitts hervorgebracht – Mohenjo Daro maß 60 ha –, wiewohl die große Mehrheit ihrer Siedlungen wesentlich kleiner waren. Die Städte waren planmäßig angelegt mit Zitadellen, Bädern und Kanalisation. Zusammen mit der schachbrettartigen Anordnung und proportionsgeregelter Breite ihrer Straßen läßt dies auf Planung und zentralisierte Verwaltung schließen.

II Etwa tausend Jahre nach dem Untergang der Harappa-Kultur entstand mit der Dynastie der *Mauryas* (322–185 v. Chr.) das erste Großreich auf indischem Boden (s. Zeittafel, Abb. 1.4). Auch die Mauryas entwickelten eine neue städtische Kultur, deren Zentrum am mittleren Ganges lag. Der bereits erwähnte Grieche Megasthenes (Kap. 4.4) hinterließ eine detaillierte Beschreibung ihrer Hauptstadt *Pataliputra* am Zusammenfluß der beiden Flüsse Ganges und Son, westlich des heutigen Patna. Er schildert die Stadt mit einem 200 m breiten Stadtgraben und einer hölzernen Befestigungsanlage, die 570 Türme und 64 Tore besaß. Einige ausgegrabene hölzerne Abwasserkanäle zeigen, daß die Stadt einen hohen hygienischen Standard hatte. Seinen Maßangaben zufolge („80 Stadien Länge und 15 Stadien Breite"), die später als glaubwürdig nachgewiesen wurden, umfaßte die Stadt eine Fläche von fast 26 km^2 (FISCHER/JANSEN/PIEPER 1987, S. 145ff.) – damit war Pataliputra drei Mal so groß wie Alexandria und doppelt so groß wie das kaiserliche Rom innerhalb der aurelianischen Stadtmauer, d.h. seinerzeit die größte Stadt der Welt (CHANDLER/FOX 1974, S. 303).

Auch in der altindischen Literatur wird der „Stadt" breiter Raum gewidmet. So unterscheidet das Staatslehrbuch des *Kautilya* (300 v. Chr. – s. Kap. 1.2.1) ganz im Sinne einer modernen, funktionalen Stadttypologie zwischen *nagara* – Residenzstadt, *pattana* – Handelsstadt und *pura* – Festungsstadt (LAPING 1982, S. 2f.). Als Siedlungsname sind sie bis in die Gegenwart verbreitet: z. B. Ahmednagar, Machilipatnam, Kanpur. Auch heute sind funktionale Stadttypen durchaus nachweisbar, u. a. Residenz- und Verwaltungsstädte (Delhi, Jaipur), Wallfahrtsstädte (Varanasi, Ujjain), Handels- und Verkehrsstädte (Patna, Nagpur), Hafenstädte (Bombay, Madras), Industriestädte (Kanpur, Jamshedpur) und Erholungsorte (hill stations; Simla, Ootacumund – BLENCK 1977, S. 154) – allerdings tragen die hier genannten Großstädte längst multifunktionalen Charakter. Die ungefähr gleichzeitig entstandenen *Silpasastra-Schriften* enthalten detaillierte Anweisungen in allen wesentlichen Punkten der Stadtplanung bis hin zur Lage der Varna-Viertel (Abb. 5.8.1). Allerdings läßt der heutige empirische Forschungsstand noch keine Antwort auf die Frage zu, inwieweit diese theoretischen Schriften der Wirklichkeit entsprachen. Aus der Frühzeit des Hinduismus sind uns keine Städte überliefert, die die Umsetzung der theoretischen Stadtmodelle nachvollziehen lassen. Weder die Stadtgrundrisse der Maurya-Städte (Mathura, Patna, Ujjain) noch die der späteren Hauptstädte der Regionalreiche Badami (Calukya) oder Khajuraho (Chandella) sind rekonstruierbar (GUTSCHOW/PIEPER 1983, S. 116). Im Unterschied zu Dorfuntersuchungen (s. o. Abb. 5.3 und 5.4) existiert bis heute keine einzige derartige Analyse einer indischen Stadt, die uns z. B. die Frage nach der tatsächlichen Kastenanordnung für die heutige Zeit schlüssig beantworten könnte. – Immerhin wurde bei der Stadtgründung von Jaipur im Jahre 1727, also fast 2000 Jahre später, bewußt auf das Prastara-Modell, eines der Grundrißmodelle der Silpasastras, mit nach Himmelsrichtungen orientiertem Hauptstraßenkreuz und schachbrettartiger Anlage der Straßen, zurückgegriffen (BRETZLER 1970, S. 140; Abb. 5.8.2).

Neben den o. g. drei Stadttypen ist noch die besonders regelmäßig angelegte *Tempelstadt* zu nennen (Abb. 5.8.3). Die bemerkenswertesten Beispiele finden sich in den südlichen, außerhalb des muslimischen Herrschaftsbereiches gelegenen Landesteilen, großartig besonders in Tamil Nadu. Zumindest die größte ist das heute über 1 Mill. Ew. zählende Madurai; es gehört zu den ältesten Städten der Erde.

III Das hinduistische Stadtmodell wurde in den Stadtgründungen der *islamischen* Herrscher nach 1300 n. Chr. in ihren Grundzügen beibehalten. Bidar (1480) und Hyderabad (1589) auf dem Deccan wie auch Alwar (1771) in Rajasthan als Hauptstädte muslimischer Reiche mit ihrem ausgeprägten Hauptstraßenkreuz, durch ein anspruchsvolles Baudenkmal als Mittelpunkt gekennzeichnet (Char Minar in Alt-Hyderabad – s. Abb. 5.8.4), seien unter vielen als Beispiele genannt. Das für die islamisch-orientalische Stadt so charakteristische Sackgassenprinzip findet sich sowohl in den (heutigen) Altstädten der Moghulresidenzen Hyderabad, Ahmedabad (gegründet 1411) als auch in kleineren Städten wieder (s. Abb. 5.9). Zumeist finden wir kurze Sackgassen hinduistischen (?) Typs, die orientalischen, langen und stark verästelten sind hier nur noch in Alt-Delhi zu erkennen. Insgesamt sind wenige Städte Indiens nach Muslim-Ideen entstanden; die Residenzstadt Fetehpur Sikri (westl. Agra) wurde bereits nach 15 Jahren wieder aufgegeben (Wassermangel). So bleibt als heute noch lebendiges Beispiel das in Form eines Halbmondes erbaute Shahjahnabad, heute Old Delhi, übrig (näheres s. u. Kap. 5.2.2). Weit größeren Einfluß hat die islamische Herrschaft auf die architektonische Gestaltung der Städte gehabt: Masjid (Moschee), Dargah (Mausoleum – das schönste Beispiel einer Grabmoschee ist das 1630–1648 erbaute Taj Mahal) sowie Paläste und Gärten zeugen heute noch von dieser Epoche.

IV Die *Kolonialepoche* begann mit der Landung Vasco da Gamas im Jahre 1498 an der Malabarküste und endete mit der Unabhängigkeitserklärung am 15. 8. 1947. „Dieser lange Zeitraum ist gekennzeichnet von einem erst langsamen, dann immer schnelleren Vordrängen europäischer Mächte auf den indischen Subkontinent, und vom ausgehenden 18. Jahrhundert an nahm diese politische Expansion auch zunehmend die Form einer grundlegenden kulturellen Konfrontation gegensätzlicher Auffassungen vom Leben und Wirtschaften an, deren augenfälligstes Ergebnis die heutige Doppelnatur indischer Städte mit ihren traditionellen

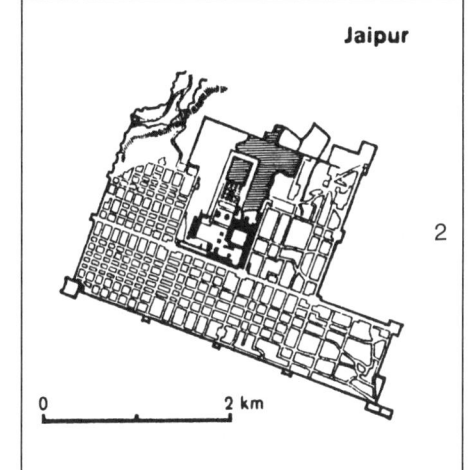

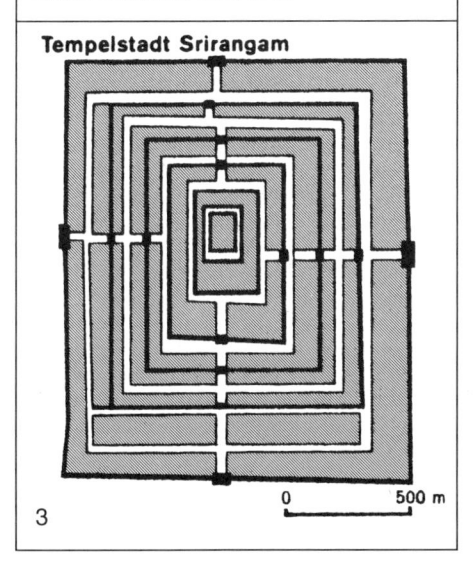

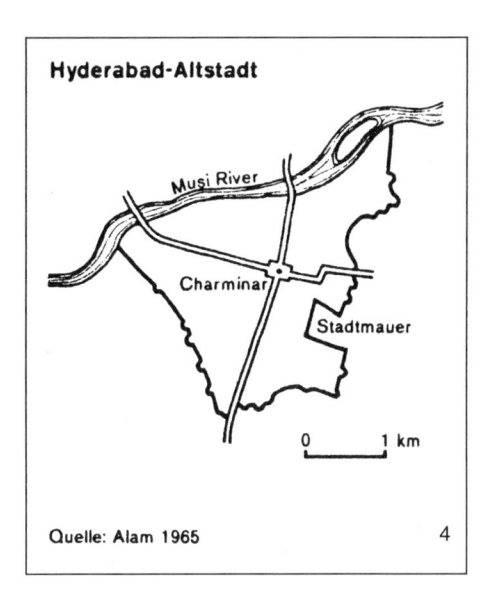

Abb. 5.8: Grundrißmodelle und -typen indischer Städte
Quelle: BLENCK 19977, S. 150

Abb. 5.8.1: Silpasastra-Plan: Gliederung der Stadtviertel nach Kasten

Abb. 5.8.2: Jaipur

Abb. 5.8.3: Tempelstadt Srirangam

Abb. 5.8.4: Hyderabad-Altstadt

Abb. 5.8.5: Old Delhi

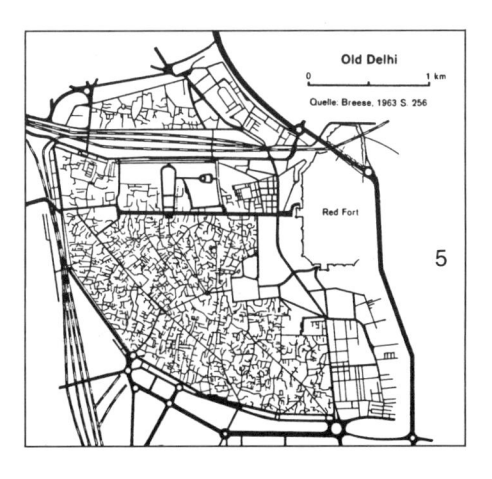

und kolonialen Vierteln darstellt" (GUTSCHOW/PIEPER 1983, S. 167).

Auf die erste Phase, die der *portugiesischen Herrschaft*, gehen – seit 1505 – viele Hafenstädte an der Malabarküste zurück. Sie sind nach einem einheitlichen Idealschema gebaut, das man als *lusoindischen Siedlungsstil* bezeichnet hat (näheres: s. GUTSCHOW/PIEPER, op. cit., S. 169). Einen guten Eindruck einer heute noch lebendigen, wenn auch kleinen portugiesischen Küstenstadt vermittelt das 1536 auf einer Insel vor der Südküste Kathiawars erbaute Diu. Sehr viel bedeutendere Zeugnisse portugiesischer Kolonialarchitektur sind in *Goa* erhalten. Die Stadt zählte im Jahre 1565 bereits 200 000 Ew. und galt als eine der großartigsten der Welt. Anfang des 19. Jahrhunderts wurde die Stadt, längst im Niedergang begriffen, wegen der überhand nehmenden Malaria aufgegeben und flußabwärts das heutige Panjim gegründet.

Es war die *britische* Kolonialherrschaft, die die für den Städtebau Indiens wichtigste und zugleich widersprüchlichste Epoche darstellt – manifestiert auch in dem Tatbestand, daß mit Calcutta, Bombay und Madras drei der vier Großmetropolen britische Neugründungen sind. Aber auch das Stadtbild der jetzigen Kapitale Delhi wird wesentlich durch britische Vorstellungen mitgeprägt (näheres s. u. Kap. 5.2.2). Die britische Kolonialgesellschaft, wiewohl in sich streng hierarchisch geordnet mit dem „Indian Civil Service" – Beamten als „Adelskaste" an der Spitze, bildete eine geschlossene Fremdkultur, die sich um Welten über die regierten Inder erhaben fühlte. Diese ungeheure Distanz fand ihren vielleicht auffälligsten Niederschlag in ihrem Bau- und Siedlungsstil:

„Die übliche anglo-indische Siedlungsform ist die ‚Station'. Stationen finden sich in der Nachbarschaft aller Städte mit den Funktionen eines regionalen Zentrums. Als Sitz der Distriktverwaltungen beherbergten sie die notwendigen Amtsgebäude, das feste Lager der Garnison, die Wohngebäude der Offiziere und Beamten und alle Einrichtungen zur Repräsentation und Unterhaltung der Gesellschaft.

Die Stationen in Indien sind weitläufig angelegte Gärten, durchzogen von einem regelmäßigen Netz gepflasterter Straßen, die mit weitausladenden Bäumen gesäumt sind. Dazwischen dehnen sich sorgfältig aufgeteilte Rasenflächen, Kricket- und Poloplätze. Unter den Bäumen liegen gleichmäßig aufgeteilte, von Hecken eingefaßte Gärten mit den sauber gekalkten Bungalows und Diensthäusern der Beamten und Offiziere. In einiger Entfernung von den Bungalows stehen die festen Kasernen der englischen Soldaten und dahinter die Hütten und Zelte der Sepoys. Dazwischen liegen öffentliche Gebäude und repräsentative Offiziersmessen, Cantonment Offices, Clubs usw.

Die ganze Anlage ist sorgfältig plaziert, meist auf einer leichten Anhöhe und so, daß in einiger Entfernung die malerisch-exotische Silhouette der indischen Altstadt eine Art Theaterkulisse bildet, nahe genug, um zu beeindrucken, aber weit genug entfernt, um nicht mit Lärm, Gestank und Schmutz das ästhetische Empfinden der "Gesellschaft" zu stören.

Dieser Siedlungstyp entstand um die Wende vom 18. zum 19. Jahrhundert und geht in seinem Anlageschema auf die *Cantonments*, die stehenden Lager der Armee, zurück. Solche Lager wurden in den Marathakriegen überall in der Nachbarschaft wichtiger Städte eingerichtet. Sie dienten als Dauerquartier der beweglichen Abteilungen der Armee – Kavallerie, Artillerie und indische Fußtruppen –, während die Stadtfestung lediglich mit einer kleinen Garnison belegt wurde.

Die einzelnen Abteilungen des Cantonments hießen „Linien" (engl. „Lines"), und als mit der Konsolidierung der Macht dem militärischen ein ziviler zu Verwaltungszwecken angegliedert wurde, behielt man den militärischen Sprachgebrauch bei und nannte ihn „Civil Lines". Die militärische Bedeutung der Stationen nahm mit der Dauer der Pax Britannica ständig ab, ihre zivile als Sitz der Verwaltungsorgane ständig zu. So finden sich heute noch bei jeder indischen Stadt ausgedehnte Viertel, die „Civil Lines" heißen, ohne daß sich auch nur ein Rest ihres militärischen Ursprungs erhalten hätte." (GUTSCHOW/ PIEPER 1983, S. 175–176).

Für die britische Kolonialherrschaft gleichfalls bezeichnend war ein zweiter Siedlungstyp, die *„hill station"*. Sie liegen überall dort, wo Bergregionen über eine Höhe von 1600 m aufragen, d. h., wo das hier kühle Klima in den heißen Sommermonaten einen angenehmen Kontrast zu der dann extremen Hitze der Ebenen bildet.

„Dabei gab es für jede soziale Stufe der anglo-indischen Hierarchie eigene Sommerquartiere: der Vizekönig zog mit seinem gesamten Apparat über eine Entfernung von 1800 km von Calcutta nach Simla um, die Provinzregierung von Madras nach Ootacamund, die von Bombay nach Mahabalesvar und die unteren Chargen in die zahlreichen kleinen Hill Stations ihrer Wahl. Nur wenige Beamte blieben in den heißen Monaten in ihren Stationen ..." (GUTSCHOW/PIEPER, op. cit., S. 181).

V Nach der Unabhängigkeit wird der Ausbau der indischen Städte sowohl mit eigenen, britischen aber auch europäischen Stilelementen fortgeführt. Anfangs (und später) gutgemeinte Planungen macht die Bevölkerungsexplosion vielfach zunichte. Ein Sonderfall blieb die nach westlichen Stadtplanungsideen für indische Verhältnisse weitläufig geplante und aufwendig angelegte Stadt Chandigarh. Als ein Ausnahmefall, der sie bis heute geblieben ist, hat sie jedoch niemals die (erhofften) Maßstäbe für zukünftige Stadtplanung setzen können (vgl. u. a. STANG 1989). Die Großstädte lassen in ihrem Aufriß mit ihren vielgeschossigen Häusern aus Beton und Glas, ihren Neonreklamen und Umgehungsstraßen die historischen Bauelemente mehr und mehr verwischen; die europäischen Verkehrsmittel tragen ihr übriges dazu bei. Die Millionenstädte, insbesondere die Großmetropolen, verändern sich in Struktur und Funktion mehr und mehr zu kosmopolitanen Städten. Darauf sei im folgenden eingegangen.

5.2.2
Stadtstrukturen

Was für die ländlichen Siedlungen festzustellen war, gilt naturgemäß auch für die Städte: bei der Größe und kulturellen Vielfalt des Subkontinents kann es die „indische Stadt" nicht geben. Hinzu kommt, daß – im Unterschied zu den Dörfern – bei vielen Städten die o. g. historischen Epochen II–V nachwirken bzw. heute noch sichtbar sind. So ist z. B. das auf die hinduistischen Prinzipien der Stadtplanung zurückgehende, nach den Himmelsrichtungen orientierte Hauptachsenkreuz (Abb. 5.8.1) in einer erheblichen Anzahl von älteren, insbesondere Residenz- und/ oder Verwaltungs-, d. h. planmäßig angelegten Städten (s. Abb. 5.8.2), ja selbst im muslimischen Alt-Hyderabad (Abb. 5.8.4) deutlich erkennbar. Andererseits weisen die Altstädte von heutigen Millionenstädten, wie etwa Delhi (Abb. 5.8.5), Ahmedabad (SCHWARZ 1967, S. 515) oder Bangalore (Pettah), daneben eine Fülle kleinerer alter Städte, wie z. B. das auf das 11. Jahrhundert zurückgehende Puri, keinerlei oder nur mit viel Phantasie erkennbare Anzeichen dieser Stadtplanungsideen auf.

Modell und Wirklichkeit klaffen hier, anders als bei den chinesischen Städten, weit auseinander. Zwar glaubte NIEMEIER (1961) auf der Basis der Auswertung von 150 Stadtplänen eine „typisch indische" Straßenführung zu erkennen. Doch bleiben seine diesbezüglichen Ausführungen so allgemein, daß er sich selbst eher widerlegt als bestätigt – abgesehen von der Tatsache, daß durchweg alle indischen Stadtpläne nur grobe Grundstrukturen des Straßennetzes und das zusätzlich nur in vereinfachter Darstellung zeigen. Ebenso wenig dürfte die von PFEIL (1935) getroffene Unterscheidung zwischen den Städten Nordindiens auf mohammedanischer Grundlage und denen Südindiens auf hinduistischer der Vielfalt der Stadtstrukturen gerecht werden. Da kommt die – bewußt allgemein gehaltene – Aussage von KREBS (1939, S. 140) der Wirklichkeit mit Sicherheit näher, wenn er zu der (empirisch fundierten) Auffassung gelangt, daß „das Aussehen der Städte nur wenig Regeln unterliegt und fast überall eine völlige Regellosigkeit des Straßennetzes herrscht."

Dazu wiesen die Mehrzahl der heute 1592 Städte, wenn nicht überhaupt Neugründungen (Industriestädte!), zu Beginn dieses Jahrhunderts auch von ihrer Größe her eher dorfähnliche Strukturen auf, d. h. sie fallen schon deshalb aus dieser Diskussion heraus. Für die unendlich erscheinende Vielfalt (bzw. KREBSsche Regellosigkeit) der Stadtstrukturen sei die südwestlich von Vadodera (Gujarat) gelegene Mittelstadt Padra (1981: 27064 Ew.) – Abb. 5.9 – angeführt; die Distrikthauptstadt konnte ihr überkommenes Straßennetz sicherlich nur aufgrund ihres sehr geringen Bevölkerungswachstums (1901: 15914 Ew.) bewahren. Für Gesamtindien ist sie jedoch eher ein Ausnahmefall.

Kurz: Bei der großen Mehrzahl der Stadtstrukturen ist nicht nur wegen der verschiedenen Bauepochen, sondern mehr noch aufgrund der Bevölkerungsdynamik heute weniger denn je Einheitlichkeit festzustellen.

Allgemeingültige Aussagen darüber, ob bzw. inwieweit eine solche im *sozialen* Bereich, bei der Kastengliederung der Stadtbevölkerung in *Kastenviertel* eher gegeben ist, wie immer wieder zu lesen ist (u. a. SCHWARZ 1967, S. 514; NIEMEIER 1961; BLENCK 1977), sind mit Vorsicht zu behandeln, gibt es doch bis heute zu diesem Problemkreis keinerlei detailliert-systematische Untersuchungen (s. o.). Auch vom Verfasser konnte ein nachbarschaftliches Zusammenleben von Angehörigen ein- und derselben Kaste in verschiedenen Städten (u. a. Hyderabad, Vijayawada, Jodhpur) ermittelt werden – und für die Geschichte ist dieses Phänomen eher noch wahrscheinlicher. Ebenso wurde aber auch immer wieder festgestellt, daß ökonomisch aufgestiegene Mitglieder tiefstehender Kasten sich innerhalb, zumindest aber in unmittelbarer Nähe höherrangiger Kasten ansiedeln. Die Aussage „die indische Stadt ist in Kastenviertel gegliedert" (BLENCK 1977, S. 153) erscheint zumindest in dieser Allgemeinheit und Stringenz mutig. – Aus den Gründen der fehlenden Forschungsergebnisse muß dieser soziale Aspekt aus den nachfolgenden Ausführungen ausgeklammert bleiben.

So sehr diese Aussage von der mangelnden oder gar fehlenden Einheitlichkeit auch der Wirklichkeit entsprechen mag, befriedigen kann sie nicht – zumal damit der dynamischen Dimension, der *Veränderung der Stadtstrukturen* kaum Rechnung getragen wird. Da aber, schon aufgrund der divergierenden Bevölkerungsdynamik innerhalb aller Städtegrößenklassen, auch in dieser Hinsicht gravierende Unterschiede bestehen, kann eine deduktive Darstellung dieser enormen Vielfalt innerhalb des Subkontinents, d. h. der Wirklichkeit nicht gerecht werden. Es soll daher nachfolgend versucht werden, diesen dynamischen Aspekt zunächst an einem Einzelbeispiel zu erläutern. Ausgewählt wurde dafür die Hauptstadt selbst, *Delhi*, weil hier wie in kaum einer anderen Stadt Indiens, sowohl die eingangs genannten (gegensätzlichen) Merkmale des Städtesystems, als auch die Mehrzahl der Bau- und Siedlungselemente noch heute – mehr neben- als miteinander – existieren. Kurz: Delhi spiegelt wie keine andere der großen Städte Indiens die wechselvolle Geschichte des Subkontinents wider (Das bedeutet keineswegs, daß Delhi die ‚indische Seele' am ehesten verkörpert; für die hinduistische Bevölkerung – 82,6% – nimmt ohne Zweifel Varanasi diesen Platz ein).

Als mit der Krönung Victorias zur Kaiserin von Indien (1877) aus den Territorien der Ostindienkompanie „Her Majesty's Eastern Dominion" – „Our Empire in the East" geworden war, fehlte zum vollkommenen Glanz des mit orientalischem Gepränge regierenden Vizekönigs nur noch eines: die große strahlende Hauptstadt. Das von den Engländern 1690 gegründete Calcutta, zunächst (seit 1707) Verwaltungs-, später (ab 1773) Regierungssitz des Generalgouverneurs, entsprach ganz und

Städte und Metropolen 139

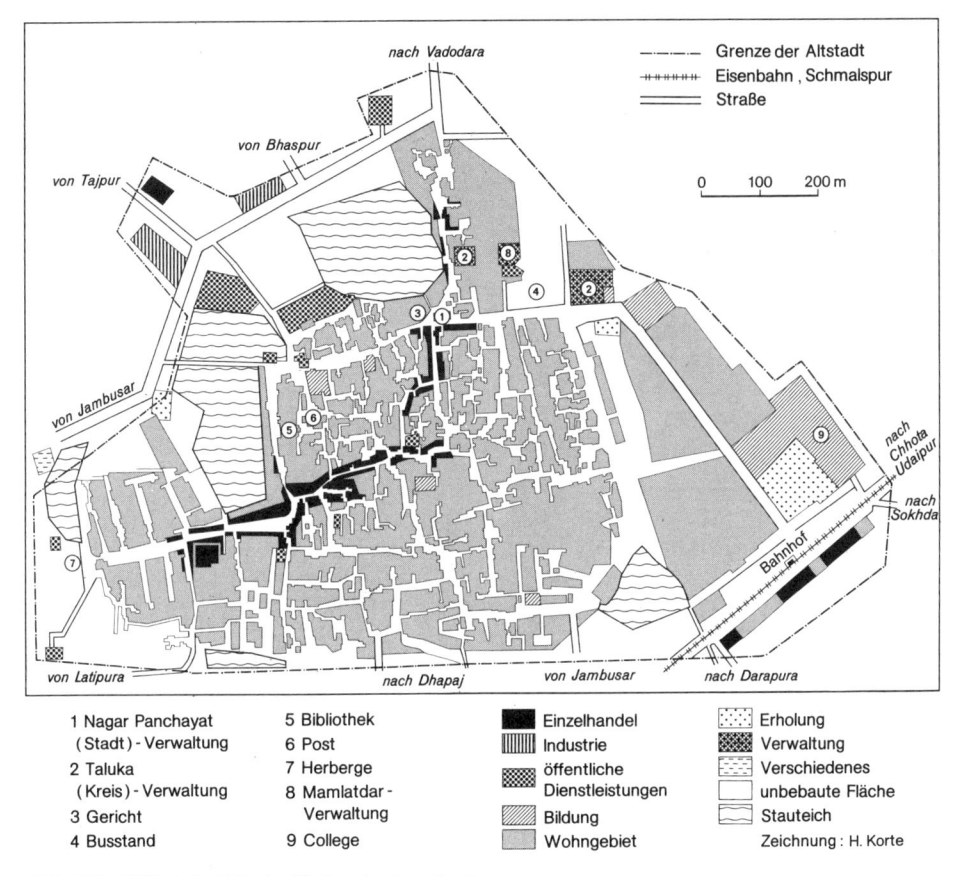

Abb. 5.9: Mittelstadt Padra/Gujarat – Landnutzung

Legende:
1 Nagar Panchayat (Stadt)-Verwaltung
2 Taluka (Kreis)-Verwaltung
3 Gericht
4 Busstand
5 Bibliothek
6 Post
7 Herberge
8 Mamlatdar-Verwaltung
9 College

Einzelhandel, Industrie, öffentliche Dienstleistungen, Bildung, Wohngebiet, Erholung, Verwaltung, Verschiedenes, unbebaute Fläche, Stauteich

Zeichnung: H. Korte

gar nicht diesen imperialen Vorstellungen. Eben diese Voraussetzungen aber erfüllte Delhi, die alte Kaiserstadt der Mogulzeit.

Hier, in der westlich des heiligen Flusses Yamuna gelegenen Ebene, wurden im Verlauf von mehr als drei Jahrtausenden nebeneinander die Hauptstädte der wichtigsten indischen Reiche gegründet. Die ersten, wie das Indraprastha der Paudavas (ca. 1200 v. Chr.), sind legendär. Die mit Lalkot erste der ab 1050 n. Chr. entstandenen sieben historischen Städte (s. Abb. 5.10; I–VII) sind hingegen verbürgt. Von den ersten sechs existieren heute nur noch – allerdings eindrucksvolle (Qutb Minar!) – Ruinen. Dagegen ist die VII. Stadt, die letzte Gründung eines islamischen Herrschers, das nach dem Mogul Shah Jahan Shahjahanabad genannte heutige *Old Delhi* durchaus lebendig. Nachdem Agra über ein halbes Jahrhundert (1564–1637) Residenz der Mogulkaiser gewesen war, kehrte der Enkel Akbars des Großen 1637 zurück und ließ am Ufer des Yamuna das Rote Fort nach dem Vorbild von Agra errichten.

„Im westlichen Vorfeld des Forts entstand die Stadt, die 1648 von einer 9 km langen Mauer aus rotem Sandstein umgeben wurde. Einzelne Tore (z. B. Delhi Gate, Ajmer Gate) und einzelne Mauerabschnitte sind noch erhalten. Die Stadt enthält einzelne, im Zusammenhang geplante Monumentalzonen, wie die vom sie ihr „New Delhi" von der „Altstadt" durch die bereits existenten Schienenstränge der North Western Railways deutlich, d. h. diese bewußt als Barriere einplanend, absetzten (s. Abb. 5.10), wie sie das in vielen anderen Städten bereits praktiziert hatten. Im Jahre 1911 wurde der Grundstein gelegt, 20 Jahre später zog die Regierung British Indiens in ihre neue Hauptstadt, das ‚Achte Delhi', ein.

„Das Grundgerüst *New Delhis* ist ein geometrisches Netzwerk von Monumentalstraßen mit Hauptachsen von nahezu 5 km Länge. Die ‚Ursprungslinie' (so nannte Architekten Lutyens selbst bezeichnet) des Planes ist eine Achse in NNO-SSW-Richtung, die auf die Kuppel der Jami' Masjid in der Altstadt hin fluchtet (Minto Road – Parliament Road). Am entgegengesetzten Ende wurde das kolosseenartige Gebäude der gesetzgebenden Kammer errichtet (Legislative Rotunda). In einem Winkel von 60° dazu und genau in Ost-West-Richtung verläuft die Hauptachse der Anlage, der Kingsway (Raj-path), eine Prozessionsstraße von 1175 Fuß Breite. Fluchtpunkte sind das Nord-West-Tor des Purana Qil'a im Osten und der Palast des Vizekönigs im Westen.

Eine dritte Achse, Queensway (Janpath), verläuft senkrecht dazu in Nord-Süd-Richtung. Sie endet im Norden im Connaught Place, einem Einkaufszentrum mit mehreren konzentrischen Kolonnaden, und im Süden in den Wohnvierteln zwischen Rennbahn und Golfplatz.

Vom Connaught Place führt eine weitere Achse unter 60° nach SSO zum Hexagon mit dem riesigen All-India War Memorial und mündet weiter unten in die Delhi-Mathura Road.

Die übrigen Straßen schneiden sich ebenfalls in Winkeln von 60° und 90°, so daß ein verhältnismäßig regelhaftes Netz entsteht. Das Ganze ist eingefaßt von einer Ringstraße (Willingdon Crescent).

Der Plan ist deutlich in funktionale und symbolische Zonen unterteilt. Im Norden, nächst der Altstadt, liegt das Einkaufszentrum so plaziert, daß auch das Käuferpotential der ummauerten Stadt mit erreicht werden kann. Im Süden liegen die Wohnviertel der Beamten und dazwischen die Monumentalachse mit den öffentlichen Gebäuden; im Westen die mehr funktionalen Zonen, Sekretariat und Viceroy's House und im Osten die Symbol- und Traditionsträger: War Memorial und Purānā Qil'ā" (GUTSCHOW/PIEPER 1983, S. 183–184).

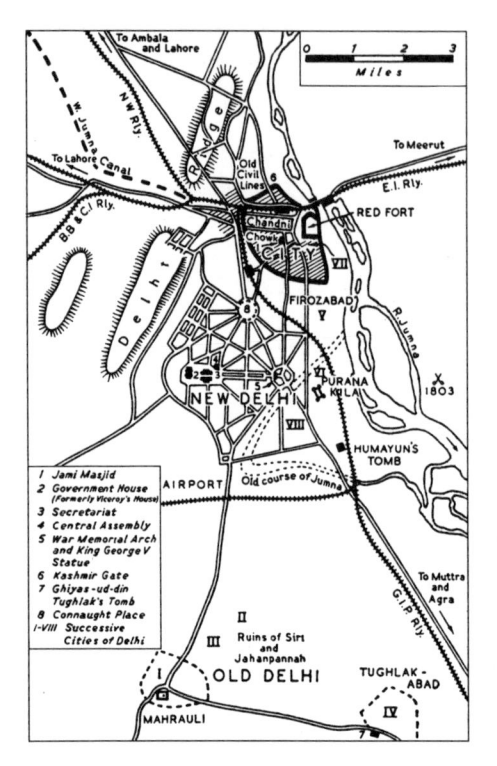

Abb. 5.10:
Delhi – Stadtentwicklung
Quelle: SPATE/LEARMONTH/FARMER 1972, aus SPATE/LEARMONTH 1967, S. 542

Haupttor des Roten Forts in Ost-West-Richtung durch die gesamte Stadt zur Fathpuri Masjid und Lahore-Gate verlaufende Chandi Chowk. Das ist die frühere Prachtachse der Stadt, über die der Kaiser zum Gebet in die Freitagsmoschee (Jami' Masjid) ritt. ... Chandi Chowk ist heute eine der Hauptgeschäftsstraßen. Bis zu den Umbauten nach 1857 standen zu beiden Seiten zahlreiche imposante Häuser und Paläste, und in der Mitte, beidseitig von Alleen gesäumt und in einem steinernen Bett geführt, floß ein von der Yamuna gespeister Wasserlauf." (GUTSCHOW/PIEPER 1983, S. 218).

So geschichtsträchtig und damit geeignet die alte Kaiserstadt auch war, für die Kolonialherren bildeten die Mauern und Paläste, Minarette und Türme mit ihren Zinnen nur die Kulisse für ihre neue Hauptstadt, die sie in der Ebene südlich bauten – wobei

Die gesamte Anlage ist eine getreue Wiederholung der o. g. Bau- und Stilelemente der klassischen anglo-indischen ‚Station', hier allerdings wie sonst nirgendwo in großem professionellen Stil verwirklicht, die dem gestellten Anspruch auf Weltgeltung gerecht werden sollte.

Auch wenn die räumliche Trennung zwischen Old und New Delhi nicht mehr besteht, sie sind baulich längst zusammengewachsen, so weckt der Kontrast zwischen dem überfüllten *Old Delhi* mit seinen typisch orientalischen Stadtvierteln, dem Gewirr von engen Gassen und Basaren, Tempeln und Moscheen, von den die Jami' Masjid die Größte ganz Indiens ist und der weitläufigen „Gartenstadt" *New Delhi* mit seinen breiten, gradlinigen, mit weit ausladenden Bäumen bepflanzten üppigen Alleen, seinen weißen Bungalows (eine eigenständige Bauschöpfung der anglo-indischen Gesellschaft – heute wohnen hier hohe Regierungsmitglieder und Wirtschaftsmagnaten) in geräumigen Compounds, großen blumengeschmückten Parks, seinen monumental-klassizistischen Regierungsgebäuden doch sehr gemischte Gefühle.

Mehr noch: In den vergangenen Jahrzehnten hat sich dieser Kontrast infolge der Bevölkerungsexplosion in der Hauptstadt (desgleichen in vielen anderen Metropolen und Großstädten – s. Tab. A 4.9 und A 4.10 – Anhang) weiter verschärft, ja ist bedrückend geworden. Ein Vergleich mit der ‚Muttermetropole' London mag diese Dynamik verdeutlichen: Um die Jahrhundertwende wies London noch die sechzehnfache Bewohnerzahl von Delhi auf, 1940 übertraf es Delhi noch um mehr als das neunfache. Heute, nur fünf Jahrzehnte später, übersteigt die Einwohnerzahl Delhis die von London bereits um drei Millionen – in wenigen Jahren, um die Jahrhundertwende, wird Delhi zumindest doppelt so viele Einwohner zählen wie London.

Entwicklungspolitisch von noch größerer Brisanz ist ein weiteres Spezifikum dieses konträren metropolitanen Wachstumsmusters – dieses Phänomen sei mit der Einbeziehung der (1981) beiden übrigen Großmetropolen Bombay und Calcutta in den gesamtindischen Rahmen gestellt: Im Gegensatz zu den IL-Megastädten ist in der Mehrzahl derjenigen der „Dritten" Welt, so auch Indiens, ein bis heute anhaltender *innerstädtischer Verdichtungsprozeß* festzustellen. An der vergleichenden Gegenüberstellung der Kernstädte von Bombay und Calcutta mit denen von London und New York wird dieses Phänomen deutlich (Tab. 5.1).

Wie aus Abb. 5.11 ersichtlich, weisen heute (1981) – die Daten für 1991 liegen für Calcutta und Bombay noch nicht vor – fast ein Fünftel der Wards von Calcutta City eine Dichte von über 100000, in mehr als einem Dutzend sogar von über 200 000 Ew./km^2 auf; in Bombay ist dieser Anteil sogar noch höher. Demgegenüber wird in Greater London überhaupt nur in 2 (von 31) boroughs eine Dichte von > 10000 Ew./km^2 erreicht.

Heute bilden das hoffnungslos überfüllte *Old Delhi*, wo Einwohnerdichten von ebenfalls über 200000 pro km^2 erreicht werden, mit seinen heruntergekommenen Häusern und schmutzigen Straßen, an deren Rändern sich der Müll türmt – die ehemalige Prachtstraße Chandi Chowk bildet hier außer seiner größeren Breite kaum eine Ausnahme, und *New Delhi* mit seinen ständig neu hinzukommenden modernen vollklimatisierten Verwaltungshochbauten und Hotels der Luxuskategorie – allein in den vergangenen sieben Jahren (1983–1990) wurde jedes Jahr ein neues eröffnet –, wo die Einwohnerdichten auch heute noch unter 3000 pro km^2 liegen, einen krassen Gegensatz – Ausdruck des für die Entwicklungsländer-Metropolen typischen Phänomens der *Polarisierung der (metropolitanen) Gesellschaft*.

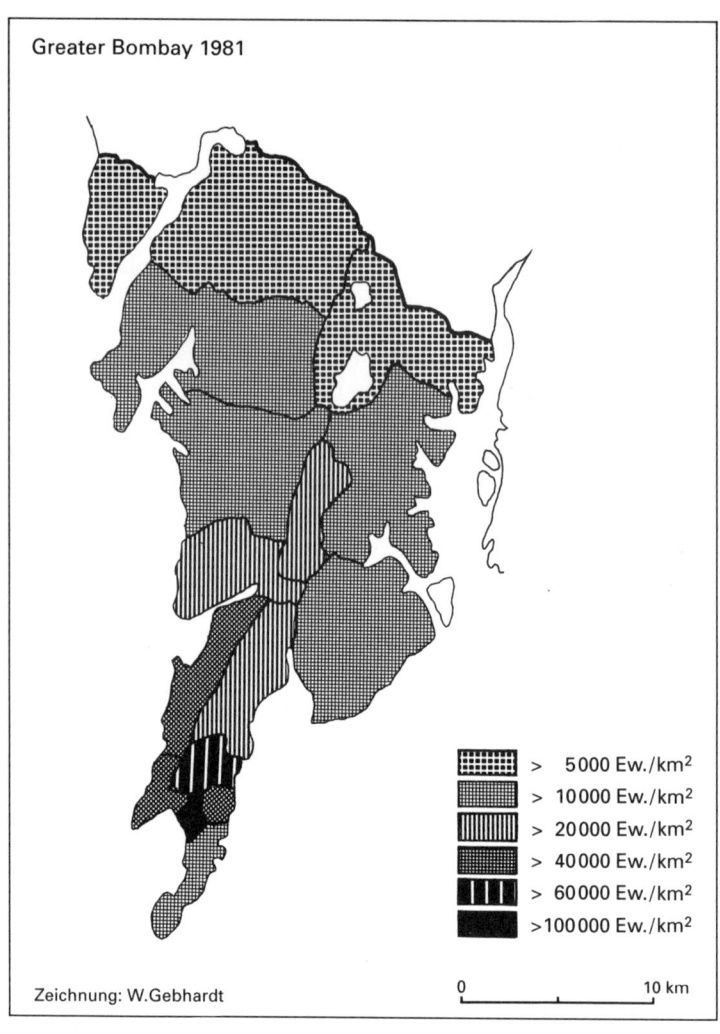

Greater Bombay 1981

- ▦ > 5 000 Ew./km²
- ▦ > 10 000 Ew./km²
- ▥ > 20 000 Ew./km²
- ▦ > 40 000 Ew./km²
- ▥ > 60 000 Ew./km²
- ■ >100 000 Ew./km²

Zeichnung: W. Gebhardt

0   10 km

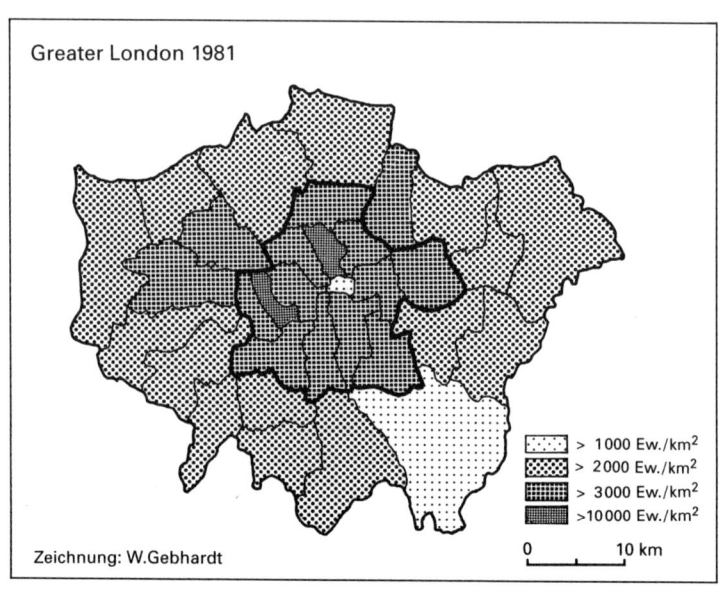

Greater London 1981

- ▦ > 1 000 Ew./km²
- ▦ > 2 000 Ew./km²
- ▦ > 3 000 Ew./km²
- ▦ >10 000 Ew./km²

Zeichnung: W. Gebhardt

0   10 km

Städte und Metropolen 143

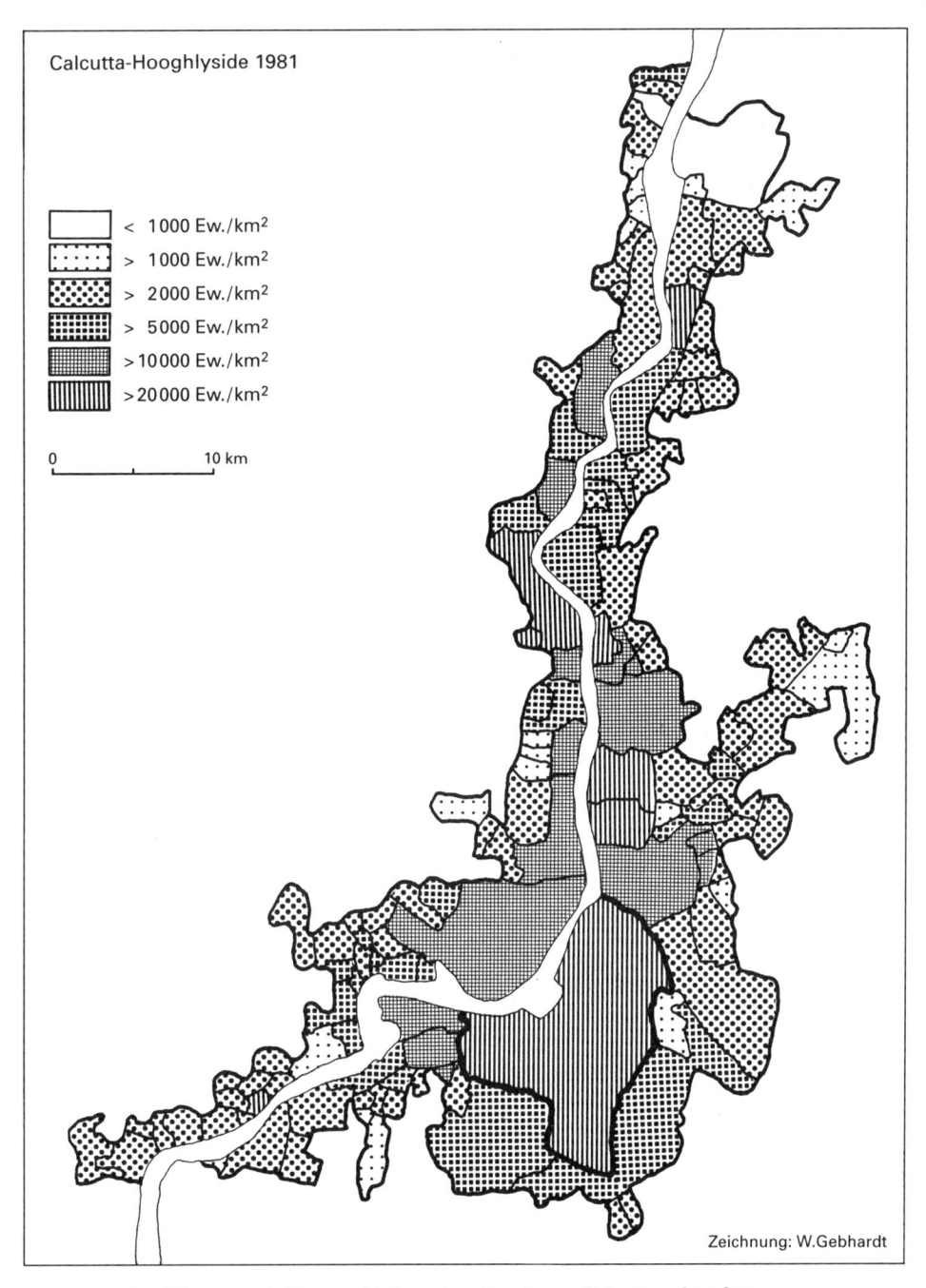

Calcutta-Hooghlyside 1981

☐	< 1 000 Ew./km²
▦	> 1 000 Ew./km²
▦	> 2 000 Ew./km²
▦	> 5 000 Ew./km²
▦	>10 000 Ew./km²
▦	>20 000 Ew./km²

0 _____ 10 km

Zeichnung: W. Gebhardt

Abb. 5.11: Bevölkerungsdichte von Metropolen: Bombay – Calcutta – London

Kernstadt (Core City)	Fläche (km²)	Jahr		
		1900	1940	1980
Calcutta City	104,00	8 981	18 320	31 654
Bombay City	68,71	11 294	21 685	46 500
Central London[1]	57,98	19 214	14 746	8 341
Manhattan	58,80	39 660	32 214	24 291

[1] = Central boroughs: City of London, Kensington & Chelsea, Westminster, Camden
Quellen: Census-Ergebnisse (Berechnungen des Verfassers)

Tab. 5.1: Wachstumsmuster metropolitaner Kerngebiete im internationalen Vergleich: Bombay/Calcutta – London/New York (Dichtewerte in Ew./km²)

Wesentlich – und zunehmend – verschärft wird dieses entwicklungspolitisch brisante Problem durch die, gegenüber dem raschen Bevölkerungswachstum, überproportionale Zunahme der Slum- und Squatterbewohner, ganz besonders in den Metropolen und Großstädten. In den vier Großmetropolen berechnet sich ihr Anteil nach amtlichen Angaben auf 40–45%. Auf diese ernste Problematik und ihre Folgewirkungen wird noch gesondert einzugehen sein (Kap. 13.5).

5.3 Zentralörtliche Strukturen: Ausdruck der Stadt-Land-Entwicklungsdichotomie

Bei der Untersuchung des Kasten/Berufs-Beziehungsgefüges der Bewohner innerhalb einer Gemeinde (Abb. 5.5 und 5.6) sowie, räumlich weiter ausgreifend, eines Gemeindeverbandes (Abb. 5.7), konnte festgestellt werden, daß, bereits in der Versorgung dieser Daseinsgrundfunktionen, nur eine Minderheit der ländlichen Gemeinden als ein autarker Organismus anzusprechen sein dürfte. Die Frage ist nun, ob und inwieweit sich diese Raummuster bei Einbeziehung sämtlicher zentraler Funktionen verändern. – In einer räumlichen Längsschnittanalyse wollen wir dieser Frage zunächst in einer Region, dann einem Tahsil und zuletzt für einen Bundesstaat konkret nachgehen.

Für den ersten Schritt erwies es sich als zweckmäßig, die gleiche Region auszuwählen, für die wir einen Einzelaspekt aus diesem Fragenkomplex, das räumliche Beziehungsmuster der landbesitzenden Kasten mit den Handwerks- und Dienstleistungskasten bereits untersucht haben (Abb. 5.7).

Auf die gestellte Frage gibt uns die in Abb. 5.12 dargestellte Ausstattung der Region bzw. seiner Gemeinden mit den zentralen Einrichtungen bereits wichtige Aufschlüsse (zum folgenden: BRONGER 1976, S. 76).

Die Darstellung zeigt, daß keine einzige der 15 Gemeinden mit den unmittelbar lebensnotwendigen Einrichtungen vollständig ausgerüstet ist. Die größte Gemeinde (A: ca. 4300 Ew., 1970) kommt diesem Bild noch am nächsten; sie ist darüber hinaus sogar mit einigen Funktionen von einem teilweise über diesen regionalen Bereich hinausgehenden Verflechtungsbereich ausgestattet: einem Wochenmarkt (im Durchschnitt für etwa 30–50 Gemeinden zuständig), sowie die Einrichtungen auf dem Sektor der Wirtschaftsförderung, außerdem ist der Ort als einziger direkt an das staatliche Verkehrsnetz angeschlossen. Andererseits fehlen dieser Gemeinde die sozialen Einrichtungen selbst auf der untersten Stufe, das ist eine ländliche Gesundheitsstelle (Dispensary).

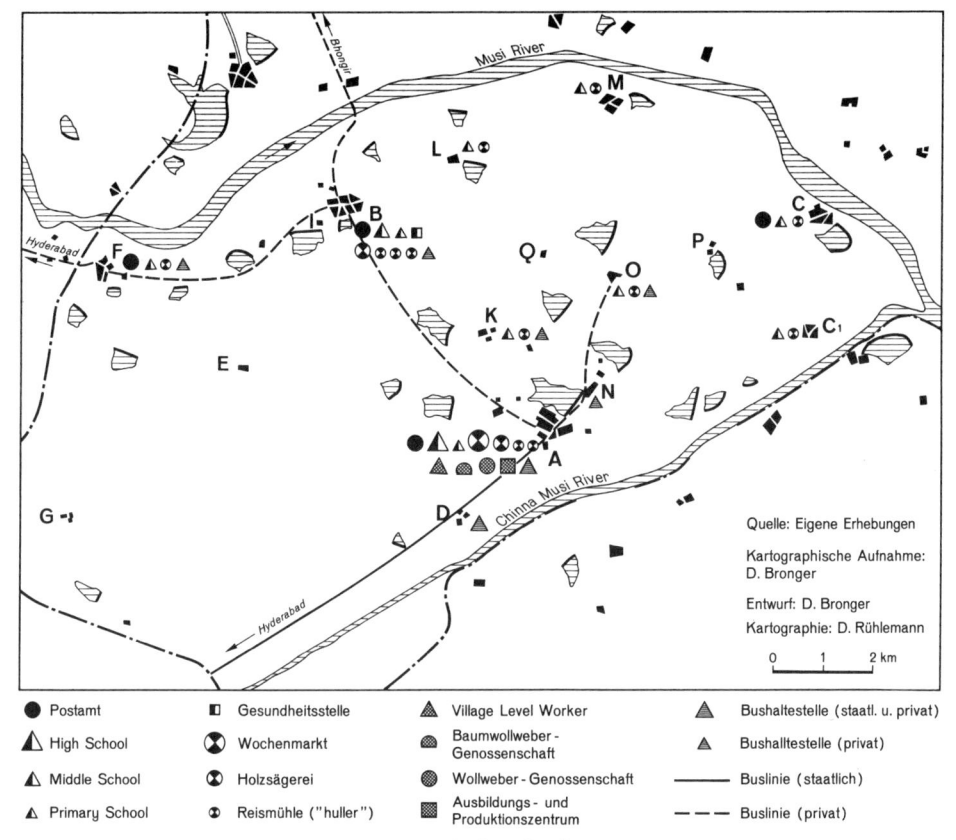

Abb. 5.12: Zentralörtliche Struktur einer indischen Region
Quelle: BRONGER 1976, S. 75

Zusammenfassend können wir sagen, daß keine einzige Gemeinde in der Versorgung selbst der untersten, also lebensnotwendigsten zentralen Funktionen „autark" ist, sondern auf zumindest eine, in der Regel auf mehrere Gemeinden angewiesen ist.

Was das für die Bewohner in der Praxis bedeutet, sei an einem Beispiel erläutert: Die Bewohner des Großweilers C 1 (ca. 1500 Ew.) müssen für die Inanspruchnahme der Post in das Mittelpunktsdorf C, für die Benutzung eines motorisierten Verkehrsmittels in die Gemeinde O, für die übrigen zentralen Einrichtungen der unteren Stufe (außer Dispensary) in die Großgemeinde A, in Krankheitsfällen in das gut 10 km entfernte Dorf B oder gleich in einen südöstlich gelegenen, 15 km entfernten zentralen Ort höherer Stufe, der bereits ein Rural Health Centre hat und dazu noch mit einer Veterinärstelle ausgerüstet ist. Für die Inanspruchnahme der nächsthöheren zentralen Einrichtungen, wie einen unter staatlicher Aufsicht stehenden Markt („regulated market"), sowie vor allem für sämtliche administrative Einrichtungen müssen die Bewohner dieser Region bereits in die ca. 30 km entfernte Tahsil-Hauptstadt (Bhongir: 1970 ca. 22 000 Ew.).

Wir haben damit bereits wesentliche Merkmale der in den stadtfernen ländlichen Regionen auch heute noch verbreiteten sog. *„dezentralisierten zentralörtlichen Struktur"* (BRONGER 1970, S. 506f.) kennengelernt. Die Frage ist nun: Inwieweit sind diese in einer exemplarischen Untersuchung gewonnenen Ergebnisse für andere Teile des ländlichen Indien repräsentativ?

Zur Beantwortung dieser Frage wurde mittels 24 Indikatoren, die sich aus allen Lebensbereichen rekrutieren – Bevölkerung: 3, Verwaltung: 3, Wirtschaft: 6, Verkehr: 4, Nachrichtenwesen: 2, Erziehung und Gesundheit: 4, Wohnen: 2 (näheres s.: BRONGER 1984, S. 400) – das zentralörtliche System eines Bundesstaates, Andhra Pradesh (275000 km² – 1981 53,6 Mill. Ew.), erfaßt: Insgesamt 166 zentrale Orte – zutreffender sollte man von Entwicklungszentren sprechen, da sich die Untersuchung nicht auf den Dienstleistungssektor allein beschränkte, die sich in insgesamt 14 hierarchische Entwicklungsstufen gliedern. Die Ergebnisse lassen sich in folgende drei Punkte zusammenfassen (s. BRONGER 1984, S. 401–407):

1. Insgesamt weist der Bundesstaat ein sehr *heterogenes Zentralitätsgefüge* (bzw. Entwicklungszentrengefüge) auf. In der Ausstattung der einzelnen Landesteile mit Entwicklungszentren der einzelnen Stufen bestehen ausgeprägte regionale Ungleichgewichtigkeiten. Die Ursachen hierfür sind sowohl in der ungleichen natur- und wirtschaftlichen Ausstattung, der Bevölkerungsverteilung als auch in der historischen Entwicklung, schließlich aber auch in der unterschiedlichen Mobilität der Bevölkerung der Landesteile zu sehen.
2. Diese Heterogenität bezieht sich aber auch auf die Ausstattung der Entwicklungszentren selbst: Der weitaus überwiegenden Anzahl der Zentren der untersten Stufen, die die große Masse dieser Zentren ausmachen (137 der 166), fehlen bereits wichtige Funktionen. Das betrifft insbesondere die Bereiche Wirtschaft, Verkehr und Kommunikation. Mit anderen Worten: Insgesamt verfügt nur eine Minderheit der 196 Tahsils über wenigstens ein leistungsfähiges Zentrum. Selbst auf Distriktebene fehlten bei 4 der 21 Hauptstädte wesentliche Funktionen.

Diese mithin auf allen räumlichen Maßstabsebenen vorzufindende „*dezentralisierte zentralörtliche Struktur*" ist nicht zuletzt durch die staatliche Verwaltungs- und Raumordnungspolitik hervorgerufen, ja bewußt gefördert worden – z. B. bei der Standortwahl eines Community Development (Block) Headquarters, das an Stelle in die Tahsil-Verwaltung in ein Dorf gelegt wurde. Das Ergebnis dieser Politik ist, daß auf Tahsil- wie auf Distriktebene eine große Anzahl von Mittel-, vor allem aber Unterzentren (2–4 pro Tahsil) existieren, aber kaum eines, das für den gesamten Distrikt bzw. Tahsil voll, d.h. in allen Funktionsbereichen mit den lebensnotwendigen Einrichtungen ausgestattet ist. Die Bedeutung einer besseren Versorgung der ländlichen Bevölkerung mit den notwendigen Einrichtungen, nicht zuletzt auch als Vorbeugungsmaßnahme für die drohende Gefahr einer Massenabwanderung in die Großstädte und Metropolen, ist erst spät in das Bewußtsein der staatlichen Planer und Politiker gerückt. Angesichts der geringen finanziellen Mittel erscheint es dringend erforderlich, die Einrichtungen nicht mehr wie bisher dispers anzulegen, sondern Entwicklungsschwerpunkte zu schaffen, in denen eine als notwendig erachtete Grundausstattung gebündelt ist, mit anderen Worten: gezielt wenige, dafür aber leistungsstärkere Zentren zu bilden. Diese Problematik wird näher zu diskutieren sein (s. Kap. 10.5, 13.4 und 14.2).

3. Eine wesentliche Ursache für das o. g. heterogene Zentralitätsgefüge ist, als Ausdruck des insgesamt niedrigen Entwicklungsstandes des Landes, in der *ausgeprägten funktionalen Dominanz der Metropole* und Hauptstadt Hyderabad als dem sämtliche übrigen Zentren weit überragenden Mittelpunkt des gesamten Bundesstaates zu sehen. Diese Primatstellung findet ihren räumlichen Niederschlag in der Lage bzw. der Entfernung der nächstgrößeren Zentren: diese haben sich erst in weiter Entfernung von zumindest mehr als 150 km Abstand, dazu mit gegenüber der Metropole weit untergeordneter Bedeutung (mit nur in einem Fall mehr als 10% der Bevölkerung Hyderabads – 1991: 4,28 Mill. Ew.) entwickeln können: Warangal (155 km – 467000 Ew.) im Nordosten, Nizamabad (170 km – 241000 Ew.) im Norden, Gulbarga/Karnataka (230 km – 310000 Ew.) im Westen und Kurnool (210 km – 275000 Ew.) im Süden.

Die monozentrische, auf Hyderabad ausgerichtete Struktur der Verflechtung wird durch die Daten des Telefonverkehrs (Anzahl der herausgehenden Anrufe) unterstrichen: die überregionalen Beziehungen zu den Großzentren Bombay, Madras und New Delhi, ja auch zu dem Hauptzentrum der Krishna-Godavari Region, Vijayawada (1991: 845000 Ew.), sind danach immer noch intensiver als mit den beiden Hauptzentren in Telangana, Warangal und Nizamabad. Insgesamt gingen 44% der Anrufe außerhalb des Bundesstaates, weitere 23% über den Landesteil Telangana hinaus, während nur 13% innerhalb des Distriktes erfolgten. Mit anderen Worten: Die Mittel- und Kleinzentren werden im Verflechtungsgefüge von der Metropole weitgehend übersprungen (BRONGER 1976, S. 157ff.).

Diese überragende Stellung Hyderabads bezieht sich jedoch nicht nur auf seine Verwaltungsfunktionen, sie findet auch in der fast ebenso dominierenden Stellung als Verkehrs- und Wirtschaftszentrum seinen Ausdruck. So laufen sämtliche wichtigen Fernstraßen – „National" und „State Highways" (s. Kap. 8.2.2) – des Bundesstaates hier zusammen. Darüberhinaus ist Hyderabad (Secunderabad) der Schnittpunkt der Ost-West- (Wadi-Vijayawada) wie Nord-Süd-Eisenbahnverbindung des mittleren Deccan-Hochlandes (s. Abb. 8.2) – alles Merkmale einer monozentrierten, auf die Metropole und Hauptstadt ausgerichteten Raumstruktur. Damit ist ein – für viele Entwicklungsländer ebenso – charakteristischer Regionaltyp, der *metropolitan dominierte Regionaltyp* angesprochen (vgl. Kap. 10.3.3 C; Abb. 10. 3). Als seine besonderen Merkmale sind die signifikante demographisch wie funktionale Hegemonialstellung (Primacy) der Metropole sowie deren überwiegend existierenden überregionalen Verflechtungen herausgestellt. Dieser Regionaltyp findet sich besonders ausgeprägt bei den drei Großmetropolen Bombay, Calcutta und Delhi – mit gravierenden Implikationen für eine, dieser Dominanz gegensteuernden, Regionalplanung. Darauf wird zurückzukommen sein (s. Kap. 13.4 und 14.2).

6 Die Landwirtschaft: Fundament von Wirtschaft und Gesellschaft

6.1
Die entwicklungspolitische Schlüsselstellung der Agrarwirtschaft

Wesentlich bestimmt durch die rasche Zunahme ihrer Bevölkerung besteht für die Entwicklungsländer das Hauptproblem darin, ein schnelleres Wirtschaftswachstum verbunden mit der Bildung einer leistungsfähigen Gesellschaftsstruktur zu erreichen. Das bedeutet zugleich, daß *Entwicklung* gerade auch in diesen Ländern alle Lebensbereiche umfassen muß und sich nicht auf einen oder wenige beschränken darf. Diese Entwicklungsstrategie hat ihre Gültigkeit nicht nur für die einzelnen Bereiche (Sektoren), sondern ebenso für die Regionen innerhalb dieser Länder. Die Vernachlässigung einzelner Sektoren oder Regionen hätte das Entstehen neuer Dualismen zur Folge, die letztlich zu einer erneuten Stagnation der wirtschaftlichen und gesellschaftlichen Gesamtentwicklung des betreffenden Landes führen könnte.

Diese Grundtatsache bedeutet andererseits nicht, daß einzelnen Sektoren eine Schlüsselrolle und damit eine besondere strategische Bedeutung innerhalb der Gesamtentwicklung eines Landes zukommt. Für fast alle Länder der „Dritten" Welt ist dies die Landwirtschaft. Hier leben 60–90% der Menschen von Tätigkeiten in diesem Sektor, 30–60% des Sozialproduktes werden in diesem Wirtschaftsbereich erzeugt und bis zu 80%, in einigen Ländern sogar über 90%, der Exporterlöse werden in diesem Sektor erwirtschaftet. Das bedeutet: Die Aufgabe der Landwirtschaft ist es nicht allein, genügend Nahrungsmittel für eine rapide wachsende (und gegenwärtig zum großen Teil unzulänglich ernährte) Bevölkerung zu erzeugen. Zusätzlich zu dieser Grundfunktion obliegt ihr die Produktion sowohl von weltwirtschaftlich wichtigen Rohstoffen und Genußmitteln, als auch wichtiger Rohstoffe zur eigenen industriellen und gewerblichen Weiterverarbeitung. Damit bildet die Landwirtschaft die Grundlage für den Aufbau einer organischen und kapitalextensiven Industrie und somit der Diversifizierung der Wirtschaft (TREITZ 1977, S. 119). Schließlich muß die Landwirtschaft noch für lange Zeit den Hauptbeitrag zur Lösung bzw. Milderung der, gegenüber der städtischen Arbeitslosigkeit numerisch weit bedeutenderen, ländlichen Unterbeschäftigung durch horizontale oder vertikale Produktionssteigerung und damit zur Beseitigung der Armut überhaupt leisten. Kurz: Die Landwirtschaft wird in der ganz überwiegenden Anzahl der Entwicklungsländer noch auf lange Zeit das Fundament für die weitere wirtschaftliche und soziale Entwicklung darstellen.

An einigen Fakten und Zusammenhängen sei in aller Kürze die Schlüsselstellung der Landwirtschaft innerhalb der wirtschaftlichen und gesellschaftlichen Entwicklung aufgezeigt:

Trotz Industrialisierungsbemühungen von mittlerweile über 40 Jahren, die Indien immerhin einen Platz unter den fünf führenden Industrienationen in der „Dritten" Welt einbrachte (s. Kap. 7), ist die Indische Union bis heute weitgehend ein Agrarland geblieben. Fast vier Fünftel der Gesamtbevölkerung leben auf dem Lande und auch gegenwärtig sind noch über zwei Drittel der Erwerbstätigen direkt im primären Sektor beschäftigt (s. Tab. 3.5). Darüber hinaus

Land	Landwirtschaft			Industrie			Dienstleistungssektor			BSP/Kopf	
	1950	1960	1991	1950	1960	1991	1950	1960	1991	1960	1994
Indien	56	52	31	15	18	27	29	30	41	100	310
China	67	43	27	14	34	42	19	23	32	130	530
Indonesien[1]		54	19		14	41		32	39	70	880
Zaire		30	31[1]		27	34[1]		43	35[1]	70	170[1]
Brasilien		16	10		35	32		49	51	340	3370
Australien		12	3		37	31		51	65	1593	17980
USA		4	2		38	33		58	65	3728	25860

[1] 1988
Quellen: Weltentwicklungsbericht 1982 und 1993, Weltbankatlas 1996
DIW 1974; Indien: s. Abb. 6.1; China: Statistical Yearbook 1992

Tab. 6.1: Zusammensetzung des BIP ausgewählter Länder (%) nach Sektoren

sind aber auch die nicht-agrarischen Wirtschaftszweige direkt oder indirekt in mannigfacher Weise mit der Landwirtschaft verflochten: eine erhebliche Anzahl der hauptberuflich nicht in der Landwirtschaft beschäftigten Landbevölkerung bezieht, zumindest temporär, im Neben- und Zuerwerb einen Teil ihres Einkommens aus der Landwirtschaft. Daneben werden Reparaturen von landwirtschaftlichen Geräten und Inventar einschließlich der Bewässerungseinrichtungen (Bau und Instandhaltung der Brunnen, der Staudämme, der Tanks etc.) auch heute noch ganz überwiegend im Dorf selbst vorgenommen und geben dort vielen Menschen Beschäftigung. Aber auch die Industrie dient großenteils noch immer der Aufbereitung und Verarbeitung der Erzeugnisse aus der einheimischen Land-, Vieh- und Forstwirtschaft: 1986 fanden noch immer 43,6% der Industriebeschäftigten in diesen Branchen Beschäftigung und ca. 35% der in der Industrie verarbeiteten Produkte entfallen auf Erzeugnisse des primären Sektors (Lebensmittel-, Tabak-, Zucker-, Textil-, Holz-, Papier- und Lederindustrie).

Insgesamt trug die Land-, Vieh- und Forstwirtschaft einschließlich weiterverarbeitender Industrien in den vergangenen 10 Jahren (1980/81–1989/90) über 45% zu den Exporteinnahmen (vgl. Tab. 9.3) und ca. 34% (einschließlich Bergbau) zum Bruttoinlandprodukt (BIP) bei. Damit hat sich dieser Wert in den vergangenen fast 40 Jahren zwar deutlich (von 56%) abgesenkt (Abb. 6.1), dennoch wird der agrare Sektor aller Voraussicht nach bis zum Jahre 2000 seine diesbezügliche Vormachtstellung vor der Industrie behaupten – und das trotz deutlicher Prioritätensetzung zugunsten des industriellen Sektors in der Entwicklungsplanung seit dem Beginn der Unabhängigkeit (vgl. Tab. 7.1).

Dieser, auch im internationalen Vergleich mit anderen Subkontinentalstaaten eher langsame Übergang zur Industriegesellschaft (Tab. 6.1) hat aber auch wesentlich dazu beigetragen, daß die verkrusteten, in Jahrtausenden gewachsenen *gesellschaftlichen* Strukturen (Kap. 4) zumindest auf dem Lande bislang nicht (nennenswert) abgebaut werden konnten.

Bei einer derartig überragenden Bedeutung dieses Sektors ist es nur zu verständlich, daß bis heute das *Ergebnis der Ernten* in jedem Jahr das volkswirtschaftlich wichtigste und daher auch das mit Abstand meistdiskutierteste Ereignis im ganzen Land darstellt. Die enge Verflechtung und gleichzeitige Abhängigkeit der gesamten Volkswirtschaft von dem Ausfall der jeweiligen Jahresernte und den Folgewirkungen sei am Wirtschaftsjahr 1972/73 beispielhaft aufgezeigt:

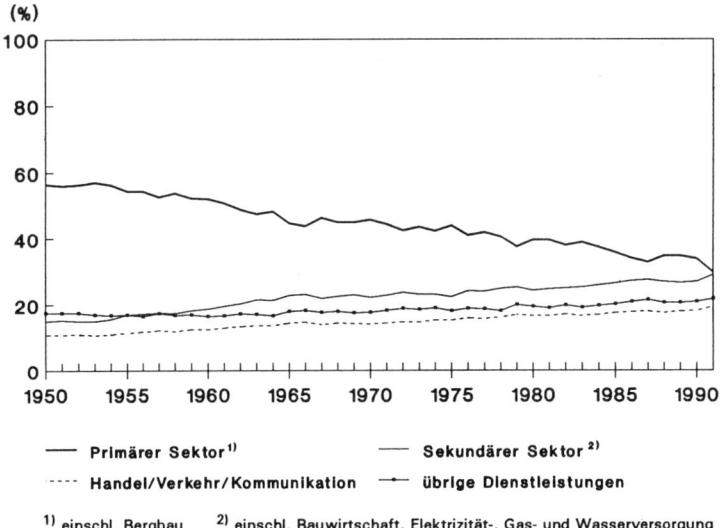

**Abb. 6.1:
Wachstum und
Zusammensetzung
des Bruttoinland-
produktes nach
Sektoren 1950/51 –
1991/92 (zu Preisen
von 1980/81)**

Quellen: 1950/51 –1989/90:
Economic Survey 1991/92
und frühere Jahrgänge
1991/92: SBI 1992, S. 419
(8. Fünfjahrplan); Berechnungen des Verfassers

— Primärer Sektor[1)]   — Sekundärer Sektor[2)]
---- Handel/Verkehr/Kommunikation   —•— übrige Dienstleistungen

[1)] einschl. Bergbau   [2)] einschl. Bauwirtschaft, Elektrizitäts-, Gas- und Wasserversorgung

Brachte das Jahr 1970/71 eine bisherige Rekordernte nicht nur in der Nahrungsmittelproduktion (108,5 Mill. t), sondern auch der wichtigsten cash crops, so erlebte das Land mit dem Jahr 1972/73 einen Produktionseinbruch, vergleichbar fast mit dem der Jahre 1965/66 und 1966/67: die Nahrungsmittelproduktion ging pro Kopf um 14,5% zurück, eine Reihe der Marktfrüchte hatte ähnlich hohe Einbußen erlitten. Insgesamt lag das Gesamtergebnis in der pro Kopf und Jahr entfallenden Menge an Nahrungsfrüchten nur um knapp 7% über dem von vor 25 Jahren! Bei einer derart überragenden volkswirtschaftlichen Bedeutung dieses Sektors mußten solcherart negative Produktionsergebnisse stark auf das Gesamtergebnis der Volkswirtschaft durchschlagen:

Bereits in der zweiten Hälfte des Wirtschaftsjahres 1972/73 hatte die Konsumgüterindustrie (–5,3%) sowie die „intermediate" goods (Grundstoffe und Produktionsgüter, – 21,3%) erhebliche Produktionsrückgänge zu verzeichnen. Im darauffolgenden Wirtschaftsjahr stagnierte die *Industrieproduktion* insgesamt (+0,5%). – Das landwirtschaftliche Produktionsergebnis führte zu einem überproportionalen Anstieg der Nahrungsmittelpreise, die wiederum hauptverantwortlich für eine galoppierende *Inflation* bislang nicht gekannten Ausmaßes war: der Großhandelspreisindex stieg im Jahre 1973 um 19,2%, im darauffolgenden Jahr sogar um 27,3%. Insgesamt hatte das schlechte Ernteergebnis und die dadurch mitbedingte Verlangsamung der industriellen Produktion ein *Absinken des Bruttosozialproduktes* um 1,3% zur Folge (Planziel: 5,6%). Bei dem gleichzeitig unvermindert raschen Bevölkerungswachstum bedeutete dies ein *Absinken des Lebensstandards* (NIP 1972/73: –4,9%). Von der inflationären Entwicklung und dem dadurch bedingten Kaufkraftverlust war in erster Linie die große Masse der armen Bevölkerungsschichten betroffen, zumal der Anstieg der Grundnahrungsmittelpreise überdurchschnittlich hoch war. Bei nachfolgend anhaltend kritischer Versorgungslage kam es zu Beginn des Jahres 1974 zu erheblichen Unruhen, von denen erstmalig ganze Bundesstaaten erfaßt wurden (Bihar, Gujarat). Die schlechte Getreideernte führte jedoch auch zu Belastungen der Volkswirtschaft im *außenwirtschaftlichen Bereich*: in den Haushaltsjahren 1973/74 und 1974/75 war Indien gezwungen, 4,4 bzw. 5 Mill. t Nahrungsgetreide (bei zunehmend steigenden Weltmarktpreisen) einzuführen, was zusammen mit den gestiegenen Preisen für Erdölprodukte entscheidend zu der stark defizitären Handelsbilanz dieser Jahre beitrug (1973/74: 1,5 Mrd. DM, 1974/75: über 3 Mrd. DM)" (BRONGER 1984, S. 169; ergänzt).

Auch danach, und das bis in die Gegenwart, sind ähnliche Rückschläge in den Ernteergebnissen, speziell der Nahrungs-

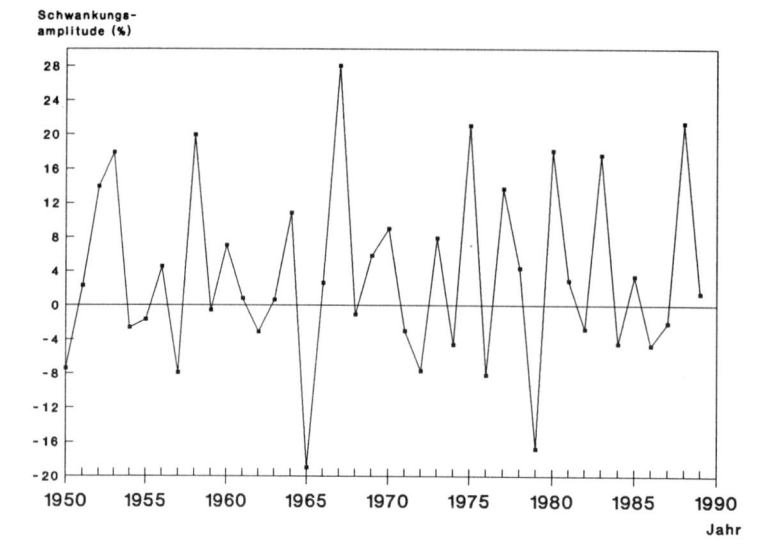

Abb. 6.2: Jährliche Schwankungen der Nahrungsfrüchteproduktion in Indien 1949/50–1989/90

mittelproduktion mit den daraus folgenden gesamtwirtschaftlichen Konsequenzen keineswegs ausgeblieben: 1978/79, 1982/83, 1984/85, 1987/88 (s. Abb. 6.2).

Diese Bilanz, daß die indische Landwirtschaft bis heute nicht in der Lage ist, den Nahrungsmittelbedarf aller Bewohner gleichbleibend Jahr für Jahr zu decken, führt zur Frage nach der Entwicklung der Agrar-, insbesondere der Nahrungsmittelproduktion im Zusammenwirken mit der Rolle des Staates, sprich: der staatlichen Entwicklungsplanung in Theorie und Wirklichkeit.

6.2 Entwicklungstendenzen der Nahrungsmittelproduktion seit der Unabhängigkeit I: Der nationale Rahmen

Um bei der gegenwärtigen Bevölkerungszunahme ein nur gleichbleibendes Versorgungsniveau zu erreichen, müßte die Nahrungsmittelproduktion jährlich um zumindest ca. 2,5%, d. h. derzeit um 4,4 Mill. t zunehmen. Wenn darüberhinaus nur eine begrenzte Verbesserung oder Versorgung mit der Möglichkeit einer Vorratsbildung für monsunbeeinträchtigte Jahre und gleichzeitig einer Unabhängigkeit von Getreideimporten sowie um das wichtige Ziel einer zunehmenden Beschäftigung bei stabilen Preisen erreicht werden soll, ist eine Steigerung der Nahrungsmittelproduktion sogar um 4% erforderlich (v. URFF/KROPP 1974, S. 52), was eine (gegenwärtige) Zunahme von 6,7 Mill. t/Jahr bedeuten würde. Diese Angaben entsprechen in etwa auch den Zielsetzungen der letzten Fünfjahrespläne, die eine jährliche Wachstumsrate der landwirtschaftlichen Gesamtproduktion von 4–5% im dritten (1961/61–1965/66), 5,5% im vierten (1969/79–1973/74), 4,2% im fünften (1974/75–1978/79), 6,5% im sechsten (1980–1985) sowie von 3,8% im soeben abgelaufenen siebten Fünfjahresplan (1985–1990) vorsahen.

Auf den gesamten Zeitraum bezogen blieben die Produktionsergebnisse (mehr oder weniger) weit hinter den Erwartungen

Entwicklungstendenzen der Nahrungsmittelproduktion: Nationaler Rahmen 153

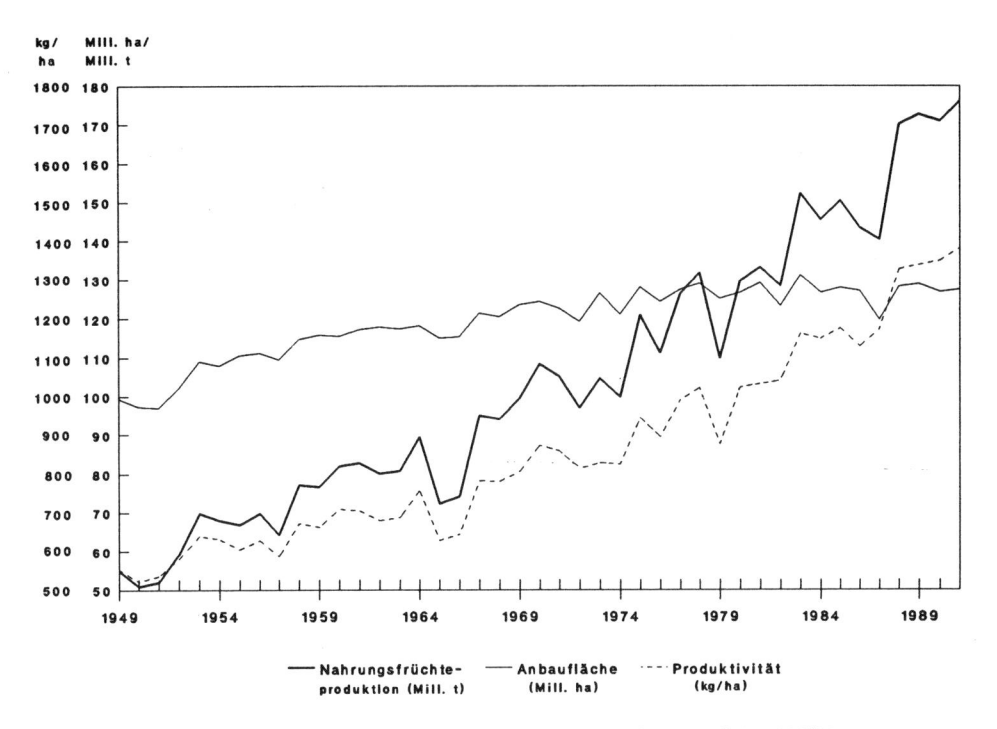

Abb. 6.3: Entwicklung der Nahrungsfrüchteproduktion in Indien 1949/50–1990/91

und Planungen zurück (s. Abb. 15.1). Dabei war, gerade im Vergleich mit der propagandawirksam gestarteten und hochgelobten „Grünen Revolution" der 60er und 70er Jahre (s. Kap. 15.1.4) der „vorrevolutionäre" Anstieg der Nahrungsmittelproduktion in den *50er Jahren* noch durchaus zufriedenstellend: mit einer Rate von durchschnittlich 3,6% pro Jahr 1949/50–1959/60 entsprach sie genau dem des gesamtwirtschaftlichen (BIP) Wachstums, wobei es darüberhinaus noch relativ stetig verlief. Bei einem gleichzeitigen Bevölkerungsanstieg von rund 2% pro Jahr bedeutete dies eine fühlbare Verbesserung in der Versorgung. Die pro Kopf verfügbare Menge an Nahrungsfrüchten (Getreide und Hülsenfrüchte) erhöhte sich von 1951 bis 1961 von 394 auf 469 Gramm pro Tag (s. Tab. A 5.6 – Anhang). Allerdings ist dieser beachtliche Produktionsanstieg fast ausschließlich auf eine Erweiterung der Anbaufläche zurückzuführen: in dem genannten Zeitraum betrug sie 16,8% – in den darauffolgenden 30 Jahren wurde sie insgesamt nur noch um 11,3% vergrößert (Abb. 6.3). Das Produktionswachstum setzte sich bis Mitte der *60er Jahre* mit nur wenig abgeschwächter Dynamik fort (1959/60–1964/65: 3,1% pro Jahr).

Dieses bis dahin durchaus positive Bild änderte sich schlagartig, als 1965/66 und 1966/67, bedingt durch ungünstige Monsunniederschläge, nacheinander zwei Mißernten auftraten, die einen Produktionseinbruch gegenüber dem Vorjahr von 19% bzw. 17% absolut und 20,8% bzw. 20,5% pro Kopf bedeuteten. Um eine katastrophale Verschlechterung der Versorgungssituation der Bevölkerung zu verhindern, sah sich die Regierung gezwungen, Getreideimporte in einer bislang (und auch später) nie dagewesenen Größenordnung von über 10 Mill. t zu tätigen, wodurch sich der „Wertzuwachs" der Importe um 47,5% gegenüber 1964/65 erhöhte (s. Kap. 9). Selbst diese Rekordeinfuhr konnte nicht verhindern, daß die pro Kopf verfügbare Menge an Nahrungsfrüchten mit 401 bzw. 408 Gramm/Tag fast wieder auf das Niveau zu Beginn der 50er Jahre absank (s. Tab. A 5.6 – Anhang). Erst mit der Rekordernte des Jahres 1970/71 von 108,4 Mill. konnte die verfügbare Menge je Kopf und Tag wieder auf 469 Gramm gesteigert werden, womit genau das Niveau von 1960/61 erreicht wurde. Die positive Entwicklung seit 1967 ist in erster Linie auf den 109%igen Zuwachs der Weizenproduktion (von 11,4 auf 23,8 Mill. t) zurückzuführen – erstes positives Signal der zu Beginn der 60er Jahre eingeleiteten „Grünen Revolution" (s. u. Kap. 15.1.4).

Dieser Trend konnte in den *70er Jahren* nicht fortgesetzt werden. Mit einem Zuwachs der Nahrungsmittelproduktion von 19,5% in den Jahren 1970/71–1980/81 konnte sie nicht einmal mehr mit dem Bevölkerungswachstum (25%) Schritt halten. Auch in dieser Dekade war die Weizenproduktion der Vorreiter (+52,4%). Die Zunahme der Reisproduktion war mit 27% noch immerhin befriedigend, während die der Hülsenfrüchte rückläufig war (−10%). Die zum Abschluß des 4. Fünfjahrplanes (1973/74) veranschlagten 129 Mill. t wurden erst sieben Jahre später, 1980/81, erreicht. Das insgesamt unbefriedigende Ergebnis dieser Dekade dokumentiert sich auch in der Nahrungsmittelversorgung der Bevölkerung: mit 454 Gramm je Kopf und Tag lag die verfügbare Menge unter der von vor 10 Jahren.

Trotz wiederum einer Reihe von Rückschlägen (Abb. 6.3) stimmt das Ergebnis der *80er Jahre* mit einem Produktionszuwachs von 36% in den neun vergangenen Jahren (1980/81–1990/91) wieder hoffnungsfroher. Hauptverantwortlich für dieses positive Gesamtergebnis waren die Rekordernten der drei vergangenen Jahre (1988/89–1990/91), mit denen erstmals die 170-Mill.-t-Grenze überschritten wurde. Dennoch wurde das anvisierte Ziel des abgelaufenen 7. Fünfjahresplanes von 180,7 Mill. t (7. FYP, I: 15) mit 176,2 Mill. t (1990/91) nicht ganz erreicht. Mit rund 510 Gramm je Kopf und Tag konnte auch eine Verbesserung der Nahrungsmittelversorgung der Bevölkerung insgesamt erreicht werden. Die notwendigen Getreideimporte hielten sich mit durchschnittlich 1,05 Mill. t/Jahr (1980–1989) noch in befriedigendem Rahmen; in den 10 Jahren zuvor hatten sie noch bei 2,1 Mill. t/Jahr gelegen.

Die Entwicklung der vergangenen 40 Jahre zusammengefaßt, können wir folgende Feststellungen treffen:

1. Betrachtet man die Nahrungsmittelproduktion über den gesamten Zeitraum hinweg, so ist die Steigerung von 52,6 Mill. t auf 164,4 Mill. t (Durchschnitt der Jahre 1949/50–1951/52 bzw. 1987/88–1990/91), d. h. um mehr als das dreifache durchaus beachtlich. Bei einem Wachstum der Bevölkerung um das 2,3fache blieb eine nennenswerte Steigerung der Nahrungsmittelproduktion pro Kopf um fast 40% übrig. Dieses positive Gesamtergebnis ist jedoch in mehreren Punkten zu differenzieren:
2. Die Pro-Kopf-Produktion ist seit Beginn der 60er Jahre stagnierend. Erst die drei letzten Rekordernten 1988/89–1990/91 brachten hier eine spürbare Verbesserung. Ob dieser Trend, allein auf Grund der dramatischen Bodenzerstörung (s. Kap. 2.5 und 15.2), auch längerfristig durchzuhalten sein wird, bleibt abzuwarten (s. Kap. 15).
3. Noch immer ist die Nahrungsmittelproduktion monsunbedingt großen jährlichen Schwankungen ausgesetzt

(Abb. 6.2). (Das bedeutet auch, daß die Vielzahl der gegensteuernden staatlichen Maßnahmen (s. Kap. 15.1) bislang nicht den erhofften Effekt gebracht haben). Dieser Tatbestand erschwert bei einem Agrarland die mittel- und langfristige Gesamtentwicklungsplanung.
4. Die Steigerung der Nahrungsmittelproduktion und die damit verbundene Verbesserung der Ernährungssituation insgesamt betraf in erster Linie die Produktionssteigerung von Weizen (um das achtfache) und – in geringerem Ausmaß – von Reis (um das 3,1fache) und damit deren Anbauregionen. Das bedeutet: Die insgesamt bessere Versorgungslage wurde durch zunehmende *regionale* Ungleichgewichte erkauft (s. Kap. 6.3.3).
5. Der starken Produktionssteigerung bei Weizen und Reis steht lediglich eine 1,5fache Steigerung bei den Hülsenfrüchten gegenüber mit der Folge, daß die Pro-Kopf der Bevölkerung verfügbare Menge an Hülsenfrüchten von 1951: 61 Gramm pro Tag (1961: 69 Gramm) auf 1991 nur noch 39,7 Gramm drastisch zurückgegangen ist. Im Hinblick darauf, daß Hülsenfrüchte die Haupteiweißquelle für die Masse der Bevölkerung darstellen (zumal der Verzehr an tierischem Eiweiß nur bei 7 Gramm pro Kopf und Tag liegt), ist diese Entwicklung nicht unbedenklich.

6.3 Entwicklungstendenzen der Nahrungsmittelproduktion seit der Unabhängigkeit II: Der regionale Rahmen

Nationale Durchschnittswerte der Entwicklung der Nahrungsmittelproduktion sind insofern problematisch, als sie von *regionalen Unterschieden* abstrahieren. Bei einem Subkontinentalstaat wie Indien mit seinen unterschiedlichen Naturvoraussetzungen (s. Kap. 2), aber auch sehr verschiedenartigen Menschen kann das bisherige Resümee nur ein Teil der Wirklichkeit sein. Die in den letzten beiden Punkten zum Ausdruck gekommene Bilanz zeigt bereits die besondere Notwendigkeit, die regionale Dimension in die Bewertung mit einzubeziehen.

Wir haben demnach zu fragen:

– Wo liegen die Verbreitungsgebiete der wichtigsten Kulturpflanzen? Und:
– Wie haben sich die Anbaugebiete im Hinblick auf ihre Produktionsstruktur und ihre Produktionsentwicklung *regional* verändert?

6.3.1 Die Anbauregionen: Gegenwärtige Struktur und historischer Wandel

Die Naturfaktoren Klima, Boden und Relief sowie die daraus resultierenden Möglichkeiten der Bewässerung einerseits, die ökonomischen Zwänge, in erster Linie die Notwendigkeit der Selbstversorgung, ferner die Nahrungsgewohnheiten, aber auch unterschiedliches Wirtschaftsverhalten der Kasten und Individuen andererseits ergeben ein außerordentlich differenziertes Aufbaugefüge. Die in vielen Teilen Indiens, insbesondere auf den Alluvial- und Schwemmlandböden der Fluß- und Küstenebenen existierende große Anbauvielfalt (insbesondere Gewürz- und Gemüsevarietäten!) vereinigen nicht selten 20, ja 30 verschiedene Nutzpflanzen in einer Gemeinde (s. u. Tab. 6.7). Insofern ist jeder Versuch einer für ganz Indien „gültigen" kartographischen Darstellung von Anbauregionen bzw. von Verbreitungsarealen bestimmter Leitkulturen

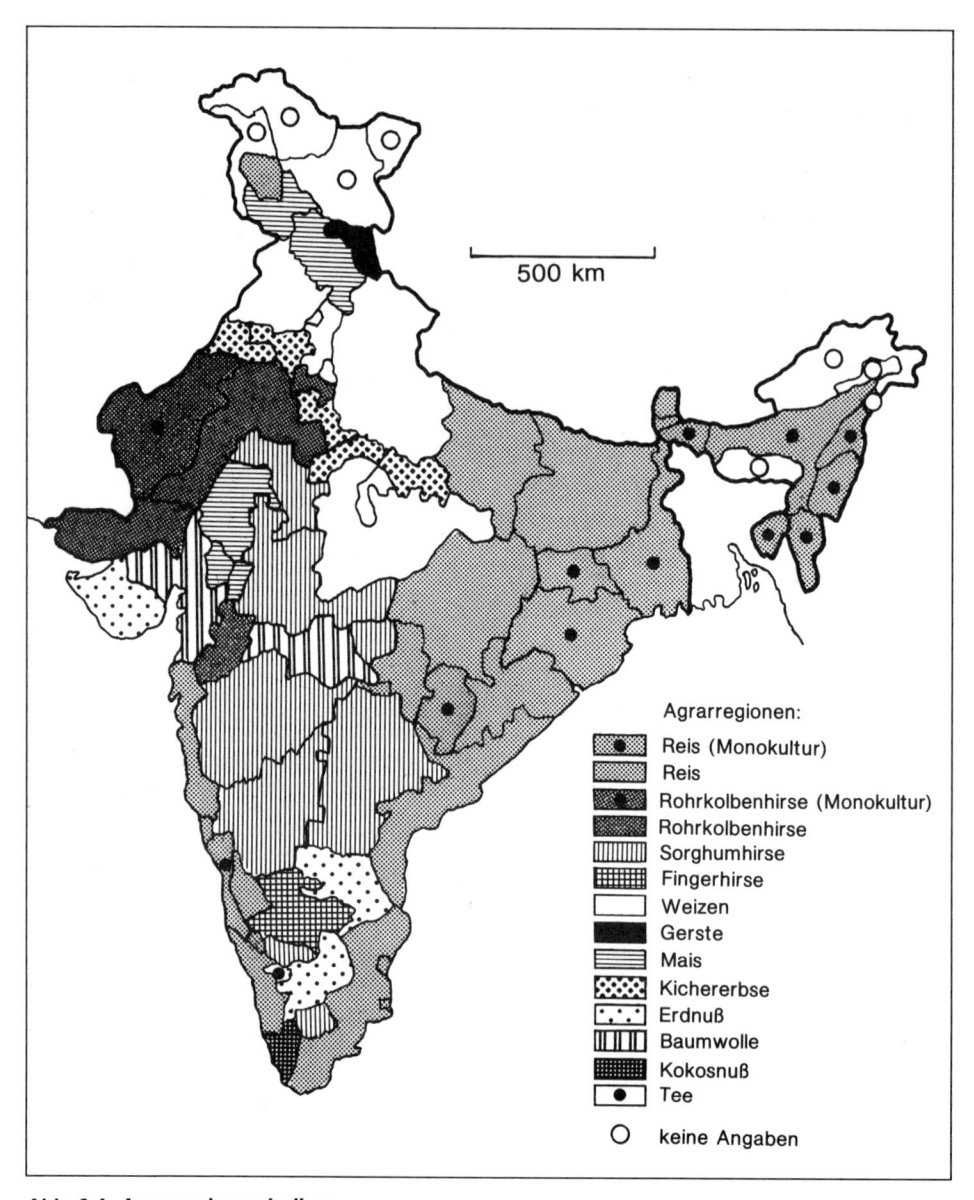

Agrarregionen:
- Reis (Monokultur)
- Reis
- Rohrkolbenhirse (Monokultur)
- Rohrkolbenhirse
- Sorghumhirse
- Fingerhirse
- Weizen
- Gerste
- Mais
- Kichererbse
- Erdnuß
- Baumwolle
- Kokosnuß
- Tee
- ○ keine Angaben

Abb. 6.4: Agrarregionen Indiens
Anmerkung: Die Karte zeigt die Leitkulturen. Der Anteil des jewiligen Anbauproduktes an der gesamten Erntefläche beträgt mindestens 20%, bei Monokulturen 60–80%.
Quelle: SINGH/DHILLON 1984; Kartographie: W. Gebhardt

(Abb. 6.4) stets ein Kompromiß und stellt nur einen sehr begrenzten Teil der Wirklichkeit dar.

Bereits *Reis* ist bekanntlich nur eine Sammelbezeichnung, in Indien unterscheidet man mehrere Dutzend Arten. Die amtliche, für ganz Indien gültige Anbaustatistik unterscheidet sowohl bei den Getreidesorten, Hülsen- und Ölfrüchten als auch bei Gewürzen, Obst und Gemüsen zwischen je 8 bis 11 Varietäten; unter Einbeziehung der lokalen Dimension wird die Artenfülle geradezu unübersehbar.

Einen gewissen Einblick in diese Vielfalt geben die in den verschiedenen Landesteilen durchgeführten Dorfstudien. Für den deutschen Sprachbereich seien genannt: für die mittlere und obere Gangesebene sowie das mittlere Rajasthan die Untersuchungen von NITZ (1971, 1984); für Zentralindien (Malwa-Plateau) BRONGER (1989); für das mittlere Deccan-Hochland HOPPE (1966), BRONGER (1970a, 1989); für Kerala NITZ (1974, 1982) sowie für die südliche und mittlere Koromandelküste NITZ (1982a, 1984), BOHLE (1981, 1989) und BRONGER (1976). Einen flächendeckenden Einblick in die regional außerordentliche Palette der Anbauspektren geben die inzwischen weit über 100 zählenden, allerdings recht kursorischen „village survey monographs" des Census of India.

Trotz dieser Vielfalt existiert eine überschaubare Anzahl von Leitkulturen, die aus der Ernährung der indischen Familie nicht wegzudenken sind (Tab. 6.2): Mit Abstand dominiert hier *Reis* (24,5% der Brutto-Anbaufläche), der im Norden vielfach durch *Weizen* (14,1%) als Hauptnahrungsmittel ersetzt wird. Als Brotgetreide spielen daneben noch die verschiedenen Hirsen, vor allem *Jowar* (Sorghumhirse: 8,7%) und *Bajra* (Rohrkolbenhirse: 7,1%) besonders auf dem Deccan-Hochland eine wichtige Rolle. Dazu liefern die *Hülsenfrüchte* (insgesamt 13,6%), als Brei (Dal) zubereitet, das notwendige Eiweiß, *Ölfrüchte* (zusammen: 12,7%) die pflanzlichen Fette. Unter ersteren hat die *Kichererbse* (3,9%), von den letzteren die *Erdnuß* (4,3%) die weiteste Verbreitung. Nach der bestellten Fläche spielen die *Gewürzpflanzen* (1,2%) zwar nur eine untergeordnete, für die Ernährung weiter Bevölkerungskreise jedoch eine unverzichtbare Rolle. Nicht ganz unbedeutend für den täglichen Speisezettel ist *Gemüse* (zusammen 1,8%), das, wie die Gewürze, vor allem auf dem siedlungsnahen, brunnenbewässerten Gartenland angebaut wird. *Obst*, aus Kashmir und Kerala, können sich dagegen nur vergleichsweise wenige Familien leisten.

Unter den Marktfrüchten nimmt die ebenfalls seit alters angebaute *Baumwolle* (4,3%) die erste Stelle ein. Für die Dorfwirtschaft hatte ihre Verarbeitung bis in dieses Jahrhundert hinein einen bedeutenden Stellenwert (s. Kap. 7). Das gilt für die erst von den Engländern „eingeführte" *Jute* (0,5%) in ungleich geringerem Maße; Anbau und Verarbeitung ist zudem fast ausschließlich auf Westbengalen, dazu auf die angrenzenden Teile von Orissa, Bihar und Assam begrenzt. Als Marktfrucht von weit größerer Bedeutung ist dagegen *Zuckerrohr* (2,0%) zu nennen: mit inzwischen 3,7 Mill. ha (s. Tab. A 5.6 – Anhang) steht Indien nach Anbaufläche und Produktion an erster Stelle unter allen Ländern der Erde.

Das Verbreitungsgebiet der einzelnen Kulturpflanzen richtet sich naturgemäß nach ihren ökologischen Ansprüchen. Gerade in Indien hat es dennoch der Mensch seit Jahrhunderten vermocht, durch die Schaffung von Bewässerungsanlagen entgegen der Ungunst der Natur (vor allem unzureichende und unsichere Niederschläge – s. Kap. 2.3) die Areale wichtiger Anbaupflanzen zusätzlich zu erweitern.

Das trifft vor allem für *Reis* zu. Seine größte regionale Konzentration findet er in den großen Strom- und Deltagebieten des Ganges, Brahmaputra und deren Nebenflüsse, sowie dem Mahanadi-, Godavari-, Krishna- und Cauvery-Delta

Region	Brutto-Anbaufläche 1984–85 Mill. ha)	Mehrfach-anbau-Index[4]	Bruttobewäs-serungsfläche 1986–87 (1000 ha)	Intensitätsindex [4:2] (%)
1	2	3	4	5
Andhra Pradesh	12,39	116,5	4360	36,7
Assam	3,25	137,9	572	15,4
Bihar	10,29	134,9	3831	36,7
Gujarat	8,52	107,1	2710	25,5
Haryana	5,20	152,4	3912	63,6
Himachal Pradesh	0,92	170,3	171	17,1
Jammu & Kashmir	0,95	140,0	404	40,5
Karnataka	10,94	110,5	2247	18,0
Kerala	2,04	131,6	426	14,7
Madhya Pradesh	21,85	116,7	3456	13,9
Maharashtra	20,41	113,2	2462	13,1
Orissa	8,32	139,5	2088	23,1
Punjab	6,57	167,4	6590	90,5
Rajasthan	17,62	113,6	4351	22,2
Tamil Nadu	6,29	122,5	2844	49,5
Uttar Pradesh	25,87	145,6	12908	48,4
West Bengal	7,55	142,0	1911	26,1
Indien	169,50	125,0	55636	30,7

Tab. 6.2: Anbauzusammensetzung in indischen Regionen 1988/89

entlang der Ostküste. Dank einer überdurchschnittlich langen Regenzeit und unterstützt durch zusätzliche Kanalbewässerung (im alten Andhra-Königreich dem Krishna- und Godavari-Delta, seit 2000 Jahren!) können in den genannten Regionen sowie in Kerala zumeist zwei Reisernten, bisweilen sogar noch mit einer zusätzlichen Gemüse-Zwischenfrucht, innerhalb eines Jahres eingebracht werden. Insbesondere Kerala und das genannte Gangesdelta verzeichnen aus diesen Gründen die höchsten ländlichen Bevölkerungsdichten mit z. T. über 1000 Ew./km² (s. Abb. 3.4). Weitere wichtige Anbaugebiete befinden sich neben dem genannten reich beregneten Vorland der Westghats (Malabarküste) noch im ebenfalls niederschlagsreichen Bergland von Orissa und Bihar (Chota Nagpur). Aber auch in den Rotlehmgebieten des östlichen und südlichen Deccan-Hochlandes nimmt der Reisbau im Bereich der Stauteichbewässerung immerhin 10–30% der Anbaufläche ein. In den letzten 20 Jahren hat sich zudem im Punjab auf der Grundlage der Kanalbewässerung ein weiteres bedeutendes Reisanbaugebiet entwickelt, das mittlerweile zu den ertragreichsten Indiens zählt, vor allem seitdem hier Hochleistungssorten (insbes. IR-8) eingeführt wurden (s. u. Kap. 15.1.4), die für diese nördlichen lufttrockenen Gebiete besser geeignet sind als der tropische Süden (NITZ 1977, S. 182). Knapp vor Andhra Pradesh ist der Punjab heute sogar der wichtigste Reislieferant für den indischen Binnenmarkt, da der Reisverbrauch des

Anteil an der Brutto-Anbaufläche 1988–89(%)											
Reis	Weizen	Jowar	Bajra	Getreide gesamt	Hülsenfrüchte	Nahrungsfrüchte gesamt	Zuckerrohr	Ölfrüchte	Baumwolle	Übrige gesamt	Summe (1000 ha)
6	7	8	9	10	11	12	13	14	15	16	17
33,1	0,1	11,3	2,4	52,6	12,1	64,7	1,3	23,7	5,1	5,2	12 397,3
66,6	3,1	–	–	70,0	3,5	73,5	1,2	10,0	0,1	15,2[1]	3 476,9
53,9	21,3	0,0	0,1	84,8	11,4	96,2	1,3	2,1	0,0	0,4	9 924,6
6,2	7,6	9,2	17,5	46,2	9,1	55,3	1,1	28,5	12,8	2,3	8 520,0
11,5	35,0	3,0	15,1	66,7	13,9	80,6	2,5	7,4	8,3	1,2	5 200,0
9,4	40,5	0,0	–	90,5	4,5	95,0	0,3	2,3	0,0	2,4	920,0
–	–	–	–	–	–	–	–	–	–	–	–
10,7	2,1	18,9	4,1	50,3	14,6	64,9	2,1	20,3	5,5	7,1	11 078,7
22,9		0,0		23,2	1,0	24,2	0,3	1,1	0,1	74,3[2]	2 523,9
23,1	16,5	10,9	0,8	60,3	21,8	82,1	0,3	14,0	2,5	1,1	21 850,0
7,6	4,3	30,3	9,6	54,3	16,3	70,6	1,5	13,3	12,9	1,7	20 410,0
51,5	0,5	0,4	0,0	57,2	22,6	79,8	0,6	12,6	0,0	7,0	8 320,0
27,1	48,0	0,0	2,7	80,0	2,5	82,5	1,5	3,0	11,5	1,5	6 570,0
0,7	10,0	5,9	32,4	55,8	16,5	72,3	0,0	12,9	1,7	13,1	17 620,0
33,8	0,0	9,3	4,5	50,5	14,0	64,5	3,4	19,6	3,8	8,7	6 377,9
22,4	35,2	2,2	3,4	71,5	11,8	83,3	7,2	7,4	0,1	2,0	24 870,0
73,5	3,9	0,0	0,0	78,6	4,0	82,6	0,2	6,5	0,0	10,7[3]	7 650,5
24,5	14,1	8,7	7,1	61,6	13,6	75,2	2,0	12,7	4,3	5,8	170 571,4

[1] Tee: 6,5%; [2] Gewürze: 8,9%, Obst: 11,6%, Gemüse: 9,7%, Tee: 2,2%, Kaffee: 2,7%, Kautschuk: 14,2%; [3] Jute: 7,0%, Tee: 1,3%; [4] für 1984/85; – keine Angaben
Quelle: Ministry of Agriculture (Hrsg.): Indian Agriculture in Brief, 22nd Edition, Delhi 1989: 226ff.
Department of Agriculture and Cooperation (Hrsg.): Area and Production of Principal Crops in India 1988/89, New Delhi 1991
(Berechnungen des Verfassers)

Punjabi als traditioneller Weizenesser sehr gering ist (Tab. 6.3).

Wo weder ausreichende Niederschläge noch Bewässerungsmöglichkeiten den Reisbau gestatten, treten die tropischen und subtropischen *Hirsen* an seine Stelle. Von den zahlreichen Arten haben die *Sorghumhirse (Jowar)* und die *Rohrkolbenhirse (Bajra)* regional die mit Abstand weiteste Verbreitung (s. Tab. 6.2).

Für große Teile des Deccan-Hochlandes ist *Jowar* die wichtigste Nahrungsfrucht überhaupt; eindeutiger Indikator ist der gegenüber Reis und Weizen (s. u. Tab. 6.5) deutlich geringere Anteil seines Marktaufkommens (Tab. 6.4).

Je nach Bodenbeschaffenheit liegt die Anbaugrenze von Jowar auf Rotlehmböden bei etwa 550 mm Niederschlag, während auf den Schwarzerdeböden bei schweren Bodenarten sogar 350 mm genügen. Jowar gedeiht auf den tiefgründigen Regurböden am besten; sie werden daher zumeist auch mit dem weißen Jowar als der ertragsreichsten unter den Sorghumhirsesorten bestellt, während auf den Rotlehmen der rote oder der dürreresistente gelbe Jowar angebaut werden. In den Rotlehmgebieten gedeiht der Jowar fast ausschließlich als Khariffrucht (Aussaat: Ende Juni bis Anfang August; Ernte: Mitte Oktober bis Anfang November). Hier wird Jowar nicht selten als alleinige Frucht Jahr für Jahr angebaut, häufiger allerdings in unregelmäßiger Nutzungsfolge mit Hülsenfrüchten. In den Schwarzerdegebieten wird bevorzugt Rabi-Jowar (September/Oktober bis Februar

Staat	1972–73		1980–81		Veränderung der Marktproduktion	
	Produktion (1000 t)	Vermarktung (% der Produktion)	Produktion (1000 t)	Vermarktung (% der Produktion)	absolut (1000 t)	relativ (%)
Andhra Pradesh	4257	32,5	7011	41,4	1519	109,8
Bihar	4465	19,8	5635	15,8	6	0,1
Haryana	462	66,7	1228	93,2	836	271,4
Karnataka	1749	15,9	2208	18,1	122	43,9
Kerala	1376	10,8	1272	29,6	230	154,4
Madhya Pradesh	3083	23,5	4053	21,5	146	20,1
Maharashtra	746	8,8	2361	14,4	274	415,2
Orissa	3983	5,2	4301	3,6	-52	-25,1
Punjab	955	87,7	3223	93,1	2163	258,1
Tamil Nadu	5569	41,4	4159	36,1	-805	-34,9
Uttar Pradesh	3273	20,7	5570	29,6	971	143,2
West Bengal	5715	15,9	7466	18,4	465	51,2
Indien insgesamt	*39245*	*23,6*	*53631*	*30,2*	*6935*	*74,9*

Quellen: Ministry of Agriculture & Irrigation (Hrsg.): Indian Agriculture in Brief, 14th Edition, Delhi 1975, S. 134 (Berechnungen des Verfassers)

Tab. 6.3: Regionale Produktion und Vermarktung von Reis in Indien 1972/73 und 1980/81

Bundesstaat	Produktion (1000 t)	Anteil der Marktproduktion an der Gesamtproduktion (%)
Andhra Pradesh	1279	13,4
Gujarat	488	24,6
Karnataka	1586	3,0
Madhya Pradesh	1513	8,6
Maharashtra	4652	15,7
Rajasthan	356	13,2
Tamil Nadu	440	10,2
Uttar Pradesh	294	12,5
Indien insgesamt	*10676*	*12,5*

Quelle: s. Tab. 6.3

Tab. 6.4: Regionale Produktion und Vermarktung von Sorghumhirse (Jowar) 1982–83

Februar), überwiegend in einjähriger Fruchtfolge mit Baumwolle, angebaut. Insgesamt weist die Sorghumhirse die höchste ökologische Streubreite unter nahezu allen Kulturpflanzen auf.

In dürregefährdeten Gebieten und zudem auf den mineralärmeren Bodenarten wird die Sorghumhirse aus Gründen einer besseren Risikoverteilung mit der anspruchsloseren *Rohrkolbenhirse (Bajra)* in Gemenge angebaut, ehe sie diese dann mit abnehmendem Niederschlag ganz verdrängt. Sie, die immerhin 7% der Gesamtanbaufläche bedeckt (Tab. 6.2), gilt als die trockenresistenteste unter allen Hirsen. Ihre äußerste Anbaugrenze liegt im westlichen Rajasthan, je nach Bodenart, bei 150–250 mm Niederschlag. Die Rohrkolbenhirse wird daher hier, in der Thar, bis an die Trockengrenze des Ackerbaus in

Monokultur angebaut (s. Abb. 6.4). Sie steht in Nordindien auf allen leichten Böden im Regenfeldbau an erster Stelle unter den Getreiden. Im südlichen Indien liegen ihre Anbaugebiete im Regenschatten der Westghats des westlichen Deccan. Bajra wird ausschließlich als Khariffrucht einer nur drei Monate betragenden Reifezeit (Juni bis September) angebaut. Gegenüber Jowar spielt sie als Marktfrucht kaum eine Rolle.

Nach der Rohrkolbenhirse am widerständigsten ist die ebenfalls schnellreifende *Borstenhirse (Korra/Kagni)*, die daher in den trockenen Teilen des Deccan-Hochlandes recht verbreitet ist. Die gegenüber Jowar und Bajra mit 1,4% der Anbaufläche geringe Verbreitung der *Fingerhirse (Ragi)* liegt in dem Tatbestand begründet, daß sie unter allen Hirsearten die höchsten Ansprüche an die Wasserversorgung stellt: in Gebieten mit weniger als 750 mm muß sie zusätzlich bewässert werden. Dafür sind ihre Erträge auch annähernd doppelt so hoch wie die der Rohrkolbenhirse. Hauptanbaugebiete sind die etwas kühleren Bergländer und Hochebenen, vor allem im Hochland von Mysore (s. Abb. 6.4), daneben noch im Vorderen Himalaya beiderseits der indisch-nepalesischen Grenze.

Nach Reis ist *Weizen* das wichtigste Nahrungsgetreide. Aufgrund seiner ökologischen Ansprüche – gemäßigte Wintertemperaturen, höherer Wasserbedarf – erreicht er seine höchste Anbaukonzentration in den kanalbewässerten Stromebenen des Indus- (Punjab) sowie der oberen Gangesebene (Haryana und westliches Uttar Pradesh) und ihrer Einzugsgebiete. Der Ausbau der Kanalbewässerung in diesen Regionen, z. T. bereits in britischer Zeit (s. u. 15.1.3), ist vor allem diesem Getreide zugute gekommen. Es hat hier den Reis als Hauptfrucht längst abgelöst und ist fast im gesamten nördlichen Indien *das* Grundnahrungsmittel. Weizen wird nahezu ausschließlich als Winter-(Rabi-)frucht kultiviert; auf den ganzjährig bewässerten Feldern gedeiht vielfach Reis als Sommerfrucht (s. o.). Ein weiterer Anbauschwerpunkt befindet sich auf den Regurböden des nördlichen Madhya Pradesh mit dem Malwa-Plateau als Zentrum. In seiner Bedeutung tritt es jedoch weit hinter dem oben genannten zurück – vor allem auch, was die Erträge anbetrifft: mit 35 dt/ha werden im Punjab die dreifachen Werte erreicht. Dementsprechend gering fällt das Marktaufkommen mit gerade 2,8% der indischen Marktproduktion aus. Demgegenüber dokumentiert der Punjab mit einem Anteil von 44,8% seine Funktion als der Kornkammer Indiens – und (auch) damit seine Unentbehrlichkeit für den Bestand dieses Staates (Tab. 6.5).

Nach Reis, Weizen, Jowar und Bajra rangiert *Mais* mit einem Anteil von 3,3% der Anbaufläche an 5. Stelle unter den Getreidearten. Der Mais bringt höhere Mengenerträge als die Hirsen, ist allerdings weniger für die Fladenbrotzubereitung geeignet. Infolge seines höheren Wasserbedarfs, das bedeutet auf dem Deccan-Hochland zusätzliche Bewässerung, dazu eine aufmerksame Pflege und größerer Bedarf an Dünger, wird der Mais hier vielfach in unmittelbarer Nähe der Siedlungen auf zumeist brunnenbewässertem Gartenland kultiviert. In der nördlichen Gangesebene wird er hauptsächlich als Viehfutter angebaut (NITZ 1977, S. 183).

Aufgrund ihres hohen Eiweißgehaltes als wichtiges Nahrungsmittel für die Bevölkerung sowie für das Vieh, ferner als Stickstoffanreicherer für die Bodenverbesserung, ihrer Funktion als Gründünger und schließlich wegen ihrer relativen Anspruchslosigkeit was Boden, Klima und die menschliche Pflege anbelangt, spielen die *Hülsenfrüchte* eine bedeutende Rolle im Nutzungsgefüge der Agrarlandschaft

11 Indien

Bundesstaat	Produktion (1000 t)	Anteil der Marktproduktion an der Gesamtproduktion (%)	Anteil am Marktaufkommen Indiens (%)
Bihar	2825	8,1	2,4
Gujarat	1298	36,4	5,1
Haryana	3600	32,6	12,5
Madhya Pradesh	3056	8,7	2,8
Maharashtra	931	21,9	2,2
Punjab	7700	54,4	44,8
Rajasthan	2390	20,4	5,2
Uttar Pradesh	13134	15,2	21,3
Indien insgesamt	36400	25,7	100,0*

* hier sind nur die wichtigsten Weizenproduzenten aufgeführt
Quelle: s. Tab. 6.3

Tab. 6.5: Regionale Produktion und Vermarktung von Weizen in Indien 1980–81

Indiens (gut 13% der Erntefläche). Aufgrund dieser vielseitigen Eigenschaften und Verwendungsmöglichkeiten ist ihr Anbau auch verhältnismäßig gleichmäßig (Ausnahme: Punjab, Assam und Kerala) über den Subkontinent verteilt (Tab. 6.2). Unter den zahlreichen Arten sind am verbreitetsten die *Kichererbse (Gram)*, auf die allein fast ein Drittel der von Hülsenfrüchten bestellten Fläche (3,9% der Erntefläche insgesamt) entfällt und deren Anbau vor allem im Grenzgebiet Rajasthan – Punjab, bzw. Madhya Pradesh – Uttar Pradesh konzentriert ist (s. Abb. 6.4). Es folgen in der Bedeutung die *Straucherbse* (Tur/Ahar: 1,8%), *Mungbohne* (Mung: 1,6%), *Mothbohne* (Urad: 1,5%) und *Pferdebohne* (Kulthi: 0,8%). Sämtliche Hülsenfrüchte werden fast ausschließlich im Regenfeldbau ohne zusätzliche Bewässerung kultiviert. Überwiegend werden sie in Mischkultur mit Hirse, Ölfrüchten oder anderen Leguminosen, zumeist ohne jeglichen Fruchtwechsel, angebaut. Andererseits spielen sie wegen ihrer o. g. Eigenschaft für die Stickstoffanreicherung als Zwischenfrucht beim Reisanbau in den Stromland- und Deltagebieten sowie – allerdings in begrenztem Umfang – als Vorfrucht für die Baumwolle eine wichtige Rolle. Als einzige Hülsenfrucht wird die Kichererbse in größerem Umfang auf eigenen Feldern angebaut.

Mit ca. 11% der Erntefläche nehmen die *Ölfrüchte* einen wichtigen Platz im Anbauspektrum des Landes ein; sie stehen damit an erster Stelle unter den Industriepflanzen. Flächenmäßig beansprucht die *Erdnuß* etwa 40% der indischen Ölfruchtfläche (4,3% der Erntefläche insgesamt). Ihre Hauptanbaugebiete liegen auf den leichteren Rotlehm- und Schwarzerdeböden der südlichen Landesteile. Die weite Verbreitung hat ihre Ursache in ihrer vielseitigen Verwendbarkeit: Sie deckt einen großen Teil des Fettbedarfs der Bevölkerung, sie liefert ein als Viehfutter gut verwertbares Kraut, sie stellt vergleichsweise geringe Ansprüche an Boden und Klima ebenso wie an das technische Können der Bauern und zählt obendrein als Leguminose zu den Stickstoffsammlern. Erdnuß gedeiht ganz überwiegend als Khariffrucht im Regenfeldbau; als Winter(Rabi)frucht benötigt sie zusätzliche Bewässerung.

In den trockenen Gebieten Mittel- und Südindiens nimmt der anspruchslose *Sesam* (1% der Erntefläche, dennoch hat Indien die größte Anbaufläche der Erde) die erste Stelle unter den Ölfrüchten ein.

Im winterkühlen Norden, in den Weizengebieten, dominieren dagegen *Raps* und *Senf* (2,0%). Eine regional außerordentliche Konzentration von *Rizinus* finden wir südöstlich von Hyderabad. In den vergangenen 15 Jahren stark im Kommen ist die gleichfalls vielseitig verwendbare *Sojabohne*, die heute (1986/87) bereits 0,8% der Feldfruchtfläche (1972/73: 0,02%) einnimmt, der eindeutige Anbauschwerpunkt liegt im Malwa-Plateau. Infolge einer neu aufgebauten Vermarktungsstruktur hat sie sich, überwiegend auf Kosten der Baumwolle, hier sprunghaft ausgedehnt und nimmt z. T. bereits die erste Stelle (vor Jowar) ein (BRONGER 1989, S. 150 ff.; 1993, S. 146 f.). Im reich beregneten Südwesten Indiens sowie in den Deltagebieten der Koromandelküste dominiert die *Kokospalme* als Lieferant von Pflanzenöl.

Nächst den Ölfrüchten sind nach Ausdehnung des mit ihnen bestellten Areals (5% der Erntefläche) die *Faserpflanzen* zu nennen. In ihrer wirtschaftlichen Bedeutung sind sie sicherlich noch höher einzustufen als diese, kann doch das Textilgewerbe in Indien auf eine Jahrtausende alte Tradition zurückblicken (s. Kap. 7.2). Mit Abstand führend ist die *Baumwolle* (4,2% der jährlich geernteten Fläche). Etwa 75% der indischen Baumwolle werden auch heute noch im Regenfeldbau kultiviert, dieser Anteil geht nur sehr langsam zurück. Infolgedessen liegen die Erträge weit unter dem Durchschnitt in der Welt. Das Hauptanbaugebiet deckt sich recht genau mit dem der Regurböden; aufgrund ihrer guten bis sehr guten Eignung werden diese von den Briten daher als Black Cotton Soil bezeichnet. Damit sind das westliche Deccan-Hochland und die Halbinsel von Gujarat die Hauptverbreitungsgebiete geblieben (s. Abb. 6.4). Baumwolle wird ausschließlich als Winterfrucht, zumeist in jährlich wechselnder Fruchtfolge mit der, die gleichen Standortansprüche aufweisenden Sorghumhirse im Gebiet mit 500–800 mm Niederschlag angebaut. Die Vegetationszeit beträgt 7–8 Monate (September/ Oktober – März/April). – Von den übrigen Naturfasern spielt *Jute* (0,5% der Anbaufläche) die nächstwichtige Rolle. Indien rangiert sowohl nach Anbaufläche wie Produktion an erster Stelle in der Welt. Auf ihr basiert die Jute-Industrie von Calcutta, deren Produktion zwar nicht annähernd den Stellenwert von vor 1947, aber auch heute noch einen nennenswerten Anteil an der indischen Ausfuhr stellt, allerdings mit stark rückläufiger Tendenz (1970/71: 12,4%, 1991/92: 0,9% – s. Tab. 9.3). Da der weitaus größte Teil des Juteanbaus in Ost-Bengalen lag, mußten nach 1947 eigene Produktionsgebiete aufgebaut werden, die sich halbkreisförmig um Calcutta (mit Einschluß von Orissa, Ost-Bihar und Assam) erstrecken. Als Produktionsgebiet von Pflanzenfasern spielt die Gewinnung und Verarbeitung von *Kokosfasern* für Kerala eine wichtige volkswirtschaftliche Rolle. Ein erheblicher Teil der Bevölkerung, vor allem Frauen, findet hier in der Heimindustrie (Mattenherstellung) Beschäftigung.

Obgleich es nur 1,7% der Erntefläche einnimmt, gehört *Zuckerrohr* zu den wirtschaftlich wichtigsten Marktpflanzen. Seine Kultivierung blickt auf eine alte Tradition zurück und noch heute ist Indien nach Brasilien der größte Zuckerrohrproduzent der Erde. Hauptanbaugebiet ist seit jeher die obere und mittlere Gangesebene. Das liegt zu einem guten Teil an dem großen Wasserbedarf im Zusammenhang mit der langen Vegetationsperiode (12–14 Monate) der Pflanze, der sie nur in das ganze Jahr über bewässerten Gebieten, dazu auf mittel bis schweren, gut durchlässigen Böden gedeihen läßt. Zuckerrohr wird ausschließlich in Monokultur kultiviert. In zwei- bis dreijähriger Rotation werden Reis, Futterpflanzen,

Hülsenfrüchte oder Gemüse als Zwischenfrüchte gezogen. Das tropische Südindien mit seiner ganzjährigen hohen Wärme bringt wesentlich höhere Erträge (70–100 t/ha) gegenüber der Gangestiefebene (35–45 t/ha). Trotz Ausweitung der Anbaufläche um das Doppelte und Steigerung der Produktion um fast das vierfache in den vergangenen 40 Jahren reicht Indiens Zuckererzeugung gerade aus, um den Bedarf des Landes zu decken.

Gewürze (1,2% der Anbaufläche) sind vom Speisezettel nahezu aller Bevölkerungsschichten, besonders des südlichen Indien, nicht wegzudenken. Unter ihnen spielt *Chilli* die größte Rolle, dessen Anbau in ganz Indien verbreitet ist. Aufgrund seines hohen Pflegebedarfs (einschließlich Dünger und Bewässerung) wird er zumeist in gartenmäßig kleinen, brunnenbewässerten Flächen in unmittelbarer Nähe der Siedlungen kultiviert. Deutliche Anbauschwerpunkte haben vor allem die tropischen Gewürzpflanzen wie *Schwarzer Pfeffer*, *Kardamon* und *Ingwer* in Kerala, aber auch *Koriander*, *Gelbwurz (Turmeric)* vor allem in den Deltalandschaften der Ostküste sowie *Knoblauch* in Gujarat.

Die wichtigsten Exportgüter aller agrarischen Produkte überhaupt sind jedoch *Tee*, *Kaffee*, *Tabak* und *Cashew-Nüsse* – und das, obwohl ihre Anbaufläche zusammengenommen nur 0,7% der abgeernteten Fläche Indiens ausmacht. Die drei ersteren wurden erst durch die Kolonialmächte in Indien heimisch, am frühesten der *Tabak* bereits im 17. Jahrhundert. Seine Hauptareale, wie auch die der *Cashew-Nuß*, liegen südlich des unteren Krishna-Flusses im Städtedreieck Guntur-Ongole-Chirala (je über 50% der Ernteflächen). *Tee* wie *Kaffee* mit ihrem hohen Aufwand nicht nur beim Aufbau der Pflanzungen, sondern auch der notwendigen fachlichen Fähigkeiten bei der Aufbereitung und Verarbeitung, blieben bis heute weitgehend dem Anbau in Großbetrieben vorbehalten; ihre Plantagen wurden großenteils bereits von europäischen Einzelunternehmern und Gesellschaften während der Kolonialzeit angelegt. Aufgrund ihrer ökologischen Ansprüche sind sie nur in begrenzten Gebieten anbaufähig: beide in den Höhenlagen der mittleren und südlichen Westghats (vor allem den Nilgeris und Coorg), Tee darüber hinaus in Assam und im Bereich von Darjeeling. Indien steht in der Teeproduktion vor der VR China und Sri Lanka an erster Stelle.

Die signifikantesten regionalen Veränderungen der Anbaustruktur betreffen den Nordwesten des Landes – sie stehen im unmittelbaren Kausalzusammenhang mit der Ausdehnung des Bewässerungsfeldbaus in dieser Zeit, von dem gerade diese Regionen in besonderer Weise profitierten: In den Bundesstaaten Punjab, Haryana und dem westlichen Uttar Pradesh war die Ausdehnung vor allem des Weizen – aber auch des Reisanbaus auf Kosten des von Hirse, Hülsenfrüchten, mithin eine *Intensivierung der Landwirtschaft* die Folge (Tab. 6.6).

In geringerem Ausmaß können wir diese Entwicklung auch in den neubewässerten küstennahen Gebieten von Andhra Pradesh beobachten (s. u. Tab. 6.7), während, im Prinzip aus den gleichen Gründen – Rückgang der diesbezüglichen Bewässerungsfeldfläche –, eine absolut wie relative Abnahme des Reisanbaus in Orissa zu verzeichnen ist, wovon hier die Hülsenfrüchte, besonders aber Baumwolle und Jute (s. o.) profitierten.

Das räumliche Raster dieser knapp zusammengefaßten Bilanz regionaler Veränderungen in der Anbaustruktur ist bei einer Bezugsfläche subkontinentalen Ausmaßes naturgemäß sehr grob. Es kann nur einen begrenzten Teil der Wirklich-

Region	Bewässerte Fläche nach Nutzpflanzen: Veränderung 1971/72–1984/85 (%)[1]			
	Reis	Weizen	Nahrungsfrüchte	Nutzpflanzen insgesamt
1	2	3	4	5
Andhra Pradesh	15,6	0,0	11,7	18,1
Bihar	0,5	92,7	35,8	35,7
Gujarat[3]	90,6	51,5	75,7	100,0
Haryana	116,6	67,0	48,2	53,4
Himachal Pradesh	–0,2	8,3	4,3	6,3
Jammu & Kashmir[4]	15,0	78,1	16,4	26,4
Karnataka	–4,7	71,7	2,8	31,5
Kerala	–37,3	–	–37,3	–30,9
Madhya Pradesh	43,7	98,0	74,9	82,1
Maharashtra[5]	15,6	77,8	41,1	71,5
Orissa	–3,6	940,0	3,3	25,0
Punjab	292,7	43,1	60,8	45,0
Rajasthan	25,6	45,6	24,3	57,0
Tamil Nadu	–6,2	[2]	–10,1	–0,7
Uttar Pradesh	121,7	75,9	47,8	50,2
West Bengal[6]	1,1	596,9	11,5	28,5
Indien	*20,7*	*68,8*	*30,8*	*40,1*

[1] für Assam liegen keine Angaben vor; [2] unter 500 ha; [3] Bezugsjahr: 1969/70;
[4] Bezugsjahr: 1968/69; [5] Bezugsjahr: 1970/71; [6] Bezugsjahr: 1967/68

Quellen: s. Tab. 6.3
(Berechnungen vom Verfasser)

Tab. 6.6: Veränderung der bewässerten Fläche nach Nutzpflanzen 1971/72–1984/85[1] nach Regionen Indiens

keit vermitteln, kaschiert es doch wesentliche (sub-) regionale Entwicklungen und auch deren Unterschiede. Ein solches Anliegen, Anbauveränderungen einschließlich ihrer Ursachen über einen längeren Zeitraum hinweg auf dieser räumlichen Maßstabsebene aufzuzeigen, ist deshalb so schwer durchführbar, weil ein ausgesprochener Mangel an diesbezüglichen Untersuchungen besteht. Als gründlichste deutschsprachige Analyse sei die Arbeit von BOHLE (1981) über das Cauvery-Delta (Tamil Nadu) genannt; die Veränderungen im Anbaugefüge selbst sind aber auch hier nicht detailliert aufgezeigt.

Deshalb sei auf eine Fallstudie eines Strukturwandels im Anbau – Zeitraum: 70 Jahre – aus einer eigenen Untersuchung zurückgegriffen (BRONGER 1976, S. 189ff.). Es ist dies ein leider nicht überall zu beobachtendes Beispiel, welches zeigt, wie der Mensch die ihm gegebenen Entwicklungsmöglichkeiten (Ausbau der materiellen Infrastruktur, einschließlich der Bewässerung) mit Engagement, Fleiß und Innovationsbereitschaft zu nutzen verstand.

Die Bezugsregion, Kernstück des alten Andhrareiches, liegt im Krishna-Delta und umfaßt die drei unmittelbar südlich des Flusses gelegenen Kreise (Tahsils) Guntur, Mangalagiri und Tenali. Von den Naturvoraussetzungen her – nährstoffreiche Böden, überdurchschnittliche Niederschläge – handelt es sich um ein Gunstgebiet; es war infolgedessen schon früh dicht besiedelt. Mit dem im Jahr 1855 fertiggestellten Damm (Anicut) von 15 Fuß (4,57 m) Höhe über den hier 1,2 km breiten Krishna wurde ein Netz von Kanälen beiderseits des Flusses geschaffen,

	"wet-zone"											
	1		2		3		4		5		6	
	Nutakki		Pedda Vadlapudi		Sekur		Uppalapadu		Gundimeda		Undavelli	
	1901–1905	1964/65–1968/69	1901–1905	1964/65–1968/69	1901–1905	1964/65–1968/69	1901–1905	1964/65–1968/69	1901–1905	1964/65–1968/69	1901–1905	1964/65–1968/69
Bevölkerung (1901/61)	2862	5929	2748	6893	3142	7474	1845	4931	1747	2395	1123	2511
Bewässerung (acres)	340	2175	230	1216	1454	3737		2586		1584	6	1075
Kanal		400	10	300	1454	3737		2586		300		812
Tank												
Tiefbrunnen		1000		860						700		263
Brunnen	340	529	220							384	6	
anderes		246		56						200		
Anbau (acres)*												
Reis (wet)		481	10	1191	1404	3831		2503		658		668
Reis (dry)	36	66	253	5	169	11	240	193	10	2	71	150
Hirse (insgesamt)	1265	16	568	4	1278	13	1392	76	1282	83	853	19
Mais		31		1		30		5		122	71	215
übrige Getreide	265		140		40		236		199			
Zuckerrohr		206		57		20				104		7
Chilli	213	72	128	127	147	348	438	484	336	685	25	92
Coriander						87	4	135				34
Turmeric		786	18	96		13				337		13
Indigo							3		37			
Mango		2		4						10		1
Zitrusfrüchte	28	7	79	3	54	43	7		11	12	8	
Banane		432		25		4				40		2
Zwiebel		2		1								269
Aubergine		22		161		4		4		23		68
Tomate		1		14		115		7		18		10
Kürbis		2		208		32				6		24
Gurke		1		57		16		4		2		14
Melone						8				2		10
Kohl (versch.)		11		99		1				2		
Bohne				23		1				1		
Süßkartoffel		4		11						1		27
Ladyfinger		1		20		1				3		7
Gewürze, Obst, Gemüse	428	1348	225	885	244	673	459	634	400	1234	36	579
Blumen		1		15								
Baumwolle		231		37		14			3	68	2	78
übrige Faserpflanzen	12	43	41	41	1003		75	8	12	7	13	5
Hülsenfrüchte	554	104	391	905	850	1264	593	1837	514	565	334	664
Ölfrüchte	43	3	22	4	6	590	2	11	37	61	29	42
Tabak	15	3	2	1		125	336	297	11		2	
Futterpflanzen		81		79		779		188		189		49
total	2647	2616	1721	3225	4994	7350	3341	5752	2483	3093	1428	2476
Gemarkungsfläche		2773		2345		5534		4098		4412		3224
Ew./Gemarkungsfläche	0,97	0,47	0,85	0,34	1,76	0,74	2,22	0,83	2,53	1,84	2,87	1,28
Ew./bewässerte Fläche	0,12	0,37	0,08	0,18	0,46	0,50		0,52		0,66		0,43
Ew./Anbaufläche	0,92	0,44	0,62	0,47	1,59	0,98	1,81	1,17	1,42	1,29	1,27	0,99
Anteil der Gewürz-, Obst- und Gemüseanbaus der Anbaufläche	16,2	51,6	13,0	27,4	4,9	9,2	13,7	11,0	16,1	39,9	2,5	23,4

Quelle: Re-Settlement Register von 1906; Unterlagen des Tahsil Office Guntur. k. A. – keine Angaben
* Die hier nicht berücksichtigten Angaben für Verschiedenes des Zeitraumes von 1901–1905 erklären die Differenz der Einzelangaben mit der Gesamtanbaufläche.

Tab. 6.7: Strukturwandel im Anbau in 13 Gemeinden des Krishna-Deltas 1901–1969

Entwicklungstendenzen der Nahrungsmittelproduktion: Regionaler Rahmen

	"dry – zone"						
	7	8	9	10	11	12	13
	Penumaka	Nowlur	Kaza	Pedda Kakani	Takkelapadu	Venigandla	Narakodur
	1901–1905 / 1964/65–1968/69	1901–1905 / 1964/65–1968/69	1901–1905 / 1964/65–1968/69	1901–1905 / 1964/65–1968/69	1901–1905 / 1964/65–1968/69	1901–1905 / 1964/65–1968/69	1901–1905 / 1964/65–1968/69
	1409 3615	2240 6953	1922 4388	k. A. 8338	1775 5156	1503 3914	2065 3540
	3 466	634 743	114 1861	188 2	363	82 17	k. A.
	390	180	450		344		
		594	100	152		70	
	76		411				
	3	40 480	14 300	36 2	19	12 17	
		83	700				
	850	126 580	73 2060	59 716	1403	50 197	
	211	741 951	314	60	87		225 283
	827 28	1375 293	1609 292	1496 558	1862 302	643 258	1155 166
	342	2	19		58 7	4	21
	85	278	171			55	
	73	20				2	
	15 119	392	265 241	660	461 771	460	429 230
	3	286		214	494	68	316
	5	1					
	12	13		40			
	7	50		44		13	1
	21 67	163 4	175 4	52 4		86	18
	15						
	1051	418	1				98
	30 44	35	9	5 25		3	330
	13	177	17	128		2	316
	23	150	23	21	1	2	111
	7	31	9	77	4	1	24
			5	15			
			13				
		4	1	16			115
		15					
	7	18	23	36			2
	105 1369	195 1619	440 386	63 1240	476 1270	243 564	508 1550
	1	11		18			
	1 186	91 26	30 11	44 6		19	2
	3 13	86 109	127	10 23	10 91	8 5	14 3
	528 64	876 606	395 517	72 416	458 568	197 81	563 397
	34 18	100 167	26 192	104 148	2 63	39 102	38 34
	11 18	9 529	232 39	230	329 554	128	46 425
	12	705	526	175	376	58	464
	1801 2974	4013 5618	3488 4042	2808 3530	3382 4634	1416 1399	2550 3364
	2185	5171	4492	4102	3772	1738	2978
	1,55 0,60	2,31 0,75	2,34 1,02	0,49	2,13 0,73	1,16 0,44	1,44 0,84
		0,28	0,06 0,42		0,07	0,05	
	1,28 0,82	1,79 0,81	1,81 0,92	0,42	1,91 0,90	0,94 0,36	1,23 0,95
	5,9 46,0	4,9 28,8	12,6 9,6	2,2 35,1	14,1 27,4	17,2 40,3	19,9 46,1

wodurch nennenswerte Teile auch der Untersuchungsregion bewässert werden konnten. Wesentliche Entwicklungsimpulse waren die 1897 vollendete Eisenbahnbrücke über den Krishna, womit das letzte noch fehlende Teilstück der Linie Calcutta-Madras geschlossen war sowie – von noch unmittelbarerer Bedeutung – die Fertigstellung des Staudammes „Prakasam Barrage" gleichzeitig mit einer Straßenbrücke über den Krishna im Jahre 1957. Dadurch wurde ein geregeltes Bewässerungssystem überhaupt erst geschaffen: vorher geschah es immer wieder, daß die Hochwässer die Seitendämme durchbrachen und weite Gebiete überschwemmt wurden. Mit der jetzigen Regulierung konnte effektiver bewässert und dadurch das Areal selbst vergrößert werden. Zusammengefaßt können wir sagen, daß nunmehr der Mensch erst richtig in die Lage versetzt worden ist, die günstigen Naturbedingungen voll für sich nutzbar zu machen.

Wie hat sich nun diese Entwicklung vollzogen? Wie hat der Mensch diese sich neu ergebenden Möglichkeiten genutzt und wie ist er damit gleichzeitig der zunehmenden Existenzgefährdung durch die sich ständig verringernden Betriebsgrößen begegnet? Zur Beantwortung dieser Fragen wurden Daten über den Strukturwandel von 1901–1969 in Bewässerung und Anbau von 13 Gemeinden, davon 6 aus der Schwemmlandzone und 7 aus der Zone der sich im Westen anschließenden Schwarzerdeplatten erhoben. Die Untersuchungsergebnisse sind in Tab. 6.7 zusammengestellt. Der Befund ist wie folgt zu interpretieren:

Der Bevölkerungsanstieg bewirkte einen rapiden Rückgang der pro Kopf entfallenden Betriebsfläche auf durchschnittlich 30–50% derjenigen zu Beginn des Jahrhunderts. Dieser Einengung des Nutzungsspielraumes wurde wie folgt begegnet:

a) durch *Ausdehnung der Bewässerungsfeldfläche* um durchweg das drei- bis zehnfache. Nach den Unterlagen wurde sogar in 6 der 13 Gemeinden mit Bewässerungsfeldbau erst in diesem Zeitraum begonnen.

b) durch die *Umstellung von einem überwiegenden Nahrungsmittelanbau auf die Marktproduktion*, was gleichzeitig zusammen mit der Ausdehnung der Bewässerungsfeldfläche eine *Intensivierung des Anbaus* bedeutet. Dieser durchgreifende Strukturwandel kommt erst voll in das Bewußtsein, wenn man bedenkt, daß zu Beginn des Jahrhunderts, mit einer einzigen Ausnahme (die damals schon zum großen Teil bewässerte Gemeinde 3), im Durchschnitt um 40% der Anbaufläche allein mit Hirse bestellt war, davon in vier Fällen sogar über die Hälfte (5, 6, 10, 11). Rechnet man die Rubrik „übrige Getreide" sowie die Hülsenfrüchte zu drei Viertel und den Reis zur Hälfte dazu (so hoch ist etwa deren Eigenverbrauch), so waren in sämtlichen Gemeinden zumindest zwei Drittel der Anbaufläche, in einigen über drei Viertel mit Früchten für den Eigenbedarf bestellt. Heute (1988 waren gegenüber 1970 keine Veränderungen festzustellen) ist der Hirseanbau fast vollständig zurückgegangen, lediglich in zwei Gemeinden (10, 12) beträgt er etwas mehr als ein Zehntel der Anbaufläche, dies aber sind gerade die zwei Gemeinden mit einem weit überdurchschnittlich hohen Rotlehmanteil. Stattdessen ist eine erhebliche Zunahme des Reisanbaus – besonders ausgeprägt in den Gemeinden der Schwemmlandzone – zu verzeichnen.

In einigen Gemeinden, sowohl relativ als auch absolut, noch stärker zugenommen hat der Anbau von Gemüse, Obst und Gewürzen: in 9 der 13 Ge-

meinden macht er heute über ein Viertel, davon in 6 über ein Drittel und in einem Fall (Gemeinde 1) sogar über die Hälfte der Anbaufläche aus! Zum erheblichen Teil, das gilt vor allem für die Gemeinden 1, 2, 5, 6 und 9, ist diese Intensivierung des Anbaus durch die sehr kostspielige Anlage von Röhrentiefbrunnen ermöglicht worden. Dies ist als weiteres Zeichen für den ausgeprägten Willen eines großen Teils der Bevölkerung zu werten, sich in ihrer Produktion auf den Markt umzustellen und dabei auch hohe Investitionskosten (die Anlage eines „tube wells" kostet in jedem Fall eine fünfstellige Summe) nicht zu scheuen.
c) Ein weiteres signifikantes Ergebnis ist die Entwicklung zu einer z. T. bereits ausgeprägten Spezialisierung des Anbaus bei einer Reihe von Gemeinden auf bestimmte Marktprodukte, begünstigt durch die Nähe zu den großen städtischen Zentren Guntur, Vijayawada und Tenali. Das gilt in besonderem Maße in Penumaka (7) für den Anbau von Zwiebeln, in Nutakki (1) für Tumeric, in Pedda Vadlapudi (2) für Auberginen und Kohl, in Narakodur (13) für Bohnen und Tomaten und in den Gemeinden 8, 10, 11 und 13 für Koriander.

Insgesamt gibt diese regionale Fallstudie ein positives Beispiel für die Adaptionsfähigkeit des Menschen für Innovationen (Ausbau des Verkehrsnetzes, neue Bewässerungsmöglichkeiten, Entwicklung von städtischen Märkten) mit dem Ergebnis der Umstellung von der überwiegenden Selbstversorgerwirtschaft auf einen marktorientierten Anbau bis hin zu einer hochentwickelten Spezialisierung auf Obst-, Gemüse- und Gewürzanbau – in der Gunstlage des Städtedreiecks Guntur-Vijayawada-Tenali sicher ein Sonderfall,

was dennoch für die Zukunft des Landes hoffen läßt. Die Bedeutung der hier angesprochenen (positiven und negativen) Determinanten für die Entwicklung(smöglichkeiten) der Landwirtschaft wird noch eingehend zu erörtern sein (Kap. 15).

6.3.2
Regionale Veränderungen der Nahrungsmittelproduktion

Kommen wir auf die zweite der eingangs gestellten Fragen zurück: Ist eine *regionale* Verschiebung der Nahrungsmittel*produktion* festzustellen? Die in Tab. 6.8 und 6.9 sowie in Abb. 6.5 zusammengestellten Untersuchungsergebnisse lassen folgende Schlußfolgerungen zu:

– Von der positiven Produktionsentwicklung pro Kopf der Bevölkerung (Tab. 6.8, Sp. 3:6) waren die Bundesstaaten sehr unterschiedlich betroffen – und das mit wachsender Dynamik: Wiesen im Zeitraum 1950–53 bis 1960–63 lediglich 3 der (seinerzeit vergleichbaren) 11 Staaten negative Wachstumsraten auf, so erhöhte sich diese Zahl bis 1970–73 auf 6 (von seinerzeit 16; berechnet nach KRISHNAJI 1975, S. 1381). Bis in die Gegenwart (Durchschnitt 1988–89–1990/91) hat sich ihre Zahl auf 10 (von 17) erhöht (Tab. 6.8, Sp. 8).
– Gleichzeitig prosperierte die Nahrungsmittelproduktion in denjenigen Regionen, in denen der Entwicklungsstand bereits vor 40 Jahren vergleichsweise hoch gewesen war (Punjab/Haryana), während sie – umgekehrt – in denen mit seinerzeit relativ geringer Pro-Kopf-Produktion stagnierte oder gar rückläufig war (Assam, Bihar, Madhya Pradesh, Rajasthan).

Landwirtschaft

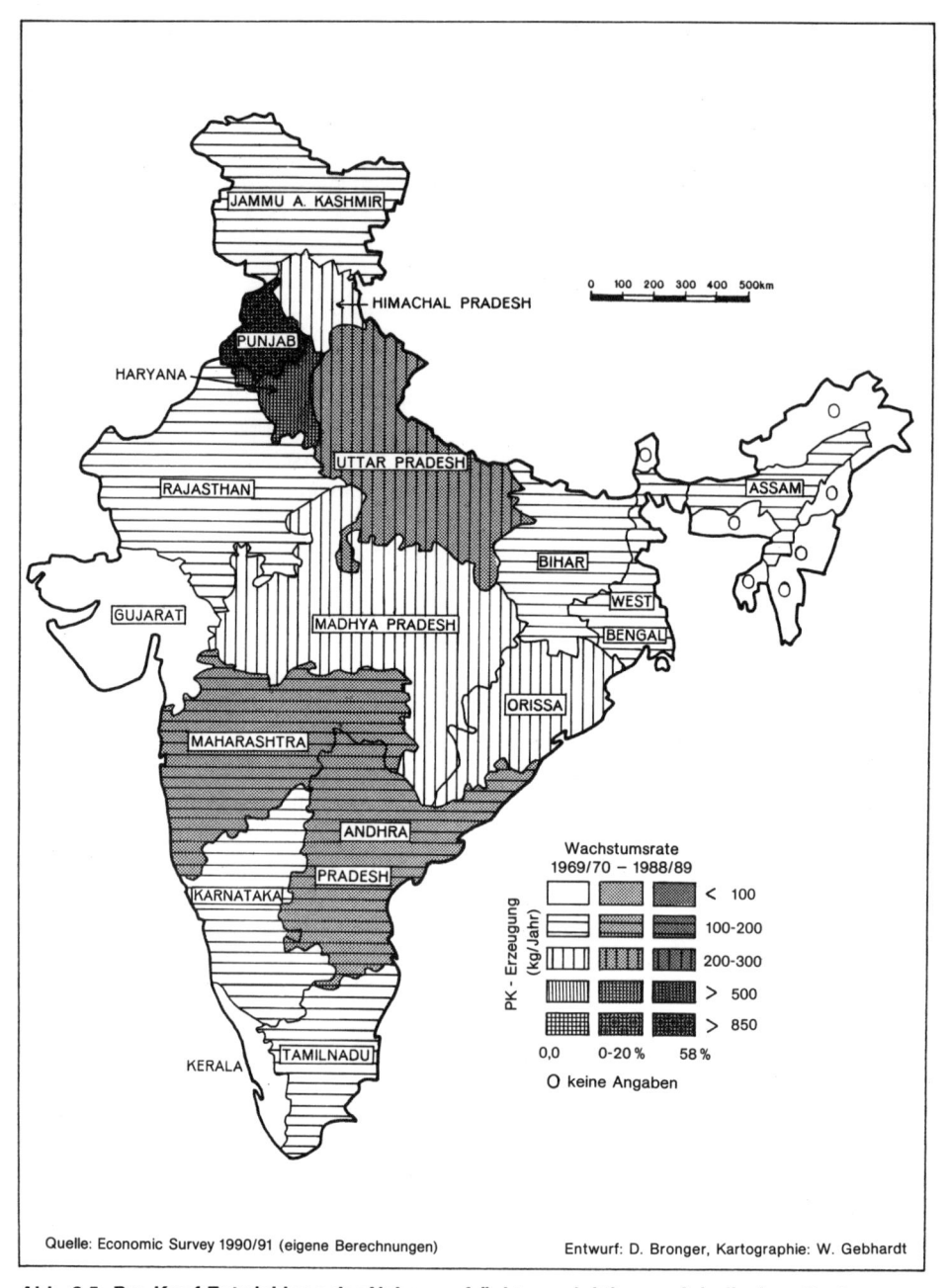

Abb. 6.5: Pro-Kopf-Entwicklung der Nahrungsfrüchteproduktion nach indischen Regionen 1969/70–1988/89

Quelle: Economic Survey 1990/91 (eigene Berechnungen)

Entwurf: D. Bronger, Kartographie: W. Gebhardt

Entwicklungstendenzen der Nahrungsmittelproduktion: Regionaler Rahmen 171

Region	Nahrungsfrüchteproduktion				Produktion 1988/89–1990/91 (1000 t)	Produktion/ Kopf (kg/Ew.)	Entwicklungsstand (I.U. = 100)	Pro-Kopf-Wachstum (%)	Durchschnittliche Betriebsgröße 1980/81 (ha)
	Produktion 1969/70–1971/72 (1000 t)	Produktion/ Kopf (kg/Ew.)	Entwicklungsstand (I.U.=100)						
1	2	3	4		5	6	7	8	9
Andhra Pradesh	7365,3	169,31	89		12769,0	196,45	94	+16,03	1,94
Assam	2046,5	139,93	73		3007,1	137,62	66	–1,65	1,36
Bihar	8164,6	144,88	76		12008,9	141,95	68	–2,02	1,00
Gujarat	3949,7	147,95	78		4985,1	123,55	59	–16,49	3,45
Haryana	4621,4	460,44	242		9242,7	577,67	277	+25,46	3,52
Himachal Pradesh	959,1	277,20	146		1312,1	262,42	126	–5,33	1,54
Jammu & Kashmir	1018,2	220,53	116		1306,9	172,76	83	–21,66	0,99
Karnataka	5972,5	203,85	107		6751,4	153,76	74	–24,57	2,73
Kerala	1312,2	61,47	32		1080,0	37,96	18	–38,25	0,43
Madhya Pradesh	10775,0	258,68	136		16113,6	248,67	119	–3,87	3,42
Maharashtra	5818,9	115,43	61		12167,9	157,68	76	+36,60	3,11
Orissa	4830,3	220,11	116		7260,7	235,13	113	+6,82	1,59
Punjab	7390,4	545,38	286		18433,9	931,48	447	+70,79	3,82
Rajasthan	6640,8	257,73	135		10047,9	233,67	112	–9,34	4,44
Tamil Nadu	6718,7	163,08	86		7592,6	139,31	67	–14,58	1,07
Uttar Pradesh	18279,0	206,92	109		34901,9	256,16	123	+23,80	1,01
West Bengal	7570,2	170,84	90		11555,4	173,44	83	+1,52	0,95
INDIEN	104363,71	190,39	100		172395,9	208,26	100	+9,39	1,82

Tab. 6.8: Pro-Kopf-Entwicklung der Nahrungsfrüchteproduktion nach indischen Regionen 1969/70–1990/91
Quellen: Economic Survey 1992/93 und frühere Jahrgänge (Berechnungen des Verfassers)

Region/Bundesstaat	Wachstum des PW/Jahr (%)			Entwicklung der Produktivität jeweiliger Entwicklungsstand (Indien = 100)			Wachstum der Produktivität/Jahr (%)		
	1970–73 zu 1962–65	1980–83 zu 1970–73	1980–83 zu 1960–63	Durchschnitt 1962–65	Durchschnitt 1970–73	Durchschnitt 1980–83	1970–73 zu 1962–65	1980–83 zu 1970–73	1980–83 zu 1960–63
1	2	3	4	5	6	7	8	9	10
Nord-West-Region	*4,85*	*4,08*	*4,42*	*109*	*125*	*137*	*3,60*	*3,10*	*3,32*
Jammu & Kashmir	5,71	3,68	4,58	96	126	135	5,40	2,82	3,96
Himachal Pradesh	3,19	1,46	2,23	98	106	93	2,86	0,80	1,71
Haryana	6,39	3,68	4,88	95	122	132	5,15	2,93	3,91
Punjab	8,54	5,48	6,83	138	191	214	6,07	3,28	4,51
Uttar Pradesh	3,33	3,65	3,51	107	110	119			
Ost-Region	*1,35*	*0,59*	*0,93*	*133*	*121*	*99*	*0,69*	*0,11*	*0,37*
Assam	2,60	2,01	2,27	140	128	108	0,82	0,41	0,59
Bihar	0,78	0,46	0,60	112	105	87	0,97	0,23	0,56
Orissa	–0,39	0,99	0,37	136	108	90	–1,04	0,30	–0,30
West Bengal	2,67	–0,02	10,17	161	153	122	1,20	–0,20	0,42
Zentral-Region	*0,92*	*3,18*	*2,17*	*70*	*64*	*67*	*0,88*	*2,55*	*1,81*
Gujarat	2,25	3,12	2,73	86	92	98	2,76	2,82	2,78
Madhya Pradesh	1,48	1,22	1,34	78	73	64	0,98	0,87	0,92
Maharashtra	–3,77	7,04	2,10	68	47	66	–2,72	5,67	1,86
Rajasthan	5,17	1,54	3,14	48	56	51	3,87	1,19	2,38
Süd-Region	*1,41*	*1,74*	*1,59*	*122*	*123*	*122*	*2,00*	*1,99*	*2,00*
Andhra Pradesh	–0,10	4,32	2,33	123	108	128	0,22	3,90	2,25
Karnataka	2,02	1,47	1,71	80	92	87	3,60	1,53	2,45
Kerala	2,06	–0,38	0,70	200	190	163	1,22	0,58	0,86
Tamil Nadu	2,55	–0,90	0,62	171	179	155	2,43	0,66	1,44
Indien	*2,19*	*2,64*	*2,44*	*100*	*100*	*100*	*1,89*	*2,11*	*2,01*

[1] Reis, Weizen, Jowar, Bajra, Ragi, Mais, Kichererbse, Strauchbohne, Erdnuß, Sesam, Raps & Senf, Leinsaat, Rizinus, Jute, Hanf, Baumwolle, Zuckerrohr, Tabak. Zusammen entfällt auf sie zwischen 82% und 90% sowohl der Anbaufläche als auch des Produktionswertes (außer Kerala).

Quelle: BHALLA/TYAGI 1989: 50 (Berechnungen z. T. vom Verfasser)

Tab: 6.9: Regionale Entwicklung des Produktionswertes (PW:Rs) und der Produktivität (Rs/ha) der wichtigsten Nutzpflanzen[1] in Indien 1962–1983

– Dieser Prozeß hatte eine Verschärfung der regionalen Disparitäten zur Folge. An der Gegenüberstellung der heutigen Antipoden im Entwicklungsstand *Punjab* und *Bihar* (näheres s. Kap. 10) läßt sich diese unheilvolle Dynamik illustrieren: Blieb der Unterschied in der Pro-Kopf-Erzeugung in den 50er Jahren noch fast auf dem gleichen Stand (je 2.1:1), so erhöhte er sich im folgenden Jahrzehnt (1970) bereits auf 3.8:1 (Sp. 3), um dann bis heute auf 6.6:1 (Sp. 6) zu eskalieren.

– Das Gleiche gilt für die regionale Dynamik sowohl hinsichtlich des erwirtschafteten Produktionswertes als auch der erzielten Produktivität der Nutzpflanzen insgesamt für die vergangenen zwanzig Jahre (Tab. 6.9): Auch hier ist eine signifikante Zunahme der regionalen Entwicklungsunterschiede insbesondere zwischen der Nordwest- und der Ost-Region festzustellen (Sp. 4 und 10). Dabei lag die jährliche Wachstumsrate des Produktionswertes in Punjab um das zehnfache (!), bei der Zunahme der Produktivität um über das achtfache über der von Bihar.

Die Gesamtentwicklung zusammengefaßt bedeutet dies, daß sich nicht allein in der Nahrungsmittel- sondern in der Agrarerzeugung insgesamt eindeutige *räumliche Schwerpunkte* herausgebildet haben: *regional* der Nordwesten des Landes (Abb. 6.4; Tab. 6.8 und 6.9), *intraregional* die Gunstgebiete innerhalb der Bundesstaaten (BRONGER 1987, S. 30ff. – für Andhra Pradesh). Auf beiden Maßstabsebenen sind es demnach die bereits seit langer Zeit als solche ausgewiesenen *Kernregionen* mit hohem Intensitätsindex (s. Tab. 6.2, Sp. 5) und – gleichzeitig – überdurchschnittlicher Leistungs- und Innovationsbereitschaft seiner Bewohner (s. Tab. 6.7). Wir haben es damit im agraren Produktionssektor mit einer *Polarisierung des regionalen Entwicklungsgefälles* zu tun. Ob dieses Fazit auch für die übrigen Lebensbereiche zutrifft, wird gesondert zu untersuchen sein (Kap. 10).

7 Industrie – Vorreiter der Gesamtentwicklung?

7.1
Industriepolitik

7.1.1
Theoretische Grundlagen und Zielsetzungen

Über den zukünftigen Weg einer Wirtschaftspolitik gab es unter den Führern des Koloniallandes keineswegs einheitliche Meinungen. Insbesondere über die nach der Unabhängigkeit einzuschlagende Industrialisierungspolitik kann man von geradezu entgegengesetzten Auffassungen sprechen. So stand der „Vater der Nation", *Mahatma Gandhi* einer Industrialisierung des Landes grundsätzlich skeptisch, ja ablehnend gegenüber.

„Vor einhundertfünfzig Jahren stellten wir alle unsere Stoffe selbst her. Unsere Frauen spannen feine Garne in ihren Hütten und trugen damit zum Wohlstand der Familie bei. ... Indien braucht fast 13 Yards Stoff pro Kopf und Jahr. Trotzdem wird weniger als die Hälfte im Lande hergestellt. In Indien wächst genug Baumwolle für uns alle. Wir exportieren mehrere Millionen Ballen nach Japan und Lancashire und kaufen einen Großteil davon wieder als fertigen Kattun zurück. Dabei wären wir durchaus in der Lage, unseren Eigenbedarf an Stoffen und Garnen durch Handweben selbst zu decken. ... Das Spinnrad könnte Millionen Beschäftigung geben, die mindestens vier Monate im Jahr nichts zu tun haben" (zitiert in FISCHER 1983, S. 110).

Gandhis Vorstellungen fußten auf zwei von ihm bis zu seinem Tode vertretenen Auffassungen, von denen die erste (weitgehend) richtig, die zweite jedoch als falsch bezeichnet werden muß. Tatbestand war, daß die industrielle Fabrikation, gerade in der von ihm genannten Textilbranche im 19. und zu Beginn des 20. Jahrhunderts Millionen von Arbeitsplätzen dieses einstmals blühenden Gewerbezweiges (s. u.) in den Dörfern vernichtet hatte. Seine zweite Vorstellung, die er noch bis in die britische Zeit existent glaubte, war die intakte und gleichzeitig autarke Dorfgemeinschaft. Er wollte sie wiederbeleben – es war dies sein Rezept für wirkliche Demokratie in Asien: Je mehr diese kleinen geographischen Einheiten durch Zusammenarbeit erreichen, umso weniger Spielraum bliebe einer staatlichen Diktatur von außen. Er fürchtete, daß der Ausbau der Industrie weiterhin vielen Mitbewohnern ihrer Arbeit berauben und Indiens (und für ihn war dies in allererster Linie das ländliche Indien) bedrückende Armut vergrößern würde. Deshalb waren ihm diejenigen, die in ihren Dörfern am Spinnrad saßen, lieber als die großen Textilfabriken:

„Wenn man die Produktion im Kleinen eine Million mal multipliziert, ist das nicht auch eine Massenproduktion? Aber ich sehe, daß euer Begriff ‚Massenproduktion' ein technischer Ausdruck für Produktion ist, die möglichst wenige Menschen mit Hilfe von hochkomplizierten Maschinen ausführen. Meiner Ansicht nach ist das falsch. Meine Maschine muß so sein, daß ich sie in die Wohnungen von Millionen von Menschen stellen kann." (ebenda, S. 111).

Es ist interessant zu sehen, daß nicht nur im heutigen Indien, wo Gandhis Ideen lange Zeit ignoriert wurden, sondern auch in vielen anderen Ländern (nicht nur) der „Dritten" Welt, seine seinerzeit als rückständig oder naiv bezeichnete ‚Wirtschaftstheorie' von einer wachsenden Zahl von Wirtschaftsfachleuten aber auch Regionalplanern (Friedmann) akzeptiert oder doch zumindest beachtet werden. Unbestreitbar hat die einseitig forcierte Industrialisierung, so notwendig sie selbst ist, in vielen asiatischen wie afrikanischen Ländern eher Massenarbeitslosigkeit als Wohlstand gebracht.

Im Gegensatz zu Gandhi propagierte die Gruppe um den 1936 zum Kongreßpräsidenten gewählten *Nehru* die Rolle des Staates als dem entscheidenden Funktionsträger der Planung für den Wirtschaftsprozeß. Kernstück der wirtschaftlichen Entwicklung sollte die von Gandhi strikt abgelehnte zentralisierte Industrialisierung sein.

Dieser Gedanke der *Planung* war lange vor Erreichung der Unabhängigkeit Bestandteil des Kongreßprogramms. 1938 wurde das *National Planning Committee* gegründet, dessen erste Entschließungen bereits die später praktizierte strikte Kontrolle der privaten Industrie, der Banken und Versicherungen vorsah.

Diese fundamentalen Auffassungsunterschiede haben sich bis heute in einer doppelten Orientierung der indischen Wirtschafts- (und Sozial)planung und -politik niedergeschlagen: das stetige Nebeneinander (und nicht selten Gegeneinander) des *Gandhischen* Ideals von der selbstgenügsamen und sich selbst verwaltenden Dorfgemeinschaft und des *Nehruschen* Industrialisierungskurses ist weitgehend verantwortlich zu machen für häufig auftretende Zielkonflikte und entsprechend widersprüchliche Maßnahmen – nicht zuletzt in der Mittelzuweisung –, die sich wie ein roter Faden durch die indische Wirtschaftspolitik ziehen.

An zwei, im Zusammenhang der Darstellung der indischen Wirtschaft bis heute häufig verwendeten Begriffen lassen sich diese Unbestimmtheiten, ja Widersprüchlichkeiten festmachen. So besagt der 1954 erstmals auftauchende Begriff *„Socialist Pattern of Society"* lediglich, daß darunter kein Kommunismus, d. h. eine völlige Verstaatlichung der Produktionsmittel, sondern lediglich „soziale Kontrolle" zu verstehen ist. Der Versuch, daraus ein geschlossenes Ziel-Mittel-System zu entwickeln, ist damals wie heute niemals unternommen worden (v. URFF 1973, S. 212). Das Gleiche gilt für den in diesem Zusammenhang verwendeten Begriff der *„mixed economy"*. Er ist in seinem eigentlichen Wortsinn unklar wenn nicht sogar nichtssagend, bezeichnet er doch nichts anderes als das Nebeneinander eines öffentlichen und eines privaten Sektors, das schließlich in jeder Wirtschaft anzutreffen ist (ebenda, S. 214).

Nehrus vornehmstes Ziel war eine forcierte Industrialisierung. Hierin waren die indischen Wirtschaftsführer mit ihm einer Meinung. Im Jahre 1943, als die nahe Unabhängigkeit des Landes abzusehen war, konzipierten diese einen 15-Jahresplan, der in seinen Grundsätzen ein Gegenstück zum Gandhischen Gedankengut darstellte. Er ist unter dem Namen *„Bombay Plan"* in die indische Geschichte eingegangen – was jedoch wichtiger ist, seine Ideen sollten jahrzehntelang für die indische Wirschaftspolitik prägend sein. Der Plan nannte erstmals konkrete Zahlen (nach: ROTHERMUND 1985, S. 148): In 15 Jahren, von 1947 bis 1962, wollte man das Pro-Kopf-Einkommen verdoppeln. 100 Milliarden Rupees sollten zu diesem Zweck investiert werden; davon 45% in die Industrie, 22% in den Wohnungsbau, 12% in die Landwirtschaft und 21% in die übrigen Bereiche.

Diese Akzentsetzung war typisch nicht nur für das Denken der Mehrzahl der Wirtschaftsführer, sondern auch vieler Politiker. Sie alle erhofften sich den raschen wirtschaftlichen Aufstieg und (damit) Unabhängigkeit in erster Linie von der Industrie, wohingegen man von der Landwirtschaft keine Wachstumsimpulse erwarten dürfe. Auch in der Beschäftigtenpolitik sollte mittels dieser Strategie der Durchbruch geschafft werden: das Ziel der Vollbeschäftigung sollte durch einen kontinuierlichen Abzug der Arbeitskräfte aus der

Landwirtschaft hin zum industriellen Sektor erreicht werden. Während 1931 fast 75% der Arbeitskräfte in der Landwirtschaft, lediglich etwas über 10% in der Industrie und 15% im Dienstleistungssektor tätig waren, sah der „Bombay Plan" für 1962 ein Verhältnis von 58:26:16 vor. Auch diese ehrgeizige Zielsetzung ist nicht erreicht worden; das Zahlenverhältnis ist bis heute – 1991 – mit 67:12:21 nahezu unverändert geblieben (s. o. Tab. A 4.12 – Anhang).

Auch nach der politischen Unabhängigkeit glaubte Indien seine wirtschaftliche Unabhängigkeit sowie die Verbesserung der Lebensverhältnisse am ehesten durch eine forcierte Industrialisierung erreichen zu können. „Die neuen Tempel Indiens sind seine Fabrikschlote" – dieser Ausspruch Nehrus (STANG 1984, S. 56) charakterisiert die entsprechende Strategie zutreffend. Primat dieser Politik war der Aufbau einer schwerindustriellen Basis (Stahlwerke, Maschinenbau), die die von der Kolonialmacht deformierte Industrie von außen unabhängig machen und die Grundlage für eine breitgefächerte Konsumgüterindustrie abgeben sollte.

7.1.2
Die „Industrial Policy Resolution" von 1956 und andere Kontrollbestimmungen

Die indische Industriepolitik sah (und sieht) sich mit vornehmlich drei Problemkreisen konfrontiert (s. u. a. v. URFF 1973, S. 217 ff.; SCHMITT 1982, S. 110 f.; STANG 1984, S. 56 f.; RIEGER 1989, S. 89 ff.):

1. Das Verhältnis von öffentlichem zum privaten Sektor

Um die industrielle Entwicklung zu beschleunigen, vor allem aber auch kontrollieren zu können, wurde bereits 1948 in dem „Industrial Policy Statement" bestimmt, daß die Schlüsselindustrien, die man für die Existenz und die weitere Entwicklung des Landes für besonders relevant hielt („commanding heights of the economy"), zur ausschließlichen Angelegenheit des Staates erklärt wurden. Dieser Grundgedanke wurde in der *„Industrial Policy Resolution" von 1956* präzisiert. Danach unterschied man zwei Gruppen von Industriezweigen:

a) Solche, die ausschließlich dem Staat vorbehalten bleiben sollten (17 Bereiche): 1. Waffen und Munition; 2. Atomenergie; 3. Eisen und Stahl; 4. Schwere Gießerei- und Schmiedeteile aus Eisen und Stahl, 5. Schwerindustrieanlagen und Maschinen; 6. Schwere Elektrizitätsanlagen; 7. Stein- und Braunkohle; 8. Erdöl; 9. Bergbau in den Bereichen Eisen- und Manganerz, Chrom, Gips, Schwefel, Gold und Diamanten; 10. Bergbau und Verarbeitung von Kupfer, Blei, Zink, Zinn, usw.; 11. Mineralien im Zusammenhang mit der Erzeugung und Nutzung von Nuklearenergie; 12. Flugzeuge; 13. Flugverkehr; 14. Eisenbahnbetrieb; 15. Schiffbau; 16. Telephonkabel, Telegraphie und Radiogeräte (außer Radioempfänger); 17. Erzeugung und Verteilung von elektrischer Energie.

Da sich in etlichen dieser Industriezweige und zwar z. T. in beträchtlichem Umfang private Unternehmen bereits engagiert hatten, deren Verstaatlichung unpraktikabel erschien, waren diese weiterhin geduldet. Als Beispiel sei das bereits 1907 fertiggestellte Tata-Stahlwerk in Jamshedpur/Bihar genannt.

b) Diejenigen Industrien, in denen der Staat allmählich das Monopol übernehmen wollte, gleichzeitig jedoch der private Sektor weiterhin eine wichtige Rolle spielen sollte (konnte). Im einzelnen handelte es sich um: 1. Alle anderen Mineralien mit Ausnahme von sog. „minor minerals"; 2. Aluminium und Nichteisenmetalle, die nicht unter a) fallen; 3. Werkzeugmaschinen; 4. Eisenlegierungen und Werkzeugstahl; 5. Ausgangs- und Zwischenprodukte der chemischen Industrie (u. a. Medikamente, Farb- und Kunststoffe); 6. Antibiotika und andere wichtige Medikamente; 7. Düngemittel; 8. synthetischer Kautschuk; 9. Kohleverkokung; 10. chemische Zellulose; 11. Straßentransport; 12. Seetransport. In der Folgezeit wurden diese Listen mehrfach ergänzt aber auch durch Ausnahmen und Sondergenehmigungen immer wieder durchlöchert.

c) Diejenigen Industriezweige, die grundsätzlich dem privaten Sektor offenstehen sollten, bei denen sich der Staat jedoch das Recht vorbehielt, sich ebenfalls zu engagieren: Kraftfahrzeug-, Chemie- und Konsumgüterindustrie (Textilindustrie etc.). Ferner gehörten dazu die Bereiche Landwirtschaft, Kleinindustrie und Handwerk, für die jedoch genossenschaftliche Organisationsformen stark propagiert wurden.

2. Die Steuerung des privaten Sektors

Die Grundlagen für die staatlichen Kontrollen im privaten Sektor wurden bereits im Jahre *1949* mit dem *Industries Control Bill* geschaffen. Das Gesetz bestimmte, daß die Gründung neuer industrieller Produktionseinheiten oder eine wesentliche Ausweitung bestehender Betriebe nur mit einer staatlichen Lizenz vorgenommen werden durften. Weiterhin konnte die Vergabe dieser Lizenzen mit bestimmten Auflagen, beispielsweise in Bezug auf den Standort, die minimale Größe usw. verbunden sein. Ferner war die Regierung ermächtigt, in den privaten Unternehmen Qualitäts- und Preiskontrollen durchzuführen und diese mit Anweisungen zur Beseitigung der festgestellten Mängel zu verbinden. Betriebe, die diesen Anordnungen nicht nachkamen, konnten vom Staat übernommen werden. Mit dem *„Essential Commodities Act"* von *1955* wurden die Preiskontrollen weiter spezifiziert. Danach hatte die Zentralregierung das Recht, für als „wesentlich" bezeichnete Güter Preise festzusetzen. Dazu gehörten Nahrungsmittel, Kohle, Baumwolltextilien, Eisen und Stahl, Papier, Erdöl sowie Rohjute und Rohbaumwolle. Darüber hinaus konnte in speziellen Fällen jede Ware zu einer „essential commodity" im Sinne des Gesetzes erklärt werden (v. URFF 1973, S. 219f.).

Um die Industriekonzentration in der Privatwirtschaft einzudämmen sowie Kartelle, Preisbindungen und andere Formen der Wettbewerbsverzerrung zu unterbinden, wurden in der Folge eine Reihe weiterer Bestimmungen erlassen, von denen das *1969* verabschiedete Antimonopolgesetz (*„Monopolies and Restrictive Trade Practices Act (MRTP)"*) besonders zu nennen ist. Es klassifizierte – im Endeffekt nahezu 1200 – Großindustrie-Konzerne, deren weitere Expansion nur unter restriktiven Bedingungen gestattet werden sollte. Zum Schutz und zur besonderen Förderung der Kleinindustrie wurden die sog. MRTP-Konzerne von verschiedenen Vergünstigungen und Liberalisierungsmaßnahmen ausgenommen bzw. mit verschiedenen Auflagen versehen (RIEGER 1989, S. 95).

Die Entwicklungsstrategie der *Import-Substitution,* der sich auch Indien bald nach 1947 verschrieben hatte, brachte es mit sich, daß alle Lizenzen für Neuinvestitionen unter dem Gesichtspunkt der Devisenverfügbarkeit geprüft werden mußten. Die Importe vieler Erzeugnisse wurden durch Einfuhrverbote unterbunden bzw. durch hohe Zölle erschwert. Zusätzlich führte die Angst vor Überfremdung der

Wirtschaft durch ausländische Konzerne generell, und das bis in die Gegenwart, zu einer sehr reservierten bis hin zu einer fast schon feindselig zu nennenden Haltung gegenüber ausländischen Direktinvestitionen. Der *1973* verabschiedete *„Foreign Exchange Regulations Act (FERA)"* regelte die Bedingungen, unter denen ausländische Firmen in Indien investieren, exportieren und importieren können. Generell sah die Bestimmung vor, daß ausländische Investoren maximal 40% in Gemeinschaftsunternehmen *(joint ventures)* mit indischen Partnern halten durften (ebenda, S. 95). Auf die in jüngster Zeit erfolgten Lockerungen dieser Vorschriften werden wir noch zurückkommen (Kap. 14.1).

3. Das Verhältnis von Großindustrie zu Kleinindustrie und Dorfhandwerk

Wohl als Folge der in der Kolonialherrschaft gewachsenen dualistischen Industriestruktur waren die Auffassungen über die einzuschlagende Industrialisierungsstrategie innerhalb der indischen Kongreßführung schon in den 30er Jahren heftig umstritten. Es entbehrt nicht einer gewissen Pikanterie, daß es hierbei zu einer Koalition zwischen dem Sozialisten (?) Nehru mit dem Unternehmerflügel (nicht nur innerhalb der Kongreßpartei!) kam, während Gandhi, zugleich mit dem Großindustriellen Tata und Birla eng befreundet, sich mit dem sozialistischen Flügel der Kongreßpartei verbündete und diese als entschiedene Gegner jeder Form von Großindustrie auftraten und die Förderung der Kleinindustrie, insbesondere des Dorfhandwerks, propagierten (s. o.).

Bemerkenswert an dieser Kontroverse ist vor allem aber, daß beide Parteien mit ihren gegensätzlichen Auffassungen drei (bis heute) grundlegende wirtschafts- und sozialpolitische Zielsetzungen verwirklichen wollten, nämlich

1. die ökonomische Unabhängigkeit („self-reliance"),
2. die Verwirklichung der Vollbeschäftigung sowie
3. die Modernisierung der (Kasten-) Gesellschaft.

Was ist von diesen Zielsetzungen bis heute erreicht worden? Die Antwort auf die beiden zuerst genannten Zielsetzungen soll im folgenden untersucht werden; der dritte Problemkreis wird in Kap. 14.3 behandelt. Zunächst ist es notwendig einen kurzen Blick auf die indische Entwicklungsplanung zu werfen.

7.1.3
Planung und Politik seit der Unabhängigkeit: Die Fünfjahrespläne

Herzstück der gesamten Entwicklungsplanung Indiens ist die von Nehru 1950 geschaffene Plankommission (*„Planning Commission"*). Ihre Aufgabe besteht darin, die vorgesehenen entwicklungspolitischen Maßnahmen in Form eines Planes auszuarbeiten, mit anderen Worten: den staatlichen Sektor in Form von Fünfjahresplänen zu lenken. Die Planvorlagen dieser Kommission haben keine Gesetzeskraft; es handelt sich hierbei um indikative Planung, die der Exekutive als Leitlinie dient, d. h. de jure ist die Plankommission eine Stabsstelle, die außerhalb der eigentlichen Verwaltungshierarchie steht (V. URFF 1973, S. 221). De facto ist allerdings die Verbindung von Plankommission und Exekutive hochrangig und unmittelbar: der Premierminister – Nehru machte den Anfang – führt von Amts wegen den Vorsitz der Kommission und er mußte sich politisch blamieren, wenn er als Regierungschef nicht einhalten konnte, was er

Sektor	1. Plan 1951–56	2. Plan 1956–61	3. Plan 1961–66	1966–69	4. Plan 1969–74
1	2	3	4	5	6
1. Landwirtschaft	14,8	11,7	12,7	16,7	14,7
2. Bewässerung	22,2	9,2	7,8	7,1	8,6
3. Regionalentwicklung	1	1	1	1	1
4. Energie	7,6	9,7	14,6	18,3	18,6
5. Heimgewerbe (Dorfhandwerk)	2,1	4,0	2,8	1,9	1,5
6. Industrie und Bergbau	2,8	20,1	20,1	22,8	18,2
7. Verkehr und Kommunikation	26,4	27,0	24,6	18,5	19,5
8. Erziehung, Wissenschaft u. Technik	7,6	5,8	7,7	5,3	5,7
9. Gesundheitswesen	5,0	4,6	2,6	2,1	2,1
10. Familienplanung, Familienfürsorge	0,3	0,3	0,3	1,1	1,8
11. Wohnungsbau u. Stadtentwicklung			1,5	1,1	1,7
12. andere soziale Programme	11,2	7,6	2,6	2,9	5,4
13. andere Programme			2,7	2,2	2,2
Total (Sp.1–13)	100,0	100,0	100,0	100,0	100,0

Tab. 7.1: **Ausgaben der indischen Zentralregierung und der Bundesstaaten für die Entwicklung 1951–1991** (Angaben in %)

als Vorsitzender der Kommission festgelegt hatte (ROTHERMUND 1992, S. 20).

In seiner ursprünglichen Konzeption war die indische Planung sehr vom Vorbild der sowjetischen Planwirtschaft mit seinen Fünfjahresplänen geprägt. Doch abgesehen von seinem Charakter des Nebeneinanders von Staatssektor und privatwirtschaftlichem Sektor („mixed economy", s. o.) war das *föderale Element im Planungsprozeß* hier von vornherein immanent. Zwei Merkmale sind in diesem Zusammenhang zu nennen:

1. Vergleichbar mit dem der Zentrale (Delhi) existieren gesonderte Entwicklungspläne für die einzelnen Unionsstaaten. Ebenso wie bei dem Planungsablauf auf der nationalen (zentralen) Ebene ist die Vorbereitung der Regionalpläne Aufgabe der in den Unionsstaaten jeweils dem „Chief Minister" unterstehenden *„State Planning Departments"*. Sie sind, wie die Plankommission auf Unionsebene, mit den ministeriellen Fachressorts über Arbeitsgruppen verbunden.
2. Die Koordinierung zwischen der Planung auf zentraler (nationaler) Ebene und der in den einzelnen Staaten erfolgt durch den *nationalen Entwicklungsrat*. Er besteht aus dem Premierminister als Vorsitzenden, den Chefministern der Staaten und den Mitgliedern der Plankommission. Obwohl der nationale Entwicklungsrat de jure ebenfalls nur eine beratende Körperschaft ist, ist sein Einfluß de facto außerordentlich groß, da der Plan erst dann dem Parlament vorgelegt wird, wenn der Entwicklungsrat zugestimmt hat (v. URFF 1973, S. 222).

Hauptziel des *ersten Fünfjahresplanes (1951/52–1955/56)* war es, die durch die Teilung des Landes verursachten Probleme möglichst rasch zu überwinden: Verlust vieler Rohstoffgebiete (z. B. des Jutenbaus im östlichen Teil von Bengalen); Nichtausnutzung industrieller Produktionskapazitäten; Arbeitsplatzbeschaffung der nach Millionen zählenden Flüchtlinge. Das Schwergewicht war auf die Entwicklung der Landwirtschaft gelegt, dementsprechend bildete dieser Sektor mit einem Anteil von 37% sämtlicher Ausgaben des Bundes und der Länder für die Entwicklung einen eindeutigen Förderungsschwerpunkt der öffentlichen Investitionen (Tab. 7.1).

Aufgrund der durchaus befriedigenden Produktionsentwicklung des Agrarsektors (s. Kap. 6.2), der allerdings eine unbefrie-

5. Plan 1974-79	Plan 1978-83	1979-80	6. Plan 1980-85	7. Plan 1985-90	1990-91[2]	1991-92[2]	8. Plan 1992-97
7	8	9	10	11	12	13	14
12,3	12,4	16,4	12,5	12,8	12,2	12,3	13,1
9,8	13,9	10,6	10,0	7,6	6,2	6,5	7,5
1	1	1,4	1,4	1,6	1,7	1,6	1,6
18,8	29,1	18,4	28,1	28,2	29,3	29,5	26,6
1,5	2,0	2,1	1,8	1,5	1,5	1,6	1,5
22,8	13,9	19,6	13,7	11,9	11,9	10,3	9,3
17,4	15,3	16,8	16,2	17,4	19,0	18,4	18,7
4,4	3,7	2,9	3,6	4,9	4,7	5,0	6,6
1,9	3,0	1,8	} 3,1	1,7	1,6	1,6	1,7
1,3		1,0		1,4	1,3	1,0	1,5
2,9	3,7	3,0	2,6	2,3	2,0	2,4	2,4
4,8	3,0	5,5	6,1	7,1	6,9	7,7	8,0
2,1		1,9	0,9	1,6	1,7	2,1	1,5
100,0	100,0	100,0	100,0[3]	100,0[4]	100,0[5]	100,0[6]	100,0[7]

[1] in Sp. 11 enthalten; [2] Plan; [3] Zentralregierung: 52,9 – Bundesstaaten: 47,1; [4] 58,9:41,1; [5] 61,9:38,1; [6] 59,4:40,6; [7] 62,5:37,5.
Quellen: Government of India (Hrsg.): Economic Survey, versch. Jahrgänge; Planning Commission: Fünfjahrespläne (Berechnungen des Verfassers)

digende Entwicklung auf dem Arbeitsmarkt gegenüber stand (Zunahme der offenen Arbeitslosigkeit von 3–4 Millionen während der ersten Planperiode), ging man nunmehr im *zweiten Fünfjahresplan (1956/57–1960/61)* daran, den industriellen Sektor massiv zu fördern und damit die Ideen des Bombay Plans zu verwirklichen, der den Schlüssel zum indischen Wirtschaftswachstum allein in der Industrie sah (s. o.). Das Ergebnis war eine massive Umschichtung der öffentlichen Investitionsausgaben: Erhöhung der für den Industriesektor von 4,9% auf 24,1%, während der Anteil des landwirtschaftlichen Sektors auf 20,9% zurückgefahren wurde (Tab. 7.1).

In fast gleichem Maße wurden die sektoralen Ziele beim Wirtschaftsaufbau im *dritten Fünfjahresplan 1961/62–1965/66* beibehalten, d. h. der Industrialisierungskurs fortgesetzt. Das Hauptaugenmerk dieser beiden Planperioden lag auf dem Aufbau der staatlichen *Schwerindustrie*, die als das Symbol der wirtschaftlichen Unabhängigkeit galt. In diese Zeit, 1956 bis 1966, fiel der Aufbau der vier großen Stahlwerke von Bhilai, Durgapur, Bokaro und Rourkela, die mit sowjetischer, englischer und deutscher finanzieller sowie technischer Hilfe errichtet wurden. Demgegenüber blieb die Landwirtschaft das wirtschaftspolitische Stiefkind. Dies war allenfalls ideologisch verständlich, gehörte sie doch voll und ganz zum privaten Sektor, außerdem fiel sie als Steuereinnahmequelle immer weniger ins Gewicht. Ausgelöst durch zwei aufeinanderfolgende Dürrejahre, 1965 und 1966, sollte sich dies gegen Ende der Planperiode sehr rächen: die Nahrungsmittelproduktion fiel um über 20% (s. Kap. 6.2) mit der Folge (und mitbeeinflußt durch den Krieg mit Pakistan im gleichen Jahr), daß die Grundnahrungsmittel – erstmalig – rationiert werden mußten. Die massive Förderung der Industrie trug auch nicht zur Minderung des Beschäftigungsproblems bei, im Gegenteil: die Zahl der Arbeitslosen wurde am Ende der zweiten Planperiode auf 9 Mill., 1964 auf 12 Mill. geschätzt (V. URFF 1973, S. 247).

Der Zusammenbruch der bisherigen Agrarpreispolitik durch den Anstieg der Grundnahrungsmittelpreise infolge der Dürrejahre, die wiederum den geringen Spielraum der privaten Haushalte zum Kauf von Industrieerzeugnissen weiter reduzierte, dazu immer stärkere inflatorische Tendenzen – der Preisindex stieg von 1961 bis 1967 um 60% (ROTHERMUND 1985, S. 177) –, ließ die indische Wirtschaft eine Krise erleben. Als Folge wurde die Fünfjahresplanung für drei Jahre ausgesetzt, der *vierte Fünfjahresplan* konnte erst 1969 beginnen. Die Investitionen im Industriesektor wurden zurückgefahren und dementsprechend die für Landwirtschaft und Bewässerung erhöht; sie erreichten aber nicht annähernd den Anteil des ersten Fünfjahresplanes.

Die folgenden Fünfjahrespläne sahen keine grundlegenden Änderungen in den sektoralen Investitionen vor. Der Anteil für Landwirtschaft und Bewässerung (einschließlich „Rural Reconstruction" wie das „Community Development Programme" – s. Kap. 15.1.3 – nunmehr genannt wurde) schwankte zwischen 20–24%; lediglich der Entwurf zum Fünfjahresplan 1978–83 der *Janata-Regierung* sah hier eine stärkere Betonung (auf über 26% – s. Tab. 7.1, Sp. 8) vor. Die einzige, wirklich signifikante Änderung ist die seit 1980 erfolgte Steigerung der Ausgaben für *Energie*, da man eingesehen hatte, daß eine stärkere Förderung dieses Sektors für die weitere Entwicklung sowohl der Industrie als auch der Landwirtschaft absolut unentbehrlich war.

7.2
40 Jahre Industrialisierung: Ergebnisse

Bei vierzig Jahren Industrieentwicklung ist bei einem Land von der Größe Indiens kein einheitliches Bild zu erwarten. Es läßt sich eine ganze Palette von – jedenfalls auf den ersten Blick – widersprüchlichen Tatbeständen auflisten, z. B.:

- Indien rangiert unter den 15 größten Industrieproduzenten der Erde (fünftgrößter der „Dritten" Welt). Andererseits nimmt der Subkontinentalstaat nur einen hinteren Platz im Export von Industriegütern ein; sein Anteil am Welthandel ging sogar von 2,4% im Jahre 1950 auf heute 0,5% zurück.
- Nach nunmehr vier Dekaden forcierter Industrialisierung ist der Anteil der Industrie an den Gesamtbeschäftigten bis heute sehr gering.
- Einerseits ist Indien zu beachtlichen technologischen Leistungen fähig. Man findet in Malaysia, Ägypten, Polen und Nigeria schlüsselfertige Fabriken und Kraftwerke, ja komplette Industriekomplexe, vom Hüttenwerk bis zur Maschinenbaufabrik, alles ‚made in India'. Andererseits ist die indische Industrie noch immer – und in etlichen Branchen heute mehr denn je! – auf den ständigen Import ausgereifter Technologien ausgewiesen.
- Während Indiens technisches Knowhow in den Ländern der „Dritten" Welt gefragt ist, ist die indische Industrie vielfach nicht in der Lage, den einheimischen Massenbedarf mit einfachen und preiswerten Konsumgütern angemessen zu befriedigen.
- Indien ist in der Lage, Satelliten zu konstruieren und diese mit eigenen Raketen in den Weltall zu befördern. Vermutlich wäre das Land in der Lage, kurzfristig Atombomben zu produzieren. Auf der anderen Seite findet man – in sehr großer Anzahl! – Industriebetriebe mit einem 30, 40 (und mehr) Jahre alten Maschinenpark und Produktionsbedingungen (Lärm, Schmutz, fehlende Sicherheitsvorkehrungen, Kin-

Ergebnisse der Industrialisierung

derarbeit), die an die schlimmsten Schilderungen von Charles Dickens aus dem frühkapitalistischen England erinnern.
- Während Indien aufgrund seiner niedrigen Lohnkosten als Partner für andere Entwicklungsländer interessant ist, liegt das Produktionskostenniveau wegen der vielfältigen Engpässe und Effizienzmängel der materiellen Infrastruktur sowie Produktionshemmnisse um ca. 40% über dem der Industrieländer (GEBHARDT 1989, S. 12).

Nachfolgender Versuch einer Beurteilung von vierzig Jahren Industrialisierung soll sich an der Produktionsentwicklung, der räumlichen Verteilung und der Beschäftigtenentwicklung – einschließlich ihrer regionalen Dynamik – orientieren. Die Ausführungen der zuerst genannten Themen beziehen sich ausschließlich auf den Sektor „Industrie", nach der indischen Terminologie als „Groß- und Mittelindustrie" („Large & Medium Scale Industry") bezeichnet. Erst im letzten Kapitel wird die „Kleinindustrie" („Small Scale Industry") miteinbezogen. Diese Vorgehensweise hat seine Ursachen in der Datenproblematik, die zu Beginn des Kapitels 7.2.3 erörtert wird.

7.2.1
Produktionsentwicklung
(Abb. 7.1, Tab. 7.2 – 7.4 und A 5.6 – Anhang)

Zwar konnten die (zu) ehrgeizigen Ziele des Bombay Plans – Verdoppelung des Pro-Kopf-Einkommens in 15 Jahren (1947–1962) – bis heute nicht erreicht werden. Dennoch kann die Bilanz nach vierzig Jahren industrieorientierter Entwicklungsstrategie und Wirtschaftspolitik, von der Produktionsseite her betrachtet, als erfolg-

reich bezeichnet werden – zumindest auf den ersten Blick:

- Die jährliche Wachstumsrate des sekundären Sektors von 5,6% im Durchschnitt der Jahre 1950 bis 1990 kann sich im internationalen Vergleich, insbesondere zu den übrigen Ländern der „Dritten" Welt, durchaus sehen lassen. Sie brachte Indien nach China, Brasilien, Südkorea und Mexiko auf den 5. Rang der Industriegüterproduktion der „Dritten" Welt. Der Produktionsindex stieg in den 40 Jahren von 1950/51 bis 1990/91 um das 11,6fache; diese Entwicklung trug wesentlich zu der (preisbereinigten) Steigerung des Pro-Kopf-Einkommens von gut 90% in dem besagten Zeitraum bei. Die jährliche Wachstumsrate lag nicht nur doppelt so hoch wie die der Landwirtschaft (2,8%) und um 40% über dem des gesamten BIP (Tab. 7.2), sondern sie war darüberhinaus auch viel geringeren Schwankungen als diese ausgesetzt. Bei einem derart langen Be-

Tab. 7.2: Wachstumsraten in Indien nach Planperioden 1951/56 – 1985/90

Plan-	Wachstumsrate (% pro Jahr)		
	BIP	Produzierendes Gewerbe[1]	Primärer Sektor[2]
1951–56	3,6	6,1	2,9
1956–61	4,3	6,5	3,4
1961–66	2,8	6,9	–0,1
1966–69	3,9	3,6	4,4
1969–74	3,4	3,9	2,7
1974–79	4,9	6,4	3,6
1979–80	–5,2	–3,3	–12,3
1980–85	5,7	6,1	5,8
1985–90	5,6	6,5	3,6
1951–90	4,0	5,6	2,8

[1] der Anteil des Verarbeitenden Gewerbes („Manufacturing") beträgt ca. 77%; [2] der Anteil des Bergbaus („Mining & Quarrying") beträgt 11,5%, der der Landwirtschaft ca. 85%
Quelle: Errechnet nach: Economic Survey 1990–91, S. 10; RBI 1992, S. 33, 161; WB 1992, S. 4.

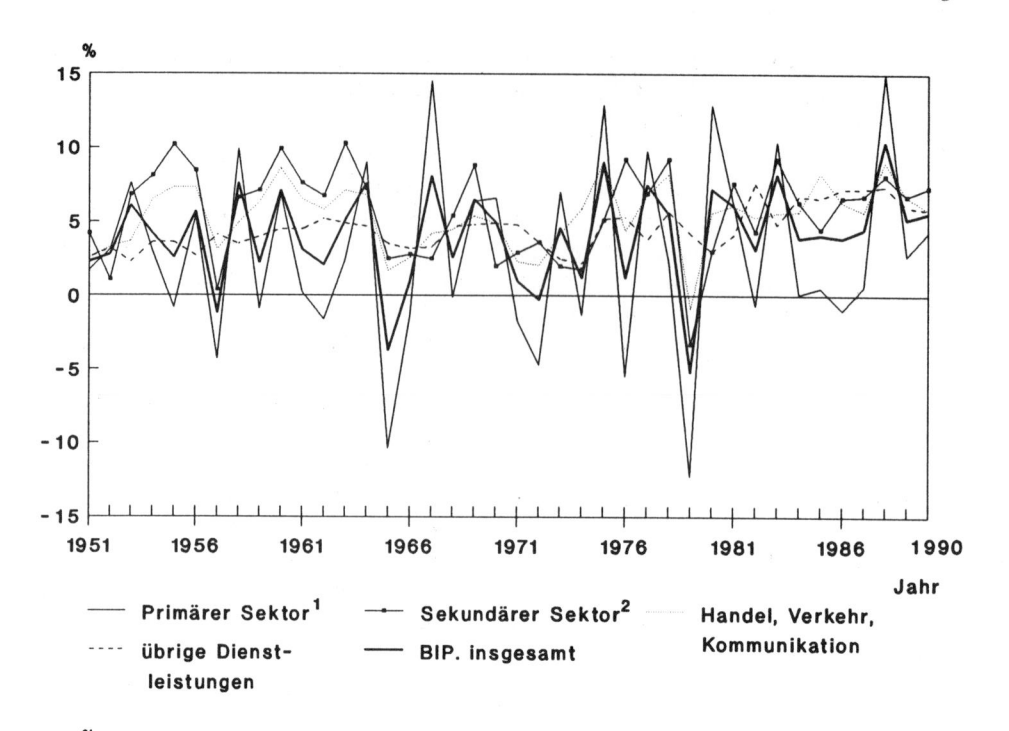

Abb. 7.1: Jährliches Pro-Kopf-Wachstum des BIP Indiens zu Faktorkosten nach Wirtschaftssektoren 1950/51–1990/91

Legende:
— Primärer Sektor[1]
—•— Sekundärer Sektor[2]
— Handel, Verkehr, Kommunikation
---- übrige Dienstleistungen
— BIP. insgesamt

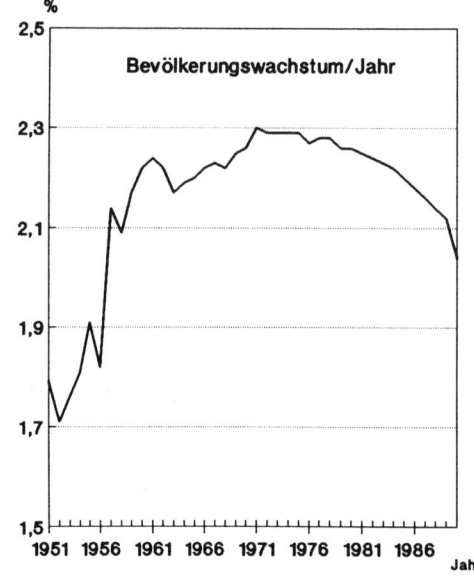

[1] einschl. Bergbau; [2] einschl. Bauwirtschaft, Elektrizitäts-, Gas- und Wasserversorgung

Ergebnisse der Industrialisierung 185

trachtungszeitraum kann man sogar von einem ziemlich stetigen Entwicklungstrend sprechen (Abb. 7.1). Kurz: Aus dieser Sicht wurde der Industriesektor seiner wesentlichen Funktion, Hauptantriebsmotor der gesamtwirtschaftlichen Entwicklung zu sein, durchaus gerecht.
- Das Land verfügt über eine außerordentlich *diversifizierte Produktionsstruktur*. Es sind alle Industriezweige vertreten, von den Grundstoff- über Halbfertigwaren, den Investitionsgütern bis hin zu den Konsumgüterindustrien. In der Tat gibt es kaum eine Kategorie von Industriegütern, die nicht in Indien hergestellt wurde: vom Fahrrad, dem Auto bis zum Flugzeug, von der Schraube, Kühlschrank, Computer bis zum Satelliten, allerdings auch vom Panzer und Rakete bis zur Atombombe. Alle Produkte werden, z. T. mit ausländischer Kooperation, von nationalen Unternehmen hergestellt. Mehrheitsbeteiligungen ausländischer Firmen waren allerdings bis vor kurzer Zeit (s. u. Kap. 14), von ganz wenigen Ausnahmen abgesehen, nicht einmal möglich. Infolgedessen findet man Markennamen multinationaler Unternehmen in Indien deutlich weniger vertreten als sonst in der „Dritten" Welt.
- Im Unterschied zur Mehrzahl der übrigen Entwicklungsländer verfügt Indien über eine breite einheimische Unternehmerschaft, fähig und kreativ zugleich – leider muß sie einen (zu) großen Teil ihrer Zeit und Energie in dem täglichen Kampf mit der staatlichen Bürokratie verschleißen.

Diese positive Bilanz, so unbestreitbar richtig sie sein mag, ist dennoch nur ein Teil der Wirklichkeit:
- Zwar konnte der Anteil des sekundären Sektors insgesamt am BIP in den vergangenen 40 Jahren von 15% auf 27% gesteigert werden (s. Abb. 6.1), jedoch bietet diese Zahl ein in mehrfacher Hinsicht irreführendes Bild. Nach Berechnungen der Weltbank stieg nämlich der Anteil des Verarbeitenden Gewerbes („Manufacturing"), im allgemeinen der dynamischste Bereich des sekundären Sektors, im Zeitraum von 1965 bis 1990 lediglich um zwei Prozentpunkte, von 16% auf 18% an (Tab. 7.3), damit liegt Indien deutlich unter dem Durchschnitt der Entwicklungsländer einschließlich auch derjenigen Subkontinentalstaaten mit vergleichbarer ungünstiger Ausgangsposition (Ausnahme: Brasilien).
- Auch nach vierzig Jahren Industriepolitik ist Indien sowohl von der Produktionsleistung wie von der Beschäftigungsstruktur her in erster Linie ein Agrarland (geblieben): Der primäre Sektor steuerte im Jahre 1990 noch immer 32,4% zum BIP bei und – wichtiger noch – fast 70% gegenüber 12% im gesamten sekundären Sektor waren hier beschäftigt. Bis heute hängt die gesamtwirtschaftliche Konjunktur des Landes mehr von dem Monsun und den jeweiligen Ernten als von den industriellen Produktionszyklen ab.

Der wesentliche Grund für dieses unbefriedigende Ergebnis dürfte am starren Festhalten (zumindest bis ca. 1980) der Primatstellung des Staatssektors zu suchen sein – eine Politik, die zwar die Expansion von großen privaten Monopolen bislang weitgehend verhindert hat, aber der Preis für die unwirtschaftlichen Staatsmonopole, die große Mengen an Ressourcen ohne angemessene Gegenleistung verschlungen haben (RIEGER 1989, S. 93), ist eine viel niedrigere Wachstumsrate als dies bei einer marktwirtschaftlichen Politik möglich gewesen wäre. Bis heute arbeitet der größte Teil des staatlichen

Land	Anteil am BIP (%)		Durchschnittliche jährliche Wachstumsrate (%)	
	1965	1990	1965–1980	1980–1990
Indien	16	18	4,5	7,1
China	28[3]	38[3]	8,9[3]	14,4[3]
Indonesien	8	20	12,0	12,5
Brasilien	26	26	9,8	1,7
Entwicklungsländer: untere[1] Einkommenskategorie	19	27	6,7	11,1
Entwicklungsländer: mittlere[2] Einkommenskategorie	20	27	8,9	3,5

[1] BSP/Kopf < 500 US-$; [2] BSP/Kopf < 3 000 US-$; [3] Schätzung der Weltbank
Quelle: Weltentwicklungsbericht 1992, S. 212ff.

Tab. 7.3: Verarbeitendes Gewerbe: Produktionsstruktur und Wachstum im internationalen Vergleich 1965–1990

Sektors mit Verlust und belastet damit den Staatshaushalt erheblich.

– So eindrucksvoll die industriellen Produktionszahlen sind (s. Tab. A 5.6 – Anhang), auf den Kopf der Bevölkerung umgerechnet relativieren sie sich erheblich, werden in etlichen Branchen (z. B. Automobilbau) fast schon unbedeutend. Eine vergleichbare Gegenüberstellung mit Deutschland (West) und Südkorea, einem Land mit in vielen Bereichen ähnlich schlechter Ausgangsposition, läßt dies deutlich werden (Tab. 7.4).

– Neben der Primatstellung des Staatssektors waren es die bis in jüngste Zeit vertretenen *Importsubstitutionspolitik*, hinter deren hohen Schutzzollmauern es sich von der ausländischen Konkurrenz ungestört produzieren ließ. So notwendig diese Politik anfangs gewesen sein mag, damit sich die junge Industrie gegen die ausländische Konkurrenz entfalten und behaupten konnte, auf Dauer erwies sie sich als ein Hemmnis für durchgreifende Produktivitäts- und Qualitätssteigerungen. Dazu trug nicht zuletzt auch die indische *Arbeitsgesetzgebung* bei, die es bis heute beinahe unmöglich macht, Arbeitskräfte zu entlassen. Dadurch wird flexibles Reagieren auf Marktänderungen und die Einführung neuer arbeitssparender aber produktivitätssteigernder Technologie extrem behindert (WIEMANN 1993, S. 10). Kurz: Die Abschottung vom Weltmarkt zusammen mit der Arbeitsgesetzgebung hat nicht nur zu einer teuren und damit ineffizienten Produktion geführt; sie ist gleichzeitig verantwortlich für die geringe Exportdiversifizierung der indischen Industrie: Bis heute exportiert Indien neben Rohstoffen in erster Linie traditionelle und standardisierte Fertigwaren wie Textilien, Bekleidung, Teppiche, Lederwaren, Edelsteine und Schmuck, jedoch kaum technologisch anspruchsvollere Industriegüter. „Die moderne Industrie ist bis heute wenig exportorientiert, denn der einheimische Markt ist groß genug, und die meisten Produkte halten nach Preis und Qualität einem Vergleich mit dem Weltmarktniveau nicht stand." (WIEMANN 1993, S. 10).

Ergebnisse der Industrialisierung

Indikator	Land	1960		1990	
		gesamt	pro 1000 Ew.	gesamt	pro 1000 Ew.
Elektrizitätserzeugung (1000 kwh)	Indien	16 900 000	38	264 600 000	313
	Deutschland (W)	116 418 000	2100	385 069 000	6087
	Südkorea	1 697 000	68	107 670 000	2516
Rohstahl (t)	Indien	4 520 000	10	15 750 000	19
	Deutschland (W)	33 428 000	603	38 434 000	608
	Südkorea	50 000	2	24 468 000	572
Zement (t)	Indien	8 000 000	18	48 900 000	58
	Deutschland (W)	24 905 000	449	30 456 000	482
	Südkorea	431 819	17	33 914 000	793
Kraftfahrzeuge (PKWs, LKWs, Busse)	Indien	54 800	0,12	366 300	0,43
	Deutschland (W)	3 728 923	67	4 961 000	78
	Südkorea	26 050	1,01	1 279 218	30
Radiogeräte	Indien	280 000	0,64	685 000	0,81
	Deutschland (W)	3 704 000	66,8	5 955 000	94
	Südkorea	40 000	1,60	7 143 068	167
Einwohner (1000)	Indien	439 235		846 303	
	Deutschland (W)	55 433		63 254	
	Südkorea	24 950		42 793	

Quellen: Indien – s. Tab. A 5.16 und COI 1961–1991
Deutschland (W) - Statistisches Bundesamt: Statistisches Jahrbuch der Bundesrepublik Deutschland 1962, 1992
Südkorea – Republic of Korea, National Bureau of Statistics, Economic Planning Board (Ed.): Korea Statistical Yearbook 1991 u. frühere Jahrgänge; Yonhap News Agency (1991): Korea Annual 1991 und frühere Jahrgänge

Tab. 7.4: Industrieproduktion Indiens im Vergleich zu Deutschland (W) und Südkorea 1960 und 1980

7.2.2 Räumliche Verteilung – Regionalpolitik

Als schwere Hypothek der englischen Kolonialherrschaft hat das unabhängige Indien eine ausgesprochen *disparitäre industrielle* (Groß- und Mittelindustrie) *Raumstruktur* übernommen. Das betrifft die Branchenstruktur ebenso wie deren räumliche Verteilung. Über die Hälfte der Fabrikarbeiterschaft waren allein in der *Textilindustrie* beschäftigt – und das nur in der Herstellung gröberer Waren; feinere Gewebe und Stoffe mußten immer noch aus dem Mutterland eingeführt werden (KREBS 1939, S. 75). Eine Vorstellung der übermäßigen räumlichen Konzentration in dieser Branche sei am Beispiel ihrer wichtigsten Sparte, der *Baumwollindustrie*, gegeben. Noch Ende der 30er Jahre entfielen fast 60% der Webstühle auf die beiden Einzelstandorte Bombay (34%) und Ahmedabad (24% – ebenda, S. 76) – und das, obwohl nach 1900 eine räumliche Dezentralisierung eingetreten war, d. h. sich mit Madras, Madurai, Mysore, Hyderabad im südlichen, Sholapur und Baroda im westlichen sowie Indore, Gwalior und Kanpur im mittleren und nördlichen Indien weitere Baumwollzentren etabliert hatten, die allerdings in ihrer Bedeutung noch weit hinter den beiden Hauptzentren rangierten. Der zweite große Zweig der Textilindustrie, die *Jutefabrikation*, als Ableger vom schottischen Dundee 1855 in Calcutta begründet (näheres: s. ROTHERMUND 1985, S. 74ff.), war sogar ausschließlich in dieser Metropolitanregion konzentriert. Kurz: Am Ende der Kolonialzeit wies die indische verarbeitende Industrie eine extrem ungünstige Standortverteilung auf: fast 70% der Industrie waren in den Regionen Bombay/Ahmedabad sowie Calcutta und Madras lokalisiert (SCHMITT 1984, S. 117).

Eine räumlich gleichmäßige Verteilung der Industrie war daher von Beginn an ein wichtiges Ziel indischer Industriepolitik. Am unmißverständlichsten kam dies in der *„Industrial Policy Resolution"* von *1956* zum Ausdruck: *„Damit die Industrialisierung dem ganzen Land zum Vorteil gereicht, ist es wichtig, die Disparitäten unterschiedlicher Entwicklung zwischen den verschiedenen Regionen fortschreitend zu reduzieren ... Nur dadurch, daß eine ausgeglichene und koordinierte Entwicklung der Industrie und der Landwirtschaft in jeder Region erreicht wird, kann das gesamte Land einen höheren Lebensstandard erlangen"* (zitiert in STANG 1984, S. 57). Diese raumpolitische Zielsetzung ist auch in den nachfolgenden Plandokumenten immer wieder bekräftigt worden, zuletzt noch im 7. Fünfjahresplan (FYP 7 II, S. 167, 173). Allerdings spielte dieser Aspekt für die Planer und Politiker im Zentrum wie in den Bundesstaaten in den sechziger und der ersten Hälfte der siebziger Jahre nicht mehr die große Rolle, was in einem grundsätzlichen Dilemma seine Ursache hat: Was schon bei der Entwicklung der Landwirtschaft festzustellen war (Kap. 6.3), galt und gilt im Prinzip ebenso für die Industrie: bei der Strategie des Abbaus der regionalen Entwicklungsunterschiede stehen sich – in Anbetracht der geringen Finanzmittel! – die Entwicklungsländer-Regierungen in besonderem Maße einem Zielkonflikt gegenüber, der sich kurz als permanente Entscheidung bzw. Konflikt zwischen Wachstum und Gerechtigkeit, hier: regionalem Ausgleich, bezeichnen läßt (näheres s. Kap. 10.5).

Zu Beginn des zweiten Fünfjahresplanes (1956–61), der vor allem dem Aufbau der Schwerindustrie gewidmet war (Kap. 7.1.3), hatte man noch gehofft, beides zusammen verwirklichen zu können. So wurden die vier großen Stahlwerke Bhilai, Durgapur, Bokaro und Rourkela bewußt in industrieleeren Regionen errichtet, wo außer einigen Bodenschätzen, einer Eisenbahnlinie und (seinerzeit) nur in zwei Fällen einer Allwetterstraße, sonst jedoch keine infrastrukturellen Voraussetzungen vorhanden waren. Der dadurch erforderliche finanzielle Aufwand war aber so gewaltig – zusätzlich mußten Werkssiedlungen mit allen dazu erforderlichen Versorgungseinrichtungen im Ausmaß einer Großstadt errichtet werden –, daß man schließlich massive Kapitalhilfen aus dem Ausland in Anspruch nehmen mußte. (Mit Bhilai, wo die Russen als erste Ausrüstungen für ein Stahlwerk lieferten – der Westen war seinerzeit wenig an einem wirtschaftlich unabhängigen Indien interessiert, begann die zunehmend enge wirtschaftliche und dann auch politische indisch-sowjetische Zusammenarbeit, was ursprünglich nicht im Sinne Nehrus gewesen war.)

Kurz: Einen Subkontinentalstaat fast von der Größe Europas mit einer derart unterentwickelten Infrastruktur auch nur andeutungsweise flächendeckend zu industrialisieren, mußte die finanziellen Kräfte Indiens bei weitem übersteigen. Produktionswachstum war wichtiger als die regionale Streuung der Produktionsstätten. Dieses Ziel aber ließ sich am ehesten in den Großzentren mit der dafür erforderlichen Infrastruktur erreichen. Dazu gehörten ausgebildete Fachkräfte, unerschöpfliches und daher billiges Angebot ungelernter Arbeiter, für die man keinen Wohnraum bereitstellen mußte, ein vergleichsweise funktionierendes Verkehrs-, Wasser, Energie- und Kommunikationsnetz, dazu die erforderlichen Dienstleistungseinrichtungen (Banken etc.) und schließlich der notwendige Absatzmarkt in Form von Kaufkraft der hier ansässigen Bevölkerung. So heißt es dann auch im Rückblick auf die bisherigen Bemühungen im 6. Fünfjahresplan (1980–85): *„Die regionalen Ungleichgewichte der industriellen Entwicklung sind nicht im verlangten Ausmaß korrigiert worden. Die Erwartungen, daß die massiven Investitionen in Projekten des zentralen Sektors sich nach unten fortsetzen und die Entstehung von Klein- und Zubringerindustrien anregen würden, hat sich in vielen Bundesstaaten nicht erfüllt ... Die rückständigen Gebiete sind im wesentlichen unberührt geblieben"* (zitiert in STANG 1984, S. 57).

Resultat dieser Bemühungen war immerhin, daß sich die Industrieproduktion neben den alten Hauptstandorten wie Bombay, Calcutta, Ahmedabad und Madras zusätzlich auf jüngere dynamische Binnenstandorte ausdehnte, die im Zuge dieser Entwicklung zu Millionenstädten aufstiegen. Dazu gehörten in erster Linie Bangalore und Hyderabad im Süden, Poona und Baroda im Westen, Kanpur im Norden sowie eine Reihe der Hauptstädte der übrigen Bundesstaaten einschließlich Delhis, die sowohl von staatlicher wie privater Seite bevorzugte Investitionszentren waren. Als Folge läßt sich – auf *nationaler* Maßstabsebene – eine gewisse räumliche Dezentralisierung der Industrieproduktion feststellen (Tab. 7.5), wenngleich ausgeprägte Entwicklungsunterschiede von industriell vergleichsweise entwickelten Staaten wie Maharashtra und Gujarat gegenüber einer großen Zahl von unterentwickelten Staaten (Orissa, Bihar, Uttar Pradesh, Rajasthan, Jammu & Kashmir sowie der gesamte Nordosten) nach wie vor bestehen. Eine weitere Auswirkung dieser Raumpolitik war die bereits genannte *Diversifikation der Branchenstruktur*. An der Entwicklung der auf die einzelnen Industriezweige entfallenden Beschäftigtenzahl (Abb. 7.2; Tab. 7.6) läßt sich dies ablesen: Der Anteil der einstmals dominierenden Textilindustrie (s. o.) fiel von 46% 1950 auf 21% im Jahre 1989. Umgekehrt entwickelten sich Metall- und Maschinenbau von 12% auf 23%, chemische sowie Papierindustrie (jeweils von 3% auf 7%) am stärksten.

In Hinblick auf die Gesamtentwicklung des Landes und insbesondere der Partizipation der 77% ausmachenden ländlichen Bevölkerung (auch) an der industriellen Entwicklung noch wichtiger ist die Betrachtung der *regionalen* Maßstabsebene: Innerhalb der Bundesstaaten existieren bis heute ausgeprägte Entwicklungsunterschiede und dies auf engstem Raum. So entfielen auf die beiden Metropolitanregionen Ahmedabad und Baroda, das indische Leverkusen, mit zusammen knapp 19% der Bevölkerung, im Jahre 1982, immer noch jeweils zwei Drittel des Produktionswertes bzw. der Wertschöpfung der Industrie, während die Mehrzahl der ländlich strukturierten Distrikte praktisch industriefrei geblieben sind. Allerdings waren die einzelnen Bundesstaaten in ihrer Regionalpolitik einer dispersen Industrieansiedlung unterschiedlich erfolgreich. Am Beispiel von Maharashtra wird auf diese Problematik zurückzukommen sein (Kap. 14.2).

7.2.3
Beschäftigtenentwicklung

Wenn nach den Vorstellungen der politischen Führung des jungen, unabhängigen Staates Indien die Industrie der Vorreiter der Gesamtentwicklung des Landes, der wirtschaftliche und soziale „push-Faktor" sein sollte, dann bezog sich diese Zielsetzung keineswegs allein auf das Produkti-

Bundesstaat/ Unionsterritorien	Wertschöpfung/Kopf (Rs./Ew.) Indien = 100				Produktionswert/Kopf 1986	
	1961	1971	1981	1986	Rs./Ew.	Indien = 100
Andhra Pradesh	37	50	60	69	1241	78
Assam	112	46	36	68	813	51
Bihar	78	60	71	53	845	53
Goa[1]	–	50	172	284	4091	258
Gujarat	210	165	172	186	3567	225
Haryana	–	124	174	156	2838	179
Himachal Pradesh	20	67	98	124	1018	64
Jammu & Kashmir	12	13	26	28	403	25
Karnataka	66	106	84	93	1168	74
Kerala	61	74	76	78	1097	69
Madhya Pradesh	39	53	75	77	1000	63
Maharashtra	288	286	251	282	3908	246
Orissa	34	61	45	38	700	44
Punjab	56	81	111	133[2]	2789	176
Rajasthan	24	46	51	55	953	60
Tamil Nadu	109[3]	123[3]	134	145[5]	2407	152
Uttar Pradesh	37	38	64	37	720	45
West Bengal	256	183	124	105	1583	100
Delhi	249	171	116	160	3559	224
Indien gesamt	100	100	100	100	1588	100

[1] einschl. Daman & Diu; [2] einschl. Chandigarh; [3] einschl. Pondicherry
Quellen: ASI 1961, 1971, 1981, 1986 (Berechnungen des Verfassers)

Tab. 7.5: Industrieproduktion Indiens – Regionale Dynamik 1961–1986
(Wertschöpfung: Rs./Ew.; Indien = 100)

Tab. 7.6: Industriebeschäftigte Indiens nach Branchen 1950–1989 (Angaben in 1000)

Industriezweig	1950	1960	1970	1980	1989	Entwicklung (1950 = 100)
Nahrungsmittelindustrie	319	538	675	1009	1159	363
Tabak, Tabakwaren, Getränke	114	185	139	211	111	97
Textilindustrie	1020	1174	1249	1756	1711	168
Holz- und Papierindustrie	50	91	174	450	495	990
Lederverarbeitende Industrie	13	20	25	53	82	631
Gummi, Plastik, Kohleprodukte	34	54	94	173	264	776
Chemische Industrie	64	139	246	455	522	816
Nichtmetallindustrie	106	188	259	360	579	546
Metallprodukte	147	281	499	737	952	648
Maschinen, Elektroindustrie	120	271	564	812	897	748
Transportausrüstung	181	346	494	436	462	255
Übrige Industriezweige	18	117	175	71	635	[2]
Elektrizität, Gas, Wasser[1]	26	49	74	101	124	477
Bergbau	444	652	638	741	801[3]	180
Insgesamt (mit Bergbau)	2212 (2656)	3444 (4096)	4667 (5305)	6624 (7365)	7993 (8794)	361 (331)

[1] einschl. Sanitär- und Freizeit- sowie Reparaturbetriebe; [2] nicht vergleichbar; [3] 1988
Quelle: s. Tab.7.5: I (Berechnungen des Verfassers)

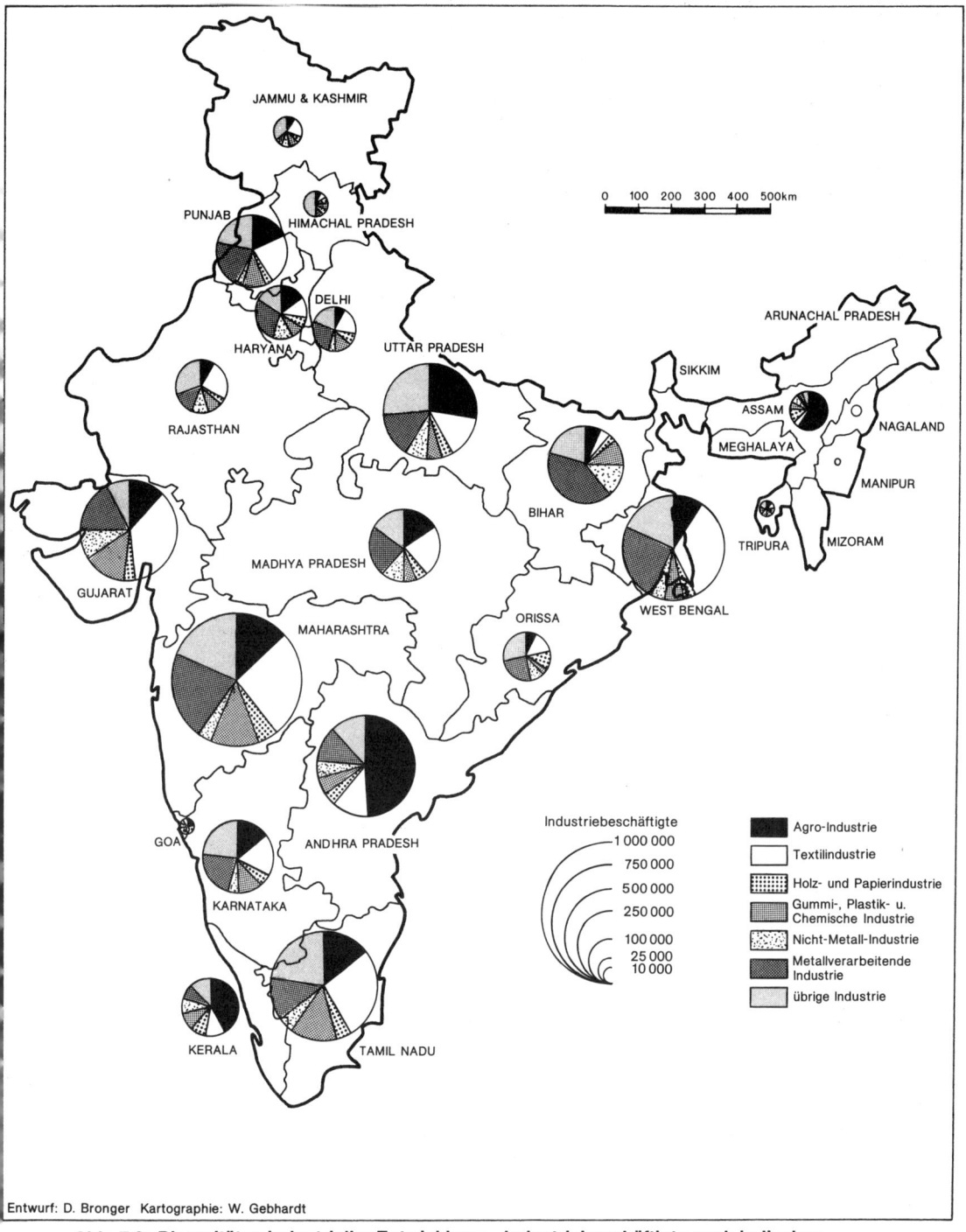

Abb. 7.2: Disparitäten industrieller Entwicklung – Industriebeschäftigte nach indischen Bundesstaaten 1986

Quelle: Government of India (Hrsg.): Annual Survey of Indusries 1985-86, New Delhi 1989,
S. 113–179; Berechnungen des Verfassers

onswachstum. Eines der wichtigsten Ziele der Industrialisierung war von Anbeginn an gleichfalls die Schaffung von Arbeitsplätzen, auch im Entwurf des jüngsten, des 8. Fünfjahresplanes (1992–1997) als die „Haupt-Herausforderung für die laufende Dekade" bezeichnet (FYP 8, S. 403). Angesichts der zu erwartenden 9 Millionen neuer Arbeitssuchender pro Jahr sollte dem Sektor Industrie die Hauptrolle bei der Bewältigung dieser Aufgabe zufallen (ebenda, S. 409).

Bei dem Versuch, die Planziele mit dem tatsächlich Erreichten, also der Wirklichkeit gegenüberzustellen, ist eine kurze Bemerkung zur Datenlage, besser zur *Datenproblematik des Industriesektors* notwendig:

Angaben zur Produktionsstruktur wie zur Beschäftigenzahl werden in Indien Jahr für Jahr aus Zentral- wie auf Bundesstaatenebene von einer ganzen Reihe von Behörden und Institutionen herausgegeben. Die beiden wichtigsten Industriestatistiken für die Erhebung und Registrierung der Betriebe basieren auf unterschiedlichen Parametern:

1. Die vom *Directorate of Industry* (DOI) der Bundesstaaten veröffentlichten Daten basieren auf den *Kapitalinvestitionen* der Betriebe für Maschinen und Betriebseinrichtungen. Investitionen für den Baugrund und die Gebäude bleiben hierbei ebenso unberücksichtigt wie die Beschäftigtenzahlen.

   Die Investitionshöchstgrenzen für die einzelnen Bereiche wurden seit 1960 mehrfach den monetären Gegebenheiten angepaßt. Seit 1985 gelten folgende Regelungen:

   – Kleinindustrie (Small Scale Industry, SSI): maximal 3,5 Mill. Rs. bis 4,5 Mill. Rs. für Zulieferbetriebe
   – Mittelindustrie (Medium Scale Industry, MSI): 3,5 Mill. Rs. bis 10 Mill. Rs.
   – Großindustrie (Large Scale Industry, LSI): über 10 Mill. Rs.

   In der Praxis wird jedoch lediglich zwischen dem kleinindustriellen (SSI) sowie dem groß- und mittelindustriellen Sektor (L & MSI) unterschieden. De facto deckt der kleinindustrielle Bereich jedoch die gesamte Spannbreite von Handwerksbetrieben mit zwei oder drei Beschäftigten bis hin zu den modernen Industriebetrieben mit teilweise sogar mehr als 100 Beschäftigten ab. Ein Negativpunkt dieser Statistiken ist – für den SSI-Sektor – die Beschränkung der Angaben auf die Anzahl der registrierten Betriebe. Die Zahl der nicht-registrierten Betriebe, sowie die Gesamtzahl der Beschäftigten beruhen auf (relativ verläßlichen) Schätzungen. Im Jahre 1992/93 waren 73% der insgesamt 1,7 Mill. SSI-Betriebe registriert, die Anzahl der Beschäftigten wurde mit 13,4 Mill. angegeben (s. Tab. 7.7).

2. Beim Factory Sector ist das Kriterium zur Registrierung ausschließlich die *Anzahl der Beschäftigten*. Nach dem „Factories Act" von 1948 werden Betriebe berücksichtigt, die a) 10 oder mehr Beschäftigte aufweisen und dabei Energie im Herstellungsprozeß benutzen oder b) keine Energie einsetzen bei mindestens 20 Beschäftigten (z. B. Textilunternehmen mit Handwebstühlen). Daneben sind auch Dienstleistungsunternehmen wie Reparaturbetriebe sowie die staatlichen Versorgungsunternehmen der Bereiche Elektrizität, Gas und Wasser miteinbezogen. Somit werden beim Factory Sector sowohl Kleinbetriebe (zu ca. 20%), die bereits in den DOI-Listen auftauchen als auch Mittel-

Bereich	1950	1960	1970	1980	1990	1993
I Industrie (Large & Medium Scale I.)	2212 (2656)[1]	3444 (4096)[1]	4667 (5305)[1]	6624 (7365)[1]	7993 (8794)[1]	8257[5]
II Kleinindustrie (Small Scale Industry)			1653[2]	5410	11300[3]	13400
III Heimgewerbe (Khadi & Village I.)		2394 (279)[4]	1921 (222)[4]	3016 (1305)[4]	4180 (1471)[4]	5250
Insgesamt			8241 (6542)	15050 (13339)	23473 (20764)	26907

[1] einschließlich Bergbau; [2] 1972; [3] 1990: 12430; [4] Vollzeitbeschäftigte; [5] 1990

Quellen: I – Labour Bureau 1991, S. 12 ff. und frühere Jahrgänge
II/III – ORF 1991, S. 115; TATA 1994/95, S. 82 f. und frühere Jahrgänge
(Berechnungen des Verfassers)

Tab. 7.7: Beschäftigtenentwicklung im Verarbeitenden Gewerbe Indiens seit 1950
(Angaben in 1000)

chen, als auch Mittel- und Großbetriebe (nahezu 100%) – und zwar des gesamten sekundären Sektors – erfaßt.

Auf der Grundlage des Factory Sectors werden alljährlich die Statistiken des *„Annual Survey of Industries" (ASI)* auf Distrikt-, Bundesstaats- und gesamtindischer Ebene erstellt, wobei allerdings nur letztere veröffentlicht werden. Sie umfassen neben den Angaben zu den Betriebs- und Beschäftigtenzahlen ebenso solche zu Investitionen, Produktionswert, Wertschöpfung u. a. m. der Betriebe.

Neben den ASI-Daten existieren noch solche vom *zentralstaatlichen Labour Bureau* in Simla jährlich herausgegebenen Angaben. Obwohl beide auf der gleichen Basis erhoben werden, gehen beim ASI nur Daten von Betrieben ein, die an der Befragungen teilgenommen haben, während bei denen des Labour Bureau durch Schätzungen alle registrierten Betriebe berücksichtigt werden, auch wenn sie die Erhebungsunterlagen nicht beantwortet haben. Letztere Angaben liegen somit um ca. 30% höher als beim ASI, entsprechen aber eher der tatsächlichen Situation. Einen Nachteil gegenüber den ASI-Daten stellt jedoch ihre Beschränkung auf die Betriebs- und Beschäftigtenzahlen dar. Sie werden ebenfalls nur auf Bundesstaatenebene veröffentlicht.

Aus dieser Datenlage ergibt sich, daß beim LSI und MSI-Sektor für die Beschäftigtenzahlen die Angaben des Labour Bureau, für die Produktionsdaten die des ASI, beim SSI-Sektor hingegen die des DOI verwendet werden (müssen), obwohl sie sich – geringfügig – überschneiden.

Neben den Bereichen der Groß-, Mittel- und Kleinindustrie existiert noch der des Heimgewerbes („Khadi & Village Industries"), deren Förderung auf Gandhi zurückgeht. Allerdings kann lediglich ein Drittel der hier Erwerbstätigen als vollzeitbeschäftigt gelten (s. Tab. 7.7).

Gegenüber der Produktionsentwicklung sieht die Bilanz von vier Jahrzehnten Industrialisierungspolitik auf dem *Beschäftigtensektor* wesentlich ungünstiger aus. Diese Aussage gilt in erster Linie für den Bereich der Groß- und Mittelindustrie: In den 40 Jahren von 1950 bis 1990 sind hier ganze 150000 Arbeitsplätze pro Jahr geschaffen worden (Tab. 7.7), wovon nicht einmal 60000/Jahr auf die ländlichen

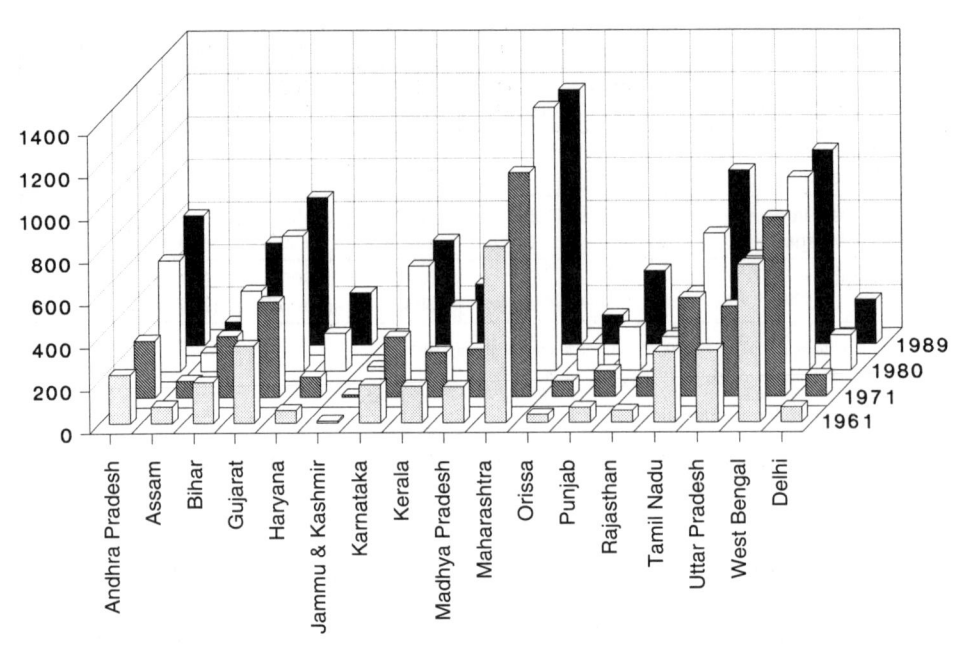

Abb. 7.3: Beschäftigtenentwicklung im factory-Sektor Indiens nach Bundesstaaten 1961–1989 – Staaten mit > 5 Mill. Ew. 1991 (außer Himachal Pradesh)
Quelle: TATA 1992–93, S. 135 und frühere Jahrgänge; COI 1961–91

Regionen entfielen, mehr als marginal, wenn man sich (wieder) ins Gedächtnis ruft, daß, berechnet auf den Gesamtzeitraum, Jahr für Jahr fünf bis sechs Millionen Inder, davon ca. vier Millionen im nicht-städtischen Bereich, neu auf den Arbeitsmarkt drängten.

Zwar haben die Beschäftigtenzahlen des ‚factory'-Sektors absolut in sämtlichen Bundesstaaten zugenommen, pro Kopf der Bevölkerung war dieser Anstieg jedoch eher geringfügig: von 8,9 Industriebeschäftigten pro 1000 im Jahre 1961 auf 9,5/1000 1989. In 7 der 16 Flächenstaaten – Maharashtra, Gujarat, West Bengal, Assam, Jammu & Kashmir und Uttar Pradesh – ist sogar eine Abnahme festzustellen (Abb. 7.3). Regionalpolitisch bedenklich ist dabei die Tatsache, daß es sich bei den drei zuletzt genannten Staaten um wenig entwickelte Regionen handelt und – umgekehrt – die beiden Staaten mit dem insgesamt höchsten Entwicklungsstand, Punjab und Haryana (s. Kap. 10), relativ die höchsten Zuwächse zu verzeichnen haben, gefolgt von dem überdurchschnittlich entwickelten Tamil Nadu. Das bedeutet gleichzeitig, daß man das regionale Entwicklungsgefälle in den dreißig Jahren nur zu einem geringen Teil abbauen konnte (Abb. 7.4): Der Anteil der am stärksten industrialisierten Staaten Maharashtra, West Bengal und Gujarat sank zwar – in unterschiedlichem Umfang – deutlich ab: von 49% (1960) auf 35% (1989). Zusammen mit dem ebenfalls stärker industrialisierten Tamil Nadu vereinigten die vier Staaten 1961: 57,5%, 28 Jahre später immerhin noch über 45% der ‚factory'-Beschäftigten. Dagegen konnten die gesamten sieben rückständigen Staaten, zusammen immerhin 47%

Ergebnisse der Industrialisierung

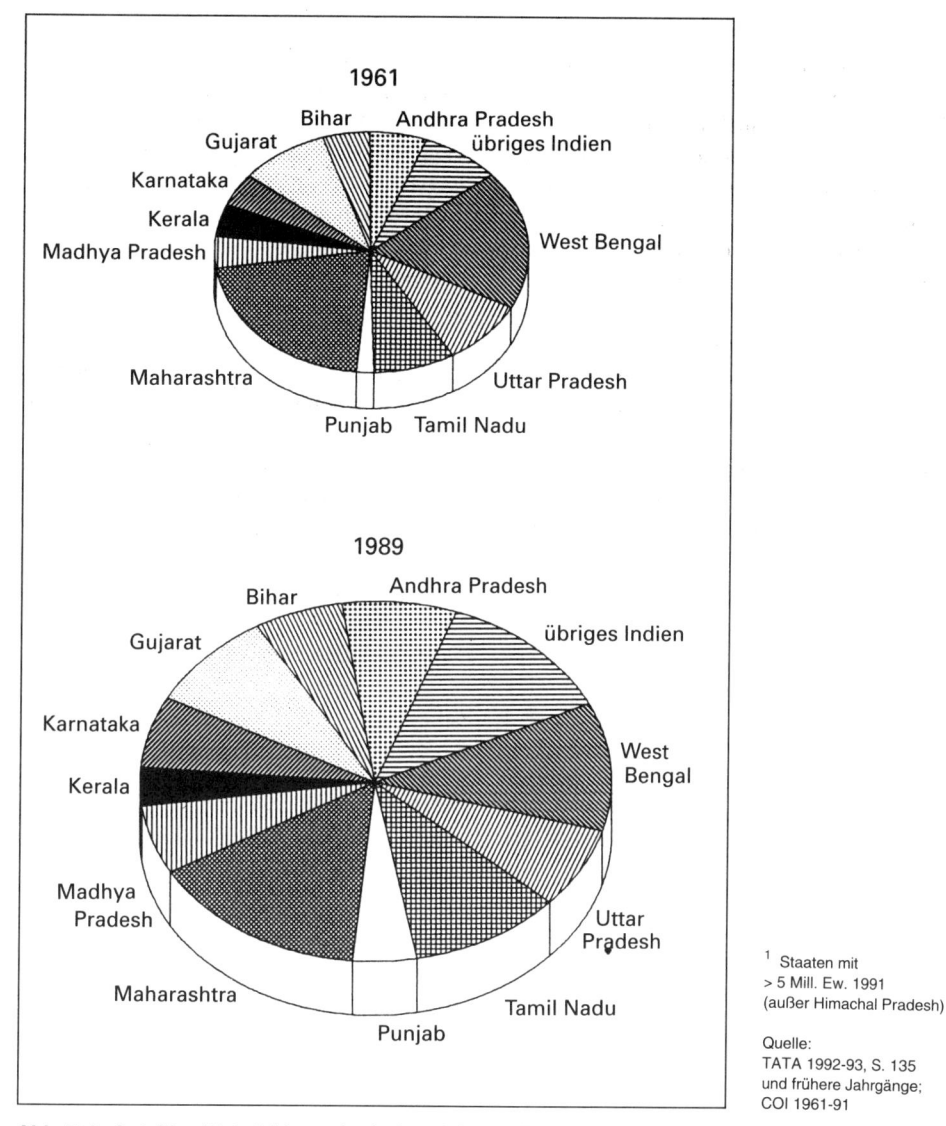

Abb. 7.4: Anteilige Entwicklung der Industriebeschäftigten im factory-Sektor Indiens nach Bundesstaaten¹ 1961 und 1989

¹ Staaten mit > 5 Mill. Ew. 1991 (außer Himachal Pradesh)

Quelle: TATA 1992-93, S. 135 und frühere Jahrgänge; COI 1961-91

der Bevölkerung, innerhalb dieser Zeitspanne ihren Anteil nur geringfügig von 22,6% auf 25,7% erhöhen. Bei der Analyse der absoluten Zahlen erscheint das Bild noch düsterer, die Aussichten auf eine aufholende Entwicklung noch aussichtsloser: die Zunahme der Industriebeschäftigten im ärmsten Bundesstaat Bihar war zwar mit fast 300000 (= 152%) durchaus beachtlich; mit Ausnahme von West Bengal lag diese Zahl jedoch in den drei übrigen fortgeschrittenen Staaten z. T. deutlich höher. Verzeichnete im Jahre 1961 Bihar gegenüber

Punjab und Haryana noch ein Plus von 60000 Industriebeschäftigten, so waren es 1989 109000 weniger. Im Falle Bihar bedeutet dies eine Zunahme von 4,1 auf 5,6 pro Tausend (Abb. 7.4), dieser stand jedoch eine von 7 auf 16,2 in Haryana/Punjab gegenüber. Kurz: Innerhalb der vergangenen drei Jahrzehnte kann kaum von einem wirklichen Abbau der regionalen Disparitäten zugunsten der weniger entwickelten Staaten gesprochen werden.

Diese arbeitsmarkt- und damit sozialpolitisch unbefriedigende Entwicklung hat die Zentralregierung und auch die der Bundesstaaten veranlaßt, ihre Politik der Bevorzugung der Groß- und Mittelunternehmen wenigstens teilweise zu revidieren. Wichtig war in diesem Zusammenhang, daß die disperse Ansiedlungspolitik von Industriebetrieben bevorzugt in Klein- und Mittelstädten und deren gezielter Förderung zu Entwicklungspolen für eine ländliche Umgebung nunmehr, beginnend in den siebziger Jahren, in die Tat umgesetzt wurde. Für die Verbesserung der Arbeitsmarktsituation in den bislang von der Landwirtschaft weitgehend abhängigen ländlichen Gebieten war es dabei von großer Bedeutung, daß Hand in Hand mit dem industriellen nunmehr dem Ausbau der dafür erforderlichen infrastrukturellen Einrichtungen, insbesondere Energieversorgung und Straßenbau, aber auch dem Bildungswesen größere Aufmerksamkeit geschenkt wurde. Insgesamt stand im sekundären Sektor der kleinindustrielle Bereich eindeutig im Vordergrund der Förderungsmaßnahmen (näheres s. Kap. 14).

Die Ergebnisse sind beachtlich: In den siebziger Jahren wurden immerhin 479000/Jahr, in den achtziger Jahren sogar 700000 neue Arbeitsplätze in diesem Sektor geschaffen. Nach offiziellen Angaben, man sollte besser (s. o.) von Schätzungen sprechen, waren 1990 bereits 12,4 Mill. und 1993 13,4 Mill. Erwerbstätige im klein-industriellen („Small Scale Sector") gegenüber nur etwas über 8 Mill. im groß- und mittelindustriellen („Large & Medium Scale Sector") Sektor beschäftigt. Im Jahre 1970 lag das Verhältnis noch bei 1,7:4,7 Mill. (s. Tab. 7.7). Wichtiger als diese, auf den gesamtindischen Rahmen bezogen, eher bescheiden zu nennende Zahl der im kleinindustriellen Sektor Beschäftigten ist die Tatsache, daß die Mehrzahl dieser neuen Arbeitsplätze abseits der Metropolen und ihrer Einzugsgebiete geschaffen wurden.

Ob und in welchem Umfang die Dorfbevölkerung an dieser beschäftigungspolitisch positiven Entwicklung tatsächlich partizipiert hat, wird gesondert zu untersuchen sein (Kap. 14.2 und 16.3).

8 Infrastruktur – Problemkind der wirtschaftlichen und sozialen Entwicklung

8.1 Energiewirtschaft und Bodenschätze

Die *Energieversorgung* stellt ein *Schlüsselproblem* (auch) der indischen Wirtschaft mit unmittelbaren Auswirkungen auf das *Industriewachstum* sowie der *landwirtschaftlichen Produktion* (Bewässerung!) und damit für die *Exportwirtschaft* dar. So hängt die Kapazitätsauslastung der Industriebetriebe in hohem Maße von einer ausreichenden, aber auch störungsfreien Energieversorgung ab. Aber auch für den ländlichen Lebensbereich ist der Ausbau der Energieversorgung lebensnotwendig:
– ohne Strom kein Ende des Raubbaus an der Energiereserve Holz und der dadurch mitverursachten Bodenzerstörung,
– ohne Strom kein Ersatz für das Brennmaterial Kuhdung, der als natürliches Düngemittel wichtiger ist,
– ohne Strom keine Erhöhung der Flächenproduktivität in der Landwirtschaft, etwa durch den Einsatz von Motorpumpen für die Bewässerung,
– ohne Strom kein Ausgleich der Entwicklungsunterschiede zwischen Stadt und Land.

Indien hat seit seiner Unabhängigkeit große Anstrengungen unternommen, um – gerade im Hinblick auf ein niedriges Ausgangsniveau – dieser entscheidenden Aufgabe für den wirtschaftlichen und sozialen Fortschritt gerecht zu werden: die Ausgaben des Bundes und der Länder für den Ausbau des Energiesektors lagen stets über dem der Landwirtschaft und machten im Schnitt der vergangenen vier Dekaden über ein Sechstel der Entwicklungsausgaben aus (s. Tab. 7.1).

Die Ergebnisse können sich sehen lassen (Tab. 8.1): Die Elektrizitätserzeugung stieg in den ersten drei Dekaden 1950/51–1980/81 um das achtzehnfache – dies allerdings bei einem sehr niedrigen Ausgangsniveau. Seitdem konnte sie nochmals um das Dreifache erhöht werden. Auch im Hinblick auf den sozialen wie auch regionalen Abbau der Entwicklungsunterschiede war man erfolgreich: bis heute (1993/94) sind 85% der ca. 640000 ländlichen Gemeinden an das Elektrizitätsnetz angeschlossen (1950/51: 0,5%!), was bedeutet, daß immerhin über die Hälfte sämtlicher Haushalte davon profitieren (vgl. auch Tab. 16.8).

Die Energiewirtschaft ist grundsätzlich für den Staatssektor reserviert (siehe Kap. 7.1). Die früher auf verschiedene Ministerien verteilten Kompetenzen sind auf der Ebene der Zentralregierung – nach einer Reorganisation im Jahre 1982 – fast gänzlich im *Ministry of Energy* konzentriert. Der größte Teil der indischen Elektrizitätswirtschaft untersteht jedoch den Bundesstaaten; den „State Electricity Boards" gehören etwa drei Viertel aller indischen Kraftwerksanlagen. Entsprechend dieser Organisationsstruktur entfällt auf die staatlichen Stromerzeuger über 90% der Stromversorgung, den Rest (8,8%) liefern private Kraftwerke, vorwiegend Industriebetriebe (Tab. 8.2). Wärmekraftwerke, die mit Kohle oder Erdöl betrieben werden, erzeugten 1991/92 zwei Drittel der Elektrizität. Auf die Wasserkraftwerke entfiel nur noch ein knappes Viertel (1970/71

Jahr	Stromerzeugung (Mrd. kWh)	Wachstumsindex im Vergleich (1980/81 = 100)			BIP zu konstanten Preisen (1980–81)	Anteil der an das Energienetz angeschlossenen Dörfer (%)
		Energie[1]	Industrie	Landwirtschaft		
1950/51	6,6	5,5	18,3	43,2	35,0	0,5
1960/61	20,1	16,8	36,2	64,1	51,4	3,8
1970/71	61,2	51,3	65,3	82,4	73,9	18,5
1980/81	119,3	100,0	100,0	100,0	100,0	47,3
1990/91	288,7	242,0	212,8	145,3	172,6	83,0
1991/92	312,7	262,1	214,0	142,5	174,5	83,9
1992/93	331,6	278,0	218,9	148,4	181,4	84,4
1993/94	355,5	298,0	225,4	151,6	186,3	84,9[2]

[1] einschließlich der selbst-produzierenden Industriebetriebe; [2] Stand: 30. 2. 1993
Quellen: TATA 1994/95: S. 2, 67; Economic Survey 1994/95, S-1; Länderbericht Indien 1991 (Berechnungen des Verfassers)

Tab. 8.1: Energieerzeugung Indiens 1950/51–1993/94

noch über zwei Fünftel), auf Kernkraftwerke weniger als 2%.

Es existieren derzeit 8 Kernreaktoren mit einer Gesamtkapazität von 1,8 GW (1991/92; 1970/71: 0,4 GW). Weitere 7 befinden sich im Bau und sollen bis Ende 1996 fertig gestellt sein (Länderbericht Indien 1991, S. 74).

Der *Elektrizitätsverbrauch* hat sich in den vergangenen zwei Jahrzehnten um mehr als das vierfache erhöht. Hinsichtlich der Struktur der Stromabnehmer (Tab. 8.3) ist der kontinuierliche Anstieg der Landwirtschaft am Energieverbrauch besonders auffällig: er hat sich in diesem Zeitraum von 10,2% auf 28,9% erhöht. Dies ist in erster Linie auf die verstärkte Verwendung von elektrischen Pumpen in der Bewässerungswirtschaft zurückzuführen (s. Kap. 15.1.2), die subventionierten Strompreise für die Landwirtschaft tun ihr übriges.

Tab. 8.2: Anteil der Elektrizitätserzeugung (%) nach der Art der Kraftwerke in Indien

Art der Kraftwerke	1970/71	1980/81	1990/91
Wärmekraftwerke	46,1	51,4	66,7
Wasserkraftwerke	41,2	39,0	23,2
Kernkraftwerke	3,9	2,5	1,8
Private Kraftwerke	8,8	7,1	8,3

Quelle: TATA 1992–93, S. 66 (Berechnungen des Verfassers)

Die *Verteilung* nach *kommerziellen Energieträgern* zeigt die bis dato große Bedeutung der *Kohle* mit all ihren Implikationen für das Transportwesen und für die Umwelt. Ihr Anteil liegt derzeit (1989) bei 56% (zum Vergleich: BRD – 28%). Die noch immer niedrigere Bedeutung von Erdöl und Erdgas – 40% (BRD: 57%) – ist auf den wieder auf 44,3% (1991/92) des inländischen Verbrauchs gestiegenen Importanteil bei Erdölprodukten (1985/86: 34%) zurückzuführen (vgl. Tab. 9.2). Die noch in den Kinderschuhen steckende Motorisierung (s. u. Kap. 8.2) trägt ebenfalls dazu bei. Bei Kohle ist der Importanteil wesentlich geringer. Indien verfügt über ausgedehnte Stein- und Braunkohlereserven. Sie werden auf 190 Mrd. Tonnen geschätzt (BFAI: Energiewirtschaft 1990/ 91, S. 7) und dürften eine langfristige Versorgung des Landes sicherstellen. Nach der abermaligen Verteuerung des Erdöls 1979/ 80 („2. Ölpreisschock") unternahm das Land erneut große Anstrengungen, um die Kohleproduktion zu steigern. Sie erreichte 1993/94 auch einen (bisherigen) Rekordwert von 262,0 Mill. t, das entspricht der 2,2fachen Menge seit 1980/81 (vgl. Tab. A 5.6 – Anhang). Nach wie vor besteht allerdings ein Engpaß bei der Versorgung mit hochwer-

Verbrauchergruppe	1970/71	1980/81	1992/93
Haushalte	8,8	11,2	17,9
Landwirtschaft	10,2	17,6	28,9
Industrie	67,6	58,4	40,6
Handel	5,9	5,7	5,6
Eisenbahnen	3,2	2,7	2,5
Übrige	4,3	4,4	4,5

[1] von Werken für die öffentliche Versorgung
Quelle: TATA 1994/95, S. 74 (Berechnungen des Verfassers)

Tab. 8.3: Anteil des Elektrizitätsverbrauchs[1] (%) nach Verbrauchergruppen in Indien

tiger Kohle für die Stahlwerke; hier mußten 1991/92 zusätzlich 5,2 Mill. t eingeführt werden (RBI 1992: 209). Neben diesen Hauptenergieträgern spielen Wasserkraft mit 3% (BRD: 1,3%) und Kernenergie mit 1% (12,6%) nur eine untergeordnete Rolle. Im Bereich Kernenergie dürfte Indien aufgrund eigener Uranvorkommen, die im 7. Fünfjahresplan mit 70000 t beziffert und deren Energiegehalt rund 1,9 Mrd. t Kohle gleichgesetzt wird, langfristig autark sein (BFAI, ebenda, S. 7).

Die *Hauptlagerstätten* für *Steinkohle* befinden sich im Osten im Bergland von Chota Nagpur in den Bundesstaaten West Bengalen, Bihar und Orissa. Die Hauptförderung stellt das Damodar-Gebiet nordwestlich von Calcutta. Hier liegen auch die Hauptreserven der in Indien knappen Kokskohle, zudem liegt es nahe den Erzvorkommen im südlichen Bihar und nordwestlichen Orissa. Die räumliche Konzentration macht für die meisten Teile des Landes lange Transportwege notwendig. Die Folge sind häufige Schwierigkeiten mit der Belieferung der Wärmekraftwerke und der Industrien, da die Eisenbahnen ihrer Aufgabe aufgrund organisatorischer Mängel oft nicht gewachsen sind. Bereits seit Ende der 60er Jahre hat daher die Regierung große Anstrengungen unternommen, den Abbau zu dezentralisieren und die Förderungsleistung in anderen Revieren, vornehmlich in Madhya und Andhra Pradesh (Singareni), zu steigern. Die Kohle ist nicht von bester Qualität, liegt aber meist oberflächennah, dazu in oft mächtigen, relativ ungestörten Flözen (STANG 1977, S. 213). – Die wichtigsten *Braunkohlevorkommen* liegen südlich von Madras bei Neyveli.

Die älteste *Erdölproduktionsstätte* liegt in Assam, wo bereits seit 1883 gefördert wird. Erst nach der Unabhängigkeit wurde die Produktion auf Gujarat (seit 1960) erweitert. Die jüngsten, aber bereits ergiebigsten Erdölvorkommen befinden sich im Schelf-Gebiet des Golfs von Cambay, wo 150 km nordwestlich von Bombay große Lagerstätten erbohrt wurden (seit 1975). Aus dieser Offshore-Produktion („Bombay High") entstammen heute bereits zwei Drittel der nationalen Förderung. Weitere Explorationen im Golf von Bengalen sowie in der Gangesebene haben noch keine besonderen Ergebnisse gebracht. Die indischen Erdölreserven werden mit 4 Mrd. t, die gewinnbaren Reserven mit 775 Mill. t angegeben. In der ersten Hälfte der 80er Jahre ist Indien, angetrieben durch die drastische Verteuerung des Rohöls 1979/80, eine fast dreifache Steigerung der heimischen Erdölproduktion (von 10,5 auf 30,2 Mill. t) gelungen. Seit 1985 hat die Produktion nahezu stagniert, seit 1991/92 (30,3 Mill. t) ist sie sogar leicht rückläufig (1993/94: 27,0 Mill. t), gleichzeitig stieg jedoch der Verbrauch allein in diesen acht Jahren um knapp 28%. Die zwangsläufige Folge dieser auseinanderklaffenden Schere von Produktion und Verbrauch war die starke Zunahme der Erdölimporte mit dem Ergebnis, daß im Jahre 1991/92 27,5% der Gesamtimporte für Erdölprodukte ausgegeben werden mußte, 1986/87 waren es nur 14%. Bei Extrapolation der genannten Zuwachsrate des Erdölverbrauchs in die Zukunft würde dies für das Jahr 2000 einen Verbrauch von etwa 95 Mill. t bedeuten. Da ein vergleichbarer „Produktionssprung" wie in der ersten Hälfte der 80er Jahre ausgeschlossen werden muß, und angesichts der kurzfristig geringen Möglichkeiten der Substitution oder „qualitativen" Einsparung von Erdöl durch Erhöhung der Effizienz, sind bei der prekären Zahlungsbilanzsituation (s. Kap. 9) krisenhafte Situationen, Mengenbeschränkungen und Versorgungsengpässe wie schon in früheren Jahren auch für die Zukunft nicht auszuschließen (BFAI, ebenda, S. 15), was insbesondere negative Auswirkungen auf den wachsenden Verkehr nach sich ziehen dürfte. Den anvisierten Importbedarf von über 30 Mill. t bereits für 1995 will die Regierung mit der Erweiterung der Transport- und Verarbeitungskapazitäten begegnen: zu den bereits bestehenden 12 Raffinerien ist der Bau von 5 weiteren bis 1995 vorgesehen.

Neben Kohle und Erdöl verfügt Indien über die größten *Eisenerzvorkommen* der Erde (20 Mrd. t), ferner bedeutende NE-Vorkommen, darunter Manganerze, Bauxit, Titan, Kupfer, Blei, Zink, Glimmer und Thorium.

Die o. g. beachtlichen Erfolge in der Energieerzeugung und -versorgung sind jedoch nur ein Teil der Wirklichkeit. Sie haben die nach wie vor gravierenden *Entwicklungsprobleme* auf diesem Sektor nur mindern, nicht aber lösen können. Die bis heute existierenden Defizite lassen sich in folgenden Punkten auflisten:

– zwar rangiert Indien in der Energieerzeugung an neunter Stelle in der Welt, aber: mit einem *Pro-Kopf-Verbrauch an kommerzieller Energie,* gemessen in Ölequivalenten, liegt das Land mit 231 kg (1990) weit abgeschlagen hinter den aufstrebenden Nationen Ost- und Südostasiens (z. B. Südkorea: 1898 kg, Malaysia: 974 kg, aber auch hinter China: 598 kg – berechnet nach: Weltentwicklungsbericht 1992, S. 258 f.).

– der aus dieser Schwäche resultierende unvermindert hohe Wachstumsbedarf im Bereich der kommerziellen Energie wird auch an der gegenwärtigen *Struktur des Gesamtverbrauchs* deutlich: Noch immer wird ein wesentlicher Anteil – etwa 40% des indischen Energiebedarfs! – durch *nichtkommerzielle Energieträger* wie Feuerholz (ca. 65% des nichtkommerziellen Verbrauchs), Kuhdung (ca. 15%) und landwirtschaftliche Abfälle (ca. 20%) gedeckt (Angaben nach: BFAI: Indien – Energiewirtschaft 1990/91, S. 5). Konsumenten sind in erster Linie private Haushalte aber auch dörfliche Kleinindustrie und Heimgewerbe. Die anvisierte Erhöhung des Anteils kommerzieller Energie auf 80% bis zum Jahre 2000 (1960: 40%) ist ökologisch auch dringend notwendig, da der mehr oder weniger planlose Verbrauch von Feuerholz (Schätzung um die Jahrtausendwende: ca. 200 Mill. t jährlich!) die ohnehin schon stark dezimierte Waldfläche Indiens weiter auffrißt – bei jährlich über 10 Mill. zunehmender Landbevölkerung eine tickende Zeitbombe. Zusätzlich ist auch der erhebliche CO_2-Ausstoß durch offene Feuer in vielmillionenfacher Anzahl keineswegs zu unterschätzen.

– die *Substituierung nichtkommerzieller Energieträger* bei gleichzeitig angestrebter Modernisierung der Wirtschaft als Voraussetzung für deren Entwicklung bedeutet, daß das hohe Wachstum auch langfristig unvermindert fortgesetzt und durchgehalten werden muß: Angesichts des immer noch großen Nachholbedarfs muß das Wachstum der kommerziellen Energie weiterhin deutlich höher ausfallen als dasjenige des BSP. Tatsächlich ist im

8. Fünfjahrplan (1992–1997) auch eine jährliche Wachstumsrate dieses Sektors um 7,8% (gegenüber 5,6% des BSP) vorgesehen, die dafür veranschlagten Mittel machen mit 25,5% der öffentlichen investiven Planausgaben den mit Abstand höchsten Einzelposten aus (Landwirtschaft: 14,4%, Industrie: 13,0%, Transport und Kommunikation: 20,6% – Daten nach: SBI, August 1992, S. 418ff.).
Kurzfristige Chancen zur Erhöhung des Energieangebots bestehen bei Kohle und Erdöl, während in den Bereichen Wasserkraft und Nuklearenergie eine nennenswerte Steigerung nur langfristig zu erreichen sein wird. Zudem sind der Erhöhung des Energieträgers Erdöl finanzielle Grenzen gesetzt, macht doch ihr Importanteil bereits 27,5% (s. o.), der von Importkohle dagegen nur 2,2% aus. Zunehmende Bedeutung als Alternativenergien wird auch der Nutzung von Biomasse- und Solarenergie beigemessen, zumal günstige Naturvoraussetzungen bestehen. Ihre Umsetzung in entsprechende nennenswerte Energieproduktion kann jedoch erst für das nächste Jahrhundert erwartet werden.

– Mit einem für Indien veranschlagten Energie-Koeffizienten von 1,8 steigt der Energieverbrauch fast doppelt so schnell wie das BSP. Verantwortlich hierfür sind der unrationelle Umgang mit Energie, aber auch der Anstieg des Lebensstandards (der Mehrzahl) der Bevölkerung, dazu eine allmähliche Verstädterung. Um die erforderlichen Steigerungsraten zu erreichen, sind *Energiesparmaßnahmen* unumgänglich. Dazu gehört die Beseitigung einer ganzen Reihe von *strukturellen Defiziten*. So gingen von der Stromerzeugung 1990/91 z. B. 23% wegen Verlusten bei der Übertragung und Verteilung verloren; 1960/61 waren es nur 13% (westliche Industrieländer: ca. 8%). Die Folge: In nahezu allen Teilen des Landes, auch in den großen Industriemetropolen, haben „stromfreie" Wochentage, an denen die Industrieproduktion eingestellt werden muß, mittlerweile Tradition. Während der regenarmen heißen Vormonsun-Monate (März–Mai) treten zusätzliche Stromunterbrechungen auf. Neben der Senkung der *Leitungs- und Übertragungsverluste* ist es die geringe Auslastung der Kraftwerkskapazitäten von teilweise weniger als 30%, die ein weites Feld für Energieeinsparungsmaßnahmen eröffnen. Allerdings ist die Entwicklung der letzten Jahre auf diesem Gebiet nicht ermutigend: der Auslastungsfaktor sank sogar von 56,5% im Jahre 1987/88 auf 53,8% im Jahre 1990/91 (BFAI, ebenda, S. 10).

– Die Deckungslücke bei der Stromversorgung wird amtlicherseits mit (nur) 8% für 1990/91 angegeben. Zusätzlich zu dieser Bedarfsschließung ist es notwendig, die gravierenden *regionalen Unterschiede in der Versorgung* abzubauen – will man das nationale Entwicklungsgefälle nicht noch größer werden lassen (vgl. Kap. 10): während das Defizit in der Energieversorgung 1990/91 in den vergleichsweise entwickelten Staaten wie Haryana (2,9%) und Punjab (1,1%) sowie in Kerala sogar nur 0,5% beträgt, hat der sowieso schon ärmste Bundesstaat Bihar mit einem Defizit von 28,7% zu kämpfen, nicht viel besser sieht es in Orissa (22%) aus. Schließlich erschweren die *nicht kostendeckenden* subventionistischen *Stromgebühren* (die Verringerung der Energiepreissubventionen würde obendrein dazu beitragen, die weit verbreitete Energieverschwendung in der Industrie einzudämmen), dazu

Außenstände in Milliardenhöhe vorwiegend im Agrarsektor, die interne Finanzierung von Neuinvestitionen und blockieren immer wieder externe Finanzierung durch ADB und Weltbank (zuletzt 1992).

Kurz: Der enorme *Wachstumsbedarf des Energiesektors* wird die indische Volkswirtschaft vor große Probleme stellen. Devisenbeschaffung für (steigende) Ölimporte, Rationalisierung der Produktion, Abbau der bürokratischen Hemmnisse sowie des Mißmanagements, großer Kapitalbedarf in- wie ausländischer Investoren seien als Stichworte wiederholt. Wenn aber vor allem die Stromversorgung nicht mittelfristig insgesamt besser, auch rationeller gehandhabt wird und die „persistant shortage of power", wie es der amtliche „Economic Survey" gekennzeichnet hat, abgebaut und beseitigt wird, ist der Wirtschafts- und Investitionsstandort Indien nachhaltig beeinträchtigt, wenn nicht gefährdet.

8.2
Verkehr und Nachrichtenwesen

Nicht minder bedeutsam wie die Energieversorgung ist, gerade in einem Land von der Größe Indiens, eine funktionierende und leistungsfähige Verkehrs- und Kommunikationsinfrastruktur für die wirtschaftliche und soziale Entwicklung, wie umgekehrt seine Mängel als ein wesentlicher Grund für die wirtschaftliche Rückständigkeit eines Landes/Region angesehen werden muß.

Was den *Verkehrssektor* anbelangt, so war die nach der Unabhängigkeit vorgefundene Ausgangsposition ungleich günstiger als im Bereich Energieversorgung. Das junge Indien fand das mit fast 55 000 km Streckenlänge größte Eisenbahnnetz Asiens und (seinerzeit) drittgrößte der Erde vor. Das der fast dreimal so großen VR China betrug gerade 17 000 km (s. Tab. 1.2). Auch die 157 000 km befestigte Straßen gehört zu den Aktivposten im Hinblick auf eine wirtschaftliche Entwicklung.

In der Literatur wird der Entwicklungsstand der Verkehrsinfrastruktur am Ende der Kolonialzeit unterschiedlich beurteilt:

Richtig ist, daß das im Vergleich zu anderen asiatischen Ländern verhältnismäßig dichte Eisenbahn- und Straßennetz zu den wertvollsten Hinterlassenschaften der englischen Kolonialzeit gehört. Im Vergleich zu der großen Mehrzahl der Länder Asiens, gerade auch zu China, bedeutete dies bereits eine weitgehende Erschließung des gesamten Subkontinents. Damit war dem jungen Staat eine gute Ausgangsbasis für den intensiven Ausbau der binnenwirtschaftlichen Verflechtung als einer ganz wesentlichen Voraussetzung für die Gesamtentwicklung des Landes gegeben (BRONGER 1977, S. 222). Auf den Aspekt der kulturellen Integration machte KREBS bereits aufmerksam: „Die Bedeutung des Bahnnetzes für die einheimische Bevölkerung ist ... gewaltig, denn die Bahnen bringen die einzelnen Völker und Kulturen in einer Weise zusammen, wie es früher nie der Fall war; sie vermitteln mehr als vieles andere das gegenseitige Kennenlernen als Voraussetzung für die Bildung einer Einheit. Das ist noch höher einzuschätzen als der wirtschaftliche Segen, der sich in den Zeiten der Hungersnöte zeigt, wo Getreide aus anderen Gebieten oder von Übersee hereingebracht werden kann. Auf Pilgerfahrten, Familienbesuchen und Saisonwanderungen ist der Inder stets auf dem Weg; die unterste Klasse der Züge ist denn auch immer überfüllt" (KREBS 1939, S. 84–85).

Richtig ist aber auch, daß es in allererster Linie militärische und politische, aber auch wirtschaftliche Eigeninteressen waren, die die Engländer veranlaßten, den Straßen-, insbesondere aber den Eisenbahnbau energisch voranzutreiben (vgl. auch KREBS ebenda, S. 84). Die Folge dieser Kolonialpolitik waren erhebliche regionale Disparitäten in der Verkehrserschließung des Landes. Dieser Tatbestand ist mitverantwortlich für die räumlich ungleichgewichtige Entwicklung der einzelnen Landesteile, die in der Kolonialzeit somit ihren Ursprung hat (vgl. auch Tab. 10.1, Indikator 32, 35).

8.2.1 Eisenbahnverkehr

Das indische *Eisenbahnnetz* ist auch heute das größte, allerdings nicht das dichteste Asiens und das viertgrößte der Erde. Das in neun Regionalgesellschaften aufgeteilte größte Staatsunternehmen des Landes beschäftigt 1,6 Mill. Menschen. Zwei Drittel des gesamten Güteraufkommens werden per Schiene transportiert (1990/91: 341 Mill. t – s. Tab. 8.4) – hauptverantwortlich für diesen hohen Prozentsatz waren die Massengüter, in erster Linie Kohle, auf die allein ein Drittel entfällt. 40% des Personenverkehrs wird ebenfalls über die Eisenbahn abgewickelt.

Im Jahre 1848 wurde mit dem Eisenbahnbau begonnen, 1853 fuhr der erste Zug von Bombay nach Thane (33 km). Entsprechend der o. g. Politik der Kolonialmacht England wurden zuerst die Verwaltungsmittelpunkte miteinander verbunden. Es sind dies die (bis heute) vier großen Hauptrouten:

- die Nordwest-Linie von der Haupt- und Hafenstadt Calcutta über Patna, Varanasi, Lucknow, Kanpur, Agra, Delhi nach Lahore,
- von Bombay ins Gangestiefland bis zum Knotenpunkt Allahabad (mit Stichbahn von Jalgaon nach Nagpur),
- von Bombay über den Stützpunkt Poona nach Madras.

Tab. 8.4: Entwicklung des indischen Eisenbahnverkehrs 1950/51–1992/93

	1950/51	1970/71	1992/93
Streckenlänge (1000 km)	54 906	59 790	62 500
– elektrifiziert (1000 km)	388	3 730	11 300
Beförderte Passagiere (Mill.)	1 308	2 431	3 749
Beförderte Güter (Mill. t)	93	197	371

Quellen: 1950/51 – GOI, Ministry of Information and Broadcasting 1975, S. 270f.; ALSDORF 1955, S. 305f.; 1970/71 und 1990/91 – TATA 1994/95, S. 94ff.

Diese drei Strecken, mit einigen Nebenstrecken, darunter Bombay–Ahmedabad und Madras–Malabarküste als den wichtigsten, waren bereits bis zum Jahre 1872 fertiggestellt.
- Die vierte Hauptlinie Calcutta–Madras (mit Anschluß an den Hafen Kakinada) konnte erst im Jahre 1893 beendet werden; die Überquerung der großen Ströme, besonders von Godavari und Krishna, bereitete technische Schwierigkeiten.

Die Streckenlänge des großen Trapezes Calcutta–Delhi–Bombay–Madras–Calcutta als dem großen Leitrahmen entsprach mit 5762 km der Entfernung von München zum Äquator.
Im Jahre 1872 war diese Phase abgeschlossen und bereits 1901 mit 44000 km Streckenlänge, wovon über 35000 auf das Gebiet der späteren Indischen Union entfielen, die räumlichen Grundzüge des heutigen Eisenbahnnetzes deutlich erkennbar (Abb. 8.1). Im Jahre 1930 war der Ausbau mit einer Gesamtlänge von 65000 km (Indien: 52000) bis zum Ende der Kolonialzeit weitgehend fertiggestellt.

Für die spätere Entwicklung als negativ erwies (und erweist) sich die Verwendung von *unterschiedlichen Spurbreiten*: Aus klimatischen Überlegungen war zunächst die Breitspur von 167,7 cm gewählt worden – die breiteste der Erde (Rußland 152,4 cm, Deutschland 143,5 cm). Da diese den Bau übermäßig verteuerte, ging man ab 1870 vielfach zur Meterspur über, deren für später vorgesehene Umwandlung in Breitspur aber unterblieb (nur im Indusgebiet). Auf Neben- und Zubringerstrecken wurden drittens noch zwei verschiedene Schmalspuren (2 und 2 1/2 Fuß) verwendet. Von den 1950/51 existierenden Streckenkilometern (s. Tab. 8.4) entfielen 46% auf die Breitspur-, 44% auf die Meter- und 8% auf die Schmalspurstrecken (ALSDORF 1955, S. 151f., 305).

Die seit Beginn der Fünfjahrpläne umfangreichen *Investitionen* des indischen Staates im Bereich des Eisenbahnwesens, allein 96,3 Mrd. Rs. (zu Preisen von 1980/81) in den vergangenen 10 Jahren, diente weniger den quantitativen (lediglich 7500 km neue Strecken kamen seit 1950 hinzu – s. Tab. 8.4) als dem *qualitativen Ausbau* des Streckennetzes. Dazu gehörten:

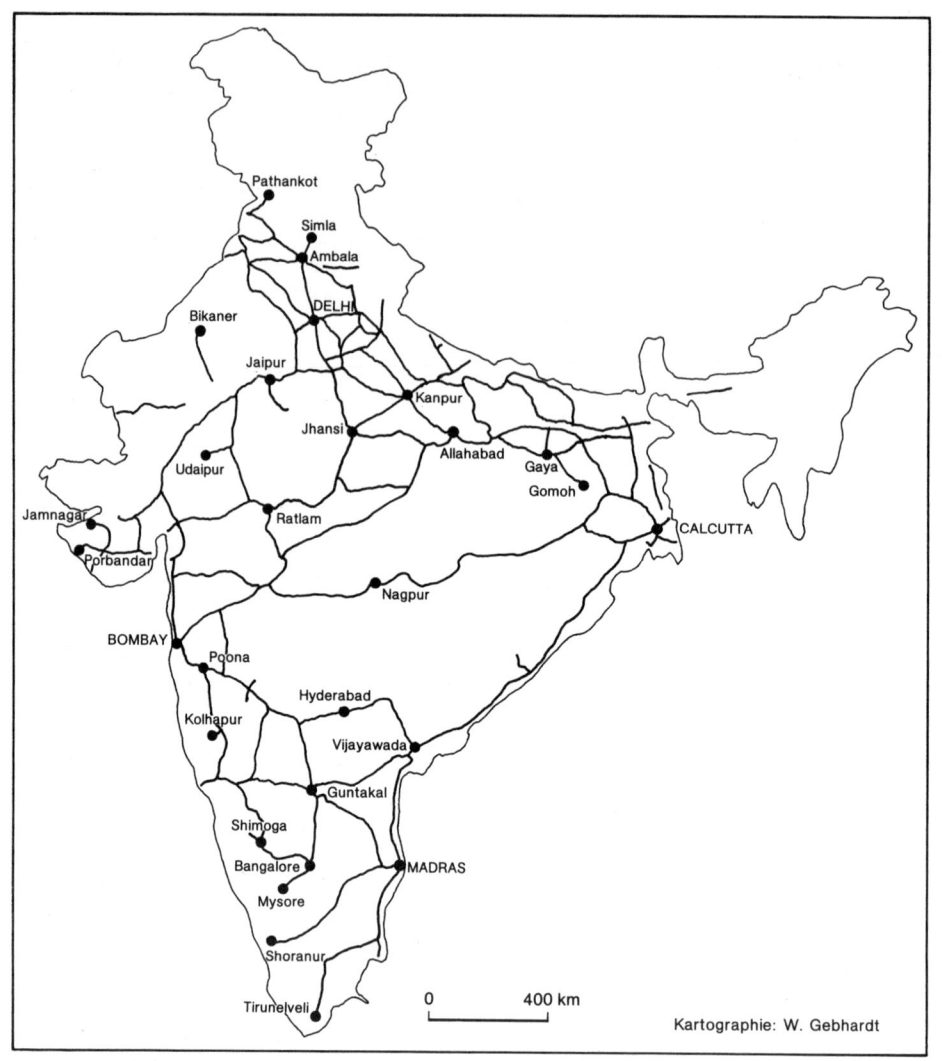

Abb. 8.1: Das indische Eisenbahnnetz 1901
Quelle: BALA 1986, S. 19

1. Reduzierung der bestehenden regionalen Disparitäten durch gezielten Ausbau des Streckennetzes in den bislang unterversorgten Gebieten wie den Industrierevieren des Chota Nagpur sowie im Inneren des Deccan-Hochlandes. So ist, um nur ein Beispiel zu nennen, die Verbindung Secundarabad über Nalgonda nach Guntur und damit der Anschluß an die Hauptstrecke Madras–Calcutta inzwischen (1988) fertiggestellt.
2. Modernisierung des Eisenbahnwesens. Dazu gehört ein ganzes Bündel von Maßnahmen:
   a) Elektrifizierung der Hauptstrecken sowie ihr doppelgleisiger Ausbau,
   b) Umwandlung wichtiger Verbindungen von Meter- auf Breitspur (z. B.

der Linie Secundarabad–Manmad und damit die direkte Anbindung an die Hauptlinien Bombay–Delhi bzw. Bombay–Calcutta),
c) Ausbau und Modernisierung der technischen Einrichtungen (Regelung des Verkehrs mittels Computeranlagen) sowie des Wagenparks.

Heute umfaßt das Netz 62500 km, davon waren 1992/93 18,1% elektrifiziert (1950/51: 0,7%; 1970/71: 6,2%). Täglich werden im Durchschnitt 10,6 Millionen Menschen, das sind 1,3% der Gesamtbevölkerung, im Jahr 3,75 Mrd. befördert, davon entfallen allein fast 60% auf den „suburban traffic" der Einzugsgebiete der Riesenmetropolen Bombay und Calcutta. Ebenfalls pro Tag wurden 1017000 t Güter und damit im Jahr über 370 Mill. t transportiert (1992/93).

Trotz dieser beeindruckenden Zahlen weist das indische Eisenbahnsystem bis heute eine Reihe von *Mängeln* auf, die ein Hemmnis insbesondere für die wirtschaftliche Entwicklung des Landes darstellen. Die wichtigsten seien nachfolgend genannt:

– Die außerordentliche Reliefempfindlichkeit des Eisenbahnverkehrs ist neben dem Kapitalmangel als Hauptgrund dafür anzusehen, daß das Streckennetz bis heute noch wirtschaftsrelevante Lücken aufweist. Dafür ein Beispiel: Da die Querverbindung Vishakhapatnam–Kazipet (Abb. 8.2) noch immer nicht fertiggestellt werden konnte, muß für den Abtransport der Singareni-Kohle (s. o. Kap. 8.1) zum Hafen (Vishakhapatnam) noch immer der doppelte Umweg über Vijayawada in Kauf genommen werden.
– Bis heute stellen die großen Ströme mit ihren infolge des Monsunklimas großen Wasserschwankungen eine wesentliche verkehrsgeographische Schranke dar. So enden in dem am dichtesten mit Eisenbahnlinien ausgestatteten Teil Indiens, dem Gangestiefland, bis heute viele Querverbindungen: auf der 2500 km langen Strecke von Delhi nach Calcutta existieren über die Hauptflüsse Ganges und Yamuna lediglich je drei Brücken der Breitspur- sowie eine der Meterspur-Bahn.
– Als nachteilig für eine gleichmäßigere Wirtschaftsentwicklung der Regionen, auch im Hinblick auf den Abbau der räumlichen Disparitäten, muß deren – nach wie vor – ungleichgewichtige Versorgung mit diesem Verkehrsmittel angesehen werden (große Teile des Deccan-Hochlandes; Westküste zwischen Bombay und Mangalore – Abb. 8.2). Entwicklungshemmend gerade im Hinblick auf die Intensivierung der Verflechtung zwischen zwei seiner Hauptlandschaften, dem Deccan-Hochland und dem östlichen Küstentiefland, ist die geringe Anzahl ihrer Querverbindungen. Auf dem fast 1700 km langen Küstenabschnitt zwischen Calcutta und Madras existieren lediglich fünf Verbindungen zum Hochland, davon zwei mit anderer Spurbreite.
– Noch immer erweist sich die Existenz der verschiedenen Spurweiten als gravierender Nachteil. Zwar sind heute die wichtigsten Durchgangslinien mit der Breitspur ausgestattet, jedoch sind eine ganze Reihe der Großstädte, ja sogar ein Teil der Metropolen von bestimmten Richtungen aus nur mit der Meterspur zu erreichen. Um z. B. von Bangalore über Hyderabad nach Delhi, oder von dort nach Bombay zu gelangen, muß man in Guntakal den Zug wechseln. Noch immer entfallen ca. 30% des gesamten Streckennetzes auf diese Spurbreite und gerade wichtige Agrar- und industrielle Roh-

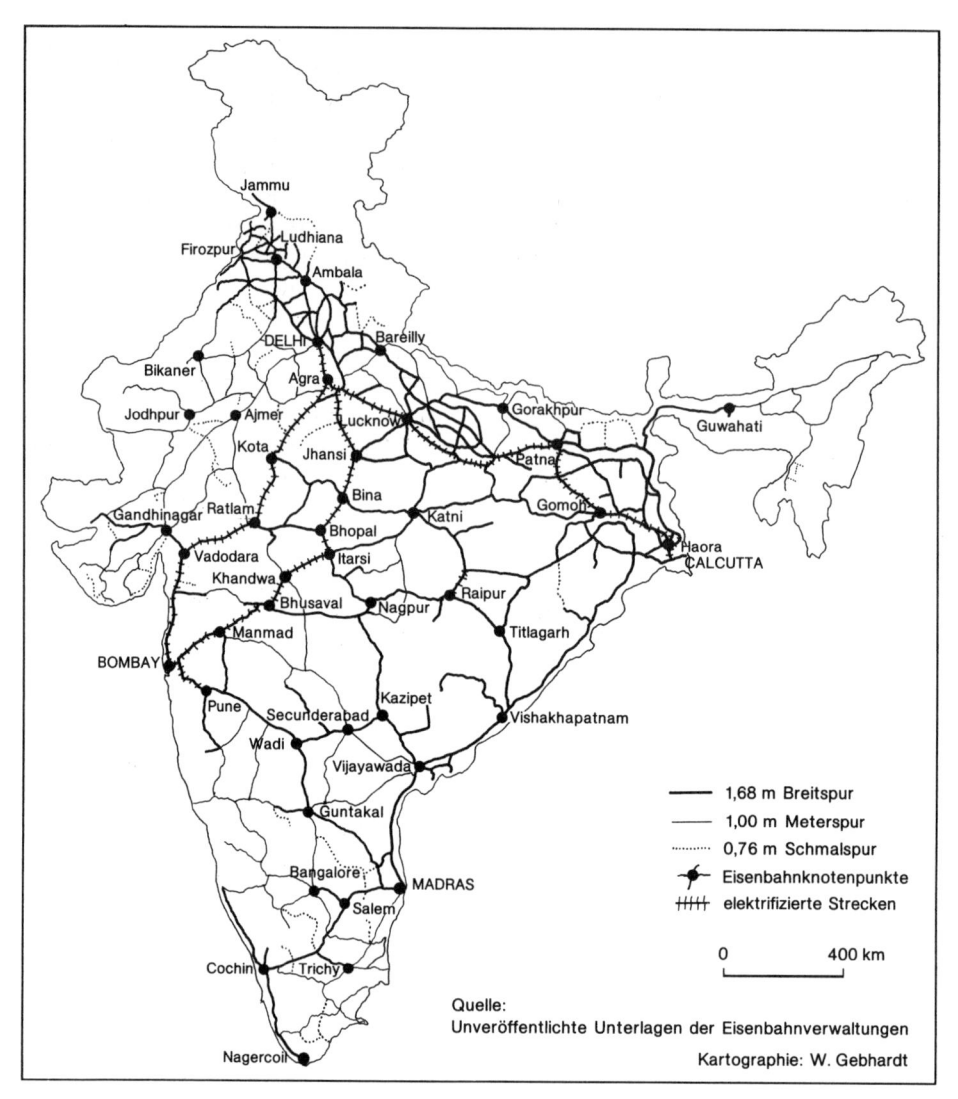

Abb. 8.2: Das indische Eisenbahnnetz 1990

stoffgebiete sind nach wie vor nur durch diese Spur erschlossen. Man muß die zeitraubende Prozedur des Umladens auf einem der dafür vorgeschriebenen Bahnhöfe miterlebt haben, um zu verstehen, daß hauptsächlich aus diesem Grund die Bahn den Transport von vier Fünfteln sämtlicher Agrarprodukte an die Konkurrenz Straße abgeben mußte.

– Als weiteres erhebliches Manko, vor allem im Hinblick auf die Schnelligkeit des Gütertransports, ist die Tatsache anzusehen, daß bis heute nur gut ein Zehntel des Streckennetzes mehrgleisig ausgebaut ist. Immerhin sind die Mehrzahl der Hauptstrecken soweit modernisiert worden, daß hier Geschwindigkeiten von über 100 km/

Stunde erreicht werden können. Auf der Mehrzahl der Strecken bedingt die geringe Qualität der hierfür verfeuerten Kohle (s. o. Kap. 8.1), genauer: deren hoher Asche- und Schwefelgehalt, nur geringe Geschwindigkeiten, dazu hohe Verschmutzung, worunter nicht nur die Wirtschaftlichkeit eines Teils des Güterverkehrs, sondern auch, mit Ausnahme der klimatisierten Abteile, der Personenverkehr leidet.
- Bis heute herrscht ein Mangel an rollendem Eisenbahnmaterial. Besonders nachteilig wirkt sich dieser auf die Versorgung gerade der abgelegenen Regionen mit Kohle als wichtigstem Energieträger (s. o.) aus. Allerdings konnte die Produktion von Eisenbahnwaggons im vergangen Jahrzehnt 1980/81–1990/91 fast verdoppelt werden, während sie in den zwei Jahrzehnten zuvor nur einen ganz unzureichenden Zuwachs von ca. 50% zu verzeichnen hatte (vgl. Tab. A 5.16 – Anhang).

8.2.2 Straßenverkehr

Auch das, in vorbritischer Zeit z. T. bereits angelegte, später jedoch großenteils verfallene Straßennetz bauten die Engländer zu einem leistungsfähigen Instrument ihrer Herrschaft aus. Entsprechend den großen Haupteisenbahnlinien wurden die vier größten Städte Calcutta, Delhi, Bombay und Madras mit Allwetterstraßen trapezförmig verbunden. Sie bilden auch heute noch das Rückgrat des indischen Straßensystems, dem sich das übrige Netz angliedert. Herzstück und die zuerst fertiggestellte dieser vier Hauptrouten bildete die von Kipling besungene, jahrhundertealte „Grand Trunk Road" Calcutta–Delhi–Lahore–Peshawar. Der Ausbau der übrigen großen Verbindungen erfolgte

Typ	1950/51	1970/71	1990/91
Befestigt	157	407	1001
Unbefestigt[1]	243	880	1036
Insgesamt	400	1287	2037

[1] einschließlich der vom National Extension Service (NES) und von den Community Development (CD)-Behörden gebauten „kacha roads" (Beginn: nach 1950/51)
Quellen: s. Tab. 8.4

Tab. 8.5: Entwicklung des Straßennetzes Indiens 1950/51–1990/91 (Angaben in 1000 km)

z. T. erst sehr viel später. So ist die Mittelachse Delhi–Agra–Nagpur–Hyderabad–Bangalore erst nach dem Zweiten Weltkrieg endgültig fertiggestellt worden (Teilstück Nagpur–Adilabad). Insgesamt hinterließ die englische Kolonialmacht ein Straßennetz von 400000 km Länge, von denen seinerzeit knapp zwei Fünftel befestigt waren (s. Tab. 8.5), es zählte damit zu den größten der Erde.

Ähnlich wie im Bereich des Eisenbahnwesens hat die indische Regierung auch zum Ausbau des Straßenverkehrsnetzes umfangreiche Investitionen unternommen. Dabei hatte, und dies erfolgte im Rahmen des „Community Development Programs" (s. Kap. 15.1.3), der Ausbau des unbefestigten Straßennetzes zunächst Vorrang, da man eine möglichst große Anzahl ländlicher Gemeinden zumindest außerhalb der Monsunzeit erreichbar machen wollte. Die Folge dieser ersten zwanzig Jahre Verkehrsentwicklungspolitik waren, daß sich das Netz der sog. „kacha roads" überproportional ausweitete. Der Beginn der 70er Jahre sieht hier eine Änderung der Zielsetzung und des Einsatzes der Mittel vor. Sie waren nunmehr vorrangig für den Ausbau des befestigten Straßennetzes bestimmt – deutlich im Ergebnis der vergangenen 20 Jahre abzulesen (Tab. 8.5). Insgesamt hat sich in den vergangenen 40 Jahren die Gesamtlänge vervierfacht, die des befestigten Straßennetzes sogar mehr als versechsfacht. Im

Jahr 1988 waren immerhin 240700 Gemeinden, d. h. gut 40% (1978: 29%), an eine befestigte Straße angeschlossen. Indien verfügt damit über eines der längsten Straßennetze der Erde.

Auch hier spiegeln diese auf den ersten Blick eindrucksvollen Daten nur einen Teil der Wirklichkeit wider. Wir kommen damit auf die auch auf diesem Sektor existierenden *Entwicklungsprobleme* zu sprechen, die nachfolgend zusammengefaßt werden sollen:

– Die Mehrzahl auch der befestigten Straßen dürfte in der Monsunzeit nur mit LKW, Bus oder Jeep befahrbar sein. Mit den übrigen Verkehrsmitteln ganzjährig befahrbar sind in erster Linie die „National Highways" (Länge: ca. 35000 km) sowie die in die Zuständigkeit der Landesregierungen fallenden „State Highways" (Streckenlänge: ca. 127000 km). In ihrer Qualität (Breite, Straßenbelag usw.) ist das Allwetter-Straßennetz sehr ungleich ausgebaut. Die in der Regel am besten gewarteten „National" und „State Highways" sind in etwa unseren Landstraßen vergleichbar; erstere unterscheiden sich von letzteren hauptsächlich durch ihre größere Breite.

– Infolge mangelhaften, wenn nicht gar fehlenden Unterbaus ist bereits ein großer Teil der befestigten Straßen besonders in der Monsunzeit sehr reparaturanfällig und daher oft nur unter großem zusätzlichen Zeitaufwand passierbar. Dieser Tatbestand ist besonders gravierend im Hinblick auf den gerade im vergangenen Jahrzehnt sprunghaft angestiegenen *Kraftfahrzeugbestand* (s. Tab. 8.6), der von den großen Durchgangsstraßen kaum noch zu bewältigen ist. Hier macht sich der mangelhafte qualitative Straßenzustand besonders nachteilig bemerkbar: Da die befestigte Straßendecke selbst auf einem Großteil der „National Highways" oft nur ein schmaler Streifen ist, auf dem zwei (überladene) LKW nicht aneinander vorbeifahren können, muß jeweils ein Fahrzeug auf den unbefestigten Seitenstreifen ausweichen. Im Zusammenwirken mit dem häufig sehr schadhaften Straßenbelag und dem durchschnittlich sehr hohen Baualter der Fahrzeuge hat dies einen außerordentlich hohen Verschleiß zur Folge. Da überdies ein Teil der Ersatzteile nur in den größeren Städten angefertigt werden kann, befindet sich stets ein erheblicher Teil des gesamten Wagenparks in nicht fahrbereitem Zustand, wodurch der gesamten Volkswirtschaft beträchtlicher Schaden zugefügt wird.

Nicht unerwähnt bleiben darf in diesem Zusammenhang, daß auf dem Land der *Ochsenkarren (bullock cart)* als Gütertransportmittel bis heute eindeutig dominiert. Verständlich wird dies aus der Tatsache, daß bei den hier durchweg unbefestigten Wegen, außer dem allerdings immer häufiger werdenden Fahrrad und der menschlichen Arbeitskraft selbst, der hochrädrige Ochsenkarren das einzig mögliche Transportmittel ist. Auf den Überlandstraßen stellen die bullock carts jedoch erhebliche Verkehrshindernisse dar.

Tab. 8.6: Entwicklung des indischen Kraftfahrzeugbestandes 1949–1993 (Angaben in 1000)

Fahrzeugart	1949	1971	1993
Busse	29	94	354
LKW	74	343	1538
PKW[1]	159	682	3194
Motorräder	28	576	15421
Übrige[2]	9	170	2764
Insgesamt	299	1865	23271

[1] einschließlich Taxis und Geländefahrzeuge; [2] einschließlich Traktoren, Anhänger, „three-wheelers" usw.
Quellen: s. Tab. 8.4

- Ein wesentliches Hindernis für den Ausbau eines leistungsfähigen Straßenverkehrsnetzes stellen, im Zusammenhang mit dem Kapitalmangel des Landes, die starken Wasserstandsschwankungen ausgesetzten Flüsse dar (beim Krishna z. B. beträgt dieses Verhältnis 7500:1!). So existierte, um die Auswirkungen einmal zu verdeutlichen, bis 1969 keine Brücke über den unteren, hier mehrere km breiten Godavari, so daß der gesamte Straßenverkehr auf der nord-südlichen Verbindungslinie zwischen Calcutta und Madras über Fähren mit einer zudem geringen Beförderungskapazität abgewickelt werden mußte. Da über die viel kleineren Flüsse (Nalas) in der Regel nur Furten existieren, die Nalas aber in der Monsunzeit bei plötzlichen Sturzregen in Minutenschnelle zu reißenden Strömen werden, bedingen diese Furten, auch auf kürzeren Streckenabschnitten, stets längere Aufenthalte; die „National Highways" sind davon nicht ausgenommen. Besonders für den Transport leicht verderblicher Güter wie Obst und Gemüse wird dies nicht selten zu einem Versorgungsproblem.
- Wie beim Eisenbahnnetz existieren auch hier erhebliche *regionale Unterschiede* in der Ausstattung gerade mit befestigten Straßen. Als Indikator für diesen, die wirtschaftliche Entwicklung großer Landesteile nachhaltig hemmenden Faktor, sei der o. g. Anteil der an das befestigte Straßennetz angeschlossenen Dörfer genannt: Während in den entwickelten Staaten wie Punjab, Haryana und Kerala fast sämtliche Gemeinden angeschlossen sind, beläuft sich dieser Anteil in den vergleichsweise gering entwickelten Staaten Zentralindiens auf weniger als ein Viertel, in Orissa sogar nur auf 15% (s. a. Kap. 10).

8.2.3
See- und Küstenschiffahrt

Ähnlich den Chinesen sind die Inder nie eine große Seefahrernation gewesen. Die bereits für das Altertum bezeugten Handelsbeziehungen des Andhra Reiches sowohl mit dem römischen Reich wie auch mit Südostasien, aus denen im Laufe des 1. Jahrtausends n. Chr. indisch geprägte Staaten entstanden, waren eher Episoden und schon deshalb weltgeschichtlich niemals von Bedeutung. Der größte Handelshafen Indiens, Bombay, rangiert mit seinem Güterumschlag von weniger als 30 Mill. t (s. Abb. 8.3), wovon gut 40% auf die Küstenschiffahrt entfällt, nicht einmal unter den 50 größten Häfen der Erde. Dieser Tatbestand der Binnenorientierung findet seinen Niederschlag auch in dem bis heute sehr bescheidenen Außenhandel, auch wenn dieser in erster Linie auf wirtschaftspolitische Ursachen zurückzuführen ist (s. Kap. 9). Der Frachtumschlag sämtlicher indischer Häfen – 94% entfallen auf die 10 Haupthäfen (s. Abb. 8.3) – erreichte 1990/91 ein Gesamtvolumen von 152,6 Mill. t – gerade 81% des Hafens von Singapore.

Die Hauptgründe für den Niedergang der einst viel bedeutenderen indischen Seeschiffahrt sind in dem Zusammenwirken zwischen der natürlichen Eignung der Küsten für den Schiffsverkehr der Gegenwart und der technologischen Entwicklung des Schiffsbaus zu suchen. Für die Schiffahrt früherer Zeiten waren die Flachküsten der Koromandel- und der Malabarküste, insbesondere ihre vor den Monsunstürmen Schutz bietenden Buchten und Haffs durchaus nicht ungeeignet, zudem förderte das unmittelbar sich anschließende fruchtbare und schon früh dicht besiedelte Hinterland die Handelsbeziehungen. In der Neuzeit des Schiffsverkehrs mit dem Übergang zur Großschiffahrt erwies sich dieser Küstentyp jedoch als besonders nachteilig. Seine Verkehrsfeindlichkeit ließ die Mehrzahl der Häfen, die noch lange während der englischen Herrschaft eine beachtliche Rolle gespielt

14 Indien

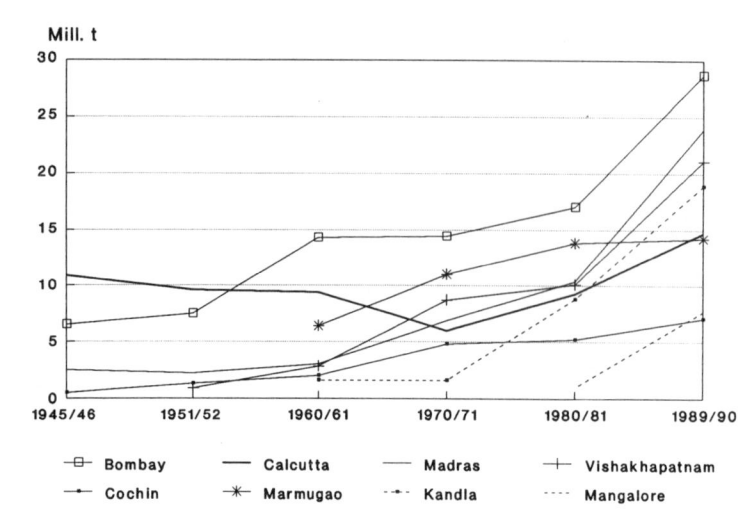

Abb. 8.3:
Umschlagsentwicklung der wichtigsten Häfen Indiens 1945/46–1989/90
Quellen: vor 1961: ALSDORF 1955, S. 306; 1960/61ff.: Ministry of Shipping & Transport, GOI (Hrsg.): Port Transport Statistics of India 1969/70, New Delhi 1971; S. 50-51; Ministry of Surface Transport; GOI (Ed.): Port Statistcs of India, New Delhi 1988, S. 5ff.; PANDA 1991, S. 178 Berechnungen des Verfassers

hatten (z. B. Machilipatnam, Kakinada), rasch an Bedeutung verlieren. Während früher die großen Ströme eine überaus willkommene Verlängerung bis weit stromaufwärts boten, entfällt heute diese natürliche Verbindung mit dem Hinterland; für größere Seeschiffe sind auch die größten Flüsse nicht befahrbar. Die einzige Ausnahme, der Hooghly, ist heute bis Calcutta – 230 km bis zum Golf von Bengalen – nur Dank kostspieliger und unablässiger Bau- und Baggerarbeiten mit Hilfe von Lotsen zu befahren. Diesen insgesamt ungünstigen Standortbedingungen, insbesondere im Vergleich zu den Naturhäfen Bombay und Vishakhapatnam, verdankt Calcutta auch seinen Bedeutungsrückgang: noch bis Mitte der 50er Jahre unbestritten die Nummer 1, ist es heute auf den 5. Platz zurückgefallen (s. Abb. 8.3). Es dürfte kaum unter den 100 größten Häfen der Erde zu finden sein.

Heute befinden sich sechs der zehn bedeutendsten Häfen an der Westküste. Viele wurden im vergangenen Jahrzehnt erweitert und modernisiert. So erhielt Bombay zu seiner Entlastung an seiner Ostseite einen zweiten Hafen (Nhava Sheva – 1989 fertiggestellt) für den Umschlag von Containern und Massengütern. Über die Hälfte des indischen Containerverkehrs wird allein hier umgeschlagen. Weitere Containerterminals sind mit finanzieller Hilfe der ADB in den Häfen Madras, Calcutta und Cochin im Bau. Die bedeutendsten Umschlaggüter der größten Häfen waren (für 1987/88) Erdöl (47,5%, als Einfuhren), Eisenerz (21,5%, vorwiegend Ausfuhren) und Kohle (9,5%, zumeist Binnentransporte – Länderbericht Indien 1991, S. 98).

8.2.4 Luftverkehr

Bei der großen Ausdehnung des Landes, verbunden mit dem rasch ansteigenden Kraftfahrzeugbestand (s. Tab. 8.6), mit dem der Straßenbau nicht mehr Schritt halten kann und dem dadurch bedingten zeitlich sehr langsamen Straßen- aber auch Schienenverkehr, kommt dem Flugzeug im Inlandsverkehr wachsende Bedeutung zu. Für die ca. 2000 km Delhi-Hyderabad braucht der Schnellzug noch immer über 40 Stunden, das Flugzeug bewältigt diese Strecke in zweieinhalb Stunden. Auf den gesamten *inländischen* Luftverkehr hatte die *Indian Airlines* Corporation bis vor kurzem eine Monopolstellung. Um die

Verkehr und Nachrichtenwesen 211

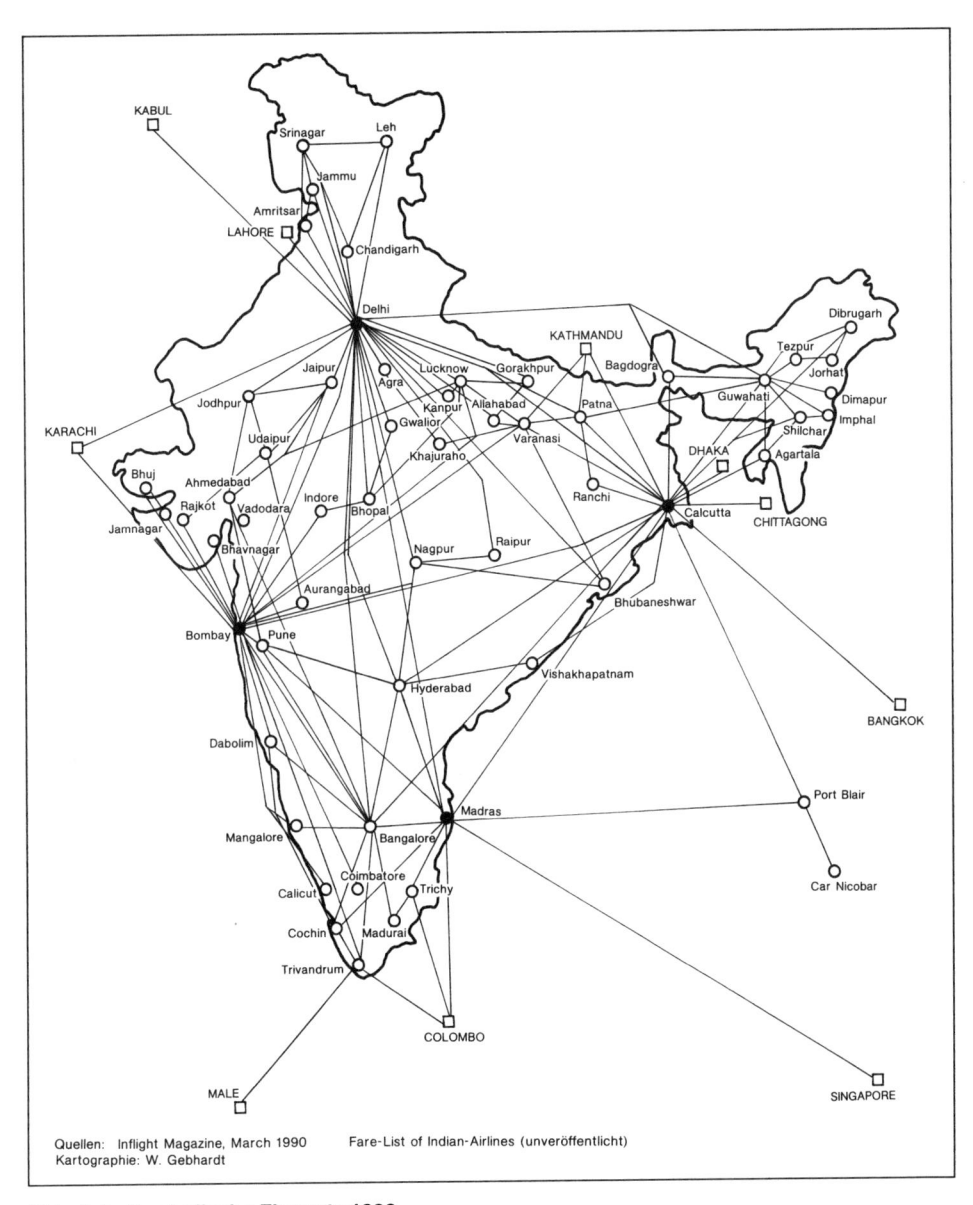

Abb. 8.4: Das indische Flugnetz 1990

gestiegene Nachfrage befriedigen zu können, erhielten ab Mitte der 80er Jahre auch private Fluglinien die Erlaubnis, Ziele im Inland, allerdings nur im Regionalverkehr, anzufliegen – eine nennenswerte Entlastung brachte dies jedoch nicht. Im Gegenteil: das Jahr 1990/91 brachte einen drastischen Einbruch in der Zahl der beförderten Passagiere auf 7,464 Mill. Passagiere (Vorjahr: 9,396 Mill.; 1991/92: 8,316 Mill.); hauptverantwortlich dafür war eine langwöchige Streikwelle sowie das A-320 Flugzeugunglück mit der Folge, daß dieser gerade neu eingekaufte Maschinentyp monatelang stillgelegt wurde.

Das Land verfügt über ca. 90 Inlandflughäfen, von denen jedoch nur etwa 60 vom Linienverkehr regelmäßig bedient werden (s. Abb. 8.4). Die bedeutendsten Knotenpunkte im Inlandsverkehr sind Delhi, Bombay, Calcutta, Madras, Hyderabad, Banglore und Varanasi. Außer im Land selbst werden von der Indian Airlines noch zehn Lufthäfen in acht benachbarten Staaten angeflogen (s. Abb. 8.4). Die Mehrzahl der insbesondere kleineren Flughäfen entsprechen nicht mehr modernen technischen Erfordernissen; infolge geringer Finanzmittel geht es mit den angestrebten Verbesserungen nur langsam voran.

Für den über die Nachbarstaaten hinausgehenden *Auslandsverkehr* unterhält die *Air India* Corporation von den vier Flughäfen Bombay, Delhi, Calcutta und Madras (ebenfalls in der Reihenfolge ihrer Bedeutung) einen regelmäßigen Liniendienst mit 31 Staaten in allen Erdteilen. Im Jahre 1991/92 wurden 2,376 Mill. Passagiere befördert.

8.2.5
Post- und Nachrichtenverkehr

Die weitreichende Bedeutung der Nachrichtenverbindungen für die Landesentwicklung ist von der Zentral- und den Landesregierungen durchaus früh erkannt und demgemäß sind erhebliche Anstrengungen unternommen worden, den als koloniales Erbe übernommenen großen Nachholbedarf auf diesem Sektor so rasch wie möglich aufzuholen. Das galt insbesondere für den ländlichen Bereich, waren doch am Ende der britischen Herrschaft lediglich die größeren Städte an das Telefonnetz angeschlossen.

Der Ausbau des Post- und Nachrichtenverkehrs ist seit den 50er Jahren deshalb sowohl als bewußte Agrarförderungsmaßnahme als auch für den Ausbau der ländlichen Industrien im Sinne einer zielgerichteten Strukturpolitik stark vorangetrieben worden: Neben der Zahl der Post- und Telegrafenämter ist in diesem Sinne besonders das *Telefonnetz* erheblich ausgebaut worden (s. Tab. 8.7). Immerhin sind heute über 10% der etwa 640 000 ländlichen Gemeinden an das Netz angeschlossen. Ein großer (und rasch wachsender) Teil der Ortsnetze ist sogar mit direktem Selbstwählferndienst ausgestattet. Mit *Fernseh*übertragungen wurde im Versuchsstadium im Raum Delhi seit Ende der 60er Jahre begonnen. Seit der offiziellen Einführung im Jahre 1976 (in Farbe seit 1982) wächst das Netz rasch nach Süden vor. Inzwischen übertrifft die Zahl der Fernsehempfänger auf dem Lande die der Telefone bereits um ein Vielfaches. *Telex*verbindungen sind bis heute noch weitgehend auf den urbanen Sektor beschränkt.

Bei den nach wie vor bestehenden *strukturellen Defiziten* in diesem Sektor sind vor allem zwei Aspekte zu nennen:

1. Trotz großer Fortschritte ganz besonders in der Zahl der Telefonanschlüsse besteht bis heute ein erhebliches *regionales Ungleichgewicht*, sowohl zwischen den Bundesstaaten (s. Tab. 10.1, Nr. 34) als auch – besonders evident – noch immer zwischen Stadt und Land. Allein auf die vier Megastädte – 3,9% der Bevölkerung – entfielen 1992/93: 33% sämtlicher Telefonanschlüsse. Der Rückgang in den vergangenen 30 Jahren um 15,5% (s. Tab. 8.7) erscheint nur auf den ersten Blick beachtlich, erfolgte er doch fast ausschließlich auf Kosten Calcuttas.

Verkehr und Nachrichtenwesen

	1950/51	1973/74	1992/93
Postämter	36	117	152
Telegrafenämter	8	17	43
Telefonanschlüsse	168	1637	7713
– davon (%)			
Bombay	16,1[2]	14,8[3]	13,5
Calcutta	17,9[2]	12,0[3]	5,5
Delhi	9,6[2]	10,0[3]	10,7
Madras	4,9[2]	5,1[3]	3,3
Telex-Verbindungen	–	8,5	48,9
Fernsehgeräte (in Gebrauch)	–	25	27 040[1]

[1] 1992; [2] 1960/61; [3] 1970/71
Quelle: s. Tab. 8.5; MOC, Department of Telecommunications (Ed.): Annual Report 1986/87 und frühere Jahrgänge.

Tab. 8.7: Entwicklung des indischen Post- und Nachrichtenverkehrs 1950/51–1992/93 (Angaben in 1000)

2. Mit dem quantitativen Ausbau hielt der qualitative Ausbau des Telefonnetzes nicht Schritt: Zuverlässiges und störungsfreies Telefonieren ist nur innerhalb der (Groß-) Metropolen und von hier aus ins Inland möglich. Will sich das Land ernsthaft als neuer Investitionsstandort empfehlen, geht das nicht ohne ein leistungsfähiges Kommunikationsnetz. Daher will Indien während des 8. Fünfjahrplanes (1992 bis 1997) nicht nur 4,8 Mill. neue Telefonanschlüsse legen, sondern es soll der Telekomsektor auch für den Markt geöffnet werden – sonst läuft man Gefahr, den Anschluß an das Weltniveau völlig zu verlieren. Insbesondere die Bereiche Funktelefon und elektronische Rufsysteme sollen ganz privaten, in- oder ausländischen Investoren überlassen werden.

Zusammengefaßt gehört die Infrastruktur zu den großen strukturellen Problemkomplexen des Landes. Will Indien seinen Stand als Wirtschaftsstandort verbessern, und dies erscheint bei der fast übermächtigen Konkurrenz in dieser Region notwendiger denn je, müssen umfangreiche Investitionen in den Sektoren Energie- und Transportwesen sowie Kommunikation getätigt werden. Ohne ausländisches Kapital und Know-how sind diese jedoch nicht zu finanzieren.

8.3
Gesundheits- und Bildungswesen

8.3.1
Gesundheitsversorgung und Ernährungssituation

Die Programme zur Entwicklung des *staatlichen Gesundheitswesens* werden von der Zentralregierung in Delhi erarbeitet, ihre Umsetzung fällt jedoch in die Zuständigkeit der Unionsstaaten und -territorien. In den 80er Jahren wurden verstärkt die Basisgesundheitsdienste ausgebaut mit dem Ziel, auch auf dem Land eine flächendeckende Gesundheitsversorgung zu erreichen. Immerhin wurde die Zahl der Erste-Hilfe-Stationen (Primary Health Centres) verdreifacht, die der Gesundheitsstationen (Dispensaries) in den vergangenen Jahrzehnten verdoppelt (s. Tab. 8.8). Dadurch wurde das (auch) im Gesundheitswesen gravierende *Stadt-Land-Gefälle* zwar etwas abgemildert. Dennoch ist es um die Versorgung der ländlichen Bevölkerung bis heute schlecht bestellt: allenfalls jedes 20. Dorf verfügt über eine der beiden Basiseinrichtungen; die Entfernung zum nächstgelegenen Krankenhaus beträgt für den Dorfbewohner im Mittel über 10 km, in abgelegenen Gebieten liegt sie dementsprechend weit darüber. Als Folge dieser mangelhaften medizinischen Versorgung vor allem der Landbevölkerung, eine Auswirkung der begrenzten finanziellen Möglichkeiten des Staates, haben sich in den vergangenen Jahren private Gesundheits-

	1965	1977	1991
Einrichtung Erste-Hilfe-Stationen Gesundheitsstationen Krankenhäuser	3900 9486 3900	5400 12656 5445	20500[1] 27431 11174
Betten in medizinischen Einrichtungen (1 000)	295	494	811
Einwohner pro Krankenhausbett Einwohner je Arzt Einwohner je Zahnarzt Hebammen pro 1 000 Einwohner	 4880 – 0,12	 2835 96 0,18	1044 2148 79 0,40

[1] 1989;
Quelle: s. Tab. 8.1–3; Economic Survey 1993–94: 152 (Berechnung des Verfassers)

Tab. 8.8: Entwicklung der medizinische Versorgung in Indien 1965–1991

stellen, in manchen Fällen sogar auch Ärzte, in Großdörfern niedergelassen, aus Kostengründen bleibt die Mehrheit der Bevölkerung von dieser Entwicklung jedoch ausgeschlossen. Neben dem Stadt-Land-Gefälle existieren ausgeprägte *regionale Unterschiede im Entwicklungsstand des Gesundheitswesens*. Dies belegen die Indikatoren Krankenhausbetten pro Einwohner, die Trinkwasserversorgung sowie die Verbreitung der Geburtenkontrolle (s. Tab. 10.1, Nr. 9–12). Als vergleichsweise fortschrittlich erweisen sich dabei die Staaten Kerala sowie Punjab und Gujarat, während die zentralindischen Staaten Rajasthan, Madhya Pradesh und Orissa sowie Bihar und Uttar Pradesh auch hier als rückständig zu bezeichnen sind.

Gesundheitsversorgung und *Ernährungssituation* sind in ihren Auswirkungen auf die Bevölkerung kausal unmittelbar miteinander verknüpft. Infolge fehlender Kaufkraft ist ein erheblicher Teil der Bevölkerung unzureichend bzw. sogar unterernährt. Die Ernährungslage hat sich, gemessen am Kalorienkonsum, nur wenig gebessert: pro Kopf und Tag stieg er von 1965 bis 1989 lediglich von 2021 auf 2229 Kalorien an (zum Vergleich: VR China von 1929 auf 2639 – Weltentwicklungsbericht 1992, S. 304). Da diese Angaben nur Durchschnittswerte sind, muß die Ernährungslage insgesamt als wenig befriedigend gelten. Ein Fortschritt immerhin sollte nicht unerwähnt bleiben: die Zeit der großen, häufig mehrere Millionen Opfer zählenden Hungersnöte (Zusammenstellung BHATIA 1963, S. 343), wie zuletzt 1943 in Bengalen, gehört offensichtlich der Vergangenheit an. Das in den 50er Jahren von der Zentral- und den Bundesregierungen für derartige Situationen entwickelte Krisenmanagement, Bereitstellung von Trinkwasser, Futtermitteln und vor allem Nahrung, aber auch von Beschäftigungsmöglichkeiten in erreichbarer Entfernung für die Bedürftigen vornehmlich in den Bereichen Bewässerungsausbau, Forstwirtschaft, Kleinindustrie und Infrastruktur (vgl. BOHLE 1992), konnte in den beiden letzten Dürrekatastrophen 1965–67 sowie 1985–87 zumindestens im letzten Fall Todesopfer gänzlich vermeiden, Viehverluste und Abwanderungen in Grenzen halten (instruktiv für Gujarat: CHEN 1991).

Als Folge der Unterernährung kamen noch 1985 30% der Säuglinge mit Untergewicht zur Welt; dieser Wert gehört zu den höchsten aller Länder der Erde (Weltentwicklungsbericht 1992, S. 304). Dementsprechend war auch die Säuglingssterblichkeitsziffer im Jahre 1990 mit 92 pro Tausend Lebendgeburten (1965: 150) noch immer eine der höchsten ganz Asiens (zum Vergleich – VR China: 29, Sri Lanka: 19). Die Höhe der Säuglings- wie Kindersterblichkeit ist ein sehr aussagefähiger Sozialindikator, denn sie läßt Rückschlüsse auf den Gesundheitszustand der Mütter wie auch das Wohlergehen der Familien zu.

Neben der Unter- und Mangelernährung sind unzureichende hygienische Verhältnisse für verschiedenste Krankheiten einschließlich körperlicher und geistiger Behinderungen mitverantwortlich. Ein erhebliches Gesundheitsrisiko ist auch die noch immer mangelhafte Trinkwasserversorgung. Nur 57% der Inder (Stadt: 76%, Land: 50%) hatten Zugang zu sauberem Wasser. Völlig unzureichend sind auch die Abfall- und Abwasserbeseitigung; lediglich 10% der Bevölkerung verfügen über Zugang zu sanitären Anlagen (Stadt: 31%, Land: 2% – Länderbericht Indien 1991, S. 36). Verschmutztes Wasser ist jedoch für etwa 80% aller Erkrankungen verantwortlich. 3,5 Millionen Menschen leiden an der Armutskrankheit Lepra, fast zwei Millionen erkranken jedes Jahr an Malaria; letztere war seit den siebziger Jahren zurückgegangen, ist aber seit Mitte der 80er Jahre wieder auf dem Vormarsch (z. B. in Zentralindien – u. a. BRONGER 1990, S. 27f.). Weitere verbreitete Krankheiten sind Typhus, Cholera, TBC, Diphtherie und Tetanus.

8.3.2
Bildungswesen – Diskrepanz zwischen Planung und Wirklichkeit

Die indische Verfassung von 1950 formulierte in bewußter Abgrenzung zum kolonialen elitären Bildungssystem als primäre Zielsetzung der Bildungspolitik, binnen zehn Jahren kostenlose Schulbildung für alle bis zur 8. Klasse zu garantieren. Zielsetzung war, bis zum Ende des Jahrhunderts eine Alphabetisierungsquote von 100% zu erreichen (AITHAL 1993, S. 15). Die gleiche Verfassung schreibt für Kinder von 6 bis 14 Jahren den Schulbesuch vor; tatsächlich ist er in der unteren Primarstufe (Klasse 1–5) in allen staatlichen Schulen gebührenfrei. Tatsache ist auch, daß große Anstrengungen und erhebliche Investitionen in Schulbauten, Personal und Ausstattung in den vergangenen 45 Jahren immer mehr Kindern den Schulbesuch ermöglicht haben. Die indische Statistik nennt sogar für 1988/89 eine Einschulungsquote von 99,6% in der Primarstufe und immerhin noch 56,9% in den Mittel- sowie 20% bei den höheren Schulen (TATA 1992–93, S. 174). Und schließlich ist es als bedeutender Fortschritt anzusehen, daß heute zumindest jede zweite Landgemeinde über eine Primar- und mehr als jede zehnte über eine Mittelschule verfügt.

Diese Daten, so beeindruckend sie, zumindest auf den ersten Blick, auch sind, verschleiern, ja verfälschen die Wirklichkeit. Die strukturellen Defizite beginnen im Primarbereich: Da viele Kinder, zumindest während der Erntezeit, arbeiten müssen, ist der Schulbesuch unregelmäßig mit der Folge, daß die Quote der vorzeitigen Schulabgänger („drop outs") sehr hoch ist: nicht einmal 50% der Schüler schließen die Grundschule ab. In einigen Bundesstaaten brechen sogar bis zu 75% der Schüler ihre Ausbildung vor Beendigung der 8. Klasse ab. Auch diese Schulabbrecher, die nicht den Anschluß an das formale Bildungssystem wiedererlangen, reihen sich in die große Mehrheit der Analphabeten des Landes ein.

Im Schulbesuch besonders unterrepräsentiert sind dabei die Mädchen: Mittelschulen besuchten nur noch zwei Fünftel,

Einrichtung	1965/66	1977/78	1992/93
Grundschulen (1000)	391	462	573
Mittelschulen (1000)	76	110	154
Höhere Schulen (1000)	27	45	84
Colleges insgesamt[1]	6004	7878	11 362[2]
Universitäten	80	125	207

[1] general education colleges, professional colleges, engineering & technology colleges; engineering & technology schools, medical colleges; [2] ab 1983/84 Neuklassifizierung; TATA 1994/95, S. 187
Quelle: s. Tab. 8.1-3; Economic Survey 1993–94: 150 (Berechnungen des Verfassers)

Tab. 8.9: Schulen und andere Bildungseinrichtungen in Indien

eine weiterführende Schule weniger als ein Fünftel. Bei den höheren Bildungseinrichtungen ist diese Diskrepanz zwischen den Geschlechtern noch eklatanter. Mädchen brechen ihre Schulausbildung auch häufiger ab als Jungen, denn sie müssen von klein an häusliche Pflichten (vor allem die Betreuung ihrer kleinen Brüder) übernehmen: ihre auf dem Lande noch immer weit verbreitete frühe Verheiratung tut dann später ihr übriges.

Die Folge: Von dem Ziel einer zu 100% literaten Bevölkerung ist Indien noch weit entfernt. Relativ ist der Anteil der über siebenjährigen, die Lesen und Schreiben können, von 1951 bis 1991 zwar von 18% auf 52% gestiegen (Männer: 25% auf 64%, Frauen: 8% auf 39%), absolut stieg die Anzahl der Analphabeten in diesem Zeitraum jedoch von 295 auf 405 Millionen. Neben der (absolut) ungebremsten Bevölkerungszunahme als wesentlichstem Kausalfaktor (näheres s. Kap. 13.3) sind eine Reihe weiterer Ursachen für diese strukturellen Defizite im Bildungssystem zu nennen:

— zwar wurde das Grundschulwesen flächendeckend als Instrument einer Primarbildung ausgebaut, dennoch erfuhr das höhere Bildungswesen (Colleges und Universitäten) vergleichsweise eine noch stärkere Förderung. Mit anderen Worten: der elitäre Charakter der Bildung, ein koloniales Erbe, blieb im Prinzip erhalten. Während die Zahl der Grundschullehrer im Zeitraum 1965/66 bis 1987/88 um lediglich 71% zunahm, verfünffachte sich die Zahl der Lehrer im College- und Universitätsbereich.
— insbesondere im Grundschulbereich herrscht Mangel an qualifiziertem Lehrpersonal. 40% der Grundschüler haben kein festgebautes Schulgebäude. Über ein Drittel der Schulen beschäftigt nur eine Lehrkraft für 3 oder gar 4 Klassen und 40% haben keine Schultafeln. Die hohe Arbeitsbelastung zusammen mit der niedrigen Bezahlung führt oft zu langen Fehlzeiten des Lehrpersonals. 1985/86 stand in der Grundschule für 41 Schüler eine Lehrkraft zur Verfügung, in den höheren Schulen lag dieses Verhältnis bei 27:1 (Länderbericht Indien 1991, S. 43).

Das bedeutet, daß man von dem
— proklamierten Ziel „Schulbildung für alle" qualitativ noch weit entfernt ist. In den von der Regierung Rajiv Gandhi entwickelten Leitlinien zur Bildungspolitik (New Education Policy 1986) wurde eingeräumt, daß Struktur und Entwicklung des Bildungsangebotes nach wie vor an den Bedürfnissen der großen Mehrheit der armen Bevölkerung vorbeigng, d.h. für sie weder relevant noch erschwinglich war. Tatsächlich belegen eine große Anzahl von Studien eine starke Korrelation

zwischen Schulerfolg, Kastenstatus bzw. -zugehörigkeit und Einkommensniveau (s. a. Kap. 14.2). Das aber bedeutet: Bis heute bleibt ein großer Teil der Bevölkerung ohne (qualitativ) adäquate Schulausbildung. Da trotz gegenteiliger unzähliger Resolutionen die staatlichen Bildungsprogramme die sozial benachteiligten Gruppen der indischen Gesellschaft nach wie vor nicht ausreichend berücksichtigen, ist unter diesen die Analphabetenquote weit überproportional hoch.

- Entwicklungshemmend ganz besonders im Hinblick auf die effektive Industrialisierung des ländlichen Raumes erweist sich das *Berufsschulwesen* – bis heute ein Schwachpunkt (auch) des indischen Bildungssystems. Ganz besonders im Hinblick auf die Praxis muß der Ausbildungsstand besonders der Facharbeiter als sehr unzulänglich bezeichnet werden. Das gilt mit Ausnahme von wenigen Großstädten für ganz Indien; gut ausgerüstete, mit qualifiziertem Ausbildungspersonal ausgestattete „Industrial Training Institutes" beispielsweise gibt es im Bundesstaat Maharashtra nur in Bombay und Pune (BRONGER 1986, S. 83), in anderen Landesteilen sieht es ebenso aus.

Dazu kommt ein unverändert fortbestehendes elitäres Denken gepaart mit (auch) kastenbedingten Vorurteilen gegen berufliche Bildung im Handwerk und bei Fachugarbeitern der Hindugesellschaft Indiens.

Es gibt bekanntlich eine mit Tabus behaftete Einstellung zu handwerklichen Berufen (die kastenbedingte Arbeitsteilung, die heute noch de facto existiert) in der Mittel- und Oberschicht der indischen Gesellschaft. Trotz der Möglichkeiten und Einrichtung mehrstufiger beruflicher Bildungsinstitutionen wie Ingenieurschulen, Technischen Instituten und Polytechniken – Ausbildungsstätten für mittlere Führungsfachkräfte in der Industrie – durchläuft die Mittel- und Oberschicht in der Regel die übliche Laufbahn der Hochschulbildung an Universitäten, Technischen Hochschulen, Engineering Colleges und an den fünf berühmten Indian Institutes of Technology (IIT) sowie an den Business Management Institutes, die mit international anerkannten Lehr- und Forschungsprogrammen arbeiten und ihren Absolventen den Weg nach Europa und Amerika ermöglichen. So entsteht ein Reservoir an hochqualifizierten Akademikern, die ihre Berufskarriere entweder in den Führungspositionen der Industrie suchen oder ins Ausland (brain drain) gehen. Das allgemeine Streben an die Hochschulen ist ein Grund dafür, daß es so viele arbeitslose Hochschulabsolventen gibt; gleichzeitig fehlen ausgebildete Handwerker, Facharbeiter sowie Spezialisten, die in verschiedenen Bereichen der Infrastruktur, im Öffentlichen Dienst und in der Industrie oder im täglichen Leben gebraucht werden könnten. Es fehlen qualifizierte Schreiner, Elektriker, Installateure, Maurer, Sanitätspersonal, Mechaniker, sogar Krankenschwestern und Fachlehrer für Berufsschulen und andere Institutionen (GOSALIA 1992, S. 165).

- Unter den Hochschulen, ganz besonders den technischen Ausbildungsstätten, existieren ausgeprägte qualitative Unterschiede. Etwa ein Drittel der Hochschulabsolventen, gerade der mit internationalen Standards vergleichbaren technischen und naturwissenschaftlichen Hochschulen Indiens, findet sich in den Forschungsinstituten und -labors sowie Hochschulen der westlichen Industriestaaten, ganz besonders der USA wieder (AITHAL 1993, S. 15). Dieser „brain drain", die Abwanderung von hochqualifizierten Hochschulabsolventen, deren Ausbildung zudem oft durch Entwicklungshilfe finanziert wurde (das betrifft insbesondere die Indian Institutes of Technology, deren bedeutendste in Kharagpur/West Bengalen mit Hilfe von Großbritannien, Madras von Deutschland, Bombay von Frankreich, Neu-Delhi von der UdSSR und Kanpur von den USA aufgebaut worden sind), stellt einen bedeutsamen Verlust an intellektuellen Ressourcen für das Land dar.

- Wie im Gesundheitswesen fällt die Implementierung der Bildungspolitik in die Kompetenz der Bundesländer. Nicht zuletzt dadurch ist es zu einem ausgesprochenen Bildungsgefälle unter den Bundesstaaten gekommen (vgl. Tab. 10.1, Indikator 7 und 8; Tab. 13.3). Auf die entwicklungsrelevanten Auswirkungen wird noch gesondert zurückzukommen sein (Kap. 13.3).

Zusammengefaßt stellen Analphabetismus und unzureichende Primarschulausbildung, aber auch der Gegensatz Analphabeten – Elite gepaart mit Kastenbewußtsein noch immer ein entscheidendes Hindernis für den Erfolg gesellschaftlicher Kampagnen (z. B. Familienplanung), ja für die notwendige gesellschaftliche Demokratisierung des Landes dar.

9 Außenhandel

Wie die Mehrzahl der Entwicklungsländer versuchte auch Indien schon bald nach der Unabhängigkeit die einheimische Industrie vor der ausländischen Konkurrenz mittels der *Strategie der Importsubstitution* durch hohe Zölle und Devisenkontrollen zu schützen (s. Kap. 7.1). Diese Strategie brachte der Industrie zwar befriedigende Wachstumsergebnisse; die (indirekte) Folge aber war, daß die Mehrzahl der Erzeugnisse, ohne den Konkurrenzdruck von außen, technisch bald veraltet und zudem viel zu teuer produziert, auf dem Weltmarkt nicht absetzbar war. Die Automobilherstellung sei hier nur als Beispiel genannt: bis zu Beginn der 60er Jahre noch durchaus international wettbewerbsfähig, ist sie selbst in puncto Fertigungsqualität seit geraumer Zeit auf das technische Know-How der Industrieländer (Deutschland, Japan) angewiesen. Andererseits aber war und ist Indien auf den Import von Investitionsgütern und – zunehmend – auf den Technologietransfer angewiesen, Devisen, die eigentlich durch den Export erwirtschaftet werden sollten.

Diesen Balanceakt zwischen binnenwirtschaftlichem Schutz und den außen-, besser: gesamtwirtschaftlichen Erfordernissen hat das Land allenfalls befriedigend überstanden: Indien rangiert zwar – hinter China Brasilien, Südkorea und Mexico, – als fünftgrößter Industrieproduzent der „Dritte"-Welt-Länder an 15. Stelle unter allen Staaten der Erde (Weltentwicklungsbericht 1993, S. 300f. – s. Kap. 7.2), aber, gemessen am Export, nimmt Indien nur einen hinteren Platz ein – und das lange Zeit mit abnehmender Tendenz: sein Anteil am Welthandel schrumpfte von 1950 bis 1980 auf fast ein Fünftel, von 1,9% auf 0,42% (s. u. Tab. 9.4). Zwar trat im Zuge der Liberalisierungsmaßnahmen der 80er Jahre (s. Kap. 7.1) hier eine gewisse Erholung – auf 0,50% – ein; diese Entwicklung konnte aber nicht verhindern, daß das Land im Außenhandel nicht nur von sämtlichen (außer Neuseeland) Industrieländern, sondern auch von einer ganzen Reihe von Ländern Asiens – außer den o. g. vier noch von Singapore, Hongkong, Taiwan, Malaysia, Indonesien und Thailand – inzwischen (1990) überholt wurde. Kurz: Der Außenhandel wird mit seinen bescheidenen Dimensionen auch in absehbarer Zukunft keine nennenswerte Rolle als Motor des Wirtschaftswachstums des Landes spielen (Tab. 9.1).

Diese eher pessimistische Bilanz (die bei der Größe des Binnenmarktes keinen Anlaß zur übertriebenen Sorge bieten sollte) bedeutet keineswegs, daß Indien nicht große Anstrengungen zur Entwicklung des Außenhandels unternommen hat und durchaus auch Erfolge verbucht werden konnten. Hier kam insbesondere die vorsichtige außenwirtschaftliche Öffnung seit Mitte der 80er Jahre (s. Kap. 7.1.4) zum Tragen: das Exportvolumen verzeichnete seit 1986/87 zweistellige Zuwachsraten – allerdings, im Zuge der Liberalisierungspolitik, auch das der Importe, mit dem Ergebnis, daß die Handelsbilanz mit einem Rekorddefizit von fast 6 Milliarden US-Dollar im Jahre 1990/91 abschloß (Abb. 9.1 – s. a. Kap. 14.1).

Tab. 9.1: Außenhandel Indiens im internationalen Vergleich Quelle: Weltentwicklungsbericht 1992
[1] Export

Rang[1]	Land	Warenhandel (Mrd. US-$)		Durchschnittliche jährliche Zuwachsrate (%)			
		Export 1990	Import 1990	Export		Import	
				1965–80	1980–90	1965–80	1980–90
1	Deutschland (West)	398	341	7,2	4,2	5,3	3,9
2	USA	371	516	6,4	3,3	5,5	7,6
3	Japan	287	231	11,4	4,2	4,9	5,6
10	Taiwan	67	55	18,9	12,1	15,1	10,1
11	Südkorea	65	70	27,2	12,8	15,2	10,8
13	VR China	62	53	4,8	11,0	7,4	9,8
33	Indonesien	26	22	9,6	2,8	13,0	1,4
37	Indien	18	24	3,0	6,5	1,2	4,2

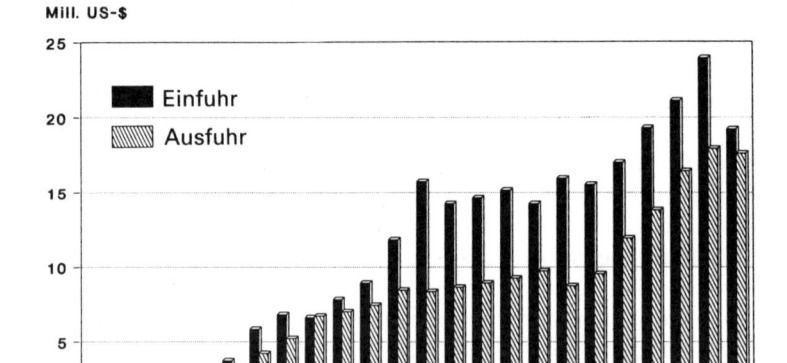

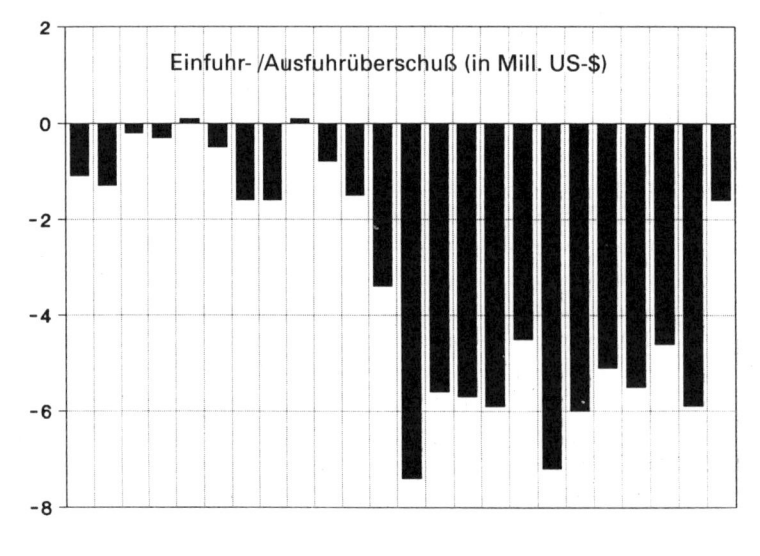

Abb. 9.1: Außenhandelsentwicklung Indiens 1960–1991

Quellen: s. Tab. 9.2; Berechnungen des Verfassers

Die *Struktur des indischen Außenhandels* hat sich in den vergangenen 30 Jahren (1950–1990) stark gewandelt. Diese durch den Gesamtentwicklungsprozeß des Landes bedingten Veränderungen spiegeln sich (auch) in der Zusammensetzung der *Importe* wider (Tab. 9.2). Infolge der Fortschritte im Sektor Agrarwirtschaft und der dadurch erreichten Selbstversorgung mit Nahrungsmitteln ist der Anteil von Getreide an den Gesamteinfuhren von über 20% im Jahr 1950/51 auf heute 0,3% zurückgefallen. Die zwischenzeitliche Zunahme auf 2,7% im Jahre 1988/89 ist zurückzuführen auf die, infolge der Dürre des Vorjahres bedingte, Notwendigkeit, die Nahrungsmittellager durch Importe wieder aufzufüllen. Die erste Stelle, ca. 60% der Gesamteinfuhren, nehmen noch immer Rohstoffe und Vorprodukte („raw materials and intermediate manufactures") ein. Dahinter verbirgt sich ein ernstes Entwicklungsproblem: der mit Abstand größte Posten, über ein Viertel der Gesamteinfuhr, entfällt auf Erdöl und Erdölderivate. Mit anderen Worten: die großen Anstrengungen zum Aufbau der einheimischen Ölförderung (1993/94: 27 Mill. t – s. Tab. A 5.16 – Anhang) brachten bislang nicht den angestrebten Einsparungs- bzw. Entlastungseffekt für die Devisenkasse. Im Gegenteil: der Anteil stieg von 1986/87: 14% wiederum auf 27,5% kontinuierlich an (Höchststand 1979/80: 45%) – und das trotz gefallener Weltmarktpreise. Für die 1991/92 eingeführten 29,3 Mill. t (bisher Höchststand) hätte Indien im Jahre 1979/80 noch das Doppelte ausgeben müssen. An zweiter Stelle der Einfuhren stehen traditionell die Investitionsgüter (Maschinen und Transportausrüstungen sowie Metallerzeugnisse). Ihr schwankender Anteil spiegelt die Dynamik der Industrialisierung wider: bei der Rezession Ende der 70er Jahre ging ihr Anteil auf 15% zurück, um bei der Erholung Mitte der 80er Jahre wieder auf über 30% aufzusteigen (s. Tab. 9.2).

Die Veränderungen in der *Zusammensetzung der Ausfuhren* (Tab. 9.3) zeigen, daß Indien seine binnenwirtschaftlichen Hauptaufgaben, die Devisen zu verdienen, um die wichtigsten Investitionsgüter und den zunehmend bedeutender werdenden Technologietransfer zu bezahlen, zufriedenstellend zu bewältigen scheint. Als wichtigstes (positives) Ergebnis ist dabei die fortschreitende *Diversifizierung der Exporte* zu nennen – und das, obwohl der traditionelle Handel mit Jute aufgrund zurückgehender internationaler Nachfrage (1950/51: 25,2%, 1970/71 noch 12,4% des Ausfuhrwertes) praktisch bedeutungslos geworden ist. Nicht viel besser sieht es mit zwei weiteren klassischen Exportprodukten, Tee und Gewürze, aus (s. Tab. 9.3). Auf andere traditionelle Stärken hat sich das Land dagegen mit Erfolg zurückbesonnen. Gemeint ist in erster Linie das Kunsthandwerk, das mittlerweile ein Fünftel zum Exportwert beisteuert; zusammen mit den Fertigerzeugnissen des, ebenfalls auf eine lange Tradition zurückblickenden Textilgewerbes, sind es über 40% mit steigender Tendenz: Heute verlassen über zwei Drittel der Textilerzeugnisse in verarbeiteter Form, d. h. als Bekleidung das Land, 1970/71 war es gerade ein Sechstel. Ein Beispiel für die erfolgeiche Politik der Diversifizierung ist die Schmuckindustrie: Die Edelsteineinfuhren, vielfach Rohdiamanten, die für den Export weiterverarbeitet werden, stiegen von 0,1% (1960/61) auf über 10% des Einfuhrwertes, der Ausfuhrwert von 0,5% auf (zwischenzeitlich) über 20%. Insgesamt verdoppelte sich in den vergangenen 30 Jahren der Exportanteil der *Industrieerzeugnisse* auf ca. vier Fünftel des Gesamtwertes (s. Tab. 9.3).

Erhebliche *Veränderungen* im Außenhandel gab es auch *in den Beziehungen*

Einfuhrware bzw. -warengruppe	1950/51[3]	1960/61	1970/71	1980/81	1985/86	1990/91	1991/92	1992/93	1993/94
I Nahrungsmittel und lebende Tiere, davon	22,2	19,1	14,8	3,0	4,3	–	–	–	–
– Getreide- und Getreideerzeugnisse	20,3	16,1	13,0	0,8	0,6	0,4	0,3	1,5	0,4
II Rohstoffe und Vorprodukte, davon	57,4	47,0	54,4	77,8	71,0	–	–	–	–
– Erdöl, Erdölerzeugnisse	} 101	6,1	8,3	41,9	25,4	25,0	27,5	27,0	24,7
– Tierische u. pflanzliche Öle, Fette, Wachs		0,4	2,4	5,6	3,9	–	–	–	–
– Speiseöle		0,4	1,4	5,4	3,7	0,8	0,5	0,3	0,2
– Düngemittel und chemische Erzeugnisse	5,0	7,8	13,3	11,9	16,6	–	7,4	6,5	10,1
– Düngemittel und -materialien	–	1,2	5,3	6,5	7,3	4,1	4,7	4,5	3,4
– Perlen, Edel- und Halbedelsteine (bearbeitet und unbearbeitet)	–	0,1	1,5	3,3	5,6	8,7	10,1	11,2	11,3
– Eisen und Stahl	3,8	11,0	9,0	6,8	7,1	4,9	4,5	3,6	3,4
– Nichteisenmetalle	3,2	4,2	7,3	3,8	2,8	2,6	1,8	1,8	2,1
III Investitionsgüter, davon	3,6	31,7	24,7	15,2	21,8	24,2	21,7[2]	20,7	22,8
– Nichtelektrische Maschinen, maschinelle Ausrüstungen u. Maschinenteile	18,1	15,8	8,7	13,2	21,2	8,4	8,3	7,6	8,7
– Elektrische Maschinen, maschinelle Ausrüstungen u. Maschinenteile	} 2,8	5,1	4,3	2,1	4,7	3,9	3,2	3,8	0,9[4]
– Transportausrüstungen	0,8	6,4	4,1	3,8	2,9	3,9	1,9	2,1	5,5
IV Übriges	16,8								
Insgesamt									
– Anteil (%)[1]	100,0	100,0	100,0	100,0	100,0	100,0	100,0	100,0	100,0
– Mrd. Rupees		11,22	16,34	125,48	196,58	431,93	478,13	633,75	731,01
– Mrd. US-$			2,2	15,9	16,1	24,1	19,4	21,9	23,3

– = keine Angaben; [1] es sind nur die 12 wichtigsten Waren bzw. Warengruppen aufgeführt; [2] ohne Projektgüter; [3] Mittel der Jahre 1950/51–1952/53; [4] ohne elektronische Güter
Quellen: ALSDORF 1955: 300f. (für 1950/51); Economic Survey 1994/95; TATA 1992–93 (Berechnungen des Verfassers)

Tab. 9.2: Importstruktur Indiens 1950/51–1993/94 – Wichtige Einfuhrwaren bzw. -warengruppen (Wertangaben in %)

Außenhandel

Ausfuhrware bzw. -warengruppe	1950/51[1]	1960/61	1970/71	1980/81	1985/86	1990/91	1991/92	1993/94
I Agrarprodukte, davon	30,8	35,4	31,7	30,7	27,7	19,4	17,4	18,7
– Kaffee	–	1,1	1,6	3,2	2,4	0,8	0,7	0,8
– Tee	13,5	18,7	9,6	6,3	5,7	3,3	2,6	1,5
– Ölsaaten, Ölkuchen	3,3	2,2	3,6	1,9	1,2	1,9	2,0	3,3
– Tabak, Tabakwaren	3,0	2,4	2,1	2,1	1,6	0,8	0,9	0,7
– Cashewnüsse	1,6	2,9	3,7	2,1	2,1	1,4	1,5	1,5
– Gewürze	3,4	–	2,5	0,2	2,6	0,7	0,8	0,8
– Reis	–	–	0,3	3,3	1,8	1,4	1,7	1,8
– Fisch und Fischerzeugnisse	–	0,7	2,0	3,2	3,8	2,9	3,1	3,7
– Früchte, Gemüse, Hülsenfrüchte	–	–	0,8	1,2	1,1	0,7	0,8	0,7
II Erze und Mineralien (ohne Kohle), davon	4,1	17,7	10,7	6,2	7,2	4,6	5,2	3,4
– Eisenerz	–	2,9	7,6	4,5	5,3	3,2	3,3	2,0
III Industrieerzeugnisse, davon	48,3	45,7	50,3	55,8	58,5	72,9	73,6	75,6
– Fertigerzeugnisse der Textilindustrie (ohne handgewebte Teppiche)	–	8,7	11,4	14,9	16,5	21,3	22,5	21,3
– Baumwollgarn, -gewebe	15,4	–	9,3	6,1	5,3	6,5	7,3	6,9
– Fertigerzeugnisse der Bekleidungsindustrie	–	–	1,9	8,2	9,8	12,3	12,3	11,6
– Juteerzeugnisse	25,2	20,5	12,4	4,9	2,4	0,9	0,9	0,6
– Leder und Lederwaren	3,7	5,0	5,2	5,8	7,1	7,9	7,0	5,8
– Kunsthandwerk (einschließlich handgewebte Teppiche)	0,7[2]	–	4,8	14,2	17,3	18,9	19,0	21,4
– Edelsteine und Schmuck	–	–	2,9	9,2	13,8	16,1	15,3	18,0
– Chemische Erzeugnisse	–	0,5	1,9	3,4	4,6	7,8	8,4	8,2
– Maschinenbauerzeugnisse, Transportausrüstungen und Metallwaren (einschließlich Eisen und Stahl)	–	2,1	12,9	12,3	8,8	11,9	11,6	13,6
IV Mineralische Brennstoffe (einschließlich Kohle)	1,3	1,2	0,8	0,4	6,0	2,9	2,3	2,2
V Übriges	15,5	0,0	6,5	6,9	0,6	0,2	1,5	0,1
Insgesamt								
– Anteil (%)	100,0	100,0	100,0	100,0	100,0	100,0	100,0	100,0
– Mrd. Rupees	–	6,42	15,35	67,11	108,95	325,53	439,78	697,51
– Mrd. US-$	–	–	2,0	8,5	8,9	18,1	17,8	22,2

– = keine Angaben; [1] Mittel der Jahre 1950/51–1952/53; [2] nur Wollteppiche
Quellen: s. Tab. 9.2

Tab. 9.3: Exportstruktur Indiens 1950/51–1993/94 – Wichtige Ausfuhrwaren bzw. -warengruppen (Wertangaben in %)

224 *Außenhandel*

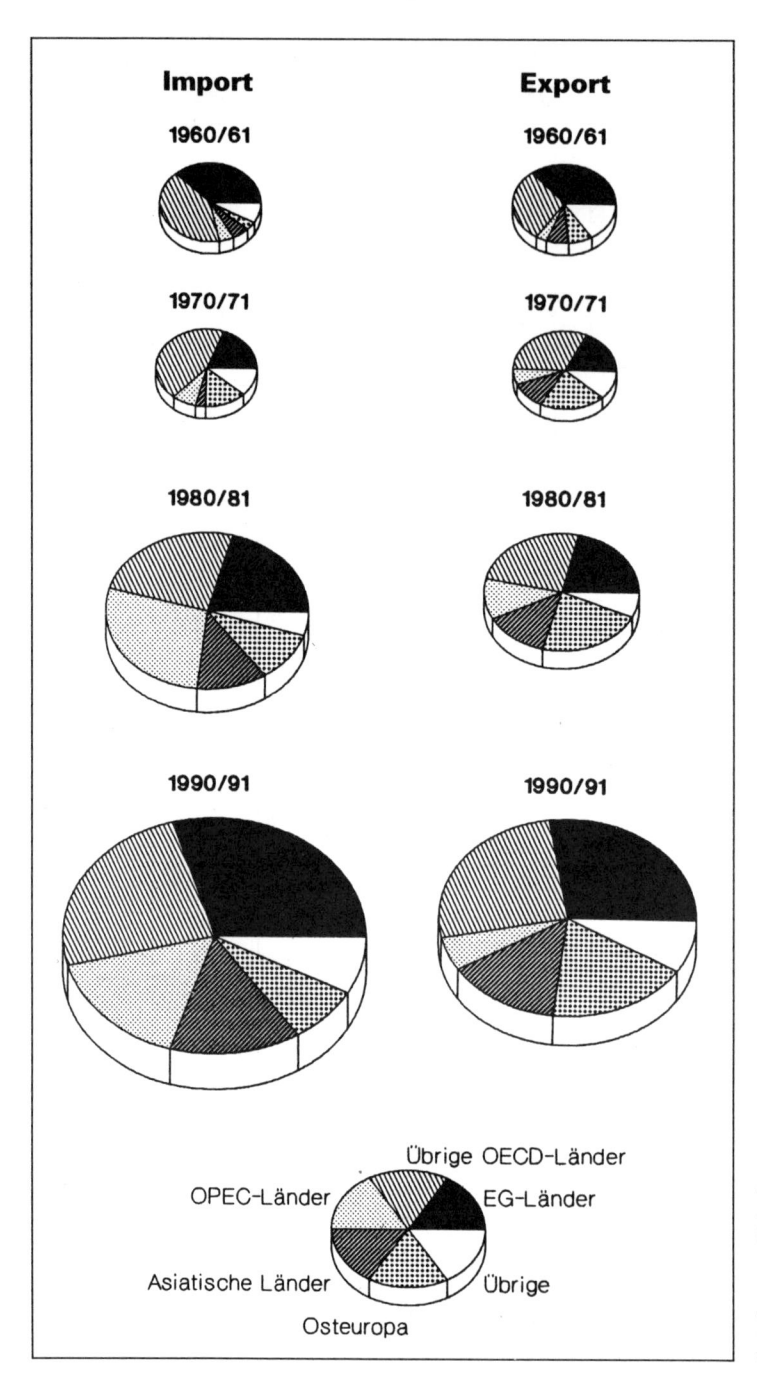

Import   **Export**

1960/61   1960/61

1970/71   1970/71

1980/81   1980/81

1990/91   1990/91

Übrige OECD-Länder
OPEC-Länder   EG-Länder
Asiatische Länder   Übrige
Osteuropa

**Abb. 9.2:
Außenhandel
Indiens nach
Bezugsländern
1960/71 – 1990/91**

Quellen: s. Tab. 9.2;
Berechnungen
des Verfassers

zu den verschiedenen *Handelspartnern* (Abb. 9.2). Geblieben als bedeutendste Außenhandelspartner sind die OECD-Länder. Allerdings war ihr Anteil am *Import* erheblichen Schwankungen unterworfen: 1960/61 noch fast 80%, sank er zwanzig Jahre später auf nahezu 45%, um sich in den letzten Jahren auf ca. 55% einzupendeln. Seit dem zweiten Ölpreisschock stiegen die OPEC-Staaten mit zwischenzeitlich sogar 27,8% Importanteil (1980/81) nach Ländergruppen zum wichtigsten Handelspartner auf, um diesen Rang ab Mitte der 80er Jahre an die EG-Staaten und, nach ihnen, die übrigen OECD-Länder wieder zu verlieren. Bei den *Exporten* spiegelt sich die enge Symbiose zwischen Indiens außenpolitischen und – nachfolgend – außenwirtschaftlichen Bemühungen wider: Die zunehmende Anlehnung an die Sowjetunion, insbesondere seit dem Regierungsantritt Indira Gandhis, ließ dieses Land seit Beginn der 70er Jahre zum wichtigsten Ausfuhrland bis in die unmittelbare Gegenwart (1990/91) werden (s. Abb. 9.2). Umso härter mußte Indien der Einbruch im Exportgeschäft mit den Staaten Osteuropas seit 1990 treffen: binnen drei Jahren sank der Anteil Osteuropas von 17,9% (Abb. 9.2) auf 3,8% im Jahre 1993/94. Nach Ländergruppen rangieren die Länder der Europäischen Gemeinschaft seit Ende der 80er Jahre wieder an erster Stelle, dicht gefolgt von den übrigen OECD-Staaten, während Osteuropa im Jahr 1994 nur noch knapp vor Afrika (2,6%) rangierte; beim Import sind die osteuropäischen Staaten mit einem Anteil von nurmehr 1,7% (1990/91 noch 7,8%) sogar auf den letzten Platz zurückgefallen (Economic Survey 1994/95, S. 95–97).

Unter den EG-Staaten war Großbritannien lange Zeit der mit Abstand führende Handelspartner; bei den indischen Exporten rangierte es bis Mitte der 60er Jahre sogar an erster Stelle unter allen Ländern. Seit Beginn der 80er Jahre hat *Deutschland* Großbritannien sowohl im Import wie im Export verdrängt und nimmt nunmehr hinter den USA und Japan den dritten Platz unter den Außenhandelspartnern ein. Das bilaterale Handelsvolumen belief sich 1992 auf 5530 Mill. DM und erreichte damit einen bisherigen Höchststand. Während die deutschen *Einfuhren* aus Indien in einem deutlichen Aufwärtstrend liegen und 1992 auf 2690 Mill. DM zulegten (1989: 2290 Mill. DM), belief sich der Wert der deutschen *Exporte* nach dem Subkontinent auf 2840 Mill. DM gegenüber 3040 Mill. im Jahre 1989. Aus deutscher Sicht lag Indien Mitte 1992 an 35. Stelle als Lieferland und auf Platz 36 als Abnehmer (BFAI, Februar 1993, S. 4).

Die größten Ausfuhrpositionen Indiens im *Handel mit Deutschland* waren 1991 mit großem Vorsprung Textilerzeugnisse (Baumwolle, Seide, Chemiefasern und Wolle) mit 54,3%, gefolgt von Lederwaren mit 24%, bearbeitete Schmuck- und Edelsteine sowie Perlen mit 3,8%, Tee mit 2,4% und pharmazeutische Erzeugnisse mit 2,1%. In umgekehrter Richtung dominierten Maschinen und Werksanlagen mit 30%, Eisen- und elektrotechnische Erzeugnisse sowie Chemieprodukte mit je etwa 10%.

Eine Beurteilung der *Zukunftsperspektiven* der indischen *Außenwirtschaft* fällt bei den vielen Unwägbarkeiten auf internem wie externem Gebiet schwer. In jedem Fall steht das Land vor schwierigen Problemen – wie jedes Land, das seine Wirtschaft aus der Importsubstitution und der „self reliance" herausführen und in den Weltmarkt integrieren will.

Denn zu den massiven internen Wirtschaftsproblemen (näheres Kap. 14.1) kommt diese (notwendige) Zielsetzung einer außenwirtschaftlichen Richtungsänderung und die Chancen ihrer Verwirklichung zu einem, weltwirtschaftlich gesehen, ungünstigen Zeitpunkt: Zusätzlich zu dem o. g. Zusammenbruch des osteuropäischen Marktes herrscht in den westlichen Industrieländern, aber auch in den OPEC-Staaten Rezession. Zudem haben exportstarke (ehemalige) Entwicklungsländer Ost- und Südostasiens in der Zwischenzeit diejenigen Marktpositionen erobert, die Indien in Zukunft zur Kompensation für die nahezu weggefallenen Ostblockmärkte dringend benötigt. Schließlich ist aufgrund der mittlerweile hohen *Auslandsverschuldung* (s. Tab. 9.4) der Spielraum für die zur dringend notwendigen technologischen Modernisierung der Industrie und der Infrastruktur (s. Kap. 8) erforderlichen Importe erheblich eingeschränkt. Dies alles sind, auch aufgrund der seit 1990 wieder unbefriedigenden Entwicklung der *Terms of Trade* (Tab. 9.4), keine guten Aussichten, das nach wie vor bescheidene Außenhandelsvolumen (s. auch Tab. 14.2) nennenswert zu steigern.

Doch gibt es nicht nur schlechte Nachrichten. Immerhin konnte im Zuge der Liberalisierung der Wirtschaftspolitik unter Narasimha Rao (s. Kap. 14.1) eine Reihe von internen Rahmenbedingungen verbessert werden. Die Abwertung der Rupie im Juli 1991 und die Einführung der Teilkonvertibilität im Frühjahr 1992 hat die Wettbewerbsfähigkeit der Exportprodukte bedeutend verbessert mit der Folge, daß nicht nur die Industrieproduktion, sondern auch der Exportsektor die Stagnation bzw. Schrumpfung von 1991/92 überwunden haben; sie legen seitdem, wenn auch nur langsam, wieder zu. Die Devisenreserven konnten bis Ende April 1993 auf beachtliche 10,1 Mrd. US-$ (einschließlich Gold – gegenüber 1 Mrd. US-$ im Juli 1991) gesteigert, die Inflationsrate nach offiziellen Angaben im Wirtschaftsjahr 1992/93 auf 6,7% (Vorjahr: 13,7%) gedrückt werden. Die Rupie ist seit Ende Februar 1993 auf dem Handelskonto voll konvertierbar (BFAI Juni 1993, S. 2). Dennoch ist Indien von seiner (außen-)wirtschaftlichen Zielsetzung, das Exportvolumen derart zu steigern, daß damit die Importerfordernisse zur Modernisierung der Wirtschaft abgedeckt werden können, noch ein gutes Stück entfernt: das Leistungsbilanzdefizit hat sich im Jahr 1992/93 wieder auf ca. 3,4 Mrd. US-$ (1991/92: 1,5 Mrd. US-$) erhöht.

Tab. 9.4: Anteil Indiens am Weltexport – Auslandsverschuldung – Terms of Trade (TOT)

Jahr	Anteil am Weltexport (%)	Anteil am Nationaleinkommen[1]	Terms of Trade (1978/79 = 100)	Auslandsschulden (Mrd. US-$)	Anteil am BSP (%)
um 1900	ca. 8,0				
1950/51	1,90		–		
1960/61	1,05	4,2	–		
1970/71	0,64	3,8	127,4	7,9	
1980/81	0,42	5,4	80,8	20,6	11,9
1985/86	0,45	4,7	107,6	41,2	
1990/91	0,52	6,9	109,3	70,1	
1991/92	0,50	8,0	119,5	73,5	31,0
1992/93			127,3	77,0[2]	
1993/94	0,60		136,9	81,2	

– keine Angaben; [1] zu Marktpreisen; [2] Schätzung. Für 1993 werden 83 Mrd. US-$ erwartet.
Quellen: s. Tab. 9.2 und ADB 1992; Weltbank 1992; BFAI Juni 1993; GOSALIA 1992, S. 43 (für 1900) (Berechnungen des Verfassers)

10 Regionale Disparitäten im Entwicklungsstand: Eine Zwischenbilanz

10.1 Fünf Herausforderungen

Es sind fünf große Herausforderungen, denen sich Indien gegenübergestellt sieht, Herausforderungen, die zwar in der Mehrzahl der Entwicklungsländer ebenso existent sind, deren Dimensionen in ihrem Zusammenwirken jedoch diesen Subkontinentalstaat in besonderer Weise charakterisieren:

1. die *demographische Dimension*: Mit einer jährlichen Nettozunahme von gegenwärtig noch immer über 16 Millionen Menschen rangiert Indien noch vor der VR China an erster Stelle unter allen Ländern der Erde (s. Abb. 3.1)
2. die *wirtschaftliche Dimension*: Nach einer Untersuchung der Planning Commission aus dem Jahre 1988 leben 30% der Bevölkerung unter der sogenannten Armutsgrenze, definiert als ein Jahreseinkommen von 2400 Rs. (seinerzeit ca. 300 DM) pro Kopf und Jahr.
3. der *sozial-religiöse Kontext*: Als einziger Staat ist Indien mit einer überkommenen, entwicklungshemmenden Sozialstruktur (Kastensystem) belastet, die, eingebettet in eine vorherrschend statische Hindu-Gesellschaft, keine durchgreifende Änderung in absehbarer Zukunft erwarten läßt.
4. der *sprachlich-ethnische Pluralismus*: Allein die Existenz von über einem Dutzend einander sehr unterschiedlicher Hauptsprachen mit eigener Schrift lassen Indien ebenfalls „einzig" dastehen. Im Unterschied zu diesen vier Herausforderungen ist
5. die *regionale Dimension* bislang nur bedingt in unser konkretes Bewußtsein gerückt: Es ist dies die Tatsache, daß „das Entwicklungsland Indien" hinsichtlich seines Entwicklungsstandes keineswegs als einheitlicher Raum anzusehen ist. Vielmehr stellt sich Indien nicht nur als das Land von – faszinierender – kultureller Vielfalt, allerdings auch wirtschaftlicher und sozialer Kontraste dar, sondern ist auch von ausgeprägten Entwicklungsunterschieden innerhalb seiner Regionen gekennzeichnet.

Die Hauptursache für diesen – hier zu belegenden – Tatbestand der Vernachlässigung der räumlichen Dimension auch in der Planung und Politik des Landes ist darin zu sehen, daß „die Entwicklungsländer" bzw. „das Entwicklungsland", und so auch Indien, lediglich als Ganzes angesehen und interpretiert werden. Dabei bleibt jedoch die räumliche Ebene, genauer die raumdifferenzierende Perspektive, unberücksichtigt. Konkret bedeutet dies: Die Existenz ausgeprägter regionaler Disparitäten sowohl in wirtschaftlicher als auch in sozialer und kultureller Hinsicht *innerhalb* dieser Länder mit dem Ergebnis, daß in ihrer überwiegenden Mehrheit eine ganze Reihe von Entwicklungsniveaus *nebeneinander* bestehen, ist als ein ganz wesentliches Merkmal dieser Länder anzusehen.

Es sind die *Folgewirkungen* dieser signifikanten regionalen Disparitäten, die (auch) für Indien bereits ein bedrohliches Maß erreicht haben:

– eine durch die Bevölkerungsexplosion in Verbindung mit der gleichzeitigen Landknappheit und dem begrenzten

Arbeitsplatzangebot in den ländlichen Gebieten ständig zunehmende Landflucht, die sich in die wenigen Aktivräume, in erster Linie in die Großzentren ergießt.

Die Folge:
- Zunehmende soziale und wirtschaftliche Marginalisierung immer breiterer Bevölkerungsschichten gerade (aber keineswegs nur) in den Metropolen.

Die Folge:
- Zusammen mit der gleichzeitig wachsenden Kluft im Entwicklungsgefälle werden diese Phänomene in ihrer Interdependenz zu einem gefährlichen Element der Existenzbedrohung des betreffenden Staates als politische Einheit.

Für Indien bieten die vielen Regionalkonflikte seit der Gründung des Staates vor über 45 Jahren eindeutige Belege für diese These. Aus der langen Reihe seien hier nur zwei herausgegriffen, deren Problematik bereits angeschnitten bzw. auf die wir in unserer weiteren Darstellung noch zurückkommen werden: So war und ist das in erster Linie wirtschaftliche Gefälle zwischen den Landesteilen Andhra und Telangana im Bundesstaat *Andhra Pradesh* (s. Abb. 10.2) die Hauptursache für ständige soziale Unruhen mit nachfolgenden politischen Auseinandersetzungen bis in die Gegenwart, die zu Beginn des Jahres 1973 den Bestand des Bundesstaates sogar ernstlich gefährdeten. Und es ist nicht nur die eigene Religionsgemeinschaft, sondern auch das signifikante Entwicklungsgefälle zwischen dem *Punjab* und den allermeisten übrigen Landesteilen des indischen Subkontinents (s. u.), die zu den sich seit 1983 eskalierenden Autonomiebestrebungen dieser Region geführt haben. Im Unterschied zum ersten Fall wurde den Sikhs 1966 ein eigener Bundesstaat zugestanden. Die Erfüllung der Forderung nach noch mehr Autonomie bzw. nach einem eigenen Sikh-Staat (Khalistan) ist der Zentralregierung nicht nur aus politischen, noch weitergehende Zugeständnisse würden mit größter Wahrscheinlichkeit eine Kettenreaktion mit ernstlichen Folgen für die Existenz der gesamten Indischen Union auslösen, sondern auch aus wirtschaftlichen Gründen nicht möglich: Der Bundesstaat ist das bedeutendste agrare Überschußgebiet der Union. Auf 1,5% der Fläche erwirtschaften 2,4% der Bevölkerung 10,7% der Nahrungsfrüchteproduktion insgesamt – und das bei steigender Tendenz. Bei Weizen beträgt der Anteil sogar 22,4% und für Baumwolle, der wichtigsten Marktfrucht, berechnet er sich auf 14,5%. Eine Loslösung des Punjabs aus dem Gesamtverband würde zu gravierenden Versorgungsengpässen, insbesondere der Großmetropolen (Bombay, Delhi) führen.

Die Existenz der ausgeprägten regionalen Entwicklungsgefälle innerhalb des Landes zusammen mit ihren Folgewirkungen läßt eine – neben der nationalen (und das bedeutet in allererster Linie sektoralen) Planung – mit dieser zu integrierenden, *regional orientierten Entwicklungsplanung* mehr denn je erforderlich werden. Grundlegende Zielsetzung einer solchen Entwicklungsplanung muß der Abbau der regionalen und interregionalen Entwicklungsgefälle sein (s. u. Kap. 10.3).

10.2
Die Dimensionen des regionalen Entwicklungsgefälles

10.2.1
Situationsanalyse:
Der nationale Rahmen – Indien

Die durch die Auswertung von 36 Einzelindikatoren gewonnenen Ergebnisse zum gegenwärtigen Entwicklungsstand der Bundesstaaten sind in Abb. 10.1 darge-

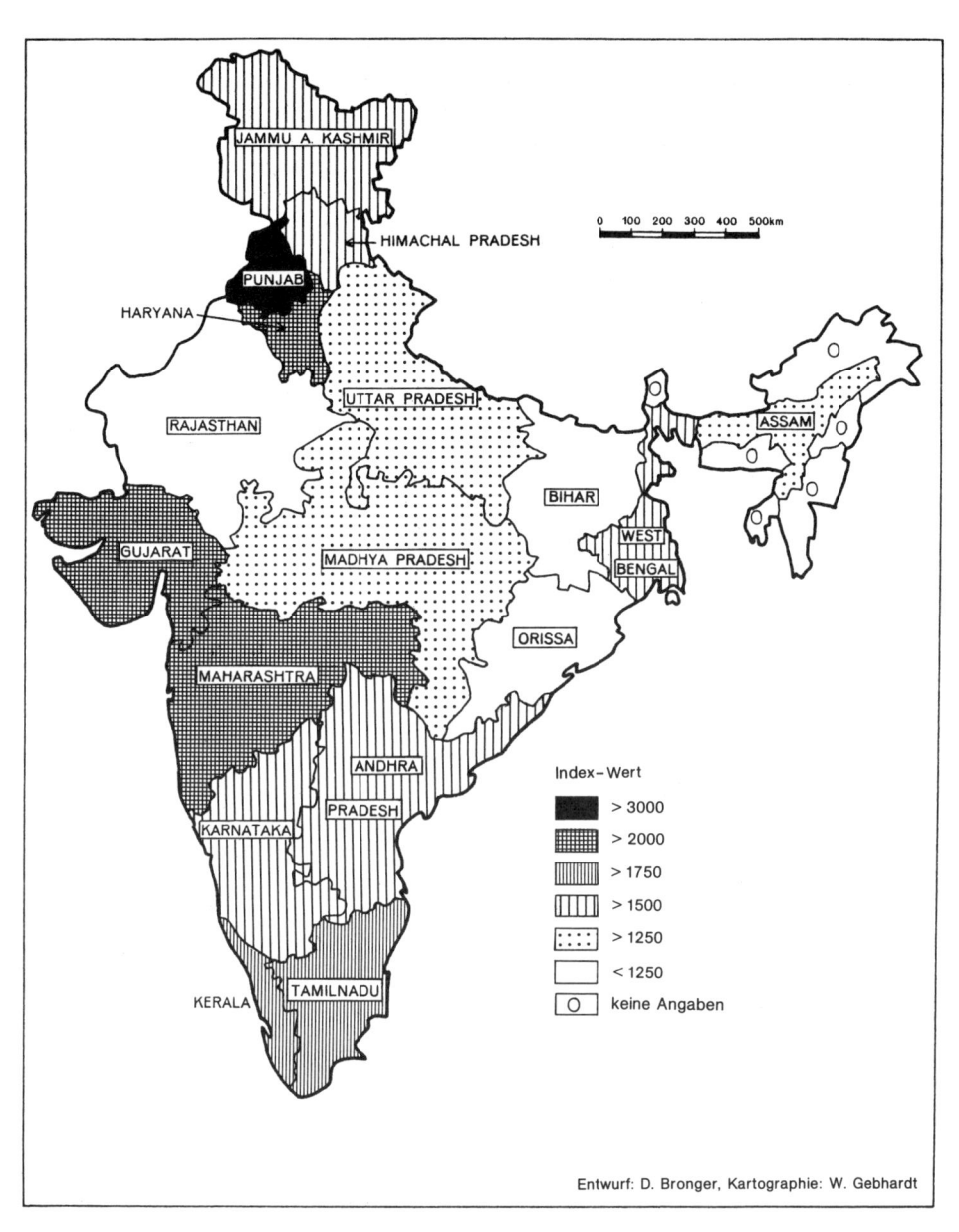

Abb. 10.1: Das regionale Entwicklungsgefälle in Indien im nationalen Rahmen um 1990
Quelle: BRONGER 1987, ergänzt bis 1990; verschiedene
Unterlagen; Berechnungen des Verfassers

stellt (BRONGER 1987 – ergänzt bis 1990). Im Rahmen dieser Darstellung konnten nur die Flächenstaaten – über 10 Mio. Einwohner (1991) bzw. über 50000 km² – berücksichtigt werden. Zusammen machen sie 97,4% der Bevölkerung bzw. 93,9% der Fläche des Landes aus. Die wichtigsten Ergebnisse dieser räumlichen Analyse lassen sich in den folgenden Punkten zusammenfassen.

1. Es läßt sich *keine* eindeutige räumliche Ordnung im Entwicklungsstand, etwa im Sinne eines Nord-Süd- (so: SARUPRIA 1975, S. 80) oder West-Ost-Gefälles (ROTHERMUND 1982, S. 167) feststellen. Eine größere mit immerhin 45,6% der Fläche zusammenhängende, weniger entwickelte Region der beiden untersten Entwicklungsstufen (< 1500 Punkte) ist dagegen in Zentralindien einschließlich der nördlich angrenzenden Gebiete zu identifizieren, welche die Bundesstaaten Rajasthan, Madhya Pradesh, Orissa, Bihar und Uttar Pradesh umfaßt.
2. Gegenüber dem Gesamtergebnis, das bereits ein ausgeprägtes Entwicklungsgefälle zwischen den beiden Antipoden Punjab und Bihar offenbart, sind die gravierenden Unterschiede im Entwicklungsstand bei einer großen Anzahl von Einzelindikatoren für die entwicklungsplanerische und -politische Wirklichkeit sehr viel relevanter. Dies gilt – im unterschiedlichen Ausmaß – für sämtliche Lebensbereiche, sei es auf dem Gebiet der gesundheitlichen Versorgung (z. B. Arzt/Ew.), dem des produzierenden Gewerbes, ganz besonders aber im landwirtschaftlichen Sektor: hier offenbaren sich die größten Diskrepanzen, am ausgeprägtesten gerade bei dem Indikator, der den Modernisierungsgrad der Landwirtschaft anzeigt (Geräte- und Maschinenbesatz/Kopf).
3. Mit einem eindeutigen Entwicklungsvorsprung rangiert der Punjab an erster Stelle vor allen übrigen Bundesstaaten des Landes. Dieses Analyseergebnis wird noch durch den Tatbestand unterstrichen, daß dies auch für fünf der sechs Teilkomplexe ebenso zutrifft – was zugleich auf einen ausgewogenen (hohen) Entwicklungsstand hinweist. Tatsächlich trägt dieser Teil Indiens am ehesten den Charakter eines sog. Schwellenlandes – auch und gerade in der Ausgewogenheit zwischen den beiden Wirtschaftssektoren Landwirtschaft und Industrie (bei vorherrschender Klein- und Mittelindustrie).
4. Es besteht ein eindeutiger Kausalzusammenhang zwischen Naturbeschaffenheit und Entwicklungsstand: Diejenigen Staaten mit einem überproportional hohen Anteil an den ökologisch stark beeinträchtigten Wüsten- und Gebirgsregionen befinden sich nahezu ausnahmslos in der unteren Hälfte der Skala. Eine wirkliche Ausnahme bildet hier lediglich die ebenfalls einen unterdurchschnittlichen Entwicklungsstand aufweisende mittlere und untere Gangesebene.
5. Umgekehrt sind die Ursachen für die vergleichsweise höher entwickelten Regionen in dem Zusammenwirken zwischen günstigen Naturvoraussetzungen (von spezifischer Bedeutung bei einem Agrarland), einer überdurchschnittlichen Infrastruktur sowie – und diesen Gesichtspunkt halte ich für besonders bedeutsam – einer ausgeprägten Innovationsbereitschaft der hier ansässigen Bevölkerung, insbesondere der regionalen agraren Trägergruppen („dominant caste"), zu sehen: Für den Nord-Westen sind die Sikhs und Jats ebenso ein Zeugnis für diese These wie die Gujaratis (Vanias & Kanbis) im Westen, die

Andhras (Kammas) im Süd-Osten und die Vellalas in Tamil Nadu sowie die Nayars in Kerala.
6. Dieses Ergebnis führt uns zu einem weiteren Grundsatzproblem, dem Kausalzusammenhang zwischen agrarer Überbevölkerung und Unterentwicklung, hier im engeren Sinne von Armut gemeint. Offensichtlich ist eine hohe derartige Bevölkerungsdichte wie etwa im südlichen Abschnitt der Malabarküste oder im Gangesdelta (mit Werten von z. T. > 1000 Ew./km^2! – s. Abb. 3.4) keineswegs a priori als generelles Entwicklungshemmnis anzusehen. Zumindest kann dieser Nachteil weitgehend nicht nur durch eine – vergleichsweise – gut entwickelte Infrastruktur, sondern auch durch eine hart arbeitende, innovative Bevölkerung mit zugleich überdurchschnittlichem Bildungsstand mehr als kompensiert werden. (In diesem Zusammenhang stellt sich generell die Frage nach der Sinnbedeutung des Terminus „Überbevölkerung". Mir scheint er ein sehr relativer Begriff). Das keineswegs selten anzutreffende Theorem der Korrelation zwischen hoher Bevölkerungsdichte und dementsprechender extremer Marginalisierung der Betriebe (in Kerala durchschnittlich nur noch 0,6 ha/Betrieb!) und hohem Entwicklungsstand erscheint daher nur auf den ersten Blick widersprüchlich: Der Zwang zur Intensivierung der Landwirtschaft (bei in der Regel allerdings günstigen Naturgegebenheiten), verbunden – wenn nicht verursacht! – mit einer hohen Innovationsbereitschaft, macht diese Regionen häufig sogar zu Innovationszentren: Java oder das untere Yangtse-Tiefland sind weitere Beispiele für derartige Aktivräume im asiatischen Raum.

10.2.2
Die entwicklungsländerspezifische Dimension: Die Rolle der Metropolen

Abschließend sei noch auf einen in der Literatur des öfteren erhobenen Einwand eingegangen, daß es „unterentwickelte" (so SALIN 1959, S. 23) Gebiete in allen Staaten, also auch in den sog. „entwickelten" Ländern gibt. Ein solcher Vorwurf, geschweige denn eine solche Argumentation, hat mit der Wirklichkeit wenig gemein und das in mehrfacher Hinsicht:

– er übersieht das sehr viel geringere Ausmaß der regionalen Disparitäten in den Industrieländern. Auf der Basis des Pro-Kopf-Einkommens, dem wohl am ehesten weltweit vergleichbaren Indikator, beträgt die Spannbreite – auf der Datenbasis jeweils zu Marktpreisen für 1984 berechnet – in der Bundesrepublik 1:1,3 (ohne die Stadtstaaten), in dem Subkontinentalstaat USA 1:1,9, in Indien jedoch 1:3,1.
– Für die rauhe Wirklichkeit, der sich die Menschen gegenübersehen, sehr viel gravierender ist der Tatbestand, daß die o. g. „Unterentwicklung" in den Industrieländern sehr relativ ist, d. h. sich auf einem ungleich höheren Entwicklungsniveau befindet. Ziehen wir in vergleichbarer Gegenüberstellung nochmals die USA heran: das Pro-Kopf-Einkommen des hier „ärmsten" Staates – Mississippi – übersteigt das des „reichsten" indischen Bundesstaates Punjab im Nominalwert immer noch um das 24fache, gemessen am Kaufkraftwert dürfte das Verhältnis etwa 5:1 betragen – gegenüber dem Schlußlicht Bihar liegen die Daten sogar bei 75:1 bzw. 15:1!
Die eigentliche Dimension und damit entwicklungspolitische Brisanz bekommt diese Diskussion aber erst, wenn man den

Aspekt des *Stadt-Land-Entwicklungsgefälles* mit in die Argumentation einbezieht. Um hier Aussagen für den gesamten Subkontinentalstaat treffen zu können, ist es notwendig, die nächste, die subnationale Maßstabsebene (Distrikt) zusätzlich zu berücksichtigen. Da Daten zum Pro-Kopf-Einkommen für diese Ebene nicht vorliegen, müssen wir hier auf den vom Centre for Monitoring Indian Economy, Bombay, pro Kopf berechneten gesamtwirtschaftlichen Index („CMIE-Index") zurückgreifen, der in etwa dem Pro-Kopf-Einkommen entspricht.

Diesem für das Jahr 1985 berechneten Index liegen neun Indikatoren aus den drei Wirtschaftssektoren zugrunde. Sie lauten (in Klammern ist die Gewichtung angegeben):

I – Landwirtschaft 1: Produktionswert der 26 wichtigsten Anbauprodukte/Kopf (ø der Jahre 1982/83–1984/85 (25); 2: Agrarkredite/Kopf (1983: 10);

II – Verarbeitendes Gewerbe 3: Industrie- und Bergbaubeschäftigte/Gesamtbevölkerung (1984: 10); 4: Beschäftigte in der Heimindustrie/Gesamtbevölkerung (1981: 5); 5: Industriekredite/Kopf (1983: 10);

III – Dienstleistungssektor 6: Bankeinlagen/Kopf (1983: 15); 7: Kredite für Dienstleistungen/Kopf (1983: 15); 8: Analphabetenquote (1981: 4); 9: Urbanisierungsquote (1981: 6).

Insgesamt erfolgte die Gewichtung für die drei Sektoren also 35:25:40, mit Ausnahme von zehn metropolitanen Distrikten: 0:30:70. Die zehn Distrikte waren: Greater Bombay, Calcutta, Delhi, Madras, Hyderabad, Ahmedabad, Bhopal, Srinagar, Chandigarh und Yanam in Pondicherry.

Das auf dieser Basis gewonnene räumliche Bild (Abb. 10.2) erlaubt uns wesentlich differenziertere Aussagen als es uns auf nationaler Ebene (Abb. 10.1) möglich war. Sie lassen sich in den folgenden zwei Theoremen zusammenfassen:

1. Es besteht eine positive Korrelation zwischen Ausmaß der regionalen Disparitäten und der Größe der Stadt.

2. Es besteht eine negative Korrelation zwischen Ausmaß der regionalen Disparitäten und den metropolitan-fernen, naturbegünstigten Regionen.

Zu 1:

Die Karte verdeutlicht bereits auf Bundesstaatebene das ausgeprägte ökonomische Leistungsgefälle zwischen den großstädtischen Zentren, insbesondere den Metropolen und hier wiederum in erster Linie den Großmetropolen und den übrigen überwiegend ländlich geprägten Regionen. Auf dieser Ebene beläuft sich die Relation zwischen dem Distrikt mit dem niedrigsten CMIE-Index und der Metropole des betreffenden Bundesstaates im Falle Calcutta 38:1, Bombay 31:1, Madras 19:1, Hyderabad 14:1, Ahmedabad 11:1, Lucknow 8:1 usw., d. h., in den meisten Fällen wird der Relationswert mit abnehmender Größe der Metropole geringer (Theorem I). Dementsprechend weisen die vier Großmetropolen (> 5 Mill. Ew.) auf Gesamtindien bezogen (=100) mit 1088 (Bombay), 1036 (Calcutta), 893 (Delhi) und Madras mit 616 die mit Abstand höchsten Indexwerte unter den (seinerzeit) 412 Distrikten auf, worin sich die ausgeprägte ökonomische Vorrangstellung der Metropolen dokumentiert. Auch wenn ein direkter Vergleich zu dem „entwickelten" Subkontinentalstaat USA aufgrund schon der subjektiven Gewichtungsmethodik dieses gesamtwirtschaftlichen Indikators nur unter Vorbehalt möglich ist, so zeigen doch die, auch hier auf den Landesdurchschnitt berechneten Daten zum „personal income/capital" (= 100), für die US-Metropolen ungleich geringere Werte: New York – 124, Los Angeles – 117 und Chicago – 116 (näheres s. BRONGER 1993b, S. 83). Auf einen kurzen Nenner gebracht: Es sind die ent-entwicklungsländer-spezifischen Dimensionen des regionalen Entwicklungsgefälles, die, von den metropolitan-internen

Dimensionen des regionalen Entwicklungsgefälles 233

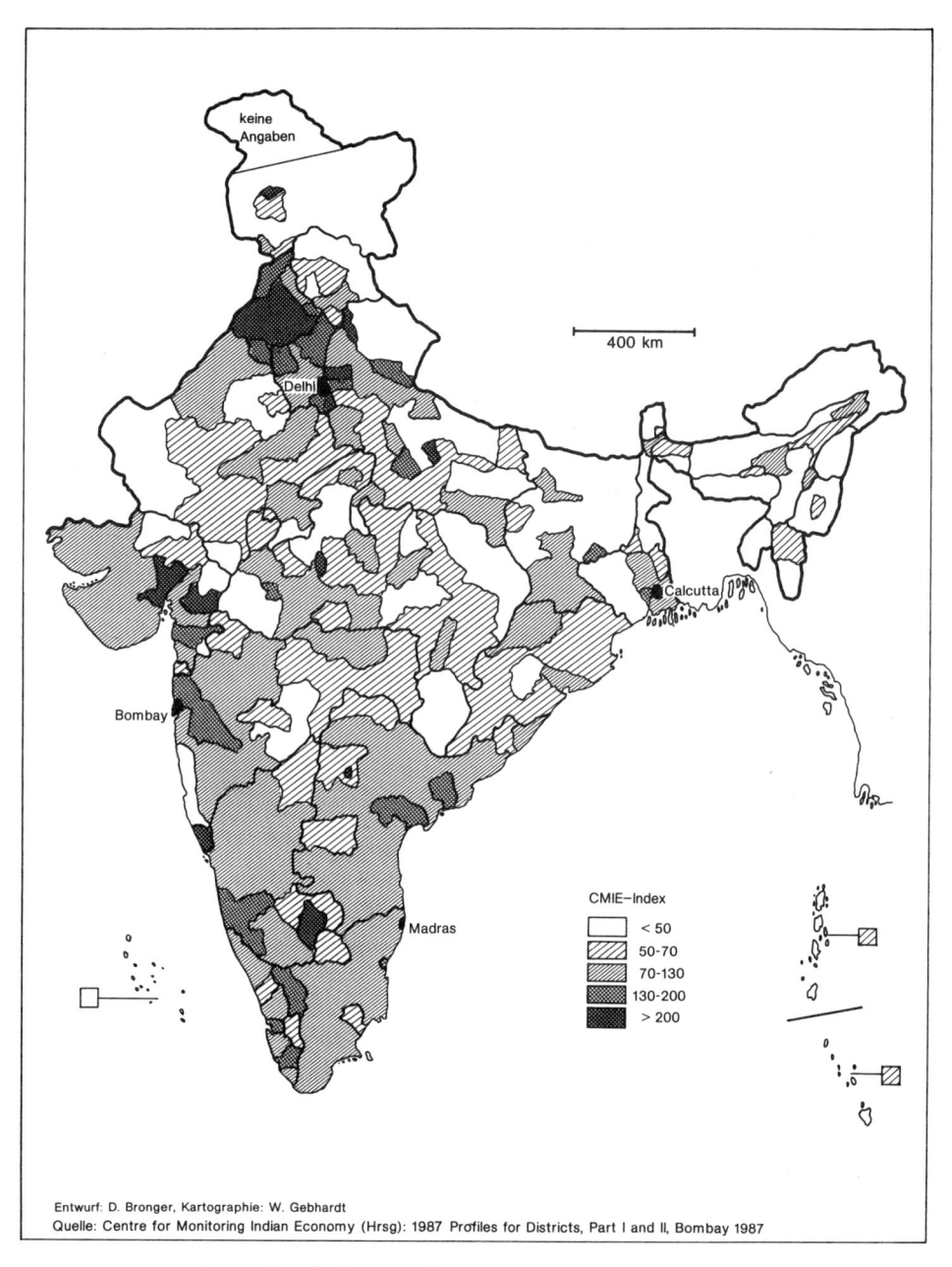

Abb. 10.2: Das regionale Entwicklungsgefälle in Indien unter Berücksichtigung des Stadt-Land-Entwicklungsgefälles um 1985 (Indien = 100)

und externen Folgewirkungen einmal ganz abgesehen (s. Kap. 13.4 und 5), bei der eingangs genannten Argumentation gänzlich übersehen werden.

Zu 2:
Ist somit die ausgeprägte Primacy der Großmetropolen, die in diesem Ausmaß von keinem der Industrieländer der westlichen Welt auch nur annähernd erreicht wird, hauptverantwortlich für die punktuelle Entwicklung in den betreffenden Regionen, so wirkt umgekehrt die Naturgunst regional ausgleichend. Die Relationswerte liegen mit max. 2:1 nicht einmal bei einem Zehntel der o. g. Werte. Dazu zählen sowohl der Punjab, das (metropolitan-ferne) mittlere und untere Gangestiefland als auch (Theorem 2) die Deltalandschaften der Ostküste sowie die südliche und mittlere Malabarküste – d. h. in Regionen, in denen auch eine ganze Reihe von Großstädten lokalisiert sind. Diese Aussage impliziert noch nicht einen überdurchschnittlichen Entwicklungsstand; vielmehr ist dessen Höhe in erster Linie anthropogen bedingt (s. o. Kap. 10.2.1, Pkt. 5).

Aus diesen Zusammenhängen lassen sich eine Reihe von *Regionaltypen* ableiten (Abb. 10.3):
– der *metropolitan dominierte* Regionaltyp: Regionen mit ausgesprochen punkthafter Entwicklung, d. h. einem ausgeprägten ökonomischen Leistungsgefälle zwischen der (Groß-)Metropole und den übrigen, überwiegend agrarisch strukturierten Gebieten.
Das Ausmaß ist in den Fällen besonders deutlich, wo es sich bei dem betreffenden Hinterland nicht um Gunstgebiete handelt. So liegt mit Ausnahme der beiden angrenzenden Distrikte Thane und Pune (ebenfalls eine Millionenstadt) der gesamte übrige Bundesstaat Maharashtra im tiefen Entwicklungsschatten der Supermetropole Bombay (10.3-1). Diesen *monozentrischen Regionaltyp* finden wir in abgeschwächter Form ebenso bei Calcutta/West Bengalen, Madras/Tamil Nadu usw. wieder (Theorem 1).
– einen *polyzentrischen Regionaltyp*, bei welchem mehrere Metropolen die übrigen Landesteile dominieren. Als Beispiel für Indien ist der Bundesstaat Gujarat mit Ahmedabad, Vadodera und Surat zu nennen (10.3-2); Madhya Pradesh mit Indore und Bhopal wäre ein weiteres Beispiel.
– der *metropolitan-ferne, agrarwirtschaftlich-dominierte* Regionaltyp: Im Unterschied zu den o. g. Regionaltypen wirkt umgekehrt die Distanz zur Metropole zusammen mit der Naturgunst – unabhängig vom Entwicklungsstand – regional ausgleichend (Theorem 2). Bei diesem Regionaltyp liegen die Relationswerte sowohl im hochentwickelten Punjab (10.3 – 3) wie auch in der mittleren Gangesebene (10.3 – 4) mit 2,2 bzw. 2,4:1 bei weniger als einem Zehntel der Großmetropolen – wobei sich die (seinerzeitigen) Großstädte Ludhiana (Punjab) bzw. Varanasi und Patna nur wenig über den regionalen Durchschnitt erheben.

Insgesamt nimmt (auch) in Indien der Typ der stadtfernen, industriearmen, gesamtinfrastrukturell wenig entwickelten Region nach wie vor die mit Abstand größten Flächen ein.

10.2.3
Historische Analyse:
Die Entwicklung von 1960 bis zur Gegenwart

Regionale Disparitäten sind nichts Statisches, vielmehr treten im Lauf der Zeit Verschiebungen im Entwicklungsstand der

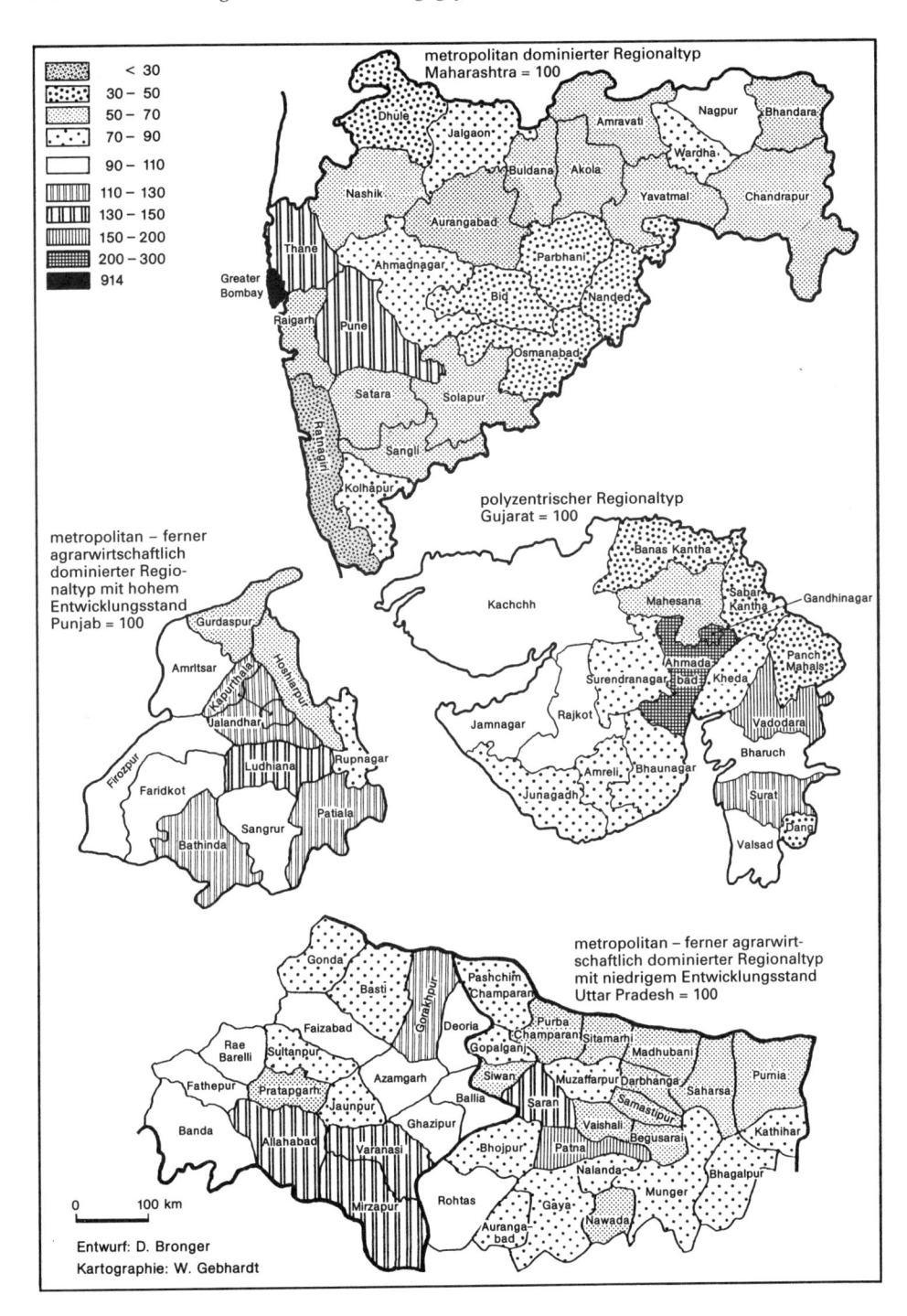

Dimensionen des regionalen Entwicklungsgefälles 235

Abb. 10.3: Regionaltypen in Indien

(Bundes-)Länder und Regionen untereinander auf allen Maßstabsebenen auf. Im Rahmen dieser Darstellung müssen wir uns aus Raumgründen auf den Indikator „Pro-Kopf-Einkommen" beschränken; für ein eingehenderes Studium sei auf die Literatur verwiesen (u. a. BRONGER 1987, S. 41–54).

Um bei der historischen Analyse sowohl zeitlich (1990) als auch räumlich (die gleichen 17 Staaten) an die Gegenwart unmittelbar anknüpfen zu können, wurde, der Datenbasis Rechnung tragend – die Mehrzahl der Bundesstaaten erhielten erst nach 1955 ihre endgültigen Grenzen –, der Zeitraum von 1960/61–1990/91 zugrunde gelegt. Die in Tab. 10.1 dargestellten Ergebnisse lassen sich wie folgt zusammenfassen:

1. Über den gesamten Zeitraum betrachtet läßt sich eine, nicht nur für die wirtschaftliche, sondern auch soziale und politische Entwicklung des Staates nicht ungefährliche *Polarisierung des regionalen Entwicklungsgefälles* unter den Bundesstaaten konstatieren. Sie läßt sich in dem Satz: „Die Reichen werden immer reicher, die Armen ärmer" auf einen kurzen Nenner bringen. Genau die vier gegenwärtig mit Abstand führenden Staaten (s. Abb. 10.1) haben als einzige, gemessen am Landesdurchschnitt, ein positives Gesamtwachstum zu verzeichnen und dies sogar nahezu in ihrer derzeitigen Rangfolge. Demgegenüber weist die Mehrheit der heute ärmeren Staaten (Bihar, Madhya Pradesh, Assam) eine weit unterdurchschnittliche Entwicklung auf. Die Folge dieser insbesondere seit 1970 zu beobachtenden Polarisierung ist das Absinken einer immer größeren Anzahl der Bundesstaaten unter den nationalen Durchschnittswert: von 7 im Jahr 1970/71 auf 13 der 17 Staaten 1991/92.

2. Die Daten machen jedoch auch deutlich, daß die Entwicklung einiger Staaten nur bedingt in dieses Raster paßt. Dazu gehören in erster Linie die gegenwärtig nur noch eine mittlere Position einnehmenden Staaten Tamil Nadu und West Bengal. Beide konnten ihre hohe Ausgangsposition nicht halten.

3. Schließlich offenbart die Analyse des Jahresablaufs auf dieser Ebene, daß die wirtschaftliche Entwicklung der einzelnen Bundesstaaten erheblichen jährlichen Schwankungen unterlag; in der Mehrzahl der Fälle waren die ärmeren Staaten hiervon am stärksten betroffen.

10.3
Die Relevanz der Ergebnisse für die regionale Entwicklungsplanung und -politik

Die historische Analyse erbrachte – in räumlicher Betrachtung! – zwei wesentliche Ergebnisse:

1. im allgemeinen – eine nunmehr seit mehreren Jahrzehnten andauernde, bis in die Gegenwart mit unverminderter (sich eher noch verstärkender) Dynamik fortschreitende *Polarisierung* des regionalen Entwicklungsgefälles sowohl auf nationaler wie auch auf regionaler Maßstabsebene

2. im besonderen – die damit Hand in Hand gehende Dynamisierung des Stadt-Land-Gefälles, die in allererster Linie die Metropolen betrifft. Schärfer formuliert: Es hat mit wachsender Konzentration von Wirtschaft und Verkehr, aber auch den sozialen und kulturellen Lebensbereichen, in wenigen Städten eine *punktuelle Entwicklung* stattgefunden. Als zusätzlicher Aspekt ist dabei die schichtenspezifische Polarisierung innerhalb der Metropolen besonders kraß ausgeprägt.

Tab. 10.1: Dynamik des regionalen Entwicklungsgefälles in Indien – Entwicklung des Pro-Kopf-Einkommens zu laufenden Preisen nach Bundesstaaten 1960/61–1991/92 (Indien = 100)

Bundesstaat	1960/61	1964/65[1]	1970/71	1975/76	1980/81	1983/84[2]	1986/87	1990/91	1991/92
Andhra Pradesh	103	105	95	93	85	89	78	95	99
Assam	114	105	93	88	74	81	74	69	76
Bihar	71	71	68	69	54	54	61	51	52
Gujarat	125	125	137	128	120	128	108	122	115
Haryana	118	120	151	156	145	144	132	139	155
Himachal Pradesh	–	–	109	120	104	102	98	97	96
Jammu & Kashmir	–	–	90	85	101	83	79	81	72
Karnataka	96	100	109	107	98	90	84	95	99
Kerala	91	94	103	103	92	81	79	77	83
Madhya Pradesh	90	89	79	82	73	77	68	73	73
Maharashtra	137	126	131	150	149	139	128	149	146
Orissa	74	83	87	86	76	74	66	64	73
Punjab	126	137	172	174	164	169	159	166	172
Rajasthan	89	85	102	90	75	86	72	80	78
Tamil Nadu	113	104	100	103	92	84	92	89	91
Uttar Pradesh	80	89	80	75	79	72	72	71	72
West Bengal	127	119	118	114	96	102	100	95	96
Indien	100	100	100	100	100	100	100	100	100

– = keine Angaben; [1] für 1965/66 liegen keine Angaben vor; [2] für 1985/86 liegen keine Angaben vor
Quellen: 1960/61 ff. – Planning Commission; 1971/71 ff. – TATA 1994/95 und frühere Jahrgänge; Economic Survey 1994/95 (Berechnungen des Verfassers)

Es sind die *Folgewirkungen*, die diese Prozesse zu einer ernsthaften Herausforderung an die Planer und Politiker des Landes werden lassen.

Die Forderung nach einem Abbau der regionalen Disparitäten entspringt drei verschiedenen, miteinander in Zusammenhang stehenden Gesichtspunkten (ZINGEL 1979, S. 602ff.; SARUPRIA 1975, S. 69), die gerade auch für Indien ihre Gültigkeit haben: Erstens, gerechtere Verteilung der Güter (sozial-moralische Begründung), zweitens, Gefahr der negativen Agglomerationseffekte, insbesondere in den metropolitanen Ballungsgebieten (ökonomische Begründung), und drittens, die Erhaltung der staatlichen Einheit (integrationspolitische Begründung).

Die Notwendigkeit einer Integration der sektoralen mit einer räumlichen Entwicklungsplanung mit dem Ziel einer Reduzierung des regionalen Entwicklungsgefälles auf allen Ebenen ist sowohl von der Zentralregierung als auch von den Regierungen der Bundesländer durchaus anerkannt worden.

Was die Planung auf *nationaler* Ebene anbetrifft, so wird die Notwendigkeit einer „räumlich ausgewogenen Entwicklung" („balanced regional development") im Sinne einer Reduzierung der regionalen Disparitäten bereits im zweiten Fünfjahrplan (1956–1961) betont (FYP 2, S. 36–37). Der dritte Fünfjahrplan (1961–1966) widmet dieser Zielsetzung sogar ein eigenes Kapitel (FYP 3, S. 142–153). Dabei wird das Gebot der „exakten Identifizierung" des regionalen Entwicklungsgefälles auch auf regionaler Ebene hervorgehoben, die auf für alle Staaten vergleichbare Indikatoren basieren müsse, wobei 22 genannt werden (ebenda, S. 151 f.). Im vierten (1969–1974) findet sich lediglich der Hinweis, „die regionalen Disparitäten zu korrigieren" (FYP 4, S. 11), im übrigen wird Regionalentwicklung, wie auch im fünften (1974–1979) lediglich im Kontext mit „urban development" gesehen (ebenda, S. 389ff.; FYP 5, S. 86f.). Erst im Entwicklungsplan der JANATA-Regierung (1978–1983) wird dieser Problematik mit einem speziellen Kapitel „Development of Backward Areas" (FYP 6A, S. 110–116) wieder mehr Aufmerksamkeit geschenkt und die Notwendigkeit des Abbaus des regionalen Entwicklungsgefälles betont (ebenda, S. 110f.). Bei dieser Gelegenheit wird sich kritisch mit der Rolle der Großindustrie als „growth catalyst" für die zurückgebliebenen Regionen auseinandergesetzt. In den beiden jüngsten Plandokumenten, dem sechsten (1980–1985) und siebten Fünfjahrplan (1985–1990), wird die Problematik mehr beiläufig abgehandelt (FYP 6B, S. 86–88; FYP 7, S. 44). Während im ersteren programmatische Aussagen, wie der Abbau der regionalen Disparitäten operationalisiert werden soll, gänzlich fehlen, wird eine Akzentverschiebung im letzteren insofern deutlich, als nunmehr der Entwicklung der Landwirtschaft neben der des Menschen die führende Rolle zur Verwirklichung dieser Zielsetzung zufallen soll (ebenda, S. 44).

Was die *regionale* Ebene der Entwicklungsplanung anbelangt, so findet sich in dem hier repräsentativ untersuchten Bundesstaat Andhra Pradesh erst in dessen sechsten Fünfjahrplan (1980–1985) die Notwendigkeit der Reduzierung der regionalen Disparitäten, die jedoch wiederum gleichgesetzt wird mit der Entwicklung der „backward areas" (FYP 6 – AP, S. 234). Immerhin wird die schon im dritten Fünfjahrplan (s. o.) erhobene Forderung der Identifizierung des regionalen Entwicklungsgefälles mittels 29 Indikatoren auf Distrikt- und 15 auf Tahsilebene (ebenda, S. 235ff.) auch in die Tat umgesetzt. Leider sind die Ergebnisse nur in der Form der Zuordnung der Regionaleinheiten in vier Entwicklungsstufen („high", „upper middle", „lower middle" und "low") veröffentlicht, womit man weder der ganzen Variationsbreite dieses Phänomens, noch der Funktion einer solchen Studie als einer Planungsgrundlage gerecht wird. Das Gleiche gilt für die Untersuchung von ALAM (1976).

Ob allerdings diesen Beteuerungen auch der tatsächliche Stellenwert einer solchen Regionalplanung und -politik in der Praxis entsprach (und entspricht), darf angezweifelt werden. Damit kommen wir abschließend auf weitere Ursachen des bis dato offensichtlichen Fehlschlages der Politik der „balanced regional development". Fassen wir die wichtigsten Punkte zusammen:

a) An dem eindeutigen Primat der sektoralen gegenüber der regional orientierten Entwicklungsplanung im Denken der Planer und Politiker hat sich seit den Autoren des „Bombay Plans" bis heute zumindest grundlegend nichts geändert. Dieser Tatbestand wird auch seitens der indischen Forschung immer wieder beklagt: „The Indian planning models do not integrate any regional development model, nor is there any comprehensive regional policyframe." (SARUPRIA 1975, S. 70).

b) Damit sind strukturelle systemimmanente Schwachstellen des indischen Planungssystems angesprochen, von denen hier nur zwei, im Zusammenhang mit unserer Fragestellung relevante Aspekte genannt werden können.

– Bei der föderalistischen Struktur, verbunden mit den Eigeninteressen der Bundesstaaten auf der einen und der starken (finanziellen) Stellung der Zentralregierung auf der anderen Seite, ist weniger ihre Bedürftigkeit als vielmehr das politische Gewicht in Verbindung mit dem Verhandlungsgeschick des betreffenden Staates für die Höhe der jährlichen Mittel aus Delhi entscheidend. „As an intelligent and experienced informant in Maharashtra put it, the extent to which the Planning Commission agress to accept the state's own targets and to supplement the state's own resources depends on a process of haggling in which a great deal of cunning but very little science is displayed on both sides." (HANSON 1966, S. 370). Diese Strukturen behindern eine optimale, an den Entwicklungsnotwendigkeiten ausgerichtete Allokation der zentralen Ressourcen; eine sinnvolle Regionalplanung ist somit zumindest erschwert.

– Unsere Untersuchungsergebnisse offenbarten am Beispiel des Prakasam Distriktes (BRONGER 1987, S. 34f.),

daß es sich bei der Mehrheit auch dieser regionalen Einheit keineswegs um „in sich homogene Gebiete" handelt, wie dies sogar offiziell betont wird (FYP 5 – AP, S. 5). Das aber bedeutet, daß die Politik des „balanced regional development" bereits auf dieser Ebene ansetzen muß. Jedoch auch hier stehen Erfordernissen strukturelle Schwachstellen entgegen: Die einzelnen Bundesstaaten verfügen nicht wie die Planning Commission über einen gut ausgebildeten Stab von Planern, die die Bedürfnisse der rückständigen Regionen in den jeweiligen Staaten, vor allem aber deren Ursachen erkennen. Kurz: Eine Mikroplanung auf Distriktebene ist in Indien allenfalls in Ansätzen existent, oder sogar, wie MISRA es formuliert, „almost absent" (1978, S. 64). Dazu kommt, daß selbst diese häufig bereits im Keim erstickt werden: Da es selbständige Planungsbehörden auf dieser Ebene nicht gibt, müssen die Distriktpläne von den Verwaltungsbeamten in Zusammenarbeit mit den Vertretern der Community Development – und den Panchayati Raj-Institutionen erarbeitet werden. Sich überschneidende Planungskompetenzen verbunden mit Konkurrenzneid, dazu mangelnde fachliche und technische Kompetenz, sowie nicht zuletzt geringe finanzielle Mittel blockieren die Mehrzahl der Planungsvorhaben, wenn sie diese nicht sogar verhindern.

c) Der zuletzt genannte Punkt bringt uns auf die Sachzwänge, die neben den strukturellen, systembedingten Hemmnissen genannt werden müssen. Denn die Regierungen der Entwicklungsländer, und so auch Indiens, stehen sich bei der Frage nach einer – möglichst wirksamen – Strategie zum Abbau des regionalen Entwicklungsgefälles in besonderem Maße einem

Zielkonflikt gegenüber, der sich kurz als eine *permanente Entscheidung zwischen Wachstum und Gerechtigkeit* umschreiben läßt: Einem sehr viel ausgeprägteren regionalen Entwicklungsgefälle (von den sozialen Disparitäten gar nicht zu reden!) stehen ungleich begrenztere finanzielle Ressourcen für ein ausgleichendes Gegensteuern gegenüber. Die hierfür zur Verfügung stehenden Mittel der Zentralregierung beliefen sich im Durchschnitt der Jahre 1980–85 auf umgerechnet knapp DM 30,–/Kopf und Jahr, zusammen mit denen der Bundesstaaten und Unionsterritorien waren es gerade DM 60,– pro Kopf – ein Bruchteil dessen, was den Industrieländern mit ihrer vergleichsweise bereits hochentwickelten Infrastruktur zur Verfügung steht. Das Gebot der Effizienz – gerade bei den begrenzten Mitteln! – würde verlangen, sie dort einzusetzen, wo sie die höchsten Erträge bringen, also vor allem dort, wo die infrastrukturellen Voraussetzungen am günstigsten sind. Im industriellen Sektor sind diese Standortvorteile (Straßen, Energie- und Wasserversorgung sowie Facharbeitskräfte) bis dato nur in den Metropolen oder in den – wenigen – Städten mit industriell-gewerblicher Tradition zu finden. Im Agrarsektor gehören dazu die bereits bewässerten landwirtschaftlichen Gunstgebiete mit überdurchschnittlich entwickelter Verkehrs- und Marktstruktur. Die Verwirklichung einer solchen Politik würde die bereits bestehende räumliche Konzentration der Entwicklung noch weiter beschleunigen. Eine positive Wirkung auf die weiter entfernt liegenden ärmeren Regionen, von dem die Befürworter dieser Strategie ausgehen, ist jedoch nicht erwiesen (s. a. Kap. 14.2).

Demgegenüber steht die Strategie des „balanced regional development", die – konsequent praktiziert – eine stärker auf die Förderung (sämtlicher) weniger entwickelter Regionen ausgerichtete Verteilung öffentlicher Investitionen zur Folge haben würde. Dem erreichbaren Abbau des regionalen Entwicklungsgefälles stehen ungleich höhere Vorleistungen gegenüber – etwa, um einen Industriebetrieb in eine wenig entwickelte Region anzusiedeln oder zu verlagern oder rasche Produktionssteigerungen in landwirtschaftlich ungünstigeren Regionen zu erzielen. Auf einen kurzen Nenner gebracht: Langfristig gesehen ist diese Strategie sicher gerechter, sie hat aber eine langsamere Gesamtentwicklung zur Folge. Bis heute haben Zentral- und Bundesstaatregierungen versucht, beide Entwicklungsstrategien zu verbinden; aus der Sicht der „balanced regional development" kaum mit Erfolg. Die Eigendynamik der höher entwickelten Regionen und ganz besonders der Metropolen erwies sich als stärker (vgl. Kap. 13.4).

d) Der Gesichtspunkt der Eigendynamik bringt uns auf den letztlich entscheidenden Kausalfaktor: die *Rolle des wirtschaftenden, des handelnden Menschen im Entwicklungsprozeß* – ein bislang von Planung und Politik, aber auch der Forschung m. E. viel zu wenig beachteter Aspekt. Es ist – in räumlich vergleichender Differenzierung! – zu fragen: Inwieweit ist die regional unterschiedliche Innovationsbereitschaft mit- oder sogar hauptverantwortlich für Ausmaß, Prozeß und Dynamik des regionalen Entwicklungsgefälles? Im Hinblick auf die Praxisrelevanz bedeutet diese Frage: Wie wirken sich diese Unterschiede gerade bei den Trägergruppen auf die Möglichkeiten der Durchsetzbarkeit und damit Erfolgsaussichten entwicklungsplanerischer Maßnahmen aus? Welche spezifischen Vorsorgemaßnahmen muß man bei oder besser *vor* der Implementierung eines Entwicklungsprojektes in Regionen mit eher konservativer Wirtschaftsgesinnung ergreifen? Und umgekehrt: Ist die Eigendynamik der überdurchschnittlich entwickelten Regionen mit ihrer aufgeschlossenen, leistungsorientierten Bevölkerung so groß, daß sie bereits zu einem „sich selbst tragenden Wachstum" gefunden haben? Das hätte aber zwangsläufig eine weitere Verschärfung des regionalen Entwicklungsgefälles zur Folge. In diesem Zusammenhang ist (nochmals) auf das strittige Problem der Vorreiterrolle der Metropolen im Entwicklungsprozeß hinzuweisen. Das wichtige Forschungsfeld der kausalen Interdependenzen zwischen Metropolisierung und Regionalentwicklung im Bezug zur Distanz (Umland-Hinterland-Einzugsbereich) erscheint mir bis heute ungeklärt (näheres s. Kap. 13.4.1).

Ungeachtet der vielen noch offenen Fragen – eine praxisrelevante Schlußfolgerung leitet sich aus unseren Ergebnissen jedenfalls ab: Ein Entwicklungsprojekt – auch ein ausländisches! – in einem Aktivraum, wie im Punjab, in Gujarat und erst recht in einer metropolitanen Region muß ganz anders konzipiert werden als eines in den – vielen – Passivregionen. Hier ist eben nicht die infrastrukturelle Gesamtsituation der betreffenden Regionen der alleinige Beurteilungsmaßstab.

Für die zukünftige Forschung bedeutet dies: Theorien sind mit Sicherheit wichtige Fundamente jeglicher Entwicklungsländerforschung. Konkrete Antworten auf die hier aufgeworfenen praxisrelevanten Fragen aber können nur empirische, detaillierte, raumdifferenzierende Analysen bringen. Die möglichst genauen Erkenntnisse zum gegenwärtigen Stand, Ausmaß, Dynamik und Ursachen des regionalen Entwicklungsgefälles bilden die notwendige Grundlage für den gezielten Einsatz raumwirksamer Maßnahmen zur Strukturverbesserung der stärker zurückgebliebenen Einzelregionen im Hinblick auf die strategische Zielvorstellung des Abbaus der gravierenden regionalen Disparitäten des Landes. Da nicht gleichzeitig sämtliche „Zielregionen" gefördert werden können (näheres s. Kap. 13.4.3 und 14.2), geben die Untersuchungsergebnisse Aufschluß über die endgültige Auswahl der vorrangig zu fördernden „Aktionsregionen" (THELEN 1972, S. 243).

B
ENTWICKLUNGSPROBLEME

11 Entwicklung und Unterentwicklung in Indien – Historische Ursachen

11.1
Zur Fragestellung

Die Beschäftigung mit der Geschichte wird dadurch interessant und wichtig, daß sie uns Aufschluß über die Gegenwart gibt. Da uns am gegenwärtigen Indien vor allem die Aspekte interessieren, die mit der Entwicklung und Unterentwicklung des Landes zu tun haben, soll hier vorrangig die Geschichte daraufhin befragt werden, wieweit sie folgende Probleme erklären kann:

- Welche historischen Faktoren haben dazu geführt, daß Indien heute als ein weitgehend unterentwickeltes Land dasteht?
- Gab es dort in der Vergangenheit Ansätze, die eine ähnliche Entwicklung der Wirtschaftskraft wie in den heutigen Industrieländern ermöglicht hätten?
- Falls es diese Ansätze gab, weshalb wurden sie vernachlässigt oder ihre Entwicklung sogar behindert?
- Welchen Einfluß übte die britische Kolonialherrschaft auf die Stringenz des Kastenwesens im Hinblick auf die Entwicklungsperspektiven der Landwirtschaft aus?

Die Zeit, die uns zu diesen wirtschafts- und sozialgeschichtlichen Fragestellungen am ehesten Aufschluß geben kann, ist die Periode vor der britischen Durchdringung Indiens im 17. und 18. Jahrhundert sowie die der britischen Herrschaft, die formal mit der Schlacht von Plassey 1757 begann und bis 1947 währte (s. Abb. 1.6). In dieser Zeit beobachten wir in Europa – und in Indien eben nicht – die rasante Entwicklung der modernen Industrie, die zur Herausbildung von komplexen, hochproduktiven, integrierten Volkswirtschaften führte und die gewaltige Veränderungen auch in der Gesellschaft nach sich zog. Den Anfang bildete dabei die Kolonialmacht England selbst (seit dem beginnenden 19. Jahrhundert). In Indien dagegen wurden unter den Briten die Weichen gestellt für eine Entwicklung der Wirtschaft, die typisch ist für eine abhängige Kolonie, die sich aber von der Entwicklung in einem abhängigen Land deutlich unterscheidet. Gleichzeitig wurde Indien auf eine spezifisch koloniale Weise in die Weltwirtschaft integriert. Beide Vorgänge haben die Entwicklung in Indien langfristig entscheidend geprägt, die Kolonialzeit ist also die Periode der indischen Geschichte, in der sich historische Ursachen von Entwicklung und Unterentwicklung am konkretesten untersuchen lassen.

An dieser Stelle soll nur eine wichtige Grundstruktur ins Gedächtnis gerufen werden, die sich durch die ganze indische Geschichte hindurchzieht und deren Auswirkungen auch in der Gegenwart noch deutlich spürbar sind:

Indien umfaßt ein Gebiet von subkontinentalen Ausmaßen – ähnlich wie Europa – und es war in seiner Geschichte nur selten unter einer einzigen Herrschaft vereint. Nationale Einheit war immer die Ausnahme! Einzelne Dynastien (z. B. die Guptas, ca. 400 n. Chr.) konnten ihre Herrschaft über weite Gebiete ausdehnen, jedoch zerfiel ihre Macht immer wieder rasch und machte neuen Entwicklungen in regionalen Reichen Platz. Die Geschichte Indiens ist also im Kern die Geschichte seiner Regionen, den Briten gelang zum ersten Mal eine weitgehende und dauerhafte Einigung. Diese Tatsache darf auch bei der Betrachtung des unabhängigen Indien nicht vergessen werden. Noch heute sind die regionalen Unterschiede in Tradition, Kultur und Sprache prägend für das Bild Indiens sowie ein Faktor von erheblicher Brisanz in der indischen Innenpolitik.

11.2
Indien vor der britischen Herrschaft – Möglichkeiten einer modernen wirtschaftlichen Entwicklung

In den verschiedenen heutigen Industrieländern bildeten bestimmte wirtschaftliche und soziale Faktoren die Voraussetzung für die technologische und wirtschaftliche Revolution, die seit dem 18. Jahrhundert dort einsetzte. Dazu gehörten vor allem:
- eine Erhöhung der Leistungskraft der Landwirtschaft
- die Freisetzung landwirtschaftlicher Arbeitskräfte, die in den neuentstehenden Industrien nach Arbeit suchten
- die Bildung von Kapital, das in gewerbliche und industrielle Unternehmen investiert werden konnte
- die Ablösung der strengen, ständischen Gesellschaftsordnung, die das System der industriellen Lohnarbeit in weitem Rahmen erst ermöglichte.

Im folgenden soll untersucht werden, wie die Situation in Indien im frühen 18. Jahrhundert – also *vor* Beginn der eigentlichen britischen Herrschaft – aussah: Gab es dort vergleichbare Bedingungen, die eine ähnliche Entwicklung wie in den Industrieländern ermöglicht hätten? Welche Hemmfaktoren lassen sich finden, die einer solchen Entwicklung im Wege standen?

Die Bewertung des Mogulreiches war und ist in der historischen Forschung – und nicht nur dort – keineswegs einheitlich. Während auf der einen Seite Autoren wie *Dutt* („India in the eighteenth century was a great manufacturing as well as a great agricultural country", DUTT 1906, S. IXf.) oder der Politiker *Nehru* („India was, in fact, as advanced industrially, commercially, and financially as any country prior to the industrial revolution" NEHRU 1985, S. 284) Indiens hohen Entwicklungsstand in der vorbritischen Periode hervorhoben, haben vor allem britische Historiker Indien lange als ein unterentwickeltes Land betrachtet, das erst durch die britische Eroberung mit den Segnungen des modernen Wirtschaftslebens in Kontakt kam: "The British took over India in a state of economic nakedness" (KNOWLES 1924, S. 274). Die verschiedenen Standpunkte haben sich bis heute nicht aufgelöst, indessen hat die Forschung aber zu einer Differenzierung der Positionen beigetragen. So erörtert beispielsweise T. *Raychaudhuri* die Möglichkeiten einer regionalen Industrialisierung Indiens in der ausgedehnten Mogulzeit (RAYCHAUDHURI 1968, S. 80). Wir lehnen uns hier an die Argumentation von *Habib* an, der die Möglichkeiten einer kapitalistischen Entwicklung des Mogulreiches auf überzeugende Weise untersucht hat (HABIB 1969).

Das oben angeführte Zitat von *Knowles* erscheint zwar sehr griffig und prägnant, ist aber dennoch falsch. Die Briten stießen in Indien natürlich nicht in ein ökonomisch „leeres" Gebiet vor, das sie einfach mit ihrer Wirtschafts- und Lebensweise „bekleiden" konnten, sondern sie trafen dort auf eine Gesellschaft mit einer eigenen Religion, Kultur und vor allem auch Wirtschaftsform. Die Art, wie nun die britische und die indische Wirtschaftsform aufeinanderstießen und sich mehr oder weniger gewaltsam zunächst zu einer „parasitären Symbiose" (ROTHERMUND 1985, S. 31ff.) vereinigten, prägte die Entwicklung Indiens für die folgenden Jahrhunderte und macht das historische Erbe aus, auf dem das unabhängige Indien heute aufbauen kann und muß.

Die britische East India Company wurde im Jahre 1600 gegründet, und in den folgenden Jahren errichtete sie ihre ersten Stützpunkte in Indien: 1613 Surat, 1639 Madras, 1650 Hughli (Calcutta), 1661 Bombay. In dieser Zeit stand in Indien die islamische Dynastie der Moguln auf der Höhe ihrer Macht und beherrschte weite Teile des Landes bis tief in den Süden hinein.

11.2.1 Ökonomie des Mogulreiches: Die Landwirtschaft

Das wirtschaftliche Rückgrat des Mogulstaates war die Landwirtschaft. Die Masse der Bevölkerung lebte auf dem Land in den unzähligen Dörfern direkt oder indirekt (z. B. als Handwerker, die Holzpflüge herstellten) von der Landwirtschaft. Diese Dörfer waren in wirtschaftlicher Hinsicht weitgehend autark, d. h. alle wichtigen Nahrungsmittel, Geräte (Pflüge, Töpfe, Krüge etc.) und Dienstleistungen (religiöse Dienste, Wäscherei, Geldverleih etc.) wurden im Dorf bzw. in den Nachbardörfern erzeugt. Die Dörfer waren somit unabhängig von weitgespannten Wirtschaftsbeziehungen, lokale Wirtschaftskreisläufe waren die Regel. Obwohl in der Mogulzeit in den Dörfern schon Geld kursierte (weil die Steuern zum großen Teil in Geld bezahlt werden mußten), war der Austausch von Gütern und Leistungen weitgehend religiös-rituell geregelt und hing eng mit dem Kastensystem zusammen. Der Handwerker, der in seine Berufskaste hineingeboren war, stellte seine Leistungen bei Bedarf zur Verfügung und erhielt dafür einen bestimmten Anteil an der Ernte.

Obwohl die Arbeit in der Landwirtschaft nur mit einfachen Hilfsmitteln (die aber angepaßt waren, z. B. ritzten die einfachen Holzpflüge den Boden nur an, damit wurde das Austrocknen verhindert) durchgeführt wurden, war die Produktivität eines Bauern in Indien um 1600 etwa ebenso hoch wie in den westeuropäischen Ländern um die gleiche Zeit (HABIB 1969, S. 35).

Grund dafür war der Überfluß an Boden und auch an Arbeitskräften, der es ermöglichte, bei „wirtschaftlichen" Feldgrößen, oft unter Einsatz von Vieh, nur die fruchtbarsten Felder zu bearbeiten. Die Kosten für die Landwirte waren niedrig, da die benötigten Hilfsmittel einfach waren und von den örtlichen Handwerkern leicht und preiswert hergestellt werden konnten.

Der Agrarsektor erwirtschaftete somit einen kräftigen Überschuß, der eigentlich einen weitverbreiteten relativen Wohlstand erwarten ließe. Da jedoch die Finanzen des Reiches allein auf der Grundsteuer beruhten, mußte die Landwirtschaft das gesamte staatliche Budget aufbringen. Dabei führten im frühen 17. Jahrhundert verschiedene Faktoren dazu, daß der Geldbedarf des Staates immer größer wurde und sich daher der Druck auf die Landwirtschaft und auf die Masse der zunehmend verarmenden Bauern verstärkte.

So wurde der gesamte landwirtschaftliche Überschuß weggesteuert, die Steuer betrug ein Viertel bis die Hälfte des Ertrages (HABIB 1969, S. 41). Den Bauern blieb nur das Existenzminimum. Der Druck auf die Landwirtschaft war so stark, daß er im 17. Jahrhundert Anlaß zu gewalttätigen Bauernunruhen gab. Wir können hier einen internen „drain of wealth" (Abzug von Wohlstand) weg von der Landwirtschaft hinein in die Städte und in die Kassen des Staates sehen. Ist es heute für uns eine Selbstverständlichkeit, daß der Steuerzahler im Gegenzug für seine Steuern auch Leistungen des Staates in Anspruch nehmen kann (Straßen, Schulen, öffentliche Einrichtungen etc.), so gab es im Mogulreich kaum derartige Rückflüsse in die Landwirtschaft.

Ein kleiner Anteil der bezahlten Steuern verblieb in den Händen der lokalen Steuereinzieher, die das Geld aber nicht wieder in die Landwirtschaft investierten (vgl. HABIB 1969, S. 53), sondern es für die Erhaltung einer möglichst großen und prestigeträchtigen Schar von Gefolgsleuten ausgaben. Der weitaus größte Teil ging in die Staatskasse und in die Hände hoher staatlicher Würdenträger, er wurde verwandt für militärische Verpflichtungen, Luxuskonsum, Unterhaltung von Angehörigen unproduktiver Berufe (Künstler, Priester, Ärzte etc.). Ein großer Teil wurde schlicht gehortet.

11.2.2
Ökonomie des Mogulreiches: Handel und Handwerk

Ökonomisch mit der Landwirtschaft nur lose verknüpft, aber letztlich abhängig von dem dort abgeschöpften Mehrprodukt, existierte in den Städten eine kunstfertige *Handwerkerschaft* für hochwertige „Luxusprodukte". Sie lebte von den Aufträgen des Adels und der hohen Beamten. Diese Handwerker stellten zwar wertvolle Güter her, doch arbeiteten sie auf einem so geringen technologischen Niveau und mit so geringer Produktivität, daß ihre Einkünfte auch ihnen nur das Existenzminimum sicherten. Verringerte sich ihr Einkommen aus irgendeinem Grund, waren sie sofort vom Ruin bedroht.

Im Bereich des *Handels* existierten gut ausgebaute Verbindungen für hochwertige Güter, diese wurden über weite Entfernungen gehandelt und vielfach exportiert, nach Südostasien, Ostafrika und vor allem Gewürze und Stoff in großen Mengen nach Europa (vgl. RAYCHAUDHURI 1983, S. 25). Der Handel war lukrativ, es gab Kaufleute, die mehr als 50 Schiffe besaßen und sich eigene Häfen anlegen ließen (ROTHERMUND/KULKE 1982, S. 244), und auch die Adligen des Reiches investierten ihr Vermögen oft in Handelsgeschäfte.

Im Gegensatz hierzu steht die Zersplitterung des Reiches, was den Handel mit Gütern des täglichen Bedarfs angeht. So war es oft nicht möglich, bei einer Hungersnot in einer Provinz Getreide aus einer Nachbarprovinz herbeizuschaffen. Diese Fragmentierung des Marktes für Güter des täglichen Bedarfs wurde noch verstärkt durch den allmählichen Verfall des Mogulreiches während des 17. und 18. Jahrhunderts.

Eine Umwandlung des beträchtlichen Handelskapitals in Kapital, das in gewerbliche, produktive Unternehmen investiert wurde, fand in nennenswertem Maße nicht statt.

Der Staat der Moguln und seine Wirtschaft beruhten also darauf, daß das agrarische Mehrprodukt abgeschöpft und der Landwirtschaft entzogen wurde, es diente der Erhaltung des Staates und seiner Adelsgesellschaft, des Militärs, einer Schicht von Angehörigen unproduktiver Berufe sowie der Handwerker für den Luxuskonsum. Dem *Bauern* verblieb nur das Existenzminimum, er konnte nicht in die Verbesserung des Bodens oder seiner Anbaumethoden investieren, er hatte auch kein Interesse daran, da ihm ein gesteigerter Ertrag ohnehin weggenommen worden wäre. Es fehlten damit alle nennenswerten Ansätze, die eine moderne Entwicklung (d. h., eine Entwicklung, die zunächst zum Aufbau eines industriellen Sektors führt) hätten in Gang setzen können. Die wenigen Ansätze, die es gab, so z. B. fürstliche Werkstätten, in denen die Arbeiter fast wie Lohnarbeiter beschäftigt waren, blieben in ihrer Bedeutung begrenzt. Der Wirtschaft fehlten damit die dynamischen Impulse, sie war statisch.

11.2.3
Gesellschaft des Mogulreiches: Kastensystem als starres Ordnungsprinzip

Auf der gesellschaftlichen Seite erschwerte das Kastensystem als soziales Ordnungsprinzip die notwendige Flexibilisierung der Gesellschaft, die die Voraussetzung für ein modernes, industrielles Wirtschaftssystem ist. Ein solches System beruht darauf, daß die Menschen prinzipiell frei sind, Arbeit dort anzunehmen, wo sie angeboten wird, daß also das Angebot und die Nachfrage von Arbeit und Arbeitskraft auf einem mehr oder weniger offenen Markt ausgeglichen wird. Das Kastensystem ist dagegen ein starres, tradiertes Prinzip, das dem einzelnen in der Regel nicht erlaubt, eine Arbeit außerhalb seiner durch Geburt festgelegten Berufsgruppe anzunehmen. In der Mogulzeit war das Kastensystem das wichtigste gesellschaftliche Ordnungsprinzip, wirtschaftlicher und sozialer Wandel wurde also auch von dieser Seite aus erschwert (s. a. Kap. 11.5.3).

11.2.4 Zusammenfassung: Entwicklungschancen des Mogulreiches

Insgesamt läßt sich sagen, daß in das mogulische Wirtschaftssystem Strukturen eingebaut waren, die einer modernen Entwicklung im Wege standen:
- Die vollständige Abschöpfung des landwirtschaftlichen Mehrwerts verhinderte eine Steigerung der Leistungsfähigkeit der Landwirtschaft.
- Der abgeschöpfte Mehrwert wurde nicht produktiv investiert.
- Ebenso wurde auch das Handelskapital nicht produktiv investiert.
- Der Zerfall des Mogulreiches sowie der Mangel an Verkehrswegen verhinderte die Entstehung eines größeren, integrierten indischen Binnenmarktes.
- Die starre Gesellschaftsordnung behinderte die soziale und berufliche Mobilität der Bevölkerung.

Indien stand somit am Beginn der britischen Herrschaft nicht am Vorabend einer eigenständigen industriellen Revolution, die dann durch die Briten verhindert worden wäre, sondern die genannten Faktoren standen einer modernen industriellen Entwicklung im Wege. Wäre Indien weiterhin vergleichsweise unabhängig vom Weltmarkt und von äußeren Einflüssen geblieben, hätte sich seine Wirtschaftsform über Jahrhunderte weitererhalten können.

Durch die Dynamik der industriellen Revolution in Europa und durch die britische Eroberung wurde das Land aber auf eine Weise den Kräften des Weltmarktes ausgesetzt, die die bestehende Struktur tiefgreifend veränderte und die den Bedürfnissen des Mutterlandes England entsprach, dem sie auch den größten Nutzen brachte.

Gleichzeitig wurde das Wirtschaftsleben in Indien von den Engländern parasitär überlagert, wobei entwicklungshemmende Strukturen vielfach beibehalten wurden, dynamisierende Impulse ausblieben und das erwirtschaftete Mehrprodukt abgeschöpft und nach England transferiert wurde.

11.3 Die Herrschaft der Briten im Hinblick auf die Entwicklungsperspektiven von Industrie und Handwerk

Ähnlich wie bei der Geschichte des Mogulreiches, standen sich auch bei der Gesamtbewertung der Entwicklung Indiens in der Kolonialzeit lange zwei Ansätze konträr gegenüber: Vor allem britische Historiker gingen davon aus, daß die Herrschaft einer europäischen Macht in Indien erst die Grundlage für eine moderne Entwicklung gelegt habe. KNOWLES z. B. schreibt 1924: "It now rests with Indians themselves to show how fine an edifice they can rear on the foundations of peace, order, tolerance, justice, security, sound financialadministration, irrigation, and communication, which the English have developed in India in the last hundred and fifty years" (KNOWLES 1924, S. 466). Schon früh haben dagegen indische „nationalistische" Historiker die gegenteilige Meinung vertreten: „The sources of national wealth in India have been narrowed under British rule" (DUTT 1906, S. IX).

In den vergangenen Jahren haben die Kontroversen Anlaß für eine große Zahl von Untersuchungen zur indischen Wirtschaftsgeschichte gegeben, und wir sind über viele Detailfragen heute gut unterrichtet. Unterschiede in der Bewertung bestehen dennoch fort, sie sollen an den entsprechenden Stellen kurz aufgezeigt werden.

Betrachtet man die Politik, mit der die Briten Einfluß auf das Geschick Indiens nahmen, so muß man unterscheiden zwischen zwei Elementen: Auf der einen Seite stehen die *unmittelbaren Folgen britischer Maßnahmen für das Land und seine Bewohner*: z. B. die Folge des Eisenbahnbaus, daß Lohngelder in die Taschen der Streckenarbeiter flossen und dort bescheidenen Wohlstand schufen, oder die Folge politischer Geschäfte und Intrigen, daß große Geldsummen als „Geschenke" der Fürsten in die Hände der Briten fielen und nach England geschickt wurden. – Auf der anderen Seite stehen die meist *langfristigen Folgen britischer Maßnahmen, die die Struktur des Landes veränderten*: Hier ist z. B. zu fragen, welche Folgen der Eisenbahnbau insgesamt für die Entwicklung der indischen Wirtschaft und für ihre Struktur gehabt hat. Diese strukturellen Folgen und Veränderungen haben das Land auf Dauer geprägt, sie zählen zu den Ursachen für viele Strukturelemente auch des heutigen Indien, ihrer Untersuchung kommt daher größte Bedeutung zu.

Es erübrigt sich zu sagen, daß beide Elemente der britischen Politik sich in der Praxis oft überlagern und manchmal nur schwer unterscheidbar sind. Dennoch scheint die analytische Trennung sinnvoll zu sein, um die verschiedenen Ebenen der britischen Einwirkung auf Indien herauszuarbeiten und die britische Politik differenziert zu beurteilen.

Die Territorialherrschaft der Briten begann mit dem Jahr 1757, als sie die Schlacht von Plassey gegen den Nawab (Vizekönig) von Bengalen gewannen. 1765 wurde der britischen East India Company die Diwani (Steuerhoheit) über die Provinzen Bihar und Bengalen übertragen, aus der reinen Handelsgesellschaft wurde somit ein Instrument der Herrschaftsausübung. Die erste Phase der britischen Herrschaft stand nun im Zeichen einer exzessiven Ausplünderung der ersten Provinz, in der die Briten in größerem Maß Fuß fassen konnten, nämlich Bengalens.

11.3.1
Britische Herrschaft:
Die Frühphase

Die Plünderung Bengalens

Schon sehr früh waren die Briten in den bengalischen Binnenhandel, vor allem mit Textilien, aber auch mit fast allen anderen Produkten, eingedrungen. Neben dem „offiziellen" Handel der East India Company traten hierbei oftmals deren Angestellte als Privathändler auf den Plan. Sie setzten rücksichtslos ihre Macht und Gewalt ein, kauften Waren bei Bauern und Handwerkern zu einem Bruchteil ihres Werts ein und zwangen die Einheimischen, einen weit überhöhten Preis zu zahlen, wenn sie Waren bei den Briten kauften. Darüberhinaus setzten sie durch Vorschüsse, die sie den Bauern für den Anbau bestimmter Produkte zahlten, sowie durch Androhung von Gewalt den Anbau und die Produktion von Gütern durch, nach denen in England große Nachfrage herrschte – vor allem Textilien. Die bengalischen Weber konzentrierten sich damit sehr früh auf den Export, im Gegensatz zu ihren Kollegen in anderen indischen Provinzen, die Stoffe für den einheimischen Markt herstellten. Den Preis für diese Spezialisierung mußten die bengalischen Weber im kommenden Jahrhundert zahlen, als sie gegen die billigen, maschinell hergestellten Stoffe aus England nicht mehr mithalten konnten und von der britischen Konkurrenz ruiniert wurden.

Während die indischen Händler und Kaufleute hohe Steuern und vor allem Binnenzöllen unterworfen waren, verlangten die Briten für sich selbst Befreiung von allen Abgaben. Diese Praktiken waren insgesamt für die einheimischen Händler und Produzenten ruinös und führten um die Mitte des 18. Jahrhunderts zu heftigen Protesten gegen die Briten. Diese waren aber nur sehr zögernd zu einer Änderung ihres – für sie lukrativen – Verhaltens bereit. Erst 1768 gelang es, den privaten Inlandshandel der Kompanieangestellten einzudämmen und so die schlimmsten Mißstände zu beseitigen.

Die Situation verschärfte sich nach den militärischen Erfolgen der Briten in der zweiten Hälfte des 18. Jahrhunderts. Hatten sie als Händler ihre Waren bislang mit Edelmetallen bezahlt und auf diese Weise große Mengen Silber nach Bengalen geschickt, so kehrten sie nun diesen Strom wieder um und saugten das Silber mit den ihnen neu zur Verfügung stehenden Mitteln wieder aus der Provinz heraus. Sie preßten einerseits die traditionelle Oberschicht aus, betätigten sich als Königsmacher und ließen sich Gefälligkeiten fürstlich durch „Geschenke" und Entschädigungen entlohnen. Auf diese Weise erhielten sie innerhalb von nur acht Jahren die enorme Summe von fast 6 Mill. Pfund (DUTT 1906, S. 33). Die Größenordnung dieser Summe wird deutlich, wenn man bedenkt, daß der jährliche Bruttosteuerertrag der gesamten Provinz Bengalen zwischen 1765 und 1771 durchschnittlich 3,35 Mill. Pfund betrug (DUTT 1906, S. 46).

Die Übernahme der Steuerhoheit

Die Übernahme der Steuerhoheit über Bengalen gab den Briten die lukrativste legale Möglichkeit, die Provinz auszuplündern. Sie behielten das bestehende Steuersystem in seinen Grundzügen bei, machten aber die bisherigem Steuereinzieher (Zamindare) formal zu Besitzern des Landes. Von diesen forderten sie nun die Grundsteuer ein, wobei sich der zu zahlende Betrag im Vergleich zur Mogulzeit nicht wesentlich erhöhte (auch die Moguln hatten ja bereits einen sehr hohen Steueranteil gefordert), jedoch nunmehr weitaus effektiver eingetrieben wurde. Reagierte das System früher flexibel auf Schwankungen im Ernteertrag, so kam es den Briten auf Genauigkeit an. Sie setzten ihre Ansprüche rigoros und effektiv durch: Wurde der veranlagte Betrag von den Zamindaren nicht vollständig und pünktlich – auch bei Mißernten – bezahlt, so drohte sofort die Zwangsversteigerung. So vermerkte *Warren Hastings*, seinerzeit Gouverneur der Provinz Bengalen, 1772 stolz, daß auch im Jahre 1771, als in Bengalen eine grausame Hungersnot herrschte, die in manchen Distrikten ein Drittel der Bevölkerung das Leben kostete, die Steuereinnahmen angestiegen seien (DUTT 1906, S. 52).

Im Jahre 1793 führten die Briten dann das „*permanent settlement*" für Bengalen ein, wodurch der jährliche Grundsteuerbetrag auf Dauer festgelegt wurde. Der Anspruch des Staates war nun zwar hoch, konnte jedoch nicht mehr verändert werden. Die Briten hofften, durch diese Begrenzung des staatlichen Anspruchs einen Anreiz für eine Modernisierung der Landwirtschaft zu geben, da jede Ertragssteigerung nun den Bauern bzw. den Landeigentümern zugute kommen würde. Das Ergebnis entsprach jedoch nicht diesen Vorstellungen. Da die Zamindare nun Landeigentümer waren, wurde die Funktion des Bodens als Ware unterstrichen: Er war käuflich, mit ihm konnte gehandelt werden, er konnte als Spekulationsobjekt eingesetzt werden und er konnte mit Schulden belastet und verloren werden. Durch die Welle der Zwangsversteigerungen, bei denen das Land säumiger Steuerzahler unter den Hammer kam, entstand ein ausgedehnter Markt für Grundbesitz, allein in Bengalen wechselte zwischen 1799 und 1815 mehr als ein Drittel des Landes den Besitzer (CHARLES/ WORTH 1982, S. 19).

In der Forschung hat sich – ausgehend von *James Mill* – lange Zeit die Meinung gehalten, daß in dieser Zeit der größte Teil des Landes an städtische Geldverleiher und Kaufleute gefallen sei. Neuere Detailuntersuchungen haben diese Ansicht jedoch relativiert, danach ist nur ein geringer Teil in die Hände urbaner Schichten gefallen, der Großteil des Landes jedoch verblieb in den Händen der führenden ländlichen Familien und vor allem der landbesitzenden Kasten (vgl. z. B. FRYKENBERG 1969, STOKES 1978, KUMAR 1975, KESSINGER 1974, CHAUDHURI 1983 – s. u. Kap. 11.5).

Durch das „permanent settlement" erhöhte sich auch der Wert des Bodens, ohne daß sich die Erträge steigerten, so daß Grundbesitz als Kapitalanlage interessant wurde, auch wenn nicht in die Verbesserung der Anbaumethoden investiert wurde.

Mit dem Beginn des 19. Jahrhunderts läßt sich – verursacht durch das Bevölkerungswachstum – auch eine zunehmende Verknappung des Bodens feststellen. Im Zusammenwirken all dieser Faktoren wurde eine Tendenz erzeugt, nach der mehr und mehr Bauern ihr Land verloren und zu landlosen Pächtern, Teilpächtern oder Tagelöhnern absanken.

Schließlich wurde eine ländliche Hierarchie geschaffen, die von den Grundbesitzern an der Spitze über verschiedene Unter- und Unter-Unterpächter bis hin schließlich zum Bebauer des Bodens reichten. Alle Zwischenschichten zogen ihren Gewinn aus dieser Hierarchie, für den Bauern am Ende der Leiter blieb wieder einmal nur das Existenzminimum. Das Ganze beruhte auf einer extensiven, letztlich undynamischen Ausbeutung der Arbeitskraft der Bebauer des Landes und ließ nur sehr wenig Raum für eine Erhöhung der Produktivität und damit des Bodenertrages. Dieses System konnte Forderungen des Weltmarkts nach bestimmten Produkten an den Produzenten – den Bauern – weitergeben, der Gewinn jedoch versickerte in den Händen der verschiedenen Zwischenschichten.

Fragt man sich, was die Landbesitzer davon abhielt, Kapital zu investieren, die Landwirtschaft zu modernisieren und so ihre Erträge zu steigern (wie die Briten erhofft hatten), so ist wohl in erster Linie das Risiko der Monsunlandwirtschaft zu nennen. Der Monsun ist nicht verläßlich, er führt ohne zusätzliche Bewässerung in kurzen Abständen immer wieder zu Mißernten (vgl. Kap. 2.3).

Hätte ein Landbesitzer viel Kapital in seinen Betrieb investiert, so wäre eine Mißernte ein direkter, schwerer wirtschaftlicher Verlust für ihn gewesen. Es war sicherer, das Ernterisiko von den Bebauern des Bodens, also von den Pächtern tragen zu lassen, und sich mit einem zwar geringeren, aber sicheren Renteneinkommen zufriedenzugeben. Entgegen ihren Absichten gelang es den Briten also nicht, hier die Voraussetzungen für eine Modernisierung der Landwirtschaft zu schaffen. Die wohlhabende Schicht der Landeigentümer wurde schließlich zur stärksten einheimischen Stütze der britischen Herrschaft. So ist es zu erklären, daß die Briten nicht daran dachten, ihnen gegenüber Zwang auszuüben und sie zu produktiven Investitionen zu drängen.

Die Steuern, die die Briten erhoben, kamen nicht ihrem Ursprungsland zugute. Der Teil, der nach Abzug der Unkosten für Verwaltung, Militär etc. eigentlich zur Verfügung gestanden hätte, um im Lande ausgegeben zu werden – z. B. für Investitionen oder als Anreiz für Modernisierungsmaßnahmen –, wurde außer Landes geschafft. Dabei handelte es sich immerhin um ein Drittel der gesamten britischen Nettosteuereinnahmen in Indien, z. B. zwischen 1765 und 1771 vier Mill. von 13 Mill. Pfund. Die Briten finanzierten auf diese Weise ihre weiteren Eroberungen sowie auch einen Großteil ihres Handels, d. h. indische Waren wurden mit indischen Steuergeldern gekauft. Der Verkaufserlös floß dann selbstverständlich in britische Kassen. „Der indische Steuerzahler zahlte seinen eigenen Export nach Europa" (ALBERTINI 1976, S. 71).

Das städtische Luxushandwerk

Eine weitere Folge der britischen Herrschaft in dieser frühen Phase war die Zerstörung des städtischen Luxushandwerks. Die Adligen des Mogulreiches hatten einen großen Teil ihres Einkommens für handwerkliche Luxusprodukte ausgegeben. Als sie nun ihre Funktionen und ihre Einkommensquellen einbüßten, verloren auch die Handwerker schlagartig ihren Absatzmarkt und damit ihre Existenz, sie waren gezwungen, in andere Berufe abzuwandern. Hier verblieb – kastenbedingt – in erster Linie nur die Landwirtschaft.

Zusammenfassung:
Die Frühphase der britischen Herrschaft

Am Beginn der britischen Herrschaft in Indien stand also eine Phase der direkten und exzessiven Ausbeutung Bengalens als der ersten Provinz, in der die Briten politisch – als Eroberer und Herrscher – Fuß fassen konnten. Durch Erzwingung von Geschenken, durch brutale und ungleiche Handelspraktiken, schließlich durch die Aneignung der Grundsteuer entzogen sie dem Land die Mittel, die sie dann zur Durchsetzung ihrer eigenen Interessen einsetzten. Gleichzeitig wurden auch langfristige strukturelle Veränderungen bewirkt, vor allem durch die Betonung der Funktion des Bodens als Ware sowie durch die Verfestigung einer unproduktiven ländlichen Hierarchie. Die Auswüchse der britischen Politik in dieser Phase waren so unübersehbar, daß sie sogar in der frühen britischen Geschichtsschreibung kritisiert wurden: "By investing themselves with political attributes without discarding their commercial character, they (die Briten) produced an almost unprecedented conjunction which engendered intolerable abuses and confusion in Bengal" (LYALL 1907, S. 183).

11.3.2
Britische Herrschaft im 19. und 20. Jahrhundert: Einigung Indiens und Einbindung in das koloniale Wirtschaftssystem

Die Zeit bis etwa zur Mitte des 19. Jahrhunderts stand im Zeichen einer expansiven Politik der Briten, die bis dahin etwa 58% der Fläche und 77% der Bevölkerung Indiens eroberten und ihrem Kolonialreich einverleibten (vgl. Abb. 1.6). Der verbleibende Rest blieb formal unabhängig, dort herrschten in mehreren hundert kleinen und größeren Staaten einheimische Fürsten, deren Handlungsfreiheit aber in hohem Maße von der Gunst der Briten abhing. Nachdem die Zeit der Eroberungen mit der Einverleibung von Oudh im Jahre 1856 ihren Abschluß gefunden hatte, konzentrierten sich die Briten auf die politische Bewahrung und Konsolidierung des Besitzstandes sowie vor allem auf die wirtschaftliche Durchdringung des Landes.

Eines der herausragenden Ergebnisse dieser Entwicklung im 19. Jahrhundert war die – gemessen an der Ausgangslage weitgehende – *Einigung Indiens*. Wie immer man die Folgen der britischen Herrschaft heute beurteilen mag, es läßt sich kaum bestreiten, daß mit dieser Einigung die Grundlage für die Entwicklung des Landes als einheitlicher Wirtschaftsraum sowie für die politische Entwicklung Indiens bis hin zur Gründung des unabhängigen Nationalstaates 1947 geschaffen wurde.

Diese Einigung des Landes läßt sich nur schwer in konkreten Daten und Fakten nachweisen, da sie natürlich nicht mit einfachen politischen Maßnahmen und Entscheidungen herbeigeführt werden konnte. Sie läßt sich aber durchaus als Folge der britischen Politik im 19. Jahrhundert herausarbeiten, die schon aus Gründen der Herrschaftssicherung darauf angelegt war, die Kommunikation zwischen den verschiedenen Regionen zu erleichtern und z. B. Verwaltung und Rechtssystem zu vereinheitlichen. Hier seien nur kurz einige Punkte aufgeführt, die zur Einigung des Landes beitrugen.

Auf die regionale Zersplitterung als ein Kennzeichen der indischen Geschichte wurde oben bereits hingewiesen. Mit der Vereinigung von zwei Dritteln des Landes unter einer Herrschaft wurde nun die überregionale Kommunikation erheblich erleichtert, vor allem profitierte der Handel von der *Abschaffung der Binnenzölle*, die noch im 18. Jahrhundert die schon wegen der schlechten Verkehrsverbindungen hohen Transportkosten weiter emporgetrieben hatten. Mit der seit 1835 von den britisch-indischen Münzanstalten geprägten einheitlichen Silberrupie konnte das Währungswesen vereinheitlicht und alle anderen Währungen im Herrschaftsgebiet abgelöst werden. Damit wurde häufiges, kostspieliges und nur schwer berechenbares Umwechseln überflüssig, eine weitere Handelsschranke war gefallen.

Die *Schaffung* eines *einheitlichen Rechtssystems* sowie einer *effizienten Verwaltung* waren weitere Schritte auf dem Weg zur Einigung. Im Rechtswesen versuchte man das indische Gewohnheitsrecht zu kodifizieren (was wegen der notwendigerweise fehlenden Flexibilität nur schlecht gelingen konnte), es wurden aber auch große Gesetzeswerke geschaffen, die sich als praktikabel erwiesen und zur Vertragssicherheit im britischen Reich beitrugen.

Die Reformen von *Cornwallis* 1789 trennten innerhalb der East-India-Company die Funktion der Händler von der der Verwaltungsbeamten, damit entstand eine gutbezahlte, kleine, aber *hochqualifizierte Beamtenschicht*, die zum zivilen Rückgrat der britischen Herrschaft werden sollte. Dieser „Indian Civil Service" sorgte dafür, daß die britische Durchdringung Indiens bis hinunter auf die Distriktsebene, oft auch bis in die Dörfer hineinreichte. Der ICS sträubte sich lange gegen seine Indianisierung, konnte diese Entwicklung aber letztlich nicht aufhalten. Beim Übergang zur Unabhängigkeit und beim Aufbau des unabhängigen Indien trug er entscheidend dazu bei, die entstehenden Schwierigkeiten zu bewältigen.

Die Entwicklung der Eisenbahn

Auch der Eisenbahnbau trug entscheidend zur Erschließung des Landes und zur Einigung bei, er spielte gleichzeitig eine wichtige Rolle für die Herausbildung der ökonomischen Struktur des modernen Indien.

In Europa hatte der Eisenbahnbau eine doppelte Wirkung auf den wirtschaftlichen Entwicklungsprozeß: Er revolutionierte das Transportwesen, senkte die Transportkosten, ermöglichte Massentransporte auch von schweren Gütern und erschloß Zugang zu bislang abgelegenen Regionen. Gleichzeitig schufen die Eisenbahnen Nachfrage nach Kohle und Stahl sowie nach Ingenieurprodukten wie Lokomotiven, Brücken, etc.

Der Eisenbahnbau in Indien kann geradezu als ein Musterbeispiel für die Durchsetzung der Interessen des Mutterlandes in einer Kolonie betrachtet werden. Indien profitierte nur zum Teil davon, die entwicklungsfördernden Impulse kamen weitgehend den Briten zugute.

Die erste indische Eisenbahnlinie wurde 1853 (Bombay–Thana) eröffnet, u. a. auf Drängen der britischen Baumwollproduzenten, die ihre Rohstoffzufuhr sichern und verbilligen wollten. Das Kapital für den Eisenbahnbau wurde in London aufgebracht. Dabei wurde den Investoren eine Dividende von 5% auf ihr eingezahltes Kapital garantiert, die der indische Steuerzahler zu zahlen hatte, wenn die Gewinne der Eisenbahnen nicht ausreichten. So konnten Bahnlinien auch dort errichtet werden, wo sie nur geringen Gewinn versprachen, und so bestand auch für die Investoren kein Grund, die Baukosten möglichst gering zu halten. Auf diese Weise wurde zwar das Eisenbahnnetz sehr schnell aufgebaut (es galt bereits 1910 als das viertgrößte der Welt, was jedoch angesichts der Größe des Landes nicht überbewertet werden darf – s. Abb. 8.1), jedoch erbrachten im Jahre 1900 70% der Linien keinen Gewinn (HURD 1983, S. 742). Für sie mußte die Regierung die garantierte fünfprozentige Dividende zahlen. Insgesamt mußten für diese staatliche Garantie bis 1900 50 Mill. Pfund aus Steuermitteln aufgebracht werden, bei Gesamtinvestitionen in den Eisenbahnbau bis 1902 von 236 Mill. Pfund (ALBERTINI 1976, S. 55).

In organisatorischer Hinsicht verlief der Eisenbahnbau unkoordiniert und planlos, es gab eine Fülle von Eisenbahngesellschaften (33 im Jahre 1902) und eine fast ebensogroße Fülle von Organisationsformen: Staatlich, privat, staatlich mit privater Verwaltung, im Besitz der Fürstenstaaten etc. Von Koordination war nur wenig zu spüren, verschiedene Spurbreiten machten mehrfaches Umladen erforderlich und hemmten den Verkehrsfluß. Einzelne Linien besaßen auf ihren Strecken meist ein Monopol und konnten die Preise willkürlich festsetzen. Für die leicht zu fördernde indische Kohle wurden z. B. so hohe Frachttarife gefordert, daß britische Kohle in manchen Teilen Indiens billiger war als einheimische (ROTHERMUND 1985, S. 78). Die Situation änderte sich gegen Ende des 19. Jahrhunderts, als die Frachtraten sanken und das Frachtvolumen wuchs. Nach der Jahrhundertwende arbeiteten die Eisenbahnen erstmals mit Gewinn.

Das investierte Kapital kam den Indern direkt nur in Form von Lohn für die Streckenarbeiter zugute, nicht aber in der weitaus bedeutenderen Form von Aufträgen für eine entstehende einheimische Industrie. Eine engstirnige Beschaffungspolitik zwang die Eisenbahnen dazu, fast das gesamte benötigte Material – Waggons, Schienen, Brücken etc. – aus England zu importieren, auch wenn indische Firmen in manchen Bereichen durchaus konkurrenzfähig waren. Die Beschaffungsregelungen lockerten sich im 20. Jahrhundert, aber noch 1925/26 wurde Eisenbahnmaterial für 145,7 Mill. Rs importiert, von indischen Firmen aber nur Material für 87,3 Mill. Rs geliefert (ALBERTINI 1976, S. 58). Die Rolle, die die Eisenbahnen als Nachfrager für Produkte vorgelagerter Industrien spielte, begünstigte also aufgrund der britischen Politik weniger die indische, sondern in erster Linie die britische Industrie – das Mutterland war der Nutznießer. Nur bei der Kohle machte sich die Nachfrage der Eisenbahnen in nennenswertem Ausmaß wirtschaftsfördernd bemerkbar.

Die Streckenführung der Eisenbahnen entsprach ebenso den kolonialen Interessen der Briten. Die Strecken wurden von den großen Hafenstädten – Bombay, Calcutta und Madras – aus ins Inland vorangetrieben und dienten vor allem dem Transport von Gütern für den Export bzw. für den Import. Gewachsene Handelszentren wurden z. T. nicht an das Eisenbahnnetz angeschlossen und büßten ihre Bedeutung ein, kleine Orte an neuen Eisenbahnknotenpunkten entwickelten sich dafür rasch zu neuen Regionalzentren.

Vernachlässigt wurden vor allem inländische Verbindungen zwischen einzelnen Regionen, die den Binnenhandel angeregt hätten. In die gleiche Richtung wirkten auch die Frachttarife, die Ermäßigungen für lange Strecken vorsahen, zumal dann, wenn sie in den Hafenstädten endeten oder begannen. Der Großteil der indischen Fracht wurde von den Häfen aus exportiert. Durch diese Politik wurde jungen indischen Industrien, die für den einheimischen Markt produzierten, das Überleben schwer gemacht, sie mußten sich gegenüber einer ausländischen Konkurrenz durchsetzen, die ihre Waren zu günstigen Tarifen ins Inland transportieren konnte (Ermäßigung für Strecken, die in Hafenstädten begannen), während sieselbst für den Transport innerhalb Indiens keine Ermäßigung in Anspruch nehmen konnten und daher die vollen, hohen Frachtraten zahlen mußten. Indiens gegenwärtige Probleme mit dem ungebremsten, unkontrollierbaren Anwachsen seiner großen Millionenstädte, die im Fall von Bombay, Madras und Calcutta mit den alten Hafenstädten identisch sind, rühren nicht zuletzt auch aus dieser kolonialen Politik.

Insgesamt läßt sich zum Ausbau des indischen Eisenbahnnetzes sagen, daß es zunächst eine positive Wirkung auf die indische Wirtschaft hatte: Weite Teile des Landes wurden erschlossen und die Transportkosten senkten sich ganz beträchtlich. Die entsprechenden Ersparnisse für die indische Volkswirtschaft werden für 1900 auf 9% des Nationaleinkommens geschätzt (HURD 1983, S. 741). Gleichzeitig verringerten sich die Preisunterschiede zwischen den verschiedenen Regionen.

Hingegen führten aber die Kapitalaufnahme in London, das Garantiesystem sowie in erster Linie die Beschaffungspolitik zu einem Abzug von Ressourcen, positive Ausbreitungseffekte blieben zunächst fast ganz aus, die Tarifpolitik ließ die gesamtwirtschaftlichen Ersparnisse geringer ausfallen, als sie hätten sein können, und die Streckenführung vernachlässigte die inländische Marktverknüpfung und belastete die indische Wirtschaft mit einem Vermächtnis, dessen Folgen noch heute zu spüren sind. Der Bau der Eisenbahn entsprach den Interessen des Mutterlandes, Rohstoffe möglichst billig aus dem Land herauszuholen und die eigenen Industrieprodukte und Fertigwaren dort abzusetzen. Daneben spielte auch das Interesse, Truppenbewegungen zu erleichtern, eine wichtige Rolle. Die Begründung, daß man den Indern auf diese Weise Fortschritt und Zivilisation bringe, wurde zwar immer wieder geäußert, war aber in der Praxis lange Zeit kaum von Bedeutung.

Die Entwicklung der Industrie

Auch die *Industrie*, in Europa im 19. Jahrhundert der Motor der modernen wirtschaftlichen Entwicklung, konnte sich in Indien nur in dem Rahmen ausbreiten, der vom System der Kolonialwirtschaft gesetzt und vom Mutterland England bestimmt war.

England war im 19. Jahrhundert in wirtschaftlicher Hinsicht die führende Nation in der Welt, und Indien war, gemessen an den Staaten Europas und Nordamerikas, ein wirtschaftlicher Nachzüglerstaat. Zum Aufbau einer Industrie fehlten dort weitgehend die Voraussetzungen: Kapital, Bankensystem, ausgebildete Arbeiterschaft, technisches und administratives Know-How.

Den europäischen Staaten, die England im 19. Jahrhundert ebenfalls wirtschaftlich unterlegen waren, war es gelungen, diese Voraussetzungen selbst zu schaffen, indem sie sich von der laissez-faire-Doktrin, die dem Staat in allen wirtschaftlichen Fragen nur eine passive Rolle zubilligte, abwandten und zu einer aktiven Förderung ihrer Wirtschaft, unter anderem mit Hilfe von Zollschutz, übergingen. Sie hatten erkannt, daß die laissez-faire-Doktrin den Interessen der wirtschaftlich starken Staaten nützt, deren Industrie sich auch ohne Zollschutz und staatliche Förderung durchsetzen konnte, daß sie die schwächeren Staaten jedoch in ihrer Entwicklung behinderte.

Eine aktive, nationale Wirtschaftsförderung hätte auch in Indien die Voraussetzung für eine eigenständige industrielle Entwicklung schaffen können. Jedoch wurden der Kolonie vom Mutterland die Prinzipien des wirtschaftlichen Liberalismus aufgezwungen – zum Nutzen Englands. Die Folge war eine sektorale Entwicklung der indischen Industrie, d. h. einige Industriezweige konnten sich – zum Teil gegen den Widerstand der britischen Konkurrenz – in Indien entwickeln, während andere, vor allem langfristig wichtige Grundstoff- und Schwerindustrien, in ihrem Wachstum beschränkt blieben. Es kam so nicht zur Herausbildung vollständiger Wirtschaftskreisläufe, wie sie für eine entwickelte, integrierte Volkswirtschaft typisch und notwendig sind.

Am Beispiel dreier Branchen, der Textil-, der Jute- und der Stahlindustrie, sei beispielhaft dargestellt, wie das historisch-koloniale Grundmuster der Wirtschaft die Entwicklung hemmte und es die ökonomischen Nischen waren, in denen einzelne Industrien Möglichkeiten zur Entwicklung fanden.

Baumwollindustrie

Lange bevor die Briten ihre Herrschaft in Indien etablierten, existierte dort ein blühendes Textilhandwerk. Die Handweber

	Exporte	Importe
1814/15	8,49	0,05
1819/20	9,03	1,58
1824/25	6,02	5,30
1829/30	0,13	5,22

Quelle: SEN 1970, S. 314

Tab. 11.1: Der indische Außenhandel mit Baumwollwaren im ersten Drittel des 19. Jahrhunderts (Mill. Rs)

deckten den inländischen Bedarf an Baumwolltuch; in einigen Regionen, vor allem in Bengalen, spezialisierten sie sich auch zunächst erfolgreich auf die Exportproduktion. In den zwanziger Jahren des 19. Jahrhunderts änderte sich die Situation schlagartig, als die Auswirkungen der Mechanisierung der britischen Textilindustrie spürbar wurden (Tab. 11.1).

Innerhalb weniger Jahre ging der Exportmarkt verloren, den bengalischen Webern wurde damit die Existenzgrundlage entzogen. Auch die indische Handspinnerei konnte gegen das britische Maschinengarn nicht mithalten. Die indischen Handweber jedoch, die Tuche für den einheimischen Markt produzierten, profitierten zum Teil vom billigen Maschinengarn, zum Teil von der billigen Rohbaumwolle, vor allem aber von den in der ersten Hälfte des 19. Jahrhunderts niedrigen Agrarpreisen, die es ihnen erlaubten, ihre Lebenshaltungskosten gering zu halten. Sie konnten so der Konkurrenz der maschinell hergestellten Baumwolltuche noch standhalten.

Waren die indischen handwerklichen Baumwollexporte nach England dort im 18. Jahrhundert noch mit hohen Zöllen belegt worden (bis zu 70%), so ging England – der eigenen Interessenlage folgend – in dem Moment zum Freihandel über, als die dort maschinell gefertigten Baumwollwaren vom Preis her allen handwerklichen Produkten überlegen waren. Dem

	Fabriken	Spindeln (1000)	Webstühle (1000)	durchschnittlich Beschäftigte pro Tag (1000)
1875/76	47	1100	9,1	k.A.
1883/84	79	2002	16,3	60
1893/94	142	3650	31,1	130
1903/04	191	5118	45,3	185
1913/14	271	6779	104,2	260

k.A. = keine Angaben
Quelle: MORRIS 1983, S. 576

Tab. 11.2: Entwicklung der Baumwolltextilindustrie in Britisch-Indien an der Wende vom 19. zum 20. Jahrhundert

indischen Markt wurde kein Zollschutz gewährt. Bis zum Ersten Weltkrieg versuchte die britisch-indische Regierung in Calcutta mehrmals, geringe Finanzzölle einzuführen, um sich zusätzliche Einnahmen zu verschaffen. Diese Zölle wurden von London auf Druck der britischen Textilregionen verhindert bzw. auf ein Minimum gemindert. 1896 gelang es sogar, der indischen Baumwollindustrie eine Abgabe in gleicher Höhe wie die minimalen – 3,5% – Einfuhrzölle aufzuzwingen.

Trotz der fehlenden staatlichen Förderung gelang es, in der zweiten Hälfte des 19. Jahrhunderts in Indien eine Baumwolltextilindustrie aufzubauen, die 1914 als die viertgrößte der Welt galt (ALBERTINI 1976, S. 60).

Die erste indische Baumwolltextilfabrik wurde 1854 in Bombay eröffnet, danach verlief die Expansion dieses Industriezweiges sehr rasch (Tab. 11.2).

Die Zahlen zeigen deutlich die rasante Expansion, sie zeigen auch die Verlagerung des Schwerpunktes von der Garnspinnerei (für den Export nach Ost- und Südostasien sowie für die Handweber) hin zur Tuchherstellung.

Von entscheidender Bedeutung für diese erfolgreiche Entwicklung einer eigenständigen indischen Industrie ist die Tatsache, daß die indischen Industriellen eine Marktlücke (bei der Größe des indischen Marktes kann eine Marktlücke durchaus Entwicklungsmöglichkeiten für einen ganzen Industriezweig bieten) nutzten, in der sie Vorteile gegenüber den Engländern besaßen: Sie konzentrierten sich auf grobe Tuche für den einheimischen Markt, für den sie wegen ihrer besseren Kenntnisse der lokalen Gegebenheiten einen natürlichen Vorteil besaßen. Gleichzeitig hätten bei den billigen groben Tuchen die relativen Frachtkosten von England auch unverhältnismäßig hoch zu Buche geschlagen, so daß englische Hersteller hier auch keinen Preisvorteil hatten. Es kam also nicht zu einer direkten Konkurrenz der britischen mit der indischen Textilindustrie, sondern der Markt wurde auf die beschriebene Art aufgeteilt.

Während des Ersten Weltkrieges konnten die indischen Textilfabrikanten erhebliche Kriegsgewinne einstreichen, die Produktion von Tuch wurde forciert, die von Garn eingeschränkt. Die indischen Fabriken konnten ihren Anteil am einheimischen Markt zu Lasten des Imports, aber auch zu Lasten der indischen Handweber, die nun von ihnen ruiniert wurden, deutlich vergrößern.

In den zwanziger und dreißiger Jahren des 20. Jahrhunderts gelang es der indischen Baumwollindustrie schließlich – nun mit Hilfe von Zollschutz, der endlich gewährt wurde – auch feinere Tuche zu produzieren und die ausländische Konkurrenz vom indischen Markt zu verdrängen. Die Expansion ging mit Unterbrechungen weiter, 1939 arbeiteten bereits 442000 Menschen in diesem Industriezweig (LEUE 1983, S. 166). Der Zweite Weltkrieg brachte eine enorme Erhöhung der staatlichen Nachfrage (Uniformen), das Angebot blieb weit dahinter zurück, und die jährlichen Nettogewinne stiegen von 30 Mill. Rs 1937–1940 auf 700 Mill. Rs 1942–45! (LEUE 1983, S. 156).

Juteindustrie

Die Juteindustrie war der zweite große Industriezweig in Indien, sie entwickelte sich fast gleichzeitig mit der Baumwollindustrie. Im Gegensatz zur Baumwollindustrie wurden die Jutefabriken von Ausländern, vor allem von Schotten, aufgebaut (die Textilfabriken waren fast ausschließlich von Indern gegründet worden), sie produzierten hauptsächlich für den Export. Räumlich stark konzentriert, waren sie an den Ufern des Hoogly bei Calcutta angesiedelt (der Schwerpunkt der Baumwollindustrie lag im Westen mit den Zentren Bombay, Ahmedabad und Solapur).

Die erste indische Jutefabrik wurde 1855 gegründet, zu dieser Zeit beherrschte das schottische Dundee den Weltmarkt für maschinell gefertigte Jute. Die Entwicklung braucht hier nicht im Einzelnen nachgezeichnet zu werden, der große Aufschwung kam in den achtziger Jahren (Tab. 11.3).

Jedoch waren hier große Überkapazitäten geschaffen worden, erst der Erste Weltkrieg brachte die volle Auslastung und entsprechende Kriegsgewinne. Seit dieser Zeit übersteigt auch der Export von Juteprodukten den von Rohjute.

	Fabriken	Webstühle (1000)	durchschnittlich Beschäftigte pro Tag (1000)
1868/69	5	950	k.A.
1883/84	23	6 132	47 863
1893/94	28	9 580	69 179
1903/04	38	18 400	123 869
1913/14	64	36 050	216 288

k.A. = keine Angaben
MORRIS 1983, S. 569)

Tab. 11.3: Entwicklung der Juteindustrie in Britisch-Indien in der zweiten Hälfte des 19. Jahrhunderts und zu Beginn des 20. Jahrhunderts

Nach dem Ersten Weltkrieg folgte bald eine Periode des stürmischen Wachstums. Nach 1929 wurde die Juteindustrie jedoch hart von den Auswirkungen der Weltwirtschaftskrise getroffen. Zwar gelang es, die Produktivität zu erhöhen, aber gleichzeitig wurden auch die Löhne gesenkt sowie die Belegschaften reduziert. Der Zweite Weltkrieg brachte keine Erholung, der Wert der Produktion sank um fast die Hälfte.

Der Erfolg der Juteindustrie überrascht nicht, waren doch die Bedingungen in Bengalen weitaus günstiger als in Dundee: Die Rohjute konnte vor Ort günstig angebaut werden, der Kapitalaufwand war niedrig, Arbeitskräfte waren billig und brauchten nur angelernt zu werden. Diese günstigen Bedingungen haben sich jedoch nicht die Inder, sondern die Kolonialherren zunutze gemacht, waren doch die meisten Jutefabriken in britischem Besitz. Die Gewinne und ein Teil der Löhne flossen nach England ab, die entscheidenden Posten waren mit Engländern oder Schotten besetzt, britische Agencies waren für das Management zuständig, die Ausbreitungseffekte in Indien blieben dementsprechend gering. Überspitzt formuliert, haben sich hier die britischen Kapitalisten die günstigen Bedingungen in Bengalen zunutze gemacht, um einen Teil der britischen Industrie dorthin zu verlagern.

Bei der Betrachtung der beiden im 19. Jahrhundert wichtigsten Industriezweige Indiens wird ein weiteres Strukturmerkmal des kolonialen Wirtschaftssystems sichtbar, das wiederum entscheidende Folgen für die langfristige Entwicklung der indischen Wirtschaft und ihrer Struktur hatte: Die Nachfrageeffekte der beiden wichtigen Textilindustrien blieben in Indien aus!

Das rasche Wachstum der Jute- sowie der Baumwolltextilindustrie hätte in Indien – ähnlich wie auch in Europa – eine steigende Nachfrage nach Textilmaschinen auslösen können, so daß auch andere Wirtschaftssektoren durch dynamische Impulse belebt worden wären. Langfristig hätten sich hier vollständige, verknüpfte Wirtschaftskreisläufe entwickeln können.

Unter dem Freihandelssystem war es jedoch für die einzelnen Unternehmer kostengünstiger, Maschinen zu importieren, als in den Aufbau einer einheimischen Textilmaschinenindustrie zu investieren. Die Entwicklung eines solchen Industriezweiges blieb somit in Indien aus. Die Folgen waren z. B. während des Ersten Weltkriegs zu spüren, als es trotz erhöhter Nachfrage nicht gelang, die Produktion ausreichend zu steigern, weil der Lieferweg für Einzelteile und neue Maschinen unterbrochen war.

Einfuhrzölle auf Maschinen hätten eine einheimische Industrie unterstützen können, doch wurden sie natürlich nicht gewährt. Die beiden sich im 19. Jahrhundert entwickelnden Industriezweige behielten somit den Charakter von Enklavenindustrien, die Ausbreitungseffekte sowohl auf ihr Hinterland als auch in andere Wirtschaftssektoren blieben aus. Diese ungleichgewichtige Entwicklung ist eines der schwerwiegensten historischen Vermächtnisse für das heutige Indien.

Stahlindustrie

Nur im Bereich der Stahlindustrie gelang eine eigenständige Entwicklung durch das große Stahlwerk der Tata-Familie in Jamshedpur/Bihar, jedoch war entscheidend für den Erfolg letztlich ein historischer Zufall, nämlich die ökonomische Auswirkung des Ersten Weltkrieges.

Das nicht unbeträchtliche Kapital für die „Tata Iron and Steel Corporation" (TISCO) wurde ausschließlich in Indien aufgebracht. Ausländische Experten wurden in Deutschland angeworben. Es ist jedoch fraglich, ob TISCO die ersten Jahre nach der Gründung (1907) überlebt hätte, wenn nicht der Erste Weltkrieg entscheidenden Auftrieb gegeben hätte. Das Stahlwerk konnte große Mengen von Schienen an die indische Regierung liefern und wegen der Unterbrechung der Lieferwege aus Europa bald mehr als die Hälfte des indischen Stahlbedarfs decken. Daraufhin wurde das Werk rasch erweitert. In der Zwischenkriegszeit wurden dann Schutzzölle eingeführt, um Stahlimporte aus Deutschland und Belgien zu erschweren. Britische Produkte blieben davon ausgenommen, so daß sich TISCO als einziges indisches Werk und die britische Stahlindustrie den indischen Markt teilten. TISCO vergrößerte seinen Anteil ständig und deckte 1938/39 schließlich 73% des indischen Stahlbedarfs (MORRIS 1983, S. 626).

Die Stahlindustrie ist ein Beispiel, wie es unter günstigen Bedingungen (zu denen in diesem Fall auch der Erste Weltkrieg gerechnet werden muß) gelingen konnte, für die Entwicklung des Landes wichtige Industriezweige aufzubauen. Kennzeichnend für die indische Entwicklung ist jedoch, daß sich die drei genannten wichtigsten Industrien isoliert entwickelten und daß es nicht gelang, integrierte, vollständige Wirtschaftskreisläufe zu schaffen. Vor allem wichtige Grundstoffindustrien kamen aus den Anfangsschwierigkeiten nicht heraus.

Entwicklung der Industrie: Zusammenfassung

An den drei beschriebenen Beispielen für den erfolgreichen Aufbau einzelner Industriezweige läßt sich recht deutlich zeigen, daß eine Industrialisierung Indiens nicht unmöglich war und in Ansätzen auch erfolgte. Hier werden jedoch auch die Grenzen deutlich, die durch die koloniale Bindung an das Mutterland England sowie durch die entsprechende Einbindung in die Weltwirtschaft gegeben waren. Die Industrialisierung Indiens konnte nur partiell bleiben, solange das Land Kolonie blieb, sie konnte nur in den Nischen erfolgen, die von den Briten – aus welchen Gründen auch immer – nicht ausgefüllt wurden.

So konnte sich die *Baumwolltextilindustrie* in Indien entwickeln, weil sie sich auf grobe Tuche für den Binnenmarkt konzentrierte, die sie mit geringem Kapitalaufwand aus einheimischer Baumwolle mit billigen Arbeitskräften zu einem Preis herstellen konnte, der für die Briten nicht mehr profitabel war. Die Produktion feinster Tuche überließ sie zunächst den Briten. Es kam also im 19. Jahrhundert nicht zu einer direkten Konkurrenz zwischen britischer und indischer Baumwolltextilindustrie, sondern beide teilten den indischen Markt auf. Der eigentliche Konkurrent der indischen Industrie waren die indischen Handweber. Nach dem Ersten Weltkrieg, als die Inder mehr und mehr in direkte Konkurrenz zu den Briten traten und diese schließlich vom indischen Markt verdrängten, war das wirtschaftliche Gewicht der Textilindustrie in England zu gering geworden, als daß es sich gelohnt hätte, diese Entwicklung zu einem hohen politischen Preis aufzuhalten.

Der indischen *Juteindustrie* gelang es sehr rasch, der schottischen Stadt Dundee den Rang abzulaufen und sich zum weltgrößten Hersteller von Juteprodukten aufzuschwingen. Jedoch wurde oben gezeigt, daß es sich dabei nicht um eine eigenständige indische Entwicklung handelte, sondern eher um einen britischen Industriezweig, der letztlich aus Kostengründen seinen Sitz in Indien hatte.

Die Entwicklung der *Stahlindustrie* zeigt schließlich, daß ein Schutz des Binnenmarktes – zynischerweise durch den Ersten Weltkrieg, der in diesem Fall die gleiche ökonomische Wirkung wie ein Schutzzoll hatte – die Möglichkeit zur Entwicklung einheimischer Industrien in sich barg. Durch den kriegsbedingten Auftragsboom sowie die Unterbrechung der Lieferwege aus Europa wurden Entwicklungsbedingungen geschaffen, die die britische Kolonialpolitik den Indern in Friedenszeiten zu verweigern pflegte.

Den Indern blieb nichts übrig, als diese wirtschaftlichen Nischen auszunutzen und die Entwicklungsmöglichkeiten zu ergreifen, die ihnen blieben. Die Folge war die sektorale und ungleichmäßige Industrialisierung, die für das unabhängige Indien eine schwere Hypothek darstellte. Das Ausmaß dieses Ungleichgewichts in der indischen Industrie wird in einer Aufstellung für das Jahr 1935 deutlich: Danach arbeiteten von 1 620 000 in der Industrie beschäftigten Personen allein 516 000 (32%) in der Baumwollindustrie, 281 000 (17%) in der Juteindustrie und 116 000 (7%) in Eisenbahnwerkstätten (ALBERTINI 1976, S. 422).

Die Entwicklung des Außenhandels

Die Rolle des Außenhandels wird auch in der modernen allgemeinen Entwicklungsländerforschung völlig kontrovers eingeschätzt. Während die herkömmliche Meinung in der Außenhandelstheorie seit A. Smith allen Teilnehmern am internationalen Handel eine Steigerung des Wohlstandes verspricht, hat sich doch

	Exporte	Importe
1885/86		
Genußmittel	14,0%	2,9%
Nahrungsmittel	30,0%	11,0%
verarbeitete Güter	3,5%	61,9%
teilweise verarbeitete Güter	12,8%	18,5%
Rohstoffe	42,7%	6,3%
1913/14		
Nahrungs- und Genußmittel	26,5%	13,4%
verarbeitete Güter	22,4%	79,2%
Rohstoffe	50,1%	5,8%
Verschiedenes	1,0%	1,6%

Quelle: CHAUDHURI 1983, S. 856

Tab. 11.4: Zusammensetzung der indischen Exporte und Importe 1885/86 und 1913/14

inzwischen eine kritische Gegenmeinung herausgebildet (vgl. z. B. MYRDAL 1959 oder SENGHAAS 1977; für Indien bereits sehr früh DUTT 1906). Sie besagt, daß die verschiedenen Staaten mit ungleichen Voraussetzungen am internationalen Handel teilnehmen, woraus für die Entwicklungsländer die Gefahr erwächst, daß ihre Abhängigkeit von den Industrieländern damit zementiert wird, weil der Aufbau einer integrierten Volkswirtschaft durch ein Handelssystem verhindert wird, in dem diejenigen Wirtschaftsbereiche, von denen die meisten Ausbreitungseffekte ausgehen, in den entwickelteren Ländern konzentriert sind.

In Indien war das wichtigste Ausfuhrprodukt zu Beginn des 19. Jahrhunderts handgefertigte Baumwolltuche, ihr Anteil am indischen Gesamtimport betrug 1811 33% (CHAUDHURI 1983, S. 842). Wie bereits erwähnt, ging der Exportmarkt für diese Tuche mit der Mechanisierung der britischen Textilindustrie schlagartig verloren, der entsprechende Anteil betrug schon 1814/15 nur noch 14,3%, 1850/51 3,7% (CHAUDHURI 1983, S. 842). Der export-orientierte Teil der indischen Handwerkerproduktion (Bengalen) wurde hierdurch ruiniert. Im gleichen Zeitraum stieg der Anteil von Rohbaumwolle am Gesamtexport von 4,9% auf 19,1% (CHAUDHURI 1983, S. 842). Der Anteil von Baumwolltuchen an der Einfuhr stieg dagegen von 22,0% 1828/29 auf 31,5% 1850/51 und 47% 1870/71 (CHAUDHURI 1983, S. 857f).

Mit diesem Beispiel ist das Muster abgesteckt für die Ausformung der Außenhandelsstruktur, die sich im 19. und 20. Jahrhundert entwickelte: Der Anteil von verarbeiteten Gütern am Export sank im 19. Jahrhundert und blieb gering, erst im 20. Jahrhundert konnte er sich wieder etwas steigern. Zu den wichtigsten Exportgütern entwickelten sich im 19. Jahrhundert Rohstoffe und Nahrungsmittel. Auf der Importseite nahm dagegen die Bedeutung verarbeiteter Güter ständig zu (Tab. 11.4).

Noch 1965 betrug der Anteil der Rohstoffe am indischen Export 51%, der der verarbeiteten Güter (ohne Textilien und Bekleidung) nur 13%. Die entsprechenden Anteile an der Einfuhr lagen bei 19% für Rohstoffe und bei 59% für das Verarbeitende Gewerbe (Weltentwicklungsbericht 1986, S. 224f.).

Selbst diese recht grobrastige Darstellung zeigt deutlich, von welcher Art die indische Integration in der Weltwirtschaft war: Vereinfacht gesagt, lieferte Indien die Rohstoffe, die anderswo zu Fertigwaren verarbeitet und dann wieder in Indien verkauft wurden. Es war dies eine typische koloniale Arbeitsteilung, und oft (z. B. beim Anbau von Indigo) wurde die Produktion der Rohstoffe vom Mutterland sogar erzwungen. Die positiven Ausbreitungseffekte dieser Arbeitsteilung kamen England zugute, dort wurden die Betriebe und Industrien angesiedelt, die hohes technisches und administratives Know-How verlangten und die wiederum in andere Wirtschaftsbereiche ausstrahlten. Dort bildeten sich vollständige Wirtschaftskreisläufe heraus, dort entwickelte sich die Industrie in rasantem Tempo, dort fand die enorme Steigerung der Produktivität in allen Sektoren statt, die dann auch zu einer breiten Erhöhung des Wohlstandes in England führte. Indien diente als wirtschaftlicher Komplementärraum, seine Wirtschaft war nicht an den eigenen Bedürfnissen ausgerichtet, sondern an den Bedürfnissen Englands und der anderen Industrienationen. Es kam nicht zu integrierten Wirtschaftskreisläufen in Indien, und es entstanden dort auch kaum Verknüpfungen zwischen den bestehenden Industriezweigen. So konnte sich nicht das komplexe System der Interdependenz zwischen Landwirtschaft, Schwer-, Grundstoff- und Konsumgüterindustrie entwickeln, das kennzeichnend für eine integrierte Volkswirtschaft ist.

Diese deformierte Wirtschaftsstruktur war eine schwere Hypothek für das unabhängige Indien. Die Inder haben jedoch nach 1947 große Anstrengungen unternommen, um eine weniger einseitige Struktur des Außenhandels zu erreichen und dabei auch beachtliche Erfolge erzielt. Die Bedeutung der Textil- und Rohstoffexporte ist seitdem deutlich zurückgegangen, während der Anteil des Verarbeitenden Gewerbes bis 1994 auf 75,6% angestiegen ist (s. Tab. 9.3).

11.4 Zusammenfassung

Die Darstellung hat gezeigt, daß der Entwicklungsstand und das Entwicklungsmuster des gegenwärtigen Indien nicht zuletzt auf historische Ursachen zurückzuführen sind. Vor allem während der Kolonialzeit läßt sich ein kompliziertes Geflecht von politischen und wirtschaftlichen Prozessen beobachten, welche die wirtschaftliche Struktur des Mogulreiches völlig veränderten und die Bedingungen für eine Modernisierung und Industrialisierung des Landes schufen, die es aber gleichzeitig nur zu einer Teilmodernisierung und zu einer sektoralen Industrialisierung kommen ließen. Die wichtigsten Punkte seien hier in Form von kurzen Thesen noch einmal zusammengestellt:

– Die mogulische Wirtschaft beruhte auf der Abschöpfung des landwirtschaftlichen Mehrprodukts, das von Adligen und verschiedenen Zwischenschichten mehr oder weniger unproduktiv verbraucht wurde. Das System bot keine nennenswerten Ansätze für eine Dynamisierung, die Wirtschaft war statisch.
– Den Briten gelang es im 19. Jahrhundert, Indien zum ersten Mal weitgehend und dauerhaft zu einigen, sie legten damit den Grundstein für die weitere nationale, politische und wirtschaftliche Entwicklung des Landes.
– Zu Beginn der britischen Herrschaft kam es zunächst nur zu einer Auswechselung der Oberschichten. Der Landwirtschaft wurde auch weiterhin Kapital entzogen, das man nicht produktiv einsetzte, sondern nun nach England transferierte.
– Mit ihrer Steuergesetzgebung in Bengalen betonten die Briten die Funktion des Bodens als Ware, gleichzeitig

unterstützten sie damit die Herausbildung und Verfestigung einer parasitären ländlichen Hierarchie.
- Die Briten prägten die ökonomische Struktur Indiens in der Weise, daß sie die Wirtschaft des Landes an britischen Bedürfnissen ausrichteten. Sie versagten einer eigenständigen, allseitigen Industrialisierung die Förderung und richteten den Außenhandel nach dem Muster: Rohstoffe gegen Fertigwaren aus.
- Die indische Industrie konnte sich in den Nischen entwickeln, die vom System der Kolonialwirtschaft freigelassen wurden: Die Baumwolltextilindustrie, indem sie sich den indischen Markt mit den Briten teilte und sich auf Produkte spezialisierte, an denen britische Hersteller nur geringes Interesse hatten. Die Juteindustrie, die von Schotten gegründet und beherrscht wurde und die somit nicht als ein eigenständiger indischer Industriezweig angesehen werden kann. Die Stahlindustrie, weil sie zu einem Zeitpunkt gegründet wurde, als äußere Umstände (Erster Weltkrieg) Bedingungen schufen, die einer staatlichen Förderung nahekamen.
- die Kolonialmacht legte die Grundlagen – keineswegs uneigennützig – für ein vergleichsweise gut ausgebautes Verkehrsnetz sowie ein effizientes Verwaltungssystem – beides eine solide Basis, auf der das unabhängige Indien aufbauen konnte.

Die genannten Faktoren gehören zu den historischen Ursachen für einige der Entwicklungsprobleme, denen Indien noch heute gegenübersteht, vor allem für die Probleme in der Landwirtschaft sowie für die Ungleichgewichte in der Gesamtwirtschaft mit all ihren Folgen. Es gibt natürlich noch eine ganze Reihe weiterer historischer Gegebenheiten zu nennen, die mit den heutigen Entwicklungsproblemen zusammenhängen. Auch sind viele der Probleme sehr komplex und bedürften eigentlich einer näheren Betrachtung, die jedoch im Rahmen dieser Darstellung nicht möglich ist. Der interessierte Leser kann nur auf die entsprechende Literatur verwiesen werden.

11.5
Die britische Herrschaft und das Kastensystem im Hinblick auf die Entwicklungsperspektiven der Landwirtschaft

11.5.1
Zwei Fragestellungen

Als Resümee unserer Darstellung zum Ursprung des Kastensystems (Kap. 4.4) konnten wir feststellen, daß sich die wichtigsten Merkmale eines rigiden Systems – Einteilung der Gesellschaft in rangmäßig streng voneinander getrennte jatis, differenzierte Kasten-Berufsordnung – weit *vor* der britischen Zeit herausgebildet hatten. Im Hinblick auf die Verursachung des heutigen Entwicklungsstandes Indiens ist demnach zu fragen: Welchen Einfluß übte die englische Kolonialherrschaft auf die o. g. Stringenz des gesellschaftlichen Systems im Hinblick auf die Entwicklungsmöglichkeiten des landwirtschaftlichen Sektors aus?

Um letztere Frage ist in jüngerer Zeit eine sehr kontrovers geführte Diskussion entstanden. Offensichtlich geprägt von dependenztheoretischem Gedankengut vertritt eine Reihe von Autoren die Auffassung, daß eine „Deformierung" des „früher flexiblen" Kastensystems durch die britische Herrschaft stattgefunden habe (so u. a. LÜHRING 1977, S. 225; WULF 1983, S. 127; BLENCK 1984, S. 218). Bei keinem der Autoren findet sich allerdings auch nur ein einziger wirklicher Beleg für diese These.

Konkreter zu dieser Fragestellung vertritt eine Reihe Autoren die These (u. a. ASCHE 1977, S. 160; BOHLE 1981, S. 43; HABIB 1982, S. 244), am stringentesten wohl R. DUTT, wonach die Briten die „uralten Bindungen ..., die die Republik eines jeden Hindu-Dorfes vereint hatten, nämlich den gemeinsamen Landbesitz, der seit unvordenklichen Zeiten der Dorfgemeinschaft *kollektiv* (Hervorhebung des Verfassers) gehört hatte, und zwar nicht nur den einzelnen Mitgliedern des privilegierten Standes (Mirasdars und Kadeems), sondern unter Einschluß der unteren Pächterschaft (Pykaris) zerschlagen haben" (DUTT 1906, S. 149).

Aus diesen Auffassungen leiten sich zwei Fragestellungen ab, die – im Rahmen dieser Darstellung leider nur kursorisch – hier diskutiert werden müssen:
1. Die indische Dorfgemeinschaft – Ideal und Wirklichkeit
2. Bodenrecht und Kastensystem in vorbritischer Zeit und die Auswirkungen des „permanent settlement" nach 1795.

11.5.2
Vom Mythos der Dorfgemeinschaft als „Hüter des indischen Lebens"

Eine schon „klassische" Passage, mit DUTT als Ausgangspunkt immer wieder zitiert, die das „indische Dorf" als das uralte Element, das durch alle Zeitläufe der indischen Kultur und Geschichte stabil geblieben war, schildert, ist in einem Bericht eines Engländers (!), von *Charles Metcalfe* aus dem Jahre 1832 enthalten:

„Die Dorfgemeinschaften sind kleine Republiken, die nahezu alles selbst haben, was sie brauchen und von jeglichen Beziehungen mit der Außenwelt nahezu unabhängig sind. Sie scheinen zu überdauern, wo sonst nichts überdauert. Eine Dynastie nach der anderen stürzt, eine Revolution folgt der anderen ..., aber die Dorfgemeinschaften bleiben unverändert .... Diese Union von Dorfgemeinschaften, die jede einen kleinen Staat für sich bilden, hat nach meiner Überzeugung mehr als alles andere zur Erhaltung des indischen Volkes in all den Revolutionen und Wandlungen, die es erdulden mußte, beigetragen und bestimmt in hohem Maße die Zufriedenheit, Freiheit und Unabhängigkeit, die es genießt" (METCALFE 1832, S. 331, zitiert bei DUTT 1906, Vol. I, S. 386 f.).

DUTT nennt in diesem Zusammenhang noch andere englische Berichte, so einen aus dem Jahre 1812, wonach alle Mitglieder der Dorfgemeinschaft festgesetzte Anteile der Ernte erhielten (ebenda, S. 118 f.). Und – so fügt er hinzu: „Wie glücklich wäre Indien geblieben, wenn die Briten diese überkommenen Institutionen erhalten ... und das Volk durch diese ihre eigenen Selbstverwaltungsorgane weiter regiert hätten" (ebenda, S. 120).

Dieses Idyll von einem harmonischen, organischen und solidarischen Gemeinwesen hat, ausgehend von derartigen Berichten, bei einer Reihe von Zeitgenossen, unter ihnen auch Karl Marx (MARX/ENGELS 1962, Bd. 23, S. 378 f.), tiefen, ja teilweise enthusiastischen Eindruck hinterlassen. 100 Jahre später nahmen diese Vorstellungen eine zentrale Rolle im politischen Denken von *Gandhi* ein. Im festen Glauben an die Ideal-Gesellschaft mit dem Dorf als „key unit of the new society", die mit seinen Gedanken einer notwendigen Dezentralisierung, auch in der Wirtschaft, im kausalen Zusammenhang steht, war die Wiederbelebung der alten Dorf-Republiken eine seiner zentralen Forderungen während des Unabhängigkeitskampfes, ja, er identifizierte damit das zukünftige Schicksal des Landes: „Ich sage, wenn das Dorf untergeht, wird Indien ebenfalls untergehen. Indien wird nicht mehr Indien sein. Ihre eigene Mission in der Welt wird verlorengehen ..." („Harijan" vom 29. 8. 1936).

Dieses Idealbild vom selbstgenügsamen autarken Dorforganismus ist eigentlich erst von der Feldforschung, insbesondere von soziologischer und sozialanthropologischer Seite nach dem Zweiten Weltkrieg – noch KREBS vertrat *Metcalfesches* Gedankengut (1939, S. 132f.) – in starkem Maße modifiziert und differenziert worden. Stellvertretend für eine ganze Reihe seien von indischer Seite zwei hervorragende Vertreter hierzu zitiert. So schreibt DUBE in der Einleitung zu seiner Shamirpet-Studie: "No village in India is completely autonomous and independent, for it is always one unit in a wider social system and is a part of an organized political society. An individual is not the member of a village community alone; he also belongs to a caste, religious group or tribe which has a wider territorial spread and comprises several villages" (1955, S. 5). Schärfer noch resümiert SRINIVAS: "The completely self-sufficient village republic is a myth; it *was always* (Hervorhebung des Verfassers) part of a wider entity" (1955, S. 11).

Diese – späte – Richtigstellung ist umso mehr eine erstaunliche Tatsache, als die herrschende Sozialordnung dieses Subkontinents mit ihrer jahrtausendealten Tradition in ihren essentiellen Grundwerten zu dieser Auffassung in direktem Widerspruch stand und steht. In diesem Sinne äußert sich auch ROTHERMUND: „Das idyllische Bild der ursprünglichen indischen Dorfgemeinschaft, deren Zusammenhalt auf der Abstammung alter freier Gemeindemitglieder von dem dorfgründenden Patriarchen beruhte, stimmt mit der Wirklichkeit nicht überein; es kann nicht einmal als idealtypisch bezeichnet werden, denn es ist in seinen Grundzügen falsch" (1967, S. 150).

11.5.3
Kollektiver Landbesitz? – Bodenrecht und Kastensystem in vorbritischer Zeit und die Auswirkungen des „permanent settlement" nach 1795

Mit dem Tatbestand der Kastenordnung als ein mit einer harmonisch zusammenlebenden Dorfgemeinschaft unvereinbares soziales *und* wirtschaftliches System (vgl. auch Kap. 4 und 12) sind wir unmittelbar bei unserer zweiten Fragestellung angelangt: Entspricht die These von dem kollektiv der Dorfgemeinschaft gehörenden *und* bewirtschafteten Landbesitz der Wirklichkeit?

Die Überprüfung dieser Auffassung wird erschwert durch eine Reihe von im Zusammenhang zu sehenden Fakten: *Erstens* ist die gesamte Materie durch einen „wirklichen Dschungel einer sich überlappenden Terminologie" (FRYKENBERG 1969, S. XV) von Begriffen gekennzeichnet, so etwa auf dem Gebiet der Steuerveranlagung: Die hierfür Verantwortlichen – jagirdar, zamindar, inamdar, watandar, talukdar – sind selten eindeutig voneinander abzugrenzen. Dieser Wirrwarr erschwert Verständnis wie Durchblick. *Zweitens* lassen die sehr verschiedenartigen, mit westlichen Rechtsvorstellungen nur schwer zu fassenden Landnutzungsrechte – man denke nur an die Palette von Pächterkategorien mit ihren sehr unterschiedlichen Besitzrechten – eine allgemein gültige Antwort kaum zu. Das gleiche gilt *drittens* für das Chaos von nebeneinander bestehenden Rechtsverhältnissen wie auch Rechtstiteln: der einzelne konnte durchaus unterschiedliche Rechtsansprüche am Land (z. B. sowohl Zwischen- wie auch Unterpächter sein) und an den Steuern haben: Es konnte jemand ein jagirdar sein, zugleich aber auch noch ein watandar oder inamdar und das sowohl im eigenen Bereich oder in dem eines anderen jagirdar (ROTHERMUND 1967, S. 152). Schließlich existierten *viertens* auch *regional* sehr verschiedene Rechte am Boden. Und last but not least läßt *fünftens* der gegenwärtige Forschungsstand ungeachtet der keineswegs geringen Anzahl von Studien (s. u.) eine fundierte Antwort insofern kaum zu, da die Arbeiten nur selten konkrete Daten enthalten, schon gar nicht solche, die nach Kastenzugehörigkeit aufgeschlüsselt sind.

Da es in vorbritischer Zeit kein Individualeigentum am Land gab, vielmehr das Bodenrecht in erster Linie ein Gewohnheitsrecht war, ist zu prüfen: Wer hatte die Kontrolle bzw. die Zugriffsrechte auf das Land, oder anders gefragt, wer profitierte am meisten vom Land?

Kastenspezifische Angaben – als Voraussetzung zur Urteilsfindung – sind meines Wissens einzig (!) in der sehr gründlichen Studie von COHN (1969, S. 53–121) über die Veränderungen der Agrargesellschaft im mittleren Gangestiefland seit dem Ende des 16. Jahrhunderts enthalten. Was die oben aufgeführte Annahme anbetrifft, wonach es die Briten waren, die das alte System des kollektiven Landeigentums zerstört haben, versucht der Autor Antwort auf folgende zwei Fragen zu finden:
1. Wer kontrollierte das bebaute Land in vorbritischer Zeit?
2. Was änderte sich während der Kolonialherrschaft, insbesondere: was geschah mit den ehemaligen Landaufsehern („controller") und den Bauern („cultivator") im Verlauf des 19. Jahrhunderts (ebenda, S. 55)?

Die bislang einzig veröffentlichte Quelle, die uns auch quantitativ konkreten Aufschluß zu der ersten Frage gibt, ist das *Ain-i-Akbari*, eine Beschreibung des Reiches von Akbar (1556–1605) aus dem ausgehenden 16. Jahrhundert. Es enthält eine Zusammenstellung der staatlichen Grundsteuerforderungen, aufgeschlüsselt nach Steuerbezirken (parganas; in den Tab. 11.5–11.8 sind die Daten nach heutigen Distrikten zusammengefaßt) *und* nach Kastengruppen, welche diese Steuer entrichteten.

COHNS Auswertung dieser Primärquelle (Tab. 11.5) ergab, daß die Rajputen allein für die Hälfte dieses Steueraufkommens verantwortlich waren, d. h., sie nahmen bereits damals (und wohl auch bereits sehr viel früher) eine Position zumindest ähnlich der heutigen „dominant caste" ein. Zusammen mit den damals wie heute am höchsten rangierenden Kasten der Brahmanen und Bhumihars, zusammen weniger als ein Viertel der Bevölkerung (der Census of India 1931 weist ihnen einen Anteil von 21,1% zu), kontrollierten sie 95% des Landes. Auch wenn damit keine direkten Aussagen über die Bodenrechte gemacht sind, so muß man dennoch davon ausgehen, daß bereits damals die hochrangigen Kasten feste Zugriffsrechte auf fast alles kultivierbare Land hatten.

Bis zum Vorabend der endgültigen Übernahme der direkten Steuerverwaltung („*permanent settlement*") durch die Briten im Jahre 1795 hatte sich an diesen Macht-

Tab. 11.5: Landsteuer nach Kasten in vier Distrikten des mittleren Gangestieflandes um 1596

Kaste	Jaunpur		Ghazipur-Ballia		Banaras		Alle Distrike	
	Steuersumme	%	Steuersumme	%	Steuersumme	%	Steuersumme	%
Rajput	445 000	64	112 000	39	30 000	16	587 000	50
Brahmin-Bhumihar	43 000	6	170 000	59	151 000	79	364 000	30
Brahmin-Rajput	122 000	18	–	–	11 000	5	133 000	11
Muslim	35 000	5	–	–	–	–	35 000	3
Muslim-Rajput	43 000	6	–	–	–	–	43 000	4
Übrige	6 000	1	–	–	–	–	6 000	1
Unbekannt	–	–	7 000	2	–	–	7 000	1

Quelle: Steuerakten des Ain-i-Akbari, zitiert in COHN 1969, S. 56

Kaste	Banaras		Mirzapur		Ghazipur		Ballia		Jaunpur		Alle Distrikte	
	Anzahl	%	Anzahl	%	Anzahl	%	Anzahl	%	Anzahl	%	Anzahl	%
Rajput	94	74	18	90	11	4	10	14	11	55	144	29
Bhumihar	9	8	–	–	97	39	44	59	2	10	152	31
Brahmin	8	6	1	5	21	9	12	16	2	10	44	9
Kayastha	2	1	–	–	2	1	–	–	1	5	5	1
Übrige Hindu	9	8	1	5	34	14	5	7	2	10	51	11
Muslim	1	1	–	–	83	33	3	4	1	5	88	18
Unbekannt	4	2	–	–	–	–	–	–	1	5	5	1
Insgesamt	127	100	20	100	248	100	74	100	20	100	489	100

Quelle: COHN 1969, S. 68

Tab. 11.6: Zamindare nach Kastenzugehörigkeit in fünf Distrikten des mittleren Gangestieflandes 1789/90

verhältnissen gestellt wurden, die, nach einer weiteren Erhebung aus dem Jahr zuvor – 1788 – 90% der Steuersumme entrichteten (COHN 1969, S. 62). Zu Recht betont ROTHERMUND, daß „das herrschende Gewohnheitsrecht an Grund und Boden naturgemäß die Starken begünstigte und die Abhängigkeit der Schwachen bestätigte" (1967, S. 151).

Tatsächlich ist die Existenz einer kastenspezifischen sozialökonomischen Schichtenstruktur auf dem Lande für die vorbritische Zeit für viele Regionen Indiens nachgewiesen und damit obige Auffassung längst widerlegt: An der Spitze standen die dominanten Landeigner – *khudkhasht* in Nord-, *mirasdars* in Südindien –, in der Regel Rajputen oder Brahmanen, dann die Erbpächter sowie die Pächter ohne feste Bodenrechte und schließlich die Landarbeiter auf der untersten Stufe dieser Hierarchie, die vor allem von den „Untouchables" gestellt wurden. Ausgehend von den Standardwerken von BADEN-POWELL (3 Bde, 1892) und SHARMA (1965 – mit dem Titel „Indian Feudalism"!), ist dieser Tatbestand von SASTRI (1955), THAPAR/SPEAR (1966), MURTON (1975 und 1977), STEIN (1980 und 1982), LUDDEN (1985) u. a. für Südindien; MORELAND (1929), NEALE (1962), HASAN (1969), HABIB (1982), RAYCHAUDHURI (1982) u. a. für Nordindien nachgewiesen.

Auf einen kurzen Nenner gebracht: Kollektiven Landbesitz, was ja per definitionem *gleiche* Rechte *aller* am Land einschließlich der gemeinschaftlichen Bewirtschaftung desselben beinhaltet, hat es in vorbritischer Zeit in kaum einer der Regionen des heutigen Indien gegeben. Diese Rechtsform war (und ist) mit dem voll ausgebildeten Kastensystem unvereinbar. Ob die *narwadari* im Kaira Distrikt/Gujarat oder die *communidades* in Goa (ROTHERMUND 1967, S. 157) tatsächlich als derart funktionierende, aus vielen jatis bestehende Dorfgemeinschaften angesehen werden können, ist eine bis heute nicht eindeutig geklärte Forschungsfrage.

Was änderte sich nun mit dieser Kasten- und – wirtschaftlich – gleichzeitig Klassengesellschaft mit ihrem differenziert abgestuften Nutzungsrechten am Boden unter britischer Herrschaft? Durch das *permanent settlement*, die „dauernde Grundsteuerveranlagung" wurden den Zamindars erhebliche und veräußerbare Eigentumsrechte verbrieft (KULKE/ROTHERMUND 1982, S. 268). Bei Unpünktlichkeit der Steuerzahlungen seitens der Grundherren wurden die

Entwicklungsperspektiven der Landwirtschaft während Herrschaft der Briten 269

Kaste	Ankauf			Verkauf		
	Anzahl	Steuersumme	%	Anzahl	Steuersumme	%
Rajput	48	55 839	16	134	191 890	54
Brahmin	30	27 519	8	31	34 695	10
Bhumihar	40	88 371	25	17	21 625	6
Baniya	74	97 510	27	20	24 970	7
Kayastha	42	41 202	11	2	1 076	2
tiefstehende Kasten	7	5 566	1	10	5 287	1
Muslim	35	38 853	11	38	50 380	14
Übrige	3	477	2	4	1 448	2
Unbekannt	4	1 233	2	27	25 199	7
Insgesamt	283	356 570	100	283	356 570	100

[1] s. Tab. 11.6; [2] > 0,5%.
Quelle: COHN 1969, S. 72–73

Tab. 11.7: An- und Verkauf von Land nach Kastenzugehörigkeit in fünf Distrikten[1] des mittleren Gangestieflandes 1795–1850

Kaste	Ballia		Banaras		Ghazipur		Jaunpur		Alle Distrikte	
	Fläche	%	Fläche	%	Fläche	%	Fläche	%	Fläche	%
Rajput	340 000	74	206 000	36	245 000	26	403 000	42	1 194 000	41
Brahmin und Bhumihar	69 000	15	191 000	34	353 000	38	145 000	15	758 000	26
Baniya	12 000	2	72 000	13	28 000	3	39 000	4	151 000	5
Muslim	8 000	2	47 000	8	191 000	20	274 000	29	520 000	18
Übrige	32 000	7	52 000	9	117 000	13	99 000	10	300 000	10
Insgesamt	461 000	100	567 000	100	935 000	100	970 000	100	2 933 000	100

[1] s. Tab. 11.5
Quelle: COHN 1969, S. 88

Tab. 11.8: Landeigentümer nach Kastenzugehörigkeit in vier Distrikten[1] des mittleren Gangestieflandes 1885

Rechte in einer öffentlichen Auktion demjenigen zugeschlagen, der dem Staat das höchste Angebot machte. Die Auswertung dieser Daten (Tab. 11.7) dokumentiert zunächst nur, daß die eine Kastengruppe (Rajputen, Brahmanen) Zamindarrechte verloren, andere (Bhumihar, Baniya und Kayastha) von den Landtransfers profitierten, mithin sich im Grundsatz der Zugriffsrechte am Land durch die hochrangigen Kasten nichts änderte.

Die generelle Aussage, daß durch das neue Bodenrecht „die Masse der Bauern zu ... Pächtern" wurden (EMBREE/WILHELM 1967, S. 302), ist für unsere Fragestellung gerade in Anbetracht der schon in vorbritischer Zeit existierenden verschiedenen Schichten von Pächtern mit wiederum unterschiedlichen Besitzrechten (u. a. COHN 1969, S. 104 ff.) nicht differenziert genug. So bilanzierte COHN seine diesbezüglichen Untersuchungen im mittleren Gangestiefland, daß die Pächter mit festen Nutzungsrechten („permanent tenants") „das Land bereits seit Generationen bewirtschafteten und eine feste Abgabe von etwa der halben Ernte an die Zamindare zahlten" (ebenda, S. 90). Und bereits damals wie heute wurde diese oberste Pächterschicht neben den Rajputs, Brahmanen und Bhumihars, die ihr Land wiederum unterverpachteten, ganz überwiegend durch die Bauernkasten der Ahir, Koeri und Kurmi repräsentiert (ebenda, S. 90, 106). Ob und inwiefern sich die Rechtslage der Landbewirtschafter insgesamt damit tatsächlich änderte, ist aufgrund des Fehlens diesbezüglicher Vergleichsdaten für die vorbritische Zeit (so NEALE 1962, S. 36 u. a.) bis heute nicht eindeutig zu beantworten. Sicher ist nur, daß es bereits in vorbritischer Zeit keineswegs selten war, daß sich die Bauern aufgrund des ständig steigenden Steuer- und Abgabendrucks gezwungen sahen, das von ihnen bebaute Land zu verlassen und in einem anderen Herrschaftsgebiet Schutz zu suchen (u. a. COHN 1969, S. 62f.).

In den übrigen Teilen Britisch-Indiens, vor allem in der Madras Presidency und im Bombay State (s. Abb. 1.1) wurde von den Kolonialherren das sog. *ryotwari settlement*, die direkte Veranlagung der einzelnen Bauern mit einer Geldsteuer von den entmachteten Herrschern übernommen. Daneben war in Nordindien, insbesondere dem Punjab, neben dem *zamindar-* auch das *mahalwari-System* verbreitet, bei dem ganze Dörfer gemeinsam veranlagt wurden.

Kurz: In den allermeisten Regionen folgten die Briten mit ihrer Steuerveranlagung der Methode ihrer jeweiligen Vorgänger. Mit anderen Worten: Das Nutzungsrecht wurde hier nicht angetastet, die Steuereintreibung allerdings wesentlich effizienter organisiert (KULKE/ ROTHERMUND 1982, S. 271). Die Ausnahme, das „permanent settlement", blieb auf Bengalen und das mittlere Gangestiefland beschränkt. Aber selbst hier hat sich dadurch an den Landnutzungsrechten selbst im Grundsatz nichts geändert: Auch fast 100 Jahre nach seiner Einführung hatten die hochrangigen Kasten einschließlich der Muslims zunächst 90% des Landes unter Kontrolle, vorher als Zamindare (Tab. 11.5), nunmehr als Landeigentümer (Tab. 11.8). Es erfolgte lediglich eine begrenzte Umschichtung der Landbesitzrechte *innerhalb* der hochrangigen Kasten.

Die übrigen Kasten bearbeiteten weiterhin als Pächter das Land oder mußten als Landarbeiter ihr Auskommen suchen.

11.5.4 Zusammenfassung: „Kaste" in Geschichte und Gegenwart

Die Auswertung der (wichtigsten) Literatur zum Thema Kastenwesen für die historische Zeit sowie die empirischen Untersuchungsergebnisse zu seiner Rolle in der Gegenwart belegen die These DUBES, daß das Kastensystem keineswegs nur die rituelle Dimension beinhaltet. Keine Frage wird dadurch beantwortet, indem man alte (DUTT), längst widerlegte Auffassungen wiederholt, noch dazu ohne einen einzigen Beleg – Kriterien, Daten, Zeitreihen – hierfür beizubringen. Daß sich eine solch bedenkenlose Argumentation auch an so exponierter Stelle wie dem „Handbuch der Dritten Welt" wiederfindet (Bd. 7, S. 155f.) ist besonders bedauerlich.

Vielmehr war und ist das Kastensystem, wenn auch in unterschiedlich starker Ausprägung (s. u. Kap. 12.3), ein wesentliches strukturierendes Prinzip der indischen Gesellschaft – und das sowohl im sozialen, im wirtschaftlichen als auch im politischen Bereich. Diese Aussage darf nicht dahingehend mißverstanden werden, das

Kastensystem als das alleinige Analyseraster für Unterentwicklung – Dominanz versus Abhängigkeit, Reichtum versus Ausbeutung und Verarmung – schlechthin anzusehen. Eine solche Auffassung hieße, den einzelnen Menschen, also letztlich den Träger der Entwicklung selbst, in seinem höchst unterschiedlichen Engagement zu übersehen. Aber selbst dieser so essentielle Entwicklungsfaktor „Wirtschaftsgesinnung" wird wesentlich vom Kastendenken mit beeinflußt (BRONGER 1975; 1984). Wenn es bis heute dem Sohn eines Töpfers per Kastenzugehörigkeit nicht erlaubt ist, die Tätigkeit des Webens, des Schmiedens oder des Frisierens auszuüben (und dieses Kastengebot auch akzeptiert wird), mithin eine freie Wahl vieler Berufe von vornherein ausgeschlossen ist, dann ist es dieser zumindest auf dem Lande noch weitgehend existierende Tatbestand, der individuelle Aufstiegsmotivationen breiter Schichten bislang neutralisiert hat.

Und bis heute vermochte es auch das Industriezeitalter und die in seinem Gefolge entstandenen vielen, außerhalb des Kastendharmas stehenden Berufe nicht, diese statische und damit letztlich entwicklungsfeindliche Gesellschaftsstruktur entscheidend aufzubrechen (für den städtischen Sektor: s. Kap. 14.3). Vor allem auf dem Lande – und hier leben heute noch fast 80% der Bevölkerung! – wird das wirtschaftliche und politische Leben von einigen wenigen Kasten seit jeher dominiert (s. Kap. 12).

Hieran haben auch die sicher gut gemeinten staatlichen Maßnahmen nach der Unabhängigkeit – juristische Abschaffung der „Unberührbarkeit", Quotensystem etc. – im Prinzip nichts ändern können. Aber nicht nur das: Es ist (und war) in erster Linie das Kastensystem, welches das vor 35 Jahren enthusiastisch begonnene Community Development Programme, d. h., die „Entwicklung von unten" hat scheitern lassen, eben weil die dafür entscheidende Voraussetzung, eine existierende, funktionierende Dorfgemeinschaft nie Wirklichkeit hat werden können (s. Kap. 15.1.2). Das Kastendenken hat die dafür erforderliche Solidargemeinschaft verhindert: das beginnt mit der nur gemeinsam zu verwirklichenden Reparatur des Staudammes des der Gemeinde gehörenden Bewässerungsstauteiches und setzt sich bei der infolge der knappen Ressourcen (Land, Kapital, Ackergeräte) wünschenswerten Bildung von Landbewirtschaftungs-Genossenschaften fort. Wie die Community-Development-Idee, so mußte auch letzteres Entwicklungsprogramm von der Regierung de facto fallengelassen werden – alles Tatbestände, die nicht zu bestreiten sind. Zwar sei an dieser Stelle nochmals betont, daß das Kastensystem nicht als alleinverantwortlich für diese Fehlschläge angesehen werden kann. Auch das Ujamaa-Programm hat kaum zur Entwicklung Tanzanias beigetragen. Aber in Indien fehlten aufgrund der Kasten- und der damit wirtschaftlich verbundenen Klassenstruktur der ländlichen Gesellschaft bereits von vornherein die *Voraussetzungen* dazu. So bilanzierte ROTHERMUND seine Untersuchungen zum Bodenrecht und der Entstehung bzw. Existenz einer agrarsozialen Klassengesellschaft in vorbritscher Zeit: „Das indische Kastensystem erlaubt seit alter Zeit gewissen Gruppen (und das war und ist die Mehrheit der Bevölkerung!, – der Verfasser), nur eine Existenz in abhängigen Stellungen. Es gibt Kasten, deren Lebensweise die körperliche Arbeit auf dem Lande nicht zuließ, die aber sehr wohl verstanden, sich Rechte an Grund und Boden zu sichern und es gab dementsprechend andere Kasten, die die Landarbeiter stellten. Die Ansicht, daß eine Landarbeiterschaft in Indien erst durch den Bevölkerungsdruck und die Überbesetzung der

Landwirtschaft in der Neuzeit entstanden ist, wird zwar oft vertreten, aber sie stimmt nicht mit den Tatsachen überein" (1967, S. 149).

Ungeachtet der Geborgenheit des einzelnen in der Familiengemeinschaft und der Kastensolidarität (Aussagen, die hinsichtlich ihrer gegenwärtigen Gültigkeit der empirischen Überprüfung bedürfen) ist das Kastensystem bis heute als ein ganz entscheidender entwicklungshemmender Faktor Indiens anzusehen. Mindestens ebenso gravierend ist die institutionalisierte Ungleichheit dieses Systems. (In diesem Sinne ist es sogar mit dem Apartheit-System Südafrikas verglichen worden; REITSMA/ KLEINPENNING 1985, S. 320. Bei ländlichen Entwicklungsprogrammen aller Bereiche sollte dies berücksichtigt werden.)

Auf diesen Problemkreis „Kaste" – „Entwicklung" sei im folgenden eingegangen.

12 „Kaste" und „Entwicklung" im ländlichen Indien

12.1 Problemstellung: Kaste – Raum – Entwicklungschancen

> Um diese ganze Schöpfung zu beschützen, teilte das Wesen mit dem großen Glanz der Menschen, je nachdem, ob sie aus seinem Mund, seinen Armen, seinen Schenkeln oder seinen Füßen hervorgingen, verschiedene Tätigkeiten zu.
>
> Dem *Brahmanen* befahl er, zu lehren und zu studieren, für sich selbst und für andere Opfer darzubringen, sie zu geben und zu nehmen;
> den *Kshatriyas*, kurz gesagt, das Volk zu beschützen, zu geben, für sich Opfer darzubringen, zu studieren, sich nicht an sinnliche Dinge zu klammern;
> den *Vaishyas*, Vieh zu halten, zu geben, für sich selbst Opfer darzubringen, zu studieren, zu handeln, gegen Zinsen Geld zu leihen und das Land zu bestellen;
> den *Shudras* aber hat der Herr nur eins geboten:
> den drei anderen Kasten neidlos zu dienen.
> (aus: *Manu-Smriti*, ca. 1500 v. Chr.)

> § 14 Der Staat darf keiner Person Gleichheit vor dem Gesetz oder den Schutz durch das Gesetz verweigern.
> § 15 Der Staat darf keine Bürger benachteiligen (discriminate) aus Gründen seiner Zugehörigkeit zu einer bestimmten Religion, Rasse oder Kaste oder seines Geschlechtes oder seiner Geburtsstellung wegen.
> § 17 Die „Unberührbarkeit" ist abgeschafft, und ihre Aufrechterhaltung in irgendwelcher Form ist verboten. Die Durchsetzung irgendwelcher aus Unberührbarkeit sich ergebender Rechtsnachteile soll ein gemäß den Gesetzen strafbares Vergehen sein.
> § 19 *Alle* Bürger besitzen das Recht, jeden Beruf auszuüben oder jede Art der Beschäftigung oder des Handels zu betreiben.
>
> (aus der *Indischen Verfassung* vom 26. 11. 1949)

12.1.1 Forschungsdefizite – Die Ausgangssituation

Bei der seit Ende des vergangenen Jahrhunderts sehr stark gewachsenen *Literatur* über das Kastenwesen können wir drei Kategorien unterscheiden:

1. Zumeist mehrbändige Kompendien, die uns von größeren Landesteilen oder Regionen eingehende Kenntnisse über die einzelnen Kasten vermitteln (CROOKE 1891; RISLEY 1891; THURSTON 1909; IYER 1909; RUSSEL/ LAL 1916; Census of India 1881–1931),
2. Darstellungen, die das Gesamtsystem allgemein behandeln (u. a. SENART 1896; RISLEY 1908; PRABHU 1939; HUTTON 1946; SRINIVAS 1962; DUMONT, 1966; SINGER/ COHN 1968; MANDELBAUM 1970) und
3. Einzeluntersuchungen, die uns zum Teil sehr detaillierte Einblicke in diese spezifische Lebensform einer Gemeinde oder einer bzw. weniger Kasten innerhalb einer Gemeinde ermöglichen (u. a. DUBE 1955; BAILEY 1957; CARSTAIRS 1957; LEWIS 1958; MAYER 1960; MAJUMDAR 1962; HOPPE 1966; EPSTEIN 1967) u. a. m.

Zur Frage der Interdependenzen von „Kaste" und „Entwicklung" weisen alle diese Arbeiten zwangsläufig zwei Mängel auf. Zum einen finden aufgrund der *räumlichen* Ausdehnung und Differenziertheit des Subkontinents die *regionalen* Unterschiede des Kastensystems nicht ausreichend Berücksichtigung. Zum anderen bedingt die fachliche Ausrichtung des (zumeist einen) Autors, daß wichtige Aspekte des Systems nur geringe Berücksichtigung finden. Insbesondere steckt die wissenschaftliche Forschung über die Frage der Einwirkungen des Kastenwesens auf die *Wirtschaft* – Interdependenzen zwischen Kastenzugehörigkeit auf der einen, Landeigentum, Bewässerungs- und Anbaumöglichkeiten auf der anderen, aber auch der Industrialisierung des Landes – noch weitgehend in den Anfängen. Zu diesem Problemkomplex gehören nicht zuletzt auch die Zusammenhänge zwischen dem Kastensystem und den Verhaltensweisen der Gruppen, aber auch des Individuums gegenüber Innovationen, wie sie etwa auch Entwicklungsprojekte darstellen. Die wesentliche Ursache dieses Dilemmas liegt darin begründet, daß die Forschung infolge des Fehlens von *interdisziplinär angelegten Reihenuntersuchungen*, die die genannten Merkmale in *regional vergleichender* Betrachtungsweise analysieren, die vielen Differenzierungen bislang hat nicht aufarbeiten, geschweige denn systematisieren können. Bei diesem Stand der Wissenschaft sind wir heute noch nicht in der Lage, ein fundiertes Urteil über die wichtige und vielleicht sogar entscheidende Frage, nämlich des Einflusses des Kastenwesens auf die sich, wenn auch nur langsam, wandelnde Gesellschaft und damit auf die Entwicklung dieses Landes, seine Möglichkeiten und Chancen abgeben zu können. Ohne Zweifel steht die zukünftige Indien-Forschung hier noch vor wichtigen Aufgaben.

12.1.2
Zwei Auffassungen –
Ein Widerspruch?

Offensichtlich verursacht durch diese Forschungsdefizite, aber auch bedingt durch die Zeitepoche, aus der sie entstammen sowie von dem abgegebenen wissenschaftlichen (und leider auch ideologischen) Standort, sind die Urteile über das Kastenwesen sehr kontrovers ausgefallen. Zu unserer Thematik, der Rolle, die dem Kastensystem im Hinblick auf die Entwicklung des Landes zukommt, seien zwei, offensichtlich sehr divergierende Auffassungen an den Anfang der Diskussion gestellt.

So kennzeichnet der genannte indische Soziologe DUBE ihre Bedeutung wie folgt (1968, S. VII):

"Social scientists in India – and also abroad – criticize their fellow social anthropologists and sociologists for their caste is excessive. But this view underrates the pervasive role played by caste in India. Like an octopus caste has its tentacles in every aspect of Indian life. It bedevils carefully drawn plans of economic development. It defeats legislative effort to bring about social reform. It assumes a dominant role in power processes and imparts its distinctive flavour to Indian politics. Even the administrative and the academic elites are not free from its overpowering influence. So how can it be ignored as a social force?"

Dagegen lehnt der deutsche Soziologe KANTOWSKY die „Kaste als das dominante Strukturprinzip der indischen Gesellschaft" ab und fordert eine Umorientierung in der Kasten- und gleichzeitig Entwicklungsforschung (KANTOWSKY 1972, S. 174f.).

„... ein Wechsel unserer Frageoptik ist ganz sicher nötig, ein neuer Ansatz, der die Kaste nur als *einen* strukturellen Aspekt und nicht als das strukturierende Prinzip der indischen Gesellschaft an sich annimmt. Kaste sollte als die rituelle Dimension eines sozialen Systems analysiert werden, auf das im Interesse der Entwicklung der Sozialwissenschaften insgesamt die gleichen Instrumente angewandt werden sollten, wie wir sie auch bei der Analyse anderer Gesellschaften benutzen ...

Es könnte daher äußerst nützlich sein, künftig einmal mit einem völlig neuen Modell und der Annahme zu beginnen, daß die indische Gesellschaft eine offene Klassengesellschaft ist, in der nur bestimmte Interaktionen innerhalb des rituellen Bereichs durch Askription fixiert sind."

12.1.3
Das Dorf
als Orientierungsrahmen –
Die Fragestellungen

Zur Beantwortung der gestellten Frage ist zunächst zu klären: Was bildet den Orientierungs-, den räumlichen Bezugsrahmen

a) für die Kaste,
b) für das einer Kaste zugehörige Individuum?

Die Antwort ist eindeutig. Der Orientierungsrahmen sowohl für die Kaste als auch das Individuum ist – und das soll als Prämisse verstanden sein! – weder Indien noch der Bundesstaat, auch nicht der Distrikt oder der Tahsil, sondern das ist in allererster Linie *ihre/seine* community bzw. der Gemeindeverband, in welcher *seine* jati organisiert ist und in die es selbst sozial sowie – weniger stringent (Kaste-Beruf; s. o. Kap. 4.1.2, Merkmal No. 6) – wirtschaftlich eingebettet, aber auch eingebunden ist: Hier liegen seine Erwerbsmöglichkeiten im nehmenden oder gebenden Sinne. Dieser nach festen Regeln ablaufende Güter- und Dienstleistungsaus-tausch auf *lokaler* Ebene, für die meisten der industriefernen Gemeinden Indiens bis heute intakt, war an früherer Stelle (Kap. 5.1.2) als *Jajmani-System* charakterisiert worden. Für die Kaste und den einzelnen ist daneben allenfalls noch der nächstgelegene Marktort sowie der zuständige Sitz der Verwaltung von Bedeutung. Mit „Indien", dem Bundesstaat oder Distrikt können beide höchst wenig anfangen, sie sind für sie als Bezugsrahmen nicht relevant. Eine Untersuchung, die reale Antworten auf die Frage nach den Interdependenzen zwischen „Kaste" und „Entwicklung" erwartet, *sollte daher auf dieser Ebene beginnen*. Die dabei zu stellenden Fragen müssen sich an den Entwicklungsmöglichkeiten, den Chancen der Kaste und des einzelnen *innerhalb* dieses räumlichen Bezugsrahmens orientieren.

Erst dann – und damit soll die Wichtigkeit dieses zweiten Untersuchungsschrittes keineswegs unterbewertet werden – muß sich der Beobachter fragen, ob und inwieweit seine in dieser „Keimzelle" gewonnenen Ergebnisse und Erkenntnisse auch für einen größeren räumlichen Rahmen gültig sind.

In einem ersten Untersuchungsschritt seien am Beispiel einer Rotlehmgemeinde des mittleren Deccan-Hochlandes die wichtigsten Antworten auf die genannten Fragen versucht.

12.2
Untersuchungsergebnisse I: „Kaste" und „Entwicklung" aus der Sicht der Betroffenen – Die Gemeinde als Bezugsrahmen

12.2.1
Die Beispielgemeinde: Kastensystem – Siedlungsbild – Wirtschaftsstruktur

Die kastenspezifische kartographische Aufnahme (Abb. 12.1) einer im Westen des Distriktes Mahbubuagar (Andhra Pradesh) gelegenen Gemeinde (258 Haushalte mit 1422 Einwohnern – 1983) dokumentiert die bereits in Kap. 4 dargestellten Merkmale des Kastensystems: die sich aus 21 Kasten bzw. kastenähnlichen Gruppen (Lingayats, Muslims) zusammensetzende Bevölkerung siedelt mehrheitlich in Kastenvierteln: besonders augenfällig im Falle der mitgliederstarken Kasten der Madiga, Kuruba und Boya, aber auch – und hier wird die Durchschlagskraft des Systems besonders deutlich – bei den Muslims. Der Siedlungsaufriß mit der differenzierten baulichen Gestaltung der Wohnstätten offenbart gravierende wirtschaftliche Unterschiede zwischen den einzelnen Kasten, während das Bild innerhalb der Kastenviertel homogener erscheint: die im Nordosten gelegenen compounds mit den zweigeschossigen Steinhäusern der Balijas, Reddis und auch der Kommatis (in der Mitte und im Westen) kontrastieren in augenfälliger Weise mit der großen Mehrzahl der überwiegend einräumigen Häuser und Hütten fast aller übrigen Kasten.

18*

Kaste	Sozialökonomische Schicht	Funktionsbereich
Reddi	größere ⎫	⎫
Kapu	mittlere ⎬ Landbesitzer	⎪
Telaga	⎭	primärer Sektor
Mushti	kleinere	⎪
Boya		⎭
Kalali	⎫ übriger primärer Sektor	
Erkala	⎭	
Kommati	⎫ Kaufleute	Handel
Balija	⎭	
Ousala	Goldschmied	⎫
Kammara	Grobschmied	Handwerk /
Vodla	Zimmermann	Gewerbe
Kuruba	Wollweber	⎪
Katike	Fleischer	⎭
Brahmin	hohe ⎫ Priester ⎪ sakrale	⎫
Jangam	mittlere ⎭ ⎪ Dienstleistungen	⎪
Nambi	Tempeldiener	Dienstleistungen
Mangali	⎫ untere Dienstleistungen	⎪
Dhobi	⎭	⎭
Madiga	unterste Dienstleistungen	Scheduled Castes
Muslim		

ZENTRALE EINRICHTUNGEN
Po Post
S   Laden
T   Tempel

VERARBEITENDES GEWERBE / DIENSTLEISTUNGEN
R   Restaurant, Hotel
F   Beedi-Fabrik
L   Lagerhaus

WOHNSTÄTTEN
☐   Haus (Pacca)
O   Hütte
∪   Brunnen
⌐⌐ Viehstall
☒   unbewohnt

0 ———————— 50 m

Aufnahme: D. Bronger (März 1983)
Kartographie: W. Gebhardt

**Abb. 12.1: Juriyal: Kastensystem –
Sozialökonomische Schichtenstruktur –
Funktionale Gliederung**

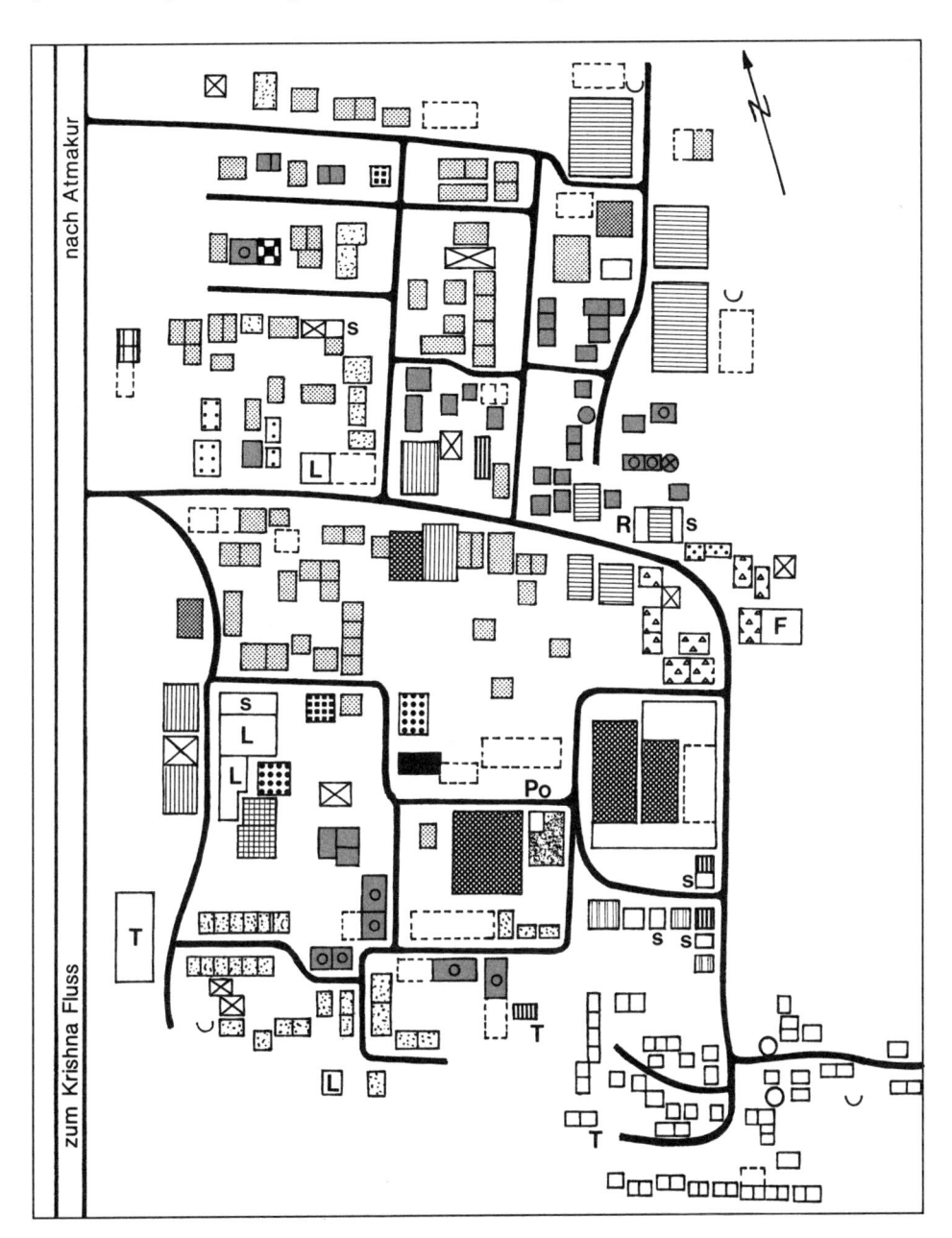

"Kaste" und "Entwicklung" aus der Sicht der Betroffenen

```
                          Kasten/Kastenähnliche Gruppe
  hoch
   ↑         Zweimal Geborene           Lingayat      Muslim
             Brahmin                    Jangam
             Kommati                    Balija
  ─────────────────────────────────────────────────────────
             Bauernkasten    (Kunst) Handwerkerkasten
             Reddi-Kapu      (Panch Bramha-Gruppe)
                             Ousala - Kammara - Vodla
Status im Dorf
                             Übrige Berufskasten
                             Nambi - Kummari - Golla    Thammali
             Telaga - Mushti
                             Kuruba-Katike
             Boya
                             Kalali - Mangali - Dhobi - Erkala
                                                 reine Kasten
  ───────────────────────────────────────────────Unberührbare
   ↓       Unberührbare („Scheduled Castes")
  niedrig    Mala
             Madiga
```

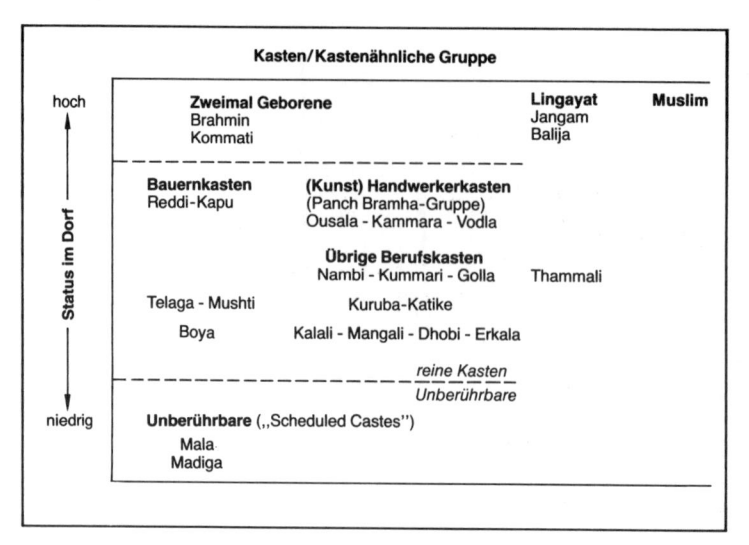

Abb. 12.2: Hierarchie nach Kastenkategorien in einer südindischen Gemeinde
Anmerkung: Den in einer Reihe zuerst Genannten wird ein jeweils höherer Rang zuerkannt
Quelle: eigene Erhebungen

Dieser Befund wiederum korrespondiert mit den Untersuchungsergebnissen zum Komplex Kaste – Rang (Abb. 12.2): *Jede Kaste* hat im Bewußtsein der Dorfbevölkerung *ihren Rang* (auch wenn einzelne Kasten oder einige ihrer Mitglieder den ihnen zugewiesenen Rang nicht anerkennen mögen): stringent festgelegt mit den Brahmanen an der Spitze und den Unberührbaren am Ende dieser Skala, weniger eindeutig in der Mitte. Die hier ermittelte Kategorisierung entspricht genau den Ergebnissen anderer Dorfuntersuchungen der Großregion Telangana (DUBE 1955, S. 36; BRONGER 1970, S. 101; HIEBERT 1971, S. 60f.).

Die sich im Siedlungsaufriß andeutenden ausgeprägten *kastenspezifischen* sozialen *und* wirtschaftlichen Gegensätze finden ihre volle Bestätigung in der *Verteilung des Landeigentums* nach Kasten (Tab. 12.1–4): Von dem anbaufähigen Land (Tab. 12.1, Sp. 5; das sind 82% der Gemarkungsfläche) entfallen 35% (Sp. 6) auf die gerade 7% der Gesamtbevölkerung (Sp. 4) ausmachenden Mitglieder der fünf am höchsten rangierenden Kasten: Brahmanen, Kommatis, Balijas, Reddis und Kapus (vgl. Abb. 12.2).

Dieser Einzelbefund wird von den Untersuchungsergebnissen von sechs Deccan-Gemeinden mit insgesamt 2383 befragten Haushalten voll bestätigt (Tab. 12.2).

Bei den hier anstehenden nährstoffarmen, z. T. bereits laterisierten Rotlehmböden kommt dem *bewässerbaren Land* spezifische wirtschaftliche Bedeutung zu (Tab. 12.3), insbesondere, da es eine äußerst knappe Ressource darstellt (s. Abb. 12.3), macht es doch gerade 4,55% der kultivierbaren Fläche aus.

Hier liegt ihr Anteil mit 43% an diesem ungleich wertvolleren Land sogar noch wesentlich höher. Die Untersuchungsergebnisse zum Individualbesitz (Tab. 12.4) unterstreichen noch die *wirtschaftliche Vormachtstellung* der Mitglieder der *oberen Kasten*: Aufgrund des geringen Nährstoffgehaltes der Böden sind zumindest 40 acres unbewässertes, bzw. 4 acres zweimal pro Jahr (8 acres 1 mal pro Jahr) bewässertes Land als Existenzminimum einer Familie notwendig. Diese Größe von zumindest 40 „converted dry acres" ist jedoch lediglich bei 21 der insgesamt 258 Familien gegeben, wozu noch 6 auswärtige Landeigentümer kommen.

"Kaste" und "Entwicklung" aus der Sicht der Betroffenen

Funktions-bereich	Kaste	Anzahl der Haushalte	Anteil an der Gesamt-bevölkerung (%)	Landeigentum 1982/83 insgesamt	– davon:			Landeigentum 1954/55 insgesamt	– davon:		
				Fläche (acres)	Anteil %	innerhalb der Gemeinde lebend	absentee landlords	Fläche (acres)	Anteil (%)	innerhalb der Gemeinde lebend	absentee landlords
1	2	3	4	5	6	7	8	9	10	11	12
Landwirtschaft	Reddi	4	1,55	524,60	18,76	354,68	169,92	448,57	16,16	292,20	156,37
	Kapu	2	0,77	24,80	0,89	1,20	23,60	34,72	1,25	22,52	12,20
	Telaga	65	25,19	706,30	25,25	706,30	–	677,01	24,39	677,01	–
	Mushti	10	3,88	201,10	7,19	201,10	–	192,20	6,92	192,20	–
	Boya	34	13,18	206,15	7,37	166,72	39,43	200,20	7,21	178,43	21,77
übriger primärer Sektor	Golla	–	–	13,02	0,47	–	13,02	19,93	0,72	6,90	13,03
	Kalali	4	1,55	–	–	–	–	23,78	0,86	23,78	–
	Erkala	2	0,77	–	–	–	–	–	–	–	–
Handel	Kommati	4	1,55	47,53	1,71	47,83	–	45,57	1,64	45,57	–
	Balija	7	2,71	168,31	6,01	168,13	–	103,10	3,71	103,10	–
Handwerk/ Gewerbe	Ousala	1	0,39	2,33	0,08	2,33	–	2,33	0,08	2,33	–
	Kammara	2	0,77	2,75	0,10	2,75	–	2,75	0,10	2,75	–
	Vodla	2	0,77	53,72	1,92	53,72	–	27,25	0,98	27,25	–
	Kummari	–	–	104,33	3,73	–	104,33	64,73	2,33	–	64,73
	Kuruba	36	13,95	66,25	2,37	66,25	–	93,65	3,39	93,65	–
	Katike	4	1,55	–	–	–	–	–	–	–	–
Dienst-leistungen	Brahmin	1	0,39	211,48	7,56	24,00	187,48	211,48	7,61	22,42	189,06
	Jangam	1	0,39	14,10	0,51	–	14,10	14,10	0,51	–	14,10
	Nambi	1	0,39	51,70	1,85	51,70	–	51,48	1,86	51,48	–
	Thammali	–	–	4,87	0,17	–	4,87	19,42	0,70	–	19,42
	Mangali	3	1,16	32,77	1,17	32,77	–	69,77	2,51	69,77	–
	Dhobi	5	1,94	86,30	3,08	86,30	–	100,05	3,60	100,05	–
scheduled castes, übrige	Mala	–	–	6,25	0,22	–	6,25	6,25	0,22	–	6,25
	Madiga	60	23,27	127,40	4,56	127,40	–	245,90	8,86	245,90	–
	Muslim	10	3,88	140,45	5,03	75,02	65,43	121,90	4,39	75,02	46,88
Insgesamt		258	100,00	2796,63	100,00	2168,20	628,43 (22,47%)	2776,14	100,00	2232,33	543,81 (19,59%)

Quelle: Pahani – eigene Erhebungen

Tab. 12.1: Kastenzugehörigkeit und Produktionsfaktor Boden (1 acre = 0,4 ha) in einer südindischen Gemeinde

Tab. 12.2: Größe des Landeigentums nach Kastenzugehörigkeit in sechs Gemeinden des Deccan-Hochlandes[1]

Sozial-ökonomische Schicht	Kaste	Anzahl der Familien insgesamt	Landeigentum (Größe in acres) (1 acre = 0,4 ha)								ohne Land
			>100	>50	>20	>10	>5	>1	<1	Σ	
Priester/ Landlords Händler	Brahmin Vaishyas	67	4	5	11	2	4	3	1	30	37
größere Landbesitzer	Reddi, Kapu	169	11	21	64	36	17	16	2	167	2
kleinere Landbesitzer	Telaga, Mushti, Muttarasi, Boya	587	–	6	31	55	40	73	9	214	373
Handwerk, Gewerbe, Dienstleistungen (Töpfer, Schmiede, Zimmerleute, Schäfer, Weber, Toddyzapfer, Friseure, Wäscher, Steinarbeiter)	Kummara, Ousala, Kammara, Vodla, Golla, Kuruba, Padmashali, Goundla, Mangala, Dhobi, Voddara	1013	–	3	21	32	47	83	48	234	779
unterste Dienstleistungen	Mala, Madiga („Harijans")	547	–	–	6	15	11	37	36	105	442
insgesamt		2383	15	35	133	140	119	212	96	750	1633

[1] Chintakunta (Karimnagar Distrikt); Mulamalla, Manopad, Juryal, Chinna Chintakunta (Mahbubnagar Distrikt); Pochampalli (Nalgonda Distrikt)
Erhebung: Dirk BRONGER (Nov.–Dez. 1967; Nov.–März 1969/70; Okt.-Dez. 1970)

Mit 8 von 18 Familien liegt dieses Verhältnis bei den hochrangigen Kasten ungleich günstiger; die lediglich 4 größeren Grundbesitzer (davon 3 aus der Gemeinde), die einzigen, die in der Lage sind, nennenswert für den Markt zu produzieren, rekrutieren sich sogar ausschließlich aus diesen Kasten.

Dagegen erreichen lediglich 13 der übrigen 240 Haushalte, das sind gerade 5,4%, eine Eigentumsgröße, die über den reinen Selbstversorgungsgrad der o. g. „converted dry acres" hinausgeht.

Auch die *agrare sozialökonomische Schichtenstruktur* – landlords, ryots, Pächter, Landarbeiter in festen Arbeitsverhältnissen, Tagelöhner (s. Kap. 6) – korrespondiert eindeutig mit dem Kastenrang: Während die landlords ausschließlich von den Mitgliedern der obersten Kasten gestellt werden und sich die Tagelöhner in erster Linie aus den Unberührbaren, daneben vor allem den Boya rekrutieren, existieren lediglich zwei Fälle, bei denen der Pächter einer höher rangierenden Kaste angehört als der Landeigentümer.

"Kaste" und "Entwicklung" aus der Sicht der Betroffenen

Kaste	Bewässerungsfeldland ("wet land") 1982/83								Bewässerbare Fläche (im Durchschnitt der Jahre) 1978/79–1982/83		Tatsächlich bewässerte Fläche (im Durchschnitt der Jahre) 1978/79–1982/83		
	insgesamt		Art der Bewässerung										8:10 (%)
			Brunnen				Kunta (Stauteich)						
	Fläche (acres)	Anteil (%)	Fläche (acres)	Anteil (%)			Fläche (acres)	Anteil (%)	Fläche (acres)	Anteil (%)	Fläche (acres)	Anteil (%)	
1	2	3	4	5			6	7	8	9	10	11	12
Reddi	28,73	22,58	24,61	21,35			4,12	34,42	266,70	21,99	205,18	23,30	76,93
Kapu	1,15	0,90	1,15	1,00			–	–	11,50	0,95	11,50	1,31	100,00
Telaga	33,32	26,18	30,47	26,43			2,85	23,81	318,95	26,30	219,33	24,91	68,76
Mushti	9,60	7,54	9,60	8,32			–	–	96,00	7,93	66,75	7,58	68,83
Boya	3,92	3,08	3,92	3,40			–	–	39,20	3,23	25,82	2,93	65,88
Golla	–	–	–	–			–	–	–	–	–	–	–
Kalali	–	–	–	–			–	–	–	–	–	–	–
Erkala	–	–	–	–			–	–	–	–	–	–	–
Kommati	3,15	2,48	3,15	2,73			–	–	31,50	2,60	14,85	1,68	47,14
Balija	11,65	9,16	10,60	9,19			1,05	8,77	111,25	9,17	81,13	9,21	72,92
Ousala	–	–	–	–			–	–	–	–	–	–	–
Kammara	2,30	1,81	2,30	1,99			–	–	23,00	1,90	18,40	2,09	80,00
Vodla	–	–	–	–			–	–	–	–	–	–	–
Kummari	1,27	1,00	1,27	1,10			–	–	12,70	1,05	5,35	0,61	42,13
Kuruba	–	–	–	–			–	–	–	–	–	–	–
Katike	–	–	–	–			–	–	–	–	–	–	–
Brahmin	10,08	7,92	8,68	7,53			1,40	11,69	93,80	7,74	77,58	8,81	82,70
Jangam	–	–	–	–			–	–	–	–	–	–	–
Nambi	3,02	2,37	3,02	2,62			–	–	30,20	2,49	19,60	2,22	64,90
Thammali	–	–	–	–			–	–	–	–	–	–	–
Mangali	0,22	0,17	–	–			0,22	1,84	1,10	0,09	0,67	0,08	61,36
Dhobi	4,00	3,14	4,00	3,47			–	–	40,00	3,30	17,52	1,99	43,81
Mala	–	–	–	–			–	–	–	–	–	–	–
Madiga	8,20	6,44	6,12	5,31			2,08	17,38	71,60	5,90	61,12	6,94	85,37
Muslim	6,65	5,23	6,40	5,55			0,25	2,09	65,25	5,38	55,85	6,34	85,52
Insgesamt	127,26	100,00	115,29	100,00			11,97	100,00	1212,75	100,00	880,65	100,00	72,62

Quelle: Pahani – eigene Erhebungen

Tab. 12.3: Kastenzugehörigkeit und Produktionsfaktor Wasser in einer südindischen Gemeinde

Die soziale und wirtschaftliche Dominanz der hochrangigen Kasten entspricht der auf *politischem* Sektor. Die Machtverteilung ist eindeutig zu Gunsten der oberen Kasten geregelt: Fünf der sieben Mitglieder des Dorfrates (village panchayat) rekrutieren sich aus ihren Mitgliedern (2 Kommatis, 2 Reddis, 1 Balija; 1 Boya, 1 Madiga).

Aus dem umfangreichen Datenmaterial sollen nachfolgend die *Interdependenzen Kaste – Entwicklung* am Beispiel von vier Kasten dargestellt werden, die gleichzeitig die wichtigsten sozialökonomischen Schichten des ländlichen Indien repräsentieren: die beiden Antipoden der Dorfgesellschaft, die Unberührbaren sowie die „dominant caste" der Reddis, ferner je ein Beispiel aus dem Handwerks- und Dienstleistungsbereich. Damit sollen die vorstehenden Ausführungen weiter konkretisiert werden.

12.2.2
Gesetzgebung versus Wirklichkeit
– Der Fall der Madiga-Kaste

Kein geringerer als *Gandhi* (1869–1948) selbst, geistiger und politischer Vater des neuen Staates Bharat (Indien), betrachtete die „Unberührbarkeit als ein abscheuliches Verbrechen an der Menschheit". Und er fährt fort:

„Sie ist nicht ein Zeichen von Selbstbeherrschung, sondern ein anmaßender Anspruch auf Überlegenheit. Sie hat keinem nützlichen Zweck gedient und hat wie nichts sonst im Hinduismus eine große Zahl von Gliedern der Menschheit unterdrückt, die nicht nur in jeder Faser so gut sind wie wir selber, sondern auch in mannigfaltigen Berufen dem Lande wichtige Dienste erweisen. Es ist eine Sünde, von der sich der Hinduismus je eher je lieber befreien sollte, wenn er noch länger als eine ehrenhafte und hochstehende Religion angesehen werden will." („Young India" vom 8. Dezember 1920, S. 209, zitiert in: v. GLASENAPP 1958, Bd. II, S. 314f.).

Nicht zuletzt auf seine Veranlassung hin wurde die „Unberührbarkeit" gesetzlich abgeschafft (§ 17 der Indischen Verfassung) – in den heiligen Schriften (s. o.) wurde dieses Sechstel der Bevölkerung nicht einmal für Wert genug befunden, auch nur erwähnt zu werden!

Wie sieht nun allerdings die Wirklichkeit aus? Sehen wir sie uns in der Beispielgemeinde an.

Die 60 Haushalte der auf der untersten Stufe in der Dorfhierarchie rangierenden *Madiga* (Abb. 12.1) leben in ausnahmslos einräumigen, häufig fensterlosen, mit Reisstroh gedeckten Hütten am Rande der Gemeinde (s. Abb. 12.1) – in einer für ganz Indien typischen, auch räumlichen Separierung. Die Enge ihrer Wohnstätten läßt darauf schließen, daß sie kaum noch im Familienverband (joint family) zusammen leben. COHN (1961, S. 1052) sieht dies in unmittelbarem Kausalzusammenhang mit ihrer Armut: Die Lebenserwartung (auch) der männlichen Mitglieder ist so gering, daß nur wenige von ihnen als Oberhaupt einer aus drei Generationen bestehenden joint family amtieren könnten.

In der Gemeinde entfallen auf die fast ein Viertel der Bevölkerung ausmachenden Madigas nicht einmal 5% des Ackerlandes (Tab. 12.1). Lediglich 5 der 60 Haushalte (= 8,33%) verfügen über Landeigentum (Tab. 12.3), davon sind gerade 2 als Vollerwerbsbauern (Sp. 6) zu bezeichnen – ein Verhältnis, was für die Großregion Telangana eher noch ungünstiger aussieht (s. o. Tab. 12.2). Diese ihre prekäre wirtschaftliche Situation ist umso gravierender, als sich die Madigas in immer geringerem Maße von ihrem traditionalen Kastenberuf ernähren können (s. u. Tab. 12.6). Nach den Census-Angaben übten schon im Jahre

1921 nur noch weniger als 10% der Madigas „ihren" Beruf als Abdecker, Gerber und Schuster aus, dagegen waren damals bereits zwischen 60 und 80% in der Landwirtschaft beschäftigt (BRONGER 1976, S. 83f.).

Geradezu dramatisch aber hat sich ihre Lage nach der Unabhängigkeit entwickelt. Denn für die Madigas hat sich die Agrarreformgesetzgebung als Bumerang erwiesen: Da die allerwenigsten von ihnen feste Besitztitel an dem von ihnen bebauten Land hatten (Status des „unprotected tenant"), sanken sie durchweg auf den Stand des Landarbeiters ab: In den vergangenen drei Jahrzehnten seit Inkrafttreten des „Tenancy Act" kam es fast zu einer Halbierung ihres Landeigentums (s. Tab. 12.1, Sp. 5:9), die seinerzeit 67,8 acres des von ihnen bewirtschafteten Pachtlandes nicht eingerechnet (für Nordindien vgl. u. a. COHN 1955, S. 63). Vor 28 Jahren besaßen noch 30 Madiga-Haushalte Land (allerdings waren 19 von ihnen Zwergbetriebe von je 1 1/2 acres). Aufgrund der bei ihnen (und den übrigen Kleineigentümern) besonders starken Parzellierung ihrer Feldstücke sahen sie sich aufgrund ihres geringen *und* unsicheren Einkommens gezwungen, weiteres Land zu verkaufen – wahrlich eine Teufelsspirale.

Was ihre Partizipation an den *politischen* Entscheidungsprozessen anbetrifft, so sind sie dank des von der Regierung verfügten Quotensystems, wonach sie Anspruch auf ein Sechstel aller Posten haben, mit einem Mitglied im Dorfrat vertreten. Heute finden wir einen Madiga oder Chamar in jedem der village panchayats in Indien – wirklich geändert hat sich dadurch nichts.– Das Fazit: Mag mit der Quotenregelung für eine Minderheit eine Verbesserung eingetreten sein, für die große Mehrheit der „Untouchables" hat sich die wirtschaftliche Situation mit Sicherheit verschlechtert.

12.2.3
Die Reddi-Kaste – Symbol von Wohlstand und Macht

Hinsichtlich ihrer wirtschaftlichen und politischen Machtposition bilden die sog. „dominant castes" den absoluten Gegenpol zu den „Untouchables". Im mittleren, Telugu sprechenden Deccan-Hochland wird die dominant caste von den *Reddis* gestellt. Ausgehend und aufbauend auf ihren Landbesitz, sind sie in diesem Jahrhundert zum beherrschenden politischen Faktor des Bundesstaates Andhra Pradesh aufgestiegen: Von den village panchayats über die Blockparlamente bis in die Regierung hinein halten sie die einflußreichsten Posten besetzt (näheres s. ELLIOT 1970, S. 129ff.). Zumeist stellen sie auch den Chief Minister; der von 1977 bis 1982 amtierende Staatspräsident Indiens, *N.S. Reddy* gehört dieser Kaste an.

Unsere Gemeinde ist ein Spiegelbild dieser extremen sozialökonomischen Polarisierung der Hindu-Gesellschaft: Im Durchschnitt entfällt auf eine Reddi-Familie fünfzigmal soviel Land wie auf einen Madiga-Haushalt, gegenüber den übrigen Dorfbewohnern ist es immer noch weit mehr als das zehnfache (s. Tab. 12.1). Auch die übrigen Produktionsmittel sind in starkem Maße in ihren Händen konzentriert: Auf die beiden Großgrundbesitzer (s. Tab. 12.4, Sp. 2) entfällt z. B. fast die Hälfte aller Ochsenkarren, dem nach wie vor wichtigsten, oft einzigen Transportmittel des ländlichen Indien. Gleichzeitig kontrollieren diese beiden als Präsident des village panchayats (*Sarpanch*) sowie als Chef der Exekutive (*Patel*) das politische Leben in der Gemeinde. Bei diesem Konzentrationsprozeß ist offenbar noch kein Ende abzusehen: In den vergangenen 28 Jahren gelang es diesen beiden Reddi-Landlords, ihren Besitz noch um über 60 acres zu vergrößern (Tab. 12.1, Sp. 7: 11).

Kaste	Großgrundbesitzer > 200 c. d. a.[1]		Großbauer > 100 c. d. a.		Mittelbauer > 40 c. d. a.		Kleinbauer > 20 c. d. a.		Kleinstbauer < 20 c. d. a.		Haushalte insgesamt	Σ a	Σ b	ohne Land (%)
	a[2]	b[3]	a	b	a	b	a	b	a	b				
1	2	3	4	5	6	7	8	9	10	11	12	13	14	15
Reddi	2	–	–	–	1	2	–	1	1	1	4	4	4	0
Kapu	–	–	–	–	–	–	1	–	–	2	2	1	2	50
Telaga	–	–	–	–	6	–	7	–	35	–	65	48	–	38
Mushti	–	–	–	–	3	–	2	–	5	–	10	10	–	0
Boya	–	–	–	–	1	–	2	–	7	1	34	10	1	71
Golla	–	–	–	–	–	–	–	–	–	2	–	–	2	–
Kalali	–	–	–	–	–	–	–	–	–	–	4	–	–	100
Erkala	–	–	–	–	1	–	–	–	–	–	2	1	–	100
Kommati	–	–	1	–	3	–	1	–	–	–	4	5	–	75
Bailja	–	–	–	–	–	–	–	–	1	–	7	1	–	29
Ousala	–	–	–	–	–	–	–	–	2	–	2	2	–	0
Kammara	–	–	–	–	–	–	–	–	1	–	2	2	–	0
Vodla	–	–	–	–	–	1	1	–	–	–	2	2	1	0
Kummari	–	–	–	–	–	–	–	–	–	2	–	–	2	–
Kuruba	–	–	–	–	–	–	–	–	8	–	36	8	–	78
Katike	–	–	–	–	–	–	–	–	–	–	4	–	–	100
Brahmin	–	–	–	1	–	1	1	–	–	2	1	1	4	0
Jangam	–	–	–	–	–	–	–	–	–	1	1	–	1	100
Nambi	–	–	–	–	1	–	–	–	–	–	1	1	–	0
Thammali	–	–	–	–	–	–	–	–	–	1	–	–	1	–
Mangali	–	–	–	–	–	–	–	–	2	–	3	2	–	33
Dhobi	–	–	–	–	–	–	–	–	1	–	5	5	–	0
Mala	–	–	–	–	–	–	4	–	–	1	–	–	1	–
Madiga	–	–	–	–	2	–	2	–	1	–	60	5	–	83
Muslim	–	–	–	–	–	1	3	–	2	–	10	5	1	50
Insgesamt	2	–	1	1	18	5	24	2	66	11	258	111	19	57

[1] „converted dry acres" (1 acre Regenfeldland = 1 converted dry acre; 1 acre zweimal pro Jahr bewässerbares Land = 10 converted dry acres; 1 acre einmal pro Jahr bewässerbares Land = 5 converted dry acres)
[2] innerhalb der Gemeinde lebend
[3] absentee landlords
Aufgrund der geringen Nährstoffgehaltes der hier anstehenden Rotlehmböden sind zumindest 40 „converted dry acres" als Existenzminimum notwendig
Quelle: Pahani – eigene Erhebungen

Tab. 12.4: Größe des individuellen Landeigentums nach Kastenzugehörigkeit in einer südindischen Gemeinde

Das Fazit: Von dem angestrebten Ziel einer „socialist pattern of society" ist das ländliche Indien auch nach fast 50 Jahren Unabhängigkeit weiter entfernt als je zuvor.

12.2.4
Tradition und Moderne –
Die Vodla- und Mangali-Kasten als Beispiel

Zwischen diesen beiden Antipoden bilden die Handwerks- und Dienstleistungskasten nach wie vor einen nicht wegzudenkenden Bestandteil der dörflichen Wirtschaft. Wenn Indien trotz aller Erfolge bei seinen Industrialisierungsbemühungen ein Land der Kleinindustrie, des Handwerks und Gewerbes geblieben ist, so nicht zuletzt deshalb, weil es auf eine Jahrtausende alte Tradition auf diesen Sektoren mit zudem beachtlichen Leistungen zurückblicken kann. Wenn dennoch ein zunehmender Anteil der traditionellen Berufszweige und damit Kasten von der zu Beginn des Jahrhunderts einsetzenden Entwicklung des industriellen und nachfolgend des tertiären Sektors betroffen ist, so liegt das nicht zuletzt im systemimmanenten Zwang begründet, der einerseits die freie Berufswahl und den Berufswechsel, andererseits aber auch das die Weiterentwicklung belebende Konkurrenzdenken weitgehend ausschloß.

Zu den von diesem Prozeß nicht betroffenen Personen, nach wie vor in die öffentliche Agrargesellschaft integrierten Berufskasten, gehört die der *Zimmerleute* (Vodla). Für die Herstellung und Reparatur der Ackergeräte, in erster Linie Pflüge, werden die Vodlas im Rahmen des Jajmani-Systems in Naturalien entlohnt, während sie für Sonderaufträge, wie z. B. die Herstellung eines neuen Ochsenkarren (bullock cart), von Türen, Stühlen, Pfeilern, Balken etc. Bargeld erhalten. Da das Berufsmonopol dieser Kaste noch völlig ungebrochen ist, haben die beiden Zimmermannsfamilien bei allein 111 Landeigentümer-Kunden im Dorf nach wie vor durchaus ihr Einkommen; es war ihnen im Verlauf der letzten drei Jahrzehnte sogar möglich, 25 acres hinzu zu erwerben (s. Tab. 12.1, Sp. 5: 9). Diese Zusammenhänge finden ihren Niederschlag nicht nur im Siedlungsbild (s. Abb. 12.1), sondern auch in dem mit 30% nach dem Flächenanteil und 50% nach ihrem Wert vergleichsweise hohen Anteil des Marktfruchtanbaus (überwiegend Erdnuß und Kichererbse), und das, obwohl ihre zusammen 51,5 acres ausschließlich Regenfeldland und 4 der 5 Parzellen innerhalb der Gemarkung in ungünstiger Randlage gelegen sind (Abb. 12.3).

Im Unterschied zu den Vodlas ist die Existenz des *Friseur*berufs in Stadtnähe zunehmend gefährdet. Gerade die häufiger eine Stadt aufsuchenden Schichten der Landlords und Händler, mithin die zahlungskräftigsten Kunden, bevorzugen mehr und mehr einen „städtischen" Haarschnitt, dazu kaufen sie die benötigten Rasierklingen selbst. Die Folge ist, daß das auf den einzelnen entfallende Kundenkontingent immer kleiner wird, mithin die Familien zunehmend weniger durch den Kastenberuf ernährt werden können. In unserem Fall hat eine Mangali-Familie deshalb die Gemeinde bereits verlassen. Von den verbleibenden drei besitzen zwei Brüder ca. 30 acres Nutzland (s. Tab. 12.1; Abb. 12.3), wovon gerade 0,23 acres (s. Tab. 12.3) durch eine Kunta bewässert sind (Abb. 12.4). Da sich im Dorf niemand – und das nicht zuletzt aufgrund seiner Kastenzersplitterung – für zuständig hält, die Kunta instand zu halten, ist hier allenfalls eine Ernte pro Jahr möglich; in die-

286 "Kaste" und "Entwicklung" im ländlichen Indien

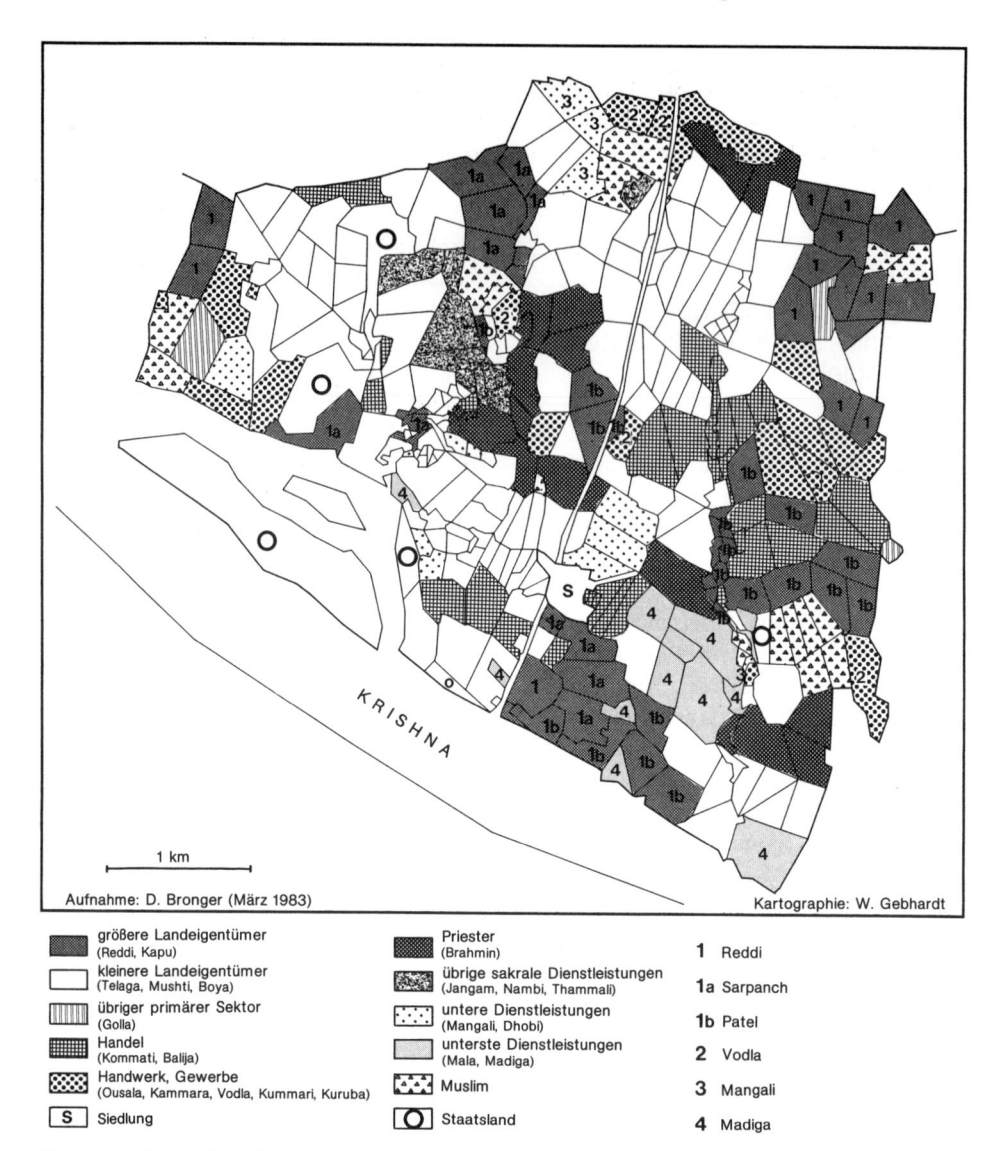

Abb. 12.3: Landeigentümer nach Kastenzugehörigkeit in einer südindischen Gemeinde

Legende:
- größere Landeigentümer (Reddi, Kapu)
- kleinere Landeigentümer (Telaga, Mushti, Boya)
- übriger primärer Sektor (Golla)
- Handel (Kommati, Balija)
- Handwerk, Gewerbe (Ousala, Kammara, Vodla, Kummari, Kuruba)
- S Siedlung
- Priester (Brahmin)
- übrige sakrale Dienstleistungen (Jangam, Nambi, Thammali)
- untere Dienstleistungen (Mangali, Dhobi)
- unterste Dienstleistungen (Mala, Madiga)
- Muslim
- O Staatsland
- 1 Reddi
- 1a Sarpanch
- 1b Patel
- 2 Vodla
- 3 Mangali
- 4 Madiga

Aufnahme: D. Bronger (März 1983)   Kartographie: W. Gebhardt

sem Fall konnte hier Reis lediglich dreimal in den vergangenen fünf Jahren geerntet werden.

Die Mangalis sahen sich aufgrund ihrer prekären Wirtschaftslage gezwungen, auf den drei übrigen Parzellen fast ausschließlich (90%) Nahrungsfrüchte für den Eigenbedarf und für den – wegen der peripheren Lage der Felder (s. Abb. 12.3) – erforderlichen Landarbeiter anzubauen. Noch vor einer Generation war ihre Lage ungleich günstiger. Als sich jedoch ihre Schulden, ausgelöst durch die Heirat zweier Töchter, immer mehr anhäuften,

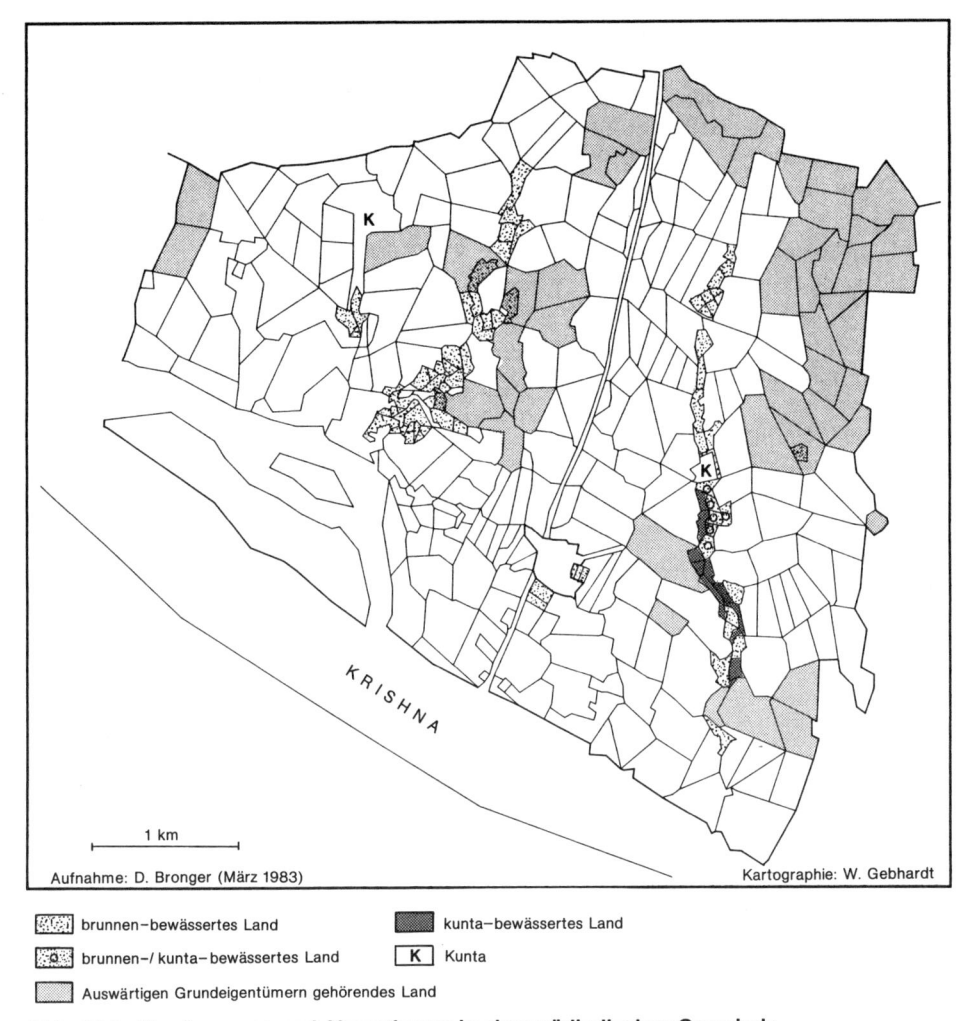

brunnen-bewässertes Land
brunnen-/kunta-bewässertes Land
Auswärtigen Grundeigentümern gehörendes Land
kunta-bewässertes Land
K Kunta

Abb. 12.4: Bewässerung und Absentismus in einer südindischen Gemeinde

sahen sie sich genötigt, über die Hälfte ihres Landes zu verkaufen (s. Tab. 12.1, Sp. 5: 9).

Es sind somit eine ganze Reihe von Faktoren dafür verantwortlich (Bevölkerungszunahme, Kasten-Berufsbedingtheit, überkommenes Statusdenken, Verschuldung), den Unterschied von „arm" und „reich" im ländlichen Indien vielfach größer werden zu lassen.

12.3 Untersuchungsergebnisse II: Die Kaste als entwicklungshemmendes Merkmal der Agrargesellschaft – Der gesamtindische Rahmen

Wenn wir abschließend selbst eine Antwort auf die so kontrovers diskutierte Frage „Inwieweit ist die ‚Kaste' als das dominante Strukturprinzip der indischen Gesellschaft anzusehen?" versuchen, so ist ein solches Unterfangen mit Sicherheit vermessen. Zu komplex ist das System, zu groß sind die regionalen Unterschiede. Jedoch kann sich die Forschung mit einer solchen Aussage nicht aus der Verantwortung stehlen, auch deshalb nicht, weil eine Beantwortung wiederum die *Voraussetzung* für die Antwort auf die eigentliche Frage nach den Interdependenzen zwischen Kastensystem und Entwicklung ist.

Der besseren Übersicht halber versuchen wir unsere Antwort nacheinander für das soziale, das wirtschaftliche und das politische Leben zu finden; die intensiven Wechselwirkungen aller drei Felder sind eindeutig.

12.3.1
„Kaste" als ein dominantes Strukturprinzip im sozialen Leben

Die wichtigsten Merkmale des Kastensystems

1. Zugehörigkeit zu einer Kaste mit der Geburt
2. Verbot des Interkonnubiums
3. Reinheits(Speise-)vorschriften
4. Platz der Kaste in der Ranghierarchie und
5. Kasten-Berufsbedingtheit

sind auf dem Lande noch ganz weitgehend gültig, allenfalls ist eine abnehmende Stringenz in der genannten Reihenfolge zu erkennen.

Für unsere Frage „Kaste : Entwicklung" sind die Merkmale 1, 2 und 4 von besonderer Bedeutung. Die Interdependenz der drei Merkmale sei an einem Beispiel verdeutlicht.

Für die Lebenskraft des Systems (und das ist *nicht* im positiven Sinne gemeint) spricht, daß man an Merkmalen *und* Verhaltensweisen festhält, auch wenn sie rational nicht erklärbar sind.

Ein Fall sind die *Balai*, die fast zwei Millionen Menschen zählende Weberkaste Zentralindiens. Meine Frage, warum sie denn im Unterschied zu anderen Regionen des Landes hier zu den „Untouchables" gerechnet werden, obwohl ihr Kastenberuf – Baumwollweber – zu den „reinen" gerechnet werden müßte, konnte mir der Mittelschullehrer der Gemeinde, ein Thakur (Rajput), auch nicht beantworten. Aber obwohl dieser Tatbestand – Einordnung der Weber zu den Unberührbaren – rational – auch für ihn! – nicht nachvollziehbar ist, anerkannten der gleiche Thakur und die übrigen Kastenhindus des Dorfes diesen Zustand. Sie identifizieren sich damit – letztlich – mit dem System:

Ein Balai gehörte, dank des o. g. Quotensystems der Regierung, als Mitglied dem sechsköpfigen Lehrerkollegium dieser Schule an. Die Frage, ob denn alle *zusammen* essen, wurde zunächst mit „ja" beantwortet – dann aber, nach einigem Zögern (und in Abwesenheit des Balai) fügten die übrigen Lehrer hinzu: „However, the Balai don't like to eat with us. He will not eat. He thinks himself inferior". Und auf die Frage, wie er (der Thakur) es denn selbst handhaben würde: „My wife will also not like that a Balai will enter my house and" – so fügte er dann, wiederum nach einigem Zögern hinzu – „I may also not like".

Für unsere Fragestellung ist festzuhalten, daß der Balai mit diesem Platz in der Hierarchie nicht nur *sozial* in eine Randposition gedrückt wird, sondern daß er auch *wirtschaftlich* in seinem Entscheidungsspielraum und damit in seiner Mobilität à priori stark eingeengt ist: Mit Ausnahme der kastenfreien Räume (s. u.) ist es ihm, wenn überhaupt, kaum möglich, einen „reinen" Beruf der über ihm rangierenden Kastenhindus, und das sind über 80% der Bevölkerung, auszuüben. Für den Balai ist dies eine um so gravierendere Benachteiligung, hat doch der Beruf des Webers, ähnlich wie der des Schusters (s. o.), durch die Industrialisierung stark an Bedeutung verloren. Bereits im Jahre 1955 übte kein einziger der 23 männlichen Balais über 18 Jahre seinen Kastenberuf, nicht einmal mehr als Nebentätigkeit, aus (MAYER 1960, S. 77). Wir sind damit bereits mitten im vom Kastensystem beeinflußten wirtschaftlichen Lebensbereich, dem wir uns nunmehr zuwenden wollen.

12.3.2
"Kaste" als ein dominierendes Strukturprinzip im wirtschaftlichen Lebensbereich

Wir müssen weiter fragen: Sind die drei erstgenannten Merkmale ausschlaggebend oder gar allein gültig für "alle Aspekte der Dorfhierarchie?" (KANTOWSKY 1972, S. 177). Dem Verfasser ist zuzustimmen, daß zumindest drei weitere Dimensionen, nämlich Landbesitz, Erziehung und Beruf das Ansehen einer Familie und/oder eines Individuums mitbestimmen.

Einer große Anzahl von Untersuchungen, insbesondere die zum *Jajmani-System* (s. Kap. 5.1.2), gelang der Nachweis, daß *Landeigentum* der Schlüssel für die Vorrangstellung und die Machtposition einer zahlenmäßig kleinen Gruppe von Bewohnern innerhalb der Gemeinde ist. Nur: Diese wirtschaftlich-hegemoniale Position korrespondiert in starkem Maße mit dem hierarchischen Rang: Die mittleren und größeren Landeigentümer rekrutieren sich in der Regel aus Mitgliedern der am höchsten rangierenden Kasten, während die große Masse der tief rangierenden Kasten, insbesondere die „Untouchables", von diesem Produktionsfaktor weitgehend ausgeschlossen sind. Unsere Untersuchungsergebnisse (s. Tab. 12.1–4, 16.2–4) werden für andere Regionen Indiens bestätigt, auch wenn diese Zusammenhänge nur in den wenigsten Fällen systematisch erforscht worden sind (ATAL 1968, S. 195; COHN 1955, S. 63; ELDER 1970, S. 107; KANTOWSKY 1970, S. 69; MAYER 1960, S. 80; – davon abweichend: HIEBERT 1971, S. 83).

Die Mitglieder der am höchsten rangierenden Kasten verfügen jedoch nicht allein über weit umfangreicheren Landbesitz. Ihr Land weist darüber hinaus noch eine wesentlich günstigere Betriebsstruktur – durchschnittliche Größe der Parzellen, Lage innerhalb der Gemarkung – auf. Dieser Tatbestand hat seine Ursachen in dem Zusammenwirken der bereits genannten Faktoren des vorherrschenden Erbrechtes, dem, infolge der Bevölkerungszunahme, sich ständig verschärfenden Landdrucks sowie in der Auflösung der Großfamilie als wirtschaftliche Einheit.

Aufgrund der Größe der den höheren Kasten zur Verfügung stehenden Betriebsfläche, der weit günstigeren Struktur und besseren Ausstattung mit landwirtschaftlichen Betriebsmitteln (Ochsenkarren, Ackergeräte) sind diese am ehesten in der Lage, für den Markt zu produzieren. Die Mitglieder der tiefer stehenden Kasten sind dagegen bei ihrem geringen Landbesitz vielfach gezwungen, fast ausschließlich Nahrungsfrüchte für den Eigenbedarf, vor allem also Reis, Hirse und Hülsenfrüchte anzubauen. Dazu kommt, daß ein großer Teil der bargeldbringenden Marktfrüchte – vor allem Chili, Gelbwurz, Zuckerrohr sowie die meisten Obst- und Gemüsesorten – einen höheren Kapitalaufwand in Form von Bewässerungsanlagen, Einsatz von Arbeitskräften, Dünger, Schädlingsbekämpfungsmitteln etc. erfordern, die aufzubringen ein Kleinbetrieb in der Regel nicht in der Lage ist." (BRONGER 1977, S. 336f.).

Diese ökonomische (und politische – s. u.) Machtposition ist unabhängig davon, ob einzelne Rajputs oder Reddis mehr, andere weniger hieran partizipieren. Deutlicher: Ob alle Reddis an diesem Herrschaftsprozeß teilhaben oder nur wenige die faktische Macht ausüben, ändert an dem Tatbestand dieser Machtkonzentration selbst nichts (dazu: KANTOWSKY 1972, S. 173f.).

Es ist unbestreitbar, daß Besitz bzw. Einkommen keineswegs immer mit dem sozialen Rang der Kaste korrespondieren (s. Kap. 4.2.3), gerade unter den am höchsten rangierenden Brahmanen finden wir nicht selten Mitglieder mit geringem Einkommen. Umgekehrt kann Wohlstand bei einem Angehörigen einer tief rangierenden Kaste zu *Ansehen* und Prestige führen und, *wenn* er sich mit den hochrangigen Kasten arrangiert, auch zu Einfluß in Dorfangelegenheiten verhelfen. Für seinen sozial determinierten Status aber ist der Rang, den *seine Kaste* in der Hierarchie innehat, ausschlaggebend.

An der Stringenz der Kastenzugehörigkeit als bestimmendem Element für den Status des einzelnen vermag auch die o. g. Dimension „Erziehung" nichts zu ändern:

In einer der Beispielgemeinden benachbarten Kleinstadt, gleichzeitig Sitz der Kreis-(Tahsil-)verwaltung, hatte es ein Gowd (Palmsaftzapferkaste) zu besonderem Wohlstand gebracht: Selbst Arzt und Großgrundbesitzer, ließ er alle drei Söhne studieren (Madras). Sein Ansehen kam u. a. in seiner Präsidentschaft des örtlichen Cricket Clubs zum Ausdruck. Aber seinen Status vermochte er dadurch nicht zu ändern, was ihm auch selbst durch das Anhängsel „Gowd" an seinem Namen seitens der höher rangierenden Kasten deutlich gemacht wurde.

In einer gründlichen empirischen Studie – sie basiert auf einer 1981 durchgeführten Befragung von über 2500 ländlichen Haushalten in 12 Gemeinden im unteren Gangestiefland (Bihar) – konnten PRASAD/RODGERS konkret den Zusammenhang zwischen Kastenrang sowie der Einschulung und der traditionellen Verschuldung (bei Landlords, Arbeitgebern und Geldverleihern) eindeutig nachweisen: Mit zunehmendem Kastenrang (Brahmin, Rajput etc.) steigt die Einschulungs- bzw. sinkt die Verschuldungsquote, während sich bei den Paria-Kasten genau das umgekehrte Bild ergibt (Tab. 12.5). Ihrem mittleren Rang in der Kastenhierarchie entsprechend liegen die Angaben für die Bauernkasten ganz überwiegend zwischen diesen Werten, auch wenn das Bild hier differenzierter erscheint (Kurmi).

Kommen wir abschließend zur Dimension „Beruf". Haben sich die traditionalen

Tab. 12.5: Interdependenz Kastenrang – Einschulung – Verschuldung in Indien

Kastenrang	Kaste	Anzahl der befragten Haushalte	Einschulungsquote (%)	Verschuldungsquote[1] (%)
hochstehende Kasten	Brahmin	322	53,2	33,2
	Kayasta			
	Bhumihar	242	54,1	29,2
	Rajput			
mittlere Bauernkasten	Yadav (Ahir)	144	23,3	57,4
	Koiri	140	45,2	47,4
	Kurmi	71	54,1	28,6
scheduled castes	+	693	17,7	79,0
insgesamt		1612[2]		

+ nicht spezifiziert ; [1] s. Text ;
[2] die übrigen betrafen „backward castes" (600) sowie Muslims (319 Haushalte)

Quelle: PRASAD/RODGERS 1983, S. 18 und 20

Kasten – Berufsmuster „weitgehend aufgelöst" (KANTOWSKY 1970, S. 43) und ist damit das „Prinzip Kaste" als dominierendes Strukturprinzip auf dieser Ebene nicht mehr gültig?

Zur Beantwortung dieser Frage ist es notwendig zu unterscheiden zwischen (BRONGER 1976, S. 83f.):

1. einem *kastensystemimmanenten* Berufswechsel. Dazu gehört der Wechsel in den kastenfreien Raum: Dieser umfaßt alle diejenigen Berufe, die von allen, unabhängig von ihrer Kastenzugehörigkeit, ausgeübt werden können. Die Verrichtung von landwirtschaftlichen Tätigkeiten fällt ebenso darunter wie die „neuen" Berufe in Verwaltung, Wissenschaft und Industrie. Und

2. einem *kastensystemüberwindenden* Berufswechsel. Zu diesem „echten" Wechsel sind diejenigen Fälle zu rechnen, bei denen ein Mitglied einer Kaste in das Berufsmonopol einer anderen Kaste einbricht, z. B. wenn ein Mitglied aus der Kaste der Grobschmiede zu weben beginnt, obwohl genug Weber in der betreffenden Gemeinde tätig sind, und umgekehrt ein Madiga oder Chamar Pflüge herstellt usw.

Die Untersuchungsergebnisse (Tab. 12.6), betreffend unsere Gemeinde, offenbaren, daß nur noch ein Teil der Kastenmitglieder ihrem traditionalen Beruf als Haupterwerbsquelle nachgeht – ein kastensystemüberwindender Berufswechsel jedoch in keinem einzigen Fall festzustellen ist.

Hier aber liegt das Dilemma, das insbesondere für die *industriefernen* Regionen gilt, wo keine alternativen Arbeitsplätze zur Verfügung stehen: Viele Mitglieder gerade der tiefer rangierenden Kasten sind, da ihr eigener Kastenberuf keine ausreichenden Erwerbsmöglichkeiten für alle ihre Mitglieder mehr bietet, gezwungen, sich im kastenfreien Raum, und hier bleibt in allererster Linie nur die Landwirtschaft, zu verdingen. In ihrer ganz großen Mehrheit müssen sie als Landarbeiter, oft als Tagelöhner, ihr Auskommen suchen.

Von diesem Prozeß sind aber ebenso eine große Anzahl der Handwerks- und mehr noch der Dienstleistungskasten betroffen: Töpfer, Weber, Ölpresser, Schneider und Fleischer sowie – in Stadtnähe – Goldschmiede und Friseure, vor allem aber auch alle Tätigkeiten der „Untouchables". Mit Ausnahme der letzteren bedeutet für sie alle ihre neue Tätigkeit einen wirtschaftlichen und – in Grenzen (je nach Kastenzugehörigkeit) – auch sozialen Abstieg. Kurz: *Auf dem Lande* wird die Kaste zu einem echten Hindernis für die wirtschaftliche Mobilität des einzelnen, da „neben dieser *institutionellen* Einschränkung der Freiheit in der Berufswahl ein Berufswechsel auch durch *persönlich-rechtliche* (Dienst- oder Schuldabhängigkeit eines großen Anteils der Dorfbevölkerung vom Dienstherren bzw. Geldverleiher) und *sozialpsychologische* (Hierarchie innerhalb der Berufe) Hindernisse sehr erschwert wird" (BRONGER 1970a, S. 206–207).

Das Gefüge der Kasten-Berufsbezogenheit, hauptverantwortlich für das Entstehen der auch heute noch vielfach bestehenden lokalen Wirtschaftskreisläufe im ländlichen Indien, ist naturgemäß dort besonders stabil, wo keine nennenswerten Beschäftigungsalternativen außerhalb der betreffenden Gemeinde in Industrie oder in der Stadt zur Verfügung stehen. Zu fragen also ist: Hat die Konstellation Industrie- *und* Stadtnähe wie im Fall einer zentralindischen Gemeinde (vgl. Kap. 16) diese Kasten-Berufsmuster aufbrechen können? Die Untersuchungen ergaben, daß der überwiegende Teil der Bevölkerung im kastenfreien Raum, d. h. nicht mehr in den traditionalen Berufen tätig ist – ausgenommen von diesem Strukturwandel sind in erster Linie lediglich die Bauernkasten der Rajputs und Khatis, deren Besitz

Kaste/ Rang	traditioneller Beruf (Kastenberuf)	ausgeübte Berufe (in der Rangfolge des erwirtschafteten Einkommens)
Brahmin[2]	Priester	Priester, Landlord, höhere kommunale Dienste
Kommati	Händler	Kaufmann, Getreidehändler, Geldverleiher, Landlord
Jangam[2]	Priester	Priester, Landlord
Balija	Kaufmann	Landlord, Kaufmann, Geldverleiher
Reddi	Großbauer	Landlord, höhere kommunale Dienste
Kapu	Mittelbauer	Landwirt, Pächter
Ousala	Goldschmied	Goldschmied, Landwirt, Beediarbeiter
Kammara	Grobschmied	Grobschmied, Landwirt
Vodla	Zimmermann	Zimmermann, Landwirt
Nambi	Tempeldiener	Landwirt, Tempeldiener (Hanuman Tempel)
Thammali[1]	Tempeldiener	Tempeldiener, Landwirt (Shiva Tempel)
Kummari[1]	Töpfer	Töpfer, Landwirt
Golla[1]	Schäfer	Schäfer, Landwirt
Telaga	Mittel- und Kleinbauer	Landwirt, Landarbeiter, Pächter, Beediarbeiter
Mushti	Mittel- und Kleinbauer	Landwirt, Landarbeiter
Kuruba	Wollweber	Wollweber, Landarbeiter, Landwirt
Katike	Fleischer	Landarbeiter, Beediarbeiter, Ladenbesitzer
Boya	Kleinbauer	Landarbeiter, Pächter, Landwirt, Beediarbeiter
Kalali (Gowd)	Palmsaftzapfer	Palmsaftzapfer, Ladenbesitzer, Landarbeiter
Mangali	Friseur	Friseur, Beediarbeiter, Landwirt
Dhobi	Wäscher	Wäscher, Landwirt, Landarbeiter
Erkala	Schweinehalter	Schweinehalter, Mattenflechter
Mala[1]	Pferdehalter	Landarbeiter, Landwirt
Madiga	Abdecker, Gerber	Beediarbeiter, Landarbeiter, Landwirt, Abdecker, niedere kommunale Dienste

[1] in der Nachbargemeinde lebend; [2] z. T. in Nachbargemeinden lebend   Quelle: eigene Erhebungen

Tab. 12.6: Kaste – Rang – Beruf – Berufswirklichkeit in einer südindischen Gemeinde

mehrheitlich für den Lebensunterhalt immer noch ausreichend ist. Von den 21 Erwerbstätigen der Teli-Kaste arbeitet heute sogar kein einziger mehr in seinem Kastenberuf und das bereits seit mehreren Generationen: Schon 1955 gab es nur noch einen Ölpresser, der diese Tätigkeit zudem nur noch als Nebenberuf ausübte (MAYER 1960, S. 77). Der Grund war – damals wie heute – die industrielle Herstellung des Öls. Lediglich eine Teli-Familie bezieht ihren Haupterwerb aus der Landwirtschaft (6,6 ha Bewässerungsfeldland), drei weitere einen Zuerwerb aus diesem Sektor (weniger als 5 ha Regenfeld- bzw. 1 ha Bewässerungsfeldland). Die übrigen arbeiten in verschiedensten Berufen: Je einer als Ladeninhaber, Patwari, Busschaffner, Fahrer eines Kleinlastwagens sowie in der Distrikt-Forstverwaltung, fünf als Lehrer und zehn als Fabrikarbeiter – d. h. alle im kastenfreien Raum, zumal kein Mitglied der Händler-Kaste (Bania) in diesem Dorf ansässig ist.

Insgesamt konnten in der Gemeinde lediglich zwei Fälle registriert werden, in welchen „berufsfremde" Kastenmitglieder in den Berufen ortsansässiger Kasten arbeiten: Bei der Schneider(Darzi)- und der Ziegenhirten(Gari)-Kaste. Zu prüfen ist, ob das Berufsmonopol der Darzis bzw. Garis angetastet wurde. Das heißt, wir müssen zunächst fragen, ob hier eine ökonomische Lücke für diese Berufe im Dorf existiert, obwohl beide Kasten hier vertreten sind.

Was die drei Haushalte (s. Abb. 16.1) der *Gari*-Kaste anbetrifft, so übt einer den Beruf des Landwirts als Haupterwerb aus; von den 5,3 ha Bewässerungsfeldland, die er teilweise aus dem Verkauf seiner Ziegen erlöste, kann er mit seiner Familie sogar überdurchschnittlich gut leben. Die Mitglieder der beiden übrigen Gari-Familien betreiben Landwirtschaft im Nebenerwerb (je 1,75 ha Land), ein Mitglied hat zudem im sekundären Sektor in Dewas Beschäftigung gefunden. Dadurch entstand eine ökonomische Lücke, die von einer Bhilala-Familie, in erster Linie aber von der Pinjara-Kaste (3 Familien) ausgefüllt wurde. Sie alle betreiben die Ziegenhaltung als Nebenerwerb.

Da die Bhilala, ursprünglich ein Stamm (RUSSELL/LAL 1916, Vol. II, S. 293), keinen traditionalen Kastenberuf und die Pinjara als Muslims ohnehin nicht direkt in dieses Kasten-Berufsmuster einzuordnen sind, handelt es sich hier sämtlich um Fälle eines systemimmanenten Berufswechsels.

Der Tatbestand, daß die Gari als die eigentliche Ziegenhalter-Kaste (RUSSELL/LAL 1916, Vol. III, S. 3) ihre eigenen an die Pinjaras verkauft haben, ist als Versuch zu werten, sich damit statusmäßig aufzuwerten, indem sie sich den Normen der Lebensführung der Landbesitzer-Kasten (Rajputs) anpaßten. Für diese – keineswegs seltene – Erscheinung hat der indische Soziologe SRINIVAS den Begriff der *„Sanskritisierung"* geprägt (SRINIVAS 1962, S. 42ff.). Zu Recht bemerkt KANTOWSKY hierzu, daß Sanskritisierung keineswegs den Wandel des bestehenden sozialen Systems bedeutet. Im Gegenteil: Wenn sich eine Kaste oder Subkaste den Lebensführungs-Normen einer höher rangierenden Kaste anpaßt (Berufsausübung, Eßgewohnheiten, religiöse Riten, etc.), stärkt sie damit nur die sozialen und religiösen Normen des Systems selbst (KANTOWSKY 1970, S. 37). Die Erfolglosigkeit, die solchen Versuchen durchweg anhaftet, brachte ein Rajput des Dorfes treffend zum Ausdruck, er lieferte damit gleichzeitig die Begründung für den tieferen Rang der Gari: „Ein Rajput wird eher Hungers sterben als Schuhe zu reparieren oder Schafe und Ziegen zu halten."

Bleibt der Fall der *Schneider(Darzi)-Kaste*. Von den als „joint family" im Nordwesten der Gemeinde (s. Abb. 16.1) zusammenlebenden sechs Erwerbstätigen übt nur noch das Familienoberhaupt selbst den Kastenberuf aus. Da das hieraus erzielte Einkommen ihm nicht ausreichte, eröffnete er zusammen mit einem seiner Söhne einen Laden. Drei weitere Mitglieder arbeiten in der Industrie (Dewas), wo ihr Verdienst das Mehrfache dessen ausmacht, was mit der Schneiderei zu erzielen wäre, das sechste ist als Busschaffner tätig.

Infolge der überdurchschnittlichen Verdienstmöglichkeiten der Darzi entstand hier ebenfalls eine ökonomische Lücke, welche von je einem Mitglied aus den Kasten der Rajput, Ahir, Mali und Sutar ausgefüllt wurde. Die drei Erstgenannten gaben an, die Schneiderei als Zuerwerb zu betreiben, da ihr Einkommen aus der Landwirtschaft nicht ausreiche (alle drei Kasten sind traditionell in der Landwirtschaft tätig). Dagegen geht der eine Sutar diesem Beruf als Haupterwerb nach mit der Begründung, daß wegen der geringen Größe seines Landbesitzes nach Erbteilungen er die Landwirtschaft nur noch als Nebenerwerb betreiben könne, gleichzeitig aber ein Überangebot an Zimmerleuten in der Gemeinde bestünde.

Zusammenfassend kann man also auch bei den Schneidern von keinem echten systemüberwindenden Berufswechsel sprechen. Aber auch wenn von einem Aufbrechen der Kasten-Berufsbedingtheit hier noch nicht gesprochen werden kann, so verdient festgehalten zu werden, daß gerade letzterer Fall deutliche Anzeichen einer sozialen Mobilität offenbart – eine Mobilität, die wiederum eine für die Gesamtentwicklung des Landes notwendige Voraussetzung darstellt.

12.3.3
„Kaste" als allgegenwärtiges Strukturprinzip für politisches Handeln

Sozialer Rang, wirtschaftliche Potenz und politische Macht sind nach wie vor nahezu deckungsgleich verteilt. Sie konzentrieren sich auf die Mitglieder der „Dvijas" und – sofern nicht mit diesen identisch – auf die der „dominant castes", zusammen allenfalls 20% der Bevölkerung des Landes. Unter den > 635000 Gemeinden im ländlichen Indien gibt es kaum eine, dessen Sarpanch und Patel nicht von Angehörigen dieser Kasten in „Erbfolge" besetzt gehalten werden. Von der Basis gilt dieses „Prinzip" über die Selbstverwaltungsorgane auf Tahsil- und Distriktebene bis hinauf an die Spitze. Ist es ein Zufall, daß seit der Unabhängigkeit sämtliche Premierminister und die große Mehrheit der „Chief Minister" der Bundesstaaten, die Führungsgremien aller Parteien einschließlich der Kommunisten von Mitgliedern eben dieser Kasten besetzt gehalten wurden und werden?

Bis heute haben diese dominanten Gruppen nicht allein die Planung, sondern vor allem die politische Umsetzung der ländlichen Entwicklungsprogramme in ihrem Sinne zu steuern verstanden. „Von Anbeginn auf die Kooperation der dominierenden Gruppen in den jeweiligen Entwicklungsblocks angewiesen, wurde das ländliche Entwicklungsprogramm so entgegen der ausdrücklichen Zielsetzungen sehr bald zu einer Organisation, über die fast ausschließlich Darlehen, Düngemittel und verbessertes Saatgut verteilt wurden, inputs also, von denen nur diejenigen profitieren konnten, die genügend Land besaßen, um das Risiko neuer Anbaumethoden tragen zu können. Ein ökonomischer „uplift of the weaker sections of the village society", neben der Verbesserung der landwirtschaftlichen Produktionstechniken das erklärte Hauptziel des ländlichen Entwicklungsprogrammes, wurde nicht erreicht und eine nennenswerte Veränderung des traditionalen indischen Schichtengefüges ... läßt sich nicht nachweisen" (KANTOWSKY 1972a, S. 160 – s. Kap. 15.1.2). Umgekehrt hat sich am Status der „Untouchables", vor allem auf dem Lande, grundsätzlich nichts geändert. „Während bei den Gottesdiensten der Christen und Muslims in Indien die Kastenschranken weitgehend aufgehoben zu sein scheinen, bestehen sie in den Hindutempeln trotz gegenteiliger gesetzlicher Vorschriften fort. In ländlichen Verhältnissen scheuen Unberührbare vor dem Betreten von Tempeln, die von höheren Kasten benutzt werden, zurück. Das Konzept der Glaubengemeinschaft, von so zentraler und umfassender Bedeutung im Islam und im Christentum, fehlt im Hinduismus" (SCHOETTLI 1987, S. 35). Und aus politischer Sicht resümiert REITSMA: "Still today, not everyone is born equal, and some groups have more rights and opportunities than others. India has often been called the largest democracy in the world, but deeply rooted caste-based behaviour patterns make Indian society decidedly less democratic than many other societies" (1985, S. 319f.).

Insofern ist es schon müßig zu fragen, ob die seit 1947 unternommenen „plan"-mäßigen Anstrengungen auf die Auflösung des Kastensystems (s. Verfassung) abzielten oder nicht. Die Wirklichkeit hat die Antwort gegeben. Veränderungen im inneren System der Keimzelle der indischen Gesellschaft, des Dorfes, bleiben ohne gleichzeitige Veränderungen auch der übergeordneten politischen Entscheidungsgremien des Blocks, des Distrikts usw. wirkungslos – und umgekehrt. Hierin liegt ein schwerwiegendes Dilemma der Entwicklung dieses Landes.

13 Bevölkerung und Entwicklung: Demographische, soziale und wirtschaftliche Auswirkungen der Bevölkerungsexplosion

Indiens wirtschaftliche Entwicklung seit der Unabhängigkeit kann sich sehen lassen: Der industrielle Produktionszuwachs betrug in den vergangenen 43 Jahren (1950/51–1993/94) mehr als das zehnfache. Von den Schlüsselproduktionen lagen Fertigstahl (14,5 mal), Rohöl (10,1 mal) und Zement (21,4 mal) sogar noch über diesem Wert, nur Kohle mit dem 8,1fachen darunter. Auf dem landwirtschaftlichen Sektor ist der Produktionsanstieg im besagten Zeitraum um das dreifache, bei Nahrungsmitteln sogar das 3,6fache, im besagten Zeitraum ebenfalls beachtlich zu nennen. Wesentliches Fundament dieser Entwicklung war die Steigerung der Elektrizitätserzeugung um das 63fache (bei einer allerdings sehr niedrigen Ausgangsposition) und der Brutto-Bewässerungsfläche um das dreifache. Alles das sind Ergebnisse, mit denen Indien über dem Durchschitt der Entwicklungsländer liegt, denen das Land zudem eine (noch) vergleichsweise passable Pro-Kopf-Auslandsverschuldung voraus hat.

Diese Erfolge müssen jedoch auch (und vor allem) aus einer anderen Perspektive gesehen werden. Es ist zu fragen: In welchem Maße hat der einzelne von dieser Entwicklung profitiert? – Auch wenn das reale Pro-Kopf-Einkommen nicht alle Aspekte des wirtschaftlichen Fortschritts abdeckt, so ist es, als Einzelindikator, doch eindeutig der beste weil umfassendste Gradmesser zur Beantwortung dieser Frage.

Nationale Einkommensstatistiken werden in Indien erst seit 1950 geführt (Tab. 13.2). Für die Zeit vor der Unabhängigkeit liegen Schätzungen vor; die als die zuverlässigste geltende Berechnung ist in Tab. 13.1 zusammengestellt.

Bei der Zugrundelegung eines fünffach höheren Preisniveaus 1980/81 gegenüber 1945 (MILLS/BECKER 1986, S. 1) ergibt sich ein gegenwärtiger Lebensstandard, der sich um etwa das 2,5fache höher als der

Jahr	Rupees[1]	Wachstumsrate/ Jahr (%)
1868–69	120	–
1872–73	125	1,0
1890	134	0,9
1900	145	0,8
1910	154	0,6
1920	164	0,6
1930	171	0,4
1935	166	–0,6
1940	169	0,4
1945	166	–0,4

[1] berechnet zu Preisen von 1946/47
Quelle: LAL 1981 – angeführt in: MILLS/BECKER 1986, S. 2.

Tab. 13.1: Entwicklung des Pro-Kopf-Einkommens in Indien 1868–1945

Tab. 13.2: Reales Wachstum des Bruttoinlandproduktes/Kopf in Indien 1950/51–1993/94
(zu Preisen von 1980/81)

Jahr	BIP/Kopf (Rupees)[1]	Wachstumsrate/ Jahr (%)
1950/51	1127	–
1960/61	1350	1,82
1970/71	1520	1,19
1980/81	1630	0,70
1989/90	2142	2,91
1993/94	2255	1,29
1950/51– 1993/94		1,63

[1] berechnet zu Preisen von 1980/81
Quelle: Economic Survey 1991–92; TATA (1994/95)
(Berechnungen des Verfassers)

um 1945 berechnet. Zwar liegt die Einkommensentwicklung seit der Unabhängigkeit damit deutlich über der der 77 Jahre vor 1945, doch ist die *jährliche Wachstumsrate von 1,6%/Kopf* bezogen auf den o. g. Zeitraum von 43 Jahren als wenig befriedigend anzusehen – mit 310 US-$ (1994) pro Kopf gehört Indien nach wie vor zu den 25 ärmsten Ländern der Erde.

Ausschlaggebend für diesen Tatbestand ist die mit derzeit 2,1%/Jahr unvermindert hohe Bevölkerungszunahme während dieser Zeit. Im folgenden sollen die entwicklungspolitisch relevanten Auswirkungen an fünf Problemfeldern aufgezeigt werden.

	Produktion/Kopf
Reis	139
Sorghumhirse	89
Weizen	355
Hülsenfrüchte	66
Nahrungsfrüchte insgesamt	114
Zuckerrohr	152
Erdnuß	98
Faserpflanzen[2]	93

[1] Durchschnitt der Jahre 1987/88 – 1990/91;
[2] Baumwolle, Jute, Hanf
Quelle: Errechnet aus: Economic Survey 1991–92

Tab. 13.3: **Pro-Kopf-Produktion wichtiger Agrarerzeugnisse in Indien 1949/50–1990/91**[1]
(Durchschnitt 1949/50–1951/52 = 100)

13.1 Agrarproduktion und Bevölkerungsentwicklung

Wie ist die Produktionssteigerung im Agrarsektor im Zusammenhang mit der Bevölkerungsentwicklung der vergangenen 40 Jahre zu bewerten? Und: In welchem Maße hat der einzelne davon profitiert?

Bereits eine erste Gegenüberstellung der Produktionsentwicklung der acht wichtigsten Agrarerzeugnisse mit der Pro-Kopf-Produktion (Tab. 13.3) offenbart, daß die o. g. zweifellos beachtlich zu nennende Produktionssteigerung von der gleichzeitig erfolgten Bevölkerungszunahme doch sehr relativiert, ja, bei der Hälfte der angeführten Anbauprodukte sogar mehr als neutralisiert wird, ohne Zweifel eine wenig befriedigende Entwicklung, deren weitere Ursachen noch eingehend zu erörtern sind (Kap. 15). Auch wenn Ertragssteigerungen noch durchaus im Bereich des Möglichen liegen (und realisiert werden müssen), so zeigen bereits diese Grunddaten, wie essentiell notwendig die Inangriffnahme einer Bevölkerungs- und Familienpolitik für die zukünftige Entwicklung Indiens ist.

Dabei ist diese (generelle) Feststellung noch in einigen Punkten zu ergänzen:
– Eine Stabilisierung der Pro-Kopf-Produktion konnte bis heute nicht erreicht werden (Abb. 13.1). Auch in den 80er Jahren mußten immer wieder erhebliche Produktionseinbrüche bei der Mehrzahl der Nahrungs- und Marktfrüchte hingenommen werden (1982/83, 1986/87, 1987/88). Bei einem Agrarland wie Indien ist dies nicht allein von allgemein volkswirtschaftlicher Bedeutung, sondern hat seine spezifische Auswirkung auf die Wirtschaftsplanung: Aufgrund der vorangegangenen zwei schlechten Ernten mußten im Jahr 1988/89 2,37 Millionen Tonnen Getreide im Wert von 6,310 Milliarden Rs. (= 784 Mill. DM) importiert werden. Das bedeutete nicht nur den zweithöchsten Betrag seit 1975, sondern trug auch mit zum nach 1985/86 bis dahin höchsten Handelsbilanzdefizit (79 Mrd. Rs.) seit der Unabhängigkeit des Landes bei (vgl. Tab. 9.2).

Agrarproduktion und Bevölkerungsentwicklung 297

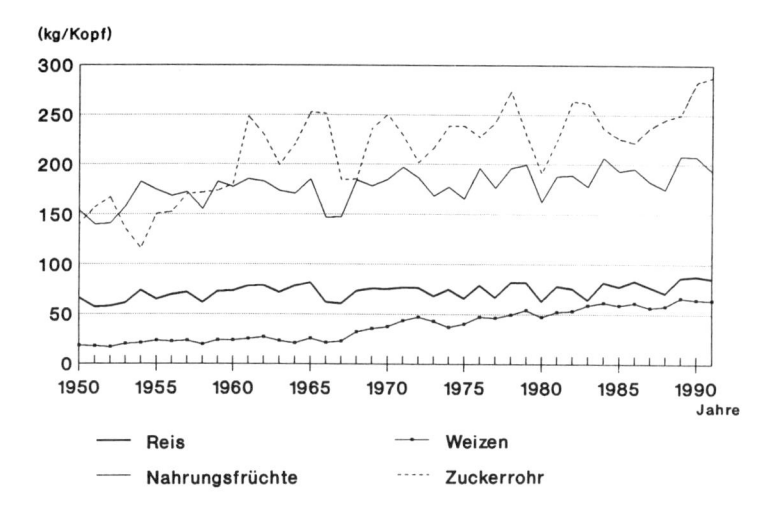

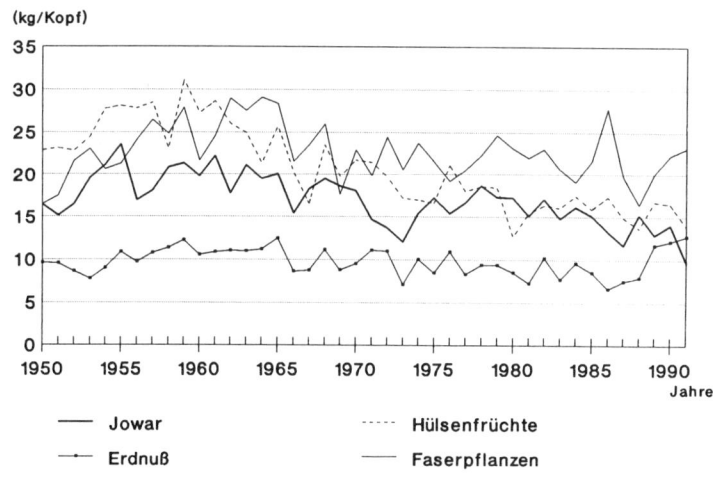

Abb. 13.1:
Pro-Kopf-Produktion der wichtigsten Nahrungs- und Marktfrüchte in Indien 1949/50–1990/91

– aus den in Tab. 13.4 zusammengestellten Indikatoren zur Auswirkung der Agrarproduktion auf die Lebensverhältnisse des einzelnen läßt sich ebenfalls der eher bescheidene Erfolg bei der Lösung des zentralen Problems, der Beseitigung der Armut, seit der Unabhängigkeit ablesen.

Insgesamt war die Netto-Verfügbarkeit von Grundnahrungsmitteln pro Kopf der Bevölkerung in den vergangenen 30 Jahren fast stagnierend. Lediglich in der Versorgung mit Zucker, Speiseöl und Baumwollstoffen sind deutliche Fortschritte zu erkennen (s. a. Abb. 13.1).

Dies aber ist nur die eine Seite der Wirklichkeit. Die Haupteinschränkung obiger Interpretation gegenüber liegt in dem Mangel an Kaufkraft bei einem großen Teil der heute über 900 Millionen Einwohner Indiens begründet: Etwa 400 bis 500 Millionen von ihnen, d. h. etwa die Hälfte, leben ständig am Rande des Existenzminimums. Sie können sich in der

Produkt	Maß	Durchschnitt 1961–63	Durchschnitt 1992–94	1961/63–1992/94 (1961/63 = 100)
1	2	3	4	5
Getreide	g/Tag	394,2	432,7	110
Hülsenfrüchte	g/Tag	63,6	36,4	57
Nahrungsfrüchte	g/Tag	457,8	469,1	102
Speiseöl	kg/Jahr	3,2	5,83	182
Zucker	kg/Jahr	5,3	13,0	245
Baumwollstoff	m	14,3	24,1	156

[1] Netto-Verfügbarkeit = Nettoproduktion + Nettoimport – Änderung der staatlichen Vorräte; [2] Durchschnitt der Jahre 1961–1963 bzw. 1992–1994
Quelle: Errechnet aus den Angaben der staatlichen Planungskommission (Economic Survey 1994–95)

Tab. 13.4: Nettoverfügbarkeit[1] wichtiger Grundnahrungsmittel und Konsumartikel pro Kopf der Bevölkerung in Indien 1961–1994[2]

Regel allenfalls zwei Mahlzeiten pro Tag leisten. Wenn auch sie soviel Nahrungsmittel kaufen könnten, wie sie wollten, d. h., wenn sie die finanziellen Mittel hätten, ihren Bedarf nach Belieben zu befriedigen, reichte die indische Nahrungsmittelproduktion bei weitem nicht aus, diesen Bedarf zu decken. Vielleicht am ehesten bei Weizen und Reis, auch (die teuren) Gewürze wären in ausreichender Menge vorhanden, gingen dann allerdings als Devisenbringer verloren (im Durchschnitt der letzten drei Jahre immerhin noch 2,6 Mrd. Rs.). Aber schon bei Hirse und Hülsenfrüchten würde es schwierig, ganz zu schweigen von Speiseöl, Fisch, Fleisch, Obst und Gemüse.

Die rückläufige Pro-Kopf-Produktion und somit mangelnde Verfügbarkeit von Hirse und Hülsenfrüchten kommt dabei besonders zum Tragen: Sie bilden, da am preiswertesten, vielfach den Ersatz des armen Mannes für Reis und Gewürze. Insgesamt gesehen wird man jedoch konstatieren können, daß sich die Lebensverhältnisse für die Mehrheit der Agrarbevölkerung seit der Unabhängigkeit verbessert haben (s. Kap. 6; 16.1).

Auf die von der Bevölkerungsexplosion mitverursachten Lebensbedingungen im städtischen Bereich werden wir gesondert zurückkommen (Kap. 13.5).

13.2
Der überjüngte Altersaufbau und das Beschäftigtenproblem

Ausdruck der großen Bevölkerungsdynamik ist die altersmäßige Gliederung der indischen Bevölkerung, die in ihrer geographischen Darstellung die für Entwicklungsländer typische Form einer Pyramide zeigt (Abb. 13.2): Die breite Basis belegt den großen Anteil von Kindern und Jugendlichen unter 15 Jahren – mit fast zwei Fünfteln (1981: 39,5%; BRD: 17%) ist er (noch) keinesfalls rückläufig (1971: 38,2%). Die schmale Spitze zeigt den mit 6,5% geringen Anteil an alten Menschen von 60 Jahren und darüber (BRD: >20%) und gleichzeitig die seit Beginn des Jahrhunderts zwar stark angestiegene, jedoch vergleichsweise noch immer geringe Lebenserwartung von 1990: 59 Jahren (1920: 20; 1950: 32 Jahre).

Als Folge dieser Altersstruktur ist zwar der Anteil der erwerbstätigen Bevölkerung (15–59 Jahre) mit nur 53,9% relativ niedrig (BRD 1981: 67,6%; 15–65 Jahre). Der überjüngte Altersaufbau stellt den indischen Staat auf dem Arbeitsmarkt dennoch vor unlösbar erscheinende Probleme: 16 Millionen Realzuwachs im Durchschnitt der vergangenen 10 Jahre (1981–1991) bedeutet die Notwendigkeit der Bereitstellung

Altersaufbau der Indischen Union 1981

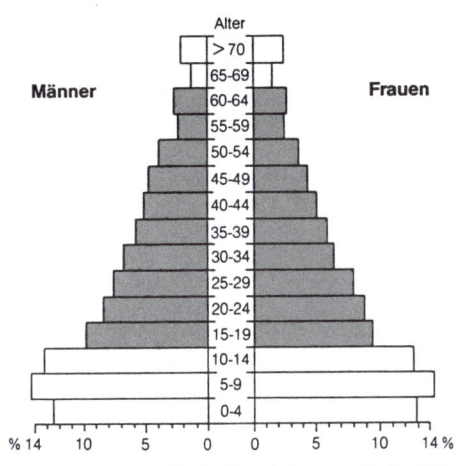

Nach Government of India (Hrsg.): Census of India 1981. New Delhi 1984

Altersaufbau der Bundesrepublik Deutschland 1983

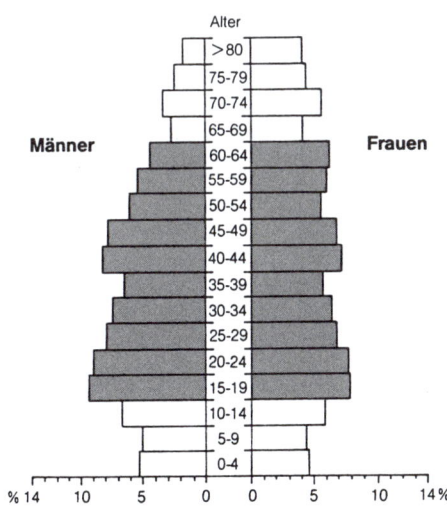

Nach Statistisches Bundesamt (Hrsg.): Statistisches Jahrbuch der Bundesrepublik Deutschland 1984. Wiesbaden 1984

Abb. 13.2: Altersaufbau der Indischen Union 1981 und der Bundesrepublik Deutschland 1983 im Vergleich

von zumindest 6–7 Millionen *neuen* Arbeitsplätze Jahr für Jahr. Zwei der drei Wirtschaftssektoren erscheinen aber, und das seit geraumer Zeit, bereits übersetzt. Das trifft in erster Linie für den staatlichen Dienstleistungssektor, aber auch für die Landwirtschaft zu. Im letzteren scheint zwar durch Intensivierungsmaßnahmen noch gewisser Spielraum im Hinblick auf zukünftige Beschäftigungsmöglichkeiten gegeben (näheres: s. Kap. 15.1.2), andererseits ist ein erheblicher Teil der hier Erwerbstätigen nur saisonal tätig.

Im nennenswerten Umfang müßten diese jährlich neu zu schaffenden Arbeitsplätze in allererster Linie somit in Industrie, Handwerk und Gewerbe bereitgestellt werden. Tatsächlich sind im Bereich *Industrie* („Large & Medium Scale Industry") bei einer Gesamtbeschäftigtenzahl von gegenwärtig (1990) knapp 8,3 Millionen in den vergangenen zehn Jahren lediglich 163 000 Arbeitsplätze pro Jahr neu hinzugekommen; zusammen mit dem stark expandierenden Kleinindustriesektor (1993: 13,4 Mill. Beschäftigte) sowie dem Heimgewerbe („Khadi & Village Industries" – mit 1993: 5,25 Mill. Beschäftigten) waren es im gleichen Zeitraum 1980/81–1992/93 988 000/Jahr (vgl. Tab. 7.7). Diese nur auf den ersten Blick beachtlich erscheinende, gemessen an dem tatsächlichen Bedarf jedoch viel zu geringe Zahl wird noch dadurch relativiert, daß sich die Beschäftigtenzahlen
1. innerhalb dieser drei Bereiche überschneiden, ja z. T. sogar in den Bereich Landwirtschaft mit eingehen (! – näheres s. Kap. 6.1) und
2. ein nennenswerter Teil der statistisch Aufgeführten nur temporär beschäftigt ist – am höchsten ist dieser Anteil im Dorfgewerbe, wo, nach offiziellen Angaben, fast zwei Drittel (64,8%) hiervon betroffen sind (Berechnung nach: Tab. 7.7). Die Folge dieser Entwicklung ist u. a., daß der Arbeitskräfteüberbesatz in den o. g. primären und tertiären Sektoren ständig weiter zunimmt und gegenwärtig bereits die Zahl der Arbeitslosen und Unterbeschäftigten die der Arbeitnehmer weit übertrifft – fürwahr eine tickende Zeitbombe, wenn man bedenkt, daß bei Anhalten der absoluten Bevölkerungs-

zunahme (was eine ständig sinkende Wachstumsrate voraussetzt) und gleichzeitig weiterer Verbesserung der hygienischen und medizinischen Versorgung die Bevölkerung Indiens sich im Jahr 2000 gegenüber 1965 trotzdem auf über eine Milliarde verdoppelt haben wird!

13.3
Das Alphabetisierungsdefizit:
Hypothek für die Zukunft

Trotz „großzügiger" amtlicher Definition eines Alphabeten („jemand der einen Brief lesen und schreiben kann") und trotz aller Bemühungen um den Ausbau des Bildungswesens (s. Kap. 8.3.2), ergibt sich für Indien bis heute ein erschreckend hoher Anteil an Analphabeten: fast 48% aller Inder über 7 Jahre.

Ungeachtet der *relativen* Erfolge in der Bekämpfung des Analphabetismus – die Quote konnte immerhin von 1951: 83%, 1961: 72%, 1971: 71%, 1981: 64% auf den heutigen Wert gesenkt werden – stieg die *absolute* Zahl der Analphabeten ständig weiter an (Tab. 13.5).

Haupterklärungsfaktor ist auch hier die (absolut) ungebremste Bevölkerungszunahme, die die Erfolge der Alphabetisierung relativiert und den weiteren Anstieg der Analphabetenzahl bewirkt hat.

Diese unbefriedigende Bilanz steht in engem Kausalzusammenhang mit der auf dem Lande weit verbreiteten *Kinderarbeit*. Sie bewirkt, daß die untere Primarstufe (Klassen I–V) zwar von 99,6% (Schuljahr 1988/89) der Kinder dieser Altersgruppe (6–11) besucht wird, dieser Anteil in der oberen Primarstufe (Klassen VI–VIII) jedoch auf 57% absank (TATA 1992–93, S. 174). Schließlich ist als dritte Ursache für diese unbefriedigende Entwicklung der Tatbestand zu sehen, daß das Bildungs-

	Bevölkerung Mill.	Alphabeten Mill.	Analphabeten Mill.	Analphabetenquote (%)
1951	361	66	295	82
1961	439	124	315	72
1971	548	189	359	66
1981	683	298	385	56
1991	844	439	405	48

Tab. 13.5: Entwicklung des Analphabetismus in Indien 1951–1991

defizit in Indien zum Zeitpunkt der Unabhängigkeit einfach zu groß war, als daß die Versäumnisse des britischen Schulwesens in nur 45 Jahren korrigiert werden konnten.

Aber nicht allein die insgesamt viel zu hohe Analphabetenquote, sondern ebenso die regional wie geschlechterspezifisch großen Unterschiede sind als schwere Hypothek für die zukünftige Gesamtentwicklung des Landes anzusehen.

So ergab sich für 1991 eine räumliche Amplitude der Alphabetisierungsquote zwischen 90,6% für Kerala und deprimierenden 38,5% für Bihar (Tab. 13.6). Die *Ursachen* für dieses *Bildungsgefälle* liegen sowohl im regional unterschiedlichen Angebot diesbezüglicher schulischer Einrichtungen einschließlich deren Träger (im am stärksten christianisierten Kerala ist dies vor allem die katholische Kirche) als auch der Stand der technischen Infraeinschließlich der Siedlungsstruktur, die zusammen mit den Naturgegebenheiten maßgeblich die Besuchsmöglichkeiten der Schulen bestimmen (Gebirgs- und Wüstenregionen).

Ein zusätzliches Ungleichgewicht besteht *zwischen Stadt und Land*. Aufgrund des größeren und vielfältigeren schulischen Angebots ergibt sich für Gesamtindien (1991) eine fast doppelt so hohe Alphabetisierungsquote (61,8%) für die Stadt gegenüber dem Land (36,3%). Aber auch hier existieren zusätzlich beträchtliche regionale Schwankungen, die mit dem Gesamtentwicklungsstand korrelieren: in den Staaten mit der höchsten Analphabetenquote ist dieses Verhältnis entsprechend hoch, in Rajasthan 2,7:1, in Arunachal Pradesh sogar 2,9:1, während der Wert für Kerala – 1,1:1 – umgekehrt auf ein räumlich sehr ausgeglichenes Stadt-Land-Verhältnis hinweist (Daten für 1991). Keine positive Korrelation ist dagegen zwischen der Größe der Stadt und deren Alphabetisierungsquote zu erkennen. Von den Städten mit über einer halben Million Einwohner (1991 – Tab. A 4.9 und A 4.10 – Anhang) rangieren die drei Großmetropolen Bombay (Quote: 82,5%), Calcutta (77,1%) und Delhi (76,2%) erst 8., 32. und 38. Stelle; sie alle bleiben deutlich unter dem Gesamtwert des Bundesstaates Kerala (90,1%).

Eine mit 1,6:1 ähnlich unterschiedliche Alphabetisierungsquote besteht *zwischen den beiden Geschlechtern* (Tab. 13.6). Sie betrug (1991) für die Frauen im Landesmittel lediglich 39,2% gegenüber 63,9% bei den Männern. Auch hier zeigen die Staaten mit hohem Analphabetenteil überdurchschnittlich große Unterschiede: in Bihar beläuft sich das Verhältnis auf 2,3:1, in Rajasthan sogar auf 2,65:1, während es in Kerala wiederum lediglich bei 1,1:1 liegt. Hier kommt zugleich die unterschiedliche Rolle des Mannes in der hinduistischen sowie muslimischen gegenüber der christlichen Gesellschaft zum Ausdruck. Als Folge dieser Zusammenhänge ist die *weibliche Alphabetenquote*

Bundesstaat/Unionsterritorium	insgesamt	männlich	weiblich
Indien	*52,1*	*63,9*	*39,2*
Bundesstaaten			
1. Andhra Pradesh	45,1	56,1	33,7
2. Arunachal Pradesh	41,2	51,1	29,4
3. Assam	53,4	62,3	43,7
4. Bihar	38,5	52,6	23,1
5. Goa	77,0	85,5	68,2
6. Gujarat	60,9	72,5	48,5
7. Haryana	55,3	67,9	40,9
8. Himachal Pradesh	63,5	74,6	52,5
9. Jammu & Kashmir[1]	32,7	44,2	19,6
10. Karnataka	56,0	67,3	44,3
11. Kerala	90,6	94,5	86,9
12. Madhya Pradesh	43,5	57,3	28,4
13. Maharashtra	63,1	74,8	50,5
14. Manipur	61,0	73,0	48,7
15. Meghalaya	48,3	51,6	44,8
16. Mizoram	81,2	84,1	78,1
17. Nagaland	61,3	66,1	55,7
18. Orissa	48,6	62,4	34,4
19. Punjab	57,1	63,7	49,7
20. Rajasthan	38,8	55,1	20,8
21. Sikkim	56,5	64,3	47,2
22. Tamil Nadu	63,7	74,9	52,3
23. Tripura	60,4	70,1	50,0
24. Uttar Pradesh	41,7	55,4	26,0
25. West Bengal	57,7	67,2	47,2
Unionsterritorien			
1. Andamanen & Nicobaren	73,7	79,7	66,2
2. Chandigarh	78,7	82,7	73,6
3. Dadra & Nagar Haveli	39,5	52,1	26,1
4. Daman & Diu	73,6	85,7	61,4
5. Delhi	76,1	82,6	68,0
6. Lakshadweep	79,2	87,1	70,9
7. Pondicherry	74,9	83,9	65,8

[1] 1981 – für 1991 liegen keine Angaben vor.
Quelle: COI 1991

Tab. 13.6: Regionale Differenzierung der lese- und schreibkundigen Bevölkerung nach Geschlechtern in Indien 1991 (Angaben in %)

auf dem Lande mit 25% besonders niedrig (Daten für 1991): in sechs Bundesstaaten (Bihar, Madhya Pradesh, Uttar Pradesh, Arunachal Pradesh, Jammu & Kashmir mit zusammen 40% der Gesamtbevölkerung) liegt sie bei knapp 15% und erreicht in Rajasthan mit 9,2% den geringsten Wert. Geradezu auf erschreckend niedrigem Niveau liegen die Werte, bezieht man die Zahl der auf dem Lande lebenden lese- und schreibkundigen Frauen und Mädchen auf die Gesamtbevölkerung: Für Gesamtindien liegt der Wert bei gerade 9,1%, für Rajasthan bei 3,4% und in den hiesigen drei Wüstendistrikten Barmer, Jaisalmer und Jodhpur (in ganz Indien sind es weitere drei) bei weniger als 2% – wahrhaftig keine Errungenschaft nach 45 Jahren Unabhängigkeit.

Das regionale wie qualitative Bildungsgefälle wird durch die *Binnenwanderung*, selbst Ausdruck von regionalen Ungleichgewichten im Entwicklungsstand, noch weiter zu ungunsten der ländlichen Gebiete, aber auch der Klein- und Mittelstädte verschärft: Während auf Bombay „nur" ein Drittel der Einwanderer nach Maharashtra entfiel, lag der Anteil der Großmetropole an den Migranten mit abgeschlossener Hochschulbildung weit überproportional bei 60%, zusammen mit den beiden übrigen Metropolen Pune und Nagpur waren es 80% (ALAM 1983, S. 16 – Angaben für 1971). Dieser in hohem Maße metropolitan gerichtete „brain drain" ist als wesentlicher entwicklungshemmender Faktor im Hinblick auf einen regionalen Ausgleich anzusehen (vgl. Kap. 10).

13.4
Metropolisierung und Entwicklung I – Metropolitanexterne Folgewirkungen: Die Rolle der Metropole im Entwicklungsprozeß

13.4.1
Die Fragestellung: Entwicklungstheoretische Bewertung des Metropolisierungsprozesses

Der Urbanisierungsprozeß Indiens im 20. Jahrhundert (näheres s. Kap. 3.5) ist durch folgende Hauptmerkmale gekennzeichnet:
1. Einem raschen Wachstum der Städte steht eine erst allmählich einsetzende Verstädterung gegenüber. Der Anteil der Stadtbewohner blieb bis heute (1991) mit 22,9% vergleichsweise gering (1901: 5,8%; 1951: 12,3%).
2. Urbanisierungsquote (UQ) sowie der Anteil der Bevölkerung nach Stadtgrößenklassen (s. Abb. 3.5) weisen große regionale Unterschiede auf (UQ: Himachal Pradesh = 3,8%; Maharashtra = 36,7%).
3. Einen wesentlichen Anteil an dem raschen urbanen Bevölkerungswachstum tragen die Millionenstädte (Metropolen). Ihr Anteil an der städtischen Bevölkerung stieg von 1901: 11% auf 1991: 37,4% (s. Tab. 3.3 und Abb. 3.7).
4. Gegenüber dem demographischen sehr viel ausgeprägter ist der funktionale Konzentrationsprozeß aller wichtigen Einrichtungen im sekundären und tertiären Bereich in den Metropolen, ganz besonders in den drei Großmetropolen Bombay, Calcutta und Delhi. Bei zusammen 3,3% der Bevölkerung (1981) entfielen auf sie u. a. 12,7% der Universitätsstudenten, 15,5% der Krankenhausbetten, 18,3% des Produktionswertes der Industrie, 30,6% (mit Madras fast 45%) des über die Häfen abgewickelten In- und Exportes, 34,3% der Telefonanschlüsse und sogar 90,3% des internationalen Flugverkehrs (ohne Nepal und Sri Lanka). Was aber das insgesamt Wichtigste ist: 53,4% der Einkommensteuer ganz Indiens wurden (1992) in den drei Megastädten erwirtschaftet (BRONGER 1993, S. 109).

Dieser Befund mündet ein in eine zentrale Fragestellung für die Regionalforschung sowie für die Entwicklungsplanung und -politik: Welche Rolle spielt die Metropole und die Metropolisierung im Entwicklungsprozeß eines Staates? Fördert sie die Entwicklung der übrigen Landesteile oder wirkt sie eher entwicklungshemmend?

Die Frage nach den metropolitan-*externen* Folgewirkungen wird in der Forschung kontrovers diskutiert. Man findet das gesamte Spektrum aller möglichen Auffassungen zwischen

1) Die Stadt als „Motor des wirtschaftlichen Fortschritts" und des gesellschaftlichen Wandels:

„Urbanisierung" wird damit zur Voraussetzung von „Entwicklung" schlechthin apostrophiert. Die Metropole "has the advantage of a large and concentrated labour and consumer market; it is the focus of transportation routes; it has the economics of scale and juxtaposition of industries and specialists; it is a fertile ground for social and cultural change necessary for development; it is a centre from which these innovations or new adoptions, artifacts and technologies ... diffuse into the country side thus relieving the farming areas of the burden of excess population" (METHA 1969, S. 299; zitiert nach MISRA 1982, S. 1).
In ähnlichem Sinn – Metropolen als Innovationszentren – äußert sich eine Reihe von Sozialwissenschaftlern (näheres s. EVERS 1983, S. 63) und Geographen (allgemein: u. a. KLÖPPER 1956/57, S. 453; Entwicklungsländer-spezifisch: NISSEL 1977 s. o. oder NUHN 1981 für Zentralamerika). Mit dieser Auffassung wird im Grundsatz die Rolle der Urbanisierung in Industrie- und Entwicklungsländern als vergleichbar eingestuft.

2) „Parasitäre versus generative Urbanisierung":

Noch bevor MYRDAL (1957) Entstehen und Wachstum regionaler Disparitäten durch die von den Zentren ausgehenden Ausbreitungs- und Entzugseffekte auch räumlich zu erklären versuchte, hat HOSELITZ die Frage der Interdependenz von Metropolisierung und Entwicklung mit dem Begriffspaar „generative" and „parasitic cities" konkretisiert (1954/55, S. 279). Erstmalig wird bei dem Verlauf der Urbanisierung zwischen den Ländern der „Ersten" und „Dritten" Welt unterschieden, indem der Autor den Städten der IL einen entwicklungsfördernden, letzteren einen eher hemmenden Einfluß zuschreibt.

Am unmißverständlichsten bezog hierzu HAUSER Stellung, vor allem deshalb, weil er diese parasitäre Rolle ausdrücklich auf die „primate cities" der „Dritten" Welt bezogen wissen will (HOSELITZ sprach in diesem Zusammenhang noch allgemein von „urbanization" bzw. „cities"): Die Entwicklungsländer-Metropolen „blockieren („obstruct") die sozioökonomische Entwicklung in ihrem Land, indem sie die Entwicklung der übrigen Städte des Landes bremsen und insgesamt wenig zur Entwicklung ihres Hinterlandes beitragen, da ihre Funktion primär in der Verteilung von Dienstleistungen für die koloniale und einheimische Elite der Metropole besteht. Die großen Städte, welche das Produkt der Kolonialherrschaft waren oder primär als Verbindungsglied der lokalen Eliten mit dem Ausland fungierten, sind nicht als Ergebnis der Industrialisierung und wirtschaftlichen Entwicklung anzusehen, wie dies für die Städte der westlichen Welt zutrifft" (1957, S. 87).

Es verdient festgehalten zu werden, daß diese von den Dependenztheoretikern ab Ende der 60er Jahre wiederholten Gedankengänge schon 15 (und mehr) Jahre früher geäußert wurden.

3) „Metropole als Spiegelbild der Gesellschaft":

„Armut, Arbeitslosigkeit, gewaltsame Klassen- und Rassenkonflikte", „Entfremdungen" und „Abnormitäten" sind sicherlich Probleme, die innerhalb von Städten existieren. Sie sind aber nicht Probleme der Städte. Sie sind Probleme, die von der sozialen, ökonomischen und politischen Struktur der jeweiligen Gesellschaft produziert wurden. Ihre Existenz gilt unabhängig von der jeweiligen Siedlungsstruktur, von den Metropolen bis hinunter zu den Kleinstädten, ja bis zu den Weilern. Sie sind jedoch dort am sichtbarsten, wo sie am konzentriertesten auftreten, aber das ist nur gut so, da die Erkennung eines

Die Rolle der Metropole im Entwicklungsprozeß 305

Problems der erste Schritt zu seiner Lösung ist" (BLUMENFELD 1972, S. 79).

Bei derartig kontrastierenden Auffassungen könnte man, dem indischen Geographen und Regionalplaner R. P. MISRA folgend – resignierend zu dem Schluß kommen, dieses „Ergebnis" sei „symptomatisch für die Unfähigkeit des Menschen, die Wirklichkeit in all ihren Erscheinungen synoptisch zu sehen". Und man mag ihm nicht widersprechen, wenn er fortfährt: „Ob eine Metropole entwicklungshemmend oder -fördernd agiert, ist in besonderem Maße davon abhängig, wer es sieht und von welcher Perspektive aus er es sieht" (MISRA 1982, S. 2).

Mit diesem offensichtlich zutreffenden Resümee sollte sich die Forschung allerdings nicht aus ihrer Verantwortung stehlen. Am Beispiel der Großmetropole Bombay sei die Komplexität nicht nur der Fragestellung, sondern vor allem ihrer Beantwortung zumindest angedeutet.

13.4.2
Fragen und Antworten –
Das Beispiel Bombay

Auf der einen Seite lösen im Zusammenhang mit der ungebremsten Bevölkerungsdynamik die mangelnden Arbeitsplatzmöglichkeiten auf dem Land sowie die Sogwirkung der Großmetropole eine Binnenwanderung nach Bombay aus, die wegen ihrer enormen Dimension – in der Dekade 1971–81 waren es weit über 100000 pro Jahr – von der Stadt infrastrukturell kaum noch zu verkraften ist und die durch den damit verbundenen „brain drain" (s. o.) den Abwanderungsregionen – auch den Regionalzentren! – eine wichtige Entwicklungsressource entzieht (s. a. NISSEL 1982, S. 223).

Andererseits lieferte allein Bombay 1984 über ein Viertel, 1992 sogar fast ein Drittel (32,3%) der gesamtindischen Einkommensteuer, d. h., die Staats- und Landeshaushalte und damit auch die staatlichen Entwicklungsinstrumente werden zum wesentlichen Teil aus Mitteln finanziert, die die Metropolen erbringen. Legt man diesen Gesichtspunkt zugrunde, erscheinen also nicht die Metropolen, sondern die sie umgebenden, rückständigen Regionen als parasitär (NISSEL, 1977, S. 2).

Dagegen sind gerade von indischer Seite wiederum eine Reihe von Argumenten vorgebracht worden, die die parasitäre Rolle von Bombay dokumentieren sollen. Die ausgeprägte industrielle Primacy Bombay's (1989 noch immer fast 42% der Beschäftigten – zusammen mit den beiden benachbarten Distrikten Thane und Pune: 49,5% – im „Large & Medium Scale"-Sektor s. u. Tab. 13.7) werde noch unterstrichen durch die Tatsache, daß gerade die innovativen und kapitalintensiven Branchen wie Elektronik, Pharmaindustrie, Erdölchemie, Automobilbau, zugleich die Wachstumsindustrien, hier konzentriert seien. Mit Ausnahme der (zum erweiterten Umland der Großmetropole Bombay zu rechnenden) Metropole Pune blieben dem gesamten übrigen Land (Maharashtra) nur die „kranken" Industrien wie Textil- und Nahrungsmittelerzeugung übrig. Ausdruck dieser Situation sei das Faktum, daß Bombay nicht nur 69% der Energie konsumiere, sondern auch 85% der vergebenen Bankkredite abschöpfe (BRAHME 1977, S. 321).

Auf einen weiteren negativen Effekt der erdrückenden funktionalen Primacy machen DESHPANDE et al. (1980) aufmerksam. Danach wirken die negativen „Kontereffekte" Bombay's auf sein Hinterland in mehrfacher Weise entwicklungshemmend: So haben u. a. die kleinen Häfen an der Konkanküste ihre Handelsfunktionen weitgehend verloren. Die Folge war eine massive Abwanderung der

20 Indien

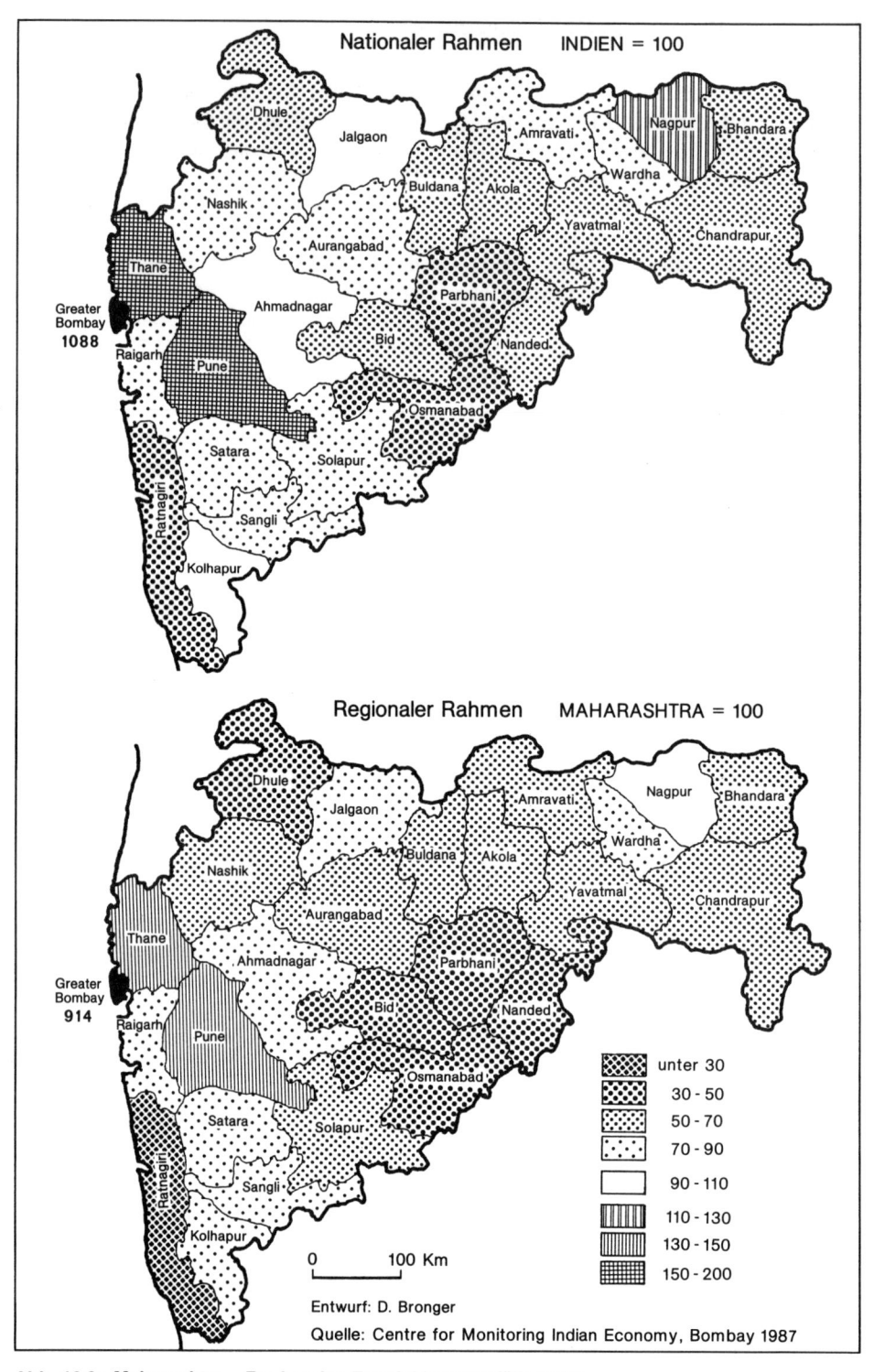

Abb. 13.3: Maharashtra – Regionales Entwicklungsgefälle 1985

Arbeitsfähigen in die Großmetropole, was wiederum einerseits die Wirtschaft der betroffenen Regionen massiv beeinträchtigte, andererseits deren Arbeits- und damit Überlebenschancen in der Metropole, so die Autoren, dramatisch verschlechterte – abgesehen davon, daß es die metropolitane Lebensqualität fortlaufend unterminiert.

In der Tat war und ist es die überragende Attraktivität der Großmetropole mit ihren anscheinend unbegrenzten Arbeitsplatzmöglichkeiten gerade auch im informellen Sektor, die Bombay zu *dem* Immigrationszentrum der Indischen Union werden ließ. Nach dem Census von 1981 waren 51,5% der 8,2 Millionen Einwohner außerhalb der Stadt geboren. Von den bis 1981 1,76 Mill. Zugewanderten aus Maharashtra selbst, das entspricht gut zwei Fünfteln aller Migranten, kamen 44,2% allein aus den beiden Konkandistrikten Raigarh und Ratnagiri (s. Abb. 3.5). Bei letzterem, auf den allein 630 000 der Bombay-Einwanderer entfielen, wird die Interdependenz zum Entwicklungsstand besonders deutlich:

Das Index-Verhältnis des Pro-Kopf-Einkommens zu Bombay belief sich nach Berechnungen des Centre for Monitoring Indian Economy (CMIE), Bombay auf 31:1 (1985 – s. Abb. 13.3)!

Andererseits wird man im Hinblick auf eine Gesamtbeurteilung dieses Ergebnis genauer hinterfragen müssen, denn gewisse positive „Kontereffekte" auf das unmittelbare Umland sind (auch) für Bombay nachweisbar. Hierzu gehören eine rasch um sich greifende Industrialisierung (s. u.), die sich u. a. in einer größeren Anzahl weit überproportional wachsender Städte im 50-km-Radius von Bombay niederschlägt, von denen im Jahre 1991 eine die Millionengrenze (Kalyan) und weitere 5 die (statistische) Großstadtgrenze überschritten hatten (1971:2).

Immerhin liegt das Pro-Kopf-Einkommen hier – Distrikt Thane – 65% über dem gesamt-indischen Durchschnitt (zum Vergleich: das von Ratnagiri beträgt gerade ein Drittel). Kurz, bei solchen Aussagen zu metropolitanen „spread" oder „backwash effects" wird man regional differenzieren müssen. Jedenfalls erlaubt die Berücksichtigung lediglich einer Einzelregion wie in der o. g. Studie von DESHPANDE noch keine generellen Aussagen zur Bedeutung der Metropole im Hinblick auf die Entwicklung ihres Hinterlandes.

Das Resümée: Mit Sicherheit ist die Fragestellung zu komplex, als das, jedenfalls bei dem heutigen Forschungsstand, eine allgemein gültige Antwort möglich wäre. Es gilt den spezifischen Situationen in diesen Ländern, mehr noch: in jedem einzelnen Land Rechnung zu tragen. Diese – keineswegs neue – Prämisse beinhaltet aber auch, daß nicht nur die koloniale Vergangenheit, sondern auch die *Rolle des Staates* nach Erlangung der politischen Eigenständigkeit der betreffenden Länder untersucht werden muß. Mit anderen Worten, es ist zu fragen: Welche Maßnahmen sind staatlicherseits in der Planung und in der praktischen Politik ergriffen worden, um diese überkommenen Raumstrukturen, insbesondere die erdrückende funktionale Primacy der Metropolen abzubauen? – Am Beispiel Bombays sei nachfolgend eine Antwort versucht.

13.4.3
Abbau der metropolitanen Primacy – Aber wie?

Bombay/Maharashtra:
Das mehrfache Dilemma

Der indische Bundesstaat Maharashtra sah sich bei seiner Gründung (1960) mit einem schwierigen historischen Erbe, aber auch der nachkolonialen Dynamik der erdrükkenden Primacy von Bombay konfrontiert. Am Beispiel des industriellen Sektors läßt sich die Problematik eindeutig belegen (BRONGER 1986b, S. 66ff.): Das ausgeprägte West-Ost-Entwicklungsgefälle hatte sich auch nach Erlangung der gesamtstaatlichen Unabhängigkeit (1947) noch weiter verschärft: Der Anteil der Industriebeschäftigten im Westteil des Landes (Bombay/Pune Division) hatte sich von 1931 – 84% (Bombay allein: 63%) bis 1961 sogar noch weiter, auf 89% (Bombay: 64%) erhöht. Mit Ausnahme des Einzelstandortes Nagpur war die gesamte Osthälfte des Bundesstaates (52,7% der Fläche mit 38,3% der Bevölkerung) weitgehend industriefrei.

Dieser Herausforderung begegnete die Regierung von Maharashtra mit einem ganzen Bündel von Maßnahmen, die man im Gesamtkonzept als Dezentralisierungsstrategie, von der Planungskonzeption her als Growth-Pole-Strategie, d. h. praktisch als Industrieförderungsprogramm, räumlich – im nachhinein – als „Drei-Ring-Strategie" bezeichnen könnte, *wenn* die Einzelmaßnahmen zeitlich und inhaltlich aufeinander abgestimmt gewesen wären (vgl. BRONGER 1993, S. 117ff.):
1) Aufbau eines metropolitanen Gegenpols – New Bombay – auf der Bombay gegenüberliegenden Seite des Thane Creek, die im Endstadium auf 2 Mill. Einwohner mit 7–800 000 neugeschaffenen Arbeitsplätzen ausgelegt ist.
2) Entwicklung eines weiteren Gegenpols im Nordosten der Bombay Metropolitan Region, BMR (Kalyan Complex) in ca. 60 km Entfernung von der CBD, sowie
3) einem „Außenring" von sog. „Industrial Growth Centres" im Bundesstaat selbst (s. Abb. 14.2).

Eine Gesamtbeurteilung der vielfältigen Bemühungen fällt zum gegenwärtigen Zeitpunkt schon deshalb schwer, weil wichtige – Census – Daten (zu) weit zurückliegen (1981) bzw. die der jüngsten Zählung (1991) bis heute nicht in der nötigen Differenzierung vorliegen. Gemessen an den erklärten Hauptzielsetzungen: Reduzierung der demographischen und funktionalen Primacy der Großmetropole und damit Abbau der Dichotomie Metropolitanregion – übrige Landesteile, wird man, trotz bemerkenswerter Einzelergebnisse, die Gesamtbilanz eher bescheiden nennen müssen:

zu 1)
Von den 20 ausgewiesenen „nodal points" New Bombay's sind 15 Jahre nach Projektbeginn gegenwärtig (1992) sieben überhaupt erst in Angriff genommen worden. Im fortgeschrittenen Entwicklungsstadium befindet sich allein das der Metropole nächstgelegene Vashi (z. Z. ca. 150000 Einw.). Die Gesamtzahl der in New Bombay lebenden Menschen – 1991: 307297 – entspricht gerade 2,4% der der Großmetropole; der beabsichtigte Entlastungseffekt (u. a. Auffangen eines Teils des Migrantenstroms) dürfte bislang allenfalls marginal sein.

Die *Ursachen* dieser nicht befriedigenden, schon weil zu langsamen Entwicklung sind im wesentlichen auf die mangelhafte Zusammenarbeit, geschweige Integration der Maßnahmen seitens der involvierten Behörden zu suchen (im einzelnen bereits: RICHARDSON 1984, S. 117f.; NISSEL 1986, S. 49ff.). So ist, um ein Beispiel hierfür zu nennen, die einzige Straßenverbindung von Bombay nach New Bombay über den Thane-Creek bis heute großenteils nur einspurig befahrbar. Ihre Erweiterung auf sechs Spuren ist allerdings im Bau. Ähnliches gilt für die Eisenbahnverbindung, sie ist nach über zehnjähriger Bauzeit erst im Mai 1992 fertiggestellt worden (Streckenabschnitt Mankhurd-Belapur – CIDCO 1992, S. 32). Von der antizipierten Funktion einer „Entlastungsmetropole" ist New Bombay jedenfalls noch weit entfernt.

zu 2)

Schon besser sieht es um den zweiten Gegenpol, den Kalyan Complex (mit den vier Großstädten Ulhasnagar, Kalyan, Dombivhi und Ambernath) aus. Äußeres Anzeichen ist die Bevölkerungsentwicklung, die sich in den vergangenen drei Jahrzehnten (seit 1961) auf fast 1,4 Mill. immerhin fast verfünfacht hat. Allein im mittel- und großindustriellen Bereich wurden hier von 1961–1987 über 100000 neue Arbeitsplätze geschaffen. Allerdings hat diese positive Entwicklung auch ihre Kehrseite, erfolgte doch dieser Boom großenteils zu Lasten der Entwicklung der übrigen Landesteile. Daran war die staatliche Investitionspolitik nicht unbeteiligt: Die regionale Analyse der staatlichen Mittelzuweisungen ergibt, nach amtlichen Unterlagen, für den groß- und kleinindustriellen Sektor eine eindeutige Bevorzugung der metropolitanen Regionen und hier in besonderem Maße des Umlandes von Bombay. Auf die BMR (18,4% der Bevölkerung – 1991) entfielen im Zeitraum 1961–1985 allein 41,2%, zusammen mit der Metropolitanregion Pune, sogar ca. 65% der Kapitalinvestitionen. Pro Kopf beliefen sich die im Umland der Großmetropole getätigten Investitionen auf annähernd das zehnfache des Landesdurchschnitts und sogar fast das 30fache (!) der unterentwickelten östlichen Landesteile Maratwada und Vidarbha (BRONGER 1986b, Tab. 14). Bei dieser inkonsequenten regionalen Industrialisierungspolitik konnte man der Zielsetzung eines räumlichen Ausgleichs kaum näherkommen: Auf die Großmetropole und ihr Umland entfielen in diesem Zeitraum fast 50% der Neugründungen (Mittel- und Großindustrie), zusammen mit Pune waren es sogar über 70% (ebenda: Tab. 9).

zu 3)

Diese lange Zeit einseitige Bevorzugung der Metropolitanregion (BMR) mußte sich für die Entwicklung der übrigen Landesteile negativ auswirken. Nachdem es sich herausgestellt hatte, daß die zunächst (1961ff.) eingeschlagene Industrialisierungsstrategie – Abbau der regionalen Disparitäten durch eine flächendeckende Industrieansiedlung in den unterentwickelten ländlichen Gebieten abseits der Metropolen – finanziell nicht durchzuhalten war und sich sogar eine Verschärfung des industriellen Entwicklungsgefälles herauskristallisiert hatte, beschloß man nunmehr, ab 1967, eine Konzentration der Mittel in einer begrenzten Anzahl von 18 „Industrial Growth Poles" vorzunehmen. Aber selbst von diesen wenigen Industriepolen zeigen lediglich zwei – Nasik und Aurangabad (näheres Kap. 14.2), bedingt noch Kolhapur und Raigad – das antizipierte rasche Wachstum. Aber: von den vier genannten Polen sind Raigad im Umland und Nasik im weiteren Einzugsgebiet der Megastadt Bombay gelegen. Selbst die nach Bombay und Pune ursprünglich größten und infrastrukturell die besten Voraussetzungen bietenden Standorte Nagpur und Sholapur weisen inzwischen deutliche Anzeichen einer industriellen Stagnation auf.

Trotz unbestreitbarer Erfolge in der Hebung des Entwicklungsstandes der metropolitan-fernen Gebiete insbesondere auf den Gebieten der Kleinindustrie – auf sie entfielen immerhin 40% der 1973 bis 1987 neugeschaffenen Arbeitsplätze – und der Energieversorgung – 1989 waren 98,2% der ländlichen Siedlungen (Indien: 77,1%) an das Elektrizitätsnetz angeschlossen, 1960 waren es noch nicht einmal 2% gewesen (GOM 1965) – konnte ein nennenswerter Abbau der o. g. Dichotomie nicht erreicht werden. Nach dem vom Centre for Monitoring Indian Economy auf

Distriktbasis berechneten gesamtwirtschaftlichen Entwicklungsstand (CMIE-Index – s. Abb. 13.3-1), lagen im Jahre 1985 24 der 30 Distrikte noch immer unter dem gesamtindischen Durchschnitt. Berechnet auf den Bundesstaat (Maharashtra = 100 – s. Abb. 13.3-2) wird die exponierte Stellung Bombays noch offenkundiger: bei 25 der 30 Distrikte beträgt das Indexverhältnis gegenüber der Großmetropole mehr als 10:1, bei 13 sogar mehr als 15:1. Mit anderen Worten: Mit Ausnahme der beiden angrenzenden Distrikte Thane und Pune, sowie von Nagpur liegt der gesamte übrige Bundesstaat im tiefen Entwicklungsschatten der – heute – 12,6-Millionen-Metropole Bombay.

Fragt man bei der Ursachenforschung nach der *Rolle des Staates*, so muß für dieses unbefriedigende Ergebnis die *einseitige Industrialisierungspolitik* mit verantwortlich gemacht werden. Es zeigt sich (wieder einmal), daß bei einem niedrigen Gesamtentwicklungsstand eines Landes die Einbeziehung des volkswirtschaftlich wichtigsten, des *agraren Sektors* in das Gesamtentwicklungsprogramm unabdingbar ist. Und da rangiert die Landwirtschaft Maharashtras hinsichtlich wichtiger Produktionsvoraussetzungen, Produktion pro Kopf und Produktivität lange Zeit unter dem gesamtindischen Durchschnitt. Hier kann und hier muß noch viel – auch und gerade von Seiten des Staates – getan werden.

Diese Negativbilanz allein einer fehlerhaften staatlichen Wirtschaftspolitik zuzuschreiben, wäre jedoch zu einseitig. Eine tiefere Ursachenforschung offenbart eine Reihe von mehrfachen Dilemmata, denen sich gerade dieser spezifische Regionaltyp wie Maharashtra mit der erdrückenden funktionalen Primacy einer Großmetropole (s. Abb. 10.5) gegenübersieht. Noch immer sind in der metropolitanen Region Bombay die infrastrukturellen Voraussetzungen gerade auch für die privaten Investoren trotz bestehender Agglomerationsnachteile (Landpreise, Luftverschmutzung, Verkehrsbelastung) unvergleichlich günstiger, während umgekehrt fast alle übrigen Regionen nach wie vor von bislang nicht behobenen (und auf absehbare Zeit nicht leicht zu behebenden) Strukturschwächen behaftet sind. Zu diesen *Schwachpunkten*, typisch für eine industrielle Aufbauphase, zählt insbesondere der Personalbereich. Sie liegen in erster Linie in den Unzulänglichkeiten der bestehenden Berufsausbildung mit ihrem qualitativ nach wie vor unzureichenden Ausbildungsstand, besonders für Facharbeiter und leitende Positionen praktisch aller Betriebssparten. Wietere Hemmnisse sind in der Verfügbarkeit von Produktionsmitteln, der Kenntnis zweckmäßiger Produktionsverfahren, ferner in der Produktqualität und im Marketing, schließlich auch im mangelhaften Zustand der Telefonverbindungen erkennbar. Alle diese Schwachstellen konnten in sämtlichen, außerhalb Bombay und Pune, d. h. auch in den größeren Entwicklungszentren wie Nagpur, Sholapur, Nasik und Aurangabad festgestellt werden.

Diese Schwierigkeiten bestehen im Raum Bombay mit seinen gewachsenen Strukturen und somit Standortvorteilen in nur geringem Maße. Zwar ist, wie nachfolgende Zusammenstellung (Tab. 13.7) zeigt, relativ gesehen ein Abbau der funktionalen Primacy in fast allen Bereichen erfolgt. Dies ist zweifellos als Erfolg zu werten. Dennoch verdeckt eine solche statistische Zusammenstellung einen erheblichen Teil der Wirklichkeit. So sollte der Abbau der Primacy im kleinindustriellen Sektor nicht überbewertet werden, um-

Tab. 13.7: Großmetropole Bombay – Dynamik der Primacy

Lebensbereich/Indikator	Jahr	Anteil von Maharashtra (%)			Anteil von Indien (%)		
		Greater Bombay[2]	Greater Bombay Urban Agglomeration[3]	Bombay Metropolitan Region[4]	Greater Bombay[2]	Greater Bombay Urban Agglomeration[3]	Bombay Metropolitan Region[4]
I Bevölkerung	1951	[5]	[5]	[5]	0,8	0,9	0,9
	1961	10,5	11,6	14,0	0,9	1,0	1,0
	1971	11,8	13,3	15,5	1,1	1,2	1,2
	1981	13,1	15,4	17,1	1,2	1,4	1,4
	1991	12,6	16,0	18,6	1,1	1,5	1,6
II Industrie							
– Kleinindustrie:	1961	71,4		76,1			
Anzahl der Betriebe	1971	39,7		42,6			
	1980	22,8		31,9			
	1990	14,5		[6]			
– Mittel- und Großindustrie:	1962	66,9		71,9			
Anzahl der Beschäftigten	1974	56,6	68,4				
	1980	52,3		63,8			
	1989	41,8		52,2[7]			
– Mittel- und Großindustrie:	1961	657		537[7]			
Investiertes Kapital/Kopf[1]	1985	350		317[7]			
– Mittel- und Großindustrie:	1961	694		548[7]			
Produktionswert/Kopf[1]	1985	410		360[7]			
III Energieversorgung							
– Stromverbrauch/Kopf[1]	1958	667		615[7]			
	1987	290		291[7]			
– Stromverbrauch/Kopf:	1960	646		620[7]			
Industrie[1]	1987	264		288[7]			
IV Verkehr							
– Hafenumschlag: Übersee	1961			46,7			
	1971			25,1			
	1981			21,0			
	1987			21,0			
V Kommunikation							
– Telephonanschlüsse	1961	81,0					
	1971	76,3					
	1980	76,9					
	1988	73,5					
VI Bildung							
– Universitätsstudenten	1973	30,4					
	1982	40,3					
	1984	46,3					
VII Gesundheit							
– Krankenhausbetten/Kopf[1]	1965	366		321[7]			
	1987	199		172[7]			

[1] Maharashtra = 100; [2] 603 km²; [3] 1132 km² – s. Karte im Vorderen Vorsatz; [4] 4350 km² – s. Karte im Vorderen Vorsatz;
[5] der Bundesstaat Maharashtra wurde erst 1960 gegründet; [6] liegen bislang keine Daten vor; [7] Bombay und Thane

Quellen: Census Of India 1951, 1961, 1971, 1981, 1991;
GOM 1964, 1965, 1974, 1984; GOM 1967; GOM 1989/1; GOM 1991; GOM 1989/3; GOM 1990/1;
SICOM 1989/2; MSFC 1989; GOM 1988; ESCAP 1982; IPTD (versch. Jahre); GOI-ES (versch. Jahre)

faßt er doch nur die registrierten Betriebe. Da die Lizenzerteilung zur Errichtung eines Industriebetriebes nach den Förderungsrichtlinien im Raum Bombay sehr erschwert ist (s. Abb. 14.2), hat sich seit 1980 zusätzlich eine große Anzahl „illegaler" Kleinbetriebe in Bombay angesiedelt. Ein Anteil Bombays von somit ca. 35-40% dürfte der Wirklichkeit in etwa entsprechen. Insgesamt ist die Dominanz der Großmetropole gerade bei den Wachstumsbranchen im mittel- und großindustriellen Sektor erdrückend.

Diese Realität betrifft nicht zuletzt auch die *qualitative* Seite vieler Einrichtungen; dazu gehört die Ausstattung der Krankenhäuser und Bildungseinrichtungen ebenso wie die Handhabung(smöglichkeit) des Telefonnetzes – überall hat die Megastadt noch einen überdeutlichen Entwicklungsvorsprung. Darüberhinaus geben die Daten kaum eine Vorstellung von den umfangreichen strukturellen Defiziten mit denen sämtliche außermetropolitanen, und das heißt 26 der 30 Distrikte, noch immer belastet sind. Während in puncto Energieversorgung große Fortschritte erzielt wurden – hierin ist Maharashtra nach dem Punjab am weitesten entwickelt – sind bis heute Mängel in der Wasserversorgung, der Verkehrsanbindung, der Verfügbarkeit qualifizierter Arbeitskräfte und bei der Kommunikation in nahezu allen Landesteilen in mehr oder minder starkem Ausmaß vorhanden. Zieht man den Indikator ‚Telefonanschlüsse' als wichtiges Barometer für die Leistungsfähigkeit des Handels- und Dienstleistungssektors heran, so läßt sein unvermindert hoher, von 1971 bis 1984 sogar noch kontinuierlich angestiegener Anteil, zusammen mit dem fast ungebremsten Bevölkerungswachstum nur den Schluß zu, daß ein „polarization reversal" (RICHARDSON 1980) selbst mittelfristig nicht in Sicht ist. Für die bis heute ungebrochene Stellung Bombays als der überragenden Wirtschaftsmetropole des gesamten Subkontinentalstaates spricht, daß sich ihr Indexwert nach den Berechnungen des o. g. Instituts auf das elffache des indischen und das neunfache des Wertes von Maharashtra (1985) beläuft.

Zusammengefaßt befindet sich die Industrieförderung aber auch der Aufbau eines leistungsfähigen Dienstleistungssektors einschließlich der dafür erforderlichen Infrastruktur in den metropolitanfernen Gebieten im Hinblick auf den Abbau der regionalen Disparitäten somit in einem grundsätzlichen Dilemma (BRONGER 1986, S. 84): Kurzfristig rasche Erfolge sind nur in den infrastrukturell gut ausgestatteten Regionen, in erster Linie in Bombay sowie im benachbarten Pune zu erreichen. In Anbetracht der begrenzten Finanzmittel erscheint damit volkswirtschaftlich ihre Weiterentwicklung sinnvoll und geboten. Dem für die Gesamtentwicklung des Bundesstaates notwendigen Abbau des regionalen Entwicklungsgefälles, zumal bei der peripheren Lage Bombays und der Größe des Bundesstaates, kommt man dadurch nicht näher.

Bei den begrenzten finanziellen Mitteln auch eines vergleichsweise wohlhabenden indischen Bundesstaates wie Maharashtra erscheint eine umfassende, dazu räumlich gleichgewichtige Entwicklung aller Landesteile mittelfristig nicht möglich. Die Mittelkonzentration in einer begrenzten Anzahl von „Growth Poles" erscheint somit als einzig möglicher Kompromiß zwischen dem sozialen Anspruch einer flächendeckenden Förderung aller rückständigen Landesteile und der wirtschaftlichen Notwendigkeit, mit den Finanzen hauszuhalten. Nur durch die Beschränkung auf wenige Zentren und eine gezielte Zuweisung von finanziellen Mitteln ist es möglich, daß die Standorte eine eigenständige Dynamik entwickeln können, durch die dann auch die Ansiedlung von Nachfolge- und Zulieferbetrieben, aber auch solchen des Handels- und Dienstleistungsbereichs lohnend wird. Das aber bedeutet: Selbst im Falle von Maharashtra hat sich gezeigt, daß bereits die Zahl von 18 Wachstumszentren, verteilt auf eine Fläche, die der Größe Italiens (mit zudem einer um fast 40% höheren Bevölkerung) entspricht, hinsichtlich der Förderungsmöglichkeiten als zu hoch erscheint. In der Praxis werden auch seitens der staatlichen Förderung die genannten vier Zentren vorrangig behandelt: Erst nach Erreichen eines sich selbst tragenden Wachstums können hier die staatlichen Subventionen zurückgefahren werden, um die frei werdenden Mittel auf andere Wachstumszentren umzuverteilen. Auf die auch bei diesen besonders geförderten Zentren auftretenden Entwicklungsprobleme werden wir gesondert zurückkommen (Kap. 14.2: Aurangabad).

Das Fazit kann nur lauten: Die Anstrengungen zur *koordinierten Entwicklung* – und das bedeutet die Einbeziehung des agraren Sektors in das Gesamtentwicklungsprogramm – der außermetropolitanen Landesteile müssen intensiviert werden. Deutlicher: Allein ein multisektoraler und – funktionaler, die ländlichen Regionen integrierender Planungsansatz kann im Hinblick auf eine umfassende Entwicklung Erfolgsaussichten haben. Nur so erscheint es möglich, den Abbau der demographischen und vor allem der funktionalen Primacy der Großmetropole zu erreichen, aber auch das – durch die Anwendung des „Growth Pole"-Konzeptes – z. T. neu entstandene Entwicklungsgefälle innerhalb der Distrikte nicht noch zu verschärfen und damit die überkommenen, für die Mehrzahl der Entwicklungsländer typischen Raumkonflikte zu überwinden.

13.5
Metropolisierung und Entwicklung II – Metropolitaninterne Folgewirkungen: Marginalisierung – Slumbildung – Einkommensdisparitäten

Kommen wir auf das Ausgangsproblem zurück: Das Hauptziel der Regionalplanung und -politik besteht darin, der zunehmenden Zusammenballung von Menschen und Funktionen in wenigen räumlichen Schwerpunkten (Metropolen) entgegenzuwirken. Ziel muß es demnach sein, möglichst gleichwertige Arbeits-, mithin Erwerbsmöglichkeiten und damit Lebensbedingungen in der gesamten Bezugsregion zu schaffen. Im Falle des Bundesstaates Maharashtra konnten wir nachweisen, daß die Erfolge der Regionalpolitik trotz erheblicher Anstrengungen bislang bescheiden geblieben sind. Die *Sogwirkung der metropolitanen Ballungsgebiete*, in erster Linie Bombays mit ihren anscheinend unbegrenzten Arbeitsplatzmöglichkeiten, verursacht nicht zuletzt durch den uneinholbar erscheinenden infrastrukturellen Entwicklungsvorsprung (mit als Ergebnis gravierenden Standortvorteilen in fast allen Bereichen), erweist sich als übermächtig: der demographische wie funktionale Konzentrationsprozeß erscheint bis heute ungebrochen.

Wie sieht es nun, als Folge dieses Prozesses, mit den Lebensbedingungen der Menschen *innerhalb der Metropolen* aus? Damit ist die andere Seite des Problems der *Interdependenz von Metropolisierung und Entwicklung*, die metropolitan-*interne* Komponente angesprochen.

13.5.1
Metropolitane Bevölkerungsexplosion und ihre Folgen: Das Slumproblem

Die durch die rasche Bevölkerungszunahme und die funktionale Dominanz der Metropolen ausgelöste unkontrollierte Zuwanderung aus den ländlichen Gebieten hatte ein starkes Städtewachstum, in erster Linie der (Mehrzahl der) Metropolen zur Folge (Kap. 3.5; Tab. A 4.9 und A 4.10 – Anhang). Der gerade in den letzten drei Jahrzehnten massenhaft angeschwollene Migrantenstrom schafft hier Probleme von für uns kaum faßbaren Dimensionen und das in allen Lebensbereichen: Für die auch nur mittelfristige Integration der überwiegend ungelernten ländlichen Arbeitskräfte, die gleichzeitig Arbeit *und* Unterkunft suchen, mangelt es an nahezu sämtlichen infrastrukturellen und finanziellen Voraussetzungen.

Das Budget von Greater Bombay, mit Abstand das höchste aller Millionenstädte Indiens, belief sich im Jahr 1980 pro Einw. auf 363 Rs., umgerechnet seinerzeit ca. 90 DM pro Kopf und Jahr (ESCAP, 1982, S. 43). Hamburg mit seiner bereits hochentwickelten Infrastruktur stand etwa das 85fache (7 700 DM/Kopf) zur Verfügung! – Allerdings wurden von dieser Summe gerade 3,2% für „slum clearance and improvement" ausgegeben (ebenda, S. 44 – näheres s. Kap. 13.5.3).

Gemessen an dem tatsächlichen Bedarf dieser Einkommensschichten fand ein staatlich geförderter Wohnungsbau in Indien nur in sehr begrenztem Umfang statt: Nach Untersuchungen des Indian Institute of Management, Ahmedabad, belief sich der Fehlbedarf an städtischen Wohnungen im Jahre 1981 auf 15,3 Millionen. Das ebenso renommierte Birla Institute of Scientific Research, New Delhi, ermittelte diesen Fehlbedarf sogar mit 22,1 Mill. Wohnungen (YADAV/GARG 1987, S. 217); bei einer zugrunde gelegten durchschnittlichen Haushaltsgröße von 5 Personen wären davon 110,5 Millionen Städter, das sind über 70% aller Haushalte betroffen.

Daraus ergibt sich die folgende Kette von *Folgewirkungen*: Da a) dieser Arbeitsplatz- und Wohnungsmangel somit überall existiert, b) die Chancen auf einen wenn auch noch so geringen Verdienst gerade im informellen Sektor in erster Linie aber in den Verdichtungsgebieten bestehen, umgekehrt aber c) von den Außenbezirken dorthin wiederum Transportkosten zusätzlich anfallen, die einen nennenswerten Anteil des mühsam erworbenen (und zudem nicht regelmäßig gesicherten) Tagesverdienstes verschlingen würden, zieht es die Mehrzahl der Einwanderer in die räumliche Nähe zu den potentiellen Einkommensquellen, mithin in die zentral gelegenen Stadtteile. Das bedeutet: In der rauhen Wirklichkeit sieht sich der allergrößte Teil der Einwanderer gezwungen, in den bereits sehr ausgedehnten, großenteils innerhalb der Verdichtungsgebiete liegenden Slum- und Squattergebieten Zuflucht zu suchen.

Dieser Prozeß ist von erheblicher entwicklungspolitischer Relevanz: Zum einen resultiert daraus eine im Gegensatz zu dem Suburbanisierungsprozeß der Industrieländer-Metropolen bis heute *anhaltende Verdichtung der metropolitanen Kerngebiete* (Kap. 5.2.2) mit der Folge, daß die Bodenpreise hier ins Unvorstellbare anwachsen. In Teilen von Bombay City gehören sie bereits zu den höchsten auf der Erde. Die Bevölkerungsverdichtung geht zum anderen jedoch größtenteils auf das Konto der Slumbewohner mit der Folge, daß erstens ihre Zahl, gemessen am bereits rasanten metropolitanen Wachstum, weit überproportional ansteigt. Für Hyderabad wird für 1962 bis 1981 diese Zunahme von 9% auf 22,3% an der Gesamtbevölkerung angegeben (ALAM et al. 1987, S. 123), für Madras von 25%(1962) auf 40% im Jahre 1983 (NITZ/BOHLE 1985, S. 16). Das Emporschnellen der Bodenpreise in den metropolitanen Kerngebieten aber bewirkt zweitens, daß die Bewohner dieser heutzutage auf wertvollem Land gelegenen Slumgebiete zunehmend in minderwertige (unmittelbar an Straßenrändern, Eisenbahnlinien, stark reliefiertes Gelände), überschwemmungsgefährdete (entlang von Flüssen, Kanälen bzw. in Niederungsbereichen) und damit zugleich gesundheitsschädigende „Wohn-"gebiete abgedrängt werden. Immer wieder greifen indische Stadtverwaltungen zu dem Mittel der „Flächensanierung" innerstädtischer Slumgebiete. In nicht selten nächtlich durchgeführten „Blitz"-aktionen werden die Hütten von Bulldozern niedergewalzt und die Bewohner mit LKWs an den Stadtrand abgeladen. Die Folge: Da die große Mehrheit von ihnen darauf angewiesen ist, ihren innerstädtischen Arbeitsplatz zu Fuß zu erreichen (s. o.), es an den Außenrändern kaum Verdienstmöglichkeiten gibt, wandern sie zurück in die Innenbereiche und tragen zur Belastung anderer innerstädtischer Slums noch zusätzlich bei. Dieser – entschädigungslose – Verdrängungsprozeß der Slumbewohner von wertvoll gewordenem Boden ist in vielen Entwicklungsländer-Metropolen zu beobachten.

13.5.2
Slumstrukturen:
Zur sozialökonomischen Situation der Slumbewohner

Für 1990 hat die indische Regierung eine Slumbevölkerung von 52,2 Mill. prognostiziert (ALAM 1987, S. 121f.), das würde hochgerechnet einem Anteil an der städtischen Bevölkerung von ca. 25% entsprechen. Dabei wird von einer positiven Korrelation zwischen Stadtgröße und Anteil der Slumbevölkerung ausgegangen: Während in den Klein- und Mittelstädten (< 50000 Ew.) dieser mit 10–20% veranschlagt wird, steigt er in den Metropolen auf 35–40%, in den vier Großmetropolen – Calcutta, Bombay, Delhi, Madras – sogar auf ca. 50% an (ebenda, S. 122).

Diese Zahlen können nur eine ungefähre quantitative Vorstellung des Problems geben, da der Slumbegriff weder klar definiert noch quantitativ exakt erfaßbar ist.

„Unter Slum versteht man (Wohn-)Gebiete (in Städten), die eine Reihe von Merkmalen der Bewohner und der Behausungen aufweisen, die unter den Standards des betreffenden Landes liegen. Der Begriff Slum ist also ein relativer Begriff; Merkmale, die in den Industrieländern zur Bezeichnung Slum führen, unterscheiden sich von Merkmalen, die in den Entwicklungsländern die Verwendung des Begriffes Slum gerechtfertigt erscheinen lassen" (STEWIG 1983, S. 201).

Aber auch innerhalb der Gruppe der Entwicklungsländer existieren große Unterschiede: Nimmt man die Mehrzahl der „favelas" von Rio de Janeiro oder Sao Paulo mit ihrem hohen Anteil an (Stein-)Häusern, mit – vielfach – Elektrizitätsanschluß, TV und Kühlschrank als Maßstab, so läge der Anteil der „Slumbewohner" in Indien mit Sicherheit noch wesentlich höher. Mit solchen interkulturellen Vergleichen – in der Literatur häufig verwendet – sollte man sehr sorgsam umgehen.

Da das Arbeitsplatzangebot selbst im informellen Sektor mit einer derartigen überproportionalen Zunahme in den Elendsquartieren nicht annähernd Schritt halten kann, ist eine bedrohlich anwachsende *Marginalisierung immer breiterer Bevölkerungsschichten* die zwangsläufige Folge. „Marginalität" bedeutet dabei nicht nur räumliche (s. o.) und wirtschaftliche, sondern auch soziale Unterprivilegierung, ein Elendsdasein am Rande des Überlebens und damit am Rande der städtischen Gesellschaft. Die Marginalität der Slumbewohner zeigt sich damit auf allen Ebenen:

Wohnverhältnisse:

Abgesehen von ihrer marginalen Lage (s. o.) sind die Behausungen generell gekennzeichnet durch:

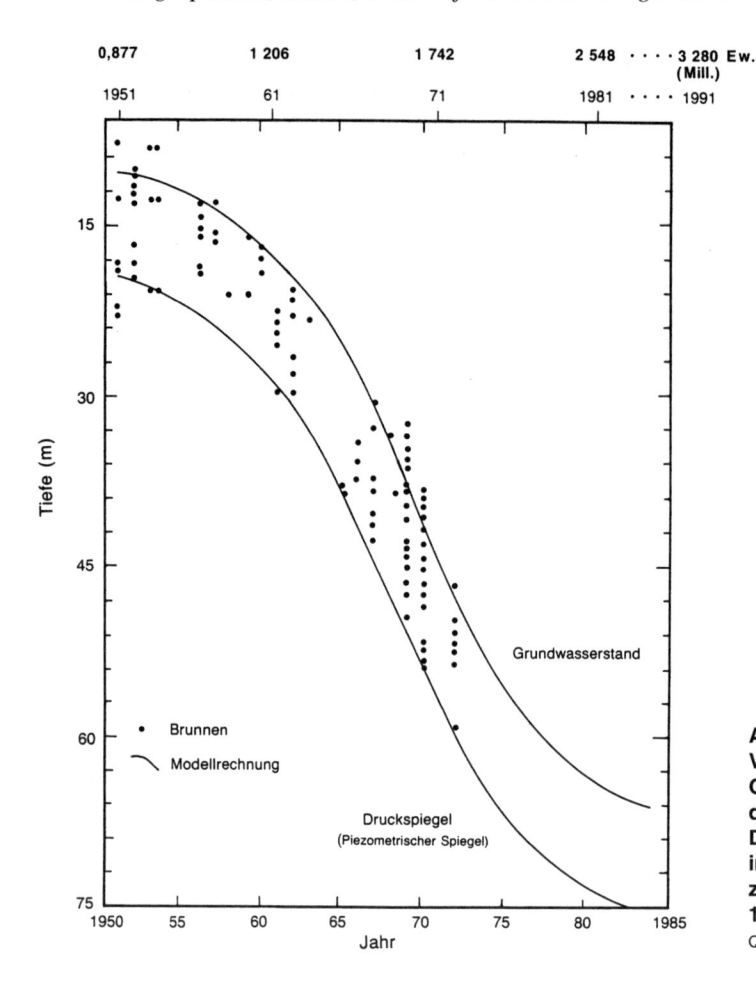

Abb. 13.4: Veränderung des Grundwasserstandes und des Druckspiegels in Ahmedabad zwischen 1950 und 1985
Quelle: GUPTA 1985

- hohe Siedlungsdichte
- überbelegte Räumlichkeiten
- unzureichende bzw. fehlende sanitäre Ausstattung
- mangelnde Lüftungsmöglichkeiten, dazu fehlende Heizung (Nordindien!)
- mangelnde bzw. fehlende Ausstattung mit Strom und Wasser
- mangelnde bzw. fehlende Entsorgungseinrichtungen.

Dazu kommt noch, in der Literatur wenig beachtet, der immer schwierigere Zugang zum Trinkwasser – für die städtischen Armen besonders relevant: In der Metropole Ahmedabad, die eine Verdreifachung ihrer Bevölkerung in den 30 Jahren 1951–1981 zu verzeichnen hatte, sank der durchschnittliche Grundwasserstand innerhalb dieser Zeit von ca. 15 auf 70 m (Abb. 13.4) ab!

Tatsächlich ist bei den Wohnverhältnissen stark zu differenzieren. BLENCK unterscheidet für Indien „trotz fließender Übergänge und trotz aller regionalen Varianten" (BLENK 1974, S. 312) vier Slumtypen, die er, wie in Tabelle 13.8 dargestellt, kennzeichnet (ebenda, S. 313).

Angesichts der gewaltigen Dimension des Wohnungsproblems neigen viele Stadtverwaltungen dazu, Typ A und B nicht als Slums zu bezeichnen, **sofern**

Marginalisierung – Slumbildung – Einkommensdisparitäten

	A Primitive Wohn-zellen in mehr-geschossigen Wohnblocks	B Altstadt-Hinterhöfe	C Hüttenwohn-gebiete	D Pavement dwellers
Wohnbesitz-verhältnisse	bei regelmäßiger Mietzahlung praktisch unkündbar	mündlicher Mietvertrag, jederzeit kündbar	Pacht, Unterpacht, Untermiete; ungeregelte Verhältnisse; häufig Vertreibung bei Nutzung der Parzelle als Bauland	geduldet, oft verjagt
Trinkwasser	ein Wasserhahn 2 × tägl. 1 Std., für 12–24 Familien	ein Wasserhahn, 2 × tägl. 1 Std., für 12–24 Familien	selten Brunnen; Wasserhahn, 2 × tägl. 1 Std., für 20–100 Familien	öffentliche Brunnen, Hydranten
Abwasser	unterirdische Kanalisation	unterirdische Kanalisation oder Straßenrand	oft drainagelos, Stauwasser	Straßenrand
Toiletten	eine Toilette für 6–24 Familien	eine Toilette für 6–24 Familien, Straßenrand	Straßenrand und abgelegene Plätze	Straßenrand
Licht	Kerosinlampen im Haus, Straßenbeleuchtung, keine Toilettenbeleuchtung	Kerosinlampen im Haus	Kerosinlampen in der Hütte	Straßenbeleuchtung
Straßenverhältnisse	Teerstraßen und unbefestigte Wege	befestigte Straßen und unbefestigte Wege	unbefestigte Wege	befestigte Straßen
Lage	oft peripher, arbeitsplatzorientiert	in der Altstadt	oft peripher, auf marginalem Land, in Baulücken	im Zentrum, im Hafengebiet, arbeitsplatzorientiert
Witterungsschutz (Monsunregen, Hitze, Hochwasser)	ausreichender Schutz gegen Monsunregen, ungenügende Durchlüftung, starke Hitze	Einsturzgefahr der Lehmhütten bei Monsunregen, geringe Brandgefahr in der Trockenheit	Hochwassergefährdung, Einsturzgefahr der Lehmhütten bei Monsunregen, große Brandgefahr in der Trockenheit	sehr ungenügender Schutz, Häuserschatten, Toreinfahrten

Quelle: BLENCK 1974, S. 313

Tab. 13.8: Wohnverhältnisse in vier indischen Slumtypen

geteerte Straßen, Wasserzapfsäulen am Straßenrand, öffentliche Toiletten und elektrische Straßenbeleuchtung vorhanden sind (ebenda, S. 314). Die Bemühungen vieler Behörden, das Slumproblem herunterzuspielen, gehen Hand in Hand damit, die einmal aufgestellten Wohnstandards ständig zurückzuschrauben: In einer 1952 veröffentlichten Studie zum Arbeiterwohnungsbau – nach indischen Vorstellungen keineswegs als Mittelstand anzusehen! – wurde für eine fünfköpfige Familie folgender Wohnstandard definiert (AGARWAL 1952, S. 306f.; angeführt bei BLENCK a. a. O., S. 314):

Wohnraum	13,5 m^2
Veranda	5,4 m^2
(zusätzlicher Schlafraum)	
Küche	4,3 m^2
Bad	2,1 m^2
WC	1,1 m^2
Summe	26,4 m^2

Dieser Standard wird jedoch selbst in ausgesprochenen Mittelklasseviertelen nur selten erreicht. Für ihre „Subsidized Housing Schemes" (mit öffentlichen Mitteln finanzierter Wohnungsbau) hat die indische Bundesregierung 21,5 m^2 für eine Durchschnittsfamilie von fünf Personen festgelegt. Die Stadtverwaltung von Bombay erlaubt sogar ein Minimum von 15 m^2 pro Wohneinheit.

Die Wohnsituation der Slumbewohner sieht jedoch noch sehr viel bedrückender aus. Ein Beispiel: Nach einem Bericht der Planungsbehörde Bombay (bereits) aus dem Jahre 1969 mußten 632000 Hüttenbewohner (Typ C – Tab. 13.8) mit 1353 Toiletten und 432 Wasseranschlüssen auskommen (NISSEL 1977, S. 133), d. h. es entfiel eine Toilette auf 473 und ein Wasseranschluß auf 1463 Menschen. Dazu kommt häufig eine erschreckend hohe Wohndichte: Im größten Slum Asiens, in Dharavi im Norden von Bombay City lebt eine halbe Million Menschen auf nur 2 km^2 (NISSEL 1989, S. 73), d. h. 250000 Ew./km^2 – in Anbetracht der hier vorherrschenden ein-, maximal zweigeschossigen Bauweise ein kaum noch vorstellbarer Wert (zum Vergleich: Hamburg: 2100 Ew./km^2; Ruhrgebiet: 1350 Ew./km^2 – 1990).

Neben dieser bedrückenden Enge charakterisiert der tägliche Kampf gegen Unrat, Gestank, Ungeziefer, Ratten, Hitze und Überschwemmung, vor allem aber die Unsicherheit der Wohnbesitzverhältnisse die Wohnsituation in indischen Slums. Die Folgen dieser mangelhaften hygienischen Zustände bezeichnet NISSEL für Bombay: „10000 Tuberkulosetote im Jahr, Ausbreitung der Malaria, tausende Lepräfalle. Die Säuglingssterblichkeit liegt bei 200 bis 250 Promille, d. h. jedes vierte Kind überlebt das erste Lebensjahr nicht" (ebenda, S. 73).

Dies alles ist aber noch nicht die unterste Stufe der Verelendung. Diese bilden die sog. *pavement dweller*, Obdachlose, Menschen, die, ohne ein Dach über dem Kopf, an den Straßenwänden und Bürgersteigen hausen. Ihre Zahl wird für Mitte der 80er Jahre allein für Bombay auf 400000, d. h. über 4% der Bevölkerung geschätzt.

„Es gibt kaum eine Stelle, wo diese Menschen nicht ins Blickfeld kommen, sei es in Hauseingängen, Bahnhöfen, auf Gehsteigen, in den rostenden Rohren der ewig im Bau befindlichen zweiten Wasserleitung, unter den Arkaden der Citystraßen, unter Brücken, am Strand, auf privaten Gärten oder öffentlichen Parks, in Friedhöfen, in Warenschuppen oder im Brunnen Flora Fountain, dem Wahrzeichen der Stadt. Unter ihnen befinden sich tausende Familien, welche im Freien kochen, waschen, essen, schlafen, lieben – und schließlich sterben. Da wird eine Decke zwischen einer Feuermauer und zwei Bambusrohren gespannt und damit der ‚Einflußbereich' einer Familie abgegrenzt. Da bilden ein paar im Dreieck aufgeschichtete Ziegel die Herdstelle, von der aus auch häufig andere Obdachlose gespeist wer-

Marginalisierung – Slumbildung – Einkommensdisparitäten 319

den, quasi ein Restaurant auf niedrigster Stufe. Die Reaktion der Behörden schwankt zwischen sinnlosen Razzien, völliger Apathie oder stillschweigender Duldung (meist mit Schweigegeld), letzteres besonders in der Regenzeit, die für die Ärmsten eine Art Schonzeit bedeutet. Keine Rücksicht kennen die Ratten, deren Zahl zumindest auf das Zehnfache der Obdachlosen geschätzt wird. Rattenbisse gehören so zum täglichen Brot und werden am häufigsten als schlimmste Plage von den „pavement dwellers" genannt" (NISSEL 1977, S. 135).

Demographische Verhältnisse:
Untersuchungen hierzu stellen übereinstimmend überdurchschnittlich hohe Geburtenraten und eine ungünstige Altersstruktur in den Slumgebieten fest. Nach einer Untersuchung des „Slum Clearance Board" von Madras aus dem Jahre 1975 betreiben nur 0,5% der Familien Geburtenkontrolle (angeführt in: BOHLE 1984, S. 466). In ihrer Studie vier repräsentativer Slumtypen in Hyderabad aus dem Jahre 1983 stellten ALAM et al. ihre diesbezüglichen Ergebnisse denen für die Metropole insgesamt gegenüber (Tab. 13.9).

Soziale Situation:
Untersuchungen zur Kastenzugehörigkeit der Slumbewohner offenbaren, daß in erster Linie die Paria-Kasten in die Slums abgedrängt werden. In den von ALAM untersuchten Slums von Hyderabad waren es ca. 67% (ALAM et al. 1987, S. 130). BLENCK kommt zu einem differenzierteren Urteil: In den Hüttensiedlungen 66% der Bewohner; in den sanierten Wohnblöcken reduziert sich dieser Anteil dagegen auf 43% (BLENCK 1977, S. 382). Auf die Ursachen wird im folgenden Kapitel einzugehen sein (13.5.3).
    Infolge des Fehlens sozialer und wirtschaftlicher Infrastruktur, aber auch der Kastenzusammensetzung der Slumbewohner, ist die Analphabetenquote weit überdurchschnittlich hoch: BLENCK (1974, S. 326) gibt diese für 1971/72 in Madras

	Hyderabad insgesamt	Slumbewohner
Haushaltsgröße		
< 4	29,0	31,3
5–7	43,3	57,4
8–10	27,7	9,7
> 10	–	1,6
Insgesamt	100,0	100,0
Altersstruktur		
< 14	24,8	43,1
15–55	70,6	50,8
> 55	4,6	6,1
Insgesamt	100,0	100,0

Quelle: ALAM et al. 1987, S. 129

Tab. 13.9: Haushaltsgröße und Altersstruktur in Hyderabad – Slumbewohner 1983 (Angaben in %)

mit 85% (Madras City 1971 insgesamt: 17,95%!), ALAM (1987, S. 131) für 1983 in Hyderabad mit 69% an.

Wirtschaftliche Verhältnisse:
Die wirtschaftliche Situation der Slumbewohner ist gekennzeichnet durch Unterbeschäftigung und Arbeitslosigkeit, also Mangel an regelmäßigem und ausreichendem Einkommen. Nach einer Untersuchung des „Slum Clearance Board", Madras aus dem Jahre 1977 waren 53% der potentiellen Arbeitskräfte ganz ohne Arbeit, die große Mehrheit der übrigen 47% verdiente sich ihren Lebensunterhalt mit Gelegenheitsarbeiten (angeführt bei BOHLE 1984, S. 466). In den untersuchten Slums von Hyderabad waren 1983 70,3% der Slumbewohner arbeitslos – 52,9% der Männer und 87,7% der Frauen. Von den verbleibenden 29,7% waren über 70% im informellen Sektor tätig, 71% von ihnen als „unskilled" ausgewiesen (ALAM 1987, S. 132–33).
    Angaben zu (niedrigen) Durchschnittseinkommen haben nur bedingten Aussagewert, da die Einkommensdisparitäten (auch) in den Slums sehr ausgeprägt sind – wie Angaben für Madras (Tab. 13.10) belegen.

Monatliches Einkommen (Rs.)	Anteil der Haushalte (%)
0– 50	0,8
51–100	14,5
101–200	55,7
201–300	19,7
301–400	6,2
401–500	2,2
> 500	1,2

Quelle: T.N.S.C.B. 1977 – angeführt bei NITZ/BOHLE 1985, S. 31.

Tab. 13.10: Einkommensdisparitäten in Slum-Haushalten – Madras 1977

Danach haben 71% aller Haushalte weniger als 200 Rs./Monat zur Verfügung; nur etwa 4% von ihnen liegen mit ihren Einkünften über der offiziellen Armutsgrenze von 375 Rs. im Monat (vgl. Tab. 3.7 – für 1977/78).

Entsprechend hoch ist der Anteil der verschuldeten Slum-Haushalte. Nach einer Untersuchung von VENKATARAYAPPA (1972, S. 40f.) waren 82,4% der von ihm untersuchten Haushalte mit über 100 Rs. verschuldet, d. h. mit einem Monatseinkommen, das kaum zum (Über-) Leben reicht (angeführt bei: BLENCK 1974, S. 315).

Am unteren Ende der Skala rangieren auch hier die *pavement dweller*. Nach einer großangelegten Untersuchung der Calcutta Metropolitan Development Authority (CMDA) von 10 000 pavement dweller-Haushalten waren über zwei Drittel (68,5%) ganz ohne Arbeit; von den restlichen 31,5% waren über 90% im tertiären Sektor beschäftigt, wovon wiederum die große Mehrheit ihren Unterhalt als Gelegenheitsarbeiter verdiente (Tab. 13.11).

Entsprechend schlecht war die Einkommenssituation, insbesondere, wenn man sie mit der offiziellen Armutsgrenze von seinerzeit ca. 300 Rs. im Monat korreliert: Bei 50% der Haushalte lag das monatliche Einkommen bei weniger als 80 Rs., bei 32% zwischen 80 und 140 Rs. und nur 12% erzielten ein Monatseinkommen von über 140 Rs. (zitiert bei CHOWDURY 1987, S. 101).

Politisch-rechtliche Situation:
Die Marginalität der Slumbevölkerung zeigt sich auch in rechtlicher und politischer Hinsicht. Das größte (zusätzliche) Problem für die Hüttenbewohner ist dabei

Tab. 13.11: Erwerbstätigen-Berufe von 10 000 pavement dweller-Haushalten in Calcutta (1973)

Beruf	Anteil an den Erwerbstätigen insgesamt (%)	Anteil an den pavement dweller insgesamt (%)
Bettler	22,1	7,0
Gelegenheitsarbeiter (Tagelöhner)	23,1	7,3
Thelawala	6,5	2,0
Rikshafahrer	7,3	2,3
Straßenhändler	3,2	1,0
Papiersammler	4,8	1,5
Arbeiter mit festem Tagelohn	8,6	2,7
Gemüseverkäufer	3,6	1,1
Hausangestellte	4,2	1,3
übrige	16,6	5,3
Erwerbstätige insgesamt	15 750 = 100,0	31,5
ohne Beschäftigung	34 250	68,5

Quelle: CMDA 1973; angeführt in: CHOWDURY 1987 S. 100f.

die *Rechtsunsicherheit*, die ungeklärten Eigentumsverhältnisse des Grund und Bodens, auf dem ihre Behausungen stehen. Die Folge: Sie können jederzeit vertrieben werden. Und das geschieht ständig. Aber selbst in dem ihnen dann zugewiesenen Siedlungsgebiet werden sie zwar von der Stadtverwaltung registriert und ihnen werden „Hausbesetzerkarten" ("Hut Occupation Cards") ausgegeben. Doch in diesem „Ausweis" steht der – entscheidende – Satz: „... gibt dem Besetzenden keinerlei Rechte an dem Besitz, den er besetzt hat". Ohne einen offiziellen Rechtstitel können sie jederzeit wieder ausgewiesen werden. Eine solche Sicherheit aber wird ihnen, jedenfalls gilt das für die Großstädte, keine Stadtverwaltung zusprechen. Denn Bauland ist besonders in den Riesenagglomerationen knapp und demzufolge profitabel.

Diese Zwangslage wird von den politischen Parteien in doppelter Weise ausgenutzt. Viele Slumbewohner lassen sich von – denjenigen, die ihnen Sicherheit versprechen, für ein paar Rupees kaufen, wenn es darum geht, die ‚richtige' Partei zu wählen. Nach der Wahl sind dann alle Zusagen vergessen. Umgekehrt konnte die ‚Shiv Sena' (übersetzt: ‚Armee Shivas'), eine hindu-nationalistische Partei, mit Anti-Slumparolen politische Geschäfte machen: Mit dem Slogan „Clean Bombay – Green Bombay" trat sie offen für die Vertreibung der Obdachlosen und Hüttenbewohner ein – und wurde damit 1985 stärkste Kraft im Rat der Großmetropole Bombay; im Jahre 1990 konnte sie diesen Erfolg wiederholen.

13.5.3
Slumsanierung: Planung und Wirklichkeit

Ausgehend von der Prämisse, daß Slumsanierung nicht nur die Verbesserung sanitärer Wohnverhältnisse beinhalten darf, sondern auch zur sozialen Rehabilitation führen muß, ist zu prüfen, was in Indien im Rahmen der Slumsanierung im Hinblick auf diese beiden Zielsetzungen erreicht worden ist.

Versuche zur Slumsanierung wurden schon früh, z. B. um 1900 unter britischer Verwaltung in Bombay und Calcutta unternommen. Slumsanierung war jedoch anfänglich in erster Linie eine Vorsorgemaßnahme, um die übrige städtische Gesellschaft vor Seuchen, Brandgefahr, Verfall von Moral und Sitte und, als dessen Folge, vor sozialen Gefahren wie Aufruhr und Revolution zu schützen (Slum Improvement Act).

Die in den ersten Jahren nach der Unabhängigkeit durchgeführten Maßnahmen beschränkten sich weitgehend auf den Bau sanitärer Anlagen in den Slumgebieten: Trinkwasser- und Drainageeinrichtungen sowie Toiletten. Eine gewisse Entlastung brachte der Werkswohnungsbau durch Firmen, Eisenbahn und Stadtverwaltungen, an der z. T. auch die Unberührbaren (Feger, Kanalreiniger) partizipierten (BLENCK 1974, S. 316).

Beginnend in der zweiten Hälfte der 50er Jahre lassen sich (auch) in Indien drei Strategien zur Wohnraumverbesserung und gleichzeitig Slumsanierung erkennen. Sie spiegeln gleichzeitig zeitliche Phasen wider:
– *Low-cost-housing-Programme:*
Bau mehrgeschossiger Wohnblocks mit primitiven Wohnräumen, die preiswert vermietet oder von den Bewohnern im Mietkauf erworben werden können. Häufig übersteigen die Mieten jedoch die finanziellen Möglichkeiten der betroffenen Familien, so daß sie in andere Marginalsiedlungen abgedrängt werden. Vielfach stehen hinter dieser Sanierungspraxis auch spekulative Gründe (Wohnungsbau für gehobene Schichten, Cityerweiterung).
– *Site-and-service-Programme:*
Bereitstellung von erschlossenen Neusiedlungsflächen, Infrastruktur- und Dienstleistungseinrichtungen am Stadtrand, Vergabe der Grundstücke an Familien mit

geringem Einkommen (Kauf, Mietkauf, Pacht), die in Eigenleistungen die Wohnungen erbauen.

– *Upgrading-Programme:*
Verbesserung von Bausubstanz und Infrastruktur in den illegalen oder halblegalen Siedlungen oder in Slums durch eine Kombination von Staats- und Selbsthilfe. Voraussetzung ist die Legalisierung der Grundstücke, d. h. die Übertragung der Wohnparzellen an die Siedler und damit die Beendigung der oft jahrelangen Rechtsunsicherheit.

Eine wichtige Voraussetzung der beiden zuletzt genannten Programme stellt die Beteiligung der Bewohner auch an der Anlage der Straßen, Ver- und Entsorgungsleitungen, sowie Gemeinschaftswohneinrichtungen dar: Mit anderen Worten, in derartigen Marginalsiedlungen vertraut man auf das Entwicklungspotential der Beteiligten, das es zu stimulieren gilt.

Bis gegen Ende der 60er Jahre dominierten in Indien die „low-cost-housing"-Programme. Erst etwa ab Mitte der 70er Jahre favorisierten die Bundesländer- und Stadtregierungen, in deren Kompetenzen die Maßnahmen selbst lagen, mehr und mehr die „upgrading"-Projekte. Dieses Umdenken erfolgte weniger aus sozialen denn aus wirtschaftlichen Erwägungen heraus: Die Kosten derartiger Projekte sind für die öffentliche Hand sehr viel geringer, da hierbei die Schaffung oder Verbesserung von Wohnraum überwiegend von den Bewohnern selbst getragen werden. Der soziale Effekt wird dabei nicht verkannt: Nachbarschaften gleicher Kastenzugehörigkeit werden dabei nicht zerstört – eine wichtige Grundlage dafür, daß das o. g. Entwicklungspotential zur Schaffung von Selbsthilfeorganisationen zur Durchführung der Gemeinschaftseinrichtungen auch tatsächlich aktiviert werden kann.

Das beim Studium der Slumsanierung in Lateinamerika gezogene Resümee, wonach alle die genannten Programme
a) quantitativ unzureichend und
b) nur als Versuch des „Kurierens an Symptomen"

bezeichnet werden können, weil es an flankierenden Maßnahmen zur Bekämpfung der Ursachen der Zuwanderung sowie der Arbeitslosigkeit fehlt (MERTINS 1984, S. 442), trifft auch für Indien voll zu. Nach offiziellen Angaben sind in der Zeit von 1950 bis 1979 336 000 Wohneinheiten für einkommensschwache („low income group – LIC") Familien errichtet worden (FYP 6, S. 390) – 11 200 pro Jahr für *ganz* Indien! Dabei umfaßt die LIC-Kategorie 55% der gesamten städtischen Bevölkerung (ebenda, S. 392), d. h. diese Angaben beziehen sich keineswegs allein auf die Slumbevölkerung selbst.

Für die Praxis, d. h. für die Betroffenen selbst, viel wichtiger aber ist die Frage, ob die Slumsanierung wirklich den Menschen half und außerdem zur sozialen Rehabilitation stark unterprivilegierter Gruppen beigetragen hat. In der wohl gründlichsten empirischen Untersuchung zu dieser Thematik in Indien, eines Slumviertels in Madras mit 2210 Familien und 10 341 Personen, resümiert BLENCK (1977, S. 382):

„Hierbei konnte festgestellt werden, daß die neuerbauten Wohnblöcke, die 18 m^2 große Wohnungen (Wohnraum, Küche, Bad, WC) umfassen, nicht zuletzt aufgrund der relativ hohen Miete (10 Rs./Monat – 5 DM), bei einem durchschnittlichen Familieneinkommen von 132 Rs./Monat nur zu einem Teil von ehemaligen Slumbewohnern bezogen wurden. Betrug der Anteil der scheduled castes und Christen (weitgehend getaufte scheduled castes) in den noch nicht sanierten Slums von Thandavaraya Chatram 66% der Bewohner, so reduzierte sich dieser Anteil in den provisorischen Wartesiedlungen, die den Slumbewohnern während der Sanierung zugewiesen wurden, auf 45% und in den fertigen Wohnblöcken auf nur 43%. Nicht erfaßt werden konnte das Weitervermieten der Wohnungen durch Mit-

Marginalisierung – Slumbildung – Einkommensdisparitäten 323

glieder unterer Kasten an Angehörige höherer Kasten, so daß der wirkliche Anteil der scheduled castes noch weit unter 43% liegen dürfte. Der fehlende Anteil der scheduled castes und Christen siedelte sich als soziale Randgruppe auf marginalem Land an und bildet den Grundstock für einen neuen Slum ...

Durch die Slumsanierung wurde also ein sozialer Siebungsprozeß initiiert, der durch das Kastensystem gesteuert wird (Abb. 13.5 und 6): Der im Gefolge der Slumsanierung neu entstandene Slum am Stadtrand füllt sich durch Zuzug vom Lande weitgehend mit Angehörigen tieferstehender Kasten auf, während sich das sanierte Gebiet mit den neu errichteten Wohnblöcken durch Zugang von Angehörigen mittlerer und höherer Kasten und durch Verdrängung finanzschwacher Gruppen überwiegend tiefstehender Kasten allmählich zu einem ausgesprochenen Mittelklassewohngebiet entwickelt.

Oft werden die Slumbewohner durch Geldverleiher dazu gezwungen, die ihnen zugewiesenen Wohnungen wieder zu verlassen und in ein neues Slumgebiet zu ziehen, um auf diese Weise die Schulden gegenüber dem Geldverleiher abzutragen. Der Geldverleiher vermietet dann die Wohnungen zu einem mehrfachen Mietpreis an Familien mittlerer Einkommensgruppen weiter".

Angesichts der knappen Finanzmittel – das Budget der Zentralregierung und der Bundesländer und Unionsterritorien zusammengenommen belief sich im Durchschnitt der Jahre 1985–90 auf 360 Milliarden Rs./Jahr (entspricht ca. 50 Mrd. DM) – muß mit einer fortlaufenden Verschlechterung der Slumsituation gerechnet werden. Bereits in ihrem 4. Fünfjahresplan (1969–1974) bemerkt die indische Regierung recht pessimistisch: "It is not possible for public operations to touch even the fringe of this problem" (FYP 4, S. 402; zitiert bei BLENCK 1974, S. 316).

Diese eher realistische Einschätzung scheint einer schönfärberischen (hilflosen?) Einstellung späterer Regierungen gewichen zu sein. So heißt es im Fünfjahrplan (1978–83) der Janata-Regierung zu diesem Problem:

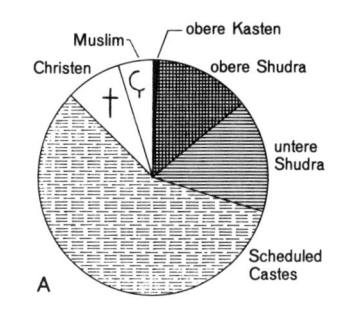

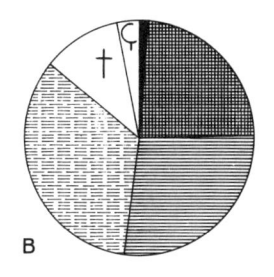

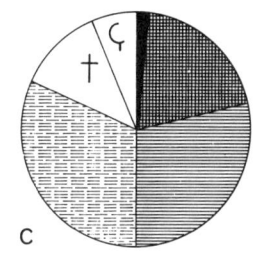

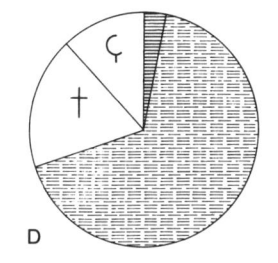

A Slums vor der Sanierung
B Wartesiedlungen (provisorische Unterkünfte für Slumbewohner während der Sanierung)
C Saniertes Slumgebiet (Wohnblöcke)
D Neuentstandenes Slumgebiet als Folge der Sanierung

Abb. 13.5: Slumsanierung als sozialer Siebungsprozeß: Madras – Thandavaraya Chatram (Kastenstruktur)

Quelle: BLENCK 1977, S. 384

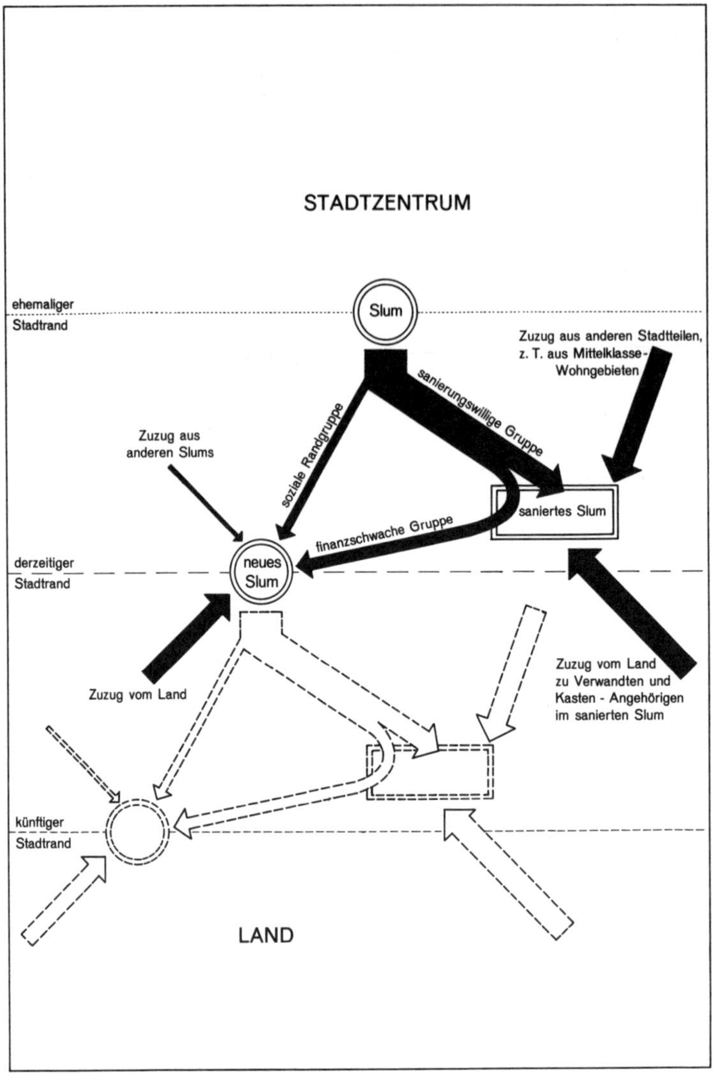

**Abb. 13.6:
Entstehung und Auffüllung neuer Slums in indischen Großstädten (Schematische Darstellung)**
Quelle: BLENCK 1977, S. 385

"A substantial step-up is proposed in the programme of slum improvement ... The proposed investment of Rs. 190 crores (= 1,9 Mrd. Rs.; D. B.) will benefit 13 million slum dwellers on the basis of an expenditure of Rs. 150 per head" (FYP 6A, S. 244).

Man muß nachrechnen, um sich das vorzustellen: 150 Rs. pro Kopf in 5 Jahren sind 2,50 Rs. für jeden Monat. Als ob ein Kopfgeld von monatlichen zweieinhalb Rupees die Lösung eines Problems von einer derartigen Dimension wäre! Dabei handelt es sich keineswegs um eine „Eintagsfliege" einer zwischenzeitlich-kurzfristig amtierenden Regierung: Genau die gleiche „Strategie", dieses Mal mit 5 Rs. pro Kopf und Monat, findet sich im abgelaufenen 7. Fünfjahrplan (S. 299); die hierfür veranschlagte Summe macht gerade 0,15% des Gesamtbudgets aus!

Fassen wir zusammen:
Die Slumsanierung hält immer weniger Schritt mit dem Anwachsen der Slums in den Großstädten, insbesondere den Metropolen. Der Eindämmung dieser überproportionalen Zunahme der Slumbevölkerung stehen begrenzte Finanzressourcen, aber auch eine kritikwürdige Sozial- und Finanzpolitik der Verantwortlichen entgegen: Noch immer dominieren die oberen Kasten, von der Dorf„gemeinschaft" bis in die höchsten Spitzen der Regierung, noch immer übertreffen die Militärausgaben die für die Slumsanierung um ein vielfaches.

Dieser permanenten sozialökonomischen Diskriminierung des Millionenheeres der Slumbewohner steht das Faktum gegenüber, daß die Armen, indem sie vielfach die für den formalen Sektor unprofitablen Arbeiten übernehmen, diesen kapitalmäßig wesentlich entlasten und damit de facto das städtisch-industrielle System subventionieren (ROBERTS 1978, S. 159ff.; angeführt bei BOHLE 1984, S. 466). Hinzu kommt die, ebenfalls vorrangig von den Armen erbrachte städtische Subsistenzproduktion („Hauswirtschaft, unbezahlte Frauenarbeit, Reproduktion von Wohnraum und immer noch vorhandene Formen agrarischer Subsistenzproduktion": EVERS 1987, S. 137), zu Recht als ein riesiger Wirtschaftsfaktor bezeichnet (ebenda, S. 137).

So sind es in erster Linie die Metropolen, die die Gesellschaft in für uns unvorstellbarem Maße polarisieren. Das bezieht sich keineswegs nur auf die *ausgeprägten Einkommensdisparitäten*, räumlich sichtbar in dem Gegensatz zwischen den ausgedehnten und rasch anwachsenden Slum- und Squatterquartieren auf der einen und den ebenso rasch zunehmenden vollklimatisierten Luxusappartements und Nobelvillen der Multimillionäre aus Wirtschaft und Politik auf der anderen Seite.

Gravierender ist vielmehr, daß man dem zweiten, dem eigentlichen Hauptziel, der *ökonomischen und sozialen Integration der Unterprivilegierten* – auch gedanklich – nicht einen Schritt näher gekommen ist. Nicht nur von der großen Mehrheit der Reichen, sondern auch von der des aufstrebenden Mittelstandes werden die Armen eher verachtet. Der Anblick der Hütten, der ganze Schmutz und Gestank der Slums passen nicht in ihr westlich geprägtes Bild von einem modernen Indien. Ihr Indien ist die wirtschaftlich und technologisch aufstrebende südasiatische Supermacht, die Atomkraftwerke und Mittelstreckenraketen baut; deren Söhne und Töchter in England oder den USA studieren. Die Armen sind daher nichts anderes als ein Schandfleck in ihrem ästhetischen Empfinden.

Wohlgemerkt: ... ihrem ästhetischen Empfinden. Ein soziales Gewissen gegenüber diesen Millionen, Indern wie sie selbst, existiert fast überhaupt nicht. Auch dies ist eine schwerwiegende Hypothek für die Entwicklung des Landes.

14 Industriepolitik am Scheideweg? Entwicklungsprobleme der 90er Jahre

14.1 Die Wirtschaftskrise 1991 und die neue Industriepolitik

Die als durchgreifende Liberalisierung des gesamten Systems konzipierten Maßnahmen der 80er Jahre (s. Kap. 7.1.4) kamen über erste Ansätze kaum hinaus. Für rasche Reformen erwies sich die *staatliche Bürokratie* als zu schwerfällig, wenn sie nicht den Reformmaßnahmen z. T. überhaupt ablehnend gegenüber stand, da sie den Verlust von Machtpositionen, aber auch von Pfründen befürchtete. Zudem war der Regierungschef selbst durch die Korruptionsaffäre Bofors (bereits) seit 1987 politisch angeschlagen. Unter Rajiv Gandhis Nachfolgern, den Interimsregierungen von V. P. Singh (Dez. 1989–Nov. 1990) und Chandra Shekhar (Nov. 1990–März 1991) gerieten die Reformmaßnahmen vollends ins Stocken. Auslöser eines Umdenkens der neuen Regierung unter Premierminister Narasimha Rao (seit Juli 1991) bildete das Zusammentreffen eines ganzen Bündels von ungünstigen intern wie extern verursachten Ereignissen in den ersten Monaten des Wirtschaftsjahres 1991/92:

- *Stagnation im Agrarsektor*, der noch immer ca. ein Drittel zum BIP beiträgt. Tatsächlich ging die Nahrungsmittelproduktion sogar um 6 Mill. Tonnen zurück, erreichte mit gut 170 Mill. t. aber immerhin noch das drittbeste Ergebnis überhaupt.
- *Nullwachstum der Industrie* – das letzte lag immerhin 12 Jahre (1979/80) zurück (s. Tab. 7.2).
- Der ungebremste Ausgabenanstieg der öffentlichen Hand in Verbindung mit Produktions- und Versorgungsengpässen führte zu einer starken Beschleunigung des *Preisauftriebs* mit der Folge einer zweistelligen *Inflationsrate*, die zur Jahresmitte (1991) fast 20% erreichte.
- Trotz drastischer Abwertung der Rupie erfolgte ein *Rückgang der Exportleistung* gegenüber 1990/91 um ca. 2%. Hierzu trugen neben der Knappheit an benötigten Importvorleistungen, der Verfall der Märkte der ehemaligen UdSSR (1990 noch nach den USA wichtigster Handelspartner Indiens) und Osteuropas, die schwache Weltkonjunktur sowie die geringe Konkurrenzfähigkeit indischer Erzeugnisse bei (vgl. Kap. 9).
- Ein *Handelsbilanzdefizit* in einer der Geschichte des Landes nie dagewesenen Größenordnung von 106,4 Mrd. Rs. (= 6 Mrd. US-$ – s. Abb. 9.1).

Das Zusammenwirken der genannten Faktoren brachte das Land in eine *strukturelle Finanzkrise*: eine *interne Staatsverschuldung* verursacht durch permanent angestiegene unproduktive Ausgaben der Zentralregierung. Nach wie vor floß (und fließt) ein erheblicher Teil der Entwicklungsausgaben in die Subventionierung chronisch defizitärer Staatsunternehmen. Subventioniert werden ferner Nahrungsmittel, Elektrizität, Eisenbahn und eine Reihe agrarischer Inputs wie insbesondere Düngemittel (die auf dem Weltmarkt weit billiger zu haben sind). Dazu zogen die aus der Regierungszeit Rajiv Gandhis verfügten Importerleichterungen (s. Kap. 7.1.4)

Land	BSP/Kopf		BIP		Industrieproduktion	
			Wachstum/Jahr (%)		Wachstum/Jahr (%)	
	1960	1990	1970–80	1980–90	1960–80	1980–90
Südkorea	75	5400	9,5	9,7	14,5	12,2
Taiwan	148	7954	19,7	11,4	12,5	–
Singapore	408	11160	8,5	6,4	11,5	5,4
Hong Kong	275	11490	9,3	7,1	11,0	–
VR China	100	370	5,8	9,5	10,0[4]	12,5
Thailand	99	1420	7,2	7,8	9,0	9,0
Malaysia	270	2320	7,8	2,4	7,0	7,1
Indonesien	63	570	7,6	2,9	8,0	5,6
Philippinen	137	730	6,3	0,6	5,0	–0,8
Myanmar	66	523[1]	3,4	–	5,0	–
Bangla Desh	65	210	3,9	4,3	5,0	4,9
Sri Lanka	138	470	4,1	4,0	5,0	4,6
Pakistan	77	380	4,7	6,3	7,5	7,3
Indien	78	350	3,6	5,5	6,5	6,6

– = keine Angaben; [1] 1991

Quelle: Weltbank (Hrsg.): Weltentwicklungsbericht 1992 u. frühere Jahrgänge; Bfai 1991, S. 7; Council for Economic Planning and Development/Republic of China (Hrsg.): Taiwan Statistical Data Book 1992 (für Taiwan); für 1960: HAGEN u. a. 1969, S. 12ff. (Berechnungen des Verfassers)

Tab. 14.1: Wirtschaftswachstum Indiens im Vergleich zu ost-, südost- und südasiatischen Staaten 1960 und 1990

nicht die erwarteten Ertragssteigerungen nach sich, was eine wesentliche Ursache für eine rasch anwachsende beträchtliche *Auslandsverschuldung* war mit vor allem kurzfristigen Verbindlichkeiten in Höhe von ca. 70 Mrd. US-$ und einem laufenden Budgetdefizit in Höhe von 10% des BIP (Mitte 1991). Das bedeutet, daß Indien monatlich insgesamt fast 1 Mrd. US-$ benötigte, um seinen Zinsverpflichtungen und Importerfordernissen nachkommen zu können (bfai 1991, S. 9). Die Devisenbestände waren auf knapp zwei Wochen Zahlungsfähigkeit geschrumpft, in den 80er Jahren betrugen sie stets mehr als 6 Monate. Im Juli 1991 mußte Indien eine Flugzeugladung Gold (47 t) bei der Bank of England als Sicherheit hinterlegen, ein für dieses Land höchst demütigender Vorgang.

Tatsächlich schneidet Indien trotz der genannten Erfolge auf gesamtwirtschaftlichem wie gerade auch auf industriellem Gebiet insbesondere in den 80er Jahren (s. Tab. 7.2) gegenüber der Mehrzahl der ost- und südostasiatischen Staaten relativ schlecht ab – und das, obwohl die Ausgangssituation vor ca. 40 Jahren größtenteils nicht unähnlich war (Tab. 14.1).

Noch weit stärker ist Indien außenwirtschaftlich zurückgefallen – im Vergleich zu den ostasiatischen Staaten, die sich dem Welthandel geöffnet haben, wird dies besonders eklatant (Tab. 14.2).

Indiens Anteil am Welthandel war seit 1950 von ca. 2,0% auf 0,4% abgesunken (bfai 1991, S. 5). Kurz: Mit ihren binnen- und außenwirtschaftlichen Leistungen hatte die große Mehrzahl dieser Staaten Indien deutlich überflügelt.

Aber auch der *Blick nach innen* offenbarte, daß die Bilanz nach 40 Jahren Wirtschafts- und Sozialpolitik in vieler Hinsicht unbefriedigend sein mußte:

Land	Warenimport Anteil am BIP (%)	Warenexport Anteil am BIP (%)
Hong Kong	143	130
Singapore	183	123
Taiwan	43	48
Süd-Korea	30	33
Malaysia	48	21
Philippinen	21	11
Indonesien	19	8
Thailand	31	–
Myanmar	9	6
Bangla Desh	15	11
Nepal	22	4
Sri Lanka	35	10
Pakistan	22	9
Indien	*9*	*4*

– = keine Angaben
Quelle: bfai 1991, S. 6f.

Tab. 14.2: Anteil des Warenhandels am Bruttoinlandprodukt – Indien im Vergleich zu ost-, südost- und südasiatischen Staaten – 1990

– Mit seiner Bevölkerung von (1990) ca. 840 Millionen erreichte Indien ein Bruttoinlandprodukt, daß z. B. von den Niederlanden mit nur 14,8 Millionen (= 1,75% der Bevölkerung Indiens) noch um 10% übertroffen wird – 1960 war das Indiens noch fast drei Mal so hoch!
– Gemessen am Pro-Kopf-Einkommen befindet sich Indien noch immer im letzten Viertel der EL. Im Vergleich zu Süd-Korea lag es 1960 etwa auf gleicher Höhe, 1990 waren es weniger als 7%.
– Indien ist seinem bei der Erlangung der politischen Unabhängigkeit propagierten Hauptziel der „*Vertreibung der Armut*" nicht grundsätzlich näher gekommen. Nach einer jüngst veröffentlichten Studie der Weltbank über die Armut in der „Dritten" Welt ist unbestreitbar, daß Indien (bzw. Südasien insgesamt) neben Schwarzafrika noch immer *die* Hauptarmutregion der Erde darstellt. Die Weltbank schätzt, daß 1990 noch immer ca. 448 Millionen Inder, fast 53% der Bevölkerung, unter der Armutsgrenze von 9 US-$ pro Kopf und Monat leben, ca. 226 Millionen sogar extrem arm sind. Im Vergleich dazu sind bei Zugrundelegung der gleichen Definition nur 11,3% der Chinesen arm und nur 5,6% extrem arm (Tab. 14.3). Tatsache ist jedenfalls, daß Armut und auch extreme Armut in Indien heute noch Massencharakter hat.
– Auch war Indien im Vergleich zu den übrigen Subkontinentalstaaten mit ähnlich schlechter Ausgangsbasis, aber auch gegenüber den Entwicklungsländern insgesamt weniger erfolgreich in der Bekämpfung der Ursachen der Armut. An Hand wichtiger Sozialindikatoren läßt sich dies eindeutig belegen (Tab. 14.4).

Gerade der Tatbestand, daß heute noch immer 75% der Frauen in den ländlichen Gebieten Analphabeten sind (COI 1991, S. 93), stellt keine gute Voraussetzung für eine dringend erforderliche effiziente Geburtenkontrolle wie auch eine Absenkung der Kindersterblichkeit dar.

Ob nun vor dem Hintergrund der genannten Ereignisse des ersten Halbjahres 1991 ein externer politischer Anpassungsdruck bestand oder die im Juni 1991 gewählte und seit Juli amtierende neue Führung des Landes zu der Einsicht gekommen war, daß das bisherige Wirtschaftssystem langfristig kaum erfolgversprechend erschien oder man gar zu der Überzeugung gelangt war, daß man mit dieser Wirtschaftspolitik den Anschluß an die übrigen Staaten der (Hochwachstums)region verlieren würde – die Regierung des neuen Premierministers *Narasimha Rao* entschloß sich unmittelbar nach Amtsantritt zu einschneidenden Veränderungen in der Wirtschafts- insbesondere der Industriepolitik.

Region	Bevölkerung unterhalb der Armutsgrenze							
	höherer Grenzwert[2]				niedrigerer Grenzwert[3]			
	Anzahl (in Mill.)		Anteil (%)		Anzahl (in Mill.)		Anteil (%)	
	1985	1990	1985	1990	1985	1990	1985	1990
Südasien	532	562	51,8	49,0	308	287	30,0	25,0
davon: Indien	421	448	55,0	52,8	250	226	32,7	26,6
Ostasien	182	169	13,2	11,3	80	74	5,8	5,0
davon: China	108	128	10,3	11,3	41	63	3,9	5,6
Schwarzafrika	184	216	47,6	47,8	123	152	31,8	33,6
Naher Osten und Nordafrika	60	73	30,6	33,1	42	53	21,3	24,0
Lateinamerika	87	108	22,4	25,2	59	76	15,1	17,8
Osteuropa	5	5	7,1	7,1	3	3	3,9	3,5
Insgesamt	1052	1133	30,5	29,7	614	644	17,8	16,9

[1] Berechnung basiert auf einem internationalen Kaufkraftindex für 1985, dem „1985 constant purchasing parity prices (PPP) across countries". Ihm liegt ein Einkaufskorb von Gütern und Dienstleistungen zugrunde; [2] für Indien berechnet er sich auf 9 US-$ pro Person und Monat; [3] für Indien: 6,67 US-$ pro Person und Monat
Quelle: World Bank 1992, S. 78.

Tab. 14.3: Armut[1] in den Ländern der „Dritten" Welt 1985–1990

Land	Lebens- erwartung		Kinder- sterblichkeit (pro Tausend)		Alphabeti- sierungsquote: Erwachsene (%)		Einschulungs- quote (%)	
	1960	1990	1960	1989	1970	1985	1970	1987
Indien	*44,0*	*59,1*	*282*	*145*	*34*	*44*	*49*	*66*
China	47,1	70,1	203	43	–	–	66	83
Indonesien	41,2	61,5	225	100	54	72	49	84
Entwicklungsländer insgesamt	46,2	62,8	233	116	46	60	55	70

- = keine Angaben
Quelle: World Bank 1992, S. 79

Tab. 14.4: Sozialindikatoren 1960–1990 – Indien im internationalen Vergleich

Die Kernpunkte der Reform betrafen die Bereiche Industrie, Handel, Auslandsinvestitionen und Technologietransfer; die Maßnahmen insgesamt sind als (sukzessiver) Rückzug des Staates aus der Wirtschaft zu kennzeichnen. Die wichtigsten Änderungen bzw. Neuerungen, die bereits großenteils mit der Vorlage des neuen Budgets am 24. Juli 1991 verkündet wurden, waren die folgenden (näheres bfai 1991/92, S. 7 ff.; RIEGER 1993, S. 26ff.):

– Abwertung der Rupie noch im Juli 1991 und Einführung ihrer Teilkonvertibilität im Frühjahr 1992: nur noch 40% der Exporterlöse müssen weiterhin zum festen Wechselkurs getauscht, die verbleibenden 60% können auf dem freien Markt gehandelt werden. Seit Februar 1993 besteht die volle Konvertibilität der Rupie.
– Erhöhung der erlaubten Auslandsbeteiligung an Joint Ventures sowie

Die Wirtschaftskrise 1991 und die neue Industriepolitik

Handelsfirmen von 40 auf 51% der Unternehmensanteile in nunmehr 34 Industriebranchen. Keine Genehmigungspflicht mehr für die Anstellung ausländischer Techniker und Testingenieure.
- Für ausländische Direktinvestitionen wurde das Genehmigungsverfahren durch die Einrichtung des Foreign Investment Promotion Board ebenfalls vereinfacht. Auch dabei sind Beteiligungen von über 51% möglich. Genauere Bestimmungen hierüber stehen allerdings noch aus.
- deutliche Reduzierung der Spitzenzollsätze bei Einfuhren von 150 auf 110%.
- Aufhebung der Lizenzpflicht für alle Wirtschaftsbereiche. Ausgenommen sind nur noch 18 Sektoren, die im besonderen staatlichen Interesse liegen, wie z. B. Kohle- und Erdölindustrie. Damit sind 80% der Industrie von der Lizenzierung befreit. Seit 1992: Öffnung des Elektrizitätssektors, des Ölförderungs- und Raffineriesektors für private Investoren.
- Nur noch acht industrielle Kernbereiche bleiben Staatsunternehmen vorbehalten.
- Standortgenehmigungen werden abgeschafft. Ausnahmen bleiben die 23 Millionenstädte (wird jedoch zunehmend „liberal" gehandhabt).
- Betriebsvergrößerungen können ohne Genehmigungen vorgenommen werden.
- Das Antimonopolgesetz (s. Kap. 7.1.2) wird abgeschafft.

Nicht gelöst ist bislang ein besonders „heißes Eisen", die sog. „Exit Policy": Solange einem Unternehmer nicht das Recht eingeräumt wird, verlustmachende Produktionen stillzulegen und Arbeiter zu entlassen, wird sich die Investitionsbereitschaft in- wie ausländischer Kapitalanleger in Grenzen halten. Klage eines westeuropäischen Investors: „Schon nach 240 Tagen wird ein Arbeiter unkündbar, was seine Produktivität ab dem 241. Tag mindestens halbiert. Wir würden gerne die Produktion mit Hilfe von Maschinen modernisieren und verbessern, aber wir haben keine Chance, die dann nicht mehr benötigten Arbeiter zu entlassen (zitiert aus: bfai, Juni 1993, S. 2). Ende März gab es immerhin 221 000 „sick" und „weak units", also zahlungsunfähige Unternehmen mit einem Gesamtschuldenvolumen von 93,5 Mrd. Rupies (seinerzeit ca. 6,2 Mrd. DM – Economic Survey 1991–92, II, S. 92). Die Schließung (einschließlich der möglichen Privatisierung) unprofitabler Staatsbetriebe ist zwar anvisiert, es bleibt jedoch abzuwarten, ob und wann dies auch in die Tat umgesetzt wird.

Das entscheidende Element des Reformwerkes, die Aufgabe der bislang führenden Rolle des Staates in der Wirtschaftspolitik erscheint eine beschlossene (und z. T. bereits vollzogene) Sache. „Zum ersten Male in der indischen Geschichte nach der Unabhängigkeit des Landes werden bisher sakrosankte Strukturen nicht nur in Frage gestellt, sondern als veraltet, unproduktiv und reformbedürftig deklariert. Erklärtes Ziel der Regierung ist es, die inländische Wirtschaft zu globalisieren, d. h. den Weg der Importsubstitutionen und der „self reliance" zu verlassen und die Ökonomie in den Weltmarkt zu integrieren" (KEIPER 1993, S. 11 – s. a. Kap. 9). Wenn die Reformen auch Einzug in die Köpfe der noch immer mächtigen Staatsbürokraten gehalten haben, hat das Land gute Chancen, die soziale Marktwirtschaft auch zu verwirklichen.

14.2
Entwicklung durch Industrialisierung?:
I – Der ländliche Sektor

Kommen wir zurück auf die antizipierte Rolle der Industrie im Entwicklungsprozeß. Nach den Vorstellungen der Väter des „Bombay Plans" sollte die Industrie der wirtschaftliche und soziale „Push"-Faktor für die Gesamtentwicklung des Landes sein (vgl. Kap. 7. 1.1):
1. mittels Produktionssteigerung Motor für die Verdoppelung des Pro-Kopf-Einkommens (sogar) bis 1962,
2. Motor der Vollbeschäftigung durch Schaffung von Arbeitsplätzen und damit gleichzeitig Entlastung des mit Arbeitskräften überbesetzten landwirtschaftlichen Sektors und
3. Motor für eine Industriegesellschaft, in der Kastenschranken und das Kastendenken überwunden sind, kurz: die Verwirklichung von Gandhis Traum einer kastenfreien Gesellschaft.

Was den genannten ersten Punkt anbetrifft, ist zwar das Ziel der Verdoppelung des PKE im Jahre 1993/94 erstmals erreicht worden (s. Tab. 13.2). Dennoch kann sich die Bilanz von der Produktionsseite her mit einem jährlichen Wachstum von 5,6% im Durchschnitt der Jahre 1950 bis 1990 durchaus sehen lassen (s. Kap. 7.2.1). Schon wesentlich negativer sieht die Bilanz bei Punkt zwei, auf dem Beschäftigtensektor, aus: im Bereich Groß- und Mittelindustrie sind die hier pro Jahr geschaffenen 150000 Arbeitsplätze (s. Tab. 7.7), davon gerade 60000 im ländlichen Bereich, nur als marginal zu bezeichnen. Beschäftigungspolitisch positiver verlief das in den meisten Bundesstaaten ab 1970 eingeleitete Kleinindustrie-Förderungsprogramm mit jährlich 470000 neugeschaffenen Arbeitsplätzen in der Zeit von 1970 bis 1980 und sogar 700000 in der abgelaufenen Dekade 1980–1990 – vor allem im Hinblick darauf, daß die Mehrzahl der neuen Arbeitsplätze abseits der Metropolen und ihrer Einzugsgebiete geschaffen wurden (s. Kap. 7.2.3).

Am Beispiel eines der sich selbst tragenden „Industrial Growth Centres", *Aurangabad*/Maharashtra, sollen die sozio-ökonomischen Auswirkungen derartiger Industrieansiedlungen (Groß-, Mittel- und Kleinindustrie) auf die umliegenden *ländlichen* Gemeinden aufgezeigt werden.

Der indische Bundesstaat Maharashtra gehörte zu den ersten, die, auf der theoretischen Grundlage der Wachstumspolstrategie aufbauend, seit 1967 an ausgewählten Standorten *Wachstumszentren* errichtete mit den Zielsetzungen: 1. durch disperse Industrieansiedlung die Entwicklung der rückständigen Regionen voranzutreiben, 2. neue Arbeitsplätze in den ländlichen Regionen zu schaffen und somit die Einkommensmöglichkeiten der Agrarbevölkerung zu verbessern und damit 3. die metropolitan gerichtete Migration (Bombay!) zu verringern (vgl. Kap. 13.4.3).

Das Wachstumszentrum *Aurangabad*, mit 593000 Einw. (1991) die siebtgrößte Stadt des Bundesstaates, liegt 410 km landeinwärts von Bombay entfernt, etwa in der (geographischen) Mitte Maharashtras. Mit seiner raschen Bevölkerungszunahme – 1961 zählte Aurangabad erst 97701 Einw. – gehörte es zu den schnellstwachsenden Städten ganz Indiens. Dies ist in erster Linie auf die forcierte Industrialisierung seit Mitte der 60er Jahre zurückzuführen: Aurangabad gehörte zu den ersten Wachstumszentren, die staatlicherseits gefördert wurden und seine drei Industriegebiete (s. Abb. 14.1) sind hinsichtlich der Subventionen in der höchsten Förderungskategorie eingestuft (s. Abb. 14.2 – zeigt den Entwicklungsstand bis 1985).

Industrialisierung im ländlichen Sektor 333

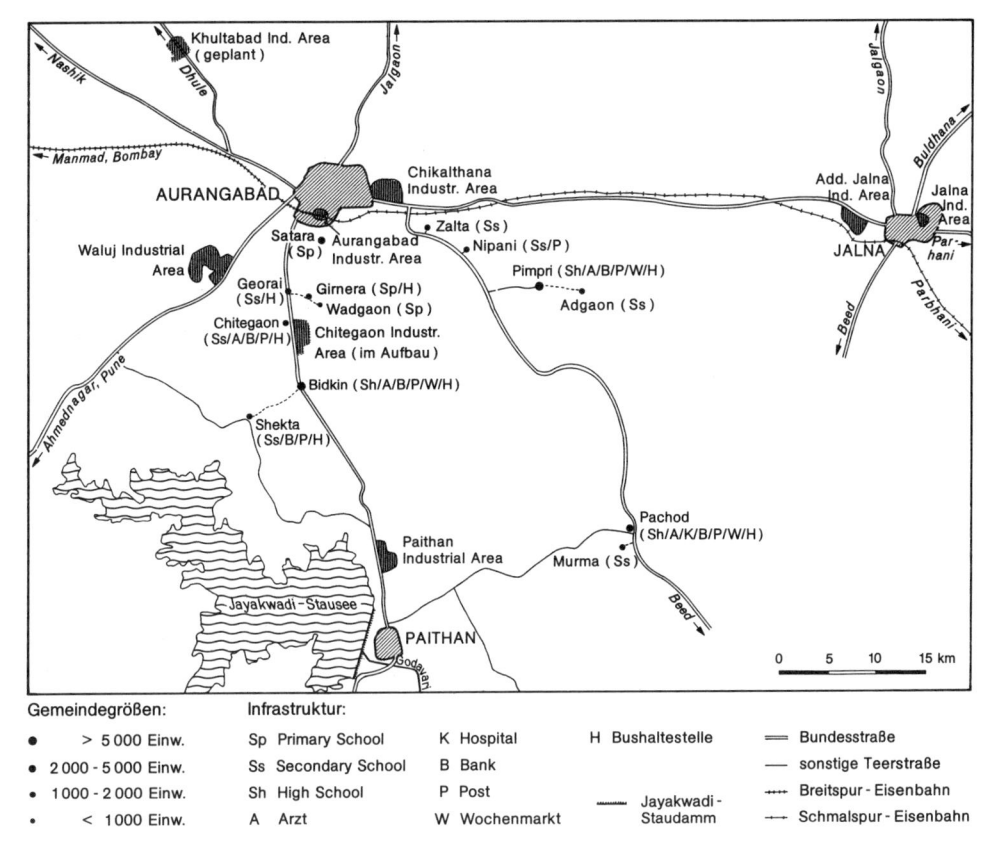

Abb. 14.1: Wachstumszentrum Aurangabad: Lage der Industriegebiete und der untersuchten Gemeinden

Quellen: eigene Erhebungen und COI 1991

Insgesamt sind hier seit 1961 ca. 68 000 industrielle Arbeitsplätze geschaffen worden; eine ähnlich hohe (oder höhere) Zahl dürfte in den vor- und nachgelagerten Sektoren, in erster Linie Baugewerbe sowie Dienstleistungsbereich, entstanden sein. Die Frage ist: Inwieweit hat das ländliche Um- und Hinterland von dieser Entwicklung tatsächlich profitiert, was hat sie den dort lebenden Menschen gebracht (zum folgenden: BRONGER/FINGER 1993, S. 636 ff.).

Von den im Zusammenhang mit der Industrialisierung initiierten staatlichen Förderungsmaßnahmen profitierte auch das Um- und Hinterland des Wachstumszentrums Aurangabad – und das in mehrfacher Hinsicht:

– 1987 wurde das letzte Dorf im Distrikt Aurangabad an das Elektrizitätsnetz angeschlossen, während 1960 lediglich 0,3% aller Dörfer mit Strom versorgt wurden (GOM 1964, 1991). Jedoch ist aus der Elektrifizierung der Dörfer nicht der Anschluß jedes Haushalts zu folgern. Insbesondere die Häuser der Harijans (Parias) bleiben häufig ohne Elektrizitätsanschluß.

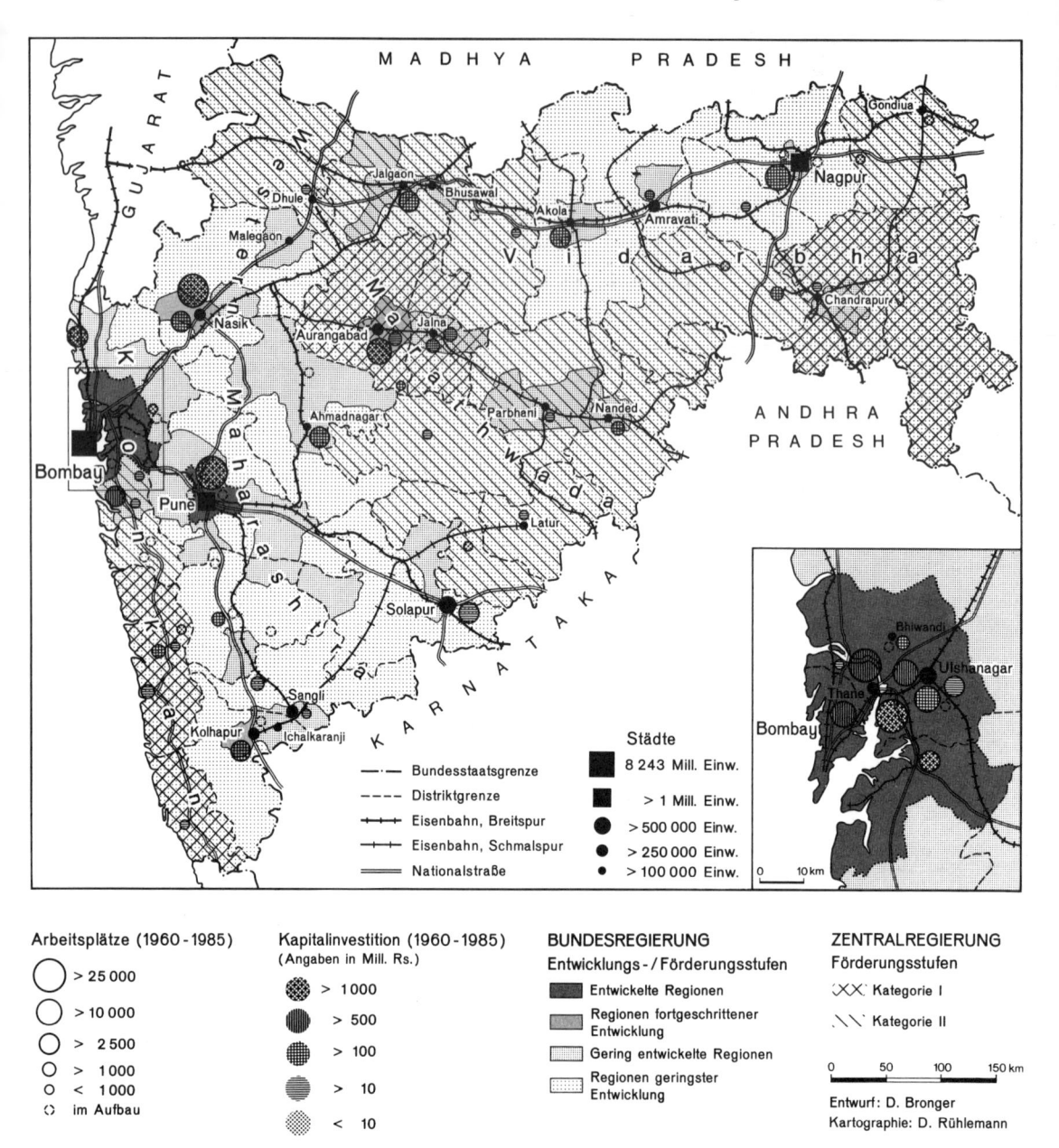

Abb. 14.2: Staatliches Investitionsförderungsprogramm für die Industrie im indischen Bundesstaat Maharashtra

- In 97% der Dörfer existieren zumindest „Primary Schools" bis zum vierten Schuljahr. Daneben verfügen viele zentral gelegene und größere Dörfer auch über „Secondary-" bzw. sogar „High Schools". Dies drückt sich auch in der Alphabetenquote aus, die im ruralen Bereich des Distriktes von weniger als 10% im Jahr 1961 auf 35% (1991) – ländliches Indien: 36,3% – gesteigert werden konnte (COI 1992).
- Viele zentrale Dörfer verfügen über Postämter und Banken. Auch in kleineren Dörfern werden häufig einmal wöchentlich Schalterstunden von landwirtschaftlichen Kreditbanken abgehalten.
- Etwa zwei Drittel der Dörfer im Distrikt sind durch – häufig allerdings unbefestigte – Straßen erschlossen, was für die Vermarktung der landwirtschaftlichen Produkte von Bedeutung ist. Daneben werden ca. 40% aller Dörfer zumindest einmal pro Tag von der staatlichen Busgesellschaft angefahren.

Diese durchaus positiven Veränderungen sind jedoch nicht allein auf den Ausbau Aurangabads als Wachstumszentrum, sondern vor allem auf die staatliche Förderung des ländlichen Raumes im Rahmen der Fünfjahrespläne sowie auf regionale und lokale Aktivitäten zurückzuführen.

Welche *Bedeutung* hat aber der *Growth Pole Aurangabad für die Umlandgemeinden*, sind doch die vom Zentrum ausgehenden Impulse („Spread Effects") auf die in der Umgebung gelegenen Dörfer ein Zentralteil der Theorie?

Um dieser Fragestellung nachzugehen, wurden insgesamt 13 Gemeinden (s. Abb. 14.1) untersucht, die nach folgenden Kriterien ausgewählt wurden:

1. Unterschiedliche Entfernung zum Wachstumspol Aurangabad (5 bis max. 65 km),
2. Unterschiedliche Größe (700 bis max. 10000 Einw.),
3. Unterschiedliche infrastrukturelle Ausstattung (Schulen, Gesundheitseinrichtungen, Post, Bank, Wochenmarkt) der Gemeinden sowie
4. Unterschiedliche Verkehrsanbindung sowohl bezüglich des Straßenanschlusses als auch der Busverbindungen.

Bei der in den Dörfern lebenden Bevölkerung sei hinsichtlich ihrer ökonomischen Situation und ihrer, zum Teil dadurch bedingten, unterschiedlichen Partizipationsmöglichkeiten allgemein zwischen vier Gruppen unterschieden:

1. Groß- und Mittelbauern mit mehr als 10 ha bzw. 4 ha landwirtschaftlicher, teilweise bewässerter, Nutzfläche, die in der Regel zur Einkommenssicherung der Familie ausreichen. Der Unterschied zwischen beiden besteht in der größeren Kapital- und somit Investitionskraft der Großbauern.
2. Klein- und Kleinstbauern mit weniger als 4 ha bzw. 2 ha, deren Einkünfte aus der Landwirtschaft in der Regel nicht zum Überleben der Familien ausreichen und die auf zusätzliche Einkommensquellen angewiesen sind.
3. Landlose, die ihr Einkommen ausschließlich durch Lohnarbeit sichern.
4. Handwerker, die in fast jedem indischen Dorf ansässig sind und in früheren Zeiten eine gewisse Dorfautarkie sicherten. Als sehr heterogene Gruppe mit unterschiedlichen Partizipationsmöglichkeiten nehmen sie insofern eine Sonderstellung ein, da ihre Einkünfte in hohem Maße von den ökonomischen Gesamtbedingungen abhängig sind. Zu dieser Gruppe können auch die Händler gezählt werden.

Die Ergebnisse der empirischen Untersuchungen in den 13 Auswahlgemeinden lassen sich wie folgt zusammenfassen:

Partizipation an den neugeschaffenen Arbeitsplätzen

Hinsichtlich der neu geschaffenen Arbeitsplätze profitieren die Umlandgemeinden nur in relativ geringem Ausmaß. Allgemein läßt sich feststellen, daß eine Entfernung von 15 km die Maximalgrenze des Einzugsbereiches darstellt, und das aus zweierlei Gründen: Zum einen ist es eine Distanz, die noch von Fahrradfahrern – im ländlichen Raum stellt das Fahrrad eindeutig das Hauptverkehrsmittel dar – sowohl hinsichtlich der Streckenlänge als auch des Zeitaufwandes zurückgelegt werden kann. Zum anderen liegen für Busbenutzer die Fahrpreise bei dieser Entfernung im Bezug zum Tagesverdienst an der Rentabilitätsgrenze (ca. 6 Rs. Fahrpreis bei einem Tagesverdienst von 20 bis 25 Rs.). Von den Dörfern mit Tagespendlern nach Aurangabad liegt lediglich eines außerhalb des 15 km Radius: Die 24 km von Aurangabad entfernt gelegene zentrale Gemeinde Bidkin (Wochenmarkt, Postamt, Bank, 3 Ärzte) mit fast 10 000 Einwohnern weist neben halbstündigen Busverbindungen in die Stadt vor allem auch eine High-School auf (Abb. 14.1). Einige Söhne aus ökonomisch bessergestellten Familien besuchen nach deren Absolvierung auch weiterführende Schulen in Aurangabad und haben aufgrund ihrer höheren Qualifikation Zugang zu besser bezahlten Arbeitsstellen. Dadurch bedingt können sie sich auch höhere Fahrtkosten zum Arbeitsplatz leisten.

In der Regel stehen jedoch den Dorfbewohnern mangels Ausbildung lediglich schlecht bezahlte Hilfsarbeitertätigkeiten in der Industrie offen. Eine vergleichsweise gute (Berufs-)Ausbildung können sich nur Söhne wohlhabender Familien leisten, konkret: Großbauern und Händler, die ihre Kinder, in der Regel ausschließlich Söhne, während der Schullaufbahn finanziell unterstützen können. Besser als für den Großteil der Dorfbevölkerung stellt sich die Situation für einige Dorfhandwerker dar. Vor allem Zimmerleute und Schmiede finden aufgrund ihrer technischen Fertigkeiten relativ leichter Arbeit in der Industrie, insbesondere in den ihrem Handwerk verwandten Zweigen der Holz- sowie stahl- und metallverarbeitenden Industrie. Für die überwiegende Zahl der Dorfbewohner, vor allem jedoch für die auf Lohnarbeit angewiesenen Landlosen und Kleinbauern, bleibt der industriell-gewerbliche Arbeitsmarkt weitestgehend verschlossen. Für sie stehen lediglich Arbeitsmöglichkeiten in den Steinbrüchen und im Baugewerbe offen, allerdings in einer aufgrund der zunehmenden Bautätigkeit in Aurangabad in den letzten Jahren relativ hohen Zahl. Hier liegen jedoch die Löhne trotz der harten Arbeit mit 15 bis 20 Rs. pro Tag ebenso niedrig – und sogar unter den für Landarbeiter gezahlten Tagessätzen von 20 bis 25 Rs. Das Gleiche gilt für Verladetätigkeiten auf dem Großmarkt, einer weiteren Einkommensquelle für Landlose und Kleinbauern. Bei diesen Tätigkeiten muß zusätzlich zum geringen Verdienst bedacht werden, daß sie nur temporärer Natur sind und bei nachlassender Bautätigkeit in Aurangabad auch die Arbeitsmöglichkeiten in diesem Bereich sinken werden. Sie stellen somit langfristig keine verläßliche Einkommensquelle für die am stärksten marginalisierten Bevölkerungsschichten dar, auch wenn sie zur Zeit, vor allem in Dürrejahren, einen nicht geringen Beitrag zur Überlebenssicherung der Landlosen und Kleinbauern leisten. Ein weiteres Problem besteht darin, daß in der Regel weder die im Baugewerbe oder auf dem Großmarkt, noch die in der Industrie Beschäftigten Arbeitsverträge besitzen. Ihre Entlohnung wird täglich bzw. wöchentlich durch die Kontrakt-Firma vorgenommen, die sie angeheuert hat. Dies hat zur Folge, daß die Arbeiter keinerlei Anspruch auf Sozialleistungen, Krankengeld und Urlaubstage haben und auch während der Arbeitszeit nicht versichert sind. Von allen interviewten in der Industrie und im Baugewerbe Beschäftigten hatten weniger als 10% direkte Arbeitsverträge mit der Firma, für die sie arbeiten.

Allgemein betrachtet, stellt die Arbeit außerhalb des Dorfes für die ländliche Bevölkerung, von wenigen Ausnahmen einmal abgesehen, nur eine Alternative bei ökonomischen Engpässen dar: für nahezu alle Bewohner stellt das Dorf den bevorzugten Lebens- und Arbeitsraum dar. Und auch das ergeben die Befragungen: Die soziale Einbindung in die Dorfgesellschaft wird dabei, trotz des weiterhin unangetastet bestehenden Kastensystems und der daraus folgenden sozialen Diskreditierungen, von ihrer Seite ebenso geschätzt wie die relativ intakte natürliche „Dorfwelt", während die Stadt von vielen als anonym, laut und zu teuer angesehen wird. Trotzdem sind in fast jedem Dorf Personen aus ökonomischen Gründen nach Aurangabad umgesiedelt, wobei es sich größtenteils um Wochenpendler handelt, die ihre Familien aufgrund finanzieller Erwägungen im Dorf zurücklassen. Ihr Anteil an den insgesamt außerhalb des Dorfes Arbeitenden beträgt allerdings weniger als 10% und ist in der Regel beschränkt auf Gemeinden, die in weiterer Entfernung zu Aurangabad liegen.

Auswirkungen auf das Dorfhandwerk
Noch schlechter stellt sich die Situation für die Mehrheit der Dorfhandwerker und Dienstleistungskasten in den Dörfern dar. Aufgrund der industriellen Konkurrenz haben einige Handwerkskasten, vor allem Schuhmacher, Töpfer, Weber und Schneider, ihre Existenzgrundlage verloren und klagen über teilweise erhebliche Einkommenseinbußen. *Schuhmacher* (Chamar) sind mittlerweile weniger mit der Herstellung von Lederschuhen beschäftigt als vielmehr mit dem Flicken industriell produzierter, billiger, aber auch schnell verschleißender Plastikschuhe und -latschen. War für sie früher der Kundenkreis einer Gemeinde ausreichend zur Einkommensdeckung, so sind sie nun darauf angewiesen, mehrere Gemeinden zu bedienen; allerdings nur in solchen Gemeinden, in denen die früher ansässigen Schuster ihr Handwerk bereits aufgeben mußten. Einige Schuster besuchen deshalb so entfernt liegende Dörfer im Tages- oder Halbtagestakt, daß sie nur einmal wöchentlich zu ihrer Familie in ihr angestammtes Dorf zurückkehren können. Die *Töpfer* (Kumhar) mußten weitestgehend die Herstellung ihrer traditionell gefertigten Produkte einstellen: Dachziegel werden heute häufig durch Wellblechdächer, Tongefäße als Wasserbehälter sowie als Küchenutensilien durch Plastik- oder Blechgefäße ersetzt. Nur wenige konnten ihren Beruf durch Umstellung ihres Angebots, z.B. durch die Herstellung von bemalten Götterfiguren für bestimmte Feiertage, erhalten. *Friseure* (Nai) und *Schneider* (Darzi) sind dagegen weniger durch die industrielle Produktion als vielmehr durch den Bedeutungsgewinn Aurangabads betroffen: die in der „modernen" Stadt angefertigten Zuschnitte der Kleidung und Frisuren – schnell wechselnd je nach dem Trend des gerade aktuellen Leinwandstars – werden vor allem von den Jugendlichen im Dorf als „Fashion" angesehen und den traditionellen Kleidungsstücken und Haarschnitten vorgezogen. Besonders für ältere Schneider und Friseure im Dorf ist je-

doch die Umstellung und Anpassung an den gerade aktuellen Trend zu aufwendig und wird nur selten vorgenommen. *Weber* (Balai) führen in den untersuchten Dörfern ihren Beruf fast ausschließlich als Nebentätigkeit aus und verdingen sich hauptsächlich als Landarbeiter oder im Straßenbau und in Steinbrüchen.

Neben diesen negativen Aspekten gibt es aber auch wenige positive Ausnahmen, die auf individuelles Engagement zurückzuführen sind. So konnte ein Schuhmacher seine Einkünfte durch die Herstellung von Sicherheitsschuhen für staatliche Industriebetriebe erheblich steigern. Aufgrund eines feststehenden Monatskontingents war er sogar in der Lage, Gehilfen einzustellen. Jedoch plante er einen Umzug nach Aurangabad wegen der zentraleren Lage in der Stadt.

Insgesamt gesehen muß der Beitrag des Wachstumszentrums zur Entwicklung des ländlichen Raumes – zumindest außerhalb einer 15-km-Distanz – als sehr gering angesehen werden, wie die geringe Partizipation der Dorfbewohner an den industriellen Arbeitsplätzen verdeutlicht. Der „Spread Effect" Aurangabads bleibt auf einen Radius von ca. 15 Kilometer beschränkt. Von besonderer Bedeutung ist dabei die Verkehrsanbindung und die sonstige infrastrukturelle Ausstattung der Dörfer: Gemeinden in verkehrsgünstiger Lage mit mehreren täglichen Busverbindungen nach Aurangabad sowie berufsqualifizierende Ausbildungseinrichtungen partizipieren ungleich stärker als peripher gelegene Dörfer mit marginaler infrastruktureller Ausstattung. Bezieht man die Entwicklung auf dem agraren Sektor mit ein, so haben sich die Lebensverhältnisse im ländlichen Raum für die Mehrzahl der dort lebenden Bevölkerung verbessert. Verbunden damit ist jedoch eine stärkere Polarisierung (auch) der ländlichen Gesellschaft: Profitiert haben nämlich vor allem die bereits vordem Bessergestellten, während die Klein- und Kleinstbauern, deren wirtschaftliche Situation sich in Folge der Besitzzersplitterung fortlaufend veschlechtert hat, sowie besonders die Landlosen kaum an den Fortschritten partizipieren. Auf diese Problematik wird in den beiden abschließenden Kapiteln zurückzukommen sein.

14.3
Entwicklung durch Industrialisierung?:
II – Der städtische Sektor

Kommen wir auf den zu Beginn des vorherigen Kapitels (14.2) angesprochenen dritten Punkt zurück: Industrialisierung wird, insbesondere im Zusammenhang mit dem Prozeß der Urbanisierung, als *Motor der Modernisierung, des sozialen Wandels* angesehen. Zu fragen also ist: Was hat die Industrialisierung zur gesellschaftlichen Entwicklung, sprich: sowohl zur Veränderung (Modernisierung) der Gesellschaftsstruktur – im Sinne von BEHRENDT – als auch zur sozialen Gerechtigkeit und Partizipation der Menschen – im Sinne des Entwicklungsbegriffes von NOHLEN/NUSCHELER – beigetragen? Auf Indien angewandt bedeutet dies: Welche Kasten haben in welcher Weise an der Industrialisierung partizipiert? Hat die (junge) Industrieentwicklung damit zur Veränderung der traditionalen Kastenstruktur, des wahrscheinlich rigidesten sozialen Systems unserer „Weltgesellschaft", im städtischen Lebensbereich beigetragen oder dieses System gar aufgebrochen? – Am Beispiel des ‚Growth Pole' *Jetpur*, einer Industriestadt mittlerer Größe im Rajkot District (Gujarat) sei diesen Fragen nachgegangen. – Da die Textilherstellung in Jetpur der mit Abstand wichtigste Industriezweig ist, sei auf ihre Struktur und regionale Bedeutung im folgenden kurz eingegangen:

Die Textilbranche gliedert sich – diese Aussage gilt für ganz Indien – in drei Teilbereiche:
1. die im „large & medium scale sector" operierenden großen Textilfabriken („textile mills"), in denen entweder nur das Garn produziert („spinning mills") oder, integriert, Garn und Tuch hergestellt wird, die, ebenfalls an Ort und Stelle, gefärbt oder bedruckt werden („composite mills").
2. die gegenüber ersteren sehr viel größere Anzahl von mit Maschinenwebstühlen („power looms") ausgestatteten Kleinbetriebe. Mit Ausnahme des Garns, welches sie von den spinning mills beziehen, wird in der Mehrzahl dieser zum „small scale sector" gehörenden Betriebe bis zum Endprodukt – Tuche, Sarees – werksintern alles selbst hergestellt; lediglich eine Minderheit läßt den Arbeitsgang des Färbens der Garne und/oder Stoffe außer Haus durchführen.
3. die dem Handwerk („cottage and village industries") zuzuordnenden Kleinstbetriebe, zumeist Familienunternehmen, die auf manuell betriebenen Handwebstühlen („handlooms") produzieren. Ihre Produktpalette ist nicht selten die diversifizierteste: sie reicht von aus selbstgesponnenen Garnen (von den Frauen aus Schafswolle gewonnen) hergestellten Decken bis hin zu feinsten Seidensarees, wobei auch hier alle Arbeitsgänge einschließlich des Färbens im Hause durchgeführt werden. Lediglich die zu ihrer Herstellung erforderlichen Garne werden ebenfalls von den spinning mills, ein Teil der Farben sogar aus dem Ausland bezogen. Diese hochwertigen Produkte werden nicht nur in ganz Indien vertrieben, sondern sogar auch exportiert.

Im historischen Indien bis zur Mitte des vorigen Jahrhunderts war die *Handweberei*, insbesondere die auf hoher handwerklicher Stufe stehende Baumwoll- und Seidenweberei, die alleinige Textil„industrie". Der Niedergang dieses seit vielen Jahrhunderten existierenden und für den Export sehr bedeutsamen überwiegend dörflichen Gewerbezweiges hat mehrere Ursachen: Verdrängung durch die billige englische Maschinenware war ebenso wie die – ca. seit 1870 – rasch zunehmende Konkurrenz indischer Textil(groß)fabriken (um 1900 existierten bereits 192 Baumwollfabriken mit 172 000 Beschäftigten, bis 1940 hatte sich diese Zahl nahezu verdoppelt) dafür verantwortlich, denn die billigere und zudem gleichmäßiger gewebte Massenware wurde nicht nur in den Städten, sondern sehr bald auch auf den ländlichen Wochenmärkten vertrieben. Die Folge: Die dörfliche Baumwoll- und Seidenhandweberei, hinsichtlich ihrer Beschäftigtenzahl nach der Landwirtschaft der einstmals bedeutendste Erwerbszweig des ländlichen Indien, verlor nicht nur ihren städtischen Arbeitsmarkt, sondern sie gingen auch ihrer Monopolstellung in den Dörfern selbst verlustig, so daß ihnen auch hier fast ausschließlich nur das unsichere Auftragsgeschäft verblieben ist. Die Folge war eine massenhafte Abwanderung der Angehörigen der Weberkasten (mit heute über 50 Millionen Menschen sind sie nach den Bauernkasten die mitgliederstärkste Kastengruppe überhaupt) aus den ländlichen Gebieten in die städtischen Zentren der Textilindustrie. Die einzige andere Alternative bestand für sie darin, im Dorf in die außerhalb des Kastendharmas stehenden, also kastenfreien Berufe auszuweichen, sprich: sich in ihrer ganz überwiegenden Mehrheit als Landarbeiter zu verdingen.

Die im Zuge der Beschäftigtenpolitik erfolgte Förderung der Kleinindustrie (s. Kap. 7.2.3) hatte zwangsläufig eine z. T.

sogar systematisch betriebene Benachteiligung der großen integrierten Textilfabriken mit einem massenhaften Stellenabbau in den composite mills zur Folge (STANG 1988; vgl. auch Tab. 7.6). In diese durch den Niedergang der Handweberei auf der einen und der composite mills auf der anderen Seite entstandene Marktlücke stieß der *power loom-Sektor*. Seine starke Expansion seit den siebziger Jahren auf Kosten der beiden übrigen Sektoren lag in eindeutigen Wettbewerbsvorteilen begründet: einerseits eine wesentlich höhere Produktivität gegenüber der Handweberei, andererseits waren sie nicht den Restriktionen unterworfen, die den composite mills auferlegt waren (BRUESSELER 1992, S. 48 f.): Da sie als „Small Scale Industry" nicht unter das ‚Factories Act' fallen, wurde die Einhaltung von Arbeitsschutzmaßnahmen einschließlich der gesetzlich geregelten Arbeitsdauer bei ihnen kaum kontrolliert. Zumeist zahlen sie niedrigere Löhne und bieten ihren Arbeitern weder finanzielle Sonderleistungen noch irgendwelche soziale Absicherung. Dazu war es den großen Fabriken lange Zeit untersagt, reines Kunstfasergewebe herzustellen, die sich aber (nicht nur) in Indien einer rasch wachsenden Beliebtheit und somit Nachfrage erfreuen. Gerade diese Marktnische wurde von den Maschinenwebereien genutzt; Gujarat gehörte zu den ersten Bundesstaaten, die im großen Umfang mit der Kunstfaserverarbeitung begannen.

Die Auswirkungen dieser strukturellen Vorteile sowie steuerlichen Vergünstigungen der kleinindustriellen Maschinenwebereien gegenüber den großindustriellen composite mills sind (auch) in Gujarat nachvollziehbar. Als mit Abstand wichtigstes Zentrum der großbetrieblichen Baumwollverarbeitung wurde *Ahmedabad* (wie auch Bombay) von dieser Entwicklung am härtesten betroffen: bis Anfang 1990 mußte etwa ein Drittel der composite mills der Stadt schließen. Weitere 70% der verstaatlichten Textilfabriken arbeiten mit Verlust, die große Mehrzahl der noch in privater Hand verbliebenen Unternehmen wurde von Banken kreditfinanziert. Im Gegensatz zu Ahmedabad trug die Textilpolitik der Regierung zum stürmischen Wachstum *Surats*, dem wichtigsten Zentrum sowohl der Kunstfaserverarbeitung als auch des powerloom-Sektors von Gujarat bei. Ende der 80er Jahre waren hier zumindest 200000 registrierte Maschinenwebstühle in Betrieb, das waren über 95% des Bundesstaates (ibid., S. 53). Diese gegensätzliche Entwicklung spiegelt auch das Bevölkerungswachstum der beiden Metropolen wider: in der vergangenen Dekade (1981–1991) betrug das von Ahmedabad 28,9% (und lag damit unter dem von Gujarat mit 33,6%), das von Surat dagegen 64,2%!

Ein Abbild dieser Entwicklung ist auch *Jetpur*. Wie im gesamten Saurashtra (Kathiawar), konnte auch in Jetpur die Textilherstellung auf eine jahrhundertealte Tradition zurückblicken (TRIVEDI 1970, S. 33f.). Bis zu Beginn der 60er Jahre erfolgte diese jedoch im Rahmen der gewerblichen Handweberei (Familienbetriebe) und erlangte niemals eine überregionale Bedeutung. Von den o. g. neugeschaffenen industriellen Rahmenbedingungen profitierte auch Jetpur: Begünstigt durch seine besonders vorteilhafte Lage – Schnittpunkt je zweier Eisenbahnlinien sowie Überlandstraßen (Highways), dazu an einem ganzjährig Wasser führenden Fluß (Bhadar) gelegen, von besonderer Wichtigkeit für den großen Wasserbedarf dieses Industriezweiges – entwickelte sich Jetpur rasch zu einem überregionalen Zentrum der mittels Maschinenwebstühlen erfolgten Baumwoll- und Kunstfaserverarbeitung. Diese Entwicklung findet in dem stürmischen Bevölkerungswachstum der vergangenen

Industrialisierung im städtischen Sektor

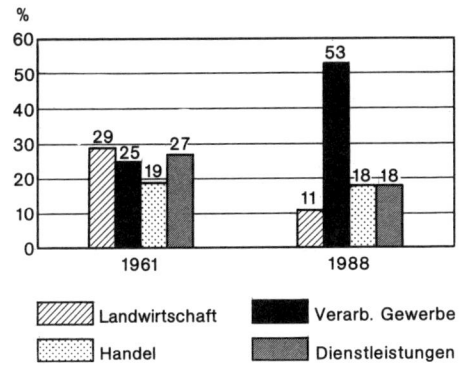

Abb. 14.3: Wandel in der Erwerbsstruktur: Jetpur 1961 und 1988

20 Jahre ihren Niederschlag: die Einwohnerzahl stieg von 41 874 (1971) auf 95 290 (1991), d. h. um jeweils über 50% pro Dekade; in den 60 Jahren von 1901 bis 1961 hatte sich die Bewohnerzahl gerade verdoppelt (1901: 15 919; 1961: 31 186 E.). Insgesamt hat ein durchgreifender Wandel in der städtischen Erwerbsstruktur stattgefunden, die sich zusammenfassend von einer von Landwirtschaft und Gewerbe dominierten Struktur („Ackerbürgerstadt") zu einer Industriestadt kennzeichnen läßt: der Anteil der Industriebeschäftigten stieg von 25% im Jahre 1961 auf 53% (1988), 44% entfallen allein auf die Textilherstellung einschließlich Zulieferbetriebe (DUPONT 1992, S. 5). Dieser Strukturwandel erfolgte wesentlich auf Kosten der im primären Sektor Erwerbstätigen, deren Anteil von 29% auf 11% im gleichen Zeitraum absank (s. Abb. 14.3).

Welche Auswirkungen hat dieser ‚doppelte Strukturwandel', manifestiert in dem raschen Übergang sowohl von der familienbetrieblichen Handproduktion auf die (klein)industrielle Massenproduktion als auch von einer agrarwirtschaftlich zu einer industriewirtschaftlich dominierten Erwerbsgesellschaft, auf die Kasten-/Berufsorganisation und damit auf die (gegewärtige) Stringenz des Kastensystems? Im Zusammenhang mit dieser Problematik sei folgenden Fragen nachgegangen: Gibt es eine Kastendiskriminierung in dem Zugang des einzelnen zu den verschiedenen Berufsgruppen und damit Erwerbskategorien? Hat sich eine Segmentierung des – neu entstandenen – Arbeitsmarktes nach Kastenzugehörigkeit herausgebildet, wenn ja: in welcher Weise und in welchem Ausmaß? Welche Rolle spielt die – junge – Diversifizierung speziell des industriellen Arbeitsmarktes auf die Lebensform „Kaste"? Hat sie zur Abschwächung ihrer o. g. Stringenz beigetragen?

In einer sehr gründlichen Studie, bei der 10% sämtlicher Haushalte der Stadt Jetpur und 5 umliegender Gemeinden, insgesamt 2 301 Haushalte im Jahre 1988 befragt, dazu 50 Industriebetriebe untersucht sowie die Lebensgeschichten von 64 Industriearbeitern ausgewertet wurden, hat DUPONT (1992, S. 7ff.) darauf eine Antwort versucht. Die befragten Haushalte rekrutieren sich aus 5 Einzelkasten (Tab. 14.5, No. 1–5) sowie 6 Kasten- bzw. kastenähnliche Gruppen. Ihr Anteil an den befragten Haushalten sind ihrem Bevölkerungsanteil, errechnet aus dem letztmalig durchgeführten „Kasten"-Census von 1931, gegenübergestellt.

Die Befragungsergebnisse sind wie folgt zu interpretieren:

1. Zugang zu den Berufs- und damit Erwerbsgruppen nach Kastenzugehörigkeit

Insgesamt ist eine kasten-/kastengruppenspezifische Zuordnung zu den 11 Berufsgruppen (Abb. 14.4) in der Mehrzahl der Fälle eindeutig festzumachen. So werden die unteren und untersten (nach den hinduistischen Reinheitsvorstellungen z. B. die Abdecker, Gerber und Feger) Dienstleistungsberufe (No. 6) sowie die Arbeiter

Kaste/ Kastengruppe	Kastenstatus (Census 1931)	Anteil (%) an der Bevölkerung 1931	an den Befragten 1988	traditioneller Beruf (Kastenberuf)
1 – Brahmin	⎫ „advanced"	4,8	7,4	Priester
2 – Kshatriyas (Rajput)	⎬	0,2	4,4	Landlord
3 – Vania (Bania)	⎭	3,8¹	6,6	Händler, Kaufmann, Geldverleiher
4 – Kanbi		44,9	17,6	Landwirt, Landlord
5 – Khatri	⎫ „intermediate"	–	10,3	Händler, Kaufmann, Weber
6 – Übrige „Non-Backward"	⎭	30,7²	12,5	–
7 – „Backward"	„backward"	3,0³	11,0	–
8 – Muslim: „Non-Backward"	⎫		5,9	–
	⎬	3,8⁵		
9 – Muslim: „Backward"	⎭	–	7,4	–
10 – Unberührbare (s. c.)	„depressed"	7,2⁴	11,8	Feger, Abdecker, Schuhmacher, unterste Dienstleistungen
11 – Christen, Sikhs, Jain		1,6	5,1	–
Summe		100,0	100,0	

¹ einschl. Lohana; ² zusammen >11 Kasten; ³ zusammen 4 Kasten; ⁴ zusammen 4 Kasten; ⁵ zusammen >10 kastenähnliche Gruppen
Quellen: 1931 – Volkszählungsergebnisse (COI 1931): Western India States Agency, Part II, S. 282 ff. (Berechnungen des Verfassers) 1988 – Befragungsergebnisse (errechnet aus Abb. 14.4 –DUPONT 1992, S. 9)

Tab. 14.5: **Kastenzugehörigkeit der Bevölkerung von Jetpur/Gujarat 1988**
(Anteil der befragten Haushalte an den Kasten)

im Baugewerbe (No. 10) in erster Linie von den am unteren Ende der Kastenhierarchie rangierenden „backward" und „scheduled castes" gestellt: Während auf diese beiden Gruppen zusammen 31% der städtischen Erwerbstätigen entfallen, stellen sie 76% der in diesem Sektor Tätigen, bei den Parias beläuft sich das Verhältnis sogar auf 6%:40%! Das gleiche (kasten-)gruppenspezifische Ergebnis zeigt der Transportgewerbesektor; hier werden die Arbeiten mehrheitlich von den Muslims, dazu von den „backward castes" ausgeführt. Demgegenüber sind die sog. „white collar"-Berufe (No. 1–4, z. T. No. 5) durchweg von den am höchsten rangierenden Kasten der Brahmanen, Vanias, Kanbis und Khatris besetzt. So findet sich eine starke Überrepräsentanz der Brahmanen in Berufsgruppe 1, der Vanias in Gruppe 3, hier insbesondere in der Geschäftsleitung („business management"), während sich die im primären Sektor Beschäftigten fast ausschließlich aus der „dominant caste" (s. Kap. 3.) des westlichen Indien, den Kanbis (Kunbis), ferner der „backward caste" der Koli rekrutieren, letztere eine Kleinbauern- und Landarbeiterkaste, die 1931 noch zu den „intermediate" gerechnet wurden (seinerzeit 7% der Bevölkerung von Jetpur). Aus dem (Kasten)rahmen scheinen lediglich die Kshatriyas mit ihrer überdurchschnittlichen Repräsentanz in den Berufsgruppen 6, 8 und 11 zu fallen. Eine Erklärung könnte darin liegen, daß – und diese Erscheinung ist in ganz Indien verbreitet – eine nennenswerte Anzahl weitaus tiefer

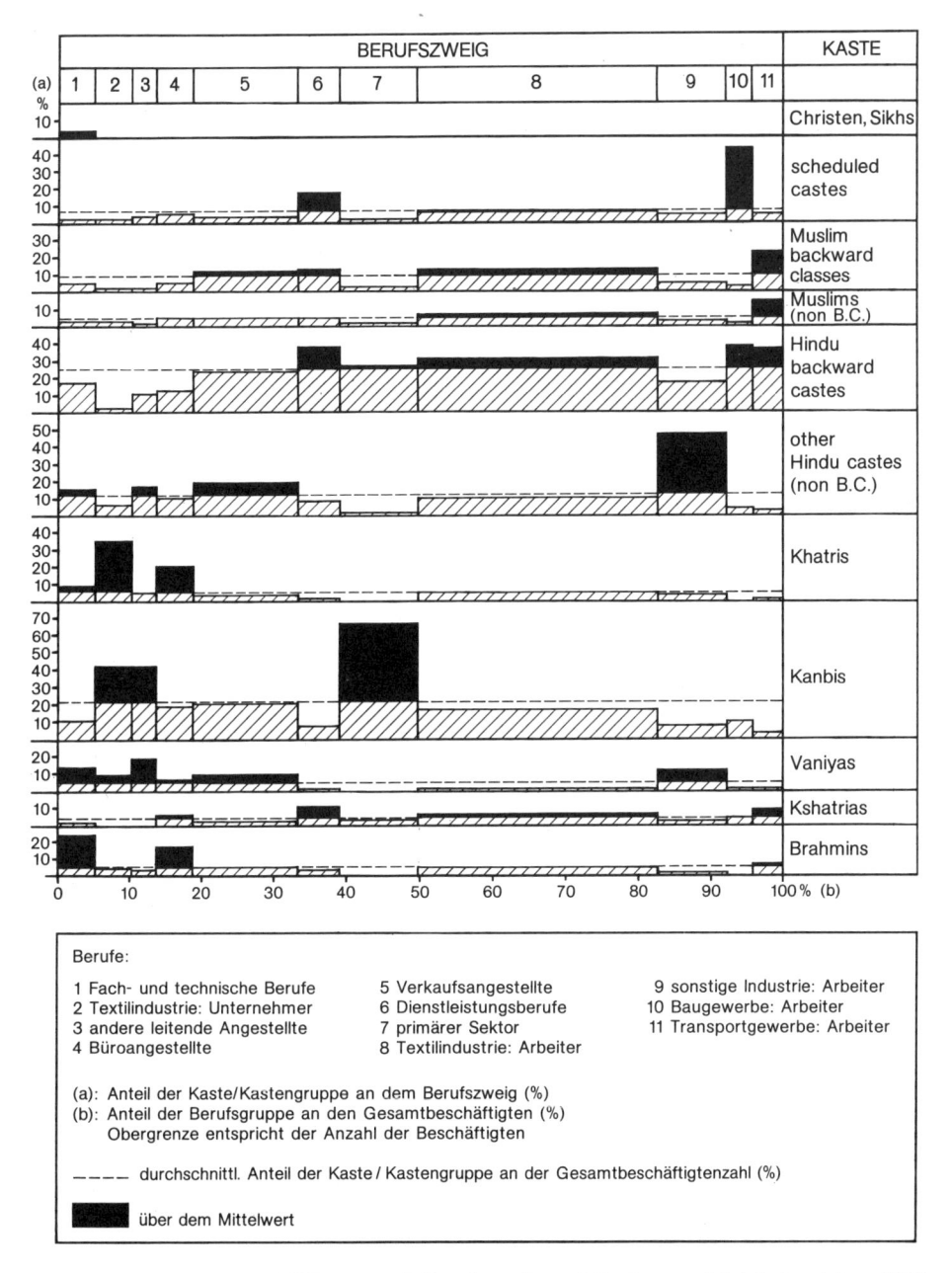

Industrialisierung im städtischen Sektor 343

Abb. 14.4: Anteil der Beschäftigten nach Berufszweig und Kastenzugehörigkeit – Jetpur 1988
Quelle: DUPONT 1992, S. 9

Berufe:
1 Fach- und technische Berufe
2 Textilindustrie: Unternehmer
3 andere leitende Angestellte
4 Büroangestellte
5 Verkaufsangestellte
6 Dienstleistungsberufe
7 primärer Sektor
8 Textilindustrie: Arbeiter
9 sonstige Industrie: Arbeiter
10 Baugewerbe: Arbeiter
11 Transportgewerbe: Arbeiter

(a): Anteil der Kaste/Kastengruppe an dem Berufszweig (%)
(b): Anteil der Berufsgruppe an den Gesamtbeschäftigten (%)
   Obergrenze entspricht der Anzahl der Beschäftigten

---- durchschnittl. Anteil der Kaste / Kastengruppe an der Gesamtbeschäftigtenzahl (%)

■ über dem Mittelwert

rangierender Kasten diesen Status beanspruchen. Darüber gibt die Untersuchung jedoch keinen Aufschluß.

Von besonderem Interesse für unsere Fragestellung ist der Sektor Textilindustrie, nicht allein weil auf ihn 44% der Beschäftigten entfallen, sondern vor allem diese ihre Dominanz sich erst in jüngerer Zeit, nach 1947, herausgebildet hat: 1944 existierten erst 10 Betriebe der seinerzeit allein praktizierten Blockdruckherstellung, 1961 waren es bereits 135 Betriebe, dazu kamen ca. 65 Unternehmen der Zulieferindustrie mit insgesamt bereits etwa 5000 Beschäftigten (TRIVEDI 1970, S. 38f.). Im Jahre 1988 zählte dieser Industriezweig nunmehr 1200 kleinindustrielle Einheiten, nicht eingerechnet die 370 Zulieferbetriebe (DUPONT 1992, S. 4). Aufgrund dieser stürmischen Entwicklung und des damit verbundenen rapiden Bedarfsanstiegs an Arbeitskräften sollte man in diesem Sektor am ehesten eine Überwindung der Kastenschranken vermuten.

Das Gegenteil ist der Fall. Jetpur liefert – einmal mehr – einen Beweis für die Lebenskraft und die Stringenz des Kastensystems – und das offensichtlich auch im städtischen Bereich bis in die Gegenwart: Entwickelt wurde die Baumwollverarbeitung im Blockdruckverfahren in den 40er Jahren von den aus anderen Gujarat-Distrikten, ursprünglich aber aus dem Punjab stammenden (HUTTON 1963, S. 18; s. a. Abb. 5.4), hierher eingewanderten Mitgliedern der Khatri-Kaste; nach 1947 erhielten sie Zuzug auch aus Pakistan (TRIVEDI 1970, S. 39). Als Kastenberuf wird bei den Khatris sowohl der des Webers (ENTHOVEN 1922, II, S. 205f.) als auch des Händlers und Kaufmanns (HUTTON 1963, S. 285; SCHWARTZBERG 1992, S. 107) angegeben. Mit anderen Worten: Die Khatris als „zuständige" Kaste füllten als erste diese neu zu besetzende Lücke; später, als bei der raschen Ausdehnung dieses Wirtschaftszweiges die dafür notwendigen leitenden Funktionen – neben die der Unternehmer (No. 2) auch die der Führungspositionen (No. 3) – von ihnen allein nicht besetzt werden konnten, rückten vor allem die beiden einflußreichen Kasten der Vanias und der Kanbis in diese Lücke nach. Beide haben traditionell eine sehr starke wirtschaftliche und politische Stellung in Gujarat; Mahatma Gandhi und Morarji Desai aus ersterer, sowie Vallabhbhai Patel (erster Innenminister des unabhängigen Indien) aus letzterer Kaste hielten über viele Jahrzehnte nationale Führungspositionen inne. Das für die Gründung eines Unternehmens notwendige Kapital fiel den Kanbis als Nutznießer der Agrarreform zu: als frühere Pächter (tenants-at-will) der örtlichen Fürsten (1947 zählte man in Saurashtra über 200 Fürstentümer) erhielten sie nach 1947 die vollen Eigentumsrechte des von ihnen bewirtschafteten Landes zugesprochen. Ihre Einkommen aus dem Marktfruchtanbau investierten sie in diesen neuen Industriezweig. 1988 übertraf ihr Anteil an den Unternehmern sogar den der Khatris (42%:35%) aber – und auch hier schlägt das ‚Prinzip Kaste' wieder durch – dieser hohe Anteil der Kanbis resultiert ganz wesentlich aus ihrer starken Rolle im Zulieferbereich, hier werden 67% aller Betriebe von ihnen kontrolliert. Demgegenüber dominieren die Khatris nach wie vor den eigentlichen Textilbereich (44%). Im Gegensatz dazu rekrutieren sich die Textilarbeiter, mit 34% aller Beschäftigten die mit Abstand größte Berufsgruppe in Jetpur, mehrheitlich aus den tiefrangierenden Hindu- und Muslimkasten. Allerdings ist keine Kaste/Kastengruppe von dieser Tätigkeit ausgeschlossen.

2. Beschäftigtenstatus und Beschäftigtenverhältnis nach Kastenzugehörigkeit

Diese Strukturen und Zusammenhänge werden von ausgeprägten Disparitäten im Beschäftigtenstatus – gemessen an den

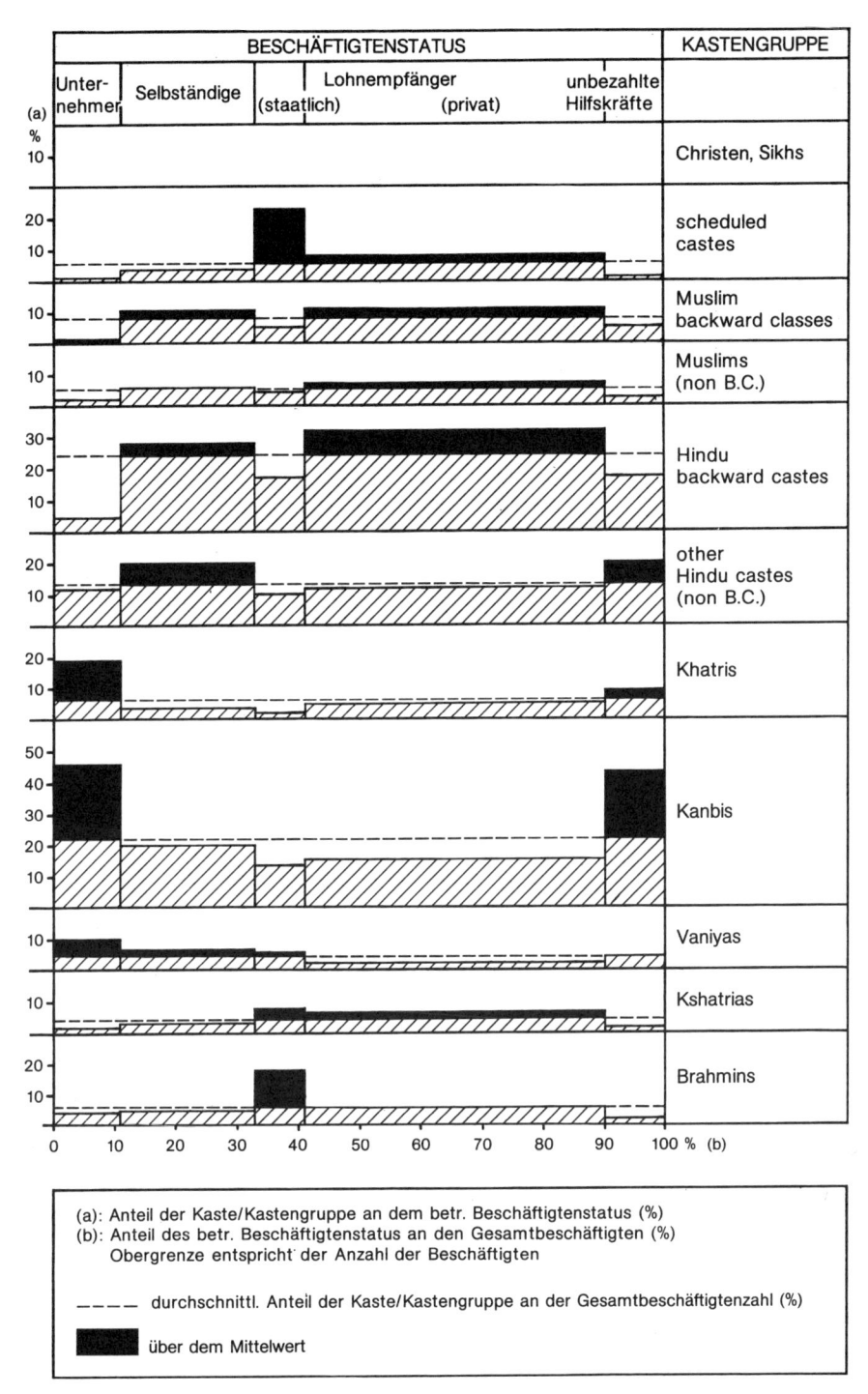

Abb. 14.5: Anteil der Beschäftigten nach Beschäftigungsstatus und Kastenzugehörigkeit – Jetpur 1988

Quelle: DUPONT 1992, S. 13

(a): Anteil der Kaste/Kastengruppe an dem betr. Beschäftigtenstatus (%)
(b): Anteil des betr. Beschäftigtenstatus an den Gesamtbeschäftigten (%)
Obergrenze entspricht der Anzahl der Beschäftigten

―――― durchschnittl. Anteil der Kaste/Kastengruppe an der Gesamtbeschäftigtenzahl (%)

■ über dem Mittelwert

Kriterien Selbstständigkeit/ Unabhängigkeit, Sicherheit und Dauer/Regelmäßigkeit der Tätigkeit (Abb. 14.5 und 14.6) – weitgehend bestätigt. Während sich die Schicht der Unternehmer fast ausschließlich aus den Kanbis, Khatris und Vanias rekrutieren, werden die Lohnempfänger durchweg von den „scheduled" und „backward" sowie den Muslim-Kasten (No. 10, 7 und 9: Tab. 14.5) gestellt (Abb. 14.5). Von der Schicht der privaten Lohnempfänger, zum größten Teil in der Textilindustrie beschäftigt, erhalten nur die Büroangestellten (7%) sowie die Färber (8%) einen festen Monatslohn. Die übrigen 85%, die Produktionsarbeiter, werden täglich nach Stückzahl, also im Akkord entlohnt; es gibt keinerlei Sicherheit für ihren Arbeitsplatz. Zwar existieren generell keine Kastenbarrieren hinsichtlich des Zuganges (auch) zu diesem Industriezweig, dennoch ist eine Diskriminierung der unteren Kasten auch hier eindeutig feststellbar: Während bei den Färbern die Kanbis und Khatris mit zusammen 54% gegenüber 27% der insgesamt in der Textilindustrie Beschäftigten, weit überrepräsentiert sind,

ist dieses Verhältnis bei den Unberührbaren umgekehrt: bei nur 5% der Beschäftigten in diesem Industriezweig stellen sie 30% der ungelernten Arbeiter. – Darüberhinaus sind die unterprivilegierten Schichten bei den Gelegenheitsarbeiten stark überrepräsentiert (Abb. 14.6): Während die Kanbis (57,2%), Khatris (62,6%) und Vanias (82,4%) geregelten Beschäftigungsverhältnissen nachgehen, müssen 55% der „backwards" und sogar 73,6% der Unberührbaren von Gelegenheitsarbeiten (über-)leben (Tab. 14.6) – hier kommt der Kausalzusammenhang mit ihrer Haupttätigkeit im Baugewerbe, wo 65% aller Beschäftigten auf sie entfallen, zum Tragen.

Diese kastenspezifischen Zusammenhänge finden ihre Bestätigung und Erklärung, wenn man den Entwicklungsindikator „Ausbildung" heranzieht: Während die Analphabetenquote der männlichen Arbeitnehmer bei den Brahmanen, Vanias und Khatris unter 2% liegt, beläuft sie sich bei den „backward" und „scheduled castes" auf 38% bzw. 33%, bei ihren weiblichen Arbeitern sogar auf 84% bzw. 79%. Umgekehrt liegt der Anteil der Col-

Tab. 14.6: **Anteil der Lohnempfänger nach Beschäftigtenverhältnis und Kastenzugehörigkeit in Jetpur/Gujarat 1988** (Privater Sektor – Angaben in %)

Kaste/Kastengruppe	Beschäftigtenverhältnis (%)				
	permanent	temporär saisonal	auf Kontraktbasis	gelegentlich unregelmäßig	Summe
1 – Brahmin	53,8	4,3	2,2	39,8	100,0
2 – Kshatriyas (Rajput)	42,5	0,9	21,7	34,9	100,0
3 – Vania (Bania)	82,4	0,0	0,0	17,6	100,0
4 – Kanbi	57,2	8,1	2,4	32,3	100,0
5 – Khatri	62,6	3,3	1,1	33,0	100,0
6 – Übrige „Non-Backward"	39,2	5,2	16,0	39,6	100,0
7 – „Backward"	32,9	9,0	3,0	55,0	100,0
8 – Muslim: „Non-Backward"	28,2	1,7	29,9	40,2	100,0
9 – Muslim: „Backward"	31,7	2,4	0,0	65,9	100,0
10 – Unberührbare (s. c.)	13,7	5,8	7,2	73,4	100,0
11 – Christen, Sikhs, Jain	–	–	–	–	–
Summe (Durchschnitt)	40,1	5,8	6,8	47,3	100,0

– = keine Angaben
Quellen: DUPONT 1992, S. 15

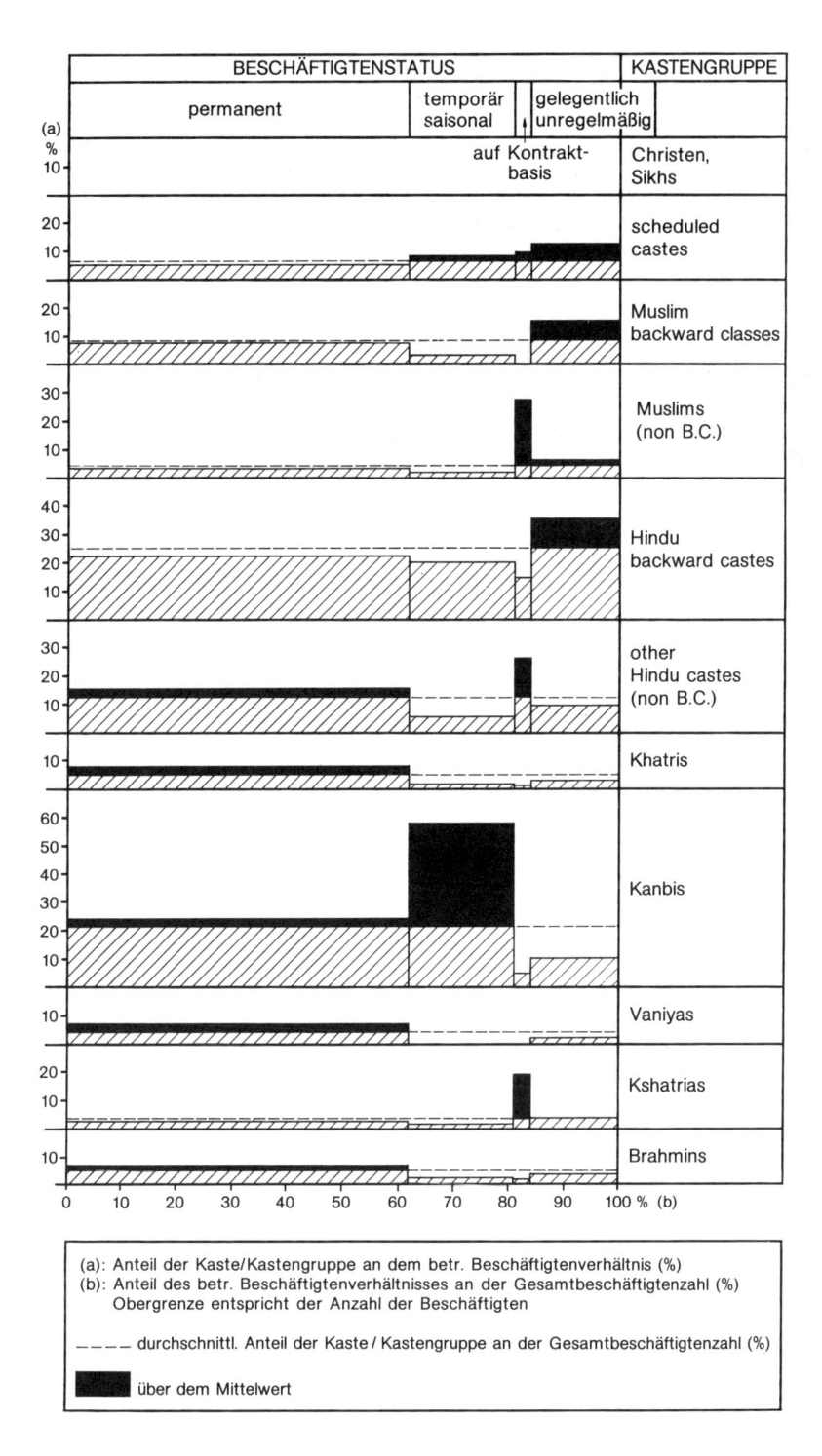

Abb. 14.6: Anteil der Beschäftigten nach Beschäftigtenverhältnis und Kastenzugehörigkeit – Jetpur 1988

lege-Absolventen bei den genannten höheren Kasten um das Dreifache über dem Durchschnittswert von 8%, d. h. sie verfügen in erster Linie über die für die höheren Positionen (Abb. 14.4: No. 1–4) erforderlichen Qualifikationen.

Was aber sehr viel gravierender ist: Selbst bei gleichem Schulabschluß (‚secondary school') fanden 26% der Brahmanen Zugang zur Berufsgruppe 1, Mitglieder der Unberührbaren hingegen waren nur mit 4% vertreten, bei Einbeziehung sämtlicher Ausbildungsabschlüsse betrug das Verhältnis sogar 22%:1%. Umgekehrt sind 9% der „scheduled castes"-Beschäftigten mit höherem Schulabschluß immer noch bzw. trotzdem als Bauarbeiter tätig; bei den übrigen Kasten liegt dieser Anteil im Durchschnitt nur bei 1%. Insgesamt sind 43% der Unberührbaren mit höherem Schulabschluß Gelegenheitsarbeiter gegenüber nur 13% der übrigen Kasten. Das bedeutet: Hier liegt eine kastenspezifische Diskriminierung vor; den unteren und untersten Schichten bleibt der Zugang zu den sicheren und höher bezahlten Arbeitsplätzen aufgrund ihrer Kastenzugehörigkeit weitgehend versperrt. Kurz:

Die kastenspezifischen Unterschiede in der Ausbildung führen eher zu einer Zementierung des Zuganges zu den (besseren) Arbeitsplätzen, segmentieren damit weiter die Arbeitnehmerschaft, als daß sie diese sozial entschärfen.

Fassen wir zusammen:
(Auch) in den Städten hat die *Industrialisierung*, insbesondere im kleinindustriellen Bereich, eine bemerkenswerte Zahl von Arbeitsplätzen oder doch zumindest Beschäftigungsmöglichkeiten für alle Kasten gebracht. Die auf dem ‚Prinzip Kaste' basierenden Disparitäten sind jedoch weitgehend geblieben, ja, sie haben das System selbst z. T. sogar weiter zementiert, wie die Diskriminierung insbesondere der „scheduled castes" beim Zugang zu den sicheren Arbeitsplätzen zeigt. Solange die Lebensform ‚Kaste' nicht nur als soziale Institution (s. Kap. 12), sondern auch als wirtschaftliches Prinzip derartig bestimmend ist, mithin das Land noch so weit entfernt von der (propagierten) sozialen und wirtschaftlichen Gerechtigkeit entfernt ist, hat Indien noch eine weite Strecke bis zum ‚take off'-Stadium vor sich.

15 Entwicklungsprobleme der Agrarwirtschaft

Versuchen wir eine Bilanz von 40 Jahren Agrarentwicklung in Indien zu ziehen, so sind zusammengefaßt folgende Feststellungen zu treffen:
- im *Wettlauf zwischen Nahrungsmittelproduktion und Bevölkerungswachstum* konnten nennenswerte Erfolge erzielt werden (s. Abb. 6.3)
- bis heute ist die gesamte *Nutzpflanzenproduktion* monsunbedingt *großen jährlichen Schwankungen* ausgesetzt (s. Abb. 6.2)
- die beachtlichen Produktions- und Produktivitätssteigerungen konzentrierten sich auf wenige Regionen (s. Tab. 6.8–6.10), mit der Folge, daß sich die regionalen Entwicklungsunterschiede verschärften. Man kann sogar von einer *Polarisierung des regionalen Entwicklungsgefälles* sprechen.

Das Fazit muß lauten: Aufgrund des nach wie vor dominanten volkswirtschaftlichen Gewichtes dieses Sektors (s. Abb. 6.1) haben die großen wirtschaftlichen wie sozialen und damit auch die politischen Probleme des Landes weiterhin Bestand.

Bevor wir auf die *Ursachen* dieser insgesamt wenig befriedigenden Entwicklung näher eingehen, müssen die Entwicklungs*voraussetzungen* untersucht werden, ohne die eine solche Beurteilung nicht möglich erscheint. Es ist demnach zu fragen: Welche Maßnahmen hat die Regierung seit der Unabhängigkeit des Staates ergriffen, um Produktion und Produktivität im Agrarsektor zu heben und gleichzeitig regionale und soziale Ungleichgewichte abzubauen? Damit ist, wie bereits im städtischen Sektor (Kap. 13.4 und 5), auch im ländlichen Lebensbereich die *Rolle des Staates im Entwicklungsprozeß* angesprochen.

Den genannten Fragen wollen wir uns im folgenden zuwenden.

15.1 Voraussetzungen: Staatliche Maßnahmen zur Entwicklung der Agrarproduktion und der sozialen Gerechtigkeit

Sich des niedrigen Entwicklungsstandes der Agrarwirtschaft und, im Zusammenhang damit, der sozialen Disparitäten innerhalb der Landbevölkerung voll bewußt, brachte die Nehru-Regierung bald nach der Unabhängigkeit eine Fülle von Entwicklungsmaßnahmen auf den Weg. Nachfolgend sollen sie in zeitlicher Abfolge ihrer Initiierung in ihren Grundzügen skizziert werden. Dabei wird versucht, Planung/Zielsetzung und Wirklichkeit einander gegenüberzustellen.

15.1.1 Landreform

Bereits unmittelbar nach Erlangung der Unabhängigkeit wurde ein Programm zur *Landreform* eingeleitet. Es stand unter der doppelten Zielsetzung, die wirtschaftliche Leistungsfähigkeit der Betriebe und die soziale Gerechtigkeit zu verbessern (FYP 3, S. 220). Es gliedert sich in folgende fünf Hauptpunkte (CHAO 1964, S. 51):

1. Auflösung des Zwischenpächtersystems
2. Reform der Landpacht
3. Einführung einer oberen Begrenzung des Grundbesitzes
4. Schaffung landwirtschaftlicher Produktionsgenossenschaften
5. Flurbereinigung

Wirtschaftlicher und sozialer Hintergrund und damit Ausgangspunkt dieses Reformprogrammes war eine in vielen Jahrhunderten entwickelte, sich in britischer Zeit voll strukturierende und verfestigende (s. u. a. ROTHERMUND 1985, S. 31ff.), sozialökonomische Schichtenstruktur der Agrarbevölkerung, die sich zu Beginn der Unabhängigkeit folgendermaßen darstellt (BRONGER 1977, S. 165f.):

1. *Landlords* sind Grundeigentümer, die ihr Land nicht selbst bearbeiten, sondern lediglich Einkünfte aus ihrem Land beziehen. Die Bewirtschaftung ihres Landes geschieht
   a) durch Pächter (s. u. 3) und
   b) durch Landarbeiter, denen ein Verwalter vorsteht. Zu dieser Kategorie gehören außer den Landherren (Zamindaris etc.) eine ganze Reihe derjenigen größeren und kleineren Grundeigentümer, die, da hauptberuflich in nichtlandwirtschaftlichen Berufen tätig (Geldverleiher, Händler, Kaufleute, Angehörige städtischer Berufe etc.) oder aus anderen Gründen (Minderjährigkeit, Witwenstand, Militärdienst etc.) das Land nicht selbst bewirtschaften. Diese Grundeigentümer haben keineswegs immer ihren Wohnsitz in der Gemeinde, wo ihre Felder liegen. Außerhalb wohnende Grundeigentümer werden als „absentee landlords" bezeichnet.
2. Grundeigentümer, die hauptberuflich ihr eigenes Land selbst bewirtschaften. Hierzu gehören insbesondere die unabhängigen Bauern (*ryots*).
3. Verschiedene Kategorien der *Pächter* mit sehr unterschiedlichen Nutzungsrechten, so daß der Begriff „Pächter" mehr eine Sammelbezeichnung als eine fest umrissene sozialökonomische Schicht darstellt.
Im allgemeinen werden zwei Hauptkategorien von Pächtern unterschieden: a) die sog. „protected tenants" und b) die sog. „ordinary tenants".
a) Die „*protected tenants*" haben zwar keine Eigentumsrechte, jedoch erbliche und unkündbare Besitzrechte, die als solche auch im Grundbuch verzeichnet sind. Sie sind somit eine Art Erbpächter und entsprechen damit weitgehend den sog. „occupancy tenants" Nordindiens. Ihre Stellung unterscheidet sich von denen der „ryots" im wesentlichen lediglich dadurch, daß sie an Stelle der Grundsteuer an den Staat einen Pachtzins an den Grundeigentümer zu zahlen haben. Nicht selten wird das Land von ihnen weiterverpachtet.
b) Bei den „ordinary tenants" („*unprotected tenants*") reicht die Skala von solchen mit guten, zeitlich fixierten Pachtrechten bis zu Pächtern, die ohne jegliche Nutzungsrechte am Land sich in völliger Abhängigkeit von ihrem Grundherren befinden und die den „tenants-at-will" Zentral- und Nordindiens entsprechen. Ihr wirtschaftlicher und sozialer Status unterscheidet sich kaum von dem der Landarbeiter. – Als Verpächter treten alle bisher genannten Kategorien auf.
4. Die *Landarbeiter* unterscheiden sich in den beiden Kategorien a) der landbesitzenden und b) der landlosen Arbeiter.
a) Da ihr Landbesitz nicht für eine Vollbauernstelle ausreicht, sind sie zur Sicherung ihres Lebensunterhaltes gezwungen, sich bei den unter Kat.1 und 2 Genannten als Landarbeiter zu verdingen bzw. Land hinzuzupachten.

b) Landlose Landarbeiter, die ebenfalls bei den Landslords, den „ryots", aber auch bei den Pächtern in Arbeitsverhältnissen stehen. Sie untergliedern sich in zwei Hauptgruppen:
- Die in festem Arbeitsverhältnis stehenden Landarbeiter.
- Die Kulis, die als Gelegenheitsarbeiter bei wechselnden Grundeigentümern im Tagelohn arbeiten.

Nach der Form der *Entlohnung* unterscheidet man bei ihnen folgende Gruppen:

Landarbeiter, die nach Ablauf der Saison einen vorher vereinbarten festen Lohn, zumeist überwiegend Geldentlohnung, dazu ein geringer Teil in Naturalien, erhalten. Reine Naturalentlohnung ist bei dieser Gruppe sehr selten.

Landarbeiter, die mit Ertragsbeteiligung angestellt sind und schließlich die bei weitem größte Gruppe derjenigen Landarbeiter, die als Kulis im Tagelohn (ausschließlich Geldentlohnung) arbeiten.

5. Als letzte Kategorie ist schließlich derjenige Teil der Landbevölkerung zu nennen, die – als Landbesitzer (Verpächter) oder Landarbeiter – aus der Landwirtschaft nur einen Nebenerwerb beziehen, während sie hauptsächlich in ihrem angestammten Beruf als Händler, Töpfer, Weber, Schmied, Wäscher etc. tätig sind.

Angaben zur quantitativen Zuordnung der einzelnen Kategorien waren (und sind) aus zwei Gründen nicht möglich – und nachfolgend genannte Strukturmerkmale waren einer effektiven Durchführung der Landreform keineswegs förderlich:

1. Durch die Bevölkerungsvermehrung bei gleichzeitiger Knappheit ertragreichen Bodens boten sich, bereits in historischer Zeit, immer mehr Bauern als Teilpächter an, um auf diese Weise die Arbeitskraft ihrer Familie zu nutzen, die auf dem eigenen Kleinbetrieb nicht mehr ausreichend Beschäftigung fand. Kurz: Ein großer Teil der Agrarbevölkerung gehörte mehreren Kategorien gleichzeitig an.

2. war infolge des Bevölkerungsdrucks Indien bereits zur Zeit der Unabhängigkeit ein Land der Klein- und Zwerglandwirte geworden. Die erste diesbezügliche Erhebung nach der Unabhängigkeit ergab folgendes Bild: Von ca. 44,4 Mill. Betrieben bewirtschafteten fast 40% eine Fläche von weniger als einem ha; der Anteil der unter der statistischen Durchschnittsgröße von 3,04 ha liegenden Betriebe an der Gesamtzahl belief sich auf 72,2% (s. a. u. Abb. 15.1).

(Bei diesen Berechnungen sind die Kleinstbetriebe – < 0,004 ha – nicht berücksichtigt; ihre Einbeziehung läßt die Zahl der Betriebe auf 61,8 Mill. ansteigen. Die Durchschnittsgröße reduziert sich dann auf 2,16 ha – CHAO 1964, S. 6). Umgekehrt waren die Betriebe mit über 20 ha – insgesamt 684 000 – nur mit 1,5% (bzw. 1,1%) an der Gesamtzahl beteiligt. D. h., echte Großbetriebe waren größtenteils „nur im Besitz der öffentlichen Hand (Musterbetriebe), als Privatbetriebe mit Sonderaufgaben (Saatgutvermehrung, Viehzucht) oder als Plantagen anzutreffen" (V. URFF 1973, S. 198).

Nach der gleichen Erhebung war das *Land* gleichzeitig *sehr ungleich* auf die Landbewirtschafter *verteilt*: die 60% Klein- und Zwergbetriebe (bis 2 ha) bewirtschafteten lediglich 15,5% der Betriebsfläche, während auf die (für indische Verhältnisse!) größeren Betriebe mit 20 ha und mehr dagegen 17% entfielen. Zählt man nun die Einheiten mit > 8 ha Betriebsfläche hinzu, so entfielen auf 8,1% der Betriebe 43,5% des Ackerlandes.

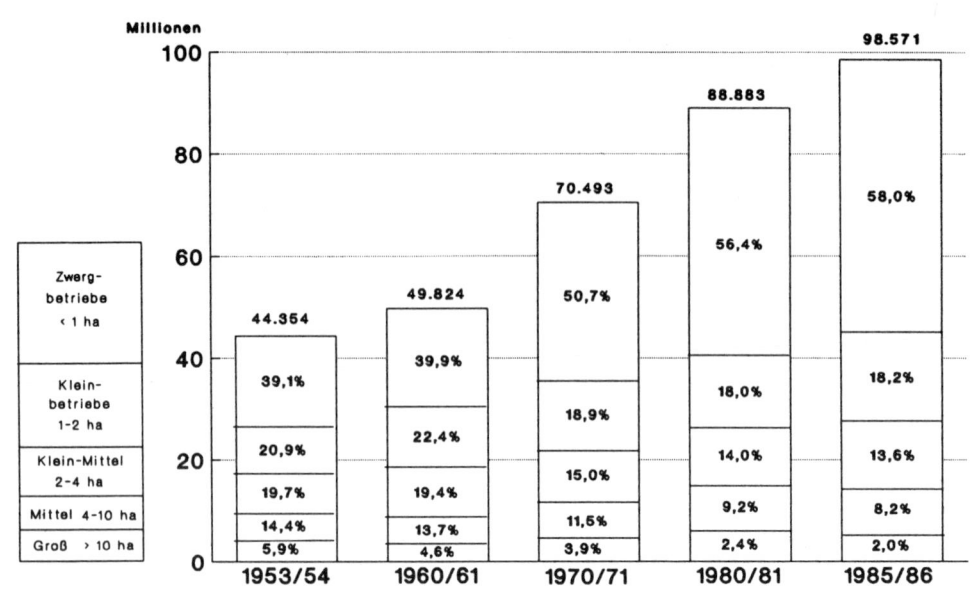

Abb. 15.1: Marginalisierung der landwirtschaftlichen Betriebe in Indien 1953/54–1985/86
Quellen: TATA 1989–90 und frühere Jahrgänge, v. URFF 1973

	1953/54	1960/61	1970/71	1980/81	1985/86
Gesamt (Mio.)	44.354	49.824	70.493	88.883	98.571
Zwergbetriebe < 1 ha			50,7%	56,4%	58,0%
Kleinbetriebe 1-2 ha	39,1%	39,9%	18,9%	18,0%	18,2%
Klein-Mittel 2-4 ha	20,9%	22,4%	15,0%	14,0%	13,6%
Mittel 4-10 ha	19,7%	19,4%	11,5%	9,2%	8,2%
Groß > 10 ha	14,4%	13,7%	3,9%	2,4%	2,0%
	5,9%	4,6%			

Aus den genannten Gründen sind genauere Angaben über den Umfang der *Landpacht* ebenfalls nicht möglich. Nach dem gleichen „National Sample Survey" von 1953/54 verpachteten fast 40% ihr Grundeigentum teilweise oder ganz; der Anteil des Pachtlandes betrug danach 20,3% an der Gesamtfläche (genauer: CHAO 1964, Tab. 15; davon abweichende Angaben bei GEORGE 1970, S. 316). Wohl zu Recht beurteilt der gleiche Autor diese Angaben als eher zu niedrig (ebenda, S. 55). Während der selbständige Bauer (Kategorie 2) sein Eigenland so intensiv wie möglich bearbeitet, wirtschaften die Pächter unter den seinerzeit herrschenden Verhältnissen unter ganz anderen wirtschaftlichen Regeln: da sie die Hälfte (teilweise sogar mehr) des Ernteertrages unabhängig vom Ausfall der Ernte abgeben mußten, werden sie, als Teilpächter (share cropper), vergleichsweise immer extensiv arbeiten. Der Grund, warum sich der Grundherr mit vergleichsweise geringen Erträgen zufrieden gab, anstatt es mit Lohnarbeitskräften intensiv zu bearbeiten, lag in seiner durch die Monsunabhängigkeit bedingten Neigung zur Risikovermeidung: Der Teilpächter trug das gesamte Ernterisiko (zumal, wenn er die Inputs wie Saatgut etc. auch noch aufbringen mußte), somit war der von ihm abgeführte Ernteanteil für den Grundherrn-Verpächter ein reines Renteneinkommen (vgl. auch Kap. 11.3.1).

Kurz: Die überkommene feudalistische Schichtenstruktur, speziell mit der extrem ungleichen Verteilung des Landeigentums (vgl. auch: Tab. 11.5-8) im Zusammenwirken mit dem Ausmaß der Landpacht und zudem vielfach ausgedehnten Rechtstiteln für die Betroffenen („tenants-at-will") wirkte insgesamt *leistungshemmend*. Diesen strukturellen Mängeln sollte die *Landreform* entgegentreten (zum folgenden s. u. a.: SCHILLER 1959; CHAO 1964; GEORGE 1970; KANTOWSKY 1972; v. URFF 1973 und 1984). – Nachfolgende

Programmpunkte sind im Zusammenhang zu sehen (was leider nicht bedeutet, daß sie in erforderlicher Weise miteinander integriert waren).

Auflösung des Zwischenpächtersystems (Zamindarverfassung)

Die Zwischenpächter, in den einzelnen Regionen Indiens unter verschiedenen Namen als Zamindar, Jagirdar, Inamdar u. a. bekannt, rekrutierten sich aus verschiedenen soziologischen Schichten (überwiegend Nr. 1, 2 und 5 – s. o.). Mit der Auflösung des Zwischenpachtsystems sollte ein Schritt rückgängig gemacht werden, den die Briten nach 1793 („Permanent Settlement"– s. Kap. 11.3.1), von Bengalen ausgehend, in weiten Teilen besonders des nördlichen Indien eingeführt hatten: Die als Grundherren eingesetzten ehemaligen Steuerpächter (Zamindars) waren zunehmend dazu übergegangen, ihrerseits das Recht auf die Erhebung der Einkünfte aus dem Boden zu verpachten. Das hatte zur Folge, daß nicht selten bis zu 10 Mittelsmänner (in der Literatur werden Fälle bis zu 50 genannt!) zwischen dem Bauern und dem Staat standen mit der fatalen Folge, daß dem letzten Glied dieser Kette, dem Landbewirtschafter, ein Vielfaches der abzuführenden Steuern aufgebürdet wurde.

Die Auflösung dieses Systems, des wohl unheilvollsten Erbes der Kolonialzeit, und das 1947 in etwa 40% der ländlichen Gemeinden existierte, gehörte zu den ersten Schritten der Landreform. Die Rechte der Zamindars an dem Land, das die Bauern mit dem Rechtsstatus von Erbpächtern bewirtschafteten, wurden gegen eine Entschädigung abgelöst. Dadurch gelangten etwa 20 Mill. Pächter in ein direktes Verhältnis zum Staat als Grundeigentümer, wobei sie das Recht erhielten, entweder gegen Zahlung einer Ablösesumme das Eigentum an den bewirtschafteten Flächen zu erwerben, oder aber den Status als Erbpächter gegenüber dem Staat beizubehalten.

Wenn auch dieses Programm im Vergleich zu den anderen Bodenreformmaßnahmen noch am erfolgreichsten war (kritischer beurteilt dies KANTOWSKY 1972, S. 13ff.), so konnte die Unterbindung der Tätigkeit der Zwischenpächter nur als eine Teilmaßnahme angesehen werden, da dadurch weder das gesamte Landpachtsystem reformiert noch automatisch eine höhere Erzeugung erreicht wird. Andererseits bekam eine große Gruppe von Pächtern mit der Unterbindung dieser parasitären Praktiken und durch ihren neuen Rechtstitel direkte, persönliche Beziehung zu ihrem Land, was mit zur überdurchschnittlichen Erhöhung der Getreideproduktion bis 1965 (s. Kap. 6.2) beigetragen haben dürfte.

Reform der Landpacht

Weit weniger erfolgreich war das Programm zur Reform der Landpacht. Hierbei ging es darum, die Sicherheit derjenigen Pächter, die als *unprotected tenants* Land bewirtschafteten, das sich im Eigentum der Verpächter befand oder an dem die Verpächter ein Erbpachtrecht hatten, zu erhöhen. Die Praxis für solche Verpachtungen war die Anteilspacht („share cropping"), wobei der Ertrag im Verhältnis 1:1 zwischen Pächter und Verpächter geteilt wurde; es kamen auch für den Pächter ungünstigere Verteilungsschlüssel vor (s. o.). Entscheidend war, daß es keine Pachtverträge, sondern in der Regel nur mündliche Absprachen gab, oft nur für ein Jahr oder sogar nur eine Anbausaison, was eine extreme Abhängigkeit der Pächter bedingte. Unbotmäßige Pächter konnten jederzeit entlassen werden.

Bis zum Jahr 1961 waren in allen Ländern (Staaten und Territorien) der Indischen Union Gesetze zur Sicherung der Pachtrechte an Grund und Boden erlassen worden. Es war nunmehr vorgeschrieben, die Pachtverträge schriftlich abzufassen, ferner sollten die Verträge eine bestimmte Mindestdauer und einen Kündigungsschutz enthalten. Der Pachtsatz wurde auf ein Viertel bis ein Drittel des Bruttoertrages herabgesetzt.

Durch die unscharfe Fassung der Gesetze wurden dem Verpächter Umgehungsmöglichkeiten geschaffen, die nicht nur dem Sinne der Gesetze zuwiderliefen, sondern in der Praxis die gegenteilige Wirkung hatten: Denn der Grundbesitzer durfte den Pachtvertrag lösen und das Land selbst übernehmen, wenn er es selbst bewirtschaften wollte. Viele benutzten diese Möglichkeit, die Pächter vom Land zu vertreiben und nunmehr das Land durch bezahlte Landarbeiter (nicht selten die ehemaligen Pächter) bearbeiten zu lassen, während sie selbst weiterhin in der Stadt ansässig waren. Zwar sollten diejenigen Pächter, die längere Zeit das gleiche Stück Land bewirtschaftet hatten, ein Anrecht auf den Erwerb des Landes erhalten, doch da vorher oft nur mündliche Absprachen über die Bewirtschaftungsdauer existierten, war dieser Anspruch für die Pächter in der Regel nur schwer durchzusetzen.

Die Folge war, daß sich die Pachtreform, ganz entgegen der Zielsetzung, sehr häufig gegen die Pächter auswirkte, zumal obendrein die gesetzlich fixierten Höchstpachten durch Nebenabsprachen umgangen wurden. Tatsächlich nahm die Pachtfläche an der insgesamt bewirtschafteten Fläche von 1950/51 bis 1971/72 von 35% auf 9,25% ab (SCHMITT 1982: Tab. 16); ein großer Teil der „protected" und „unprotected" tenants sank auf den Status eines Landarbeiters herab.

Begrenzung des Grundbesitzes

Die „Zamindari Abolition Acts" beseitigten nur die parasitäre Schicht der Steuereintreiber, die in erster Linie für den Norden charakteristisch war, sie berührten jedoch nicht die für das gesamte Land typische, sehr ungleiche Verteilung des Bodeneigentums (s. Abb. 15.1). In der zweiten Hälfte der 50er Jahre stand daher die Auseinandersetzung um die Festlegung einer Obergrenze für den Grundbesitz *(ceiling of holding)* im Vordergrund der Reformdiskussion. Bereits 1953 forderte die Kongreßpartei ganz konkret: „Die Regierungen der Staaten sollen sofort Maßnahmen einleiten, um die erforderlichen Daten für die Festlegung des Höchstbesitzes zu sammeln, mit dem Ziel, das überschüssige Land so weit wie möglich an die landlosen Arbeiter zu verteilen". Aber es dauerte dann bis 1961, ehe von den meisten Unionsstaaten Gesetze über die für den bestehenden Grundbesitz geltenden oberen Grenzen erlassen waren. Die obere Begrenzung für bäuerliche Betriebe lag je nach Bodenqualität zwischen 4 und 94 ha und war zudem in den einzelnen Bundesstaaten sehr unterschiedlich bemessen (z. B. Kerala 4,8–6 ha; Andhra Pradesh 10,8–94 ha).

Der entscheidende Schwachpunkt des Gesetzwerkes war, daß die Begrenzung des Grundbesitzes auf die Person bezogen war, so daß von der Möglichkeit, den die Obergrenze überschreitenden Teil des Grundbesitzes an Familienmitglieder aufzuteilen, nur zu oft Gebrauch gemacht wurde. Nur in der Minderheit der Staaten war die Fixierung der Obergrenze auf die Familie bezogen, so daß hier die Umgehung in dieser Weise juristisch nicht möglich, de facto aber nur schwieriger war. Deshalb wurde das Gesetz vor dem endgültigen Inkrafttreten bereits „als weiter nichts als ein harmloser Gesetzestext, der den Massen vorgehalten wird", bezeichnet. „Soweit es sich überblicken läßt, ist die Wahrscheinlichkeit gering, daß überschüssiges Land abgetreten bzw. in nächster Zukunft an die landlose und landbedürftige Bevölkerung in nennenswertem Umfang neu verteilt wird". (CHAUDURY 1960, S. 495f.; zitiert in: CHAO 1964, S. 59).

Der Autor sollte recht behalten: Insgesamt wurden nur ca. 0,93 Mill. ha, also gerade 0,7% der (seinerzeitigen) Nettoanbaufläche zum Überschußland erklärt, von denen bis 1972 gerade etwa 0,5 Mill. ha (= 0,36%) verteilt waren. Obwohl die Höchstgrenzen für den Landbesitz nach 1972 erheblich gesenkt wurden, änderte sich an diesem Ergebnis nur wenig: Bis zum 1.7.1977 wurde das durch die Reform umzuverteilende Land auf knapp 2,2 Mill. ha (= 1,5% der Netto-Anbaufläche) geschätzt, von denen jedoch erst 520000 ha tatsächlich zur Verteilung kamen (V. URFF 1984, S. 64). Bis zum 1.3.1980 soll diese Zahl auf 679000 ha (= FYP 6:115) und bis 1985 auf (fragliche) 1,78 Mill. ha (= 1,25%) bei 2,91 Mill. ha dafür verfügbarem Land angestiegen sein (FYP 7:II-62). Kurz: Die indische Landreform veränderte kaum etwas an der ungleichen Verteilung des Bodenbesitzes.

In diesem Zusammenhang wird zu Recht betont (v. BLANCKENBURG 1974, S. 313), daß eine radikale Bodenbesitzreform angesichts der bestehenden Betriebsstruktur langfristig keine Lösung des Problems darstellen würde. Eine verschärfte Besitzgrößenbeschränkung einschließlich ihrer wirksamen Kontrolle ist bei der geringen Durchschnittsgröße ebenfalls kein Allheilmittel mehr. Eher wären das Verbot des Absentismus, verbunden mit einer wirksamen Pachtsicherheit eine sinnvolle Ergänzung der Landreformmaßnahmen (BRONGER 1984, S. 172).

Schaffung landwirtschaftlicher Produktionsgenossenschaften

Eine Lösung dieses Dilemmas – gänzlich unzureichende Durchschnittsgröße der Betriebe im Zusammenhang mit ihrer (zunehmenden) Besitzzersplitterung sowie Kapitalarmut einerseits und das marginale Ausmaß von überschüssigem, verteilbarem Land andererseits – erhoffte man sich in der Zusammenführung der Kleinbetriebe zu größeren *genossenschaftlichen* Betriebseinheiten. Mit der systematischen Förderung der genossenschaftlichen Landbewirtschaftung verfolgte man jedoch nicht allein betriebswirtschaftliche Zielsetzungen und die dadurch erreichbaren Produktionssteigerungen. Diese Politik hatte als weiteres zum Ziel, eine Nivellierung der großen gesellschaftlichen, sozialen und wirtschaftlichen Unterschiede auf dem Lande zu erreichen.

Auch diesem Teil des Landreformprogramms blieb nur ein sehr begrenzter Erfolg beschieden. Detaillierte Untersuchungen in Punjab (GOYAL 1966), in Gujarat (KOTDAWALA 1958), Maharashtra (GWILDIS 1962) und Andhra Pradesh (BRONGER 1975) haben ergeben, daß in erster Linie das Kastensystem und das dadurch bedingte ausgeprägte soziale Bewußtsein die Bildung größerer leistungsstarker Landbewirtschaftungs-Genossenschaften bislang verhindert hat. Damit ist man dem zweiten Hauptziel einer Nivellierung der großen gesellschaftlichen und wirtschaftlichen Unterschiede auf dem Lande kaum näher gekommen. Die trotz großer Anstrengung seitens des Staates bis heute marginalen Ergebnisse bei der Bildung von landwirtschaftlichen Produktionsgenossenschaften zeigen, wie schwer überwindlich die Barriere des Kastenwesens auf dem Lande noch immer ist. So ist denn auch von diesem Programmpunkt, der in den 50er und 60er

Jahren noch ein ganz wesentlicher Bestandteil der agrarpolitischen Zielsetzung der Regierung war, bereits im 5. Fünfjahresplan überhaupt nicht mehr die Rede.

Flurbereinigung

Wie bei dem Genossenschaftsprogramm, so sind auch die Maßnahmen zur Flurbereinigung aufgrund der Streulage der Parzellen in Verbindung mit der Kasten-Landbesitzstruktur (s. Tab. 12.1 und 2; Abb. 12.3) bislang über Ansätze nicht hinausgekommen. Regional begrenzte Erfolge hat es in erster Linie im Punjab, daneben noch in den Staaten Haryana, Uttar Pradesh und Madhya Pradesh gegeben.

Als *Fazit* bleibt, daß die *Landreform* ihre beiden Hauptziele:
1. Verbesserung der Besitzgrößenstruktur einschließlich der gerechteren Verteilung des Bodens und
2. Beseitigung oder doch zumindest Reformierung der feudalen Sozialstruktur – nicht zuletzt im Hinblick auf mehr Demokratie auch auf den untersten (Gemeinde-) Ebenen, nicht erreicht hat.

Was den ersten Punkt angeht, so spiegelt sich in dem Mißerfolg die Misere eines dichtbevölkerten, dominant agrarwirtschaftlich bestimmten Landes wie Indien wider: Die Angaben zur Durchschnittsgröße des Landbesitzes (1953/54: 3,04 ha; 1985/86: 1,68 ha) zeigen, wie wenig Spielraum für eine durchgreifende Landreform von vornherein gegeben war, die den Höchstbesitz festlegen und das überschüssige Land verteilen sollte. Ebenso ist die agrarsoziale Schichtung der Landbevölkerung in ihren Grundstrukturen kaum verändert worden, im Gegenteil: Den vergleichsweise wenigen unter den „protected tenants", die durch die Agrarform volle Eigentumsrechte an Grund und Boden erwarben und damit zur Schicht der ryots aufgestiegen waren, steht eine viel größere Zahl von Pächtern gegenüber, die, nicht zuletzt als Folge der Gesetzgebung, zu Landarbeitern herabgesunken sind. So kommentiert dann auch KANTOWSKY (1972, S. 19) die „neue" Demokratie:

„Die Folge der Reform war zunächst ein Machtvakuum auf dem Lande, das aber schnell durch die neue Schicht der Großbauern und zu Großbauern gewordenen früheren Zamindars aufgefüllt wurde. Das sind die neuen Herren. Sie bewohnen die wenigen aus Ziegel gebauten weißgetünchten Häuser, die weit über das Land hinwegblicken. Meist zu Vorsitzenden der Dorf- und Blockräte gewählt, kommandieren sie die Entwicklungsmaschinerie und damit die Verteilung der Gelder, der Saaten und des Düngers."

15.1.2
Community Development-Programme

Das Community Development Programme (im folgenden: C.D.P.) ist ein Lehrstück indischer Geschichte, Planung und Wirklichkeit, aber auch zugleich indischer Vorstellungswelt.

Unter den für die Entwicklungsaussichten des Agrarsektors ungünstigen Strukturbedingungen, wie sie die junge Republik 1947 vorfand (s. Kap. 13.1, 15.1), war der Nehru-Administration von vornherein bewußt, daß es in erster Linie Initiativen der Regierung bedurfte, um die Landwirtschaft zu „neuen" Ufern zu führen: Parallel zur Land(besitz)reform und der Entwicklung der Bewässerung (s. u. Kap. 15.1.3) erschien die C.D.P.-Idee der richtige Weg zu sein, die weitgehend selbstversorgerisch orientierte Landwirtschaft in eine moderne, marktorientierte Agrarwirtschaft zu überführen. In der Tat ist es die Hauptschwierigkeit jeglicher zentraler Planung, die große Masse der Bevölkerung, besonders der Landbevölkerung, für eine *aktive Teilnahme* an der Entwicklung zu gewinnen. Zentrale Idee des C.D.P. war es somit, die „Entwicklung von oben" mit der „Entwicklung von unten" zu kombinieren, beide zu integrieren – von der theoretischen Konzeption her zweifellos eine bestechende Idee!

Zentrale Aufgabe des C.D.P. war, die wirtschaftlichen *und* sozialen Lebensverhältnisse in den Dörfern wesentlich zu verbessern. Das bedeutete, daß sich das Programm keineswegs nur auf die Erhöhung der landwirtschaftlichen Produktion beschränkte, sondern es sollten gleichzeitig das Schul- und Gesundheitswesen ausgebaut, die Dorf- und Kleinindustrie gefördert werden usw. (vgl. FYP 3, S. 338f.; MERTIN 1962, S. 97–121 u. a.). Konkret listet KANTOWSKY (1970, S. 111) die Aktivitäten eines von ihm untersuchten Blocks in der Nähe von Varanasi auf:

1. Kleinbewässerung („Minor Irrigation")
2. Gesundheitswesen („Public Health")
3. Bodenkonservierung und Landrückgewinnung („Soil Conservation and Land Reclamation")
4. Landwirtschaft („Agriculture")
5. Genossenschaftswesen („Cooperative")
6. Tierzucht und Fischerei („Animal Husbandry and Fishery")
7. Erziehung und Sozialwesen („Education and Social Education")
8. Kommunikation („Communication")
9. Jugendprogramme („Youth Programme")
10. Harijans und Sozialfürsorge („Harijan and Social Welfare")
11. Dorf- und Kleinindustrie („Village and Small Scale Industries")
12. Panchayats („Panchayats")
13. Kleinsparer („Small Savings")
14. Gemeinschaftsarbeiten („Community Works")

Die *Organisationsstruktur* des C.D.P. zeigt Abbildung 15.2.

Entsprechend dem dreistufigen Aufbau unterhalb der Bundesstaatenebene, d. h. Distrikt – Tahsil – Gemeinde (s. Kap. 1.1.1), wurde nunmehr unterhalb des Distrikts als neue mittlere Verwaltungsebene der *Development Block* mit dem *Block Development Officer (BDO)* an der Spitze eingeführt. Ein Distrikt umfaßt im Durchschnitt 12–18 Blocks und diese wiederum je 100 Gemeinden, d. h. kleinere Tahsils waren mit einem Block, größere mit 2 Blocks identisch. (Heute entsprechen die Tahsils mehr und mehr den Blockabgrenzungen). Unterhalb des BDO leiteten die *Extension Officer* die verschiedenen Entwicklungsprogramme.

Die direkte Verbindung mit den Gemeinden selbst hatten die *Gram Sevaks* (= Dorfhelfer, englisch: *Village Level Worker – VLW*) herzustellen. Sie sind das entscheidende Verbindungsstück des gesamten Programms. Auf der untersten Ebene der Entwicklungsmaschinerie (s. Abb. 15.2) haben sie jeweils 10 Gemeinden zu betreuen. Der VLW soll die Dorfbewohner zur Selbsthilfe aktivieren. Kurz: Von ihm hängt es in besonderem Maße ab, ob und wie die vielen verschiedenen Entwicklungsprogramme verwirklicht werden.

Seitens der Regierungsadministration war man sehr bald zu der Erkenntnis gelangt, daß das Programm nur bei wirklicher Beteiligung der betroffenen Bevölkerung erfolgreich sein könne. Dafür erschien es notwendig, das gesamte Lokalverwaltungssystem zu reorganisieren (Abb. 15.2).

Als Folge stellte man der bestehenden C.D.-Verwaltung ein ebenfalls dreistufiges System von Selbstverwaltungsgremien an die Seite: Die unterste Ebene dieses *Panchayati Raj Systems* (im folgenden P.R.S) war die *Gram Sabha* (= Dorfversammlung), der sämtliche wahlberechtigte Dorfbewohner angehörten, sowie der *Dorfrat (Gram Panchayat)*, der, je nach Größe der Gemeinde, im Durchschnitt aus 14 gewählten Vertretern bestand (vgl. dazu: Kap. 12.3.3). Dem BDO wurde ein – weisungsbefugter – *Blockrat (Panchayat Samithi)* mit einem Präsidenten *(Pramukh)* an der Spitze an die Seite gestellt, dem wiederum der *Distriktrat (Zilla Parishad)* mit dem *Chairman* übergeordnet war. Diese Organisationsstruktur (s. Abb. 15.2) besteht bis heute.

Am 2. Oktober 1952, dem Geburtstag Gandhis, wurde der Beginn des „C.D.-Movements" feierlich proklamiert und die

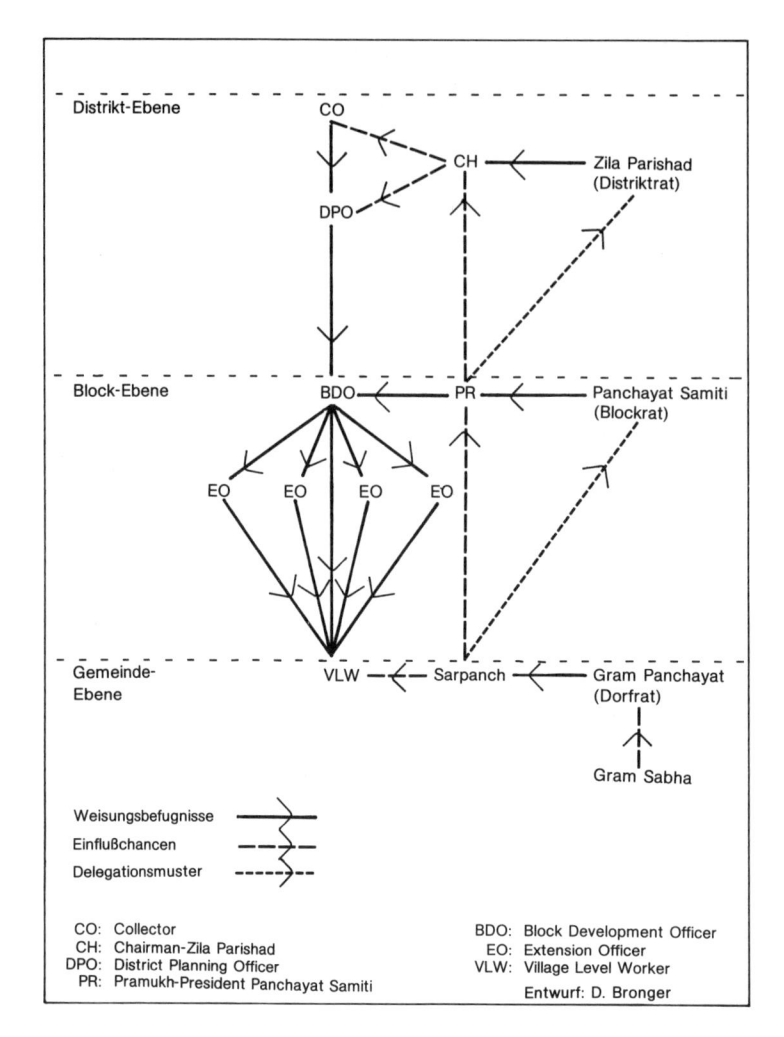

**Abb. 15.2:
Community Development und Panchayati Raj-Entwicklungsorganisation eines indischen Distrikts**

Weisungsbefugnisse
Einflußchancen
Delegationsmuster

CO: Collector
CH: Chairman-Zila Parishad
DPO: District Planning Officer
PR: Pramukh-President Panchayat Samiti
BDO: Block Development Officer
EO: Extension Officer
VLW: Village Level Worker

Entwurf: D. Bronger

ersten 55 „Community Projects" eröffnet; bereits zum Jahresbeginn 1965 war das gesamte Land flächendeckend mit insgesamt 5238 C.D.-Blocks, zu je etwa 100 Gemeinden überzogen, in denen 404,6 Mill. Menschen lebten – eine organisatorisch sicherlich eindrucksvolle Leistung. Das Programm ging von der Annahme aus, daß nach elfjähriger Entwicklungsarbeit die Bevölkerung des Blocks die Einrichtungen übernehmen und in eigener Regie weiterführen würde (KANTOWSKY 1970, S. 28). Bis heute ist es m.W. in keinem einzigen Fall dazu gekommen. Vielmehr ist das C.D.P. im Laufe der Zeit mehr und mehr zu einem Programm (unter vielen) zur Förderung der landwirtschaftlichen Produktion degradiert und es war daher nur folgerichtig, daß das C.D.-Ministerium (bereits) 1967 dem Landwirtschaftsministerium angegliedert wurde. Während das C.D.P. in den ersten drei Fünfjahresplänen noch breite Aufmerksamkeit fand (FYP 1, S. 223–233; FYP 2, S. 233–245; FYP 3, S. 332–343), waren ihm im 6. Fünfjahresplan noch gerade eineinhalb Seiten gewidmet. Im abgelaufenen 7. (1985–1990) ging das Programm bei kaum noch einer dreiviertel Seite geradezu unter und im angelaufenen 8. Fünfjahresplan (1992–1997) ist lediglich von einer „Stärkung" („strenthening") der P.R.-Institutionen die Rede (FYP 8, S. 35), das C.D.P. selbst wird überhaupt nicht mehr erwähnt. Dieser stark rückläufige Stellenwert kommt in der Mittelzuweisung zum Ausdruck: im 2. und 3. Fünfjahresplan noch massiv gefördert, immerhin 4,8% bzw. 4,0% aller Entwicklungsausgaben (berechnet nach FYP 3, S. 85f.), belief sich dieser Anteil im 6. auf gerade noch 0,36% (FYP 6, S. 57f.), im 7. sogar nur noch auf 0,23% (FYP 7, S. 27f.).

Wie ist der Niedergang dieses einst so gefeierten Programms zu erklären?

Das C.D.P. *konnte* die hochgesteckten Erwartungen nicht erfüllen, weil die zum Erfolg notwendigen *Voraussetzungen* nicht geschaffen wurden, die ein neues wirtschaftliches, soziales und politisches Verhalten erst möglich machen. Auf *wirtschaftlichem* Gebiet war dies die Landreform einschließlich der Reform des Bodennutzungsrechtes und die damit verbundene Abschaffung der feudalen Herrschaftsstruktur. *Sozial* sprachen systemimmanente Strukturen von vornherein gegen das Programm: Bei der Zersplitterung eines zum Gram Panchayat gehörenden Gemeindeverbandes in nach Rang und gleichzeitig Berufsanspruch im Durchschnitt 25 und mehr verschiedenen Kasten, konnte und kann von einer wirklichen Dorf*gemeinschaft* keine Rede sein. Die Folge: Bis heute gelang es nur in Ausnahmefällen, das Dorf als Gemeinschaft zur Selbsthilfe (Wegebau, Reparatur von Stauteichen, Genossenschaften etc.) zu mobilisieren. Schließlich stand die – niemals verwirklichte – Neuordnung der *politischen* Herrschaftsverhältnisse, sprich: die Demokratisierung bis hinunter auf die Gemeindeebene (näheres: s. Kap. 12.3), einem Erfolg des Programmes im Wege.

15.1.3
Bewässerung

Die Darstellung der Interdependenzen zwischen der Entwicklung auf dem Agrarsektor und dem der übrigen Wirtschaftssektoren (Kap. 6.1) auf der einen, und die nach wie vor bestehenden großen Ertragsschwankungen auf der anderen Seite zeigt die entscheidende Bedeutung, die der *positiven Stabilisierung* der Agrarproduktion für die gesamtwirtschaftliche Entwicklung und damit auch für die politische Stabilität des Landes zukommt.

„Positive Stabilisierung" mit den genannten Komplementärzielen
1. der Sicherstellung der Eigenversorgung mit Nahrungsgetreide einschließlich gleichzeitiger Möglichkeit einer Vorratsbildung,
2. größere Unabhängigkeit von den erheblichen jährlichen Ertragsschwankungen (s. Abb. 6.2), und damit von den Getreideimporten und
3. der Schaffung zusätzlicher Arbeitsplätze auf dem Lande, das bedeutet eine Steigerung der Nahrungsmittelproduktion von zumindest 3–4% im Jahr.

Unsere bisherigen Ausführungen zusammenfassend müssen wir folgende Tatbestände konstatieren:
– Ein bis heute unvermindert anhaltender Bevölkerungsdruck (Kap. 3) in Verbindung mit dem Faktum, daß zusätzlich kultivierbare Flächen (Neuland und Pachtland) nur noch in sehr begrenztem Ausmaß zur Verfügung stehen.
– Die bestehende Sozialordnung (in erster Linie) hat nennenswerte Ergebnisse sowohl auf dem Gebiet der Flur-

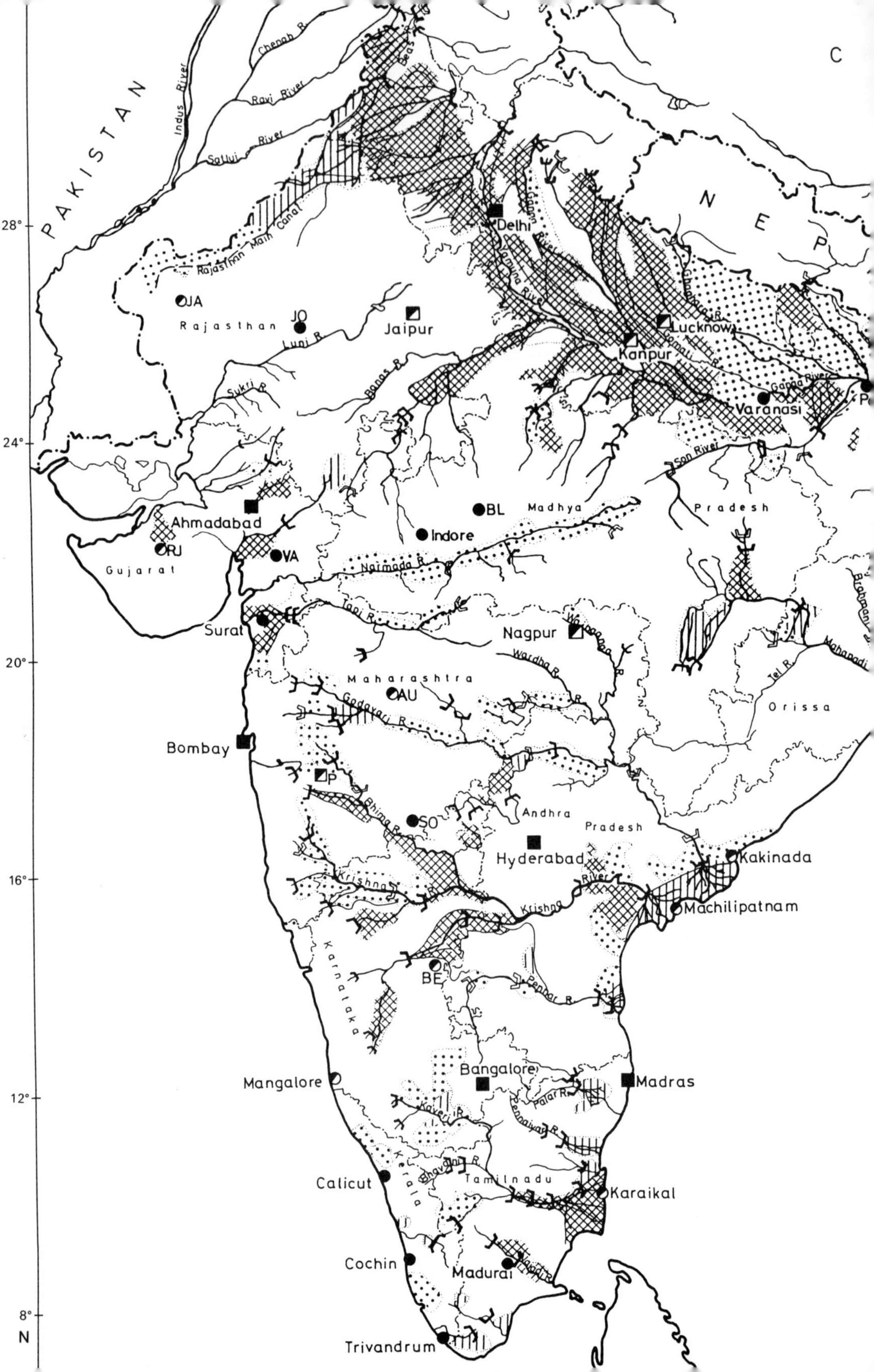

PAKISTAN
C
N E P
Chenab R.
Ravi River
Indus River
Satluj River
Rajasthan Main Canal
28°
Delhi
Yamuna River
JA
JO
Rajasthan
Luni R.
Jaipur
Lucknow
Kanpur
Varanasi
Ganga River
Banas R.
Sukri R.
Son River
24°
Ahmadabad
RJ
VA
Gujarat
BL
Madhya
Pradesh
Indore
Narmada R.
Tapi R.
Surat
Nagpur
Wardha R.
20°
Maharashtra
AU
Godavari R.
Orissa
Tel R.
Bombay
P
Bhima R.
SO
Andhra
Pradesh
Hyderabad
Kakinada
16°
Krishna R.
Krishna River
Machilipatnam
Karnataka
BE
Pennar R.
Bangalore
Madras
Mangalore
12°
Kaveri R.
Palar R.
Kerala
Tamilnadu
Calicut
Karaikal
Cochin
Madurai
8°
N
Trivandrum

bereinigung als auch der Bildung großer leistungsstarker Landbewirtschaftungs-Genossenschaften bislang verhindert. Als weiterer entwicklungshemmender Faktor kommt
- die Unsicherheit des monsunalen Klimageschehens hinzu, das hauptverantwortlich für die sowohl jährlichen als auch regional erheblichen Produktionsschwankungen ist, ein Umstand, der jegliche Art von Planung auf diesem Gebiet sehr erschwert.
- Last but not least ist zu berücksichtigen, daß bei der gegenwärtigen Struktur der indischen Wirtschaft noch immer ein erheblicher Teil der jährlich 6–7 Millionen *neu* auf den Arbeitsmarkt drängenden Bevölkerung – auch nach Meinung der indischen Planer und Politiker – zum Teil innerhalb des landwirtschaftlichen Sektors untergebracht werden muß.

Angesichts dieser Tatbestände, die miteinander in ihrem Zusammenwirken zu sehen sind, bleibt, bei der politischen Überzeugung der Verfolgung des *evolutionären* Weges zur Entwicklung, keine andere Wahl, als sich auf die *Förderung der Familienbetriebe*, d. h. in allererster Linie auf die Kleinbetriebe sowie auf diejenigen mittlerer Größe mit zusammen 95% der Gesamtzahl zu konzentrieren. Eine solche verstärkte und effektiver zu gestaltende Förderung kann bei dem Überangebot an Arbeitskräften sowie der Kapitalknappheit sowohl der Betriebe als auch des Staates in allererster Linie nur in der Anwendung *arbeitsintensiver* Technologien bestehen. In Anbetracht dieser Zielsetzungen besteht ein, sich ständig verschärfender, *Zwang zur Intensivierung* der Landwirtschaft.

Kurz: Unter den dargestellten Umständen und Erfordernissen wird die dringende Notwendigkeit einer nennenswerten *Ausdehnung der Bewässerungsfeldflächen*

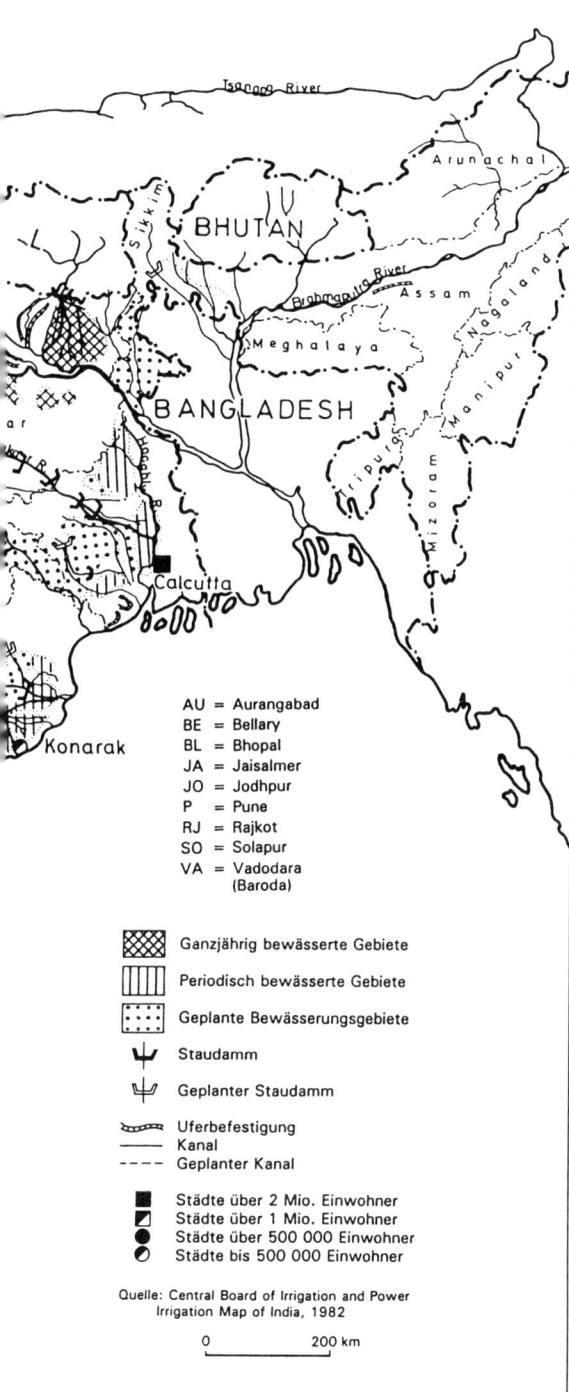

Abb. 15.3: Bewässerte Gebiete in Indien

nicht allein für die positive Stabilisierung der Erträge durch größere Unabhängigkeit vom Monsungeschehen, sondern vor allem für die Erhöhung des Ertrags*potentials* besonders evident. Denn durch zusätzliche Bewässerung wird nicht nur eine erhebliche Steigerung der Flächenproduktivität (durch Auswahl ertragsreicherer Varitäten), sondern, und vor allem, der Anbau der allermeisten der erlösintensiven cash crops und damit der Übergang von einer überwiegenden Subsistenzwirtschaft zur Marktproduktion überhaupt erst ermöglicht. – Daß der Erfolg eines derartigen Programms von flankierenden, mit diesen auch zeitlich abgestimmten, Maßnahmen (Steigerung der Düngemittelerzeugung einschließlich der Anwendung, der Energiegewinnung, rechtzeitig unbürokratischere Bereitstellung von Krediten etc.) entscheidend mitbestimmt wird, sei an dieser Stelle betont. Auf diese Zusammenhänge wird zurückzukommen sein.

Insgesamt kommt somit der *Bewässerungswirtschaft* nicht nur eine *Schlüsselrolle für die Entwicklung der Agrarwirtschaft* zu, sondern sie kann damit einen entscheidenden Beitrag zur Beseitigung der Armut leisten.

Seit der Unabhängigkeit hat die indische Regierung bemerkenswerte Anstrengungen auf diesem Gebiet unternommen und auch beachtliche Erfolge erzielt (Tab. 15.1). Die Ausgaben für Bewässerung (einschließlich Flutkontrolle und Drainage) betrugen im 1. Fünfjahresplan sogar 22,2% des Gesamtbudgets für Entwicklung des Bundes und der Länder, in den 60er und 70er Jahren immerhin noch zwischen 7 und 10%; im 6. Fünfjahresplan (1980–85) wurden 10%, im 7. Fünfjahresplan (1985–90) 7,7% der Mittel ausgegeben (s. Tab. 7.1). Die Netto-Bewässerungsfläche nahm in den vergangenen 40 Jahren (1950/51–1990/91) von 20,86 Mill. auf 47,5 Mill., d. h. um 128%, die Brutto-Bewässerungsfläche sogar um 161% zu (s. Tab. 15.1, Sp. 4,12), worin die besonders starke Zunahme des Anteils der zwei Mal bewässerten Fläche (+195%) zum Ausdruck kommt. Da im gleichen Zeitraum die Brutto-Anbaufläche („gross area sown") um 38% anstieg, entspricht dies einer anteiligen Zunahme der bewässerbaren Fläche von 17,1% auf 32,3% (s. Nr. 8, Sp. 3:11).

Gerade bei einer solchen bemerkenswerten Bilanz muß die Diskrepanz verwundern zwischen:
– den eingebrachten Gesamtinvestitionen sowie dem Umfang der zur Verfügung gestellten bewässerbaren Fläche auf der einen und
– der unter diesen Umständen nur bedingt befriedigenden Produktionsentwicklung als auch den bis heute bestehenden jährlichen wie auch regional erheblichen Produktionsschwankungen auf der anderen Seite.

Bei der Frage nach den *Ursachen* für dieses offensichtliche Mißverhältnis muß hinterfragt werden, ob der Monsun hier wirklich so ausschlaggebend ist oder ob nicht auch andere Faktoren hierfür mitverantwortlich gemacht werden müssen.

Wir kommen damit auf den *Menschen* selbst als die die Kulturlandschaft gestaltende und für die erzielten Ergebnisse letztlich hauptverantwortliche Entwicklungsdeterminante. Die Fragestellung muß dabei lauten: Hat der einzelne und die Gruppe diese Chance, hier: Bereitstellung des Wassers, genutzt und von der ihm gegebenen Möglichkeit einen – möglichst optimalen – Gebrauch gemacht? – Für die Interpretation der empirisch gewonnenen Daten (s. u. Tab. 15.2) muß eine Bemerkung zur indischen Bewässerungsstatistik vorangeschickt werden (zum folgenden: BRONGER 1984, S. 180 ff.):

Staatliche Maßnahmen zur Entwicklung der Agrarproduktion 363

Nr.	Indikator	1950/51		1960/61		1970/71		1980/81		1990/91	
		1000 ha	Index	1000 ha	Index	1000 ha	Index	1000 ha	Index	1000 ha	Index
1	2	3	4	5	6	7	8	9	10	11	12
1	Gesamtfläche	328726	100	328726	100	328726	100	328726	100	328726	100
2	Netto-Anbaufläche	118746	100	133199	112	140267	118	140298	118	143000	121
3	Brutto-Anbaufläche	131893	100	152772	116	165791	126	173099	131	182500	138
4	Mehrfachanbau-Index (3:2)	13147	100	19573	149	25524	194	32801	249	39500	300
5	Netto-Bewässerungsfläche	20853	100	24661	118	31103	149	38841	186	47500	228
6	Brutto-Bewässerungsfläche	22563	100	27980	124	38195	169	49876	221	59000	261
7	Mehrfachbewässerungs-Index (6:5) %	8,2	100	13,5	165	22,8	278	28,4	346	24,2	295
8	Intensitätsindex (6:3) %	17,1	100	18,3	107	23,0	135	28,8	168	32,3	189
9	Art der Bewässerung										
	– Kanal	8295	100	10370	125	12838	155	15288	184	16300[1]	197
	– Stauteich (Tank)	3613	100	4561	126	4112	114	3196	88	3330	92
	– Brunnen	5978	100	7155	120	7426	124	8249	138	8723	146
	– Röhrentiefbrunnen	k. A.	–	135	100	4461	3300	9526	7056	11265	8344
	– übriges	2967	100	2440	82	2266	76	2582	87	2600	88
10	Bevölkerung		100								234
11	Brutto-Anbaufläche/Kopf		100								79
12	Brutto-Bewässerungsfläche/Kopf		100								112

[1] 1989/90; k. A. = keine Angaben; I: 1950/51 = 100
Quellen: s. Tab. 6.2 und 6.3; TATA 1994/95, S. 62–63

Tab. 15.1: Maßnahmen zur Produktionssteigerung in der indischen Landwirtschaft – Entwicklung der Bewässerung 1950/51–1990/91

Gemeinde	Gemarkungs-fläche	LN	Anbau *vor* der Bewässerung (Durchschnitt der letzten 4 Jahre)	bewässert seit	Zur Bewässerung ausgewiesene Fläche Zeit der Bewässerung (Monate)		Insge-samt
					5	11	
1	2	3	4	5	6	7	8
1	3134,0	3011,9	1594,6 Hirse 5,2 Hülsen-früchte 100,1 Ölfrüchte 1241,3 Baum-wolle 2941,2 Insgesamt	1968/69	2193,6	632,3	2825,9
2	3908,0	3302,3	164,2 Reis 1518,0 Hirse 435,8 Hülsen-früchte 156,8 Gewürze 16,2 Gemüse 195,8 Ölfrüchte 36,0 Tabak 65,3 verschie-denes 3183,1 Insgesamt	1968/69	1498,7	1164,6	2663,3

+ Die zur Bewässerung ausgewiesene Fläche betrug im Jahre 1978/79 2480,5 acres.
Quelle: Eigene Erhebungen (Dezember–November 1970 und Juni 1979)

Tab. 15.2: Bewässerungsmöglichkeiten und deren Nutzung in zwei Gemeinden Südindiens

Die Angaben über die Bewässerungsfläche geben ein in mehrerer Hinsicht irreführendes Bild, weshalb bei ihrer Interpretation aus folgenden Gründen größte Vorsicht geboten ist:
1. der überwiegende Teil des Bewässerungsfeldlandes wird nur während der Monsunmonate überflutet. Die Angaben enthalten jedoch nichts über die Bewässerungsdauer, d. h. wieviel und wie lange Wasser den jeweiligen Bewässerungsanlagen zusätzlich entnommen werden kann. Diese hängt aber wiederum für einen großen Teil des bewässerbaren Landes – diese Aussage gilt in erster Linie für die Tank-bewässerten Gebiete, in zweiter und in dritter Linie für die Brunnen- bzw. die Kanalbewässerung – von der Menge der Monsunniederschläge ab. Damit ist aber nichts darüber ausgesagt, ob die Menge des erhaltenen Wassers für die Bewässerung der betreffenden Nutzpflanze auch *ausreichend* oder gar optimal war. Setzt die Bewässerung nicht rechtzeitig ein (wie z. B. beim Reis) oder steht gegen Ende der Reifeperiode nicht mehr ausreichend Wasser zur Verfügung (wie z. B. bei Chili), bzw. kann während der gesamten Wachstumsperiode nicht gleichmäßig bewässert werden (wie z. B. bei Zuckerrohr oder Gelbwurz), so kann die gesamte Ernte mehr oder weniger großen Schaden nehmen, nicht selten sogar vernichtet werden.
2. Sagt die Tatsache, daß ein Gebiet bewässert wurde nichts darüber aus, ob von der Bewässerungsmöglichkeit auch der optimale *Gebrauch* gemacht worden ist, besser: der optimale Gebrauch gemacht werden *konnte*. Dies gilt in besonderem Maße bei der Kanal- und Stauteichbewässerung, für solche Bewässerungsanlagen also, bei denen von einer größeren Anzahl von Personen *gleichzeitig* Wasser entnommen wird. Oft steht gegen Ende der Bewässerungsperiode für

	Tatsächlich bewässerte Fläche (1969/70) Zeit der Bewässerung (Monate)	Insgesamt	Planverwirklichung (%)	Tatsächlich bewässerte Fläche (1978/79) Zeit der Bewässerung (Monate)		Insgesamt	Planverwirklichung (%)
	5	11		5	11		
9	10	11	12	13	14	15	16
	56,3 Abi-Reis 46,4 Tabi-Reis	102,7	3,6	3,9 Zwiebeln 2,5 Tomaten 0,3 Coriander 0,7 Chili 55,5 Erdnuß	63,5 Abi-Reis 11,0 Tabi-Reis	137,4	4,9
229,5 Mais 155,1 Erdnuß 2,0 Baumwolle 53,1 Tabak 137,3 Chili 8,8 Gelbwurz	2188,5 Abi-Reis 302,3 Tabi-Reis 44,0 Erdnuß	3120,6	117,2	65,2 Chili 19,9 Turmeric 291,1 Baumwolle 176,0 Erdnuß	1328,7 Abi-Reis 789,1 Tabi-Reis	2670,0	107,6+

(Angaben in acres)

die randlich liegenden Parzellen nicht mehr ausreichend Wasser zur Verfügung mit der Folge, daß deren Ernte Schaden nimmt, schlimmstenfalls dadurch sogar ebenfalls teilweise vernichtet werden kann. Auf dieser Linie liegt,
3. daß die amtlichen Statistiken nichts darüber aussagen, wieviel Wasser bereits während des Bewässerungsvorganges verlorengeht.

Tabelle 15.2 gibt am Beispiel zweier zwischen dem 16. und 17. Breitengrad gelegener Gemeinden, repräsentativ für je ein Kanalbewässerungsprojekt, einen Eindruck von der *unterschiedlichen Innovationsbereitschaft* der Bevölkerung des westlichen gegenüber denen des östlichen Deccan-Hochlandes. Die Ergebnisse geben zugleich eine Vorstellung von den *Auswirkungen* dieser unterschiedlichen Verhaltensweisen auf die Effizienz dieser, mit Millionenaufwand errichteten Projekte.

Von einem regionalen Vergleich kann hier insofern gesprochen werden, als in den zwei benachbart gelegenen Regionen, in denen die Beispielgemeinden zu finden sind,
1. sehr ähnliche physisch-geographische Voraussetzungen anzutreffen sind: abgesehen von den Reliefverhältnissen herrschen nahezu die gleichen edaphischen (mittlere bis schwere Regurböden) und klimatischen (N = 650–750 mm im Jahresmittel, davon zu fast 90% als Sommermonsunniederschläge) Gegebenheiten vor.
2. Bei vergleichbarem Entwicklungsstand der Vermarktungsstrukturen einschließlich der Entfernung sowie der Erreichbarkeit

zu den „regulated markets" bzw. den Wochenmärkten waren ebenfalls sehr ähnliche Voraussetzungen für die Anbaumöglichkeiten gegeben.

3. Die Bevölkerung beider Untersuchungsgebiete weist eine sehr einheitliche ethnosoziale Struktur auf: Sie gehört sämtlich dem drawidischen Sprachbereich an (im Westen: Kannada, im Osten: Telugu); das Verhältnis Muslims:Kastenhindus beträgt jeweils ca. 15:85; in beiden Regionen wird das Wirtschaftsleben im ländlichen Bereich weitgehend von einer einzelnen Kaste bzw. kastenähnlichen Gruppe bestimmt (Lingayats im westlichen, Kammas im östlichen Landesteil), die bei einem Anteil von 15–20% an der Gesamtbevölkerung Eigentümer von durchschnittlich 60–80% des Landes sind. Bei der Analyse wurden sämtliche landbesitzenden Haushalte in den zwei Gemeinden erfaßt. Die gleiche Analyse wurde neun Jahre später – 1979 – erneut durchgeführt.

Die in Tab. 15.2 zusammengestellten Untersuchungsergebnisse offenbaren *gravierende regionale Unterschiede in der Innovationsbereitschaft* der Bewohner des westlichen (Gemeinde 1) gegenüber denen des östlichen Deccan-Hochlandes (Gemeinde 2) und als Folge davon einen sehr unterschiedlich verlaufenen Diffusionsprozeß. Eine direkte Vergleichsmöglichkeit ist hier insofern gegeben, als bei beiden der Zustand am Ende des *zweiten* sowie des *elften* Jahres der Bewässerung gezeigt ist. Die außerordentlich konservative Wirtschaftsgesinnung der Bewohner der ersten offenbart sich darin, daß selbst nach 11 Jahren lediglich 4,9% (Sp. 16) der ausgewiesenen Fläche tatsächlich bewässert ist. Dem nur sehr geringfügigen Anstieg der insgesamt bewässerten Fläche seit 1969/70 steht sogar eine Abnahme des intensiv genutzten, ganzjährig bewässerbaren Landes (von 102,7 auf 74,5 acres; Sp. 10:14) gegenüber! Die Betriebsleiter machen nach wie vor, von nur wenigen Ausnahmen abgesehen, keinerlei Anstalten, ihr Regenfeldland in Bewässerungsfeldland umzuwandeln und blieben bei ihrem in jährlicher Rotation erfolgenden Anbau von Sorghum und Baumwolle, die auf den fruchtbaren Schwarzerdeböden auch ohne zusätzliche Bewässerung zwar keinen hohen, aber sicheren und dank der für das übrige Deccan-Hochland überdurchschnittlich großen Betriebsflächen ausreichenden Ertrag bringen.

Demgegenüber verrät das Ausmaß, vor allem aber das Tempo, in dem das zur Verfügung gestellte Wasser in Gemeinde 2 genutzt wurde, eine ausgeprägte Bereitschaft zur Umstellung der bisherigen Anbaugewohnheiten und damit die Aufgeschlossenheit der Bevölkerung für Innovationen. Bereits im *zweiten* Jahr der Bewässerung war die hierfür ausgewiesene Fläche nicht nur vollständig bestellt, sondern sogar um fast 500 acres übertroffen. Letzteres gilt in ganz besonderem Maße für den Reisanbau, wobei diese Zahl noch insofern täuscht, als es sich bei dem Abi-Anbau um eine sieben Monate lang reifende, daher besonders ertragreiche Reisart handelt, die keinen anschließenden Tabi-Anbau ermöglicht. Bei den beiden hier gegenübergestellten Beispielgemeinden handelt es sich keinesfalls um Ausnahmefälle: Das gleiche Verhalten zeigten die Bewohner von weiteren zehn der Gemeinde 2 benachbarten untersuchten Gemeinden, während in der ganz überwiegenden Mehrzahl der 46 im Taluk Raichur neu bewässerten Dörfern ebenfalls weniger als 5% der zur Bewässerung ausgewiesenen Fläche auch tatsächlich als solche genutzt war.

Gehen wir nun den – notwendigen – Gedankenschritt weiter und fragen nach den *Ursachen* für dieses gegenüber den Bewohnern des westlichen Deccan-Hochlandes so grundverschiedene Wirtschaftsverhalten der Bewohner im Osten, so lassen sich zusammengefaßt folgende als wichtigste anführen:

1. Die im Durchschnitt pro Kopf der Bevölkerung sehr viel geringere Betriebsfläche ließ hier die Bauern schon vordem nach Möglichkeiten für die Intensivierung des Anbaus sowie für den Anbau gewinnbringender Nutzpflanzen suchen: Bereits vor der Bewässerung waren regelmäßig fast ein Drittel der Anbaufläche mit reinen Cash crops bestellt (Sp. 4). Es herrschte also von vornherein ein gewisser *Zwang zur Intensivierung des Anbaus*, der damit gleichzeitig die Bereitschaft zur Umstellung des Anbaus größer sein ließ.

2. Da sich vor der Bewässerung ein erheblicher Teil der Bewohner jährlich zu den Aussaat- und Erntearbeiten als Saisonarbeiter in den Deltagebieten verdingte, war die Kenntnis der *Technik* des Reisanbaus bereits unter einem Teil der Bewohner verbreitet.

3. Schließlich spielten bei dem raschen Adoptions- und Diffusionsprozeß die Nahrungsgewohnheiten der Bevölkerung, bei der dem Reis eine überragende Rolle zukommt, hier eine wichtige Rolle. Dieser Umstand, und daß nunmehr die Möglichkeit bestand, eine langreifende Reissorte anzubauen sowie auf einem Teil sogar eine zweite Ernte einzubringen, erklärt auch den geringen z. T. sogar rückläufigen Anbau der gerade auf diesen Schwarzerdeböden sehr erlösintensiven Früchte wie Chili, Tabak und Gelbwurz. Zuckerrohr fehlt sogar ganz (vgl. BRONGER 1972, S. 67).

4. Last but not least ist als wichtige Ursache die unterschiedliche *historische Entwicklung* dieser Räume anzusehen: die jahrhundertealte Zugehörigkeit des westlichen und mittleren Deccan-Hochlandes zum Nizamreich Hyderabad mit seiner feudalistischen Großgrundbesitzerstruktur, verbunden mit z. T. noch heute fortbestehenden, sehr unsicheren Pachtrenten, war der Ausbildung einer positiven Innovationsbereitschaft gewiß nicht förderlich. Demgegenüber ließ die im Osten vorherrschende Mittel- und Kleinbesitzstruktur zusammen mit der sehr geringen Verbreitung des Pachtwesens, in Verbindung mit dem oben Gesagten (Punkt 1), von vornherein eine sehr viel größere Aufgeschlossenheit gegenüber von außen initiierten Innovationen entstehen.

Ein weiterer Grund für die z. T. unbefriedigenden Ergebnisse der Bewässerungsprogramme ist in den *Versalzungen* und *Vernässungen* großer Bereiche zu suchen. Über das Ausmaß der durch eine falsche Bewässerung geschädigten Böden liegen keine amtlichen Angaben vor. Man schätzt jedoch, daß etwa ein Fünftel der im Jahre 1981/82 bewässerten 46 Mill. ha Bewässerungsfläche von Versalzungen und Vernässungen bedroht ist.

Nicht nur die Überflutungsbewässerung, sondern auch die Kanalbewässerung kann zu *Bodenversalzung* führen. Die Gründe liegen zum einen in der fehlenden Auskleidung der Hauptkanäle, z. B. mit Ziegeln, sowie dem unzureichenden Ausbau der Nebenkanäle zur Bewässerung, zum anderen in fehlenden bzw. falsch angelegten Entwässerungskanälen.

Wo das Grundwasser durch Flußausbauten (Staudämme) aufgestaut und zwischen unverkleideten Dämmen über das Niveau des umliegenden Landes geleitet wird, kann es – je nach Grundwassertiefe und Bodenmaterial – zum benachbarten Grundwasser dringen und dessen Spiegel anheben. Aus dem Grundwasserhorizont steigt das Wasser an die Bodenoberfläche, wo es verdunstet (insbesondere bei aridem Klima) und die gelösten Salze im Oberboden zurückläßt. Der Boden überzieht sich mehr und mehr mit einer Salzkruste. Steigt der Wasserspiegel noch weiter an, versumpft schließlich der Boden, die Wurzeln der Pflanzen werden geschädigt, die Pflanzen gehen ein.

Unter diesen Umständen besonders erfreulich und als hoffnungsvolles Zeichen für die zukünftige Entwicklung kann die weit überproportionale Zunahme – von 0,6% (1960–61) auf fast 27% (1990–91) der bewässerbaren Fläche! – der kostenintensiven Röhrentiefbrunnen („*tube wells*") gelten. Da sie durchweg Privateigentum der Landbewirtschafter sind, wurden die (sehr erheblichen) Mittel überwiegend von diesen selbst aufgebracht. An dieser Entwicklung als besonders erfreulich zu bewerten ist der Tatbestand, daß die Anlage der ‚tube wells' keineswegs auf die Mittel- und Großbauern beschränkt blieb, wie man dies wohl vermuten möchte. Jedenfalls war nach den Erhebungen des Agricultural Census von 1980–81 der Anteil der Klein- und Zwergbetriebe an dieser Art der Bewässerung gegenüber der von ihnen bewirtschafteten Fläche sogar überproportional hoch (Tab. 15.3).

Tab. 15.3: Bewässerung in Indien nach Betriebsgrößenklassen 1980/81 – Röhrentiefbrunnen

Betriebsgrößenklasse	Anteil an der Fläche (%)	von ‚tube wells' bewässerte Fläche (%)
Marginalbetriebe (< 1 ha)	12,1	18,6
Zwergbetriebe (1–2 ha)	14,1	17,6
Kleinbetriebe (2–4 ha)	21,2	24,3
Mittelbetriebe (4–10 ha)	29,6	27,6
Großbetriebe (> 10 ha)	23,0	12,0

Quelle: Ministry of Agriculture (Hrsg.): All India Report on Agricultural Census 1980–81, New Delhi 1987, S, 17, 43 (Berechnungen des Verfassers)

15.1.4
„Grüne Revolution"

Die Agrarpolitik des unabhängigen Indien während der ersten drei Fünfjahrespläne (1951–1966) verfolgte zwei Hauptziele:
1. Maximale Steigerung der Agrarproduktion – auch, um damit die Industrialisierung des Landes rasch in Gang setzen zu können und
2. Reduzierung der sozialen und wirtschaftlichen Disparitäten innerhalb der Landbevölkerung mit dem (End)ziel, die ländliche Armut zu beseitigen. Kurz: Sozialer Wandel sollte mit wirtschaftlichem Fortschritt zur Verwirklichung einer *ländlichen Entwicklung* kombiniert werden.

Die vor bzw. zu Beginn der ersten Planperiode in Gang gesetzten Landreformmaßnahmen sowie das C.D.P. waren in besonderem Maße auf den sozialen Wandel ausgerichtet, standen doch die Verantwortlichen ihrerseits in starkem Maße unter dem Eindruck der ererbten strukturellen Probleme (Kap. 15.1.1) und – zugleich – der *Gandhi*schen Vorstellungen zu ihrer Überwindung (11.5.2). Diese Blickrichtung bedeutete aber keineswegs, daß man damit das erstgenannte Ziel hintenangestellt hätte. Mitteleinsatz (s. Tab. 7.1) sowie die Erfolge der 50er Jahre (s. Kap. 6.2) belegen diese These.

Um die Mitte der 60er Jahre trafen eine Reihe von Erfahrungen bzw. Vorgänge zusammen: Es war offensichtlich geworden, daß sowohl die Ergebnisse der Landreform, in erster Linie die Landumverteilung, als auch das C.D.P., sprich: sozialer Wandel plus demokratische Dezentralisierung marginal geblieben, wenn nicht sogar als Fehlschlag zu bezeichnen waren. Das ausschlaggebende Ereignis, hauptverantwortlich für die einschneidende Änderung der indischen Agrarpolitik, aber war die Dürrekatastrophe der aufeinanderfolgenden Jahre 1965 und 1966 und die daraus resultierenden Produktionseinbrüche 1965/66 und 1966/67 (Tab. A 5.6 – Anhang – und Abb. 6.2 und 6.3) einschließlich ihrer Folgewirkungen (s. Kap. 6.2). Es zeigte sich, daß die landwirtschaftliche Produktion noch immer in starkem Maße vom wechselhaften Monsungeschehen abhängig, der Agrarsektor vom erhofften ‚Take-off'-Stadium noch weit entfernt war. Wie tiefgehend (und weitreichend) dieser Schock war, ist daraus zu ersehen, daß mit dem Ende der dritten Planperiode (1966) die Planung für die nächsten drei Jahre suspendiert wurde (der 4. Fünfjahresplan lief erst 1969 an).

Eindeutige Priorität der staatlichen Agrarpolitik war nunmehr die *rasche und nachhaltige Produktionssteigerung* mit dem (ehrgeizigen) Ziel, nicht allein die gesicherte Selbstversorgung und der dauerhaften Überwindung von Armut und Hunger, sondern gleichzeitig die Unabhängigkeit von den die Handelsbilanz bislang stark belastenden Nahrungsmittelimporten zu erreichen. Diese Zielsetzungen sollten durch ein landwirtschaftliches Modernisierungsprogramm, durch Einführung moderner Agrarwissenschaft in Kombination mit neuester Agrartechnologie und hohem Kapitaleinsatz verwirklicht werden. Das aufgelegte Programm, in der Literatur als *Grüne Revolution* bekannt, sah den Einsatz eines ganzen Pakets von Neuerungen vor: die Einführung hochertragreichen Saatgutes insbesondere bei Reis und Weizen, massenhafter Einsatz von Dünge- und Schädlingsbekämpfungsmitteln, rasche Ausweitung der Kanal- und Brunnenbewässerung, vor allem der Tiefbrunnen einschließlich ihrer Elektrifizierung sowie den Gebrauch moderner landwirtschaftlicher Maschinen. Man erkannte durchaus die Notwendigkeit, alle diese Maßnahmen zu einem „package programme" miteinander zu integrieren.

Insgesamt wurden die im 2. und 3. Fünfjahresplan zugunsten der Industrialisierung zurückgefahrenen Ausgaben für Landwirtschaft, Bewässerung und Energie in den folgenden acht Jahren (bis 1974) gegenüber dem 3. Fünfjahresplan anteilmäßig um 20% erhöht (s. Tab. 7.1).

Wie sind die Ergebnisse der Grünen Revolution zu bewerten? Bei der Antwort sollte zwischen zwei Aspekten unterschieden werden (auch wenn beide im Zusammenhang miteinander zu sehen sind):
1. Steigerung der Agrarproduktion und -produktivität
2. Partizipation der sozialökonomischen Schichten der Agrarbevölkerung an dem Programm.

Steigerung der Produktion und Produktivität

Kernstück des Programms war die rasche Steigerung vor allem der Reis- und Weizenproduktion als der beiden Hauptnahrungsfrüchte der Bevölkerung. Zur Erreichung diese Zieles griff man bei *Weizen* auf den speziell für Bedingungen des Bewässerungsbaus in subtropischen Regionen (Mexiko) gezüchteten Kurzstrohweizen zurück, der gegenüber den vorhandenen lokalen Sorten bei ordnungsgemäßem Anbau und ausreichender Düngung dort das Vierfache an Ertrag gebracht hatte (v. URFF 1984, S. 53). Diese Sorte wurde nach erfolgreicher Testphase nunmehr in größerem Umfang in Indien eingeführt und den Bauern mit den entsprechenden Anbauempfehlungen zur Verfügung gestellt. Im Hinblick auf die Hauptzielsetzung, der Produktionssteigerung, konnte sich das Ergebnis sehen lassen: Die Weizenproduktion stieg in den vergangenen 20 Jahren (⌀ 1967/68 bis 1969/70) bis 1990/91 um das Dreifache.

Bei dem Hauptnahrungsmittel *Reis* sah das Resultat, in Anbetracht der hochgesteckten Erwartungen, weit weniger gut

Jahr	Produktion				Verbrauch	
	einheimisch	Import	Summe	Index		Index
1960/61	150	419	569	100	292	100
1970/71	1059	629	1688	296	2177	746
1980/81	3005	2759	5764	1013	5516	1889
1990/91	9044	2758	11802	2074	12677	4341
1993/94	9047	3166	12213	21464	12833	4395

Quelle: Economic Survey 1994/95, S. 27

Tab. 15.4: Entwicklung der Düngemittelproduktion und des Düngemittelverbrauchs in Indien 1960/61 – 1993/94 (in 1000 t)

aus: Mit einer Zunahme um das 1,9fache für den gleichen Zeitraum stieg die Pro-Kopf-Leistung nur um 17%, d. h. um weniger als 1%/Jahr – nicht annähernd ausreichend, um eine dauerhafte Selbstversorgung einschließlich der Bildung von Rücklagen für schlechte Erntejahre gewährleisten zu können.

Beim Reis waren die Erfolge der vom International Rice Research Institute/Philippinen gezüchteten Reissorten zunächst weit weniger durchschlagend. Der Grund dafür ist darin zu sehen, daß Reis in seinen ökologischen Ansprüchen sehr viel spezifischer ist als Weizen, somit also nicht die Möglichkeit besteht, einige wenige Standardsorten zu züchten, die auf allen Standorten wesentlich höhere Erträge bringen. Zwar gibt es auch für Reis „high yielding varieties", jedoch sind diese ganz spezifischen Standortbedingungen angepaßt und erlauben auch dort gegenüber den lokalen Sorten keine so hohen Ertragssteigerungen, wie sie bei Weizen zu verzeichnen waren. (ebenda, S. 53).

Mindestens ebenso bedeutsam für die unterschiedliche Entwicklung von Reis und Weizen war (und ist) die Tatsache, daß der neu eingeführte *Kurzstrohweizen* fast durchweg auf permanent bewässerten Flächen angebaut wurde (z. T. unter Verdrängung anderer Fruchtarten – s. Kap. 6.3), wohingegen ein großer Teil des Reis nach wie vor als Monsunreis, d. h. ohne künstliche Bewässerung, allein mit der Wasserversorgung durch die Monsunniederschläge produziert wird und, obendrein, für den Sommerreis (Abi) lange Zeit keine wirklich ertragssicheren Sorten mit höherer Flächenproduktivität zur Verfügung standen. Bis heute sind deshalb auch die Erträge des künstlich bewässerten Winterreis (Tabi), für welchen zudem sehr viel früher Hochertragssorten zur Verfügung standen, fast doppelt so hoch wie beim Abi-Reis; seine Produktivitätsentwicklung hat die – insgesamt – immerhin befriedigende Steigerung der Reisproduktion bewirkt.

Insgesamt waren im Jahre 1991/92 lediglich 46% der Reis-, hingegen aber 82,9% der Weizenanbaufläche bewässert. Letztere wurde in dem o. g. Zeitraum von 20 Jahren zudem auch noch um 52%, die von Reis dagegen nur um 13% erweitert. Darüber hinaus waren bei Reis 68% seiner Anbaufläche mit Hochertragssorten (überwiegend Winterreissorten) bestellt, während sich dieser Anteil bei Weizen auf 91% belief (Angaben für 1992/93; nach: TATA 1994/95, S. 66).

Bei der Beurteilung ist weiterhin zu berücksichtigen, daß die Produktionsergebnisse außer durch die Einführung und Verbreitung der Hochertragssorten

a) durch die beachtliche Ausdehnung der Bewässerungsfläche (s. o.: 15.1.3) und
b) durch den massiven Einsatz von Dünger und Schädlingsbekämpfungsmitteln ermöglicht wurden.

Besonders durch letztere Maßnahmen kommt die Ertragsüberlegenheit der Hochertragssorten gegenüber den lokalen Sorten überhaupt erst zum Tragen. Tatsächlich nahm der Einsatz von Düngemitteln geradezu astronomisch zu, allerdings bei einem sehr niedrigen Ausgangsniveau (Tab. 15.4): in den 60er Jahren um das 7,5fache, in den 70er Jahren erneut um das 2,5fache und in den 80er Jahren nochmals um mehr als das Doppelte.

Staatliche Maßnahmen zur Entwicklung der Agrarproduktion 371

Region/Bundesstaat	Reis					Weizen					
	Durchschnitt 1970/71–1972/73		Durchschnitt 1984/85–1986/87		Summe	Durchschnitt 1970/71–1972/73		Durchschnitt 1984/85–1986/87		Summe	
	Produktivität (kg/ha)	Entwicklungsstand (I.U.=100)	Produktivität (kg/ha)	Entwicklungsstand (I.U.=100)	1985–1987 zu 1971–1973	Produktivität (kg/ha)	Entwicklungsstand (I.U.=100)	Produktivität (kg/ha)	Entwicklungsstand (I.U.=100)	1985–1987 zu 1971–1973	
1	2	3	4	5	6	7	8	9	10	11	
Nord-West-Region											
Jammu & Kashmir	1671	150	2163	146	129	845	64	1215[2]	62	144	
Himachal Pradesh	1047	94	1239	83	118	1020	77	1305[2]	66	128	
Haryana	1713	154	2567	173	150	1957	148	2841	144	145	
Punjab	939	174	3194	215	165	2292	174	3438	174	150	
Uttar Pradesh	786	71	1383	93	176	1259	95	1934	98	154	
Ost-Region											
Assam	1009	91	1082	73	107	–	–	[3]	–	–	
Bihar	903	81	1096	74	121	1331	101	1591	81	120	
Orissa	877	79	1085	73	124	–	–	[3]	–	–	
West Bengal	1223	110	1568	106	128	2153	163	2185	111	101	
Zentral-Region											
Gujarat	1157[1]	104	1095	74	95	1555	118	2001	102	129	
Madhya Pradesh	778	70	896	60	115	776	59	1139	58	147	
Maharashtra	1127[1]	101	1279	86	113	456	35	775	39	170	
Rajasthan	1160[1]	104	1014	68	87	1274	97	1896	96	149	
Süd-Region											
Andhra Pradesh	1455	131	2048	138	141	–	–	[3]	–	–	
Karnataka	1762	158	1911	129	108	405	31	494	25	122	
Kerala	1534	138	1719	116	112	–	–	[3]	–	–	
Tamil Nadu	1966	177	2430	164	124	–	–	[3]	–	–	
Indien	1111	100	1484	100	134	1319	100	1971	100	149	

[1] Durchschnitt 1970/71–1971/72; [2] Durchschnitt 1985/86-1986/87; [3] Anbau unbedeutend
Quelle: MOA (Hrsg): Area and Production of Principal Crops in India 1987–88, New Delhi 1990 (Berechnungen des Verfassers)

Tab. 15.5: Produktivitätsentwicklung in der indischen Landwirtschaft nach Regionen – Reis und Weizen 1970/71–1986/87

	1972		1990		Ertrags-steigerung
	Ertrag (kg/ha)	I.U. =100	Ertrag (kg/ha)	I.U. =100	1972–1990 (1972=100)
1	2	3	4	5	6
	Reis (ungeschält)				
Bangla Desh	1500	93	2660	99	177
Burma	1557	97	2910	108	187
China	3089	192	5730	213	185
Indien	*1605*	*100*	*2690*	*100*	*168*
Indonesien	2436	152	4320	161	177
Japan	5847	364	6330	235	108
Philippinen	1493	93	2810	104	188
Thailand	1815	113	1960	73	108
	Weizen				
China	1202	87	3180	150	265
Indien	*1380*	*100*	*2120*	*100*	*154*
Pakistan	1189	86	1830	86	154
UdSSR	1467	106	2240	106	153
USA	2196	159	2660	125	121
Frankreich	4579	332	5452[1]	273[1]	119[1]
Deutschland (W)	4064	294	6314[1]	316[1]	155[1]

[1] 1986
Quelle: FAO Production Yearbook 1972 und 1990 (Berechnungen des Verfassers)

Tab. 15.6: Produktivitätsentwicklung im internationalen Vergleich 1972–1990

Gleichzeitig entstand eine Düngemittelindustrie, die heute in der Lage ist, über 70% des Bedarfs zu decken. Die Belastung der Zahlungsbilanz konnte, trotz ständig steigender Einfuhrpreise, im Durchschnitt der letzten drei Jahre (1991/92–1993/94) auf 4,2% des Einfuhrwertes begrenzt werden; vordem hatte sie bis zu 8% betragen (vgl. Tab. 9.2).

Versuchen wir ein Fazit, so muß zunächst bereits Gesagtes (s. Kap. 6.3) in Erinnerung gerufen werden: die beachtlichen Produktionssteigerungen (vor allem bei Weizen) wurden mit einer bewußt in Kauf genommenen Verschärfung der regionalen Entwicklungsunterschiede, ferner mit einer stark gestiegenen Belastung sowohl der Böden (durch Düngemittel und Pestizide) als auch – mit großen regionalen Unterschieden – der Grundwasserreserven erkauft. Die (schon dramatische) Bodenerosion wird in ihrer Relevanz als Entwicklungsdeterminante im folgenden Kapitel zu untersuchen sein (15.2).

Unter diesem Blickwinkel, der stark gestiegenen Inputs und der damit verbundenen ökologischen Belastung der Natur, muß die auf den ersten Blick ebenfalls beachtlich erscheinende Entwicklung der *Produktivität* der vergangenen 15 Jahre (Tab. 15.5) differenziert gesehen werden. Gerade bei der Produktionsentwicklung von *Reis* zeigt der internationale Vergleich (Tab. 15.6), daß die Mehrzahl der (ebenfalls monsunabhängigen) Nachbarstaaten, gerade auch in der Ertragsentwicklung, bessere Ergebnisse aufzuweisen haben. Noch immer rangiert Indien hier, nach Thailand, und zusammen mit Bangla Desh an letzter Stelle unter den wichtigsten Reisproduzenten der Erde. Bei *Weizen* sieht die Situation kaum besser aus; hier ist allerdings zu berücksichtigen, daß der Anbau in einer Reihe von Staaten – Rußland, USA – großflächig und damit eher extensiv betrieben wird.

Darüber hinaus deuten die signifikanten *regionalen Unterschiede* in der *Produktivität*, vor allem aber der *Produktivitätsentwicklung* (Tab. 15.5) auf das Problem der Übertragbarkeit der Produktionserfolge hin: Es zeigte sich nämlich sehr bald (nach 1965), daß der für dieses Programm erforderliche massive Kapitaleinsatz derart flächendeckend wie beabsichtigt – in 114 der 352 Distrikte: s. o. – nicht annähernd durchzuhalten war. D. h. in der Praxis blieb man bei der weiteren Förderung derjenigen Gebiete, die infrastrukturell, vor allem was den Anteil der bewässerten Fläche anbelangt (s. Tab. 6.2 A, Sp. 5), bereits vergleichsweise weit entwickelt waren. Auch hier war die Folge, daß sich ebenso im Bereich der Produktivitätsentwicklung die regionalen Entwicklungsunterschiede insbesondere zwischen dem Punjab, Haryana und dem westlichen Uttar Pradesh auf der einen, sowie großen Teilen der Ost- und Zentralregion auf der anderen Seite rapide verschärften (Tab. 15.5, Sp. 6 und 11).

Es wird daher eine wichtige Aufgabe der zukünftigen indischen Agrarpolitik sein, die in den o. g. Gunstregionen angewandten und erprobten Maßnahmen modifiziert auf solche Regionen zu übertragen, die gleichfalls über ökologisch geeignete Areale für den Reis- und/oder Weizenanbau verfügen und die bislang wenig von einer „Grünen Revolution" gesehen haben. Dazu gehören die fruchtbaren östlichen Gebiete, die Bihar, Westbengalen, Orissa sowie Teile des östlichen Uttar Pradesh umfassen und aus denen immerhin 50% der indischen Reisproduktion stammen. Hier sind die Erträge bis heute vergleichsweise gering geblieben: Gegenüber den 32 dt/ha, die in Punjab erreicht werden, liegen die Erträge hier bei einem Drittel (s. Tab. 15.5, Sp. 4). Die Hauptaufgabe wird in Zukunft darin bestehen, in diesen Regionen eine gesicherte Bewässerung für zwei Anbauperioden zu gewährleisten, stärker als bisher Hochertragssorten einzuführen, den Dünge- und Schädlingsbekämpfungsmittelverbrauch zu steigern sowie den landwirtschaftlichen Beratungsdienst auszubauen.

Partizipation der Agrarbevölkerung

Die zweite Fragestellung bezieht neben dem wirtschaftlichen den *sozialen* Aspekt mit ein: Welche Schichten der Agrarbevölkerung sind die eigentlichen Nutznießer der Grünen Revolution? Und wer gehört zu den Verlierern dieser Entwicklung?

Bei den Antworten auf diese Fragen herrscht in der Forschung vielfache Übereinstimmung und die mitgelieferten Begründungen erscheinen plausibel. Ein Beispiel: „Die moderne Agrartechnik der ‚Grünen Revolution' kommt nicht allen bäuerlichen Schichten im gleichen Maße zugute. Die ‚Grüne Revolution' ist relativ kapitalintensiv, sie benötigt Betriebsmittel vom Markt (Saatgut, Dünger, Pflanzenschutzmittel, Maschinen), und sie beruht auf modernen agrartechnischen Methoden. Von daher ziehen größere Bauern, die über den Zugang zu Geld (z. B. staatliche Kredite), Betriebsmitteln und Beratung verfügen, überdurchschnittlichen Nutzen aus der ‚Grünen Revolution' (BOHLE 1989, S. 93). In diesem Sinne äußerten sich eine große Anzahl von Autoren (s. Bohle 1981, S. 150–152; KANTOWSKY 1972, S. 49; ROTHERMUND 1985, S. 166; v. URFF 1984, S. 55 u. a.).

Kurz: Die Politik der Grünen Revolution führte zu einer Akzentuierung der Ungleichheiten, einer Verschärfung der Kontraste zwischen armen und reichen Bauern.

Dieser Einschätzung liegt die Prämisse zugrunde, daß die größeren Bauern von den produktivitätssteigernden Ressourcen (Wasser, Dünge- und Schädlingsbekämpfungsmittel, Kredite) nicht nur eher, häufiger und intensiver Gebrauch machen *können* (was unbestreitbar ist), sondern auch tatsächlich – und das ist der Kernpunkt! – Gebrauch gemacht *haben*. Dieser entscheidende Unterschied erscheint allerdings vielfach nicht genügend beachtet worden zu sein.

In gegenteiligem Sinne zu den o. g. Autoren äußert sich der Agrarwissenschaftler v. BLANCKENBURG (in einer Entgegnung auf einen Artikel des Indien-Korrespondenten der FAZ *Thomas Ross*): „Ganz sicher unrichtig ist die These ..., die Grüne Revolution habe nur den mittleren und großen Bauern genutzt, nicht aber den Armen. Diese Behauptung hält sich besonders hartnäckig hierzulande. Zunächst übersieht *Ross*, wie die meisten Kritiker der Grünen Revolution, den Nutzen, den die Mehrerzeugung von Getreide der großen Zahl armer Städter gebracht hat. Ohne diese Mehrproduktion wären die Getreide- und Mehlpreise erheblich über das heutige Niveau gestiegen und hätten das Budget der kleinen Leute sehr stark belastet. Aber auch in der Bauernschaft ist die Anwendung der Saatgut-Dünger-Technologie nicht so ungleichmäßig wie behauptet. Es gibt eine Fülle von Untersuchungen, ... (die belegen), daß die kleinen Bauern mit einer zeitlichen Verzögerung die neue Technologie ebenfalls aufgegriffen haben und sie heute manchmal intensiver anwenden als die größeren. Es bleibt allerdings das bedauerliche Faktum, daß die vielen Millionen landloser Landarbeiter sehr geringen Nutzen gehabt haben" (FAZ vom 12. 12. 1988).

Was die Ressource „Bewässerung" im Hinblick auf den Reis- und Weizenanbau anbelangt, so liegen im Rahmen des Agricultural Census 1980–81 die bislang mit Abstand detailliertesten Untersuchungen (Totalerhebungen in sämtlichen Landesteilen mit Ausnahme der drei Bundesstaaten Himachal Pradesh, Punjab und Rajasthan, wo nur Sample-Befragungen durchgeführt wurden) nach Betriebsgrößenklassen zu dieser Problematik vor. Die in Tab. 15.7 zusammengestellten Untersuchungsergebnisse (und ebenso die zu der Installation von ‚Tube wells' – s. Tab. 15.3) bestätigen die erstgenannte Auffassung nicht. Im Gegenteil: Gerade bei den Eigentümern bis zu einer Betriebsgröße von 4 ha liegt sowohl der Mehrfachanbau-Index (Nr. 4) wie der Intensitätsindex (6) als auch der Anteil der bewässerten Reis- wie Weizenfläche (9 und 10) überdurchschnittlich hoch, während umgekehrt die „Großbauern" bei sämtlichen aufgeführten Indikatoren offensichtlich nur einen vergleichsweise geringen Gebrauch von der produktivitätssteigernden Ressource „Wasser" gemacht haben.

Dieses Resümee muß für sich allein noch keine generelle Falsifizierung der eingangs genannten These bedeuten. Die Heranziehung einer einzigen Ressource „Bewässerung" läßt dies nicht zu – schon deshalb, weil diese Daten keine Aussagen darüber enthalten, ob von dieser Ressource auch der richtige Gebrauch gemacht wurde (s. Kap. 15.1.3). Dennoch zeigten die obige Argumentation und dieser Befund, daß eine ganze Reihe von „Tatbeständen" hinterfragt werden müssen:

1. Ist die These von den wachsenden Einkommensdisparitäten zwischen großen und kleinen Landeigentümern wirklich das „Produkt" der Grünen Revolution? – eine „Revolution", die ja zweifellos nur in wenigen Landesteilen implementiert worden ist. Gab es überhaupt zur Saatgut-Dünger-Technologie eine wirkliche Alternative? Ein Weiterfahren mit den herkömmlichen Getreidesorten wäre mit großer Wahrscheinlichkeit eine Ka-

Nr.	Indikator	Betriebsgrößenklassen				
		Marginal-betriebe (< 1 ha)	Zwerg-betriebe (1–2 ha)	Klein-betriebe (2–4 ha)	Mittel-betriebe (4–10 ha)	Groß-betriebe (> 10 ha)
1	Anteil an der Fläche	12,1	14,1	21,2	29,6	23,0
2	Anteil an der Netto-Anbaufläche	12,5	14,8	21,7	29,8	21,2
3	Anteil an der Brutto-Anbaufläche	13,7	15,1	22,3	29,5	19,4
4	Mehrfachanbau-Index (3 : 2)[1]	1338	1248	1251	1211	1124
5	Anteil an der Netto-Bewässerungsfläche	18,6	18,0	23,7	26,8	12,9
6	Intensitätsindex (5 : 2)[2]	40,2	32,7	29,3	24,2	16,3
7	Anbau von Reis (Gesamtfläche = 100 %)	22,3	21,3	24,7	22,8	8,9
8	Anbau von Weizen (Gesamtfläche = 100 %)	15,9	15,3	22,6	29,0	17,2
9	Anteil der bewässerten Fläche an der Gesamtfläche: Reis[3]	41,4	39,7	38,9	39,5	37,5
10	Anteil der bewässerten Fläche an der Gesamtfläche: Weizen[4]	77,2	73,8	71,8	70,0	58,6

[1] Durchschnitt: 1223; [2] Durchschnitt: 26,9 %; [3] Durchschnitt: 39,7 %; [4] Durchschnitt: 70,2 %
Quelle: s. Tab. 15.3: 17, 39, 54, 57, 61 (Berechnungen des Verfassers)

Tab. 15.7: Anbau und Bewässerung in der indischen Landwirtschaft nach Betriebsgrößenklassen – Reis und Weizen 1980/81 (Angaben in % – außer 4)

tastrophe für die Nahrungsversorgung der Bevölkerung gewesen. Da, wie ausgeführt (Kap. 6), für die Produktionserhöhung kaum noch Reserveflächen zur Verfügung standen, blieb angesichts der bevölkerungsbedingt stark wachsenden Nachfrage kein anderer Weg als die Intensivierung über ertragreichere Sorten mit mehr Dünger und Wasseranwendung voranzutreiben.

2. Ist es bei der rapiden Marginalisierung der Betriebe (s. Kap. 15.1.) überhaupt noch zulässig, von Großbetrieben bzw. Großbauern zu sprechen? Vor allem aber: Bestehen nicht

3. regional und personell gravierende Unterschiede in der Innovationsbereitschaft und inwieweit sind diese betriebsgrößenneutral? Welche Faktoren spielen für die Entscheidung, welche Ressourcen in Anspruch genommen werden bzw. können, eine Rolle? Kurz: Ist das Zusammenspiel von Kausalkomponenten nicht doch wesentlich komplexer, als die eingangs aufgestellte These zum Ausdruck bringt? In dem Schlußkapitel wird (auch) auf diese Frage zurückzukommen sein.

15.2
Entwaldung und Bodenerosion

Wie in Kap. 2.4 dargelegt, war in historischer Zeit der allergrößte Teil Indiens mit Wald bedeckt. In den trockenen Teilen war es ein „Tropisch trockener laubabwerfender Wald" (vgl. Tab. 2.1 und Abb. 2.10) mit noch mehr oder weniger geschlossenem Kronendach (vgl. Kap. 2.4.3). Lediglich im trockensten Teil Indiens, im Rann of Kutch (westliches Gujarat) und der „Wüste" Thar – das Gebiet deckt sich etwa mit den 12 ariden Monaten in Abb. 2.3 – ist die potentielle natürliche Vegetation größtenteils eine geschlossene Baumstrauchgesellschaft (vgl. Kap. 2.4.3).

Vor diesem Hintergrund wird deutlich, in welchem Ausmaß die *Entwaldung* in Indien fortgeschritten ist. Dabei sind die amtlichen Angaben über die Waldfläche Indiens zwischen 705000 und 753000 km^2 (d. h. 23% bzw. 25% der Gesamtfläche) – letztere entspricht der amtlichen Waldtypenkarte Indiens (s. Abb. 2.10a und b und Tab. 2.1) – noch sehr „geschönt": etwa die Hälfte der Waldfläche ist bereits mehr oder weniger stark degradiert (s. Kap. 2.4.2) bis hin zu degradierten Dornbuschformationen („thorny thickets", vgl. Kap. 2.4.3). Nach MEHER-HOMJI (1989) nehmen die eigentlichen Wälder kaum 10% der Gesamtfläche Indiens ein. Danach wäre die Fläche der unterschiedlichen Restwälder des Landes deutlich weniger als halb so groß wie in Abb. 2.10 dargestellt. Selbst bei 12–13% Waldfläche (ABROL 1990) – wobei die Dichte des Kronendaches mindestens 40% betragen muß – kommen in Indien pro Einwohner nur 0,04 ha Wald, gegenüber einem Durchschnittswert auf der Erde von 1 ha. Durch die Zunahme der Bevölkerung (vgl. Kap. 3), besonders durch die noch viel raschere Zunahme der Schafe und vor allem der Ziegen (vgl. Kap. 2.4.4), schreitet die Entwaldung immer weiter fort.

Diese Waldvernichtung begünstigt zusammen mit der zunehmend intensiveren agraren Nutzung (Kap. 6.3, 15.1), besonders dem Trockenfeldbau, in welchem die Felder 5–7 Monate brachliegen (s. u.), sehr stark die *Bodenerosion*.

Messungen der Sedimentfrachten von Flüssen sowie Sedimentationsraten in Stauseen wurden in allen Landesteilen durchgeführt, jedoch sind direkte Messungen der Bodenerosion in den verschiedenen Landeseinheiten Indiens noch relativ selten, vor allem im Vergleich mit dem sehr aufwendigen Meßprogramm in den USA. Hier wurden über mehrere Jahrzehnte an 49 Forschungsstationen in 27 Staaten die quantitativen Auswirkungen der den Bodenabtrag beeinflussenden Faktoren – insbesondere unterschiedliche Niederschlagstypen, Böden, Hangneigungen und -längen, Anbaufrüchten und Bearbeitungsmethoden ermittelt. Die statistische Auswertung von mehr als 10000 Jahresmessungen von Abfluß und Bodenverlust unter den verschiedenen o. g. Faktoren führte zur „Universellen Bodenverlustgleichung" („Universal Soil Loss Equation", USLE); sie erlaubt, das durchschnittliche Ausmaß des Bodenverlustes bei jeder Kombination der o. g. Faktoren zu berechnen (zusammenfassend WISCHMEER/SMITH 1978).

Durch Berechnungen des Bodenabtrags auf der Basis dieser Bodenverlustgleichung, mit Hilfe der o. g. Messungen, für indische Verhältnisse modifiziert, kommen NARAYANA/BABU (1983) zu folgenden Daten:

Für Indien insgesamt ergibt sich danach ein jährlicher Bodenabtrag von 5334 Mill. t, was einem Abtrag von 16,35 t/ha entspricht – zum Vergleich gelten in den USA Bodenabtragswerte von 4,5–11,2 t/ha noch als tolerierbar (MANNERING 1981). Davon werden zwar 61% auf der Bodenoberfläche selbst umgelagert, aber 28% gehen durch Sedimentation im Meer endgültig verloren. Entlang vieler Flüsse, so besonders von Yamuna, Chambal, Sabarmati, Mahi und Narmada sind bereits 40000 km^2 durch Schluchtenerosion badlandartig zerstört, oft bis mehrere Kilometer Entfernung von den Flüssen. Die restlichen 10% werden in Stauseen abgelagert, wodurch deren Lebensdauer z. T. drastisch reduziert wird; im Vergleich zur ursprünglichen Planung ergibt sich eine Verkürzung um das 1,5 bis 22fache (ABROL 1990: Tab. 6). So hat nach diesem Autor z. B. die Staukapazität des Nizam Sagar-Dammes (Andhra Pradesh) in 44 Jahren um 63% abgenommen, die des Kateri-Dammes in den Nilgiris in

20 Jahren sogar um 100%. Die Bodenabtragswerte sind natürlich regional sehr unterschiedlich. Besonders hohe Werte wurden in der o. g. Zusammenstellung von NARAYANA/BABU (1983) für die *Vertisol-Region* i. e. S. (673 500 km^2) genannt. Für die landwirtschaftlich genutzte Fläche (523 000 km^2) wird hier ein durchschnittlicher Bodenabtrag von 64,5 t/ha angegeben; das entspricht – bei einer zugrunde gelegten Dichte von 1,4 – einer Bodenerosion von 45 cm/100 Jahren! Dieser sehr hohe Wert ist einerseits nur durch Meßergebnisse von drei Versuchsstationen vor allem auf Sorghum-Feldern (a. a. O., Tab. 15.8) und den darauf aufbauenden o. g. Berechnungen belegt. Jedoch wird dieser enorm hohe Bodenverlust in seiner Größenordnung bestätigt durch Bodenkartierungen in Maharashtra: danach hatte eine Fläche mit Vertisolen, die eine Mächtigkeit von ≥ 60 cm aufwies, von 1910 bis 1960 von 45% auf 18% abgenommen (ABROL 1990). Im Distrikt Sholapur/Maharashtra nahm eine Fläche mit „mächtigen Vertisolen" (im allg. > 80 cm) von 46% in 75 Jahren auf 28% ab (KRANTZ u. a. 1978). Bei den sehr weit verbreiteten Vertisolen mittlerer (45 – ≤ 80 cm) und geringer Mächtigkeit (≤ 45 cm) ist das bereits sehr bedenklich, auch wenn die Böden vom liegenden Trappbasalt noch durch mehr oder weniger feinkörnigem Verwitterungsmaterial getrennt sind (vgl. Kap. 2.5.1, Punkt III). Insbesondere die Stufen des Trappbasaltes in Lee der Westghats sind bereits weitgehend von Boden und Verwitterungsmaterial entblößt. Wahrscheinlich ist dennoch der o. g. Durchschnittswert von 64,5 t/ha/Jahr zu hoch, auch weil die Bodenerosion in den Gebieten mit Bewässerungsfeldanbau (vgl. Kap. 15.1.2, Abb. 15.3) sicherlich wesentlich geringer ist. In einer neuen Karte der Isolinien gleichen Bodenabtrags (SINGH u. a. 1990) liegen große Teile der Vertisol-Region zwischen 10 und mehr als 20 t/ha/Jahr, was immer noch einer Bodenerosion von 7 bis 14 cm in 100 Jahren entspricht. Auf dem Gelände der ICRISAT-Forschungsstation nordwestlich Hyderabad wurden auf einem Testhang mit nur 0,6% Gefälle (Gefällsrichtung ist jedenfalls unter 3% mit bloßem Auge nicht mehr sichtbar) immer noch durchschnittliche Bodenverluste von fast 7 t/ha/Jahr zwischen 1976 und 1980 gemessen. – Unter *Wald* (150 000 km^2) wird die Bodenerosion dagegen mit 0–0,5 t/ha/Jahr angegeben, nur in Extremfällen werden Bodenverluste auf 3–5 t/ha/Jahr geschätzt (NARAYANA/ BABU 1983, Tab. 1).

Gründe für die besonders hohen Bodenverlustraten in den Vertisol-Gebieten sind einmal, daß diese Böden wegen ihrer ungünstigen bodenphysikalischen Eigenschaften (vgl. Kap. 2.5.1, Punkt III) größtenteils erst nach der Monsunperiode bearbeitet werden. Während der 5–7 Monate dauernden Zeit der Brache ist der Boden schutzlos Wasser- und Winderosion ausgesetzt. Untersuchungen zur o. g. Bodenverlustgleichung (USLE) ergaben z. B., daß die Bodenerosion bei Brachland 30,8 (!) mal so hoch ist wie unter Grasvegetation. Über das Ausmaß der Winderosion liegen keine Meßergebnisse vor. Allerdings macht die drastische Abnahme des Tongehaltes vom Bt- zum AB-Horizont in zwei „Red Soils", die nicht auf Tonverlagerung zurückgeführt werden kann (vgl. BRONGER/BRUHN 1989; BRUHN 1990) bei gleichzeitiger Zunahme des relativen Smektitgehaltes in der unmittelbaren Nachbarschaft von Vertisolen auf dem o. g. ICRISAT-Gelände einen beträchtlichen äolischen Staubeintrag von den smektitreichen Vertisolen mindestens wahrscheinlich. Die Wassererosion setzt dann (spätestens) mit dem Beginn des Monsuns ein. Aufgrund seiner polygonal angeordneten Schrumpfrisse ist die Infiltrationsrate anfangs sehr hoch. Da die Risse sich nach anfänglichem ergiebigen Regen von 25–100 mm bereits nach einer Stunde schließen können (zusammenfassend MURTHY 1988), kann dann die Infiltrationsrate schlagartig auf bis 0,2 mm/Std. abnehmen (a. a. O., Tab. 3). Weitere Monsunregen, besonders wenn sie, wie häufig, als Starkregen niedergehen (z. B. Abb. 2.8 und 2.9), bewirken dann die o. g. z. T. sehr hohen Bodenabtragsraten durch Wassererosion.

Ergebnisse von Bodenabtragsmessungen im Gebiet der „Red Soils" i. e. S. (vgl. Kap. 2.5.2), das mit 720 000 km² fast ein Viertel der Fläche Indiens ausmacht, sind eher noch seltener. Die landwirtschaftlich genutzten Flächen sind schon deshalb nicht ganz so stark durch Bodenerosion gefährdet, da sie infolge deutlich geringerer Nutzwasserkapazitäten (s. u.) *in der Monsunzeit* bestellt werden. Dadurch werden sie vor den monsunalen Starkregen besser geschützt, jedoch bedecken die Feldfrüchte den im Vergleich zu den Vertisolen weit weniger fruchtbaren „Red Soil" nur recht unvollkommen. Die Verluste durch Bodenabtrag liegen nach NARAYANA/BABU (1983, Tab. 1) unter Sorghum bzw. Mais mit 2,5° Hangneigung bei 3,5 t/ha/Jahr. Ebenfalls 3,6 t/ha/Jahr wurden auf dem Gelände des ICRISAT (s. o.) bei nur 0,6° Hangneigung gemessen (EL-SWAIFY et al. 1985).

Die pauschale Angabe von 40 t/ha/Jahr für die „Red Soil"-Gebiete (NARAYANA/BABU 1983, S. 419) ist sicherlich zu hoch, jedoch zeigt die o. g. Karte der Isolinien gleichen Bodenabtrags (SINGH u. a. 1990) für die größten Teile dieser Böden Abtragswerte von 10 t/ha/Jahr, was immer noch einer Bodenerosion von 7 cm/100 Jahren entspricht. Unter Wald liegt nach beiden Veröffentlichungen die Rate mit 0,5–5 t/ha/Jahr wesentlich darunter, unter Brandrodungsfeldbau (shifting cultivation) mit > 40 t/ha/Jahr allerdings besonders hoch. Diese Gebiete mit größerer Ausdehnung liegen insbesondere im Dreiländereck Andhra Pradesh – Orissa – Madhya Pradesh und in den Hügelgebieten Nordostindiens; hier sind unter Wald die Abtragswerte mit ≤ 2,9 t/ha/Jahr wiederum um ein Vielfaches geringer. Das bedeutet zusammengefaßt, daß die *Bodenerosion anthropogen sehr verstärkt* wurde; wobei die Einführung der Landwirtschaft, verbunden mit einer großflächigen Entwaldung in Indien vor 4500 Jahren begann (MEHER-HOMJI 1989; vgl. Kap. 2.4.4).

Eine durch Bodenerosion reduzierte Bodenmächtigkeit hat eine erhebliche *Abnahme der Bodenerträge* zur Folge, wie Tabelle 15.8 zeigt (ABROL 1990, RAMA MOHAN RAO u. a. 1990).

Geringe Erträge bedeuten natürlich wiederum erhöhte Bodenerosion.

Um zu einer Beurteilung dieser Bodenerosionswerte im Hinblick auf den Landschaftshaushalt, d. h. aus landschafts-ökologischer Sicht (vgl. Kap. 2.1) zu kommen, war eine Rekonstruktion der Landschaftsentwicklung, insbesondere des Klimas (Kap. 2.3), damit der Vegetation (Kap. 2.4) und insbesondere der Geneseder Böden (Kap. 2.5, besonders 2.5.2) notwendig. Hierzu muß erwähnt werden, daß vielfach in der geomorphologischen Literatur bis vor kurzem das Leistungsvermögen der tropischen Verwitterung jedenfalls im (heute) wechselfeucht-semiariden Klima oft bei weitem überschätzt wurde. Einen starken Einfluß in dieser Richtung übte die Theorie des „Mechanis-mus der Doppelten Einebnung" von BÜDEL (bes. 1965, 1977, 1986) aus. Nach ihm ist eine „Verwitterungs-Basisfläche" – d. h. der Grenzbereich Boden-Saprolit – von der Spüloberfläche in Südindien durch einen im Mittel 4–10 m mächtigen „monogenetischen Rotlehm" getrennt. Dieser entsteht nach BÜDEL vornehmlich im Holozän und jüngeren Pleistozän durch tiefgründige chemische Verwitterung, die rascher in die Tiefe greifen soll als die Spüldenudation.

Demgegenüber konnte an Beispielen von „Red Soils" i. e. S. gezeigt werden (Kap. 2.5.2), daß intensiv verwitterte Rotlehme mit Kaolinitdominanz größtenteils *Paläoböden* sind, gebildet in einem viel feuchteren Klima im Tertiär. Heute

Entwaldung und Bodenerosion

Boden		mächtig	mittelmächtig	geringmächtig
Vertisol	Baumwolle (dt/ha)	16,7[1]	10,4[1]	9,9[1]
	Sorghum (dt/ha)	32,0[2]	–	2,2[2]
		121,3[3]	–	10,3[3]
„Red Soils"	Sorghum (dt/ha)	19,5[4]	14,8[4]	0,8[4]
		40,0	35,7*[5]	27,5
		–	12,5[6]	7,9[6]

[1] Durchschnitt der drei Jahre 1985/86 bis 1987/88 und von vier Anbaumethoden; [2] Bijapur; [3] Solapur; [4] Hyderabad; [5] unweit Bellary; [6] Chitradurga; * bewässert.

Tab. 15.8: Abnahme der Bodenerträge in Indien durch Bodenerosion

geht die Verwitterung, insbesondere die Tiefenverwitterung (an der „Verwitterungs-Basisfläche" i. S. BÜDELS) nur noch oberhalb etwa 2000 mm Niederschlag bzw. = 6 humider Monate weiter. Unter *heute* wesentlich trockeneren Bedingungen wie in den meisten Teilen Indiens (vgl. Abb. 2.3–2.5) ist die pedochemische Verwitterung sehr stark verlangsamt bzw. nahezu zum Stillstand gekommen. Selbst unter natürlichen Bedingungen, d. h. unter einem trockenen, laubabwerfenden Wald (vgl. Kap. 2.4.2) ist die Bodenerosion größer als die das Solum vertiefende Verwitterung.

Eine *anthropogen sehr verstärkte Bodenerosion* kann in vielen Bereichen Indiens *mittelfristig bereits zu katastrophalen Auswirkungen* führen, wie die zunehmenden Inselbergareale, die von Böden weitestgehend entblößt sind (etwa in der Umgebung von Hyderabad), zeigen (BRONGER 1985). Eine Karte im „Atlas of Agricultural Resources of India" (DAS GUPTA 1980) zeigt für sehr große Teile Indiens südlich des Ganges-Tieflands sowohl für Vertisol- als auch „Red Soil"-Gebiete Bodenmächtigkeiten von nur noch 50–100 cm an, wobei sicherlich nicht zwischen Böden und Bodensedimenten unterschieden wurde. In weiteren größeren Bereichen, z. B. im Satpura-Höhenzug (vgl. Kap. 2.5.2, Punkt 3) oder in einem noch größeren Gebiet im Dreiländerbereich Madhya Pradesh – Orissa – Andhra Pradesh – sicherlich vor allem verursacht durch den o. g. Brandrodungsfeldbau – sind die Böden i. w. S. nur noch 20–50 cm mächtig. Dazu wird die Bildung des Humus, der vor allem in den kaolinitreichen, d. h. an Austauschkapazität armen „Red Soils" der wichtigste Nährstoffträger sein könnte, ständig reduziert, da abgestorbene organische Substanz (Holz- und Wurzelreste) sowie Kuhfladen zu Feuerungszwecken laufend gesammelt werden; beides wäre für die Düngung und biologische Belebung des Bodens sehr wichtig. Der Abtransport von getrockneten Kuhfladen beträgt immerhin 60–80 Mill. t, was einer Menge von 300–400 Mill. t Kuhmist entspricht (SINGH 1990, S. XII).

Der *Boden als wichtigste Naturressource Indiens* sollte durch ein nationales Bodenschutzprogramm stärker geschützt werden! Bis 1987 sind nach ABROL (1990, Tab. 8) erst gut 300 000 km² in ein Bodenkonservierungsprogramm einbezogen. Es wäre darüber hinaus u. a. nötig, auch die arme Bevölkerung auf dem Lande mit „cooking gas" ausreichend zu versorgen.

16 Überlebensstrategien im ländlichen Indien – Versuch einer Bilanz

16.1
Ursachen und Perspektiven der „Entwicklung": Methodische Fragestellungen

Ein solcher Versuch sieht sich einem permanenten Dilemma gegenüber: Bei einem Land von der zweieinhalbfachen Größe der Europäischen Gemeinschaft können die wenigsten Aussagen allgemeingültig und zutreffend für alle Landesteile sein. Am Beispiel der vieldiskutierten „Grünen Revolution" ist diese Problematik, genauer: die Partizipation der sozialökonomischen Schichten der Landbevölkerung an den Erfolgen dieser Strategie zuletzt besprochen worden (Kap. 15.1.4). Für die beiden übrigen Wirtschaftsbereiche wäre im gleichen Sinne zu fragen: Wie, in welcher Weise waren die einzelnen Bevölkerungsschichten (auch) an der industriellen Entwicklung und dem damit verbundenen Ausbau des Dienstleistungssektors beteiligt? Und da Gesamtentwicklung eines (jeden) Landes nicht allein Mitwirkung und Teilhabe („Partizipation") der Menschen bedeutet, sondern „Entwicklung" auch den sozialen Wandel im Sinne der Veränderung, Modernisierung der traditionalen Gesellschaftsstruktur beinhaltet, ist zu fragen: Wie steht es mit der Stringenz des Kastensystems als sozialem und wirtschaftlichen Lebensprinzip im heutigen Indien?

Wenn diese weitreichende Zielsetzung, eine Bilanz nach 45 Jahren Unabhängigkeit zu ziehen, hier nur für das *ländliche* Indien versucht werden soll, dann erscheint dies aus folgenden Gesichtspunkten heraus begründbar und damit gerechtfertigt:

– Auch heute, an der Schwelle zum 21. Jahrhundert, leben noch 77% der Inder auf dem Lande in ca. 640 000 Gemeinden (mit bis zu 20 000 Einw.).
– Im Unterschied zu den industrialisierten Ländern der Nordhemisphäre spielt in den Klein- und Mittelstädten (bis 100 000 Einw.), immerhin 1292 der 1592 Städte insgesamt, der agrarwirtschaftliche Sektor mit bis zu 20% der Erwerbstätigen auch in der Gegenwart eine wichtige Rolle für die dort lebenden Menschen.
– Auf das Gesamtwachstum bezogen, übertrifft der ländliche den städtischen Bevölkerungszuwachs absolut gesehen bis heute um fast das Doppelte – 1981 bis 1991 nahm er um 105 Millionen gegenüber 59 Millionen in den Städten zu.
– Das bedeutet auch: Von einer Landflucht größeren Ausmaßes kann in Indien im Unterschied zu vielen Entwicklungsländern deshalb nicht gesprochen werden. Noch heute dominiert bei den Wanderungsbewegungen eindeutig die Land-Land-Migration mit einem fast vierfachen Volumen gegenüber der Land-Stadt-Migration.
– Im Unterschied zu der großen Mehrzahl der Länder der „Dritten" Welt ist die traditionelle Verachtung des städtischen Lebens, in der hinduistischen Mentalität tief verwurzelt, gleichzeitig eine wesentliche Ursache für die o. g. begrenzte Landflucht mit nachfolgender geringer Urbanisierungsquote.

Kurz: Der ländliche Raum ist nach wie vor der typische Lebensraum der Inder. Und: Die Zukunft Indiens wird von der auf dem Lande erreichten „Entwicklung", einer *inneren Entwicklung* im Sinne des sozialen Wandels, der Veränderung der Gesellschaftsstruktur sowie gleichzeitig einer *äußeren Entwicklung*, der Partizipation möglichst vieler Menschen an den wirtschaftlichen Errungenschaften entscheidend abhängen. Sie ist nicht allein ein integraler Bestandteil, sondern das wichtigste Element der Gesamtentwicklung des Landes.

Mit ihrem Slogan „Garibi Hatao!" („Vertreibt die Armut!") feierte Indira Gandhi und ihre Kongreßpartei im März 1971 mit der Eroberung einer Zwei-Drittel-Mehrheit im Zentralparlament einen eindrucksvollen Wahlsieg. Was aber ist von diesem weitreichenden Ziel erreicht worden? Von den bis heute ungelösten Problemen seien drei der wichtigsten hier nochmals genannt:
- Armut hat bis heute in Indien Massencharakter. Nach indischen Angaben lebten 1987/88 auf dem Lande 196 Millionen Menschen, das entspricht 33,4% unter der Armutsgrenze von 14 US-Dollar monatlichem Einkommen pro Kopf. Nach Berechnungen der Weltbank lag dieser Anteil sogar noch wesentlich höher (s. Tab. 14.3).
- Es existiert ein ausgeprägtes Entwicklungs- (nicht nur Einkommens-) Gefälle von der nationalen Maßstabsebene (Punjab – Bihar: Kap. 10) bis hinunter auf die lokale, d. h. Gemeindeebene, was sich insbesondere in der Korrelation Kastenzugehörigkeit: Landbesitz manifestiert (s. Tab. 12.2).
- Das Kastensystem als dominantes Strukturprinzip nicht nur im sozialen, sondern auch im wirtschaftlichen und politischen Lebensbereich hat im ländlichen Indien weitgehend seine Gültigkeit behalten. Daraus resultiert eine häufig sehr ungleiche Partizipation des Individuums an der Gesamt-, auch der wirtschaftlichen Entwicklung (s. Kap. 12, 14 und 15).

Ungeachtet dieser gravierenden Entwicklungsdefizite haben sich die Lebensverhältnisse in vielen Bereichen für die Mehrzahl der ländlichen Bewohner Indiens in den vergangenen Jahren verbessert. In Anbetracht der enormen Bevölkerungszunahme von 300 Millionen Menschen allein in den vergangenen 20 Jahren (s. u. Tab. 16.1) stellt dies ohne Zweifel eine beachtliche Leistung dar.

Für dieses zugegeben sehr generalisierende Statement lassen sich immerhin wesentliche Tatbestände anführen:
- Anstieg der Pro-Kopf-Nahrungsmittelproduktion von 1950 bis 1990 um 40%.
- Während zur Zeit der Unabhängigkeit (1947) weniger als 0,5% der ländlichen Haushalte an das Elektrizitätsnetz angeschlossen waren, sind es derzeit über 50%.
- Die Trinkwasserversorgung, wesentlicher Aspekt der Verbesserung der Lebensqualität, hat sich in den Dörfern nachhaltig verbessert.
- Heute hat zumindest jede zweite Gemeinde ihre Elementar- und jede zehnte zusätzlich eine Mittelschule – 1947 war man von dieser Entwicklung noch weit entfernt.
- Als Wohlstandsindikatoren haben Radio und jüngst sogar das Fernsehen auch in den Dörfern ihren Einzug gehalten.

Zielsetzung dieser Bilanz ist der Versuch, die konkreten *Ursachen* für diese positive Entwicklung, aber auch die der bis in die Gegenwart bestehenden Defizite zu analysieren sowie die *Zukunftsprobleme* und *-perspektiven* zu diskutieren. Diese weitreichende Aufgabenstellung kann nicht für 700 Millionen Menschen des ländlichen Indien allgemeingültig beantwortet werden. Vielmehr soll am Beispiel einer Gemeinde die konkrete Lebenssituation der Bewohner einschließlich ihrer Veränderungen im Verlauf der vergangenen 35 Jahre aufgezeigt werden. Zur Beantwortung der Frage nach der (unterschiedlichen) Partizipation der sozialen Gruppen an der Entwicklung ist (wiederum) die kastenspezifische Bestandsaufnahme der Beispielgemeinde notwendig. Sie wurde für 1955 und 1990 für sämtliche 247 bzw. 458 Wohnstätten, weitgehend identisch mit den Haushalten der 26 (1955: 27) Kasten, erhoben bzw. rekonstruiert (s. Abb. 16.1.1 und 2).

Dieser Entschluß, und das sogar in einer abschließenden Bilanz, sich auf die „Keimzelle des indischen Lebens" (zurück) zu orientieren (s. Kap. 12.1.3), wird stets eine Diskussion um die Relevanz derartiger kleinräumiger Einzelstudien auslösen. Aber: Die indische Gesellschaft ist nun einmal, und das bis heute, in erster Linie eine Dorfgesellschaft. Nur die detaillierte Analyse einer ihrer Keimzellen gibt uns die Chance, möglichst tief in die konkrete Lebenssituation einschließlich ihrer Veränderungen der Landbewohner vorzudringen, um damit das Zusammenspiel der Kausalfaktoren der gegenwärtigen und zukünftigen Entwicklung erfassen zu können.

Für die Analyse wurde die auf dem Malwa-Plateau (Madhya Pradesh) gelegene Gemeinde *Jamgod* ausgewählt. Folgende Auswahlkriterien erschienen für unsere Aufgabenstellung relevant:

1. Lage und funktionale Zuordnung
   – zentrale Lage innerhalb Indiens, gleichzeitig in der topographischen Mitte zwischen den Metropolen Bombay und Delhi und damit
   – größere Distanz zu einem Superzentrum, d. h. außerhalb des Einflußbereiches einer der 4 Großmetropolen (> 5 Mill. Einw.) des Landes und zusätzlich
   – außerhalb des unmittelbaren Einzugsgebietes (= Umland) eines Großzentrums (Indore).

Dies sind Lagekomponenten (Ausnahme: Topographie), wie sie für vier Fünftel der über 635 000 ländlichen Gemeinden Indiens ebenso zutreffen.

2. Größtmögliche Repräsentanz im Entwicklungsstand der Region im gesamtindischen Kontext: Nach der erwähnten Studie des Centre for Monitoring Indian Economy, Bombay (s. Kap. 10) bewegte sich der wirtschaftliche Entwicklungsstand des zugehörigen Distriktes (Dewas) im Jahre 1985 mit einer Indexpunktzahl von 94 in etwa im gesamtindischen Rahmen (= 100; vgl. Abb. 10.2). – Ausschlaggebend für die Wahl Jamgods war jedoch

3. der Stand der Erforschung, hier: der Umstand, daß diese Gemeinde von dem englischen Sozialanthropologen *A. C. Mayer* Mitte der 50er Jahre eingehend untersucht worden ist (MAYER 1960). Damit bot sich die seltene Gelegenheit, Aspekte der seinerzeitigen sozialen und wirtschaftlichen Lebenssituation der Dorfbewohner mit ihrer gegenwärtigen Situation im Hinblick auf ihre *Überlebenschancen* gegenüberzustellen – angesichts der enormen Bevölkerungszunahme auch der ländlichen Bevölkerung Indiens eine der entscheidenden Fragen, mit denen sich das Land konfrontiert sieht.

Hinsichtlich der *ökonomischen* Entwicklungsperspektiven des Dorfes im Zusammenhang mit dessen Bevölkerungswachstum gelangt *Mayer* seinerzeit zu der recht düsteren Prognose: „Die gegenwärtige Bevölkerungszahl von ca. 900 Bewohnern scheint das Maximum dessen zu sein, was Landwirtschaft und Dorfhandwerk ernähren können" (MAYER 1960, S. 20). Nach der neuesten Bevölkerungszählung vom März 1991 ist die Bevölkerungszahl der Gemeinde seitdem um fast das 2,5fache angewachsen; damit lag die Zunahme sogar über der Gesamt-

Jahr	Jamgod		Dewas Municipality		Dewas District		Indien	
	Ew.	Index	Ew.	Index	Ew.[1]	Index	Ew.[2]	Index
1901	589	100	15408	100	229	100	238	100
1911	718	122	15289	99	275	120	252	106
1921	499	85	14970	97	268	117	251	105
1931	854	145	16816	109	307	134	279	117
1941	919	156	22949	149	326	142	319	134
1951	854	145	27879	181	345	151	361	152
1955	*912*	*155*						
1961	1050	178	34577	224	447	195	439	184
1971	1308	222	51548	335	594	260	548	230
1981	1726	293	83356	541	795	347	683	287
1990	*2113*	*359*						
1991	2251	382	163699	1062	1033	451	846	355

[1] Angaben in 1000; [2] Angaben in Mill.
Quellen: Census of India 1901–1991 (außer Jamgod); MAYER, 1960: 20 (für Jamgod 1901–1955); eigene Untersuchungen (für Jamgod 1990). (Berechnungen des Verfassers)

Tab. 16.1: Ramkheri/Jamgod – Bevölkerungsentwicklung im 20. Jahrhundert (1901 = 100)

Indiens (Tab. 16.1). Dabei erfolgte weder eine Veränderung der Gemarkungsfläche (1277 ha) noch eine nennenswerte Abwanderung. Auch hat sich das Dorfhandwerk in den vergangenen 35 Jahren nicht erkennbar weiterentwickelt. Und dennoch haben sich die Lebensverhältnisse allem Anschein nach für viele der Dorfbewohner keineswegs verschlechtert. Äußeres Anzeichen dieser Entwicklung ist u. a. der Tatbestand, daß Radio in 28,8% und TV in 16,2% der Haushalte Einzug gehalten haben (s. u. Tab. 16.8). Unsere Gemeinde ist hierin keineswegs ein Einzelfall: die entsprechenden Daten liegen für das ländliche Indien eher noch höher (vgl. TATA 1992/93, S.11 – für April 1992).

16.2
Entwicklung I: Agrarsektor

Die eingangs genannte Frage nach den Ursachen für die insgesamt gesehen positive Entwicklung für die Mehrzahl (auch) der Bewohner Jamgods sei zunächst für den *Agrarsektor* beantwortet. Folgende Fragen waren dabei zu untersuchen:

1. Welche Maßnahmen sind zur Intensivierung der Landwirtschaft ergriffen worden, um der wachsenden Bevölkerung eine verbesserte Lebensgrundlage zu bieten?
2. Hat die gegenwärtige Agrarproduktion ihr Ertragsmaximum erreicht? Welche limitierenden Faktoren existieren, die bis heute die Ertragsproduktivität beeinflussen?
3. Welche Verbesserungsmöglichkeiten bestehen im Hinblick auf die langfristige Sicherung der Lebensgrundlagen einer rasch anwachsenden Bevölkerung?

Zur Beantwortung dieser Fragen war eine detaillierte Bestandsaufnahme sowohl der naturräumlichen Voraussetzungen als auch der agrarökonomischen Entwicklung notwendig. Dazu gehörten die zeitliche (jährliche, monatliche und tägliche) Verteilung der Niederschläge seit 1950, Untersuchungen zu den Boden- und Grundwasserverhältnissen sowie zu den Veränderungen des Anbauspektrums seit 1950 einschließlich der Produktionsergebnisse der wichtigsten Nahrungs- und Marktfrüchte seit 1976/77.

Hinsichtlich der Frage nach der unterschiedlichen Partizipation der sozialen Gruppen an der agrarwirtschaftlichen Entwicklung – und damit nach der heutigen Stringenz des Kastensystems als sozialem und wirtschaftlichen Lebensprinzip im ländlichen Indien – erschien die *kastenspezifische Analyse* der Entwicklung (Veränderung) der Landeigentums- als auch der Bewässerungsverhältnisse 1955–1990 sowie der Siedlungsentwicklung für den gleichen Zeitraum unumgänglich. Mit letzterer wollen wir beginnen (zum folgenden: s. BRONGER 1991, S. 294f.).

16.2.1
Kastenstruktur und Siedlungsentwicklung (Einführung)

Die kastenspezifischen kartographischen Aufnahmen von 1955 und 1990 (Abb. 16.1.1 und 2.1–2) dokumentieren die damals wie heute existenten wichtigen Merkmale des Kastensystems. Die sich aus 26 Kasten, davon 24 im Kerndorf selbst (1955:27) zusammensetzende Bevölkerung siedelt damals wie heute mehrheitlich in *Kastenvierteln*: besonders augenfällig naturgemäß im Falle der mitgliederstärksten Kasten der Khati, Rajput, Bhilala, Teli, Balai und Chamar, aber auch bei den Muslims (Pinjaras). Ebenso bildet der Großteil der mitgliederschwächeren Kasten mehrheitlich eigene Viertel bzw. siedelt in enger Nachbarschaft: die Brahmanen im mittleren Norden (in räumlicher Nähe zu den nächstrangigen Rajputs), die Gosain, die Sutar (in zwei Nachbarschaften), die Kumhar und ganz besonders eindeutig die Nath, Lohar, Gari, Darzi und Doli. Zusammengefaßt haben sich die Viertelschwerpunkte in ihrer Lage innerhalb des Dorfes selbst nicht geändert. Die allermeisten Familien leben in den gleichen Häusern oder ganz in deren Nähe. Die einzige wesentliche Ausnahme bilden die 5 Familien der Ahir-Kaste, die vom Dorfinneren (im nördlichen Teil – Abb. 16.1.1) an den westlichen Rand gezogen sind.

Auch in der Anordnung der neuen – insgesamt 92 – Wohnstätten entlang des Zufahrtsweges zur Bhopal Road (Abb. 16.1.2.2) sind deutliche Siedlungsschwerpunkte nach Kastenzugehörigkeit zu erkennen – eine Feststellung, die eindeutig für die Stringenz der Lebensform „Kaste" auch für die Gegenwart spricht: die 12 Chamar-Haushalte im Süden, gegenüber die rangmäßig nahestehenden Balai, Bargunda und Bhangi; die Pinjara und Bhilala im mittleren Abschnitt, anschließend die Gosain und Brahmanen und schließlich die Khatis im Norden nahe der Fernstraße, während die Mehrheit (4 Haushalte) der Balai nördlich davon siedelt.

Kurz: In dem gegenüber 1955 in der Anlage der Kastenviertel kaum veränderten heutigen Siedlungsbild (Grundriß) findet die Beharrungskraft der *Kaste als soziales System* ihren sichtbaren räumlichen Ausdruck. Wie in den allermeisten Regionen Indiens können wir auch im Falle Jamgods nach wie vor von einem „Kastendorf" sprechen.

16.2.2
Verteilung der Produktionsfaktoren Boden und Wasser nach Kastenzugehörigkeit

Bei dem infolge der Bevölkerungsentwicklung gerade der letzten 40 Jahre immer knapper werdenden Produktionsfaktor Boden ist die *Größe des Landbesitzes* ausschlaggebend für das wirtschaftliche Ansehen und den diesbezüglichen Einfluß einer Kaste, aber auch des einzelnen. Auf

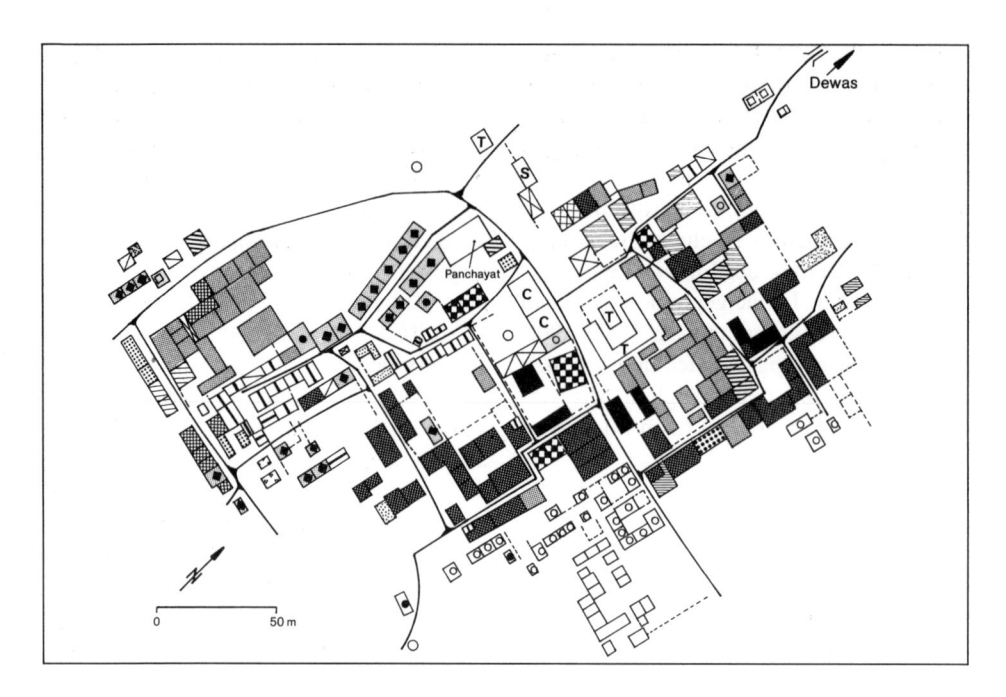

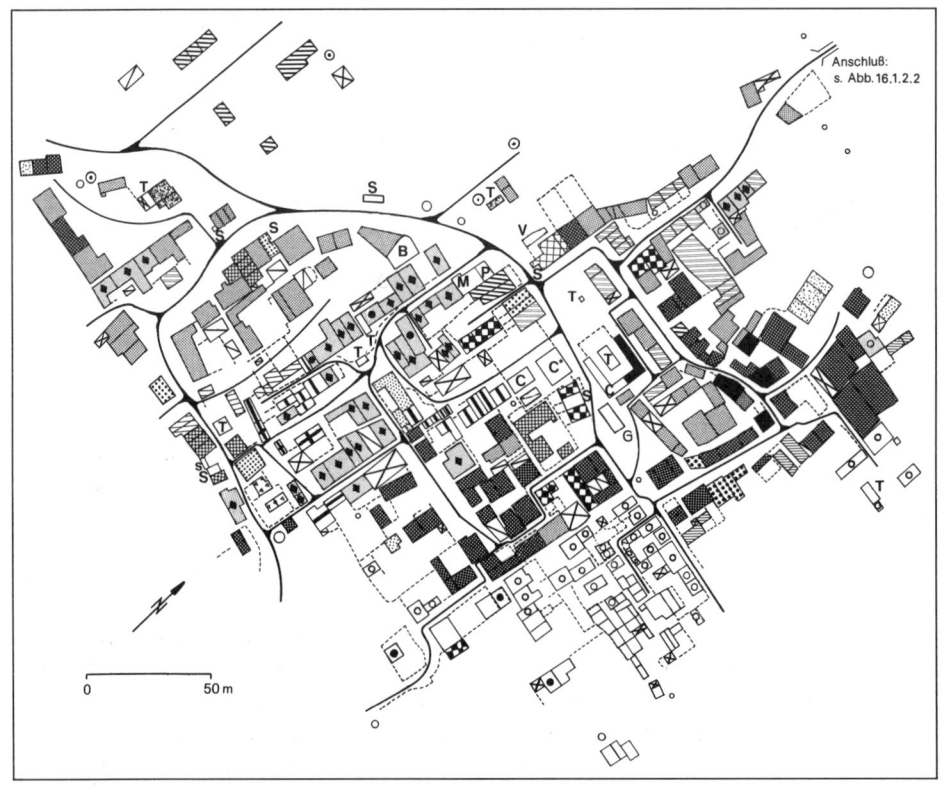

386   *Überlebensstrategien im ländlichen Indien*

Agrarsektor 387

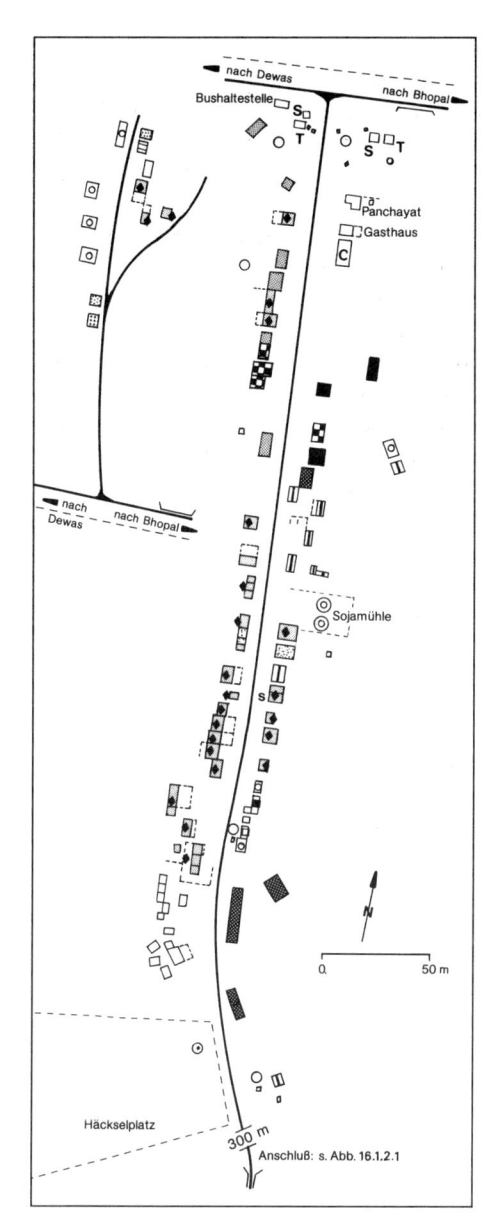

Kaste		Sozialökonomische Schicht		Funktions-bereich
▓	Rajput	größere		
▓	Khati	mittlere	Landbesitzer	
▒	Mali			
▤	Mina	kleinere		primärer Sektor
▥	Bhilala			
▤	Ahir	Viehhirte		
▦	Teli	Ölpresser		
▨	Kumavat	Tabakverarbeiter		
▦	Gari	Ziegenhirte		
◆	Pinjara (Muslim)	Matrazenhersteller		
▦	Lohar	Grobschmied		Handwerk / Gewerbe
▦	Sutar	Zimmermann		
▦	Kumhar	Töpfer		
■	Brahmin	hohe		
▦	Gosain	mittlere	sakrale Dienstleistungen	
▦	Bairagi			
▦	Nath	untere*		
●	Fakir Muslim			
▦	Nai	Friseur		Dienstleistungen
▦	Darzi	Schneider	untere Dienstleistungen	
▴	Doli	Trommler		
○	Balai	Weber Dorfwächter	unterste Dienstleistungen (Scheduled Castes)	
●	Balai Babaji*			
▢	Chamar	Abdecker Schuster		
□	Bhangi	Feger		
■	Bargunda	Korbmacher		übrige
▢	Bharbunjya	Getreidetrockner		

ZENTRALE EINRICHTUNGEN
P Post
B Bank
S Laden
T Tempel
C Grundschule
C* Mittelschule

VERARBEITENDES GEWERBE / DIENSTLEISTUNGEN
V Veterinärstation   G Gesundheitsstelle
⊙ Biogasanlage
M Milchgenossenschaft
○ Brunnen
--- Mauer
— Weg
⊠ unbewohnt
⊘ Viehstall

Sozialgeographische (Kasten)- Aufnahme: A. Mayer (1955)
Sozialgeographische (Kasten) - Aufnahme: D. Bronger - W. Gebhardt
(März 1988 - Ergänzt Februar 1990; D. Bronger: Oktober 1991)
Topographische Aufnahme: G. Kluth - A. Wunderlich (März 1988)
Zeichnung: W. Gebhardt

Abb. 16.1: Ramkheri/Jamgod – Siedlungsentwicklung

Abb. 16.1.1: Ramkheri/Jamgod 1955:
(S. 386o.) Kastensystem – Sozialökonomische Schichtenstruktur – Funktionale Gliederung

Abb. 16.1.2.1: Jamgod 1990:
(S. 386u.) Kastensystem – Sozialökonomische Schichtenstruktur – Funktionale Gliederung

Abb. 16.1.2.2: Jamgod-Nord 1990:
(S. 387l.) Kastensystem – Sozialökonomische Schichtenstruktur – Funktionale Gliederung

einen kurzen Nenner gebracht: viel Landbesitz bedeutet „economic power". Wie ist nun dieser Produktionsfaktor auf die einzelnen Kasten verteilt und welche Veränderungen haben sich seit 1955 ergeben? – Die nachfolgende Datenzusammenstellung (Tab. 16.2) gibt darüber Auskunft.

Das *Land* ist – wie 1955 – sehr ungleich auf die einzelnen Kasten verteilt (Sp. 6–8). Allein auf die beiden großen Landeigentümer – bzw. Bauernkasten der Rajput und Khati entfallen bei einem Bevölkerungsanteil von 31,2% (1955: 32,7%) 68,2% des Landes. Gegenüber 1955 konnten sie sogar noch ihre Fläche durch Zukauf von 550 auf 695 ha erhöhen und damit ihre Position ausbauen. Dagegen kommen auf die vier Paria-Kasten mit einem Bevölkerungsanteil von 20% (1955: 18,8%) lediglich 47,6 ha (4,6%). Gegenüber 1955 bedeutet dies zwar einen Zuwachs von 15,7 ha, pro Kopf verminderte sich die Landfläche dennoch von 0,19 ha auf 0,11 ha. Von den 30 größten Landeigentümern, auf die zusammen etwa ein Drittel sowohl des anbaufähigen Landes als auch der Bewässerungsfläche entfallen, rekrutieren sich allein 23 aus den Rajputs und Khatis – von der Gesamtzahl der Paria-Kasten ist nur eine Balai-Familie darunter (s. BRONGER 1991, Tab. 5). – Bei dem unter den genannten Umständen besonders wertvollen *Bewässerungsfeldland* sieht das Verhältnis dieser beiden Kastengruppen zueinander noch schlechter aus: Auf die Rajputs und Khatis entfällt mehr als das 23fache (239,5 : 10,4 ha – s. Tab. 16.3)!

Ein ähnliches Bild ergibt sich auch bei den übrigen Produktionsfaktoren. Bei den bullock carts, essentielles Transportmittel, um etwaige Überschußproduktion auf den Markt zu bringen, beläuft sich das Verhältnis zwischen den beiden Kastengruppen auf 16:1, bei den Pflügen auf 9:1 und beim Großviehbesatz auf 10:1. Mit Ausnahme der landwirtschaftlichen Nutzfläche insgesamt, übertreffen die gerade 2,8% der Bevölkerung ausmachenden Brahmanen die Parias in sämtlichen der genannten Produktionsfaktoren.

Wir können zusammenfassen: Landeigentum als der Schlüssel für die Machtposition einer oder weniger Kasten im ländlichen Indien war und ist auch in Jamgod nach wie vor immanent. Das hier erhaltene Bild entspricht durchaus dem in südindischen Gemeinden gewonnenen Muster der (agrar)wirtschaftlichen Vormachtstellung der Mitglieder der oberen Kasten – eher war es dort noch ausgeprägter (s. Tab. 12.1–4). Das aber bedeutet: Auch in diesem Lebensbereich hat sich an der Stringenz des Kastensystems bis heute grundsätzlich nichts geändert (vgl. auch Kap. 12.3).

16.2.3
Entwicklung der Produktionsvoraussetzungen in der Beispielgemeinde 1955–1990

Kommen wir auf unsere Ausgangsfrage zurück: Haben sich unter diesen Umständen, der ungleichen Verteilung der Ressourcen, die Lebensverhältnisse für die Mehrzahl der Dorfbewohner auf agrarwirtschaftlichem Gebiet tatsächlich positiv verändert? Zunächst sei die Entwicklung der Produktionsvoraussetzungen für unsere Beispielgemeinde von 1950 bis heute skizziert und dann eine Antwort auf die o. g. Frage nach der schichtenspezifischen Partizipation an der Entwicklung auf diesem Sektor versucht.

Die wichtigsten Ergebnisse der empirischen Analyse sind in Abb. 16.2–5 zusammengestellt. Sie lassen sich wie folgt interpretieren (zum folgenden: BRONGER 1993, S. 145f.).

Agrarsektor

Funktions-bereich	Kaste	Landeigentum 1954/55 insgesamt			Landeigentum 1988/89 insgesamt			davon (ha)	
		Fläche (ha)	Anteil (%)	Fläche/ Kopf (ha)	Fläche (ha)	Anteil (%)	Fläche/ Kopf (ha)	Anteil der innerhalb der Gemeinde Lebenden	absentee landlords
1	2	3	4	5	6	7	8	9	10
Landwirtschaft	Rajput	325,84	37,7	2,76	326,48	32,1	1,01	270,24	56,24
	Khati	224,14	26,0	1,24	368,25	36,1	1,09	364,07	4,18
	Mali	9,11	1,1	0,70	15,16	1,5	1,08	4,21	10,95
	Bhilala	21,62	2,5	0,34	24,01	2,4	0,18	24,01	–
	Mina	2,23	0,3	0,23	2,35	0,2	0,26	2,35	–
	Balai	28,43	3,3	0,33	38,84	3,8	0,18	38,84	–
	Chamar	1,46	0,2	0,02	6,79	0,7	0,03	6,79	–
übriger primärer Sektor	Ahir	16,65	1,9	0,64	26,37	2,6	0,68	26,37	–
	Teli	35,65	4,1	1,23	17,39	1,7	0,20	17,39	–
	Kumavat	15,26	1,8	1,09	5,78	0,6	0,18	5,78	–
	Gari	7,13	0,8	0,71	8,75	0,8	0,31	8,75	–
	Bharbunja	–	–	–	–	–	–	–	–
Handwerk/ Gewerbe	Sutar	3,14	0,4	0,13	7,01	0,7	0,11	7,01	–
	Lohar	0,89	0,1	0,11	–	–	–	–	–
	Kumhar	2,16	0,2	0,24	2,94	0,3	0,11	2,94	–
	Pinjara	58,92	6,8	0,58	82,08	8,1	0,25	73,75	8,33
	Bargunda	–	–	–	–	–	–	–	–
Dienstleistungen a) sakrale	Brahmin	30,79	3,6	1,10	32,39	3,2	0,55	29,96	2,43
	Gosain	56,88	6,6	1,26	39,22	3,9	0,63	39,22	–
	Bairagi	1,09	0,1	0,22	1,12	0,1	0,11	1,12	–
	Fakir	4,04	0,4	1,01	4,12	0,3	0,34	4,12	–
	Nath	2,00	0,2	0,14	–	–	–	–	–
	Balai Babaji	1,36	0,2	0,15	1,97	0,2	0,16	1,97	–
b) übrige	Nai	10,15	1,2	0,73	–	–	–	–	–
	Darzi	2,41	0,3	0,27	4,43	0,4	0,32	4,43	–
	Doli	1,36	0,1	0,17	3,06	0,3	0,20	0,98	2,08
	Bhangi	0,65	0,1	0,08	–	–	–	–	–
Insgesamt		863,36[1]	100,0	0,95	1018,51	100,0	0,48	934,31	84,20 (9,01%)

[1] Dazu kamen noch 154,23 ha auswärtigen Grundeigentümern gehörendes Land; davon entfielen allein 111,69 ha auf Ländereien des *Maharajas von Dewas* (schriftliche Mitteilung von A. C. MAYER, April 1990)
Quellen: 1955 – schriftliche Mitteilung von A. C. MAYER, April 1990; 1990 – KHASRA 1988/89 und eigene Erhebungen

Tab. 16.2: Kastenzugehörigkeit und Produktionsfaktor Boden in Ramkheri (1955)/Jamgod (1990)

Funktionsbereich	Kaste	Bewässe-rungsfläche[1] (ha)	Bewässe-rungsfläche (%)	Bewässerungs-fläche (% der Gesamtbewässe-rungsfläche)	Brunnen davon gesamt	tube
1	2	3	4	5	6	7
Landwirtschaft	Rajput	106,228	32,54	27,51	38	5
	Khati	133,230	36,18	34,50	45	1
	Mali	11,338	74,77	2,94	4	1
	Mina	–	–	–	–	–
	Bhilala	11,554	48,11	2,99	4	2
	Balai	6,006	15,46	1,56	5	–
	Chamar	2,821	41,55	0,73	1	–
übriger primärer Sektor	Ahir	11,636	44,12	3,01	4	1
	Teli	7,172	41,24	1,86	2	–
	Kumavat	4,537	78,45	1,17	3	1
	Gari	4,605	52,65	1,19	1	–
Handwerk/ Gewerbe	Sutar	2,268	32,34	0,59	3	–
	Sonar[2]	0,389	12,45	0,10	–	–
	Kumhar	2,757	93,84	0,71	1	–
	Pinjara	43,365	52,83	11,23	25	6
Dienstleistungen – sakrale	Brahmin	11,591	35,78	3,00	9	2
	Gosain	14,935	38,08	3,87	12	1
	Bairagi	–	–	–	–	–
	Fakir	3,379	81,95	0,88	1	–
	Balai Ba.	1,556	78,90	0,40	2	2
– übrige	Darzi	0,700	15,80	0,18	1	–
	Doli	2,979	97,26	0,77	1	–
	Sikh[2]	3,085	59,36	0,80	2	–
Insgesamt		*386,131*		*100,00*	*164*	*21*

[1] Gesamtfläche s. Tab. 16.2, Sp. 6
[2] auswärtiger Grundeigentümer
Quelle: KHASRA 1989/90 und eigene Erhebungen

Tab. 16.3: Kastenzugehörigkeit und Produktionsfaktor Wasser in Jamgod 1990

Die Verbesserung der Lebensgrundlagen auf agrarwirtschaftlichem Gebiet erfolgte sowohl durch *Ausdehnung der landwirtschaftlichen Nutzfläche* als auch durch die *Intensivierung des Anbaus*. Dazu gehörte zunächst einmal die Erweiterung der Anbaufläche insgesamt von 680 ha (Durchschnitt der Jahre 1950/51–1951/52) um fast das Doppelte auf heute 1315 ha (Durchschnitt 1988/89–1990/91) – Abb. 16.2 und 16.3. Dieser bemerkenswerte Anstieg (für Gesamt-Indien betrug er im gleichen Zeitraum etwa 35%) betraf den Monsunfruchtanbau (Kharif: +90%) wie die Winterfrucht (Rabi: +111%) in fast gleichem Maße (Abb. 16.2).

Im Hinblick auf die Entwicklung der Produktions-, vor allem aber der Produktivitätsvoraussetzungen und ihrer Perspektiven wichtiger war allerdings die *Erweiterung der Bewässerungsfeldfläche*. Sie stieg um mehr als das zwölffache (Abb. 16.2). In Gesamt-Indien betrug die Zunahme in den vergangenen Jahren etwa das 2,8fache. Das bedeutete einen anteilmäßigen Anstieg von 4,1% auf 25,8% der

Agrarsektor

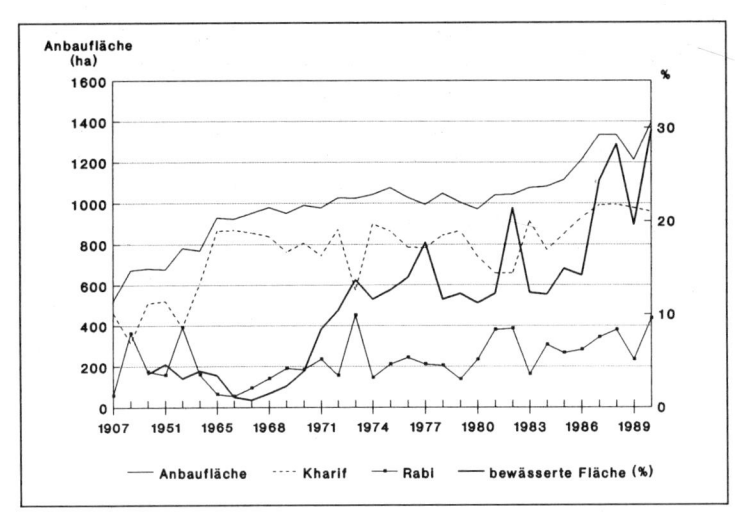

**Abb. 16.2:
Jamgod: Anbaufläche nach Periode und Intensität 1907/08–1990/91**

Quellen: unveröff. Unterlagen des District Office; Berechnungen des Verfassers

Anbaufläche – Abb. 16.2 und 16.3 (Indien: 17,1% auf 32,3% – 1990/91). Hierbei ist die Erweiterung nach 1970 besonders bemerkenswert. Als Grundlage zur Steigerung und gleichzeitig Stabilisierung der Ernteergebnisse muß dieses Ergebnis als besonders positive Entwicklung angesehen werden, zumal Bewässerung hier bis 1950 praktisch unbekannt war. Der durch den wachsenden Bevölkerungsdruck hervorgerufene *Zwang zur Intensivierung* wurde somit von den Bewohnern, wenn auch mit einem deutlichen „time lag", adaptiert, was wiederum eine sichtbare Entwicklungsbereitschaft großer Teile der Bevölkerung voraussetzt.

Bei den hier zu 81% der LNF vorherrschenden flach- und mittelgründigen Vertisolen und vertisolartigen Böden mit ihrer mittleren bis geringen Wasserspeicherfähigkeit spielt die Ausdehnung des Bewässerungsfeldbaus zur Sicherung der Ernährungsgrundlage einer schnell wachsenden Bevölkerung eine besonders große Rolle. Bis 1970 wurden die Grundwasserreserven landwirtschaftlich ausschließlich durch die traditionellen flachen (mit einer Tiefe von selten über 5 m) „dug wells" genutzt. Die fast sprunghafte Steigerung der Bewässerungsfeldfläche wurde großenteils durch die Installierung von mittlerweile 21 (s. Tab. 16.3) leistungsfähigen, mit Elektropumpen ausgestatteten „tube wells" erreicht. Aber auch von den „dug wells" sind heute (1990) fast zwei Drittel elektrifiziert. Auch dieser Tatbestand läßt auf eine erhöhte Investitionsbereitschaft großer Teile der Landbewirtschafter schließen.

16.2.4
Anbaustruktur, Produktion und Produktivitätsentwicklung

Die veränderten Produktionsvoraussetzungen finden ihren Niederschlag weniger in der Anbauvielfalt als in der *Veränderung des Anbauspektrums* (Abb. 16.3 und 16.4): Die noch bis Ende der 60er Jahre nach der Sorghumhirse zweitwichtigste Nutzpflanze, die *Baumwolle*, welche hier auf eine lange Anbautradition zurückblicken konnte, verschwand in den darauffolgenden

1950/51-1951/52
(Gesamtanbaufläche: 680 ha)

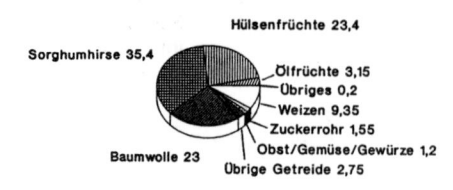

Sorghumhirse 35,4
Hülsenfrüchte 23,4
Ölfrüchte 3,15
Übriges 0,2
Weizen 9,35
Zuckerrohr 1,55
Baumwolle 23
Obst/Gemüse/Gewürze 1,2
Übrige Getreide 2,75

1968/69-1970/71
(Gesamtanbaufläche: 974 ha)

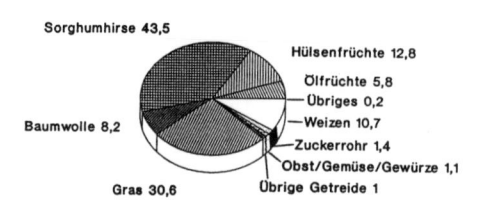

Sorghumhirse 43,5
Hülsenfrüchte 12,8
Ölfrüchte 5,8
Übriges 0,2
Baumwolle 8,2
Weizen 10,7
Zuckerrohr 1,4
Obst/Gemüse/Gewürze 1,1
Gras 30,6
Übrige Getreide 1

1988/89-1990/91
(Gesamtanbaufläche: 1 315 ha)

Gras 9,5
Sorghumhirse 28,8
Hülsenfrüchte 5,5
Übriges 0,3
Sojabohne 31,7
Weizen 22,1
Übrige Getreide 0,5
Zuckerrohr 0,8
Obst/Gemüse/Gewürze 0,8

bewässerte Fläche

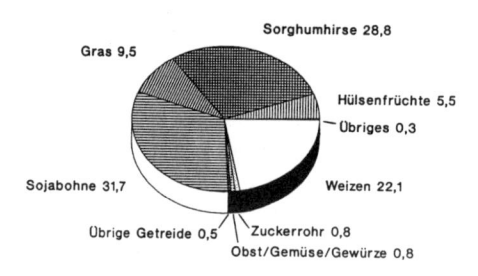

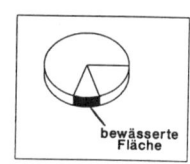

Abb. 16.3: Jamgod: Anbauspektrum 1950 – 1970 – 1990 (Anbaufläche in %)
Quellen: unveröff. Unterlagen des District Office; Berechnungen des Verfassers

10 Jahren vollständig (Abb. 16.4). Die für nachtkühle Temperaturen (Mittelwerte: Dez. 12,8°, Jan. 11,2° Nachttemperatur) sehr anfällige Nutzpflanze findet hier in über 500 m NN keineswegs optimale Standortbedingungen vor; zudem liegen die Erträge bei den hier vorherrschenden Böden unter dem Mittel benachbarter Baumwollregionen (und bei nur ca. 50% des gesamtindischen Durchschnitts). Sie wurde seit 1970 weitgehend durch die *Sojabohne* ersetzt, die hier zuvor unbekannt war. Die rasche Umstellung ist auf drei Ursachen zurückzuführen:

1. Da sie lokal verarbeitet wird (eine genossenschaftlich betriebene Sojamühle existiert in Jamgod seit 1979), d. h. kaum oder überhaupt keine Transportkosten anfallen, kann sie von allen Schichten der Landbewirtschafter angebaut werden.
2. Ist durch ihre wesentlich kürzere Vegetationsperiode – nur 3,5 gegenüber 7–8 Monate der Baumwolle – das Anbaurisiko geringer. Dieser Vorteil wird allerdings dadurch gemindert, daß die Sojabohne zum Ende der Reifeperiode Wasser benötigt, die Niederschläge aber gerade ab Mitte September hier nicht selten sogar ganz ausbleiben (s. Abb. 2.9: Klimastation Dewas), wodurch dann empfindliche Ertragseinbußen entstehen. Davon sind diejenigen Schichten betroffen, die von dem Produktionsfaktor Wasser weitgehend ausgeschlossen sind, in erster Linie also die Paria-Kasten (s. Tab. 16.3).
3. werden, auch wegen der geringeren Transportkosten, deutlich höhere Markterlöse erzielt zumal, aufgrund der halbierten Vegetationszeit in der Rabiperiode der Anbau einer weiteren Frucht, in der Regel Weizen, möglich ist.

Zur Verbesserung der Lebensgrundlage noch wichtiger war jedoch die *Ausdehnung des Weizenanbaus*, vor allem die Ersetzung der herkömmlichen Varietäten durch die Hybridsorten, die erst mit der Ausdehnung der Bewässerung (s. o.) seit den 70er Jahren möglich wurde. Dadurch gelang es, den Ertrag innerhalb von nur 12 Jahren (1976/77 – 1988/89) um das Doppelte, von 622 auf 1246 kg/ha zu stei-

Agrarsektor

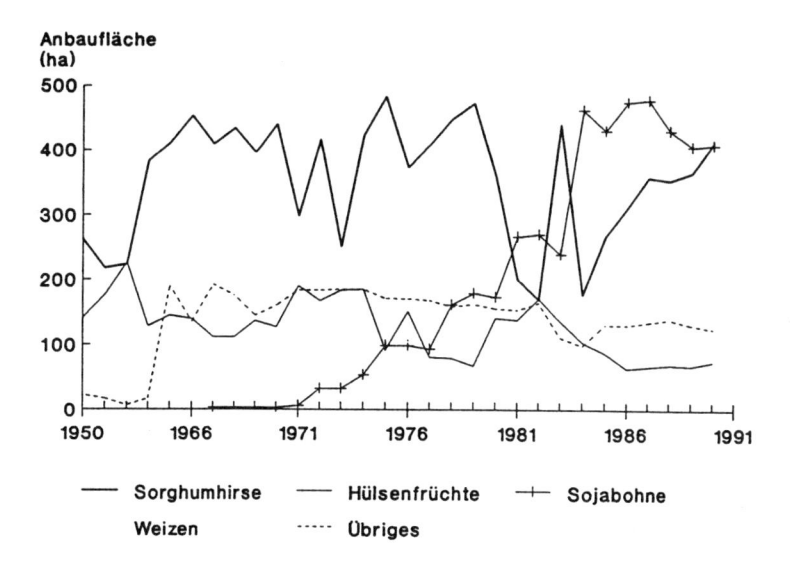

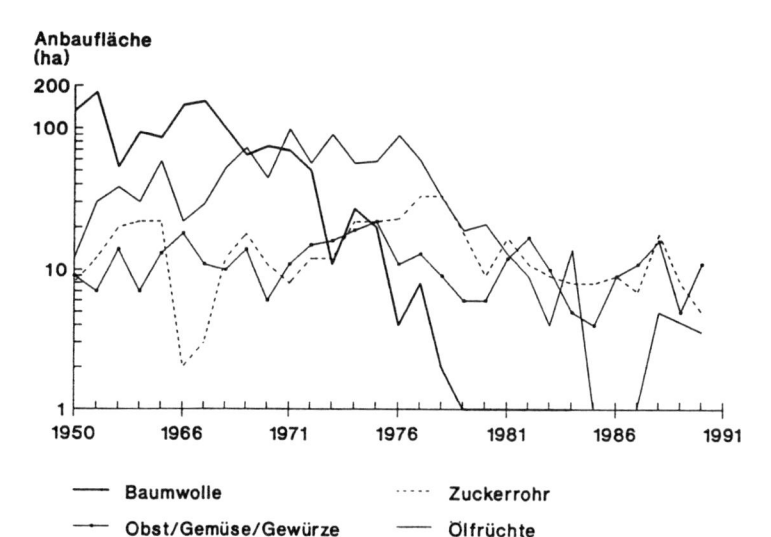

**Abb. 16.4:
Jamgod: Anbaufläche nach Nutzpflanzen 1950/51–1990/91**
Quellen: unveröff. Unterlagen des District Office; Berechnungen des Verfassers

gern (s. u.: Abb. 16.5). Die Bilanz im Dorf Jamgod läßt sich wie folgt zusammenfassen: Durch die fast verdreifachte Anbaufläche (von 105 auf 300 ha – Abb. 16.4) stieg die Weizenerzeugung innerhalb dieser kurzen Zeit von 651 auf 3731 Tonnen, erhöhte sich mithin um das 5,7fache (Indien: 2,3fache). Pro Kopf der Bevölkerung vervierfachte sich damit die Weizenproduktion. Heute nimmt der zu fast 98%

(1990/91) bewässerte Hybridweizen etwa 80% der Rabifruchtfläche ein. Diese Entwicklung trifft für ganz Indien ebenso zu: der Anteil der Rabigetreideproduktion an der von Getreide insgesamt erhöhte sich von 1970/71 bis 1990/91 von 32,7 auf 41,7%.

Von der erstaunlichen Produktionssteigerung bei Weizen profitierten allerdings vor allem wiederum diejenigen

Kaste	Anteil an der Bevölkerung (%)	Anteil am Bewässerungsfeldland (%)	Anteil (%) an der Zahl der		Anteil (%) am Anbau von		
			herkömmlichen Brunnen	Tiefbrunnen	Weizen	Zuckerrohr	Obst/Gemüse/Gewürze
1	2	3	4	5	6	7	8
Rajput	15,2	29,6	23,1	23,8	25,5	38,4	29,1
Khati	16,0	33,6	30,8	4,8	35,1	23,5	26,1
Balai	9,9	1,5	3,5	–	1,8	–	0,5
Chamar	9,3	0,6	0,7	–	0,6	–	1,0
Brahmin	2,8	3,7	4,9	9,5	3,5	4,6	0,5
Gosain	2,9	3,9	7,7	4,8	3,9	4,6	4,7
Ahir	1,9	3,0	2,1	4,8	3,0	1,7	–
Mali	0,7	3,1	2,1	4,8	2,9	–	11,8

Quelle: eigene Erhebungen 1988, 1990, 1991

Tab. 16.4: Jamgod – Anbau von Weizen, Zuckerrohr und Obst/Gemüse/Gewürzen nach der Zugehörigkeit der Produzenten zu ausgewählten Kasten
(Durchschnitt 1987/88–1988/89)

Schichten, die über Brunnen Zugang zu den Grundwasserressourcen hatten. Allein auf die Rajputs und Khatis (31,2% der Bevölkerung) entfielen 60,6% des Weizenanbaus der Jahre 1987/88–1988/89. Bei ihren Antipoden, die 19,2% der Bevölkerung ausmachenden Paria-Kasten der Balai und Chamar waren es gerade 2,4% (Tab. 16.4, Sp. 6). Sogar von den wesentlich mitgliederschwächeren Kasten der Gosain (2,9% der Bevölkerung), Brahmanen (2,8%), Ahir (1,9%) und sogar der Mali (0,7%) wurde jeweils mehr Weizen kultiviert als von den Paria-Kasten zusammengenommen. Daraus aber auf eine kastenspezifische mangelhafte Entwicklungsbereitschaft der Balai und Chamar zu schließen, wäre eine falsche Schlußfolgerung: Die zuletzt genannten vier Kasten verfügen auch sämtlich über je einen höheren Anteil am Bewässerungsfeldland als alle Parias zusammengenommen (Sp. 3). Bei der Analyse der tatsächlichen Nutzung der produktivitätssteigernden Ressource „Wasser" bleiben die Paria-Kasten keineswegs hinter den übrigen genannten Kasten (allenfalls mit Ausnahme der Gosain und Mali) zurück, wie die kastenspezifische Aufschlüsselung der zusätzliche Bewässerung benötigenden Anbaufrüchte in Tabelle 16.4 zeigt.

Es ist bekannt, daß die hochertragsreichen Weizensorten und ebenso Reis auf eine verläßliche Wasserversorgung und auf höhere Inputs (Saatgut, Dünger, Pestizide) angewiesen sind. Die Bedeutung dieser Produktionsfaktoren hat sich durch die „Grüne Revolution" somit weiter verstärkt. Das aber hat zur Folge, daß ein erheblicher Teil der Dorfbevölkerung, und das betrifft in erster Linie die Paria-Kasten, von dieser Entwicklungsmöglichkeit ganz oder teilweise ausgeschlossen sind. Von den insgesamt 21 Röhrentiefbrunnen, die bei den erheblichen Niederschlags- und folglich Grundwasserschwankungen (s. u. Kap. 16.4) allein eine verläßliche Wasserversorgung gewährleisten, entfällt kein einziger auf die beiden Paria-Kasten (Sp. 5). Im Zusammenhang mit dem Tatbestand, daß gerade diese mitgliederstarken Kasten ihres Kastenberufes ganz (Balai) oder weitgehend (Chamar) verlustig gegangen sind, bedeutet dies, daß diese Schichten an dem wirtschaftlichen Aufschwung im Agrarsektor nur sehr begrenzt profitieren konnten. Auf einen kurzen Nenner gebracht: Sind schon die ökonomischen Disparitäten innerhalb der Dorfbevölkerung aufgrund der sehr ungleichen Landverteilung (s. Tab. 16.2) gravierend genug, so haben sich die Ungleichgewichte auch innerhalb der Landbewirtschafter mit bzw. ohne Zugang zur Ressource Grundwasser weiter verschärft. Die Folge ist, daß die großen und mittleren Bauern (Rajputs und Khatis), aber auch die Mali- und Ahir-Kasten, einen überproportionalen Anteil mit bargeldbringenden Marktfrüchten bebauen konnten. Demgegenüber waren beispielsweise die Balais gezwungen, weit mehr als die Hälfte ihrer LNF mit Sorghum (60% – gegenüber nur 22,2% bei den Ahir und sogar nur 14,4% bei den Malis) zu bestellen, d. h. vornehmlich für die Eigenversorgung zu produzieren.

Dieses Ergebnis einer Polarisierung der Agrargesellschaft scheint nur bedingt mit der eingangs getroffenen Feststellung einer Verbesserung der Lebensverhältnisse für viele der Dorfbewohner in den letzten Jahrzehnten übereinzustimmen. Zu fragen also ist: Konnten sich diese, durch den fehlenden Zugang der Produktionsfaktoren Boden und – vor allem – Wasser benachteiligten Schichten anderweitige Einkommensquellen erschließen?

16.3
Entwicklung II: Sekundärer und tertiärer Sektor

Die Steigerung der agrarischen Produktion im Falle Jamgods (und ebenso Indiens) hat gezeigt, daß die Zunahme der Bevölkerung um das zweieinhalbfache seit 1950 durchaus verkraftet werden kann. Auch für die mittelfristige Zukunft erscheint die ausreichende Ernährung von dann weit über 1 Milliarde Indern möglich.

Eine solche Zielsetzung allein kann jedoch auf Dauer keine befriedigende Entwicklungsperspektive bieten. Das gilt schon deshalb, weil die erreichten Erfolge bei der Intensivierung der Landwirtschaft nur einem Teil der Dorfbevölkerung zu einem besseren Lebensstandard verholfen haben. Die Klein- und Kleinstbauern ohne Zugang zur Ressource Wasser, dazu ein Teil der Dorfhandwerker, vor allem aber das Heer der Landarbeiter, haben an dieser Entwicklung ohne die Schaffung auch anderer Arbeitsplatzalternativen im sekundären und tertiären Sektor nur wenig oder überhaupt nicht partizipiert. Auch Indien hat deshalb sehr bald nach Erlangung seiner Unabhängigkeit auf die Entwicklung der Industrie als wirtschaftlichen und sozialen „Push"-Faktor gesetzt (s. Kap. 7.1).

Zwar ist dieses ehrgeizige Ziel bis heute nicht erreicht worden. Dennoch kann sich Indiens jährliche industrielle Wachstumsrate von 5,6% im Durchschnitt der Jahre 1950/51–1989/90 (gegenüber 2,8% der Landwirtschaft – s. Kap. 7.2) im internationalen Vergleich, insbesondere zu den übrigen Entwicklungsländern, durchaus sehen lassen. Dieses von der Produktionsseite her positive Ergebnis, welches wesentlich zu der (preisbereinigten) Steigerung des Pro-Kopf-Einkommens von 90% im besagten Zeitraum beitrug, hat jedoch zur gerechten *Verteilung* des erhöhten Einkommens insbesondere der Landbevölkerung wenig beigetragen: Denn Arbeitsplätze sind im Sektor Industrie („Large & Medium Scale Industry") lediglich 160000/Jahr (einschließlich Bergbau – s. Tab. 7.7) hinzugekommen, wovon höchstens 60000 im Durchschnitt der Jahre 1950–1989 auf den nichtstädtischen Bereich entfielen – marginal wenn man bedenkt, daß die ländliche Bevölkerung in diesem Zeitraum um 8,4 Millionen/Jahr zugenommen hat!

Diese arbeitsmarkt- und damit sozialpolitisch unbefriedigende Entwicklung hatte eine Umorientierung der zentral- wie bundesstaatlichen Industriepolitik hin zu einer stärkeren Förderung arbeitsintensiver Kleinindustrien zur Folge. Die Ergebnisse dieser seit Beginn der 70er Jahre (in Maharashtra und West Bengal bereits seit den 60er Jahren) verfolgten Strategie sind beachtlich: In den 70er Jahren wurden immerhin 470000/Jahr, in den 80er Jahren sogar jährlich 700000 neue Arbeitsplätze in diesem Sektor geschaffen (s. Kap. 7.2.3). Regionalpolitisch wichtig an dieser neuen Strategie war, daß

1. nunmehr eine disperse Ansiedlungspolitik von Industriebetrieben bevorzugt in Klein- und Mittelstädten nunmehr in die Tat umgesetzt und daß
2. Hand in Hand mit dem industriellen nunmehr auch dem Ausbau der dafür erforderlichen infrastrukturellen Einrichtungen, insbesondere Energieversorgung und Straßenbau, aber auch Bildungswesen in den ländlichen Regionen größere Aufmerksamkeit geschenkt wurde.

Zu diesen seit Mitte der 70er Jahre speziell geförderten Entwicklungspolen gehört auch die 12 km westlich von Jamgod gelegene Distrikthauptstadt *Dewas* (1971: 51548 Ew. – s. Tab. 16.1). In dem Zeitraum von 1975 bis 1988 wurden hier zu den bestehenden ca. 4000 industriellen Arbeitsplätzen über 20000 neu geschaffen, je etwa zur Hälfte im mittel- und groß- sowie im kleinindustriellen Sektor (GEBHARDT 1989, S. 157; BRONGER 1989, S. 186f.). Dazu kam eine zumindest ähnlich hohe Zahl neuer Arbeitsplätze im außerindustriellen Bereich, vor allem für den Aufbau der Infrastruktur sowie im Dienstleistungsbereich des rasch wachsenden Zentrums Dewas (s. Tab. 16.1) hinzu.

Es war demnach zu fragen: In welcher Weise hat unsere Beispielgemeinde an dieser Entwicklung partizipiert? – Die Ergebnisse der kastenspezifischen Befragungen sämtlicher (438) Haushalte sind in den Tab. 16.5–8 zusammengestellt. Die Ergebnisse lassen sich wie folgt interpretieren:

1. Die bis zum Jahre 1991 insgesamt 93 überwiegend neu geschaffenen Arbeitsplätze (Tab. 16.5, Sp. 15) im nicht-landwirtschaftlichen Bereich außerhalb Jamgods sind, neben der Erhöhung der landwirtschaftlichen Produktion, als der wichtigste Impuls zur Verbesserung der Lebensverhältnisse anzusehen. Zwei Drittel dieser Arbeitsplätze entfallen auf den Entwicklungspol Dewas selbst, je ein Sechstel auf die umliegenden bzw. auf weiter entfernt gelegene Orte (Sp. 5–7). Die insgesamt 35 Arbeitsplätze im industriellen Bereich (Sp. 8) entfallen sämtlich auf Dewas. Sie sind vollzählig nach 1960, in der Mehrzahl nach 1980 geschaffen worden. Von den 58 auswärts im Dienstleistungssektor Beschäftigten (Sp. 9) entfällt die Mehrzahl auf die Ende der 60er Jahre einsetzenden Infrastrukturmaßnahmen (Tab. 16.6). Hierzu gehörte in erster Linie der Ausbau des Elektrizitätsnetzes (s. u.); in diesem Bereich fanden allein 18 Bewohner, davon 13 als Kabelleger, Beschäftigung. Zu den Entwicklungsmaßnahmen zählten ferner der Straßenbau und jüngst auch das Telefonnetz (seit 1988), sowie das Bank- und Bildungswesen.

   In der Gemeinde selbst sind seit 1955 im Zuge des Ausbaus der Infrastruktur weitere 15, davon drei temporäre, Arbeitsplätze hinzugekommen (Tab. 16.7).
2. An dieser Beschäftigten- und damit Einkommensentwicklung hat die große Mehrzahl der Kasten partizipiert: lediglich 7 der 26 Kasten (Mali, Gari,

Sekundärer und tertiärer Sektor 397

Funktions-bereich	Kaste	Anteil an der Gesamt-bevöl-kerung 1990 (%)	traditioneller Beruf (Kastenberuf)	Anzahl der Pendler 1990 : 1955						Verkehrsmittel zum Arbeitsort					Total 1990		Total 1955
				Distanz (km)			Beschäftigung			Bus/ Sammel-taxis	Fahr-rad	Motor-rad	zu Fuß	Jeep/ LKW	Summe	Anteil an den Haus-halten (%)	
				bis 5	6–15	>15	Indu-strie	Dienst-leistun-gen									
1	2	3	4	5	6	7	8	9		10	11	12	13	14	15	16	17
Landwirtschaft	Rajput	15,2	Landlord	1	6	2	2	7		3	6	–	–	–	9	13,4	–
	Khati	16,0	Landwirt	1	13	3	5	12		3	9	4	–	1	17	26,2	4
	Mali	0,7	Gärtner, Landwirt	–	–	–	–	–		–	–	–	–	–	–	–	2
	Bhilala³	6,3	Landwirt, Landarbeiter	–	3	–	1	3		2	2	–	–	–	4	10,7	2
	Mina³	0,4	Landwirt, Landarbeiter	–	2	–	–	2		2	1	–	–	–	3	150,0	1
	Balai²	9,9	Weber	4	3	4	2	9		4	4	2	1	–	11	22,7	1
	Chamar²	9,3	Abdecker, Gerber, Schuster	1	9	–	7	2		5	4	–	1	–	10	23,3	–
Übriger primärer Sektor	Ahir	1,9	Kuhhirte, Milchmann	–	1	–	–	1		1	–	–	–	–	1	14,3	2
	Teli	4,2	Ölpresser	–	6	3	6	3		2	3	2	–	2	9	45,0	4
	Kumavat	1,6	Tabakverarbeitung	–	–	–	–	–		–	–	–	–	–	–	–	–
	Gari	1,3	Ziegenhirte	–	–	–	–	–		–	–	–	–	–	–	–	–
	Bharbunja	–	Getreidetrockner	–	–	–	–	–		–	–	–	–	–	–	–	–
Handwerk/ Gewerbe	Sutar	2,9	Zimmermann	1	4	–	2	3		1	3	1	–	–	5	38,5	–
	Lohar	1,1	Schmied	–	–	–	–	–		–	–	–	–	–	–	–	–
	Kumhar	1,2	Töpfer	1	–	–	–	1		–	–	1	–	–	1	20,0	–
	Pinjara¹	15,7	Matratzenhersteller	2	3	–	3	2		–	5	–	–	–	5	7,4	1
	Bargunda	0,6	Korbmacher	1	–	–	–	–		–	–	–	–	–	–	–	–
Dienstleistungen a) sakrale	Brahmin	2,8	Priester	1	2	1	–	4		1	3	–	–	1	4	33,3	1
	Gosain	2,9	„Ministrant" (Shiva)	1	4	1	2	4		–	4	1	–	–	6	50,0	1
	Bairagi	0,5	Tempeldiener (Vishnu)	–	–	–	–	–		–	–	–	–	–	–	–	–
	Fakir¹	0,6	Priester (Muslim)	1	2	–	1	2		1	2	–	–	–	3	42,9	–
	Nath	1,6	Tempeldiener (Hanuman)	–	–	–	–	–		–	–	–	–	–	–	–	1
	Balai Babaji²	0,6	Priester (S.C.)	–	–	1	–	1		1	–	–	–	–	1	25,0	–
b) übrige	Nai	1,1	Friseur	–	4	–	2	2		3	1	–	–	–	4	80,0	1
	Darzi	0,7	Schneider	–	–	–	–	–		–	–	–	–	–	–	–	–
	Doli	0,7	Trommler	–	–	–	–	–		–	–	–	–	–	–	–	–
	Bhangi²	0,2	Feger	–	–	–	–	–		–	–	–	–	–	–	–	–
Insgesamt		100,0		16	62	15	35	58		29	47	11	2	4	93	21,2	17

¹ Muslim; ² Scheduled Caste (S.C.); ³ Scheduled Tribe (S.T.).
Quellen: 1990 – eigene Erhebung (Februar 1990 und Oktober 1991); 1955 – MAYER 1960, S. 78, Sp. 17

Tab. 16.5: Ramkheri (1955)/Jamgod (1990) – Entwicklung der auswärtigen Erwerbstätigkeit nach Distanz, Sektor und Transportmittel

Kaste	Elektrifizierung davon:		Straßen-bau	Telefon	Eisen-bahn	Bildungs-wesen (Schule)	Bank	Kredit-genossen-schaft	Summe
	Verwaltung	Kabelleger							
Brahmin	1		1	1					3
Rajput		3			1		1		5
Khati	2	4				4	1		11
Teli							1		1
Sutar					1	1	1		2
Gosain		1	1	1					3
Pinjara			2						2
Bhilala	1	1	1						3
Mina	1					1			1
Lodhi[1]							1		
Kumhar								1	1
Balai Babaji						1			1
Balai		2				2			4
Chamar		1					1		2
Nath		1							1
Summe	5	13	5	2	1	9	5	1	41

[1] seit Juli 1991 in der Gemeinde
Quelle: eigene Erhebungen (Oktober 1991)

Tab. 16.6: Ausbau der Infrastruktur in Jamgod – neugeschaffene Arbeitsplätze außerhalb der Gemeinde (seit 1955)

Lohar, Bargunda, Bairagi, Fakir, Doli), zusammen nur 5,5% der Bevölkerung, sind bislang nicht vertreten. Die Partizipation der einzelnen Kasten an den neu geschaffenen Erwerbs- und damit Einkommensmöglichkeiten erfolgt allerdings recht unterschiedlich (Tab. 16.5, Sp. 16): überdurchschnittlich vertreten sind die Mina, Teli, Sutar und Nai sowie die sakralen Dienstleistungskasten der Brahmin, Gosain und Nath. Daraus auf eine kastenspezifische unterschiedliche Mobilität zu schließen kann generell nicht bejaht werden. Eher läßt sich ein genereller Kausalzusammenhang zwischen dem überdurchschnittlichen Erfolg bei der Suche nach einem neuen Arbeitsplatz und unterdurchschnittlichen Zugang zu den Produktionsfaktoren Boden und Wasser feststellen: die Kasten der Nai und Nath besitzen überhaupt kein Land mehr, die Teli, Sutar und Mina verfügen nur über sehr wenig Landeigentum (s. Tab. 16.2, Sp. 8), letztere haben darüberhinaus keine Möglichkeit einer zusätzlichen Bewässerung (s. Tab. 16.3, Sp. 4).

Kurz: diese Kasten standen unter besonderem Zwang, sich zusätzliche Erwerbsmöglichkeiten zu erschließen.

Keine eindeutige Korrelation besteht zwischen dem zusätzlichen Einkommen aus auswärtiger Erwerbstätigkeit und dem Besitz der modernen Kommunikationsmittel Radio und TV. Immerhin verfügt die Mehrzahl – 55 der 93 Pendler – zumindest über eines dieser beiden, 29 sogar über Radio *und* TV. Erwähnt sei in diesem Zusammenhang, daß die beiden in der Hierarchie am untersten Ende rangierenden Kasten der Chamar und Bhangi stark unterrepräsentiert sind (Tab. 16.8, Sp. 9 und 11).

Kaste	Art der Erwerbstätigkeit				
	Mittelschule	Milch-genossenschaft	Sojabohnen-genossenschaft	Postamt	Restaurant[2]
Gosain	1			1	
Khati	1				
Teli	1		1		
Kumavat	1				
Darzi		1			
Nai		1			
Pinjara			2[1]		2
Balai	1	1			
Bhangi			1[1]		

[1] temporär; [2] entlang der Fernstraße nach Bhopal
Quelle: eigene Erhebungen (Oktober 1991)

Tab. 16.7: Ausbau der Infrastruktur in Jamgod – neugeschaffene Arbeitsplätze innerhalb der Gemeinde (seit 1955)

3. Zwar liegt die Partizipation der Paria-Kasten der Balai, Balai Babaji und Chamar, weniger der Bhangi, an dieser positiven Entwicklung durchaus im Gesamttrend (Tab. 16.5, Sp. 15 und 16). Diese Aussage gilt jedoch nur quantitativ, bzw. ist der regierungsamtlichen Quotenregelung (4 Lehrer, 1 Beschäftigter in der Milchgenossenschaft – Tab. 16.6 und 7) zu verdanken. Die große Mehrzahl der Neu-Erwerbstätigen dieser Kasten sind mangels Ausbildung in schlecht bezahlten Tätigkeiten in ihren Kastenberufen, direkt als Reinigungs- (Chamar) oder Wachpersonal (Balai) oder, indirekt, in sonstigen untersten Dienstleistungssparten vertreten, niemals dagegen in gehobenen, zudem dauerhaft gesicherten Verwaltungsberufen. Zwar muß die Mehrzahl der Parias auch heute noch ihr Auskommen als – oft temporär beschäftigte – Landarbeiter suchen, immerhin konnte die Mehrzahl der Familien ihre wirtschaftliche Lebenssituation durch die neu geschaffenen Beschäftigungsmöglichkeiten (s. Tab. 16.5–7) verbessern. Zu einem Aufbrechen der überkommenen starren Kastenstruktur hat diese, wirtschaftlich gesehen positive Entwicklung jedoch in keiner Weise beitragen können (näheres s. Kap. 12.3.1).

4. Auch wenn eine kastenspezifische Mobilität generell nicht konstatiert werden kann (s. o.), so bedeutet dies nicht, daß ein Teil der Kastenmitglieder als ausgesprochen aktiv anzusehen ist. Dies gilt insbesondere für die *Teli*-Kaste: Bereits 1955 übte nur noch ein Mitglied seinen Kastenberuf (Ölpresser), dazu nur als Nebentätigkeit aus (MAYER 1960, S. 77); schon damals gingen vier der acht Erwerbstätigen einer Arbeit außerhalb der Gemeinde nach (Tab. 16.5, Sp. 17). Im wesentlichen bedingt durch die Bevölkerungszunahme sank zudem ihre pro Kopf entfallende Anbaufläche von 1,23 ha (1955) auf 0,2 ha (1990) ab. Diese Verschlechterung ihrer Situation kompensierten sie durch eine Reihe wirtschaftlicher Aktivitäten, von denen zusätzlich (Tab. 16.5–7) folgende zu nennen sind: Besitzer der (einzigen) Weizenmühle, Ladeninhaber, Schneider (im Zuerwerb). Die erfolgreichste Teli-Familie betreibt ein Fuhrunter-

Kaste	Anzahl der Haushalte	Elektrifizierte Haushalte					Haushalte mit				Telefon	Haushalte mit		
		70–75	76–80	81–85	86–91	Total	Radio		TV			Traktor	LKW	Jeep
							Anzahl	%	Anzahl	%				
1	2	3	4	5	6	7	8	9	10	11	12	13	14	15
Rajput	67	14	13	17	21	65	22	32,8	9	13,4		2		
Khati	65	6	6	20	28	60	24	36,9	12	18,5	1	2		1
Mali	3	–	1	1	1	3	1	33,3	–	–				
Bhilala	28	–	4	9	14	27	9	32,1	3	10,7				
Mina	2	–	–	1	1	2	1	50,0	2	100,0				
Balai	44	3	3	8	28	42	11	25,0	4	10,0				
Chamar	43	3	2	7	26	38	4	9,3	1	2,3				
Ahir	7	1	1	1	1	4	3	42,9	2	28,6				
Teli	20	–	5	6	9	20	10	50,0	8	40,0	1	1	2	
Kumavat	7	–	1	2	4	7	1	14,3	–	–				
Gari	6	–	1	2	2	5	3	50,0	–	–				
Bharbunja	–	–	–	–	–	–	–	–	–	–				
Sutar	13	4	4	3	2	13	4	30,8	2	15,4				
Lohar	5	–	–	2	3	5	2	40,0	–	–				
Kumhar	5	1	–	1	1	4	2	40,0	1	20,0				
Pinjara	68	4	5	17	39	65	11	16,2	10	14,7	2	1		
Bargunda	3	–	–	–	2	3	–	–	–	–				
Brahmin	12	2	4	4	2	12	4	33,3	6	50,0	1			1
Gosain	12	1	2	4	4	11	5	41,7	5	41,7				
Bairagi	2	–	–	1	–	1	1	50,0	–	–				
Fakir	3	1	–	1	5	3	1	33,3	2	66,7				
Nath	7	1	1	1	2	7	1	14,3	–	–				
Balai Babaji	4	–	1	2	2	4	1	25,0	1	25,0				
Nai	5	–	1	2	2	5	3	60,0	2	40,0				
Darzi	3	1	1	1	–	3	1	33,3	1	33,3				
Doli	3	–	–	–	2	3	1	33,3	–	–				
Bhangi	1	–	–	–	1	1	–	–	–	–				
Insgesamt	438	42	56	115	200	413	126	28,8	71	16,2	7[1]	6	2	2

[1] ferner verfügen über Telefonanschluß: ein temporär in Jamgod lebender Sikh, der an der Bhopal–Road ein kleines Restaurant unterhält, sowie das 1962 eingerichtete Postamt (seit 1989).
Quelle: eigene Erhebungen (Oktober 1991).

Tab.16.8: Ramkheri (1955)/Jamgod (1990) – Entwicklung von Elektrifizierung, Kommunikation und Verkehr

nehmen mit zwei eigenen LKWs. Ihre wirtschaftliche Mobilität kommt in ihrem überdurchschnittlichen Anteil an den Wohlstandsindikatoren (Tab. 16.8, Sp. 9, 11, 12, 14) zum Ausdruck. – Ähnliche Aktivitäten zeigen die am Südrand des Dorfes zusammenlebenden vier Zimmermann *(Sutar)*-Familien, und das, obwohl ihr Kastenberuf sie noch großenteils zu ernähren vermag und sie außerdem noch über 5 ha Land, davon ein Drittel bewässerbar, verfügen: zwei Mitglieder arbeiten auswärts als Lehrer bzw. in der Notendruckerei (Dewas). Ihr Haupteinkommen beziehen sie jedoch mittlerweile aus ihrer Schneiderwerkstatt, bestehend aus einem Zuschneider und Arbeitern an vier Nähmaschinen. Sie beliefern sowohl Betriebe in Dewas als auch in Pithampur (größtes ‚industrial estate' des Bundesstaates, 20 km sw. von Indore). Dies sind nur Beispiele einer ganzen Reihe von Fällen überdurchschnittlicher Mobilität von Mitgliedern aus verschiedenen Kasten.

Diese Aussagen implizieren gleichzeitig, daß innerhalb ein und derselben Kaste erhebliche Wohlstandsunterschiede bestehen können – unabhängig von ihrem Kastenrang (Beispiel: Rajput, Balai).

Im unmittelbaren Kausalzusammenhang mit dem wirtschaftlichen Aufschwung der Region Dewas ist die seit 1970 zügig vorangetriebene *Elektrifizierung der ländlichen Gebiete* zu sehen, die sich auch in unserer Beispielgemeinde widerspiegelt. Heute (1991) sind lediglich 25 der 438 Haushalte noch nicht an das Energieversorgungsnetz angeschlossen (Tab. 16.8, Sp. 2: 7). Allerdings ist festzuhalten, daß die Paria-Kasten erst sehr spät – seit 1986 – in größerem Umfang mit Strom versorgt worden sind (Sp. 6). Diese positive Entwicklung ist auch für das ländliche Indien insgesamt nachvollziehbar. Im Zeitraum von 1965/66 bis 1991/92 stieg der Anteil der an das Stromnetz angeschlossenen Dörfer von 8% auf 84% (im Bundesstaat Madhya Pradesh von 2% auf 90%). Im Tahsil Dewas sind seit 1985 sogar alle 243 Gemeinden angeschlossen – was aber keineswegs besagt, daß auch sämtliche Haushalte davon profitieren, bzw. die angeschlossenen ausreichend mit Strom versorgt werden.

Damit kommen wir auf die Entwicklungsprobleme und Entwicklungsperspektiven zu sprechen, denen wir uns abschließend zuwenden wollen.

16.4. Ausblick: Entwicklungsprobleme und Entwicklungsperspektiven im ländlichen Indien

In dem Bericht der britischen Verwaltung der Central India Agency, in dessen westlicher Hälfte das Malwa-Plateau liegt, hieß es über den Winterfrucht(Rabi)-Anbau der Region Dewas für das Jahr 1890/91: „Aufgrund der unzureichenden Niederschläge (744,7 mm gegenüber 1060 mm im Jahresmittel – der Verfasser) konnte fast ein Viertel der Winterfruchtfläche nicht bebaut werden. Die Brunnen führen bereits jetzt kein Wasser mehr, Mensch und Vieh werden im kommenden Sommer großen Hunger leiden müssen" (Report of the Political Administration of the Territories within the Central India Agencies for 1890, Calcutta 1891, S. 42–43).

Sehr viel schlimmer sah es im Jahr 1899/1900 aus: Infolge des weitgehenden Ausbleibens des Monsuns – insgesamt fielen lediglich 397 mm Niederschlag (Dewas State Gazetteer – Bombay 1907, S. 85) – kam es sowohl bei den Kharif- als auch bei den Rabifrüchten zu fast totalem

Ernteausfall. Durch die Hungersnot und die nachfolgenden Epidemien sank die Bevölkerung der Fürstentümer Dewas um fast 40%, d. h. es verloren – allein hier! – nahezu 40 000 Menschen ihr Leben. Im (heutigen) Bundesstaat Gujarat starben ca. 15% der Bewohner; insgesamt war es die schlimmste Hungersnot während der gesamten britischen Kolonialzeit (MC ALPIN 1983, S. 196). Für Jamgod heißt es, daß „ganze Kasten vollständig ausgerottet und andere gezwungen wurden, das Dorf wegen Nahrungsmangel zu verlassen" (MAYER 1960, S. 19).

Von derartigen, große Landesteile erfassenden Hungerkatastrophen ist Jamgod, ebenso wie Indien, zwar seit langem verschont geblieben. Durch Ausdehnung der Anbau-, ganz besonders aber der Bewässerungsfeldfläche mit nachfolgenden Ertragssteigerungen konnten die erzielten Erntemengen die Bevölkerungszunahme mehr als kompensieren. Jedoch ist bis heute eine durchgreifende *Stabilisierung der Ernten* nicht erreicht worden, wie es die jährlichen Schwankungen der Anbau- und Bewässerungsflächen (Abb. 16.2 und 4) sowie die der Erträge (Abb. 16.5) dokumentieren. Als Beleg für die Gegenwart sei in diesem Zusammenhang die Fallstudie von Chen mit ihrer Darstellung der Auswirkungen von drei aufeinanderfolgenden Dürrejahren (1985–1987) in Gujarat auf die einzelnen Berufsgruppen genannt (CHEN 1991, S. 169–197). Gegenüber früheren Zeiten bestehen allerdings heute weit bessere Möglichkeiten, solchen Katastrophen durch ein (in Gujarat recht effektives) Krisenmanagement in Form von Hilfs(Beschäftigungs)programmen der besonders betroffenen Bevölkerungsschichten, durch Lagerhaltung überschüssiger Nahrungsmittel sowie kurzfristig zu ordnende Importe entgegenzuwirken.

Dieses letztlich nur bedingt befriedigende Resümee wirft die Frage nach den Problemen und Perspektiven zukünftiger Entwicklung auf. Sie können in diesem Rahmen hier nur angeschnitten werden. Folgende Punkte erscheinen relevant:

1. Für das ländliche Indien sind bereits auf mittlere Sicht die mit der Bevölkerungszunahme und nachfolgender Ausdehnung der Anbaufläche einhergehenden Probleme der *Entwaldung* und *Bodenerosion* besonders brisant. Nach indischen Angaben machen die eigentlichen Wälder kaum noch 10% der Gesamtfläche Indiens aus (MEHER-HOMJI 1989, S. 7). Das bedeutet pro Einwohner weniger als 0,04 ha Wald, gegenüber einem Durchschnittswert auf der Erde von 1 ha. Das heute fast baumlose Malwa-Plateau war bis in die 40er Jahre noch teilweise mit Wald bedeckt; noch in diesem Jahrhundert fanden im Norden der Gemarkung von Jamgod und der angrenzenden Gebiete Großwildjagden statt! Darüberhinaus ist eine fortlaufende *Degradierung der Wälder* zu beobachten. Sie ist anthropogen bedingt: einerseits durch die Brennholzgewinnung, andererseits durch Nutzung als Viehweide (Ziegen! – s. Kap. 2.4). Insgesamt wird vom Landwirtschaftsministerium eine jährliche Waldvernichtung von 175 000 ha genannt (PURI 1990, S. 511). Für die 45 Jahre seit der Unabhängigkeit hochgerechnet ergibt sich ein Waldverlust, der mit etwa 79 000 km^2 reichlich der Fläche von Baden-Würtemberg, Hessen, Rheinland-Pfalz und dem Saarland zusammen entspricht.

2. Die Waldvernichtung begünstigt zusammen mit dem Regenfeldbau, in welchem die Felder 5–7 Monate im Jahr brachliegen, sehr stark die *Bodenerosion*. Nach Berechnungen von NARAYANA/BABU (1983) ergibt sich

für Indien insgesamt ein jährlicher Bodenabtrag von 16,35 t/ha. Davon werden zwar 61% auf der Bodenoberfläche selbst umgelagert, aber 28% gehen durch Sedimentation im Meer endgültig verloren. Entlang vieler Flüsse, so auch des Chambal, in dessen Einzugsgebiet unsere Beispielgemeinde liegt, sind bereits 40000 km² durch Schluchtenerosion badlandartig zerstört, oft bis mehrere Kilometer Entfernung von den Flüssen. Die restlichen 11% werden in Stauseen abgelagert, wodurch deren Lebensdauer z. T. drastisch reduziert wird. So hat z. B. die Staukapazität des Nizam Sagar (Andhra Pradesh) in 44 Jahren um 63% abgenommen, die des Kateri-Dammes in den Nilgiris in 20 Jahren sogar um 100% (ABROL 1980).

Nach Berechnungen der o. g. Autoren werden besonders hohe Werte für die *Vertisol-Regionen* genannt. Für die landwirtschaftlich genutzte Fläche wird hier ein durchschnittlicher Bodenabtrag von 64,5 t angegeben; das entspricht einer Bodenerosion von 45 cm/100 Jahre! Unter Wald wird die Bodenerosion dagegen nur mit 0–0,5 t/ha und Jahr angegeben. Das bedeutet, daß die *Bodenerosion anthropogen sehr verstärkt* wurde; wobei die Einführung der Landwirtschaft, verbunden mit einer großflächigen Entwaldung in Indien vor 4500 Jahren begann (vgl. Kap. 2.4.4). Bei diesen Prozessen ist als Auswirkung entscheidend, daß die durch Bodenerosion reduzierte Bodenmächtigkeit eine erhebliche *Abnahme der Bodenerträge* zur Folge hat (s. Tab. 15.8).

3. Die Entwicklung der Landwirtschaft bleibt darüberhinaus nach wie vor wesentlich vom Niederschlagsgeschehen abhängig. Dabei sind die monatlichen und täglichen Schwankungen besonders exzessiv und somit unmittelbar relevant für das Ergebnis der Ernte – und damit für die Betroffenen selbst. Für die vier Monsunmonate Juni – September (= 92% der Jahresniederschläge) lag die Schwankungsamplitude der Station Dewas für die vergangene Dekade 1979/80–1988/89 bei 14:1 (Juni). 11:1 (Juli), 4:1 (August) und 35:1 (September). Im Oktober fällt oft überhaupt kein Niederschlag. Am stärksten variieren die Tagesniederschläge: auf Starkregen mit über 50 mm an einem Tag – 43 mal in dieser Zeit, davon 6 mal über 100 mm – folgen nicht selten wochenlange Trockenperioden (s. a. Abb. 2.8 – für die Station Dewas). Die erheblichen jährlichen Produktionsschwankungen (Abb. 16.4) machen dies deutlich. Sie betreffen aber auch die regionale und nationale Ebene. Die Charakterisierung der indischen Landwirtschaft in einem Bericht der "Royal Commission on Indian Agriculture" aus dem Jahre 1925 als ein "gamble on the monsoon" (zitiert bei CHEN 1991, S. 166) trifft für die nicht bewässerten Gebiete Indiens bis heute zu; zwei Drittel des gesamten Ackerlandes sind ständig dürregefährdet (RAO et al. 1988).

4. Damit im Zusammenhang steht die begrenzte Fähigkeit der hier vorherrschenden Bodentypen (Vertisole), die Niederschläge zu speichern und für längere Zeit pflanzenverfügbar zu halten. Als Folge ist bei Regenfeldbau die *Austrocknung der Böden* in ungünstigen Niederschlagsjahren bereits gegen Ende der Kharifzeit weit fortgeschritten mit der Konsequenz erheblicher Ertragseinbußen bei vielen Feldfrüchten. In unserer Beispielgemeinde ist aufgrund ihrer ökologischen Ansprüche die über 40% der Monsunfruchtfläche einnehmende Sojabohne

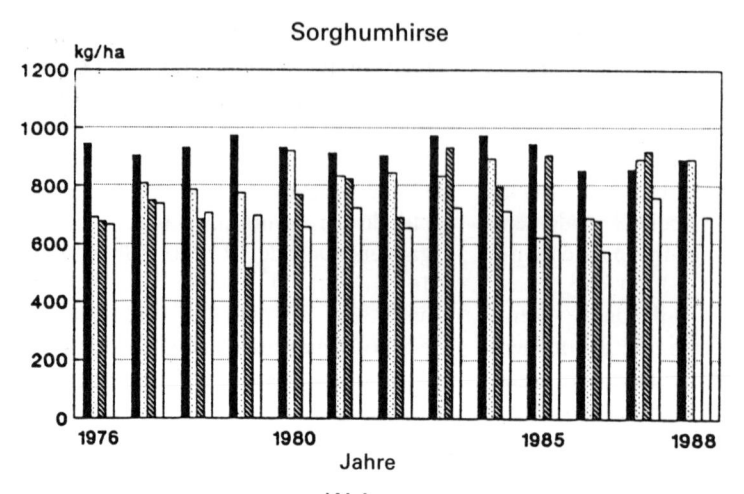

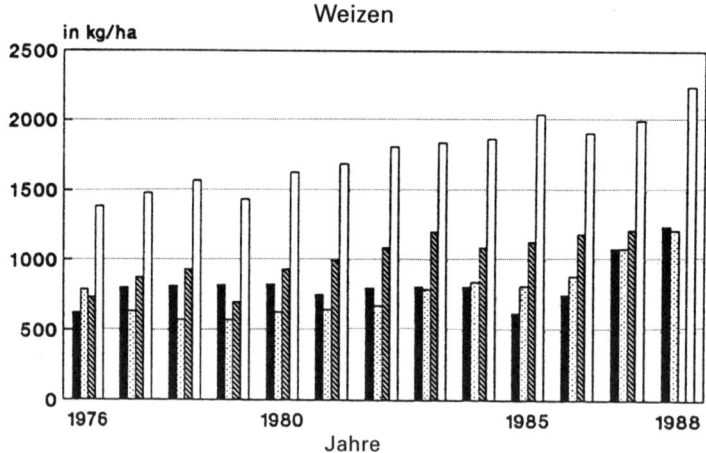

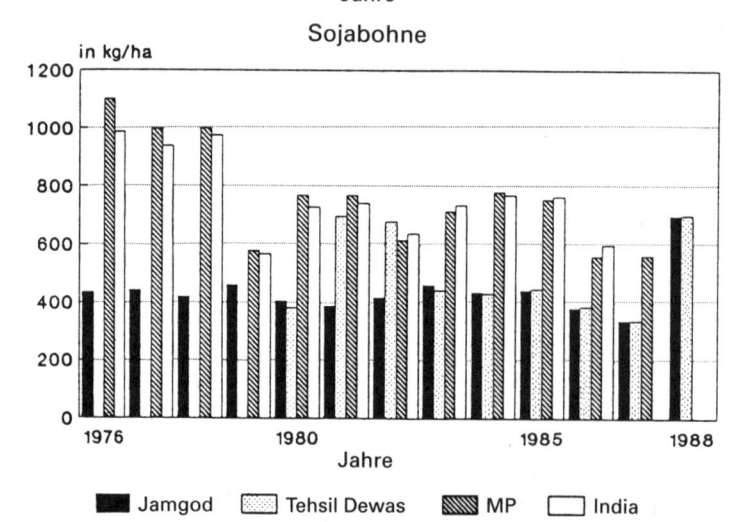

Abb. 16.5: Ernteerträge im regionalen und nationalen Vergleich: Jowar, Weizen, Sojabohne 1976/77–1988/89
Quellen: unveröff. Unterlagen des District Office; Berechnungen des Verfassers

■ Jamgod ▦ Tehsil Dewas ▨ MP ☐ India

(Abb. 16.3) hiervon besonders betroffen (s. Abb. 16.5). Diese Charakteristika und Auswirkungen gelten für die Verbreitungsgebiete der Vertisole. Ungünstiger sieht es für die meisten Teile des übrigen Indien aus: Die Speicherfähigkeit der gegenüber den Vertisolen weiter verbreiteten Rotlehmböden ist wesentlich geringer, d. h. Rabianbau ist, wenn überhaupt, nur bei durchgehender künstlicher Bewässerung möglich.

5. Aber auch für die Vertisole bleiben diese Zusammenhänge für den Winterfrucht (Rabi)anbau ebenfalls nicht ohne Folgen. Nach indischen Berechnungen (MURTHY 1988, S. 163) verbleiben hier lediglich 10% des Gesamtniederschlags, d. h. im Mittel gerade 106 mm, für die Grundwasserneubildung. Das bedeutet: die positive Entwicklung der 80er Jahre mit der Verdoppelung der Bewässerungsfeldfläche (Abb. 16.2) und der damit einhergehenden nachhaltigen Steigerung der Weizenproduktion und -produktivität wurde erkauft – und das gilt für weite Teile des mittleren und nördlichen Indien – mit einer verstärkten Inanspruchnahme auch tiefer gelegener Grundwasserschichten durch die neu angelegten Tiefbrunnen. In Jamgod hatte die erhöhte Wasserentnahme ein *Absinken des Grundwasserspiegels* von 4–5 m in den vergangenen zehn Jahren zur Folge. Dazu kommen die ständig steigenden jahreszeitlichen *Schwankungen des Grundwasserspiegels*: Im niederschlagsarmen Jahr 1989/90 lagen diese bereits bei 9 m u. O. (eigene Beobachtungen) – 1978/79 im Durchschnitt erst bei ca. 4 m (nach unveröffentlichten Unterlagen des Irrigation Department, Dewas). Angesichts dieser Tatbestände muß man sich fragen, wie lange eine derart starke Wasserentnahme noch möglich ist. Dies ist vor allem im Zusammenhang mit der dadurch bedingten Steigerung der Energiekosten zu sehen: mit abnehmendem Grundwasserstand nehmen diese exponentiell zu! Die zwangsläufige Folge: Auf der einen Seite erscheint beim Weizen das Ertragsmaximum noch keineswegs erreicht (s. Abb. 16.5), auf der anderen Seite wird ein immer größerer Anteil der Bevölkerung von den Entwicklungsmöglichkeiten des – lukrativen – Bewässerungsfeldbaus ausgeschlossen sein.

6. Für Jamgod bedeutet das, und diese Schlußfolgerung dürfte für viele Gemeinden Indiens ebenso zutreffen, daß es über ein *längerfristig nicht mehr ausbaufähiges Bewässerungspotential* verfügt. Ein ähnliches Fazit wird man für die Brunnenbewässerung – auf sie entfällt mittlerweile fast 50% der bewässerten Fläche des Landes – vieler Regionen Indiens gleichfalls zu ziehen haben: in absehbarer Zeit stoßen die Ausbaukapazitäten an ihre Grenzen, will man den Wasser- und damit Naturhaushalt, und das heißt auch die Versorgung der Bevölkerung, nicht bereits mittelfristig gefährden. Gerade im Hinblick auf die absolut unverändert hohe Bevölkerungszunahme auch des ländlichen Indien – 11 Millionen pro Jahr in der letzten Dekade – wird man zukünftig mit den Naturressourcen Boden und Wasser wesentlich sorgsamer umgehen müssen als bisher!

7. Dazu gehört auch – und gerade – der *qualitative Ausbau der Elektrizitätsversorgung*, um die kontinuierliche und sichere Stromversorgung und damit die optimale Nutzung des Produktionsfaktors Grundwasser zu gewährleisten. Aufgrund der unsicheren Stromabgabe sind die Bauern gezwungen, ihre Fel-

der dann zu bewässern, wenn Strom zur Verfügung steht. Häufig ist dies nur tagsüber der Fall, d. h. gerade dann, wenn aufgrund der niedrigen relativen Luftfeuchte, sowie der hohen Temperatur mit intensiver Sonneneinstrahlung ein erheblicher Teil des Wassers verdunstet. Längerfristig besteht zudem die Gefahr von beginnender Bodenversalzung mit nachfolgenden Ertragseinbußen.

8. Zusammengefaßt bleibt als grundsätzliches, ja entscheidendes Entwicklungsproblem (auch) für Indien *der Wettlauf zwischen Bevölkerungswachstum*, das absolut bis heute nicht gedrückt werden konnte, *und der Steigerung der Flächenerträge*. Das fortschreitende Absinken des Grundwasserspiegels in weiten Teilen des Landes könnte für die – notwendige! – Erhöhung der Produktivität bereits in absehbarer Zukunft eine ernsthafte Schranke darstellen.

9. Unter diesen Umständen muß dem weiteren *Ausbau der arbeitsplatzintensiven Kleinindustrie* (einschließlich der notwendigen Infrastruktur) in den *ländlichen* Gebieten, d. h. in den Distrikt- und – (aus Kostengründen) in einer späteren Ausbaustufe – in den Tehsilhauptorten, eine hohe Priorität zukommen. Das gilt insbesondere für die Bereiche der Konsumgüterindustrie – hier sollte mittels staatlicher Förderungspolitik zusätzlich eine Verlagerung dieser Branchen von den großstädtischen, vor allem den metropolitanen Regionen und ihren Einzugsgebieten in die Klein- und Mittelzentren erreicht werden. Erst dann wäre die Möglichkeit gegeben, daß tatsächlich breite Schichten der Landbevölkerung an der Entwicklung partizipieren. Jamgod ist hierfür ein ermutigendes Beispiel.

10. Mittel- und langfristig zumindest ebenso bedeutsam wie die genannten Faktoren wird für die Zukunft des Landes die o. g. *innere Entwicklung* sein: die Überwindung des sozialen Kasten- und (aufkommenden) Klassenbewußtseins – auf dem Lande wie in der Stadt. Daß solche Strukturen einschließlich des elitären Denkens nicht revolutionär beseitigt werden können, zeigt die jüngste Entwicklung in China. Auch in Deutschland hat dieser evolutionäre Prozeß erst wirklich im 19. Jahrhundert begonnen – und dauert noch an. Die Geschichte hat uns jedoch gelehrt, daß ohne eine „innere Entwicklung" keine wirkliche Gesamtentwicklung eines Landes möglich ist. Das gilt auch für Indien.

Literaturverzeichnis

Nicht nur in der Produktion von Filmen, sondern auch in der von Literatur ist Indien führend in der Welt: Die Anzahl der – weltweiten – Publikationen dürfte inzwischen eine hohe sechsstellige Zahl erreicht haben. Dieser Tatbestand machte eine einschneidende Begrenzung notwendig: Von wenigen, besonders wichtig erscheinenden Publikationen abgesehen (insbesondere unter I), ist deshalb nur die im Text verarbeitete (und zitierte) Literatur aufgeführt. Publikationen mit umfangreichen, weiterführenden Literaturangaben sind besonders (*) gekennzeichnet.

Abkürzungen

ADB	Asian Development Bank
ASI	Annual Survey of Industries
BFA	Bundesstelle für Außenhandelsinformation
BMZ	Bundesministerium für Wirtschaftliche Zusammenarbeit
CAD	Command Area Development
CEHI	Cambridge Economic History
CIDCO	City & Industrial Development Corporation of Maharashtra LTD
CIF	Chief Inspector of Factories
CMIE	Centre for Monitoring Indian Economy
COI	Census of India
CSO	Central Statistical Organization
DOI	Directorate of Industries
FAO	Food and Agriculture Organization
FYP	Five Year Plan
GDP	Gross Domestic Product
GOI	Government of India
IARI	Indian Agricultural Research Institute
ICAR	Indian Council of Agricultural Research
IFA	Institut für Auslandsbeziehungen, Stuttgart
IMF	International Monetary Fund
LSI	Large Scale Industry
MSI	Medium Scale Industry
NCAER	National Council of Applied Economic Research
NSS	National Sample Survey
OECD	Organization for Economic Co-operation and Development
OPEC	Organization of Petroleum Exporting Countries
RBI	Reserve Bank of India
SBI	State Bank of India
SC	Scheduled Castes
SIDC	State Industrial Development Corporation
SIDCO	Small Industries Development Corporation
SIDO	Small Industries Development Corporation
SSI	Small-Scale Industries
ST	Scheduled Tribes
UGC	University Grants Commission
UNDP	United Nations Development Programme
UT	Union Territory

I Gesamtdarstellungen (Indien und Bundesstaaten), Historische Entwicklung, Politisch-geographische und territoriale Probleme (Kap. 1, 11.1–4)

ALBERTINI, R.v. 1976: Europäische Kolonialgeschichte 1890–1940. Zürich.

*ALSDORF, L. 1955: Vorderindien. – Bharat, Pakistan, Ceylon. Braunschweig.

ALSDORF, L. 1955: Rassen und Sprachen in Indien. In: Geographische Rundschau, S. 373–382.

BIANCO, L. 1969: Das moderne Asien. Frankfurt/M. (Fischer Weltgeschichte, Bd. 33).

BICHSEL, U./KUNZ, R. 1982: Indien – Entwicklungsland zwischen Tradition und Fortschritt. Frankfurt/M.

* BLENCK, J., BRONGER, D., UHLIG, H. (Hrsg.): 1977: Südasien. Fischer Länderkunde, Bd. 2. Frankfurt/M.

*BOHLE, H.-G. 1981: Bewässerung und Gesellschaft im Cauvery-Delta (Südindien). Eine geographische Untersuchung über historische Grundlagen und jüngere Ausprägung struktureller Unterentwicklung. Wiesbaden (Erdkundliches Wissen, Bd. 57).

*BRONGER, D. 1976: Formen räumlicher Verflechtung von Regionen in Andhra Pradesh/Indien als Grundlage einer Entwicklungsplanung. Ein Beitrag der Angewandten Geographie zur Entwicklungsländerforschung (Bochumer Geographische Arbeiten, Sonderreihe, Bd. 5), Paderborn.

BRONGER, D./RUHREN, N. v. d. 1986: Indien (S II – Länder und Regionen). Stuttgart.

Cambridge Economic History 1982: Bd. 1, S.1200–1750. Hrsg.: RAYCHAUDHURI, T./ HABIB, I. Cambridge (zitiert als: CEHI 1).

Cambridge Economic History 1983: Bd. 2, S. 1750–1970: Hrsg: KUMAR, D./ DESAI, M. Cambridge (zitiert als: CEHI 2).

CHAO, K.-C./KÖRNER, H./UHLIG, C. 1964: Agrarwirtschaftliche Entwicklungsprobleme im heutigen Indien. Stuttgart.

CHAPMAN, G. P. 1992: Change in the South Asian Core. Patterns of Growth and Stagnation in India. In: CHAPMAN/BAKER (Hrsg.): The Changing Geography of Asia, S. 10–43. London.

CHARLESWORTH, N. 1982: British Rule and the Indian Economy. London/Basingstoke.

CHATTERJEE, A.B./GUPTA, A./MUKHOPADADHYAY, P. K. (Hrsg.) 1970: West Bengal. Calcutta.

CHATTERJEE, S. P. (Hrsg.) 1959ff: National Atlas of India. New Delhi.

CHATTERJEE, S. P. (Hrsg.) 1964ff: Fifty Years of Science in India: Progress of Geography. Calcutta.

CHAUDHURI, K. N. 1983: Foreign Trade and Balance of Payments (1757–1947). In: CEHI II, S. 804–877. Cambridge.

DAS, R. P. 1989: Von der eigenen Besonderheit überzeugt: die Bengalen. In: F.A.Z., Nr. 140 (21. 6. 1989), S. 11–12.

DOMRÖS, M. 1981: Indien. In: Asien 1 (Harms Handbuch der Geographie), S. 130–158. München.

*DRAGUHN, W. 1970: Entwicklungsbewußtsein und wirtschaftliche Entwicklung in Indien (Schriften des Instituts für Asienkunde in Hamburg, Bd. 28). Wiesbaden.

DRAGUHN, W. (Hrsg.) 1989: Indien in den 90er Jahren. Politisch-soziale und wirtschaftliche Rahmenbedingungen (Mitteilungen des Instituts für Asienkunde, Bd. 175). Hamburg.

DUTT, R. C. 1906: The Economic History of India 1757–1900: 2 Bde. London.

EDWARDS, M. 1971/1988: Nehru. Eine politische Biographie. München (Heyne Biographien)

*EMBREE, A. T./WILHELM, F. 1967: Indien. Geschichte des Subkontinents von der Induskultur bis zum Beginn der englischen Herrschaft (Fischer Weltgeschichte, Bd. 17). Frankfurt/M.

FISCHER, L. 1954/1983: Gandhi. Prophet der Gewaltlosigkeit. Stuttgart.
FISCHER, K./JANSEN, M./PIEPER, J. 1987: Architektur des Indischen Subkontinents. Darmstadt.
FOCHLER-HAUKE, G. 1969: Indien und China. Ausgewählte Entwicklungsprobleme im Vergleich.
In: Mitteilungen der Geographischen Gesellschaft München, S. 65–87.
FRYKENBERG, R. E. (Hrsg.) 1969: Land Control and Social Structure in Indian History. Madison.

Geographische Rundschau 1984: 2: Indien. Braunschweig.
Geographische Rundschau 1989: 2: Indischer Subkontinent. Braunschweig.
Geographische Rundschau 1993: 11: Südasien. Braunschweig.
*GLASENAPP, H. v. 1922: Der Hinduismus. Religion und Gesellschaft im heutigen Indien. München.
GLASENAPP, H. v. 1956: Die Religionen Indiens. Stuttgart
(Kröners Taschenbuchausgabe, Bd. 190).
GLASENAPP, H. v. 1958: Indische Geisteswelt. Glaube, Dichtung und Wissenschaft der Hindus. Baden-Baden.
Bd. 1: Glaube und Weisheit der Hindus.
Bd. 2: Weltliche Dichtung, Wissenschaft und Staatskunst der Hindus.
GLASENAPP, H. v. 1962: Von Buddha zu Gandhi. Aufsätze zur Geschichte der Religionen Indiens. Wiesbaden.
GLASENAPP, H. v. 1966: Die nichtchristlichen Religionen. Frankfurt/M.
GOETZ, H. 1962: Geschichte Indiens. Stuttgart.
GOETZ, H. 1965: Der indische Subkontinent (I, Geschichte).
Informationen zur politischen Bildung, 112, Bonn.
*GOSALIA, S. 1992: Indien im südasiatischen Wirtschaftsraum. Chancen der Entwicklung zu einem regionalen Gravitationszentrum. Hamburg (Mitteilungen des Instituts für Asienkunde Hamburg, Bd. 203).
GUTSCHOW, N./PIEPER, J. 1978: Indien. Von den Klöstern im Himalaya zu den Tempelstädten Südindiens. Bauformen und Stadtgestalt einer beständigen Tradition. Köln (DuMont Kunst-Reiseführer).

HABIB, I. 1969: Potentialities of Capitalistic Development in the Economy of Mughal India. In: The Journal of Economic History XXIX, S. 32–78.
HURD, J. M. 1983: Railways. In: CEHI II, S. 741ff. Cambridge.

JOHNSON, B. L. C. 1979: India. Resources and Development. London.

*KANTOWSKY, D. 1970: Dorfentwicklung und Dorfdemokratie in Indien. Bielefeld.
KANTOWSKY, D. 1972: Indien. Gesellschaftsstruktur und Politik. Frankfurt/M. (edition suhrkamp, 543).
KESSINGER, T. G. 1974: Vilayatpur 1848–1968: Social and Economic Change in a North Indian Village. Berkeley.
Kindernothilfe Duisburg (Hrsg.) 1991: Indien. Eine Länderinformation der Kindernothilfe. Duisburg.
KNOWLES, L. C. A. 1924: The Economic Development of the British Overseas Empire. London.
*KREBS, N. 1939/1965: Vorderindien und Ceylon. Eine Landeskunde. Stuttgart/Darmstadt.
KULKE, H./ROTHERMUND, D. 1982: Geschichte Indiens. Stuttgart.
KUMAR, D. 1975: Landownership and Equality in Madras Presidency 1853/54–1946/47. In: Indian Economic and Social History Review 12/3, S. 229–261.

LEUE, H. J. 1983: Die indische Baumwolltextilindustrie, 1929–1939: Wachstum trotz Krise. In: ROTHERMUND, D. (Hrsg.): Die Peripherie in der Weltwirtschaftskrise: Afrika, Asien und Lateinamerika 1929–39, S. 145–169. Paderborn.
LYALL, A. 1907: Rise of the British Dominion in India. Oxford.

MAASS, C. D. 1989: Innenpolitisches Konfliktpotential subnationaler Bewegungen in Indien. In: DRAGUHN, W. (Hrsg.):
Indien in den 90er Jahren, S. 59–80. Hamburg.

MALHOTRA, J. 1990: Indien: Wirtschaft, Verfassung, Politik. Entwicklungstendenzen bis zur Gegenwart. Wiesbaden.

*MEYER-DOHM, P./SARUPRIA, S. 1985: Rajasthan. Dimensionen einer regionalen Entwicklung. Stuttgart (Bochumer Materialien zur Entwicklungsforschung und Entwicklungspolitik, Bd. 31).

MORELAND, W. H. 1929: Agrarian System of Moslem India. Cambridge.

MORRIS, M. D. 1983: The Growth of Large Scale Industry to 1947.
In: CEHI II, S. 553–676. Cambridge.

MUTHIAH, S. (Hrsg.) 1987:
A Social and Economic Atlas of India. New Delhi.

NCAER – National Council of Applied Economic Research (Hrsg.) 1962ff.: Techno-Economic Survey of: Manipur; Madras; Tripura; Himachal Pradesh; Punjab; Orissa; Andhra Pradesh; West Bengal; Maharashtra; Kerala; Rajasthan; Mysore; Uttar Pradesh; Gujarat; Haryana; Jammu & Kashmir. New Delhi (zitiert als: NCAER ...).

NEHRU, J. 1985: Autobiography. Delhi.

PATEL, G./APPA, G. 1993: Der Hindu-Moslem-Konflikt. Indien an der Schwelle zum nächsten Jahrtausend.
In: Das Parlament, 8–9, S. 3.

RAU, H. 1978: Indien: Kunst- und Reiseführer mit Landeskunde. Stuttgart.

RAU, W. 1957: Staat und Gesellschaft im alten Indien. Nach den Brahmana-Texten dargestellt. Wiesbaden.

RAYCHAUDHURI, T. 1968: A Reinterpretation of Nineteenth Century Indian Economic History? In: The Indian Social and Economic History Review, V, 1, S. 77–101.

RAYCHAUDHURI, T. 1983: The Mid-Eighteenth-Century Background.
In: CEHI II, S. 3–35. Cambridge.

RENOU, L. 1972: Der Hinduismus.
(Die großen Religionen der Welt). Genf.

ROTHERMUND, D. 1976: Grundzüge der indischen Geschichte. Darmstadt.

ROTHERMUND, D. 1989: Indische Geschichte in Grundzügen. Darmstadt.

ROTHERMUND, D. 1993: Indien: Eine föderal-zentralistische Ordnung.
In: Das Parlament 8–9, S. 2.

ROTHERMUND, D. (Hrsg.) 1995: Indien. Kultur, Geschichte, Politik, Wirtschaft, Umwelt. Ein Handbuch. München.

SASTRI, N. K. A. 1955: A History of South India from Prehistoric Times to the Fall of Vijayanagar. London.

SCHMIDT, E. 1982: Indien. Politik, Ökonomie, Gesellschaft. Berlin.

SCHOEPS, H.-J. o. J.: Religionen. Gütersloh.

SCHOETTLI, U. 1987: Indien – Profil einer alten Zivilisation an der Schwelle zum 21. Jahrhundert. Zürich.

SCHWERIN, K. v. 1988: Indien. München (Beck'sche Reihe: Aktuelle Länderkunden).

SEN, A. K. 1970: Die Investitionen britischer Unternehmer in der Frühzeit der Industrialisierung Indiens 1854–1914,
nachgedruckt in: R. v. ALBERTINI:
Moderne Kolonialgeschichte, S. 314ff. Zürich.

SENGHAAS, D. 1977: Weltwirtschaftsordnung und Entwicklungspolitik. Frankfurt/M.

SINGH, R. L. (Hrsg.) 1971: India. A Regional Geography. Varanasi.

SOPHER, D. E. (Hrsg.) 1980: An Exploration of India. Geographical Perspectives on Society and Culture. London.

*SPATE, O. H. K./LEARMONTH, A. T. A./FARMER, B. A. 1972: India and Pakistan.
London (repr., 3. ed., 1967).

Statistisches Bundesamt (Hrsg.) 1971, 1982, 1984, 1988, 1991: Länderbericht Indien. Stuttgart.

STECHE, H. 1951: Indien, Bharat und Pakistan. Berlin.

STECHE, H. 1961: Indischer Alltag. Berlin.

STECHE, H. 1966: Indien. Nürnberg (Kultur der Nationen, 19).

STOKES, E. 1978: The Peasant and the Raj. Studies in Agrarian Society and Peasant Rebellion in Colonial India. Cambridge.

THAPAR, R./SPEAR, P. 1966: Indien von den Anfängen bis zum Kolonialismus. Zürich.

TIWARI, A. R. 1971: Geography of Uttar Pradesh. New Delhi.

TURLACH, M. 1970: Kerala. Politisch-soziale Struktur und Entwicklung eines indischen Bundeslandes. Wiesbaden (Schriften des Instituts für Asienkunde, Hamburg 26).

UHLIG, H. 1962: Indien, Probleme und geographische Differenzierungen eines Entwicklungslandes. In: Giessener Geographische Schriften 2, S. 7–46; zugleich in: Nachrichten der Giessener Hochschulgesellschaft, Bd. 30 (1961).

UHLIG, H. 1966: Der indische Subkontinent, II (Land und Wirtschaft). Informationen zur politischen Bildung, 117. Bonn.

UHLIG, H. 1977: Politisch-geographische Probleme und territoriale Entwicklung Südasiens. In: BLENCK, J./BRONGER, D./UHLIG, H. (Hrsg.): Südasien, S. 16–46. Frankfurt/M.

WEBER, M. 1922: Gesammelte Aufsätze zur Religionssoziologie, Bd. II, Hinduismus und Buddhismus. Tübingen.

WINTERFELD, V. 1987: Die Konstitution des bürgerlichen Staates in Indien. Zum Verhältnis von Formbesonderung und Klassencharakter. Berlin.

ZIMMER, H. 1972: Indische Mythen und Symbole. Düsseldorf.

ZIMMER, H. 1973: Philosophie und Religion Indiens. Frankfurt/M.

II Naturraum, Landschaftsökologie, Bodenerosion (Kap. 2; 15.2)

ABROL, I. P. 1982: Reclamation and Management of Salt-Affected Soils. Review of Soil Research in India, Part II, S. 635–654. 12th International Congress of Soil Science, New Delhi.

ABROL, I. P. 1990: Caring for our Soil Resources. International Symposium on Water Erosion, Sedimentation and Resource Conservation.
Proceedings: I–X, Dehra Dun, India.

AGARWAL, V. P. 1985: Forests in India. Environmental and Production Frontiers. New Delhi/Oxford.

BACKER, S. 1989: Zur Genese holozäner und jungpleistozäner Böden aus quartären Lockersedimenten in Gujarat und Süd-Nepal – Ein Beitrag zur Verwitterungsintensität in den semiariden Tropen.
(unveröffentlichte Diplomarbeit), Kiel.

BHARGAVA, G. P./BHATTCHARJEE, J. C. 1982: Morphology, Genesis and Classification of Salt-Affected Soils. Review of Soil Research in India, Part II, S. 508–528.
12th International Congress of Soil Science, New Delhi.

BLUME, H. 1964: Die Versalzung und Versumpfung der pakistanischen Indusebene. Schriften des Geographischen Instituts der Universität Kiel, Bd. 23, S. 227–245, Kiel.

BRONGER, A. 1979: Zur Struktur und Genese der Bodendecke der Great Plains der USA. – Ein Überblick. Kieler Geographische Schriften, 50, S. 471–490.

BRONGER, A. 1980: Zur neuen „Soil Taxonomy" der USA aus bodengeographischer Sicht. Petermanns Geographische Mitteilungen 124, S. 253–263.

BRONGER, A. 1985: Bodengeographische Überlegungen zum „Mechanismus der doppelten Einebnung" in Rumpfflächengebieten Südindiens.
Zeitschrift für Geomorphologie, N.F., Suppl.-Bd. 56, S. 39–53.

BRONGER, A./PANT, R. K., SINGHVI, A. K./ERMLICH, C./HEINKELE, T. 1986: Zur Löss-Boden-Chronostratigraphie und quartären Klimageschichte des Kashmir Valley (Indien). Göttinger Geographische Abhandlungen 81, S. 89–103, Göttingen.

BRONGER, A./PANT, R. K./SINGHVI, A. K. 1987: Pleistocene Climatic Changes and Landscape Evolution in the Kashmir Basin, India: Paleopedologic and Chronostratigraphic Studies.
Quaternary Research 27, S. 167–181.

BRONGER, A./BRUHN, N. 1989: Relict and Recent Features in Tropical Alfisols from South India. In: BRONGER, A./CATT, J. (Hrsg.): Paleopedology – Nature and Appli-

cation of Paleosols.
Catena Supplement 16, S. 107–128.
BRONGER, A./CATT, J. 1989: Paleosols: Problems of Definition, Recognition and Interpretation. In: BRONGER, A./CATT, J. (Hrsg.): Paleopedology - Nature and Application of Paleosols. Catena Supplement 16, S. 1–7.
BRONGER, A./HEINKELE, T. 1989: Paleosol Sequences as Witnesses of Pleistocene Climatic History. In: BRONGER, A./CATT, J. (Hrsg.): Paleopedology – Nature and Application of Paleosols.
Catena Supplement 16, S. 163–186.
BRONGER, A. 1991: Argillic Horizons in Modern Loess Soils in an Ustic Soil Moisture Regime: Comparative Studies in Forest-Steppe and Steppe Areas from Eastern Europe and the United States.
Advances in Soil Science 15, S. 41–90.
BRONGER, D. 1977: Entwicklungsprobleme der Agrarwirtschaft Indiens – Der Monsun. In: BLENCK, J., BRONGER, D./UHLIG, H. (Hrsg.): Südasien. Fischer Länderkunde, Bd. 2, S. 308–314.
Frankfurt/M.
BRONGER, D. (Hrsg.) 1989: Der Tehsil Dewas (Zentralindien). Raumstrukturen – Entwicklungsprobleme – Planungsperspektiven. Bochum.
BRÜCKNER, H. 1989: Küstennahe Tiefländer in Indien – ein Beitrag zur Geomorphologie der Tropen. Düsseldorfer Geographische Schriften 28. Düsseldorf.
BRUHN, N. 1990: Substratgenese – Rumpfflächendynamik. Bodenbildung und Tiefenverwitterung in saprolitisch zersetzten granitischen Gneisen aus Südindien. Kieler Geographische Schriften 74. Kiel.
BRUNNER, H. 1970: Der indische Subkontinent – eine physisch-geographische, regionalsystematische Betrachtung. Geographische Berichte 55, S. 81–117.
BÜDEL, J. 1965: Die Relieftypen der Flächenspülzone Süd-Indiens am Ostabfall des Dekans gegen Madras. Colloquium Geographicum 8, S. 1–100. Bonn.
BÜDEL, J. 1977: Klima-Geomorphologie. Bonn, Stuttgart.
BÜDEL, J. 1986: Tropische Relieftypen Süd-Indiens. In: BUSCHE, D. (Hrsg.): Relief-Boden –Paläoklima, Bd. 4, S. 1–84. Berlin, Stuttgart.

CHAMPION, H. G. 1936: A Preliminary Survey of the Forest Types of India and Burma. Indien Forest Recources (n. s.), Silva 1(1).
CHAMPION, H. G./SETH, S. K. 1968: A Revised Survey of the Forest Types of India. Delhi.
CLOUDSLEY-THOMPSON, J. L. 1977: Man and the Biology of Arid Zones. London.
COLMAN, S. M./DETHIER, D. P. 1986: An Overview on Rates of Chemical Weathering. In: COLMAN, S. M./DETHIER, D. P. (Hrsg.): Rates of Chemical Weathering of Rocks and Minerals. Austin, London, Montreal.
CORVINUS, G. 1988: The Mio- Plio- Pleistocene Litho- and Biostratigraphy of the Surai Khola
Siwaliks in West-Nepal: First Results. C.R. Acad. Sci. Paris, Bd. 306, Serie II, S. 1471–1477.
COURTHY, M. A./DHIR, R. P./RACHAVAN, H. 1987: Microfabrics of Calcium Carbonate Accumulations of Western India. In: FEDOROFF, N. (Hrsg.): Soil Micromorphology, S. 227–234. Plaisir (France)

DAS, P. K. 1968: The Monsoons. New Delhi.
DAS GUPTA, S. P. (Hrsg.) 1976: Atlas of Forest Resources of India. Calcutta.
DAS GUPTA, S. P. (Hrsg.) 1980: Atlas of Agricultural Resources of India. Calcutta.
DAS GUPTA, S. P. (Hrsg.) 1982: National Atlas of India. Bd. II. Calcutta: Government of India, Department of Science & Technology.
DHIR, R. P./JAIN, S. V. 1982: Morphology, Genesis and Classification of Desert Soils. Review of Soil Research in India, Part II, S. 474–483. 12th International Congress of Soil Science, New Delhi.
DIGAR, S./BARDE, N. K. 1982: Morphology, Genesis and Classification of Red and Laterite Soils. In: Review of Soil Research in India, Part II, S. 498-507. 12th International Congress of Soil Science, New Delhi.
DIKSHIT, K. R. 1970: Polcyclic Landscape and the Surfaces of erosion in the Deccan Trap Country with Special Reference to Upland Maharashtra. National Geographical Journal of India XVI (3–4), S. 236–252. Benares.

DOMRÖS, M. 1977: Das Klima des vorderindischen Subkontinents. In: BLENCK, J./BRONGER, D./UHLIG, H. (Hrsg.): Südasien. Fischer Länderkunde, Bd. 2, S. 47–55. Frankfurt/M.

DUNCAN, R. A./PYLE, D. G. 1988: Rapid Eruption of the Deccan Flood Basalts, Western India. In: Geological Society of India: Workshop on Deccan Flood Basalts, S. 1–9. Bangalore.

EL-SWAIFY, S. A./PATHAK, P., REGO, T. J./SINGH, S. 1985: Soil Management for Optimized Productivity Under Rainfed Conditions in the Semi-Arid Tropics. Advances in Soil Science 1, S. 1–64.

FAO-UNESCO 1974: Soil Map of the World, Bd. I (Legend). Paris.FLOHN, H. 1969: Zum Klima und Wasserhaushalt des Hindukusch und der benachbarten Hochgebirge. Erdkunde 23, S. 205–215.

FLOHN, H. 1970: Elements of a Synoptic Climatology of the Indo-Pakistan Subcontinent. In: SCHWEINFURTH, U./FLOHN, H./DOMRÖS, M. (Hrsg.): Studies in the Climatology of South Asia. S. 3–5. Wiesbaden.

FÖLSTER, H. 1971: Ferralitische Böden aus sauren metamorphen Gesteinen in den feuchten und wechselfeuchten Tropen Afrikas. Göttinger Bodenkundliche Berichte 20, S. 1–231.

FÖLSTER, H., KALK, E./MOSHREFI, N. 1971: Complex Pedogenesis of Ferralitic Savanna Soils in South Sudan. Geoderma 6, S. 135–149.

FRIDLAND, V. M. 1967: Structure of the Soil Mantle in the Principal Soil Zones and Subzones of Western USSR. Soviet Soil Science 5, S. 589–597.

FRIDLAND, V. M. 1974: Structure of the Soil Mantle. Geoderma 12, S. 35–41.

GANSSER, A. 1964: Geology of the Himalayas. London, New York, Sydney.

GAUSSEN, H. 1959: The Vegetation Maps. Institut Francais de Pondichery, Travaux de la Section Scientifique et Technique 1(4)

GAUSSEN, H./LEGRIS, P./MEHER-HOMJI, V. M. u. a. 1961–1978: I nternational Maps of the Vegetation and of Environmental Conditions, 1:1 Mill. – Extraits des Travaux de la Section Scientifique et Technique de l'Institut Francais de Pondichery.
Sheet Cape Comorin 1961, Madras 1964, Godavari 1965, Mysore 1966, Bombay 1966, Jagannath 1967, Kathiawar 1968, Satpura Mountains 1970, Rajasthan 1972, Wainganga 1974, Orissa 1975, Allahabad 1978.

GELLERT, J. F. 1991: Pleistozän-kaltzeitliche Vergletscherungen im Hochland von Tibet und im südafrikanischen Kapgebirge – Kaltzeitliche Klimadynamik und Paläogeographie in Indien und Südafrika. Eiszeitalter und Gegenwart 41, S. 141–145.

GRASS, G. 1990: Zum Beispiel Calcutta. In: Club of Rome: Die Herausforderung des Wachstums. Globale Industrialisierung: Hoffnung oder Gefahr. S. 62–72. Bern, München, Wien.

GUPTA, R. K./ABROL, I. P. 1988: Salt-Affected Soils. Their Reclamation and Management for Crop Production. Advances in Soil Science 8, S. 223–288.

HAASE, G./SCHMIDT, R. 1970: Die Struktur der Bodendecke und ihre Kennzeichnung. Albrecht-Thaer-Archiv 14, S. 399–412.

HOLE, F. D. 1961: A Classification of Pedoturbation and some other Processes and Factors of Soil Formation in Relation to Isotropism and Anisotropism. Soil Sciences 91, S. 375–377.

HOLMES, J. A./STREET-PERROTT, F. A. 1989: The Quaternary Glacial History of Kashmir, North-West Himalaya: A Revision of de Terra and Paterson's Sequence. Zeitschrift für Geomorphologie, N.F., Suppl.-Bd. 76, S. 195–212.

HUIBERS, F. P. 1985: Rainfed Agriculture in a Semi Arid Tropical Climate. Aspect of Land- and Watermanagement for red soils in India. Dissertation. Wageningen, The Netherlands.

IBRAHIM, F. N. 1984: Savannen-Ökosysteme. Geowissenschaften in unserer Zeit 5/84, S. 145–159.

JAEGER, F. 1945: Zur Gliederung und Benennung des tropischen Graslandgürtels. Verhandlungen der Naturkundlichen Gesellschaft. Basel 56/2, S. 509–520.

JÄTZOLD, R. 1985: Savannengebiete der Erde – Ursprüngliche Bedingungen, heutiger Zustand und künftige Möglichkeiten.
Praxis Geographie 11/85, S. 6–14.

JENNY, H. 1941: Factors of Soil Formation. New York.

JENNY, H. 1980: The Soil Resource.
Origin and Behavior.
Ecological Studies 37, S. 1–377.

KALE, V. S. 1983: The Indian Peninsular Movements, Western Ghat Formation and their Geomorphic Repercussions – a Geographical Overview. Trans. Inst. Indian Geographers 5/2, S. 145–155.

KASSENS, H./WETZEL, A. 1989: Das Alter des Himalaya.
Die Geowissenschaften 7, S. 15–20.

KRANTZ, B. A./KAMPEN, J./RUSSELL, M. B. 1978: Soil Management Differences of Alfisols and Vertisols in the Semiarid Tropics. In: STELLY, M. (Hrsg.): Diversity of Soils in the Tropics. ASA Special Publication 34, S. 77–95. Madison, Wisconsin: American Society of Agronomy.

KREBS, N. 1933: Morphologische Beobachtungen in Südindien In: Sitzungsberichte der Preußischen Akademie der Wissenschaften, Physikalisch-Mathematische Klasse, 23, S. 694–721. Göttingen.

KÜCHLER, A. W. 1964: Manual to Accompany the Map Potential Natural Vegetation of the Conterminous United States.
American Geographical Society,
Special Publication, Nr. 36.

KUHLE, M. 1989: Die Inlandvereisung Tibets als Basis einer in der Globalstrahlungstheorie fußenden reliefspezifischen Eiszeittheorie. Petermanns Geographische Mitteilungen 133, S. 265–285.

KUTZBACH, J. E. 1987: The Changing Puls of the Monsoon. In: FEIN, J. S./STEPHENS, P. L. (Hrsg.): Monsoons. S. 247–268. New York.

LANDEY, R. J./HIREKERUR, L. R./KRISHNAMOORTHY, P. 1982: Morphology, Genesis and Classification of Black Soils. Review of Soil Research in India, Part II, S. 484–497. 12th International Congress of Soil Science, New Delhi.

LAUER, W. 1952: Humide und aride Jahreszeiten in Afrika und Südamerika und ihre Beziehungen zu den Vegetationsgürteln. Bonner Geographische Abhandlungen 9, Bonn.

LYON-CAEN, H./MOLNAR, P. 1985: Gravity Anomalies, Flexure of the Indian Plate, and the Structure, Support and Evolution of the Himalaya and Ganga basin.
Tectonics 4, S. 513–538.

MANNERING, J. V. 1981: The Use of Soil Tolerances as Strategy for Soil Conservation. In: MORGAN, R. P. C. (Hrsg.):
Soil Conservation:
Problems and Prospects. S. 337–349.
Chichester, England.

MATHER, J. R. (Hrsg.) 1963: Average Climatic Water Balance Data of the Continents. C.W. Thornthwaite Assoc. Lab. Publ. Climatol. XVI, Nr. 2, S. 276–378.
Centerton/New Jersey.

MEHER-HOMJI, V. M. 1973: Is the Sind-Rajasthan Desert the Result of a Recent Climatic Change? Geoforum 15, S. 47–57.

MEHER-HOMJI, V. M. 1977: History of the Dry Deciduous Forests of Western and Central India. In: AGRAWAL, D. P./PANDE, B. M. (Hrsg.): Ecology and Archaeology of Western India. Workshop on Paleoclimate and Archaeology of Rajasthan and Gujarat. Phys. Res. Laboratory Proc., S. 109–126. Delhi.

MEHER-HOMJI, V. M. 1980: The Thar Desert: Its Climatic History.
Man & Environment 4, S. 1–7.

MEHER-HOMJI, V. M. 1989: History of Vegetation of Peninsular India.
Man and Environment XIII, S. 1–10.

MISRA, R. 1980: Forest-Savanna Transition in India In: FURTADO, J. I. (Hrsg.): Tropical Ecology and Development. Proceedings of the Vth International Symposium of Tropical Ecology, 16–21 April 1979, Part 1, S. 141–154. Kuala Lumpur.

MOLNAR, P./TAPPONIER, P. 1975: Cenozoic Tectonics of Asia: Effects of a Continental Collision. Science 189, S. 419–426.

MOLNAR, P./TAPPONIER, P. 1977: The Collision between India and Eurasia. Scientific American 236, S. 30–41.

MOLNAR, P. 1986: The Geologic History and Structure of the Himalaya. American Scientist 74, S. 144–154.

MURTHY, A. S. P. 1988: Distribution, Proberties and Management of Vertisols of India. Advances in Soil Science 8, S. 151–214.

MURTHY, R. S./HIREKERUR, L. R./DESHPANDE, S. B./VENKATA RAO, B. V. 1982: Benchmark Soils of India. Morphology, Characteristics and Classification for Resource Management.
National Bureau of Soil Survey and Land Use Planing (ICAR). Nagpur.

NARAYANA, D. V. V./BABU, R. 1983: Estimation of Soil Erosion in India. Journal of Irrigation and Drainage Engineering 109, 4, S. 419–434.

PANDE, K./VENKATESAN, T. R./GOPALAN, K./KRISHNAMURTHY, P./MACDOUGALL, J. D. 1988: 40 Ar–39 Ar Ages of Alkali Basalts from Kutch, Deccan Volcanic Province, India. In: Geological Society of India: Workshop on Deccan Flood Basalts, S. 145–150, Bangalore.

PARTHASARATHY, B./SONTAKKE, N. A./MONOT, A. A./KOTHAWALE, D. R. 1987: Droughts/Floods in the Summer Monsoon Season over Different Meteorological Subdivisions of India for the Period 1871–1984.
Journal of Climatology 7, S. 57–70.

PURI, G. S./MEHER-HOMJI, V. M./GUPTA, R. K./PURI, S. 1989: Forest Ecology. Bd. II: Plant Form, Diversity, Communities and Succession. New Delhi.

PURI, G. S./MEHER-HOMJI, V. M./GUPTA, R. K./PURI, S. 1990: Forest Ecology. Bd. I: Phytogeography and Forest Conservation. New Delhi.

RAITH, M./RAASE, P./ACKERMAND, D./LAL, R. K. 1983: Regional Geothermobarometry in the Granulite Facies Terrane of South India. Transactions of the Royal Society of Edinburgh: Earth Sciences 73, S. 221–244.

RAMA MOHAN RAO, M. S./CHITTARANJAN, S./SINGH, G. 1990: Soil and Water Conservation Resources for Red and Black Soils of Semi Arid Region of South India. International Symposium on Water Erosion, Sedimentation and Resource Conservation. Proceedings, S. 199–214.
Dehra Dun, India.

RATHJENS, C. 1959: Menschliche Einflüsse auf die Gestalt und Entwicklung der Thar. – Ein Beitrag zur Frage der anthropogenen Landschaftsentwicklung. Arbeiten aus dem Geographischen Institut der Universität des Saarlandes IV, S. 1–36, Saarbrücken.

RATHJENS, C. 1961: Probleme der anthropogenen Landschaftsgestaltung und der Klimaänderungen in historischer Zeit. Arbeiten aus dem Geographischen Institut der Universität des Saarlandes VI, S. 3–12, Saarbrücken.

ROHDENBURG, H. 1983: Beiträge zur allgemeinen Geomorphologie der Tropen und Subtropen. Geomorphodynamik und Vegetation, klimazyklische Sedimentation, Paplain/Pediment – Terrassen – Treppen.
Catena 10, S. 393–438.

RÖSLER, W. 1990: Magnetostratigraphie von mio-/plio-/pleistozänen Sedimenten des Surai-Kohla-Profils (Siwaliks/Südwest-Nepal). (unveröffentlichte Diplomarbeit) München.

SAHASRABUDHE, Y. S. 1978: Bauxite Deposits of Gujarat, Maharashtra and Parts of Karnataka. Bulletins of the Geological Survey of India, Series A-Economic Geology 39, S. 1–163. New Delhi.

SCHEFFER, F./SCHACHTSCHABEL, P. 1989: Lehrbuch der Bodenkunde, 12. Auflage. Stuttgart.

SCHMITHÜSEN, J. (Hrsg.) 1976: Atlas zur Biogeographie. Meyers Großer Physischer Weltatlas, Bd. 3. Mannheim

SCHMITHÜSEN, J. 1968: Allgemeine Vegetationsgeographie. Berlin.

SCHULTZ, J. 1988: Die Ökozonen der Erde. Stuttgart. (UTB 1514).

SCHWEINFURTH, U. 1957: Die horizontale und vertikale Verteilung der Vegetation im Himalaya. Bonner Geographische Abhandlungen 20, Bonn.

SEUFFERT, O. 1986: Geoökodynamik – Geomorphodynamik. Aktuelle und vorzeitliche Formungsprozesse in Südindien und ihre Steuerung durch raum/zeitliche Variationen der geoökologischen Raumgliederung. Geoökodynamik 7, S. 161–214.

SHI, Y., ZHENG, B./LI, S. 1992: Last Glaciation in the Qinghai- Xizang (Tibet) Plateau: A Controversy to M. Kuhle's Ice Age Sheet Hypothesis.
Zeitschrift für Geomorphologie, N.F., Supplement-Bd. 84, S. 19–35.

SHUKLA, J. 1987: Interannual Variability of Monsoons. In: FEIN, J. S./STEPHENS, P. L. (Hrsg.): Monsoons. S. 399–463. New York.

SINGH, G. 1971: The Indus Valley Culture seen in the Context of Post-Glacial Climatic and Ecological Studies in Northwest India. Archaeology & Physical Anthropology Oceania 6, S. 177–189.

SINGH, G. 1990: Soil and Water Conservation in India. International Symposium on Water Erosion, Sedimentation and Resource Conservation. Proceedings, S. X–XXV. Dehra Dun, India.

SINGH, G./BABU, R./NARAIN, P./BHUSHAN, L. S./ABROL, I. P. 1990: Soil Erosion Rates of India. International Symposium on Water Erosion, Sedimentation and Resource Conservation. Post Symposium Proceedings, S. 32–38. Dehra Dun, India.

SINGH, G./JOSHI, R. D./CHOPRA, S. K./SINGH, A. B. 1974: Late Quaternary History of Vegetation and Climate of the Rajasthan Desert, India. Philological Transactions of the Royal Society, 267 B, S. 467–501.

SINGH, G., WASSON, R. J./AGRAWAL, D. P. 1990: Vegetation and Seasonal Climatic Changes since the last full Glacial in the Thar Desert, NW India. Reviews of Paleobotany & Palynology 64, S. 351–358.

SINGHVI, A. K./SHARMA, Y. P./AGRAWAL, D. P. 1982: Thermoluminescence Dating of Sand Dunes in Rajasthan, India. Nature 295, 5847, S. 313–315.

SINGHVI, A. K./AMAL KAR (Hrsg.). 1992: Thar Desert in Rajasthan: Land, Man and Environment. Geological Society of India. Bangalore.

SIROKKO, F. 1989: Zur Akkumulation von Salzsedimenten im nördlichen indischen Ozean: Anzeiger der Klimageschichte Arabiens und Indiens. Geologisch-Paläontologisches Institut Universität Kiel 27, S. 1–185, Kiel.

SIROKKO, F./SARNTHEIN, M./LANGE, H./ERLENKEUSER, H. 1991: Atmospheric Summer Circulation and Coastal Upwelling in the Arabian Sea during the Holocene and the Last Glaciation.
Quaternary Research 36, S. 72–93.

SKOGERBOE, G. V. 1977: On-Farm Water Management for Alleviating Waterlogging and Salinity Problems. In: DREGNE, H. E. (Hrsg.): Managing Saline Water for Irrigation. Proceedings of the Internat. Conf. on Managing Saline Water for Irrigation: Planning for the Future. S. 537–557. Lubbock, Texas.

SMITH, A. G./HURLEY, A. M./BREDEN, J. C. 1981: Phanerozoic Paleocontinental World Maps. Cambridge.

Soil Survey Staff 1975: Soil Taxonomy. A Basic System of Soil Classification for Making and Interpreting Soil Surveys. Agriculture Handbook Nr. 436.
Washington, D. C.: U. S. Government Printing Office (U. S. D. A.
Soil Conservation Service).

Soil Survey Staff 1992: Keys to Soil Taxonomy. 5th Edition
(SMSS Technical Monograph Nr. 19), Blacksburg (Virginia).

STEINER, L. 1979: Indien. Rohstoffwirtschaftliche Länderberichte, XX, S. 1–155. Bundesanstalt für Geowissenschaften und Rohstoffe, Hannover

THAKUR, V. C. 1986: Subduction and Collision in the North-Western Himalaya.
The Indian Litosphere, S. 62–72. Delhi.

TROLL, C. 1952: Das Pflanzenkleid der Tropen in seiner Abhängigkeit von Klima, Boden und Mensch. Deutscher Geographentag Frankfurt/M. 1951.
Tagungsberichte und Wissenschaftliche Abhandlungen, S. 35–66, Remagen.

Literatur

TROLL, C. 1967: Die klimatische und vegetationsgeographische Gliederung des Himalaya-Systems. In: Ergebnisse Forschungen Unt. Nepal Himalaya, Bd. I, S. 353–388. Berlin, Heidelberg, New York.

TROLL, C./PAFFEN, K.-H. 1964: Karte der Jahreszeitenklimate der Erde. Erdkunde 18, S. 5–28.

TROLL, C./PAFFEN, K.-H. 1968. Karte der Jahreszeitenklimate der Erde, 1:80 000 000: Verkleinerte Wiedergabe der Wandkarte 1:16 000 000: Berlin.

UHLIG, H. 1977: Bau – Relief – Böden – Vegetation – Naturräumliche Großgliederung. In: BLENCK, J., BRONGER, D./ UHLIG, H. (Hrsg.): Südasien, Bd. 2, S. 55–78. Frankfurt/M.

VALDIYA, K. S. 1986: Phanerozoic Plate Mortions and Orogenesis: Central Himalayan Sector. The Indian Litosphere, S. 73–82. Delhi.

WADIA, D. N. 1985: Geology of India. New Delhi.

WALTER, H. 1957: Die Klima-Diagramme der Waldsteppen- und Steppengebiete in Osteuropa. Stuttgarter Geographische Studien 69 (Lautensach-Festschrift), S. 253–262.

WALTER, H. 1962: Plant Associations in the Humid Tropics of India as Affected by Climate with Special Reference to Periods of Drought in the Monsoon Region. UNESCO/NS/HT/106B. Paris.

WALTER, H. 1973: Die Vegetation der Erde, Bd. I: Tropische und subtropische Zonen. Jena, Stuttgart.

WALTER, H./HARNICKELL, E./MÜLLER-DOMBOIS, D. 1975: Klimadiagramm-Karten der einzelnen Kontinente und die ökologische Klimagliederung der Erde. Vegetationsmonographien der einzelnen Großräume, Bd. X. Stuttgart.

WALTER, H. 1990: Vegetation und Klimazonen: Grundriß der globalen Ökologie. Stuttgart. (UTB 14).

WALTER, H./BRECKLE, S.-W. 1991: Ökologie der Erde, Geo- Biosphäre. Bd. 2: Spezielle Ökologie der Tropischen und Subtropischen Zonen. Stuttgart.

WERNSTEDT, F. L. 1972: World Climatic Data. Lemont/Pennsylvania.

WICHMANN, P. 1993: Jungquartäre randtropische Verwitterung. Ein bodengeographischer Beitrag zur Landschaftsentwicklung von Südwest-Nepal. Kieler Geographische Schriften 88, S. 1–125.

WICHMANN, P./BRONGER, A. 1994: Effiency of Weathering in Tropical Climates: Genesis and Mineralogy of „Red Soils" in SW-Nepal. Proceedings of XVth World Congress of Soil Science. Acapulco.

WIRTHMANN, A. 1976: Die West-Ghats im Bereich der Deccan-Basalte. Zeitschrift für Geomorphologie, N.F., Suppl.-Bd. 17, S. 223–241.

WISCHMEIER, W. H./SMITH, D. D. 1978: Predicting Rainfall Erosion Losses – a Guide to Conservation Planning. Agriculture Handbook Nr. 537. Washington D.C.

III Bevölkerung und Siedlung (Kap. 3, 5, 13, 16)

ALAM, M. S. u. a. 1983: Patterns and Characteristics of In-Migrants in Metropolitan Settlements of Maharashtra and Andhra Pradesh. Paper presented to the National Seminar on the Problems of the Low Income Groups in the Metropolitan Cities of India and the Indian Ocean Region. Hyderabad (mimeogr.).

ALAM, S. M./ALIKHAN, F. (Hrsg.) 1987: Poverty in Metropolitan Cities. New Delhi.

ALAM, S. M./ALIKHAN, F./BHATTACHARJI, M. 1987: Slums in Metropolitan Hyderabad. A Profile. In: ALAM/ALIKHAN (Hrsg.): Poverty in Metropolitan Cities, S. 121–138. New Delhi.

BALA, R. 1986: Trends in Urbanization in India 1901–1981. Jaipur.

BHATTACHARYA, M. 1976: Urbanization and Policy Intervention in India. Social Science

Research Institute (Hrsg.): Asia Urbanizing, S. 99–117. Tokyo.

BICHSEL, U. 1986: Periphery and Flux: Changing Chandigarh Villages. Bern (Geographica Bernensia, 626).

BLAIKIE, P. M. 1975: Family Planning in India. Diffusion and Policy. London.

BLENCK, J. 1974: Slums und Slumsanierung in Indien. Erläutert am Beispiel von Jamshedpur, Jaipur und Madras. In: Tagungsbericht und Wissenschaftliche Abhandlungen des Deutschen Geographentag Kassel 1973, S. 310–337. Wiesbaden.

BLENCK, J. 1977: Die Städte Indiens. In: BLENCK, J./BRONGER, D./UHLIG, H. (Hrsg.): Südasien: 145–162. Frankfurt/M.

BOHLE, H. G. 1984: Probleme der Verstädterung in Indien. Elendssiedlungen und Sanierungspolitik in der südindischen Metropole Madras. In: Geographische Rundschau 36, 9, S. 461–469.

BOSE, A. N. 1974: The Informal Sector in the Calcutta Metropolitan Economy. Geneva.

BOSE, N. K. 1965: Calcutta: Premature Metropolis. Scientific American, Bd. 23, 3.

BRADNOCK, R. W. 1984: Urbanization in India. London.

BRAHME, S. 1977: The Role of Bombay in the Economic Development of Maharashtra. In: NOBLE, A. G./DUTT, A. K. (Hrsg.): Indian Urbanization and Planning: Vehicles of Modernization, S. 313–325. New Delhi.

BRONGER, D. 1970: Kriterien der Zentralität südindischer Siedlungen. In: Deutscher Geographentag Kiel. Tagungsbericht und wissenschaftliche Abhandlungen, S. 498–518, Wiesbaden.

BRONGER, D. 1984: Metropolisierung als Entwicklungsproblem in Ländern der Dritten Welt. Ein Beitrag zur Begriffsbestimmung, Geographische Zeitschrift 72, S. 138–158.

BRONGER, D. 1986a. Metropolization in India and China – A Comparative Analysis. The Demographic Perspective. In: SHAFI, M./RAZA, M. (Hrsg.): Spectrum of Modern Geography, S. 29–62. New Delhi.

BRONGER, D. 1986b. Die „metropolitane Revolution" als Entwicklungsproblem in den Ländern Süd-, Südost- und Ostasiens. Entstehung – Dynamik – Planung – Ergebnisse. Das Beispiel Bombay. In: IFA (Hrsg.): Umwelt, Kultur und Entwicklung in der Dritten Welt. Zum Problem des Umwelterhalts und der Umweltzerstörung in Afrika, Asien und Lateinamerika. 7. Tübinger Gespräch zu Entwicklungsfragen, S. 48–95. Stuttgart (Materialien zum Internationalen Kulturaustausch, Nr. 27).

BRONGER, D. 1988: The Role of Metropolization for the Development Process in India and China. The Demographic and Functional Dimension. A Comparative Analysis. In: Asien, Nr. 26, S. 1–33.

BRONGER, D. 1991: Dynamik der Metropolisierung als Problem der räumlichen Entwicklung in Asien. In: Internationales Asienforum, Bd. 22, Nr. 1–2, S. 5–41.

BRONGER, D. 1993: Urban Systems in China and India – A Comparison. In: Taubman, W. (Hrsg.): Urban Problems and Urban Development in China: S. 33–76. Hamburg (Mitteilungen des Instituts für Asienkunde Hamburg, Nr. 218).

BRONGER, D. 1993a. Die Rolle der Metropole im Entwicklungsprozeß: Das Beispiel Bombay. In: Feldbauer, P. u. a. (Hrsg.): Megastädte. Zur Rolle von Metropolen in der Weltgesellschaft, S. 107–128. Wien.

BRONGER, D. 1993c. Landflucht und Verstädterung in Indien. In: Das Parlament 8–9, S. 9.

BRONGER, D. 1994: Indiens Megastädte: Fluch oder Segen? In: GORMSEN, E./THIMM, A. (Hrsg.): Megastädte in der Dritten Welt. S. 11–44. Mainz

CHANDLER, T./FOX, G. 1974: 3000 years of Urban Growth, New York

CHANDRASEKHAR, S. 1972: Infant Mortality, Population Growth and Family Planning in India. London.

CIDCO 1988: New Bombay – An Outline of Progress. Bombay.

DAVIS, K. 1958: The Population of India and Pakistan. Princeton.

DESHPANDE, C. D./ARUNACHALAM, B./BHAT, L. S. 1980: Impact of a Metropolitan City on the Surrounding Region: A Study of South Colaba, Maharashtra. New Delhi.

DOMRÖS, M. 1984: Indien: Bevölkerungsexplosion und demographischer Wandel. In: Geographische Rundschau 36, S. 48–55.

EVERS, H.-D. 1982: Politische Ökologie der südasiatischen Stadt: Neuere theoretische Ansätze zur Urbanisierungsproblematik. In: KULKE, H./RIEGER, H. C./LUTZE, L. (Hrsg.): Städte in Südasien, S. 159–176. Wiesbaden.

GOGATE, S. 1973: The Twin City: New Bombay. In: DESHPANDE, S. H. (Hrsg.): Economy of Maharashtra, S. 393–428. Poona.

GUJRAL, S. S. (1973). Population Growth and Issues in Indian Economic History, 1851–1901, VII. Ann Arbor.

HAUSER, P. M. (Hrsg.) 1957: Urbanization in Asia and the Far East. Calcutta.

HOSELITZ, B. F. 1954/55: Generative and Parasitic Cities. Economic Development and Cultural Change, Bd. 3, S. 278–294.

HOSELITZ, B. F. 1958: Urbanization and Town Planning in India. The City in Society, S. 115–127. Cambridge/Mass.

HOSELITZ, B. F. 1960: Urbanization in India. Kyklos 13, 3, S. 361–372, Basel.

JHA, S. D. 1989: Policy Implication of Rural-Urban Migration in India. New Delhi.

KHAN, N. 1983: Studies in Human Migration. VI. New Delhi.

KULKE, H./RIEGER, H./LUTZE, L. (Hrsg.) 1982: Städte in Südasien: Geschichte, Gesellschaft, Gestalt. Wiesbaden (Beiträge zur Südasienforschung, Südasien-Institut Universität Heidelberg, Bd. 60).

KUNDU, A. 1983: Inequality, Poverty and Urban Growth – The Case of Metropolitan Cities in India (unpubl. paper presented at ... s. MUTTAGI, 1983).

LAPING, I. 1982: Aspekte der Stadt im altindischen Staatslehrbuch des Kautilya. In:

KULKE/RIEGER/LUTZE (Hrsg.): Städte in Südasien, S. 1–16. Wiesbaden.

MARSCHALCK, P. 1981: Familienverfassung und Modernisierung in Indien. Die Rolle der Institution „Familie" für die Erforschung der Zusammenhänge zwischen Bevölkerungsbewegung und Sozialstruktur. In: Perspektiven der Entwicklungspolitik, S. 243–258. Tübingen (Bochumer Schriften zur Entwicklungsforschung und Entwicklungspolitik, Bd. 21).

MARUKADAS, C. 1982: Problems of Urban Growth. A Case Study of Madras City. In: ESCAP u. a. (Hrsg.): Regional Congress of Local Authorities for Development of Human Settlements in Asia and the Pacific, Voluntary Papers, S. 93–107. Yokohama.

MILLS, E. S./BECKER, C. M. 1986: Studies in Indian Urban Development. VIII. New York (World Bank Research Publication).

MISRA, B. 1981: Delhi: Shaping a Metropolitan Capital – Legacy and Future. In: HONJO, M. (Hrsg.): Urbanization and Regional Development, S. 227–256. Nagoya.

MISRA, R. P. 1974: Million Cities of India. New Delhi.

MISRA, R. P. 1982: Economic and Social Roles of Metropolitan Regions – Problems and Prospects. In: SAZANAMI, H. (Hrsg.): Metropolitan Planning and Management, S. 3–21. Tokyo.

MOORHOUSE, G. 1971: Calcutta. London.

MUTTAGI, P. K. 1983: Problems of Low Income Groups in the Bombay Metropolitan Region (unpubl. paper, presented at the National Seminar on the Problems of the Low Income Groups in the Metropolitan Cities of India and the Indian Ocean Region, Hyderabad, 24–26 March 1983).

MUTTAGI, P.K. 1983: Problems of Low Income Groups in the Bombay Metropolitan Region. In: ALAM u. a. (Hrsg.): Poverty in Metropolitan Cities, S. 85–98.

National Institute of Urban Affairs 1988: State of India's Urbanization. New Delhi.

NCAER (Hrsg.) 1980: Household Income and its Disposition. New Delhi.

NIEMEIER, G. 1961: Zur typologischen Stellung und Gliederung der indischen Stadt. In: Geographie, Geschichte und Pädagogik, Festschrift für W. Maas, S. 128–146. Braunschweig.

NISSEL, H. 1977: Bombay. Untersuchungen zur Struktur und Dynamik einer indischen Metropole. Berlin
(Berliner Geographische Studien, Bd. 1).

NISSEL, H. 1982: Jüngste Tendenzen der Zuwanderung nach Bombay.
In: KULKE, H. u. a. (Hrsg.):
Städte in Südasien, S. 213–231.
Wiesbaden.

Nissel, H. 1986: Determinanten und rezente Auswirkungen der Urbanisierung in Indien. In: HUSA, K. u. a. (Hrsg.):
Beiträge zur Bevölkerungsforschung, S. 267–284. Wien.

NISSEL, H. 1986b. Eine neue indische Metropole. Planung und Entwicklungsstand von New Bombay. In:
Aktuelle Beiträge zur Humangeographie – Festschrift zum 80. Geburtstag von
Hans Bobek,
S. 56–68. Wien.

NISSEL, H. 1989: Die Metropole Bombay. Ein Opfer ihres eigenen Erfolges?
In: Geographische Rundschau 41, 2, S. 66–74.

PAPOLA, T. S. 1981: Urban Informal Sector in a Developing Economy. New Delhi.

PFEIL, K. 1935: Die indische Stadt. Leipzig.

RAJKUMAR, P.V. 1982: Local Finance and City Governments in India with Special Reference to the City of Madras. In: ESCAP u. a. (Hrsg.): Regional Congress of Local Authorities for Development of Human Settlements in Asia and the Pacific, Voluntary Papers, S. 111–125.
Yokohama.

RAMACHANDRAN, R. 1989: Urbanization and Urban Systems in India.
Oxford University Press, XIV. Delhi.

RAO, V. L./PRAKASA, S. 1983: Urbanization in India. Spatial Dimensions. New Delhi.

RAZA, M./HABIB, A./KUNDU, A./AGGARWAL, Y. 1981: India: Urbanization and Regional Development, S. 71–96. Nagoya.

RAZA, M./ASLAM, M. 1982: Urbanization and Redistribution of Population in Regional Space. A Case Study of India.
Nagoya (UNCRD Working Paper, Nr. 82-5).

RAZA, M./AHMAD, A. 1990: An Atlas of Tribal India. New Delhi.

RIBEIRO, E. F. N. 1983: Planning for the Urban Poor: Basic Needs and Priorities (unpubl. paper, presented at the ...
s. MUTTAGI, P. K., 1983).

RICHARDSON, H. W. 1984: Spatial Strategies and Infrastructure Planning in the Metropolitan Areas of Bombay and Calcutta.
In: Spatial, Environmental and Resource Policy in the Developing Countries,
S. 113–139, Aldershot.

ROW, A. T. 1974: Metropolitan Problems and Prospects: A Study of Calcutta. In:
JAKOBSON, L./PRAKASH, V. (Hrsg.): Metropolitan Growth. Public Policy for South and Southeast Asia, S. 137–176. New York.

ROY, B. K. (Hrsg.) 1989: Census of India. Geographical Distribution of Internal Migration in India 1971–1981.
New Delhi.

SCHLINGLOFF, D. 1970: Die altindischen Stadt, eine vergleichende Untersuchung. Akademie der Wissenschaften und der Literatur, Mainz, Abhandlungen der geistes- und sozialwissenschaftlichen Klasse 69, 5,
S. 75–141. Wiesbaden.

SCHWARZ, G. 1967: Allgemeine Siedlungsgeographie, 3. Auflage. Berlin. (Lehrbuch der Allgemeinen Geographie, Bd. VI).

SINGH, R. L. 1955: Banaras. A Study in Urban Geography. Banaras.

SINGH, R. L. 1964: Bangalore. An Urban Survey. Varanasi.

SINGH, O./KUMRA, V. K./SINGH, J. 1988: India's Urban Environment. Varanasi.

STANG, F. 1983: Chandigarh. Idee und Wirklichkeit einer geplanten Stadt in Indien. In: Geographische Rundschau 35, 9, S. 418–424.

IV Kastenwesen (Kap. 4, 11.5, 12, 16)

ALSDORF, L. 1956: Das indische Kastenwesen. Geographische Rundschau 8, S. 215–219.
ASCHE, H. 1977: Koloniale Siedlungs- und Raumstrukturelle Entwicklung in Indien im 17. und 18. Jahrhundert. In: ASCHE, H./MASSARRAT, M. (Hrsg.): Studien über die Dritte Welt. Göttingen.
ATAL, Y. 1968: The Changing Frontiers of Caste. Delhi.

BADEN-POWELL. B. H. 1892: Land Systems of British-India. 3 Bde. Oxford.
BADEN-POWELL. B. H. 1896: The Indian Village Community. Oxford.
BADEN-POWELL. B. H. 1899: The Origin and Growth of Village Communities in India. London.
BAILEY, F. G. 1957: Caste and the Economic Frontier. Manchester.
BEIDELMAN, TH. O. 1959: A Comparative Analysis of the Jajmani System. New York.
BELLWINKEL, M. 1980: Die Kasten-Problematik im städtisch-industriellen Bereich: Historisch-empirische Fallstudie über die Industriestadt Kanpur in Uttar Pradesh, Indien, Wiesbaden.
BERREMAN, G. D. 1979: Caste and other Inequities: Essays on Inequality. Meerut.
BETEILLE, A. 1969: Castes: Old and New: Essays in Social Structure and Social Stratification, London.
BETEILLE, A. 1974: Studies in Agrarian Social Structure. Delhi.
BHATTACHARYA, J. N. 1896: Hindu Castes and Sects: An Exposition of the Origin of the Hindu Caste System and the Bearing of the Sects towards each other and towards other Religious Systems, XVII. Calcutta.
BLENCK, J. 1984: Die Auswanderung indischer Bevölkerungsgruppen und ihre sozialgeographische Umformung, dargestellt am Beispiel von Südafrika. In: HOTTES, K./UHLIG, H. (Hrsg.): Probleme der Entwicklungsländerforschung in Süd- und Südostasien, Wirtschaftsgeographische Fallstudien, S. 215–251. Bochum (Materialien zur Raumordnung, Bd. 27).

BRONGER, D. 1970: Kastenwesen und Siedlung im südlichen Indien (Andhra Pradesh). In: Erdkunde 24, S. 89–106 (Der sozialgeographische Einfluß des Kastenwesens auf Siedlung und Agrarstruktur im südlichen Indien, Teil I).
BRONGER, D. 1970a. Agrarstruktur und Kastenwesen im südlichen Indien (Andhra Pradesh). In: Erdkunde 24, S. 194–207 (Der sozialgeographische Einfluß des Kastenwesens auf Siedlung und Agrarstruktur im südlichen Indien, Teil II).
BRONGER, D. 1975: Jajmani System in Southern India? In: MEYER-DOHM, P. (Hrsg.): Economic and Social Aspects of Indian Development: 207–242. Tübingen, Basel, Bombay (Bochumer Schriften zur Entwicklungsforschung und Entwicklungspolitik, Bd.19).
BRONGER, D. 1977: Kaste und Familie in Indien. In: BLENCK, J./BRONGER, D./UHLIG, H. (Hrsg.): Fischer Länderkunde, S. 98–110. Frankfurt/M.
BRONGER, D. 1978: Mobility in the Caste Occupation Structure? In: The Asian Economic Review, Bd. 20, Nr. 2 und 3, S. 167–187.
BRONGER, D. 1989: „Kaste" und „Entwicklung" im ländlichen Indien. In: Geographische Rundschau 41, S. 75–82.
BRONGER, D. 1991: Ramkheri 1955 – Jamgod 1990: Von der Kasten- zur Klassengesellschaft? Sozialgeographische Veränderungen in einer Malwa-Gemeinde. In: Erdkunde 45, S. 291–307.
BRONGER, D. 1995: Anzahl und Verbreitung der wichtigsten Kasten Indiens. In: Asien No. 54, S. 19–34.

CAIRSTAIRS, G. M. 1957: The Twice-Born. London (deutsch: Die Zweimal Geborenen. München 1963).
COHN, B. 1955: The Changing Status of a Depressed Caste. In: MARRIOTT, M. (Hrsg.): Village India, S. 53–77. Chicago.
COHN, B. 1961: Chamar Family in a North Indian Village. The Economic Weekly 13, S. 1051–1055.

COHN, B. S. 1969: Structural Change in Indian Rural Society 1596–1885: In: FRYKENBERG, R. E. (Hrsg.): Land Control and Social Structure in Indian History, S. 53–121.

CROOKE, W. 1891: The Castes and Tribes in the Northwest Provinces and Oudh, 4 Bde. Allahabad.

DUBE, S. C. 1955: Indian Village, 5. Auflage. London.

DUBE, S. C. 1963: India's Changing Villages. Human Factors in Community Development. London.

DUBE, S. C. 1968: Foreword: In: ATAL, Y: The Changing Frontiers of Caste, S. V–IX. Delhi.

DUMONT, L. 1966: Gesellschaft in Indien. Die Soziologie des Kastenwesens. Wien.

DUMONT, L. 1970: The Caste System and its Implications. London.

DUTT, N. K. 1931–1969: Origin and Growth of Caste in India, 2 Bde. London and Calcutta.

ELDER, J. W. 1970: Rajpur: Change in the Jajmani System of an Uttar Pradesh Village. In: ISHWARAN, K. (Hrsg.): Change and Continuity in Indian Villages, S. 105–127. New York und London.

ELITSE, J. 1966: The Jajmani System in a Telangana Village. Hyderabad (mimeo.).

ELLIOT, C. M. 1970: Caste and Faction among the Dominant Caste: The Reddis and Kammas of Andhra.
In: KOTHARI, R. (Hrsg.): Caste in Indian Politics, S. 129–171. New Delhi.

ENTHOVEN, R. E. 1922: The Tribes and Castes of Bombay, 3 Bde. Bombay.

EPSTEIN, T. S. 1962: Economic Development and Social Change in South India. Manchester.

FICK, R. 1897/1974: Die sociale Gliederung im Nordöstlichen Indien zu Buddha's Zeit. Mit besonderer Berücksichtigung der Kastenfrage. Vornehmlich auf Grund der Jataka dargestellt. Graz.

FRYKENBERG, R. E. 1969: Introduction. In: FRYKENBERG, R. E. (Hrsg.): Land Control and Social Structure in Indian History, S. XIII–XXI.

FUCHS, S. 1950: The Children of Hari: A Study of the Nimar Balahis in the Central Provinces of India. Wien.

FÜRER-HAIMENDORF, C. v. 1948: The Aboriginal Tribes of Hyderabad, 3 Bde. London.

GEORGE, A. 1986: Social Ferment in India. London.

GHURYE, G. S. 1961: Caste, Class and Occupation. Bombay.

GHURYE, G. S. 1969: Caste and Race in India. Bombay.

GILBERT, W. H. 1948: Caste in India: A Bibliography. Washington.

GOUGH, E. K. 1971: Caste in a Tanjore Village. In: LEACH, E. R. (Hrsg.): Aspects of Caste in South India, Ceylon and North-West Pakistan, S. 11–60. Cambridge.

GUPTA, D. 1980: From Varna to Jati: The Indian Caste System from the Asiatic to the Feudal Mode of Production. In: Journal of Contemporary Asia, 10, S. 249–269.

HABIB, I. 1982: Northern India under the Sultanate: Agrarian Economy. In: CEHI I, S. 48–76.

HASAN, S. N. 1969: Zamindars under the Mughals. In: FRYKENBERG, R. E. (Hrsg.): Land Control and Social Structure in Indian History, S. 17–31.

HIEBERT, P. G. 1971: Konduru, Structure and Integration in a South Indian Village. Minnesota.

HOPPE, U. 1966: Chintakunta, die agrargeographische Struktur eines Dekhan-Dorfes. Frankfurt/M.

HUTTON, J. H. 1961: Caste in India. Its Nature, Functions and Origins. London (Original: 1946).

IYER, L. K. 1909–1912: The Cochin Tribes and Castes. Madras.

IYER, L. K. 1928–1935: The Mysore Tribes and Castes, 4 Bde. Mysore.

KANTOWSKY, D. 1972: Aspekte sozialer Mobilität in Indien. In: KANTOWSKY, D. (Hrsg.): Indien – Gesellschaftsstruktur und Politik, S. 169–180. Frankfurt/M.

KANTOWSKY, D. 1972a. Indien – Am Vorabend der Revolution? In: KANTOWSKY, D. (Hrsg.):

Indien – Gesellschaftsstruktur und Politik: 146–168. Frankfurt/M.

KOLENDA, P. 1978: Caste in Contemporary India: Beyond Organic Solidarity. London.

KOTHARI, R. (Hrsg.) 1970: Caste in Indian Politics. Poona.

LEACH, E. R. 1960: Introduction: What should we Mean by Caste? In: LEACH, E. R. (Hrsg.): Aspects of Caste in South India, Ceylon and North-West Pakistan, S. 1–10. Cambridge.

LEWIS, O./BARNOUW, V. 1956: Caste and the Jajmani System in an North Indian Village. In: Scientific Monthly 83, S. 66–81.

LEWIS, O. 1958: Village Life in Northern India: Studies in a Delhi Village. Urbania.

LÜRING, J. 1977: Kritik der (sozial-) geographischen Forschung zur Problematik von Unterentwicklung und Entwicklung – Ideologie, Theorie und Gebrauchswert. In: Die Erde 108, S. 217–238.

MAJUMDAR, D. N. 1962: Caste and Communication in an Indian Village. Bombay.

MANDELBAUM, D. G. 1970: Society in India. 665 S. Berkeley, Los Angeles, London. Bd. 1: Continuity and Change. Bd. 2: Change and Continuity.

MARRIOTT, M. 1955: Village India. Studies in the Little Community. London.

MARRIOTT, M. 1960: Caste Ranking and Community Structure in Five Regions of India and Pakistan. Poona.

MARX, K./ENGELS, F. 1962: Werke. Berlin (Ost).

MAYER, A. C. 1956: Some Hierarchical Aspects of Caste. In: Southwestern Journal of Anthropology 12, S. 117–144.

MAYER, A. C. 1958: The Dominant Caste in a Region of Central India. In: Southwestern Journal of Anthropology 14, S. 407–427.

MAYER, A. C. 1960: Caste and Kinship in Central India. A Village and its Region. London.

MC GILVRAY, D. B. (Hrsg.) 1982: Caste Ideology and Interaction. Cambridge.

MINTURN, L. U. HITCHCOCK, J. T. 1963: The Rajputs of Khalapur, India. In: WHITING, B. B. (Hrsg.): Six Cultures: Studies of Child Rearing, S. 203–361. New York, London.

MORELAND, W. H. 1929: Agrarian System of Moslem India. Cambridge.

MUKERJI, A. B. 1980: The Chamars of Uttar Pradesh. A Study in Social Geography. Delhi.

MÜLLER, H.-P. 1986: Der Hinduismus (X): Die Ordnung der Kasten und Lebensstufen. In: Indo Asia 28, 4, S. 57–64.

MURTON, B. J. 1977: Changing Land Categories in Interior Tamil Nadu, 1750–1850: Propositions and Implications for the Agricultural System.
In: EIDT u. a. (Hrsg.): Man, Culture and Settlement, S. 31–40. New Delhi.

NEALE, W. C. 1962: Economic Change in Rural India. Land Tenure and Reform in Uttar Pradesh, 1800–1955. New Haven, London.

PANDEY, R. 1986: The Caste System in India. Myth and Reality. New Delhi.

PANIKKAR, K. M. 1956: Hindu Society at the Cross Roads, 2. Auflage. Bombay.

PILLAI, G. K. 1959: Origin and Development of Caste. IX, Allahabad.

PRABHU, P. H. 1963: Hindu Social Organization. Bombay (Original: 1940).

PRASAD, N. 1957: The Myth of the Caste System. Patna.

PRASAD, P. H./RODGERS, G. B. 1983: Class, Caste and Landholding in the Analysis of the Rural Economy. Geneva (World Employment Programme Research, Population and Labour Policies Programme. Working Paper Nr. 140 – mimeogr.).

RAYCHAUDHURI, T. 1982: The State and the Economy: The Mughal Empire.
In: CEHI I, S. 172–193.

REDDY, N. S. 1955: Functional Relations of Lohars in a North Indian Village.
In: The Eastern Anthropologist 8, S. 129–140.

REITSMA, H. A./KLEINPENNING 1985:
The Third World in Perspective.
Assen, Maastricht
(darin: Indien, S. 298–335).

RISLEY, H. H. 1891: The Tribes and Castes of Bengal, 4 Bde. Calcutta.

RISLEY, H. H. 1915: The People of India, 2. Auflage. London.

RUSSELL, R. V./LAL, R. B. H. 1916: The Tribes and Castes of the Central Provinces of India, 4 Bde. London.

SARMA, J. 1960: A Village in West-Bengal. In: SRINIVAS, M.N. (Hrsg.): India's Villages, S. 180–201. London.
SCHOETTLI, U. 1987: Hindus zwischen Säkularismus und Fundamentalismus. In: Indo Asia 29, S. 32–37.
SCHWARTZBERG, J. E. 1965: The Distribution of Selected Castes in the North Indian Plain. In: The Geographical Review 55, 4, S. 477–495.
SCHWARTZBERG, J. E. 1992: Historical Atlas of South Asia. New Delhi (Neudruck)
SENART, E. 1930: Caste in India. London (Original 1896).
SHARMA, R. S. 1965: Indian Feudalism: c. 1300–1500. Calcutta.
SILVERBERG, J. (Hrsg.) 1968: Social Mobility in the Caste System. The Hague.
SINGER, M./COHN, B. S. (Hrsg.) 1968: Structure and Change in Indian Society. Chicago.
SINHA, S. 1981: Caste System: Myth and Reality. New Delhi.
SRINIVAS, M. N. (Hrsg.) 1955: India's Villages. London.
SRINIVAS, M. N. 1960: Introduction. In: SRINIVAS, M. N. (Hrsg.): India's Villages, S. 1–14. London.

SRINIVAS, M. N. 1962: Varna and Caste. In: SRINIVAS, M. N. (Hrsg.): Caste in Modern India, S. 63–69. Bombay.
SRINIVAS, M. N. 1966: Social Change in Modern India. Berkeley.
STEIN, B. 1980: Peasant State and Society in Mediaeval South India. New Delhi.
STEIN, B. 1982: Vijayanagara. c. 1350–1564.
THAPAR, R. (Hrsg.) 1977: Tribe, Caste and Religion in India. Columbia (Mo).
THURSTON, E. 1909: Castes and Tribes of Southern India, 7 Bde. Madras.
WILSON, J. 1877: Indian Caste. 2 Bde. Bombay.
WISER, W. 1936: The Hindu Jajmani System: A Socioeconomic System interrelating Members of a Hindu Village Community in Service. Lucknow.
WISER, W. H./WISER, CH. V. 1965: Behind Mud Walls 1930–1960. Berkeley, Los Angeles.
WULF, H. 1983: Indien. In: NOHLEN, D./NUSCHELER, F. (Hrsg.): Handbuch der Dritten Welt, Bd. 7, S. 122–167. Hamburg.

V Wirtschaft, Verkehr, Bildung und Gesundheit (Kap. 6, 7, 8, 9, 14, 15, 16)

AGARWAL, A. N. 1986: Indian Agriculture. Problems, Progress and Prospects. New Delhi.
AITHAL, V. 1993: Bildungspolitik – „Das britische Erbe: Ein Wasserkopf". In: Das Parlament 8–9, S. 15.
ADB (Hrsg.) 1992: Asian Development Outlook 1992. Hong Kong.
ADB (Hrsg.) 1992: Key Indicators of Developing Asian and Pacific Countries. Hong Kong (zitiert als ADB 1992a).

BANERJI, R. 1977: Employment and Growth Potentials of Rural Industries, Small-Scale Industries and Medium and Large-Scale Industries in India. A Comparative Overview. Kiel (Kieler Arbeitspapiere, Institut für Weltwirtschaft, Nr. 64).

BARDHAN, P. 1986: Poverty and ‚Trickle Down' in Rural India. In: MELLOR, J. W./DESAI, G. M. (Hrsg.): Agricultural Change and Rural Poverty. Delhi.
BENDER, R. J. 1993: Indien, ein touristisches Entwicklungsland? In: Die Erde 24, S. 127–145.
BERGMANN, T. 1982: Indiens langfristige Agrarentwicklung. In: Berichte über Landwirtschaft 60, 4, S. 597–636.
BERGMANN, T. 1984: Agrarian Reform in India. With Special Reference to Kerala, Karnataka, Andhra Pradesh and West Bengal, VIII. New Delhi.
BETZ, I. 1993: Armut und extreme Armut in Indien. In: Das Parlament, Nr. 8–9, S. 10.
BHAGWATI, I./DESAI, P. 1970: India – Planning for Industrialization. Industrialization and

Trade Policies since 1951. London, New York, Bombay.
BHALLA, G. S./TYAGI, D. S. 1989: Spatial Pattern of Agricultural Development in India. In: Economic and Political Weekly (June 24), S. A 46-A 57.
BHATIA, B. M. 1963: Famines in India. A Study in some Aspects of the Economic History of India (1860–1945). London.
BHATTACHARYA, S. N. 1986: Rural Economic Growth in India in Theory and Practice. New Delhi.
BIEHL, M. 1976: Die Landwirtschaft in China und Indien. Frankfurt/M.
BOHLE, H.-G. 1981a. Die Grüne Revolution in Indien – Sieg im Kampf gegen den Hunger? Paderborn (Fragenkreise, 23 554).
BOHLE, H.-G. 1981b. Traditionelle Raumstrukturen und aktuelle Entwicklungsprobleme in Südindien. Das Beispiel der Grundbesitzverhältnisse. In:
Geographische Rundschau 33, S. 502–510.
BOHLE, H.-G. 1982: Das Cauvery Delta – Entwicklung und Struktur einer südindischen Reisbauregion. In: Forschungsbeiträge zur Landeskunde Süd- und Südostasiens. Festschrift für H. Uhlig, Bd. 1, S. 58–73. Wiesbaden
(Geographische Zeitschrift, Beihefte 58).
BOHLE, H.-G. 1984: Indiens ländliche Entwicklungsprobleme. In:
Geographische Rundschau 36, S. 72–79.
BOHLE, H.-G. 1987: Wachstumszentren im ländlichen Raum der Dritten Welt. Am Beispiel von Rourkela und Neyveli (Indien). In: Praxis Geographie, 17, S. 16–21.
BOHLE, H.-G. 1989: 20 Jahre „Grüne Revolution" in Indien. Eine Zwischenbilanz mit Dorfbeispielen aus Südindien. In:
Geographische Rundschau 41, S. 91–98.
BOHLE, H.-G. 1992: Hungersnöte, Unterernährung und staatliches Krisenmanagement in Südasien. In:
Geographische Rundschau 44, S. 98–104.
BRONGER, D. 1975: Der wirtschaftende Mensch in den Entwicklungsländern. Innovationsbereitschaft als Problem der Entwicklungsländerforschung, Entwicklungsplanung und Entwicklungspolitik. In: Geographische Rundschau, 27, S. 449–459.

BRONGER, D. 1975a. Caste System and Cooperative Farming in India. A Socio-Geographic Structural Analysis. In: MEYER-DOHM, P. (Hrsg.): Economic and Social Problems of Indian Development, S. 243–292. Tübingen (Bochumer Schriften zur Entwicklungsforschung und Entwicklungspolitik, Bd. 19).
BRONGER, D. 1977: Entwicklungsprobleme der Agrarwirtschaft Indiens.
In: BLENCK, J./BRONGER, D./UHLIG, H. (Hrsg.): Fischer Länderkunde Bd. 2: Südasien, S. 306–376. Frankfurt/M.
BRONGER, D. 1980: Market Consciousness and Market Production in India.
In: SINGH, R. L./SINGH, R. P. B. (Hrsg.): Rural Habitat Transformation in World Frontiers (24th IGC Tokyo Pub.),
S. 281–295. Varanasi.
BRONGER, D. 1983: Aspects of Integrated Rural Development in India: The Development of the Regulated Markets System in Andhra Pradesh 1970–1980. In: MUKERJI, A. B. (Hrsg.): The Renaissance Prism: Geographical Essays in Honour of Professor Asok Mitra, S. 449–482. Delhi.
BRONGER, D. 1984: Staat und Individuum als Träger der Entwicklung. Reflektionen zu einem Entwicklungsproblem dargestellt am Beispiel der Probleme und Entwicklungsperspektiven der Bewässerungswirtschaft Indiens. In: HOTTES, K./UHLIG, H. (Hrsg.): Probleme der Entwicklungsländerforschung in Süd- und Südostasien, S. 167–204. Bochum (Materialien zur Raumordnung, Bd. XXVII).
BRONGER, D. 1993: Ramkheri 1955 – Jamgod 1990: Überlebensstrategien im ländlichen Indien. Wirtschaftsgeographische Veränderungen in einer Malwa-Gemeinde.
In: Erdkunde 47, S. 143–157.
BRONGER, D./FINGER, A. 1993: Indien: Ländliche Entwicklung durch Industrialisierung? Das Beispiel Aurangabad (Maharashtra). In: Geographische Rundschau, 45, S. 632–642.
BRUESSELER, R. 1992: Industrialisierung und Regionalplanung in einem Entwicklungsland – das Beispiel des indischen Bundesstaates Gujarat. Aachen (Aachener Geographischen Arbeiten, H. 25).

BFA (Hrsg.) 1993: Wirtschaftslage. Indien am Jahreswechsel 1992/93. Köln
(zitiert als: bfai 1993) und frühere Berichte.

CHEN, M. A. 1991: Coping with Seasonality and Drought. New Delhi.

DANDEKAR, V. M./RATH, N. 1971: Poverty in India. In: Economic and Political Weekly, Bd. VI, Nr. 1–2.

DAS GUPTA, B. 1977: Agrarian Change and the New Technology in India. Geneva
(UNRISD Studies, 16).

DEG – Deutsche Investitions- und Entwicklungsgesellschaft mbH (Hrsg.) 1992: Standortatlas Indien. Eine Analyse indischer Industriestandorte. Köln, Bombay
(zitiert als: DEG 1992).

DESAI, A. R. (Hrsg.) 1979: Peasant Struggles in India. Bombay.

DEWETT, K. K./VERMA, J. D. 1983: Indian Economics. A Development-oriented Study. 32. ed., New Delhi.

DOMRÖS, M. 1993: Tee in Indien. Nationale und internationale Bedeutung eines Plantagen-Cash Crop. In:
Geographische Rundschau 45, S. 644–649.

DUPONT, V. 1992: The Significance of Caste in the Segmentation of the Urban Labour Market: Study of a Middle-Sized Industrial Town in Western India (unpubl. paper, presented at the 12th European Conference on Modern South Asian Studies,
Berlin, Sept. 23–26/1992).

FRANKEL, F. R. 1971: India's Green Revolution. Economic Gains and Political Costs. Bombay.

FRANKEL, F. R. 1978: India's Political Economy, 1947–1977: The Gradual Revolution. XIV. Princeton/N. J.

FARMER, B.H. 1974: Agricultural Colonization in India since Independence. London.

FELDSIEPER, M. 1968: Zur Problematik der Entwicklung und Förderung des kleinindustriellen Sektors in Entwicklungsländern. Untersuchungen am Beispiel Indiens. Heidelberg
(Dissertationsreihe des Südasien-Instituts der Universität Heidelberg, 4).

GEBHARDT, W. 1989: Regionale Entwicklung durch Industrieansiedlung im ländlichen Raum der Dritten Welt? Fallstudie: Region Indore/Madhya Pradesh (Indien). Dynamik – Planung – Ergebnisse. Bochum
(unveröff. Diplomarbeit).

GEORGE, P. T. 1978: Ceiling on Land Holdings in India. In: Land Reform. Land Settlement and Cooperatives. FAO, S. 21–56. Rome.

GLAESER, B. (Hrsg.) 1987: The Green Revolution Revisited. Critique and Alternatives. London.

GOLDSMITH, R. W. 1983: The Financial Development of India, 1860–1977.
New Haven, London.

GOSH, A. 1967: Indian Economy. Its Nature and Problems, 11 Auflage. Calcutta.

GUPTA, G. P. 1983: Socio-Economic Consequences of Irrigation in Developing Countries with Special Reference to India. A System Dynamics Study. Mannheim.

HERRING, R. J. 1983: Land to the Tiller. The Political Economy of Agrarian Reform in South Asia. New Haven, London.

IARI (Hrsg.) 1977:
Water Requirement and Irrigation Management of Crops in India. New Delhi (I. A. R. I. Monograph N. S., Nr. 4).

IMF (Hrsg.) 1991: India. Recent Economic Developments (unveröff. Manuskript – zitiert als: IMF 1991).

ISLAM, M. M. 1978: Bengal Agriculture 1920–1946: A Quantitative Study.
Cambridge, London, New York, Melbourne.

IYER, H./KRÜGER, C. 1981: Indien.
Wirtschaftsmacht der Zukunft. Lugano.

JUNGHANS, K. H./NIELÄNDER, W. 1971: Indische Bauern auf dem Wege zum Markt. Das Beispiel Rourkela. Stuttgart (Wissenschaftliche Schriftenreihe des Bundesministeriums für Wirtschaftliche Zusammenarbeit, Bd. 20).

KEIPER, D. 1993: Das Ziel: Globalisierung. Mehr Liberalität für Indiens Wirtschaft.
In: Das Parlament 8–9, S. 11.

KRISHNAJI, N. 1975: Inter-Regional Disparities in Per Capita Production and Productivity of

Foodgrains. In: Economic and Political Weekly X, S. 1377–1385.

KROPP, E. 1968: Zur Mobilisierung ländlicher Arbeitskräfte im anfänglichen Industrialisierungsprozeß. Ein Vergleich der Berufsstruktur in ausgewählten industrienahen und industriefernen Gemeinden Nordindiens. Wiesbaden (Dissertationsreihe des Südasien-Instituts der Universität Heidelberg, 8).

KROPP, E. W. 1975: Probleme einer integrierten Bewässerungspolitik unter Berücksichtigung von verteilungspolitischen Aspekten, das Beispiel des Dhanbad-Distriktes, Süd-Bihar, Indien.
In: Zeitschrift für Ausländische Landwirtschaft 14, 1, S. 49–67. Frankfurt/M.

KUHNEN, F. 1980: Agrarreform, ein Weltproblem. Bonn.

MAHAJAN, V. S. (Hrsg.) 1983: Studies in Indian Economy. New Delhi.

MAMORIA, C. B. 1978: Organization and Financing of Industries in India. 5 ed, Allahabad.

MATHUR, H. M. (Hrsg.) 1976: Agrarian Reform and Rural Development. Jaipur.

MC ALPIN, M. 1983: Subject to Famine: Food Crisis and Economic Change in Western India, 1860–1920. Princeton.

MELLOR, J. W./DESAI, G. M. (Hrsg.) 1986: Agricultural Change and Rural Poverty. Delhi.

NERRETER, W. 1989: Entwicklungstendenzen in der indischen Fischereiwirtschaft. In: Geographische Rundschau 41, S. 99–106.

NESSELRATH, W. 1977: Agrarverfassung in Indien. Institutioneller Rahmen der indischen Landwirtschaft. Bonn.

NITZ, H.-J. 1968: Regionale Formen der Viehwirtschaft zwischen der Thar und dem oberen Ganges. In:
Geographische Rundschau 20, S. 414–423.

NITZ, H.-J. 1968a. Zur Geographie der künstlichen Bewässerung im mittleren Nordindien. In: Geographische Zeitschrift 56, S. 307–326.

NITZ, H.-J. 1971: Formen der Landwirtschaft und ihre räumliche Ordnung in der oberen Gangesebene. Wiesbaden (Heidelberger Geographische Schriften, Bd. 28).

NITZ, H.-J. 1974: Reislandpolder in Südkerala/Indien. Festschrift für H. Graul, S. 443–454. Heidelberg (Heidelberger Geographische Schriften, Bd. 40).

NITZ, H.-J. 1982: Bewässerungssysteme im semiariden Südostindien – Das Beispiel des Tambraparni-Gebietes. In: Forschungsbeiträge zur Landeskunde Süd- und Südostasiens. Festschrift für H. Uhlig, Bd. 1, S. 233–253. Wiesbaden
(Geographische Zeitschrift, Beihefte 58).

NITZ, H.-J. 1982a. Kerala – Wirtschaftsräume und Lebensformen im überbevölkerten tropischen Südwestindien.
In: Geoökodynamik 3, S. 55–88.

NITZ, H.-J. 1984: Ackerwirtschaft mit knappen Wasserressourcen in semiariden Räumen Indiens. In:
Geographische Rundschau 36, S. 62–70.

OJHA, G. 1977: Land Problems and Land Reforms. A Study with Reference to Bihar. Bd. XXIV. New Delhi.

OHJI, T. 1984: Land Utilization in a South Deccan Village. Contrasts between Tank-Irrigated and Rain-Fed Cultivation.
In: Southeast Asian Studies. The Center for Southeast Asian Studies 22, 2,
S. 171–196. Kyoto.

PANDA, D. 1991: Cargo Handling in the Major Ports of India. Calcutta.

PRASAD, P. H./RODGRES, G. B. 1983: Class, Caste and Landholding in the Analysis of the Rural Economy. ILO. Geneva.

PUTTASWAMAIAH, K. 1977: Irrigation Projects in India. Towards a New Policy. Bagalore.

RAJAPUROHIT, A. R. (Hrsg.) 1984: Land Reforms in India. New Delhi.

RAMBOUSEK, W. H. 1978: Indian Agriculture between Isolation and Integration. A Theoretical Review and a Analysis of the Economic and Social Geography of Four Villages in South India.
Bern, Frankfurt/M., Las Vegas.

RAO, R. V. 1978: Rural Industrialization in India. The Changing Profile. Delhi.

Rao, H. C. H./Ray, S. K./Subba Rao, K. 1988: Unstable Agriculture and Droughts. New Delhi.

Raiser, M. 1993: Wirtschaftsentwicklung 1947–1991: Vom Nirwana der Autarkie zum Fegefeuer der Vetternwirtschaft.
In: Das Parlament 8–9, S. 11.

RBI (Hrsg.) 1992: Annual Report 1991–92. Bombay (zitiert als: RBI 1992).

Rieger, H.-C. 1989: Aktuelle Trends in der indischen Wirtschaftspolitik und Wirtschaftsentwicklungs.
In: Draguhn, W. (Hrsg.):
Indien in den 90er Jahren, S. 83–104.
Hamburg.

Rothermund, D. 1967: Die historische Analyse des Bodenrechts als eine Grundlage für das Verständnis gegenwärtiger Agrarstrukturprobleme, dargestellt am Beispiel Indiens.
In: Jahrbuch des Südasien-Instituts der Universität Heidelberg, S. 149–166.
Wiesbaden.

Rothermund, D. 1978: Government, Landlord and Peasant in India. Wiesbaden.

Rothermund, D. 1985: Indiens wirtschaftliche Entwicklung. Von der Kolonialherrschaft bis zur Gegenwart. Paderborn, München, Wien, Zürich (UTB 1378).

Sarupria, S. 1977: Irrigation Agriculture. A Regional Planning Approach to Command Area Development.
In: The Asian Economic Review 19, S. 35–46. Hyderabad.

Sharma, T. R./Singh, C. D. S. 1977: Indian Industries. Development, Management, Finance and Organization, 6. Auflage. Agra.

Sigurdson, J. 1978: Rural Industrialization. A Comparison of Development Planning in China and India. In: World Development 6, S. 667–680. Oxford, New York.

Singh, M./Sharma, R. N. 1978: Rural Development. A Select Bibliography. New Delhi.

Stang, F. 1970: Die indischen Stahlwerke und ihre Städte. Wiesbaden
(Kölner Forschungen zur Wirtschafts- und Sozialgeographie, Bd. 8).

Stang, F. 1977: Die Industrialisierung Indiens.
In: Blenck, J./Bronger, D./Uhlig, H. (Hrsg.): Südasien, S. 207–222.

Stang, F. 1984: Industrialisierung und regionale Disparitäten in Indien. In: Geographische Rundschau 34, S. 56–61.

Stang, F./Schmitz, T. 1988: Indiens Baumwolltextilindustrie – räumliche Entwicklung und Strukturwandel. In: Zeitschrift für Wirtschaftsgeographie 32, S. 1–15.

Subramaniam, S. 1965: Die Wirtschaftsentwicklung Indiens 1951–1961 (Kieler Studien, Nr. 69). Tübingen.

Sussman, G. E. 1982: The Challenge of Integrated Rural Development in India. A Policy and Management Perspective. Boulder/Col.

The World Bank (Hrsg.) 1989: India. Recent Development and Medium-Term Issues. Washington, D.C.

The World Bank (Hrsg.) 1992: India: Stabilizing and Reforming the Economy (unveröffentlichtes Manuskript – zitiert als: World Bank 1992).

Treitz, W. 1977: Förderung der Agrarforschung in Entwicklungsländern durch technische, finanzielle und wissenschaftliche Zusammenarbeit der Bundesrepublik Deutschland. In: BMZ (Hrsg.): Entwicklungspolitik, Materialien, Nr. 59, S. 119–129. Bonn.

Tyner, W. E./Adams, J. 1977: Rural Electrification in India. Biogas versus Large-Scale Power. In: Asian Survey 17, S. 724–734. Berkeley/Cal.

Urff, W. v. 1973: Zur Programmierung von Entwicklungsplänen. Eine theoretische und empirische Analyse unter besonderer Berücksichtigung der indischen Entwicklungsplanung. Berlin.

Urff, W. v. 1976: Neuere Entwicklungen in der Produktion und im Verbrauch von Handelsdünger in Indien. In: Zeitschrift für Ausländische Landwirtschaft 15, 3, S. 305–316. Frankfurt/M.

Urff, W. v. 1977: Zur Entwicklung der indischen Agrarproduktion unter dem Einfluß wirtschafts- und agrarpolitischer Maßnahmen. In: Internationales Asienforum 8, 3/4, S. 235–267. München.

Urff, W. v./Kropp, E. 1974: Die Entwicklung der Produktion und des Verbrauchs von

Handelsdünger in Indien. In: Zeitschrift für Ausländische Landwirtschaft 13., S. 32–56.

WEBER, J. 1982: Ländliche Kooperationen im regionalen Entwicklungsprozeß Indiens. Saarbrücken (Bonner Studien zur ländlichen Entwicklung in der Dritten Welt, Bd. 5).

WENDT, J. Y. 1983: Mißverständnisse über Indien. Britische Kolonialherrschaft und gegenwärtige Strukturprobleme. In: Verfassung und Recht in Übersee 16, 2, S. 139–149.

WIEMANN, J. 1985: Indien im Aufbruch. Industrialisierung, Industriepolitik und wirtschaftliche Zusammenarbeit. Berlin (Schriften des Deutschen Instituts für Entwicklungspolitik, Bd. 82).

WIEMANN, J. 1988: Indien – Selbstfesselung des Entwicklungspotentials. Berlin.

WIEMANN, J. 1989: Stand und Perspektiven der technologischen Entwicklung in Indien. In: DRAGUHN, W. (Hrsg.): Indien in den 90er Jahren, S. 105–121. Hamburg.

WIEMANN, J. 1993: Sozialismus à la Indien. In: Das Parlament 8–9: 10.

VI Raumstrukturen, Regionale Entwicklungsplanung (Kap. 10, 16)

BHALLA, G. S./ALAGH, Y. K. 1979: Performance of Indian Agriculture. A Districtwise Study. New Delhi.

BHAT, L. S. u .a. 1976: Micro Level Planning. A Case Study of Karnal Area, Haryana – India. New Delhi.

BRONGER, D. 1983: Regionalentwicklungsstrategien in Süd-, Südost- und Ostasien. Probleme ihrer Relevanz und Anwendbarkeit. Eine Zwischenbilanz. Asien 6, S. 5–31. Hamburg.

BRONGER, D. 1984: The Relevance of the Development Centre Strategy and the Central Place Theory for Regional Planning: The Case of Andhra Pradesh, India. In: KAMMEIER, H. D./SWAN, P. (Hrsg.): Equity with Growth? Planning Perspectives for Small Towns in Developing Countries, S. 390–415. Bangkok.

BRONGER, D. 1986: Regional Disparities as a Problem of Spatial Development Planning in Countries of the Third World – Case of India with Reference to Andhra Pradesh. In: Annals of the National Association of Geographers, India, Bd. VI, Nr. 1, S. 14–37.

BRONGER, D. 1987: Das regionale Entwicklungsgefälle in Indien in seiner Relevanz für eine regional-orientierte Entwicklungsplanung und -politik. Ausmaß – Dynamik – Ursachen. In: Internationales Asienforum 18, 1, S. 15–67.

BRONGER, D. 1990: Die Analyse des regionalen Entwicklungsgefälles als Aufgabe geographischer Entwicklungsländer-Forschung. Erläutert am Beispiel einer vergleichenden Gegenüberstellung von Indien und China. In: Zeitschrift für Wirtschaftsgeographie 34, 2, S. 101–117.

BRONGER, D. 1993b. Megastädte: „Erste" Welt – „Dritte" Welt. In: FELDBAUER, P. u. a. Megastädte. Zur Rolle von Metropolen in der Weltgesellschaft, S. 63–106. Wien, Köln, Weimar.

DAS GUPTA, B. 1971: Socio-Economic Classification of Districts. A Statistical Approach, Economic and Political Weekly 6, S. 1763–1774. Bombay.

DHOLAKIA, R. 1985: Regional Disparity in Economic Growth in India. Bombay.

FINGER, A. 1991: Reduzierung regionaler Disparitäten durch die Entwicklung industrieller Wachstumszentren? Das Beispiel Aurangabad/Maharashtra. Bochum (unveröffentlichte Diplomarbeit).

GUPTA, S. 1973: The Role of the Public Sector in Reducing Regional Income Disparity in Indian Plans. In: Journal of Development Studies 9, 2, S. 243–260.

HANSON, A. H. 1966: The Process of Planning. A Study of India's Five Year Plans 1950–1964. London, New York, Toronto, Bombay.

KUNDU, A. 1982: Nodal Regions – Some Conceptual Issues in Measurement and Regionalization. Indian Journal of Regional Science XIV, 1, S. 12–18.

KUNDU, A./RAZA, M. 1982: Indian Economy. The Regional Dimension. New Delhi.

MALHOTRA, J. K. 1987: Die gesellschaftliche und wirtschaftliche Entwicklung Indiens in den vergangenen zehn Jahren. In:
Aus Politik und Zeitgeschichte, S. 18–33.

MATHUR, A. 1982/83: Regional Development and Income Disparities in India: A Sectoral Analysis, Economic Development and Cultural Change 31, S. 475–503.

MATHUR, O. P. 1973: The Problem of Inter-Regional Disparities (the Indian Background). Indian Journal of Regional Science 5, S. 81–100. New Delhi.

MATHUR, O. P. 1976: The Problem of Regional Disparities. An Analysis of Indian Policies and Programmes. In: UNCRD (Hrsg.): Growth Pole Strategy and Regional Development Planning in Asia, S. 3–12. Nagoya.

MISRA, R.P. (Hrsg.) 1969: Regional Planning. Concepts, Techniques, Policies & Case Studies. Mysore.

MISRA, R. P. 1978: Regional Planning in a Federal System of Government: The Case of India. In: MISRA, R. P./URS, D. V./NATRAJ, V. K. (Hrsg.): Regional Planning and National Development, S. 56–71. New Delhi.

MITRA, A. 1964: Levels of Regional Development in India (COI 1961, Bd. I, Teil I-A). New Delhi.

NAIR, K. R. G. 1983: Regional Experience in a Developing Economy. New York, Chichester, Brisbane, Toronto, Singapore.

NATH, V. 1970: Regional Development in Indian Planning. In: Economic and Political Weekly, Bd. V, Annual Number, S. 247 ff.

PAL, M. N. 1969: A Method of Regional Analysis of Economic Development with Special Reference to South India.
In: MISRA, R. P. (Hrsg.): Regional Planning. Concepts, Techniques, Policies & Case Studies, S. 172–191. Mysore.

PAL, M. N. 1974: Regional Information, Regional Statistics and Regional Planning in India. In: KUKLINSKI, A. (Hrsg.): Regional Information and Regional Planning, S. 291–385. Paris, The Hague (UNCRD – Regional Planning Studies, Bd. 6).

PAL, M. N. 1975: Regional Disparities in the Level of Development in India. In: Indian Journal of Regional Science 7, 1, S. 35–52.

PATEL, M. L. 1975: Dilemma of Balanced Regional Development in India. Bhopal.

RAO, H. 1977: Identification of Backward Regions and the Trends in Regional Disparities in India. Artha Vijnana 19, 2, S. 93–112.

RAO, H. 1984: Regional Disparities and Development in India. New Delhi.

RAO, S. K. 1973: A Note on Measuring Economic Distances between Regions in India. Economic and Political Weekly 8/1973, S. 793–800. Bombay.

ROTHERMUND, D. 1982: Die Dimension der Armut: Indien und der Lebensqualitätsindex. In: WAGNER, N./RIEGER, H.-C. (Hrsg.): Grundbedürfnisse als Gegenstand der Entwicklungspolitik, S. 163–174. Wiesbaden.

SARUPRIA, S. 1975: Approach to Regional Development in India. In: MEYER-DOHM, P. (Hrsg.): Economic and Social Aspects of Indian Development, S. 69–90.
Tübingen, Basel, Bombay
(Bochumer Schriften für Entwicklungsforschung und Entwicklungspolitik, Bd. 19).

SEN, L. K./WANMALI, S./BOSE, S/MISRA, G. K./RAMESH, K. S. 1971: Planning Rural Growth Centres for Integrated Area Development. A Study in Miryalguda Taluka. Hyderabad.

SINGH, H. 1987: Income Growth and Rising Regional Disparities in India.
In: Asian Profile 15, S. 23–36.

SOPHER, D. E. 1980: The Geographic Patterning of Culture in India.
In: SOPHER, D. E. (Hrsg.):

An Exploration of India. Geographical Perspectives on Society and Culture, S. 289–326. London.

THAVARAJ, M. J. K. 1972: Regional Imbalances and Public Investment in India 1860–1947.
In: Social Scientist 4, S. 3–24. New Delhi.

THELEN, P. 1972: Abgrenzung von Regionen als Grundlage für eine raumbezogene Politik. In: Jahrbuch für Sozialwissenschaft, Bd. 23, S. 227–249.

WILLIAMSON, J. C. 1964/65: Regional Inequality and the Process of National Development: A Description of Patterns. In: Economic Development and Cultural Change 13, 4, S. 3–84.

WILMER, C. 1986: Die Entwicklung der Regionalen Disparitäten Indiens vom Ende der Britischen Herrschaft bis zur Gegenwart. Bochum (unveröffentlichte Magisterarbeit).

VII Amtliche und andere Publikationsquellen

Von den *veröffentlichten* Materialien sind als wichtigste der seit 1871 (in einigen Teilstaaten seit 1881) alle zehn Jahre stattfindende „Census of India" (COI) zu nennen. Diese, schon aufgrund ihres Umfangs (der letzte vollständig erschienene Census von 1981 umfaßt mehr als 500 voluminöse Bände) fundamentale Quelle enthält in ihren allgemeinen, auf Gesamtindien wie auf die Einzelstaaten bezogenen Teilen Daten in erster Linie zur Bevölkerung (ein-schließlich Bildungsstand, Wanderungsbewegungen etc.). Die Angaben zur Wirtschaft sind dagegen weniger brauchbar. Für regionale Untersuchungen wichtiger sind die „District Census Handbooks" des Census, die, gesondert für jeden der – 1981, 412 – Distrikte, Angaben u. a. über Niederschlagsverhältnisse, Landnutzung, Anbau, Bewässerung etc. enthalten. Ferner sind hier Daten zur Bevölkerungs- und Erwerbsstruktur für jede einzelne Gemeinde veröffentlicht. – Ergänzend zum COI sei auf die, sowohl für Gesamtindien wie für die einzelnen Bundesstaaten vorliegenden, Statistical Abstracts hingewiesen.

Zu Fragen der *Wirtschaftsentwicklung* unentbehrlich ist der jährlich erscheinende „Economic Survey". Im ersten Teil wird jeweils das abgelaufene Wirtschaftsjahr nach Sektoren analysiert (ca. 140 S.); der zweite Teil enthält statistische Angaben zu den wichtigsten Wirtschaftsbereichen (ca. 90 S.) – allerdings fast ausschließlich nur auf Gesamtindien bezogen. Der „Economic Survey" wird darüberhinaus auch von einigen Bundesstaaten herausgebracht (z. B. Maharashtra). Nützliche Informationen zur aktuellen Wirtschaftslage enthält ferner das von der Reserve Bank of India (RBI) monatlich herausgegebene „Bulletin" sowie die im gleichen Zeitabstand erscheinende „Monthly Review" der State Bank of India (SBI). Für den deutschsprachigen Raum gilt dies ebenso für die halbjährlichen Berichte der Bundesstelle für Außenhandelsinformationen (BFA).

Die für den *Agrarsektor* wichtigste statistische Quelle ist der ebenfalls jährlich erscheinende „Season and Crop Report". Er wird von den Gliedstaaten herausgegeben und enthält, auf Distriktebene, ebenfalls die neuesten Angaben über Niederschlag, Landnutzung, Anbau, Ernteergebnisse, Viehhaltung, Preise etc. *Datenreihen* (auf Bundesstaatenebene) enthält die unregelmäßig erscheinende, vom Landwirtschaftsministerium herausgebene Reihe „Area and Production of Principal Crops in India"; die zuletzt erschienene Ausgabe enthält Angaben bis einschließlich des Erntejahres 1988/89. – Für den Bereich *Industrie* sind die wichtigsten Datengrundlagen in Kap. 7.2.3 behandelt. – Für eine Reihe weiterer Sektoren wie *Bildungssystem, Gesundheitswesen, Telekommunikation* etc. sind, z. T. jährlich herausgegebene, statistische Angaben zusätzlich erhältlich.

Für sämtliche Aspekte der *Planung*, wobei die Wirtschaftsplanung jedoch eindeutig im Vordergrund steht, sind die Fünfjahrespläne, „Five Year Plans" (FYP), die wichtigste Quelle. Sie liegen sowohl für Gesamtindien – vom ersten (FYP 1) für die Planperiode 1951–1956 bis zum (bislang) letzten, dem 8. Fünfjahresplan (FYP (: 1992–1997) – als auch für die Einzelstaaten vor.

Für die *empirische Feldforschung* kommt den *unveröffentlichten* Materialien allerdings eine ungleich größere Bedeutung zu. Daten über Niederschlags-, Landnutzungs-, Anbau- und Bewässerungsverhältnisse auf Tahsil-(Kreis-)ebene sind in den Distrikt- und/oder Tahsilämtern vorhanden. Dies gilt ebenso für die genannten Bereiche von Bildung, Gesundheit und Telekommunikation. Für den Industriesektor existieren die vom Directorate of Industry (DOI) wie auch vom Chief Inspector of Factories (CIF) herausgegebenen Daten (s. Kap. 7.2.3) bis hinunter auf Einzelbetriebsebene.

Für *Forschungen auf Gemeindeebene* ist die Auswertung der sich bei der Tahsil-Verwaltung oder im Besitz des örtlichen Steuerbeamten (im westlichen Teil des Deccan-Hochlandes „Kulkarni", in den östlichen Küstenregionen „Karnam", in den meisten der übrigen Landesteile Indiens jedoch „Patwari" genannt) des Panchayats befindlichen Gemeinderegisters unentbehrlich. Von ihnen ist das sog. „Crop Register oder Field Book" (im südlichen Indien „Pahani", in den nördlichen Landesteilen „Khasra" genannt) sowie das „Register of Holdings" („Jamabandi") die wichtigsten. Ersteres enthält, jeweils für ein Jahr, Daten über Landnutzung, Bewässerung und Anbau für jedes einzelne Feldstück, das, mit einer Nummer versehen, in dem von jeder Gemeinde existierenden Katasterplan aufzufinden ist. Im letzteren sind Angaben über Eigentums- und – leider sehr viel seltener – Pachtverhältnisse, sowie die Größe der Parzelle bzw. des Parzellenanteils enthalten. Die Kastenzugehörigkeit der Eigentümer bzw. Pächter muß dann jeweils durch Befragung ermittelt werden. Diese Erhebungen gewähren einen recht guten Einblick in die wirtschaftlichen Verhältnisse des einzelnen, wozu in allererster Linie die Landbesitzverhältnisse zählen (s. insbesondere Kap. 12 und 16). – Daneben existieren auch noch ältere derartige Besitzregister („Land Settlement Book") – für die einzelnen Landesteile in verschiedenen Jahren: z. B. für das Fürstentum Hyderabad aus dem Jahre 1928/29, für den „Madras State" aus dem Jahr 1906. Für weite Teile Indiens sind diese Daten, ebenfalls auf Gemeindeebene, darüberhinaus für die 70er Jahre des 19. Jahrhunderts vorhanden. Alle diese Daten bieten wertvolle Aufschlüsse zur Dynamik der Besitz- und Betriebsstrukturverhältnisse. – Sämtliche der hier als wichtigste genannten Gemeinderegister sind im großen und ganzen als recht zuverlässig anzusprechen.

Eine für die empirische Feldforschung unentbehrliche Hilfe bilden die vom „Survey of India" nach einem einheitlichen Konzept herausgegebenen *topographischen Karten* 1:253440 („quarter-inch map"), 1:126720 („half-inch map") sowie 1:63360 („one-inch map"). Letztere gibt es nicht von allen Gebieten; sie fehlen insbesondere für größere Teile der ehemaligen Fürstentümer. Bis Ende der 20er Jahre war diese topographische Landesaufnahme für die meisten Landesteile abgeschlossen (näheres s. BRONGER 1976, S. 49f.). – *Gemeindepläne*, die die Anordnung der Wohnstätten zeigen, gibt es nicht. Die in den – vom COI herausgegebenen – „Village Survey Monographs" enthaltenen, keinesfalls maßstabsgetreuen Dorfpläne sind allenfalls als Skizzen zu bewerten. *Stadtpläne* (nach unserem Verständnis) gibt es kaum; lediglich die einiger Metropolen sind als einigermaßen differenziert und zuverlässig zu bezeichnen. Im übrigen nimmt mit abnehmender Stadtgröße die Genauigkeit der Pläne ab: Unterhalb einer Größe von bereits ca. 250000 Einwohnern ähnelt die Mehrzahl von ihnen mehr und mehr Skizzen.

Dieter Bloch

Indien

Fakten, Zahlen, Übersichten

mit Beiträgen von Dirk Bronger

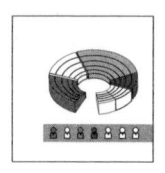

1 Staat und Territorium

Indien
  Republik Indien
  Bharat/Indien
  Bharat Ganarajya/Republic of India

Fahne:
  3 waagerechte Streifen in orange, weiß und grün mit dem blauen Asokarad in der Mitte

Amtliche Sprachen:
  Offizielle Staatssprache ist Hindi (in Devanagari-Schrift), Englisch dient als verbindende Sprache zwischen den einzelnen Völkern. Daneben sind die folgenden Regionalsprachen laut Verfassung zugelassen: Assamesisch, Bengali, Gujarati, Kannada, Kashmiri, Konkani, Malajalam, Manipuri, Marathi, Nepali, Orija, Punjabi, Sindhi, Tamil, Telugu, Urdu.

Währung:
  1 Indische Rupie (iR) = 100 paise

Fläche:
  $3\,287\,263$ km^2
  (ohne $121\,667$ km^2 des von Pakistan besetzten Teil Kashmirs)

Lage im Gradnetz (Festland):
  Nördlichster Punkt: 36°00' n. Br.
  Südlichster Punkt: 8°05' n. Br.
  Westlichster Punkt: 68°07' ö. L.
  Östlichster Punkt: 97°25' ö. L.
  Nord-Süd-Ausdehnung: ca. 3200 km
  West-Ost-Ausdehnung: ca. 2900 km

Bevölkerungszahl:
  Zählung 1991: 846 303 000
  Schätzung Mitte 1996: etwa 930 Mill.

Hauptstadt: Delhi (Stadtteil New Delhi)

Staatsform, Verwaltungsaufbau und Verwaltungsgliederung

Die Republik Indien ist ein Bundesstaat innerhalb des "Commonwealth of Nations". Es bestehen 25 Unionsstaaten und 7 Unionsterritorien. Jeder Staat wird von einem für 5 Jahre vom Staatspräsidenten ernannten Gouverneur geleitet. Die Territorien unterstehen direkt der Zentralregierung und werden von Administratoren verwaltet, die ebenfalls vom Staatspräsidenten bestimmt werden.

Oberhaupt des Staates ist der Staatspräsident, der auf die Dauer von 5 Jahren von einem Wahlkollegium gewählt wird. Dieses setzt sich aus den Mitgliedern des Parlaments und den gesetzgebenden Vertretungen der Bundesstaaten und der Territorien Delhi und Pondicherry zusammen.

Es besteht für die Zentralregierung ein Zweikammersystem, dem sowohl der Staatspräsident wie auch der Ministerpräsident und die Minister verantwortlich sind.

Er setzt sich aus der Staatenkammer (Rajya Sabha) mit 233 gewählten und 12 vom Staatspräsidenten ernannten Mitgliedern und dem Unterhaus (Lok Sabha) mit 545 Mitgliedern, von denen 543 direkt für 5 Jahre gewählt und 2 ernannt werden, zusammen (1993).

Jeder Bundesstaat und ein Teil der Territorien hat seine eigene gewählte Legislative. In den meisten Staaten besteht ein Einkammersystem (Vidhan Sabhas), in einigen existiert daneben eine zweite Kammer (Vidhan Parishads).

Die Unionsstaaten und Unionsterritorien sind verwaltungsmäßig in Distrikte, Kreise (Tahsils) und Stadt- bzw. Landgemeinden unterteilt.

Bundesstaat/ Unionsterritorium	Fläche km²	Bevölkerung 1991 (1000)	Bevölkerungsdichte Ew./km²	Hauptstadt	Hauptsprachen	Anzahl der Distrikte	Anzahl der Sitze (1993) Rajya Sabha	Lok Sabha	Vidhan Sabha
Andhra Pradesh	275 068	66 508	242	Hyderabad	Telugu	23	42	18	294
Arunachal Pradesh	83 743	865	10	Itanagar	Gorkhali (Nepali)/ Bengali	12	2	1	60
Assam	78 438	22 414	286	Dispur	Assamesisch	23	14	7	126
Bihar	173 877	86 374	497	Patna	Hindi (Bihari)	42	54	22	324
Goa	3 702	1 170	316	Panaji	Konkani	2	2	1	40
Gujarat	196 024	41 310	211	Ghandinagar	Gujarati, Hindi	19	26	11	182
Haryana	44 212	16 464	372	Chandigarh	Hindi	16	10	5	90
Himachal Pradesh	55 673	5 171	93	Shimla	Hindi	12	4	3	68
Jammu & Kashmir[1]	222 236	7 719[2]	77	Srinagar	Kashmiri, Urdu	14	6	4	76
Karnataka	191 791	44 977	234	Bangalore	Kannada	21	28	12	224
Kerala	38 863	29 099	749	Trivandrum	Malayalam, Tamil, Kannada	14	20	9	140
Madya Pradesh	443 446	66 181	149	Bhopal	Hindi	45	40	16	320
Maharashtra	307 690	78 937	257	Bombay	Marathi	30	48	19	288
Manipur	22 327	1 837	82	Imphal	Manipuri, Hindi	8	2	1	60
Meghalaya	22 429	1 775	79	Shillong	Khasi, Garo	7	2	1	60
Mizoram	21 081	690	33	Aizawl	Mizo	1	1	1	40
Nagaland	16 579	1 210	73	Kohima	Mizo, Gorkhali	7	1	1	60
Orissa	155 707	31 660	203	Bhubaneswar	Oriya	28	21	10	147
Punjab	50 362	20 282	403	Chandigarh	Punjabi	12	13	7	117
Rajasthan	342 239	44 006	129	Jaipur	Hindi	30	25	10	200
Sikkim	7 096	406	57	Gangtok	Lepcha, Bhutia, Nepali, Limboo	4	1	1	32
Tamil Nadu	130 058	55 859	429	Madras	Tamil	21	39	18	234
Tripura	10 486	2 757	263	Agartala	Bengali	3	2	1	60
Uttar Pradesh	294 411	139 031	473	Lucknow	Hindi	63	85	34	425
West Bengal	88 752	68 078	767	Calcutta	Bengali	17	42	16	294
Andamanen und Nikobaren	8 249	281	34	Port Blair	Bengali	–	1	1	–
Chandigarh	114	642	5632	Chandigarh	Bengali	–	1	1	–
Dadra und Nagar Haveli	491	138	281	Silvassa	Bhilodi	–	1	1	–
Daman und Diu	112	102	911	Daman	Gujarati	–	1	–	–
Delhi	1 483	9 421	6353	Delhi	Hindi	–	7	3	56
Lakshadweep	32	52	1625	Kavaratti	Malayalam	–	1	–	–
Pondicherry	492	808	1642	Pondicherry	Tamil, Telugu, Malayalam	4	1	1	30
Indien	3 287 263	846 303	257			478	543	233	4047

[1] ohne den von Pakistan besetzten Teil
[2] Schätzung, es fand 1991 keine Zählung statt

Tab. A 1.1: Bundesstaaten und Unionsterritorien Indiens

Kennziffer		Bezugs-jahr	Indien	Bangla Desh	Pakistan	Nepal	Sri Lanka	China	Indo-nesien	Süd-korea	Japan	BRD
1	*Fläche und Bevölkerung*											
1.1	Fläche (1000 km²)	1991	3288	144	796	141	66	9561	1905	99,2	378	357
1.2	Landwirtschaftliche Nutzfläche (%)	1991	52	59,8	20,7	18,0	35,9	10	31[1]	21,5	13,9	67,7
1.3	Bevölkerung (Mio. Ew.)	1950	361,1	42,1	33,8	8,2	8,1	552,0	83,4	20,8	83,8	80,1
		1991	846,3	110,6	115,8	19,4	17,2	1149,5	181,3	43,3	123,9	118
1.4	Bevölkerungsentwicklung (1950 = 100)	1991	240	263	343	237	212	208	217	208	148	224
1.5	Bevölkerungsdichte (Ew./km²)	1991	257	768	145	138	261	120	95	437	328	69
1.6	Lebenserwartung bei der Geburt (in Jahren)	1960	47	46	49	44	58	43	46	53	68	69
		1991	60	51	59	53	71	69	60	70	79	76
1.7	Kindersterblichkeit (pro 1000 Lebendgeburten/Alter <1–4 Jahre)	1960	235	251	222	279	140	210	214	133	37	43
		1991	127	137	139	135	22	43	111	10	6	9
1.8	Analphabetenquote der Erwachsenen (%)	1990	52	65	65	74	12	27	23	4	<5	<5
	davon: Frauen		66	78	79	87	17	38	32	7	<5	<5
1.9	Bevölkerungsanteil <15 Jahre (%)	1991	35,4	46,6	44,5	42	35,2	27	37	24,8	17,7	16,2
1.10	Metropolisierungsquote	1960/61	4,9	–	8,4	<0,1	4,1	3,6	4,1	14,4	19,0	9,1
	Anteil der Bevölkerung, der in Millionenstädten lebt – %	1990	8,5	5,0	11,4[2]	<0,1	13,0	5,6	10,5	40,2	32,9	7,8
1.11	Durchschnittliches jährliches Bevölkerungswachstum (%)	1960–70	2,3	2,5	2,8	1,8	2,4	2,3	2,1	2,6	1,0	0,9
		1970–80	2,3	2,7	3,1	2,6	1,6	1,8	2,4	1,8	1,2	0,1
		1980–91	2,1	2,2	3,1	2,6	1,4	1,5	1,8	1,1	0,5	0,1
2	*Erwerbsstruktur*											
2.1	Quote der Beschäftigten im arbeitsfähigen Alter – 15–64 Jahre – (%)	1990	56	52	51	53	60	64	58	66	65	64
2.2	Anteil der Erwerbspersonen in der Landwirtschaft (%)	1960	74	87	61	94	56	–	75	66	33	14
		1991	52	55,2	51,2	91,1	47,1	60	48,5	17,5	6,9	
2.3	Anteil der Erwerbspersonen in der Industrie (%)	1960	11	3	18	–	–	–	8	9	30	48
		1991	19	10,8	12,7	0,8	13,4	17	10,7	24,9	24	
2.4	Anteil der Erwerbspersonen im Dienstleistungssektor (%)	1960	15	10	21	–	–	–	17	25	37	38
		1991	11,7	18,1	29,5	8,1	28,4	13,3	30,8	48	54,4	
3	*Wirtschaftliche Kenndaten*											
3.1	BSP pro Kopf (US-$)	1960	100	–	–	90	80	130	70	130	395	2153
		1970	110	–	–	90	100	160	80	290	1 587	3210
		1980	240	130	300	140	270	290	430	1 310	9890	13 590
		1991	330	220	400	180	500	370	610	6330	26 930	23 650[8]
		1994	310	230	440	200	640	530	880	8220	34 630	25 580

Tab. A 1.2: Kennziffern zum Entwicklungsstand Indiens im Vergleich mit anderen asiatischen Ländern und der Bundesrepublik Deutschland

Kennziffer		Bezugs-jahr	Indien	Bangla Desh	Pakistan	Nepal	Sri Lanka	China	Indo-nesien	Süd-korea	Japan	BRD
3.2	KKW-Schätzung des BIP/Kopf	1991	1900	990	1570	1130	2580	2040	2720	10070	23830	21130
3.3	Anteil am BIP nach Sektoren (%)											
	– Landwirtschaft	1960	50	57	46	94	28	47[5]	54	37	13	6
		1991	31	36	26	59	27	35,8	19	8,1	2,7	2
	– Industrie	1960	20	7	16	–	20	33[3]	14	20	45	53
		1991	27	16	26	14	25	42	41	45	42	39
	– Dienstleistungen	1960	30	36	38	–	48	20[3]	32	43	42	41
		1991	41	48	49	27	48	32	39	47	56	59
3.4	Durchschnittliche jährliche Inflationsrate (%)	1965–80	7,5	15,9	10,3	7,8	9,4	–0,3	35,5	18,4	7,7	5,2
		1980–91	8,2	9,3	7	9,1	11,2	5,8	5	5,6	1,5	2,8[8]
3.5	Durchschnittliche jährliche Wachstumsrate (%)											
	– BIP	1970–80	3,4	2,3	4,9	–	4,1	5,2	7,2	9,6	4,3	2,6
		1980–91	5,4	4,3	6,1	–	4,0	9,4	5,6	9,6	4,2	2,3
	– Landwirtschaft	1970–80	1,8	0,6	2,3	0,5	2,8	2,6	4,1	2,7	–0,2	1,1
		1980–91	3,2	2,7	4,2	4,9	2,3	5,7	3,1	2,1	1,2	1,8
	– Industrie	1970–80	4,5	5,2	6,1	–	3,4	7,8	9,6	15,2	4,0	1,7
		1980–91	6,3	4,9	7,5	–	4,7	11,0	5,9	12,1	4,9	0,9
	– Dienstleistungen	1970–80	4,6	3,8	6,3	–	5,7	6,1	7,7	8,8	4,9	3,5
		1980–91	6,7	5,6	6,6	–	4,6	11,2	6,8	9,3	3,7	2,6
3.6	Energieverbrauch pro Kopf (kg Öleinheiten)	1960	79	–	97	22	110	191	88	143	880	2645
		1991	337	57	243	–	177	602	279	1936	3552	3463[8]
3.7	Energieeinfuhr (% der Wareneinfuhr)	1960	11	–	17	–	8	*	3	70	18	7
		1991	26	26	23	38	17	3	8	18	17	8[8]
3.8	Auslandsverschuldung											
	– insgesamt (Mill. US-$)	1991	71557	13051	22969	1769	6553	60802	73629	40518	–	–
	– pro Kopf (Mill. US-$)	1991	82,6	118	198,4	91,2	381	52,9	406,1	935,6	–	–
	– Anteil am BSP (%)	1991	29,3	56	50,1	53,5	72,6	16,4	66,4	14,4	–	–
4	*Landwirtschaft und Industrie*											
4.1	Landwirtschaftliche Nutzfläche/Kopf (ha)	1991	52,0	9,8	20,7	18,0	35,9	10,0	–	21,5	13,9	98,1
4.2	Wertschöpfung Landwirtschaft/Kopf (US-$ zu laufenden Preisen)	1970	44,7	54,4	55,8	50,0	50,1	86,5	35,6	72	120	391,3
		1991	82,1	76,2	89,1	93,1	128,1	1273	123,9	526,4	594,6	4227
4.3	Düngemittelverbrauch (pro ha Anbaufläche) (100 g Pflanzennährstoffe)	1979/80	313	445	488	90	776		440	3857	4777	
		1990/91	743	1022	912	274	901	2777	1141	4602	4001	2637
4.4	Index der Nahrungsmittelproduktion/Kopf (1979–81 = 100)	1979–91	1,6	–0,6	0,2	2,2	–1,3	3,0	2,2	–0,1	–0,1	1,6

Tab. A 1.2: *Fortsetzung*

Kennziffer		Bezugs-jahr	Indien	Bangla Desh	Pakistan	Nepal	Sri Lanka	China	Indo-nesien	Süd-korea	Japan	BRD
4.5	Wertschöpfung: Verarbeitendes Gewerbe (pro Kopf) (US-$ zu laufenden Preisen)	1970 1990	14,5 57,6	5,8 18,4	24,3 55	2,8 7,8	29,5 63,2	33,2 116,6	8,1 121,9	58 1647,1	703 6877	1168,8 7557,1[8]
5	*Außenhandel*											
5.1	Warenhandel (US-$ pro Kopf) – Ausfuhr – Einfuhr	1991 1991	20,4 23,6	15,5 31,4	56,4 72,9	12,3 38,1	152,8 224,5	63,4 55,5	159,9 142,7	1655,2 1876,5	2537,5 1889,5	6687,7[8] 6358,7[8]
5.2	durchschnittliche jährliche Zuwachsrate (%) – Ausfuhr – Einfuhr	1970–80 1980–91 1970–80 1980–91	4,3 7,4 3,0 4,2	3,8 7,2 -2,4 4,3	0,7 9,9 4,2 2,6	10,9 8,1 8,8 4,9	2,0 6,3 4,5 2,1	8,7 11,5 11,3 9,5	7,2 4,5 13,0 2,6	23,5 12,2 11,6 11,1	9,0 3,9 0,4 5,6	5,0 4,1 2,8 4,5
5.3	Terms of Trade (1987 = 100)	1991	100	105	80	85	87	111	101	108	99	95
5.4	Anteil weiterverarbeiteter Produkte – an der Einfuhr (%) – an der Ausfuhr (%)	1965 1991 1965 1991	59 60 48 73	– 55 – 70	72 57 36 72	80[16] 65 35[16] 88	46 68 1 64	82 82 65 76	89 77 4 41	51 65 59 93	20 46 91 97	48[8] 76[8] 88[8] 90[8]
5.5	Anteil des Außenhandels am BSP (%)	1991	17,5	22,1	–	–	55,9	38,7	–	57,6	26,7	–
6	*Gesundheit und Ernährung*											
6.1	Krankenhausbetten (pro 1 000 Ew.)	um 1990	0,7	0,3	0,6	0,3	2,8	2,6[19]	0,7	3	15,9	8,7
6.2	Einwohner je Arzt	1970 1990	4890 2460	8450 5384[17]	4310 2940	51360 16830	5900 4163[17]	1600[19] 1010	26820 7030	2220 1370	890 610	580[8] 370[8]
6.3	Tägliches Kalorienangebot pro Kopf (% des Bedarfs)	1988/90	101	92	99	100	101	112	121	120	125	130[8]
6.4	Säuglingssterbeziffer (je 1000 Lebendgeburten)	1965 1991	150 90	144 103	149 97	171 101	63 18	90 38	128 74	62 16	18 5	24[8] 7[8]
6.5	Gesundheitsausgaben (% des BIP)	1990	6	3,2	3,4	4,5	3,7	3,5	2	6,6	6,5	8
7	*Erziehungswesen*											
7.1	Schüler/Lehrer-Relation an Grundschulen	1965 1990	42 61	45 63	42 41	29 37	– 14	30 22	41 23	62 36	29 21	18
7.2	Anteil höherer Schulen und Universitäten (%)	1965 1990	5 –	1 3	2 3	1 6	2 4	0 2	1 –	6 99	13 99	32
7.3	Schülerinnen je 100 Schüler: Weiterführende Schulen	1970 1990	39 55	14 49	25 41	17 –	101 105	47 72	59 82	65 87	101 99	93[8] 98[8]
7.4	Ausgaben für Erziehung (% des BIP)	1980 1991	1,9 2,5	11,5 11,2	2,7 1,6	9,9 10,9	6,7 8,3	– –	8,3 9,1	17,1 15,8	– –	0,9[8] 0,6[8]

Tab. A 1.2: *Fortsetzung*

Kennziffer		Bezugs-jahr	Indien	Bangla Desh	Pakistan	Nepal	Sri Lanka	China	Indo-nesien	Süd-korea	Japan	BRD
8	*Verkehr und Kommunikation*											
8.1	TV-Empfangsgeräte (pro 1000 Ew.)	1991	88,6	4,8	–	18,8	49,4	179,8	50,6	210[18]	620	
8.2	Fernsprechanschlüsse (pro 1000 Ew.)	1991	5,8	1,9	10,5	4,0	7,3	13,0	17,8	350,5	419,4	
8.3	Kraftfahrzeuge (pro 1000 Ew.)	1991	20,7	2,8	15,3	4,7	36,7[9]	9,5	66,9	143,2	681,2	
	– davon: PKW (pro 1000 Ew.)	1991	3,0	0,7	4,8	1,4	10,5	1,6	9,4	69,3	485,9	
8.4	Länge des Eisenbahnnetzes (km/1000 km²)	1991	19,0	19,1	11,0	0,4	29,4	5,6	2,2	65,3	71,3	
9	*Einkommensverteilung*											
9.1	Anteil am Haushaltseinkommen nach Haushaltsgruppen (%)											
	– unterste 20%-Gruppe	1989/90	8,8	9,5[10]	8,4[11]	9,1[15]	4,9[13]	6,4[12]	8,7[12]	⎫ 19,7[10]	8,7[14]	6,8[15]
	– zweite 20%-Gruppe	1989/90	12,5	13,4	12,9	12,9	8,4	11,0	12,1	⎬	13,2	12,7
	– dritte 20%-Gruppe	1989/90	16,2	17,0	16,9	16,7	12,4	16,4	15,9	⎭	17,5	17,8
	– vierte 20%-Gruppe	1989/90	21,3	21,6	22,2	21,8	18,2	24,4	21,1	42,2	23,1	24,1
	– höchste 20%-Gruppe	1989/90	41,3	38,6	39,7	39,5	56,2	41,8	42,3		37,5	38,7
	– höchste 10%-Gruppe	1989/90	27,1	24,6	25,2	25,0	–	24,6	27,9		22,4	23,4

[1] ohne Ost-Timor; [2] 1981; [3] Netto-Sozialprodukt, 1978; [4] 1984; [5] 1983; [6] geschätzt; [7] 1983; [8] Deutschland (West); [9] ohne LKW; [10] 1988/89; [11] 1991; [12] 1990; [13] 1985/86; [14] 1979; [15] 1984; [16] 1970; [17] 1991; [18] 1990; [19] 1965

Quellen: Weltentwicklungsbericht 1993 und frühere Jahrgänge; Far Eastern Economic Review Asia Yearbook 1993 und frühere Jahrgänge; Statistiken der Länder (Berechnungen des Verfassers)
Autor: D. BRONGER

Tab. A 1.2: *Fortsetzung*

2 Landesnatur

Die Republik Indien nimmt den größten Teil des indischen Subkontinents ein. Die rund 15 000 km Landgrenzen entfallen im Westen auf Pakistan, im Norden auf China, Nepal und Bhutan, im Osten auf Myanmar und auf das fast vollständig von indischem Territorium umgebene Bangla Desh.

Das Arabische Meer im Westen und der Golf von Bengalen im Osten bilden die ungefähr 7500 km langen Meeresküsten. Die flächenmäßig kleinen Lakkadiven, Amindiven und Minicoy (Lakshadweep) im Arabischen Meer sowie die Andamanen und Nikobaren im Indischen Ozean sind die einzigen wichtigen Inseln. Im Süden trennt die Palkstraße Sri Lanka vom indischen Festland. Geographisch gesehen gliedert sich das Land in drei Großräume. Im Norden bildet das alpidische Faltengebirgssystem des Himalaja den Grenzwall zu Innerasien. Südlich seiner Randketten schließt sich die Ganges-Brahmaputra-Tiefebene an. Den größten Teil der wie ein Keil in den Indischen Ozean vorstoßenden Halbinsel Vorderindien nimmt das Hochland von Deccan ein, welches vom höheren westlichen Randgebirge, den Westghats, nach Osten zu den Ostghats abfällt. Es besteht aus flachgewellten Hochflächen und weiten Mulden und gehört zum erdgeschichtlich bis in die Erdfrühzeit zurück zu datierenden Gondwanaland.

Durch die Reliefverhältnisse ist auch das hydrographische System geprägt. Außer Ganges und Brahmaputra, die im Himalaja entspringen – ebenso wie die meisten ihrer Nebenflüsse – entwässern auch die Flüsse des Deccan hauptsächlich nach Osten zum Golf von Bengalen. Nach Westen, zum Arabischen Meer, entwässern außer Narmada und Tapti nur kürzere Flüsse die Westghats.

Das Klima des indischen Subkontinents wird hauptsächlich vom Monsun, jahreszeitlich wechselnden Winden, bestimmt. Im jährlichen Ablauf stehen sich zwei gegensätzliche Monsunperioden gegenüber. Der Wintermonsun (NO-Monsun), der von Januar bis März vom Land zum Meer weht, ist kühl und trocken. Der Sommermonsun (SW-Monsun), der von Juni bis September vom Meer zum Land weht, bringt Regen und Wärme. Zwischen ihnen bestehen zwei Übergangszeiten, der Vormonsun mit Hitze im April und Mai und der Nachmonsun von Oktober bis Dezember. Diese vier Hauptzeiten schwanken jährlich und sind außerdem von Geographischer Breite und Relieflage abhängig. Für die natürliche Vegetation sowie die Höhe der Erträge in der Landwirtschaft ist vor allem die Ergiebigkeit der Niederschläge wichtig, da die Temperaturen im allgemeinen nur auf Grund der Höhenlage differieren.

Der jährlichen Niederschlagsmenge entsprechen die natürlichen Vegetationstypen Regenwälder, Monsunwälder, Feucht- und Trockensavannen, Steppen und Wüsten. Durch die lange Einwirkungszeit des Menschen ist allerdings in großen Teilen des Landes die natürliche Vegetation durch eine Kulturlandschaft ersetzt worden.

Station	Geographische Koordinaten		Meeres-höhe (m NN)	Temperaturmittelwerte					Nieder-schläge Jahres-mittel
	Breite (°n. Br.)	Länge (°ö. L.)		kältester Monat (Monat-°C)		wärmster Monat (Monat-°C)		Jahr (°C)	(mm)
Leh	34°09'	77°34'	3514	I	8,5	VII	17,4	5,5	116
Srinagar	34°05'	74°50'	1587	I	1,1	VII	24,7	13,3	657
Ludhiana	30°56'	75°52'	248	I	13,0	VI	34,1	24,6	667
Agra	27°10'	78°02'	169	I	14,8	VI	35,0	25,7	767
Darjeeling	27°03'	88°16'	2228	I	6,4	VII	17,5	13,3	3210
Jodhpur	26°18'	73°01'	224	I	17,1	V	34,4	26,1	347
Gauhati	26°06'	91°35'	54	I	16,4	VIII	28,5	23,9	1679
Allahabad	25°27'	81°44'	98	I	16,4	V	34,7	26,1	1032
Cherrapunji	25°15'	91°44'	1313	I	11,7	IX	20,5	17,4	11437
Ahmadabad	23°04'	72°38'	50	I	20,3	V	33,5	28,1	758
Indore	22°43'	75°48'	567	I	17,9	V	32,3	24,4	1127
Calcutta	22°32'	88°20'	6	I	20,2	V	31,4	26,9	1620
Bombay	18°54'	72°49'	11	I	24,3	V	29,1	27,3	1986
Pune	18°32'	73°51'	559	XII	21,1	V	29,9	25,1	715
Vishakapatnam	17°43'	83°14'	38	I	23,4	V	31,9	27,3	980
Madras	13°00'	80°11'	16	I	24,5	V	32,7	28,9	1254
Bangalore	12°52'	74°51'	22	I	26,5	IV	29,3	27,1	924
Mangalore	12°58'	77°35'	921	XII	20,5	V	26,9	23,6	3294
Trivandrum	8°29'	76°57'	61	XII	26,1	IV	28,3	26,6	1632
Minicoy	8°18'	73°00'	2	I	26,1	V	28,8	27,3	1579

Tab. A 2.1: Wichtige Klimastationen Indiens

Berge Name	Bundesstaat	Höhe (m)
K_2	Kashmir+	8611
Kanchenjunga	Sikkim	8586
Nanga Parbat	Kashmir+	8125
Hidden Peak	Kashmir+	8086
Broad Peak	Kashmir	8047
Gasherbrunn	Kashmir+	8035
Nanda Devi	Uttar Pradesh	7816
Rakaposhi	Kashmir+	7788
Kamet	Uttar Pradesh	7756
Badrinath	Uttar Pradesh	7138
Gangto Gangri	Arunachal Pradesh	7102
Leo Pargial	Himachal Pradesh	6791
Daphabum	Arunachal Pradesh	4578
Saramati	Nagaland	3826
Laikot	Manipur	2832
Anai Mudi	Kerala	2695
Doda Betta	Tamil Nadu	2635
Blue Mountain	Mizoram	2157
Shillong Peak	Meghalaya	1963
Mulaina Giri	Karnataka	1923
Guru Sikhar	Rajasthan	1722
Devodi Mundi	Andhra Pradesh	1680
Kalsubai	Maharashtra	1646
Shevaroy	Tamil Nadu	1628
Mahendra Giri	Orissa	1501
Dhupgarh	Madhya Pradesh	1350
Girnar	Gujarat	1117
Hazaribagh Range	Bihar	1104

+ im von Pakistan besetztem Teil

Flüsse Name	Länge (km)
Brahmaputra	2900
Ganges	2510
Godavari	1450
Yamuna	1376
Narmada	1290
Krishna	1290
Ghagara	1080
Mahanadi	890
Son	784
Chambal	780
Gandak	765
Kaveri	760
Tapti	702
Betwa	610
Damodar	590
Penner	560

Inseln Name	Fläche (km^2)
Andamanen	6408
Middle Andaman	
South Andaman	
Little Andaman	
Nikobaren	1841
Great Nicobar	
Camorta	
Katchall	
Car Nicobar	
Lakshadweep	32
Androth	4,3
Kavaratti	3,5
Kadamath	3,0
Minicoy	3,2

Tab. A 2.2: Wichtige physisch-geographische Elemente Indiens

3 Landesgeschichte
(D. Bronger)

Im Text wurde bewußt auf eine Anhäufung von Jahreszahlen verzichtet. Dementsprechend soll die Zeittafel den Text ergänzen. Das Hauptgewicht der Datenzusammenstellung liegt entsprechend der Zielsetzung einer ‚Geographie Indiens' auf der Neueren Geschichte; die Alte Geschichte ist demgegenüber, und das in zunehmender historischer Entfernung zur Gegenwart, in perspektivischer Verkürzung dargestellt.

Der Subkontinent bis zum Ende der islamischen Herrschaft

v. Chr.

ca. 6000	Jungsteinzeitliche Siedlungen in Balutschistan, Beginn der Viehzucht und des Ackerbaus.
ab ca. 3500	Siedlungen im Industal
2300–1700	Indus-Kultur mit den Großstädten Harappa und Mohenjo-Daro
ca. 1300	Einwanderung der Arier in Nordwestindien
1200–900	Frühvedische Zeit (Rigveda). Seßhaftwerdung der Arier im Punjab und westlichen Ganges-Yamuna-Tal
900–600	Spätvedische Zeit. Besiedlung des mittleren und östlichen Gangestals durch die Arier
ab 600	Beginn früher Urbanisierung im östlichen Gangestal (Kausambi bei Allahabad)
ca. 500	Abschluß der arischen Durchdringung der mittleren und unteren Gangesebene
ca. 563–483	Gautama Buddha
327–325	Indienfeldzug Alexander des Großen
um 320	Gründung des Maurya-Reiches, Hauptstadt: Pataliputra (Patna)
ca. 268–233	Kaiser Ashoka – Höhepunkt des Maurya-Reiches
ca. 166–150	Menander bedeutendster griechischer Herrscher Indiens

n. Chr.

ab ca. 35	Anfänge des Christentums: Apostel St. Thomas in Indien, zuerst am Hof von Gondophenes, indo-parthischer König in Taxila (fand als „Kaspar" als einer der Heiligen Drei Könige aus dem Morgenland Einzug in die Welt christlicher Legenden)
320	Begründung der Gupta-Dynastie Nordindiens
ca. 335–375	Expansion des Gupta-Reiches in Nord- und Ostindien, zeitweise bis Südindien
375–415	Höhepunkt des Gupta-Reiches, Eroberung Westindiens. Aufschwung der Sanskritdichtung
405–411	Berichte des chinesischen Pilgers Fa-hsien aus dieser Zeit
ca. 500–527	Ende des Gupta-Reiches, Nordindien unter Herrschaft der Hunnen, Untergang der klassischen Stadtkultur Nordindiens
ab 543	Aufstieg und Verfall zahlreicher Regionalreiche, u. a. Calukya, Rashtrakuta/Zentralindien, Pallava/Südindien, Pala/Bengalen, Gurjara-Pratihara/Rajasthan, Cola/Südindien, Kalinga/Orissa, Hoysala, Yadava, Kakatiya/südliches Zentralindien u. a. m.
1192–1202	Muhammad Ghuri von Ghor (Afghanistan) erobert Nordindien.

1206	Qutb-ud-din-Aibak gründet das Sultanat Delhi.
1290–1320	Khilji-Dynastie, Höhepunkt des Delhi-Sultanats
1293	Marco Polo in Südindien
1321–1351	unter Muhammad bin Tughluq größte Ausdehnung des Sultanats
1327	vorübergehende Verlegung der Hauptstadt nach Daulatabad (bei Aurangabad), beginnender Zerfall des Sultanats
1346	Gründung des Reiches von Vijayanagar (Südindien)
1398–1399	Einfall Timurs in Nordindien, Zusammenbruch des Sultanats von Delhi
1450–1526	unter der Lodi-Dynastie Delhi Sultanat nochmals Vormacht Indiens, Agra neue Hauptstadt
1469–1538	Guru Nanak, Gründer der Sikh-Religionsgemeinschaft
1498	Vasco da Gama landet in Calicut (Kerala).
1510	Die Portugiesen erobern Goa.
1556–1605	Akbar konsolidiert das Mogulreich von Delhi aus und erobert 1574 Gujarat
1586	Philipp II. von Spanien schließt mit den deutschen Kaufleuten Fugger und Welser den Pfefferkontrakt.
1600	Gründung der britischen Ostindiengesellschaft
1627–1658	Shah Jahan, Enkel Akbars, erobert große Teile des nördlichen Hochlandes. Bau des Taj Mahal in Agra und des Roten Forts in Delhi als Ausdruck geglückter Synthese persisch-indischer Baukunst
1658–1707	größte territoriale Ausdehnung des Mogulreiches unter seinem Sohn Aurangzeb
1681	Verlegung der Hauptstadt ins Deccan-Hochland nach Aurangabad und
1686	Annexion von Bijapur und Golconda
1724	Asaf Jah, Gründer der bis 1948 bestehenden Nizam-Dynastie, erlangt die Unabhängigkeit des größten indischen Fürstentums Hyderabad. Andere Provinzen des Reiches wie Bengalen und Oudh folgen diesem Beispiel.
1720–1740	Die Marathen dehnen unter ihrem Feldherrn Baji Rao ihre Herrschaft bis vor die Tore von Delhi aus.
1739	Nadir Shah, der Herrscher Persiens, plündert Delhi.

Die britischen Kolonialherrschaft

1757	Der britische Feldherr Clive schlägt den Nawab von Bengalen in der Schlacht von Plassey und leitet damit die britische Herrschaft über Indien ein.
1761	Niederlage der Franzosen bei Wandiwash (bei Madras) gegen die Briten
1764	Die Briten besiegen bei Baksar (Süd-Bihar) die vereinten Heere des Großmoguls und der Nawabs von Oudh und Bengalen.
1765	Clive, Gouveneur v. Bengalen, erhält vom Großmogul die Steuerhoheit über Bengalen und Bihar für die Ostindienges.
1770	Hungersnot in Bengalen, ein Drittel der Bevölkerung stirbt
1773	Regulation Act des britischen Parlaments über die Regierung Indiens durch die Ostindiengesellschaft. Warren Hastings wird erster Generalgouverneur.
1793	Permanent Settlement (Grundsteuerveranlagung) Bengalens
1799	Endgültiger Sieg der Briten über den muslimischen Usurpator von Mysore Tipu Sultan: Begründung der britischen Territorialherrschaft in Südindien
1803	Abtretung der Region Agra-Allahabad durch den Nawab von Oudh

1818	Endgültiger Sieg der Briten über die Marathen	1930–1931	Einfluß der Weltwirtschaftskrise bewirkt Absinken der Agrarpreise um die Hälfte, Bauernunruhen
1835	Vereinheitlichung des Währungswesens durch die Briten (Silberrupie)	1932–1933	Wiederaufnahme der Kampagne des Bürgerlichen Ungehorsams
1843–1848	Annexion von Sind und Punjab		
1853	Erste Eisenbahnverbindung von Bombay nach Thane (27 km); bis 1900 zu einem Streckennetz von 40000 km ausgebaut	1932	Der Einsatz Gandhis für die „Unberührbaren", die er „Harijans" (= Kinder Gottes) nennt, führt zum Pakt mit Ambedkar, dem Führer der Unberührbaren: Reservierte Sitze statt separate Wählerschaften für die Parias
1856	Rest des Territoriums von Oudh annektiert		
1857	Versuch indischer Fürsten zur Befreiung von der Fremdherrschaft (mutiny) schlägt fehl		
1858	Auflösung der Ostindienkompanie. Indien wird britisches Vizekönigtum.	1934	Wahlen zum Zentralparlament (Imperial Legislative Council) unter Beteiligung des Nationalkongresses
1877	Königin Victoria nimmt den Titel „Kaiserin von Indien" an.	1935	Verfassungsreform (Government of India Act)
1885	Gründung des indischen Nationalkongresses, 1. Sitzung in Bombay	1936	Wahlen zu den Provinzlandtagen bringen Siege für die Kongreßpartei.
1906	Gründung der Muslim Liga (Sprecher: Ali Jinnah)	1937	Bildung von Kongreßregierungen in sieben Provinzen
1907	Gründung des ersten indischen Stahlwerkes durch Tata in Jamshedpur (Bihar)	1939	Kriegsausbruch und Rücktritt der Kongreßregierungen
1908	Der indische Freiheitskämpfer Bal Gangadhar Tilak zu sechs Jahren Zuchthaus verurteilt	1940	„Pakistan Resolution" der Muslim-Liga; Zwei-Nationen Theorie Jinnahs
1916	Lucknow-Pakt von Nationalkongreß und Muslim Liga (Tilak-Jinnah)	1942	Gandhi fordert die Unabhängigkeit für Indien; weitere Kampagne des Bürgerlichen Ungehorsams
1915	Rückkehr Gandhis nach Indien		
1919	Gandhis (1869–1948) erste Satyagraha (= Festhalten an der Wahrheit)-Kampagne; Blutbad von Amritsar	1944	Gandhi-Jinnah-Gespräche über die Zukunft Indiens enden ergebnislos
1920	Gandhi wird anerkannter Führer des Kongresses.	1945	Shimla-Konferenz: Britische Pläne zur Bildung einer nationalen Interimsregierung scheitern an den Forderungen Jinnahs.
1928	Indischer Entwurf einer Dominion-Verfassung (Nehru-Report)		
1929	Verweigerung des Dominion Status für Indien durch Großbritannien; Beginn der Weltwirtschaftskrise	1946	Interimsregierung: Premierminister Jawaharlal Nehru (1889–1964), bei den Wahlen starker Stimmenzuwachs für die Muslim-Liga
1930	Gandhis „Salzmarsch": Kampagne des Bürgerlichen Ungehorsams (Civil Disobedience)		

Die unabhängige Republik Indien

1947	Unabhängigkeit und Teilung: Dominion Pakistan 14. August, Dominion India 15. August. Beginn des Kashmirkonfliktes
1948	30. Januar: Ermordung des „Vaters der indischen Unabhängigkeit", Mahatma (Sanskrit = gute Seele) Gandhi, durch einen fanatischen Hindu (N.V. Godse). Gewaltsame Eingliederung des Fürstenstaates Hyderabad in die indische Republik
1950	26. Januar: Verfassung der Republik Indien, Staatspräsident Rajendra Prasad, Premierminister Jawarharlal Nehru, Innenminister Sardar V. Patel. Einrichtung einer Nationalen Planungskommission für die Wirtschaftsentwicklung
1952	Erste allgemeine Wahlen, Erfolg der Kongreßpartei
1951–1956	Erster indischer Fünfjahresplan
1955	Bandung-Konferenz der afroasiatischen Staaten unter maßgeblicher Beteiligung Indiens. Besuch Chruschtschows und Bulganins in Indien. Die States Reorganisation Commission schlägt Sprachgrenzen als Grundlage der Abgrenzung der Bundesstaaten vor.
1957	Indien gliedert sich die besetzten Gebiete Kashmirs ein. Zweite allgemeine Wahlen, erneuter Erfolg der Kongreßpartei mit Ausnahme von Kerala, wo es zur Bildung einer kommunistisch geführten Landesregierung kommt.
1957-1961	Zweiter indischer Fünfjahresplan. Betonung des Aufbaues der Schwerindustrie, Indien ist auf westliche Wirtschaftshilfe angewiesen.
1958	Die akute Gefährdung des Zweiten Fünfjahresplanes wegen Devisenknappheit wird durch eine Anleihe bei westlichen Industrienationen und der Weltbank in Höhe von 350 Millionen Dollar gebannt.
1959	„President's Rule" in Kerala. Flucht des Dalai Lama von Tibet nach Indien, Beginn der Konfrontation mit China
1960	Vertrag mit den Vereinigten Staaten über Weizenlieferungen. Abschluß des Indus-Vertrages mit Pakistan. Teilung des Bundesstaates Bombay in Maharashtra und Gujarat
1961	Gespräche Nehru – Zhou Enlai in Delhi. Einmarsch indischer Truppen in Goa, Eingliederung der portugiesischen Kolonien Goa, Daman und Diu (18.12.)
1962	Dritte allgemeine Wahlen. Grenzkonflikt mit China, Niederlage Indiens
1962–1966	Dritter indischer Fünfjahresplan
1964	Tod Nehrus, Wahl Lal Bahadur Shastris zum Nachfolger
1965/66	Konflikt mit Pakistan: Kämpfe im Rann von Kutch (Gujarat) und in Kashmir, indischer Gegenangriff auf Lahore
1966	Konferenz von Taschkent: Waffenstillstand mit Pakistan durch sowjetische Vermittlung. Tod Shastris, Wahl Indira Gandhis (Tochter Nehrus) zur Nachfolgerin
1966/67	Schlechte Ernte durch zwei aufeinander folgende Dürrejahre, allgemeine wirtschaftliche Rezession, Beginn der „Grünen Revolution" mit dem Ziel der Verbesserung der Ernährungslage, Verschiebung des vierten Fünfjahresplanes (1967–1971) um zwei Jahre
1967	Vierte allgemeine Wahlen: Verluste der Kongreßpartei; Koalitionsregierungen der bisherigen Oppositionsparteien in mehreren Bundesstaaten.

1969	Spaltung der Kongreßpartei durch Indira Gandhi	1981–1985	Sechster Fünfjahresplan der Kongreßpartei
1969–1974	Vierter indischer Fünfjahresplan	1981	Teilnahme Indira Gandhis am Nord-Süd-Gipfeltreffen in Cancún (Mexiko), wo sie die wachsende Kluft zwischen Arm und Reich als ein den Frieden der Welt bedrohendes Problem bezeichnet. Anschließender offizieller Staatsbesuch in Frankreich, wo sie Verhandlungen zum Kauf von 150 Kampfflugzeugen vom Typ Mirage 2000 (Wert: 3 Mrd. US-$) führt.
1971	Bei den vorgezogenen Wahlen zum Bundesparlament erringt Indira Gandhi einen hohen Wahlsieg. Freundschaftsvertrag mit der Sowjetunion. Erneuter indisch-pakistanischer Krieg führt zur Bildung des Staates Bangla Desh (ehem. Ostpakistan, vor 1947: muslimisch besiedeltes östliches Bengalen)		
1973	Vertrag mit der Sowjetunion über wirtschaftliche Zusammenarbeit, Himalaja-Königreich Sikkim als 22. Bundesstaat annektiert	1982	Mit Zail Singh wird erstmalig ein Sikh indischer Staatspräsident. Besuch Indira Gandhis in den USA (zuletzt 1971) und Japans (zuletzt 1969). Verheerender Taifun macht 5 Mill. Menschen in Orissa obdachlos. Vertrag mit Frankreich über die Lieferung von Kernbrennstoffen für das Atomkraftwerk Tarapur bei Bombay
1974	Dürrejahre und die Weltenergiekrise treffen Landwirtschaft und Industrie. Inflationsrate ca. 30 %, Eisenbahnerstreik, erster Atomsprengsatz gezündet		
1975	Protestbewegung gegen die Regierung, geführt von Jayaprakash Narayan, Ausrufung des Notstandes („martial law") und Verhaftung Tausender Oppositionspolitiker durch Indira Gandhi	1983	2. Satellit mit einer eigenen Trägerrakete (Typ Rohini-560) in eine Erdumlaufbahn in 330 km Höhe gebracht. Erneut schwere Unruhen in Assam (über 3000 Tote). 7. Gipfelkonferenz der Blockfreien-Bewegung in New Delhi. Eskalierende Unruhen der Autonomie fordernden Sikhs im Punjab. Der Bundesstaat wird unter „President's Rule" gestellt. Erstes von Indern konstruiertes und gebautes Atomkraftwerk geht bei Kalpakkam (Tamil Nadu) in Betrieb. Indien richtet die erste permanente Forschungsstation auf der Antarktis ein.
1977	Kongreßpartei verliert erstmalig die Bundestagswahl; die aus mehreren Oppositionsparteien gebildete Janata-Partei (= Volkspartei) übernimmt die Regierung, Premierminister Moraji Desai		
1978–1983	Sechster Fünfjahresplan der Janata-Regierung: Vorrang der Landwirtschaft vor der Industrie		
1979	Desai tritt zurück, Charan Singh Premierminister einer Minderheitsregierung (mit einem Teil der Kongreßpartei unter Y. B. Chavan)	1984	25 Jahre Bestehen des mit mehr als 1 Mrd. DM deutscher Kapitalhilfe erbauten Stahlwerks Rourkela, ebenso des mit sowjetischer Hilfe errichteten Stahlwerks Bhilai. Erster Inder
1980	Bundestagswahlen, Rückkehr Indira Gandhis an die Macht, Beginn der Unruhen in Assam		

	im Weltraum (sowjetische Raumfähre). Erstürmung des Goldenen Tempels von Amritsar durch Polizei- und Regierungstruppen (5. 6.). Ermordung der Premierministerin Indira Gandhi von zwei Sikh-Leibwächtern (31.10), in der Folge Ermordung von ca. 2000 Sikhs in Delhi. Als Nachfolger wird ihr Sohn Rajiv Gandhi bestimmt. Giftgaskatastrophe in Bhopal (3. 12.) – ihr fallen nachfolgend über 3000 Menschen zum Opfer. Überwältigender Sieg Rajiv Gandhis und der Kongreßpartei bei den Parlamentswahlen (28.12.): sie erreicht 401 der insgesamt 508 Mandate.
1985	Eskalation des Kastenkonflikts in Gujarat – Ursache: Erhöhung der Quoten für scheduled castes & tribes sowie „backward castes" im öffentlichen Dienst durch die Landesregierung, Einsatz von Armeetruppen wird notwendig (April). Liberalisierung der Wirtschaftspolitik anläßlich des All India Congress Committee (Mai). Erneut schwere Unruhen im Punjab, am 25.7. Übereinkunft von Rajiv Gandhi mit dem Sikh-Führer Longowal zur friedlichen Beilegung der Punjab-Krise, am 20.8. Ermordung von Longowal durch Sikh-Extremisten. Kongreßpartei begeht 100. Geburtstag (in Bombay).
1985–1990	Siebenter Fünfjahresplan (Gesamtinvestitionen: ca. 88 Mrd. DM)
1986	Besuch von Bundeskanzler Kohl in Indien (April) und des sowjetischen Parteichefs Gorbatschow. Abschluß eines Textilabkommens mit der EG (Geltungsdauer 1987–1991), das Indien einen erweiterten
1987	Zugang zum europäischen Markt bietet. Mizoram wird 23. und Arunachal Pradesh 24. indischer Bundesstaat. Rücktritt des Verteidigungsministers und engen Gandhi-Vertrauten V. P. Singh (12. 4.) belastet den Premierminister erstmals selbst in einem Korruptionsskandal mit der schwedischen Rüstungsfirma Bofors. Goa wird 25. Bundesstaat der Indischen Union (11. 5.). Blutige Kastenunruhen in Bihar (über 50 Tote), Indien entsendet Truppen zur Erhaltung des Waffenstillstands-Vertrags zwischen Tamilen und Singhalesen nach Sri Lanka (30. 7.).
1988	Indische Truppen schlagen Putschversuch auf den Malediven nieder. Besuch des sowjetischen Partei- und Staatschefs Gorbatschow: u. a. Abkommen über den Bau zweier weiterer Kernreaktoren in Indien. Besuch Rajiv Gandhis in Beijing/Peking (Dezember), erstes Treffen auf oberster Regierungsebene seit dem indisch-chinesischen Grenzkrieg von 1962.
1989	Bundesstaat Karnataka der Direktverwaltung („President's Rule") Delhis unterstellt. Erfolgreicher Testflug der ersten indischen Boden-Boden-Rakete. Beginn des Abzugs indischer Truppen aus Sri Lanka (Ende Juli). Schneller Brüter, ein Testreaktor des Indira Gandhi Centre for Atomic Research, angefahren. Grundsteinlegung des umstrittenen Hindutempels am mythischen Geburtsort des Hindu-Gottes Ram in Ayodhya (Uttar Pradesh), schwere Zusammenstöße zwischen Hindus und

1990 Muslims, die auch auf andere Teile Indiens übergreifen. Bei Parlamentswahlen Ende November (Wahlbeteiligung: 58%) erlitt der Congress (I) starke Einbußen: Congress (I) – 185 (1984: 415), Janata Dal – 141 (10), BJP – 88 (2), CPM – 33 (22). Rücktritt der Regierung Gandhi (29. 11.), V. P. Singh als neuer Premierminister vereidigt (2.12.). Offener Ausbruch von Unruhen im Bundesstaat Jammu & Kashmir Jammu & Kashmir der Direktverwaltung („Governor's Rule") des Gouverneurs unterstellt (18. 1.), Landtag von Jammu & Kashmir aufgelöst (19. 2.). Bei Regionalwahlen (in den Bundesstaaten) konnte sich der Congress (I) nur in Maharashtra, Arunachal Pradesh und Pondicherry behaupten; in den übrigen Bundesstaaten (Rajasthan, Gujarat, Madhya Pradesh, Orissa, Bihar, Himachal Pradesh) übernehmen Bündnisse der Regierungsparteien die Regierung (27. 2.). V. P. Singh legt Janata Dal-Vorsitz nieder (3. 3.), Hindi in Uttar Pradesh (27. 3.) und Madhya Pradesh (3. 4.) zur einzigen Amtssprache erklärt. Amtlicher Bericht veröffentlicht, demzufolge 10 Mill. Kinder in Schuldknechtschaft leben. Kashmir-Tal dem Militär unterstellt (5. 7.), Beschäftigungsquote im öffentlichen Dienst für „backward castes" auf 27% entsprechend den Empfehlungen der Mandal-Kommission festgelegt (7. 8.). Zusammen mit der Quote für scheduled castes (15%) und scheduled tribes (7,5 %) sind damit 49,5 % für Angehörige

der niedrigen Kasten reserviert; Proteste höherer Kasten in den folgenden Wochen. Andere Gruppen (Muslims, Christen) melden ihre Ansprüche an, Quotenregelung vom Obersten Gerichtshof ausgesetzt (1. 10.). UNO-Boykott gegen Irak/Kuwait trifft Indien besonders hart, da es 40 % seines Erdöls aus diesen beiden Ländern bezog und 160 000 Inder hier arbeiten. Indien in den Weltsicherheitsrat gewählt (1. 11.). Rücktritt der Regierung V. P. Singh nach Niederlage bei Vertrauensabstimmung im Parlament (142: 346 Stimmen/7. 11.), Chandra Shekhar als neuer Ministerpräsident vereidigt (10.11.), Vertrauensabstimmung der Regierung Shekhar mit den Stimmen der Congress (I) gewonnen (269 : 204). Assam der Direktverwaltung Dehlis unterstellt (28. 11.). Anhaltende Unruhen zwischen Hindus und Muslims in mehreren Landesteilen, Hyderabad unter Militärkontrolle gestellt.

1991 President's Rule in Tamil Nadu verhängt (29.1.), Indien und die VR China beschließen Wiederaufnahme des bilateralen Grenzhandels und die Öffnung einiger Grenzübergänge (8. 2.), Durchführung des Census 1991 (9. 2.–25. 3.), Rücktritt der Regierung Chandra Shekhar (5. 3.), Auflösung des Parlaments (13. 3.), erster Teil der Parlamentswahlen (20. 5.), Ermordung des früheren Ministerpräsidenten und Vorsitzenden der Kongreßpartei Rajiv Gandhi wahrscheinlich durch die tamilische Extremistenorganisation LTTE (21.5.), der frühere Außenminister Narasimha

1992 Rao wird zum neuen Vorsitzenden der Kongreßpartei gewählt (31. 5.), letzter Teil der Parlamentswahlen (12. und 15.6.). Aus den Wahlen geht die Kongeßpartei als Sieger hervor, verfehlt jedoch mit 233 von 511 zur Entscheidung anstehenden Mandaten die absolute Mehrheit. Die nationalistische Hindu-Partei Bharatiya Janata (BJP) erhält 111, die Janata Dal 61, die Linksparteien CPM und CPI 48 Sitze. Ernennung von Narasimha Rao zum neuen Premierminister durch Staatspräsident Venkataraman (20. 6.), der anschließend die Vetrauensabstimmung im Unterhaus gewinnt (15. 7.). Ernennung des Wirtschaftswissenschaftlers und früheren Gouverneurs der Reserve Bank of India und Chef der Planungskommission Manmohan Singh zum Finanzminister, Einleitung der Liberalisierung der indischen Wirtschaft. Erdbeben in der nordwestlichen Himalaja-Region fordert über 1000 Tote (20.10.). Die andauernden bürgerkriegsähnlichen Zustände im Punjab fordern im Jahre 1991 über 5000 Menschenleben.

Bei Nachwahlen zum Unterhaus im Punjab (19.2) erringt die Kongreßpartei 12 der 13 Mandate. Infolge des Sikh-Boykotts betrug die Wahlbeteiligung nur 28%. Die Bildung der neuen Landesregierung (25. 2.) beendet eine fast fünfjährige Direktverwaltung. Vorlage des Budgetentwurfs 1992/93, dessen Defizit 5 % des BIP beträgt und damit der Vorgabe des IWF entspricht. Ankündigung weiterer Privatisierungen von Staatsunternehmen, Steuersenkungen sowie größere finanzielle Autonomie für die Unionsstaaten (29. 2.), Billigung des wirtschaftlichen Reformprogramms durch das Unterhaus (9. 3.), Verbot der tamilischen LTTE wegen terroristischer Betätigung (14. 5.), erster Besuch eines indischen Staatsoberhauptes in Peking (18.–20. 5.), Indien schießt erste selbstentwickelte Trägerrakete ins All (20. 5.), 10. Präsidentenwahlen; neuer Präsident wird Dr. Shankar Dayal Sharma von der Kongreßpartei (13. 7.), Amtsantritt am 25. 7. – mit 64,8% der Stimmen. Der seit vielen Jahren schwelende Konflikt um die Babri-Moschee im nordindischen Ayodhya (Uttar Pradesh) entlädt sich im Verlauf einer zunächst friedlichen Großkundgebung mit 300000 Gläubigen: die älteste muslimische Moschee Indiens wird von fanatischen Hindus vollständig zerstört (6. 12.). In den folgenden Tagen kommen bei blutigen Auseinandersetzungen zwischen Hindus und Muslims in vielen Städten Indiens, insbesondere in Bombay, weit über 1000 Menschen ums Leben; über zahlreiche Städte wird ein Ausgehverbot verhängt. Führende Politiker der BJP werden verhaftet. Präsident Sharma entläßt die Regierungen der vier von der BJP geführten Bundesstaaten (Uttar Pradesh, Madhya Pradesh, Rajasthan und Himachal Pradesh), löst die Landesparlamente auf und unterstellt die Staaten der Zentralregierung (15.12.)

1993 Blutige Ausschreitungen zwischen Hindus und Muslims fordern allein in Bombay über 600 Menschenleben (5.–13.1.), mehrere Zehntausende, zumeist Muslims, fliehen aus der Stadt. Besuch des russischen Präsidenten Jelzin: ein „Vertrag über Freundschaft und Zusammenarbeit" wird unterzeichnet; dieser Vertrag, der den indisch-sowjetischen Friedens- und Freundschaftsvertrag von 1971 ersetzt, enthält keine Beistandsklausel mehr. Der jahrelange Streit um indische Schulden von ca. 16 Mrd. US-$ wird beigelegt (27.–29. 1.). Eine Serie von 13 Bombenanschlägen in Bombay fordert über 300 Tote (12. 3.), bei einer Bombenexplosion in Calcutta sterben über 60 Menschen (17. 3.). Verzicht der Regierung auf einen Weltbankkredit für das Narmada-Staudammprojekt Sardar Sarovar; im Herbst 1992 hatte die Weltbank weitere Kredite von der Erfüllung ökologischer und umsiedlungspolitischer Auflagen abhängig gemacht (30. 3.); das umstrittene Projekt soll jetzt mit eigenen Mitteln beendet werden. Mißtrauensantrag gegen die Minderheitsregierung Rao wird vom Unterhaus mit 265 : 251 Stimmen abgelehnt (28. 7.). Besuch von PM Rao in China: Beilegung der Grenzstreitigkeiten (6.–9. 9.). Bei den Neuwahlen der vier von der BJP regierten Bundesstaaten Himachal Pradesh,

1994

1996

Madhya Pradesh, Uttar Pradesh und Rajasthan verliert diese überall die Regierungsmehrheit, in Rajasthan und Uttar Pradesh bleibt sie immerhin stärkste Fraktion. Verheerendes Erdbeben im Südosten von Maharashtra (Epizentrum: Latur District) fordert ca. 25 000 Menschenleben, über 100 000 werden obdachlos (29. 9.). MP Narasimha Rao besucht Deutschland (2.–5. 2.) Mai: Bei der Parlamentswahl erlitt die Kongreßpartei die schwerste Niederlage in ihrer 111jährigen Geschichte. Sie kam auf lediglich 138 Sitze in der 545 Sitze zählenden Lok Sabha. Stärkste Kraft wurde erstmalig die „Bharatiya Janata Party" (BJP); mit 195 Sitzen verfehlte sie jedoch deutlich die absolute Mehrheit. Drittstärkste Fraktion wurde das Wahlbündnis „Nationale Front/Linke Front" (NF/LF) mit 117 Sitzen. Die übrigen Mandate entfielen auf Regionalparteien und unabhängige Kandidaten.
16.5.: Vereidigung des Spitzenkandidaten der BJP, Atal Bihari Vajpayee, zum neuen Premierminister Indiens durch den Staatspräsidenten Shankar Dayal Sharma. Vajpayee war bereits 1977–1979 Außenminister in der Janata-Regierung gewesen.

4 Bevölkerung und Siedlungen

Seit dem ersten umfassenden Zensus durch die britische Kolonialverwaltung 1871 wurden regelmäßig alle zehn Jahre Volkszählungen durchgeführt. Die Ergebnisse zeigen zwei unterschiedliche Perioden, die sich um die Mitte dieses Jahrhunderts treffen. Während die Wachstumsrate von 1851 bis 1881 im Durchschnitt bei 6,3% im Jahrzehnt lag, bedingt durch Hungersnöte und Krankheitsepedemien teilweise sogar rückläufig war, stieg sie danach vor allem durch Verbesserung der hygienischen Verhältnisse sowie durch die stärkere Gesundheitsfürsorge. So kam es zum Absinken der Sterberate unter 10% bis 1991, zu einer Verringerung der Säuglingssterblichkeit auf etwa 8% der Geburten bei gleichzeitig weiterhin hoher Geburtenrate von durchschnittlich jährlich 2,1% in den 90er Jahren. Somit ist für das Jahr 2000 in Indien mit einer Einwohnerzahl von über 1 Milliarde zu rechnen.

Die Bevölkerungsverteilung ist entsprechend den natürlichen geographischen Bedingungen sehr unterschiedlich. Sehr dünn besiedelte Gebiete mit teilweise unter 10 Ew./km^2 liegen vor allem in den Hochgebirgsregionen des Himalaja, den Grenzgebirgen zu Myanmar, sowie den Trockengebieten der Thar an der pakistanischen Grenze. Bemerkenswert für Indien ist die hohe Bevölkerungsdichte mit über 1000 Ew./km^2 auch außerhalb der städtischen Ballungsgebiete, nämlich in den ländlichen Territorien der Schwemmlandebenen der großen Flüsse und an der Malabarküste. So ist es nicht verwunderlich, daß der Anteil der städtischen Bevölkerung trotz hoher Wachstumsraten und einer ganzen Anzahl von Groß- und Millionenstädten mit nicht einmal 25%, gemessen am Weltmaßstab, relativ gering ist. Der Großteil der Inder lebt auf dem Land in Gemeinden, die landschaftlich sehr unterschiedlich groß sind.

Der Anteil der Jugendlichen, über 36% der Bevölkerung waren jünger als 15 Jahre (1990), ist groß. Auffällig ist das ungleiche Geschlechterverhältnis von 107 Männer zu 100 Frauen.

Indien ist ein Vielvölkerstaat, was sich in der hohen Zahl der Sprachen ausdrückt. Neben Hindi und den weiteren von der Verfassung zugelassenen Regionalsprachen bestehen hunderte lokaler Sprachen und Dialekte. Sie gliedern sich vor allem in die Indoarischen Sprachen des Nordens, die Drawidischen Sprachen des Südens sowie Austro-Asiatische und Sino-Tibetische Sprachen. Als Umgangssprache sprechen etwa 400 Millionen Inder Hindi, das als Verkehrssprache dienende Englisch benutzen etwa 25 Millionen.

Die meisten Inder bekennen sich zum Hinduismus, durch dessen Kastenordnung die Gesellschaft in hierarchische Gruppen, die Kasten, geteilt ist. Jeder einzelne wird in eine dieser Kasten hineingeboren und ist damit zumeist auch heute noch gesellschaftlich und beruflich festgelegt. Am unteren Ende der Kastengesellschaft stehen die Unberührbaren, deren Anteil an der indischen Bevölkerung einschließlich der Ureinwohnerstämme über 20% beträgt. Die zweitgrößte Religionsgruppe sind die Moslems, die vor allem im Norden ansässig sind. Andere Religionsanhänger sind die Christen, vor allem in Goa und Kerala an der Westküste, die Sikhs im Punjab, sowie Buddhisten, Jains und Parsen.

Sprache	Anzahl (Mill.)	%
Indoarische Sprachen	656,0	73,7
davon		
Hindi	345,0	38,8
Bengali	67,0	7,6
Marathi	65,0	7,3
Urdu	46,0	5,2
Gujarati	43,0	4,9
Oriya	30,0	3,4
Punjabi	24,0	2,7
Assamesisch	15,0	1,6
Bhili	5,8	0,7
Kashmiri	4,2	0,5
Sindhi	2,5	0,3
Konkani	2,1	0,2
Dogri	2,0	0,2
Nepali	1,6	0,1
Khandeshi	1,6	0,1
Drawidische Sprachen	205,0	23,1
davon		
Telugu	71,0	8,0
Tamil	58,0	6,6
Kanada	35,0	3,9
Malayalam	34,0	3,8
Gondi	2,6	0,3
Tulu	1,8	0,2
Kurukh	1,7	0,2
Austro-Asiatische Sprachen	9,9	1,1
davon		
Santali	5,5	0,6
Mundari	1,0	0,1
Sino-Tibetische Sprachen	3,3	0,4
davon		
Manipuri	1,2	0,1
Sonstige Sprachen	15,0	1,7

Tab. A 4.1: Sprachen Indiens (Schätzung für 1992)

Jahr	Einwohner (Mill.)
1871	203
1881	250
1891	279
1901	238
1911	252
1921	251
1931	279
1941	319
1951	361
1961	439
1971	548
1951	361
1961	439
1971	548
1981	683
1991	846

Tab. A 4.2: Bevölkerungsentwicklung Indiens

Altersgruppe	Männlich (%)	Weiblich (%)
0– 4	6,8	6,5
5– 9	6,4	6,0
10–14	5,6	5,1
15–24	10,1	9,3
25–34	7,9	7,3
35–44	5,6	5,2
45–54	4,0	3,9
55–64	2,9	2,9
65–74	1,7	1,6
über 75	0,6	0,6

Tab. A 4.4: Altersstruktur der indischen Bevölkerung 1990

Tab. A 4.5: Weitere Angaben zur Bevölkerungsstruktur Indiens

Geschlechterverteilung 1991
  Männlich 51,9%
  Weiblich 48,1%

Bevölkerungsverteilung Stadt/Land 1991
  Städtisch 22,9%
  Ländlich 77,1%

Lebensstatistiken 1992
  Geburten pro 1000 Ew. 29,0
  Sterbefälle pro 1000 Ew. 10,0
  Natürlicher Zuwachs pro 1000 Ew. 19,0
  Kindersterblichkeit pro 1000 Geburten 79,0
  Lebenserwartung bei Geburt 1991
    Männlich 55,9 Jahre
    Weiblich 59,9 Jahre

Anzahl der Haushalte 1990 142,4 Mill.
Durchschnittliche Personenzahl
pro Haushalt 5,9

Nr.	Bundesstaat/ Unionsterritorium	Fläche (1000 km²)	Bevölkerung (1000)			Bevölkerungsdichte (Ew./km²)		Bevölkerungswachstum 1961–91			
			1991	1981	1971	1961	1991	1981	1991–81	1971–81	Änderung 10:11	1961 =100
1	2	3	4	5	6	7	8	9	10	11	12	13
	Bundesstaat											
1	Andhra Pradesh	275	66 508	53 550	43 503	35 983	241	195	24,20	23,10	+ 0,72	185
2	Arunachal Pradesh	84	865	632	468	337	10	8	35,86	35,15	+ 0,71	257
3	Assam	78	22 414	18 041	14 625	10 837	284	230	24,20	23,36	+ 0,22	207
4	Bihar	174	86 374	69 915	56 353	46 447	497	402	23,49	24,06	− 0,57	186
5	Goa	3,7	1 170	1 008	795	590	316	272	16,10	26,74	−10,78	198
6	Gujarat	196	41 310	34 086	26 697	20 633	210	174	21,20	27,67	− 6,87	200
7	Haryana	44	16 464	12 923	10 037	7 591	369	292	27,40	28,75	− 2,47	217
8	Himachal Pradesh	56	5 171	4 281	3 460	2 812	92	77	20,80	23,71	− 4,32	184
9	Jammu & Kashmir	222	7 719[1]	5 987	4 617	3 561	76	59	28,92	29,69	− 0,77	217
10	Karnataka	192	44 977	37 136	29 299	23 587	234	194	21,10	26,75	− 6,06	191
11	Kerala	39	29 099	25 454	21 347	16 904	747	655	14,30	19,24	− 5,26	172
12	Madhya Pradesh	443	66 181	52 179	41 654	32 372	149	118	26,80	25,27	+ 1,48	204
13	Maharashtra	308	78 937	62 784	50 412	39 554	256	204	25,70	24,54	+ 0,82	200
14	Manipur	22	1 837	1 421	1 073	780	82	64	25,30	32,46	− 3,90	236
15	Meghalaya	22	1 775	1 336	1 012	769	78	60	32,90	32,04	− 0,24	231
16	Mizoram	21	690	494	332	266	33	23	38,98	48,55	− 9,57	259
17	Nagaland	17	1 210	775	516	369	73	47	56,10	50,05	+ 6,81	328
18	Orissa	156	31 660	26 730	21 945	17 549	202	169	20,10	20,17	− 0,67	180
19	Punjab	50	20 282	16 789	13 551	11 135	401	333	20,80	23,89	− 3,63	182
20	Rajasthan	342	44 066	34 262	25 766	20 156	128	100	28,40	32,97	− 4,90	219
21	Sikkim	7	406	316	210	162	57	45	27,57	50,77	−23,20	249
22	Tamil Nadu	130	55 859	48 408	41 199	33 687	428	372	15,40	17,50	− 2,56	166
23	Tripura	10	2 757	2 053	1 556	1 142	262	196	34,30	31,92	+ 1,77	241
24	Uttar Pradesh	294	139 031	110 862	88 341	73 755	471	377	25,50	25,49	− 0,33	188
25	West Bengal	89	68 078	54 581	44 312	34 926	766	615	24,70	23,17	+ 1,38	195
	Unionsterritorien											
1	A & N Islands	8	281	189	115	64	34	23	47,29	63,39	−16,64	439
2	Chandigarh	0,1	642	452	257	120	5620	3961	41,88	75,55	−33,67	535
3	Dadra & Nagar Haveli	0,5	138	104	74	58	282	211	33,63	39,78	− 6,15	240
4	Daman & Diu	0,1	102	79	63	37	906	705	28,43	26,07	+2,36	276
5	Delhi	1,5	9 421	6 220	4 066	2 659	6319	4194	51,40	53,00	− 2,36	354
6	Lakshadweep	0,03	52	40	32	24	1615	1258	28,40	26,53	1,87	217
7	Pondicherry	0,5	808	604	472	369	1605	1229	30,60	28,15	+2,45	219
	Indien insgesamt	*3287*	*846 303*	*683 329*	*548 160*	*439 235*	*267*	*216*	*23,80*	*24,66*	*− 0,86*	*193*

[1] Schätzung – für 1991 liegen keine Census-Ergebnisse vor
Quelle: COI 1961–1991 (Berechnungen des Verfassers) / Autor: D. BRONGER

Tab. A 4.3: Bevölkerungsentwicklung Indiens nach Bundesstaaten und Unionsterritorien 1961–1991

Religionsgemein-schaft	Anzahl (%)	der Mitglieder (%)
Hinduismus	714	82,6
Islam	98	11,4
Christentum	18	2,1
Sikh	17	2,0
Buddhismus	6	0,6
Jains	4	0,5
Sonstige	7	0,8

Tab. A 4.6: **Religionen Indiens (Schätzung für 1992 ohne Assam)**

Übersicht und Tab. A 4.7:

Anzahl und Verbreitung der wichtigsten Kasten Indiens
(D. BRONGER)

Die hier vorgelegte Zusammenstellung der wichtigsten, d. h. 1931/1921 über 100 000 Mitglieder zählenden Kasten (jatis), bezieht sich *erstmalig* nur auf das Staatsgebiet der Indischen Union (3,288 Mill. km² mit – 1931 – 279 Mill. Ew.). Die Primärdaten – die Kasten sind vollständig letztmalig im Census von 1931 erfaßt – wurden seinerzeit für das Gesamtgebiet „Britisch Indien" (4,684 Mill. km² mit – 1931 – 353 Mill. Ew.) erhoben und auf Distriktbasis veröffentlicht. Letztere Raumeinheit ermöglichte die Umrechnung auf das heutige Staatsgebiet (von der Teilung 1947 waren nur ganz wenige Distrikte betroffen). Bisherige Untersuchungen zur räumlichen Verbreitung der Kasten betreffen entweder nur einzelne Kasten oder ganze Kastengruppen (SCHWARTZBERG 1978/1992) bzw. beziehen sich auf das seinerzeitige Gesamtterritorium (z. B. SCHWARTZBERG 1965).
 Zur Berechnung der Zahl der Kastenmitglieder sowie der Ermittlung ihres (Haupt-) Verbreitungsgebietes wurden die Ergebnisse des Census von 1931 zugrunde gelegt. Obwohl (auch) dieser Census allein schon in quantitativer Hinsicht als ein Werk bezeichnet werden muß, das größten Respekt abnötigt, ist die Akkuratesse, was die Erfassung der Kasten anbetrifft, regional von unterschiedlicher Qualität. Bei
a) der Größe des Erfassungsgebietes,
b) der Existenz mehrerer Tausend jatis, die es zu berücksichtigen galt und
c) der keineswegs immer eindeutigen Zuordnung des Individuums zu einer bestimmten Kaste (Beispiel: Kapu – Nr. 15 oder Reddi – Nr. 73: zwei miteinander sehr „verwandte" Kasten, die oft nur als „Kapu" aufgeführt werden) bzw. deren Unterscheidung nach Kaste und/oder Subkaste (Beispiel: Rajput - Nr. 4: s. u.)
ist dies keineswegs verwunderlich – abgesehen von der offensichtlich, menschlich verständlichen, unterschiedlichen Identifikation der verantwortlichen, durchweg britischen, Census-Beamten mit der ihnen fremdartigen Materie. Nicht jeder von ihnen konnte ein Sir Hubert H. Risley sein! Das gravierendste Beispiel einer mangelnden Sorgfalt beim 1931er Census ist der Madras State: gleich eine ganze Reihe wichtiger (nicht nur mitgliederstarker) Kasten, wie etwa die Kapu (Nr. 15), Kamma (50),

Nadar (61), Kuruba (67) und Reddi (73) blieben unberücksichtigt. Hier, wie auch in einigen anderen Landesteilen, in denen die 1931er Daten unvollständig, ungenau oder gar fragwürdig erschienen, wurden die Ergebnisse des Census von 1921 ganz (Madras) oder teilweise (Bihar & Orissa, Ajmer-Merwara, Rajputana, Gwalior, Central Provinces & Berar, Hyderabad) herangezogen. Das bedeutet, daß die Gesamt-Bezugszahl für das (heutige) Territorium zwischen den Zählergebnissen des Census 1931 – 279 Mill. und des Census 1921 – 251 Mill. liegt und etwa mit 270 Millionen Bewohnern anzusetzen ist. Die Mitglieder der hier aufgelisteten Kasten summieren sich auf insgesamt 224 Millionen, das entspricht 83% der (seinerzeitigen) Einwohner Indiens.

Bei einer großen Anzahl der Kasten finden wir regional nicht allein unterschiedliche Schreibweisen (Beispiel: Kunbi – Kanbi: Nr. 5), sondern sie weist darüber hinaus regional und damit sprachbedingt (?) verschiedene Namensbezeichnungen auf. Als ein Beispiel (unter vielen) seien die Wollweber-/Schäferkasten West- und Südindiens genannt: Bharwad und/oder (?) Dhangar in West-Indien, Kurma im Telugu- und Kuruba im Kanarese sprechenden Raum. Die hier getroffene Zuordnung in zwei jatis (Nr. 36 und 67) ist keineswegs unstrittig. Umgekehrt: Deuten die unterschiedlichen Bezeichnungen für die Friseure (Nr. 14), nämlich Nai (Hindi), Hajjam (Urdu), Mangala (Telugu), Nhavi (Kanarese), auf eine oder mehrere Kasten hin?

Zur Ermittlung der Zuordnung von Namensbezeichnungen zu einer – oder mehreren – Kasten: Sp. 2, ihres (Kasten-) Berufes: Sp. 3, sowie ihrer Stellung im Gesamtgefüge der (Kasten-) Gesellschaft: Sp. 6, war es notwendig, zusätzlich zu den Volkszählungsergebnissen von 1931 bzw. 1921, die wichtigste Literatur über das Kastenwesen mit heranzuziehen. Für diese Themenstellung erwiesen sich dabei vor allem die oft vielbändigen Kompendien als unentbehrlich: Sie enthalten von jeweils größeren Landesteilen oder Regionen eingehende Informationen über die einzelnen Kasten (CROOKE 1891; RISLEY 1891; THURSTON 1909; IYER 1909f., 1928f.; RUSSELL/LAL 1916; ENTHOVEN 1922). Darüber hinaus wurde eine große Anzahl von Einzeluntersuchungen, die z. T. sehr detaillierte Einblicke in diese spezifische Lebensform einer (oder weniger) Gemeinde(n) ermöglichen, mit ausgewertet.

Zu den Angehörigen der Hauptreligion, den *Hindus*, sind hier die von ihnen vereinnahmten (aber bis heute nicht integrierten!) beiden großen Bevölkerungsgruppen, die „Unberührbaren" sowie die Stammesbevölkerung mit aufgenommen worden. Die in den Volkszählungen vor 1947 als „depressed castes", heute als „scheduled castes" bezeichneten, seinerzeit knapp 53 Millionen zählenden *Parias* sind keineswegs „Kastenlose", wie das bis heute immer wieder falsch zu lesen ist. Vielmehr werden gerade bei ihnen, bzw. ihren ca. 500 verschiedenen Kasten, von denen hier die 44 mitgliederstärksten, mit zusammen 44 Millionen Mitgliedern, aufgeführt sind, die Kasten„regeln" ganz besonders stringent eingehalten. Das Gleiche trifft für die damals wie heute als „scheduled tribes" bezeichneten *Stämme* (1931: > 20 Mill.) zu: Die gegenwärtig ca. 600 registrierten Stämme (RAZA/AHMAD 1990, S. 75ff.), von denen 37 mit zusammen 16,6 Mill. Angehörigen hier erfaßt sind, sind (zumindest) kastenähnlichen Gruppen gleichzusetzen.

Von den übrigen Religionen des Subkontinents sind ferner die *Muslims* und *Sikhs* mit aufgenommen worden; Christen (seinerzeit ca. 4,6 Mill.) und Jainas (ca. 1 Mill.) mußten unberücksichtigt bleiben, da ihre Mitglieder nicht schichtenspezifisch erfaßt wurden. Muslims und Sikhs separieren sich in ihrer ganz überwiegenden Mehrheit gleichfalls in kastenähnliche Gruppen, d.h. sie befolgen zumindest die beiden wichtigsten Kasten-„regeln" – Zugehörigkeit zu ihrer „Kaste" mit der Geburt und Endogamie. Diese Aussage gilt insbesondere für die auf dem Lande lebenden *Muslims*; zur Stringenz der Einhaltung dieser Regeln in der urbanen muslimischen Gesellschaft ist bis heute wenig bekannt. Keinesfalls beschränkte (und beschränkt) sich die Separierung der seinerzeit fast 40 Millionen Muslims auf die hier aufgeführten 18 Kasten. Der Census von 1931 führt allein für den zentralindischen Fürstenstaat Gwalior (seinerzeit – 1931 – knapp 1,3% der Einwohner der Indischen Union) 38 Muslim-Kasten auf. Mehrere hundert Muslim-Kasten wird man daher für Indien veranschlagen dürfen.

Im Prinzip Gleiches ist bei der zahlenmäßig wesentlich kleineren, seinerzeit ca. 5 Millionen Mitglieder zählenden Religionsgemeinschaft der *Sikhs* festzustellen. Sie, die räumlich fast ausschließlich im heutigen Bundesstaat Punjab konzentriert siedeln und sich zu Beginn des 16. Jahrhunderts vom Hinduismus abspalteten, um eine Gemeinschaft ohne Kastenschranken zu bilden, haben sich im Laufe der nachfolgenden Jahrhunderte in viele Dutzend Kasten separiert. Der Census von 1931 nennt für den Punjab deren 29, die sich zumindest teilweise als Sikhs bekennen, wobei auch wiederum nur die wichtigsten genannt sind.

Für die ungebrochene Lebenskraft der „Sozialform" Kaste spricht weiterhin, daß auch die (seinerzeit) ca. 4,5 Millionen zählende, überwiegend im heutigen Karnataka lebende, *Lingayat*-Sekte, die sich aus ähnlichen Gründen wie die Sikhs bereits im 12. Jahrhundert vom Hinduismus lossagten, keineswegs nur als Priester, Händler und Landwirte (Nr. 11 und 48) anzusehen sind. Vielmehr waren (auch) sie, *infolge* der Kasten-Berufsbedingtheit gezwungen, ihre eigene Berufsorganisation aufzubauen.

Einige *Ergebnisse* bzw. Erkenntnisse seien abschließend genannt.

Kaste und Zahl – varna und jati
(Sp. 2 und 4)

1. Zu einigen Gruppen liegen die Zählergebnisse nicht nach jatis aufgeschlüsselt, sondern nur als Sammelbezeichnung vor (Nr. 1, 4, 8 und 11). Vor weitreichenden Schlußfolgerungen, gerade im Hinblick auf die Lebenswirklichkeit, sei jedoch gewarnt. Das betrifft insbesondere die „automatische" Gleichsetzung der Brahmanen (Nr. 1 = 5,2% der Gesamtbevölkerung), Rajputs/Kshatriya (4 = 3,7%) und Vaishyas (8 = 1,7%) mit den drei obersten varnas, den „Zweimalgeborenen (dvija)". Abgesehen davon, daß die varna-Einteilung bzw. das Denken in varnas nur zu Mißverständnissen im Hinblick auf die gesellschaftlichen Realitäten (und das seit Jahrhunderten!) führt, ist die Zuordnung einer großen Anzahl gerade im wirtschaftlichen und politischen Leben des Landes eine bedeutende Rolle spielenden Kasten (so u. a.: Jati: 7, Kayastha: 39, Bumihar: 49, Kamma: 50, Reddi: 73) bis heute strittig – und somit eine qualitative Aufschlüsselung der Kastengesellschaft nach *varnas* nicht möglich.

2. Der Tatbestand, daß die Zuordnung dieser drei am höchsten rangierenden Gruppen (Stände) für die allermeisten Landesteile nur als Sammelbezeichnung vorliegt – die Vaishyas (s. Nr. 8) bilden da z. T. eine Ausnahme – bedeutet gleichzeitig, daß die hier aufgeführten 227 mitgliederstärksten Kasten in Wirklichkeit etwa 500 verschiedene jatis repräsentieren, zerfällt doch die Brahmanen-varna in über 100, die

Kshatriyas und Vaishyas in (zumindest) über je 50 Kasten.

Sicher ist nur, daß die Sudras die mit Abstand zahlreichste varna ist. Sie allein dürfte in mehrere Tausend jatis zerfallen und 45–50% der Gesamtbevölkerung bzw. über 60% der Hindus – einschließlich der „scheduled castes" und „scheduled tribes" – ausmachen. Schon aufgrund ihrer numerischen Größe – heute über 400 Millionen! – ist dies eine viel zu heterogene Schicht, als daß allgemeingültige Aussagen im Hinblick auf die seinerzeitige und heutige Lebenswirklichkeit gemacht werden können – etwa in dem Sinne, wie man das bis heute vielfach liest, daß sie die „Handwerker, Diener und Arbeiter" repräsentieren.

Ähnliches gilt für die im Census 1931 häufiger praktizierte Unterteilung der Hindu-Gesellschaft in „advanced", „intermediate", „primitive", „backward" und „depressed castes" - zumal sie *nicht* mit den in den beiden letzten Volkszählungen „offiziell" genannten und durch den „Mandal-Report" bekannt gewordenen „backward castes", eine sehr viel zahlreichere Gruppe, übereinstimmen.

Für die ökonomische Lebenswirklichkeit sehr viel relevanter ist dagegen die Einteilung der *jatis* in Berufsgruppen – insbesondere wenn sie, wie in den zentralindischen Staaten sehr detailliert vorliegt: im Landesteil Central Provinces and Berar (entspricht der östlichen Hälfte von Maharastra, dazu dem Südosten von Madhya Pradesh) z. B. ist die Kastengesellschaft in 36 Berufsgruppen einschließlich ihrer numerischen Aufgliederung in 120 Kasten differenziert. Leider wird diese funktionale Gliederung nicht durchgängig für ganz Indien praktiziert (s. a. Punkt 6).

3. Die o. g. häufig nicht geklärte Zuordnung von Kastenbezeichnungen zu einer oder mehreren jatis sowie die bis heute nicht eindeutige Unterscheidung Kaste/Subkaste – gerade, aber keineswegs ausschließlich bei den Brahmanen, Rajputen und Vaishyas – machen die Nennung einer auch nur annähernd akkuraten Zahl der Kasten unmöglich. Für 1901 nennt Risley 2378 „main castes and tribes" (RISLEY 1903, S. 537), das noch im Druck befindliche Sammelwerk „People of India" (1992ff.) 4635 „communities". Wahrscheinlich ist, daß sich die Zahl der jatis im Laufe der Jahrhunderte, wenn nicht Jahrtausende, fortlaufend erhöht hat – und weiter erhöht: ein weiteres Indiz für die in ihren Grundprinzipien fortdauernde Stringenz der Lebensform „Kaste" in ganz Indien.

4. Damit ist die *Relevanz* der seinerzeitigen Zahlenangaben *für die Gegenwart* angesprochen. Die bis heute gültigen Hauptmerkmale des Systems: Zugehörigkeit zu einer Kaste/kastenähnlichen Gruppe mit der Geburt und Endogamie, die einen Wechsel von einer zu einer anderen Kaste ausschließt, läßt den Schluß einer Übertragbarkeit der seinerzeitigen Angaben auf die heutige Zeit naheliegend erscheinen. Mit den o. g. Einschränkungen – Zunahme der Zahl der jatis – dürfte diese Schlußfolgerung für die große Mehrzahl der Landesteile des Subkontinents, insbesondere für Zentral- und Südindien auch zutreffen. Infolge der teilungsbedingten (1947) Bevölkerungsverschiebungen, das betrifft in erster Linie die Grenzgebiete im Westen (Punjab, sowie Teile von Gujarat und die nördlichen Grenzgebiete von Rajasthan) und Osten (Bengalen), entsprechen die Angaben von 1931/1921 bei einer Reihe

von Kasten nur bedingt der gegenwärtigen Zahl – die, insgesamt gesehen, aufgrund der Bevölkerungszunahme von 1921/1931 bis 1991 mit gut 3 zu multiplizieren wäre.

Diese regional teilweise eingeschränkte Übertragbarkeit betrifft vor allem die Muslims und Sikhs als die beiden von den Bevölkerungsverschiebungen besonders betroffenen Religionsgruppen. Bei den Muslims bedeutet dies infolge Abwanderung nach West- und Ost-Pakistan eine Abnahme um ca. 2–3% insgesamt; in West-Bengal, als der zahlenmäßig bedeutensten Muslim-Region, betrug der Rückgang mehr als ein Viertel (von 26,7% – 1931 auf 20,0% – 1961). Bei der (sehr viel kleineren) Gruppe der Sikhs belief sich die Zunahme in Punjab/Haryana auf 11% (auf 33,3%), in Rajasthan um 1% (auf 1,4%) und in Delhi von 1% auf 7,7% (vgl. SCHWARTZBERG 1992, pl. 94 und 95).

Was die Aufteilung der *Muslims* nach kastenähnlichen Gruppen anbelangt, vermittelt der Census von 1931 generell nur ein unvollständiges Bild: Die o. g. 18 Muslim-Kasten mit zusammen 16,2 Millionen repräsentieren nur etwa 40% ihrer Gesamtzahl. Dafür sind vor allem zwei Gründe zu nennen: Erstens bekannte sich ein – sehr unterschiedlich großer – Teil der Mitglieder vieler Kasten (auch) damals zum muslimischen Glauben; allein in der Provinz „United Provinces and Oudh", nahezu identisch mit dem heutigen Bundesstaat Uttar Pradesh, summieren sich diese, in der obigen Zahl nicht enthaltenen, auf 1,43 Mill. (aus 29 Kasten), in Punjab/Haryana sogar auf 1,97 Mill. Zweitens sind in einer Reihe von Landesteilen nur die allerwichtigsten Muslim-Kasten aufgeführt: In Bombay State sind so nur 19% der 4,8 Mill., in West Bengal sogar nur 2,1% der insgesamt über 5 Mill. Muslims erfaßt. – Die Religionsgruppe der *Sikhs* geht in dieser Aufstellung sogar vollständig „unter". Der Grund: Bei keiner der (29 betreffenden) Kasten bilden sie die Mehrheit.

Im Unterschied zu den Muslims und Sikhs erlauben die bei den „scheduled castes" und „scheduled tribes" seinerzeit sehr viel genauer nach jatis aufgeschlüsselten numerischen Daten genauere Rückschlüsse auf ihre heutige Zahl einschließlich ihrer räumlichen Verbreitung. – Die bei den *depressed castes/scheduled castes* (zu über 95% identisch) hier berücksichtigten 44 Kasten repräsentieren 44 Millionen der seinerzeit insgesamt ca. 53 Millionen Parias. Rechnerisch machen sie damit 19,6% der Gesamtbevölkerung Indiens aus – ein Wert, der um 3–4% über dem heutigen liegt. Die Erklärung hierfür liegt (größtenteils) auf der Hand: ein nennenswerter Teil von ihnen versuchte (und versucht) sein statusbedingt elendes Schicksal durch Übertritt in eine andere Glaubensgemeinschaft, zum Islam, in allererster Linie aber zum Christentum, zu mildern. – Die aus 37 kastenähnlichen Gruppen errechneten 16,6 Millionen *tribes* ergeben 7,4% der (berücksichtigten 224 Mill.) Bewohner – ein Wert, der mit dem heutigen recht genau übereinstimmt.

Kaste und Beruf
(Sp. 3 und 4)

5. Bereits die Angaben über die seinerzeitigen traditionellen Berufe der *jatis* (Sp. 3) ergeben eine Reihe wertvoller Aufschlüsse. Zum einen: Die Korrelation Kaste-Beruf-Anzahl (Sp. 2-3-4) dokumentiert eindeutig die überragen-

de Bedeutung des primären Sektors, weist somit Indien als Agrarland aus. Von den mitgliederstärksten 30 Kasten sind 16 (Nr. 4, 5, 7, 10, 12, 13, 15–17, 21, 23, 24, 27–30) Bauern- bzw. Landarbeiterkasten, mithin ganz oder ganz überwiegend in der Landwirtschaft tätig, dazu kommt ein nennenswerter Teil der Lingayats (Nr. 11). Schließlich sind zwei weitere, Schäfer (Nr. 2) und Ölpresser (Nr. 9), diesem Sektor zuzuordnen. Zum anderen weist diese Aufstellung Indien als ein Land mit einem sehr differenzierten Berufskaleidoskop aus – und das, infolge der jahrtausendealten Existenz des Kastensystems, keineswegs erst seit der sog. „Neuzeit". Die Unterteilung, ja Segregation der Bevölkerung in mehrere Tausend jatis, überwiegend gleichzeitig Berufskasten, hat einen hohen Spezialisierungsgrad nicht nur im primären Wirtschaftssektor, sondern – gerade auch – in den Bereichen Handwerk, Gewerbe und Dienstleistungen zur Folge und läßt gleichzeitig gewisse Rückschlüsse auf die numerische Stärke der einzelnen Berufe zu. Einige Beispiele: Acht Palmsaftzapfer-Kasten (Nr. 37, 46, 55, 61, 75, 138, 169, 181 – von denen vier zu den „Unberührbaren" zu rechnen sind) summieren sich zu 6,1 Millionen – hochgerechnet wären dies gegenwärtig ca. 19 Mill. Oder: 2,5 Millionen Wollweber, die gleichzeitig Schäfer sind (Nr. 36, 67, 224). Oder: Die Existenz von 10 Millionen Mitgliedern von 10 Weber-Kasten, differenziert wiederum in Baumwoll- und Seidenweber (was aus der Aufstellung nicht hervorgeht), von denen wiederum die aus Zentral- und Nordindien zu den „Unberührbaren" gehören, in Südindien dagegen nicht. Es gibt (große) Dörfer, Städte erst recht, wo die Sunar (Nr. 33) sich als Gold-, Silber- und Kupferschmiede spezialisiert – und jeweils ihre eigene endogame Kaste/Subkaste gebildet haben. Es gibt Korb- und Mattenflechter, die, je nach Kastenzugehörigkeit, Palmblätter oder Bambus (Nr. 221) als Rohstoff benutzen usw. usf.

6. Diese Ausführungen zur Stringenz des Kausalzusammenhangs Kaste – Beruf können im Hinblick auf die Lebenswirklichkeit Anlaß zu Mißverständnissen geben. Denn die Daten (Sp. 2–4) sagen nichts über den Anteil der tatsächlich in „ihrem" Beruf tätigen Kastenmitglieder aus. Diese wichtigen Angaben sind, zusätzlich in den Volkszählungen von 1921 und 1931, für sämtliche Landesteile, aufgeschlüsselt nach jatis seinerzeit ebenfalls erhoben worden. Die Auswertung der Daten ergibt wertvolle Aufschlüsse nicht allein zur Interdependenz Kaste – Beruf, sondern zusätzlich zur (seinerzeitigen) wirtschaftlichen Situation der einzelnen jatis. Im Rahmen dieser Darstellung ist eine genauere Interpretation dieses umfangreichen Datenmaterials nicht entfernt möglich; wir müssen uns hier auf einige wichtig erscheinende Gesichtspunkte beschränken.

Bereits der erste Blick offenbart, daß bereits vor nunmehr über 60 Jahren die Mehrheit der in Handwerk, Gewerbe und Dienstleistung tätigen Kasten nur noch weniger als zur Hälfte in ihrem Kastenberuf arbeiteten und, umgekehrt, die Mehrzahl der Bauernkasten nach wie vor in „ihrem" Beruf tätig waren. Von den 41 in Uttar Pradesh beheimateten (und hier aufgeführten) jatis waren nur noch 9 zu über 50% in ihrem Kastenberuf im Handel, Gewerbe und Dienstleistungen erwerbstätig. Das betrifft die am höchsten rangierenden Brahmanen (Priester: 8%) ebenso wie die Chamars am unteren Ende (5,1%

im Kastenberuf). Umgekehrt lag der Anteil bei den in ihrem „Beruf" tätigen Bauernkasten der Jats (Nr. 6: 87,5%), Koeri (Nr. 32: 82,6%) und Bumihar (Nr. 49: 94,2%) sehr hoch. Die generelle Schlußfolgerung, die Blunt aus diesen Beziehungszusammenhängen der gleichen Region ziehen zu müssen glaubte: „Die Autorität der Kaste wird zum kraftlosen Aberglauben; und in nicht allzu langer Zeit wird ein Hindu genau so frei in seiner Berufswahl sein wie jedermann in anderen Ländern auch" (zitiert bei: KANTOWSKY 1970, S. 45), geht an der Wirklichkeit weit vorbei.

Für die Lebenswirklichkeit ist besonders relevant, daß es gerade für den rituell diskriminierenden Beruf des Abdeckers und Gerbers - und das bereits vor 60 Jahren! – offensichtlich so geringe Berufschancen gab. Damit waren (und sind!) die Chamars (Nr. 3), Madiga (22), Chakkiliyan (80), Dom (95), Mochi (135), Hari (154), Bambhi (171), Raigar (180), Kaora (219), sowie Teile der Bhangis (Nr. 43) gezwungen, in andere Tätigkeiten auszuweichen, um ihre sehr zahlreichen (obige Kasten summieren sich auf 16,5, das sind heute über 50 Millionen Mitglieder!) Angehörigen ernähren zu können: Bei ihrem Status blieb ihnen nur der außerhalb des Kastendharmas stehende landwirtschaftliche Bereich übrig, in dem seinerzeit auch bereits 82,4% der Chamars von Uttar Pradesh, ganz überwiegend als Landarbeiter, beschäftigt waren. Die betreffenden Angaben für die Madigas Südindiens decken sich mit diesen Angaben weitgehend: In den Landesteilen Coastal Andhra und Rayalaseema übten nur noch 1,9% der Madigas „ihren" Beruf als Abdecker und Gerber aus, dagegen waren damals (1921) bereits 62,1% in der Landwirtschaft beschäftigt. Daraus jedoch auf eine „besonders hohe Berufsmentalität dieser Kaste" (der Chamars – D.B.) zu schließen (KANTOWSKY 1970, S. 45), ist ebenfalls wirklichkeitsfremd, handelt es sich hier doch um einen systemimmanenten, keineswegs jedoch um einen kastensystemüberwindenden Berufswechsel (näheres s. Kap. 12.3.2, S. 83f.). An dieser sozialen *und* wirtschaftlichen Lage gerade der „scheduled castes" – das betrifft auch und gerade diejenigen Weberkasten, die gleichzeitig „Unberührbare" sind (Nr. 19, 54, 82, 108, 150 und eigentlich auch die zum Islam übergetretenen Julaha: 56) – hat sich bis heute nichts verbessert – im Gegenteil! (vgl. MUKERJI 1980, S. 16, 114 bis 115).

Kaste und Raum
(Sp. 2 und 4 : 5 und 6)

7. Die bei einigen Kasten als ihr Verbreitungsgebiet angegebene Kennzeichnung „Gesamt-Indien" (Sp. 5) ist keineswegs unstrittig und kann daher zu Mißverständnissen bei dem mit der Materie nicht vertrauten Leser führen. Zum einen sind die hierzu gerechneten Brahmanen und Vaishyas, wie ausgeführt, keinesfalls als eine einzelne Kaste anzusehen. Zum anderen ist die Zuordnung von Kastenbezeichnungen zu einer oder mehreren jatis nicht eindeutig (s. Punkt 3): Was für die Friseurkaste(n) (Nr. 14) gesagt wurde, gilt ebenso für die Ahir/Golla (2), Teli/Gandla (9), Kumhar/Kummara (18), Lohar/Kammara (25) usw. Es ist nicht geklärt, ob die Schäferkaste des Gangestieflandes (Ahir) mit der des südlichen Deccan (Golla) identisch ist, d. h. ob sie eine oder mehrere endogame jatis darstellt.

Das gilt insbesondere in denjenigen, gleichfalls bereits erwähnten, Fällen, bei denen ein Teil ein und derselben Berufsgruppe regional zu den „Unberührbaren" gerechnet wird, für alle aber die gleiche Kastenbezeichnung beibehalten wurde – wie die Wäscher, die in Zentral- und Nordindien zu den „depressed castes" gezählt, jedoch in (fast) dem gesamten Subkontinentalstaat als Dhobis bezeichnet werden. (Umgekehrt haben die regional verschiedenen Kastenbezeichnungen für die Berufsgruppe der Palmsaftzapfer, die darüber hinaus nur in den beiden südlichsten Bundesstaaten, Tamil Nadu und Kerala, zu den „scheduled castes" gerechnet werden, mich veranlaßt, sie verschiedenen jatis zuzurechnen).

In jedem Fall ist die ganz große Mehrheit der *jatis* nur regional verbreitet – bei einem Megastaat wie Indien eine eher triviale Aussage. Diese ihre „regionale" Verbreitung bedeutet jedoch nicht, daß dies mit räumlicher Enge gleichzusetzen wäre. Vielmehr sind die wenigsten jatis auf eine einzige und zudem begrenzte Region beschränkt; die Kammas (Nr. 50), deren Verbreitungsgebiet sich (fast) ausschließlich auf das Krishna- und Godavaridelta beschränkt, bilden hier eher eine Ausnahme. Der Grund hierfür liegt wesentlich in dem Kastenmerkmal der Endogamie: Die damit verbundenen Heiratsvorschriften schließen bei der großen Masse der nicht so mitgliederstarken jatis eine räumlich eng begrenzte Verbreitung aus. (Die Folge sind einerseits die für Indien charakteristischen Land-Land-Wanderungen, die die Land-Stadt gerichteten Migrationen um das Vierfache übertreffen. Andererseits hat die Dynamik der Verstädterung und der Industrialisierung in der jüngsten Zeit komplexe Verbreitungsmuster geschaffen. Darauf kann hier nicht eingegangen werden).

8. Im ländlichen Indien ist die Größe des Landeigentums das Hauptkriterium, das Ansehen und Einfluß einer Kaste, vor allem aber des einzelnen, mitbestimmt. Nur: In der eindeutigen Mehrheit der Fälle korrespondiert die Größe mit dem Kastenrang des Eigentümers. Diese – generelle – Aussage besitzt zumindest dann Gültigkeit, wenn man die sog. *„dominant castes"* mit zu den hochrangigen Kasten rechnet (zum Begriff: SRINIVAS 1960, S. 4 f.).

„Dominant castes" sind für die meisten Landesteile Indiens charakteristisch (vgl. SCHWARTZBERG 1992, pl. 108a – doch erfüllt eine ganze Reihe der hier genannten jatis nicht die Definitionsmerkmale der d. c.). Ausgenommen sind hier nur, außer den Hochgebirgsregionen sowie dem muslimischen Kashmir, eine Reihe der „tribal areas" in Zentral- und Nordindien – allerdings wird eine nicht unerhebliche Anzahl dieser Gebiete bereits von den dominant castes beherrscht. Zu den dominant castes gehören – von Nord nach Süd – im Nordwesten die *Jat* (Nr. 7), in der mittleren und unteren Gangesebene die *Rajput* (*Thakur* – 4) zusammen mit den *Brahman* (1) und den *Bumihar* (49), im Gangesdelta die *Sadgope* (90). Im nördlichen Zentralindien, einschließlich der größten Teile Rajasthans, sind es gleichfalls die *Rajputs*, südlich daran anschließend (Maharashtra) sowie weiter im Westen (Gujarat) die *Maratha-Kunbi* (5). In Orissa dominieren als Landeigentümer die *Chasa* (66), im Mittelabschnitt der Koromandelküste, mit räumlichem Schwerpunkt in den Deltaregionen des Godavari und Krishna, die *Kamma* (50). Das südliche Deccan-Hochland (Telangana & Rayalaseema) wird von den *Reddi* (73), das westlich anschließende nördliche Karnataka von den *Lingayat* (11 und 48) beherrscht. Weiter im Süden, im früheren Fürstentum Mysore, sind es die *Vakkaliga* (40). Im äußersten Süden des Subkontinents entlang der Malabarküste (Keala) nehmen die *Nayar* (40), in Tamil Nadu die *Vellala* (13) diese Positionen ein. In einer Reihe von Regionen überschneiden sich ihre Einflußgebiete, so z. B. im mittleren Tamil Nadu (Tanjore), wo viele Brahmanen gleichfalls größere Grundeigentümer sind: in diesen Gebieten teilen sich mehrere Kasten diesen Anspruch.

9. In einer ganzen Reihe von Regionen (Distrikten) ist die *numerisch stärkste Kaste* keineswegs mit der dominant caste identisch. Diese wird dann häufig von einer der mitgliederstarken *Paria-Kasten*, sowie, in den peripheren Bergländern, den *scheduled tribes* gestellt. In großen Teilen Nordindiens sowie Zentralindiens sind es die *Chamar* (3), im südlichen Deccan-Hochland die *Madiga* (22), im Mittelteil der Ostküste die *Mala* (10), in Teilen des südwestlichen Hochlandes die *Holeya* (53) sowie in Tamil Nadu die *Paraiyan* (23), von denen sich die Bezeichnung Paria(s) ableiten soll.

Insgesamt weist die räumliche Verbreitung als numerisch stärkste Kaste ausschließlich solche aus, die ihren Haupterwerb aus der Landwirtschaft beziehen. Dazu gehört auch die im östlichen Gangestiefland (Bihar) numerisch dominierende Schäferkaste der *Ahir* (2), da sie hier ihren Haupterwerb aus der Landwirtschaft beziehen, sie verfügen großenteils sogar über nennenswertes Landeigentum. Die einzige (!) Ausnahme der nicht direkt von der Landwirtschaft Lebenden scheinen die Palmsaftzapferkasten (*Iluvan* – 46, *Tiyan* – 75) im äußersten Süden und Südwesten zu sein. Hier wird der Kausalzusammenhang zwischen Landesnatur, d. h. dem Verbreitungsgebiet der vielseitigen verwertbaren Kokospalme und der auf ihre Verwertung ein Monopol besitzenden Kaste deutlich. – Insgesamt kommt in diesem Verbreitungsmuster wiederum der Charakter Indiens als der eines Agrarlandes treffend zum Ausdruck.

Ein gravierender Unterschied in der Zusammensetzung der numerisch stärksten Kaste des nördlichen und südlichen Indien sollte nicht unerwähnt bleiben: Es ist dies der im nördlichen Indien sehr viel höhere Anteil der beiden den höchsten Rang beanspruchenden varnas, der Brahmanen und Kshatriyas (Rajputs) an der Gesamtbevölkerung. In Südindien erreichen die Brahmanen nur in wenigen Regionen – Malabarküste, Tanjore, Krishna-Delta – über 5%, die Rajputs spielen in den ländlichen Gebieten so gut wie überhaupt keine Rolle (zumeist unter 0,5%). Historische Gründe scheinen in erster Linie für diesen bemerkenswerten Unterschied maßgeblich zu sein. Darauf kann hier nicht näher eingegangen werden.

Es bestehen somit zumindest drei wesentliche Wirkungszusammenhänge für die Verbreitungsintensität einer Kaste: der historisch-genetische, der in den verschiedenen Landesteilen differierende rituelle Rang (Beispiel: Dhobis) und die geographische Ausstattung des Raums.

Insgesamt gesehen läßt sich die Gesellschaft Indiens – und das betrifft nicht nur die Hindus – über das Konzept „Kaste", sowohl in ihrem sozialen und wirtschaftlichen wie auch in ihrer räumlichen Struktur und Funktion bis heute recht genau erfassen.

(s.c. = scheduld caste; s.t. = scheduld tribe; d.c. = dominant caste; M = Muslim; L = Lingayat; WB = West Bengal)

Rang	Kaste	Traditionaler Beruf (Kastenberuf)	Anzahl (1000)	Verbreitungsgebiet	Bemerkung
1	*Brahman*[1]	Priester	14 158	Gesamtindien	
2	Ahir, Golla, Goala, Yadawa, Dhangar	Schäfer, Kuhhirte, Viehzüchter, Milchhändler	12 401	Gesamtindien	
3	Chamar, Chambhar	Abdecker, Gerber, Schuhmacher	11 677	Nord- und Zentralindien	s. c.
Σ 1–3		Mitglieder der Kasten > 10 Mill. =	38 236		
4	*Rajput* (Kshatriya)[1]	Landlord, Militärdienst	9 979	Nord- und Zentralindien	d. c.
5	Kunbi, Kanbi, Maratta, Maratha	Landwirt	9 682	Maharashtra, Gujarat	d. c.
6	Sheikh	Händler, Kaufmann	6 129	Nordindien, südliches Deccan (Städte)	Muslim
Σ 4–6		Mitglieder der Kasten > 5 Mill. =	25 790		
7	Jat	Landwirt	4 836	Nordwestindien	d. c.
8	*Vaishya*[1]	Händler, Kaufmann, Geldverleiher	4 604	Gesamtindien	
	darunter: Bania, Baniya, Marwari	Händler, Kaufmann, Geldverleiher	780	Nord- und Zentralindien	
	Agarwala und Arora	Händler, Kaufmann, Geldverleiher	704	Nordwestindien	
	Vani, Vania	Händler, Kaufmann, Geldverleiher	435	Westindien	
	Oswal, Porwai	Händler, Kaufmann, Geldverleiher	238	Rajasthan und Zentralindien	
	Komti, Kommati	Händler, Kaufmann, Geldverleiher	747	Andra Pradesh	
	Chetti	Händler, Kaufmann, Geldverleiher	354	Südostindien	
9	Teli, Kalu, Gandla	Ölpresser, -händler	4 193	Gesamtindien	s. c. (West-Bengal)
10	Mala	Landarbeiter, Pferdehalter	3 418	Südindien	s. c.
11	*Lingayat* (überwiegend Jangam)	Priester, Landwirt	3 230	West- und Südindien	
12	Kurmi	Landwirt	3 183	Nordindien	
13	Vellala	Landwirt	3 024	Tamil Nadu	d. c.
14	Nai, Haijam, Mangala, Napit Nhavi	Friseur	2 929	Gesamtindien	
15	Kapu	Landwirt	2 910	südliches Deccan	

Rang	Kaste	Traditionaler Beruf (Kastenberuf)	Anzahl (1000)	Verbreitungsgebiet	Bemerkung
16	Gond	Landarbeiter, Landwirt	2909	Zentralindien	s. t.
17	Pali, Vanniyan, Tigala	Landwirt, Landarbeiter	2901	Tamil Nadu	
18	Kumhar, Kummara	Töpfer	2839	Gesamtindien	
19	Mahar, Dhed, Vankar	Weber, Landarbeiter, niedere kommunale Dienste	2777	West- und Zentralindien	
20	Dhobi (Sakali, Tsakala, Parit)	Wäscher	2655	Gesamtindien	s. c. (Nord- und Zentralindien)
21	Koli, Dagi	Landwirt, Landarbeiter	2608	Westindien	
22	Madiga, Mang	Abdecker, Gerber, Schuhmacher	2422	südliches Deccan	s. c.
23	Paraiyan	Landarbeiter	2420	Tamil Nadu	s. c.
24	Bhil, Bhilala[2]	Landarbeiter, Landwirt	2301	West- und Zentralindien	s. t.
25	Lohar, Kammara	Grobschmied	2224	Gesamtindien	
26	Julaha	Weber	2217	Nordindien	Muslim
27	Pathan	Landwirt	2189	Nordindien, Deccan	Muslim
28	Santal	Landarbeiter, Landwirt	2065	Nordostindien	s. t.
29	Mahishya	Landwirt	1941	West-Bengal	
30	Mali, Malakar	Gemüsegärtner	1822	Nordwest-, Zentralindien	
31	Kahar	Hausdiener, Wasserträger	1791	Nordindien	
32	Koiri, Koeri	Landwirt, Gemüsegärtner	1756	Nordindien	
33	Sunar, Sonar, Ousala, Kamsala	Goldschmied, Silberschmied	1709	Gesamtindien	
34	Lodha, Lodhi	Landarbeiter, Landwirt	1696	Nord- und Zentralindien	
35	Telaga	Landwirt, Landarbeiter; früher Militärdienst	1665	südliches Deccan	
36	Bharwad, Dhangar	Wollweber, Schäfer	1647	Westindien	
37	Pasi	Palmsaftzapfer, Landarbeiter	1627	mittleres Gangestiefland	s. c.
38	Gujar	Bauer, Viehzüchter	1599	Nordwest- und Westindien	
39	Kayastha	Schreiber	1582	Nordindien	
40	Nayar	Landwirt	1549	Kerala	d. c.
41	Vakkaliga, Okkaliga	Landwirt	1400	Mysore (südliches Karnataka)	d. c.
42	Boya, Bedar	Landarbeiter, Landwirt	1353	südliches Deccan	
43	Bhangi, Balmiki, Mehtar, Chura	Feger, Straßenkehrer	1338	Zentral- und Nordindien	s. c.

Rang	Kaste	Traditionaler Beruf (Kastenberuf)	Anzahl (1000)	Verbreitungsgebiet	Bemerkung
44	Dosadh	Landarbeiter	1316	mittleres und östliches Gangestiefland	s. c.
45	Gadaria, Gari	Schäfer, Ziegenhalter	1311	Nord- und Zentralindien	
46	Iluvan, Ilavan, Izhavan, Iruvan	Palmsaftzapfer	1297	Kerala	s. c.
47	Kachhi	Gemüse-, Obst-, Opiumproduzent	1268	Nord- und Zentralindien	
48	Balija, Banajiga	Händler, Landwirt	1233	südliches Deccan	Lingayat
49	Bumihar, Babhan, Bhuinhar	Landwirt	1170	mittleres Gangestiefland	d. c.
50	Kamma	Landwirt	1161	Krishna-, Godavarideltа	d. c.
51	Kewat	Fischer, Bootsmann	1154	Nord- und Zentralindien	
52	Mapilla	Landarbeiter, Händler, Fischer u. a.	1108	südliches Tamil Nadu und Kerala	Muslim
53	Holeya	Landarbeiter, niedere kommunale Dienste	1092	Mysore (südliches Karnataka)	s. c.
54	Kori	Weber, Landarbeiter	1051	mittleres Gangestiefland	s. c.
55	Kalal, Goundla, Kalar	Palmsaftzapfer	1017	südliches Deccan	s. c.?
56	Barhai, Barhi	Zimmermann	1007	Nordindien	
Σ 7–56		Mitglieder der Kasten > 1 Mill. < 5 Mill. =	104 514		
57	Saiyad, Syed, Sayyad	Priester	959	Gesamtindien	Muslim
58	Vaddar, Voddera, Odde	Stein-, Erdarbeiter	959	südliches Deccan	s. c.
59	Bagdi	Fischer, Landarbeiter	936	West-Bengal	
60	Pallan	Landarbeiter	893	Tamil Nadu	s. c.
61	Nadar	Palmsaftzapfer	889	Tamil Nadu	s. c.
62	Tanti	Baumwollweber	869	östliches Gangestiefland und -delta	
63	Sale, Padmasale	Baumwollweber	832	südliches Deccan	
64	Khandait	Landarbeiter, Landwirt, früher Militärdienst	822	Orissa	
65	Sutar, Vodla	Zimmermann	819	West- und Südindien	
66	Chasa	Landwirt	757	Orissa	d. c.
67	Kuruba, Kurma	Wollweber, Schäfer	756	südliches Deccan	
68	Gaura	Schäfer, Milchmann	747	Orissa	
69	Banjara, Lambadi, Vanjara	Lastenträger, Bauarbeiter	737	zentrales und südliches Deccan	s. t.
70	Mallah	Fischer, Landarbeiter	732	mittleres und östliches Gangestiefland	s. c.

Rang	Kaste	Traditionaler Beruf (Kastenberuf)	Anzahl (1000)	Verbreitungsgebiet	Bemerkung
71	Mina[2]	Landwirt, Landarbeiter	728	Rajasthan und Malwa	s. t.
72	Musahar, Bayar	Blättersammler	720	mittleres und östliches Gangestiefland	s. c.
73	Reddi	Landwirt	700	südliches Deccan	d. c.
74	Fakir	Priester, Bettelmönch	698	Nord- und Nordwestindien	Muslim
75	Tiyan	Palmsaftzapfer	676	südliches Tamil Nadu	s. c.
76	Darzi, Simpi	Schneider	648	Gesamtindien	
77	Murao	Gemüse-, Obst-, Opiumproduzent	640	mittleres Gangestiefland	
78	Bhuiya	Landarbeiter	629	mittleres und östliches Gangestiefland	s. c. ?
79	Devanga, Koshti	Baumwollweber	617	Westindien und südliches Deccan	
80	Chakkiliyan	Schuhmacher, Abdecker, Gerber	607	Tamil Nadu	s. c.
81	Bauri	Landarbeiter, Landwirt, Erdarbeiter	599	West-Bengal und Orissa	s. c.
82	Balai	Weber, Dorfwächter	596	Rajasthan und Malwa	s. c.
83	Dhunia	Baumwollreiniger	584	mittleres und östliches Gangestiefland	Muslim
84	Oraon	Landarbeiter	573	Chota Nagpur	s. t.
85	Velama	Landwirt	568	nördliche Koromandelküste	
86	Dhanuk	Landarbeiter, Bootsmann	544	östliches Gangestiefland	
87	Bairagi, Baishnab, Bava	Tempeldiener, Asket (Vishnu)	542	Nord-, West- und Zentralindien	
88	Cheruman	Landarbeiter	538	Kerala, südliches Tamil Nadu	
89	Kallan	Diebe, Landarbeiter	534	Tamil Nadu	s. t.
90	Sadgope	Landwirt	526	Gangesdelta	d. c.
91	Rajbangshi, Rajbansi	Landarbeiter	518	Gangesdelta	
Σ 57–91		Mitglieder der Kasten > 0,5 Mill. < 1 Mill. =	24 477		
92	Kandu	Getreideröster	481	östliches Gangestiefland	
93	Pod	Landarbeiter	477	Gangesdelta	s. c.
94	Luniya	Salpeterproduzent, Erdarbeiter	471	mittleres Gangestiefland	
95	Dom	Feger, Abdecker, Mattenflechter	468	mittleres und östliches Gangestiefland	s. c.
96	Bhar	Erdarbeiter	462	mittleres Gangestiefland	s. c.
97	Sondhia, Sunri	Landarbeiter	457	mittleres und östliches Gangestiefland, Zentralindien	s. c.

Rang	Kaste	Traditionaler Beruf (Kastenberuf)	Anzahl (1000)	Verbreitungsgebiet	Bemerkung
98	Maravan	Landarbeiter	450	Tamil Nadu	
99	Munda	Landarbeiter, Landwirt	444	Chota Nagpur	s. t.
100	Ho	Landarbeiter, Landwirt	440	Orissa (Chota Nagpur)	s. t.
101	Kond, Kondh	Landwirt, Landarbeiter	433	Ostghats	s. t.
102	Besta, Bhoi	Fischer, Jäger	432	südliches Deccan	
103	Kalwar	Schnapsbrenner	428	mittleres und östliches Ganges- tiefland	s. c.
104	Kaikolan, Sengunthar	Baumwollweber	415	Tamil Nadu	
105	Savar, Sora, Shariya	Landarbeiter	414	Orissa (Ostghats)	s. t.
106	Kol	Landarbeiter	396	Zentralindien	s. t.
107	Kammalan, Panchala[3]	Gold-, Silber-, Kupfer-, Grobschmied, Zimmermann?	383	Kerala; südliches Deccan	
108	Ganda	Weber, Landarbeiter, Dorfwächter	380	Orissa (Bergland)	s. c.
109	Khatik, Kasab	Fleischer, Schweinehalter	377	Gesamtindien (außer: Süden)	s. c. (teilweise)
110	Labbai	Händler und Betelweinproduzent	369	Tamil Nadu	Muslim
111	Agamudaiyan	Landwirt	369	Tamil Nadu	
112	Barai, Barui	Betelblattproduzent und -verkäufer	367	mittleres und östliches Ganges- tiefland	
113	Pan	Landarbeiter, Landwirt	353	Orissa	s. c.
114	Dhimar	Fischer, Hausdiener, Wasserträger	353	Zentralindien	
115	Meo, Mewati	Landwirt, Landarbeiter	353	Rajasthan, Punjab	Muslim
116	Valaiyan	Landarbeiter, Fischer	346	Tamil Nadu	
117	Kachari, Kochh[2]	Landarbeiter, Landwirt	342	Assam	s. t.
118	Kaibartta	Fischer, Bootsführer, Landarbeiter	341	West-Bengal und Orissa	
119	Nuniya, Nunia, Lunia	Salpeter-, Salzsieder, Erdarbeiter	339	östliches Gangestiefland	
120	Tarkhan	Zimmermann	339	Punjab	Muslim (teilweise)
121	Namasudra	Fischer, Landarbeiter, Landwirt, Bootsführer	331	Assam, West-Bengal	
122	Kisan	Landwirt, Landarbeiter	330	mittleres Gangestiefland	
123	Mutracha, Muttiriyan	Landarbeiter, Landwirt	328	südliches Deccan	
124	Manipuri[2]	Landwirt, Landarbeiter	324	Manipur	s. t.
125	Bhumij	Pflanzenöl-Produzent	320	Orissa, West-Bengal	s. t.

Rang	Kaste	Traditionaler Beruf (Kastenberuf)	Anzahl (1000)	Verbreitungsgebiet	Bemerkung
126	Khati	Zimmermann, Landwirt	314	Rajasthan, Zentralindien	s. t.
127	Silpkar	Landwirt	314	vorderer Himalaja	
128	Uppara	Salzsieder	308	südliches Deccan	
129	Gosain	Tempeldiener „Ministrant"	291	Nord- und Zentralindien	
130	Pulayan	Landarbeiter	289	Kerala	s.c.
131	Kandh	Landwirt, Landarbeiter	288	Orissa	s.c.
132	Khatri	Händler, Kaufmann; Weber (Gujarat)	287	Punjab, Westindien	Muslim (überwiegend)
133	Bharbhunja	Getreideröster	280	mittleres Gangestiefland und Vorland	
134	Naga	Landwirt, Landarbeiter	268	Nagaland	s. t.
135	Mochi, Muchi	Gerber, Schuhmacher	262	Gangesdelta	s. c.
136	Agri	Salzsieder, Landwirt, Palmsaftzapfer	259	Westindien	
137	Karnam, Korona, Karan	Schreiber, Buchhalter	258	Ostküste, (Andhra und Orissa)	
138	Gamalla	Palmsaftzapfer	254	südliches Deccan	
139	Vannan	Wäscher	251	südliches Tamil Nadu, Kerala	
140	Ahom[2]	Landarbeiter, Landwirt	249	Assam	s. t.
141	Kunjra	Obst-, Gemüsehändler	249	mittleres und östliches Gangestiefland	Muslim
142	Halwai	Zuckerbäcker	239	mittleres und östliches Gangestiefland	
143	Saini	Obst-, Gemüseproduzent, Landwirt	239	Punjab, westliches Gangestiefland	
144	Jogi, Yogi, Nath (?)	Tempeldiener (Shiva), Bettelmönch	230	Nord- und Zentralindien	
145	Ambattan	Friseur	227	Tamil Nadu	
146	Lewa	Landwirt	226	südliches Gujarat	d. c.
147	Jhiwar	Wasserträger	223	Punjab	
148	Vaniyan, Vaniga	Ölpresser	223	südliches Tamil Nadu, Kerala	
149	Kawar	Landwirt, Landarbeiter	222	Zentralindien	s. t.
150	Kuravan	Landarbeiter	219	südliches Tamil Nadu, Kerala	s. c.
151	Kadwa	Landwirt	219	südliches Gujarat	
152	Qasabh, Quassab	Fleischer	217	westliches Gangestiefland, Punjab	Muslim

Rang	Kaste	Traditionaler Beruf (Kastenberuf)	Anzahl (1000)	Verbreitungsgebiet	Bemerkung
153	Vanjari	Bote	214	Westindien, südliches Deccan	s. c.
154	Hari, Haddi	Abdecker, Feger	211	West-Bengal, Orissa	s. t.
155	Varli	Landarbeiter	207	Westindien	s. c.
156	Panka	Weber, Landarbeiter, Dorfwächter	207	Zentralindien	s. t.
157	Dubla, Talavia	Landarbeiter, Landwirt	197	Westindien	s. t.
158	Garo	Landarbeiter	196	Assam	
159	Thakarda	Landarbeiter	190	südliches Gujarat	
160	Bhat	Genealoge, Barde	190	Nord- und Zentralindien	
161	Daroga	Hausdiener	187	Rajasthan	
162	Pinjara, Bahna, Dudekula	Baumwollkämmer, Matratzenhersteller	184	Zentralindien, südliches Deccan	Muslim
163	Tili	Ölhändler	184	West-Bengal	
164	Bohra	Händler	175	West- und Zentralindien	Muslim
165	Gangakula	?	174	Mysore (südliches Karnataka)	
166	Beldar	Erdarbeiter	174	mittleres und östliches Ganges-tiefland	s. c.
167	Khasi	Landwirt, Landarbeiter	172	Meghalaya	
168	Lohana, Luwana	Händler, Kaufmann	172	Westindien	
169	Billava	Palmsaftzapfer	167	Süd-Kanara	s. t.
170	Ambalakkaran	Landarbeiter, Landwirt, Dorfwächter	165	Tamil Nadu	
171	Bambhi	Lederarbeiter, Schuhmacher	165	Rajasthan	s. c.
172	Dhodia	Landarbeiter	165	Westindien	s. t.
173	Nattaman	?	161	Tamil Nadu	
174	Tipira, Tipara	Landwirt, Landarbeiter	161	Tripura	s. t.
175	Kusavan	Töpfer	158	Tamil Nadu	
176	Erkala, Yerukala[2]	Schweinehalter	158	südliches Deccan	s. t. (teilweise)
177	Gowari	Schäfer	156	Zentralindien	
178	Mughal	Landwirt	155	Gesamtindien	Muslim
179	Tottiyan	Landwirt	154	Tamil Nadu	
180	Raigar	Lederarbeiter	153	Rajasthan	s. c.
181	Idiga, Ediga	Palmsaftzapfer	153	südliches Deccan, (Rayalaseema)	
182	Kurumba, Kuruman	Holzfäller, Schäfer	151	Nilgiris	
183	Dangi	Landarbeiter, Landwirt	150	Rajasthan, Zentralindien	s. c.?

Rang	Kaste	Traditionaler Beruf (Kastenberuf)	Anzahl (1000)	Verbreitungsgebiet	Bemerkung
184	Kamar	Grobschmied	149	West-Bengal	s. c.
185	Bind, Bindh	Fischer, Landarbeiter, Landwirt	149	Orissa	d. c.
186	Bant	Landwirt	147	Süd-Kanara	s. c.
187	Kandra	?	147	Orissa	
188	Baghban	Gemüsegärtner	145	westliches Gangestiefland	
189	Kirar	Landarbeiter, Landwirt	144	Zentralindien	
190	Rawat	Landarbeiter, Landwirt	143	Rajasthan, Gwalior	
191	Guria	Zuckerbäcker	140	Orissa	
192	Yanadi	Landarbeiter	138	Ostghats und östliches Vorland	s. t.
193	Taga, Tagah	Landwirt	138	südwestliches Gangesvorland	
194	Rebari	Schaf- u. Kamelhalter	138	Rajasthan	
195	Kotla, Kotal, Kotwal	Landwirt, Landarbeiter	136	Orissa	
196	Mikir	Landarbeiter, Landwirt	130	Assam	s. t.
197	Sainthwar	Landwirt	130	mittleres Gangestiefland	
198	Kalingi, Kalinji	Landwirt, Landarbeiter	129	Ostghats und östliches Vorland	s. t.?
199	Vaghri	Jäger, Vogelfänger	126	Westindien	s. t.
200	Rajwar	Landarbeiter, Landwirt	126	östliches Gangestiefland und Vorland	s. c.
201	Dhakar, Dhakad	Landarbeiter, Landwirt	124	Rajasthan, Malwa	
202	Ghirath	?	124	Punjab	
203	Poroja, Parjas	Landarbeiter, Landwirt	123	Ostghats und Vorland	s. c.
204	Bhisti	Hausdienere, Wasserträger	122	westliches Gangestiefland	Muslim
205	Lushai	Landwirt, Landarbeiter	117	Assam (Mizoram)	s. t.
206	Nayak, Naikda	Landwirt, Landarbeiter	114	Westindien	s. t.
207	Kamboh	Landwirt, Landarbeiter	113	Punjab	
208	Koli Mahadeo	Landarbeiter	112	Westindien	s. t.
209	Bhandari	Friseur	111	Orissa	
210	Khatwe	Tragsessel-, Sänftenträger, Landwirt	110	Orissa	
211	Thakur	Landarbeiter	110	Westindien	s. t.
212	Halba	Landarbeiter, Landwirt	109	Zentralindien	s. t.
213	Kuki	Landarbeiter, Landwirt	109	Assam (Mizoram)	s. t.
214	Agasa	Wäscher	108	Mysore und Süd-Kanara	

Rang	Kaste	Traditionaler Beruf (Kastenberuf)	Verbreitungsgebiet	Anzahl (1000)	Bemerkung
215	Tambuli, Tamboli	Betelhändler	mittleres und östliches Gangestiefland	106	
216	Manihar	Glas- und Stanniolhersteller	mittleres Gangestiefland	106	Muslim
217	Gaudo, Gauda	Landwirt, Viehzüchter	westliches Tamil Nadu	106	
218	Pardhan	Priester d. Gonds (s. d.)	Zentralindien	105	s. t.
219	Kaora, Kawra	Abdecker, Feger	West-Bengal	104	s. c.
220	Baria	Landarbeiter	Südgujarat	104	
221	Basor, Bansphor	Korb- u. Mattenflechter (Bambus)	Bundelkhand und Baghelkhand	104	s. c.
222	Gonhri, Gourhi	Fischer, Landwirt, Landarbeiter	Orissa	104	
223	Navithan	Fiseur	Tamil Nadu	103	
224	Gaheri, Berihar	Schäfer, Wollweber	östliches Gangestiefland	103	
225	Irula	Land-, Waldarbeiter	Nilgiris	102	s. t.
226	Gangauta	Landwirt, Landarbeiter	Orissa	100	
227	Kharia	Land-, Waldarbeiter	Orissa	100	
Σ 92–227		Summe der Kasten > 0,1 Mill. < 0,5 Mill. =		30 946	
Σ 1–227		Summe der Kasten > 0,1 Mill. =		223 963	

* Daten wurden für 1921 verwendet; wenn die für 1931 unvollständig oder fragwürdig erschienen
[1] Sammelbezeichnung („Varna"); [2] stark hinduisiert; [3] Sammelbezeichnung für mehrere „Kunsthandwerkerberufe" bzw. -kasten (THURSTON, Bd. III, S. 107)
Quellen: COI 1931 und 1921; ENTHOVEN (1922); IYER (1909f., 1928f.) RISLEY (1891); RUSSEL/LAL (1916); THURSTON (1909f.) und eigene Erhebungen (Berechnungen des Verfassers)
Autor: D. BRONGER (1995, S. 19–34)

Bundesstaat/ Unionsterritorium Stadt	Einwohner 1991 (1000)
Andhra Pradesh	
Hyderabad	4 344
Vishakhapatnam	1 057
Vijayawada	846
Guntur	471
Warangal	468
Nellore	316
Rajamundry	401
Kakinada	328
Kurnool	275
Nizamabad	241
Guddapah	216
Arunachal Pradesh	
Itanagar	17
Assam	
Gawarhati	584
Dibrugarh	118
Silchar	115
Bihar	
Patna	1 100
Jamshedpur	829
Dhanbad	815
Ranchi	615
Bokaro	399
Gaya	294
Bhagalpur	260
Muzaffarpur	241
Darbhanga	218
Biharsharif	201
Goa	
Mormugao	91
Panaji	85
Gujarat	
Ahmedabad	3 312
Surat	1 519
Vadodara	1 127
Rajkot	654
Bhavnagar	405
Jamnagar	382
Haryana	
Faridabad	618
Yamungar	220
Rohtak	216
Himachal Pradesh	
Shimla	110
Jammu & Kashmir	
Srinagar (geschätzt)	800
Jammu (geschätzt)	200

Bundesstaat/ Unionsterritorium Stadt	Einwohner 1991 (1000)
Karnataka	
Bangalore	4 130
Mysore	653
Hubli-Dharwad	648
Mangalore	426
Belgaum	402
Gulbarga	311
Davangere	287
Bellary	246
Kerala	
Cochin	1 141
Trivandrum	826
Kozhikode (Calicut)	801
Kannur	464
Kollam	363
Thrissur	275
Alleppey	265
Madhya Pradesh	
Indore	1 109
Bhopal	1 063
Jabalpur	889
Gwalior	718
Durg-Bhilainagar	685
Raipur	463
Ujjain	367
Sagar	258
Bilaspur	230
Maharashtra	
Bombay	12 596
Pune	2 494
Nagpur	1 664
Thane	803
Nasik	725
Solapur	621
Aurangabad	593
Amravati	422
Kolhapur	419
Nanded	399
Bhiwandi	392
Sangli	364
Malegaon	343
Akola	328
Dhule	278
Jalgaon	242
Chandrapur	226
Ahmaduagar	222
Ichalkaranji	215

Tab. A 4.8: **Wichtige Städte Indiens**

Tab. A 4.8: *Fortsetzung*

Bundesstaat/ Unionsterritorium Stadt	Einwohner 1991 (1000)
Manipur Imphal	203
Meghalaya Shillong	223
Mizoram Aizawl	155
Nagaland Kohima	51
Orissa Cuttack Bhubaneswar Rourkela Brahmapur	440 412 399 210
Punjab Ludhiana Amritsar Jalandhar Patiala	1 043 709 510 254
Rajasthan Jaipur Jodhpur Rajkot Kota Bikaner Ajmer Udaipur Alwar	1 518 666 654 537 416 403 308 210
Sikkim Gangtok	25
Tamil Nadu Madras Coimbatore Madurai Tiruchirapalli Salem Tirunelveli Erode Vellore Tiruppur Tuticorin Thanjavur	5 422 1 101 1 086 712 578 367 362 311 306 280 222
Tripura Agartala	157

Bundesstaat/ Unionsterritorium Stadt	Einwohner 1991 (1000)
Uttar Pradesh Kanpur Lucknow Varanasi (Benares) Agra Meerut Allahabad Bareilly Ghaziabad Gorakhpur Aligarh Moradabad Saharanpur Dehra Dun Jhansi Firozabad Shahjahanpur Muzaffarnagar Rampur Mathura	2 030 1 669 1 031 948 850 845 617 512 506 481 444 375 368 368 271 260 248 244 236
West Bengal Calcutta Asansol Durgapur Kharagpur Barddhaman (Burdwan) Siliguri Oudal	11 022 764 426 265 245 217 212
Andamanen und Nikobaren Port Blair	75
Chandigarh Chandigarh	576
Daman und Diu Daman Diu	27 21
Delhi Delhi	8 421
Pondicherry Pondicherry	401

Nr.	Metropole	Bevölkerung (1000)											Fläche 1991	Bevölke-rungs-dichte 1991	Wachstum 1901–1991
	(> 1 Mill. Ew.)	1901	1911	1921	1931	1941	1951	1961	1971	1981	1991	(km²)	(pro km²)	(1901=100)
1	2	3	4	5	6	7	8	9	10	11	12	13	14	15
1.	Greater Bombay MC	928	1139	1380	1391	1801	2994	4152	5971	8243	9926	603	16461	1070
1a.	Greater Bombay U.A.							4600	6721	9683	12596	1178	10693	(1355)
2.	Calcutta U.A.	1488	1718	1851	2106	3578	4589	5737	7031	9194	11022	897	12282	741
3.	Delhi U.T.	406	414	488	636	918	1744	2659	4066	6220	9421	1483	6353	2320
4.	Madras U.A.	594	604	628	775	930	1542	1945	3170	4289	5422	572	9479	913
5.	Hyderabad U.A.	448	502	406	467	739	1128	1249	1796	2546	4344	379	11462	970
6.	Bangalore U.A.	159	189	237	306	407	779	1200	1654	2922	4130	366	11284	2597
7.	Ahmedabad U.A.	186	217	274	314	595	877	1206	1742	2548	3312	871	3803	1781
8.	Pune U.A.	164	173	199	250	324	606	791	1135	1686	2494	344	250	1520
9.	Kanpur U.A.	203	179	216	244	487	705	971	1275	1639	2030	299	6789	1000
10.	Lucknow U.A.	256	252	241	275	387	497	656	826	1008	1669	146	11432	652
11.	Nagpur U.A.	167	119	165	242	329	485	690	930	1302	1664	237	7021	996
12.	Surat U.A.	130	125	127	111	186	237	318	493	914	1519	95	15989	1168
13.	Jaipur U.A.	160	137	120	144	176	291	410	637	1015	1518	210	7229	949
14.	Cochin U.A.	61	70	73	110	139	177	292	505	686	1141	189	6037	1870
15.	Vadodara U.A.	104	99	95	113	153	211	310	467	745	1127	114	9886	1084
16.	Indore U.A.	98	54	105	143	204	311	395	561	829	1109	114	9728	1132
17.	Coimbatore U.A.	53	47	75	108	190	287	448	736	920	1101	291	3784	2077
18.	Patna U.A.	172	171	151	194	236	326	415	551	919	1100	109	10092	640
19.	Madurai U.A.	106	134	144	188	245	371	491	712	908	1086	112	9696	1025
20.	Bhopal M.C.	77	56	45	61	75	102	223	385	671	1063	285	3730	1381
21.	Vishakhapatnam U.A.	41	43	45	57	70	128	211	363	604	1057	97	10897	2578
22.	Ludhiana M.C.	49	44	52	69	112	154	244	401	607	1043	110	9482	2129
23.	Varanasi U.A.	226	217	211	220	279	370	506	635	797	1031	104	9913	456
(24.)	Kalyan M.C. zu 1a	11	13	18	26	31	169	247	396	649	1015	32	31719	9227
	gesamt 1a–23										72408	8602[1]	8418	1372
	Metropolisierungsquote (%)	8,6[2]												

[1] angenäherter Wert; [2] bezogen auf Gesamt-Indien; U.A. = Urban Agglomeration; U.T. = Union Territory; M.C. = Municipal Corporation
Quellen: COI 1901-1991 (Berechnungen des Verfassers)
Autor: D. BRONGER

Tab. A 4.9: Bevölkerungsentwicklung der indischen Metropolen (> 1 Mill. Ew.) 1901–1991

Nr.	Metropole (> 0,5 Mill. Ew.)	Bevölkerung (1000) 1901	1911	1921	1931	1941	1951	1961	1971	1981	1991	Fläche 1991 (km²)	Bevölkerungs-dichte 1991 (pro km²)
1	2	3	4	5	6	7	8	9	10	11	12	13	14
1.	Agra U.A.	188	186	186	230	284	376	509	635	747	948	82	11 659
2.	Jabalpur U.A.	90	101	109	124	178	257	367	535	757	889	231	3 840
3.	Meerut U.A.	118	116	123	137	169	233	284	368	537	850	81	10 457
4.	Vijaywada U.A.	24	33	44	60	86	161	230	345	543	846	83	10 181
5.	Allahabad U.A.	172	171	157	184	261	332	431	513	650	845	82	10 463
6.	Jamshedpur U.A	–	6	57	84	164	218	328	456	670	829	147	5 680
7.	Trivandrum U.A.	58	64	73	86	128	187	302	410	520	826	94	8 787
8.	Dhanbad U.A.	–	–	12	16	39	73	201	434	678	815	204	4 010
9.	Kozhikode (Calicut) U.A.	77	78	82	99	126	159	249	334	546	801	138	5 804
10.	Srinagar M.C.	123	126	142	174	210	251	295	404	606	800[4]	83	9 639[4]
11.	Thane M.C.	16	16	23	22	30	68	109	207	390	803	41	19 585
12.	Asansol U.A.	15	22	26	37	69	95	169	242	366	764	153	4 993
13.	Nasik U.A.	24	32	57	57	74	157	216	272	429	725	145	4 979
14.	Gwalior U.A.	139	84	114	127	182	242	301	406	556	718	303	2 376
15.	Tiruchirapalli U.A.	105	124	120	143	160	219	250	307	610	712	145	4 903
16.	Amritsar M.C.	162	153	160	265	391	326	398	435	595	709	115	6 165
17.	Durg-Bhilainagar U.A.	–	7	11	13	17	20	133	245	490	685	120	5 742
18.	Jodpur M.C.	79	80	73	97	127	181	225	318	506	666	79	8 215
19.	Rajkot U.A.	36	34	46	59	52	132	194	301	445	654	69	9 435
20.	Mysore U.A.	68	71	84	107	151	244	254	356	479	653	82	7 951
21.	Hubli-Dharwar M.C.	60	61	67	83	96	130[2]	248	379	527	648	191	3 393
22.	Solapur U.A.	75	61	120	146	213	266	338	398	515	621	25	24 840
23.	Faridabad Complex	5	4	4	5	6	31	51	105	331	618	178	3 449
24.	Bareilly U.A.	133	129	129	144	193	208	273	326	449	617	59	10 305
25.	Ranchi U.A.	26	33	40	51	63	107	140	256	503	615	182	3 374
26.	Aurangabad U.A.	37	35	37	37	51	67	98	151	316	593	50	11 840
27.	Gawarhati M.C.	12	12	16	22	30	44	101	200	–	584	45	12 844
28.	Salem U.A.	71	59	52	120	130	202	249	309	519	578	98	5 857
29.	Chandigarh U.A.	–	–	–	–	–	–	99	233	423	576	59	9 746
30.	Kota M.C.	34	33	32	38	47	65	120	213	358	537	221	2 425
31.	Ghaziabad U.A.	11	11	12	19	24	44	70	128	287	512	77	6 753
32.	Jalandhar M.C.	68	69	71	89	135	169	265	296	408	510	95	5 474
33.	Gorakpur										506		
	gesamt 1-31										21 740	3 716	5 850
	Urbanisierungsquote (%)	2,6[3]											

– = keine Angaben; [1] seit 1991 Bestandteil von Bombay U.A.; [2] nur Hubli; [3] ohne Thane M.C. - s. Anmerkung [1], [4]; [4] Schätzwert
Quellen: s. Tab. 5.2.
Autor: D. BRONGER

Tab. A 4.10: Bevölkerungsentwicklung der indischen Großstädte (> 500 000 Ew.) 1901–1991

Bundesstaat/ Unionsterritorium	Anteil der Gemeinden an Größenklassen					
	Summe	> 10000	> 5000	> 2000	> 1000	> 500	< 500
Bundesstaaten							
Andhra Pradesh	27159	352	161	6503	6428	4767	8948
Arunachal Pradesh	3659	6	8	25	82	222	3316
Assam	25650	41	126	1805	4988	6461	12229
Bihar	79082	383	1635	7651	12768	16337	40308
Goa	405	9	41	98	78	64	115
Gujarat	18696	150	618	3429	5430	4640	4429
Haryana	7119	74	384	1705	2021	1544	1391
Himachal Pradesh	19438	7	14	170	495	1666	17086
Karnataka	29327	170	610	3448	5861	7426	11812
Kerala	1424	1041	258	102	16	3	4
Madhya Pradesh	76532	184	391	3271	11422	21675	39589
Maharashtra	43160	275	802	4724	10632	12408	14319
Manipur	2256	8	33	139	192	311	1573
Meghalaya	5633	2	3	38	129	484	4977
Mizoram	804	3	7	30	61	155	548
Nagaland	1230	4	10	108	170	280	658
Orissa	51179	55	125	1815	5761	10726	32697
Punjab	12862	58	225	1635	3130	3609	4205
Rajasthan	39960	118	442	3256	7062	10138	18944
Sikkim	460	–	3	36	79	160	182
Tamil Nadu	19135	294	1176	4883	5460	3482	3840
Tripura	869	22	98	350	203	107	89
Uttar Pradesh	124436	366	1543	11992	24523	29573	56439
West Bengal	40972	241	1151	5823	8064	9225	16468
Unionsterritorien							
Andaman u. Nicobar Islands	547			15	44	65	423
Chandigarh	25	1	3	8	6	2	5
Dadra, Nagar u. Haveli	72	2	1	25	17	15	12
Daman u. Diu	24	1	2	6	6	6	3
Delhi	215	22	22	88	44	13	26
Lakshadweep	28	–	5	4	–	–	19
Pondicherry	270	2	5	38	48	75	102
Indien	632628[2]	3891	9902	63220	115220	145639	294756

[1] einschließlich der als Städte klassifizierten Siedlungen mit < 20000 Einw; [2] + Jammu & Kashmir: 4.727 (1981).
Quelle: COI 1991, Series - I, India Part II - A (i), General Population Tables, New Delhi 1991 (Berechnungen des Verfassers)
Autor: D. Bronger

Tab. A 4.11: Verteilung der indischen Dorfbevölkerung nach Gemeindegrößenklassen: 1991[1]
(ohne Jammu & Kashmir)

Tab. A 4.12: Urbanisierung in Indien[1] nach Stadtgrößenklassen 1901–1991

Jahr	Urbane Bevölkerung insgesamt		Größenklasse I > 1 Mill.		Größenklasse II + III > 100 000		Größenklasse IV < 100 000		Anteil an der städtischen Bevölkerung nach Stadtgrößenklassen (%)				Rurale Bevölkerung insgesamt (1000)	Bevölkerung insgesamt (1000)
	Anzahl der Städte	Bevölkerung (1000)	Anzahl der Städte	Bevölkerung (1000)	Anzahl der Städte	Bevölkerung (1000)	Anzahl der Städte	Bevölkerung (1000)	I	II + III	IV	gesamt		
1901	201	13 519	1	1 488	23	5 098	177	6 932	11,0	37,7	51,3	100,0	219 448	232 967
Bevölkerungswachstum (1901 = 100)		100		100		100		100					100	100
Anteil an der Gesamtbevölkerung (%)		5,8		0,6		2,2		3,0						
1911	204	13 865	2	2 857	21	4 099	181	6 909	20,6	29,6	49,8	100,0	232 087	245 952
Bevölkerungswachstum (1901 = 100)		103		192		80		100					106	106
Anteil an der Gesamtbevölkerung (%)		5,6		1,1		1,7		2,8						
1921	226	15 481	2	3 231	26	4 911	198	7 339	20,9	31,7	47,4	100,0	228 779	244 260
Bevölkerungswachstum (1901 = 100)		115		217		96		106					104	105
Anteil an der Gesamtbevölkerung (%)		6,3		1,3		2,0		3,0						
1931	280	19 631	2	3 504	31	6 586	247	9 540	17,8	33,6	48,5	100,0	251 116	270 747
Bevölkerungswachstum (1901 = 100)		145		235		129		138					114	116
Anteil an der Gesamtbevölkerung (%)		7,3		1,3		2,4		3,6						
1941	370	28 687	2	5 379	45	11 141	323	12 167	18,8	38,8	42,4	100,0	280 332	309 019
Bevölkerungswachstum (1901 = 100)		212		361		219		176					128	133
Anteil an der Gesamtbevölkerung (%)		9,3		1,7		3,6		4,0						
1951	499	43 168	5	11 997	69	15 311	425	15 860	27,8	35,5	36,7	100,0	306 637	349 805
Bevölkerungswachstum (1901 = 100)		319		806		300		229					140	150
Anteil an der Gesamtbevölkerung (%)		12,3		3,4		4,4		4,5						

Tab. A4.12: Fortsetzung

Jahr		Urbane Bevölkerung insgesamt	Größenklasse I		Größenklasse II + III		Größenklasse IV		Anteil an der städtischen Bevölkerung nach Stadtgrößenklassen (%)				Rurale Bevölkerung insgesamt (1000)	Bevölkerung insgesamt (1000)
		Bevölkerung (1000)		Bevölkerung (1000)		Bevölkerung (1000)		Bevölkerung (1000)	I	II + III	IV	gesamt		
1961	Anzahl der Städte	680	7		95		578							
	Bevölkerung insgesamt	61 418		18 148		21 232		22 038	29,5	34,6	35,9	100,0	363 418	424 836
	Bevölkerungswachstum (1901 = 100)	454		1 220		416		318					166	182
	Anteil an der Gesamtbevölkerung (%)	14,5		4,3		5,0		5,2						
1971	Anzahl der Städte	893	9		136		748							
	Bevölkerung insgesamt	89 607		27 840		32 283		29 484	31,1	36,0	32,9	100,0	439 311	528 918
	Bevölkerungswachstum (1901 = 100)	663		1 871		633		425					200	227
	Anteil an der Gesamtbevölkerung (%)	16,9		5,3		6,1		5,5						
1981	Anzahl der Städte	1 225	12		204		1009							
	Bevölkerung insgesamt	134 898		42 612		51 681		40 605	31,6	38,3	30,1	100,0	523 243	658 141
	Bevölkerungswachstum (1901 = 100)	998		2 864		1 014		586					238	283
	Anteil an der Gesamtbevölkerung (%)	20,5		6,5		7,8		6,2						
1991	Anzahl der Städte	1 592	23		277		1292							
	Bevölkerung insgesamt	193 034		71 656		68 074		53 304	37,1	35,8	27,1	100,0	651 290	844 324
	Bevölkerungswachstum (1901 = 100)	1428		4 816		1 335		769					297	362
	Anteil an der Gesamtbevölkerung (%)	22,9		8,5		8,1		6,3						

[1] ohne Assam und Jammu & Kashmir (1901–1981)
Quelle: Census of India 1901-1991 (Berechnungen des Verfassers) – für 1991 sind die vorläufigen Census-Daten zugrundegelegt
Autor: D. BRONGER

Anteils-gruppe (%)	Land			Stadt			Indien insgesamt		
	Anteil am Einkommen (%)	durchschnittliches Haushaltseinkommen (Rs)	durchschnittliches Einkommen = 100	Anteil am Einkommen (%)	durchschnittliches Haushaltseinkommen (Rs)	durchschnittliches Einkommen = 100	Anteil am Einkommen (%)	durchschnittliches Haushaltseinkommen (Rs)	durchschnittliches Einkommen = 100
1	2	3	4	5	6	7	8	9	10
unterste 5	1,03	797	20,5	0,93	1 321	18,7	0,92	839	18,9
5–10	1,47	1 153	29,6	1,33	1 878	26,5	1,35	1 233	26,9
10–20	3,81	1 486	38,1	3,56	2 528	35,7	3,52	1 609	35,1
20–30	4,81	1 871	48,0	4,47	3 142	44,4	4,45	2 038	44,5
30–40	5,82	2 267	58,2	5,36	3 820	54,0	5,47	2 504	54,7
40–50	6,90	2 694	69,1	6,43	4 562	64,4	6,49	2 974	64,9
50–60	8,11	3 150	80,8	7,57	5 386	76,1	7,71	3 539	77,3
60–70	9,62	3 749	96,2	9,37	6 581	93,0	9,28	4 247	92,7
70–80	11,78	4 591	117,8	11,53	8 111	114,7	11,49	5 259	114,9
80–90	15,12	5 903	151,5	15,85	11 197	158,3	15,44	7 074	154,5
90–95	10,71	8 327	213,7	11,72	16 576	234,3	11,24	10 325	225,5
96	2,71	10 495	269,3	2,93	20 819	294,3	2,87	13 244	289,2
97	3,11	12 056	309,4	3,24	22 956	324,5	3,32	14 955	326,6
98	3,49	13 671	350,8	3,65	25 702	363,3	3,76	17 284	377,5
99	4,31	16 724	429,2	4,28	30 318	428,6	4,69	21 485	469,2
100	7,20	28 200	723,6	7,78	55 163	779,8	8,00	36 620	799,7
Total	100,0	3 897	100,0	100,0	7 074	100,0	100,0	4 579	100,0
Schwankungsamplitude (niedrigste : höchste Einkommensgruppe)	1:35,4			1:41,8			1:43,6		

Quelle: NCAER, 1980: 90 (Berechnungen des Verfassers – Sp. 4, 7 und 19).
Autor: D. BRONGER

Tab. A 4.13: Einkommensdisparitäten in Indien nach Anteilsgruppen 1975/76

5 Wirtschaft

Obwohl die Republik Indien unter den Ländern der „Dritten Welt" in der Industrieproduktion in der Spitzengruppe liegt, ist sie bis heute doch weitgehend ein Agrarland geblieben. Etwa zwei Drittel der Erwerbstätigen sind in diesem primären Wirtschaftsbereich tätig und tragen mit ihm aber nur zu etwa einem Drittel des Bruttoinlandprodukts bei. Aber auch ein bedeutender Teil der indischen Exportgüter sind Erzeugnisse der Landwirtschaft. Die starken Schwankungen der Agrarproduktion auf Grund der unterschiedlichen Witterungsverhältnisse haben daher eine große Bedeutung für die indische Volkswirtschaft. Da ein wesentlicher Teil der Industrie Agrarprodukte weiter verarbeitet, wird auch sie davon wesentlich beeinflußt. Diese Probleme konnten auch durch unterschiedliche Staatspläne und andere Maßnahmen nicht gelöst werden, ebensowenig wie die in manchen Jahren nicht ausreichend eigene Versorgung der Bevölkerung mit Nahrungsmitteln.

Die Viehwirtschaft wird nur sehr extensiv betrieben. Dies hängt auch damit zusammen, daß der Hinduglauben z. B. das Töten der „Heiligen Kühe" verbietet. Der Fleischverbrauch ist im allgemeinen gering, da große Teile der Bevölkerung sich vegetarisch ernähren.

Obwohl der Waldanteil bei etwa 20% der Landesfläche liegt, ist die forstwirtschaftliche Nutzung gering. Etwa 90% des Holzeinschlags dient nur der Brennholzgewinnung.

Die langen Küsten begünstigen den Seefischfang. Aber auch die Fangmenge an Süßwasserfischen in den Binnengewässern ist bedeutend. Die Regierung unterstützt die Fischereiwirtschaft, die wachsende Bedeutung für die Versorgung der Bevölkerung und für den Export gewinnt.

Indien ist ein an Bodenschätzen reiches Land. In vorwiegend staatlichen Betrieben werden an Energieträgern vor allem Stein- und Braunkohle, aber auch Erdöl und Uran abgebaut. Weitere wichtige Bergbauprodukte sind die Erze von Eisen, Mangan und anderen Metallen.

Ein Hauptproblem der indischen Wirtschaft ist die Energieversorgung. Trotz großer Anstrengungen und bedeutender Steigerung ist der Energieverbrauch pro Kopf der Bevölkerung im Vergleich zu anderen asiatischen Schwellenländern noch gering. Dazu kommt die Schwierigkeit der Verteilung, die sich aus der Größe des Landes und der unterschiedlichen wirtschaftlichen Entwicklung ergibt. Rund 90% der Elektroenergie werden in staatlichen Kraftwerken erzeugt. Hauptenergieproduzenten sind vor allem Wärmekraftwerke auf der Basis von Kohle und Erdöl. Etwa ein Viertel der Energie wird in Wasserkraftwerken gewonnen, während der Anteil der Kernkraftwerke noch unbedeutend ist. Große Teile der Bevölkerung, vor allem auf dem Lande, nutzen als Energieträger noch immer Feuerholz, Dung u. ä.

Das Verarbeitende Gewerbe und das Bauwesen hat seinen Anteil am Bruttoinlandprodukt in den letzten dreißig Jahren ungefähr verdoppelt. Die indische Industrie hat eine vielfältige Zweigstruktur. Neben modernen, hochentwickelten Bereichen (z. B. Luft- und Raumfahrt, Nukleartechnologie u. ä.) arbeiten andere Zweige teilweise mit veralteten Methoden und sind daher auch international nicht wettbewerbsfähig. Die wichtigsten Industrieprodukte sind Stahl, Chemieerzeugnisse, Fahrzeuge, Textilien sowie alle Arten von Nahrungsmitteln. Die Standorte sind sehr unterschiedlich auf das Land verteilt. Hauptgebiete der Industrieproduktion sind vor allem die Bundesstaaten Maharashtra mit Bombay, Westbengalen mit Calcutta, Uttar Pradesh, Tamil Nadu und Gujarat.

```
Erwerbspersonen 1991 306,0 Mill.[1]
   davon Männer 71,0%
      Frauen 29,0%
   davon auf dem Land 78,9%
      in Städten 21,1%
```

```
Erwerbspersonen 1981 260,3 Mill.[2]
   davon
   Landwirtschaft 66,4%
   Bergbau 0,5%
   Industrie 10,2%
   Bauwesen 1,5%
   Verkehr und Nachrichtenwesen 2,4%
   Handel 4,9%
   Öffentliche Dienste 7,1%
   Sonstiges 7,0%
```

[1] ohne Assam, Jammu und Kashmir
[2] ohne Assam

Tab. A 5.1: Beschäftigtenstruktur Indiens

```
Bruttoinlandprodukt 1991/92  5450 Mrd. iR
Bruttoinlandprodukt 1991/92
   pro Ew. 6380 iR
Entstehung 1989/90 im
```

```
primären Sektor 33,4%
   davon
   Landwirtschaft 31,2%
   Bergbau 2,2%
sekundären Sektor 26,6%
   davon
   Industrie 18,8%
   Bauwesen 5,6%
   öffentliche Betriebe 2,2%
tertiären Sektor 40,0%
   davon
   Verkehr und Nachrichtenwesen 7,0%
   Handel 12,8%
   Finanzen, Versicherungen 8,6%
   Sonstiges 11,6%
```

Tab. A 5.2: Entstehung des Bruttoinlandproduktes Indiens

Land- und Forstwirtschaft

```
Anteile
Wald 22,4%
Ackerland und Dauerkulturen 56,9%
Weiden 4,1%
Sonstiges 16,6%
```

Tab. A 5.3: Landnutzung in Indien 1990

Bezeichnung			
Englisch	Hindi	Botanisch	Deutsch
Getreide			
Rice (Paddy)	Dhan	*Oryza sativa L.*	Reis
Wheat	Gehon, Godhi	*Triticum sativum*	Weizen
Maize	Makka	*Zea mays L.*	Mais
Barley	Jau	*Hordeum vulgare L.*	Gerste
Sorghum, Great millet	Jowar	*Sorghum bicolor*	Sorghumhirse
Pearl millet, Bulrush millet	Bajra	*Pennisetum typhoides*	Rohrkolbenhirse
Finger millet	Ragi	*Eleusine coracana*	Fingerhirse
Foxtail millet, Italian millet	Kakum, Kangoo	*Setaria italica*	Borstenhirse
Common millet	Bairi	*Panicum miliaceum L.*	Rispenhirse
Little millet	Shavan	*Panicum miliare*	Kutkihirse
Hülsenfrüchte			
Greengram	Moong	*Vigna radiata, Phaseolus aureus*	Mungbohne
Redgram, Pidgeon pea	Arhar, Tur	*Cajanus cajan; Cajanus indicus*	Straucherbse
Horsegram	Kulthi	*Dolichos biflorus L.*	Pferdebohne
Field Bean, Hyacinth Bean	Ballar[1]	*Dolichos lablab L.*	Helmbohne
Bengalgram	Chana, Gram	*Cicer arietinum L.*	Kichererbse
Blackgram	Urad	*Vigna mungo, Phaseolus mungo*	Urdbohne
Clusterbean	Guar[1]	*Cyamopsis tetragonoloba*	Guar
Cowpea	Lobia beda	*Vigna unguiculata, Vigna sinensis*	Kuherbse
Dew Gram, Kidneybean	Moth	*Vigna aconitifolia*	Mothbohne
Lentil	Masur	*Ervem leus*	Linse
Pea	Matar	*Pisum sativum, Pisum arvense*	Erbse
Ölsaaten			
Groundnut	Mungphali	*Arachis hypogaea L.*	Erdnuß
Sesanum, Sesame	Til	*Sesanum indicum L., S. orientale L.*	Sesam
Castor	Rehri	*Ricinus communis L.*	Rizinus
Coconut	Gola, Narial	*Cocos nucifera*	Kokosnuß
Safflower	Kurdi	*Carthamus tinctorius*	Safflor, Färberdistel
Linseed	Alsi	*Linum usitatissimum*	Leinsaat
Niger	Ramtil	*Guizotia abyssinica*	Nigersaat
Rape	Sarsoon	*Brassica campestris L.*	Raps
Mustard	Rai	*Brassica juncea, Brassica nigra*	Senf
Sunflower	Sunflower	*Helianthus anus L.*	Sonnenblume
Soybean	Soybean, Bhat	*Glycine soja, Glycine hispida*	Sojabohne
Faserpflanzen			
Cotton	Kapas	*Gossypium species*	Baumwolle
Jute	Jute, Narcha	*Corchorus olitorius L.*	Jute
Mesta, Deccan hemp	Patwa	*Hibiscus sabdariffa L.*	Deccan-Hanf

Tab. A 5.4: Wichtigste Nutzpflanzen Indiens (nach der in Indien gebräuchlichen Klassifikation)

Bezeichnung			
Englisch	Hindi	Botanisch	Deutsch
Bombay hemp, Sun hemp	Sann	*Crotalaria juncea*	Bombay-Hanf
Agave, Sisal hemp	Rakkaspatte, Seesal	*Agave americana*	Agave
Genußmittelpflanzen			
Tobacco	Tambaku	*Nicotiana tabacum L.*	Tabak
Indigo	Neel	*Indigofera tinctoria L.*	Indigo
Betel leaves	Pan	*Piper betle L.*	Betelblatt
Betelnut, Arecanut palm	Supari	*Areca catechu*	Betelnußpalme
Opium	Afim	*Papayer somniferum*	Opium
Palmyra palm		*Borassus belliforunis*	Palmyrapalme
Tea	Chaie, Chay	*Thea sinensis, Camellia sineusis*	Tee
Coffee	Kafi, Kaufi	*Coffea arabica*	Kaffee
Zuckerliefernde Pflanzen			
Sugarcane	Ganna, Kamad	*Saccharum officinarum*	Zuckerrohr
Gewürzpflanzen			
Chilli	Lalmirch	*Capsicum annum*	Chilli, Pfefferschote
Turmeric	Haldi	*Curcuma longa*	Gelbwurz
Coriander	Dhaniya	*Coriandrum sativum*	Coriander
Cardamom	Elachi	*Elettaria cardamomum*	Kardamom
Pepper	Kalimirch	*Piper nigrum*	Pfeffer
Tamarind	Imli	*Tamarindus indica*	Tamarinde
Ginger	Adrak	*Zingiber officinale*	Ingwer
Garlic	Lasum	*Allium sativum*	Knoblauch
Obstliefernde Pflanzen			
Banana	Kela	*Musa paradisiaca L., Musa species*	Banane
Mango	Aam	*Mangifera indica L.*	Mango
Orange	Santra	*Citrus sinensis*	Apfelsine
Lemon	Bara Nemboo	*Citrus limonia*	Zitrone
Pineapple	Ananas	*Ananas sativa, Ananas comosus*	Ananas
Pummelo, Pomelo	Chakotra	*Citrus grandis*	Pampelmuse
Grape	Angoor	*Vitis vinifera L.*	Weintraube
Guava	Amrood	*Psidium guajava L.*	Guave
Cashew nut	Kaju	*Anacardium occidentale L.*	Kaschunuß
Pomegranate	Anar	*Punica granatum*	Granatapfel (-baum)
Papaya	Papita	*Carica papaya*	Papaya, Baummelone
Date, Datepalm	Khajoor	*Phoenix dactilifera L.*	Dattelpalme
Gemüsepflanzen			
Potato	Aalu	*Solanum tuberosum*	Kartoffel
Tapioca, Cassawa	Maravalli, Tapioca	*Manihot utilissima*	Tapioca, Cassave, Maniok

Tab. A 5.4: *(Fortsetzung)*

Bezeichnung			
Englisch	Hindi	Botanisch	Deutsch
Sweet potato	Sakkar kand	*Ipomea batatas*	Süßkartoffel, Batate
Yam	Zamin kand, Rataasloo	*Dioscorea esculenta*	Yam
Colocasia	Alvi	*Colocasia antiquarum, C. esculenta*	Taro, Cocoyam
Eggplant, Brinjal	Bangi, Baingan	*Solanum melongena L.*	Aubergine
Ladyfinder	Okra, Bhendi	*Hibiscus esculentus L.*	Okra
Tomato	Tamatter	*Lycopersicum esculentum*	Tomate
Beans*³		*Phaseolus vulgaris L.*	(Garten)bohne
– Broad bean	Raj Manh⁴	*Vicia faba*	
– Cluster bean			
– County/Field bean	s. u. B	s. u. B	
– Kidney bean			
– Double bean	Rawan⁴	*Phaseolus lunatus*	Mondbohne
– French bean	Jungli Sem	*Phaseolus vulgaris*	
– Lima bean	Double bin⁵	*Phaseolus limensis*	
Gourds		*Cucurbitaceae*	Kürbis
– Ash/War gourd	Petha	*Benincasa cerifera*	Aschenkürbis
– Bhima, Ghol	Bhima, Gol	*Coccinia cordifolia*	
– Bitter gourd	Karela	*Momordica charantia*	Bitterkürbis
– Bottle gourd	Ghia Kaddu, Lauki	*Lagenaria siceravia*	Flaschenkürbis
– Cucumber	Khera	*Cucumus sativus*	Gurke
– Colocyuth	Indrayan	*Citrullus colocynthii*	
– Little/Small gourd	Donda, Kanouri	*Coccinia indica*	
– Ribbed gourd	Kalitori, Moongitori	*Luffa acutangula*	Geriffelter Kürbis
– Smooth gourd	Ghiatori	*Luffa aegyptica, L. cylindrica*	Glatter Kürbis
– Snake gourd	Chhachhinda	*Trichoisanthes anguina*	Schlangenkürbis
– Pumpkin	Halwa Kaddu	*Concurbita pepo, C. moschata*	Kompottkürbis
Cabbage	Bandhgobhi	*Brassica oleracea*	Kohl
– Cauliflower	Phhulgobhi	*Brassica oleracea, B. botrytis*	Blumenkohl
– Kholrabi	Gandgobhi	*Brassica caulocarpa*	Kohlrabi
Melon	Kakri	*Cucumis melo L.*	Melone (Zuckermelone)
– Water melon	Tarbuz	*Citrullus vulgaris*	Wassermelone
– Indian squash melon	Tinda	*Sechium edule*	
Greens*			Blattgemüse
– Amaranthus	Rajgira	*Amaranthus sp. – totakura*	
– Gogu		*Hibiscus cannabinus, H. sabdariffa*	
– Spinach	Palak	*Spinacia oleracea*	Spinat
– Sorrel		*Rumex vesicarius*	Sauerampfer
– Lettuce	Salad	*Lactuca sativa*	Lattich
– Cress	Pani, Dhleem	*Lepidium sativum*	Kresse
– Aspargus		*Aspargus officinalis*	Spargel
– Fenugreek	Methi	*Trigonella foenum graecum*	

Tab. A 5.4: *(Fortsetzung)*

Bezeichnung			
Englisch	Hindi	Botanisch	Deutsch
Roots[*] – Carrot – Beet root – Onion[2]	Gajar Chakandar Piaz	Daucus carota Beta vulgaris Alliumcepa	Wurzelgemüse (Eß-)Wurzel Zwiebel
Futterpflanzen Jowar, Bajra, Maize, Pillipesera (Phaseolus arilobus), Horsegram, Cowpea, Greengram, Sann hemp, Lupins (Lupinus sp.), Lucerne (Medicago sativa), Sunflower etc.			

[1] auch der Gruppe der Gemüsepflanzen zugeordnet; [2] auch der Gruppe der Gewürzpflanzen zugeordnet; [3] auch der Gruppe der Hülsenfrüchte zugeordnet; [4] Punjabi; [5] Gujarati; *Sammelbezeichnung

Quellen: Indian Council of Agriculture Research (Hrsg.): Handbook of Agriculture, New Delhi 1969; KUMAR, L.S.S. et al. (Hrsg.): Agriculture in India. Vol.II: Crops, Bombay 1967; RAO, I.S.: Crop Husbandry in South India with Special Reference to Andhra Pradesh, Bapatla 1964; GRANDJOT, W.: Reiseführer durch das Pflanzenreich der Tropen, Köln 1976; BLANCKENBURG, P.v./CREMER, H.-D. (Hrsg.): Handbuch der Landwirtschaft und Ernährung in den Entwicklungsländern, Bd.2: Pflanzliche und tierische Produktion in den Tropen und Subtropen, Stuttgart 1971; SCHUSTER, W.: Ölpflanzen in Europa, Frankfurt 1992
Autor: D. BRONGER

Tab. A 5.4: (Fortsetzung)

Tab. A 5.5: Ackerbau in Indien 1992/93

Frucht	Anbau- fläche (Mill. ha)	Ertrag (Mill. t)
Getreide	100,8	166,4
darunter		
Reis	41,6	72,6
Weizen	24,4	56,8
Mais	6,0	10,2
Hirse (Bajra)	10,6	8,7
Sorghum (Jowar)	13,1	13,0
Hülsenfrüchte	23,7	13,6
darunter		
Kichererbsen (Gram)	6,5	4,4
Erbse (Tur)	3,6	2,4
Ölsaaten	25,6	20,3
darunter		
Erdnüsse	8,3	8,9
Raps- und Senfsaat	6,3	4,9
Zuckerrohr	3,6	230,8
Kartoffeln (1990/91)	0,9	15,2
Tee	0,4	0,7
Jute	1,0	7,9
Baumwolle	7,5	11,6

Tab. A 5.7: Bewässerungsfläche in Indien 1989/90

Frucht	Bewässerte Fläche (% der Anbaufläche)
Reis	46,0
Weizen	82,9
Mais	22,3
Hirse (Bajra)	6,2
Sorghum (Jowar)	6,4
Hülsenfrüchte	10,8
Ölsaaten	23,9
Baumwolle	33,1
Zuckerrohr	83,5

Viehbestand (Mill.)
Rinder 198,4
Wasserbüffel 77,0
Ziegen 112,0
Schafe 55,7
Schweine 10,5
Hühner 380,0
Milchproduktion 27 Mill. t
Butter 900 000 t
Eier 1 357 000 t

Tab. A 5.9: Viehwirtschaft Indiens 1991

Region	Reis	Weizen	Jowar	Bajra	Getreide	Summe Hülsenfrüchte	Summe Nahrungsfrüchte	Erdnuß	Summe Ölfrüchte	Zuckerpflanzen	Baumwolle	Tabak	Summe Nutzpflanzen
Andhra Pradesh	94,2	66,7	1,6	11,0	55,0	0,4	45,0	18,5	15,0	99,4	12,2	28,1	37,3
Assam	33,8				33,6	9,3	32,6						15,7
Bihar	35,8	79,0			43,9	1,3	38,2		7,3	21,4			36,7
Gujarat[1]	43,0	75,7	2,8	9,1	22,4	6,7	19,5	8,4	20,0	100,0	32,9	50,0	24,6
Haryana	98,7	96,3	32,9	15,4	74,3	35,2	67,9	42,9	66,0	96,8	99,2	64,9	69,1
Himachal Pradesh	54,2	16,9			17,4	6,4	16,9		26,1	33,3			17,4
Jammu & Kashmir	90,3	24,3			39,5	11,1	38,1		51,9				39,4
Karnataka	61,0	28,0	7,0	8,5	21,1	4,0	17,5	20,3	16,1	98,9	18,4	2,1	19,0
Kerala	45,0				44,6		42,8		11,0	22,2			14,8
Madhya Pradesh	21,0	40,2	0,1		19,5	8,5	16,5	5,7	4,9	96,3	17,1	100,0	15,6
Maharashtra	25,8	54,9	5,8	2,8	12,0	4,3	10,4	2,7	0,9	100,0	4,0		12,4
Orissa	33,2	87,2			30,3	6,5	23,6	10,7	6,3	90,7		18,8	22,5
Punjab	98,8	94,9		79,2	94,2	43,0	92,1	52,5	73,9	93,8	99,1		91,3
Rajasthan	41,5	90,2	1,7	3,9	25,1	11,8	21,8	32,2	42,8	96,6	94,2	100,0	24,7
Tamil Nadu	91,5		7,3	10,4	56,6	5,1	48,0	26,2	29,2	100,0	40,3	100,0	43,7
Uttar Pradesh[2]	33,2	85,9			54,3	21,6	49,2		40,4	81,3	85,7	93,8	51,0
West Bengal[2]	24,6	72,5	0,6	0,9	26,9	1,7	25,1	0,6	44,1	15,4			23,3
Indien	*43,4*	*77,3*	*4,8*	*5,7*	*37,8*	*9,8*	*32,7*	*15,4*	*18,8*	*82,1*	*30,9*	*42,4*	*31,4*

[1] Angaben für 1984/85 (außer Nutzpflanzen insgesamt); [2] Angaben für 1985/86.
Quelle: Ministry of Agriculture (Hrsg.): Area and Production of Principal Crops in India 1988–89, New Delhi 1991, S. 287–288ff.
Autor: D. BRONGER

Tab. A 5.8: Anteil der bewässerten Fläche an der Gesamtanbaufläche wichtiger Nutzpflanzen nach Regionen Indiens 1986–87 (Angaben in %)

Jahr	Bevöl-kerung (Mill. ha)	NIP-Kopf[1] (1950/51 = 100)	Bruttoanbaufläche (Mill. ha.)						Bruttoproduktion der		
			Nahrungsfrüchte						Nahrungsfrüchte		
			Reis	Weizen	Summe	Öl-früchte	Zucker-rohr	Baum-wolle	Summe	Reis	Weizen
1949/50	357,2		30,5	9,8	99,3	8,5	1,5	4,9	54,9	23,5	6,4
1950/51	363,2	100,0	30,8	9,8	97,3	10,7	1,7	5,9	50,8	20,6	6,5
1951/52	369,2	100,8	29,8	9,5	97,0	11,7	1,9	6,6	52,0	21,3	6,2
1952/53	375,6	101,7	30,0	9,8	102,1	11,2	1,7	6,4	59,2	22,9	7,5
1953/54	382,4	106,1	31,3	10,7	109,1	10,9	1,4	7,0	69,8	28,2	8,0
1954/55	389,7	108,3	30,8	11,3	107,9	12,5	1,6	7,5	68,0	25,2	9,0
1955/56	397,3	109,0	31,5	12,4	110,6	12,1	1,8	8,1	69,3	28,7	8,9
1956/57	405,5	112,8	32,3	13,5	111,1	12,5	2,1	8,0	69,9	29,0	9,4
1957/58	414,0	108,6	32,3	11,7	109,5	12,6	2,1	8,0	64,3	25,5	8,0
1958/59	423,1	114,4	33,2	12,6	114,8	13,0	1,9	8,0	77,1	30,8	10,0
1959/60	432,5	114,1	33,8	13,4	115,8	13,9	2,1	7,3	76,7	31,7	10,3
1960/61	442,4	119,8	34,1	12,9	115,6	13,8	2,4	7,6	82,0	34,6	11,0
1961/62	452,2	120,3	34,7	13,6	117,2	14,8	2,5	8,0	82,7	35,7	12,0
1962/63	462,0	119,5	35,7	13,6	117,8	15,3	2,2	7,7	80,2	33,2	10,8
1963/64	472,1	122,8	35,8	13,5	117,4	14,8	2,2	8,2	80,6	37,0	9,9
1964/65	482,5	129,1	36,5	13,4	118,1	14,8	2,6	8,4	89,4	39,3	12,3
1965/66	493,2	120,3	35,5	12,6	115,1	16,2	2,8	8,0	72,4	30,6	10,4
1966/67	504,2	118,5	35,3	12,8	115,3	15,9	2,3	7,8	74,2	30,4	11,4
1967/68	515,4	124,5	36,4	15,0	121,4	16,6	2,0	8,0	95,1	37,6	16,5
1968/69	527,0	125,5	37,0	16,0	120,4	15,5	2,5	7,6	94,0	39,8	18,7
1969/70	538,9	131,1	37,7	16,6	123,6	15,9	2,7	7,7	99,5	40,4	20,1
1970/71	551,3	134,8	37,6	18,2	124,3	16,6	2,6	7,6	108,4	42,2	23,8
1971/72	563,9	132,4	37,8	19,2	122,6	17,1	2,4	7,8	105,2	43,1	26,4
1972/73	576,8	128,3	36,7	19,5	119,3	15,7	2,5	7,7	97,0	39,3	24,7
1973/74	590,0	131,6	38,3	18,6	126,5	16,6	2,8	7,6	104,7	44,1	21,8
1974/75	603,5	130,4	37,9	18,0	121,1	16,9	2,9	7,6	99,8	39,6	24,1
1975/76	617,2	139,5	39,5	20,5	128,2	16,9	2,8	7,4	121,0	48,7	28,9
1976/77	631,3	137,8	38,5	20,9	124,4	16,5	2,9	6,9	111,2	41,9	29,0
1977/78	645,7	145,1	40,3	21,5	127,5	17,2	3,2	7,9	126,4	52,7	31,8
1978/79	660,3	149,9	40,5	22,6	129,0	17,7	3,1	8,1	131,9	53,8	35,5
1979/80	675,2	137,6	39,4	22,2	125,2	16,9	2,6	8,1	109,7	42,3	31,8
1980/81	688,5	144,7	40,1	22,3	126,7	17,6	2,7	7,8	129,6	53,6	36,3
1981/82	703,8	150,2	40,7	22,1	129,1	18,9	3,2	8,1	133,3	53,3	37,5
1982/83	718,9	150,0	38,3	23,6	125,1	17,6	3,4	7,9	129,5	47,1	42,8
1983/84	734,5	158,8	41,2	24,7	131,2	18,7	3,1	7,7	152,4	60,1	45,5
1984/85	750,4	160,7	41,2	23,6	126,7	18,9	3,0	7,4	145,5	58,3	44,1
1985/86	766,5	163,4	41,1	23,0	128,0	19,0	2,8	7,5	150,4	63,8	47,1
1986/87	782,7	166,0	41,2	23,1	127,2	18,6	3,1	7,0	143,4	60,6	44,3
1987/88	799,2	168,7	38,9	23,1	119,7	20,2	3,3	6,5	140,4	56,8	46,2
1988/89	815,8	183,2	41,7	24,1	127,7	21,9	3,3	7,3	169,9	70,5	54,1
1989/90	832,6	189,4	42,2	23,5	126,8	22,8	3,4	7,7	171,0	73,6	49,8
1990/91	849,6	195,1	42,7	24,2	127,8	24,1	3,7	7,4	176,4	74,6	54,5
1991/92	865,6	193,0	42,3	23,0	121,6	25,4	3,8	7,7	167,1	73,7	55,1
1992/93	881,9	197,5	41,6	24,4	124,6	25,6	3,6	7,5	179,5	72,6	56,8
1993/94	898,2	202,5	42,0	24,9	122,4	26,8	3,4	7,8	182,1	79,0	59,1

[1] zu Preisen von 1980/81; [2] in Ballen zu 170 kg; [3] in Ballen zu 180 kg,
Quellen: Economic Survey 1994-95 und frühere Jahrgänge; Ministry of Agriculture (Ed,): Area and Production of Principal Crops in India 1980–81: 2 ff,
Autor: D. BRONGER

Tab. A 5.6: Entwicklung der Agrarproduktion Indiens 1949/50–1993/94

wichtigsten Anbaufrüchte (Mill. t)								Nettoverfügbarkeit von Nahrungsfrüchten pro Kopf (Gramm/Tag)		
Nahrungsfrüchte				Marktfrüchte						
Jowar	Bajra	Mais	Hülsenfrüchte	Ölfrüchte	Zuckerrohr	Baumwolle[2]	Jute und Hanf[3]	Getreide	Hülsenfrüchte	Summe
5,9	2,8	2,0	8,2	5,2	50,2	2,7	3,1			
5,5	2,6	1,7	8,4	5,2	57,1	3,0	3,3	334,2	60,7	394,9
6,1	2,3	2,1	8,4	5,0	61,6	3,3	4,7	325,4	59,1	384,5
7,4	3,2	2,9	9,2	4,8	51,0	3,3	5,3	349,9	62,7	412,6
8,1	4,5	3,0	10,6	6,2	44,4	4,1	3,8	388,1	69,7	457,8
9,2	3,5	3,0	11,0	7,6	58,7	4,4	3,9	372,9	71,1	444,0
6,7	3,5	3,1	11,7	5,8	60,5	4,2	5,6	360,4	70,3	430,7
7,3	2,9	3,1	11,6	6,3	69,0	4,9	5,8	375,3	71,8	447,1
8,6	3,6	3,2	9,6	6,4	71,2	5,0	5,3	350,3	58,5	408,8
9,0	3,9	3,5	13,1	7,3	73,4	4,9	6,9	393,4	74,9	468,3
8,6	3,5	4,1	11,8	6,5	77,8	3,7	5,7	384,1	65,5	449,6
9,8	3,3	4,1	12,7	7,0	110,0	5,6	5,3	399,7	69,0	468,7
8,0	3,6	4,3	11,8	7,3	104,0	4,9	8,2	398,9	62,0	460,9
9,7	4,0	4,6	11,5	7,4	91,9	5,5	7,2	384,0	59,8	443,8
9,2	3,9	4,6	10,0	8,7	104,2	5,7	8,0	401,0	51,0	452,0
9,7	4,5	4,7	12,4	8,6	121,9	6,0	7,6	418,5	61,6	480,1
7,6	3,8	4,8	9,9	6,5	124,0	4,9	5,8	359,9	48,2	408,1
9,2	4,5	4,9	8,3	6,6	92,8	5,3	6,6	361,8	39,6	401,4
10,0	5,2	6,3	12,1	8,5	95,5	5,8	7,6	404,1	56,1	460,2
9,8	3,8	5,7	10,4	7,7	124,7	5,4	3,8	397,8	47,3	445,1
9,7	5,3	5,7	11,7	8,0	135,0	5,6	6,8	403,1	51,9	455,0
8,1	8,0	7,5	11,8	9,6	126,4	4,8	6,2	417,6	51,2	468,8
7,7	5,3	5,1	11,1	8,8	113,6	7,0	6,8	419,1	47,0	466,1
7,0	3,9	6,4	9,9	6,9	124,9	5,7	6,1	380,5	41,1	421,6
9,1	7,5	5,8	10,0	8,9	140,8	6,3	7,7	410,4	40,8	451,2
10,4	3,3	5,6	10,0	8,5	144,3	7,2	5,8	365,8	39,7	405,5
9,5	5,7	7,3	13,0	10,6	140,6	6,0	5,9	373,8	50,5	424,3
10,5	5,9	6,4	11,4	8,4	153,0	5,8	7,1	386,3	43,3	429,6
12,1	4,7	6,0	12,0	9,7	177,0	7,2	7,2	422,5	45,5	468,0
11,4	5,6	6,2	12,2	10,1	151,7	8,0	8,3	431,8	44,7	476,5
11,7	4,0	5,6	8,6	8,7	128,8	7,7	8,0	379,5	30,9	410,4
10,4	5,3	7,0	10,6	9,4	154,2	7,0	8,2	417,0	37,1	454,4
12,1	5,5	6,9	11,5	12,1	186,4	7,9	8,4	415,7	39,3	455,0
10,8	5,1	6,6	11,9	10,0	189,5	7,5	7,2	397,9	39,6	437,5
11,9	7,7	7,9	12,9	12,7	174,1	6,4	7,7	437,9	42,1	480,0
11,4	6,1	8,4	12,0	13,0	170,3	8,5	7,8	415,9	38,3	454,2
10,2	3,7	6,6	13,4	10,8	170,7	8,7	12,6	434,3	44,0	478,3
9,2	4,5	7,6	11,7	11,3	186,1	6,9	8,7	435,4	36,4	471,8
12,2	3,3	5,7	11,0	12,7	196,7	6,4	6,8	411,7	36,7	448,4
10,2	7,8	8,2	13,8	18,0	203,0	8,7	7,9	452,4	42,0	494,4
12,9	6,6	9,7	12,6	16,9	225,6	11,4	8,3	432,7	41,1	473,8
11,9	6,9	9,1	14,0	18,4	240,3	9,8	9,1	470,2	39,7	509,9
8,4	4,8	8,9	12,0	18,3	249,3	9,8	10,2	435,0	34,3	469,9
12,8	8,9	10,0	12,8	20,1	228,0	11,4	8,6	427,4	37,0	464,4
11,5	5,0	9,5	13,1	21,5	227,1	10,7	8,5	436,4	37,8	474,2

Tab. A 5.10: Forstwirtschaft Indiens (1987/89)

Aktueller Waldbestand 1989 639 200 km²   davon für Nutzholz geeignet 357 000 km²   Holzeinschlag 1990 274,4 Mill. km³   davon 91% für Brennholz

Fischerei

Fangmenge 1994–95 4 750 000 t
Fangmenge 3 790 600 t   darunter   Seefische 60,8%   Süßwasserfische 39,2%   Fische insgesamt 91,8%   Krustentiere 7,1%   Weichtiere 1,1%   Export von Fischen und Fischprodukten 504,9 Mill US-$

Tab. A 5.11: Fischereiwirtschaft Indiens 1992/93

Bergbau

Produkt	Einheit	Menge
Steinkohle	Mill. t	238,3
Erdöl	Mill. t	27,0
Erdgas	Mrd. m³	18,0
Braunkohle	Mill. t	16,6
Eisenerz	Mill. t	55,8
Bauxit	1000 t	5103
Chromit	1000 t	1070
Kupfererz	1000 t	5211
Bleikonzentrat	1000 t	60,7
Manganerz	1000 t	1870
Zinkkonzentrat	1000 t	301,4
Glimmer	t	2500
Gold	kg	1850
Kalkstein	Mill. t	76,6

Tab. A 5.12: Produktion ausgewählter Bergbauerzeugnisse in Indien 1992/93

Energiewirtschaft

Elektroenergieerzeugung 331,6 Mrd. kWh
 davon öffentliche Versorgung 90,9%
   darunter Wärmekraftwerke 74,7%
     Wasserkraftwerke 23,2%
     Kernkraftwerke 2,1%
 davon privat 8,1%
 Elektroenergieverbrauch (% der Produktion für die öffentliche Versorgung)
   Haushalt 17,9
   Industrie 40,6
   Handel 5,6
   Eisenbahnen 2,5
   Landwirtschaft 28,9
   Sonstige 4,5

Tab. A 5.13: Elektroenergiewirtschaft in Indien 1992/93

Industrie/ Verarbeitendes Gewerbe

Industriezweig	Anteil am Produktionswert (%)
Nahrungs- und Genußmittelindustrie	12,1
Textilindustrie	15,4
Holzindustrie	0,6
Papier- und Druckindustrie	3,8
Chemische Industrie	23,5
Glas- und Keramikindustrie	4,8
Metallherstellung	10,5
Metallwaren, Maschinenbau	28,6
Sonstiges	0,7

Tab. A 5.14: Anteil der Industriezweige am Produktionswert in Indien 1986/87

Erzeugnis	Einheit	Menge
Zucker	1000 t	10 600
Tee	1000 t	715
Kaffee	1000 t	142
Baumwollgarn	1000 t	1 672
Baumwollstoffe	Mill. m^2	18 000
Jutetextilien	1000 t	1 300
Roheisen	1000 t	13 200
Rohstahl (89/90)	1000 t	13 300
Aluminium	1000 t	483
Blisterkupfer	1000 t	45,3
Eisenbahnwagen	1000	25,0
Lastkraftwagen	1000	132,6
Personenkraftwagen	1000	198,1
Motorräder und -roller	1000	1496
Fahrräder	1000	7000
Traktoren	1000	146,9
Kraftpumpen	1000	525
Kühlschränke	1000	997
Radioempfänger	1000	700 (1990/91)
Nitrodünger	1000 t	7407
Phosphordünger	1000 t	2289
Papier und Pappe	1000 t	2152
Automobilreifen	1000	28 000
Fahrradreifen	1000	19 400
Zement	1000 t	54 300

Tab. A 5.15: Produktion ausgewählter Erzeugnisse des Verarbeitenden Gewerbes in Indien 1992/93

Außenhandel

Import 633,8 Mrd. iR
  davon aus
  USA 9,7%
  Belgien 8,3%
  Deutschland 7,5%
  Saudi-Arabien 6,8%
  Japan 6,4%
  Großbritannien 6,3%
wichtige Handelsgüter
  Erdöl und andere Brennstoffe 29,2%
  Fertigwaren 20,7%
  Perlen und Edelsteine 11,2%
  Chemikalien 9,2%
  Eisen und Stahl 3,2%
  Dünger 4,5%

Tab. A 5.19: Außenhandel Indiens 1992/93

Tourismus

Anzahl der ausländischen
  Touristen 1 764 800
  davon aus
  Großbritannien 274 200
  USA 118 000
  Deutschland 83 300
  Frankreich 70 700
  Japan 49 600

Devisengewinn 457 Mrd. iR

Tab. A 5.17: Tourismus in Indien 1993

Kategorie	Anzahl	Zimmer
5-Sterne De Luxe	36	9556
5-Sterne	52	6964
4-Sterne	55	3850
3-Sterne	126	6369
2-Sterne	239	8784
1-Stern	94	3212
Nicht klassifiziert	221	10201
Gesamt	844	49546

Tab. A 5.18: Staatlich anerkannte Hotels in Indien 1993

Export 536,9 Mrd. iR
  davon nach
  USA 18,8%
  Japan 7,7%
  Deutschland 7,7%
  Großbritannien 6,5%
  (ehem. UdSSR 3,2%)
wichtige Handelsgüter
Agrarprodukte 16,9%
  darunter
  Fische und Fischwaren 3,2%
  Tee 1,8%
Erze und Mineralien 4,0%
Fertigwaren 75,6%
  darunter
  Textilien 24,9%
  Schmuck, Kunstartikel u. ä. 16,6%
  Leder und Lederwaren 6,9%
  Maschinen 7,8%
  Chemikalien 4,7%
Brennstoffe 2,6%

Tab. A 5.16: Produktionsentwicklung ausgewählter Erzeugnisse des Verarbeitenden Gewerbes in Indien 1950/51–1990/91
(Wachstum nach Dekaden – in %)

Industriebranche/ Erzeugnis	Einheit	1950/51 Summe	Index[3]	1960/61 Summe	Index[3]	1970/71 Summe	Index[3]	1980/81 Summe	Index[3]	1990/91 Summe	Index[3]
I Bergbau											
1 Kohle	Mill. t	32,3	100	55,2	171	76,3	138	119,0	156	225,5	189
2 Rohöl	Mill. t	0,3	100	0,5	167	6,8	1360	10,5	154	33,0	314
II Metallindustrie											
3 Rohstahl	Mill. t	2,67	100	4,52	169	6,99	155	12,28	176	15,75	128[2]
4 Fertigstahl	Mill. t	1,04	100	2,39	230	4,64	194	6,82	147	13,40	196
5 Aluminium	1000 t	4,0	100	18,5	463	168,8	912	199,0	118	449,4	226
6 Blisterkupfer	1000 t	7,1	100	9,0	127	9,3	103	25,3	272	40,4	160
III Maschinenbau											
7 Werkzeugmaschinen	Mill. Rupees	3	100	8	267	430	5375	1692	393	7650	452
8 Baumwolltextilmaschinen	Mill. Rupees	–	–	–	–	303	100	3027	999	8912	294
9 Eisenbahnwaggons	1000	–	–	9,0	100	11,1	123	13,6	123	25,4	187
10 Kraftfahrzeuge	1000	16,5	100	54,8	332	87,9	160	121,1	138	366,3	302
10a LKWs und Busse	1000	8,6	100	28,2	328	41,2	146	71,7	174	145,5	203
10b PKWs	1000	7,9	100	26,6	337	46,7	176	49,4	106	220,8	447
11 Motorräder/Motorroller	1000	–	–	0,9	100	97,0	10777	447,2	461	1835,7	410
12 Elektrische Pumpen	1000	35	100	105	300	259	247	431	166	516	120
13 Dieselmotoren	1000	5,5	100	43,2	785	65,0	150	173,9	268	212,3	122
14 Fahrräder	1000	99	100	1063	1073	2042	192	4189	205	6879	164
15 Nähmaschinen	1000	33	100	297	900	235	79	335	143	93	28
16 Traktoren	1000	–	–	–	–	–	–	71,0	100	143,5	202
IV Elektroindustrie											
17 Elektrische Transformatoren	Mill. kVA	0,18	100	1,39	772	8,09	582	19,46	241	36,58	188
18 Elektromotoren	Mill. PS	0,10	100	0,73	730	2,72	373	4,06	149	5,86	144
19 Elektrische Ventilatoren	Mill.	0,20	100	1,06	530	1,72	162	4,18	243	4,16	100
20 Lampen	Mill.	15,0	100	43,5	290	119,3	274	198,1	166	269,2	136
21 Radiogeräte	1000	54	100	280	519	1704	609	1734	102	685	40

Fortsetzung Tab. A 5.16

V Chemische und verwandte Industrien							
22 Stickstoffdünger	1000 t	9	99	830	838	2164	261	6993	323
23 Phosphatdünger	1000 t	9	54	229	424	842	368	2045	243
24 Papier und Pappe	1000 t	116	349	755	216	1149	152	2065	180
25 Autoreifen	Mill.	–	1,49	3,79	254	7,97	210	20,10	252
26 Fahrradreifen	Mill.	–	11,2	19,2	171	27,0	141	24,8	92
27 Zement	Mill. t	2,7	8,0	14,3	179	18,6	130	48,9	263
28 Petrochemische Erzeugnisse	Mill. t	0,2	5,7	17,1	300	24,1	141	48,6	202
29 Penicillin	MMU	–	–	190,4	100	336,8	177	324,9²	96²
VI Textilindustrie								
30 Jutetextilien	1000 t	837	1071	1060	99	1392	131	1430	103
31 Baumwollgarne	Mill. kg	533	788	929	118	1067	115	1680	157
32 Baumwollstoffe	Mill. m²	4215	6738	7602	113	8368	110	13399	160
32a Fabrikerzeugnisse	Mill. m²	3401	4649	4055	87	3434	85	1978	58
32b Heimarbeit	Mill. m²	814	2089	3547	170	4934	139	11421	231
33 Synthetische Stoffe	Mill. m²	–	–	10	100	31	310	225	726
VII Nahrungsmittelindustrie								
34 Zucker	1000 t	1134	3029	3740	123	5148	138	11905	231
35 Tee	Mill. kg	277	318	423	133	568	134	719	127
36 Kaffee	1000 t	21,0	54,1	71,4	132	139,5	195	174,8²	125²
37 Pflanzenöl	1000 t	155	355	558	157	753	135	824	109
38 Salz	1000 t	–	–	5568	100	8409	151	12645	150
VIII Elektrische Energie – Erzeugung								
39 Stromerzeugung¹	Mrd. kwh	5,1	16,9	55,8	330	110,8	199	264,6	239
IX BIP: Sekundärer Sektor								
40 Industrieproduktion	1950/51 = 100	100	198	180		153		208	
41 BIP: Sekundärer Sektor Jahreswachstum (%)								
41a – Insgesamt	Jahreswachstum (%)	–	5,88	6,37		3,94		7,00	
41b – Pro-Kopf	Jahreswachstum (%)	–	3,08	2,87		1,73		3,18	

¹ nur öffentliche Versorgungsunternehmen; ² 1989/90; ³ vorangegangene Dekade = 100
Quelle: Government of India, Ministry of Finance (Hrsg.): Economic Survey 1991–92: 37f.; RBI 1992: 33, 161 (Berechnungen des Verfassers)
Autor: D. BRONGER

6 Verkehr und Nachrichtenwesen

Für ein Land von der Größe Indiens sind seine Verkehrsbedingungen von größter Bedeutung. Schon zur Zeit der Unabhängigkeit 1947 waren sowohl das Eisenbahn- wie auch das Straßennetz relativ gut ausgebaut. Die regionalen Unterschiede waren auf Grund der geographischen und wirtschaftlichen Gegebenheiten vorhanden. Seit dieser Zeit galt deshalb das Ziel der Regierung, diese Differenzen zu verringern. So entwickelte sich die Streckenlänge des indischen Eisenbahnnetzes von 1950 mit etwa 53 600 km auf rund 62 500 km 1992, was einer Steigerung auf ca. 117% entspricht. Der Anteil der elektrifizierten Strecken beträgt jetzt etwa 18%. Das indische Eisenbahnsystem ist das größte in Asien und das viertgrößte in der Welt. Die Bahnen werden vom Staat betrieben. Mit rund 1,6 Millionen Beschäftigten in neun Direktionen ist die Eisenbahn das größte staatliche Unternehmen. Zwei Drittel des Güteraufkommens und etwa 40% der Personenbeförderung werden auf der Schiene abgewickelt. Der größte Teil der Gleisanlagen hat 1,68 m Breitspur. Es bestehen aber auch Strecken mit Meter- (1,0 m) und Schmalspur (0,76 m). Diese unterschiedlichen Spursysteme bilden einen Teil der Schwierigkeiten des Bahnverkehrs, andere ergeben sich aus dem größtenteils nur einspurigem Ausbau sowie auch dem Mangel an rollendem Material. Deshalb gelten die Anstrengungen der staatlichen Stellen vor allem dem Streckenausbau, der weiteren Elektrifizierung und der Verstärkung des Lokomotiven- und Waggonparks.

Das Straßennetz ist insgesamt zwar relativ dicht, aber es ergeben sich bedeutende regionale Unterschiede. Während z. B. in Kerala 100% der Dörfer an Allwetterstraßen angeschlossen sind, waren es in Orissa nur 15%. Neben wirtschaftlichen Gründen ist ein Haupthindernis des Straßenbaus und seiner Unterhaltung das Klima mit seinen starken Monsunregenfällen und den dadurch stark schwankenden Wasserständen der Flüsse.

Der Luftverkehr wird von drei Fluggesellschaften durchgeführt, der Air India für Langdistanzflüge, den Indian Airlines im Inlandverkehr sowie in die Nachbarstaaten und der Vayudoot im Inlandverkehr. Im Linienverkehr bestanden 1992 98 Flugplätze, von denen sechs (Bombay, Calcutta, Delhi, Madras, Varanasi, Trivandrum) interntional angeflogen wurden.

Indien besitzt rund 16 000 km Binnenwasserstraßen, die aber für den modernen Verkehr nur geringe Bedeutung haben. Der Seeverkehr hat in der indischen Geschichte nie größere Bedeutung besessen. Heutzutage hat selbst der größte Hafen Indiens, Bombay, aus internationaler Sicht keinen großen Umschlag. Die nächst wichtigen Häfen sind Madras, Vishakhapatnam, Mangalore und Calcutta.

Das indische Nachrichtenwesen wurde seit der Unabhängigkeit stark ausgebaut, um vor allem die Differenzen zwischen den Städten und den ländlichen Gebieten auszugleichen. So ist neben der Verstärkung der Zahl von Post- und Telegrafenämtern vor allem das Telefonnetz erheblich ausgebaut worden. Trotzdem besteht auch heute noch ein großer Unterschied zwischen städtischen und ländlichen Gebieten sowie einzelnen Bundesstaaten. Dieses Ungleichgewicht soll in der Zukunft weiter ausgeglichen werden. Telexverbindungen bestehen nur zwischen den bedeutenderen Städten. Das staatliche „All India Radio" sendet in mehr als 50 Sprachen und Dialekten. Seit 1976 gibt es Fernsehen, welches ab 1982 auch in Farbe ausgestrahlt wird.

Streckennetz 1991			
Direktion	Sitz	Länge (km)	davon elektrifiziert (%)
Central	Bombay	6916	33,5
Eastern	Calcutta	4924	28,4
Northern	Delhi	11023	8,2
North Eastern	Gorakhpur	5165	–
North East Frontier	Guwahati	3858	–
Southern	Madras	7206	10,8
South Central	Secunderabad	6294	14,2
South Eastern	Calcutta	7135	40,2
Western	Bombay	9845	16,2
Gesamt		62366	17,2
(1993)		62462	18,9

Ausrüstung 1989
Lokomotiven 8813
 Dampfloks 3826
 Dieselloks 3454
 Elektroloks 1533
Personenwaggons 27715
Güterwaggons 345821

Beförderungsleistungen 1992/93
 Personen 3749 Mill.
 Fracht 350 Mill. t
Einnahmen 1992/93
 Personenverkehr 43160 Mill. iR
 Güterverkehr 106140 Mill. iR

Tab. A 6.1: Eisenbahnwesen Indiens 1991

Straßenlänge 1991 2037000 km
 davon befestigt 49,1%
 Nationalstraßen 33700 km
 Bundesstaatsstraßen 127000 km

Anteil der Orte, die in den Bundesstaaten 1988 an Allwetterstraßen angeschlossen waren (%)	
Andhra Pradesh	43,0
Assam	64,6
Bihar	34,9
Gujarat	73,6
Haryana	99,1
Himachal Pradesh	43,1
Jammu und Kashmir	59,9
Karnataka	32,9
Kerala	100,0
Madhya Pradesh	23,4
Maharashtra	52,9
Orissa	15,1
Punjab	98,8
Rajasthan	21,1
Tamil Nadu	63,2
Uttar Pradesh	42,8
West Bengal	41,4
Indien 1988	*40,7*
1992	*46,2*

Bestand an Kraftfahrzeugen 1991 21310000
 darunter
 Personenkraftwagen 3013000
 Lastkraftwagen 1411000
 Busse 333000
 Motorräder und -roller 14050000

Tab. A 6.2: Straßenverkehr Indiens 1991

Tab. A 6.3: Flugverkehr Indiens 1992/93

Anzahl der Flugzeuge
 Air India 22
 Indian Airlines 57
 Vayudoot 16

Anzahl der Fluggäste 1990/91
 Air India 2200000
 Indian Airlines 7844000
 Vayudoot 227000
 auf allen indischen Flughäfen 18,8 Mill.

Beförderte Fracht 391400 t

Schiffsbestand (über 100 BRT) 1991–92
Anzahl 415
davon Küstenschiffahrt 169
Tonnage 5 940 000 BRT
davon Küstenschiffahrt 561 000 BRT
Güterumschlag 1989/90 106,7 Mill. t
davon 35,8% mit indischen Schiffen
Auslandsverkehr wichtiger Häfen 1990/91
Bombay: Empfang 13 530 000 t
Versand 3 340 000 t
Madras: Empfang 7 310 000 t
Versand 8 210 000 t
Vishakhapatnam: Empfang 7 930 000 t
Versand 5 900 000 t
Mangalore: Empfang 810 000 t
Versand 6 490 000 t
Calcutta: Empfang 9 840 000 t
Versand 1 170 000 t

Tab. A 6.4: Seeverkehr Indiens 1991/92

Anzahl der Postämter 152 000
davon ländlich 89,2%
Anzahl der Telegrafenämter 42 900
Anzahl der Telefonanschlüsse 7,7 Mill.
Anzahl der Telexanschlüsse 405
Telexverbindungen 48 900
Radio
Stationen 148
Empfänger 68 Mill.
Fernsehen
Empfänger 30 Mill.
Zeitungen (1991)
Tageszeitungen
Anzahl 2281   Auflage 17 Mill.
Zeitungen nach Sprachen 1995
(Tages- und andere)
Hindi 6831
Englisch 4059
Bengali 1702
Urdu 1562
Marathi 1184
Tamil 932
Malayalam 893
Kannada 738
Gujarati 737
Telugu 626
Punjabi 483
Oriya 325
insgesamt 22 648

Tab. A 6.5: Kommunikationswesen in Indien 1992/93

7 Soziales, Gesundheit, Bildung und Kultur

Im sozialen Bereich bestehen in Indien Versicherungen zur Alters- und Invaliditätsversorgung sowie gegen Krankheiten und Arbeitsunfälle.

Das staatliche Gesundheitswesen reicht von der Zentralregierung, dessen Gesundheitsministerium z. B. Programme auf medizinischem Gebiet erarbeitet, für deren Umsetzung die Unionsstaaten zuständig sind, über alle medizinischen Einrichtungen bis zu den Erste-Hilfe-Stationen in den Dörfern. Aber auch auf diesem Gebiet ist das Stadt-Land-Gefälle groß. Während meistens in den Städten eine Gesundheitsbetreuung möglich ist, fehlen in den Dörfern größtenteils jegliche medizinische Einrichtungen. Außer dieser Tatsache ist für die schlechte Gesundheitssituation vieler Menschen vor allem die mangelhafte Ernährungslage verantwortlich. Ein erheblicher Teil der Bevölkerung ist unterernährt und daher besonders krankheitsanfällig. Dieses gilt vor allem auch für die Kinder. Dazu kommen die mangelhaften hygienischen Verhältnisse. Nur etwas über die Hälfte der Bevölkerung hat Zugang zu sauberem Trinkwasser und lediglich rund 10% können sanitäre Einrichtungen benutzen. So haben vor allem „Armutskrankheiten" wie Lepra, Malaria, Typhus, Cholera, Tuberkulose u. a. eine weite Verbreitung. Alle diese Fakten sind auch eine Erklärung für die relativ hohe Kindersterblichkeit. Mit staatlichen Programmen wird versucht, diese negativen Situationen zu verbessern. Die Ausgaben des Staates für das Gesundheitswesen betrugen 1988/89 1,4% des Bruttoinlandproduktes.

Das Bildungswesen untersteht in großen Teilen den Unionsstaaten. Etwa 90% der Ausgaben für die Erziehung, 1989/90 3,2% des Bruttoinlandproduktes, werden von diesen geleistet. Laut Verfassung besteht Schulpflicht für alle Kinder von 6 bis zu 14 Jahren und die Primärstufe ist schulgeldfrei. Das Schulsystem umfaßt vier Hauptstufen, die Grundschule mit den Klassen 1 bis 5, die Mittelschule mit den Klassen 6 bis 8, die höheren Schulen sowie die Hochschulen und Universitäten. Während heutzutage fast alle Kinder in die unterste Klasse eingeschult werden, wird der Anteil der vorzeitigen Schulabgänger in den höheren Klassen immer höher, so daß nur noch etwa 50% der Schüler Sekundarschulen und rund 20% die höheren Schulen besuchen. Der Anteil der Mädchen ist dabei noch geringer. So ist es verständlich, da? der Anteil der Analphabeten nach wie vor in Indien sehr hoch ist und dieses ein großen Problem in der Entwicklung des Landes darstellt. Der Anteil der Schreib- und Lesekundigen ist in den einzelnen Bundesstaaten sehr unterschiedlich. Er schwankt zwischen Kerala mit 90,6% und Bihar mit 37,5%. Im Landesdurchschnitt lag 1991 der Anteil bei Männern bei 64,1% und bei Frauen bei 39,3% (Personen über 7 Jahre). Die Hochschulen haben sehr unterschiedliche Qualität. Es bestehen Universitäten, welche zentral geleitet werden, sowie Universitäten der Unionsstaaten und ähnliche Hochschulinstitutionen. Etwa ein Drittel der Absolventen der höheren Universitäten, vor allem der Richtungen Naturwissenschaften und Technik, verläßt nach ihrem Studium Indien und arbeitet dann vor allem in westlichen Industrieländern. Ein Mangel im indischen Bildungssystem ist auch das unterentwickelte Berufsschulwesen, das, vor allem auf dem Lande, die Facharbeiterausbildung erschwert. Durch die Unterstellung des Bildungswesens unter die Hoheit der Unionsstaaten bestehen auch große regionale Unterschiede.

Große Differenzen in regionaler Sicht, aber vor allem auch zwischen Stadt und Land bestehen auch auf kulturellem Gebiet. Während auf den Dörfern das Kino oft das einzige Kulturangebot ist (1991 gab es im ganzen Land über 13 000, 1992 wurden etwa 800 indische Spielfilme produziert), gibt es in den Städten Museen, Theater, Bibliotheken usw. Im Jahresdurchschnitt werden über 11 000 Bücher, vor allem in Hindi und Englisch herausgegeben. Bildungsmöglichkeiten bieten auch die zahlreichen historischen Sehenswürdigkeiten sowie eine Anzahl von Nationalparks und Naturschutzreservationen.

Tab. A 7.1: Versicherungsprogramme in Indien 1986

Einnahmen 87,8 Mrd. iR davon durch Versicherte 9,8% Arbeitgeber 66,9% Staat 9,6% Sonstige 13,7%
Ausgaben 40,4 Mrd. iR davon für Empfänger 98,4% Verwaltung 1,6%

Medizinisches Personal
Ärzte (1991) 394 000
Zahnärzte (1984) 9600
Pflegepersonal (1987) 219 300
Hebammen (1981) 181 300
Apotheker (1981) 155 600

Medizinische Einrichtungen
Krankhäuser (1991)
Anzahl 15 067,
davon 8290 staatlich
Bettenzahl 645 900,
davon 462 800 staatlich
Einwohner pro Bett 1316
Dispensarien (1991) 27 400
Erste-Hilfe-Stationen (1991) 22 400

Tab. A 7.2: Gesundheitswesen Indiens 1991

Tab. A 7.3: Bildungswesen Indiens 1991

Schulen (1990/91)
Grundschulen
Anzahl 558 400
Lehrer 1,6 Mill.
Schüler 99,1 Mill.

Mittelschulen
Anzahl 146 600
Lehrer 1,1 Mill.
Schüler 33,3 Mill.

Höhere Schulen
Anzahl 78 600
Lehrer 1,3 Mill.
Schüler 20,9 Mill.

Hochschulen (1988/89)
Anzahl 6600, davon 187 Universitäten
Dozenten 242 000
Studenten 3,8 Mill.

Staat bzw. Territorium	Anteil (%) Gesamt	Frauen
Andhra Pradesh	54,9	66,3
Arunachal Pradesh	58,8	70,6
Assam	46,6	56,3
Bihar	61,5	76,9
Goa	23,0	31,8
Gujarat	39,1	51,5
Haryana	44,7	59,1
Himachal Pradesh	36,5	47,5
Jammu und Kashmir	67,3	80,4
Karnataka	44,0	55,7
Kerala	9,4	13,1
Madya Pradesh	56,5	71,6
Maharashtra	36,9	49,5
Manipur	39,0	51,4
Meghalaya	51,7	55,2
Mizoram	18,7	21,9
Nagaland	38,7	49,8
Orissa	51,4	65,6
Punjab	42,9	50,3
Rajasthan	61,2	79,2
Sikkim	43,5	52,8
Tamal Nadu	36,3	47,7
Tripura	39,6	50,0
Uttar Pradesh	58,3	74,0
Westbengalen	42,3	52,8
Andamanen u. Nikobaren	26,3	33,8
Chandigarh	21,3	26,4
Daman und Diu	26,4	38,6
Dadar und Nagar Haveli	60,5	73,9
Delhi	23,9	32,0
Lakshadweep	20,8	29,1
Pondicherry	25,1	34,2
Indien	*47,9*	*60,6*

Tab. A 7.4: Anteil der Analphabeten an der Bevölkerung Indiens 1991

Quellen:
COI 1991
Economic Survey 1994/1995
India 1991, Observer, New Delhi
Statistical Outline of India 1994–95, Bombay 1994
Statistisches Bundesamt (Hrsg.): Länderbericht Indien 1991, Wiesbaden 1991
The Statesman's Yearbook 1993/94, London 1993
Britannica World Data 1993, Chicago 1993

GLOSSAR
zur Geographie, Architektur, Religion und Politik Indiens

abi	Monsunreis (Aussaat: Juni/Juli; Ernte: Okt./Nov.)	**backward castes**	tiefstehende (Sudra-)-Kasten, die jedoch über den → scheduled castes rangieren
absentee landlord	außerhalb der Gemeinde lebender Grundbesitzer	**bagh**	Garten
		bakal	Viertel (ward) in einem Dorf (Nordindien)
acharya	Lehrer, Meister, Baumeister; indischer Gelehrtentitel (entspricht etwa dem Professor)	**bandar**	Hafen
		bandara	Speisung von Brahmanen; gilt als gutes Werk im religiösen Sinne
Adivasi	w: Ureinwohner, Bezeichung für Stämme (→ scheduled tribes)	**bandh**	Besetzung und Stillegung von Betrieben, Büros und Verkehrseinrichtungen durch Arbeiter; Generalstreik
agasi	Toreingang zum Dorf (Deccan-Hochland)		
ahimsa	Gewaltlosigkeit		
akali	Priester der Sikhs	**bangar**	pleistozäne Flußterrassen
anicut	Wehr, Staudamm		
anna	alte Münzeinheit von 6 1/4 paise, 16 annas = 1 Rupie	**bantedar**	Anteilspächter
		baoli	nordwestindische Brunnenanlage; Stufenbrunnen mit Treppenabsätzen und Galerien
anzidar	Gelegenheitsarbeiter		
arrak	alkoholisches Getränk aus dem Saft von Kokospalmen; Reiswein		
		barat	Hochzeitsumzug
		bargadar	Pächter in Bengalen
arthasastra	Werk des Kautilya über die Staatskunst	**bargadari**	Halbpachtsystem; Grundrente wird in Form der halben Ernte entrichtet
Arya	Hirten- und Reiterstämme, die im 2. Jh. v. Chr. nach Indien einwanderten		
		barhe log	Oberschicht
		bari	Küchengarten
ashram	Einsiedlerzelle, Klause für Heilige, Weise; gemcinsame Wohn-, Lebens- und Lehrstätte	**basti, bustee**	Slum, Elendsviertel
		beedi	einheimische Zigarette
		bela	Flußmarsch (z.B. im Gangestiefland)
atman	Seele; Selbst des Menschen, das bei der Erlösung ins → Brahman eingeht	**betel**	Nuß des Betelbaums; wird als mildes Rauschmittel verkauft
		benami land	Überschußland, das der Besitzer den Agrarreformbehörden verschwiegen hat und insofern illegal bewirtschaftet
baba	religiöser Lehrer, wird aber auch im täglichen Sprachgebrauch benutzt		
babu	kirchlicher Bediensteter niederer Stufe		

bhagavan	Titel und Anrede; „Erhabener Herr"		besitz. Die Ceiling-Gesetzgebung ist Sache der Bundesstaaten
Bhagavadgita	religiöses Lehrgedicht, eingefügt in das Epos → Mahabharata	chaitya	buddhistischer Tempel
bhai	Bruder; Anrede für Männer in Nordindien	chak	Landbesitz
		chappati	ungesäuertes, indisches Fladenbrot
bhakti	religiöse Hingabe, fromme Verehrung, Gottesliebe	charbagh	viergeteilter, quadratischer Garten
bhavan	(großes) Haus	charkha	Spinnrad
Bharat	Indien	charpoy	indisches Bett (aus Seilen)
bharatija	indisch		
Bharatija Rashtra	Indische Nation	chashma	Bach, Fluß
bhenji	Schwester; Anrede für Frauen in Nordindien	chawl	Arbeiterkolonie
		chhattri	(Grab-) Kuppelbau, Mausoleum
bhisti, bheesti	Wasserträger		
bhoodan	Landschenkung	chowk	Innenhof oder Markt, Basarstraße
bhur	Flugsandstreifen		
bodhi	Erleuchtung (unter dem Bodhibaum erfuhr Buddha die Erleuchtung)	chowkidar	Wächter, häufig auch Koch
		chote admi	Unterschicht
Brahma	Schöpfer der Welt	collector	brit. Amtstitel; ehemals Steuereintreiber, heute höchster Distriktbeamter
brahman	das Welten-ich, Weltseele		
Brahmesvaravisnu	Götterdreiheit Brahma, Siva, Visnu	coolie (Kuli)	Tagelöhner, Gelegenheitsarbeiter
Buddha	der Erleuchtete (ca. 560–483 v. Chr.)	crore	10 Millionen
bund, bundh	Deich: Einfassung eines → tanks	dak	Post
		dak-Bungalow	einfache Unterkunft für Reisende an den Landstraßen in Abständen von 30 bis 50 km
bungalow	von Bangala (Bengalen) abgeleitet; mit der dazugehörigen varanda (Sanskrit) Standardhaus der Europäer in Indien		
		Dalit	Bezeichnung für →Parias
		dakshin	Süden
burka	Kleidungsstück der muslimischen Frauen, das aus einem Stück Stoff besteht	dargah	Grabbau
		darshan	Opfer oder Gebet, meist mit einem → guru
		darwaza	Tor, Tür
cakra	Wurfscheibe, Rad; Attribut Visnus	depressed castes	frühere Bezeichnung für → Parias
Candra	Mond, Mondgott	desh	Land
cantonment	Verwaltungs- und Militärbezirk einer Stadt aus der britischen Kolonialzeit	desom	Teil einer Großgemeinde (Kerala)
		deva, devata	Gott, Gottheit (männl.)
		devagriha	Gotteshaus, Heiligtum
ceiling	gesetzlich festgelegte Höchstgrenze für Land-	Devi	Göttin, Gattin Sivas
		dhakka	Stadt (altind.)

Glossar

dhani	Hofgruppe einer Gemeinde (westl. Rajasthan)	ghat	Treppen an einem Badeplatz, besonders an Flußufern, die Szenen vielfältiger religiöser Verrichtungen sind; ansteigendes Gebirge
dharma	Glaube, Religion, Recht, soziale Gerechtigkeit, Weltengesetzlichkeit		
dharma raj	Herrschaft des Rechts	ghee	flüssiges Butterschmalz
dharmasastra	Lehrbuch	ghosa	hamlet: Weiler (altind.)
dharmashala	Rasthaus, Pilgerunterkunft im Tempelgelände	gochara	Weideland
		godown	Warenhaus, Lagerhaus
dhoti	das weiße leinende Lendentuch der Hindus	gopura, gopuram	hochaufstrebender, pyramidenförmiger Turm mit Götterfiguren über dem Tor zu einem drawidschen Tempel in Südindien
dighi	großer Badeteich		
divali	Lichterfest der Hindus im November		
doab	Zweistromland (do = zwei, ab = Wasser), allgemein: Zwischenstromplatten		
		gotra	Sippe
		gram, grama	Dorf
		gupha	Höhle
dotala	zweistöckig	guru	geistlicher Lehrer
durbar	königlicher Hof	Gupta	Familienname der Bania (Händler-Kaste)
Durga	Göttin; die Unzugängliche, Besiegerin des Dämonen Mahisa		
		Hanuman	Anführer der Affen, die Rama im Kampf gegen Ravana unterstützten. Vielverehrte Volksgottheit
durga	Festung; auch befestigte Stadt (von durga = schwer zugänglich)		
		haram	Betraum einer Moschee
durgah	Grabbezirk	Harijan	„Kind Gottes" (Unberührbarer), → Parias
dvija	die „Zweimalgeborenen"; Bezeichnung für die drei obersten → varnas		
		hat	dörflicher Markt
		haveli	Prachtbau; traditionelles Herrenhaus mit Innenhöfen (besonders in Gujarat und Rajasthan)
Fakir	Moslemasket		
gaiya-maiya	Kuh-Mutter. Mit diesem Ausdruck bezeichnen Hindus ihre Auffassung von der Heiligkeit der Kuh.		
		Hind	Indien
		Hindu	hinduistisch
		hukkah	Wasserpfeife
gaja	Elefant	HYV	High Yielding Variety (Hochertragssorte)
Ganesa	Sohn von Siva, dickbäuchig mit Elefantenkopf; Beschützer des Handels		
		IAS	Indian Administrative Service (Name für höchste Beamtenschicht des Verwaltungsdienstes: von den Engländern übernommen)
Ganga	Flußgöttin; Ganges		
garh	Festung		
ghar	männliche Kerngruppe der Hindu Joint Family (Vater, Brüder, Enkel); Haus		
		ICS	Indian Civil Service

Indra	vedischer Kriegs- und Gewittergott	**kanyadana**	das „Weggeben" der Braut beim Hochzeitsritual
jaggery	brauner Rohzuckersaft	**kara**	s. → desom
jagirdar	Großgrundbesitzer	**karma**	Wirkung des Schicksals von einer Inkarnation in die nächste. Dem hinduistischen Glauben zufolge wird die Seele des Menschen immer von neuem in verschiedenen Menschen- und Tierkörpern wiedergeboren; die jeweils nächste Geburt ist durch die Gesamtheit aller guten und bösen Taten (karma) bestimmt, die man in der vorhergehenden Existenz vollbracht hatte.
jajman	Patron		
jajmani system	Abmachung, die die Beziehungsverhältnisse zwischen → jajman und → kamin regelt		
Jami-Masjid	Volksmoschee		
jan (sprich: dschan)	Volk		
janapada	Landbevölkerung		
janata	Volk (Janata Party = Volkspartei)		
jangal	Wald		
jati	hinduistische Bezeichnung für die Kaste als die Gemeinschaft, in die der Mensch hinein „geboren" ist		
		karnam	s. → patwari (Südindien)
		karvvata	Stadt (altind.)
		kasba	in Südindien: Mittelpunktdorf, umgeben von → ghosas
jat patel	Kastenältester (Vorsitzender)		
jhil	See	**katra**	Markt
ji	ehrenhafter Titel, der fast an jeden Namen angehängt werden kann	**khadar**	breite Niederungen (z. B. im Gangestiefland)
		khadi	handgewebter Stoff
		khalisa	Staatsland
kacha road	unbefestigte Straße	**khalsa**	Dorf freier Bauern
Kailasa	Berg in den Himalayas, der als Wohnsitz Sivas gilt	**kharif**	Monsun-Anbauperiode (Juni/Juli-Oktober/November)
		khera	Dorf, Weiler
Kali	die Schwarze, schreckliche Form der → Devi; bis heute werden der Göttin Kali, die in Bengalen sehr verehrt wird, Blutopfer, meist Ziegen, dargebracht	**kinara**	Küste
		kisan	Bauer, Pächter
		kothi	Residenz, Herrenhaus
		krishak	Bauer
		Krisna, Krsna	8. Inkarnation Visnus
		kumari	„Jungfrau", Anrede der → Durga, aber auch jedes unverheirateten Hindu-Mädchens
Kama	Liebesgott		
kamasutra	die indische ars amandi, Lehrbuch der Liebe		
kamin	Angehöriger von Handwerker- und Dienstleistungskasten, der (z. T. auch rituelle) Arbeiten für den → jajman verrichtet	**Kumbh Mela**	Festtag der Hindus bei Sonnenfinsternissen, der mit Reinigungsbädern in Flüssen gefeiert wird
		kunba	s. → vansham
		kunta, kunda	kleiner Stauteich

kutub (Qutb)	Achse	Manu	Schöpfer der orthodoxen hinduistischen Gesetze
kutumb	Familie	mauza	Landgemeinde (Bengalen)
lakh	100 000	Marwari	Name einer Händlerkaste aus Rajasthan, die eine dominierende Rolle im (nordwest)indischen Handel und der Industrie spielt
lassi	erfrischendes Getränk aus Yoghurt und Eiswasser		
lingam	Phallus, Sinnbild für Siva		
lok	Volk		
Lok Dal	politische Partei, von der Janata Partei abgespalten	masjid	Moschee
		matha	Kloster, Priesterhaus
Lok Sabha	Volkshaus (Unterhaus des Unionsparlaments), eigentlich: Volksversammlung	mausam	Wetter
		mazdoor	Arbeiter
		mela	Ausstellung, Messe; Fest
		minar	Turm einer Moschee
lungi	Lendentuch, das um die Hüfte gewickelt wird	minbar	Kanzel
		moksha	Erlösung, Befreiung
madhya	zentral	mudra	Geste, Handhaltung
Mahabharata	größtes Epos der indischen Vergangenheit, wichtigste und populärste Heilige Schrift des Hinduismus	muezzin	Gebetsrufer
		mukhamandapa	Vorhalle
		mukti	Erlösung aus dem Kreislauf der Wiedergeburten
		munshi	Lehrer; Schreiber, Sekretär
Mahadeva	Großer Gott, Siva	muri	s. → desom
mahal	Palast		
mahamandapa	große Halle, Haupthalle	nadi	Fluß
maharaja	Großkönig	naga, nagini	Schlangengott, -göttin
Mahatma	Große Seele (Ehrentitel)	nagara	(Residenz-)Stadt; in der dravidischen Ursprungsbedeutung: Haus, Wohnung, Palast, Tempel, Stadt
mahesa, mahesvara	Großer Herr, Siva		
mahesvari	Große Herrin, Devi		
maidan	öffentlicher Platz vor der Stadtmauer, Garten		
makan	Haus	nala	(kleiner) Fluß, Bach
malik	Grundbesitzer, reicher Bauer	Nandi	Stier, Reittier des Siva
		Naxaliten	Am 3. März 1967 starteten bei der Polizeistation Naxalbari (Distrikt Darjeeling, West Bengal) Plantagenarbeiter und Kleinbauern unter Führung von CPI(M)-Kadern eine Landnahmeaktion. Seitdem Bezeichnung für landlose Bauern, meist Stammesangehörige, die von Großgrundbesitzern illegal (→ ceiling)
mandal	Vereinigung, Bund, Bezirk		
mandala	symbolische Darstellung der Welt und ihrer Wesen zum Zwecke der meditativen Versenkung		
mandapa	Halle		
mandir	Tempel		
mangat	Bettler; Asket		
mantra	magische Formel, heilbringender Spruch, Beschwörungsformel auf Sanskrit, religiöser Gesang		

nirvana	gehaltenes Land besetzen, das nach der Bodenreformgesetzgebung hätte verteilt werden müssen. Zustand jenseits von Sinneswahrnehmung und Erdenbewußtsein. Ziel des Befreiungsstrebens nach Loslösung aus dem Rad der Wiedergeburten	-patnam	s. → pattana
		pattana	Handelsstadt; Terminus aus dem Dravidischen
		pattedar	Landeigentümer
		-pattinam	s. → pattana
		patwari	Dorfrevisor
		paura	Stadtbevölkerung
		Pipalbaum	Feigenbaum, unter dem Gautama Buddha die Erleuchtung erlangte
		pitaji	verehrter Vater
Nizam	erblicher Titel des (ehemaligen) Herrschers von Hyderabad	pitha	Basis eines Tempels oder Kultbildes
		pradesh	Provinz, Land, Gebiet; Einzelstaat der Indischen Union
occupancy tenant	s. → protected tenant		
ordinary tenant	s. → unprotected tenant	praja	Volk, Gesamtheit der Bürger
pahar	Berg	protected tenant	Pächter mit erblichen und unkündbaren Besitzrechten, die als solche auch im Grundbuch verzeichnet sind
paisa	1/100 Rupie: kleinste Münzeinheit der indischen Währung		
Pali	Originalsprache der buddhistischen Schriften	pucca (pacca) road	gepflasterte Straße
palli	Stadt (altind.); Siedlung, z. B. Pochampalli: Siedlung der Pochama (Göttin)	puja	Verehrung, Opferdienst. Zeremonien zur Verehrung einer Gottheit. In der einfachsten Form werden Blumen, Wasser, Reis, Wohlgeruch dargebracht und ein Licht entzündet.
pan	Betelblatt, in das Geschmackszutaten zum Kauen eingerollt werden; schwach berauschend und Hunger stillend		
		punjab, panjab	„Fünfstromland" (panch = fünf)
panchayat	wörtlich: Fünferrat; Dorfrat, Gemeinderat, Rat	pura, pur, puri	Festungsstadt; eigentliche Bedeutung: Schutzwall, Wall, Mauer
pandit	gelehrter Brahmane	purana	religiöses Gedicht
pani	Wasser	purusha	Urmensch, Urgeist; personifizierter Kosmos
Parias	Sammelbezeichnung für Unberührbare = Kasten; offizieller Sprachgebrauch: scheduled castes (registrierte Kasten), von Gandhi als → Harijans bezeichnet		
		purva	Osten
		rabi	Winterernte (November–März/April)
		raj	Herrschaft
		raja	König
parishad	Rat, Partei	rajadhani	Hauptstadt, Residenz des Königs (ist heute wieder für die Hauptstadt der Indischen Union, Delhi, im Gebrauch)
parishadal	Partei		
pashchim	Westen		
patel	Dorfhauptmann (Chef der Exekutive)		

Glossar

Raja Sabha	Staatenrat (Oberhaus des Unionsparlaments), eigentlich: Versammlung der Staaten	**Sanskrit**	von Panini um 500 v. Chr. mit Grammatik versehene Gelehrtensprache
Rama	Rama, 7. Inkarnation des Visnu	**sardar**	Führer, Häuptling
rama raj	Herrschaft Gottes, Paradies, mythisches goldenes Zeitalter der indischen Geschichte	**sarovar**	großer → tank
		sarpanch	Vorsitzender des Dorfrates (→ panchayat)
Ramayana	hinduist. Epos, schildert Leben und Taten des → Rama	**sarvodaya**	Wohlfahrt aller; Gandhistische Sozialarbeiterbewegung
ram raja	Reich Gottes	**sati**	Witwenverbrennung, bei der sich die Frau auf den brennenden Holzstoß stürzt, auf dem die Leiche ihres Mannes verbrannt wird. Seit über 100 Jahren ist diese Art des Selbstmords verboten, sie kommt aber hin und wieder trotzdem auch heute noch vor.
rani	Ehefrau eines fürstlichen Herrschers		
rashtra	Nation		
rashtrija	national		
ratha	Prozessionswagen in steinernen Tempeln		
ratna	Edelstein, Juwel		
rauza	Kombination von Grab und Moschee		
rupee (rupaya)	Währung = 100 paisa	**satyagraha**	ziviler Ungehorsam; widerstandloser Protest, der von Gandhi vorgelebt wurde; wörtlich: Das Bestehen auf der Wahrheit (Sanskrit)
ryot	selbstwirtschaftender Bauer		
ryotwari	Grundsteuersystem, das auf individueller Veranlagung fußt		
		scheduled castes (S.C.)	→ s. Parias
sabha	Tempelhalle; Gesellschaft, Verband, Bund, Versammlung, Treffen, Haus eines Parlaments	**scheduled tribes (S.T.)**	registrierte Stämme, offizielle Sammelbezeichnung für die ca. 500 Stämme Indiens
sabzimandi	Gemüsemarkt		
sadhu	herumwandernder Heiliger, der alles aufgegeben hat, um religiöse Erleuchtung zu suchen	**sepoy**	einfacher Soldat bei der Infanterie
		serai	Unterkunft für Reisende; insbesondere Karawanserei, in der früher die Karawanen übernachteten
sagara	See, Teich		
samaj	Verein, Gesellschaft, Organisation		
samsara	der ewige Kreislauf der Welt, insbesondere der menschlichen Wiedergeburten	**shakti**	geistige Energie, Lebenskraft
		shastra	altes Lehrbuch
		shikara	Boot (Kashmir)
samudra	Meer	**shish mahal**	Spiegelpalast
samvaha	Marktflecken (altind.)	**Siddharta**	Königssohn, verließ den Palast und erreichte sein Ziel als → Buddha
sangh	Bund, Partei		
sangharama	Kloster		

sikhara	Gipfel, Tempelturm im nordindischen nagara-Stil	Tagore (engl.)	1861–1941, bedeutendster indischer Dichter des 20. Jh., 1913: Nobelpreis für Literatur; s. Thakur
silpasastra	kunsttheoretische Schriften und Gebrauchsanweisungen für Handwerker; im weitesten Sinne: Lehrbuch der Architektur	tahsil, tehsil, taluk	zwischen Gemeinde und Distrikt stehende Verwaltungseinheit, im Durchschnitt aus ca. 100 Gemeinden bestehend
Singh	Löwe, Beiname der Sikhs; als Name bei hochrangigen Kasten Nordindiens weit verbreitet	tahsildar, tehsildar, talukdar	Vorsteher eines → tahsils
		tank	(größerer) Stauteich; künstlich angelegter See zur Bewässerung; Wasserbehälter
sirdar	Führer, Befehlshaber		
sitar	indisches Saiteninstrument		
Siva	der große Gott → Mahadeva, der als Zerstörer auftritt, um eine neue Schöpfung zu erzeugen. Wird unter unzähligen Namen und vielen Aspekten verehrt	tenant-at-will	s. → unprotected tenant
		teppakulam	Tempelteich
		Thakur	Angehöriger einer nordindischen Rajputen-Kaste, Ehrenbezeichnung eines Rajput-Landlords; s. → Tagore
Sri	Name der Glücksgöttin Laksmi. Wird vor den Namen eines Hindu gesetzt, wie bei uns Herr	thalam	Längenmaß
		thali	traditionelles südindisches (vegetarisches) Essen
		tika	ein mit Farbe auf den Körper oder die Stirn aufgetragenes Zeichen; Linienführung und Farbe *können* Kasten- oder Sektenzugehörigkeit angeben. Besonders häufig ist der rote Fleck über der Nasenwurzel, der verheiratete Frauen ziert.
stambha	Säule, Pfeiler		
stupa	halbkugeliger Grabhügel		
surya	Sonne, Sonnengott		
sutra	religiöses Gedicht		
svastika	Hakenkreuz (Glückssymbol)		
swadeshi	Selbstherstellung lebenswichtiger Waren und Boykott britischer Waren		
		tintala	dreistöckig
		tirtha	Furt; Badeplatz, Wasserstelle; auch: Heilige Stätte
swami	Titel für gewählte Mönche; wörtlich: Herr des Selbst		
		toddy	vergorenes (alkoholisches) Getränk aus dem Saft der Palme
swaraj	politische Unabhängigkeit, Selbstregierung		
		tonga	Pferdekarren zur Personenbeförderung
swatantra	Freiheit		
tabi	Winterreis (Aussaat: November; Ernte: März/April)	torana	Tor
		unprotected tenant	Pächter ohne Besitzrechte am Land
tabla	kleines Schlaginstrument (Trommel)	upanayana	heilige Schnur

Glossar

upanishaden	theologisch-philosophische Schriften (seit 800 v. Chr.)	**vedika**	Holzzaun des vedischen Dorfes
uttar	Norden	**vihara**	Klostergebäude, buddhistisches Kloster
vanaspati	Öl zum Kochen	**vimana**	Tempelturm im südindischen, dravidischen Stil mit Stufendach
vandh	Hausgruppe in einem Dorf (Gujarat)		
vansham	Familiengruppe, deren männliche Mitglieder von gleicher patrilinearer Abstammung sind	**wallah**	Person, Mensch; wird im Zusammenhang mit einer Berufsbezeichnung gebraucht, z.B. Dhobi-Wallah = Wäscher, Taxi-Wallah = Taxifahrer
varanda	aus dem Sanskrit; s.u. -> bungalow		
varna	Farbe, Bezeichnung der Stände im Hinduismus; weiß: Brahmanen, rot: Kshatriyas, gelb: Vaishyas, schwarz: Sudras	**Yamuna**	Flußgöttin; vereinigt sich mit dem Ganges (-> Ganga) bei Allahabad
		yantra	magisches Werkzeug
		yoga	philosophische Richtung, Meditation
varsa	Regen		
vav	Brunnen, Treppenbrunnen	**zamindar**	Gutsbesitzer, Verpächter, Landlord; vor der Unabhängigkeit Steuereintreiber
vayu	Wind		
veda	früheste heilige Schriften der Inder		

Register

Abi 366; 370
absentee landlord 350
Agra 95; 134; 139; 203; 206
Agrarpotential 77
Agrarproduktion 349; 368 f.; 384
Agrarreform 344
Ahimsa 35
Ahmedabad 59; 134; 137; 187 ff.; 232 ff.; 259; 315 ff.; 340
A'in-i Akbari 267
Air India 211
Akbar 41; 267
Allahabad 203
Alluvialböden 155
Alphabetisierung, Alphabetisierungsquote 49; 214; 300 f.; 320; 335
Altersstruktur 298
Altstadt 136; 140
Analphabeten 20; 214 ff.; 300
Analphabetenquote 39; 216; 232; 301; 320; 346
Anbaupflanzen
– Baumwolle 33; 157; 160; 163 f.; 225; 366; 391 f.
– Hirse 19; 162 ff.; 168; 289; 298
– Hülsenfrüchte 19; 153 ff.; 161; 164; 168; 289
– Jute 157; 163 f.; 180; 221; 257 ff.; 260
– Reis 19; 155 ff.; 168; 282; 286; 289; 298; 364; 367 ff.; 370 ff.; 394
– Weizen 19; 33; 155 ff.; 164; 298; 369 ff.; 392 ff.; 405
– Zuckerrohr 157; 163; 289; 364; 367
Anbauregionen 155
Anbauspezialisierung 169
Andhra Pradesh 30; 72; 75 ff.; 80; 95; 105; 115; 121 ff.; 146; 158; 164 f.; 173; 199; 208; 228; 231; 238; 275; 283; 354 f.; 376 ff.;
Animismus 35
Antimonopolgesetz (MRTP) 178; 331
Aravalli-Berge 74 f.
Arbeiterwohnungsbau 319
Arbeitsplätze 31; 102; 196; 291; 300; 309; 332; 336; 395 f.
Arier 118; 133
Armutsgrenze 227; 329; 382
Arunachal Pradesh 26; 31; 301
Arya 41
Ärzte 213; 248; 336

Ashoka 40
Assam 31; 64 ff.; 157; 162 ff.; 169; 194; 199; 236
Aurangabad 30; 332 ff.
Auslandsbeteiligung 188; 330
Auslandsverschuldung 226; 295, 328
Außenhandel 208; 219 ff.; 264
Automobilbau s. Industrie
Ayodhya 37

backward castes 342
Bajra 157 ff.
Ballungsgebiete, metropolitane 87; 105; 188 f.; 232; 238; 241; 305 ff.; 314 f.; 406
Bangalore 83 ff.; 101; 137; 189; 206; 211
Bargunda 385; 398
Basalte 53; 56; 80 ff.; 377
Bauernkasten 270; 290 f.; 339; 388
Baumwollexport 257; 261 f.
Baumwollindustrie s. Industrie
Bengalen 30; 55 ff.; 114; 124; 163; 180; 199; 209; 213; 250 f.; 257 ff.; 262; 270
Berufskasten 110; 115 ff.
Berufsmonopol 285; 291
Berufsschulwesen 216
Berufswechsel 116; 285; 291 f.
  kastensystemimmanent 291
  kastensystemüberwindend 291
Beschäftigung 74; 116; 150 ff.; 163; 175; 213; 293; 300; 351; 396
Beschäftigungsprobleme 22; 128; 149; 176; 179 ff.; 196; 291; 320; 332; 346 ff.; 399
Bevölkerung 22; 25; 31; 34; 43; 46; 87 ff.; 100 ff.; 114; 121; 125; 130; 138; 146 ff.; 153 ff.; 163; 169; 186; 189; 194 f.; 201 f.; 211 ff.; 227 f.; 230; 247 ff.; 267; 271; 275; 282; 291; 294 f.; 298; 300; 303; 316 f.; 329; 335 ff.; 342; 357 f.; 361; 365 ff.; 375 f.; 379; 383 ff.; 391 ff.; 398; 402; 405
Bevölkerungsdichte 95 f.; 231
Bevölkerungsdynamik 21; 298; 305
Bevölkerungsentwicklung, Bevölkerungsexplosion 88; 137; 141; 227; 295; 298
Bevölkerungsplanung s. Familienplanung
Bevölkerungsproblematik 21; 87
Bevölkerungsverteilung 93; 146
Bevölkerungswachstum 19; 46; 49; 93; 100; 144; 151; 289; 296; 303; 315; 340; 382; 399; 402; 406

Bewässerung 55; 58; 78; 159 ff.; 164; 168; 182; 197; 252; 356; 362; 366 f.; 370; 373 f.; 392; 405
Bhabar 55 f.
Bharat 26; 41; 282
Bhopal 59; 232 ff.; 385
Bihar 29; 75; 79 ff.; 91 ff.; 100 f.; 114; 151; 157 f.; 163; 169; 173; 177; 189; 195; 199; 201; 213; 230 f.; 236; 250; 260; 290; 301 f.; 373; 382
Bildungsgefälle 217; 301 ff.
Bildungspolitik 214; 217
Bildungssystem 214
Binnenwanderung 303 ff.
Blockgemengeflur 122
Boden 40; 51; 64; 67; 74; 77 ff.; 133; 155; 161 f.; 247; 252; 266 ff.; 271; 316; 353 ff.; 367; 377 ff.; 384 f.; 395; 403 ff.
– Red Soils 54; 64; 72; 77; 80 ff.; 377 ff.
– Vertisole 53; 68; 72; 79 ff.; 377 ff.; 391; 403 ff.
Bodenabtragswerte 376
Bodendecke 57; 67; 77 f.
Bodenerosion 20; 67 f.; 76 f.; 86; 372; 375 ff.; 402 f.
Bodenrecht 265 ff.
Bodenreform s. Landreform
Bodenressourcen 271; 278; 405
Bodentypen 77 f.; 403
Bodenversalzung 78 f.; 367; 406
Bodenwasserhaushalt 64 ff.
Bodenwasserkapazität 64
Bombay 29; 34 f.; 59; 101 ff.; 133; 136 f.; 141; 147; 176 f.; 181 ff.; 187 ff.; 199; 203 ff.; 216; 232 ff.; 239; 255 ff.; 270; 301 ff.; 313 ff.; 332; 340; 383; 401
Bombay-Plan 239; 319; 332
Brahmaputra 95
Brain drain 216; 303 ff.
Brandrodung, Brandrodungsfeldbau 72 ff.; 378 f.
Bruttoinlandprodukt (BIP), Bruttosozialprodukt 150 ff.; 183 f.; 327 f.
Britisch-Indien 44; 270
britische Herrschaft 119; 136 f.; 179; 187; 208; 211; 245 ff.; 258; 263 ff.
Buddhismus, Buddhisten 25; 34; 41; 110; 132
Bundesstaaten 26 ff.; 121; 133; 151; 164; 173; 189; 192; 196 ff.; 211; 214; 228 ff.; 236; 239; 332; 340; 354

Calcutta 30; 51; 66; 79; 95; 100; 136 ff.; 141; 147; 163; 168; 189; 199; 203 ff.; 232 ff.; 246; 255 ff.; 301; 303; 316; 321 f.; 401
Cantonment 136
Cauvery 95; 157; 165

C.D.P. (Community Development Programme) 182; 239; 271; 356 ff.; 368
Ceiling 354
Census 31; 34; 43; 90; 96; 117; 124; 157; 267; 282; 307 f.; 341; 368; 374
Chandigarh 137; 232
Chota Nagpur 158; 199; 204
Christen 25; 34; 39; 43; 110; 294; 323
Civil Lines 136
CMIE-Index 232; 307; 310
Community development block 146
Cochin 95; 209

Deccan, Hochland von 53; 56; 62; 68; 77; 80 f.; 95 f.; 124 f.; 147; 157 f.; 161 ff.; 204 f.; 275; 278; 283; 365 ff.
Deccan-Trapp 53; 56; 80 ff.
Degradationsstadien 72 ff.
Delhi 30; 34; 41; 79; 91; 95 ff.; 100; 103; 133 ff.; 147; 180; 203 ff.; 216; 228; 232; 239; 303; 315 f.; 383
Delhi, Sultanat 41
Deltas 59; 79; 82; 95; 150; 157 f.; 162 ff.; 231; 234
Demokratie 19; 21; 25 ff.; 33 ff.; 117; 356
depressed castes 117
Desertifikation 69; 74 ff.
Dewas 68; 293; 383; 392; 396; 401 ff.
Dezentralisierung, Dezentralisierungsstrategien 265, 187 ff.; 308
Dharma 35; 111; 118; 271; 339
Dienstleistungskasten 114; 128 ff.; 285
Disparitäten 21; 173; 188; 202 ff.; 227; 231 ff.; 241; 304; 344; 348 f.; 368; 395
Doab 78
dominant caste 110; 115; 230; 267; 282 f.; 294; 342
Dorf 114 ff.; 121; 125; 128 ff.; 145 f.; 150; 196; 212; 247; 265; 274; 278; 283 f.; 290 ff.; 300; 326; 333 ff.; 356 ff.; 384; 393 ff.; 402
Dorfanlage 125
Dorfgemeinschaft 176; 265 f.; 271; 359
Dorfhandwerk 179; 337
dravidische Sprachen 29
Düngemittel, Dünger 161; 164; 197; 294; 327; 356; 362; 370 ff.; 394
Dürrejahre 66; 181 f.
Dürrekatastrophen 213

East India Company 138; 246; 250
Eigentumsverhältnisse (Land-) 249; 267 ff.; 274; 278; 289; 322; 352 ff.; 385
Einkommensdisparitäten 105; 314; 326
Einkommenssteuern s. Steuern
Einkommenszusammensetzung 105
Einzelhöfe; Einzelhofsiedlungen 121; 124

Eisenbahnbau 202f.; 254f.
Eisenbahnen 199; 255
Eisenbahnnetz 202f.; 208; 255f.
Eisenbahnsystem 47; 205
Eisenerzvorkommen 200
Elektrizitätsnetz 309; 333; 382; 396
Elektrizitätserzeugung 197; 295
Elektronikindustrie s. Industrie
Endogamie 20; 110; 113
Energiesparmaßnahmen 201
Energieträger 20; 200; 206
– Braunkohle 177
– Erdgas 198
– Erdöl 177f.; 197ff.; 209; 221; 295; 331
– Kernenergie 19; 199
– Kohle 178; 197ff.; 255; 295; 331
– Steinkohle 199
Energieversorgung 196f.; 201f.; 396
Entwaldung 75; 376ff.; 402f.
Entwicklungsbereitschaft, Innovationsbereitschaft 165; 173; 230ff.; 240; 331; 365ff.; 375; 391; 394
Entwicklungsgefälle, regionales 49; 94; 173; 194; 212f.; 228; 236ff.; 308f.; 313f.; 349
Entwicklungsland 21; 25; 39; 45; 88; 227
Entwicklungsplanung 152; 228; 236; 238
Erbrecht 289
Erdölchemie s. Industrie
Ernährungssituation 213
Essential Commodities Act 178
Exit Policy 331
Export 19; 182; 219ff.; 225; 251ff.; 256ff.; 262; 339
Exportgüter 164
Exportmarkt 262

Factories Act (1948) 192; 340
Fahrrad 185; 207
Fakir 398
Familienplanung, Bevölkerungsplanung 87; 90ff.
Familienpolitik 296
Family Planning Programme 90f.
Fernsehen 382
Flächenerträge 143; 161ff.; 373; 378; 402; 406
Flurbereinigung 124; 350; 356; 359
Flurform 122ff.
Föderalismus 28; 180; 239
Foreign Exchange Regulations Act (FERA) 179
Foreign Investment Promotion Board 331
Fünfjahrpläne 72; 90f., 152ff.; 179ff.; 188ff.; 199ff.; 212; 238; 324f.; 335; 356ff. 362; 368f.
Fürstenstaaten 44; 100; 255

Gandhi, Mahatma 28; 32ff.; 93; 117; 175ff.; 193; 215; 265; 282; 344; 382
Ganges 55ff.; 67; 75; 78ff.; 95; 133; 157; 205; 234; 379
Gar 92; 157; 255
Geburtenkontrolle 91; 213; 320; 329
Geburtenrate 89ff.
Geldverleiher 247; 252; 290f.; 324; 350
Gemeinde 27; 34; 38; 110; 113ff.; 121ff.; 144f.; 155; 169; 273ff.; 282ff.; 336f.; 357; 366; 383; 396; 399
Gemeindegröße 121
Genossenschaften 178; 271; 350; 355ff.; 392; 399
Gerechtigkeit, soziale 188; 240; 338; 348f.
Gesundheitsrisiko 214
Gesundheitswesen 88; 217; 357
Goa 26; 56; 59; 136; 268
Godavari 56; 59; 81; 95; 147; 157f.; 203; 208
Gond 35; 52
Gondwana 52
Gotra 112
Großgemeinde 113; 122; 145
Großgrundbesitz 125; 280; 283; 290; 367
Großindustrie s. Industrie
Growth Pool, -Konzept 308f.; 314; 332; 335; 338
Grundbesitz 252; 350; 354
Grundnahrungsmittel, Nettoverfügbarkeit 157; 161; 181f.; 297f.; 369
Grundwasser 20; 317; 367; 384; 394; 405
Grüne Revolution 368; 374; 394
Gujarat 29; 39; 57; 72; 76; 79f.; 93; 138; 151; 163f.; 189; 194; 199; 213; 234; 241; 268; 338ff.; 344; 355; 376; 402
Guntur 164; 169; 204
Gupta-Reich 245

Hamlet 122; 125; 130
Handelspartner 225; 327
Handelsstadt 133
Handwerker 43; 114; 119; 125; 216; 247f.; 253; 335
Harappa, -Kultur 40; 74f.; 133
Harijan 265; 357
Haryana 29; 78f.; 97; 133; 161; 169; 194ff.; 201; 208; 373
Haufendorf 124
Hausbootsiedlungen 124
Hausformen 124
Haushalte, private 20; 106; 197; 200; 275; 280ff.; 292; 315; 321; 341; 366; 382ff.; 396; 401
– Einkommen 105f.
– ländliche 106f.; 197; 280ff.; 290ff.; 303; 366; 382; 401
– städtische 106f.; 315; 321; 341

Heirat 20; 103; 111; 286
Himachal Pradesh 29; 96; 374
Himalaya 41; 52; 55 ff.; 69; 75; 93; 121; 133; 161
Hindi 29; 93
Hindu 32 ff.; 43; 111; 124; 227; 265; 283; 344
Hinduismus 25; 34 ff.; 109; 115; 134; 294
Hirsearten 64
Hochkultur 21; 39; 43 ff.
Hochschulen 216
Hungersnöte 202; 213
Hybridsorten 392
Hyderabad 22; 29; 59; 67; 80; 85; 100; 134; 137 f.; 147; 187 ff.; 206; 209 ff.; 232; 320; 367; 379

Import 178; 182; 219; 225; 256; 328
Importsubstitution 225
Indian Airlines 209 ff.
Indian Civil Service (ICS) 136; 254
Indian Institutes of Technology 216
Indien, Demokratische Republik 26
Indigo 263
Indische Platte 51 ff.
Indische Großreiche 40; 133
Indischer Ozean 53 ff.
Indisch-Pakistanische Kriege 32
Indoarische Sprachen 29
Indore 68; 187; 234; 383
Indus 40; 55 f.; 78 f.; 161
Indus-Ganges-Ebene 78
Industalkultur 132
Industrial Estate 401
Industrial Policy Statement 177
Industrialisierung 102; 182; 188; 192; 216; 221; 261; 274; 307; 332; 338; 348
Industrialisierungspolitik 193
Industrie 19 ff.; 58; 87; 95; 116; 128; 138; 149 f.; 175 ff.; 195; 201; 216; 219; 226; 230 ff.; 245 f.; 255 ff.; 291 ff.; 300; 303 f.; 309; 327; 330 ff.; 336; 395
– Automobilbau 186; 219; 305
– Baumwollindustrie 187; 257 f.; 264
– Elektronikindustrie 305
– Erdölchemie 305
– Großindustrie 178 f.; 192; 238
– Holz- 150; 336
– Jute- 163; 187; 257 ff.;
– Lebensmittel- 150; 186; 225; 305
– Klein- 178 f.; 183; 192 f.; 200; 332; 339; 357; 406
– Metall- 189; 336
– Mittelindustrie 183; 192 f.; 230; 332
– Papier- 150; 178; 189
– Pharmaindustrie 305
– Schmuckindustrie 221
– Stahlindustrie 257; 260 f.
– Tabak- 150
– Textil- 150; 175; 178; 186 ff.; 221; 257 ff.; 305; 338 ff.
– Zucker- 150
Industriearbeiter 187 f.; 216; 292; 310; 331; 336 f.; 341; 346
Industries Control Bill 178
Inflation 151; 226; 327
Infrastruktur 21; 47; 165; 183; 197; 212 f.; 226; 231; 240; 313; 322 f.; 396; 406
– Straßennetz 138; 202; 206 ff.
– demkratische Grundstrukturen der Verwaltung 47
– Eisenbahnen 47; 199; 202 ff.; 255 f.
– Verwaltung 26; 30; 47; 116; 146; 253 ff.; 275; 357; 401
Intensivierung 93; 164; 168 ff.; 205; 231; 361; 367; 390 f.; 395
Islam 25; 32; 35; 39; 294

Jagirdar 266
Jahreszeiten 58; 79
Jainas, Jainismus 25; 34; 110
Jaipur 100; 133
Jajmani System 129
Jamshedpur 133; 147
Janata Party 26; 37
Jati 109; 112; 115; 275
Joint Ventures 330
Jodhpur 59; 64 f.; 74; 138; 302
Jowar 157 ff.
Juden 34; 110
Juteindustrie s. Industrie

Kalyan 307 ff.
Kamin 128
Kannada, Kannaren 29; 366
Kanpur 133; 187 ff.; 203; 216
Karnataka 66; 77; 80; 83; 113; 147
Kasba 122
Kashmir 28 ff.; 57 f.; 93; 97; 157; 194; 302
Kashmir Valley 57
Kaste(n) 20; 36 ff.; 109 ff.; 125; 128 f.; 138; 270 ff.; 341; 344; 348; 366; 385; 399 ff.
– Anzahl und Verbreitung 455
– umfassendes Kastenverzeichnis 465 ff.
– einzelne Kasten im Text:
– Ahir 270; 293; 385; 394 f.
– Balai 117; 288; 338; 385; 388; 394; 399; 401
– Balai Babaji 399
– Balija 282
– Bania, Baniya 38; 269; 292
– Bhangi 117; 398 f.
– Bhilala 293; 385

- Bhumihar 269
- Boya 275; 280 ff.
- Brahmin 116; 290; 398
- Chamar 117; 283; 291; 337; 385; 394; 398 f.
- Darzi 292 f.; 337; 385
- Dhobi 114; 128 f.
- Doli 385; 398
- Fakir 398
- Gosain 385; 394; 398
- Gowd 290
- Jats 110; 230
- Kalali 116
- Kalyan 307 ff.
- Kayastha 269
- Khasi 35
- Khati 385; 388
- Khatri 344
- Kurmi 270; 290
- Kuruba 275
- Lohar 398
- Madiga 117; 275; 282 f.; 291
- Mala 62; 117
- Mali 293; 394 f.
- Mina 35; 398
- Nai 337; 398
- Nath 385; 398
- Pinjara 293; 385
- Rajput 38; 288 ff.; 388; 401
- Ramdasia 117
- Reddi 125; 129 f.; 283
- Sutar 293; 398; 401
- Teli 292; 385; 398 f.
- Vaishya 43; 109
- Vodla 285

Kastensystem 19 ff.; 38, 109 ff.; 118; 128; 227; 248; 265 ff.; 289; 324; 382
Kastenviertel 125; 138; 385
Kastenwesen s. Kastensystem
Kaveri s. Cauvery
Kerala 29; 34; 83 f.; 91; 114; 121; 124; 157 f.; 162 ff.; 201; 213; 231; 301; 354
Kernkraftwerke, Atomkraftwerke 19; 198
Khandan 112
Khalistan 33
Kinderarbeit 300
Kindersterblichkeit 49; 329
Kleinindustrie s. Industrie
- Förderungsprogramm 332
Klima 33; 46 f.; 51; 57 f.; 64; 77 ff.; 137; 155; 161 f.; 367; 378; 392
Klimadiagramme 64 ff.
Klimaschwankungen 57
Kolhapur 309
Kolonialherrschaft 119; 136 f.; 179; 264; 267; 304

Kolonialzeit 44; 47; 164; 188; 202 f.; 249; 353; 402
Kommensalität 113
Kongreßpartei 26 ff.; 179
Konkan (-provinzen, -küste) 56; 62; 305 ff.
Koromandelküste 157; 163
Krankenhäuser 313
Kreditgenossenschaft 130
Krishna 56; 59; 81; 95; 147; 157 f.; 164 ff.; 203; 208
Kshatriyas 43; 109 f.; 118; 273; 342
Kumhar 337; 385
Kunsthandwerk 221
Küsten (-ebenen, -gebiete; -tiefländer) 56; 68; 79; 95; 124; 155; 164; 205; 208
Küstenschiffahrt 208
Kutumbh 112

Ladakh 29
Laissez-faire-Doktrin 257
Landarbeiter 268 f.; 280; 286; 336 ff.; 350 f.; 395; 399
Landbesitz, kollektiver 266 ff.
Landeigentum, Landeigentümer 267 f.; 274; 278; 282 f.; 289; 322; 352 ff.; 385; 388
Landflucht 100; 103; 228; 381
ländliche Bevölkerung 47; 58; 95; 100; 107; 125; 149 f.; 158; 196; 212; 231; 247; 271; 278; 291; 294; 298; 335 ff.; 349 ff.; 356; 368; 373; 381; 394 f.; 406
Landnutzung 70; 82; 161; 376
Land- (Boden-) Nutzungsrechte 265 ff.; 350 ff.
Länderhaushalte 305
Landpacht 270; 283; 350 ff.; 359; 367
Landreform 349; 352 ff.; 368
Landschaftshaushalt 51; 56 ff.; 69; 77; 84 ff.; 378; 405
Landschaftsökologie 21; 51; 76
Landverteilung 77; 278; 352 ff.; 368; 395
Landwirtschaft 19 ff.; 43; 66; 75; 79; 149 f.; 164; 169; 176; 180 ff.; 188 f.; 197; 201; 230 f.; 238; 247 f.; 252; 263 f.; 272; 292 f.; 300; 310; 339 f.; 351; 356 f.; 378; 384; 395; 403
Lebenserwartung 49; 282
Lebensraum 96; 121; 131; 381
Lebensstandard 151; 188; 201; 295; 395
Leistungsgefälle 232 ff.
Liberalisierung 226; 327
Linga 366
Löhne 259; 336; 340
Lok Sabha 26
Low-Cost-Housing-Programme 322 f.
Lucknow 59; 79; 95; 203; 232
Ludhiana 58; 234
Luftverkehr 209 f.
Luftverschmutzung 132; 310

Madhya Pradesh 74f.; 80; 100f.; 114; 161f.; 169; 213; 230; 234ff.; 302; 378f.; 383; 401
Madras 29; 59; 64; 133; 136; 168; 187; 199; 203ff.; 216; 232ff.; 246; 255f.; 270; 290; 303; 316; 320; 323
Madurai 59; 68; 81; 187
Mahanadi 95; 157
Mahalwari-System 270
Maharashtra 29; 34; 75ff.; 93; 96f.; 101ff.; 189; 194; 216; 234; 239; 303ff.; 332; 355; 377; 396
Malabar (-küste) 95; 124; 134ff.; 158; 203; 208; 231; 234
Malayalam 29
Mangelernährung 214
Mangalore 59; 67; 205
Manipur 31
Manu 273
Marati 29
Marktwirtschaft, soziale 185; 331
Mauryas-Dynastie 42f.; 133f.
Marathen 136
Megastädte 211; 303; 309; 313
Megasthenes 43; 118
Meghalaya 31; 34
Metropolen 97; 100ff.; 121; 131f.; 141; 144f.; 212; 228; 232ff.; 240f.; 303f.; 314f.; 340
Metropolisierung 303f.; 314
metropolitan-dominierte Regionaltypen s. Regionaltypen
metropolitan-ferne Regionaltypen s. Regionaltypen
metropolitane Ballungsgebiete/Regionen s. Ballungsgebiete
metropolitane Bevölkerung 97; 110
metropolitane Primacy 307
metropolitanes Wachstum 101; 141; 241; 315
Migration
– Land-Land 103; 381
– Land-Stadt 103ff.; 307; 332; 381
Mittelindustrie s. Industrie
Mittelklassewohngebiete 319; 324
Mixed Economy 176; 180
Mizoram 26; 35
Mizos 35
Mogulreich 41; 139; 246ff.; 263
Mohenjo Daro 133
Monsun (-regen) 57ff.; 62ff.; 124; 185; 201; 252; 362; 370; 378; 390; 403
Munda (-Sprachen) 29; 35
Muslims 31ff.; 43; 110; 132ff.; 275; 294; 301; 342
Muslim-Kasten 110; 117; 125; 128; 270; 275; 293; 344ff.; 366; 385
Mysore 29; 72; 77; 83; 161; 187

Nachrichtenwesen 146; 202; 211
Nachrichtenverbindungen 211
Naga 35
Nagaland 31; 35; 91
Nagara 133
Nagpur 34; 62ff.; 101; 133; 158; 199; 203ff.; 303; 308ff.
Nahrungsfrüchte s. Anbauprodukte
Nahrungsmittel 149; 161; 178; 221; 247; 262; 295; 327; 402
– -bedarf 152
– -importe 28; 369
– -preise 133; 152
– -produktion 19; 46; 89; 151ff.; 173; 181; 298; 305; 327; 349; 359; 382
– -preise 133; 151
– -versorgung 29; 154
Narmada 75; 81; 376
National Highways 207f.
National Planning Committee 176
Naturressurcen 55; 77
Naturressource Boden 86; 379; 405
Nehru 25; 28f.; 38; 176; 179; 246; 349; 356
New Bombay 308
New Delhi 140f.; 147; 315
Niederschläge 57f.; 62ff.; 157f.; 384; 403
– Verteilung 58; 62
Nizam 376; 403
Notstand 28
Nutzpflanzen 155; 173; 364; 367; 391f.
– Produktion 359
Nutzungsrecht 270

Obdachlose s. pavement dwellers
Oberhaus s. Rayja Sabha
Orissa 29; 80; 91; 97; 100; 114; 157f.; 163f.; 189; 199; 201; 208; 213; 230; 373; 378f.
Oriya 29
Ostindiengesellschaft s. East India Company

Pächter 252; 265ff.; 280; 344; 350ff.
– protected tenants 350; 356
– unprotected tenants 283; 350; 353
Palmsaftzapfer 114ff.; 128ff.
Papierindustrie s. Industrie
Panchayat, Panchayti Raj System 27; 239; 282f.; 357ff.
Paria 116f.; 125; 320; 388; 392ff.; 399ff.
Parias 20; 38f.; 110; 333; 342; 388; 394; 399
Parlament 26ff.; 38
Parsen 34
Parteien 26ff.; 37; 179; 294; 322
– s. a. Kongreßpartei
Passat 57ff.
Pataliputra 41; 133

Patel 36; 283; 294; 344
pavement dweller 319f.; 325
Permanent settlement 251 f.; 265 ff.; 353
Pfahlbausiedlungen 124
Pflanzengesellschaften 72
Pharmaindustrie s. Industrie
Pinjara 293; 385
Planning Commission 179f.; 227; 239
Planungsvorhaben 239
Plassey, Schlacht von 44; 245; 250
Pondicherry 95; 232
Portugiesen 26; 136
Post 130; 145; 211; 335
Primary Health Centre 212
Pro-Kopf-Einkommen 47; 100; 176; 183; 231; 236; 295; 307; 329; 332; 395
Pro-Kopf-Produktion 19; 46; 154; 169; 173; 296 ff.; 382
Produktionsentwicklung 193; 362
Produktionsgenossenschaften, landwirtschaftliche 271; 350; 355 ff; 392; 399
Produktivitätsentwicklung, -steigerung 186; 349; 370 ff.; 391; 394
Pune 34; 101; 105; 216; 234; 303 ff.; 313
Punjab 26; 29; 33 f.; 44; 58; 67; 75; 78 f.; 95; 124; 133; 158; 161 ff.; 169; 173; 194 ff.; 201; 208; 213; 228 ff.; 231; 234; 241; 270; 344; 355 ff.; 373 f.; 382

Qutb Minar 139

Radio 382; 398
Rajasthan 59; 67; 72 ff.; 92; 95; 133 f.; 157; 160 ff.; 169; 189; 213; 301 f.; 374
Rajya Sabha (Oberhaus) 26
Raketen 182
Rama 378
Rao, Narasimha 226; 327 ff.
Rechtssystem 254; 266
Rechtstexte 118
Rechtsunsicherheit 322f.
Red soils (Rotlehmböden) s. Boden
Reform 30; 327; 330; 350; 353ff.
Regenfeldbau 65; 161f.; 402f.
Regentage 67
Regenwald 69; 76f.
Regenzeit 55; 59; 67; 73; 81; 158; 320
Regionalismus 28 ff.
Regionalkonflikte 28; 228
Regionaltypen
 – metropolitan-dominierte 147; 234
 – metropolitan-ferne, agrarwirtschaftlich dominierte 232 ff.; 309; 313
 – monozentrische 147; 234
 – polyzentrische 234
Regur 81

Reis s. Anbauprodukte
Religion 31 ff.; 109; 282
Residenzstadt 132 ff.
Rigveda 109
Rourkela 181; 188
Rupie 226; 254; 327; 330 f.
Rüstung 31
Ryot 116
ryotwari settlement 270

Saatgut 294; 351 f.; 369
Saatgut-Dünger-Technologie 374
Säkularismus 25; 36
Salzböden 78f.
Sanskrit 29; 35
Sanskritisierung 114; 293
Santal (Santhal) 35
Saprolit 81 ff.; 378
Satelliten 19; 182
Säuglingssterblichkeit 20; 89; 319
Savanne(n) 69 ff.
 – -zone 70; 77
 – -problem 75
scheduled castes (SC) 20; 26; 38 f.; 110; 323; 342; 346 ff.
scheduled tribes (ST) 26; 34; 38 f.
Schichtenstruktur, agrare sozialökonomische 268; 280; 350 ff.
Schmuckindustrie s. Industrie
Schulbesuch 214
Schulbildung 214f.
Seeschiffahrt 208
Seuchen 88; 322
Shiva 55
Sholapur 187; 377
Shudra (Sudra) 43; 109; 116; 119
Sick Industries 331
Siedlungsbild 128; 285
Siedlungsentwicklung 95; 385
Siedlungsformen 124
 Haufendorf, Straßendorf s. dort
Sikhs 25; 33 ff.; 110; 228; 230
Site-and-Service-Programme 322
Siwaliks 55f.
Slumbevölkerung 321 ff.
Slumproblem 315; 319
Slumsanierung 322ff.
Slumtypen 320
Solapur (Sholapur) 259
Sommermonsun 57 f.; 62
Sozialordnung 19; 34; 38; 118; 125; 131; 359
Speisevorschriften 111
Sprachenstaaten 29
Sqattergebiete 144; 315; 326
Sri 32; 114; 164; 214; 232; 303
Staatshaushalt 186; 305

Staatsunternehmen 203; 331
Stadtentwicklung (-sepochen) 132
Städtesystem 131 f.
Städtewachstum 103; 131; 315
Stadtgrößenklassen 96
Stadt-Land-Entwicklungsgefälle 106; 144; 212 f.; 232; 236
Stadttypen 133 f.
Stahlindustrie s. Industrie
Stahlwerke 177; 181; 188; 199; 260
Stamm, Stämme 29 ff.; 96; 103; 124; 128; 293
Standortbedingungen 209; 392
Standortgenehmigungen 331
Staudämme, -seen, -teiche 150; 158; 168; 271; 359; 364; 367; 376; 403
State Highways 207
Sterberate 88 f.
Sterilisierung (-skampagnen) 91 f.
Steuern 26; 247; 251 ff.; 266
Steuersystem 251
Straßendorf 124
Straßennetz 138; 202; 206 ff.
Surat 234; 246; 340

Tabak 164; 367
Tagore, Rabindranath 30
Taj Mahal 134
Tamil Nadu 29; 68; 77; 80; 83; 91; 121 f.; 134; 165; 194; 231; 234 f.
Tank 364
Tata 34; 177 ff.; 260
Tata Iron and Steel Corporation (TISCO) 260
Teilpächter 252; 351 ff.
Telefonnetz 211 f.; 303; 310; 313; 396
Telugu 29 f.; 124; 283; 366
Tempelstadt 134
Tenali 105; 165; 169
Terai 55 f.; 67
Textilindustrie s. Industrie
Thakur 56; 288
Thane 203; 234; 305 ff.
Thar 58; 63; 74; 122 f.; 160; 376
Tiefenverwitterung 58; 80 ff.; 378 f.
Trapp 53; 56; 80 ff.
Trinkwasserversorgung 213 f.; 217; 322; 382

Überschwemmungsjahre 66
Unabhängigkeit 19 ff.; 28 ff.; 44 ff.; 70; 87; 100; 137; 152; 155; 175 ff.; 197 f.; 202; 219; 265; 271; 283 f.; 294 f.; 329; 362; 381 f.; 402
Unberührbare, Untouchables 26; 38; 114 f.; 268; 283; 288 f.
Unberührbarkeit 21; 119; 271 f.; 282
Universitäten 215 f.
Unterentwicklung 21; 44; 47; 188 f.; 232; 245 f.; 271; 309

Unterernährung 20; 213
Upgrading Programme 323
urbane Bevölkerung 87; 96 f.; 100 ff.; 303
Urbanisierung 100 ff.; 303 f.; 315; 338
Urbanisierungsquote 47; 96 f.; 100 f.; 232; 303; 381
Urdu 29
Ureinwohner 35
Uttar Pradesh 29; 37; 55; 66; 72; 78; 92; 97; 101; 105; 114; 162 f.; 194; 213; 230; 302; 356; 373

Vadodera 138; 234
Vaishya 43; 109; 118
Vallabhbhai 344
Vansham 112 f.;
Varanasi 59; 78; 101; 133; 138; 211; 234; 357
Varna 109 f.; 114; 118; 134
Vegetation, Vegetationsperiode 51; 64; 69; 71 ff.; 80; 85; 163; 376 ff.; 392
 – -formationen 64; 71 ff.
 – heutige 69 ff; 376
 – potentiell-natürliche 69 ff.
Verarbeitendes Gewerbe 46; 185; 232; 262 f.
Verfassung, indische 21; 26 ff.; 34 ff.; 214; 273; 282; 294
Verkehr 51; 64; 72 f.; 163; 378; 393
 – Eisenbahn- 203 ff.
 – Flug- 203 ff.
 – -smittel 145; 205 ff.
 – -snetz 144; 169; 254; 264
 – Nachrichten- 211 ff.
 – Schiffs- 208 ff.
 – Straßen- 206 f.
Verkehrskommunikationsinfrastruktur 188; 202
Verschuldung 290
Verstädterung 100 ff.; 131; 201; 303
Verwaltung 26; 30; 47; 116; 146; 253 ff.; 275; 357; 401
Verwaltungsstadt 133; 137 f.
Vijayawada 138; 147; 169; 205
Vishakhapatnam 59; 121; 205; 209
Volkszählung 91
Vorderer Himalaya 56

Wachstumsindustrie 305; 313, s. a. Industrie: Auto-, Elektronik-, Erdölchemie, Pharma-
Wachstumspolstrategie 332
Wachstumsrate 19; 88 ff.; 152; 173; 183 ff.; 201; 296; 300; 395
Wachstumszentren 314; 332 f.; 338
Währungswesen 254
Waldtypen 70; 376
Wallfahrtsstädte 133
Warangal 147

Wasserhaushalt 58
Wasserkraftwerke 197
Wasserressourcen s. Grundwasser
Weber 42; 116f; 130; 251; 288; 291; 337; 351
Weiler 121 ff.
Weltbank 47; 185; 202; 329; 382
West Bengal 29; 78; 97; 114; 124; 194f.; 199; 216; 234; 396
Westghats 56f.; 62; 76; 83f.; 158; 161; 164; 377
Wiedergeburt 35
Wintermonsun s. Monsun
Wirtschaftsförderung 144; 257
Wirtschaftsplanung 90; 93; 132f.; 137; 140; 147; 151 ff.; 176; 179 ff.; 188; 192; 210; 214; 227f.; 238 ff.; 250; 294; 307f.; 314; 319; 322; 349; 356; 361; 368 f.; 376

Wirtschaftssystem 249; 329
 - koloniales 253; 260
Wirtschaftswachstum 105; 149; 181
Wohnstandard 319
Wohnungsbau 176; 315; 322

Yamuna 78; 139f.; 205

Zamindar-System 266; 270
Zamindari Abolition Act 354
Zamindarverfassung 353
Zement 295
Zentralregierung 26 ff.; 178 ff.; 192; 196 f.; 211 ff.; 228; 238 ff.; 324; 327; 382
Zollschutz 257 ff.
Zucker 150; 297, s. a. Zuckerrohr
Zuckerindustrie s. Industrie

Länderprofile bei Perthes

Afghanistan
Dietrich Wiebe
3-12-928861-9, 195 S., kart.

Algerien
Adolf Arnold
3-623-00665-3, 224 S., Hardcover

Argentinien
Jürgen Bünstorf
3-12-928905-4, 206 S., kart.

Baden-Württemberg
Siegfried Kullen
3-12-928805-8, 312 S., kart.

Berlin und Brandenburg
Konrad Scherf und Hans Viehrig (Hrsg.)
3-623-00671-8, 480 S.,
Hardcover

Chile
Jürgen Bähr
3-12-928751-5, 204 S., kart.

China
Dieter Böhn
3-12-928892-9, 320 S., kart.

Dänemark
Ewald Gläßer
3-12-928781-7, 180 S., kart.

DDR
Karl Eckart
3-12-928889-9, 246 S., kart.

Die Bundesrepublik Deutschland
Gerhard Fuchs
3-12-928904-6, 296 S., kart.

Ghana
Einhard Schmidt-Kallert
3-623-00661-0, 232 S., Hardcover

Die kleinen Golfstaaten
Fred Scholz (Hrsg.)
3-12-928894-5, 240 S., kart.

Großbritannien
Heinz Heineberg
3-12-928801-5, 247 S., kart.

Hamburg
Ilse Möller
3-12-928891-0, 248 S., kart.

Indien
Dirk Bronger
3-623-00667-X, 520 S., kart.

Indonesien
Werner Röll
3-12-928711-6, 206 S., kart.

Jugoslawien
Herbert Büschenfeld
3-12-928821-X, 264 S., kart.

Kanada
Roland Vogelsang
3-623-00680-7, 356 S.,
Hardcover

Kenya
Karl Vorlaufer
3-12-928898-8, 261 S., kart.

Malaysia
Siegfried Kühne
3-12-928771-X, 187 S., kart.

Marokko
Klaus Müller-Hohenstein
und Herbert Popp
3-12-928803-1, 229 S., kart.

Mecklenburg-Vorpommern
Wolfgang Weiß (Hrsg.)
3-623-00685-5, ca. 200 S.,
Hardcover,
erscheint noch 1996

Mexiko
Erdmann Gormsen
3-623-00668-8, 368 S.,
Hardcover

Namibia
Hartmut Leser
3-12-928841-4, 259 S., kart.

Nordrhein-Westfalen
Ewald Gläßer, Klaus Vossen und
Claus-Peter Woitschützke
3-12-928882-1, 249 S., kart.

Norwegen
Rolf Lindemann
3-12-928871-6, 193 S., kart.

Peru
Werner Mikus
3-12-928802-3, 230 S., kart.

Polen
Alice Kapala
3-12-928899-6, 260 S., kart.

Portugal
Bodo Freund
3-12-928761-2, 149 S., kart.

Spanien
Toni Breuer
3-12-928831-7, 259 S., kart.

Senegal
Bernd Wiese
3-623-00664-5, 160 S.,
Hardcover

Tansania
Karl Engelhard
3-623-00662-9, 295 S.,
Hardcover

Tunesien
Peter Frankenberg
3-12-928741-8, 172 S., kart.

Türkei
Volker Höhfeld
3-623-00663-7, 284 S.,
Hardcover

USA
Roland Hahn
3-12-928901-1, 287 S., kart.

Westsamoa
Werner Hennings
3-623-00688-2, ca. 200 S.,
Hardcover,
erscheint noch 1996

Nahost und Nordafrika
Studien zu Politik und Wirtschaft, Neuerer Geschichte, Geographie und Gesellschaft

Begründet von Hans Hopfinger
Herausgeber: Sefik Alp Bahadir, Hans Hopfinger, Horst Kopp, Thomas Philipp

Band 1:
Economic Liberalization and Privatization in Socialist Arab Countries - Algeria, Egypt, Syria and Yemen as Examples
Herausgeber: Hans Hopfinger
263 S., 11 Abb., 28 Tab.; ISBN 3-623-00400-6

Der politische und ökonomische Zusammenbruch der sozialistischen Satellitenstaaten der früheren Sowjetunion hatte und hat immer noch dramatische Auswirkungen auf jene arabischen Staaten, die selbst eine sozialistische Sozial- und Wirtschaftsordnung hatten. Die meisten dieser arabischen Staaten haben den schmerzlichen Prozeß grundlegender Wirtschafts- und Sozialreformen in Bewegung gesetzt. Dieser Band stellt die allgemeinen Probleme und Fortschritte in den Ländern Algerien, Ägypten, Syrien und Jemen auf dem Weg zur wirtschaftlichen Liberalisierung und Privatisierung dar.

Band 2:
Angelika Schubert
Politische Ökonomie der Handelsliberalisierung in der Türkei, 1980-1990
249 S., 4 Abb., 26 Tab., 2 Übersichten; ISBN 3-623-00401-4

Außenwirtschaftliche Reformen wurden in den 1970er und 1980er Jahren in zahlreichen Schwellenländern durchgeführt, um ein drohendes oder bereits eingetretenes Ungleichgewicht der Zahlungsbilanz abzuwenden. Während solche Reformen jedoch oftmals scheiterten, wurden sie in der Türkei erfolgreich implementiert. Nach der 1970 eingetretenen Zahlungsunfähigkeit der Türkei begann inmitten einer tiefen politischen Krise ab 1980 der wirtschaftspolitische Kurswechsel von der importsubstituierten Industrialisierung zur exportorientierten Wachstumspolitik. Die Analyse dieses Kurswechsels beschränkt sich jedoch nicht nur auf die genannten außenwirtschaftlichen Reformmaßnahmen, sondern bezieht auch die historischen, sozio-ökonomischen und politischen Bedingungen in der Türkei mit ein, unter denen dieser Strategiewechsel erfolgreich eingeleitet und durchgesetzt werden konnte.

Band 3:
Birgit Schäbler
Aufstände im Drusenbergland.
Ethnizität und Integration einer ländlichen Gesellschaft Syriens vom Osmanischen Reich bis zur staatlichen Unabhängigkeit.
ca.300 S., 2 Kartenbeilagen, ca. 5 Abb.; ISBN 3-623-00402-2, erscheint noch 1996

Die Drusen des Gabal al-Duruz in Syrien waren bisher überwiegend als esoterische Glaubensgemeinschaft Gegenstand wissenschaftlicher Betrachtung. Im Gegensatz hierzu befaßt sich diese sozial-historische Studie mit der gesellschaftlichen Struktur der Hauran-Drusen Syriens und untersucht ihre sozio-politische Entwicklung vom Osmanischen Reich über das französische Mandat bis zur Unabhängigkeit Syriens anhand dreier großer Aufstände: der ammiyya 1889, der „großen syrischen Revolte" 1925 und der sa biyya 1949. Dabei spielen auch Fragen wie Landbesitz, das Konzept des „außereuropäischen Feudalismus" und die tribale Gesellschaft eine Rolle.

Perthes Geographie Kolleg

Die neue Lehrbuchreihe von Perthes!

Pysische Geographie Deutschlands
Hrsg.: Herbert Liedtke und Joachim Marcinek
560 S., 60 Karten, 84 Abb., 79 Tabellen; ISBN 3-623-00840-0
Bereits in 2. Auflage!

Das Standardwerk über die physische Geographie Deutschlands ist die erste gesamtdeutsche Darstellung seit 1957, herausgegeben und verfaßt von anerkannten Wissenschaftlern aus Ost- und Westdeutschland. Im einleitenden systematischen Teil werden die Faktoren der physischen Geographie (Klima, Oberflächenformen, Gewässer, Vegetation und Böden) vorgestellt, im regionalen Teil folgen die großen naturräumlichen Einheiten Deutschlands (Küsten, Norddeutsches Tiefland, Mittelgebirge, Süddeutsches Stufenland, Alpenvorland, Alpen).

Lehrbuch der Allgemeinen Physischen Geographie
Hrsg.: Manfred Hendl und Herbert Liedtke
ca. 680 S., 227 Abb., 160 Tab.; ISBN 3-623-00839-7, erscheint noch 1996

Das Lehrbuch ist ein Grundlagenwerk über die Teildisziplinen der Allgemeinen Physischen Geographie. Es vermittelt fundamentale Kenntnisse über Geologie, Boden-, Klima-, Hydro-, Vegetations- und Zoogeographie sowie über die geographischen Zonen der Erde und die allgemeine Geoökologie. Die zusammenfassende und systematische Darstellung gewährleistet den raschen Zugriff auf den modernen Wissensstand.

Das Klima der Städte
Fritz Fezer
199 S., 70 Abb., 54 Tab.; ISBN 3-623-00841-9

Der Autor, anerkannter Klimaforscher, hat aus über zwanzigjährigen vergleichenden weltweiten Fallstudien die Wirkung von Siedlungen auf das regionale und zonale Klima analysiert, klimabedingte Umweltprobleme in Städten behandelt und daraus siedlungsklimatologische Hinweise für die Gebäude-, Stadt- und Regionalplanung abgeleitet.

Naturressourcen der Erde und ihre Nutzung
Heiner Barsch und Klaus Bürger
ca. 240 S., 80 Abb., 88 Tab.; ISBN 3-623-00838-9, erscheint noch 1996

Naturressourcen sind vitale Existenzmittel, ihre Nutzung und ihr Schutz stellen ein globales Problem dar. Auf geowissenschaftlicher Grundlage werden die Verteilung der mineralischen, biologischen, hydrographischen und energetischen Ressourcen der Erde und ihre globale Nutzung unter ökologischem Aspekt behandelt.

Das Wasser der Erde
Joachim Marcinek und Erhard Rosenkranz
ca. 336 S., 55 Abb. und Karten, 85 Tab.; ISBN 3-623-00836-2, erscheint noch 1996

Die zweite Auflage dieser geographischen Gewässer- und Meereskunde vermittelt Kenntnisse über den Wasserkreislauf und -haushalt, basierend auf den neuesten ökologischen Erkenntnissen und aktuellem Zahlenmaterial.

Indien – Religionen

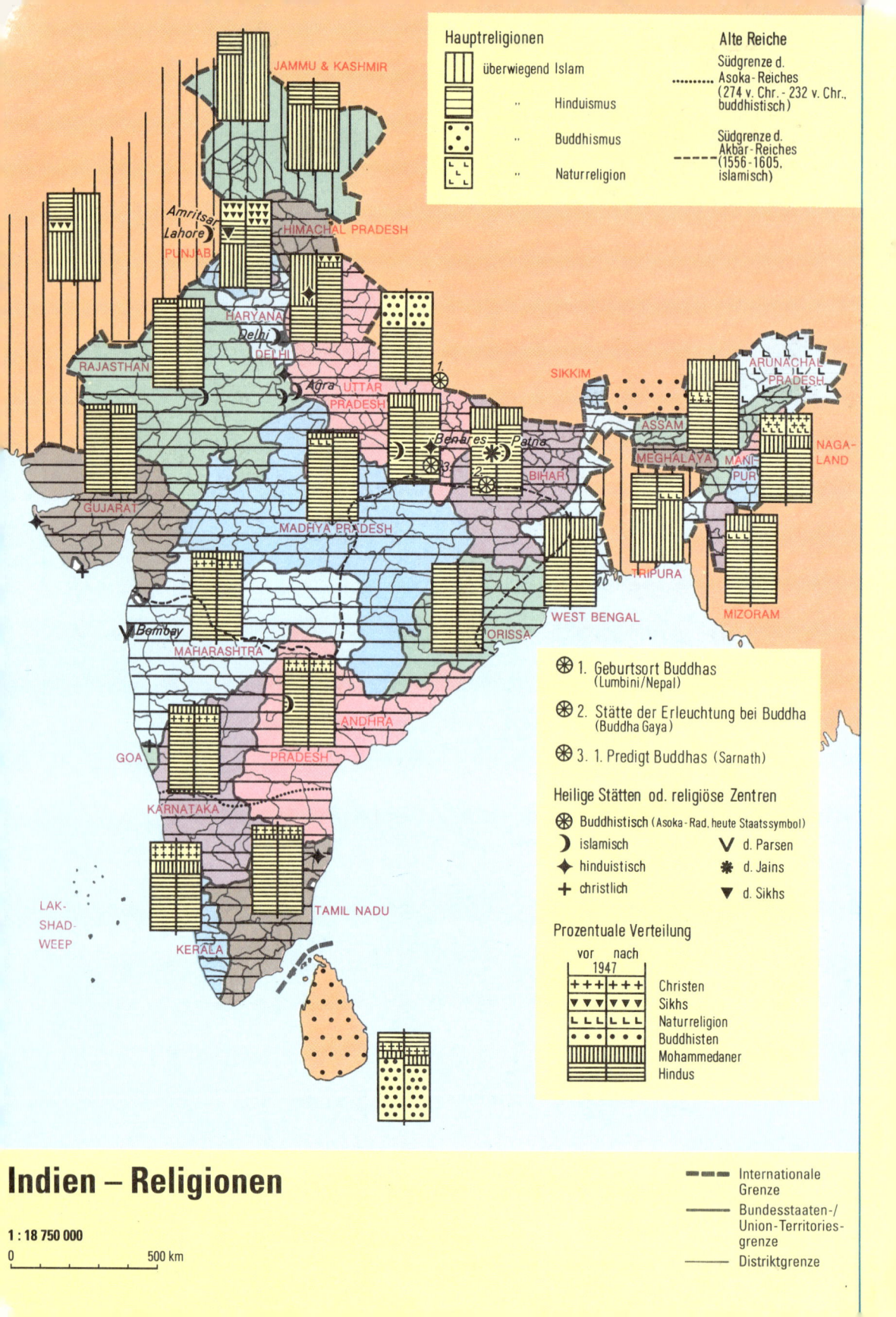

Hauptreligionen
- überwiegend Islam
- " Hinduismus
- " Buddhismus
- " Naturreligion

Alte Reiche
- ········ Südgrenze d. Asoka-Reiches (274 v. Chr. – 232 v. Chr., buddhistisch)
- – – – – Südgrenze d. Akbar-Reiches (1556–1605, islamisch)

⊛ 1. Geburtsort Buddhas (Lumbini/Nepal)
⊛ 2. Stätte der Erleuchtung bei Buddha (Buddha Gaya)
⊛ 3. 1. Predigt Buddhas (Sarnath)

Heilige Stätten od. religiöse Zentren
- ⊛ Buddhistisch (Asoka-Rad, heute Staatssymbol)
- ☾ islamisch
- ♦ hinduistisch
- ✚ christlich
- V d. Parsen
- ✹ d. Jains
- ▼ d. Sikhs

Prozentuale Verteilung
vor / nach 1947
- +++ Christen
- ▼▼▼ Sikhs
- LLL Naturreligion
- ••• Buddhisten
- ||||| Mohammedaner
- ≡≡≡ Hindus

Staaten/Regionen: JAMMU & KASHMIR, HIMACHAL PRADESH, PUNJAB, HARYANA, DELHI, RAJASTHAN, UTTAR PRADESH, SIKKIM, ARUNACHAL PRADESH, ASSAM, MEGHALAYA, NAGALAND, BIHAR, MANIPUR, GUJARAT, MADHYA PRADESH, TRIPURA, WEST BENGAL, MIZORAM, ORISSA, MAHARASHTRA, ANDHRA PRADESH, GOA, KARNATAKA, TAMIL NADU, KERALA, LAKSHADWEEP

Städte: Amritsar, Lahore, Delhi, Agra, Benares, Patna, Bombay

- ––– Internationale Grenze
- ––– Bundesstaaten-/ Union-Territories-grenze
- ––– Distriktgrenze

1 : 18 750 000
0 — 500 km